Tomies
ANTIQUITÄTEN-ALMANACH

Erdglobus
Papier bemalt, über geleimter Leinwand und Leder, Meridianring Eisen, Horizont Messing, graviert, Gestell von 1510 Schmiedeeisen, Höhe 133 cm, Durchmesser 51 cm.
(Germanisches Nationalmuseum, Nürnberg)

Tönnies

ANTIQUITÄTEN
ALMANACH

89 / 90

VERLAG
TÖNNIES GMBH
HEILBRONN

© 1988 by Tönnies GmbH, Heilbronn

Gesamtredaktion - Layout - Satz - Desk Top Publishing
Tönnies GmbH

Druck: Appl, Wemding

ISBN 3 - 980 1966 - 0 - 7
Printed in Germany

Nachdruck, auch auszugsweise, nur mit schriftlicher Genehmigung des Verlages.
Die Ratschläge, Hinweise und Informationen in diesem Buch sind von den Autoren sorgfältig erwogen, geprüft und recherchiert, dennoch kann eine Garantie für Inhalt und Vollständigkeit nicht übernommen werden. Eine Haftung des Verlages, der Autoren und ihrer Beauftragten für etwaige Personen-, Sach- und Vermögensschäden ist ausgeschlossen.

DANKSAGUNG

Wir danken für Beiträge zu den Rubriken:

Asiatika...*Dr. Rose Schubert, *Michaela Appel, M. A., Staatliches Museum für Völkerkunde, München, *Dr. Eckard, Schatzinsel Stuttgart, **Art Deco/Bauhaus**...*Ute Rauscher, Heilbronn, **Ikonen**...*Helmut Brenske, Gemeinschaft der Ikonenfreunde, Hannover, **Kunst auf Papier**...*Prof. Dr. J. Heusinger von Waldegg, Staatliche Akademie der Bildenden Künste, Karlsruhe, **Malerei u. Skulptur**...*Dr. Beate Bender, Kunsthalle Mannheim, **Möbel/Rößler**...*Dr. Heinrich Mehl, Hohenloher Freilandmuseum Schwäbisch-Hall, **Möbel/Klinckerfuß**...*Dr. Wolfgang Wiese, Württembergisches Landesmuseum Stuttgart, **Möbel/Mattern**...*Dr. Peter Trenschel, Mainfränkisches Museum Würzburg, **Möbel/Thonet**...*Dr. Wilhelm Mrazek, Kustos am Österreichischen Museum für Angewandte Kunst, *Dipl. Ing. Karl Mang, *Wilhelm Franz Exner, alle über Fa.Thonet, **Historische Möbelkultur auf dem Lande**...*Prof. Dr. Helmut Ottenjann, Leitender Museumsdirektor des Niedersächsischen Freilichtmuseums, "Museumsdorf Cloppenburg", **Möbel/Intarsien**...*"Meister Kohler", Waldkirch, **Porzellan**...*Kurt Krockenberger, Grunbach, **Schlösser und Beschläge**...*Dr. Georg Freiherr von Gumppenberg, über Deutsches Schloß- und Beschlägemuseum Velbert, **Spielzeug/Interview**...*Alfred Krieg, Auktionator, Heilbronn-Biberach, **Eisenbahnen**...*Hans-Willi Walter, Auktionator, Stuttgart-Leonberg, **Teddybären**...*Dieter Tschorn, Weinheim, **Kasperle**...*Martin Bachmann, *Susanne Bartzke, Heilbronn, **Teppiche**...*Werner C. Bäumer, Teppichgalerist, Düsseldorf, **Uhren**...*Prof. Dr. Richard Mühe, *Prof. Dr. Helmut Kahlert, Deutsches Uhrenmuseum Furtwangen, *E. Nienhaber, Uhrmachermeister, Bünde, *A. Abel, Freier Architekt, Bad Herrenalb, *Peter P. Taschenmacher, Uhrenmuseum Bad Iburg, *Sigrid Philipps, Württembergisches Landesmuseum Stuttgart, **Waffen**...*J. H. Fricker, Dinkelsbühl, **Zinnfiguren**...*Peter M. Krah, Würzburg, **Preisführer**...*Robin Straub, Auktionshaus Dr. Nagel Stuttgart, **Auktionen**...*Dieter Fritzsche-Chessex, Auktionator, Heidelberg, **Antiquitäten-Recht**...*Dr. Roland Pfefferle, Rechtsanwalt, Heilbronn.

INHALTSVERZEICHNIS

Vorwort R.Tönnies 10

Vorwort J.W. Bollom 11

Vorwort Prof. Dr. Ing. H.-P. Oltmanns 12

Europa - Stilkunde - von Gotik bis Art Deco

Einleitung 14
Kunstgeschichtliche Übersicht 15

Stilmerkmale
Renaissance 16
Barock 17
Rokoko 18
Louis Seize 19
Klassizismus, *Biedermeier* 20
Klassizismus, *Empire, Regency* 21
Historismus, *Louis Philippe, Gründerzeit* 22
Jugendstil 24
Art Déco 25
50er Jahre 26

Stilgeschichte
Renaissance 27
Barock 35
Rokoko 44
Louis Seize 49
Klassizismus, *Empire* 51
Klassizismus, *Biedermeier* 53
Historismus 56
Jugendstil 61

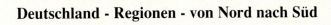

Deutschland - Regionen - von Nord nach Süd

Regionsübersicht 64

01 Nordfriesische Inseln und Marschland 66
02 Schleswig-Holsteins "Geest" 72
03 Schleswig-Holstein - Östliches Hügelland 80
04 Ostfriesland 86
05 Tiefland an der Weser 92
06 Hansestadt Bremen 98
07 Hansestadt Hamburg 106
08 Am Elbstrom 120
09 Lüneburger Heide 126
10 An der niederländischen Grenze 132
11 Teutoburger Wald - Münsterland - Tecklenburger Land 138
12 Weserbergland 148
13 Braunschweig - Hannover 156
14 Zwischen Harz und Heide 168
15 Berlin 176
16 Am Niederrhein 194
17 Ruhrgebiet 218
18 Bergisches Land und Sauerland 230
19 Hessisches Bergland 242
20 Harz und Rhön 250
21 Eifel, Mosel, Hunsrück 256
22 Der Mittelrhein von Worms bis Bonn 262
23 Zwischen Spessart und Taunus 272
24 Mainfranken 284
25 Fränkische Schweiz, Frankenwald, Fichtelgebirge 292
26 Saargebiet 298
27 Oberrhein und Pfälzer Wald 304
28 Schwäbisch-Fränkisches Stufenland 320
29 An der Romantischen Straße 346
30 Oberpfalz 358
31 Bayerischer Wald 366
32 Schwarzwald 372
33 Schwäbische Alb und "Schwäbisches Meer" 380
34 Alpenvorland und Allgäuer Alpen 388
35 München und die Bayerischen Alpen 396
36 Berchtesgadener Land 414

Europäische Empfehlungen 422

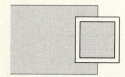

Sammelgebiete - Rubriken - von A bis Z

1 Afrikanische Kunst 426
2 Art Déco + Moderne 429
3 Asiatika 441
   Kunstrichtungen 443
   Interview 448
4 Email 452
5 Glas 454
6 Ikonen 457
7 Kunst auf Papier 460
8 Malerei und Skulpturen 472
9 Möbel
   Untermünkheimer Bauernmöbel 494
   Hohenloher Schreinertradition 497
   Stuttgarter Hofmöbelkunst 503
   Würzburger Kunstschreiner 515
   Der Fall Thonet 523
   Möbelkultur auf dem Lande 533
   Englische Möbel 538
   Intarsien-Kunst 543
   Möbel-Restaurierung 544
   Hölzer 545
10 Meister der Möbelkunst 547
11 Porzellan
   Erfindung und Entwicklung 550
   Meißen 556
12 Schlösser und Beschläge 562
13 Silber 568
14 Spielzeug
   Interview 578
   Eisenbahnen 580
   Teddybären 582
   Kasper 584
15 Teppiche
   Orientalische Teppiche 586
16 Uhren 603
   Alte Uhren 609
   Mechanische Räderuhr 612
   Gedanken eines Uhrensammlers 617
   Mechanische Turmuhr 619
   Armbanduhren 621
   Schwarzwälder Uhren 627
17 Waffen
   Historische Waffen 634
   Farbtafel 600
18 Zinnfiguren 638

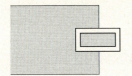

Antiquitäten - Preisführer - von Barock bis Art Deco

Erläuterungen 642

  1 Mobiliar 644
  2 Orientteppiche 789
  3 Varia 801
  4 Spielzeug 827
  5 Uhren 835
  6 Silber 861
  7 Schmuck 885
  9 Porzellan 919
10 Asiatika 929
11 Afrikanische Kunst 936
12 Glas 939
13 Zinn 949
14 Steingut 953
15 Ikonen 957
16 Waffen 961

Adressenverzeichnis 974
Auktionsgeschehen 975
Antiquitätenrecht 978

Antiquitäten - Lexikon

Aachener Möbel bis Zylinderschreibtisch 981
Abkürzungen 1002

Anhang

Bibliographie 1004
Leihgeber 1006
Verlagsmitarbeiter 1008

Die Freude am Wertbeständigen

In unserer hektischen, hochtechnisierten, computermanövrierten Welt, die unserem Menschsein nicht gerecht zu werden vermag, ist es nur natürlich, daß eine Rückbesinnung auf die Werte der "guten, alten Zeit" stattzufinden hat. Gönnen Sie sich daher von Zeit zu Zeit etwas Muße, "schmökern" Sie mal wieder. Die kunsthandwerklichen Gegenstände der vergangenen Jahrhunderte sind Ausdruck des Empfindens der Menschen in ihrer jeweiligen politischen, gesellschaftlichen und religiösen Situation. Darin findet auch der Mensch von heute Identifikation und seinen persönlichen Geschmack. Antiquitäten, als Zeugen des Vergangenen, Althergebrachten, können sehr gefühlsbetonend auf unsere Empfindungen einwirken und sollten daher mit dem entsprechenden Respekt behandelt werden, unabhängig davon in welchem Zusammenhang sie mit uns in Kontakt treten.

Der Freude am Wertbeständigen, an den großen Leistungen vergangener Künstler, schon früh im väterlichen Modellschreinerbetrieb in mir geweckt, entsprang auch die Idee, mit einem Antiquitäten-Jahrbuch, einem Almanach, Ihnen, liebe Leser, einen möglichst kompakten Überblick über die faszinierende Welt der Antiquitäten zu vermitteln Dies ist unser - gar nicht so neues - Anliegen. Ein Almanach. - Erinnern Sie sich? - Das Geburtsjahr des ersten deutschen Almanachs ist auf 1770 zu datieren, als in Göttingen der "Musenalmanach" erschien. Die Idee des Almanachs, der einen Querschnitt von Themen, von den neuesten Gedichten über Buchbesprechungen bis zu Ratschlägen für den Alltag, in einem Band vereinigte, war von einschlagendem Erfolg. In den folgenden Jahren entwickelte sich eine regelrechte "Almanachkultur". - Soweit die Erinnerung an den Ursprung.

Von Altem zu Neuem: Wissen vermitteln, gepflegte Unterhaltung bieten, das soll auch dieses Buch. Ein Handbuch in gutem Sinne soll es sein. Vieles spricht dafür, antike Möbel zu sammeln, nicht nur berechnende Spekulation. Das Neue baut auf dem Alten auf! Der Sinn für das Originale, für die Qualität von Material und Arbeit, für die harmonische Formgebung sollte gepflegt und bewahrt werden. Auch hierzu kann der Almanach hilfreiche Hinweise geben. Außerdem würden wir uns freuen, wenn Sie anhand unserer Regionsbeschreibungen neue Reize unseres Landes erkennen und dabei mit Ihrem Kunst- und Antiquitätenhändler ein ausgewogenes, fundiertes Verhandlungsgespräch führen könnten, um dieses traditionelle Metier noch lange lebendig zu erhalten. Die kleine Stilkunde, mit ein bißchen Geschichte angereichert, Rubriken, die von Fachleuten interessant geschrieben wurden, all dieses Wissenswerte über Antikes und Sammelwürdiges, soll dazu beitragen, daß weder durch den Fortschritt noch durch Veränderungen, in welcher Form auch immer, dieses kulturelle Ambiente aus der Welt verdrängt wird.

Das ermutigende Echo vorab, sowohl beim Kunst- und Antiquitätenhandel, als auch bei den Fachleuten der Museen und Sammlungen, die uns bei der Konzeption und Verwirklichung dieses Werkes überaus freundschaftlich und engagiert unterstützten, gibt uns die Gewißheit, daß diese Neuerscheinung und auch die folgenden Ausgaben ein wertvoller Leitfaden für den wißbegierigen Anfänger, für den allgemein kunsthistorisch Interessierten und auch für den erfahrenen Kenner darstellen werden.

Mein Dank gilt allen, die zum Gelingen dieses Almanachs - neu in alter, großer Tradition - beitrugen. Ich möchte nicht versäumen, meine Mitarbeiter zu erwähnen. Sie haben eine Menge "Herzblut" in diese Seiten fließen lassen und mich und ihr Umfeld durch Engagement und Leistung stark beeindruckt. Niemand hätte an dieser Stelle eine Widmung mehr verdient, als das Team, das dieses Buch fertigte.

Ihr Rainer Tönnies   *Heilbronn, im November 1988*

Ein echter Gewinn !

Es ist mir eine große Freude, mit diesem so aufregenden und interessanten Buch verbunden zu sein. Unsere Firmengruppe, speziell die Henry Flack (1860) Ltd., wird schon seit langer Zeit, durch die Herstellung eigener Oberflächenbehandlungsmittel, mit Holz, Möbeln und antikem Inventar in Zusammenhang gebracht. Wir betreiben dieses Geschäft immerhin schon lange, daß einige der inzwischen antiken Stücke bei ihrer damaligen Entstehung bereits mit unserem Wachs und mit unseren Schellackprodukten behandelt wurden. Diese Erfahrung veranlaßte uns, ein kleines Vorwort zu diesem Jahrbuch beizutragen.

Erst vor kurzer Zeit, vielleicht vor 10 bis 15 Jahren, stieß der Kunst- und Antiquitätenmarkt auf ein gesteigertes Interesse der Bevölkerung, das ihm eigentlich von jeher zustand. Bis dahin war es weitgehend ein Gebiet für Menschen mit Geld und Macht oder für einige Spezialisten, aber auch für leidenschaftliche Sammler - das hat sich grundlegend geändert. Der Trend ging von den USA aus; durch eine kurze eigene Geschichte war man hier schon immer auf der Suche nach Wegen, kulturelle Wertgegenstände anzukaufen. Hier lag die Basis für einen fest etablierten Handel, der Tausende antiker Stücke nach den USA exportierte. Schon bald begann der Strom wirklich seltener Objekte zu versiegen, und man importierte jüngere, teilweise maschinell gefertigte Dinge.

Diese Entwicklung brachte den europäischen Handel auf Touren, und immer neue Sammelgebiete wurden kreiert. Die Menschen fingen an, auf Ihren Dachböden und in Ihren Schränken fündig zu werden. Bei all dem Vererbten und Übriggebliebenen besann man sich nun auf die dazugehörige Geschichte und ermittelte den Wert dieser Gegenstände. In England stieg eine große Fernsehgesellschaft in dieses Geschehen ein und produzierte eine Serie, in der Experten über Land fuhren und die Leute vor Ort aufklärten.

Diese Antik-Spezialisten führten eine Vielzahl von Gesprächen und zogen Millionen von Zuschauern an. Das daraufhin ständig anwachsende Interesse konnte bis heute nicht ausreichend befriedigt werden. Die Händlervereinigungen oder Organisationen im Antiquitätenmetier sind weitgehend noch nicht so gut durchstrukturiert, wie es in anderen Handelssparten der Fall ist. Ähnlich rar sind handelsbezoge Bücher und Magazine, die von autorisierten Fachleuten geprüft und geschrieben werden.

Deshalb ist dieses Buch von solcher Wichtigkeit und ein echter Gewinn. Es deckt alle wesentlichen Epochen ab und bringt in der Reihe "Rubriken, Sammelgebiete" viel Wissenswertes über Stil, Waren und deren Hersteller. Die Hintergrundinformation zu Menschen und Regionen ist spannender Lesestoff und eine Grundlage für die Entstehung eines "antiken Denkens".

Ich hoffe, Sie finden Spaß beim Lesen.

Ihr Jack Bollom *London, im November 1988*

Ein neues Buch! Eine neue Idee?

Ich denke ja.

Zwar gibt es viele, zum Teil ausführlichere Bücher zum Thema Antiquitäten. Doch diese sind ihrer Natur nach für die Fachleute bestimmt. Der vorliegende Almanach kann und will hier nicht Ersatz sein für eine Spezialbibliothek. Aber in seiner Art leistet er, was uns an den meisten Fachbüchern als Mangel erscheint. Der Almanach ermöglicht einen schnellen Überblick und Durchblick.

Er führt an das Thema heran, ohne zu früh durch wenig vertraute Fachausdrücke zu verwirren, dennoch ist er fundiert und erkennbar von Fachleuten geschrieben. Er leistet sich humorvolle Seitenblicke auf die Entstehungsgeschichte der Kostbarkeiten, die uns aus der Vergangenheit überliefert sind. Er zeigt uns die wechselnden Moden und Geschmacksrichtungen, die unser heutiges Urteil beeinflussen. Vielseitig aufeinander bezogen und akzentuiert, konzentriert sich der Almanach auf ein großes Thema:

Die Liebe zu schönen alten Dingen: sie zu wecken, zu kultivieren und zu steigern. Dahinter wird das Gewebe unserer Geschichte und Kultur gut erkennbar. Er zeigt, wie Kunst, Handwerk, Landschaften und Geschichte ein großes Ganzes bilden, das den Hintergrund unserer modernen Welt darstellt. Der Leser wird nicht umhin können, sich als Teil des Geflechts zu fühlen, das ihn mit der Vergangenheit verbindet. Die Liebe zu Antiquitäten und damit die Pflege der Vergangenheit als schöpferische Anregung für die Zukunft darzustellen, ist das Bemühen der Herausgeber, die als junge Unternehmer mit diesem Werk einen erfolgreichen Beginn als Verleger starten, zu dem ich sie beglückwünsche.

Fazit: Hier wird uns nicht nur ein nützliches, sondern vor allem auch ein gutes Buch an die Hand gegeben.

Prof. Dr. Ing. Horst-Peter Oltmanns   *Bonn, im November 1988*

Zur Person:
Prof. Dr. Ing. Horst-Peter Oltmanns, Architekt, Honorarprofessor TH Aachen.
Sprecher des Rates für Baukultur im Deutschen Kulturrat.
Honorary Fellow of the American Institute of Architects, Mitglied des Royal Institute of British Architects.
Mitglied des Exekutiv-Ausschusses Europa Nostra, der internationalen Vereinigung von Verbänden zum Schutz des kulturellen und naturgegebenen Erbes in Europa.

Vorsitzender von "Alt hilft Jung, Senior-Experten helfen und beraten, e.V.", einer gemeinnützigen Organisation in der aus dem Berufsleben ausgeschiedene Senior-Experten ehrenamtlich ihre Hilfe jungen Existenzgründern anbieten, wie auch bei der Herausgabe dieses Antiquitäten - Almanachs geschehen.
Präsident des entsprechenden europäischen Zusammenschlusses "Reseau Européen du Benevolat Economique (REBE).

Europa

Stilkunde

von Renaissance... bis Neuzeit

STILKUNDE

Sie lieben Antiquitäten ?

Gehen wir davon aus. Warum? Hier beginnt das Geheimnisvolle, das Persönliche. Ist es die Freude, über Dinge zu verfügen, die ein Mehrfaches der eigenen Lebenszeit gesehen haben? Ist es der heimliche Wunsch nach Dauerhaftigkeit und Kontinuität? Ist es der Kitzel, ein "königliches" Stück sein eigen zu nennen, die Macht der Vergangenheit greifbar zu haben?

Oder träumen Sie sich gerne in die Vergangenheit und lassen sich von alten Stücken dazu verführen? Oder ist es - und das wohl meistens - die Freude an Geschmackvollem, Gekonntem, Vollbrachtem? Schlechtes überdauert selten.

Die Zeit liest aus. So kommt es, daß Erlesenes aus längst vergangenen Epochen zu uns spricht, unsere Phantasie anregt, uns zeitlose Schönheit verheißt über allen modischen Wechsel hinweg. Reizt nicht die Frage, welche "Mode", welche Menschen, welche Vorstellungen und Notwendigkeiten solche Stücke geschaffen haben ?

Im Einführungsteil - Stilmerkmale - werden Ihnen die typischen Formen, Materialien und Techniken der einzelnen Stilepochen kurz und anschaulich vorgestellt. Auch dem "Einsteiger" wird es ermöglicht, die wesentlichen, prägenden Stilmerkmale zu erkennen.

Die Stilgeschichte will Ihnen wie in einem Kaleidoskop farbige Splitter der Zeit zeigen, in der Ihre Schätze entstanden. Wie die Menschen lebten, wonach sie strebten, wie sie ihr Gefühl für Schönes und Zweckmäßiges zum Ausdruck brachten. Aber auch welche Nöte, Wirren und Anfechtungen sie zu durchleben hatten.

Ein Kaleidoskop möchte sie sein, diese Stilkunde. Mehr nicht. Lassen Sie sich führen zu den Werkstätten vergangener Moden. Zeigt uns ihre Vielfalt doch, wie viel dem Menschen möglich. Und als Möglichkeit ist all das in uns, den Heutigen, aufgehoben. So entdecken wir im Reichtum der Vergangenheit den Reichtum unserer eigenen Möglichkeiten. Ist das nicht verführerisch genug?

Kunstgeschichtliche Übersicht

Frankreich

1600	1650	1700	1750	1800	1850	1900
Renaissance		Barock	Rokoko	Klassizismus	Historismus	Art Nouveau

Möbelkünstler

- Lepautre
- Umteusch (?)
- Lebrun
- Régence
- Boulle
- Cressent
- Dubois
- Oeben / Riesener
- Transition
- Directoire 1795 - 1799
- Empire
- Konsulat
- Fontaine
- Percier
- Desmalter
- Restauration 1825 - 1830
- Belle Epoque
- Gallé

Deutschland

1600	1650	1700	1750	1800	1850	1900
Renaissance		Barock	Rokoko	Klassizismus	Historismus	Jugendstil

Möbelkünstler

- Effner
- Cuvilliés
- A. Roentgen
- D. Roentgen
- Louis XVI
- Empire
- Biedermeier
- Louis Philippe
- Gründerzeit
- Thonet
- Van de Velde
- Pankok
- Ruhlman

England

1600	1650	1700	1750	1800	1850	1900
Renaissance		Barock	Rokoko	Klassizismus	Historismus	Modern Style

- Charles I
- William
- Anne
- Georg I
- Georg II
- Georg III
- Georg IV
- William IV
- Victoria
- Edward

Möbelkünstler

- Marot
- Chippendale
- Adam
- Hepplewhite
- Sheraton
- Hope
- Ruskin
- Morris
- Ashbee
- Mackintosh

Renaissance 1500 - 1650

Italien	1420 - 1580
Deutschland	1500 - 1650
Frankreich	1500 - 1650
England	1530 - 1670

Entwicklung:
Rückbesinnung auf die Ideale des klassischen Altertums, Verwendung von Vorbildern aus Kunst und hauptsächlich Architektur der Antike der Griechen und Römer.

Typische Stilmerkmale:
Verwendung fast aller Stilelemente der antiken Baukunst, wie Portale, Nischen, Giebel, Säulen, Fassaden, Rundbögen, Mauerwerk usw.
Aufwendige Schnitzarbeiten, vollplastisch als Fabelwesen, wie Atlanten, Karyatiden, Greifen. In der Flächendekoration Bandornamente, Groteskschnitzereien, Akanthusblattvariationen und von Rollwerk umgebene Kartuschen.

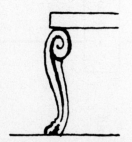

Materialien:
Eiche, Nußbaum, Esche, Kastanie, Ulme, Zypresse, Pinie, Tanne, Perlmutt, Elfenbein. Diese Materialien wurden für massive Teile und Intarsienarbeiten benutzt. Die innen angebrachten Langbänder und offenen Schlösser waren aus verzinntem und reich ziseliertem Eisen.

BAROCK
1650 - 1740

Deutschland 1650 - 1740
Frankreich 1650 - 1710
England 1650 - 1730

Entwicklung:
Der Barockstil erstrebt die Schaffung eines Gesamtkunstwerkes in allen Kunstrichtungen. Besonders in der Baukunst: großzügige Schloßanlagen (Versailles) und Patrizierhäuser und deren Ausstattung. Stark beeinflußt wurde diese Richtung vom Sonnenkönig Ludwig XIV. (1643 - 1715), dessen prunkvoller Lebensstil und immense Repräsentationssucht allen europäischen Höfen als Vorbild dienten.

Typische Stilmerkmale:
Die eher strengen Formen der Renaissance werden durch dekorative, plastische Rundungen betonende Elemente aus kostbaren Materialien abgelöst. Die Schränke zeigen jetzt sehr starke, ausladende Gesimse, die oft von freistehenden oder gedrehten Säulen getragen werden. Schnitzereien sind weniger betont. Sie werden durch neue ausgefeilte Marketeriearbeiten in kostbarsten Materialien ersetzt. Erstmals werden Metalle (Boulle) und Steine eingelegt. Ausgesprochen typische Möbel wie der nur mit Hohlkehle und Wulst dekorierte Frankfurter Wellenschrank oder die in ganz Norddeutschland stilprägenden pompösen Schappschränke entwickeln sich.

Materialien:
Die schon in der Renaissance verwendeten Materialien werden durch Kirschbaum, Birne, Palisander und Ebenholz ergänzt. Für Einlegearbeiten und Verzierungen kommen Halbedelsteine, Marmor, Glas, ausgeschnittenes Messing, Bronze, Gold, Blattgold und Silber hinzu. Die bisher nur ziselierten Beschläge und Schlösser werden von nun an auch durchbrochen und getrieben.

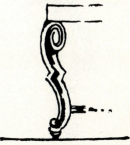

Rokoko
1725~1770

Deutschland 1740 - 1765
Frankreich 1725 - 1760
England 1730 - 1770

Entwicklung:
Im Rokoko wird der schwere, architektonische Stil des Barock in spielerische und schwungvolle Formen und elegante Dekorationen aufgelöst. Rocaille, Schwung und Gegenschwung, zarte Pastellfarben setzen sich durch.

Typische Stilmerkmale:
Das typische und einmalige Stilelement ist die Rocaille (Muschel), die der Epoche auch den Namen gab. Das ist eine muschelähnliche Form, die in vielen Variationen in Innendekoration und Möbelkunst verwendet wurde. Häufig sind Arrangements aus Pflanzen, Blüten, Vögeln, Schmetterlingen, Gittermustern und Rosetten. Asymmetrische Ornamente und feuervergoldete Beschläge kommen auf. Erstmals werden Klein- und raffinierte Kombinationsmöbel, wie Spiel-, Kaffee-, Toiletten- und Schreibtische und sogenannte Beistellmöbel gefertigt.

Material:
Hinzu kommen Gobelin, Seide, Lackmalerei, feuervergoldete Beschläge, versilbertes und vergoldetes Holz und Leder. Bei Schlössern und Beschlägen wird nun außer Eisen auch Messing und feuervergoldete Bronze verwendet.

LOUIS XVI
1760 – 1810

Deutschland 1770-1790
Frankreich 1760-1800
England 1770-1810

Entwicklung:
Louis Seize ist ein Übergangsstil, der in Deutschland zum Biedermeier und in Frankreich zum Empire hinführt. Leichtigkeit und Eleganz werden noch beibehalten, Schweifungen und Asymmetrie abgelegt. Unter anderem durch die weltbewegenden Ausgrabungen in Pompeji und Herculaneum werden antikisierende Formen wieder eingeführt.

Typische Stilmerkmale:
Die Rocailleformen verschwinden ganz und werden durch Blumen, Früchte, Landschafts- und Architekturmotive in natürlicher Darstellung ersetzt. Die Möbel zeigen geradlinige Formen und geometrische Einlegearbeiten. Eierstabfriese, Mäanderbänder, klassische Rosetten, Vasen, Akanthusblätter, Blumengebinde, Bildnis- und Trophäenmedaillons werden verwandt. Bei den Schreibmöbeln wird das Roll- oder Zylinderbüro erfunden.

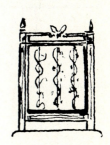

Material:
Alle einheimischen Hölzer, besonders die hellfarbigen. Zum Einlegen: Ebenholz, Zeder, Palisander, Mahagoni und Satinholz. Feuervergoldete Beschläge und Verzierungen.

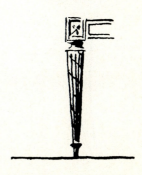

KLASSIZISMUS

Biedermeier

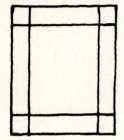

Deutschland   1790 - 1845 Biedermeier
Frankreich   1800 - 1830 Empire
England   1810 - 1830 Regency

Entwicklung

Die durch das Louis-Seize eingeleitete Stilepoche des Klassizismus orientiert sich an der Formenwelt der klassischen, antiken Architektur Griechenlands, Italiens und Ägyptens.
Dieser Stil setzte sich in ganz Europa durch. In Deutschland im Biedermeier, in Frankreich mit dem Empire und in England durch das Regency.

Typische Stilmerkmale

Alle genannten Richtungen zeichnen sich durch strenge, klare Formen, einfache Maßverhältnisse und übersichtliche Gliederungen aus. In Anlehnung an die alten Mythologien werden für Beschläge und Dekor Füllhörner, Helme, Adler, Lyra, Rutenbündel, Bacchusmasken, Säulen, Palmetten, Fabeltiere usw. verwendet. Im deutschen Biedermeier werden die Möbel noch einfacher und zweckmäßiger, passen sich aber völlig den Ansprüchen des normalen Bürgertums an.

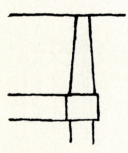

Material

Mahagoni, Esche, Pappel, Eibe, Nußbaum, Kirsche, Birne, Apfel, Birke, Eibe und Wurzelholzfurniere.
Neuerdings werden gesteckte, in den Rahmen eingelassene Schlösser verwendet.

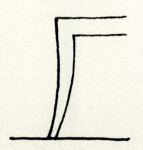

KLASSIZISMUS

Empire   **Regency**

 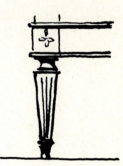

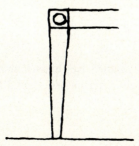 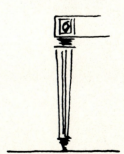

Historismus

Deutschland	1840 - 1870	**Zweites Rokoko**
	1870 - 1900	**Gründerzeit**
Frankreich	1830 - 1850	**Louis-Philippe**
	1850 - 1870	**Napoleon III**
	1870 - 1900	**Henry II**
England	1830 - 1900	**Victorian**

Entwicklung

Der Historismus setzt in Europa mit der Nachahmung des Rokoko ein. Dann beginnt Mitte bis Ende des 19. Jahrhunderts Kopie und Nachbau aller historischen Stile. Keine eigenständige Form wird mehr geschaffen. Neugotik, Neurenaissance, Neubarock und entsprechende Stilmischungen werden produziert. Neuartige Bearbeitungsmaschinen ermöglichen erstmals die industrielle Fertigung von Mobiliar und Einrichtungsgegenständen in hohen Stückzahlen.

Typische Stilmerkmale

Typisch für diese "Neo"-Stile, ist allein der Rückgriff auf die vergangenen Epochen. Hinzu tritt eine Vorliebe für alles Orientalische. Japanische, chinesische, türkische, indische, persische und arabische Motive werden vor allem im Kunsthandwerk gerne verwendet.

Material

Alle bisher genannten Materialien. Neu hinzu kommen Bug- und Sperrholz (Thonet), Gußeisen, Sprungfedern und Messingrohr.

Historismus

Louis Philippe	Gründerzeit
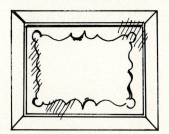	

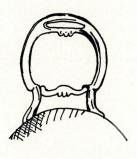	
	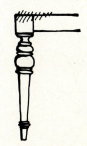

Jugendstil
1895-1920

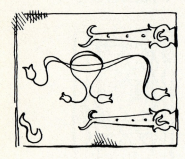

Deutschland 1895 - 1918 Jugendstil
Frankreich   1895 - 1915 Art Nouveau
England   1900 - 1910 Edwardian

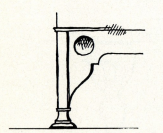

Entwicklung
Ein vollkommen eigener Stil entwickelt sich. Verschlungene florale Formen, aber auch strenge, geometrische Konstruktionen in allen Bereichen von Architektur, Möbelbau und Kunsthandwerk setzen sich durch.
Von England ausgehend bilden sich Paris, München, Darmstadt und Wien zu Zentren aus, in denen diese, die Moderne einleitende Kunstrichtung erarbeitet wird.

Typische Stilmerkmale
In Frankreich schwungvolle Konstruktionen mit floralen Motiven wie Wurzeln, Lilien, Seerosen, Insekten usw.
In England, Österreich und gegen 1920 in Deutschland wird mehr die geometrische, zweckmäßige Form bevorzugt.

Material
Farbiges Glas, Bleiverglasungen, Harthölzer, neue Lacke und Farben, Neusilber, Kupfer, Nickel, Chrom, Emaille.

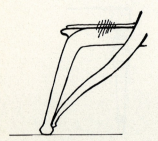

Deutschland	1918 - 1935
Frankreich	1915 - 1930
England	1910 - 1930

Entwicklung
Der Art Déco-Stil ist eine Weiterführung des Jugendstils. In Frankreich wird das Exzentrische und Kultivierte weiter betont. Hauptsächlich werden kostbare Einzelstücke gefertigt. In Deutschland und Österreich wird durch die Gründer des Bauhauses (1919) und anderer Werkbünde eine starke Vereinfachung auf funktionale Formen erreicht. In England gibt es keine nennenswerte Weiterentwicklung.

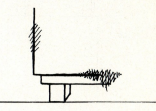

Typische Stilmerkmale
Alle markanten Stilmerkmale des Jugendstils werden weiterverwendet. Hinzukommen noch afrikanisch und ägyptisch inspirierte Details. In Deutschland und Österreich werden industriell gefertigte Möbel aus einfachen Hölzern, Stahlrohr und Kunststoff entwickelt. Frankreich verfeinert seine fantasievollen, luxuriösen Einzelstücke.

Materialien
Alle Arten von einfachen und ausgefallenen Materialien wie Elfenbein, Steine, exotische Hölzer, Aluminium, Stahlrohr, Kunststoffe, Eisen, Leder, Silber, Glassteine, Schlangenhaut, Bronze, Emaille, Lack und vieles mehr.

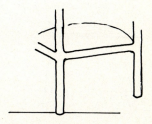

50er Jahre

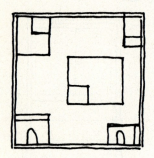

Deutschland 1950 - 1965
Frankreich   1950 - 1965
England   1950 - 1965

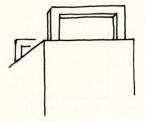

Entwicklung
Nach den entbehrungsvollen Kriegsjahren darf eine neue Wohnungseinrichtung nicht teuer sein. Deshalb werden fast ausschließlich billige, leicht zu verarbeitende Materialien verwendet. Unsere " Wegwerfkultur" wird geboren. Trotzdem wird eine eigene Formenwelt geschaffen. Sie wird sehr stark von den sich nun frei entfaltenden, bildenden Künstlern beeinflußt.

Tpische Stilmerkmale
Typisch für diese Zeit sind unter anderem: der Nierentisch, der Schalensessel aus Plastik auf drehbarem Einzelfuß, die mit farbigem Resopal belegten Blumentische, offene Regale aus Draht usw. Schmucklose Schrankeinheiten bedecken die Wand. Sie haben Schiebetüren und stehen auf schräg angeschraubten Beinchen. Die skandinavischen Möbel setzen sich durch. Sie sind aus naturbelassenem Teakholz, einfach konstruiert und werden in Massen vertrieben.

Material
Kunststoffe, Folien, Draht, Neonobjekte, Schaumgummi, Resopal, Glasfiber, Aluminium, eloxiertes Blech, Eternit.

RENAISSANCE

Das Wort Renaissance stammt aus dem Französischen und bedeutet Wiedergeburt. Erstmals wird es 1855 von dem Franzosen Michelet benutzt; der deutsche Kunsthistoriker Jakob Burckhardt verwendet den Begriff Renaissance 1860 als Stilbezeichnung. Tatsächlich leitet sich Renaissance von dem italienischen Wort "rinascità" ab, das der Maler und Kunsttheoretiker Giorgio Vasari im Jahre 1550 in seinen Veröffentlichungen einsetzt, um die Wiedergeburt der Kunst im Italien des Quattrocento und Cinquecento zu beschreiben. Im Gegensatz zu Vasari versteht Burckhardt unter dem Begriff Renaissance die Wiedergeburt des Geistes der Antike. Die Epoche der Renaissance überregional festzulegen, trifft auf Hindernisse. In Italien erlebt sie ihre Blüte von 1420-1530, in Deutschland erst von 1495-1600.

Renaissance bedeutet in erster Linie eine Geisteshaltung, die alle Lebensbereiche des Menschen durchdringt. Die Wiederentdeckung der Antike und ihres Kosmos kann durchaus verstanden werden als Reaktion. Der Forschergeist des Menschen rennt immer stärker gegen die Grenzen des mittelalterlichen Weltbildes. Die Welt wird entdeckt, im Großen wie im Kleinen. Naturwissenschaftler, Künstler und Abenteurer reißen die Mauern nieder, die die Menschen bis dahin umgeben und erweitern ihren Horizont in unvorstellbarem Maße. Die bekanntesten Vertreter dieser Entwicklung sind Columbus, Gutenberg, Kopernikus, Kepler, Leonardo da Vinci. Gleichzeitig wollen Luther, Calvin und Ignatius von Loyola, voller Inbrunst, noch einmal den Gedanken des Gottesstaates verwirklichen.

Vergeblich - der Abbau der Religion und der Vormachtstellung der Kirche und ihrer Ideale sind unaufhaltsam. Eine lange Reihe von Zweiflern und Fragern bricht aus der blinden Geborgenheit der mittelalterlichen Glaubensvorstellungen aus. Immer lauter ertönen die Stimmen von Sittenrichtern, die das "Lotterleben" hinter Klostermauern und des Vatikan anprangern. Der prominenteste Vertreter dieses degenerierten Lebensstils ist Papst Alexander VI. aus dem Hause Borgia. Durch die intensive Auseinandersetzung mit der Antike wird die Kunst säkularisiert. Da ihr der einende, religiöse Hintergrund der Antike fehlt, ist die Renaissance allgemein als profane Kunst zu werten. Gewiß gibt es religiös motivierte Kunstwerke, doch der Hauptantrieb ist Befreiung. Insofern kann man die Renaissance als die erste weltliche Kunstepoche bezeichnen. Neben der Antike schöpft der Künstler aus der Natur. Er verzichtet auf die Anlehnung an die kosmische Schöpfung, vielmehr sucht er Vollendung im irdischen Bereich. Wiederentdeckung der Antike, Wiederentdeckung der Natur - beide führen zum Menschen. Die Entwicklung führt vom Begreifen der Antike in der Frührenaissance bis zum Ersetzen der Natur durch geistige Ideale in der Spätrenaissance und dem Manierismus.

Kunst entsteht aus dem Intellekt, überkommene Traditionen werden überwunden, der Geist steht über dem Handwerk. Der Renaissance-Künstler schafft Meisterwerke in mehreren Techniken. Das bekannteste Beispiel dafür ist das Universalgenie Leonardo da Vinci: Er ist Maler, Bildhauer, Architekt, Goldschmied, Forscher, Erfinder. Auch Raffael und Michelangelo sind vielseitig begabt und tätig. Die Formensprache der Renaissance ist vielfältig und natürlich. Die gotische, alles beherrschende Vertikaltendenz ist abgelöst von der Harmonie zwischen horizontalen und vertikalen Elementen. Die Frührenaissance zeigt Feinheit, Leichtigkeit und scharfe Prägnanz, in der Hochrenaissance gelten eher eine weichere Auffassung und eine Neigung zur Vereinfachung. Inspiriert von der römischen Kaiserzeit konzentrieren sich die Kräfte jetzt eher auf das Großartige, Schwere, man will der Kunst der Antike Ebenbürtiges schaffen. Die Entwicklung geht von bewußter Knappheit hin zur Aufnahme immer mehr menschlicher Ausdrucksmöglichkeiten. Angestrebt ist die Sichtbarmachung menschlicher Gefühle und die Umsetzung der Formen aus der Natur in die Sprache der Kunst.

Nach Michelangelo ist der Mensch in seiner Nacktheit der Mittelpunkt des Universums. Der Mensch bewegt sich natürlich in dem ihn umgebenden Raum, alles soll Harmonie ausstrahlen. Der Mystizismus verschwindet nicht, sondern drückt sich anders aus: in der Regelmäßigkeit des Quadrats, Rechteckes, Würfels, Dreiecks und Kreises. Diese einfachen geometrischen Grundformen setzen den Menschen in eine logische Beziehung zu seiner Umwelt. Der Kreis als Symbol der Vollkommenheit Gottes ist gleichzeitig eine natürliche Form. Daher ist er in der Renaissance der ideale Grundriß für ein Gotteshaus.

Nach der naturgetreuen Darstellung der Menschen und der Beobachtung der Natur entwickelt sich die Gabe des Künstlers, sich vorzustellen, was es noch nicht gibt. Damit ist dem zweiten Zweig der Renaissance-Kunst "die Tür geöffnet": die phantastische Kunst, die uns nur im Geist und in der Seele des Künstlers existierende Dinge darstellt. Haben auch Sie den Roman "Der Name der Rose" gelesen, Vorahnung des Kommenden? Humanistisches Lebensgefühl führt zur Entdeckung des Individuum. Die Wiederentdeckung des selbstbewußten Menschen aus der Antike hat zur Folge die rationale Durchdringung der Welt als geordnetes Gefüge von Mensch, Natur und Gottheit (Kosmos). Das öffnet den Blick für neue Räume und Ordnungen. Das alte, auf Glauben beruhende, dämonisierte Weltbild des Mittelalters zerbricht.

Neues Bewußtsein für das eigene Erleben und das eigene Nachforschen, die eigene Persönlichkeit und Mode. So bekommt das forschende Einzelwesen Gültigkeit, solange es den Gesetzen des Kosmos nicht widerspricht. Selbstverständlich kennt diese Suche auch Übertreibungen. Die neue Vernunft sucht spekulierend - Kant wird manchen Gedankengang dieser Zeit in seiner "Kritik der reinen Vernunft" (1781) in Schranken weisen - Wege ins Unendliche, in die Welt der Astrologie, der Magie. Sie ist auf der Suche nach Wahrheit im Reich des Dämonischen, der Hieroglyphen und Symbole (Faustisches Streben!). Ob Scharlatan, ob Begründer der modernen Naturwissenschaften, das Suchen allein bestimmt ihren Wert.

Vernunft als "Schau des Wahren" und christlicher Glaube treten gleichberechtigt nebeneinander, philosophischer Neu-Platonismus (Cosimo di Medici) setzt Gott und Wahrheit gleich. Somit kann der wahrheitsuchende Mensch an Gott nicht fehlgehen und leitet damit seine Berechtigung zum Widerstand gegen die Kirche ab.

So streben Fürsten, Gelehrte und andere nach dem Ideal des "huomo universale", des allseitig schönen, wahren und gebildeten Menschen. Nun wird verständlich, weshalb der künstlerische Ausdruck des Renaissance-Menschen untrennbar als Wahrheitssuche verstanden werden muß. Den Lehren der Kirche aus eigenem Wissen und ästhetischem Empfinden zu widersprechen ist nicht mehr gottesleugnerisch. Solches Denken, solches Lebensgefühl führt zu großen Taten: Giordano Bruno und Galileo Galilei bezahlen für ihr aufrührerisches Denken und Forschen: Bruno mit dem Leben, Galilei mit lebenslangem Berufsverbot.

Vor dem Hintergrund der römischen und griechischen Antike treibt Europa in neuem religiösen, poetischen und sozialen Geist zu einer alles verändernden Kulturblüte.

Fassadenschrank Nürnberg, um 1640 (Mainfränkisches Museum Würzburg)

Geschichte

Geschichtlich und politisch ist die Renaissance die Zeit der Unruhigen und Schwarmgeister - seit über 100 Jahren gärt und rumort es in Europa an allen Ecken und Enden, der Durchbruch zur Neuzeit steht unmittelbar bevor. Der Vatikan hat durch sein Exil in Avignon an Macht verloren, das verhilft den norditalienischen Städten zu Autonomie und wirtschaflicher Größe. Die großen Patrizierfamilien, vornehmlich in Florenz, zeichnen sich durch hohen Realitätssinn aus und präsentieren dem Papst eine gefestigte Industrie, Hochfinanz, intellektuellen Ernst und moralische Disziplin. Dies läßt den Oberchristen nicht ruhen. Schließlich gelingt es dem Vatikan, getragen von der Sehnsucht nach einem Römischen Reich, in der Hochrenaissance zum bedeutendsten Mäzen aufzusteigen; die Päpste und ihre unvorstellbare Prunksucht prägen das Kunsthandwerk.

1453 erobern die Türken Konstantinopel, das oströmische Reich geht unter. Während die norddeutsche Hanse an Bedeutung verliert, steigen in Süddeutschland die Kaufherrendynastien der Fugger und Welser zu den mächtigsten Geldmagnaten der Zeit auf. Sie sind ohne Zweifel das größte "Leihhaus" der westlichen Hemisphäre. Fast jeder Fürst von Rang und Namen bis hinauf zum Kaiser und zum Papst ist Schuldner bei ihnen. Derweil sponsort Königin Isabella von Spanien, gegen den Willen ihres königlichen Gemahls, den unbekannten Genuesen Columbus. Diese Großzügigkeit führt 1492 zur ungeplanten Entdeckung Amerikas. 1491 werden - oh Ironie des Schicksals - Heinrich VIII. von England und Ignatius von Loyola geboren. Heinrich ist der englische König mit der unmäßigen, unorthodoxen Ehepolitik, die zum Ausbruch Englands aus der römisch-katholischen Kirche führt, während Ignatius als Gründer des Jesuitenordens eben dieser angeschlagenen Kirche wieder zu Ansehen verhilft.

Die Völker Europas bangen der Jahrhundertwende (1500) entgegen, an der nach allgemeinem Verständnis der Weltuntergang stattfinden soll. Aus Venedig zurückgekehrt, zeichnet Dürer unter dem Eindruck von Ketzerverbrennungen (Savonarola in Florenz) die Apokalypse. Aus solcher Weltuntergangsstimmung heraus läßt sich allein die Wirkung von Luthers (zunächst in Latein verfaßten) 95 Thesen erklären, die in aller Unschuld als interne theologische Auseinandersetzung gedacht waren. Mit Hilfe des gut fünfzig Jahre früher erfundenen Buchdrucks gelingt eine unbeabsichtigte, ungeheuerliche Verbreitung von Luthers Sätzen in ganz Deutschland, ja, man kann sagen, in ganz Europa.

Dem Volk dringt Neues in alle Poren, es begehrt auf. Papst Leo X., ein Medici, kann dieses Treiben nicht dulden. Die Kirche in ihrem hierarchischen Ordnungsglauben wehrt sich gegen die "Gleichmacherei" der Protestanten. Während Martin Luther nur für und durch den Glauben lebt, ist Erasmus von Rotterdam die Verkörperung des vornehmen, weltlichen Bildungsmenschen der Renaissance, der Luther scharf kritisiert: "Wo das Luthertum herrscht, ist Untergang der schönen Wissenschaften". Soweit die beiden bekanntesten und markantesten Antipoden im deutschsprachigen Raum. Ähnlich freundlich gehen Michelangelo und Leonardo da Vinci miteinander um.

1521 (Reichstag zu Worms) wird Ignatius von Loyola zum Gottesmann und indirekt zu Luthers Gegenspieler. Er unterbreitet Papst Paul III. ein Rettungsangebot für die katholische Kirche, das dieser 1540 begeistert aufnimmt. Mit einem eleganten Rückfall ins Mittelalter führt Rom 1541 die Inquisition wieder ein, die Epoche der Gegenreformation beginnt. Gleichzeitig wird Intoleranz zum wichtigsten, gemeinsamen Merkmal von Christen aller Richtungen. Ein Meer von Blut und Tränen überschwemmt Deutschland, die Bauernkriege brechen aus. "Als Adam grub und Eva spann, wo war denn da der Edelmann". Dies Wort stammt aus der Zeit. Nicht nur in Deutschland, in ganz Europa erheben sich immer wieder Teile der Bevölkerung gegen ihre Obrigkeit. Einem Tilman Riemenschneider werden in der Haft die Hände gebrochen, weil er sich den Anordnungen der Oberen nicht beugen will. Die sporadischen Brände des 15. Jahrhunderts verdichten sich zu einer Art Kreuzzugsglauben gegen alles, was von oben kommt. Man brandschatzt, zerstört, tötet im Namen Gottes - nur ist es jetzt das gemeine Volk und nicht Kirche und Herrscher, die es ihm jahrhundertelang vorgemacht haben.

Der Bauernkrieg ist eine einzige soziale Tragödie. Der seit Menschengedenken gnadenlos geopferte Bauer und einfache Stadtmensch zieht mit seinesgleichen als Bruder - ohne militärische Führung und Erfahrung - gegen den kampferprobten Adel und die Kirche. Die Folgen sind katastrophal. Neben Trauer um Mensch und Besitz bleiben nur Enttäuschung und Resignation. Die Glaubenszugehörigkeit wird jetzt von den kleinen Landesfürsten verordnet.

Die religiöse Erneuerung in Europa entartet zu machtpolitischen Auseinandersetzungen. Die wohlgemeinten und von vielen geforderten Reformideen degenerieren rasch zum Alibi von allerlei Machthabern, ihre Ansprüche durchzusetzen. Luther hat vor dem Reichstag zu Worms sein Leben riskiert, 60 Jahre später sichert sich der französische König Heinrich IV. mit seiner Rückkehr zum Katholizismus Krone und Land, "Paris ist eine Messe wert". Bezahlt wird die "Pariser Bluthochzeit" mit dem Progrom gegen die Hugenotten (Bartholomäusnacht). Der strenggläubige, spanische König Philipp II. (nachzulesen in Schillers "Don Carlos") verfolgt gnadenlos Macht- und Glaubensziele, und zwar in dieser Reihenfolge, mit jedem erdenklichen Mittel. Während er eifersüchtig über die Rechtgläubigkeit seiner Untertanen in Europa wacht, entwickelt sich England unter Königin Elisabeth I. vom unbedeutenden Inselstaat zur Weltmacht und wird neben den freien Niederlanden zum Mekka für Andersgläubige und Verfolgte. Doch die Revolution der Naturwissenschaften, die Eroberung des Kosmos und die religiöse und soziale Erneuerung lassen sich nicht mehr rückgängig machen.

Ausbreitung der Renaissance
Ausgehend von Italien fallen die Impulse der Renaissance in ganz Europa auf fruchtbaren Boden. Allerdings werden sie in den jeweiligen Ländern zu sehr unterschiedlichen Zeiten aufgenommen, je nach geographischer, politischer und kultureller Lage des betreffenden Landes. Wie schon erwähnt, ist **Italien** die Wiege der Renaissance. Dort ist durch das Vorhandensein antiker Vorbilder die Entwicklung fast übergangslos, zumal sich schon seit dem Ende des 14. Jahrhunderts ein lebhaftes Interesse am antiken Erbe zeigt, vor allen Dingen in den Geistes- und Naturwissenschaften. Nachdem die Vorherrschaft des französischen Geschmacks gebrochen ist, tritt eine Rückbesinnung auf eigene Traditionen ein. Diese Neigung kann man als Rückführung der eigenen urbanen Ursprünge auf das antike Rom bezeichnen. Nach der Schwächung des Kaisertums erstarken die Stadtstaaten wirtschaftlich und politisch, allen voran die toskanischen Städte Florenz, Pisa, Siena. Schließlich werden die Päpste zu den bedeutendsten Kunstförderern. Heerscharen von Künstlern pilgern nach Italien, wandernde Künstler werden von dort an europäische Fürstenhöfe gerufen. Klarheit, Maß und Großzügigkeit gehören zu Florenz, zu Rom gehört Großartigkeit. Die Wiederentdeckung der zehnbändigen Architekturtheorie Vitruvs (33 n. Chr.) im Kloster St. Gallen und ihr Abdruck 1486 in Rom bilden die Grundlage für die Blüte der Architektur in der italienischen Hochrenaissance. Trotz seiner benachbarten Lage reagiert **Frankreich** sehr zögerlich auf die neue Strömung und nimmt sie erst spät auf. Zunächst rezipieren die französischen Kunsthandwerker nur die dekorativen Details der italienischen Renaissance unter Auslassung der inneren Gesetzmäßigkeit oder konstruktiven Struktur.

Der wichtigste Förderer der französischen Strömung ist König Franz I. (1515-1547), der berühmt ist für seine Loire-Schlösser (Außentreppe am Schloß von Blois). Auch Madame de Rambouillet ist der neuen Kunst gegenüber sehr großzügig. Der König holt zahlreiche italienische Künstler nach Frankreich, doch ohne bleibenden oder durchschlagenden Erfolg. Schließlich lösen sich die französischen Kunsthandwerker vom Einfluß der italienischen Meister und entwickeln eigenständige Vorstellungen im Umgang mit der Antike. Die hervorragendsten Werke dieser Epoche in Frankreich sind der Hoch- und Spätrenaissance zuzuordnen, das beste und reinste Beispiel ist das Schloß Fontainebleau. Durch enge verwandtschaftliche und politische Beziehungen **Spaniens** mit Italien gibt es einen regen kulturellen Austausch mit diesem Land, daher wird die Renaissance in Spanien recht früh angenommen. Spanien schöpft aus seiner eigenen antiken Tradition, dem Maurischen; italienische Stilelemente werden nur adaptiert. Die spanische Spätrenaissance ist geprägt von der Regentschaft des König Philipp II. Seine tiefe und ernste Religiosität lehnt verspielte Ornamentik ab. Die Spanische Renaissance zeigt sich prägnant, männlich, streng, nüchtern. Bekanntestes Bauwerk: der spanische Königspalast in Madrid, der "Escorial". Trotz intensiven geistigen und kulturellen Austausches deutschsprachiger Humanisten und Künstler mit Italien dringt das Formengut der italienischen Renaissance zunächst nicht in **unsere Länder** vor, deren Kunst noch von der Spätgotik bestimmt ist. Der wohl entscheidende Vermittler zwischen traditionellem Handwerk und neuen Kunsttheorien ist Albrecht Dürer. Seine Venedigreisen und die Handelsbeziehungen der Nürnberger und Augsburger Patrizierfamilien geben den Anstoß für die zaghafte Verwendung vor allem norditalienischer Elemente. Für Nürnberg ist in erster Linie Peter Flötner als hervorragender Möbel-Baumeister zu nennen, für Augsburg Hans Burgmair und Daniel Hopfer. Die nur zögernde Aufnahme des neuen Stils ist durch die religiösen und politischen Umwälzungen im nördlichen Europa zu erklären. Erst nach 1530 gewinnt die Renaissance im deutschsprachigen Raum an Boden, allerdings als durchaus eigenständige Entwicklung. München, eine Hochburg der Gegenreformation, spielt in der deutschen Renaissance eine besondere Rolle.

Exzellente Renaissancewerke finden sich in den **Niederlanden**. Außer Italien hat sich wohl kein europäisches Land so aktiv, kreativ und offen mit der Renaissance auseinandergesetzt. Für die holländischen Künstler ist die Natur der Führer. Man konzentriert sich auf die realen Dinge der Welt, zeichnet und malt mit mikroskopischer Genauigkeit. Die niederländische Kunst hat zwei Höhepunkte: den Ausdruck religiöser Gefühle und die Wiedergabe der den Menschen umgebenden, realen Natur. Zunächst ist Brügge das Zentrum im 15. Jahrhundert, im 16. Jahrhundert übernimmt Antwerpen die Vorherrschaft. Besonders starken Einfluß auf den norddeutschen Raum bis nach Frankfurt und Prag übt der flämische Architekt und Maler Hans Vredemann de Vries. Seine Vorlagen-Blätter zur Möbelgestaltung finden große Verbreitung. Geistiges und formales Gut aus Italien gelangt durch italienische Wanderkünstler über Ungarn nach Böhmen, Polen und Rußland.

Möbel und Einrichtung

Die deutschen Möbel der Renaissance erreichen um 1500 einen Höhepunkt technischen und künstlerischen Könnens. Konstruiert sind sie hauptsächlich als Kastenmöbel. Die Möbelschreiner beherrschen die Kunst des Schnitzens und der Intarsienarbeit meisterlich, so daß aus dem tektonisch schlichten Einrichtungsgegenstand oft genug ein kleines Kunstwerk wird.

Die **Wände** des Patrizierhauses sind holzgetäfelt. Die häufigsten Holzarten hierbei sind Eiche oder gebeiztes Fichtenholz, Nußbaum noch recht selten. Den gewünschten Farbton erreicht der Kunsthandwerker, indem er das Holz mit heißem Sand bearbeitet. Diese Wandverkleidung reicht nicht immer bis zur Decke und ist reich dekoriert mit dem neuen Formengut. Symmetrisches Linienspiel dient der Flächenbelebung. Größere Flächen werden vielfach ein- und unterteilt durch Intarsien in geometrischen Grundformen. Echte oder simulierte Wandschränke sind in die Paneele eingearbeitet. Der obere, freie Wandstreifen ist entweder nach italienischem Vorbild mit Gemälden geschmückt oder einfach freigelassen, was besonders für die Nürnberger Renaissance typisch ist. Im Lauf der Jahrzehnte reichen die Täfelungen bis zur Zimmerdecke.

Die obere Zone der Verzierungen ist mit im Scheitel unterbrochenen Bogenfeldern auf kleinen Pilaster gegliedert, die Basis bilden gedrungene Voluten. Später ziert auch geprägte Ledertapete den Raum. In die Täfelung eingelassen ist eine von Säulen eingerahmte Tür, deren Abschlußgebälk schlicht sein kann oder mit einer Bekrönung aus dem Bereich der Pflanzenwelt versehen ist wie Girlanden, Rosetten, Akanthusblatt oder Fruchtreihen. Ähnlich ist die Fensternische gestaltet, in deren Öffnung Butzenscheiben eingesetzt sind.

Von der Zimmerdecke hängen verschieden gestaltete **Beleuchtungskörper**. Bis heute erhalten hat sich der Kronleuchter, ein Kranz oder Reifen, auf den Kerzen gesteckt werden. Sehr modern ist das Lüsterweibchen. An einer von der Decke herabgelassenen Kette ist eine, oft nackte, weibliche Figur befestigt, oftmals aus dem Bereich der Fabel, an der ein Hirschgeweih montiert ist und deren Arme als Kerzenhalter dienen. Der dritte Lampentyp ist die sogenannte "Flämische Krone", aus deren zentralem vasenförmigen Metallkorpus Messinggarme ragen. Darauf werden Kerzen aufgesetzt. Dem Renaissance-Menschen ist auch der Wandleuchter bekannt, der mit Vorliebe aus Reh- oder Hirschgeweihen hergestellt wird. Im deutschsprachigen Raum ersetzt der Kachelofen den offenen Kamin. In dem derart ausgestalteten Zimmer stehen die Möbel als Raumschmuck.

Ein wichtiger Einrichtungsgegenstand ist der **Schrank**. In der offenen Version heißt er "dressoir" (dresser, franz.: anrichten). Er ist im Haushalt des 16.Jh. ein gefragtes Repräsentationsmöbel. Kostbare Geschirre und silberne Behältnisse werden darin aufbewahrt und zur Schau gestellt. Kaum ein Teil dieses Prunkmöbels ist ohne Schnitzerei, gestaltet aus allen Elementen der Renaissance: Löwenklauen, Beschlag, Rollwerk, Grotesken, Akanthus, Fruchtgehänge, Rosetten, Palmetten, Blattranken, Voluten, Karyatiden.

Beim Schrank wird der geschlossene Sockel als Schublade genutzt, den oberen Abschluß ziert häufig ein Fries mit antikischer Ornamentik oder ein Dreiecksgiebel. Profilierungen, Kehlungen, Verkröpfungen werden im Lauf der Zeit kräftiger, um den struktiven Aspekt stärker hervortreten zu lassen. Die Front und Seiten ziert das außerordentlich vielgestaltige Schmuckwerk aus den oben erwähnten Ornamenten sowie Muscheln, Löwen, Engelsköpfe, Masken, Vasen, Kartuschen.

Eine wichtige Rolle bei den Renaissancemöbeln spielen auch verschiedenste Pflanzenmotive und Vorlagen aus der mythologischen und biblischen Figurenwelt. Selbst das reichste Ornament ist Bestandteil oder Verstärkung des Aufbaus, beides ist sehr eng zu einer harmonischen Gesamtwirkung verbunden. Zunächst sind die Säulen glatt, dann werden sie üppig mit Reliefs überzogen, später intarsiert, die Kapitelle sind reich gestaltet. Eiche und Fichte verarbeitet der Möbelschreiner am häufigsten, das Modefurnier ist Esche. Mit der

Truhe mit Intarsien, Ende 16.Jh. (Mainfränkisches Museum Würzburg)

Eroberung der neuen Welt wird das kostbare Ebenholz sehr gefragt. Im Fortgang des Jahrhunderts werden die für die Architekten geschaffenen Musterbücher verbindlich für den Schreiner, der nach diesen Vorlagen die Fassade seiner Möbel gestaltet. Die klassische Ordnung der Säulen und Pilaster bestimmt den Aufbau des Möbelstücks. Füllungen mit Dreiecksgiebeln, die kleinen Tempeln gleichen, betonen nun die Front von Schrank und Truhe. Da hinein gefügt sind perspektivische Einlegearbeiten oder Reliefschnitzerei.

Die Kastentruhe ruht meist auf einem geschlossenen Sockel. Die Front ist wie beim Schrank gestaltet, aufgelockert in der Art einer architektonischen Fassade mit Bogenfeldern zwischen Pilastern. Die Felder sind mit Reliefschnitzerei geschmückt, später tritt üppige, phantasievolle und äußerst kunstfertige Intarsienarbeit an deren Stelle, häufig gefertigt in der neu entdeckten Kunst der Perspektive. Der Rahmen ist flach oder reliefiert geschnitzt, die Vertikale durch Säulen oder Pilaster zusätzlich betont.

Abbild menschlichen Tuns und menschlicher Kunstfertigkeit ist der **Kabinettschrank**. Der querrechteckige Schreibkasten birgt hinter der herabklappbaren Vorderseite eine kaum auszuschöpfende Vielfalt von Schubladen, Türchen und Geheimfächern. Der Kasten wird beliebig auf einen Tisch gestellt, ist also ein mobiles Möbel; später wird das spanische Untergestell Mode, ein Gestell mit Korkenzieherbeinen und Querverstrebungen, auf dessen oberen Rahmen der Schreibkasten gesetzt wird.

Auch das Pultkästchen oder -schränkchen mit seinen reich intarsierten Sichtseiten wird ähnlich verwendet. Prunkvoll und kostbar wird der Kabinettschrank durch die Verarbeitung von Ebenholz und aufwendigstem Gegenfurnier auf den Innenseiten von Türen und Klappen. Der Möbelschreiner dekoriert das wertvolle Ebenholz oft mit virtuosen Gold- oder Silberintarsien. Sehr anziehend, jedoch viel strenger wirken feine Einlagen aus geritztem Elfenbein.

Erst in der zweiten Hälfte des 16. Jahrhunderts werden **Tisch** und **Stühle** als Einrichtungsgegenstände unentbehrlich. Der feststehende Tisch zum Essen, zur Unterhaltung, auch zum Arbeiten und Lesen wird bei uns geläufig, während er im Italien der Frührenaissance schon stark verbreitet ist. Die beiden gängigen Typen sind der Wangen- und der Schragentisch. Diese beiden Tischtypen sind seit der Spätgotik bekannt.

Beim Wangentisch ruht die Platte auf zwei seitlichen, meist senkrecht stehenden, massiven Brettern, den Wangen, deren Unterteile wie Kufen aussehen. Der breite Rahmen bekommt später reliefgeschnitzte Füllungen, in denen Schubladen verborgen sein können. In der Frühzeit der Renaissance sind auch steinerne Tischplatten beliebt, deren Oberfläche dekorativ geritzt und geätzt ist.

Das Gestell des Schragentisches besteht aus schräggestellten, meist scherenartig verbundenen Hölzern unter den Seiten der Platte. Diese sind häufig geschweift. Die" Schragen" genannten Beine sind üblicherweise mit einer Querverstrebung stabilisiert. Nun wandelt der Künstler die Gestelle ab, indem er z.B. die Beine pilaster- oder säulenförmig mit üppigen Kapitellen ausbildet. Dann verändert sich der Säulenfuß. Er wird mehrfach gewulstet oder korkenzieherförmig gedreht. Oft verjüngt sich auch der Säulenschaft, er wird mit Hermen oder Karyatiden geschmückt. Wie der Kabinettschrank entwickelt sich der immer beliebter werdende, runde oder quadratische Tisch zu einem veritablen Prunkmöbel. Auf der Tischplatte und später auch am Gestell zeigt der Kunsthandwerker all seine Fähigkeiten im Bereich der Intarsienarbeit. Fünferlei Holzarten und Elfenbein werden zu Intarsien verarbeitet. Die Findigkeit scheint kaum Grenzen zu kennen: der Klapptisch und der Ausziehtisch halten Einzug im Patrizier- und Fürstenhaus. In der Spätrenaissance deutet die Entwicklung des Tisches stark auf die Entwicklung des barocken Prunktisches hin.

Der **Stuhl** erfährt nachhaltige Veränderungen. Denn zu den nun oft genutzten Tischen müssen neue Sitzgelegenheiten entworfen werden. Schon im 15.Jh. wird der Falt- oder Klappstuhl in unseren Raum eingeführt, der aber nur für den aktuellen Gebrauch aufgebaut wird. Der bis dahin nur der Obrigkeit vorenthaltene Sessel findet als repräsentatives, bequemes Möbel seinen Einzug in die Räume des Patriziers. Das Gestell ist oft noch vom antiken Scherenstuhl abgeleitet, dessen X-Form jetzt immer öfter von vollplastischen Figuren verdeckt ist. Aus den Rückenlehnen mit Kandelabersäulen ragen reich geschnitzte, offene Armlehnen hervor, die in Voluten oder mythologischen Köpfen münden. Diese Art von Stuhl hat ein Lederband oder eine voll ausgebildete Rückenlehne. Denn mittlerweile hat man gelernt, Polster und Rahmen fest miteinander zu verbinden. Die Bekrönung des Lehnenrahmens entspricht in ihrer Ornamentik den obigen Beschreibungen.

Der Armlehnstuhl erhält ein vierbeiniges Gestell, das gerade und rechtwinklig ist. Die Beine können schmucklos und vierkantig sein, aber auch säulenförmig und münden in Tatzenfüßen oder wie die Armlehnen in Voluten oder Tierköpfen. Die vorderen Beine stützen die Armlehne, die rückwärtigen umrahmen die Rückenlehne und haben an ihrem oberen Ende Karyatiden, die in Schnecken oder Tierhäuptern münden. An der Schauseite des Gestells und der Lehne verlaufen häufig recht breite, stabilisierende Bretter, die reich geschnitzt und verziert sind.

Selbstverständlich gibt es auch den Brettstuhl. Dessen Holzsitz, der in jedem Fall eine geometrische Form bildet, ruht auf vier eingepflockten, schräggestellten Beinen. Die mit einem Greifloch versehene Rückenlehne ist reich verschnitzt.
Auch das **Bett** ist in seiner Grundstruktur ein Kastenmöbel. Gewöhnlich wird es von einem Bildhauer entworfen. Der breite Rahmen ruht auf vier körperhaften Füßen, aus seinem oberen Teil ragen Säulen auf. Diese scheinen in ihren verschiedenen Formen den Tischbeinen zu ähneln. Auf den Säulen schwebt der Baldachin, der sich nicht immer über das ganze Bett spannt. Das Kopfbrett ist im Vergleich zum Fußbrett stark erhöht, alle Schauseiten des Bettes schmücken die Zieraten der Renaissance wie Pilastergliederungen, rustizierte Bögen oder Ädikulumfüllungen. Dazu gesellen sich Reliefschnitzereien und später Intarsien. Übrigens dient der Baldachin des Renaissance-Bettes keineswegs nur der Gemütlichkeit und der Intimität, vielmehr soll er den Schläfer vor herabfallenden Insekten schützen.

Im Zusammenhang mit dem Bett ist der Gießkalter zu erwähnen, ein in der Spätgotik modern gewordenes Waschkästchen. Die Deckplatte ist nach beiden Seiten hin aufklappbar, darin verbirgt sich das Waschgeschirr.

Wie sich Denken, Handeln, Gebäude und Möbel im neuen Geist wandeln, so wandelt sich auch die **Kleidung**. Zum neugestalteten Zimmer paßt nicht mehr die anliegende, mittelalterliche Strumpfhose. Der Herr trägt jetzt eine monströse Pluderhose mit Betonung des Hosenlatzes. Diese Hosen sind rundum geschlitzt und mit andersfarbigen Stoffen unterlegt. Darüber kleidet man sich mit einem Wams, dessen Ärmel ebenfalls im oberen Teil geplustert sind.

Zunächst trägt der gehobene deutsche Herr noch halsfern, dann wird der Halsausschnitt mit einem kleinen Halstuch geschmückt. Dieses weicht dann dem Hemd mit weitem, spitzenbesetztem Kragen, woraus sich später die gestärkte Halskrause entwickelt. Den Kopf bedeckt ein breites Barett oder ein großer Federhut. Die Kleider der Damen werden ausladender, aus sich bauschenden Stoffen hergestellt. Die Taille rutscht wieder vom Busen an ihren natürlichen Ort, zunächst wird der tiefe, rechteckige Ausschnitt nach vorn von einem Hemd verdeckt. Darunter trägt die Dame das spanische Korsett, eine für unsere Verhältnisse unvorstellbare Monströsität aus Eisen, Bein und Bändern. Der Brustlatz ist üppig verziert, darüber hängen mehrere Ketten aus Gold und Perlen, die Hände sind geschmückt mit köstlichen Ringen. Später werden Stehkragen und Coller modern. Frauen wie Männer tragen den breiten "Kuhmaulschuh" aus Stoff oder Leder. Man war üppig in der Kleidung, über Samt, Damast und Brokat trägt man Marderpelze.

Eine auf Idealität und Ruhe ausgerichtete Kunst wird stets von jungen Kräften in Frage gestellt. Ab 1520/30 sind in Italien, bei uns gegen Ende des Jahrhunderts Anzeichen von Unruhe und Spannung zu beobachten, der **Manierismus** kündigt sich an. Der tiefgründige, geistige Symbolismus weicht einem ingeniösen Spiel allegorischer Zufälle. Der Mensch, das Ziel des Humanismus und der Renaissance, gerät wieder aus der Balance.

BAROCK

Das Wort "barock" stammt aus dem Portugiesischen und bedeutet "unregelmäßige Perle".Im Lauf der Jahrhunderte wird es in den französischen Sprachgebrauch übernommen mit der abgewandelten Bedeutung "sonderbar". Wertfrei und als rein kunsthistorischen Begriff verwenden es erstmals Cornelius Gurlitt und Heinrich Wölfflin in der deutschen Kunstgeschichte (1888). Ausgehend von Italien kann die Kunst des Barock als Kunst der Gegenreformation bezeichnet werden. Obwohl das Barock als letzte gesamteuropäische Stilrichtung gilt, ist es sehr reich an national unterschiedlichen, eigenen Stilelementen. In Italien zum Beispiel tritt es als rein urbane Erscheinungsform auf.

Aus den klaren, ruhigen Formen der Renaissance entwickelt sich - für uns maßgebend - der Manierismus. Michelangelo ist wohl das berühmteste Beispiel für diese Entwicklung, indem er die klassische Bildkomposition aufgibt zugunsten wuchtiger Figuren und illusionistischer Architekturdarstellung. Ausgewogene Arrangements werden abgelöst von Kunstwerken, in denen Bewegung bis hin zur höchsten Dramatik ausgedrückt wird. Gleichzeitig tritt die Steigerung und Betonung der Mitte in den Vordergrund. Mit rauschhafter Hingabe werden Stilmittel eingesetzt wie Lichteffekte, Spiegel, Vergoldungen, Faltenschwünge, Girlanden, Wasserspiele. Scheinbare Unendlichkeit vermittelt übersinnliche Dimensionen. All die schwelgerischen, illusionären Effekte sind nur durch den Einsatz ihres Widerparts möglich, nämlich durch die moderne Mathematik und Geometrie. Beispielgebend sind Sakralbauten, die von konservativen, gegenreformatorischen Kräften in Auftrag gegeben werden; Johann Sebastian Bach führt mit seiner Musik einen lebenslangen Kampf gegen seine Kirchenoberen, denen seine Musik zu "opernhaft" ist - jedoch für uns heute der Inbegriff "mathematischer Musik".

Der Barockmensch - erschüttert durch die Zerrüttung des Weltbildes seiner Vorfahren - baut sich mit Hilfe von Formeln und Formen eine Art Bühne, auf der er sich selbst zur Schau stellt. War die Renaissance noch gebändigte Vernunft, entfaltete sich die Vernunft am Ende des Barock als ungebändigte Weltlichkeit. Unter der prunkvollen, gezirkelten Äußerlichkeit schwelt noch die Grausamkeit der düsteren Vergangenheit. Es ist noch ein weiter Weg bis zur Verweichlichung des Rokoko-Menschen.

Das Barock kann als Tat europäischer Fürsten betrachtet werden. Während sich die Mitte Europas im letzten großen Religionskrieg (1618-1648) zerfleischt, keimt rundum die Neue Zeit. Europa gründet weltumspannend, nach der Weltentdeckung kommt die Welteroberung mit Sklavenhandel und Kolonisierung: 1618 gründet sich die englische Westafrika-Kompagnie, 1619 gründet die Niederländische Ostindische Kompagnie die Stadt Batavia (Djakarta) auf Java, 1626 gründet sich die Französisch-Westafrika-Kompagnie; 1619 gründet Virginia das erste moderne Parlament, 1620 gründen die "Pilgrim Fathers" die Kolonie "New England" in Nordamerika, Madras wird als englische Siedlung in Indien gegründet (1659-1752 Hauptsitz der Ostindischen Handelsgesellschaft). Gründen, gründen, gründen, ...

Obwohl europaweit absolute Herrscher den Gang der Geschichte bestimmen, ist für den Gebildeten Europa geeint (Voltaire am preußischen Hof, Holbein und Händel am englischen Hof, Zar Peter der Große unternimmt eine Europareise.

Absolutismus ist der endgültige Sieg des Weltlichen über die Kirchenmacht. Während Habsburgs Traum einer "Civitas Dei", eines umfassenden Gottesstaates, zerbricht, legen die Randstaaten der Habsburger die Fundamente für künftige Weltgeltung: Schweden, Preußen, die Niederlande; und Frankreich, der alte Gegner Habsburgs, blüht zu größter Geltung empor. Kardinal Richelieu und sein Nachfolger Mazarin verzichten auf kirchliche Machtausweitung: die beratende Lenkung weltlicher Macht gibt ihnen mehr Einfluß als der Papst je hatte. Und noch während unter ihren Fittichen sich der kommende Stern unter den absolutistischen Herrschern entwickelt, macht Cromwell in England seinen Charles I. um einen Kopf kürzer. Auch Könige sind sterblich.

Am Anfang des Barock steht noch der Versuch, christliche Weltdeutung krampfhaft aufrechtzuerhalten, am Ende gilt das neue Lieblingswort der Epoche "Fortschritt".

Unsterblich scheint Ludwig XIV. von Frankreich zu sein. Seine Wirkung, sein Stil, sie werden unvergänglich. Er spielt mit seinem hervorragenden Kunstverstand die wichtigste Rolle unter den Fürsten Westeuropas. Er eint die widersprechenden Stilelemente des italienischen Barock mit denen der französischen "clarté" und prägt so den europäischen Geschmack: Bernini, der "Papst" zeitgenössischer Künstler, wird nach Paris eingeladen, um den Louvre umzubauen. Unter dem Vorwand, seinen prächtigen Plänen mangele es an häuslicher Hygiene, muß er wieder heimkehren. Stattdessen konzentriert Ludwig alle Kräfte auf Versailles, wo eine unvergleichliche Pracht künstlerischer Blüte sich entfaltet.

In Deutschland findet zunächst nur der katholische Süden Geschmack an den revolutionierenden Anregungen aus Italien. Der protestantische Norden verharrt weitaus länger in den ruhenden, kargen, sachlichen Dimensionen und Proportionen der Renaissance. Die Zerstörung Mitteleuropas durch den Dreißigjährigen Krieg setzt - welchen künstlerischen Neigungen auch immer - ein schreckliches Ende. Erst das 18.Jh. zeigt die besondere Blüte des deutschen Barock, ausgehend von Österreich und Böhmen.

Weiter im Norden - in England - ist der Renaissancestil unverhältnismäßig lange tonangebend. Es ergibt sich nur ein kurzes Techtelmechtel mit dem italienischen Barock. Inigo Jones trifft in Italien auf die Architektur Andrea Palladios, des großen Repräsentanten der klassischen Bauweise, und exportiert die Architekturtheorie der Antike nach England. Von dort greift der "Palladianismus" auf das protestantische Holland über. Englands zweiter großer Baumeister, Sir Christopher Wren, (St. Paul's Cathedral, London) reist nur bis Paris, um sich Impulse zu holen. Mit dem Tod Ludwigs XIV. geht in Frankreich die alte Welt des prunkvollen Barock unter.

Der Absolutismus hat der konfessionellen Zerfleischung Europas ein Ende gemacht. Der Mensch zieht die Diktatur dem Chaos vor. Er wird durch die Verrückung der kosmischen Ordnung zum Individuum - Aufbruch zur Moderne. Mit der Ausbreitung der Vernunft wird ein Weg beschritten, auf dem es keine Rückkehr mehr gibt und der in der französischen Revolution mündet.

Die politische Verstümmelung Deutschlands im 17. Jahrhundert ist verhängnisvoll - für die künstlerische Entwicklung hingegen ist sie fruchtbar. Denn jeder kleine Fürstenhof hält sich nun seine Künstler. August der Starke von Sachsen ist gewiß der bekannteste Herrscher, der absolutistische Machtfülle mit Kunstverstand und erlesenem Geschmack eint.

August der Starke
Nach einer großen Kavalierstour durch Europa kehrt er als virtuoser Kenner und großzügiger Förderer der schönen Künste an seinen Hof zurück. Obwohl Ludwig XIV. sicher sein Vorbild ist, holt der spätere polnische König, ein prachtliebender Mann von beinahe genialer Intelligenz, deutsche Künstler nach Sachsen. Matthias Daniel Poeppelmann baut für ihn den Dresdner Zwinger, der einem "Festsaal unter freiem Himmel" ähnelt. August fördert Joh. Friedr. Böttger, den Nestor der späteren königlichen Porzellanmanufaktur in Meissen, die von anderen deutschen Fürsten eifersüchtig beäugt und nachgeahmt wird.

Obwohl Frankreich nach dem 17. Jahrhundert in Geschmack und Lebensweise tonangebend ist, kann man mit Fug und Recht vom deutschen Barock als einem eigenständigen Stil sprechen. Im Vergleich zu Frankreich weist Deutschland von Stadt zu Stadt, von Residenz zu Residenz, von Land zu Land einen außerordentlichen Variantenreichtum auf. Insofern ist es ausgeschlossen, an dieser Stelle auf die vielfältigen, differenzierten Stilmerkmale der verschiedensten Produktionsorte oder gar Produktionsstätten im Detail einzugehen. Der Verfasser beschränkt sich auf einige wichtige Schwerpunkte, die für das deutsche Barock Bedeutung erlangt haben.

Möbelstil - allgemein

Gegen Ende des 16. Jahrhunderts mehren sich in Deutschland die Anzeichen einer ungraziösen Verwilderung der Renaissance-Ornamentik. Der manieristische Schwulst Italiens feiert wahre Orgien. Etwa um 1610 tauchen statt der bisher üblichen architektonischen Säulen- und Musterbücher die ornamentalen Zieratenbücher auf. Mit ihnen kündigt sich das Barock an. Die neuen Ornamente bestehen aus einem leichter werdenden Schweifwerk, der knorpelige Ohrmuschelstil breitet sich aus. Perspektivische Kunstgriffe vermitteln Großräumigkeit. In der zweiten Hälfte des 17. Jahrhunderts dringt die holländische Vorliebe für Blumen und Fruchtgehänge ins deutsche Barockdekor ein. Dazu gesellt sich später die alles überwuchernde Akanthusranke. Das Akanthusblatt entwickelt sich massig, lockenartig als Bekrönung oder Friesornament an Schränken, Betten, Tischen, Stühlen.

Im Verlauf des Jahrhunderts emanzipiert sich **Deutschland** vom italienischen Einfluß, Elemente der Spätrenaissance werden verinnerlicht und verstärkt. Unser Sprachraum hat mit schweren Problemen zu kämpfen, denn der dreißigjährige Krieg hat das Land fast ausgeblutet. Danach herrscht an allen deutschen Fürstenhöfen das Bestreben, die neu erblühende Macht und Pracht mit Hilfe der neuen Geschmacksrichtung darzustellen, während die Vorrangsstellung Deutschlands in den dekorativen Künsten, bedingt durch den langen Krieg, auf Paris übergegangen ist. Dort herrscht der jugendliche König Ludwig XIV. Trotz des ungeheuren Einflusses des Monarchen und der mannigfaltigen Impulse, die von seinem Hof ausgehen, werden diese in Deutschland nur zögernd angenommen. Im deutschen Barock halten sich - je nach dynastischen und konfessionellen Bindungen - französische, italienische und niederländische Anregungen die Waage. Zwar reizen die Versailler Entwürfe die deutschen Künstler; doch die meisten kunstliebenden Auftraggeber engagieren vorzugsweise italienische oder einheimische Kunsthandwerker. Aus Nürnberg werden nach ganz Europa die virtuosesten Kabinettschränke geliefert, in Augsburg übertreffen sich Gold- und Silberschmiede an Kunstfertigkeit und Einfallsreichtum.

Bei der Entwicklung des süddeutschen, höfischen Prunkmöbels ist Christoph Angermeier eine Schlüsselfigur. Prägend für das deutsche Barock ist Andreas Schlüter, der die Krönung seines Werkes in der Mark Brandenburg hinterläßt. Er gestaltet monumental-plastisch, liefert herausragende Beispiele des norddeutschen Barock. Sein Schüler Paul Decker wird zum bedeutenden Vertreter des Spätbarock; seine originellen, kraftvollen Skizzen sind leicht französisch beeinflußt, malerisch, dekorativ.

Der Entwurf der entstehenden modernen Möbel entspringt nicht mehr einer geistigen Haltung. Er ist das Anliegen von Schreinern. Sie heben das Holz in seinen ihm gemäßen Eigenschaften hervor. Sie nutzen all seine Möglichkeiten. Aus handwerklicher Erfahrung lassen sie in der Oberflächengestaltung Licht- und Schatteneffekte entstehen. Profilierungen und der Wechsel konkaver und konvexer Teile erhöhen die schmückende Wirkung des Möbelstücks. Aus kleinen, praxisbezogenen Schritten entsteht ein fruchtbarer und entwicklungsfähiger Stil.

Lade der Würzburger Büttnerschaft um 1700 (Mainfränkisches Museum Würzburg)

Durch die Weiterentwicklung des Werkzeugs (z.B. 1565 Erfindung der Ziehbank) erreicht die Kunst des Profilierens im Barock einen Höhepunkt und eröffnet neue Gestaltungsmöglichkeiten. Durch die barocke Flammleiste und ihre nahe Verwandte, die gewellte Leiste, werden die geraden Profile nun gewellt und bucklig. Das Fassadenmöbel ist noch mit Ädikulenfüllungen und kannelierten, korinthischen Säulen unterteilt. Verstärkte Rahmen, Säulen und Pilaster werden üppiger, Gesims und Verkröpfungen mächtig. Hinzu tritt der Knorpel, eine wulstige Ornamentik, die Pflanzen und Fratzen durch ihre Verdickung und Betonung plastisch hervorhebt. Die Umrisse des strengen Renaissance-Schmucks weichen auf. Gleichzeitig mit der Knorpeltechnik entwickelt sich die Drechselkunst. Säulen und Möbelbeine können nun in unterschiedlichen Dicken gedreht werden. Die typisch barocke Balusterform mit ihrem länglichen oder kugeligen Korpus entsteht. Die so gedrechselten Säulen ergänzen die Knorpel an Füllung und Bekrönung harmonisch.

Ebenfalls zur Vervollkommnung gelangt die Kunst des Furnierens, der Intarsien und Marketerien. In ganz Deutschland ist, neben dem beliebten Ebenholz, Nußbaumholz auf dem Vormarsch, dessen warmer Braunton besonders geeignet ist für vielgestaltige Einlegearbeiten unterschiedlichster Techniken.

Innenausstattung
Die Wände des Barockzimmers sind in Füllungen eingeteilt, deren Felder plastisch dekoriert sind. Die Decken haben mächtige Hohlkehlen, sind mit Holzkassetten ausgestattet.

Später umrahmen kunstvolle Stuckarbeiten polychrome Deckengemälde, teils in Felder unterteilt, teils flächendeckend. Türen und die raumhohen Spiegel sind mit üppigen Blatt- und Fruchtwülsten eingefaßt, über Kaminen und Flügeltüren türmen sich mehrfache Bekrönungen mit Medaillons und figürlichen Darstellungen, umgeben von Girlanden. Diesen Raumschmuck muß man sich in Stein, Metall, Holz, bunten Farben vorstellen, ab 1650 mit verschwenderischer Vergoldung.

Oberhalb der Täfelung werden immer häufiger dekorative Stoffe als Tapeten oder wertvolle Wandteppiche angeschlagen. Fenstervorhänge und Portieren aus Damast, Goldbrokat, polychromer Stickerei oder chinesischen Stoffen sind weit verbreitet. Herabhängende, elegant gefaltete oder geraffte Stoffbahnen werden luxuriös verziert mit Fransen und Quasten, später mit Rüschen und Schleifen. In diesen Räumen gilt Einheit und Repräsentanz, erreicht mit unterschiedlichen Mitteln und Bestandteilen.

Möbel - im Einzelnen
Ein wichtiges Möbelstück in diesem Ambiente ist der barocke **Prunkschrein**, von Fürsten und im kirchlichen Gebrauch verwendet. Dabei handelt es sich um ein zweitüriges Schränkchen, das immer auf einen Tisch gesetzt wird. Der Giebel ist getreppt gehöht, mit wunderbar reichhaltiger Bekrönung. Hinter den kleinen Türen verbirgt sich eine Unzahl von Schubladen, die eine in der Mitte befindliche Tür umgeben. Front und Innenseiten sind außerordentlich reich geschmückt mit allen denkbaren Barockelementen aus dem Bereich der plastischen Holzarbeit und der Intarsien. Oft sind diese beiden Techniken mit Gemälden verbunden. Im abschließbaren Sockel, der im Laufe der Zeit auf Volutenfüße gesetzt wird, ist fast immer eine Schublade untergebracht.

In Technik und Material ähnlich perfekt wie der Prunkschrein ist der **Prunktisch**. Seine - rechtekkige, oktogonale oder runde - Platte ist stets aus kostbarem Grundstoff. Oft besteht die Platte auch aus poliertem Stein. Entweder ist sie mit virtuosen Intarsien aus Edelmetall oder Elfenbein verziert wie der Schrein, oder verschiedene Hölzer fügen sich zu delikaten Mustern. Modern sind auch Einlagen aus Stein (pietra-dura). Aus Florenz eingeführt wird die Kunst, holzfremden Schmuck in die Platte einzusetzen wie Marmorstücke und Halbedelsteine. Daneben verwendet der Künstler Emailarbeiten. Die vier Füße sind ebenfalls verziert, sei es mit Reliefschnitzerei, die später vergoldet ist, sei es mit Einlegearbeiten. Sie münden in einer Sockelplatte, die das Dekor der Tischplatte wieder aufnimmt.

Nicht zu verwechseln mit dem Prunkschrein ist der seit der Renaissance bekannte **Kabinettschrank**. Auch er ein kleines, tragbares Möbel von unerhörter Kostbarkeit und vielseitiger Verwendbarkeit, z. B. für die Aufbewahrung von Schriftstücken und Wertgegenständen. Der Kabinettschrank ist das Lieblingsspielzeug des Herrn von Welt bis zum Beginn des Rokoko. Der etwa einen Meter hohe, meist rechteckige Kasten mit abgeschrägten Ecken wird aus Ebenholz geschreinert. Anfangs ist seine Fassade noch mit vorgestellten Säulen und Pilastern gegliedert. Hinter den beiden Flügeltüren verbirgt sich ein kostbar gehaltener Mittelschrein, der als Schreibfläche, Toilettenspiegel oder Altar verwendet werden kann. An seinen beiden Seiten befinden sich Schubladen, hinter denen pfiffig angebrachte Behältnisse und Geheimfächer liegen. In den Anfängen ist der Giebel noch dachartig gehöht mit unerhörten Bekrönungen wie Spieluhr, Uhr, Figurinen. Die bekannten Beispiele dieser Möbelstücke zeigen in geöffnetem Zustand einen unvorstellbaren Reichtum an Material, Dekor und Formenvielfalt. Der Kabinettschrank hat immer einen passenden Tisch als Sockel. Er ist der Vorläufer des Schreibschrankes und des Schreibtisches. Gegen Mitte des Jahrhunderts wird das Kabinett höher. Über den eigentlichen Schrein wird ein ebenfalls von Säulen und Pilastern gegliedertes, sich verjüngendes Geschoß mit Schubladen gelegt, darauf sitzt die zierende Bekrönung. Der Kabinettschrank wird im Lauf seines Bestehens immer mehr zum ausgesprochenen Schreib- und Arbeitsschrank, erfreut sich ungebrochener Beliebtheit bis weit ins 18. Jahrhundert hinein. Im süddeutschen Raum sind Augsburg, Prag und Böhmen die wichtigsten Herstellungszentren. Der Augsburger Kabinettschrank ist ein recht kleiner Ebenholzschrein mit köstlichen Gold-, Silber- und Steineinlagen; der böhmische ist größer, vorwiegend mit Steineinlagen. Wahrscheinlich ist Köln für den norddeutschen Raum der bedeutendste Produktionsort. Der niederdeutsche Kabinettschrank ist in der Architektur streng gehalten, karg im Umriß, das häufigste Einlegematerial ist Elfenbein, graviert wie Kupferstiche in ornamentalen und figürlichen Darstellungen; wie anderswo wird geschwärztes Holz verwendet, hier meist Birnbaum. Nur ganz hoch im Norden verarbeitet der Schreiner braunes Holz, aus dem geschnitzte Fassaden und Figuren herausgearbeitet werden.

In ganz Deutschland erlebt der Kabinettschrank während des Barock eine ungeheuer reiche Blüte. Das Aufsatzteil - das Kabinett - wird größer, das Breitformat wandelt sich in ein Quadrat, schließlich in ein Hochrechteck. Je nach Herstellungsart ist der Kabinettschrank reich geschmückt, wobei die Augsburger Mode (s.o., geschwärztes Holz mit Silbereinlagen) und der holländische Einfluß mit minutiösen Elfenbeinarbeiten tonangebend bleiben. Auch feinste Reliefschnitzerei und Reliefintarsien aus verschiedenen Hölzern dekorieren die Front, die Kunstfertigkeit erreicht ihren Höhepunkt. Damit wird die schwarze Farbe aufgegeben. Der Kasten steht oft auf einem Stollen-Gestell, das ebenfalls reich geschmückt ist. Um 1700 wird der Kabinettschrank vom Schreibtisch abgelöst, der zunächst noch einen dem Kabinett ähnlichen Aufsatz hat. Auf dem Gestell ruht ein Kasten, dessen Deckplatte zum Schreiben herausgezogen wird. Darüber erhebt sich der Aufsatz. Die Silhouette ist kantig und gerade. Dieser Möbeltyp erfährt manche Veränderung bis zur Entstehung des Schreibschrankes. In seinen Anfängen bildet ein Tisch das Unterteil, später rückt an seine Stelle die Kommode. Darauf erhebt sich ein Aufsatz mit Türen, Fächern, Schubladen.

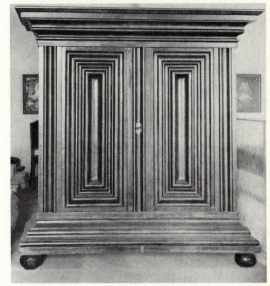

Frankfurter Wellenschrank 1.Hälfte 18.Jh. (Mainfränkisches Museum Würzburg)

Zu einem wichtigen Requisit des Barock wird der **Kleider- und Wäscheschrank**. Im bürgerlichen Lebensbereich wird er unentbehrliches Wohnmöbel, der Adel duldet ihn höchstens im Schlafraum oder auf dem Gang. Mit zunehmender Bedeutung des Schrankes degeneriert die beliebte Truhe der Vergangenheit - außer im bäuerlichen Bereich - zu einem Vorratsmöbel in den Dienstbotentrakten. Noch ist der Schrank oft zweigeschossig, viertürig, mit vorgesetzten Säulen oder Pilastern als Fassadenschrank gestaltet. Schwere, mehrfach profilierte Simse mit wuchtigen Kröpfungen schließen das frühbarocke Kastenmöbel nach oben ab. Das Dekor der Füllungen wird schweifiger, runder, an manchen ganz frühen, süddeutschen Schränken ist schon ein geschwungener Sims zu finden. Ab ca. 1640 wird immer häufiger der eingeschossige Kleiderschrank entworfen. Nußbaum löst in ganz Deutschland das beliebte Eschenfurnier ab. Engelsköpfe, Fratzen, Muscheln, Obelisken, geschnitzte Voluten und Ranken bestimmen das Bild der Schauseite. In Süddeutschland tauchen die ersten stark bewegten Bekrönungen auf strengem Sims auf, ebenso gesprengte Giebel und Volutengiebel. Dazu gesellen sich elegante, schmale Pilaster. Die Säulen sind geflammt, gehobelt oder gedreht.

Das Knorpelwerk ist im ganzen deutschsprachigen Raum zu finden. In Süddeutschland ist der sogenannte Ulmer Schrank weit verbreitet mit vorgestellten, gewundenen Säulen und häufig farbigen Einlegearbeiten. Der frühe, hessische Barockschrank weist als besondere Eigenart vertiefte Kassettierungen auf sowie eine geometrische Gliederung von Lisenen und Pilastern. Die Grenzen zwischen nord- und süddeutscher Ornamentik verwischen sich durch den Austausch von Wanderhandwerkern. In Norddeutschland hält sich hartnäckig die Vorliebe für Eichenholz. Zwar verbreitet sich die in Lübeck und Lüneburg gepflegte Intarsienkunst, sie tritt aber als Ziermittel hinter den Schnitzereien des Massivholzmöbels zurück. Trotz des Konservatismus im norddeutschen Raum setzen sich in der Schnitzarbeit figürliche und ornamentale Elemente von üppigem Reichtum durch: Hermen, Fratzen, Fruchtgehänge, Roll- und Kartuschenwerk werden immer plastischer, steigern sich zum malerischen und fantastischen Barock voller Bewegung.

In der zweiten Hälfte des Jahrhunderts entsteht der **Stollenschrank**: Der mehrfach getreppte, gekehlte Sims ist wuchtig gekröpft, an den Seiten und auf der Front schwelgen üppige, kissenförmige Kassettenfüllungen. Drei gleichmäßig über die Schauseite verteilte schwere, korkenzieherartig gedrehte Säulen münden im Sockel. Dieser ist ebenfalls gekröpft, in seinen Füllungen sind Schubladen untergebracht. Dieses schwere Möbelstück steht auf überraschend unproportionierten, gedrechselten Ballenfüßen. Ein anderer Schranktyp ist der **Schapp**. An Stelle der Felder des Fassadenschrankes treten mächtige, erhabene "Kissen", die Bossen, die aus mehreren aufgedoppelten Brettern bestehen. Die Verbreitung dieses urspünglich niederländischen Stilelementes reicht von Hamburg über das Rheinland und Franken bis nach Danzig. Der mehrfach getreppte, gekehlte Sims ist wuchtig, gerade, seine Mitte schmücken üppige Reliefschnitzereien, meist aus Engelshäuptern, die von Fruchtgehängen, Roll- und Blattwerk umkränzt sind.

Der Spiegel der Kissen ist noch rechteckig mit Flammleisten an den Profilen, die kleinen Felder der ganzen Füllung reich geschnitzt. Im Lauf der Jahrzehnte laufen die Türfelder nach oben und unten spitz aus mit hochovalen Spiegeln, der Rahmen ist durch quergelegte Bänder und Blumenschnitzerei bereichert. Die erhabenen, in kunstvollen Profilen gefaßten Spiegel sind umgeben von Schnitzerei, ebenso alle konstruktiven Teile. Blumen und Fruchtgehänge, dazu Akanthus sowie allerlei Figürliches sind die Motive dieser plastischen Schnitzarbeiten. Im Sockel passen sich zwei nebeneinanderliegende Schubladen ein, deren Front je eine querliegende Bosse ziert mit gezackten Profilen. Der **Danziger Schrank** ähnelt in seinen Grundelementen dem Schapp, jedoch ist sein Giebel trapezförmig, gebildet aus gerade laufenden, profilierten Schenkeln, während der ebenfalls sehr ähnliche Lübecker Schrank einen geschwungenen Abschluß hat. Das Holz der Wahl ist mittlerweile Nußbaum. Im Verlauf des 17. Jahrhunderts findet der Norddeutsche Kissenschrank in ganz Deutschland Verbreitung. Bis nach Bayern, wo er vorzugsweise zweigeschossig als viertüriger Wäscheschrank auftritt. Unentbehrlich ist in diesem Raum auch der zweitürige Gewandkasten. Die Säule wandelt sich im Lauf des Barock entscheidend. Sie kann durchgehend gerillt sein oder ist beinah knorpelig gedrechselt, neben der schon bekannten Spiralform als Leitmotiv. Dazu gesellen sich die schweren Frucht- und Blumengehänge und um die Jahrhundertwende das Akanthusblatt für den Schnitzdekor. Die Füllungen sind aufgedoppelt oder im Rahmen profiliert, häufig versehen mit perspektivisch-illusionistischen Holzeinlagen. Vorzugsweise wird Nußbaumfurnier verarbeitet. Im Frankfurter Raum tritt ein neues Element zu den bekannten Möglichkeiten: Kehle und Wulst treten in ein spannungsreiches

Wechselspiel. Der Volksmund spricht dabei von Wellen, vom Frankfurter Wellenschrank. Damit ist der Fassadenschrank endgültig aufgegeben, der Schreiner verzichtet auf plastischen Schmuck zugunsten der dynamisch gestalteten Schauseite. Sie zeigt eine Aneinanderreihung von Wulst und Kehle, welche Bewegung und Lebendigkeit durch Licht und Schatten bewirkt. Der Frankfurter Schrank ist eingeschossig, flach schließend, mit waagerechtem oberem Abschluß. Im Lauf der Entwicklung dieses Möbeltypes weichen vorgesetzte Säulen und Pilaster ebenso wie das Schubladengeschoß im Sockel. Rahmenbau und der Rahmen der Füllungen werden flacher. Das Kranzgesims und später auch der Sockel sind stark profiliert. Im Lauf des 18. Jahrhunderts nimmt die Wulstung weiter ab, beschränkt sich schließlich auf den Rahmen. Durch das Abschrägen der Ecken wirkt der Korpus jetzt geschmeidiger. Der Frankfurter Schrank findet über das Rhein-Main-Gebiet hinaus starke Verbreitung bis nach Sachsen.

Beim **Tisch** setzen sich die neuartigen Formen am leichtesten durch. Beim Prunktisch bleibt zunächst die Steinplatte als Quadrat, Achteck oder Kreis mit der unverzichtbaren Bodenplatte. Am runden Holztisch kann man in Norddeutschland Segmente herabklappen, wodurch der Tisch sich zum handlichen Quadrat verkleinert. Die Vielfalt der Gestelle kennt keine Grenzen: Baluster-, Spiral- oder Scherenbeine; Figuren als Beine, Akanthusranken versehen mit den dekorativen Elementen der Groteske. Fast immer sorgen Verstrebungen für die nötige Stabilität. Eine Sonderstellung nimmt der Prunktisch ein, dessen Platte nach 1700 in Boulle-Technik verziert ist. Getöntes Horn, Schildpatt, Messing und Zinn verschmelzen zu filigranen, flächendeckenden Zierfeldern, die Mitte der Platte ist aus pietra-dura.

Aus dem Tisch mit seinem immer barocker werdenden Gestell entwickelt sich der Konsoltisch, dessen tragende Teile in Akanthusranken, Fratzen, Putti ausgebildet werden. Er steht immer an der Wand. Über der Konsole hängt als Raumschmuck ein hochrechteckiger Spiegel, dessen Rahmen über und über verziert und vergoldet ist. Eine niedliche und nützliche Variante ist der Gueridons, ein stummer Diener, der als Leuchtertischchen dient. Leicht beweglich versorgt er den Raum mit zusätzlichen Beleuchtungsquellen. Sein Schaft - gewunden, balusterförmig gedreht oder figürlich geschnitzt - mündet in einem getreppten Scheibenfuß oder einem Sockel. Zierlicher wirkt der spätere Pilasterfuß mit Intarsienarbeiten - bewegt wirkt er, wenn er aus vollplastischen Akanthusranken besteht.

Lehnsessel 17.Jh. (Mainfränkisches Museum Würzburg)

Die **Sitzmöbel** behält man so bei, wie sie seit Beginn des Barock geschaffen wurden. Nur am Dekor läßt sich zunächst eine zeitliche Zuordnung treffen. Der Scherenstuhl mit Armlehnen ist weit verbreitet, er bleibt in seiner Grundform altertümlich; Rahmen, Lehnen und Beine werden mit schwerem Akanthus, Tierköpfen und Tatzenfüßen verschnitzt. Im Verlauf der Epoche verbreitert sich der Sitz, der Mittelsteg der Lehne wird gepolstert, daher bequemer, das Gestell figürlich ausgebildet. Schließlich verändern sich die Proportionen, der Umriß des Stuhles erscheint schlanker und höher. Da die reifberockten, hochfrisierten Damen nicht bequem sitzen können, erreichen die Rückenlehnen von Sitzgelegenheiten eine beträchtliche Höhe, das Gleiche gilt für den Sitz

(Höhe bis zu 60 cm). Das Mittelfeld der Lehne ist gern nach englischem Vorbild geflochten. Die Ranken oder Akanthusschnitzereien gehen in die gedrechselten Seitenholme über. Ebenfalls aus England kommend, verbreitet sich die Vorliebe für massives Nußbaumholz. Von den Spaniern übernimmt man die Vorliebe für Polster- und Abschlußnägel aus Messing. Das Scherengestell wird gänzlich aufgegeben.

Auf den stollenartigen und später schwergeschnitzten Beinen ruht die Sitzfläche, die dem Betrachter zugewandten Bretter an Gestell und Lehne sind üppig geschnitzt. Aus den schmucklosen vierkantigen Beinen entwickelt sich ein reich dekoriertes Gestell. Im Hoch- und Spätbarock wird der Schreiner oft zum bloßen Konstrukteur des Gestells degradiert, viel wichtiger ist der Tapezierer. Die Kunst des Schreiners beschränkt sich beim höfischen und großbürgerlichen Stuhl mehr und mehr auf die Bekrönung der Lehne, die reiche Ausbildung von Armlehnen und Beinen. Denn aus den spiralig gedrehten Säulen der Füße und Stegverbindungen werden dekorative Meisterstücke, die in Harmonie mit den kostbaren Bezugsstoffen leben. Zu der Vielzahl von Stühlen und Sesseln gesellt sich das Sofa, genannt Kanapee, ein doppeltbreiter Sessel. In seinen Anfängen ist das ganze Gestell kunstvoll geschnitzt in Barockornamentik, schließlich wird die Rückenlehne höher und gepolstert. Dementsprechend zierlich fällt die Dekoration des Rahmens aus. Auch bei dieser Sitzgelegenheit wird der Polsterer wichtig wie der Schreiner. Brettstuhl, Schemel und Hocker bleiben in Form und Konstruktion nahezu unverändert, das schmückende Schnitzwerk an Lehne und Gestell verweist auf das Barock. Der Hocker - später mit gepolstertem Sitz - ist im höfischen wie im bürgerlichen Lebensraum zu finden, Schemel und Brettstuhl sind dem bürgerlichen bis bäuerlichen Bereich zuzuordnen. Der Nachtstuhl wird bei Fürsten und Bürgern gleichermaßen begeistert aufgenommen. Und er steht keineswegs nur an lauschigen Plätzen!

Das **Bett** ist ein zentraler Punkt im höfischen Leben. Es steht im salle de parade (Schlafzimmer, aber zugleich wichtiger Repräsentationsraum des Fürsten) auf einer Erhöhung, die alcôve heißt. Das Bett behält am längsten von allen Barockmöbeln die Kastenform, aus der die schweren Säulen aufsteigen. Auf ihnen ruht der Baldachin. Nur das neue Dekor läßt es barock wirken. Schließlich wird das Kopfbrett überproportional hochgezogen und prunkvoll geschnitzt oder eingelegt. Die Gesamtform bilden vollplastische Akanthusranken. Immer öfter nun wird der Tapezierer und Polsterer unentbehrlich für die Herstellung des Bettes. Denn dessen Holzgerüst verschwindet im Lauf der Jahre unter Vorhängen und Falten des Baldachin, und sein Kranz wird ebenfalls aus prunkvollen Textilien mit Fransen ausgeführt. Bett, Baldachin und Vorhänge verwachsen zu stilistischer Einheit. Als nächsten Schritt verzichtet der Schreiner auf die Stollen, der Baldachin wird zum Himmel, frei über dem Bett schwebend, unsichtbar an der Decke befestigt. Um das Bett herum sind "ruelles" angebracht, kleine Räume für Besucher des Ruhenden, die durch Balustraden vom Bett getrennt sind.

Trotz der Rezeption ausländischer Einflüsse geht die künstlerische Entwicklung deutscher Möbel des Spätbarock eigene Wege. Religiöse und verwandtschaftliche Beziehungen der zahlreichen deutschen Höfe untereinander und zu anderen Kulturzentren bestimmen die Formgebung. Ebenso aber gibt es nach wie vor die Abgrenzung des süddeutschen vom norddeutschen Kulturraum. Im Norden leben die oben beschriebenen Möbel, besonders das Kastenmöbel, bis weit ins 18. Jahrhundert hinein weiter: Schapp, Stollenschrank und Frankfurter Wellenschrank. Lediglich die Proportionen ändern sich, die Schränke werden schmaler und wirken dadurch höher, einige Typen erhalten einen bewegt gestalteten Giebel. Die Beharrung im Alten betrifft den bürgerlichen Bereich. Die fürstlichen Möbel des Spätbarock nehmen den dominierenden, französischen Einfluß nach 1715 bereitwilliger auf. Das pathetisch Barocke wird überwunden, eine zurückhaltend klassizistische Komponente hält Einzug. Das vierkantige oder achteckige Bein wird steifer und gerade sowie balusterförmig, sich nach unten verjüngend. Die wichtigsten Möbel des 18. Jahrhunderts sind die **Kommode** und der **Schreibtisch**. Die Kommode kommt aus Frankreich, wird in Deutschland gern aufgenommen, bei uns hauptsächlich in dreischübiger Version. Wie der Konsoltisch steht sie ausschließlich an der Wand. In den zwanziger Jahren ist ihre Silhouette gerade, dann gerät sie in Bewegung, indem sie segmentförmig konkav oder konvex geformt wird, was zur Schweifung führt. Anfänglich versieht der Schreiner die Kommode gern mit einem Aufsatz aus vielen kleinen Schubladen, daraus entsteht der Aufsatzschrank. Ein enger Verwandter dieses Einrichtungsgegenstandes ist der oben erwähnte Schreibschrank.

Das wichtigste Stilmerkmal des Barock nach 1700 ist das rein dekorative Bandelwerk, ein aus abwechselnd gradlinig und rund umrissenen Bändern gebildetes Rahmenwerk. Seine phantasievolle Verwendung führt zu verschieden geformten Netzen von Zierfeldern, aus deren zarten Voluten elegant geschwungene Blätter lappen können. Holz- und Metallfurniere übernehmen das Bandelwerk ebenso wie die Kanten von Teppichen, es schmückt als Einlage die Schauseiten der Möbel.

Dieses typische Barockelement ermöglicht eine reiche Vielfalt, ein abwechslungsreiches Spiel von geometrischen Formen, von figürlichen und pflanzlichen Darstellungen. Neben dem Bandelwerk und der oben erwähnten Boulle-Technik ist die wichtigste stilistische Neuerung des 18. Jahrhunderts die Schweifung und Bauchung von Möbeln. Auf diesen neuen Formen kommen die beliebte Vergoldung und die ornamentalen Beschläge am besten zur Geltung. Nicht vergessen werden dürfen die Chinoiserien, Lackarbeiten in chinesischer Technik. Durch die Eroberung fremder Erdteile halten deren Kulturen - abgeguckt und abgekupfert - als "dernier cri" triumphalen Einzug im Salon des 18. Jahrhunderts. Diese Bearbeitungsweisen und die Boulle-Technik verleihen den Einrichtungsgegenständen des Spätbarock eine außergewöhnliche Grazie, Eleganz und Bewegtheit. Daneben bleibt die Intarsie das beliebteste Ziermittel der Kastenmöbel. Schnitzarbeit ziert hauptsächlich Konsoltische und Sitzmöbel aller Art. Das netzförmige Bandelwerk bildet einen idealen Hintergrund für virtuose Holzeinlagen und Marketerien, die immer reicher, zierlicher und bewegter werden. Neben Holz bleibt Elfenbein sehr beliebt für Intarsien, dazu treten Zinn, Perlmutt, gefärbtes Horn, seltener Silber. All diese Materialien sind vorzugsweise in Nußbaumfurnier verarbeitet, welches zum beliebtesten Holz des Barock geworden ist.

Abschließend verdient Erwähnung, daß man kaum von einem bürgerlichen Spätbarock sprechen kann, denn dem durchschnittlichen, bürgerlichen Barockmenschen fehlt die Rücksichtslosigkeit, mit der die Fürsten bei jeder neuen Mode ihre Räume "entrümpeln" lassen. Und haltbar sind diese Möbel, wie man bis heute sehen und erleben kann.

Kleiderschrank aus den Raum Osnabrück, um 1725 (Foto: Kurt Löckmann)

ROKOKO

Die Zeit des Rokoko umfaßt etwa die Regierungszeit des französischen Königs Louis XV. (1723 - 1774), die Zeit des aufgeklärten Absolutismus. Das Wort Rokoko leitet sich aus zwei Wurzeln ab: 1. rocaille, franz. = Muschel, 2. rocca, ital. = Fels (als unregelmäßiges Gebilde) und wird als Stilbeschreibung benutzt wegen der Muschel, die das häufigste Schmuckelement dieser Zeit ist.

Das Rokoko geht von Frankreich aus und greift auf Resteuropa über. Es wird in Deutschland rezipiert, in Osteuropa findet es kräftige Verbreitung. England und Österreich reagieren auf die neue Strömung eher zurückhaltend, Spanien hingegen begeistert. In Süddeutschland geht die Entwicklung des Rokoko wohl am weitesten. Die künstlerischen Schwerpunkte liegen
a) bei den Fürstenhöfen
b) bei vielen Freien Reichs- und Hansestädten.

Die Zentren sind: Berlin, Dresden/Erfurt, Braunschweig, Norddeutschland, Aachen/Lüttich/Bergisches Land, Kurpfalz, Westfalen, Mainz/Frankfurt, Würzburg, Bamberg, Ansbach, Nürnberg, Württemberg, Hohenlohe, München.
Im Vergleich zu den vorangegangenen Jahrhunderten finden wir im Rokoko ein Europa von relativer politischer Ruhe und Stabilität. Man könnte diese Ära des 18.Jh. auch als hohe Zeit von Staatsräson und Vernunft überschreiben; die Geschichtsschreibung spricht vom aufgeklärten Absolutismus. In Frankreich herrscht Ludwig XV., in England zwei hannoversche Georges, in Wien Maria Theresia, in Preußen Friedrich der Große, in Rußland Katharina II.

Die gemeinsame Logik von Naturwissenschaften und Verstand scheint untrennbar, die Idee des Fortschritts scheint Gewißheit zu sein. Das politische Denken befindet sich in einem Reifeprozeß, ein Vordringen des Prinzips der Rationalität in der Politik ist unverkennbar. Verallgemeinernd läßt sich sagen, daß sich zwei Rechtsideen gegenüberstehen: die des Gottesgnadentums und die des Rechts der Ständeversammlung, eines Rechts, das sich auf Vernunft begründet. Die Epoche ist gekennzeichnet durch umfassende Reformvorhaben im Bereich der Staatsverwaltung. Politisch und kulturell sind England und Frankreich die beiden europäischen Modellstaaten.

Gewerbe und Handwerk werden zahlreicher und vervollkommnen sich, bedingt durch die neuen Bedürfnisse des aufwendiger gewordenen Hoflebens. In England erleben Handel und Kolonien ein nicht zu bremsendes Wachstum; die industrielle Revolution kündigt sich an, Koksöfen und mechanische Webstühle werden in Betrieb genommen. Gleichzeitig ist der wachsende wirtschaftliche Wohlstand bestimmend für Wandel in Staat und Politik. In ganz Europa werden der politische Journalismus und die politische Karikatur Mode. Schriftsteller und Künstler lauschen am Puls der Zeit und sind authentische Zeugen einer heraufkommenden Dämmerung. Der Kritiker mit der spitzesten Feder ist Voltaire, der schneidend und aggressiv die Praktiken der französischen Monarchie beschreibt. Recht früh vor der französischen Revolution sind die Zersetzungszeichen der festgefügten französischen Gesellschaftsordnung feststellbar. Obwohl Rousseau aufs Schärfste verfolgt wird, dringen seine Ideen bis in die obersten Schichten ein. Es entsteht eine Verfeinerung, aber auch eine Ermüdung der barocken Lebensform und damit verbunden auch der Dekoration einerseits; andererseits wird durch Zweifel am Sinn des barocken Pathos, die Annäherung an die idealisiert verstandene Natur und begreifende Vernunft immer stärker. Der Hof beginnt, die Etikette zu verneinen.

Obwohl England zweifelsfrei in Handel, Handwerk, Finanzwesen und Gewerbe eine unangefochtene Vorrangstellung in Europa genießt, verbunden mit einer vergleichsweise liberalen Monarchie, gilt das 18.Jh. als das Jahrhundert Frankreichs. Der südliche Teil Europas erliegt einem Frankreich-Kult, der Nachahmungstrieb in Bezug auf Politik, Zeremoniell, Architektur und Lebensart erreicht seinen Höhepunkt. Schließlich bleibt Französisch bis heute Diplomatensprache. Maria Theresia verheiratet ihre zahlreichen Kinder in politischen Ehen in fast alle europäische Fürstenhäuser, der deutsche Hochadel tut's ihr nach. Gleichzeitig entwickelt sich ein reger Austausch von Büchern, Zeitschriften, Hauspersonal, Künstlern und Handwerkern. Die Beweglichkeit der Menschen dieser Zeit nimmt zu, die Zirkulation von Wissen und Ware beschleunigt sich ungemein. Die "grand tour du cavalier" führt zu lebhaften Anregungen in Geschmack und Technik. Der bis dahin vorgegebene soziale Rahmen wird durch größere Verbreitung von ideologischem und geistigem Rüstzeug aufgebrochen.

Gegen Ende des Rokoko beginnen die weltlichen und geistlichen Ordnungsgefüge zu wanken, die - grob gesagt - seit dem Mittelalter ihre Gültigkeit hatten. Die logische Folge sind gegen die Kirche gerichtete Reformen, die ihren Höhepunkt 1773 in der Aufhebung des Jesuitenordens finden. Schulen müssen schließen, Universitäten veröden. Schließlich ist Wissenschaft nicht mehr das Monopol der Geistlichkeit. Der Geist des Volkes, der Geist des Individuums stemmt sich gegen die Fesseln der tradierten Gefüge. Das eingespielte kulturelle und politische Leben befindet sich in einem unaufhaltsamen Wandlungsprozeß, der allerdings noch recht verdeckt stattfindet. Diese Entwicklung jedoch ist nur eine Angelegenheit von Minderheiten wie Hochadel und Großbürgertum. Man lebt auf Vorschuß, noch einmal in aller Vielfalt genießen, ein Tanz auf dem Vulkan.

Das Rokoko wird unterschieden in **höfisches** und **bürgerliches** Rokoko. Das höfische geht aus vom katholisch-absolutistischen Paris mit Ausstrahlung, als Ideal und Vorbild, auf die absolutistischen Höfe Kontinentaleuropas. Dem gegenüber steht England mit seiner parlamentarischen Verfassung. England ist durch seine Kolonialpolitik offen für außereuropäische Einflüsse in der Kunst; die Folge ist eine lebhafte Bejahung amerikanischer und ostindischer Hölzer. Der Engländer schielt nicht so sehr auf die Gnade seines Königs, vielmehr gewinnen Reichtum durch Handel immer größere Bedeutung. Diese Entwicklung

und Einstellung greifen aus geographischen und konfessionellen Gründen naturgemäß auf Holland und Norddeutschland über. Folgerichtig findet sich dort zunächst eine wenig repräsentative, vielmehr bequeme, wohnliche, gemütliche Version des Rokoko. Der Süden Deutschlands rezipiert später, jedoch viel intensiver, die höfischen Strömungen aus Paris. Während in Frankreich der Absolutismus bereits lebhaft hinterfragt und kritisiert wird, erreicht er in Süddeutschland erst seinen Höhepunkt.

Konsoltisch, Rokoko, Bayreuth um 1750
(Mainfränkisches Museum Würzburg)

Die bürgerliche Möbelkunst gewinnt währenddessen als Gegenpol immer mehr an Bedeutung, bis sie schließlich das höfische Element dominiert. Bürgerlich heißt aber nicht für den Bürger, sondern es wird stilbildend von bürgerlichen Künstlern für Fürsten entworfen und konstruiert. Im Zenit des Rokoko wird die bürgerliche Handwerkskunst tonangebend. Zu einer Verschmelzung kommt es schließlich durch einen intensiven Austausch von Künstlern. Die bekanntesten Vertreter des bürgerlichen Rokoko sind die Brüder Roentgen, Cuvillies und Thomas Chippendale.

Ab 1750 ist eine bewußte Abkehr des Hofes vom Zeremoniell hin zum Lebendigen zu beobachten. Heitere, pastorale Sorglosigkeit verdrängt pompöse Etikette, freies Spiel der Phantasie angelehnt an die Natur (Schäferspiele) fragt nach varieté (Abwechslung), gaieté (Heiterkeit) und commodité (Bequemlichkeit). Madame Pompadour und später Marie Antoinette betrachten die Etikette als der Entfaltung hinderlich, Perücke und Reifrock werden kleiner.

Im Gegensatz zur schwungvollen, repräsentativen Formenergie des Barock ist das Rokoko in starkem Maße eine Kunst der **Innenräume**. Angestrebt ist eine innige Verschmelzung der Möbel mit dem Raum, das Möbelstück soll sich fließend in die Symmetrie des Raumes einfügen. Geraden und Ecken werden mehr und mehr aufgegeben, es entwickelt sich eine zunehmende Vorliebe für runde und ovale Kabinette, deren Decken und Wände reich mit Stuckarbeiten und Boiserien geschmückt sind. Zarte Farben und die abstrahierende Wirkung von Gold und Silber unterstützen den gewünschten Effekt.

An der Wand stehende Möbel werden mit konkav oder konvex geschweiften Fronten versehen, während die Seitenwände zur Zimmerwand hin breiter ausschwingen. Durch Schweifung der Zargen und der Beine in S- und C- Schwüngen verschmelzen tragende und nichttragende Teile zu ornamentaler Einheit, die durchgehende Silhouette bewirkt eine scheinbare Auflösung des Möbelstückes. Die Wohnräume werden kleiner und gemütlicher. Das fürstliche Schlafzimmer mit seinem bis dahin praktizierten "lever" und "coucher" verliert seine Bedeutung als repräsentative Bühne für die Demonstration des Gottesgnadentums. Schon die Änderung des Wortes vom "salle de parade" zum "chambre à coucher" gibt Aufschluß über den vollzogenen Wandel hin zum Legeren, Intimen. Bedingt durch die fortschreitende Differenzierung und Kultivierung aller Lebensbereiche verdanken wir dem Rokoko die größte Vielfalt im Bereich der Neuentwicklung von Möbeltypen.

Das kostbarste und prunkvollste Möbel ist das **Schreibmöbel.** Entwickelt aus Kommoden-, Pult- und zweitürigem Aufsatzteil finden wir den Tabernakel. Meisterlich furniert, ist seine Oberfläche geschmückt mit virtuoser Marketterie-Arbeit aus verschiedenartigsten Hölzern. Naturelemente wie Muscheln, Blüten und Zweige sind dafür die liebsten Vorlagen, später lösen sich die Rocaillen zu etwas Abstraktem auf, das die Herkunft der Muschel beinahe vergessen läßt. Dann gibt es den "bureau plat", einen freistehenden Schreibtisch, dessen geschwungene und zierlich geschnitzte Zarge manchmal mit drei Schubladen

Braunschweiger Schrank und Stühle um 1750, Rokoko (Städtisches Museum Braunschweig)

versehen wird. Klein und elegant ist der Pultschreibtisch (Sekretär), dessen drei sichtbare Seiten ebenfalls köstlich dekoriert sind; vor neugierigen Blicken schützt eine Schrägklappe, später der Jalousie-Verschluß. Als Pendant zum Lieblingsmöbel des Herrn des 18.Jh. entsteht für die Dame das "bonheur du jour", ein zierliches, gewitztes Schreibmöbel, das den Salon schmückt. Die Dame empfängt "en deshabillée" in ihrem Boudoir ihre Kavaliere. Dort steht die besonders beliebte "poudreuse", ein pfiffiger Toilettentisch mit dreiteiliger Deckplatte. Unter den zur Seite und nach hinten aufklappbaren Teilen verbergen sich in der Mitte der Spiegel und seitlich Versenkungen für Tiegel und Töpfchen. Auch das Geheimfach fehlt nicht. Als die Handarbeit für die Dame von Welt zur angemessenen Beschäftigung wird, kommt der Nähtisch hinzu, der meist überaus kostbar gearbeitet und mit allerlei technischen Finessen versehen ist. In allen Räumen stehen mit hellem Seidendamast bezogene, breite, bequeme Stühle mit niedrigen Lehnen. Ähnlich ist das Sofa gestaltet, auf dem mehrere Personen Platz finden; der Rahmen ist floral geschnitzt und manchmal in lichten Tönen gefaßt.

Die repräsentativen Möbelstücke weichen mehr und mehr dem vielseitigen **Gebrauchsmöbel**: es entstehen Spiel-, Schreib-, Tee- und Lesetische, kleinere Tische für allerlei Verwendung, alles in köstlichster Verarbeitung. Die Tischchen stehen meist auf drei kleinen, geschwungenen Füßen, die manchmal mit feuervergoldeten, pflanzlich ornamentierten Beschlägen geschmückt sind.

In der Erfindung und Herstellung mobiler Einrichtungsgegenstände sind die Engländer besonders virtuos. Da das Bett jetzt in erster Linie zum Schlafen und nicht mehr zum Präsentieren fürstlicher Herrlichkeit bestimmt ist, rückt es aus der Raummitte mit seiner Längsseite an eine Wand. Es entstehen Nachttische, an denen der Jalousie-Verschluß den Nachttopf verbirgt. Die Kommode in vielen Spielarten erlebt ihre Blüte (commode, franz. = bequem). Sie entsteht aus der Truhe und der Konsole. Auch sie ist aufs Feinste furniert, mit geschnitzter Zarge.

Reich eingelegte, geschwungene Ecklisenen, die aber auch mit stark ornamentierten, feuervergoldeten Bronzebeschlägen geschmückt sein dürfen, gehen in die ebenfalls geschwungenen Beinchen über; Fronten, Seiten und Deckplatte der meist dreischübigen Kommode sind über und über dekoriert mit Marketterien aus Messing, Silber, Ebenholz oder den verschiedensten Obsthölzern; Front und Seiten sind mehrfach geschwungen. Der kleine einfüßige Tisch, "gueridons", für Leuchter und Nippes ist sehr gefragt.

Spieltisch (Mainfränkisches Museum Würzburg)

Die Hauptzerstreuung sind jetzt Kartenspiel und Musizieren. Daher ist die Entwicklung des Notenständers folgerichtig. Den großen, den Gesetzen der Raumarchitektur unterworfenen Wandspiegel löst ein kleiner, beweglicher Spiegel ab, darunter steht die über und über mit Rocaillen, Früchten, Zweigen und Blüten geschnitzte und gefaßte Konsole. Auf Tischchen stehende Kandelaber weichen dem mit einem Wandleuchter fest verbundenen Spiegelblaker.

Die Philosophie bringt einschneidende Wandlungen. Revolutionierende Erkenntnisse auf dem Gebiet der Naturwissenschaft, Geographie und Technik brechen einer veränderten Geisteshaltung Bahn. Daraus entsteht unter anderem auch ein

Naturalismus, der in der Dekoration von Möbel- und Kunstgewerbe seinen Niederschlag findet mit Motiven aus der Pflanzenwelt.

Später werden diese Ornamente auch in beinahe naturalistischen Farben gefaßt. Dies ist besonders deutlich an den Stuckdecken von Rokoko-Gebäuden in Süddeutschland zu beobachten. Wenn Möbel farbig gefaßt sind, dann in zarten Blau-, Grau- und Gelbtönen, in Gold oder Silber.

Wirklich bunt gefaßte Möbel tauchen nur in der Volkskunst auf, die wir heute als **Bauernmöbel** bezeichnen. Recht spät tritt die Blumenmarketerie auf; die dafür verwendeten, zahlreichen Hölzer sind in recht natürlichen Farben gehalten. Besonders die deutsche Blumenmarketerie zeigt sich abwechslungsreich und phantasievoll in der Darstellung naturalistischer Motive. Ansonsten sind Marketerien stark vermischt mit Einlagen aus Elfenbein, Messing, Zinn; Boulle-Technik wird nur noch bei Prunkmöbeln verwendet. Die Holzmarketerie ist kunstvoll und von technisch höchster Delikatesse. Vielfältige Edelhölzer werden gebeizt, seltener bemalt. Die figürliche Darstellung der wiedergegebenen Pflanzen tritt in den Vordergrund. Das Kunstschreiner-Handwerk erreicht ungeheure Virtuosität und Perfektion.

Das Rokoko ist die Epoche der Lebensbejahung, der heiteren Sorglosigkeit, unter der Auflösung schlummert. Rationale und phantastische Elemente halten Einzug in den Alltag. Höchste Intelligenz und Formkraft finden ihre Entfaltung im Stilisierungstrieb. Alles verbleibt im Bereich der Anspielung, wird nur zitiert, in künstliche Formzusammenhänge gebracht. Symmetrie wird durch Rhythmus und Balance ersetzt, Leichtigkeit und Grazie heben Schwere auf. Die künstlerische Ekstase führt bis zur Auflösung im Abstrakten.

Rokoko -Kommode, 2. Drittel 18. Jh. (Mainfränkisches Museum Würzburg)

LOUIS SEIZE

Geschichtlich und politisch ist die Regierungszeit des französischen Königs Louis XVI. (1774 - 1792) kurz, glücklos und von höchster Brisanz. Sie mündet in die große Französische Revolution, die einen tiefen Einschnitt in die Geschichte Europas bringt. Der Durchbruch des Bürgertums bereitet sich vor, der Übergang zur modernen Welt kündigt sich an. Diese geht hervor aus der Überwindung des Barock mit seiner Strenge und Repräsentanz und des Rokoko mit seiner lustbetonten Verspieltheit, tändelnden Anmut und Diesseitigkeit. Noch besteht die monarchisch-aristokratische Gesellschaftsordnung, deren Wirtschaft auf Handwerk und Handel gegründet ist.

England erlebt als erstes Land Europas die industrielle Revolution, die zu Großindustrie und Maschinenwesen führt. Trotz des lebhaften Handels zwischen England und Deutschland faßt der industrielle Fortschritt hier viel langsamer Fuß. Daraus resultiert auch ein politisches Nachhinken Deutschlands hinter seinen Nachbarn. Der amerikanische Unabhängigkeitskrieg wirft lange Schatten auf Europa. Die westliche Welt steht an einer Zeitenwende: sie erlebt die Kindertage der Technisierung, die auf unvorstellbare Weise das Leben der Menschheit wandeln wird.

Die Kunst ist nicht mehr höfisch; sie geht wie Technik, Wissenschaft, Dichtung und Philosophie vom Bürgertum aus: Kant vollendet "Die Kritik der reinen Vernunft", fast gleichzeitig komponiert Mozart "Figaros Hochzeit" und "Don Giovanni", Goethe schreibt "Iphigenie", Schillers erste Veröffentlichungen erscheinen, Langhans vollendet das Brandenburger Tor, Galvani entdeckt die galvanischen Ströme, Cartwright entwickelt den mechanischen Webstuhl, die erste Montgolfiere steigt auf.

Die von Stürmen und Unruhen durchtobte Zeit des ausgehenden 18.Jahrhunderts verschreibt sich dem kühlen, in sich ruhenden Stil des Klassizismus; die Epoche des Umbruchs und des Widerspruchs soll gebändigt werden in der ewig gültigen Schönheit griechischer Formen. So trägt auch in Frankreich die erste Epoche des Klassizismus den Namen Louis Seize, obwohl dieser Stil in Frankreich ganz eindeutig bereits ab 1750 vorzufinden ist. Er existiert nachweislich parallel zum Rokoko. Ebenso irreführend ist der deutsche Ausdruck Zopfstil. Ganz gewiß hat er nichts mit der damals modernen Zopfhaartracht für Herren zu tun. "Zopfig" bedeutet im Sprachgebrauch des 18.Jh. veraltet, geschmacklos, unmodern. Damit hat man speziell alle Barock- und auch Rokokoschöpfungen gemeint.

Louis-XVI.-Kommode, süddeutsch, Ende 18.Jh., Kirschbaum (Foto: Dr. Fritz Nagel, Stuttgart)

Der Anstoß zum neuen Stil geht von Frankreich aus, ist jedoch in der englischen Architektur zu diesem Zeitpunkt schon fest verankert. Zunächst ist das Louis Seize eine Periode unsicheren Tastens, Rokoko-Elemente werden mit den neuen antikisierenden Motiven vermengt auf der Suche nach einem Vorbild wahrer Schönheit. Frankreich und England nehmen gleichermaßen Einfluß auf die Verbreitung der neuen Strömung: Frankreich durch seine politischen Ideen, England durch seinen exzellent organisierten Handel. Der Engländer John Flaxmann z.B. sorgt mit seinen graphischen und kunstgewerblichen Darstellungen für eine weite Verbreitung der klassizistischen Tendenzen; Josiah Wedgewood benutzt dessen Vorlagen für seine Terrakotta-Produkte - er treibt lebhaften Handel bis tief ins kontinentale Festland hinein. Ein großer Teil seiner bürgerlichen Kundschaft lebt im deutschsprachigen Raum. Eine Vereinheitlichung der Stilmerkmale wird durch die Verbreitung von Reihenwerken der Vorlagenstecher und von Zeitschriften erreicht. Ihre erstaunlich hohen Auflagen verbreiten Kenntnis von stilistisch signifikanten Einzelheiten erstmals im Kreis von Laien (bürgerliche Auftraggeber).

Die **Möbel** sind dekoriert mit Pilastern, Gehängen, Schlußsteinen, Perlstäben und Vasen. Die Linien des Rokoko werden gerade, die geschweiften Beine, Zargen und Fronten strecken sich, Muschelmotive und Rankenwerk verschwinden. Ab 1780 werden die Einrichtungsgegenstände leichter und zierlicher, knapp und klar im Umriß, sparsam im Dekor, ihre Stärke liegt in Formenreichtum und Eleganz. Der **Reiz der Oberfläche** wird durch ausgesuchte Hölzer erreicht: neben dem heimischen Nußbaum und Ahorn erfreuen sich Rosenholz und Mahagoni großer Beliebtheit. Die Schellack-Politur mit ihren exquisiten Lichteffekten kommt auf. Symmetrisches Rahmenwerk der Möbel ist verbunden mit stilisierten Arabesken, zwischen schmalen, zarten Säulen liegen hochrechteckige Felder mit Eckrosetten. Der Kunsthandwerker schnitzt zwischen die Kapitelle der Pilaster zierliche Friese aus Kränzen oder Kranzgehängen. Umlaufende Querfurniere oder einfache, aufgesetzte Leisten bestimmen die Front der Möbelstücke; Bandschleifen, Füllhorn, Lyra, Vasen, sich schnäbelnde Tauben sind gefragte Motive für Schnitzereien oder Einlegearbeiten. Auch Blumeneinlagen dürfen die Oberfläche schmücken. Beine und Korpus sind gerade und schlank, auf den Schränken laufen aus England entlehnte zierlichst durchbrochene Galerien. Als Ornament besonders beliebt sind aus Bronze gefertigte Perlschnüre; überhaupt werden bei den meisterlichen Schreinerarbeiten gern Metallapplikationen gesehen, jedoch ist der Gesamteindruck stets zurückhaltend. Es entstehen heute noch sehr gesuchte Meisterstücke von virtuoser Technik. Der wohl bekannteste Schreiner dieser perfekten Kunstwerke ist David Roentgen.

Grazie und Zurückhaltung der Möbelform verlangen nach feinen, hellen, zarten **Farben**, die Anmut vermitteln. Die Stoffe sind äußerst fein gewebt, durchwirkt mit farblich abgesetzten Blumenkränzen und Bouquets. Das Louis Seize kreiert auch die farbige Papiertapete. Durch vertikal gestreifte Muster wirken die Räume höher und luftiger; das lichte Ambiente wird unterstrichen durch Plafond-Gesimse und Türeinfassungen, deren Profile mit gewundenen Bändern geziert sind. Für diese ästhetisch ansprechende Umgebung muß sich auch die Mode ändern : die bezopfte Männerhaartracht weicht dem Tituskopf, die Herrenmode wird sachlicher. Man trägt Frackrock und Halstuch. Bei den Damen verschwinden die gepuderten Perücken und der Reifrock. Fedrige, auf dem Kopf aufgetürmte Löckchen werden à la grecque von Seidenbändern gehalten, tiefdekolletierte Kleider mit Puffärmelchen aus fließenden, dünnen Stoffen umspielen die Gestalt, zunächst trägt man noch ein Brusttuch, das jedoch später weggelassen wird.

In der Zeit des Louis XVI ist das **Kunsthandwerk** auf allen Gebieten ungemein fein entwickelt: Marketterie, Schnitzerei, wundervolle Bronzen, Pastellbilder, kolorierte Kupferstiche, zartes Porzellan und Nippes, edle Silber- und Goldschmiedearbeiten von unerreichter Schlichtheit und Eleganz. Der Charme all dieser Gegenstände bezaubert heute noch mit seiner unaufdringlichen Grazie, aber auch mit handwerklicher Perfektion.

Louis-XVI.-Aufsatzkommode (Foto: Dr. Nagel, Stuttgart)

KLASSIZISMUS

Der Begriff Klassizismus umfaßt die Zeit von 1790 bis 1845 und die Epochen Louis Seize, Empire, Biedermeier und Regency (letzteres wird unter dem Stichwort Englische Möbel behandelt).

Klassizismus bezeichnet eine sich an die Vollendung der Klassik anlehnende Epoche. In dem reichen und bis dahin letztendlich auch einheitlichen Garten europäischer Stile taucht immer wieder die alte und ewig junge Sehnsucht nach der Antike auf. Die Strömung des Klassizismus erhält aus verschiedenen Quellen kräftige Antriebe: In Deutschland beeinflussen Lessing und Klopstock die Philosophie der Aufklärung nachhaltig und geben ihr eine antikisierende Richtung. Sie beinhaltet eine radikale Absage an Feudalismus und Absolutismus. Gleichzeitig finden die revolutionierenden Gedanken Rousseaus eine breite Anhängerschaft in ganz Europa.

Für die Verfechter des Klassizismus gilt die Antike als veredelte Natur, Natur wird als Ausdruck der Wahrheit verehrt. Im Jahr 1738 wird Herculaneum ausgegraben, 1748 beginnen die vielbeachteten Ausgrabungen von Pompeji, die 1763 beendet werden. J.J.Winckelmann veröffentlicht 1755 seine weltbekannte Schrift "Gedanken über die Nachahmung der griechischen Werke in der Malerei und Bildhauerkunst", 1761 erscheint das epochale Werk der englischen Brüder Adams "Antiquities of Athens". Systematische Darstellungen von Forschungsergebnissen werden herausgegeben, darauf folgen kunsttheoretische und philosophische Schriften. In all diesen Werken liegen die Wurzeln des Klassizismus, des ersten Stils, der von kunstwissenschaftlichen Erkenntnissen ausgeht, also intellektuelle Wurzeln hat. Es entwickelt sich eine Art Ideologie, eine rigide Reaktion auf die vielfältige und manchmal absurde Formensprache des Rokoko.

Vorbilder aus der Antike in ihrer Reinheit werden bewußt nachgeahmt. Das Bestreben des Klassizismus ist es, allgemeingültige Muster aufzustellen, ewigen Gesetzen Ausdruck zu geben, rationalistisch die Welt zu bändigen, den Menschen zum Maß aller Dinge zu machen. In den Normen der Antike glaubt er, die Harmonie des Kosmos gespiegelt zu sehen. Radikale Ideen französischer Architekten fordern die Rückführung von Bauformen auf archaische Strukturen, allen voran die dorische Ordnung. Man sucht Maß und Ordnung, stellt sich edle Einfalt und stille Größe vor.

Empire
14.Juli 1789 - Sturm auf die Bastille.
Die neuerliche Erhöhung der Brotpreise setzt ein ausgebeutetes Volk in Gang. Der glücklose Hobbyschreiner Louis XVI. und seine Gattin Marie Antoinette verstehen die Welt nicht mehr. Die törichte Königin läßt den Anführern des auf Versailles marschierenden Pöbels ausrichten, sie mögen doch Kuchen essen, wenn sie kein Brot haben! Drei Jahre noch darf das Königspaar dem chaotischen Treiben der Jakobiner machtlos zuschauen, dann wird ihrer beider Leben gewaltsam beendet. Ihnen folgen zahllose Angehörige des Adels auf dem Weg zur Guillotine, sofern sie sich nicht beizeiten ins Ausland flüchten können. Eine Flut überschwemmt Europa, die deutschen Fürsten werden aus ihrem Dornröschenschlaf gerissen. Mit den ersten Wellen schwappen Ideen über die Alpen, die Maas, den Rhein.

Dann kommt ein junger General, Napoleon, mittlerweile erster Konsul der französischen Republik. Mit seinen zahlreichen Kriegszügen macht er sich selbst quasi zum Zwangsvollstrecker der Ideen der Französischen Revolution und der von ihm initiierten, umwälzenden Neuerungen. An Napoleons Seite findet sich eine raffinierte, erfahrene Frau von zweifelhaftem Ruf, Joséphine. Diese Ehe macht auch dem Papst schwer zu schaffen, als dieser von Napoleon gezwungen wird, nach Paris zu reisen und den "Ersten Konsul auf Lebenszeit" zwischen zwei Kriegen geschwind zum Kaiser zu krönen. Der Korsische Emporkömmling setzt sich selbst ein Denkmal und die

Krone auf. Das Glück scheint den jungen Mann nicht zu verlassen; zahllos sind die Versuche europäischer Monarchen von der Moskwa bis zur Themse, Napoleon aufzuhalten. Er ist buchstäblich nicht zu bremsen. Der junge Bürgerkaiser überzieht Europa mit einer Flut von neuen Gesetzen und Verwaltungen. Was wäre die Rechtsprechung in Deutschland z.B. ohne den Code Napoleon! Um den Fortbestand der Dynastie Bonaparte zu sichern, verläßt Napoleon die unfruchtbare Joséphine und heiratet Marie Louise von Österreich, die ihm pflichtschuldigst einen Sohn schenkt. Als sich der Kaiser auf der Höhe seines Ruhms wähnt, läßt sich sein Untergang schon ahnen. Die europäischen Fürsten haben ihre Lektion gelernt, Napoleon verliert wichtige Schlachten. Kurzfristig muß er unter dem Zwang der Aliierten seinen Wohnsitz auf Elba nehmen. Dort hält es ihn nicht lange, er kehrt zurück. Schnurstracks versammelt er die Reste der "grande armée" um sich und marschiert nach Waterloo. Die Folge ist sein Exil auf St.Helena, wo er 1821 stirbt.

Armlehnsessel von Georges Jacob, um 1800 (Foto: Badisches Landesmuseum Karlsruhe)

Zusammenfassend läßt sich sagen, daß die Französische Revolution und ihre Folgen die gesamte westliche Kultur beeinflußt haben. Ohne sie ist unsere modernen Welt nur schwer vorstellbar.

Das Empire ist der persönliche Repräsentationsstil Napoleons, ein Rückgriff auf den Stil der französischen Kaiserzeit. Napoleon selbst regt die neue Mode an. Die europäischen Fürsten nehmen den neuen, höfischen Pomp begeistert auf: endlich wieder eine Einrichtung, durch die man sich vom ständig selbstbewußter werdenden Bürgertum unterscheiden kann! Dabei spült die französische Revolution gerade dieses Bürgertum nach oben und an die Macht.

Möbel werden architektonisch konstruiert, entstehen aus dem Zusammenbau geometrischer Formen. Einige wirken fast wie eine Aufeinanderschichtung von Blöcken; Schweifungen werden zu geometrischen Biegungen. Die graziösen, ästhetisch und handwerklich perfekten Möbel des Louis XVI. müssen den schweren, gewichtigen Formen der siebziger Jahre weichen. Empire: das bedeutet Größe und Macht. Möbel müssen einem neuen Anspruch dienen, sie werden ins Imperiale erhoben. Zierliche Kühle und anmutige Sachlichkeit werden zugedeckt mit überschwenglichem Pathos. Mahagoni und Goldbronze sind die Lieblingsmaterialien, sie sollen das Möbelstück zum Monument erheben. Durch die verscnwenderische Anwendung von Gold und Messing verwandelt sich manch ein Gegenstand in ein "Riesenjuwel". Die ehemals grazilen Silhouetten verkrusten sich wuchtig mit Gold, harmonische Paneele füllen sich mit Rankenwerk aus Lotuspalmetten. Lorbeertapeten bedecken die zarte Tünche, kaiserlicher Purpur verdrängt Pastelltöne. Die Säulen werden korinthisch. Auf der extrem breiten Zarge ruht eine auffallend leichte Platte aus Holz oder Marmor, die Pilaster sind schwer, die auch gern als Lorbeerkränze tragende Karyatiden ausgebildet sind. Manches Möbelstück steht mit schwerem Sockel direkt auf dem Boden, wie z.B. das Sofa, dessen zur Seite schwingende, aber auch geraden Lehnen geschlossen sind. Dadurch wirken die Möbel wie in Stein gehauen. Wenn ein Möbelstück Füße hat, so sind es jetzt bevorzugt naturalistisch gearbeitete Löwentatzen. Armlehnstühle erscheinen thronartig, die offenen Lehnen stützen geflügelte Fabelwesen mit Löwenhäuptern aus Goldbronze. Ganzfigurige Ägypter oder Sphinxe tragen Tischplatten. Überhaupt spielt die Glorifizierung von Napoleons ruinösem Ägyptenfeldzug in der Ornamentierung der Goldbronze eine wichtige Rolle. Ägyptisch-exotische Stilmerkmale vermengen sich mit römischen Emblemen wie Harnische, Helme, gekreuzte Fahnen u.ä. Dadurch entstehen manchmal recht merkwürdige Kompositionen. Auch Joséphines Lieblingsvogel, der Schwan, muß sich die Umsetzung ins Dekorative gefallen lassen, sein geschwungener Hals dient gern zur Vorlage bei der Fertigung von Armlehnen. Der Adler, Emblem kaiserlicher Macht und römisches Feldzeichen zugleich, darf nirgendwo fehlen.

Auch das Bett ist jetzt ein kastenförmiges Möbel mit gerade hochgezogenem Kopf- und Fußteil. Seine hohen Wangen sind an der Oberseite ellipsoid ausgeschnitten oder gehen in einem eleganten, gleichmäßigen Schwung in Kopf- und Fußende über. Daraus entwickelt sich das Tagesbett, die Recamière, ein hochelegantes Möbelstück fast ohne Wangen, alle Teile in einem durchgehenden Schwung gearbeitet. Eine weitere Neuentwicklung ist der römische Scherenstuhl mit Klauenfüßen sowie der Toilette- und Rasierschrank für den Herrn. Während die Empire-Möbel französischer Provenienz durch ihren Reichtum beeindrucken, sind die in Deutschland geschreinerten Möbel zurückhaltender, leichter in der Ausstrahlung. Daher erklärt sich ihre bis heute anhaltende Attraktivität als repräsentativer Einrichtungsgegenstand.

Biedermeier
Kunsthistorisch streng gefaßt
1815 - 1830
Kulturhistorisch, soziologisch, politologisch
1815 - 1848
Der Heidelberger Arzt Prof. A. Kußmaul stieß 1853 als junger Landarzt auf ein Büchlein mit dem Titel "Die sämtlichen Gedichte des alten Dorfschulmeisters Friedr. Sauter, welcher" usw., verlegt 1845 in Karlsruhe. Diese schwerfälligen Gedichte, im Stil des besser bekannten "schlesischen Schwans" der Friederike Kempner, erschienen 1855-1857, zum Teil parodistisch überzeich-

net, in den noch jungen "Fliegenden Blättern". Das Pseudonym Gottlieb Biedermeier entsprungen einer Idee Viktor von Scheffels, findet sich erstmals gedruckt 1853. Lange Zeit dachte man sich bei dem Wort Biedermeier: Engstirnigkeit, Rückschritt, Rückzug ins Private, Recht und Ordnung. Anfang dieses Jahrhunderts entwickelte sich bei seiner Wiederentdeckung erstmals eine positive Konnotation des Wortes "Biedermeier". Sehr verständlich bei dem Bedürfnis nach Ruhe und Zurückgezogenheit nach den Wirren des ersten Weltkrieges.

Neben der allgemeinen geistigen Situation der damaligen Zeit beschäftigt uns hier in erster Linie das Biedermeier als Stilepoche der Möbelbaukunst. Das Biedermeier gilt heute als längst vergessene Wiege und Grundlage für den Funktionalismus des 20. Jahrhunderts bis hin zu den heutigen Prämierungen guter Industrieform.

Der bekannte Kunstkritiker Ludwig Hewesi stellte 1901 die Grundsätze des Biedermeier fest: zweckecht - stoffecht - zeitecht und dazu das denkbar tüchtigste Handwerk. Gleichzeitig ist nach seiner Meinung das Biedermeier Vertreter stilunabhängiger Qualität. Allgemein beurteilte man um die Jahrhundertwende den Möbelstil des Biedermeier als einen wenig repräsentativen, schlichten Kanzleistil. Dafür galt vor allem das durch eine Ausstellung bekanntgewordene Arbeitszimmer Kaiser Franz I. als Beleg, das nach Meinung eines Berichterstatters gleichsam "die Stube des ersten Bürgers eines Reiches" verkörperte.

Von den Kunsthistorikern wird nach heutigem Verständnis das Biedermeier als die letzte Phase des Klassizismus betrachtet. Der Klassizismus steht europaweit als Sammelbegriff für die Epoche von 1770 - 1830, unterteilt in die Perioden Louis XVI., Empire und Biedermeier.
Als Reaktion auf Barock und Rokoko hin zu Gradlinigkeit, Privatheit und größerer Einfachheit entstand in Frankreich das Louis XVI., in Deutschland der Zopfstil.
Durch die traditionell guten Beziehungen zwischen England und den Hansestädten existierte im Norden Deutschlands ein starker, englischer Einfluß. In England gab es allerdings bereits seit dem

späten 17.Jh. eine stark klassifizierende Strömung (Hauptvertreter: Architekt Andrea Palladios). Die bekanntesten englischen Möbeldesigner des mittleren 18. Jahrhunderts, deren Einfluß Norddeutschland erreichte, waren Robert und James Adam. Zur gleichen Zeit arbeitete in Deutschland der berühmte David Roentgen, der in Frankreich seine Eindrücke sammelte. Dort forderten Mitte des 18.Jh. die französischen Enzyklopädisten konstruktive Klarheit; sie fand ihre Entsprechung in der Wiederentdeckung der Antike.

Bedingt durch politische und verwandtschaftliche Verflechtungen wurde das Wien des späten 18.Jh. zum Schmelztiegel für diese beiden starken kulturhistorischen Strömungen. Die Abneigung Österreichs gegen den überladenen, italienischen und französischen Barockstil, die frühe Hinwendung des Herrscherhauses zu mehr Leichtigkeit und Gemütlichkeit, ermöglichte dem Biedermeier in Österreich eine besonders intensive Vorbereitungszeit. Es gab einen beinah nahtlosen Übergang vom Zopfstil zum Biedermeier. Durch die politische Vorherrschaft Frankreichs auf dem ganzen Kontinent trat eine Verlangsamung des stilistischen Entwicklungsprozesses ein. Nach dem Sturz Napoleons konnte die ursprünglich konzipierte Schlichtheit problemlos wiederaufgegriffen werden. Erwähnenswert ist noch, daß Michael Thonet, Stammvater des heute weltberühmten Thonet-Stuhles, nur 50 (!!) Jahre nach David Roentgen geboren wurde. Mitten im Biedermeier gründete er seinen Geschäftsbetrieb als Bau- und Möbeltischler am Mittelrhein. Übrigens waren Thonet und Roentgen Landsleute.

Die Zeit des Biedermeier wird noch heute gern gleichgesetzt mit Beschaulichkeit, Gemütlichkeit, Solidität, Nostalgie und Ruhe. Daher ist es besonders bemerkenswert, daß sich in dieser "politisch stummen Zeit" die, neben der französischen Revolution, bedeutendste europäische Revolution von 1848 vorbereitete. Sie führte zum Zusammenbruch des Metternichschen Systems, zur Entstehung des mitteleuropäischen Nationalstaates. Nicht umsonst heißt die Zeit vom Wiener Kongreß bis zur 48er Revolution bei den Politologen "Vormärz". Ausgehend von England über Frankreich hielt die Satire ihren Einzug in Mitteleuropa. Ebenfalls von England breiteten sich die Möglichkeiten maschineller Großproduktion in Deutschland und Österreich aus.

Das Biedermeier - eine unbedeutende, kurze Epoche unserer Geschichte - hat also fast allen Gebieten unseres heutigen Lebens seinen Stempel aufgedrückt. Und im Rückblick zeigt sich, daß diese Zeit nicht unbedingt totenstill gewesen ist. Unter der Decke jahrhundertealter "Hofgeschichtsschreibung", die sich das Schielen nach Fürstenthronen so schnell nicht abgewöhnen mochte, gärte es gewaltig. Während Metternich das Fürsteneuropa restaurierte und dabei die historischen Schlagzeilen beherrschte, breitete sich "Bürgerlichkeit" in alle Winkel aus und bereitete sich auf die Eroberung einer neuen Welt vor. Emsig, bescheiden, fleißig bearbeiteten die "Biedermeier" den Boden für Kommendes: die industrielle Revolution, die soziale Revolution, die Geschmacksrevolution. So verträumten die Fürsten den Wandel von agrarischem Herrenleben zu industriellem Reichtum auf herrlichen Bällen in prunkvollen Schlössern. Und der Bourgeois hütete sich, nicht obrigkeitshörig und beflissen zu schei-

Nähtischchen, um 1840 (Städtisches Museum Kleve)

nen, während seine Fabriken aufblühten und deren Produkte die Welt umkrempelten. Der "Bourgeois" muckte nicht, blieb braver Philister - ein zeittypisches Schimpfwort, das etwa dem heutigen "Spießbürger" entspricht. Anders sein unbotmäßiger Schatten, der "Citoyen", der nicht vergessen mochte, daß seit der französischen Revolution auch Fürstenhäupter nicht fester am Körper sitzen als die gewöhnlicher Sterblicher.

Der "Citoyen" schnupperte die neue Zeit. Sie gedanklich auszufüllen, fühlte er sich berufen. Fichte, Schelling, Hegel - große Geister! Schopenhauers Werk "Die Welt als Wille und Vorstellung" (1819) - der Titel ein Programm. Vorzeichen des Aufruhrs und Aufbruchs. Zur Romantik, die blaue Blume suchend, die einen: v. Eichendorff, v. Brentano, E.T.A. Hoffmann, Schlegel, Tieck usw., usf.... Zur Politik, Neues denkend und erprobend, die anderen: "Turnvater" Jahn begründete die große allgemeine Sportbewegung, Erzieher Fröbel führt 1822 in Berlin die Realschule ein. 1818 werden F.W. Raiffeisen und Karl Marx geboren; ihrer beider "Genossenschaften" werden die Welt verändern. Georg Büchner brennt vor Ungeduld, sein hessischer Landesherr brennt darauf, ihn unschädlich zu machen.

Die Unruhe der "Citoyens" - eingeklemmt zwischen Fürsten einerseits, "Bourgeois" andererseits und den Blick auf ein sich schüchtern zu Wort meldendes Proletariat gerichtet - die Unruhe der "Citoyens" macht sich Luft: In aufrührerischen Schriften vom "Hessischen Landesboten" (G.Büchner) bis zum "Kommunistischen Manifest" (K.Marx), in der "Rheinischen Zeitung" (H.Heine), im "Deutschen Charivari", in den "Fliegenden Blättern". Mit Bissigkeit, Witz und Spott legt die geistige "Creme" der Zeit schonungslos deren Schwächen bloß. Eine langweilige Zeit? Es war, als wollte die Geschichte Atem holen, der neuen Klasse der Bürger Zeit geben, die Zukunft zu planen.

Wir sind heute diese Zukunft. Im Guten wie im Bösen. Und wenn wir uns in modischen Wellen nach dieser "beschaulichen Zeit" und ihren klar gezeichneten, schnörkellosen Linien sehnen, könnte es sein, daß wir wieder eine Zeit zum Nachdenken und zum Kräftesammeln brauchen? Und wir sitzen heute wie damals - vom Revoluzzer bis zum Unternehmer - in Möbeln und Kunstgegenständen von bisher unerreichter Schlichtheit.

Zentren:
WIEN: Josef Danhauser, 1805 - 1845, erster Innenausstatter im ganz großen Stil, Designer und Hersteller B. Holl. INNSBRUCK: Johann Nepomuk Geyer, 1807 - 1874, Spätbiedermeier, Vorliebe Mahagoni, arbeitete für den österreichischen Hof. BERLIN: Schinkel 1781 - 1841, Maler und Architekt, Karl Georg Wanschaff, 1775 - 1858, Adolph Friedrich Voigt. KASSEL: Heinrich Christoph Jussow, Johann Conrad Broweis. HANNOVER: Georg Ludwig Laves. BRAUNSCHWEIG: Carl Theodor Ottmer, Friedrich Krahe. WEIMAR: Clemens Wenzel Coudray. MÜNCHEN: Leo von Klenze. STUTTGART: Nikolaus Friedrich Thouret. KARLSRUHE: Friedrich Weinbrenner, Heinrich Himmelheber. FRANKFURT: Johann Valentin Raab (Homburg)

Kirschbaumstuhl Biedermeier (Badisches Landesmuseum Karlsruhe)

HISTORISMUS

Aus dem Bereich der Natur- und damals noch jungen Gesellschaftswissenschaften stammt der Begriff Historismus. Wie alle wichtigen kunst- und kulturhistorischen Epochen bereitete sich der Historismus lange vor seinem manifesten Erscheinen vor. Als seine eigentliche Wiege kann man wohl den Geist der Romantik bezeichnen. Doch auch diese läßt sich ohne Vorgeschichte kaum erklären. Allgemein wird der Klassizismus mit seinem Postulat der in Regeln gefaßten Übereinstimmung von Vernunft und Natur als letzter einheitlicher europäischer Stil betrachtet. Er griff mit seinen antikisierenden Tendenzen auf alle Lebensbereiche über.

Als Reaktion auf die "clarté" entwickelte sich daraus Ende des 18.Jahrhunderts die Romantik. Für ein besseres Verständnis des folgenden Historismus einige Stichworte zur Romantik zuvor: Suche nach neuen Ausdrucksformen, "altdeutsche Kunst", unter der hauptsächlich die historische Gotik verstanden wurde, "Ritterburgen", beeindruckendes Geschichtswissen, Vaterlandsliebe. Obwohl sich die Romantik nur in Dichtkunst, Malerei und Musik niederschlug, d.h. nie eine große Bewegung war, kommen ihr erhebliche Verdienste um die Zukunft zu. Ohne die sorgfältige Beschäftigung des Romantikers mit der mittelalterlichen Geschichte ist der Historismus schwer vorstellbar. Denn daraus entstanden im 19.Jahrhundert starke Einflüsse auf Geistes-und Naturwissenschaften, Architektur und Möbelbaukunst. Der Historismus wird daher in der kunsthistorischen Literatur auch als "Rückgriffskunst" oder "Rückblickzeit" bezeichnet. W.Götz schreibt: "Die Auswahl der historischen Formen erfolgt nicht primär wegen ihrer ästhetischen Affinität, sondern wegen ihrer geschichtlichen Relevanz."

Die Auflockerung der Biedermeiermöbel mit neogotischen Applikationen oder sacht geschweiften Giebeln um 1835-40, das Auftauchen des zweiten Rokoko in Frankreich signalisieren den Beginn des Historismus. Seinen ersten großen offiziellen Auftritt hat er bei der ersten Weltausstellung in London 1851. Über 6 Millionen Besucher werden im "Kristallpalast" Zeugen des für den Historismus typischen Stilpluralismus: Neo-Gotik, zweites Rokoko, Neo-Renaissance, Neo-Barock und drittes Rokoko.

Aktenschrank, ehemals im Besitz des Freiherrn vom Stein. Die Ornamentik der Gotik ist hier Zeichen für das Interesse an der "Vaterländischen Geschichte".(Foto: Museum für Kunst und Kulturgeschichte, Dortmund)

Neo-Gotik
Die "Neo-Gotik" hat, wie schon oben erwähnt, ihre Wurzeln in der Romantik. Friedrich-Wilhelm IV. von Preußen betreibt aufgrund von Einflüssen dieser Zeit die endliche Fertigstellung des Kölner Doms (feierliche Einweihung 1880). Wir erwähnen gerade dieses Beispiel, um aufzuzeigen, daß

die Neo-Gotik nicht ein bloßes Applizieren neogotischer Elemente auf vorgegebene Biedermeiermöbel war, sondern daß alte Konstruktionsanleitungen und Bauweisen sorgfältig beachtet wurden. Schließlich lagen von Architekten und Handwerkern viel beachtete genaue Werkunterlagen der originalen Gotik vor.

Damit werden die Grundformen des Biedermeier abgelöst. Aus den ersten neogotischen Gehversuchen der Romantik entsteht durch zahlreiche Veröffentlichungen in den vierziger Jahren der dogmatische Historismus. Bei der Architektur von Monumental-Bauten wie Schlössern und Domen ist die Neo-Gotik ab Mitte des 19.Jh. der bevorzugte Baustil. Später greift er auf Profan-Bauten über wie Rathäuser oder repräsentative Wohnhäuser. Bei den folgenden Weltausstellungen lassen die neogotischen Strömungen nach, ohne jedoch ganz zu verschwinden. Übrigens hat in den ersten fünfzig Jahren des vergangenen Jahrhunderts auch der Antiquitätenhandel seinen Anfang genommen.

Zweites Rokoko

In Frankreich entwickelte sich derweil durch die Vorliebe des Königs Karl X. eine Bevorzugung des "Rokoko". Der seit 1824 regierende König gab sich ausgesprochen bürgerlich. Mit seiner "Volksnähe" sorgte er für eine rasche Verbreitung des "Neo-Rokoko" und machte somit der französischen "clarté" den Garaus. Fälschlicherweise wurde der französische König Louis-Philippe (1830-48, "König Birne") zum Namensgeber für diesen Stil.

Die Entwicklung des Neo-Rokoko kann als das wieder zunehmende Bedürfnis nach Ornamentik und Bewegung gedeutet werden, als Reaktion auf das strenge, schmucklose, geometrische Biedermeier. Zögernde Schweifung von Giebelbrettern, gedrechselte Säulen, Flammleisten, abgerundete Ecken an Sims und Sockel signalisieren die Ablösung des Biedermeier. Die Möbel bleiben aber immer noch streng geometrisch, so werden diese frühen Louis-Philippe-Möbel noch häufig irrigerweise als "Spät-Biedermeier" verkauft.

Im deutschsprachigen Raum rezipierte man diese Strömung nur langsam. In Österreich herrschte Fürst von Metternich (Importeur von Michael Thonet). Er bereitete mit seiner restaurativen, zum Absolutismus tendierenden Politik den Boden für den Wiedereinzug des Geschmacks des 18.Jh. Rasch wurde Wien dominierend in Architektur und Kunstgewerbe. Kaiser Franz-Josef, besser bekannt als Ehemann von "Sissy", herrschte genauso autokratisch wie Metternich. Er war ein begeisterter Anhänger des Neo-Rokoko.

In seinen Anfängen war diese Stilrichtung im Norden Deutschlands zunächst ein reiner Ausstattungsstil. Doch da die Preußen nicht nachstehen wollten, erklärten sie das Neo-Rokoko kurzerhand zum offiziellen Hofstil. Eine konsequente Verbürgerlichung dieser Strömung findet erst danach in Österreich und Deutschland statt. Die "Garnitur" entsteht, der Schreibtisch wird nicht mehr frei in den Raum gestellt, ein kleines Aufsatzmöbel, Vertiko genannt, wird entwickelt. Die Sofas haben runde, geschwungene Lehnen, die dreigeteilt sind, die Rundung wiederholt sich in der Stuhllehne. Mehrpassige Balusterfüße an Tischen und Kleinmöbeln werden geschreinert, die hochelegante Boulle-Technik wird wiederentdeckt; ebenso zwei Sesseltypen, die Bergère und der Voltaire.

Tisch und Stühle, Norddeutschland um 1860, Louis Philippe / Zweites Rokoko. Englischer Einfluß in den "Cabriole Legs" des Tisches (Foto: Boerge Nielsen Auktionen, Vejle)

Das Erscheinungsbild der Ausstattung gibt sich runder, geschwungener, behäbiger, Ziernägel an den Polsterlehnen halten ihren Einzug und der ochsenblutrote Seidendamast. Im bürgerlichen Preußen gibt man großblumiger Baumwolle den Vorzug. S- und C-Schwünge, geschnitzte Ranken- und Blattornamente, Kartuschen und Muscheldekor schmücken plötzlich wieder allenthalben die beliebten Ausstattungsgegenstände.

Zusammenfassend läßt sich über das Neo-Rokoko sagen, daß die Entwürfe dieser Zeit nie Kopien des historischen Rokoko waren oder sein sollten. Diese Feststellung treffen übereinstimmend alle Kenner dieser Zeit. Vielmehr entlieh man - ziemlich wahllos - aus Barock und Rokoko Stilelemente, gab aber die Symmetrie des Biedermeier nicht auf. Durch eigene Phantasien entstanden teilweise wirklich elegante, einfallsreiche Gegenstände.

Neo-Renaissance - "Gründerzeit"
Bei der Weltausstellung 1867 zeigt sich, daß die Modetrends sich unterschiedlich entwickeln. Während man in Frankreich unter Napoleon III. verstärkt zu einer Wiederentdeckung des Louis XVI. neigt, erfreut sich in Deutschland und England das Neo-Rokoko (Louis-Philippe, Victorian) weiter größter Beliebtheit. Dies ändert sich, als ab 1870 etwa die sich schon öfter und länger angekündigte und immer wieder aufgeschobene "Neo-Renaissance" vorkämpft. Bei uns ist sie in ihrer Hoch-Zeit besser bekannt als "Gründerzeit". Seit 1840 gab es vereinzelte Versuche, Gebrauchsgegenstände mit reinen Renaissance-Elementen der Öffentlichkeit schmackhaft zu machen. Es handelte sich um Neuschöpfungen, die sich allerdings erstaunlich exakter historischer Details bedienten. Auch hier - wie bei den beiden oben beschriebenen Richtungen - auffallend die profunden und exakten Kenntnisse originaler Renaissance-Architektur und Werkvorlagen.

Alle Strömungen des Historismus fanden durch die Architektur ihren Weg in die Möbel. Bestes Beispiel: Wien mit der Neuen Hofburg und seinen zahlreichen Museen. So werden in der Neo-Renaissance die kastenförmigen Möbel wiederentdeckt, z.B. die Kredenz - in der historischen Renaissance Dressoir genannt. Behaglich schimmernd in gebeiztem Eichenholz oder Nußbaum präsentiert sie sich mit reichem Schnitzwerk: Kartuschen, Figuren, Akanthus-Blätter schmücken ihre Oberfläche. Sie steht auf Tatzen- oder gedrückten Ballenfüßen, ihre Ecklisenen sind geschmückt mit Schuppenschnitzereien oder Pilastern, Sims und Sockel können gekröpft sein. Die Tische ruhen auf schweren Balusterfüßen, den hochlehnigen Stuhl zieren Balustergalerien, die Sitzfläche besteht aus Rohrgeflecht, geschorenem Plüsch oder gepunztem Leder.

Kabinettschrank Gründerzeit / Neo-Renaissance
(Foto: Museumsdorf Cloppenburg)

In bester Verarbeitung und edelsten Materialien gibt es wieder Stollen- und Kabinettschränke. In Österreich geben ästhetische Impulse den Anstoß zur Neo-Renaissance, in Deutschland ist es eher das Erwachen zu nationalem Selbstbewußtsein, bedingt durch die Reichsgründung 1871. Ein zeitgenössischer Historiker beschreibt dieses Erstehen und vergleicht es mit der Zeit der Reformation. Es ist ein Wieder-Anknüpfen an eine Epoche, in der Deutsch-Sein stolz machte (Ulrich v.Hutten u.a.). Die Gründerzeit steht synonym für enormem wirtschaftlichen Aufschwung und steigendem Wohlstand des Bürgertums. Durch die jetzt ständige weitere Entwicklung und den Einsatz von Maschinen werden die Gegenstände für den Mittelstand erschwinglich. Ohne die rasante Industrialisierung Englands und Kontinentaleuropas wäre der Vormarsch des Kunstgewerbes in dieser Breite überhaupt nicht denkbar.

Die seit Mitte des letzten Jahrhunderts überall entstehenden Handels-und Gewerbevereine und ihre Veröffentlichungen wirkten stark geschmacksbildend auf die Menschen vor hundert Jahren. Zugleich brachte verstärkte wirtschaftliche Expansion entsprechende bürgerliche Repräsentation mit sich. Die Neo-Renaissance ist wohl die bürgerlichste aller Historismus-Strömungen.

In ihrer Weiterentwicklung zeigt die Neo-Renaissance dann durch das Einbeziehen früh-barocker Stilelemente eine Tendenz zum Bewegten und Malerischen. Nur durch die genaue Kenntnis der alten Werkvorlagen konnte man es sich leisten, so unbekümmert mit historischen Stilelementen zu experimentieren. Insofern ist eine intensive Auseinandersetzung mit dem Barock und weiter mit dem Rokoko eine beinahe organische Entwicklung. Zumal die Neo-Renaissance für den Adel wenig elegant und exklusiv erschien und so durchgehend von ihm abgelehnt wurde.

Im Vergleich zum Neo-Rokoko der Jahrhundertwende sind jetzt aber die Stilkenntnisse erheblich besser und genauer. Da sind sie wieder, die C-Schwünge, Rocaillen, Schnitzereien, Gitterwerke, S-Beine. Das alles aus edelsten Hölzern; einheimische Obsthölzer von wenig exklusivem Charakter werden kurzerhand vergoldet; besonders schick sind weißgold gefaßte Möbel, die mit aufwendigen Stoffen bezogen werden. Kaiser Wilhelm II. renoviert das Schloß Sanssouci und stattet es wie oben beschrieben aus. Von ihm werden für eine Weltausstellung Möbel des **dritten Rokoko** als für Deutschland repräsentativen Stil in Auftrag gegeben. Mit Hilfe moderner Maschinen können auch preiswerte Gebrauchsgegenstände für jedermann in dieser aufwendigen Geschmacksrichtung gefertigt werden.

Kolonialer Einfluß

Erwähnenswert ist mit diesem Wiedererblühen des Kolonialismus eine wellenartige Auseinandersetzung mit den verschiedenen Erscheinungsformen kolonialer Kulturen.

Bedingt durch die massive Industrialisierung und stürmische Entwicklung des Bankwesens, sind Einflüsse der vereinnahmten Länder zu beobachten. Königin Viktoria wird Kaiserin von Indien. Während Europa in der Prüderie des viktorianischen und wilhelminischen Zeitalters erstarrt, unternehmen vereinzelte Protagonisten Ausflüge in die scheinbare Traumwelt des Orient. Verbotene Wollust vermittelnde, geistige Opiumschwaden wabern in fürstliche Gärten, Lustpavillons, Boudoirs und versinken in schwelgerischen Polstern. Man raucht sich einen Traum. Geblieben ist davon unsere Vorliebe für orientalische Teppiche.

Doch der Historismus wollte nie - mit geringen Ausnahmen - fälschen, sondern durch genaue Kenntnis der Vergangenheit zu Eigenem, Neuem gelangen. Die unterschiedlichen Erscheinungsbilder des Historismus waren keine Modewechsel, sondern der ihm typische Stilpluralismus. Allerdings gab es eine Imitation von Materialien, teilweise bei Massenprodukten auch Surrogate, wie Gußeisen, Papiermaché. Es entsteht der neue Begriff der Kunstindustrie. Trotz der Industrialisierung hatte der Historismus auch für das Handwerk Vorteile, die noch heute bei jeder Meisterprüfung zum Tragen kommen: Wiedererlangung des verloren gegangenen Wissens um traditionelle Handwerkstechniken. Denn sooft wir auch von Industrialisierung gesprochen haben, es gab verstärkt handwerkliche Luxusproduktion. Der Historismus hatte immer eine restaurative und eine suchende Komponente. Nach Kreisel und Bahns muß heute mit Entschiedenheit festgestellt werden, daß der viel verachtete Historismus erheblich mehr war als Nachahmung. Er war immer der Versuch, Neues, Eigenständiges zu schaffen auf der Grundlage profundester Geschichtskenntnisse. Und wer hätte gedacht, daß in den späten fünfziger Jahren die "altdeutschen" Möbel und Bilder wieder Triumphe feierten, diesmal allerdings als rein bürgerliche und kleinbürgerliche Geschmacksrichtung. Mittlerweile zeigt sich im

Antiquitätenhandel deutlich, daß der Kunde die Möbel dieser Zeit zu schätzen weiß. Louis-Philippe und Gründerzeitgegenstände sind gefragt, Händler beginnen, sich zu spezialisieren.

Möbelschreiner und Entwerfer
Neo-Gotik:
Fa. Hoffmeister, Coburg / Herwegen, München / Fortner, München / Karl Wild, Regensburg / Grube, Lübeck Louis und Siegfried Löwinson,
Conrad Wilhelm Hase, Hannover
Neo-Rokoko (Louis-Philippe):
Johann Nepomuk Geyer, Innsbruck / Carl Leistler, Wien / Michael Thonet, Boppard-Wien / Barter,Würzb. Neppenbacher, Würzburg / August Kitschelt, Wien / C.G.Lehmann, Berlin
Neo-Renaissance (Gründerzeit):
F.Gröger, Wien / M.Hagen, Erfurt / Löwinson, Berlin / Baube, Mainz / J.Heininger, Mainz / L.Sawatka, Wien C.Hehl, Hannover / H.Sauermann, Flensburg
Neo-Barock, drittes Rokoko:
Julius Hoffmann, München /
Stellberger, Ballin, München
Bauwerke des Historismus:
Kölner Dom (teilweise) / Semper-Oper Dresden / Palast Leuchtenberg / Anbau der Münchner Residenz / Schloß Schwerin / Kristallpalast London / Herrenchiemsee / Linderhof / Schloß Sigmaringen / Schloß Neuschwanstein / Neue Wiener Hofburg

Möbelensemble aus dem Osnabrücker Artland, 1898: Neo-Renaissance / Gründerzeit. (Foto: Museumsdorf Cloppenburg)

JUGENDSTIL

Alle Stile der Vergangenheit sind einzigartig, aber unter all diesen Stilen ist wiederum der Jugendstil einzigartig. Alle anderen Stile sind Ordnungsbegriffe der Geschichtsschreibung: der romanische, der gotische, der barocke, der klassizistische Stil - diese Vorstellungen sind der historischen Betrachtung und Analyse zu verdanken, ihrem Bedürfnis nach Gliederung, Periodisierung, dem Wiedererkennen von Merkmalen, das nicht viel anders vorgeht als die wissenschaftliche Bestimmung von Pflanzen und Tieren. Der Jugendstil hingegen war als Stil gewollt, erstrebt, ja erfunden. Aber das ist nicht das Geheimnis seiner Einzigartigkeit.

Auch die historischen Wiederbelebungen, die einen Teil der Kunstgeschichte des 19. Jh. kennzeichnen, die Neogotik, die deutsche Neorenaissance, waren als Stil entdeckt, ergriffen und nachahmend in Bauten, Mobiliar, Lebensgesinnung in die jeweilige Gegenwart übertragen worden, und eben der Überdruss an solchen Repetitionen, der Ärger über die "Kostümierungen" war ja eine der Triebkräfte, die den Jugendstil hervorgebracht haben. Er sollte und wollte ein Stil ohne Muster und Vorlage sein oder werden, ein ganz und gar neuer, eigener, zeitgenössischer, gegenwärtiger, lebendiger Stil.

"Hier ist das Neue, das wir endlich, endlich dem erdrückenden Erbe entgegenstellen können!" - schrieb später der Maler Ahlers-Hestermann aus der Erinnerung an die Hochgefühle solchen Anfangs. Er erwuchs aus der Abkehr von den historischen, rekapitulierenden Stilen, doch nicht vom Stil überhaupt. Auch das Neue sollte und wollte nicht allein Stil haben, sondern ein Stil sein und das hieß - ganz im Sinne jener Ordnungsbegriffe der geschichtlichen Betrachtung - ein System von Formen, Gehäusen und Geräten, Zeichen und Gestalten, eine Kunstwelt, die sich eben derselben gegenwärtigen Lebenswelt aufprägen würde, die sie doch zugleich auszudrücken bestimmt war. So hat der Jugendstil, in dem er die Tradition beiseite warf, im Innern doch die Bestrebung, das Leben mit Kunstformen zu durchdringen und zu überziehen, die aus ein- und demselben Geist erwachsen, an spezifischen Merkmalen zu erkennen sind. Ein Formenvorrat würde es abermals sein, wie ehedem der gotische oder derjenige der Deutschen Renaissance, nun aber ein neu und frei erzeugter. Daher auch rührt der ausgreifende Universalismus, der so viele jener Neuerer, Mackintosh und die Seinigen, Henry van de Velde vor allem, auch Olbrich und Peter Behrens beflügelte: Maler, Kunsthandwerker und Architekten zugleich waren oder wurden sie, weil sie nicht nur in einem Beruf oder Bereich, sondern überall den Stil ausbreiten wollten, den sie erst schufen. Eben darum und nur darum war es Stil. Andernfalls wäre es entweder Malerei, oder Baukunst, oder Tischlerei, oder Weberei, oder was immer gewesen oder geblieben, nicht aber leben-umfassender, leben-erneuernder, leben-erhöhender Stil.

Jugendstil-Elfe, Höhe 28cm, Otto Glenz um 1900 (Stadtverwaltung Erbach/Odw.)

Die große Befreiung führte auf diese Weise gleichsam vom ersten Tag an auch ein Verhängnis mit sich. Die alten Stil-"kostüme" waren abgeworfen, aber man stand nicht nackt, sondern zog sich sogleich ein neues über. Die Emanzipation verfing sich im Netzwerk ihrer eigenen Hervorbringungen. Die den neuen Stil schufen, verwickelten sich buchstäblich im Gespinst ihrer Erfindungen . Das beispiellose Unternehmen der Stilschöpfung lief auf eine Selbstverwandlung, die Befreiung auf eine Verzauberung hinaus.

Denn worin man auch immer das Hauptmerkmal des Jugendstils erblicken mag, so weit er sich in der Bildenden Kunst einschließlich der Architektur und der verschiedenen handwerklichen Disziplinen zu erkennen gibt - in der Belebung der Fläche, in der Kultivierung der dynamischen Linie, in der Herrschaft des Ornaments oder in dem allen zugleich: diese Füllungen und Aussparungen, diese Schwarz-Weiß-Vertauschungen, diese rahmenden Umschlingungen, dies Wellen, Locken und Wurzeln, diese Erweichung der Tektonik, diese Asymmetrien, diese Kurvaturen, diese fliehenden und sich vereinigenden Seelenleiber, diese plastisch-blasigen Räume, diese Leere und dieser sparsame Prunk, diese Verquickung des Organischen und Funktionellen, diese Verdrängung der Horizonte und diese Fesselung der Gestalt in ihrer Kontur - das alles ist wie ein einziger Zauberbann, der um sich greift, dem nichts zu entgehen scheint, vom Buch und Bild bis zum Haus und Garten, vom Pflaster bis zum Turm, von den Möbeln bis zum Geschirr und Besteck, zu den Gewändern und zur Buchstabenschrift.

Ein sanfter, süchtiger Taumel, eine frohe Besessenheit. Der Trieb der Stilisierung läßt die menschliche Person, Erscheinung, Gebärde, Sprache nicht aus, die neue Autonomie schafft sich ein artifizielles Gefängnis. Wie in einem Kokon von Kunst bewegt sie sich. Die Produktivität dieser Jahre um die Jahrhundertwende ist hinreißend, die Epoche leuchtet und glitzert vor Selbstgefühl und Zuversicht, und doch rührt uns inmitten solcher Schönheit, die überall regieren soll, die Ahnung des Verfalls an, die aus ihr entgegenscheint. Denn das Schöne ist nichts als der Anfang des Schreckens - in manchem Sinne auch hier.

Freilich fällt auch kein Stil, kein Formenschatz vom Himmel, auch nicht vom Himmel des Genies. Auch das überraschend Neue führt ältere und alte Spuren mit sich, saugt Vorbilder an, verarbeitet Tradition, entdeckt mit frischem Blick, was verschollen war oder von fern her kam. Die große japanische Anregung ist offenkundig in der Graphik Aubrey Beardsleys, des Wunderkindes; in den Plakaten von Toulouse Lautrec, des Kenners der Cafés und Cabaretts; ja in den Gemälden Vincent van Goghs, den man einen Christusmenschen genannt hat.

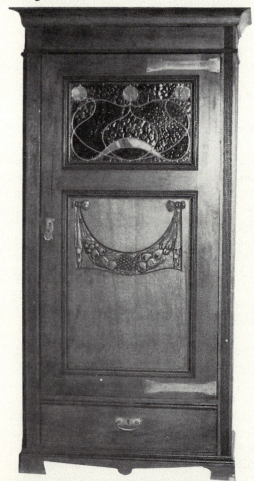

Jugendstilschrank, Eiche geschnitzt, Jahrhundertwende (Foto : Antiquitäten und Wohnen, Heilbronn)

Die erste Wahrnehmung des japanischen Farbholzschnittes ist genau datiert worden, ein französischer Stecher war der früheste Bewunderer, das war schon 1856. Und auch der Weg, den diese

Begeisterung genommen hat, die Ansteckung der Augen ist erforscht, der Maler Whistler trug das Virus nach London. Nicht weniger deutlich tritt diese Spur zu Tage, wenn wir erfahren, daß der Kunsthändler Samuel Bing aus Hamburg - dessen Pariser Geschäft den Namen "Art Nouveau" trug und den Begriff damit zum Kennwort machte - als Japanhändler angefangen hat und seit 1888 einen japanischen Formenschatz herausgegeben hat, den er den Künstlern empfahl.

Von daher stammt die Zuwendung zur reinen Fläche, das gleichsam schreibende Zeichnen, das die Tiefenperspektive, die Kulissenordnung, die Illusion der Körperlichkeit von Licht und Schatten und den Erd- und Himmelshorizont, all diese abendländischen Errungenschaften verwirft.

Auch der Geschmack am leergelassenen Zentrum, der "amor vacui" - wie ein geistreicher Historiker es genannt hat - und das Wegrücken der festen Elemente, sowohl der graphischen Arbeit als auch des möblierten Raumes, an die Ränder. Der bedeutendste Holzschnittmeister der Epoche, Félix Valloton, weit derber in Sujet und Manier als Beardsley - dem ich ihn gleichwohl an die Seite rücken möchte - läßt die japanische Imprägnierung nicht minder deutlich wiedererkennen als dieser. Man könnte sogar vermuten, daß der hohe Wert und der entschiedene Klang, der dem Wort Dekoration in jenen Jahren zukommt - während es nachmals und bis heute beinahe ein ästhetisches Todesurteil ausspricht -, von der Anschauung japanischer Erzeugnisse mitbestimmt war.

Die Frage des Niveaus, des Formats, der künstlerischen Qualität von Werken, die dem Jugendstil zugerechnet werden, habe ich bisher ausgespart. Wenngleich der Markt seit etwa 30 Jahren durch eine völlige Neubewertung und eine zuvor ungeahnte Schätzung gekennzeichnet ist, scheint das alte Global-Verdikt doch bei Erzeugnissen der hohen Kunst noch nachzugeistern. Die Kenner mögen vielfach nicht gern hören, daß Bilder etwa von Munch oder van Gogh Jugendstilzüge aufweisen. Bei Klimt oder Stuck ist man nachsichtiger.

Die Großen, so heißt es, sollen doch herausragen aus der Signatur der Zeit, wenigstens mit halbem Leibe. Niemand scheut sich, Tiepolo einen großen Barockmaler zu nennen, das Epochenmerkmal verbindet sich hier ohne Schwierigkeit mit dem der Größe. Im Falle des Jugendstils spürt man eine Hemmung, seine Meister scheint es, können nicht eigentlich groß sein, und wenn sie groß sind, so hält man sie besser aus der Kategorie Jugendstil heraus. Die Empfindung läßt sich bestimmt erklären: die Einzigartigkeit dieses Stils, daß er nämlich als ein solcher gewollt war (wovon hier eingangs die Rede war), scheint der Unterscheidung der Werke nach ihrem Rang, scheint zumal der Zubilligung von Größe, hoher Schönheit, bedeutender Kraft im Wege zu sein.

Der allgemeine Reiz ist längst entdeckt, tausendfach wahrgenommen oder nachgeschmeckt, das unbefangene Kunsturteil jedoch scheint wie abgeklemmt, sobald die Zuordnung zur Sphäre **Jugendstil** den Geist und das Auge beherrscht.

Diese Klammern sollten zu lösen sein. Edward Munch ist ein großer Jugendstilmaler, vielleicht der größte und vielleicht gerade deswegen, weil er allein das Verhängnis dieser Verzauberung dargestellt hat, den Fluch im Bann. Beardsley, Valloton sind geniale Jugendstilgraphiker; Mackintosh, van de Velde, auch Olbrich: mächtige und originale Architekten und Universalisten des Jugendstils - und innerhalb des Jugendstils, mag van de Velde in seinem Selbstbewußtsein das auch von sich gewiesen haben. Wir kleben ihm damit nicht ein Etikett auf, sondern wir weisen auf die Signatur seiner Formenwelt hin, ohne im geringsten die individuellen Ausprägungen zu verwischen.

Richard Riemerschmid hat die schönsten, zartesten Jugendstilmöbel und -geräte entworfen; auch dieses Exempel soll erwähnt sein, denn von Meisterwerken der angewandten Künste müssen wir nicht darum geringer denken, weil uns der Traum des praktischen Gesamtkunstwerks vergangen, die Lebenssynthese zerfallen ist, die im und mit dem Jugendstil gemeint war.

Mäßige und miserable, wüste und geschmacklose Beispiele will ich nicht nennen. Unterscheidung ist geboten auch im Falle des Jugendstils - und, sozusagen, dem Jugendstil zum Trotz.

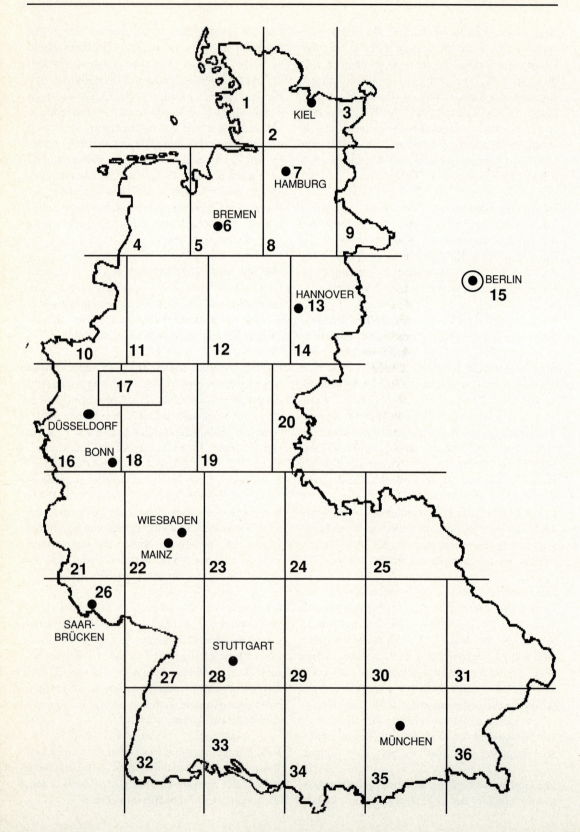

Deutschland

Regionen

von Nord...
nach Süd

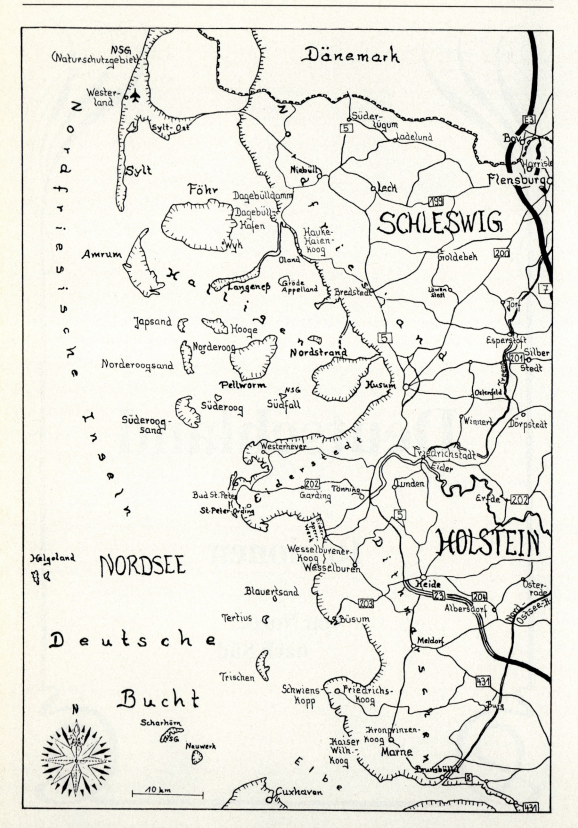

Nordfriesische Inseln und Marschland

"Lewwer duad üs Slaav"

Landschaft

"Es war an einem Oktobernachmittag, als ich bei starkem Unwetter auf einem nordfriesischen Deich entlang ritt. Zur Linken hatte ich jetzt schon seit einer Stunde die öde, bereits von allem Vieh geleerte Marsch, zur Rechten, und zwar in unbehaglichster Nähe, das Wattenmeer der Nordsee; kein Blick auf Halligen und Inseln, nichts als die gelbgrauen Wellen, die unaufhörlich wie mit Wutgebrüll an den Deich hinaufschlugen ...", so Theodor Storm, Erzähler, Sohn der "grauen Stadt am Meer" - Husum.

Storm und sein "Schimmelreiter" entführen uns in den schmalen Küstenstreifen am "Blanken Hans" - wie Einheimische ihre Nordsee nennen, eindrucksvoll schildern sie uns den ewigen Kampf der Küstenmenschen.

"Gott schuf das Meer, ein Friese die Küste!" - Häuser, von Stürmen hier- oder dahin geschoben, irgendwo stehengelassen. Ebenes, niedriges Land, feucht, der "Mordsee" entrissen. Land aus feinkernigem Sand und Schlick, am Wattenmeer abgelagert; ein schwarzer fruchtbarer Marschengürtel auch entlang der Flüsse Eider, Stör, Unterelbe. Marschland, waldlos, vereinzelt windgebeugte Pappeln und Ulmen. Deiche - überflüssig gewordene Schlafdeiche, schützende Seedeiche, vom Deichgrafen überwacht. Blicke, die übers Meer hinausfliegen. Die See, ein großes, unendliches Wesen, das schnauft - seine schwere Brust hebt und senkt - Ebbe und Flut - empfundene Wirklichkeit, Atem. Wie große Münder die Inseln im Meer - Sylt, Amrum, Föhr ..., Seenebel hüllt ein, weich und dunstig. Darüber drohende, vom Wind gepeitschte Wolken, jagend - weit draußen Helgoland, rote Felsen, mitten im Meer - einstiges Seeräubernest. Irgendwo, winzige Eilande im Wattenmeer - Halligen - Reste ehemaliger Marschgebiete, durch Sturmfluten vom Festland abgetrennt. Häuser auf künstlichen Erdhügeln, Warften. Ringen mit den Naturgewalten ... jahraus, jahrein, lauernde Gefahr!

Zurück zum Festland, zurück über ein amphibisches Zwischenreich im Sechsstundentakt, Wattenmeer. Revier von Säbelschnäblern, Schlickkrebsen und Seehunden, von Vögeln, artenreich. Brüten, Rasten, Mausern, eine der letzten Naturlandschafen Europas. Idylle, heile Welt? - Nein, lauernde Gefahr. - Bedroht wird dieses einzigartige Naturreservat, durch - uns, die Menschen. Mehr denn je: Agonie einer Trauerente, einer Robbe, Nordseewasser wird zum lebensgefährlichen Element, verschmutzt mit Öl, belastet mit Schwermetallen, vergiftet durch Chemikalien... Alarm ...

Zurück!! Schutzsuchend hin zu lebenden Backsteinfassaden, kunstvollen Reetdächern, zu Steinen, die mit Würde altern. - Himmel, Wasser und - den Dreiklang vollendend - das Land; eingedeichte Köge, Neuland von Menschenhand geschaffen. Hauke-Haien-Koog - vorbei an schwarzbunten Kühen, Pferden, Weidengebüsch, vorbei an Schafen, die im Vorland die Grasnarbe kurzhalten, entlang endloser Weißkohlfelder, ständige Brise, Flüsse, Kanäle überquerend...

Den nächsten Sommer ersehnend, die zivilisatorische Bedrohung verdrängend. Stille, Ruhe, Atemholen, Sommernachmittage zwischen eins und zwei, abseits vom Lärm des Alltags, vom Getriebe des Hafens. "Im Sonnenschein", Schwalben im Moor, "die Rosen blühen wie dazumal" in einer Stormschen Sommergeschichte - hier im äußersten Nordwesten.

Geschichte

Rätsel für spekulative Köpfe. Bronzezeitgräber, Moorleichenfunde... Angeln, Sachsen, Wikinger? - Ursprünglich waren Niedersachsen nördlich der Elbe ansässig. In der Völkerwanderungszeit

Schloß vor Husum (Foto: Stiftung Nordfriesland)

hatten sie ganz Nordwestdeutschland erobert. Einzige Ausnahme: Friesland. Dort "wachten" die Friesen, ein germanischer Bauern-, Handels- und Seefahrerstamm, hart, schweigsam, eigensinnig und kämpferisch. Von Jütland aus besiedelten sie um 200 v. Chr die Nordseeküste, im 9. Jahrhundert durch Rückwanderung die Westküste Schleswigs. Karolingische Zeit: von Norden her überfallen "Nordmänner", Normannen, Wikinger (wik = Bucht) die Bewohner anderer Buchten, plündernd, brandschatzend, die Leute verschleppend. Von Skandinavien bis Italien (sogar in Amerika) sind sie als "Hornissen", als "Salzwasserbanditen" und "schreckliche Wölfe" verschrien und gefürchtet. Raubzüge, Massaker, Menschenhandel. Abnehmer sind vor allem die Araber, die auf die Iberische Halbinsel vorgedrungen waren.

Bevölkerung
Aus dem Kampf gegen die Wikinger und dem Ringen mit dem Meer, der Eindeichung zum Schutz gegen die Sturmfluten leiten die Friesen ihren Anspruch auf Selbständigkeit her. Solche Aufgaben dulden keine Standesgrenzen. "Jeder Friese soll im freien Stande leben" - so sagt das friesische "Grundgesetz" bereits in der Mitte des 11. Jahrhunderts.
"Lewwer duad üs Slaav" - lieber tot als Sklave. Starke Freiheitsliebe, gepaart mit Abenteuerlust. Herzogtümer Schleswig und Holstein vereinigt, 1460 : "Dat se bliven ewich tosamende ungedelt". Und - sie bleiben ungeteilt, bis heute.- "Dat war so un dat blivt so" - trotz nationaler Gegensätze (Dänemark-Deutschland) trotz... "Dat war so..."

Sehenswertes
Ferieninseln, lebendige Städte und wohlhabende Friesendörfer ... klingende Namen wie Sylt, Amrum, Föhr, Königin der Inseln, moderne Urlaubsparadiese, hüllenloses Luftbaden. "Legt Seebäder an, und eure Möwen und Seeschwalben werden goldene Flügel bekommen." - Kunsthandwerker, Künstler, Maler und Galeristen... friesische Handwebstoffe, "Tuch der Friesen" - gepflegte Friesendörfer: Wyk (Föhr), Nieblum (Föhr), Nebel (Amrum), oder Keitum (Sylt) - ausgeprägte Wohnkultur, schöne Wohnstuben (Döns) mit Kacheln, Holz und Messing. - Bad St. Peter-Ording, Hafenstadt Husum (Nissenhaus, kostbare Patrizierhäuser, Theodor Storm...), Büsum (Krabben!!) - rote Felseninsel Helgoland ("Heiliges Land"), eindrucksvolles Eidersperrwerk und, abseits der "Waterkant", gemütliche Landstädte, zu Radtouren einladend. Bredstedt, Heide, Meldorf, Wesselburen (Dramatiker, Friedrich Hebbel), Büttler Deich... "An der Nooordseeküste,...!" - Schon schlapp? - Folgen Sie uns ins Museum!: Keitum auf Sylt (Fährplatz vorbestellen!): Heimatmuseum und Altfriesisches Haus; Wyk auf Föhr - Friesenmuseum; Hallig Hooge - "Königspesel", Husum - Freilichtmuseum; Meldorf - Landesmuseum; Seebüll - Nolde-Museum..... Oder vielleicht zum Friesendom St. Johannis in Nieblum auf Föhr, zum Meldorfer "Dom" oder - zur St. Salvator-Kirche auf Pellworm mit der herrlichen Arp-Schnitger-Orgel? - Sehenswerte Ziele, frohe Treffs! - Höhepunkt: eine komplette Stadt als Sehenswürdigkeit-Friedrichstadt, das "Klein-Amsterdam" am Flüßchen Treene. Im Grachtengeviert stehen prächtige Kaufmanns- und heimelige Giebelhäuser. Und, wenn Sie Glück haben, macht ein holländisch gekleidetes Friesenmädchen die Stadtführung.

Spezialitäten
Appetit bekommen? - Ein deftiges Schmalzbrot? Gelüste auf maritime Genüsse? Möweneier, Muscheln, Hummer, Austern, Fisch in allen Zubereitungsarten? Oder Krabben in Büsum? Schon auf dem Krabbenkutter gekocht, im Hafen gekauft, gepult und "aus der Hand" verzehrt? - Flüssiges? - Eine äußerst wohlschmeckende Mixtur aus Kaffee, Rum, Zucker und Schlagsahne: der Pharisäer ! Noch hochprozentiger? - Teepunsch!! - "Flut... Flut... Sturmflut... rauschende, schwarze, langmähnige Wogen kommen wie rasende Rosse geflogen..."

Unser Tip

Dithmarscher Landesmuseum in Meldorf
2223 Meldorf, Bütjestraße 4, Tel. 04832 / 7252

Das Dithmarscher Landesmuseum in Meldorf besitzt die reichste kulturgeschichtliche Sammlung an der Westküste Schleswig-Holsteins.

Zur Zeit der Museumsgründung (1872) zählte Dithmarschen zu den Wohlstandslandschaften Schleswig-Holsteins, dessen Eigentümlichkeit von einer wohlhabenden bäuerlichen Schicht geprägt worden ist. Von deren Höfen stammt der ältere Museumsbestand. Vieles davon wurde in Dithmarschen, anderes in Holland, Hamburg, Bremen oder England hergestellt und dort von den Dithmarscher Bauern für den Erlös des Vieh- und Kornhandels eingekauft.

Die Abteilung "Alte Bauernkultur" befindet sich im Altbau, der 1894 eigens für die Sammlung errichtet wurde. Dem Grundriß liegt die Idee eines Bauernhauses zugrunde. Die Eingangshalle entspricht der großen Diele mit beidseitigen Ständerreihen. Statt des Viehs stehen an den Seiten allerdings Schränke und Truhen. Am Kopfende der Halle liegen zwei Räume, der Pesel des Markus Swin von 1568, und eine mittelständische bäuerliche Standardstube, eine sogenannte Döns.

Durch diese Döns gelangt man in einen Anbau aus dem Jahre 1925 mit Vortrags und Ausstellungsräumen. Eine Treppe in der Halle führt auf die Empore zu Spielzeug, Keramik, Schiffahrt und Deichbau.

Ein Glasgang führt aus der Eingangshalle in die benachbarte ehemalige Gelehrtenschule von 1859 zur Industriezeitabteilung. In ihr werden Dinge gezeigt, die aus den letzten 100 Jahren stammen und die Veränderungen unserer Zeit durch die Industrialisierung dokumentieren. Dafür wurden seit 1974 Dinge gesammelt, mit denen die meisten Bewohner unseres Landes zu tun hatten - und zwar nicht nur die wohlhabenden.

Mehrere rekonstruierte Arbeitsplätze zeigen neue, auf Serienfertigung ausgerichtete Produktionsmethoden. Dazu gehören Druckerei, Hutmacherei, Likörfabrik, Eisengießerei und Schnitzleistenfabrik. Mit den unter der Transmission stehenden Schnitzmaschinen, einer Heider Erfindung von 1888, wird die Ablösung des Handwerks, auch des Kunsthandwerks, besonders eindrucksvoll dokumentiert. Ein Klassenzimmer wurde wieder aufgebaut, mit allem, was dazugehört. Zwei Dorfläden lassen mit ihrer Warenfülle Erinnerungen an die "Tante-Emma-Läden" lebendig werden, und auch die Kaiserzeit wird reich dokumentiert. In der Neuzeitabteilung wird auch eine soziale Gruppe repräsentiert, die bisher in den Museen zu kurz gekommen ist: Menschen, die nur wenig besaßen. Auch sie wurden in der Küche des Heimathauses in Marne verpflegt, welche komplett in das Museum übernommen wurde. Ein eiserner Herd mit riesigem Suppentopf, Emaillegeschirr, Vorrats-, Wasch- und Wirtschaftsraum sowie ein Eßplatz mit langem Tisch dürften in anderen Museen genausowenig zu finden sein wie der Swinsche Pesel.

Öffnungszeiten:
März - Okt. Di - Fr 9.00 - 17.30 Uhr
　　　　　　Sa - So 10.00 - 16.00 Uhr
Nov. - Febr. Di - Sa 9.00 - 17.30 Uhr

Dr. Nis R. Nissen,
Museumsdirektor, Dithmarscher Landesmuseum

Nissenhaus
Nordfriesisches Museum Husum
Herzog-Adolf-Straße 25
2250 Husum
T: 04841-2545

Kunst und Kultur in Nordfriesland:
Vor- und frühgeschichtliche Besiedelung in Nordfriesland
Nordfriesische Bauernhäuser
Stuben, Hausgeräte, Trachten und Textilien
Handwerk und Kunstgewerbe
Fliesen, Porzellan, Keramik, Silber
Die Bilderwelt friesischer Maler:
Gemälde von Oluf Braren, Carl Ludwig Jessen, Hans Peter Feddersen, Jacob Alberts, Alex Eckener, Otto H. Engel, Albert Johannsen, Richard von Hagn u.a.
Landschaft und Natur Nordfrieslands:
Modelle, Dioramen, Reliefs, Grafiken, Tabellen, Fotos, Originalfunde, Tier- und Pflanzenpräparate
Wattenmeer, Inseln, Halligen und Marsch
Groß-Modelle von Ebbe, Sturmflut, Inseln, Kögen und Warften
Sturmfluten in Nordfriesland:
Vom Untergang Rungholts (1362) und der Lundenberg-Harde (1721) bis zum Deichbruch am Uelvesbüller Koog (1962)
Deichbau im Mittelalter:
Begegnungen mit hölzernem Stakdeich (wiederaufgebaut aus Originalfunden)
Moderner Deichbau:
Sturmflutschutz und künstliche Entwässerung, Hauke-Haien-Koog (1962), Funktionsmodell Eidersperrwerk (1972)
Bodenentwicklung nach der Bedeichung:
Entsalzung und Entgiftung des Marschbodens
Geologische Entwicklung Nordfrieslands seit den letzten Eiszeiten:
Die Tier- und Pflanzenwelt von Geest, Marsch und Wattenmeer

Öffnungszeiten:
April-Oktober: Mo-Sa 10-12 Uhr und 14-17 Uhr
sonn- und feiertags: 10-17 Uhr
November-März: Mo-Sa 10-12 Uhr und 14-16 Uhr
sonn- und feiertags: 10-16 Uhr

Antiquitäten- und Kunsthandlungen

Finger, U.
Rosenstr. 9
2240 Heide

Krause, R.
Bundesstr. 5
2247 Krempel

Pretzlaff, B.
Hauptstr. 44
2251 Ostenfeld

Mehring-Teufert
Deezbüllerstr. 58
2260 Niebüll

Fischmann, H.
Kurhausstr. 2
2280 Westerland Kampen

Mylin, J.
C.P.-Hansen-Allee 10
2280 Westerland

Reimers, B.
Markt 67
2240 Heide

Malta, T.
Peter-Swyn-Str. 23
2247 Lehe/Dithm.

Antiquitäten
Artique
Selckstr. 26
2253 Tönning

Richter-Levesen, M.
Mittelstr. 10
2270 Wyk auf Föhr

Georgs Galerie
Strandstr. 16
2280 Westerland

Galerie
Peerlings, Josef
Hauptstr.
2280 Westerland Kampen

Sorge, G. u. E.
Dorfstr. 2
2240 Heide

Segebrecht, L.
Hauptstr. 24
2249 Sarzbüttel

Elbo, T. u. M.
Marktstraat 17
2255 Langenhorn

Waap, B.
Königstr. 2
2270 Wyk auf Föhr

Greiff, K.
Gurtstig 17
2280 Westerland

Petersen-Suckau, K.
Dr.-Nicolas-Str. 2
2280 Westerland

Siercks, I.
An der Bundesstr. 15
2241 Welmbüttel

Flohmarkt am Hafen
Schiffbrücke 6
2250 Husum

Hoop, H.
Katingsiel
2256 Garding

Schlieter Thiel
Hauptstr. 23
2278 Amrum

Antiquitäten
Griffeldt, Ole
Keitumer Ch. 11
2280 Westerland

Galerie
Schmuecking
Bobtäärp
2280 Morsum Sylt

Antiquitäten
Schoenleiter, W.
Norderstraße 9
2243 Albersdorf

Kloss, R.
Joseph Haydn Weg 8
2250 Husum

Schinschke G.
Tatinger Str. 3
2256 Garding

Abeling, K.
Käpt'n-Christ.-Str. 13
2280 Westerland

Hof Galerie
Boysen 3
2280 Westerland

Schwarz, H. u. H.
Am Tipkenhoog 3
2280 Westerland-Keitum

Himstedt
Alexanderstr. 14
2244 Wesselburen

Peters Antik
Süderstr. 13
2250 Husum

Wendt, S.
Tönningerstr. 14
2256 Garding

Antiquitäten-Ostasiatica
China-Bohlken
Friedrichstr. 38
2280 Westerland

Kirchner GmbH
Gaat
2280 Westerland

Mohr, J.-P.
Lollfuß 6a
2244 Wesselburen

Pflug, E.
Plan 19 B
2250 Husum

Alte Stiftung Marienkoog
Westerweg
2260 Dagebüll

Die Portrait-Galerie
Hauptstr.
2280 Westerland

Kleef-Cramer, C.
Keitumer Ch. 22
2280 Westerland

Galerie
Karolinenhof
Koog 3
2247 Karolinen Koog

Antiquariat
Dorfstr. 29
2251 Dreisdorf

Derout, W.
Koogsreihe 5
2260 Niebüll

Skulpturengalerie
Ernest
Hauptstr.
2280 Westerland

Missal, G.
Hauptstr. 21
2280 Westerland

COLOREX

Abbeizbetrieb - Restaurationsbedarf für Antiquitäten

Inh. Detlef Ulmer
Glashütter Damm 266
2000 Norderstedt
Tel.: 040/5292371

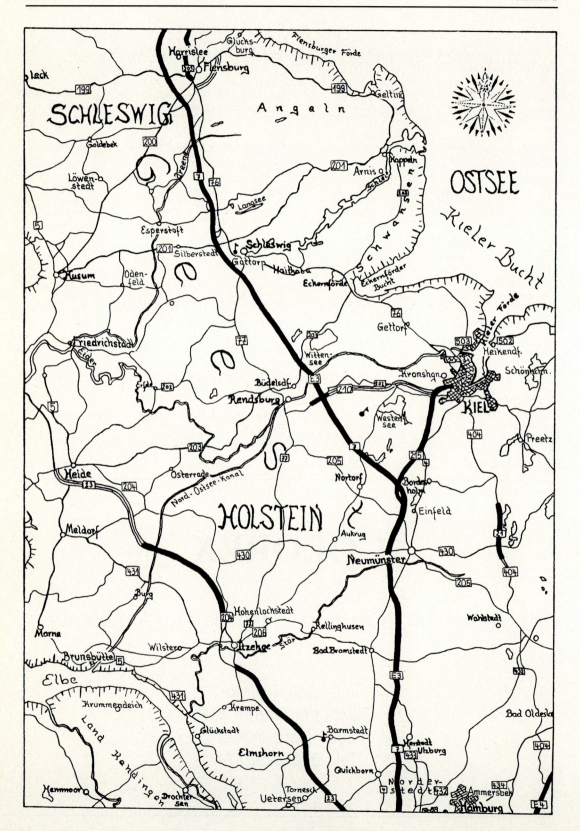

Schleswig - Holsteins " Geest "

"dat se blieven ewich tosamende ungedelt"

Landschaft
Aus den Niederungen der ebenen, fruchtbaren See- und Flußmarschen geht's empor zur "Geest", der mageren Mitte des Gebiets zwischen Nord- und Ostsee. "Geest" - ein Landschaftstyp des Norddeutschen Tieflandes, ein flachwelliges, hügeliges Hinterland, das die Marsch landeinwärts begrenzt, an manchen Stellen unmittelbar aus dem Meer aufsteigend. - Eine ehemalige Küste? - Trockene, nährstoffarme Böden - ein Geschenk der Eiszeit.
"Geest" - friesisch "güst" - bedeutet: wüst, trocken, unfruchtbar. Eine 100 m mächtige Decke aus Sand, Kies und Lehm, von Norden her durch riesige Inlandeismassen über das Grundgebirge gewälzt. - Beim Rückzug des Eises verblieben: Sandebenen der letzten, Moränenhügel der vorletzten Eiszeit und Dünenfelder aus der Nacheiszeit. Dazwischen Heideflächen, in Niederungen häufig vermoort.

Geschichte
"Haithabu" - Siedlung auf der Heide, nahe beim heutigen Schleswig, am Haddebyer Noor, einer flachen Bucht der Schlei.
Seit der Jahrhundertwende graben Archäologen hier, um den sagenumwobenen Nordmännern, den "Wikingern", auf die Spur zu kommen: Vor tausend Jahren lag dort eine blühende Handelsmetropole: "Haithabu" - Umschlagplatz der "Buchtbewohner" (wik=Bucht) für Pelze, Häute, Walroßzähne, Wetzsteine und Töpfe. Außerdem Werkstätten, Hafenanlagen, Vorratsschuppen. - Aus England, Irland Weizen, Zinn, Silber, Wollwaren und Honig. Salz und Wein aus Frankreich, aus Italien Töpfer- und Glaswaren, Tuch, Waffen und Schmuck.
"Haithabu" - einer der größten Sklavenmärkte, und sie lebten zu einem guten Teil vom einträglichen Menschenraub, die gefürchteten "Seewasserbanditen". Sie waren überall mit ihren genial konstruierten Schiffen aus dünnsten Planken: über die Meere nach Grönland, Island, Amerika, die Flüsse hinauf weit ins Landesinnere, an Bord bis zu 80 Männer, Wolga, Djnepr, Seine, Themse, Schwarzes Meer oder Ägäis, erobernd, plündernd, Lösegeld fordernd. - Landplage, "Heuschrecken"! Niemand widersetzt sich ihnen.
- Ein maurischer Kaufmann beschrieb sie uns: "... an ihren Hütten hingen Rinderschädel. Die meisten Einwohner sind Heiden, die ihren Göttern Feuer entzünden und Opfer bringen. Das Volk liebt derbe Kost aus Fisch, Schinken und Bier. Wer arm ist und seine Kinder nicht ernähren kann, wirft sie ins Meer. Der Hafen ist ein übler Platz mit lautem Treiben, Gelagen und Raufereien. Niemals hörte ich einen häßlicheren Gesang als den der Leute von Haithabu. Das Brummen, das ihren Kehlen entweicht, ist wie das Bellen von Hunden, nur noch tierischer..."
Wie lange her? Elfhundert, zwölfhundert Jahre... Wechselhafter Lauf der Geschichte: Vermittlungsgebiet, Durchgangsland von Skandinavien nach Mitteleuropa, zwischen Nordsee und Ostsee. Hier trafen Völker in heftigen Kämpfen aufeinander. Sachsen, Slaven, Dänen und Jüten, Friesen. Vom frühen 12. Jahrhundert an über beinahe dreihundertfünfzig Jahre hinweg herrschten die Schauenburger Grafen über Holstein und Stormarn. Ende des 14. Jahrhunderts wurden sie mit dem Herzogtum Schleswig belehnt. Nach Süden strebende Dänen. 1460 beendet der Vertrag von Ripen (heute: Ribe in Jütland) zwischen dem dänischen König und den Ständen von Schleswig und Holstein die zähen Auseinandersetzungen: Einheit, gleichsam Geburtsurkunde des heutigen Schleswig-Holstein.... "dat se blieven ewich tosamende ungedelt"... nicht als selbständiges Land, sondern für die kommenden vierhundert Jahre abhängig von Dänemark.
Bismarcksche Staatskunst, gepaart mit "Blut und Eisen", entschied in den Jahren 1863/64 Schleswig-Holsteins Schicksal.
Preußen und Österreich besiegten gemeinsam auf

den "Düppeler Schanzen" Dänemark, teilten Schleswig, Holstein und Lauenburg untereinander auf. Zwei Jahre später schaltete Preußen durch den Sieg bei Königgrätz die Österreicher aus: Enttäuschung, Empörung... Schleswig-Holstein wird preußische Provinz.

Nach Ende des ersten Weltkrieges dann Nordschleswig zu Dänemark (umstrittene Volksabstimmung). Die deutsch-dänische Grenze verläuft nun seit 1921 zwischen Flensburg und Tondern. 1946 wird Schleswig-Holstein zum Land, zunächst in der britischen Besatzungszone, dann der Bundesrepublik Deutschland. Über eine Million Flüchtlinge wurden aufgenommen.

Kiel

Das pfeilförmige Ende der Kieler Förde, früher "Kyle" (Kiele) genannt, gab der schleswig-holsteinischen Landeshauptstadt den Namen. Umgeben von den Moränenhügeln der letzten Eiszeit, liegt die im zweiten Weltkrieg fast total zerstörte Stadt (Marinehafen, U-Boot-Werften, Luftangriffe) im innersten Zipfel der 17 km langen Förde an der Mündung der Schwentine.

Graf Adolf IV. von Holstein ließ 1233 eine Siedlung anlegen, die 1242 als "Civitas holsatiae tom kyle" (Holstenstadt am kyle) Stadtrecht erhielt. Abseits der alten Handelswege blieb das Städtchen bis ins 15.Jh. ein kleiner, beschaulicher, liebenswerter Marktflecken.

Der "Kieler Umschlag", ein über die Landesgrenzen hinaus bekannter Geld- und Warenmarkt, der Ausbau der Residenz und die Gründung einer Universität (1665) forcierten die Entwicklung. Wirtschaftlich besserte sich die Lage erst im 18./19. Jahrhundert: Bau des Eiderkanals (1784), Vorläufer des Nord-Ostseekanals; Bau der ersten festen Fernstraße von Hamburg nach Kiel (1832) und der ersten Eisenbahnlinie (1844); preußischer Flottenstützpunkt und Kriegshafen (1871); Hafenanlagen der Kriegsmarine, Arsenale, Kasernen, große Werften, Betriebe der Rüstungsindustrie, ausgedehnte Arbeiterwohnviertel, Bau des Nord-Ostseekanals...

Als die Bomben fielen... lag der größte Teil der Fördenstadt in Trümmern, auch fast alle historischen Bauten.

Neuaufbau, überwiegend modernes Stadtbild... Nikolauskirche (Turm), Rathausturm und Kranen der Werften am Ostufer der Förde dominieren. Die Stadtteile wurden harmonisch in die Fördenlandschaft eingefügt, vorbildlich; klare Gliederung: Geschäfts- und Bankenviertel, Universitäts- und Industriegegend, großes Werftareal, rund um die geschäftige Innenstadt ausgedehnte Wohnviertel (ca. 248.000 Einwohner).

A propos Universität... Berühmtheiten studierten oder lehrten hier: der Physiker Hans Geiger (Erfinder des Geigerzählers), Theodor Storm, der Dichter Detlev von Liliencron und der Physiker Max Planck waren gar echte Kieler "Sprotten".

Kultur

Umfangreiche Bibliotheken, ein eigener Museumsbezirk rund um das ehemalige Schloß: Stadtmuseum, Kunsthalle, Schiffahrtsmuseum in der früheren Fischhalle, archäologische Sammlung, Freilichtmuseum (Kiel-Molfsee)..., städtische Bühnen (Modernes Musiktheater), überhaupt Musik - "Music at its best"... so präsentiert sich das Festival (Juni bis August) im Norden Deutschlands, musikalische Drehscheibe im Norden zwischen den Halligen und dem Lauenburgischen, zwischen Flensburg und der Elbe: Stars aus dem In- und Ausland neben noch unbekannten Solisten kennzeichnen den unverwechselbaren Facettenreichtum dieser neuen Programmidee. Mehr Menschen wollen Gelegenheit haben, große Musik zu hören. Die gesamte Bandbreite von der klassischen Musik bis zur Moderne wird dargeboten: Werke des Barock, der Romantik, Kammermusik, Monumentalkompositionen, Bruckner- und Mahlerzyklus, Beethoven... "composer in residence" (Günter Bialas, Peter Michael Hamel, Wolfgang Rihm).

Annähernd 180 Konzertveranstaltungen in Herrenhäusern, Schlössern, Domen und Kirchen, Rathäusern, Konzertsälen, aber auch in Scheunen, im Kuhhaus in Altenhof, in Reithallen, einmalige Festival-Atmosphäre, unkonventionelle Begegnungen zwischen Künstlern und Publikum...

Sport und Kultur

Ungewöhnlich ist auch die enge Verbindung von Sport und Kultur, speziell in Kiel, das zweimal (1936 und 1972) Austragungsort der Segelwettbewerbe der Olympischen Spiele war. Dazu seit 1882 die Kieler Woche - alljährlich in der letzten

Brüggemannaltar im St.Petri-Dom, Schleswig (Aufnahme: Kulturamt der Stadt Schleswig)

vollen Juni-Woche veranstaltet - eine gelungene Mischung aus Sport, Kultur, Unterhaltung und Politik. Kultur wirklich keine Mangelware.

Er hatte unrecht, der anonyme römische Geschichtsschreiber: "Holsatia non cantat" (Holstein singt nicht).

Klaus Groth aus Heide (1819-1899), der das Plattdeutsche literaturfähig machte, würde entgegnen: "Holsteen kann dat!" (Holstein kann das!).

Möbel

Im hohen Norden wohnte ein selbstbewußtes und traditionsverbundenes Bauerntum mit einem ureigenen, Möbelstil. Die Handwerkerkunst des Bürgertums gab der Wohnkultur ihr Gepräge. Spürbar ist auch der Einfluß dänischer Möbel; englische und holländische Möbeltypen kamen hinzu: Eiche, Nußbaum, Markassa und Mahagoni, norddeutsche gerade Formengebung, stark plastische, vorprofilierte Füllungen, mächtiges Gesims, mit Schnitzstücken besetzt - oft biblische Darstellungen, Maßwerkschnitzerei, Kreuzblumen, Arkaden.

"Schenk-Schieve" (s. Lexikon).

Unser Tip

Landesmuseen Schloß Gottorf
D-2380 Schleswig
Das Museum ist aus dem 1878 in Kiel eröffneten Thaulow-Museum hervorgegangen. Es ist die umfassendste Sammlung der Kunst, Kulturgeschichte und Volkskunde des Landes vom 12. Jahrhundert bis zur Gegenwart. In den Rundgang durch die einzelnen Abteilungen sind auch die historischen Räume des Schlosses einbezogen: die Königshalle, die Schloßküche, der Weiße und der Blaue Saal, die Schloßkirche mit der berühmten Herzoglichen Betstube und der Hirschsaal.
Mittelalterliche Plastik, Mobiliar und Hausgerät vom 15. bis 19. Jahrhundert, Waffen, Zunftgerät, Gottorfer Hofleben, Porträts schleswig-holsteinischer Persönlichkeiten, kostbare Fayencen, Adelskultur im 18. und bürgerliches Wohnen im 19. Jahrhundert sowie die Kunst des 19. Jahrhunderts bilden die Schwerpunkte des historischen Rundgangs. Im Mittelpunkt der nach Landschaften gegliederten Sammlung schleswig-holsteinischer Volkskunst stehen Bauernstuben, Trachten und Silberschmuck.
Das Museum widmet sich gleichermaßen der Kunst des 20. Jahrhunderts. wie sie sich in Malerei, Plastik und Kunsthandwerk im Landes entfaltet hat und fortsetzt. Mit dem ehemaligen Kreuzstall steht dieser Abteilung des Landesmuseums ein eigenes Gebäude zur Verfügung. Werke aus der Zeit seit 1900 haben hier einen angemessenen Rahmen gefunden. Sonderausstellungen des Landesmuseums finden in der vormaligen Reithalle statt.
Ländliches Leben und Arbeiten spiegeln sich in der Volkskundlichen Gerätesammlung wider. Sie ist in den ehemaligen Kavalleriställen eingerichtet und zeigt anhand von Gerätschaften und Erzeugnissen, wie Bauern, Landfrauen, Handwerker und Fischer die Aufgaben des alltäglichen Daseins bewältigten. Präsentation und Ausbau dieser Abteilung stehen in engem Zusammenhang mit den Forschungs- und Dokumentationsaufgaben des Landesmuseums zur Landwirtschafts- und Handwerksgeschichte Schleswig-Holsteins.
Telefonzentrale 04621 / 8130
Besucherinformation: 04621 / 813222
Öffnungszeiten Schloß Gottorf:
April bis Oktober: 9.00 - 17.00 Uhr
November bis März: 9.30 - 16.00 Uhr
(montags geschlossen)

Wikinger Museum Haithabu
In der Geschichte und Archäologie der Wikingerzeit kommt Haithabu eine herausragende Bedeutung zu. Seit über 80 Jahren werden an dieser Stelle archäologische Ausgrabungen unternommen. Das einmalig umfangreiche Fundmaterial läßt zu fast allen Lebensbereichen des Menschen in diesem bedeutenden frühmittelalterlichen Siedlungsplatz im Norden Europas differenzierte Aussagen zu.

Schon der Standort des Wikinger Museums Haithabu, einer Außenstelle des Archäologischen Landesmuseums, ist Programm. In unmittelbarer Nähe des Siedlungsplatzes am Haddebyer Noor gelegen, bilden der historische Ort und die Stätte seiner musealen Präsentation eine untrennbare Einheit. Die Architektur des Hauses unterstreicht diesen Gedanken. Der Baukörper besteht aus sieben wabenförmigen Einzelmodulen. Sie nehmen im Grundriß wie in der Innengestaltung Formenmuster des Schiff- und Hausbaus aus der Wikinger-Zeit auf.
Inhaltliche und formale Konzeption der Ausstellung folgen wenigen, klar definierten Maximen. Der Besucher soll sich aus seinem aktuellen Erlebnishorizont heraus mit einem Phänomen beschäftigen, das unser Leben heute in starkem Maße bestimmt: Leben und Arbeiten in städtischem Umfeld. In Haithabu liegen die Anfänge der mittelalterlichen Stadtentwicklung im Norden. Die museale Präsentationsform ist auf eine ebenso einprägsame wie differenzierte Darstellung angelegt. Das Museum will nüchtern informieren, aber auch Entdeckerfreude und Kombinationsgabe der Besucher herausfordern.
Als einer der Höhepunkte des Museumserlebnisses ist die Schiffshalle konzipiert, in der die Bedeutung dieses Seehandelsplatzes im Ostseeraum mit reichen Schiffsfunden dokumentiert wird. Ein Kriegsschiff, 1979 aus dem Hafen der Siedlung geborgen, soll in einem mehrjährigen Arbeitsgang vor den Augen der Besucher vollständig wieder aufgebaut werden.
Eröffnet am 1. November 1985
2381 Haddeby bei Schleswig
Tel.: 04621/8130
April bis Oktober: täglich 9 - 18 Uhr,
November bis März: Dienstag bis Freitag 9 - 17 Uhr
Sonnabend und Sonntag: 10 - 18 Uhr
Kurt Schietzel

Schloß Gottorf in Schleswig, Eingangsportal

ANTIQUITÄTEN- UND KUNSTHANDLUNGEN

Antiquitäten Schloß Bredeneek
An der Spolsau 19 · 2308 Preetz-Bredeneek
Tel. 0 43 42 / 8 64 36
Mo.-Fr. 11.00-17.00 Uhr
Sa.+So. 11.00-18.00 Uhr

Antiquitäten aus drei Jahrhunderten
Restaurierungs-Fachwerkstatt
An- und Verkauf

Außerdem :
Großhandelslager in
Groß Buchwald
Hauptstr. 39 bei
2352 Bordesholm
Samstags : 10 - 16.00
oder n. tel. Vereinbarung
Ständig ca. 1000 unrestaurierte
Möbel zur Auswahl

Anno Dazumal
Blücherstraße 12
2300 Kiel

Poetters, J.
Holtenauerstr. 1
2300 Kiel 1

Antiquitäten Müller
Andreas-Gayk-Str. 19
2300 Kiel 1

Schlichting, H.
Dänische Straße 34
2300 Kiel 1

Schmidt, H.
Schierenseer Weg 1a
2302 Flintbek

Antik Schloss
EyckSchroeder, J.
2308-Preetz-Holst

Buchert, I.
Europaplatz 2
2300 Kiel

Kunsthandlung Runge
Holtenauerstr. 98
2300 Kiel

Negelein, J. von
Feldstraße 70
2300 Kiel 1

Schwenke, H.
Boninstraße 67
2300 Kiel 1

Die Werkstatt
Schneider, Andres Gebr.
Hamburger-Land-Str.2
2302 Flintbek

Suetel, Hans-Richard
Klosterstraße 18
2308 Preetz Holst

Antiquariat Eschenburg
Holtenauerstr. 109
2300 Kiel

Antiquariat Buchmendel
Sareyka, H.
Jungfernstieg 14
2300 Kiel

Neubauer, U.
Eggerstedtstraße 5
2300 Kiel 1

Stecher, T.
Rendsb. Landstr. 78
2300 Kiel 1

Antiquitäten
Dorn, D.
Am Markt 2
2306 Schönberg

Lohmann, P.
Kaiserstraße 25
2309 Nettelsee

Froeber, U. W.
Brunswikerstr. 50
2300 Kiel

Sfeir-Selmer
Dänischestr. 30
2300 Kiel

Rendtorff, B.
Muhliusstraße 49
2300 Kiel 1

Antik-Galerie
Tetzlaff, J.
Nienbrügger Weg 19
2300 Kiel 1

Blank, H.
Klosterhof 23
2308 Preetz Holst

Armarium Antiquariat
Kullmann, Hermann
Zum See 10
2313 Raisdorf

Hermann, A.
Rendsb. Landstr. 398
2300 Kiel

Antiquariat
Weiland Karl Peter
Schauenburgerstr. 38
2300 Kiel

Schmidt, C.
Rethhof 4
2316 Fahren

Koester, D.
Küterstr. 5
2300 Kiel

Antiquariat
Knooper Weg 28
2300 Kiel 1

Dietz, P.
Rosenstr. 7
2320 Plön

Krueger, Wilhelm
Ringstr. 44
2300 Kiel

Bornholt, D.
Feldstraße 68
2300 Kiel 1

Lau
Övelgönne 36
2320 Plön

Lentz, D.
Knooperweg 150b
2300 Kiel

Heibel, B
Rathausstraße 15
2300 Kiel 1

NORDERDOMSTRASSE - 8
2380 SCHLESWIG

Schönes & Antikes
ASTRID BERGMANN

TELEFON 04621 / 2 44 90
MONTAGS GESCHLOSSEN

Kraemer, U.
Markt 17
2322 Lütjenburg

Mader, A.
Teichtor, 14
2300 Kiel

Hense, T.
Damperhofstraße 14
2300 Kiel 1

Stukenbrock
Eckrehm 6
2322 Lütjenburg

Melson, R.
Sophienblatt 81
2300 Kiel

Knoop, Manfred
Svendborger Straße 3
2300 Kiel 1

Schmitz, Thomas
Im Sande
2323 Nehmten

Neumann u. Radcke
Kirchhofallee 30
2300 Kiel

Kuehl, D.
Hamburger Chaussee 30
2300 Kiel 1

Richter, F.
Dänische Str. 18
2300 Kiel 1

Schramm, Bernd
Dänischestr. 26
2300 Kiel 1

Galerie 86
Kirchenstr. 42
2308 Preetz

Heldt, A.
Flensburgerstr. 220
2330 Eckernförde

Petit Louvre
Dahlmannstr. 7
2300 Kiel

Lehmkuhl, A.
Holtenauer Straße 84
2300 Kiel 1

Richter, J.
Hanssenstraße 6
2300 Kiel 1

Westensee Antik
Dorfstraße 23
2301 Westensee

Moeller, E.
Lange Brück 6
2308 Preetz

Kunsthaus Eckernförde
St. Nicolaistr. 15
2330 Eckernförde

Poerksen, K.
Holtenauerstr. 131
2300 Kiel

Melson, R.
Ziegelteich 16
2300 Kiel 1

Scheffler, Jürgen
Wrangelstraße 55
2300 Kiel

Hof Hüttenkraft
Lengerke, Beate v.
Sprenger Weg
2302 Flintbek

Antiquitäten Bredeneek
Schroeder, Hans Joachim
An der Spolsau 19
2308 Bredeneek

Peters, S.
Nicolaistraße 7
2330 Eckernförde

Faulhaber, E.
Arnisserstr. 2
2340 Kappeln

Dankenbring Boeel
Thiesholzerweg 5
2341 Mohrkirch

Antikhof Berg
Wernershagener Weg 178
2350 Neumünster

Jans, N.
Friedrichstr. 4a
2350 Neumünster

Lupine
Holstenstr. 22
2350 Neumünster

Brügger-Antik
Bernhardt
Dorfstraße 2
2352 Bordesholm

Ene, L.
Dorfstraße 4
2352 Bordesholm

Russ
Eiderstraße 13
2352 Bordesholm

Antik
Hauptstr. 39
2356 Aukrug-Innien

Burmeister, J.
Am Holstentor 3
2370 Rendsburg

Harm's Kunst Antiquariat
Mühlenstr. 4
2370 Rendsburg

Jendrejak, I.
Wallstraße 20
2370 Rendsburg

Johannsen, U. + W.
Hollerstraße 123b
2370 Rendsburg-Büdelsdorf

Johannsen, W.
Mittelweg 17
2370 Rendsburg-Büdelsdorf

Eggers, U.
Lindenallee 28
2371 Emkendorf

Broocks, C. u. M.
Herrenstraße 29
2374 Fockbek

Stender, K. H.
Elsdorfer-Str. 20
2374 Fockbek

Antiquitäten
Bergmann, Astrid
Fischbrückstr. 3
2380 Schleswig

Kunsthaus
Gehl, Christine
Lollfuß 20
2380 Schleswig

Jänner, J.
Michaelisstr. 56a
2380 Schleswig

Koenning, F.
Lollfuß 3
2380 Schleswig

Dipl. Restauratorin
Lins, U.
Rathausmarkt 17
2380 Schleswig

Steinhusen, E.
Friedrichstr. 77
2380 Schleswig

Reinke, Wolfgang
Flensburgerstr. 3
2381 Sieverstedt

Hausherr, Ingrid
Süderstr. 3
2382 Kropp

Albrecht, R.
Schottweg 31
2390 Flensburg

Antiquitäten Nordfriesland
Norderstr. 35
2390 Flensburg

Baier, S.
Husumer Str. 50
2390 Flensburg

Cornwall, Frank
Norderstr. 4
2390 Flensburg

Danielsen, G.
Rotestr. 18
2390 Flensburg

Dohm, G.
Fuchskuhle 4
2390 Flensburg

Ellenberg, D.
Rote Str. 14
2390 Flensburg

Engel C.
Bauer Landstr. 21
2390 Flensburg

Fick, L.
Vor der Koppe 12
2390 Flensburg

Antik Stübchen
Gampert, Claus
Grosse Str. 48
2390 Flensburg

Gründler, H.
Thomas-Mann-Str. 26
2390 Flensburg

Haar, H.
Norderstr. 22
2390 Flensburg

Jensen, J.
Norderstr. 11
2390 Flensburg

Kiel, I.
Emanuel Geibel Str. 12
2390 Flensburg

Krug, F.
Gartenstr. 7
2390 Flensburg

Kruse, G.
Rotestr. 22
2390 Flensburg

Rote Straße GmbH
Kunst- u. Antiquitäten
Rote Str. 10
2390 Flensburg

Lagerhaus
Segelmacherstr. 10a
2390 Flensburg

Lorenzen, Michael
Marienstr. 13
2390 Flensburg

Matthiesen, H.
Süderfischerstr. 8
2390 Flensburg

Antiquariat
Rojahn
Rotestr. 14
2390 Flensburg

Schatztruhe
Norderstr. 136
2390 Flensburg

Wendrich, U.
Schöne Aussicht 14
2391 Steinbergkirche

Antikhof Grasholz
Groß - und Einzelhandel
Inh. Armin Heldt - Tel. 0 43 51 / 8 51 10

Wir bieten antike Möbel für jeden Geldbeutel.

Wir kaufen ständig antike Möbel, Geschirr, Silber, Gold, Uhren, alten Hausrat u. s. w.

Sie finden uns Ortsausgang Eckernförde, B 76, Richtung Schleswig, gegenüber Kaserne Karlshöhe.

In der Saison auch am Wochenende geöffnet.

EXPO
MANAGEMENT WOLF KREY

**Ihr leistungsstarker Partner für Kunst- und Antiquitäten- Messen im gesamten Bundesgebiet
Fordern Sie Teilnahmeunterlagen an !**

EXPO Management Wolf Krey - Rosenweg 4 - 2300 Schulensee - Tel. (04 31) 65 06 08

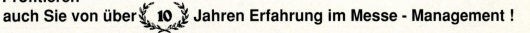

Profitieren auch Sie von über 10 Jahren Erfahrung im Messe - Management !

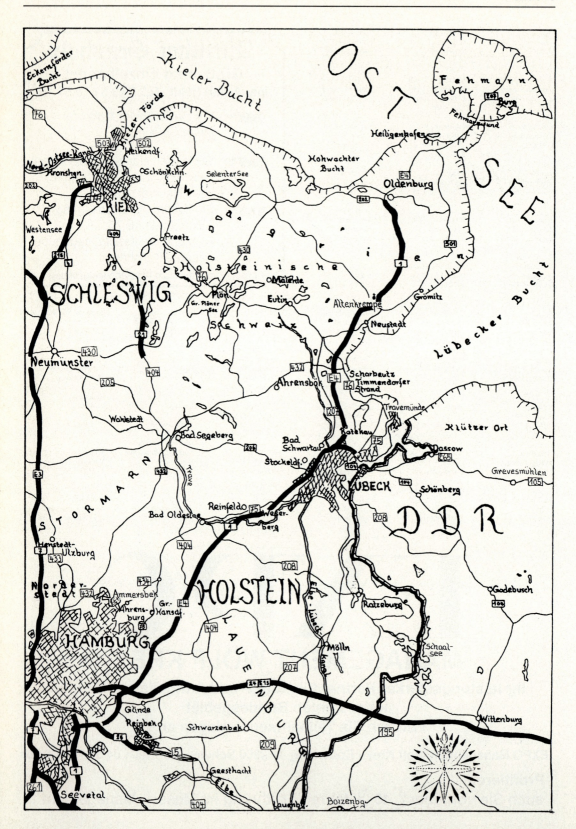

Schleswig - Holstein - Östliches Hügelland

"Godn Dach, het dat." ...

Landschaft
Geprägt wurde der Boden Schleswig-Holsteins von drei Eiszeiten. Das östliche Hügelland verdankt den aus dem Norden vordringenden Gletschereismassen, den riesigen Mengen von Geröll, Steinen und Kies, die diese mit sich führten, Form und Gestalt. Vor 12.000 bis 15.000 Jahren (Jungmoränen-Eiszeit) schmolz das Gletschereis, viele kleine Kuppen, Wellen, Wälle, von den Gletschern ausgehobene Senken und nahezu 300 Seen entstanden. Ablaufende Schmelzwasserströme wuschen die weit ins Land reichenden Förden aus. - Reizvolle Gegend. Wo Berge Hügel sind! (Der Bungsberg in Ostholstein erreicht stolze 168 m). - Wälder, Wasser, Weite. Bewegte Landschaft, Naturparks - "Lauenburgische Seen", "Hüttener Berge", "Westensee", ... und neuerdings auch die "Holsteinische Schweiz". -Herrliche Herrenhäuser, gelbe Rapsfelder, vielgestaltige Wolken, so bewegt, so bewegend.

Ostseeküste
Wo Land und Meer sich treffen, verzahnen sich zwei völlig gegensätzliche Welten. Ein stetiger Kampf, Wellenschlag und Brandung: Land wird vom gierigen Meer angenagt, zerrieben, irgendwo schließlich wieder abgelagert. Die Küste - zerlappt, zerbuchtet, überformt, aufgerieben, angetrieben. - 383 km bundesdeutsche Ostseeküste. Steilufer, Naturstrände mit kilometerlangen Strandpromenaden, Strandkörbe (vor 100 Jahren an der Ostsee erfunden), Badebetrieb, Urlaubsvergnügen, Kaffee und Kuchen in der nächstgelegenen "Strandperle", mit viel Schlagsahne, "klassische Bäder und Heilbäder" - Travemünde, Timmendorfer Strand/Niendorf, Scharbeutz-Haffkrug-Pönitzer See, Sierksdorf, Neustadt/Pelzerhaken/Rettin, Grömitz, Kellenhusen, Dahme... Von Süd nach Nord, ein Abstecher von der Lübecker Bucht über die Fehmarnsundinselbrücke (seit 1963) und die Vogelfluglinie zu der Ferieninsel Fehmarn - einzige Ostsee-Insel der Bundesrepublik, zum malerischen Hauptstädtchen Burg... weiter, entlang der Küste... eine Million Feriengäste jährlich, Fischkutter, Segelschiffe ("Windjammer"), Segelschulen. Vielleicht zum Ostsee-Bad Heiligenhafen oder zum Ostsee-Zentrum Weissenhäuser Strand, zum Marine-Ehrenmal Laboe... 22 idyllische Orte gehören zum Ostseebäderverband, "längs de Küst", alle haben sich eingestellt auf den Urlauberstrom, denn Ostsee-Saison ist immer, auch für Landratten.

Klima
Ostholstein und die Insel Fehmarn gehören zu den niederschlagsärmsten und sonnenscheinreichsten Gegenden der Bundesrepublik Deutschland. Das Seeklima, das milde Reizklima des Meeres ist ein wichtiger Heilfaktor in den Seeheil- und Seebädern dieser Region.Aufenthalte an der See haben günstige Wirkung auf die Gesundheit, stärken die Abwehrkräfte, auch im Winter. Hinzu kommt der Heilfaktor "Meer", dessen Spurenelemente beim Baden Blut und Nerven regenerieren.Schon im Jahre 1818 schrieb dessenthalben der Travemünder Badearzt Dr. Danzmann: "... So ist nach dem Seebade ein unbeschreibliches Wohlbehagen... Wer sonst nur schleicht, mag jetzt gerne gehen, wer gewöhnlich nur geht, möchte jetzt gerne tanzen."

Holsteinische Schweiz
Was hat der Landstrich um Eutin, der Geburtsstadt Carl Maria von Webers, die Holsteinische Schweiz, mit der grandiosen Szenerie des Alpenstaates gemein? - Lustvolle Talabfahrten auf zwei "Bretteln"? - Berge? - Skilifte? - Wenig Gemeinsames. Und dennoch ist das hügelige Seengebiet südlich von Kiel ein höchst reizvolles Gebiet. Ihren Namen erhielt die Holsteinische Schweiz einst durch die Werbeidee eines zunächst wenig erfolgreichen, pfiffigen Hoteliers im hohen, kühlen Norden Deutschlands (1867).

Ofen, Stockelsdorf, 1773, Ofenkasten Gußeisen, Aufsatz Fayence (Museum für Kunst und Kulturgeschichte der Hansestadt Lübeck)

Lübecks Museumskirche St. Katharinen mit dem berühmten Figurenzyklus von Barlach und Marcks (Presse- und Informationsamt der Hansestadt Lübeck)

Das Lübecker Holstentor und die alten Salzspeicher. (Presse- und Informationsamt der Hansestadt Lübeck)

Frei nach dem Motto, nach dem in der Werbung alles erlaubt sei, lockte der Besitzer des Hotels "Gremsmühle" mitten im Seengebiet Schleswig-Holsteins Urlauber mit der Behauptung, sein Wohnort liege in der Schweiz Holsteins. Ein Kollege griff diesen Einfall auf und benannte sein Haus am Kellersee "Holsteinische Schweiz". Der Name für eine Landschaft war gefunden. - Die Rechnung der Wirtsleute ging auf. Heute ist das Seengebiet rund um die Stadt Plön ein beliebtes Reiseziel für Urlauber aus aller Herren Länder.

Hansestadt Lübeck

Das Holstentor kennt jeder, und sei es nur vom Fünfzigmarkschein, die Buddenbrooks, Königin der Hanse, Marzipan - einst größte Stadt Nordeuropas, erhaltenes mittelalterliches Stadtbild, nahezu eintausend Häuser stehen unter Denkmalschutz.

Lübecks Name geht zurück auf die slawische Burg Liubice ("Ort des Ljubek") an der Einmündung der Schwartau in die Trave, die im 12. Jahrhundert einige Jahre vor der Gründung der Stadt zerstört worden war. Der Grundriß der als Kaufmanns- und Marktsiedlung gegründeten Travestadt ist mit der Führung der Straßen und der Lage der Plätze seit 1158 kaum wesentlich verändert.

Ein Besuch lohnt sich in der einstigen Wirtschafts- und Kulturmetropole des mittelalterlichen Nordeuropas. Kunstschätze und Baudenkmäler aus der bedeutenden Vergangenheit locken: Altstadt, Holstentor (Museum), Rathaus, Jacobskirche, Heilig-Geist-Hospital, Dom, St. Annenmuseum, Behnhaus, Hafen... Tore, Museen, Kneipen, Wohngänge, verborgene Winkel... unerreichte Bau- und Gestaltungskunst vergangener Jahrhunderte, Ausgewogenheit von Dimensionen, harmonisches Nebeneinander von Individualität und Gemeinsinn, hier kann man es wiederentdecken.

N'beten Platt

Man sagt, erst müsse man mit einem Schleswig-Holsteiner einen Sack Salz gegessen haben, ehe man mit ihm warm wird. Komischerweise sagt man das nicht über die Schleswig-Holsteinerinnen. Aber auch so stimmt das nicht. Ein richtiger Schleswig-Holsteiner reagiert mit Bedacht und Überlegung, wenn man ihm mit einer überraschenden Frage kommt: Ein Urlauber fragt nach scharfem Bremsen aus dem Autofenster: "Wie heißt das hier?" Die kurze Antwort des alten Bauern: "Godn Dach, het dat."

Einige Platt-Ausdrücke sind ganz nützlich:
Wo geit Di dat? - Wie ist das werte Befinden?
Hol Di stief. - Ich wünsche Ihnen für die Zukunft allerbeste Gesundheit.
Sabbel nich. - Ich habe gewisse Zweifel, ob das gut ist und stimmt, was Sie da sagen.
Duun - vom Genuß zu vieler alkoholischer Getränke etwas eingenebelt
Lütt um Lütt - Ein kleines Glas voller Gerstensaft und ein noch kleineres Glas voll klaren Wassers, meist Aquavit oder einfach nur "Klarer" genannt.
Tschüs ook - Ich wünsche Ihnen alles Gute.

Möbel

Die bürgerliche Möbelkunst dieser Region wird im wesentlichen getragen von der Hansestadt Lübeck. Sehr konservative Formen, meist Ausdruck städtischen Reichtums.

Glatt, furniert, gesprengter oder gebrochener und gewellter Giebel mit geschnitztem Akanthus, ähnlich Hamburg. Hier war die Hochburg der Intarsienkunst. Typisch sind auch Würfelmarketerien an den Pilastern, in verschiedenen Hölzern (Mahagoni auf Eiche, u.a.m.) eingelegte Fassaden, dazu die reiche Vergoldung der Kapitelle, der Voluten und der gliedernden Leisten.

Unser Tip

Museum für Puppentheater zu Lübeck

Das Museum liegt in der Altstadt zwischen Petrikirche und Holstentor in der Kleinen Petersgrube 4 - 6 und ist in drei historischen Häusern untergebracht. Den Eingang bildet der St. Jürgen Gang aus dem 16. Jahrhundert, der eine der berühmtesten Sehenswürdigkeiten Lübecks darstellt.

Wenn Besucher durch diesen kleinen Gang gehen, können sie sich nicht vorstellen, welche Fülle von interessanten Räumlichkeiten und Kostbarkeiten im Innern des Museums auf sie wartet, denn hinter den Mauern der engen Gasse verbirgt sich eine der größten Sammlungen der Welt von Theaterfiguren, Bühnen, Requisiten, Plakaten, Handzetteln und Gewerbeausweisen, Drehorgeln und wertvollen Grafiken aus drei Jahrhunderten, die das Leben der Schausteller veranschaulicht. Es ist eine völkerkundliche Sammlung, die das weite Gebiet der Kultur des Figurentheaters und seines Umfeldes dem Besucher leicht zugänglich macht.

Viel Wunderbares auf wenig Raum gehört zum Zauber des mittelalterlichen Kerns von Lübeck, das gleiche gilt für dieses Museum. Es bietet die einzigartige Chance, ausschließlich dieses Thema in seinen vielfältigen Variationen gleichzeitig erleben und vergleichen zu können.

Fritz Fey jun., Sohn des berühmten Marionettenkünstlers Fritz Fey, hat jahrzehntelang unter beträchtlichen Mühen und Opfern diese Sammlung zusammengetragen. Mit untrüglichem Instinkt und magischer Anziehungskraft für diese Art von Objekten ist er besessen von der Idee, Puppentheater so ausführlich wie möglich zu dokumentieren.

Figurentheater

Unterhaltungs- und Bildungsinstitution von gestern

In den Theaterfiguren verschiedener Zeiten und Völker begegnet uns ein überaus reizvoller Aspekt von Dramatik und Schaustellerei. Holz, Metall, Textil, Pappe und Pergament sind die Materialien, aus denen Rund- oder Flachfiguren geformt werden. Eine Figur wird aufgelöst in verschiedene Teile, die beweglich miteinander verbunden sind. Figurenmacher lösten auf vielerlei Art das Problem die bewegliche Figur, die kein Podest hat, in gewünschte Position zu halten und ihre Teile in erwünschte Bewegungen zu versetzen. Deshalb wurden Marionettenkünstler "Mechanikus" genannt. Im Museum werden die Nachlässe von drei Marionettendynastien aufbewahrt, die mehrere Jahrhunderte durch Schleswig-Holstein zogen.

Das Museum ist täglich geöffnet von 9.30 - 18.30 Uhr, im Winter montags geschlossen.
Führungen - auch in Fremdsprachen - nach Vereinbarung.
Tel.: 0451-78626
Täglich Vorstellungen im Lübecker Marionettentheater gleich nebenan.
Tel.: 0451-70060

Einhundert Museen in Schleswig-Holstein

Unter der Überschrift "100 Museen in Schleswig-Holstein" steht ein Faltblatt, das als Wegweiser zu den öffentlichen Museen und Sammlungen Schleswig-Holsteins vom Landes-Museumsdirektor, Schloß Gottorf, 2380 Schleswig, in Zusammenarbeit mit dem Fremdenverkehrsverband Schleswig-Holstein, Niemannsweg 31, 2300 Kiel, Tel. 0431-561061 herausgegeben wurde . Es enthält die Anschriften, Öffnungszeiten der Museen sowie eine "Museumslandkarte ", die von Seebüll an der deutsch-dänischen Grenze (Noldemuseum) bis Lauenburg an der Elbe reicht. Neben den großen Museen in den Städten und Schlössern stehen in dem Wegweiser viele Dorf- und Heimatmuseen, die oft nur kurze Öffnungszeiten haben, aber gern auf Bitte - Anruf genügt - ihre Türen öffnen und auch für individuelle Betreuung sorgen. Drei Millionen Besucher hatten die schleswig-holsteinischen Museen im vergangenen Jahr.

Das Heiligen - Geist - Hospital aus dem 13. Jh. Presseamt der Hansestadt Lübeck.

Antiquitäten- und Kunsthandlungen

Augustin
Engelsgrube 51
2400 Lübeck

Hill, H.
Kurgartenstraße 111
2400 Lübeck

Oestmann, K.
Königstr. 20
2400 Lübeck

Weigt, P.
Gr.Burgstr.22
2400 Lübeck

Mueller, K.
Hundestraße 62
2400 Lübeck 1

Boller, A.
Kreienredder 62
2430 Neustadt

Babendererde, P.
Gr. Burg Str. 35
2400 Lübeck

Schwiddessen
Mengstr. 17
2400 Lübeck

Plaehn
Musterbahn 1
2400 Lübeck

Winzoesch, L.
Hüxstraße 96
2400 Lübeck

Nonkovic, D.
Beckergrube 64
2400 Lübeck 1

Held, U.
Waschgrabenstr. 5
2430 Neustadt

Bannow, G.
Fleischhauerstr. 87
2400 Lübeck

Koch-Westenhoff
Hüxstr. 29
2400 Lübeck

Pries, B.
Gr. Burgstr. 53
2400 Lübeck

Zitzewitz, J. von
Hüxstraße 66
2400 Lübeck

Fuchs, C.
Strandallee 64
2408 Timmendorfer Strand

Brommer
Eutinerstr. 25
2432 Lensahn

Beetz, A.
Ruhleben 16
2400 Lübeck

Linde, M.
Dr. Julius Leber Str. 49
2400 Lübeck

Raschke, L.
Engelsgrube 40
2400 Lübeck

Beetz, K.
Hüxstr. 101
2400 Lübeck 1

Koch- Westenhoff
Strandallee 87
2408 Timm. Strand

Ohst
Am Mühlenholz 3
2432 Lensahn

Bendig, E.
Lachswehrallee 1b
2400 Lübeck

Lingelsheim, E. von
Fleischhauerstr. 31
2400 Lübeck

Sass, K.-H.u.L.
Medenbreite 47
2400 Lübeck

Boeck, A.
Travemünder Allee 6a
2400 Lübeck 1

Kunsthaus
Timmendorfer Allee 62
2408 Timmendorfer Strand

Ostsee Gemälde Galerie Engelke
Bäderstr. 12
2433 Grömitz-Cismar

Beul, C.
Fleischhauerstr. 65
2400 Lübeck

Mauro-Kroeger, L.
Schlumacherstr.8
2400 Lübeck

Schulz,H.
Roonstraße 36
2400 Lübeck

Bollmeyer, J.
Engelsgrube 68
2400 Lübeck 1

Grimm, H.
Im Dorfe 16
2420 Eutin

Tittelbach, E.
Bäderstr. 54
2433 Grömitz-Cismar

Carow, Ruth
Strandpromenade 1b
2400 Lübeck-Travemünde

Kunsthandlung Moellering, I.
Mühlenstr. 33
2400 Lübeck

Sorgenfrei, G.
Bahnhofstraße 6
2400 Lübeck

Borwig, R.
Am Brook 4
2400 Lübeck 1

Harpsoe, G.
Weidestraße 18
2420 Eutin

Jipp, Karl
Dorfstraße 16
2440 Wangels-Döhnsdorf

Goege, J.
Talweg 1
2400 Lübeck

Neumann, Andrea
Breite Straße 17
2400 Lübeck

Sossdorf, U.
Engelsgrube 6
2400 Lübeck

Derwisch-Ottenberg
Kl.Burg-Straße 27
2400 Lübeck 1

Knoop, H.
Riemannstr. 2
2420 Eutin

Assmann Kunsthandwerk
Ferienpark
2447 Heiligenhafen

Herzog, H.
Kohlenhof 5
2400 Lübeck-Travemünde

Neuss, F.
Hüxstraße 113
2400 Lübeck

Teichert, H.
Gr.Burgstr. 29
2400 Lübeck

Krumpeter, C.
Gr.Burg-Straße 27
2400 Lübeck 1

Krafczyk, S.
Lübecker Straße 22
2420 Eutin

Schluensen, H.
Ferienpark
2447 Heiligenhafen

COLOREX

Abbeizbetrieb - Restaurationsbedarf für Antiquitäten

Inh. Detlef Ulmer
Glashütter Damm 266
2000 Norderstedt
Tel.: 040/5292371

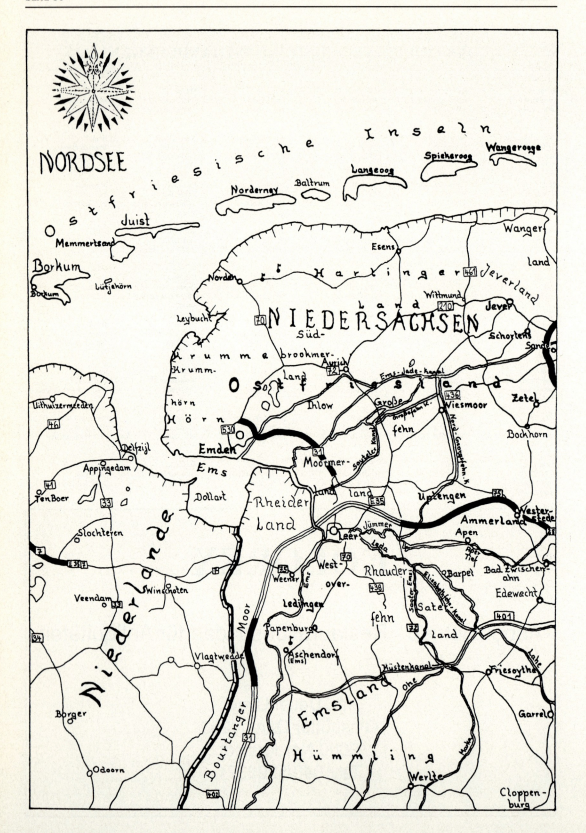

OSTFRIESLAND

Land hinterm Deich

Landesnatur

Ostfriesenwitze - Nein, danke!
Jever-Pils - meinetwegen.
Die ostfriesischen Inseln - gut.
Das Land - zum Liebgewinnen.
Dieses Land gehört den Menschen hier in unerhörter Weise. Keine Gletscher, keine Erdfaltungen, keine Urgebirgsrümpfe und keine Urstromtäler haben den Menschen hier das Land bereitgestellt. Sie haben es sich selbst in Jahrhunderten aus dem Meer geholt. Erst, wenn Sie das tief in sich einsinken ließen, dann können und werden Sie Mensch und Landschaft hier im hohen Norden verstehen. Die Landschaft, ihre Gestaltung, die Menschen hier und ihre Geschichte sind nicht voneinander zu trennen.
Stellen Sie sich auf einen Deich am Jadebusen und schauen Sie westwärts, vergleichen Sie Wasserhöhe und Land. Bis auf die Warften, die Aufschüttungen mit den Häusern und Kirchen, werden Sie bemerken: Land unter.
Nur dauernde gemeinsame Anstrengung kann dieses Land gegen die anstürmende See halten. Jeder Krümel Warft ist von Menschenhand beigeschleppt. Das macht erdverbunden.
Drei Generationen, bis eingedeichtes Land Nutzland wird: "Dem Ersten der Tod, dem Zweiten die Not, dem Dritten das Brot!" und "De nich will dieken, de mutt wieken! - Wer nicht will deichen, der muß weichen!" so das harte Gesetz aus alter, längst vergangener Zeit.
Können Sie sich vorstellen, daß in den ostfriesischen Deichen so viel Arbeit steckt wie im Bau der Cheopspyramide?
Und der Deichgraf (man denke an Theodor Storms "Schimmelreiter") ist heute noch ein viel größerer Herr als ein Onassis mit seiner Yacht.

Wirtschaft

Kanäle, Graften (Entwässerung um die Warft), Rinnsale durchziehen die Fehnlandschaft, Siele sind ihr Tor zur See. Denn das Meer heißt hier "See" und ein Binnensee "-meer". So prägen alte Klappbrücken und die typischen roten Klinkerstraßen noch heute das Bild. Der Ems-Jade-Kanal durchschneidet Ostfriesland vom Jadebusen zum Dollart und verbindet Wilhelmshaven und Emden. Der Dortmund-Ems-Kanal stellt die Verbindung zum Ruhrgebiet her. Emden verlädt Autos und Wilhelmshaven Öl. Ist zusätzlich Marinestützpunkt. Das wär's aber auch schon an Industrie.
Der Rest ist Landwirtschaft. Aber trotz fruchtbaren Bodens ist die Marsch zu schwer und sind die Sonnentage zu knapp für einen rentablen Ackerbau. So bestimmen die Schwarzbunten, die Rinder, die Weite des Fehn.
Gefischt wird noch. Und frische Nordseekrabben oder gar die zarten Mai-Schollen, das sind unvergleichliche Genüsse. Tourismus auf den sieben Inseln von Borkum bis Wangerooge. Wie die Einheimischen dazu stehen? Bringt 'en bißchen was ein. Aber, wenn "Mister Juist" gekürt werden soll, dann reden sie lieber von "Juister Mist".

Geschichte

"Sie gewinnen mit den Händen den Torf, den sie mehr mit Hilfe des Windes als der Sonne trocknen. Und sie erwärmen damit ihre im Nordwind starren Leiber", berichteten schon die alten Römer.
Und schwer zu nehmen, die Leute und das Land. Kaiser Karls des Großen Reich gerät hier ins Schwimmen, den christlichen Missionaren geben sie eine harte Zeit, den heiligen Bonifaz, den Apostel der Deutschen, kostet sein Friesenengagement das Leben. Aber Klaus Störtebeker, dem Seeräuber, der sein Leben der See anvertraute, dem gewähren sie Unterschlupf.
"Häuptlinge" heißen ihre Herren, residieren bis ins 18.Jahrhundert in Wittmund. Doch, als die Linie ausstirbt, geht es rund: bis 1807 zu Preußen, 1807-1810 Holland, ab 1810 zum Kaiserreich Frankreich, ab 1813 wieder zu Preußen, von 1815-1866 zum Königreich Hannover, dann wieder zu Preußen und ab 1945 zum Land Niedersachsen. Die

Emslandschaft bei Oldersum

wechselnden Herren haben wenig Eindrucksvolles hinterlassen, sieht man von der Gründung Wilhelmhavens (1856) ab.

Da ist die "Ostfriesische Landschaft" von anderem Kaliber. Dieses älteste Ständeparlament Europas tagt heute noch in Aurich, ist fast nur noch mit Kultur befaßt und organisiert z.B. den "Ostfriesentag". Haben Sie Fragen, wenden Sie sich ruhig an die Ostfriesische Landschaft am Bürgermeister-Müller-Platz im Zentrum der Stadt.

Zu Besuch
Überhaupt sind die Städte Aurich, Leer und Jever einen Besuch wert. Immer noch strahlen sie Geruhsamkeit aus, laden zum Verweilen ein, ihre Märkte wie bunte Tupfen. Ferien zum Ausspannen möchte man da machen, die Stiftsmühle in Aurich besichtigen, die höchste Windmühle der Welt. Leer, dem "Rothenburg des Nordens", mit seinen alten Bürgerhäusern einen Besuch abstatten, in Jever einen Kümmel trinken zum bitter-herben, dennoch mundenden Jever-Pils.

Oder in einem kleinen Dörfchen zum "Boßeln", einer Art Straßenkegeln, eingeladen werden, dann auf einen "Pharisäer" ins nächste Gasthaus. -Behaglichkeit-Kaffee mit Rum und Schlagsahne.

Oder Tee mit Rum und Kandis, und Sahne, damit es "Wolkjes" gibt. Schauen Sie auch im Wasserschloß Gödens bei Sande vorbei, die Sommerkonzerte in repräsentativem Rahmen sind ein Genuß. Wenn es nicht klappt, gehen Sie halt nur in dem wunderschönen Park spazieren.

Humor
Otto Waalkes, den "ostfriesischen Götterboten", werden Sie kennen. Und, wenn hier von Humor die Rede ist, dann nicht von den Primitivitäten über die Ostfriesen, sondern über den Witz der Ostfriesen selbst.

Knapp und karg, wie die See und die Arbeit am Deich und doch voll tiefgründigem Humor.

Die Idee, ein Museum für Buddelschiffe einzurichten, zum Beispiel. Oder ein Gericht wie "Bärenschinken" anzubieten, den Kümmel als "Ostfriesischen Nebel" in Flaschen zu verkaufen, die krumm wie ein besoffener Seemann daherkommen. Oder die Antwort eines Güterdirektors auf die Frage, über wieviel Land er verfüge: "Bei Flut 3000, bei Ebbe 5000 Hektar."

Und wie sie lächelnd ihr geliebtes Land charakterisieren: "Da kann man abends schon sehen, wer morgen zu Besuch kommt."

Unser Tip

Aurich (2960)
Mühlenfachmuseum
"Stiftsmühle Aurich"
Oldersumerstraße
T: 04941-3966
Schwerpunkt: Mühle von der Bronzezeit bis zur
 Gegenwart
Borkum (2972)
Heimatmuseum
T: 04922-674
Schwerpunkte: Flora und Fauna der Insel, Küstenschutz,
Seenotdienst, Volkskunde, Insel- und Ortsgeschichte
Detern (2951)
Burg Stickhausen, Burgmuseum
T: 04957-203
Schwerpunkte: Geschichte der Burg, Feuerwaffen des
18. u. 19. Jahrhunderts
Edewecht (2905)
Dada Research Centre und New Dada Archiv
Roter Steinweg 14
T: 04489-5954
Schwerpunkt: Dada- u. Mail-Art aus Osteuropa und
Lateinamerika
Emden (2970)
Ostfriesisches Landesmuseum und städtisches Museum:
Rüstkammer
Rathaus am Delft
T: 04921-22855
Schwerpunkte: Kunstgeschichte, Waffengeschichte
Großfehn (2962)
Mühle und Packhaus Ostgroßfehn
Historische Schmiede "Striek"
Süd 54
T: 04943-201114
Schwerpunkte: Mühle und alte landwirtschaftliche Geräte
Großheide (2987)
Waldmuseum Berumfehn
Dorfstraße
T: 04963-526
Schwerpunkt: Fauna und Flora des Waldes und
Hochmoores
Jever (2942)
Schloß- und Heimatmuseum
Postfach 135
T: 04461-2106
Schwerpunkt: bäuerliche, bürgerliche und
 fürstliche Kultur
Juist (2983)
Küstenmuseum Nordseebad Juist
Juist-Loog
T: 04935-491
Schwerpunkte: Erdgas in der Nordsee, naturkundliche Abteilung, Geschichte der Seekartographie, des Seezeichenwesens und der Nautik, Seenotrettungswesen,

Krummhörn (2974)
Mühlenmuseum
Rathausstr. 1
T: 04923-1011
Schwerpunkte: Kirchengeschichte, Landwirtschaft,
Handwerk, Mühlengeschichte
Leer (2950)
Haus Samson
Rathausstr. 16-18
Schwerpunkt: umfangreiche Sammlungen
ostfriesischer Antiquitäten
Heimatmuseum
Neue Str. 14
T: 0491-2019
Schwerpunkte: Schiffahrtswesen, ostfries. Wohnkultur
Neuharlingersiel (2943)
Buddelschiffmuseum
Westseite 7
T: 04974-224
Schwerpunkt: Buddelschiffe von Einbaum bis zum
Ozeanriesen
Norden (2980)
Heimatmuseum
Am Markt 36
T: 04931-12100
Schwerpunkte: Vor- und Frühgeschichte, Stadt- und
Kreisgeschichte
Norderney (2982)
Norderneyer Fischerhausmuseum
Im Wäldchen am Weststrand
T: 04932-2687
Schwerpunkte: Entwicklung und Geschichte der Insel
Papenburg (2990)
Museum Papenburg
Am evangelischen Friedhof
Schwerpunkte: Schiffbau und Schiffahrt,
Moorkultivierung
Rauderfehn (04952-3044)
Fehn- und Schiffahrtsmuseum
Rajen 5
T: 04952-3044
Schwerpunkte: Schiffahrt, Fehnkolonisten
Spiekeroog (2941)
Spiekeroog-Museum
Noorderpad 1
T: 04976-204
Schwerpunkt: Inselhistorie
Wangerooge (2942)
Heimatmuseum im Alten Leuchtturm
Alter Leuchtturm
T: 04469-322
Schwerpunkte: Vogelwelt, Bernsteinsammlung,
das Wattenmeer, die Schiffahrt

Haustypen Niedersachsens
Niedersächsisches Freilichtmuseum (Museumsdorf Cloppenburg)

Ausstellungshalle " Münchhausen - Scheune "
Zehntscheune des Amtes Aerzen, 1561, Pfandbesitz derer von Münchhausen

Brauhaus
Hof Hubbermann, Visbek, Ldkr. Vechta

Schafstall
Hof Busse, Halter, Ldkr. Vechta

Die Fachwerkkirche von Klein - Escherde

Speicher
Hof Nording, Norddöllen, Ldkr. Vechta

Saterhaus
Hof Deddens, Hollenermoor (Saterland),
Ldkr. Cloppenburg

Antiquitäten- und Kunsthandlungen

Kerski, J. O.
Felderstr.
2910 Westerstede

Schmidt GmbH
Am Detershof 11
2910 Westerstede

Antik-Nauti-Shop
Cliener Straat
2943 Neuharlingersiel

Ehrt, J.
Butterstr. 5
2943 Esens

Lehmann, Detlef
Westerstr. 13
2943 Esens

Menßen, Johann
Am Markt 1a
2943 Esens

Kunsthandlung
Petersen, H. C.
Westerstr. 17
2943 Esens

Buss, M.
Brückstr. 23
2944 Wittmund

Carol-Antiques
An der Kirche
2944 Wittmund-Carolinensiel

Onken, Uwe
Dorfstr. 11
2944 Wittmund

Pemöller, Karin
Wittmunder Str. 6
2944 Wittmund-Carolinensiel

Reichert, Lothar
Kirchstr. 2
2944 Wittmund-Carolinensiel

Sassmannshausen
Mühlenstr. 6
2944 Wittmund

Jade-Antiques
Lange Str. 10
2949 Wangerland

Arians
Rathausstr. 7
2950 Leer

Dopmann, D.
Breslauer Str. 6
2950 Leer

Meertens, T.
Kirchstr. 33a
2952 Weener

Gräfe's Möbel von Gestern
Westerwieke 128
2956 Jheringsfehn

Chlan u. Schmidt
Esensstr. 50
2960 Aurich

Kunmsthandlung
Heppner, M.
Pfalzdorferstr. 47
2960 Aurich

Holstein, J.
Zingelstr. 19
2960 Aurich

Janssen
Grenzstr. 1
2960 Aurich

Sakhi, H.
Burgstr. 41
2960 Aurich

Schmidt, Karl-Heinz
Kirchstr. 16
2960 Aurich

Wallantin, Ewald
Kiebitzstr. 48
2960 Aurich

Jakobi - Antiquitäten
Hauptstr. 126
2964 Wiesmoor

Kunsthandlung
Hubbena
Sielen 22
2970 Emden

Lüttje Koophus
Faldernstr. 31
2970 Emden

Korth, Adolf
Mühlenstr./Kattrepel
2974 Krummhörn

Eden, J.
Westerstr. 11
2980 Norden

Alt & Neu
Kirchstr. 15
2982 Norderney

Huber, P.
Poststr. 10
2982 Norderney

Eberhard, C.
Kreuzstr. 14
2982 Norderney

Rossbach, H.
Jann-Bergh.-Str. 17
2982 Norderney

Kunsthandlung
Rozmer, G.
Am Kurplatz 5
2982 Norderney

Kunsthandlung
Kley, W.
Strandpromenade 1
2983 Juist

Kunsthandlung
Paepke & Janowitz
Warmbadstr. 3
2983 Juist

Kunsthandlung
Mindermann, R.
Strandstr. 21
2983 Juist

Graf, K.
Bogenstr. 18
2986 Marienhafe

Antik-Nautik-Shop
Dornumersiel
2988 Dornum

Antiquitäten-Agena
Dornumersiel
2988 Dornum

Moesker, H.
Kirchstr. 91
2990 Papenburg

Moesker, W.
Isern Porte 4
2990 Papenburg

Jade »Antiques«

Am alten Hafen · Lange Straße 10
2949 Hooksiel · Telefon (0 44 25) 1795

In einem alten Bauernhaus am historischen Hafen von Hooksiel zeigen wir Ihnen auf drei Etagen ein großes Angebot an antiken Möbeln, Porzellan, Silber, Gemälden und viele liebenswerte Dinge für Sammler.

Täglich von 11.00 bis 18.30 Uhr geöffnet.
Sonn- und feiertags Besichtigung. Dienstags Ruhetag.

Unser Kundenservice:
Anlieferung im gesamten Bundesgebiet.

Außenlager: Lange Straße 63
Ab Lager-Verkauf unrestauriert

Freitags von 14.00 - 18.00 Uhr · Samstags von 10.00 - 18.00 Uhr
oder nach Vereinbarung

Antikhaus
Uwe Onken

Jede Woche führen wir aus dem umliegenden Ausland Eichen- und Mahagonimöbel ein.

Wir haben für Sie täglich
von 10.00 - 19.00 Uhr geöffnet.
● sonntags Besichtigung ●
In einem 1000 qm großen Verkaufsraum finden Sie alles, was das Herz begehrt.
● Wir liefern bundesweit ●

Dorfstraße 11, 2944 Wittmund - Nenndorf
Telefon 0 44 62 - 69 01

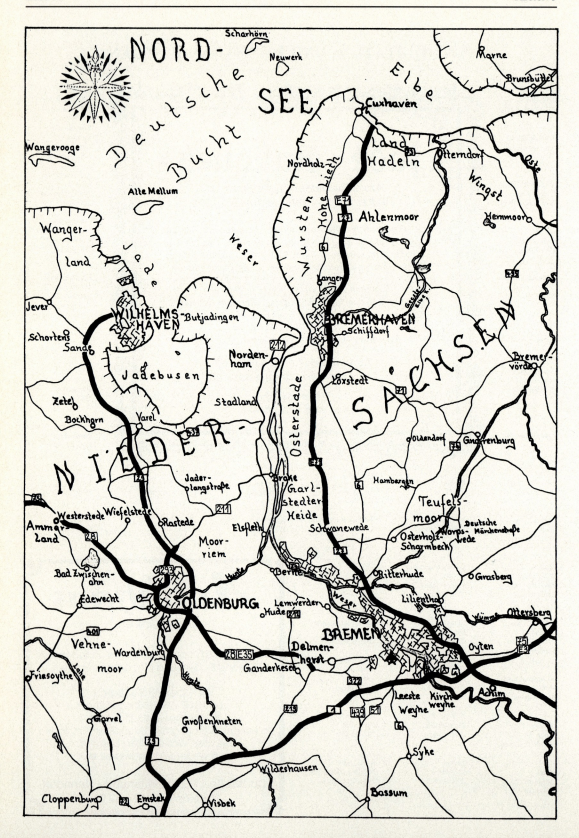

Tiefland an der Weser

Vom windungsreichen Fluß zum Strom

Landschaft
Marsch, Moor und Geest sind in dieser Region im Norden Niedersachsens die Hauptlandschaftseinheiten. Früher waren die sandigen Flächen vielfach von Heide bedeckt. Sie finden wir heute nur noch in Restbeständen: Ahlhorner Heide, Sager Heide... An der Küste und an den Stromufern umsäumt ein breiter Marschenstreifen das Geestgebiet, das nur bei Cuxhaven unmittelbar an das Meer heranreicht. Zu den landschaftlichen Höhepunkten der niedersächsischen Geest gehört die südlich der alten Residenzstadt Oldenburg gelegene Wildeshauser Geest, die von Heide, Wäldern, Seen und Mooren geprägt wird. Das Tal der Hunte gilt als eines der schönsten, beschaulichsten Flußtäler in Niedersachsen.

Ständig begegnen uns beeindruckende Landstriche, heimelige Städte, windungsreiche Flüsse, Besonderheiten:
Visbecker Bräutigam (Großsteingrabanlage), Industriestadt Delmenhorst, Urwald Hasbruch (Eichen, bis zu tausend Jahre alt), Klosterort Hude, bei Worpswede das Teufelsmoor (Naturschutzgebiet). Wesernebenflüsse: Hamme, Wümme, Lesum - die Mittelachse der Norddeutschen Tiefebene bildend, die Weser, die das Landschaftsbild deutlich prägt.

Flach das Land zwischen Bremen, Stade und Cuxhaven, in Sichtweite der Elbe die Wingst, ein Waldgebiet mit dem 61m hohen Deutschen Olymp. Westlich hinter den hohen Deichen an der Wesermündung das Land Wursten, ein altes Bauernland. Auf unserer Reise gen Norden erreichen wir die Nordseehafen- und Badestadt Cuxhaven. Unser Blick überfliegt einen zehn Kilometer langen Sandstrand, irrt zum Wattenmeer, zur Kugelbake, die den nördlichsten Punkt markiert. Es ist Ebbe, wir könnten aber auch zu Fuß zur 13 km entfernten hamburgischen Insel Neuwerk gehen... zu gefährlich!? Oder etwa nicht ? Vielleicht hinüber zum Natur- und Vogelschutzgebiet Großer Knechtsand im Bereich der Wesermündung? Oder ein Abstecher zum wichtigsten Hafenplatz im Oldenburgischen? Nach Wilhelmshaven am Jadebusen, als preußischer Kriegshafen 1856 gegründet, heutiger Standort der Bundesmarine und Ölhafen??... zurück zur alten Residenz Oldenburg, (wirtschaftliches und kulturelles Zentrum), den Abschluß dann im Ammerland, zur Zeit der Rhododendron-Blüte, in einem der größten und beeindruckendsten Blumengärten Niedersachsens?... Ein Genuß ...

Sie haben Hunger bekommen? - Wählen Sie: Geräucherter Ammerländer Schinken, gar Zwischenahner Räucheraale, dazu einen Schnaps, aus Zinnlöffeln getrunken.

Wilhelmshaven
heißt bei den schelmischen Nachbarn wegen seines schnellen Aufbaus aus dem "Nichts" das "lütje (= kleine) Amerika".
Benannt wurde die Stadt nach ihrem Gründer, dem König Wilhelm I. von Preußen. In einem Geheimvertrag zwischen dem Großherzog von Oldenburg und Wilhelm wurden 1853 etwa 310 ha Land bei Heppens und 2,5 ha Land bei Eckwerden, auf denen etwa 340 Menschen wohnten, an Preußen verkauft. Preußen brauchte einen Marinehafen, der auch nach 16 jähriger Bauzeit am 17. Juni 1869 feierlich eingeweiht wurde. "Preußischer Kriegshafen" - "Königlich Preußisches Jagdgebiet" - "Wilhemshaven", niederdeutsch mit v.

Nach der Gründung des deutschen Reiches (1871) wurde er "Reichskriegshafen", dessen Bedeutung wuchs. In den beiden Weltkriegen wurden große Teile durch zahlreiche Bombenangriffe zerstört oder später demontiert.
Seit 1956 ist die Stadt wieder Marinestützpunkt. Durch Hochschulgründungen, Industrieansiedlungen und Schaffung von Fremdenverkehrsein-

richtungen hat sich die Wirtschaftsstruktur der Stadt mit dem drittgrößten deutschen Seehafen grundlegend verändert.

Kultur
Kultureller Mittelpunkt der Region ist Oldenburg, die viertgrößte Stadt Niedersachsens. Ihr Name weist auf eine alte Burg ("Olde Borch") in der Hunteniederung hin. An der strategisch günstigen Stelle "bewachte" diese Burg die von Bremen nach Jever führende friesische Heerstraße. Heute bietet sie ein reichhaltiges kulturelles Angebot: Mehrspartentheater - Oper, Schauspiel, Operette, Ballett - zwei Bühnen, im Großen Haus und im Schloßtheater, eine Studiobühne im "Spielraum", reichhaltiges Musikprogramm, Sinfoniekonzerte des Oldenburgischen Staatsorchesters, Kunstverein, monatliche Ratsmusiken, drei große Museen, seit 1974 Universitätsstadt. Besonders reizvoll und attraktiv ist der "Oldenburger Kultursommer" (seit 1978), ein schillerndes Kulturangebot "auf der Straße". Ein Geheimtip auch der "Oldenburger Kramermarkt", (erste Oktoberwoche), der bereits 1608 von Graf Anton Günther gegründet wurde. -Die beiden bekanntesten Söhne der Stadt, die Philosophen Friedrich Herbart (1776-1841) und Carl Jaspers (1883-1969), haben als Universitätsprofessoren den Ruf der Stadt im Zentrum des Weser-Ems-Raumes "veredelt".

Worpswede, das Künstlerdorf
"Birken, Birken, Kiefern und alte Weiden. Schönes, braunes Moor, köstliches Braun! Die Kanäle mit schwarzen Spiegelungen, asphaltschwarz. Die Hamme mit ihren dunklen Segeln. "Es ist ein Wunderland, ein Götterland!" So beschrieb Paula Becker-Modersohn, die bedeutende Worpsweder Malerin, ihre Wahlheimat.
Der Maler Fritz Mackensen hatte das am 51m hohen Wegerberg liegende Moordorf entdeckt und sich 1884 dort niedergelassen. Einige Freunde folgten: Otto Modersohn (1865-1943), Hans am Ende (1864-1918), Heinrich Vogeler (1872-2942) und die bereits erwähnte Mackensen-Schülerin Paula Becker-Modersohn, die, 1876 geboren, im Jahr 1907 nach der Geburt ihres ersten Kindes starb.
Der Ruhm Worpswedes wurde im Jahre 1895 mit einer vielbeachteten Ausstellung seiner Künstler in München begründet. Der "Barkenhof" (Heinrich Vogeler) wurde zum Treffpunkt von Künstlern, die die inspirativen Reize dieser Landschaft suchten (Rainer Maria Rilke, Rudolf Alexander Schröder, Bernhard Hoetger...).
Heutzutage ist Worpswede Fremdenverkehrsort. Touristenattraktion das Worpsweder Cafe, von Hoetger erbaut und im Volksmund "Cafe Verrückt" genannt...

Barkenhof, Künstlerkolonie Worpswede
Foto: Media Studio Reidies, Heilbronn

Möbel
Das überwiegend protestantische Gebiet ist ein Bauernland. Die Volkskunst geht ganz auf den bäuerlichen Lebensstil zurück. Vorherrschend sind hier großbäuerliche, rustikale Möbel, meist Aussteuermöbel, mit Brautname, Jahreszahl und eingeschnitztem Bibelspruch, vorwiegend aus Eiche: Wirtschaftsschränke, Anrichten, Teller- und Aufsatzschränke, ausladende, dem Hamburger Schapp ähnliche Kleider- und Dielenschränke mit vorgesetzten Halbsäulen und Wellenleisten aus Ebenholz (niedersächsischem).

Eine Besonderheit die Truhen: Kasten- und Kufentruhen auf schlittenartigem Gestell (Oldenburg), entweder niedrig oder bankähnlich, Koffertruhen mit gebrochenem, dachförmigem Deckel auch an den Seiten gewölbt, mit geschmiedeten Eisenbändern versehen, oder gar Truhen auf Rädern, nützlich bei Brandgefahr. Als besonderes Kennzeichen das Rahmenwerk. In den Feldern profilierte Kissenauflagen, oft mit eingezogener Mitte, die Schnitzereien aus Pflanzenstengeln oder Blättern mit herausragender Tulpe.

Unser Tip

Freilandmuseum
Ammerländer Bauernhaus
-Heimatmuseum Ammerland- e.V.
Auf dem Winkel 26
2903 Bad Zwischenahn
Telefon: 04403-2071
Zu der Anlage zählen insgesamt 15 Haupt- und Nebengebäude, charakteristische Bauernhaustypen des Ammerlandes. Es handelt sich um folgende Bauwerke:
Bauernhaus (reetgedecktes niedersächsisches Zweiständerhaus), Speicher (Spieker), Bleicherhütte, Flechtwerkscheunen mit Wagenschelf und Bootsschelf, Backofen, Tofscheune, Hopfendarre, Doppelheuerhaus, (Dweersack), Einraumhaus, Dorfschmiede, Kappenwindmühle.
Öffnungszeiten:
täglich 9 - 18 Uhr, Sommerhalbjahr;
10 - 17 Uhr, Winterhalbjahr
Mühle: Sommerhalbjahr 15 - 18 Uhr,
samstags und sonntags zusätzlich 10 - 12 Uhr

Schloß Oldenburg (Media Studio Reidies, Heilbronn)

Antiquitäten- und Kunsthandlungen

Altenau, G.
Hauptstr. 12
2222 Diekhusen-Fahrstedt

Schmidt, J.
Dreeßenweg 7
2224 Hochdonn

Lohmann, H.
Bahnhofstr. 93
2730 Zeven

Oesselmann Badenstedt
Ziegeleistr. 19
2730 Zeven

Janzen, F.
Mittelbauer 13
2733 Tarmstedt

Dietzsch, Paul-Uwe
Kirchdamm 1a
2801 Grasberg

Stelten, H.
Otterstein 48
2801 Grasberg

Blanken, H.
Zum Dieker Ort 18
2802 Ottersbg.-Fischerhude

Grünspan Galerie
Grollenbrink 10
2802 Ottersberg

Reuter, Jochen
Benkel 11
2802 Ottersberg

Sauer, A.
Landstr. 17
2802 Ottersbg.-Fischerhude

Antiquitäten-Stube
Richtweg 15
2803 Weyhe

Guillemet, M.
Hauptstr. 7
2804 Lilienthal

Galerie Kühn
Hauptstr. 39
2804 Lilienthal

König, Hermann
Bahnhofstr. 6
2805 Stuhr-Brink.1

Antiquitäten
Obern 13
2807 Achim

Hiddessen, I.
Bremer Str. 61
2807 Achim

Antikes-Originelles
An der B 6
2808 Syke

Antiquitäten
Bassumner Str. 10
2808 Syke

Galerie Pro Art
Gr. Fischerstr. 2
2810 Verden

Sabatier GbmH
Bergstr. 2
2810 Verden

Clasen, F.A.
Heerstr. 22
2811 Asendorf

Flying Dutchmann
Brebber 62
2811 Asendorf

Resataration Müller
Dorfstr. 77
2811 Blender

Raulf, M.
Eitzendorf 37
2812 Hilgermissen

Brünner, H.
Scholen 45
2814 Engeln

Reinhardt, Wilhelm
Syker Str. 162
2814 Bruchhausen-Vilsen

Proll, K.
Beppener Str. 27
2819 Morsum

Der Alte Möbel-Laden
Georg-Gleistein-Str. 38
2820 Aumund

Lawrence
Dorfstr. 59
2822 Schwanewede 2

Antik-Speicher
Bremerh. Heerstr. 10
2829 Burglesum

Alberti
Spichernstr. 8
2850 Bremerhaven

Deppe, J.
Hafenstr. 192
2850 Bremerhaven

Fuhl, Hartmut
BGM.-Smidt-Str. 149
2850 Bremerhaven

Gutzeit, G.
Stresemannstr. 199
2850 Bremerhaven

Huebener, G.
An der Mühle 34
2850 Bremerhaven

Köter, Heiko
Hafenstr. 18
2850 Bremerhaven

Ortstein, K.
Ob. Bürger 43
2850 Bremerhaven

Ravallet's, de
Hafenstr. 158
2850 Bremerhaven

Rosenberg, A.
Langestr. 18
2850 Bremerhaven

Schimanietz, W.
Schiedewürth 3
2850 Bremerhaven

Galerie Teyssen
Hafenstr. 87
2850 Bremerhaven

Entelmann, E.
Am Markt 2
2852 Bederkesa

Meyer-Graft, R.
Nr. 47
2860 Osterholz

Barkenhoff-Stiftung
Ostendorfer Str. 10
2862 Worpswede

Behrendt, L.
Osterweder Str. 21
2862 Worpswede

Bollhagen, G.
Osterweder STr. 21
2862 Worpswede

Galerie Edition
Oberhammerstr. 41
2862 Worpswede

Geertz, C.
Lindenallee 3
2862 Worpswede

Holtrop-Niessner, B.
Am Kniepedamm 19
2862 Worpswede

Kornadt, I.
Findorffstr. 17
2862 Worpswede

Kreutziger, A.
Henbergstr. 2-a
2862 Worpswede

Lux, A.
Br. Landstr. 2b
2862 Worpswede

Stelten de Wiljes, A.
Bergstr. 32
2862 Worpswede

Stengel, M.
Bergstr. 23
2862 Worpswede

Tietjen, H.
Alte Molkereistr. 21
2862 Worpswede

Weingart, W.
Bergstr. 32
2862 Worpswede

Börnsen, Ulrike
Seefahrerstr. 4
2863 Ritterhude

Messing Lampen Antik
Oldenburger Str. 139
2870 Delmenhorst

Kunsthandlung Staden, B.van
Lange Str. 13
2870 Delmenhorst

Zurek und Schreiner
Ludwig Kaufmannstr. 3a
2870 Delmenhorst

Eilers, M.
Friedrichstr. 27
2872 Hude

, Helmut
Kirchstr. 4
2874 Lemwerder-Altenesch

Kunsthandlung
Harpstedterstr. 14
2878 Wildershausen

Antiquariat am Theater
Roonstr. 1
2900 Oldenburg

Kunsthandlung Bayer, S.
Staulinie 17
2900 Oldenburg

Boehm
Donnerschweerstr. 60
2900 Oldenburg

Die Emailsschmiede
Bergstr. 2
2900 Oldenburg

Duererhaus
Friedensplatz 4
2900 Oldenburg

Frank, H.
Bremer Heerstr. 118
2900 Oldenburg

Friedrich, O.
Herrenweg 55a
2900 Oldenburg

Kunsthandlung Harms, Hans
Langestr. 45
2900 Oldenburg

Antiquariat Heinze, Walter
Lindenallee 14
2900 Oldenburg

Kunsthandlung Leo, M.
Von Muellerstr. 14
2900 Oldenburg

Galerie Liedke
Huntestr. 24
2900 Oldenburg

Kunsthandlung + Galerie Luehr, Ernst
Haarenstr. 43
2900 Oldenburg

Antik- u. Trödelkeller
Inh. K. H. Simon
2900 Oldenburg
Ammerländer Heerstr. 60
Tel. (04 41) 77 65 18

Geöffnet von
10.00 - 12.00 Uhr
14.00 - 18.00 Uhr
Samstags
10.00 - 13.00 Uhr

COLOREX

Abbeizbetrieb
Restaurationsbedarf für Antiquitäten

Inh. Detlef Ulmer
Glashütter Damm 266
2000 Norderstedt
Tel.: 040/5292371

Menges, A.
Kurwickstr. 28
2900 Oldenburg

Anno Domini
Meyer, Christa
Schloßplatz
2900 Oldenburg

Pepperell, W.
Schloßplatz 16
2900 Oldenburg

Antiquitäten
Rudolf, A.
Ziegelhofstr. 6
2900 Oldenburg

Seggern, K.v.
Gaststr. 17 a
2900 Oldenburg

Simon K.H.
Ammerländer Heerstr. 60
2900 Oldenburg

Smid, Klaus
Burgstr. 30
2900 Oldenburg

DerTrödelladen
Behrens, T.
Oldenburger Str. 305
2902 Rastede

Kunsthandlung
Kusber, G.
Bahnhofstr. 2
2902 Rastede

Wilkes, I.
Oldenburger Str. 242
2902 Rastede

Deeken, L.
Edewechterstr. 1
2903 Bad Zwischenahn

Kieler, Dieter
Am Nordkreuz 6
2902 Rastede

Thai Boran
In der Horst 2
2903 Bad Zwischenahn

Spez.eich.Bauernmöbel
Sylvester, Guenter
Astruperstr. 15
2904 Hatten

Smid ,Guenter
Oberletherstr. 6
2906 Wardenburg

Baumann, H.
Lange Str. 8
2930 Varel

Friedrichs, R.
Lange Str. 12
2930 Varel

Kunsthandlung
Luks, W.
Neumühlenstr. 10
2930 Varel

Antiquariat
Lehmann, S.
Osterstr. 8
2936 Varel

Kunsthalle
Adalbertstr. 28
2940 Wilhelmshaven

Lange, K.
Brunsstr. 5
2940 Wilhelmshaven

Kunsthandlung
Picker, H.
Gökerstr. 83
2940 Wilhelmshaven

Popken, Gebr.
Gökerstr. 24-26
2940 Wilhelmshaven

Kunsthandlung
Rau-Herrmann, S.
Schulstr. 39
2940 Wilhelmshaven

Kunsthandlung
Taddiken, Heinz-Aug
Ölhafendamm 4
2940 Wilhelmshaven

Grahlmann, B.
Mühlenstr. 20
2942 Jever

Habersetzer
Gartenweg 8
2942 Jever

Holz-/Möbelrestaurator
Kirchplatz 6
2942 Jever

Spieckermann
Voßkühlerstr. 59
2962 Grossefehn

Smid, Klaus
Burgstr. 30
2900 Oldenburg

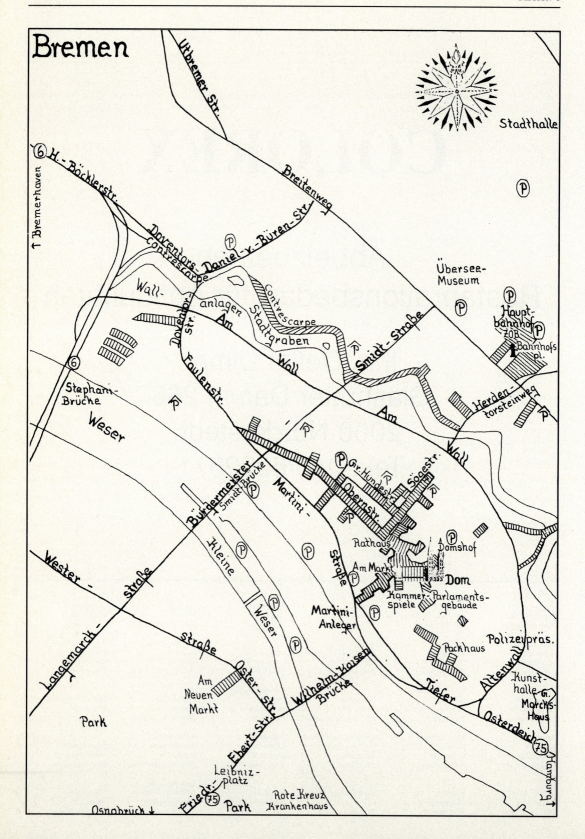

Hansestadt Bremen

"Buten un binnen - wagen un winnen"

Landschaft

Dort, wo die Weser beginnt, vom sich schlängelnden Fluß zum Strom, zur bedeutsamen Schiffahrtsstraße zu werden, da erstreckt sich im Zentrum eines großen, überwiegend noch agrarisch geprägten Umlands - 40 km an den Weserufern entlang - der Stadtstaat Bremen.
Das kleinste deutsche Bundesland, die Freie Hansestadt Bremen zusammen mit ihrer Schwesterstadt Bremerhaven - weit stromabwärts (68 km) an der Wesermündung gelegen.
Der Weserstrom war Schicksalsbestimmer der alten Kaufmannsstadt zu allen Zeiten, schenkte ihr gute und böse Tage, schuf die Voraussetzungen für Schiffahrt und Handel, und wurde damit zum Urheber von Freiheit und Wohlstand der rund 670.000 Einwohner bis in die Gegenwart.

Geschichte

Der Dom als Symbol kirchlicher Macht und das Rathaus (mit Roland) als Zeichen bürgerlicher Freiheit markieren noch heute - verbunden durch den Marktplatz - die beiden Faktoren, die den Aufstieg Bremens zur mächtigen Hansestadt bewirkten. Die ersten Siedler? - Verläßliche Nachrichten fehlen, es waren Germanen vom Stamme der Chauken, die hier an der "Brem" - was mittelhochdeutsch soviel wie Rand, Einfassung bedeutet - am Rand des Westdünenzuges sich häuslich und wohnlich einrichteten.
Ein kurzer "Streifzug" durch die Geschichtsbücher: 782 erscheint "Bremun" zum erstenmal; wird 5 Jahre später von Karl dem Großen zum Bischofssitz erhoben. 845 zerstören die Wikinger Hamburg. Ansgar, der Erzbischof von Hamburg, flüchtet von der Elbe an die Weser, der Sitz des Erzbistums wird in das sichere Bremen verlegt, das in den folgenden Jahrhunderten das wichtigste Missionierungszentrum für den europäischen Norden werden sollte. - "Rom des Nordens"! Sein Machtbereich erstreckt sich um das Jahr 1060 (Erzbischof Adalbert: Lehrer und Vertrauter Kaiser Heinrichs IV.) etwa bis nach Lappland, Island und Grönland. Erste Stadtrechte erteilt der Stauferkaiser Friedrich Barbarossa (1186). Im Zuge der Christianisierung erschließen sich Bremer Kaufleute Handelswege nach Finnland und England. Sehr früh gilt wohl der Spruch am Haus der Bremer Kaufmannschaft: "Buten un binnen - wagen un winnen". (Draußen wie drinnen - wagen und gewinnen). Und auch heute noch.
Unter dem Druck der Konkurrenten in Lübeck und Hamburg wird Bremen im Jahre 1358 Mitglied der deutschen Hanse. Wachsender Machteinfluß über das ganze nördliche Europa bis weit in den Osten ist die Folge. Ausdruck dieser Macht des patrizischen Rates der Stadt: Aufstellung des steinernen 5,55 m hohen Rolands (1404) als Freiheits- und Hochgerichtsbarkeitssymbol mit dem Reichsadler im Schild. Bau des gotischen Rathauses (1405-1407). Bremen wird protestantisch (1525). Die Blütezeit endet nach dem Dreißigjährigen Krieg unter dem äußeren Druck der Schweden (1666). Dazu kommt die zunehmende Versandung der Weser, obwohl der Ausbau der Vorhäfen Vegesack (1619-1622) und Bremerhaven (ab 1822) die Aufrechterhaltung des Handels gewährleistet.
Frühe Kontakte (1783) zur jungen Republik jenseits des Nordatlantik, den Vereinigten Staaten von Amerika, führen zu erneutem Aufschwung, den Napoleons Kontinentalsperre vorübergehend hemmt und lahmlegt.
Der Eisenbahnanschluß (1847), der wachsende Amerikahandel (wichtigster Auswandererhafen) und schließlich die Weserkorrektur (1887-1894) machen Bremen zum wichtigsten Importhafen für Baumwolle, Getreide, Holz, Kaffee, Reis, Tabak und Wolle.
Der zweite Weltkrieg trifft Bremen hart: Bombenangriffe (62% der Stadt zerstört).

Stadtbild

Wir erleben heute bei einem Stadtbummel Bremen als ein geschlossenes Bild, in dem sich die

Jahrhunderte vereinen. Zentrum ist wie eh und je der Marktplatz, die "gute Stube". Hier stehen der Roland (1404) und das alte, in seinem Kern gotische Rathaus mit seiner berühmten, 1610 im Stil der Weser-Renaissance geschaffenen Fassade. Ein eindrucksvolles Ensemble, weltberühmt. Von Bremens alten Kirchen ist die Pfarrkirche "Unser Lieben Frauen" am bedeutendsten. (1020).

Wichtige Bürgerhäuser sind die "Stadtwaage" von 1587 und der "Schütting", Gilde- und Versammlungshaus der Bremer Kaufmannschaft (flandrische Renaissance). Typisch auch das Ersighaus (von 1618) an der Langen Straße.

Von den Bauprojekten des 20. Jahrhunderts ist die in der Nähe des Marktplatzes gelegene Böttcherstraße mit ihren Kunsthandwerksläden, Museen und Galerien weltbekannt.

Ludwig Roselius, ein Bremer Kaffeekaufmann, ließ diese beliebte Geschäftsstraße mit Boutiquen, Spielcasino, Spielzeug-, Buch-, Tee- und Porzellanläden, Theater, Kino und Kunsthandlungen 1924 als Mäzen gestalten. Bedeutendster Baumeister war Bernhard Hoetger, von dem auch das täglich ertönende Glockenspiel stammt, das Brementouristen anzieht.

Kurz hinüber zu den Bremer Stadtmusikanten, einer Plastik von Gerhard Marcks, durch die der Name Bremen zusammen mit dem Märchen der Brüder Grimm auch in die weite Kinderwelt drang. - Ein Abstecher noch ins historische Schnoorviertel mit den winzigen Gassen, den liebevoll restaurierten Fassaden, hinter denen Künstler und Kunsthandwerker arbeiten und Spitzenköche für das leibliche Wohl der Gäste sorgen.

Kultur
Auch auf kulturellem Gebiet hat Bremen einiges zu bieten: bedeutende Museen, vielfach durch Privatinitiative entstanden - bereits 1823 gründeten Bremer Bürger den Kunstverein (noch heute Träger der Kunsthalle) - am bedeutendsten wohl das Überseemuseum...

Das Theater der Freien Hansestadt mit seinen drei Bühnen: das Große Haus am Goetheplatz, die

Renaissance-Portal des Gewerbehauses in der Bremer Innenstadt (Diese und die beiden folgenden Aufnahmen: Bremer Landesmuseum für Kunst- und Kulturgeschichte)

Kammerspiele und die Concordiabühne, Philharmoniker, Staatsorchester... Apropos Musik. Johannes Brahms ließ in Bremen sein "Deutsches Requiem" uraufführen, Joseph Haydn seine "Schöpfung", Beethoven seine "Erste Symphonie", Richard Wagner besuchte Bremer Freunde, um ihnen seine Kompositionen vorzuspielen, ehe sie einer breiten, interessierten Öffentlichkeit vorgestellt wurden.

Weitere Berühmtheiten gefällig: zwei Nobelpreisträger, Adolf Friedrich Butenandt (Nobelpreis für Chemie, 1939) und Ludwig Quidde (Friedensnobelpreis, 1927); Heinrich Heine häufiger Gast im heute fast 600 Jahre alten Bremer Ratskeller, Wilhelm und Heinrich Focke (erste Gleitflüge, 1908)... und Otto Rehhagel (der Meistermacher des SV Werder).

Hansestadt Bremen

Das Patriziertum gab wie in den übrigen Stadt-Staaten der Hanse auch in Bremen der Wohnkultur ihr Gepräge: Möbel der Bequemlichkeit, Schreibmöbel und Schreibtische, Kommoden, Sessel, Stühle, auch Kommodenschränke.

Wuchtige Kleiderschränke vom Typ des Danziger Barockschranks, als hanseatische Sonderform der **"Hamburger Schapp"**, dessen Prachtgiebelaufsatz je nach Herkunft aus dieser oder jener Hansestadt, unterschiedlich war: zweitürig, mit verkröpften Füllungen und Schnitzereien in den Zwickeln und an den Pilastern, gedrungene Kugelfüße, Hauptgeschoß durch Pilaster gegliedert, meist mit Schnitzereien.

Als echte Sonderheit gilt der **Kunstkammerschrank** mit Schließfach und kleinen Schubladen.

Porzellanvase mit Ansicht des Bremer Rathauses (Mitte 19.Jahrhundert)

Das Rathaus zu Bremen. Mit seiner Renaissancefassade gehört das Rathaus zu den schönsten Baudenkmälern in Europa.

Unser Tip

**Bremer Landesmuseum
für Kunst- und Kulturgeschichte**

Schwachhauser Heerstr. 240
2800 Bremen 1
(0421) 4963575

Das inmitten einer parkähnlichen Anlage gelegene Hauptgebäude wurde 1964 eröffnet. In ihm sind die Zeugnisse bremischer Kunst- und Kulturgeschichte ausgestellt, wie Möbel und Silber, Porzellan und Fayencen, Skulpturen und Gemälde, Stadtansichten und Modelle. Die Geschichte der bremischen Schiffahrt wird durch historische Schiffsmodelle, Schiffsbilder und nautisches Gerät dokumentiert. Der Schiffahrtsabteilung schließt sich das Tabakkollegium an, das an die Bedeutung des Tabakhandels und der Tabakverarbeitung in Bremen erinnert.
Weitere eigene Abteilungen bilden die Glasgalerie mit ausgesuchten Beispielen der Glaskunst vom 16. bis zum 19. Jahrhundert und die Sammlung zur Früh- und Spätgeschichte des Unterweserraums.
Das an Ort und Stelle erhaltene ehemalige Gutshaus aus dem Jahr 1768 vermittelt in seinem Inneren einen Einblick in die bürgerliche Wohnkultur der Hansestadt vom späten 18. bis zum frühen 20. Jahrhundert.
Im Bauernhaus aus Mittelsbüren, erbaut um 1700, und in der Scheune aus Tarmstedt aus dem Jahr 1803, welche beide von ihren ursprünglichen Standorten auf das Museumsgelände übertragen worden sind, finden sich Zeugnisse des ländlichen Wohnens sowie der bäuerlichen Haus- und Feldarbeit. Ferner gehört zum Museum eine Turmwindmühle von 1848 in Bremen-Oberneuland - 8 km vom Museumsgelände entfernt - mit der ständigen Ausstellung "Vom Korn zum Brot".

Öffnungszeiten: Dienstag bis Freitag 9^{00}-12^{00} Uhr
Sonntag 10^{00}-13^{00} Uhr
montags und samstags geschlossen

Antiquitäten- und Kunsthandlungen

Abel, Gerd
Feldhören 47
2800 Bremen

Alte Bauernstube
Bismarckstr. 3
2800 Bremen

Antik
Wulwesstr. 18
2800 Bremen

Antik-Dorfhaus
Baumhauser Weg
2800 Bremen

Antike Weichholzmöbel
Am Schwarzen Meer 13
2800 Bremen

Antikes und Schönes
Morgenlandstr. 14
2800 Bremen

Antiklager Bremen
Hastedter Heerstr. 208
2800 Bremen

Antik-Spielsachen
Am Mudder 45
2800 Bremen

Antik-Uhren-Service
Buntentorsteinweg 56
2800 Bremen

Atelier
Fedelhören 15
2800 Bremen

Kunsthandlung
Atelierhof
Alexanderstr. 9b
2800 Bremen

Schmuck und Antikes
Barbara, F.
Dobbenweg 4
2800 Bremen

Bauerntenne
Im Schnoor
2800 Bremen

Beihl, Werner
Vor dem Steintor 34
2800 Bremen

Antiquariat
Beim Steinernen Kreuz
2800 Bremen

St. Jürgen-Antik
Bender, U.
St.-Jüergen-Str. 98
2800 Bremen

Kunsthandlung
Betram, Werner
Contrescarpe 45
2800 Bremen

Kunsthandlung
Bilder Hofmueller
Münchnerstr. 146
2800 Bremen

Boekholt & Lockwood
Gastfeldstr. 91
2800 Bremen

Kunsthandlung
Boettcherstr.
2800 Bremen

W. Steiner
Tiroler
Kachelofenbau GmbH

Kachelöfen
Kamine
Antiköfen
Backöfen
Schornstein
- sanierung

Fedelhören 66 - 2800 Bremen 1
(Zufahrt vom Dobben)

Geöffnet : Montag bis Freitag von 16.00 - 18.00 Uhr
Samstag 9.00 - 13.00 Uhr

☎ 0 421 / 32 55 35 - privat : 04207 / 33 98

Brüggen, Falk
Marschstr. 35
2800 Bremen

D'Agostino, N.
Langemarckstr. 252
2800 Bremen

Das Antik-Haus
Vor dem Steintor 34
2800 Bremen

Antiquariat
Deblitz, Michael
Teichstr. 1
2800 Bremen

Deitmer, G.
Saarbrücker Str. 58
2800 Bremen

Donat, Holger
Fedelhören 87-c
2800 Bremen

Kunsthandlung
Drews, J.
Kreuzstr. 12
2800 Bremen

Duvinage, Andrea
Gr. Johannisstr. 26
2800 Bremen

Kunsthandlung
El Patio,
A.d.Häfen 15
2800 Bremen

Kunsthandlung
Feil, Kurt
Am Wall 116
2800 Bremen

Möbel die Geschichten erzählen können

Sonnenschrank, um 1800

Auf 300 m² zeigen wir bäuerliche und bürgerliche Möbel aus 3 Jahrhunderten

Der ALTE MÖBEL - Laden
Georg - Gleistein - Straße 38
2800 Bremen
Tel. (04 21) 65 48 65

Fers, Karl-Gerhard
An der Schleifmühle 14
2800 Bremen

Kunsthandlung
Galeria Plakatkunst
Hillmannplatz 1
2800 Bremen

Kunsthandlung
Galerie Afro Asiatica
Marterberg 29
2800 Bremen

Kunsthandlung
Galerie 113
Gröningstr. 113
2800 Bremen

kunsthandlung
Galerie Vilsen
Herm. Boese Str. 29
2800 Bremen

Galerie Khoury
Lothringerstr. 9b
2800 Bremen

Gerard, Timo
Mathildenstr. 71
2800 Bremen

Gerling, Rolf Peter
Fedelhören 89
2800 Bremen

Grund, H.
Schaumburger Str. 58
2800 Bremen

Henseler & Co
Knochenhauerstr. 41
2800 Bremen

Hertz, M.
Wagnerstr. 22
2800 Bremen

Heuer, Peter
Fedelhören 12/13
2800 Bremen

Kunsthandlung
Heye, T.
Dijonstr. 8
2800 Bremen

Holzkunst-Werkstatt
Hasteder Heerstr. 290
2800 Bremen

Galerie
Jakobs Hermann
Richard Wagnerstr. 32
2800 Bremen

Kossmann, Roger
Stader Str. 35
2800 Bremen

Galerie
Kuehn
Hauptstr. 39
2800 Bremen Lilienthal

Kunst-Dotter
Fedelhören 67
2800 Bremen

Kunst und Antiquitäten
Auf den Häfen 28
2800 Bremen

Antiquariat
Lammek, K.
Balge 1
2800 Bremen

Galerie
Manke, W.
Fedelhören 45
2800 Bremen

Mertens, Andreas
Alter Postweg 173
2800 Bremen

Galerie im Hofmeierhaus
Moench, Kirstin + Jochen
Oberneulander Landstr.
2800 Bremen

Kunsthandel GmbH
Neue Galerie
Contrescarpe 14
2800 Bremen

Nordhorn, J.
Roggenkp. 94
2800 Bremen

Graphik+Buch
Oertel, Peter
St. Pauli Str. 44
2800 Bremen

Oesselmann, E.
V.d Steintor 80
2800 Bremen

Galerie
Ohse, Rolf
Contrescarpe 36
2800 Bremen

Old & New
Schnoor 16
2800 Bremen

Orszag, J.
Fesenfeld 122
2800 Bremen

Panorama
Vor dem Steintor 136
2800 Bremen

Paterson, Patrick
Schmidtstr. 38
2800 Bremen

Kunsthandlung
Plac-art
Humboldtstr. 198
2800 Bremen

Ploeger, T.
Heerstr. 44
2800 Bremen

Popp, H.
Dobben 130
2800 Bremen

Prott, Wolfgang
Hamburger Str. 71
2800 Bremen

Galerie
Rabus, Katrin
Lothringerstr. 3
2800 Bremen

Raup, Guenter
Am Dobben 57
2800 Bremen 1

Galerie
Remberti
Fedelhören 36
2800 Bremen

Richter-Johnsen, Rainer
Wattweg 7
2800 Bremen

Roche, Thomas
Fedelhören 30
2800 Bremen

Galerie Bremen
Ropers, W. M.
Schnoor 26
2800 Bremen

Antiquitäten
Rumpold, Martina
Fedelören 72
2800 Bremen

Schibli-Doppler
Zweite Schlachtpforte
2800 Bremen

Antiquitätenhandlung
Schmidt & Caspari
Fedelhören 90
2800 Bremen

Schmidt, Vera
Bismarckstr. 3
2800 Bremen

Schmidt,H.Rauch,J.
Kornstr. 283
2800 Bremen

Schmidt, G.
Nernstr. 18
2800 Bremen

Kunsthandlung
Schroeder+Leisewitz
Carl Schurz Str. 39-41
2800 Bremen

Schröder u. Leisewitz
Carl-Schurz-Str. 39-41
2800 Bremen

Schulz, Johannes
Fedelhören 81
2800 Bremen

Kunsthandlung
Schumacher, Jens
Am Dobben 65
2800 Bremen

Kunsthandlung
Schwarz, J.
Bei den vier Linden 19
2800 Bremen

Kunsthandlung
Sembach, C.
Kornstr. 118
2800 Bremen

Kunstantiquariat
Siebert
Bischhofsnadel 15
2800 Bremen

Galerie
Siuta
Stavendamm 8
2800 Bremen

Kunsthaus
Soehlke
Am Wall 168
2800 Bremen

Kunsthandlung
Sorice, G.
Stavendamm 9
2800 Bremen

Antiquitäten
Alte Hafenstr. 13
2800 Bremen

Steinfeldt, G.
Wachmannstr. 44
2800 Bremen

Storm
Hakenstr. 2a
2800 Bremen

Söhlke GmbH
Am Wall 1
2800 Bremen

Thies, J.
Fesenfeld 90
2800 Bremen

Kunsthandlung
Thorban, K.P.
Wachmannstr. 52
2800 Bremen

Thöle, Dieter
Richthofenstr. 12
2800 Bremen

Galerie
Waller, Birgit
Am kapellenweg 5
2800 Bremen

Kunsthandlung
Werner, Wolfgang KG
Rembertistr. 1a
2800 Bremen

Wiegmann GmbH
Brinkmannstr. 16
2800 Bremen

Kunsthandlung
Ziemann, K.
Schleifmühle 40
2800 Bremen

Kunsthandlung
Ziemann, Walter
Spitzenkiel 14/15
2800 Bremen

Bolland & Marotz
Fedelhören 19
2800 Bremen 1

Bonath, Ulrich
Schwachhauser Heerstr. 2
2800 Bremen 1

Brinkhus, Heike
Fedelhören 92
2800 Bremen 1

Caspari, P.
G.Hoffmann-Str. 6
2800 Bremen 1

Evans, William
Am Schwarzen Meer 9
2800 Bremen1

Krieghoff, R.D.
Alter Postweg 74
2800 Bremen1

Kunsthaus Auktionen
Marquardt, Kurt
Am Dobben 134
2800 Bremen1

Meyer, M.
Breitenweg 50
2800 Bremen1

Pracht
Buchenstr. 7
2800 Bremen1

Raup, Günter
Am Dobben 57
2800 Bremen1

Riechmann, J.
Richtw. 4
2800 Bremen1

Roland
Admiralstr. 19
2800 Bremen1

Tiroler Kachelofenbau
Steiner, W.
Fedelören 66
2800 Bremen1

Steinbrecher, Chris
Am Dobben 44
2800 Bremen1

Thönes, K.
Bismarckstr. 101
2800 Bremen1

Kunsthaus
Am Dobben 134
2800 Bremen1

Boldizsar, Zoltan
Borgfelder Deich 21
2800 Bremen 33

Hilken & Köhler
Osterholzer Heerstr. 117
2800 Bremen 44

Conreder, H.
Wilhelmshauser Str. 4
2802 Ottersbg.-Fischer.

Alt und Antik
Koenig, Hermann
Bahnhofstr.6
2805 Stuhr 1.

Antiquitäten
Martina Rumpold
ab 20. Jahrhundert

Fedelhören 72 - 2800 Bremen 1 - Telefon (04 21) 32 46 14

Schmidt & Caspari
Antiquitätenhandlung
seit 1946
2800 Bremen 1, Tel. 326377
Fedelhören 90

Tableau, Fürstenberg, um 1768, (Bremer Landesmuseum)

Riensberg, Landsitz von 1768, heute Museumsgebäude mit Sammlungen zur Kulturgeschichte vom späten 18. bis frühen 20. Jh.

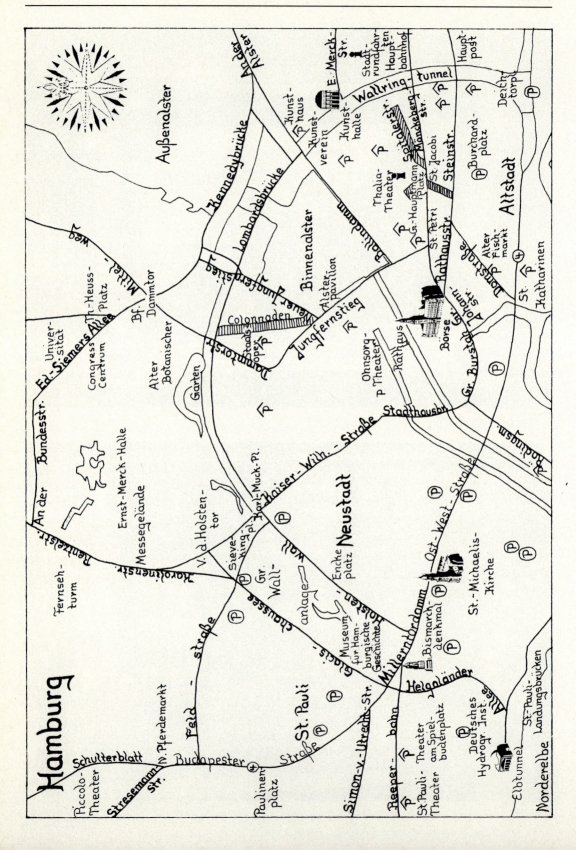

Hamburg

Tor zur Welt

Hummel - Hummel!   Mors - Mors!
Hamburg, das Tor zur Welt. Kenner dieser Stadt an der Elbe sind schon immer der Meinung, daß sie die schönste Stadt der Welt sei - doch verschweigen sie dies gerne. Wohlweißlich! Bevor man gleich ins Träumen und Schwärmen ob des Bundeslandes "Freie und Hansestadt Hamburg" gerät, einige hanseatische, exakte "facts and figures".

Lage: Nördliche Breite: 53°, 35', 55";
            Östliche Länge: 9°, 58', 23".
Gebaut auf der Elbmarsch und auf der etwas höheren Geest. Beiderseits der Elbe, den vorgelagerten Inselbesitz in der Mündung miteingerechnet, sind nach einem Jahrhundert der Eingemeindungen die Ausdehnungsdaten: cirka 775 Quadratkilometer, 61 davon Wasser und 61 öffentliche Grün- und Parkanlagen. Knapp 1,9 Millionen Einwohner zählt Hamburg, das etwa 40 Kilometer breit und 40 Kilometer lang ist.

Grenzen
Grenzen, ja. Die gibt es selbst für das "Tor zur Welt". Man fühlt sich aber durchaus komfortabel und wohl zwischen seinen Nachbarn Schleswig-Holstein und Niedersachsen.
Aber Hamburg, ist mehr als nur Fakten und Zahlen. Es strahlt, lebt, glänzt, prickelt in allen Variationen. Egal ob bei Tag oder Nacht.
Hamburg, das ist der Hafen, der Fischmarkt und der Süllberg, die Alster und der Jungfernstieg, die Elbchaussee, Kontorhäuser, Verwaltungspaläste, Fuhlsbüttel, Zeitungshäuser, Banken, die Börse, die Reeperbahn, Museen und Galerien, Parks, Kneipen, der HSV, Klopstock, Tennis am Rothenbaum, die Universität, Gärten, das Schauspielhaus und die Oper, der Elbtunnel, Villen, der "Michel", die Landungsbrücken - nicht zu vergessen Freddy Quinn und Hans Albers, Hagenbecks Tierpark, "die Fabrik", Heinrich Heine, Schlösser, Brücken und Barkassen, der Rathausplatz, Felix-Mendelsohn-Bartholdy, Johannes Brahms, Planten un Blomen, Matthias Claudius, Lessing... der FC Sankt Pauli nicht zuletzt.

Soviel weiß jeder, der jemals in der größten Seehafenstadt der Welt zu Gast war: Mit vielen urbanen Plätzen kann man eine Liaison beginnen, jedoch nicht mit Hamburg. Die "Kühle" hoch im Norden zieht jeden in Bann. Eine Trennung ist kaum vorstellbar.

Apropos Hamburger. Die Hanseaten sind gemeint, die männlichen wie auch die weiblichen. Sie gehören jenem Menschenschlag an, der präzise gekonnt und knapp formuliert. In einem Tonfall, der Gleichgültigkeit für die Kommentare anderer Menschen verrät. Jedoch nie unhöflich. Freundlichkeit bestimmt den Hamburger Umgangston. Unnötiges Gerede "kann hier keiner ab".

Noch ein wenig Wetterdienst gefällig? Klima: Nun ja. Sehr gemäßigt " subtropisch ". Feucht. Häufig bewölkt mit Winden von der See.

Geschichte
Hamburgs geschriebene Geschichte reicht zurück bis ins Jahr 804. Von der karolingischen Grenzfeste "Hammaburg" bis zum heutigen Groß-Hamburg, das seit 1937, außer Altona und Harburg sowie Wandsbeck, siebenundzwanzig weitere, ehemals preußische, Nachbargemeinden umfaßt, ist es ein langer, beschwerlicher Weg durch eine bewegte Geschichte.
Man kann, was den Ursprung Hamburgs betrifft, nur vermuten. War es der Große Karl oder sein Sohn Ludwig der Fromme, unter dem die Stadt gebaut wurde? Soviel jedoch ist sicher - am wichtigsten für die Stadt wurde ein Privileg, das Ende des zwölften Jahrhunderts Hamburgs Schutzherr Adolf III. von Schauenburg dem Kaiser Friedrich I. Barbarossa, dem Rotbart, abrang : Freiheit und Zollfreiheit auf der Elbe.

Spiegelsaal, Museum für Kunst und Gewerbe, Hamburg

Raffen wir die Historie: Im 14. Jh. trat man der Hanse bei, 1415 wurde man Freie Reichsstadt, vom Dreißigjährigen Krieg blieb die Stadt verschont, die Dänen stürmten heran, bis endlich im Jahre 1768 der dänische König im "Gottorper Vergleich" die Selbständigkeit Hamburgs anerkannte. Ein Brand im 19. Jh. und Bombenangriffe im 20. Jh. zerstörten große Teile Hamburgs.

Bauten
Wer in Hamburg Geschichte sucht ,wird jenseits des neunzehnten Jahrhunderts wenig finden. Gewiß einige Ausstellungsstücke wie die Krameramtswohnungen, aber nicht das, was man Altstadt nennen könnte.
Was dennoch die Konturen des alten Hamburg erkennen läßt, sind die Fleete und die vielen Wasserflächen. Hamburg hat mehr Brücken als Venedig, Amsterdam und London zusammen. Nämlich zweitausendzweihundertachtundvierzig!
Denkmalschutzwürdige Gebäude, wer sie sehen will, der suche in Altona, Wandsbek und Harburg.

Das älteste Bauwerk Hamburgs steht auf Neuwerk, fast 120 Kilometer von der Stadt entfernt, ein Wehrturm, Anfang des 14. Jh. errichtet.
Neueren Datums sind die Handwerkskammer, die Finanzbehörde, das Museum für Hamburgische Geschichte, das Rathaus, die Börse und vor allem das weithin bekannte und vielbesuchte Chilehaus des Architekten Fritz Höger.
Auch Hamburgs Kirchen blieben vom Feuerteufel nicht verschont - wurden aber wieder aufgebaut. So das Hamburger Wahrzeichen "der Michel" oder auch "St.Jacobi" - bekannt für seine Altäre aus dem 16. Jahrhundert und seine Arp-Schnitger-Orgel. Schlösser, ja, die gibt's auch.
Sehenswert das Bergedorfer Schloß ebenso wie das Ahrensburger.

Alt und Neu
Hamburg ist voll von Antiquitäten - aus aller Herren Länder. Zu finden sind sie überall - will sagen, fast an jeder Ecke, egal ob in Pöseldorf oder Winterhude. Bekannt ist der Hamburger Schapp.

Grotrian-Steinweg-Flügel, 1897/98, Museum für Kunst und Gewerbe, Hamburg

Seines Zeichens ein großer zweitüriger Schrank, der auf gedrückten Kugelfüßen Halt findet. In Hamburg auf Antiquitätensuche zu gehen, muß Spaß machen. Vielleicht ja findet der Kundige auch endlich einmal das sagenumwobene Schwert des Klaus Störtebeker.

Es fehlt nämlich immer noch... Hamburg, Du Stolze! Mit einer List und der "Bunten Kuh" machtest Du Störtebeker den Garaus. Ließest ihn - schon enthauptet - die Reihen der Gefährten durchschreiten, mit dem Versprechen sie freizugeben. Ja, das waren noch Zeiten!

Doch es mehren sich bedenkliche Anzeichen von zunehmender Dekadenz. Neuerdings nimmt man Orden an. Neuerdings will man die "Speicherstadt" im Freihafengelände ummodeln. Niemand führt "Bei Tante Hermine" weiter. Hansen108, in der "Hafenstraße", die vormals älteste Hafenkneipe innerhalb Hamburgs.

Niemand in der Pöselsdorfer und in Blankenese "s-treut mehr Kaviar auf die S-traße, damit der Pöbel ausrutscht."

Ein letzter Blick von der neuen Köhlbrandbrücke (nicht mehr vom Michel):

Hamburg, bleib um Gottes willen, was Du von altersher bist !

Unser Tip

Museum für Kunst und Gewerbe

Steintorplatz 1 (am Hauptbahnhof)
2000 Hamburg 1
T: 040-248252732, 248252630

Die Sammlungen
Das Museum für Kunst und Gewerbe, von Justus Brinckmann 1869 gegründet und 1877 in das Schulgebäude auf dem ehemaligen Lämmermarkt eingezogen, gehört zu den bedeutendsten Museen für Kunst und Kunsthandwerk in ganz Mitteleuropa.
Die Sammlungen mit ihren weit mehr als 200000 Objekten sind heute auf drei Stockwerken in über 100 Ausstellungs- und etwa 20 Magazinräumen untergebracht. Sie umfassen das gesamte Spektrum antiker, europäischer und ostasiatischer Kunst - mit Ausnahme von Gemälden, die in der Hamburger Kunsthalle ausgestellt sind. Einmalig in Deutschland ist die Vielfalt der gezeigten Kunstwerke China und Japan, griechisch-römische Antike und der Vordere Orient mit Islamischer Kunst, Europa vom Mittelalter bis zur Gegenwart, Volkskunst, angewandte Graphik und künstlerische Photographie sind in hervorragenden Beispielen zu einem überschaubaren Ganzen ausgearbeitet. Weltberühmt sind die Porzellan- und Fayence-Sammlung, die Jugendstilabteilung, die Sammlung chinesischer und japanischer Keramik, Gemälde und Bronzegeräte, die in Deutschland umfangreichste Gruppe künstlerischer Photographie und die Plakatsammlung. Eine Reihe eingerichteter Innenräume vermittelt darüberhinaus einen anschaulichen Eindruck von der Wohnkultur in Vergangenheit und Gegenwart.
Die reichhaltigen Bestände an Textilien und Graphik, einschließlich japanischer Holzschnitte, sind in Studiensälen untergebracht und werden wissenschaftlich interessierten Besuchern nach Voranmeldung zugänglich gemacht.

An Sonderausstellungen bietet das Museum ein weitgefächertes Programm zu den verschiedensten Themen: von "Tutanchamun" (1981) über die Kunst und Automobile der "Bugattis" (1983) bis hin zu den "Schätzen aus Korea" (1984). Zudem werden in alljährlichen Messen Arbeiten hervorragender Kunsthandwerke vorgestellt.

Das Forum K - für Kunst, Kreativität und Kommunikation, eine museumspädagogische Einrichtung des Hauses, veranstaltet "Museumsgespräche" und Werkkunstkurse für Schüler und Erwachsene, bietet audiovisuelle Programme an, zeigt Ausstellungen zu Graphik und Design und hat eine Theaterwerkstatt.
Öffnungszeiten:
täglich außer montags, 10 - 17 Uhr

Antiquitäten- und Kunsthandlungen

Bolz, Siegfried Segeberger Chaussee 362 2000 Norderstedt	Menssen Galerie Ulzburger Str. 308 2000 Norderstedt	Stuhlmann Am Marktplatz 3 2000 Wedel Holstein	Guschmann, G.J. Böckmannstr. 14a 2000 Hamburg 1	Rose.Galerie Koppelstr. 66 2000 Hamburg 1	Winkler, R. Klosterwall 9 2000 Hamburg 1	
Dietz, U. Hauptstraße 21 2000 Wedel Holstein	Galerie Bahnhofstr. 15 2000 Hamburg	Warnecke, T. Mühlenstraße 19 2000 Wedel Holstein	R.Fritsche Hennings, Paul Altstädter Str. 15 2000 Hamburg 1	Rötger KG, Anton Lilienstr. 11 2000 Hamburg 1	Antiquariat Dr.Wohlers & Co. Lange Reine 68 2000 Hamburg 1	
Heinemann, Cornelius Am Marktplatz 6 2000 Wedel Holstein	Old England Rissener Straße 105 2000 Wedel Holstein	Wege, K. Rosengarten 6 2000 Wedel Holstein	Kuschel, K. Klosterwall 9 2000 Hamburg 1	Sakakini Klosterwall 9 2000 Hamburg 1	Zimmerling, Günter Johanniswall 3 2000 Hamburg 1	
Hennings, Paul Altstädter Straße 15 2000 Hamburg	Piper, Carlo Weidenstieg 20 2000 Hamburg	Arndt Antiquitäten Klosterwall 9-21 2000 Hamburg 1	Lehmann, Monika Ballindamm 25 2000 Hamburg 1	Antiquariat Spanehl, Hans-Joachim Gertrudenkirchhof 4 2000 Hamburg 1	Metzner, B. Am Felde 29 2000 Hamburg 2	
Koch, H. Berliner Landstr. 4 2000 Hamburg	Raach, Manuela Fuhlsbüttler Passage 4 2000 Hamburg 63	Bergmann-Schröder Klosterwall 7-9	Masmeier, B. Lange Reine 76 2000 Hamburg 1	Stockhecke, S. Münzstr. 10 2000 Hamburg 1	Hentschel, D. Clemens-Schultz-Str. 94 2000 Hamburg 4	
Leifeld, Ursel Ohechaussee 8 2000 Norderstedt	Radloff, Eugen Papenhuderstr. 53 2000 Hamburg 76	Blochwitz, J. Klosterwall 9 2000 Hamburg 1	Meyer, Walter Woltmanstraße 27 2000 Hamburg 1	Ther, Fred G.F. Adenaueralle 31 2000 Hamburg 1	Dohrendorf, Erich Karolinenstr. 2a 2000 Hamburg 6	
Martin KG Feldstr. 5c 2000 Hamburg	Antiquitäten Schulz, Martina Poppen. Chaussee 110 2000 Hamburg 65	Commeter Sommer & Co. Hermannstr. 37 2000 Hamburg 1	Nautic-Pankoke- Antiquitäten Lange Reine 23 2000 Hamburg 1	Antiquitäten Wense oHG, Gebhard Ferdinandstr. 35 2000 Hamburg 1	Antiquariat Ehm, M. Susannenstraße 42 2000 Hamburg 6	

Lange-Pelzer, C.
Schanzenstr. 69
2000 Hamburg 6

Weber
Schulterblatt 66
2000 Hamburg 6

Galerie
Turnerstr. 14
2000 Hamburg 06

Altstadt-Antiquariat
Am Felde 91
2000 Hamburg 11

Bobsien, W.
Alter Fischmarkt 11
2000 Hamburg 11

Restaurator
Caran, Osman
Steinwiete 18
2000 Hamburg 11

Dörrie u. Priess
Admiralitätstr. 71
2000 Hamburg 11

Galerie Deichstraße
Deichstr. 28
2000 Hamburg 11

Guenther, H.
Deichstr. 30
2000 Hamburg 11

Antiquitäten
Krystof
Brodschrangen 9
2000 Hamburg 11

Mensch, B.
Krayenkamp 10
2000 Hamburg 11

Pabel Antiquariat
Krayenkamp 19
2000 Hamburg 11

Pamminger, R.
Martin-Luther-Str. 6
2000 Hamburg 11

Reinecke, Kurt
Hopfensack 22
2000 Hamburg 11

Galerie
Rambachstr. 1
2000 Hamburg 11

Anno Dazumal
Schlüterstr. 77
2000 Hamburg 13

Arp, H.
Rutschbahn 15
2000 Hamburg 13

Bernstein, K.u.Offern, F.
Eppendorfer Baum 4
2000 Hamburg 13

Brandis, A.
Rothenbaumchaussee 95
2000 Hamburg 13

Brockstedt Galerie
Magdalenenstr. 11
2000 Hamburg 13

Böhler, Petra
Hochal 121
2000 Hamburg 13

Crone, A.
Isestr. 121
2000 Hamburg 13

Dietrichs, M.
Grindelhof 19
2000 Hamburg 13

Dzuba, Stefan A.
Milchstr. 23
2000 Hamburg 13

Kunst- und Auktionshaus
Eva Aldag
Lange Str. 47 2150 Buxtehude Tel. 04161 / 53133

An- und Verkauf
-Antiquitäten u. Schätzungen-
-Haushaltsauflösungen-
-Versteigerungen aller Art-
-Inneneinrichtungen-

Fajemi Kunsthandel
Mittelweg 30
2000 Hamburg 13

Garbers, C. C.
Sophienstraße 20
2000 Hamburg 13

Goral, A.
Bundesstr. 5
2000 Hamburg 13

Greiff, K
Rothenbaumchaussee 1
2000 Hamburg 13

Gätjens, D.
Brahmsallee 28
2000 Hamburg 13

Hacker, R.
Klosterallee 104
2000 Hamburg 13

Hamburger Antiquariat
Grindelhof 48
2000 Hamburg 13

Harnisch, Theo-L.
Grindelhof 77
2000 Hamburg 13

Hazeborg, B.
Milchstr. 11
2000 Hamburg 13

Heinrich, P.
Mittelweg 138
2000 Hamburg 13

Hoeppner, H.
Rothenbaumchaussee 103
2000 Hamburg 13

Hühne, Wolfgang
Mittelweg 21
2000 Hamburg 13

Kammer, R.
Böhmersweg 9
2000 Hamburg 13

Kant, Renate
Rutschbahn 11a
2000 Hamburg 13

Klot-Heydenfeldt, U.
Jungrauenthal 8
2000 Hamburg 13

Koppel, S.
Parkallee 4
2000 Hamburg 13

Kuls, H.
Hallerplatz 10
2000 Hamburg 13

Lange, G.
Hallerplatz 14
2000 Hamburg 13

Galerie
Levy GmbH
Magdalenenstr. 54
2000 Hamburg 13

Liedigk, T.
Rothenbaumchaussee 207
2000 Hamburg 13

Lindemann, E.
Oberstr. 135
2000 Hamburg 13

Galerie
Lochte, Alfred
Mittelweg 164
2000 Hamburg 13

Lührs, H.
Mittelweg 145
2000 Hamburg 13

Galerie Altana
Lüth, Bernhard
Mittelweg 19
2000 Hamburg 13

Meendsen, G.
Parkallee 18
2000 Hamburg 13

Meyer, R.
Rappstr. 15
2000 Hamburg 13

Missal, F.
Grindelhof 77
2000 Hamburg 13

Möhl, B.
Oberstr. 18b
2000 Hamburg 13

Peters, R.
Grindelberg 75
2000 Hamburg 13

Redeker, R.
Isestr. 119
2000 Hamburg 13

Richter, M.
Grindelhof 69
2000 Hamburg 13

Ryks, G.
Grindelhof 62
2000 Hamburg 13

Sabban, K.
Mittelweg 19
2000 Hamburg 13

Sallowsky, A.M.
Mittelweg 44
2000 Hamburg 13

Schlichting & Crasemann
Mittelweg 22a
2000 Hamburg 13

Schnecke Galerie
Turm-auf-der-Moorweide
2000 Hamburg 13

Schütte, W.
Grindelberg 75
2000 Hamburg 13

Schäfer, M.
Klosterallee 104
2000 Hamburg 13

Steen, K.
Beim Schlump 36
2000 Hamburg 13

Stewen, R.
Milchstr. 28
2000 Hamburg 13

Stil Novo
Bogenstr. 5
2000 Hamburg 13

Stordel, P.
Milchstr. 26
2000 Hamburg 13

Tepper, Burkhardt Isestr. 56 2000 Hamburg 13	Wildt, H. Klosterallee 104 2000 Hamburg 13	Felix Galerie Bismarckstr. 44 2000 Hamburg 20	Kramm, G. Hegestr. 17 2000 Hamburg 20	Neubarth, M. Lehmweg 40 2000 Hamburg 20	Schmidt, S. Eppend. Marktplatz 15 2000 Hamburg 20
Tolksdorf, W. Rothenbaumchaussee 148 2000 Hamburg 13	art & book Galerie Edition Grindelallee 132 2000 Hamburg 13	Frisch, D. Im Tale 17 2000 Hamburg 20	Kröbl, H. Bogenstr. 68 2000 Hamburg 20	Otteni Kunsthandel Elmsbütteler Chaussee 60 2000 Hamburg 20	Schulz, Foersten P. Lehnmweg 29 2000 Hamburg 20
Troge-Antiquitäten Hochallee 127/128 2000 Hamburg 13	Rusch Antiquitäten Amtsstr. 22 2000 Hamburg 14	Galerie Hoheluftchaussee 71 2000 Hamburg 20	Liu, A. Lappenbergsallee 30 2000 Hamburg 20	PADD's Eichenstr. 16 2000 Hamburg 20	Wohndesign Antik Lappenbergsallee 42 2000 Hamburg 20

Antiquitäten
Eugen Radloff

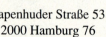

Tel.: 040 - 2 20 60 72
Geöffnet: Mo - Fr 12.00 - 18.00

Papenhuder Straße 53
2000 Hamburg 76

Elastolin- und Lineolfiguren
Möbel - Porzellan - Silber - Militaria I. u. II. Weltkrieg - Glas - Gemälde

Varma, G. Ryks S. Am Grindelhof 62 2000 Hamburg 13	Antic-Kaufhaus Falkenried 85 2000 Hamburg 20	Galerie Atelier 1 Hoheluftchaussee 139 2000 Hamburg 20	Lüders, Axel Heussweg 33 2000 Hamburg 20	Papyros-Galerie Heckscherstr. 25a 2000 Hamburg 20	Spanka, W. Hegestr. 28a 2000 Hamburg 20
WAH-Werkstatt f. Antiquitäten Hermann-Behn-Weg 17 2000 Hamburg 13	Aufdembrinke, E. Eppendorfer Landstr. 122 2000 Hamburg 20	Galerie in Eppendorf Lehmweg 46 2000 Hamburg 20	Maack, V. Hoheluftchaussee 53a 2000 Hamburg 20	Phipps, L. Erikastr. 43 2000 Hamburg 20	Steffens, Juergen Eichenstr. 20 2000 Hamburg 20
Musikantiquariat Wagner Rothenbaumchaussee 1 2000 Hamburg 13	Backer, Dirks E. Eppendorfer Weg 1 2000 Hamburg 20	Goritzka, G. Martinistr. 20 2000 Hamburg 20	Medusa Gärtnerstr. 41 2000 Hamburg 20	Porath, U. Hohe-Luft-Chaussee 29 2000 Hamburg 20	Tarp, R. Schottmüllerstr. 35 2000 Hamburg 20
Watson Isestr. 14 2000 Hamburg 13	Bakschis, J. Eppendorfer Landstr. 130 2000 Hamburg 20	Hillmann, G. Lehmweg 6 2000 Hamburg 20	Mewes Galerie Lehmweg 51 2000 Hamburg 20	Qualmann-Greenman, S. Ernst-Thälmann-Platz 3 2000 Hamburg 20	Vanoli, B. Eppendorfer Weg 67 2000 Hamburg 20
Weber, E.V. Mittelweg 156 2000 Hamburg 13	Becker's Antik Tarpenbekstr. 51 2000 Hamburg 20	Iglinski, Gregor Eichenstr. 29 2000 Hamburg 20	Meyer, F. Lehmweg 36 2000 Hamburg 20	Ritter, M. Lehmweg 5 2000 Hamburg 20	Weber, H. Eppendorfer Baum 23 2000 Hamburg 20
Weber, Helga Maria Grindelhof 77 2000 Hamburg 13	Binikowski, J. Lokstedter Weg 68 2000 Hamburg 20	Jora, B. Lokstedter Weg 112 2000 Hamburg 20	Morgenland Galerie Sillemstr. 79 2000 Hamburg 20	Ryan's Antiques Eppendorfer Weg 231 2000 Hamburg 20	Wolf, C. Eppendorfer Weg 114 2000 Hamburg 20
Weidle, I. Isestr. 76 2000 Hamburg 13	Bos, P. Löwenstr. 16 2000 Hamburg 20	Kemmer Antiquariat Eppendorfer Weg 248 2000 Hamburg 20	Munro, V. Hellwigstr. 64 2000 Hamburg 20	Rüsch, Max Gärtnerstr. 28 2000 Hamburg 20	Zeugner, A. Methfesselstr. 78 2000 Hamburg 20
Weiss, C. Abteistr. 13 2000 Hamburg 13	Bruns, M. Eppendorfer Weg 79 2000 Hamburg 20	Klement, Ina Eppendorfer Weg 2 2000 Hamburg 20	Müller, J. Eppendorfer Baum 20 2000 Hamburg 20	Schlondes Eppend. Landstr. 112a 2000 Hamburg 20	Antiquitäten bric-a-brac Martinistr. 6 2000 Hamburg 20
Westenhoff, K. Magdalenenstr. 21 2000 Hamburg 13	Böddeker,J.u.Schlichting Hartwig-Hesse-Str. 30 2000 Hamburg 20				ABC-Antiquariat Hohe Bleichen 26 2000 Hamburg 36
Wiechmann, K. Bogenstr. 52 2000 Hamburg 13	Diekmann, C. Gärtnerstr. 18a 2000 Hamburg 20				Ahrens, H.-J. Colonnaden 72 2000 Hamburg 36
Wigmans,A.u.Henke,H. Milchstr. 30 2000 Hamburg 13	Eggers von der Meden, O. Gärtnerstr. 18a 2000 Hamburg 20				Amica Große Bleichen 21 2000 Hamburg 36

Blass, E. Hohe Bleichen 26 2000 Hamburg 36	Harnisch, Hugo Pilatuspool 13 2000 Hamburg 36	Kühl & Blume GmbH Poststr. 22 2000 Hamburg 36	Reitz, K.u.M. ABC-Str. 50 2000 Hamburg 36	Antike Uhren Poststr. 36 2000 Hamburg 36	Zimmermann, S. Poststr. 35 2000 Hamburg 36	
Blohm, B. Neue ABC-Str. 1 2000 Hamburg 36	Hennig, Dr. Karl Hohe Bleichen 20 2000 Hamburg 36	Laatzen, Hermann Warburgstr. 18 2000 Hamburg 36	Rohscheid-Wirkner, H. Hohe Bleichen 26 2000 Hamburg 36	Simonian GmbH, Neuer Wall 18 2000 Hamburg 36	Alter, A. Elbchaussee 10 2000 Hamburg 50	
Blume, D. Hohe Bleichen 20 2000 Hamburg 36	Hermsen & Co., Jean Poststr. 36 2000 Hamburg 36	Leverenz, M. Große Bleichen 21 2000 Hamburg 36	Rose, L. ABC-Str. 10 2000 Hamburg 36	Steen, A. Hohe Bleichen 22 2000 Hamburg 36	Art Deco Alter, Anneliese Elbchaussee 2 2000 Hamburg 50	
Bole, B. Pilatuspool 5 2000 Hamburg 36	Heuts, Dr. Rolf Am Dammtor 29 2000 Hamburg 36	London House Große Bleichen 34 2000 Hamburg 36				
Bruns, Thomas Neuer Wall 43 2000 Hamburg 36	Uhren-Silber-Schmuck Hohe Bleichen 25 2000-Hamburg 36	Masters's Galerie Große Bleichen 21 2000 Hamburg 36		**" Brocantique "** **Mildner** Gebrauchtmöbel, Dekorationsobjekte, Antiquitäten. Papenhuderstr. 30 2000 Hamburg 76 Telefon : 040 / 220 09 93 Öffnungszeiten : Montag - Freitag 12.00 - 18.30 Uhr Samstag nach Vereinbarung, privat : 040 / 279 68 08		
Böhrs-Kunsthandlung Colonnaden 30 2000 Hamburg 36	Huelsmann, F.K.A. Hohe Bleichen 15 2000 Hamburg 36	Mauke, W. Söhne Karl-Muck-Platz 12 2000 Hamburg 36				
Espey & Midinet Colonnaden 70 2000 Hamburg 36	Jagielski, Felix Roman Poststr. 37/39 2000 Hamburg 36	Mertens, G. Hohe Bleichen 25 2000 Hamburg 36	Rowlett, B. Große Bleichen 31 2000 Hamburg 36	Stewen, H. Hohe Bleichen 21 2000 Hamburg 36	Bucksch, H. Königstr. 27 2000 Hamburg 50	
Fowier & Co. Große Bleichen 36 2000 Hamburg 36	Knudsen, Jens Espalande 17 2000 Hamburg 36	Meyburg, K.J. Poolstr. 36 2000 Hamburg 36	Röhrdanz, Herta ABC-Str. 19 2000 Hamburg 36	Sude,L.u J. Gerhofstr. 2 2000 Hamburg 36	Denneberg, J. Bahrenfelder Str. 8 2000 Hamburg 50	
Galerie an der Staatsoper Gr. Theaterstr. 32 2000 Hamburg 36	Konietzko, Julius Gerhofstr. 2 2000 Hamburg 36	Modschiedler, K. ABC-Str. 11 2000 Hamburg 36	Antik Galerie Gerhofstr. 2 2000 Hamburg 36	Wallais, U. Poststr. 36 2000 Hamburg 36	Möbelrestaurierung Doss, Henning Elbchaussee 146 2000 Hamburg 50	
Golombek, P. Valentinskamp 41 2000 Hamburg 36	Korte, K. Poststr. 51 2000 Hamburg 36	Niederoest, U. Hohe Bleichen 22 2000 Hamburg 36	Schaper, Dietrich Dammtordamm 4 2000 Hamburg 36	Wiedebusch, Max Dammtorstr. 20 2000 Hamburg 36	Eismann, G. Mörkenstr. 8 2000 Hamburg 50	
Hans, M. Jungfernstieg 34 2000 Hamburg 36	Kuball, R.-M. Hohe Bleichen 22 2000 Hamburg 36	Rauscher, I. Große Bleichen 21 2000 Hamburg 36	Schlüter, Carl Alsterufer 12 2000 Hamburg 36	Winckler, R. Poolstr. 32 2000 Hamburg 36	Finckenstein,C. Elbchaussee 31 2000 Hamburg 50	

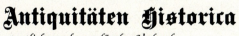

Antiquitäten Historica
staatlich zugelassen für den Verkauf
von Orden, Ehrenzeichen und Uniformen

Radcold Trading Company Ltd.
Niederlassung Deutschland

Dr. Karl - Heinz Krakow
— Sachverst. - Gutachter - Expertisen —

Herderstraße 9   D - 2000 Hamburg 76
☏ 040 / 22 16 93

Hamburg hat endlich ein neues Fachgeschäft für Sammler

WIR FÜHREN FÜR SIE STÄNDIG IM ANGEBOT :

- Orden und Ehrenzeichen
- Ordensminiaturen und Kleinabzeichen
- Verleihungsurkunden, Ausweise und andere militärische Dokumente
- Uniformen und Uniformeffekten
- Pickelhauben, Helme, Mützen, Schiffchen
- Säbel, Dolche und andere Blankwaffen
- Koppelschlösser und Ausrüstungsgegenstände
- Postkarten, militärische Fotos und Fotoalben
- militärische Bücher, Hefte und Zeitschriften
- WHW - Spendenabzeichen
- Elastolin / Linol und anderes Militärspielzeug
- Militärische Antiquitäten aller Art
- sowie militärische Fachliteratur in großer Auswahl

Sie finden uns im Herzen von Hamburgs City, nur 5 Min. vom Hauptbahnhof !

Helmut Weitze
Neuer Wall 18, 1. Stock
2000 Hamburg 36
Telefon : 040 / 35 27 61
ab 19.00 Uhr : 040 / 632 36 63
Öffnungszeiten :
Mo. - Fr. 10.00 - 13.00 Uhr
und 14.00 - 18.00 Uhr
Sa. 10.00 - 13.00 Uhr
oder nach telefonischer Vereinbarung

Bitte abonnieren Sie auch unsere Versandlisten, 4 Stück p. a. = DM 8,-

Freitag
Am Felde 91
2000 Hamburg 50

Grahn, W.
Elbchaussee 8
2000 Hamburg 50

Guckel, E. Henriette
Eifflerstr. 1
2000 Hamburg 50

Günnemann, Karl
Ehrenbergstr. 57
2000 Hamburg 50

Hoppe, T.
Friedensallee 26
2000 Hamburg 50

Klein, Manfred
Hohenesch 55
2000 Hamburg 50

Kochen und Muda
Holstenstr. 9
2000 Hamburg 50

Lemcke, D.
Goldbachstr. 5
2000 Hamburg 50

Malinowski, G.
Bahrenfelder Str. 11
2000 Hamburg 50

Matschnigg, H.
Gaußstr. 194
2000 Hamburg 50

Niemeyer, K.
Alte Königstr. 9
2000 Hamburg 50

Peyk-Wiegel, H.
Koldingstr. 6
2000 Hamburg 50

Rommeney, H.-D.
Friedensallee 29
2000 Hamburg 50

Roß, Betina
Lippmannstr. 72-74
2000 Hamburg 50

Salewski, E.
Jessenstr. 20
2000 Hamburg 50

Schmoller, Dr. B.
Bahrenfelder Chaussee 66
2000 Hamburg 50

Schultz
Fischersallee 60
2000 Hamburg 50

Spies, Vera
Lippmannstr. 72
2000 Hamburg 50

Stammerjohann, J.
Hohenzollernring 27
2000 Hamburg 50

Tiedemann, Hans-Helmut
Am Felde 91
2000 Hamburg 50

Witte, E.
Mörkenstr. 10
2000 Hamburg 50

Brune, M.
Feuerbachstr. 1
2000 Hamburg 52

Crede, H.-D.
Seestr. 32
2000 Hamburg 52

Elise
Lüdemannstr. 2
2000 Hamburg 52

Essen, G.-W.
Alexander-Zinn-Str. 25
2000 Hamburg 52

Galerie
Bellmannstr. 14
2000 Hamburg 52

Hartert, H.-J.
Walderseestr. 83
2000 Hamburg 52

Helwig, A.
Müllenhoffweg 60
2000 Hamburg 52

Hoffmann, H.
Waitzstr. 18
2000 Hamburg 52

Maierhofer, Marion
Beselerplatz 11
2000 Hamburg 52

Neubert, K.
Eichenallee 20
2000 Hamburg 52

Galerie
Kanzleistr. 20
2000 Hamburg 52

Westend
Waitzstr. 5
2000 Hamburg 52

Bildat, Christel
Osdorfer Landstr. 233
2000 Hamburg 53

Brocks, Sophie
Düsterntwiete 4
2000 Hamburg 53

Elbe-Antik-Hof
Osdorfer Landstr. 233
2000 Hamburg 53

Jackson, D.
Osdorfer Landstr. 233
2000 Hamburg 53

Spieß, K.
Osdorfer Landstr. 233
2000 Hamburg 53

Phönix-Antikmarkt
Schnackenb. Allee 119
2000 Hamburg 54

Alpers, G.
Witts-Allee 1
2000 Hamburg 55

Anthony, D.
Blankeneser Landstr. 39
2000 Hamburg 55

Peter, E.
Blanken. Hauptstr. 141
2000 Hamburg 55

Quittenbaum, E.
Blanken. Bahnhofstr. 7
2000 Hamburg 55

Stawe Antikbau
Dockenhudener Str. 7
2000 Hamburg 55

Stehr, G.u.I.
Dockenhudener Str. 16
2000 Hamburg 55

Tonart Galerie
Blanken. Hauptstr. 121
2000 Hamburg 55

Vermeulen-Sonntag, E.
Dockenhudener Str. 8a
2000 Hamburg 55

Hechler, H.G.u.Krause, H.
Dockenhudener Str. 3
2000 Hamburg 55

Ielitis, M.
Isfeldstr. 20
2000 Hamburg 55

Jansson, K.
Blankeneser Landstr. 17
2000 Hamburg 55

Justus & Partner
Rutschstr. 2
2000 Hamburg 55

Kaak Antiquariat
Elbchaussee 583
2000 Hamburg 55

Kegel und Konietzko
Breckwoldtstr. 8
2000 Hamburg 55

Kratz, E.
Dockenhudener Str. 25
2000 Hamburg 55

Kuchel, J.
Bockhorst 163
2000 Hamburg 55

Wallbaum, C.
Am Kiekeberg 1
2000 Hamburg 55

Wege, K.
Pikartenkamp 43a
2000 Hamburg 55

Behrendt, H.
Grot Sahl 13
2000 Hamburg 56

Behrendt, P.H.
Am Beedenkamp 6
2000 Hamburg 56

Kennedy
Georg-Bonne-Str. 106
2000 Hamburg 56

Schneider, H.
Schenefelder Landstr. 43a
2000 Hamburg 56

Antiquitäten+Gold
AGS
Fuhlsbüttler Str. 302
2000 Hamburg 60

Bartkowiak Antiquariat
Körnerstr. 24
2000 Hamburg 60

Blochwitz, Christa
Flemingstr. 16
2000 Hamburg 60

Galerie
Centre deux
Preystr. 1
2000 Hamburg 60

Kunstauktionshaus
Christie's
Wentzelstr. 21
2000 Hamburg 60

Delfs, H.
Gertigstr. 59
2000 Hamburg 60

Drews, N.
Fuhlsbüttler Str. 38
2000 Hamburg 60

Field, M.
Brabandstr. 77
2000 Hamburg 60

Fischer-Menshausen, A.
Andreasstr. 31
2000 Hamburg 60

Groechening, Ä.
Gottschedstr. 19
2000 Hamburg 60

Hansen, G.
Krohnskamp 15
2000 Hamburg 60

Hartwig, M.
Poelchaukamp 20
2000 Hamburg 60

Hintze, A.
Sierichstr. 122
2000 Hamburg 60

Hoffmann, Rudolf
Bebelallee 129
2000 Hamburg 60

Krause, Richard
Dorotheenstr. 42
2000 Hamburg 60

Kretschmann, R.
Alsterdorfer Str. 77
2000 Hamburg 60

Oberwemmer
Bussestraße 37
2000 Hamburg 60

Paruschke, D.
Forsmannstr. 10
2000 Hamburg 60

Pendulum
Maria-Louisen-Str. 5
2000 Hamburg 60

Pohl C & M
Sierichstr. 116-118
2000 Hamburg 60

Recht-Ullrich, W.
Fuhlsbüttler Str. 386
2000 Hamburg 60

Rehr GmbH, H.
Mühlenkamp 6
2000 Hamburg 60

Spalt-Galerie
Maria-Louisen-Str. 88
2000 Hamburg 60

Specht, K.
Maria-Louisen-Str. 2
2000 Hamburg 60

Stingl, K.
Sierichstr. 30
2000 Hamburg 60

Trosiner, R.
Grasweg 5
2000 Hamburg 60

Wachholtz KG
Maria-Louisen-Str. 61
2000 Hamburg 60

Wieseler, J.
Ohlsdorfer Str. 5
2000 Hamburg 60

Wulf, Renate
Gertigstr. 27
2000 Hamburg 60

Antiquitätenaufarbeitung
Schreiber
Brödermannsweg 55a
2000 Hamburg 61

Abrahams
Langenho. Chaussee 109
2000 Hamburg 62

Grau, G.
Tangstedter Landstr. 182
2000 Hamburg 62

Kettel, J.-P.
Schmuggelstieg 21
2000 Hamburg 62

Timm, Winfried
Schmuggelstieg 9
2000 Hamburg 62

Galerie 63
Hummels. Landstr. 143
2000 Hamburg 63

Range, H.
Brombeerweg 44
2000 Hamburg 63

Abrahams, Jochen KG
Heegbarg 31
2000 Hamburg 65

Abrahams KG, Käte
EKZ-Alstertal
2000 Hamburg 65

Andreas, Walter F.E.
Wischhofstieg 5
2000 Hamburg 65

Antiquitäten im Alstertal
Wellingsbüttler Weg 188
2000 Hamburg 65

Brammer, Krista
Rolfinckstr. 12
2000 Hamburg 65

Brose, O.
Jagersredder 25
2000 Hamburg 65

Friedrichsen & Co.
Wellingsbüttler Weg 134
2000 Hamburg 65

Fründ u. Rusz
Poppenbüttler Hauptstr. 7
2000 Hamburg 65

Hansen, G.
Hennebergstr. 1
2000 Hamburg 65

Hansen, M.P.
Lemsahler Landstr. 118
2000 Hamburg 65

Holz, I.
Wellingsbu. Weg 188
2000 Hamburg 65

Mackens, Günther+Katja
Wellingsbüttler Weg 134
2000 Hamburg 65

Galerie
Meißner Edition
Lemsahler Dorfstr. 51
2000 Hamburg 65

Schrape, R.
Frahmredder 10
2000 Hamburg 65

Schümann, Peter
Bredenbekstr. 2
2000 Hamburg 65

Westermann, H.-J.
Parkberg 24
2000 Hamburg 65

Wilkens, D.
Bergstedter Chaussee 141
2000 Hamburg 65

Zeiner Gemälde
Voßstraat 75
2000 Hamburg 65

Hazeborg, B.
Wiesenhoefen 2
2000 Hamburg 67

Plum, T.
Heinrich-v.-Ohl.-Str. 45
2000 Hamburg 67

Reiseantiquariat
Stockhecke
Buckhorn 3
2000 Hamburg 67

Alte Kunst
Volksdorf, Fehrenz
Dorfwinkel 15
2000 Hamburg 67

Junk, H.
Barsbütteler Str. 17
2000 Hamburg 70

Meyer, R.
Rodigallee 211d
2000 Hamburg 70

**Restaurateur & Conservateur
für Orientteppiche**

**Vormals Hofrestaurator SM Sultan Mehmet
Resat d. V. Istanbul 1917
Steintwiete 18 2000 Hamburg 11
Telefon: 040/36 60 89**
Ref.: Bundesverband der Orientteppich-Importeure, u.a.

Rogalsky, Heinz
Litzowstr. 17
2000 Hamburg 70

Schramm, M.
Bahngärten 28
2000 Hamburg 70

Jürs, L.
Bramfelder Chaussee 269
2000 Hamburg 71

Rüsch, Andreas
Fabriciusstr. 121
2000 Hamburg 71

Brüggen, Ernest v.d.
Weissenhof 10i
2000 Hamburg 72

Allrad & Oldtimer
Stapelfelderstr. 140
2000 Hamburg 73

Nowack Antik
Am Sooren 89b
2000 Hamburg 73

Spott, Alfred
Weddinger Weg 1
2000 Hamburg 73

Terpilak, E.
Spitzbergenweg 36
2000 Hamburg 73

Antik-Interieur
Winterhuder Weg 67
2000 Hamburg 76

Behm, H.
Schwanenwik 29
2000 Hamburg 76

Möbel
Bendrat, Julia
Conventstr. 8
2000 Hamburg 76

Blättermann, Annette
Hofweg 57
2000 Hamburg 76

Busse, M.
Hofweg 65
2000 Hamburg 76

Busse, M.
Winterhuder Weg 67
2000 Hamburg 76

Dupierry, Max
Conventstr. 8-10
2000 Hamburg 76

Eilert, G.
Wandsbeker Chaussee 15
2000 Hamburg 76

Faber, M. Papenhuder Str. 53 2000 Hamburg 76	Knopf, W. Finkenau 2 2000 Hamburg 76	Muda 2 Galerie Mundsburger Damm 2 2000 Hamburg 76	Schulz, U. Eilbeker Weg 40 2000 Hamburg 76	Gampert, K. Wentorfer Str. 14 2000 Hamburg 80	Jacobs, E. Johnsweg 2 2000 Hamburg 90
Restauration Finck, Claus Erlenkamp 18 2000 Hamburg 76	Antiquitäten Historica Krakow, Dr. Karl Heinz Herderstr. 9 2000 Hamburg 76	Pankoke, H. Wandsbeker Chaussee 3 2000 Hamburg 76	Schäfer, W. Ifflandstr. 85 2000 Hamburg 76	Greiwe, H. u. R. Chrysanderstr. 52 2000 Hamburg 80	Klöhn, M. Knoopstr. 40 2000 Hamburg 90
Geue, G. Hofweg 58 2000 Hamburg 76	Laurence GmbH Hofweg 22 2000 Hamburg 76	Antiquitäten No. 6 Rathmann, H. W. Herderstr. 6 2000 Hamburg 76	Shirangi Hamburger Str. 47 2000 Hamburg 76	Mannshardt, H. Holtenklinkerstr. 12 2000 Hamburg 80	Lehmann-Galerie Hamburger Ring 17 2000 Hamburg 90
Ankauf-Verkauf Harries GmbH Hofweg 12 2000 Hamburg 76	Meyerdiercks, Peter Wagnerstr. 14 2000 Hamburg 76	Restaurierungs GmbH SR Hamburger Stadthaus Schwanenwik 36 2000 Hamburg 76	Stamm, A. Eilbeker Weg 20 2000 Hamburg 76	Weiß, H. Kampchaussee 41 2000 Hamburg 80	Stentzel, G. Koboldweg 46 2000 Hamburg 90
Zeitgenössische Kunst Klose, Gustav Am Holst. Kamp 17 2000 Hamburg 76	Mildner Papenhuder Str. 30 2000 Hamburg 76	Schmidt, A. Heinrich-Hertz-Str. 33 2000 Hamburg 76	Uhlenhorster Antiquariat Mozartstr. 11 2000 Hamburg 76	Aschmutat, R. Feldnerstr. 2 2000 Hamburg 90	Pfeifer, E. Wilhelm-Strauß-Weg 12 2000 Hamburg 93

ANTIQUITÄTEN

an der B 432

Die Bundesstraße 432, die Bad Segeberg mit Hamburg verbindet, führt Sie nicht nur zu landschaftlich reizvollen Ausflugszielen, wie ins Alstertal oder zum Kalkberg (Karl - May - Festspiele). An ihr finden sie auch eine Anzahl von Geschäften, die Ihnen von exklusiven Antiquitäten, ausgefallenen Geschenken, stilvollen Einrichtungen bis hin zum Trödel, alles bieten, und einen Ausflug in den Kreis Segeberg zu einem Erlebnis werden lassen.

Antik Lager Norderstedt
Möbel aller Holzarten,
restauriert und unrestauriert
Segeberger Chaussee 362, 2000 Norderstedt,
Tel. (040) 5 29 20 04 / (041 93) 45 40
Tägl. von 10 - 18 Uhr, Sa. u. So. Besichtigung

ANTIKHOF HÖGERSDORF
CONRAD MÜLLER
2360 Högersdorf / Bad Segeberg
Sa. / So. (n. B.) 12 - 18 Uhr
Tel . : 0 45 51 / 9 19 07 oder
040 / 48 66 75

Altes & Antikes
Peter Schümann
Oliver Brose
Bäuerliche Möbel der letzten zwei Jahrhunderte
Segeberger Straße 121, 2061 Kayhude
Tel. 0 45 35 / 64 24, 040 / 6 05 42 64, ab 21.00
Di. - Fr. 13 - 18.00 Uhr, Sa. u. So. ab 13 Uhr Besichtigung

Antikes & Antiquitäten
AN - UND VERKAUF IM HAUSE ALBRECHT

Albrecht 2361 Leezen / Krems 1
im Dorfe 12 Telefon 0 45 52 / 1842

Antikes
Handeln - Planen - Restaurieren
Segeberger Straße 121
2061 Kayhude
Tel. 0 45 35 / 13 64, priv. 040 / 6 05 09 71

MONIKA BRUNKE
Hamburger Straße 15
2361 Leezen

Telefon 0 45 52 / 8 02
privat : 0 45 51 / 22 85

Öffnungszeiten :
tägl. 11 - 18.30 Uhr,
Di. geschlossen,

Sa. 10 - 14.00 Uhr,
offener
langer Samstag

Antiquitäten
Hennings, Paul
Altstädterstr. 15
2000 Hamburg -01

Antiquitäten
Steffens, Juergen
Eichenstr. 20
2000 Hamburg -20

Galerie
Lehmann
Harburger Ring 17
2000 Hamburg -90

Ehm, M.
Susannenstr. 42
2000 Hamburg -06

Galerie an der Staatsoper
Große Theater Str. 32
2000 Hamburg -36

Golombek, P.
Valentinskamp 41
2000 Hamburg 36

Musikantiquariat
Wagner
Rothenbaumchaussee 1
2000 Hamburg -13

Galerie
Herold
Poststr. 36
2000 Hamburg -36

Antiquitäten
Minden, M. von
Chrysanderstr. 15
2050 Hamburg -80

Antiquitäten
Möbel

Antiquarische
Accessoires
Silber u. Meissen

Engl. Mahagoni

Gebhard von der Wense oHG

Geschäft:	Privat :
Ferdinandstr. 35	Straßweg 1
2000 Hamburg 1	2000 Hamburg 52
Tel. 040 / 33 71 38	Tel. 040 / 890 22 67

Martina Schulz
Tischlermeisterin
Ausstellung + Restauration
von
Antiquitäten
speziell Schellackhandpolituren

Poppenbüttler Chaussee 110
Hamburg - Duvenstedt
Telefon 607 26 41

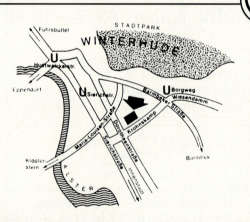

Kunst und Antiquitäten
G. Hansen

Krohnskamp 15, 2000 Hamburg 60 (Winterhude), Tel. (040) 2 70 27 57 + 60 15 99 5
am toom Markt

Silber, Varia + Möbel aus dem 18. u. 19. Jahrhundert
Dienstag bis Freitag von 13.00 - 18.30

Handgeknüpfte Teppichraritäten
aus
10 verschiedenen Knüpfländern,
neueste Knüpfungen, semiantik, antik
5 Jahre Umtauschgarantie.

Bohlens & Zopp
Echte
Orientteppiche u. Antiquitäten
Am Markt 28
2072 Bargteheide
Tel. 04532 / 8267

Antiquitäten ab dem 17. Jahrhundert,
Einzelstücke,
sowie komplette Einrichtungen
aus allen Stilepochen, Restauration
5 Jahre Umtauschgarantie

COLOREX

Abbeizbetrieb
Restaurationsbedarf für Antiquitäten

Inh. Detlef Ulmer
Glashütter Damm 266
2000 Norderstedt
Tel.: 040/5292371

Möbelbeschläge, Schlösser, Bänder, Holzteile,
Bandintarsien, Scharniere, Baubeschläge,
Bienenwachs, Polituren ... usw
über 1200 Artikel ständig auf Lager
Katalog gegen DM 4,- in Briefmarken

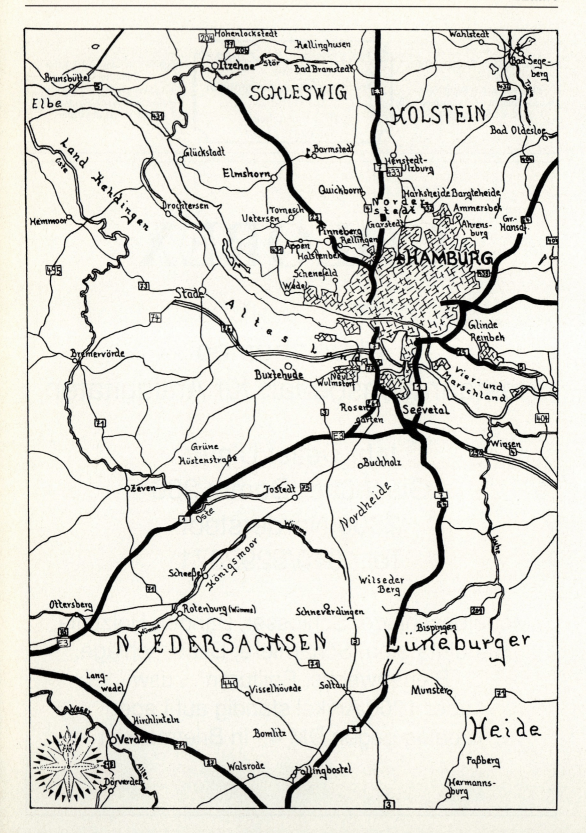

Am Elbstrom

Stromland

Bestimmend ist der Strom. Noch landeinwärts, -zig Kilometer weit ist er Lebensader, Puls, Ziel und Gefahr. Und wie hat die Elbe der Landschaft ihren Stempel aufgedrückt. Wie hat sie nach der letzten Eiszeit, vielfach verästelt, als Urstromtal sich ihren Weg durch den Gletscherschutt gebahnt. Wie achtunggebietend, von Deichen bis weit ins Hinterland geleitet, zeigt sie sich heute. Undramatisch und doch majestätisch. Von Schnackenburg, der kleinsten Stadt Niedersachsens, bis Cuxhaven, wo sie Abschied nimmt von ihren letzten Ufern und nur noch als Elbsände in der Nordsee Achtung einfordert.

Lebensader Elbe

Transportweg. Wie kein anderer Strom sammelt und bindet die Elbe seit altersher. Vom Erzgebirge über Dresden, dann eine Zeitlang Grenzfluß der innerdeutschen Grenze, dann nach Hamburg, dem Tor zur Welt. Eingang und Ausgang.
Die Elbe mit Anbindung an Berlin und mit dem Oder-Spree-Kanal an die Oder und Polen.
Mit dem Mittellandkanal die große Querverbindung zum Dortmund-Ems-Kanal, ans Ruhrgebiet und auf den Rhein.
Mit dem neuen Elbe-Seiten-Kanal der Versuch der wirtschaftlichen Belebung des Zonenrandgebietes von Wolfsburg bis Lübeck.
Über die Ilmenau Zugang zu Lüneburg und Uelzen. Was hat der Strom nicht alles transportiert: Hölzer, Erze, Salz, Industriewaren.
Die Elbe ernährt.
Trinkwasser, verschiedenste Fische, seltene Vogelarten in ihren Feuchtgebieten.
Die Elbe baut.
Das Reet der Schilfdächer wurde früher vorwiegend in ihren Auen "geerntet".
Die Elbe zerstört.
Dauernde Arbeit an den Deichen muß den ungebärdigen Strom im Bann halten. Die Flutkatastrophe 1961 in Hamburg lehrt, daß auch die Moderne die Gefahr nicht völlig beseitigen konnte.
Die Elbe wird zerstört.
Als "cloaca maxima" mußte und muß der Fluß Unmengen von Dreck der Industriegesellschaft schlucken. Zu lange zuckte man nur die Achseln. Jetzt wird allerseits Alarm gegeben. Ob der Fluß den Instanzenweg überdauert? Bevor er auch die Menschen an seinen Ufern vergiftet?
Die Elbe macht Strom.
Entlang der Elbe vor und hinter Hamburg massieren sich die Kraftwerke.
Der Strom zur Stromerzeugung, Kühle für einen überhitzten Engergiemoloch.

Das Alte Land

Ausgerichtet auf den Elbstrom und Hamburg wird die Region zum Naherholungsgebiet, zum Diener der beiden Übermächtigen.
Von Hamburg elbabwärts auf dem Harburger Ufer dehnt sich das Alte Land. Knapp 70 km lang und keine 5 km breit ist es Hamburgs Obstgarten. Und Deutschlands größter. Zur Zeit der Kirschen- und Apfelblüte ein Paradies, wenn dazu noch die leckere Maischolle gereicht wird.
Doch ist das Alte Land mehr als nur ein Obstgarten. Wie ein groß angelegtes Freilichtmuseum verteidigt es seine Schönheit gegen den Ansturm der Städter. Behaupten doch die Altländer, die schönsten Bauernhäuser Deutschlands ihr eigen zu nennen. Und sieht man ihre prächtig geschnitzten und verzierten Haustüren, ihre liebevoll gestalteten Gehöfte, die bunten Umfriedungen, die hölzernen Hoftore wie die Palmsche Pforte in Neuenfelde - man muß ihnen glauben.
Arp Schnitger ist hier geboren, der Orgelbauer. Seine Instrumente zu hören, reiste Johann Sebastian Bach eigens an die Elbe.
Jork gilt als die Perle des Alten Landes und Stade, die alte Schwedenfestung, als das nördliche Ende. Beide Orte sollte man bei einem Besuch im Alten Land nicht auslassen.

Hochstuhl und intarsiengeschmückte Wiege (entstanden 1782); eine typische Arbeit für reiche Bauern im Hamburger Raum. (Museum für das Fürstentum Lüneburg)

Die Bäder

Eine Tagesreise mit der Pferdekutsche entfernt, umgibt Hamburg ein Kranz von Bäder- und Kurorten. Bad Bramstedt, Bad Segeberg, Bad Oldesloe, etwas weiter Bad Schwartau, Bad Bevensen, um nur einige zu nennen. Hier konnten die Hamburger schon früh ihr Zipperlein kurieren oder sich auch nur in gepflegtem Ambiente erholen. Perlen kultivierter Lebensart, die sich bis heute gehalten haben. Reichte die Zeit nicht, dann tat es auch der Sachsenwald für Jagd, Picknick oder nur eine beschauliche Spazierfahrt.

Die Heide

169 m, für die Tiefebene eine beachtliche Höhe, ragt der Wilseder Berg aus den umgebenden Flachhügeln heraus. Bei klarem Wetter kann man bis Hamburg im Norden und Hannover im Süden sehen. Wilseder Berg und Totengrund sind das Kernstück der Lüneburger Heide. Ihre Schönheit zu entdecken blieb den romantischen Strömungen Ausgang des letzten Jahrhunderts vorbehalten. Ihren Reiz schätzten Wilhelm Busch, der "Weise von Wiedensahl", Hermann Löns, ihr unermüdlicher Sänger und Propagandist. In Aldous Huxley's "Schöne Neue Welt" ist die Lüneburger Heide Szenarium des großen letzten Ausbruchs der "schönen Wildheit" der Menschen. Kann es sich hier nicht nur um eine Spätfolge des grimmigen "Ratzeputz" oder "Heidbrummer" handeln? Genießen Sie die Heide, wenn sie blüht, in vollen Zügen, obengenannte Getränke mit Vorsicht. (Siehe auch Region 9 - Lüneburger Heide).

Unser Tip

Freilichtmuseum am Kiekeberg
Kreismuseum des Landkreises Harburg
2107 Rosengarten 5 (Ehestorf)
T: 040-7907662

Am Rande der Nordheide, inmitten der Harburger Berge und direkt vor den Toren der Hansestadt Hamburg liegt das Freilichtmuseum am Kiekeberg - Kreismuseum des Landkreises Harburg. Das Freilichtmuseum am Kiekeberg ist ein kulturgeschichtliches Museum, in dem die Kulturgeschichte einer ländlichen Region museal aufgearbeitet und präsentiert wird. Ein wichtiger Teil dieser ländlichen Kulturgeschichte ist die Landwirtschaft, denn der Landkreis Harburg ist in seiner Geschichte immer ein agrarisch strukturiertes Gebiet gewesen, und so bildet dieser agrarische Bereich auch den Kern der Museumsanlage. Im Mittelpunkt stehen dabei natürlich die Gebäude, die aufgebauten Bauernhäuser, mit dazugehörenden Nebengebäuden:

das Kakenstorfer Haus von 1797 ist das Haupthaus der Anlage am Kiekeberg. Es ist das Wohn- und Wirtschaftshaus eines sog. Kleinkötners aus dem Gebiet der nördlichen Lüneburger Heide. Es soll als Zentralgebäude einer idealtypischen Hofanlage dieser Gegend die Wohn- und Arbeitssituation der mittelbäuerlichen Bevölkerungsschichten repräsentieren.

Das Emsener Häuslingshaus stammt ebenfalls aus der Zeit um 1800. In ihm wohnten sogenannte "kleine Leute", die kein eigenes Land besaßen.

Der Corbelinsche Hof aus Pattensen wurde 1697 erbaut. Der alte Zweiständerbau wurde im vorgefundenen Außenzustand wiederaufgebaut und dient heutzutage oftmals als Ausstellungsgebäude.

Als zweites großes Hofgebäude wurde 1986 der Silberhof aus Scharmbeck fertiggestellt. Laut Inschrift wurde er 1612 erbaut. Der Silberhof ist im Gegensatz zum Kakenstorfer Haus ein sehr repräsentatives Gebäude und sowohl innen als auch außen reich verziert.

Neben diesen Hauptgebäuden findet sich noch eine Anzahl von Nebengebäuden: der Speicher aus Ochtmannsbruch steht am Silberhof und stammt aus der Mitte des 18. Jahrhunderts. Die Durchfahrtscheune aus Otter wurde 1688 erbaut zum Zwecke der Einlagerung der Ernte. Um 1600 wurde die Zehntscheune aus Kakenstorf erbaut. Sie diente zur Lagerung der Naturalabgaben an den Grundherrn. Der Honigspeicher aus Otter (1688) und der Leinenspeicher aus Garlstorf (1750) waren Vorratsgebäude. Heute ist im Honigspeicher eine Imkerei-Ausstellung zu sehen und im Leinenspeicher werden Geräte zur Textilverarbeitung gezeigt. Aus Otter stammt auch das Backhaus (1688), in dem regelmäßig für die Besucher gebacken wird. Zu den kleinen Gebäuden zählen die Torfscheune und zwei für die Heide typische Bienenzäune. Aber in den Orten dieser Region gab es neben den Bauern auch Handwerker und Gewerbetreibende. So waren Schmied, Zimmermann, Stellmacher, Bauernschneider, Schuhflicker und Höker in fast allen Hauptorten vertreten. Am Kiekeberg werden bisher eine Schmiede und eine Stellmacherei ausgestellt. Weitere Werkstätten werden gesucht. Angefangen bei den Möbeln bis hin zum Hausrat, den Arbeitsgeräten und allen anderen Dingen, die im dargestellten alltäglichen Leben von Bedeutung waren, ist diese "dingliche" Darstellung der Kulturgeschichte die eine Seite der Museumsarbeit. Dem Besucher kann jedoch nur dann ein Einblick in die Lebensverhältnisse der Vergangenheit vermittelt werden, wenn er zusätzliche, weiterführende Informationen erhält. Zu diesem Zweck werden in den einzelnen Gebäuden Ausstellungen mit Schrift-, Bild- und Tonmaterial aufgebaut. Diese Informationszellen sind ein weiteres Informationsangebot an den Besucher. Nur so kann sich dem Besucher die Lebens- und Arbeitswelt vergangener Zeit erschließen.

Öffnungszeiten:
1. 3. - 31. 10.
Di - Fr 9.00 - 17.00 Uhr
Sa - So 10.00 - 18.00 Uhr
1. 1. - 28. 2.
Di - So 10.00 - 16.00 Uhr
Mo geschlossen

ANTIQUITÄTEN- UND KUNSTHANDLUNGEN

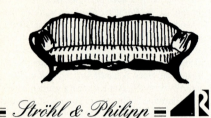

Werte erhalten durch Neubezug von

Ströhl & Philipp
Raumausstatter-Meisterbetrieb
Hamburger Straße 28, 2060 Bad Oldesloe, Tel. 8 47 14

Möbel des Klassizismus
spez. Biedermeier
Schellack
handpoliert

Antiquitäten Ruth Molles

Virchowring 42 - 2359 Henstedt - Ulzburg 1
Telefon (04193) 34 29
Freitag 14.00 - 18.30 Uhr
Samstag 10.00 - 14.00 Uhr und nach telef. Vereinb.

Antiquitäten
Augustin, S.
Friedenstraße 74
2080 Pinneberg

Aldag, Eva
Langestraße 47
2150 Buxtehude

Bellmann, H.
Waldweg 17
2150 Buxtehude

Maack, E.
Ellerbruch 5
2150 Buxtehude

Ars Polonica
Hökerstr. 29
2160 Stade

Jarck, A.
Amselstieg 95
2160 Stade

Kopf, Karl-Heinz
Wasser West 5
2160 Stade

Sammlermarkt
Schmidt
Salzstr.
2160 Stade

Uwe's Troedelmarkt
Salzstr.
2160 Stade

Harm, Günter
Gartenstraße 47
2162 Steinkirchen

Specht, B.
Kirchenweg 3
2162 Steinkirchen

Kunsthandlung
Arndt
Alter Markt 10
2200 Elmshorn

Bachert, Dieter
Rosenstraße 27
2200 Elmshorn

Quell, R.
Johannesstr. 35
2200 Elmshorn

Rode, B.
Rantzau
2202 Barmstedt

Rothmar, H.v.
Schulstraße 2
2203 Horst Holstein

Trödler-Shop
Schmidt, Carla
Edendorfer Straße 27
2210 Itzehoe

Wiegand, W.
Dorfstraße 137
2210 Itzehoe

Jensen, K.
Westende 19
2211 Wilster-Vaalermoor

Nikolai's Antikstube
Brunsbütteler Str. 23
2212 Brunsbüttel

Knoop, F.
Mannhardtstr. 72
2215 Hanerau-Hademarschen

Hartleben, A.
Lindenstr. 1
2359 Henstedt-Ulzburg

Antiquitäten
Molles, Ruth
Virchowing 42
2359 Henstedt Ulzburg

Antiquitäten
Tiffany
Goethestr. 5
2720 Rotenburg

Masannek, E.
Rotenburger Str. 47
2722 Visselhoevede

Alt Flandern
Am Meyerhof 7
2723 Scheeßel

Ahauser Bildstuebchen
Birkenstr. 207
2724 Ahausen-Kirchwalsede

Bauer, R.
Marktstr. 13
3040 Soltau

Antiquariat
Hartung, L.
Junkershof
3043 Schneverdingen

Galerie
Olliges, Georg.
Lüneburger Straße 49
3043 Soltau

Kunsthandlung
Schmidt, L.
Oststr. 6
3043 Schneverdingen

Kunsthandlung
Falazik, R.
Tiefestr. 4
3044 Neuenkirchen

Plum, H.
Deimsen
3044 Neuenkirchen

Handgeknüpfte Teppichraritäten
aus
10 verschiedenen Knüpfländern,
neueste Knüpfungen, semiantik, antik
5 Jahre Umtauschgarantie.

Bohlens & Zopp
Echte
Orientteppiche u. Antiquitäten
Am Markt 28
2072 Bargteheide
Tel. 04532 / 8267

Antiquitäten ab dem 17. Jahrhundert,
Einzelstücke,
sowie komplette Einrichtungen
aus allen Stilepochen, Restauration
5 Jahre Umtauschgarantie

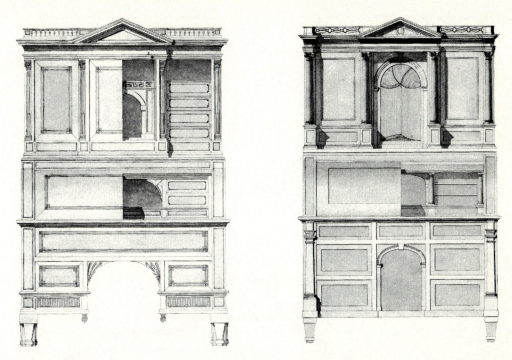

Schreibschränke (»Cylinderbureaus«), polychrome Zeichnungen eines Artländer Tischlers aus Wehdel, 1794.

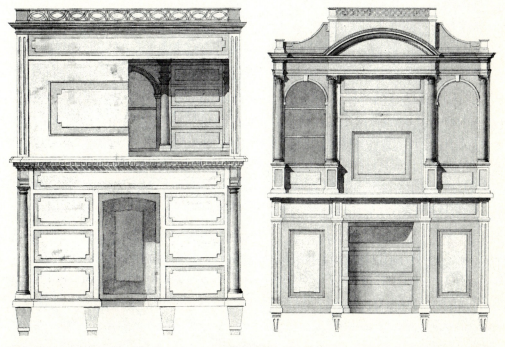

Schreibschränke, polychrome, maßstabgetreue Zeichnungen eines Artländer Tischlers aus Wehdel, 1794.

Bildernachweis: Museumsdorf Cloppenburg Niedersächsisches Freilichtmuseum

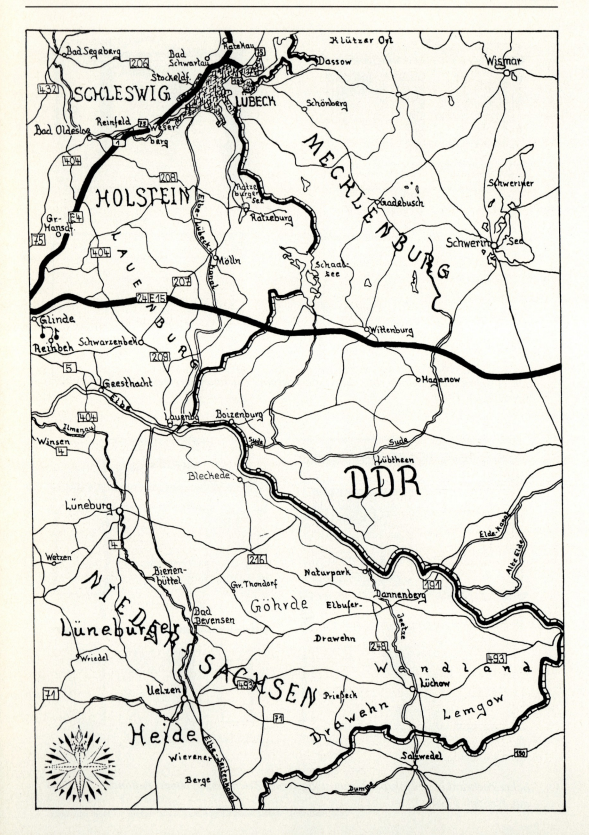

LÜNEBURGER HEIDE

... ein romantischer Traum

Landesnatur

Sie kennen die Heide,
Sie sind ihrem Zauber längst erlegen.
Selbst wenn Sie noch nie dort waren.
Das Heideröslein, das Wollgras der Moore, die Irrlichter, die Heidschnucken, den gespensterhaften Wacholder.
Sie kennen, "was da kreucht und fleucht".
Sie kennen selbstverständlich auch die Sagen vom knorrigen Heidjer und Sie kennen Hermann Löns, den Dichter, Jäger, "Landpfleger", den unermüdlichen Kämpfer und Werber für den großartigen Naturpark "Lüneburger Heide".
Ja, ja, die "Heide".
Sie nicht zu lieben, ist fast ein Sakrileg, ein Dolchstoß ins deutsche Herz.
Heute wird sie gepflegt, erforscht, gehätschelt, wo sie noch "ursprünglich" vorhanden.
Und ist dauernd gefährdet durch Umstellungen in der Landwirtschaft, durch Tourismus, durch Militär, durch die wassergierige Großstadt Hamburg. Das ist soweit bekannt.
Aber wissen Sie auch, daß die geliebte Heide eigentlich eine Kulturwüste ist, hervorgerufen durch maßlosen Mißbrauch durch den Menschen? Eine Verwüstungsvegetation fast wie die Macchia im Mittelmeerraum.
Früher dehnten sich weite, lichte Eichenwälder in der flachhügeligen Geestlandschaft, die die letzte Eiszeit hinterlassen hatte. Sie sind buchstäblich verbrannt. Verheizt, besser gesagt, in den Salinen der alten Salzstadt Lüneburg.
Spuren der früheren Herrlichkeit leben fort in den alten Eichenmöbeln der Region, wie sie heute immer noch unter den weiten Dächern manches Heidhofes zu finden sind. Da gibt es noch die schweren Kisten, Gestühle und Kastenschränke, deren wahrer Wert sich häufig nur dem Kenner und Liebhaber erschließt.
Die Gegend war nie reich, Salz ihr sorgsam gehegter, einziger Schatz. Der Boden ist eher ärmlich, sodaß erst in jüngster Zeit und mit modernsten Mitteln eine Landwirtschaft entstehen konnte, die den Namen auch verdient.
Den nährstoffarmen Sand hinwieder schätzen die Militärs. Verschlammt und verkleistert er doch die edlen Panzerketten nicht, sondern fällt artig und wie gewünscht davon wieder ab. Kein Wunder, daß Munster und Bergen-Hohne im Süden der Heide der größte Panzertummelplatz Europas sind, schon lange.
Die Heide eine Kulturwüste! Das böse Wort ist ausgesprochen. Und doch, ein ökologisch so empfindliches Gebilde, sollte in ihrem heutigen Zustand erhalten bleiben und den Menschen ein Minimaleinkommen sichern. Zentral die Heidschnucken, eine selten anspruchslose, ziegenähnliche Schafzüchtung. Sie waren es, die in erster Linie den jungen Wald nicht mehr hochkommen ließen. Nur den bitter-stachligen Wacholder, den lassen sie in Frieden. Doch ihr Verbiß verjüngt solchermaßen das Heidekraut und düngt es. Ohne die Schnucken auch keine Immen. Der vielgerühmte Heidehonig braucht die Heidschnucken. Sie sind es, die beim "Heiden" die Spinnweben zerstören, die den Bienen tödliche Fallen sind.

Geschichte

Wo die tiefgelegenen Salzstöcke der norddeutschen Tiefebene sich an die Oberfläche wagen, da siedelte schon früh der Mensch. Neben den geschichtenumwobenen Moorleichen zeugen vor allem die Hünengräber von seinen vorzeitlichen Aktivitäten. Sagen ranken sich um ein Geschlecht von Riesen, "Hünen", die solch Werk für ihre Toten vollbrachten. Lassen Sie sich diese Orte der Ruhe und Besinnung vor Ort zeigen, es gibt sie fast überall in der Region. Vermutlich handelt es sich um Teile der europaumfassenden Megalithkultur, deren steinerne Zeugen vom Mittelmeer bis zum englischen Stonehenge und den bretonischen " Hinkelsteinen " reichen.

Lüneburg

Lüneburg, um 950 vom Sachsenherzog Hermann Billung gegründet, erlebt mit der ab 956 bezeugten Saline seinen wirtschaftlichen Aufschwung. Entlang der Ilmenau wird das Salz verschifft nach Hamburg und vornehmlich Lübeck, der Anschluß an die Hanse und damit die große Welt ist da. Aufmüpfig werden sie. Die Lüneburger schaffen sich die Herzöge von Braunschweig-Lüneburg vom Hals, deren Residenz ihre Stadt von 1267-1371 war. Prächtige, mittelalterliche Backsteinbauten erinnern an diese Zeit des Glanzes. 1373 baut man das Kloster Lüne, von dem die Stadt ihren heutigen Namen hat. Erst der Niedergang der Hanse und vor allem der Saline ab Beginn des 17.Jh. leiten den Niedergang der Stadt ein. Und die Salzsiedereien der Lüneburger lassen den Wald zur Heide werden.

Neuen Schwung erhält die Stadt erst im letzten Jahrhundert mit dem Bahnanschluß (1847), als Erholungsort für Hamburger und in jüngster Zeit durch den "Heide-Suez", den Elbeseitenkanal. Scharnebeck bei Lüneburg hat das größte Schiffshebewerk Europas.

Uelzen und Lüchow-Dannenberg
Fast vergessen von der Welt östlich der uralten Salzstraße, wo schon in der Bronzezeit Ostsee-Bernstein und Lüneburger Salz ihren Weg bis zu den mittelmeerischen Frühkulturen fanden, da liegt im alten Urstromtal der Elbe der Kreis Lüchow-Dannenberg. Nur Uelzen, westlich gelegen, hat noch etwas teil am alten und neuen Verkehr, lag an der Salzstraße, liegt an der Straße von Braunschweig nach Hamburg, liegt vor den Wierener Bergen, Norddeutschlands Hochgebirge, liegt neuerdings am Elbe-Seiten-Kanal.

Schon vor 972 urkundlich erwähnt im Benediktinerkloster Oldenstadt (Gem. Uelzen), verdankt es "professioneller" Landesentwicklung im Mittelalter (um 1260) seinen Ausbau am Schnittpunkt mehrerer Fernhandelsstraßen, schließt sich der Hanse an. Macht von sich reden mit dem benachbarten Klosterflecken Ebstorf (gegr.1150), der mit der "Weltkarte" aus dem 13.Jh. eine einmalige Sehenswürdigkeit vorzuzeigen hat.

Wendland
Im totesten Winkel der Bundesrepublik, östlich aller Verkehrswege, hat sich eine Oase der Ruhe erhalten, das Wendland. Eine uralte slawische Enklave im germanischen Siedlungsgebiet. Und die Wenden haben ihren eigenen Stil bewahrt, am deutlichsten in ihrer besonderen Dorfform, dem Rundling. Sternförmig um den zentralen Dorfplatz stehen die Gehöfte, häufig reetgedeckt, die Felder vektorartig darum.

Doch so tot wie es zunächst scheint, ist das Wendland beileibe nicht. Der Steit um das größte Kernbrennstablager der Republik ist noch nicht ausgestanden, der Salzstock in Gorleben trotz immer neuer Gutachten der niedersächsischen Landesregierung immer noch nicht endgültig sicher.

So kam der stille Winkel in die Gazetten und ins Gerede. Und mit der symbolischen Gründung einer "Republik Freies Wendland" gelangte auch dieser Begriff in die Öffentlichkeit. Wie eine späte Rechtfertigung gegenüber den Wenden.

Und noch eine neue Gefahr droht der Idylle: in mehreren Anläufen plant man, den Touristen, die da Stille suchen, "etwas zu bieten". Freizeitparks größten Ausmaßes. Da werden aber die Bauern mit ihren sorgsam gehätschelten Stadtmenschen, die eben die Ruhe suchen, nicht mithalten können. Was tut's, die Wirtschaftsbilanz der Region wird's schon verbessern.

Lauenburger Land
Nördlich der Elbe bis Lübeck dehnt sich, was die Eiszeitgletscher übrigließen. Moränenhügel bis 80m Höhe säumen das Urstromtal der Elbe, Seen reihen sich aneinander im Lauenburger Land. Dazu noch das größte zusammenhängende Waldgebiet Schleswig-Holsteins, und das Urlaubsparadies ist fertig. Das wissen auch die Ruderer, die im Ratzeburger See für Olympia trainieren und die Fußballer, die in Malente weiter nördlich ihr Lieblingsquartier haben. Ist doch die holsteinische Schweiz nur die natürliche Fortsetzung der Lauenburger Geest. Die auf einer Insel erbaute Kreisstadt Ratzeburg hat sehr sehenswerte Bauten aus dem 12/13. Jahrhundert.

Wirtschaft
Wirtschaftlich führt die Region ein Schattendasein. Abseits der großen Handelsstraßen, ohne Bodenschätze und entsprechende Industrie, da hat sich seit dem Niedergang des Salzhandels nicht mehr viel bewegt. Und die nahe Grenze der DDR macht die Dinge auch nicht leichter. Wirtschaft gleich Land-wirtschaft, so könnte die Gleichung

Das Lüneburger Rathaus mit dem Markt (Presseamt der Stadt Lüneburg)

lauten. Und der Boden gibt nicht viel her. Erst die letzten dreißig Jahre brachten eine gelinde Belebung: Ruhe suchende Großstädter aus Hamburg und Berlin lernten schätzen, was anderen ein Greuel: Abgelegenheit und Ruhe, Ruhe, Ruhe. So entstand ein sanfter Tourismus in fast familiärem Rahmen, der vielen eine zusätzliche kleine Einkommensverbesserung ermöglichte.

Nachdem die Hoffnungen zerstoben, die man in der Region auf das Großprojekt Elbeseitenkanal gesetzt, besann man sich wieder auf Bodenständiges. Die Intensivierung der Landwirtschaft trägt Früchte, es regnet Züchterpreise, und um Uelzen wässert die größte Flächenberegnungsanlage der Republik die Felder.- Vorbei die Zeiten der mühsamen Plackenwirtschaft, die Angst vor der Winderosion, seltener die Tage, wo es heißt: "Marie, mach die Tür zu, der Acker kommt rein!"

UNSER TIP

Amelinghausen (3144)
Museum Amelinghausen
Lüneburger Str. 50
T: 04132-406
Schwerpunkte: Volkskunde, Vor- und Frühgeschichte

Danneberg (3138)
Heimatmuseum "Waldemarturm"
T: 05861-301
Schwerpunkte: Vor- und Stadtgeschichte, Skelette, Tiere des Elbraumes

Hitzacker (3139)
Museum Hitzacker
Marschtorstr. 4-6
T: 05862-444
Schwerpunkte: Vor- und Frühgeschichte, Schiffahrt auf der Elbe und Jeetzel, bürgerliches und bäuerliches Hausgerät, Flaschenaufbereitungsgeräte

Lüchow (3130)
Heimatmuseum
Burgstr.
T: 05841-2131
Schwerpunkte: Geologie, Vor- und Frühgeschichte, Stadtgeschichte, kirchliche Kunst, Volkskunde

Lüneburg (2120)
Altes Rathaus
Am Ochsenmarkt
Schwerpunkt: Stadtgeschichte

Lüneburg (2120)
Ostpreußisches Jagd- und Landesmuseum e.V.
Salzstr. 25-26
T: 04131-41855
Schwerpunkte: Geschichte, Elch, Rominter Hirsche Landschaft, Trakehner Pferde

ANTIQUITÄTEN- UND KUNSTHANDLUNGEN

Beckhaus, H.
Am Markt 6
2120 Lüneburg

Fahrenkrug, Y.
Rotestr. 2
2120 Lüneburg

Koenig, A.
Am Berge 37
2120 Lüneburg

Koss, C.
Lünerstr. 10a
2120 Lüneburg

Maue, M.
Lünetorstr. 20
2120 Lüneburg

Reher-Conradi, K.
Auf der Höhe 37
2120 Lüneburg

Schroeder u. Rossberg
Am Berg 50
2120 Lüneburg

Stellamans, E.
Rotestr. 14
2120 Lüneburg

Witkowski, H.G.
Bonnestr. 23
2120 Lüneburg

Ther, Anne-Gabriele
Einemhoferweg 27
2125 Salzhausen-Vierhöfen

Beckhaus, H.
Am Markt 6
2120 Lüneburg

Diemke, S.
Auf dem Meere 41
2120 Lüneburg

Fahrenkrug, Y.
Rotestr. 2
2120 Lüneburg

Koenig, A.
Am Berge 37
2120 Lüneburg

Koss, C.
Lünerstr. 10a
2120 Lüneburg

Maue, M.
Lünetorstr. 20
2120 Lüneburg

Reher-Conradi, K.
Auf der Höhe 37
2120 Lüneburg

Schroeder u. Rossberg
Am Berg 50
2120 Lüneburg

Stellamans, E.
Rotestr. 14
2120 Lüneburg

Witkowski, H.-G.
Bonnestr. 23
2120 Lüneburg

Ther, Anne-Gabriele
Einemhoferweg 27
2125 Salzhausen-Vierhöfen

Arndt
Alter Markt 10
2200 Elmshorn

Barduhn, J.
Lindenstr. 20a
3110 Uelzen

Stolte, F.
Oldenstadt
3110 Uelzen

Eitzen, Marianne
Lüneburger Straße 13
3118 Bad Bevesen

Hille, M.
Medingerstr. 18
3118 Bad Bevesen

Kircks, K.
Drawehnerstr. 20
3130 Lüchow

Tausend Jahre Salz- und Hansestadt
Historisches Rathaus
•
Gotische Backsteinfassaden
•
Idyll. Winkel, Brunnen u. Plätze
•
Kirchen und Kloster
•
Museen
•
Unschätzbare Kunstwerke
•
Geschichte auf Schritt und Tritt
•
Stadtführungen
•
Stadtrundfahrten
•
Rathausführungen
Werbe- und Verkehrsamt · Rathaus
Postfach 2540 · 2120 Lüneburg
Telefon (04131) 2 45 93 u. 3 22 00

Norddeutscher Schrank, Palisander und Nußbaum auf Weichholz furniert. 1. Hälfte 18. Jh. H 228 cm, B 200 cm, T 86 cm (Auktionshaus B. Nielsens / 7100 Vejle / DK)

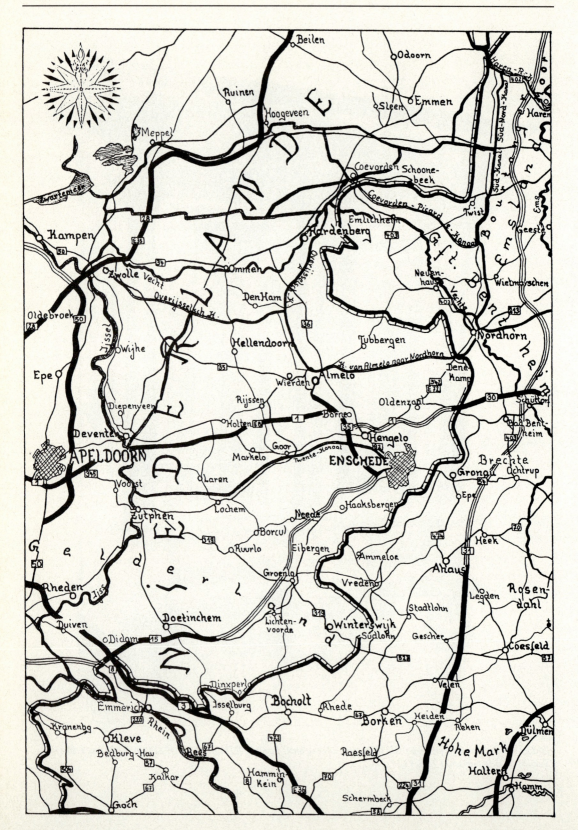

An der niederländischen Grenze

Stilles Land der Wasserschlösser

Am Rhein
Der Rhein, der Rhein. "So reich an Schönheit ist das Land auf jeder Seite, am stärksten noch in den abgelegenen Eckchen, die kein Reisender aufsucht, und wo genau deshalb die stille bescheidene Natur sich am besten zu gefallen scheint" - notierte Ende des 18. Jh. ein englischer Reisebericht. Wasser- und Windmühlen, idyllische Überreste des alten Rheinlaufs, ländliche Grenzlandatmosphäre bestimmen heute das Bild. Doch nicht immer war es dort so friedlich.

Geschichte
Besiedelt ist der Niederrhein in seinem letzten großen Bogen seit über 3000 Jahren. Aber erst mit römischer Gründlichkeit gewinnt die Grenze feste Konturen. Seit Caesar mit seiner ersten Rheinbrücke das Jenseits, das rechte Rheinufer, erschlossen hatte, wurden die Römer seßhaft und gründeten eine Kette von Garnisonen; Stationen des niedergermanischen Limes, Keimzellen heutiger Städte.

Tacitus mag hier für seine "Germania" Erkundigungen eingezogen haben. Später nützten die fränkischen Karolinger die vorgebahnten Wege, in Billerbeck bei Coesfeld ist 809 Liudger, ihr rühriger Nordlandapostel, gestorben. Bei Raesfeld steht die "Feme-Eiche" unter der bereits vor 1100 Jahren Recht gesprochen wurde (s. Reg. 18). Ein engmaschiges Netz strickte sich die Hanse an den alten Handelswegen entlang nach den Niederlanden und Belgien.

So wundert es wenig, wenn Emmerich das älteste deutsche Stadtwappen führt und Kleve der Sitz mächtiger Herren wurde. Was demonstriert ihre Macht besser als die Heirat der klevischen Prinzessin Anna mit Heinrich VIII. (Blaubart) von England im 16. Jahrhundert?
Die Verbindung zu den aufblühenden Regionen im Westen wurde buchstäblich Gold wert. Heute verbindet beide Städte die "Klemmerich-Brükke", mit 1228 m die längste und kühnste Hängebrücke in ganz Deutschland.

Hamaland
Wenden wir uns nach Norden, ins Land der Wasserschlösser. Das alte Land der germanischen Chamaver, denen die Gegend ihren Namen verdankt, ist westlicher Teil des Münsterlandes und wie dieses voll der schönsten Wasserschlösser. Die ursprüngliche Moor- und Sumpflandschaft legt die Verteidigung durch breite Wassergräben nahe; daß diese Befestigungsart nichts von ihrer Attraktivität eingebüßt hat, zeigt die Baustelle des "Schnellen Brüters" in Kalkar, die durch ebensolche Wassergräben geschützt ist. Wenden wir uns Schönerem zu, den alten, ehrwürdigen Wasserschlössern.
Havixbeck, das Schloß, das aus einem Bauernhaus sich entwickelte (16.Jh.); Haus Stapel, der Sitz der Droste-Hülshoff (13.Jh.); Ahaus (17.Jh.); schließlich in Burgsteinfurt eine der ältesten und mächtigsten Anlagen des ganzen Münsterlandes.
Steigen Sie am besten vor Ort, wenn Sie die Wassergräben standesgemäß überwunden haben, in die faszinierende Geschichte und Stilgeschichte jedes einzelnen Hauses ein.

Frömmigkeit
Alte, tiefe Frömmigkeit westfälischer Art prägt die Gegend. Alte Kirchen und Wehrkirchen allerorten. Bemerkenswert Langenhorst, eine der größten Hallenkirchen des Münsterlandes; die katholische Pfarrkirche in Borghorst, auf den Fundamenten eines Nonnenklosters von 968 im letzten Jahrhundert neugotisch wiedererbaut; das Gabelkruzifix von Coesfeld, wo auch Josef Beuys seine ersten künstlerischen Fingerübungen an Grabsteinen machte. Der "Herrgott von Bentheim" ist eine bekleidete Christusfigur am Sandsteinkreuz aus dem 12. Jahrhundert.
In Dülmen machte Anfang des letzten Jahrhunderts Anna Katharina Emmerick von sich reden.

*Holländischer Barockschrank um 1660
(Foto: Kleve, Städtisches Museum)*

*Zimmer mit Vitrinenschrank und Möbel aus dem 3.Viertel des 18. Jahrhunderts.
(Möbel: Amsterdam, Foto: Kleve, Städtisches Museum)*

Ihre Stigmatisierung (die Wundmale Christi am Leibe tragen) hielt Clemens von Brentano fest: "Das bittere Leiden unsres Herrn Jesu Christi" (1833). In der Krypta der Kreuzkirche ist sie beigesetzt, in der Erinnerung der Menschen lebt sie fort. Gut katholisch auch die Fastnachtszeit. Beim "Gescher Karneval", schon Ende Januar der Höhepunkt, ist von der sonst so zurückhaltenden Art der Westfalen nichts zu spüren.

Grafschaft Bentheim
"Schöner leben in der Grafschaft" - so stellt sich der Zipfel Deutschland nördlich und westlich von Bad Bentheim dar.

Und das Angebot ist verlockend. Schon das Fürstliche Schloß, einst Sitz der Grafen von Holland, ist eine Baustilgeschichte in sich und besteht aus Bauten, die zwischen dem 13. und 19. Jahrhundert entstanden. Reizvolle Gebäude und Gehöfte ergänzen das schöne Gesamtbild.

Im Umkreis Bad Bentheims: Urlaubslandschaft. Wandern durch Wald und Venn (Hochmoorlandschaft), Heide und Hügel, eingesprengt kleine Seen und Kanäle - das alles ziemlich eben und leicht begeh- und befahrbar. Ein Freizeitpark (Getelo), Sporteinrichtungen und das ausgewiesene Erholungsgebiet "Wilsumer Berge" fügen sich zu einem harmonischen, erholsamen Ganzen. Holländisch sollten Sie verstehen, wenn Sie mit den Menschen Dialekt sprechen möchten. Diesseits und jenseits der Grenze ist da mehr Verbindendes als Trennendes, und der kleine Grenzverkehr ist allgemeiner Brauch.

Münsterländisch ist der skurrile Humor, wenn eine Tanzschule mit dem heiligen Augustinus wirbt: "O Mensch, lern tanzen, sonst wissen die Engel im Himmel mit Dir nichts anzufangen.!"

Unser Tip

Bocholt (4290)
Galerie der Stadt
Berliner Platz 1, T: 02871-87412
Schwerpunkte: Kupferstiche, Gemälde, Temperas, Aquarelle, Karten und Stadtansichten

Kunstraum der St. Georg Kirche
St. Georg Platz, T: 02871-12683
Schwerpunkte: Goldschmiedearbeiten der Gotik, der Neugotik, des Barock, Gemälde, Tafelbilder, Handschriften u. Frühdrucke

Borken (4280)
Heimatmuseum Heilig-Geist-Kirche
Heilig-Geist-Straße, T: 02861-7011
Schwerpunkte: Vor- und Frühgeschichte, Stadtgeschichte, bäuerlicher und bürgerlicher Hausrat

Coesfeld (4420)
Heimathaus Lette
Bahnhofsallee 10
T: 02546-1301
Schwerpunkte: handwerkliches und landwirtschaftliches Arbeitsgerät, Dorfkirche

Städtisches Heimatmuseum
Letter Straße
T: 02541-5709
Schwerpunkte: geologische Sammlung, spätgotische Holzskulpturen, bürgerliche und bäuerliche Möbel, Holzschnittsammlung des Grafikers Heinrich Everz

Emmerich (4240)
Rheinmuseum Emmerich
Martinikirchgang 2
T: (02822-75207)
Schwerpunkte: Rheinschiffahrt, Schiffs- und Werftmodelle, Landkarten, Stadtansichten

Isselburg (4294)
Museum Wasserburg Anholt
T: 02874-2039
Schwerpunkte: Sammlungen zu den Beständen der Wasserburg, Gemäldegalerie, Porzellansammlung

Kleve (4190)
Städtisches Museum Haus Koekkoek
Kavariner Str. 13
T: 02821-84302
Schwerpunkte: romantisches Jahrhundert, 19. Jh.

Kranenburg (4193)
Katharinenhof und Mühlenturm
Mühlenstr.
T: 02826-1041
Schwerpunkte: Malerei 15. bis 20. Jh., Devotionalien

Ramsdorf (4285)
Heimatmuseum Ramsdorf
Burg Ramsdorf
Burgplatz 4
T: 02863-5375
Schwerpunkte: frühgeschichtliche Funde, Stadtgeschichte, Trachten, Werkzeuge, einige Möbel

Reken (4421)
Heimatmuseum Windmühle
Hauptstr. 6
T: 02864-1242
Schwerpunkte: Geräte aus Haushalt und Landwirtschaft, altes Handwerk

Vreden (4426)
Hamaland-Museum und Bauernhaus-Museum Vreden, Kreismuseum Borken
T: 02564-1036
Schwerpunkt: volkskundliches Sachgut

Antiquitäten Bode

Wir restaurieren in eigener Werkstatt auch Ihre Möbel

Verkauf von bäuerlichen Eichen- u. Weichholzmöbeln

Holthausen 108
(an der B 214)
2841 Steinfeld
☎ 05492/417

ANTIQUITÄTEN- UND KUNSTHANDLUNGEN

Ackeren,
Kavarinerstr. 31
4190 Kleve

Kunsthandlung
Elbers
Großstraße 20
4190 Kleve

Giesen, C.
Bahnhofstr. 29
4190 Kleve

Hoevelmann, J.
Materborner Allee 18
4190 Kleve

Antiquariat
Hogekamp, H.-J.
Schloßstraße 19
4190 Kleve

Jansen Antik
Emmericher Str. 210
4190 Kleve

Kunsthandlung
Sanders, J.
Wasserstraße 4
4190 Kleve

Sevens, U.
Werftstr. 1
4190 Kleve

Weber-Kifte
Windmühle
4190 Kleve

Adenhoff, H.
Markt-16
4192-Kalkar

Antiquitäten im
Mühlenhof
Düffelsmühle
4192 Kalkar

Zumkley, K.H.
Hauptstr.
4236 Hamminkeln

Asam Galerie
Wallstr. 45
4240 Emmerich

Convent
Eltenerstr. 1
4240 Emmerich

Lohmann, J.G.
Wallstr. 45
4240 Emmerich

Kunsthandlung
Bruederle, U.
Schloß Sonsfeld
4242 Rees

Peters, T.
Sebastianstr. 7
4242 Rees

Miethe, H.
Ahauserstr. 95
4280 Borken

Poepping, R.
Realschulstr. 22
4280 Borken

Lehmkuhl
Borkener Str. 40
4282 Velen

Tenkamp, Klaus
Tiergartenstr. 2
4282 Velen

Vollmilch
Dorstenerstr. 20
4285 Raesfeld

Wolden
Schloß Allee 2
4285 Raesfeld

Antiquitäten
Wolter
Schlossallee 2
4285 Raesfeld

Eichener, P.
Königstr. 23
4290 Bocholt

Fels, U.
Nordwallstr. 49
4290 Bocholt

Antiquariat
Heeke, R.
Ostmauer 10
4290 Bocholt

Schulten, F.
Wesemannstr. 8
4290 Bocholt

Kunsthandlung
Siedlaczek, S.
Langenbergstr. 17
4290 Bocholt

Tangerding-Doerner, E.
Königstr. 32
4290 Bocholt

Kunsthandlung
Wissing, K.
Langenbergstr. 10
4290 Bocholt

Buddner
Wüllenerstr. 50
4422 Ahaus

Bittner, P.
Diekers Feld 14
4423 Gescher

Hessing, H.
Dammstr. 51
4423 Gescher

Kreiter, R.
Stadtlohnerstr. 46
4423 Gescher

Leuker, B.
Büren
4424 Stadtlohn

Dietrich, Gisela
Holthauserstr. 29
4425 Billerbeck

Maaser
Markt 2
4425 Billerbeck

Nolden, H.
Wassermühlen 21
4426 Vreden

Moeller, H.
Bahnhofstr. 18
4428 Rosendahl

Breuing
Fürstenstr. 33
4430 Steinfurt

Antike Fundgrube
Gildehauserstr. 68
4432 Gronau

Subgang, A.
Enschederstr. 253
4432 Gronau

Suckau, M.
Bahnhofstr. 25
4432 Gronau

Dober
Schöppingerstr. 18
4435 Horstmar

Almsteck, G. von
Merschstr. 21
4438 Gronau Epe

Caroliens Antik
Stadtring 38
4460 Nordhorn

kunsthaus
Dubbert
Firnhaberstr. 2
4460 Nordhorn

Kupschus
Stadtring 41
4460 Nordhorn

kunsthandel
Moecken
Bahnhofstr. 22
4460 Nordhorn

Kunsthandlung
Reinelt,
Neuenhauserstr. 2
4460 Nordhorn

Scholten u. Sohn
Hakenstr. 14
4460 Nordhorn

Bittner, P.
Diekers Feld 14
4423 Gescher

Hessing, H.
Dammstr. 51
4423 Gescher

Jugendstil

G & W
Antiques
Inhaber Rohn
Hohenstaufenring 74-76 · 5 Köln 1
Telefon
02 21-21 34 81

Art Deco

Kleve

Grüne Insel zwischen Rhein & Maas. Ganzjährig geöffnet.

Ein Garten für Großstädter inmitten der bewaldeten Höhen und weiten Niederungen des linken Niederrheins.

Hier findet man Abstand vom Alltag — zwischen Geschichte und Gegenwart.

Schwanenburg mit geologischer Sammlung, Stiftskirche, Minoritenkirche, Städt. Museum „Haus Koekkoek" und andere wertvolle Baudenkmäler sind eindrucksvolle Zeugen vergangener Jahrhunderte.

Moritzpark, Forstgarten mit Amphitheater und Tiergarten, anschließender Reichswald mit gut ausgebauten Wander- und Radwanderwegen und ein vielseitiges Freizeitangebot laden den Erholungssuchenden ein.

**Auskunft:
Amt für Wirtschaftsförderung und Fremdenverkehr
– Rathaus –
4190 Kleve,
Tel. (02821) 84254
           oder 84267**

Herausgeber: Stadt Kleve · Druck: Reintjes, Graphischer Betrieb, Kleve

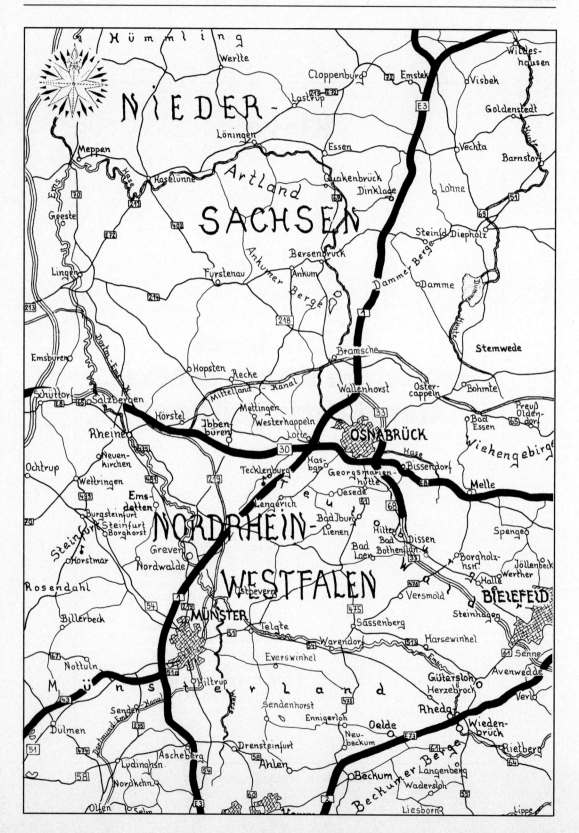

Teutoburger Wald - Münsterland - Tecklenburger Land

Armin, der Cheruskerfürst...

Teutoburger Wald

110 km lang und bis zu 15 km breit erhebt sich das in seinem nordwestlichen Teil zu Niedersachsen gehörende Berg- und Hügelland bis zu 450 m hoch. Parallel zum Teutoburger Wald erstreckt sich als Fortsetzung des Wesergebirges das Wiehengebirge westlich der Porta Westfalica. Beide Höhenzüge waren früher ein Verkehrshindernis, das nur in den Flußtälern zu überwinden war. Sie sind zu einem Naturpark zusammengefaßt. Bedeutend beider geschichtliche Rolle - 9 n.Chr.: Armin, der Cheruskerfürst, schlägt Varus und seine Legionen, verhindert ein weiteres Vordringen Roms nach Germanien. 783 n.Chr.: der letzte heidnische Widerstand gegen die Christianisierungsabsichten Karls des Großen wird unweit von Osnabrück im Wiehengebirge gebrochen (Sachsenherzog Widukind). Dieser läßt sich taufen, die germanischen Götter sind endgültig entthront.

Im Norden findet der Reisende den Übergang zur eiszeitlich entstandenen Geestlandschaft: der 140 m hohe, mit Nadelwald bestandene Endmoränenzug der Ankumer Berge, das große Moor, den Naturpark Dümmer mit dem Dümmersee (Heimat der Graugans, Ferienziel für Wassersportler), die Dammer Berge (Oldenburgische Schweiz), das fruchtbare Artland (Quakenbrück) und schließlich eine der bemerkenswertesten Landschaften in Niedersachsen: der Hümmling, ein bis zu siebzig Meter ansteigender Geestrücken mit vermoorten Tälern und Hochmooren (Dose genannt). Eine Gegend voller Charme.

Osnabrück

Ein mittelalterlicher Flußübergang über die Hase, der zunächst von einer Furt, später von einer Brücke gebildet wurde, begründete die Bedeutung als wichtiger Verkehrsknotenpunkt. Von dieser "Ossenbrüge" leitet sich auch der Name her. Die drittgrößte Stadt Niedersachsens (160.000 Einwohner) ist seit 1200 Jahren Bischofssitz. Historische Bedeutung erlangte Osnabrück durch den Friedensschluß von Münster und Osnabrück, der 1648 den Dreißigjährigen Krieg beendete.

Das Bild der Altstadt wird vom Dom beherrscht, der aus dem 11.Jh. stammt. Das Rathaus mit dem Friedenssaal (Westfälischer Friede), die Marienkirche (um 1320), gut erhaltene Bürgerhäuser (Stadtwaage, Hakenhof, Willmannsches Haus) sowie das fürstbischöfliche Residenzschloß (heute Hauptgebäude der Universität) gehören zu den Sehenswürdigkeiten des bedeutenden Textilortes (Leinwandmesse), der auch dem tüchtigen Bund der Hanse angehörte.

Zahlreiche kulturelle Einrichtungen - Städtische Bühnen, Kunstsammlungen, Kulturgeschichtliches Museum, Diözesan-Museum, Naturwissenschaftliches Museum ...- bereichern das Leben in der Universitätsstadt, die verkehrsgünstig am Schnittpunkt vieler Eisenbahn- und Straßenverbindungen liegt und so für Industrieansiedlungen attraktiv wurde und wird.

Münsterland

Wasserschlösser und Wildpferde, historische Kirchen und die deftige westfälische Küche machen das Münsterland zu einem reizvollen Ausflugsziel. Wasser und Wiesen! Einige kurvenreiche, kleine Straßen, die sich wenige Minuten abseits des Autobahn-Verkehrsgetümmels an den Ausläufern des Teutoburger Waldes entlang in die Ebene des Münsterlandes hinunterschlängeln. Heide und Moor, unzählige Wasserburgen und Schlösser, gebaut zum Schutz vor Überfällen, mit tiefen Wassergräben umgeben, den sogenannten Gräften. Heute mit Seerosen überzogene Gewässer. Naturschutz vielerorts. Burg Vischering, 700 Jahre alt, hübsche Holzbrücken, Darfeld, Ort und Schloß, Merfelder Bruck bei Dülmen - Heimat der letzten Wildpferde Europas. Ein echter Geheimtip für Tierfreunde! - Vielleicht ein Kurzabstecher ins Zwillbrocker Venn, einem Naturschutzgebiet an der Grenze zu Holland. Dort finden sie die größte Lachmövenkolonie Europas auf dem Wasser des Moorsees. - Naturerlebnisse, aber auch zahlreiche besichtigungswürdige Kirchen. "Das Treffen zu Telgte" (Grass)? In der 500 Jahre alten Wallfahrtskirche? Es wird hügelig, wellig ... Münster naht." Buntes, reges Treiben am Dom und auf dem historischen Prinzipalmarkt...

Münster (aus lat. monasterium = Kloster) war schon zu sächsischer Zeit (ab dem 5.Jh.) besiedelt. Das eigentliche Wachstum begann jedoch erst, als Münster 804 Bischofssitz wurde. Bald danach übernahmen die Münsteraner Bischöfe auch die Aufgaben von Landesfürsten und bauten damit ihren Einfluß weiter aus. Als eines der Zentren der Hanse erlebte die Stadt im späten Mittelalter eine Blütezeit. 1534/35 bemächtigte sich die Sekte der Wiedertäufer mit Mord und Terror der Stadt. Als Folge des niedergeschlagenen Aufstandes verlor die Stadt ihre bürgerlichen Freiheiten und leider auch - den Wohlstand.

1648 wurde in Münster der Westfälische Friede geschlossen, der dem 30jährigen Morden und Plündern in Europa ein Ende machte ...

Ein kurzer Stadtbummel, das antike Aussehen der Fassaden täuscht - die Altstadt wurde samt Universität im Zweiten Weltkrieg fast völlig zerstört. Allerdings ein Kompliment den Münsterbauern: Originalgetreu wurden viele historische Bauwerke (gotisches Rathaus, Stadtweinhaus, Krameramtshaus, Erbdrostenhof, St. Paulusdom...) wohlgelungen wieder aufgebaut. Ein Augenschmaus für Besucher des Münsterlandes - vielleicht treffen wir uns zum "Send" - dem größten Volksfest der Region - vor dem ehemaligen Residenzschloß!

Tecklenburger Land
Ein Ländchen voller Poesie, schön in seiner Vielfalt. Es hat Besonderheiten, die es anderswo so nicht gibt. Sagenumsponnene Wanderlandschaft, in der nicht nur wilde Grafen und Ritter, sondern auch große Menschenfreunde zu Hause waren. Bizarre Felsen, Ruine Tecklenburg, das Flüßchen Aa, Seen mit den seltensten Pflanzen, Moorgebiete, "Dörenther Klippen", Hünengräber ("Sloopsteine"), die Liebe zu einfachen Dingen, ein Ländchen aus der Spielzeugschachtel. Sie werden sich wohl fühlen hier in der einzigen Bergstadt Nordwestdeutschlands mit ihrem pittoresken Stadtkern, ihren bezaubernden Fachwerk- und Bruchsteinhäusern in der Nähe des "Heiligen Meers".

Tecklenburg: Die "Legge" (ehem. Leinenprüfanstalt)
Foto: Fremdenverkehrsverband Tecklenburger Land e.V.

Möbel
Im niedersächsischen Emsgebiet, auch um Osnabrück, geht die Volkskunst ganz auf den bäuerlichen Lebensstil zurück. Charakteristische Möbelkennzeichen sind die besonders in den Flächen hervortretenden Achteckfüllungen auf aufgesetzten, gerahmten Achteckkissen, dazwischen oft gedrehte Halbsäulen. Als oberer Abschluß dient ein kleines Rundbogenmotiv. Bestimmend für die Möbelkunst im Münsterland war ein selbstbewußter Landadel mit charaktervoller Eigenständigkeit. Stilisierte, sehr konservative Möbel, meist bäuerlich, oft derb, mit Eiche als Blindholz und reich geschnitztem Zierrat. Geschmückt mit sternförmigen Intarsien aus Mooreiche und Ahorn, reiche Marketerien mit munteren Motiven aus dem Landleben. Parallelen zum Braunschweiger Möbel: Stollen-Kastentruhe, Stollen-Schreibschränke, Milchschränke, Stollenschränke. Als Sonderheit trat in dieser Region der verglaste Schrank in variantenreichen Ausführungen auf.

Unser Tip

Mühlenhof-Freilichtmuseum
Sentruper Straße 223
Telefon 0251-82074
4400 Münster

Im September 1961 begann sein Werden mit der Einweihung der aus dem nördlichen Emsland nach Münster versetzten Bockwindmühle aus dem 18. Jahrhundert.

Die Münsteraner und Westfalen aller Stände und Jahrgänge beteiligten sich von Anfang an mit einem bewundernswerten Eifer am Aufbau und dem Erwerb und Wiederaufbau weiterer Exponate.

Auf verhältnismäßig kleinem Raum (5 Morgen) ist das Museum im Laufe der Jahre zu einem vielbesuchten Zielpunkt im Freizeitangebot der Stadt Münster geworden.

Träger des Freilichtmuseums ist der Verein "De Bockwindmüel e.V."(1963), der sich die Aufgabe gesetzt hat, handwerkliches und bäuerliches Kulturgut aus dem Raum Westfalen mit Schwerpunkt Münsterland und Emsland zu sammeln und der Öffentlichkeit vorzustellen. Der Verein soll Bindeglied zwischen Stadt und Land sein und wird getragen vom Bürgersinn und freiwilligen Leistungen.

Zum wirtschaftlichen Untergrund trägt die jährlich steigende Besucherzahl bei, dann aber auch der gastronomische Nebenbetrieb (Gräftenhof, altes Mühlenhaus und Dorfkrug werden im Anschluß an die offiziellen Besuchszeiten für Begegnungen verschiedenster Art vermietet.
Die reiche und gediegene Innenausstattung aller Gebäude und Räume ist original echt und sehenswert. Die Leitung des Museums hat es bisher verstanden, durch Ausstellungen volkskundlicher Art, durch Vorträge und Führungen die Anziehungskraft und das Besuchserlebnis zu steigern.

Das Mühlenhof-Freilichtmuseum Münster ist ein hochinteressantes, lebendiges Museum!

Öffnungszeiten:
Das Mühlenhof-Freilichtmuseum ist zwischen 9 und 17 Uhr geöffnet. In den Wintermonaten Dez. bis März behält sich die Museumsleitung die Schließung (vormittags) vor. Abendveranstaltungen nach vorheriger Vereinbarung das ganze Jahr hindurch.

Antik- und Auktionshaus
G. Dietrich • Holthauser Straße 29
4425 Billerbeck Telefon 02543 / 4086
Öffnungszeiten :
werktags von 10.00 -18.00 Uhr und nach Vereinbarung
Ständiger Freiverkauf
8 Auktionen im Jahr

UNSER TIP

Museumsdorf Cloppenburg
Niedersächsisches Freilichtmuseum

Das Niedersächsische Freilichtmuseum Cloppenburg hat bereits eine längere, in der Museumsanlage und an den Museumsgebäuden ablesbare Geschichte. In seiner Gründungsphase war es das kulturhistorische Regionalmuseum für das Oldenburger Münsterland, trug in der Zeit des Aufbaus von 1922 bis 1934 umfängliche Sammlungen zur Ur- und Frühgeschichte, zur Kunstgeschichte und Volkskultur des Oldenburger Münsterlandes sowie der angrenzenden Regionen zusammen und erforschte zugleich intensiv die Kulturgeschichte dieses Raumes. Eine Neuorientierung und Erweiterung seines Programms erfuhr dieses Museum im Jahre 1934, als ihm die Aufgabe übertragen wurde, in einer großflächigen, dorfähnlichen Anlage die Bau- und Wohnkultur der ländlichen Bevölkerung durch umgesetzte historische Originalbauten zu dokumentieren. Seitdem ist das Cloppenburger Museum zu einem Freilichtmuseum geworden, ist es das älteste "Dorf-Museum" Deutschlands.

Der zunächst rasche Ausbau dieses einzigartigen Freilichtmuseums wurde infolge des Krieges und durch erhebliche Zerstörungen in den letzten Kriegstagen zwar arg verzögert, aber schon in den sechziger Jahren waren alle Kriegsschäden behoben: Die Attraktivität der Gesamtanlage wurde durch eine Vielzahl wiedererstellter historischer Baulichkeiten erheblich gesteigert. Nunmehr wurde diesem Museum auch die längst überfällige wirtschaftliche Absicherung zuteil, so daß langfristig geplant, gebaut, gesammelt und geforscht werden konnte; denn im Jahre 1961 wurde das Museumsdorf Cloppenburg als rechtsfähige Stiftung (Körperschaft öffentlichen Rechts) des Landes Niedersachsen etabliert und etatisiert sowie durch die Zusatzbezeichnung "Niedersächsisches Freilichtmuseum" auf eine spezielle gesamtniedersächsische Kulturaufgabe festgelegt, die da lautet: Das "Museumsdorf Cloppenburg - Niedersächsisches Freilichtmuseum" zu verwalten, zu unterhalten und auszubauen, damit es ein kulturgeschichtlich möglichst geschlossenes Bild alter ländlicher Bau- und Volkskultur Niedersachsens bietet und eine lebendige Stätte der Forschung und Volksbildung sein möge. Mittlerweile sind, nach über fünfzig Jahren Aufbauarbeit, im Cloppenburger Freilichtmuseum 52 historische Gebäude erstellt worden; zahlreiche beispielhafte Hofanlagen in der Bautradition des Niederdeutschen Hallenhauses aus Niedersachsen, des Gulfhauses aus Ostfriesland, der Heuerlings- und Tagelöhnerhäuser; ferner Wind-, Tier- und Muskelmühlen, selbst eine Kirche, eine Schule und ein Adelshaus sowie große historische Gebäude als Ausstellungshallen. All diese Gebäude vermitteln mit ihrer kompletten Inneneinrichtung einen "begreifbaren" Einblick in das Arbeiten und Wohnen der Bauern, Landarbeiter und Handwerker im ländlichen Raum.

Auch wenn in naher Zukunft der Wiederaufbau von insgesamt 70 geplanten größeren und kleineren Originalgebäuden im Niedersächsischen Freilichtmuseum Cloppenburg verwirklicht sein wird, ist damit noch keineswegs die eigentliche Museumsarbeit erschöpft. Stets bedürfen die ausgewählten Beispiele und die zusammengetragenen Sammlungen intensiver Erforschung. Deren Ergebnisse sind nicht nur durch Veröffentlichungen vorzulegen, sondern in einem Museum vor allem auch durch Ausstellungen aufzubereiten, museumsdidaktisch umzusetzen und einem interessierten Publikum anzubieten.

Diesem Auftrag versucht das Museumsdorf Cloppenburg, das jährlich von ca. 300.000 Personen besichtigt wird und seit dem Ende des Zweiten Weltkrieges bereits von mehr als sieben Millionen Besuchern aufgesucht wurde, durch jährlich wechselnde Ausstellungen in den zusätzlichen Ausstellungsgebäuden "Bur Arkenstede" sowie in der im Jahre 1981 erbauten "Münchhausen-Ausstellungshalle" (mit 2.500 qm Ausstellungsfläche in fünf Etagen) gerecht zu werden.

Volkskundliche, agrargeschichtliche und kulturhistorische Themen überregionaler Art werden hier musuemsdidaktisch präsentiert und in begleitenden wissenschaftlichen Katalogen dokumentiert.

Prof. Dr. Helmut Ottenjann

Öffnungszeiten:
Sommer: 8-18 Uhr, So 9-18 Uhr;
Winter: 9-17 Uhr, So 10-17 Uhr

(Siehe auch Seite 90: "Haustypen Niedersachsens")

**Westfälisches Landesmuseum
für Kunst und Kulturgeschichte**
Domplatz 1
4400 Münster

Bildwerke des Frühmittelalters, Skulpturen von der Überwasserkirche und vom Dom in Münster. Glasmalerei, westfälische Tafelmalerei der Spätgotik, Gemälde von Ludger und Hermann tom ring, Goldschmiedekunst, Wrangelschrank, Landesgeschichte;
Kunst und Geschichte vom Barock bis zur Gegenwart: Niederländische Malerei, Kunsthandwerk (Riesener, Rübestück), Architekturzeichnungen (Pictorius, Schlaun, Lipper), Gemälde vom Biedermeier bis zur Gründerzeit, Geschichte des 17. bis 19. Jh., Portraitarchiv Diepenbroick ;

Moderne Galerie: Deutscher Impressionismus, Expressionismus, Bauhaus, Informel, Konstruktivismus, Op Art, Nouveau Réalisme, Hard Edge.
Öffnungszeiten:
täglich von 10 - 18 Uhr, montags geschlossen

ANTIQUITÄTEN- UND KUNSTHANDLUNGEN

Krogmann, Hermann
Wicheler Flur 4
2842 Lohne, Oldb.

Casa Niveau
Wolbeckerstr. 43
4400 Münster

Goeken
Hollenbeckerstr. 37
4400 Münster

Ketz
Scharnhorststr. 92
4400 Münster

Kunst+Auktion.
Buddenstr. 3-6
4400 Münster

Roerkohl, Werner D.
Wermelingstr. 5
4400 Münster

Deele Möbel
Haßlinger Str.23
2844 Lemförde

Antiquitaeten
Alter Steinweg 36
4400 Münster

Knsthandlung
Goetting, H.
Alter Fischmarkt 7
4400 Münster

Kiene, Rudolf
Pleistermühlenweg 194
4400 Münster St. Mauritz

Nuristan
Nassiri, Akbar
Bült 5
4400 Münster

Antiquariat
Rosta Bücher
Spiekerhof 34
4400 Münster

Celmer, Brigitte
Donstorf 8
2847 Barnstorf

Kunsthandlung
Commedia
Frauenstr. 9
4400 Münster

Kunsthandlung
Hachmeister, H.
Klosterstr. 12
4400 Münster

Kunsthandlung
Kleiner Raum Clasing
Prinzipalmarkt 37
4400 Münster

Nettels, Galerie
Spiegelturm 3
4400 Münster

Antiquariat
Ruck, Helmut
Staufenstr. 45
4400 Münster

Galerie
Aegidiimarkt
4400 Münster

Cziszer
Aegidiistr. 12
4400 Münster

Haemann, Annette
Warendorferstr. 76
4400 Münster

Koesters, Wilhelm
Prinzipalmarkt 45-46
4400 Münster

Kunsthandlung
Nolte, M.
Rothenburg 32
4400 Münster

Antiquariat
Ruettger, O.
Lortzingstr. 2
4400 Münster

Andersen, B.
Nieberding 10
4400 Münster

Depping, N.
Hötzenweg 65
4400 Münster

Hessing, M.
Horstmarer Landweg 263
4400 Münster

Kunsthandlung
Krause, Hermann
Beelerstiege 2
4400 Münster

Nonhoff, Anne Theres
Wilhelmstr. 3
4400 Münster

Schiller, B.
Wenningweg 63
4400 Münster

Anne
Kanalstr. 30
4400 Münster

Ostendorff, Galerie
Prinzipalmarkt 11
4400 Münster

Schlummer's Laden
Ringoldgasse
4400 Münster

Antik
Aldruperstr. 132
4400 Münster

Antiquariat
Pandora
Warendorfer Str. 137
4400 Münster

Schneider
Nordstr. 53
4400 Münster

Die Kleine Tenne
Inh. M. Overkämping
Antiquitäten
Kiefernmöbel, Eichenmöbel, u.v.m.
6 km von Münster
(zwischen Hohenholte und Altenberge)
ALTENBERGE, WALTRUP 104
TELEFON 02505 / 1640

Antik Lager
Nieberdingstr.10-12
4400 Münster

Pegaus
Bremer Platz 5
4400 Münster

Schulz-Klingauf
Jüdefeld 39
4400 Münster

Aulock, Andrea
Grenkuhlenweg 2
4400 Münster

Doeme, Antiquariat
Frauenstr. 49
4400 Münster

Heurer+Schumacher
Ostmarktstr. 65b
4400 Münster

Kunsthandlung
Kuhlmann, Heinrich
Salzstr. 11-13
4400 Münster

Pilz
Fr. Ebert Str. 110
4400 Münster

Antiquariat
Schulze, Wolfram
Grevenerstr. 161
4400 Münster

Ballestrem,
Weselerstr. 311
4400 Münster

Domino
Hansargasse 32
4400 Münster

Hille u. Lehmeier
Im Derdel 17
4400 Münster

Ludgerigalerie
Windthorststr. 65
4400 Münster

Kunsthandlung
Pohlkoetter, B.
Rothenburg 38
4400 Münster

Schumacher
Albersloherweg 539
4400 Münster

Belle Epoque
Rosenplatz 10
4400 Münster

Eibel
Mecklenbeckerstr.387
4400 Münster

Schwender, Juergen
Auf der Laer 21
4400 Münster

Berger, Volker
An der alten Ziegelei
4400 Münster

Kunsthandlung
Etage
Prinzipalmarkt 37
4400 Münster

Antiquitäten
Kuriositäten
B. Debbrecht

Rheiner Landstr. 83
4500 Osnabrück
Telefon
(0541) 45325

MÖBEL & TRÖDEL

Seeliger, F.
Gropiusstr. 3
4400 Münster

Broeker
Georgskommendestr. 9
4400 Münster

Exquisit
Pantaleonplatz 4
4400 Münster

Skandia
Ludgeriplatz 4-6
4400 Münster

Antiquariat
Broich, J.
Kuhstr. 11
4400 Münster

Kunsthandlung
Falger
Salzstr. 37
4400 Münster

Schmuck Antik
Steinmann, K.
Windhorststr. 32
4400 Münster

By Laurin
Mariendorferstr. 48
4400 Münster

Flasse
Friedrich Ebertstr. 69
4400 Münster

House of Nesbit
Handorferstr. 20
4400 Münster

Antiquariat
Rosenstr. 5-6
4400 Münster

Puers, A.
Westfalenstr.143
4400 Münster

Steinroetter, Galerie
Königstr. 42
4400 Münster

Galerie
Bahnhofstr. 12
4400 Münster

Gathmann, Franz
Otto Hahn Str. 15
4400 Münster

Huster, H.
Wolbeckerstr. 18
4400 Münster

Kunsthandlung
Mehren, F.u.A.
Telgenweg 8
4400 Münster

Pullan, H.
Warendorfstr. 149
4400 Münster

Kunsthandlung
Tamm, Kornelia
Schierländerweg 31
4400 Münster

Teufel
Alter Fischmarkt 7
4400 Münster

Kunsthandlung
Thiesen, J.
Hollenbeckerstr. 25
4400 Münster

Till Weber
Steinfurterstr. 15
4400 Münster

Van Delden
Bogenstr. 11
4400 Münster

Veltel
Bremer Platz 11
4400 Münster

Wehse, R.
Nordstr. 2
4400 Münster

Wessels, R.
Bergstr. 69
4400 Münster

Kunst im Speicher
Wetter
An der Kleimannb. 36
4400 Münster

Antiquariat
Wilsmann, M.
Zur dicken Linde
4400 Münster

Wohl, Dietmar
Rothenburg 45
4400 Münster

Worch, E.
Am Tiergarten 23
4400 Münster

Zauberfloete
Metzerstr. 34
4400 Münster

Kay, Gordon
Rathausstr. 27
4402 Greven

Vorspohl, Klara
Dorfstr. 5
4403 Senden

Nostalgie Stube
Boerner, Hans
Münsterstr. 33
4404 Telgte

Dondrup
Mersch 10
4404 Telgte

Willach, Gabriele
Grevenerstr. 10
4404 Telgte

Kemper, A.
Kastanienplatz 12
4405 Nottuln

Leifeld-Strickeling
Stevern 13
4405 Nottuln

Buschmann, H.
Eickenbeck
4406 Drensteinfurt

Corbach-Kerr, Monika
Alte Dorfstr. 1
4406 Drensteinfurt-Rinkerode

Wolzenburg,+Knirsch, Altend.
4406 Drensteinfurt-Rinkerode

Lohmann, Alfons
Austum 3
4407 Emsdetten

Brock
Coesfelderstr. 103
4408 Dülmen

Quast, G.
Max Planck Str. 7
4408 Dülmen

Westphal
Felderstr. 12
4408 Dülmen

Signorello, S.
Gennerich 18
4409 Havixbeck

Budde
Brünebrede 34
4410 Warendorf

Budde, K.H.
Hesselbrink 4
4410 Warendorf

Weiler, A.
Markt 9
4410 Warendorf

Weilinghaus, J.
Hohe Str. 6
4410 Warendorf

Diewald, I.
Warendorferstr. 27
4413 Beelen

Kamphans, T.
Ostenfelderstr. 39
4413 Beelen

Henk, P.
Twillingen 45
4414 Saaenberg

Eckervogt
Sungerstr. 37
4415 Sendenhorst 2

Kunsthandlung
Ellering, P.u.B.
Borndal 14
4417 Altenberge

Die kleine Tenne
Overkaemping
Waltrup 104
4417 Altenberge

Zurholt, E.
Lindenstr. 8
4417 Altenberge

Krüssel,
Rottsteige 6
4418 Nordwalde

Muehting
Gerleve 15
4420 Coesfeld

Vielhauer
Am Roten Baum
4420 Coesfeld

Buechter, E.
Peterstr. 30
4440 Rheine

Fritsch u. Roemmeler
Willibordstr. 14
4440 Rheine

Kunsthandlung
Soisch,
Schloßstr. 24
4440 Rheine

Stegemann-Nienkemper
Markt 1
4440 Rheine

Kunsthandlung
Stiegemann-Schoepper
Marktstr. 5
4440 Rheine

Dubbert,
Wilhelmstr. 10
4444 Bad Bentheim

Antike Möbel
Schmidt, W.
Börsteler Str. 11
4448 Berge

Antiquitäten und Kunst
Elisabethstr. 13
4450 Lingen

Ilsemann, V.
Mühlentorstr. 5
4450 Lingen

Uhrenmuseum Bad Iburg

Täglich ab 10 Uhr geöffnet

mit der größten Taschenuhr der Welt!
Am Gografenhof 5 - 4505 Bad Iburg
zwischen Post und Rathaus (an der B51)
Telefon 05403-2888

Etwas besonderes bietet das Uhrenmuseum Bad Iburg. Hier können im ersten Stock eines alten Hauses aus dem Jahre 1820 über 350 verschiedene Uhren bewundert werden. - 12 Kirchturmuhren, Schwarzwalduhren, Standuhren, Sonnen- und Sanduhren, Sambouhren, Sägeuhren, Schiffs-, Wasser- sowie Stühlchenuhren und viele mehr erläutern anschaulich 200 Jahre Geschichte der Zeitmessung. Ein echtes Erlebnis!

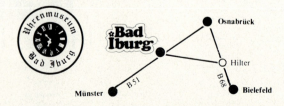

Gehdke, E. Lingener Str. 11 4454 Bawinkel	Boutique-Antik Lotter Str. 111 4500 Osnabrück	Galerie Große Gildewart 27 4500 Osnabrück	Krüger, H. Gr. Fiederweg 21 4500 Osnabrück	Schatztruhe Oeseder Str. 91 4504 Georgsmarienh.	Szalinski, Peter Gramberger Str. 7 4516 Bissendorf
Galerie Hasestr. 13 4470 Meppen	Antiquitäten Böert Georgstr. 16 4500 Osnabrück	Antiquariat Harlinghausen, K. Arndtstr. 5 4500 Osnabrück	Laubinger, R. Piesberger Str. 58 4500 Osnabrück	Kunsthand!ung Weber, H. Auf dem Thie 4 4504 Georgmarienh.	Kunsthandlung Helbig, H. Eppend Weg 23 4517 Hilter a. T. W.
Wilken, Johannes Hollandstr. 13 4472 Haren	Clasing, Galerie Hegerstr. 51 4500 Osnabrück	Kunsthandlung Huelsmeier, Th. Hegerstr. 7-9 4500 Osnabrück	Malakka, Galerie Bierstr. 2 4500 Osnabrück	Godt, W. Rathausstr. 6 4505 Bad Iburg	Kunsthandlung Hoerstemeier, I. Mühlenstr. 11 4520 Melle
Bley, Bernhard Hauptstr. 81 4475 Spahnharrenst.	Debbrecht, Benno Rheiner Landstr. 83 4500 Osnabrück	Illmer, Galerie Hasestr. 58 4500 Osnabrück	Kunsthandlung Moser, M. Hegerstr. 26 4500 Osnabrück	Kunsthandlung Gaeng, A. Im Lorenkamp 32 4506 Hagen	Oberdiek, H. Ligusterstr. 6 4520 Melle-Buer
Anno dazumal Lotter Str. 27 4500 Osnabrück	Kunsthandlung Deco Art Johannisstr. 119 4500 Osnabrück	Kunsthandlung Justus, Gerd Langestr. 12 4500 Osnabrück	Restaurationsgruppe Paetzke-Mühlenbein Großer Gildewart 19 4500 Osnabrück	Haunhorst,Th. Tecklenburger Str. 52 4507 Hasbergen	Raude, F. Schützenstr. 35 4520 Melle- Wellingholzhausen
Antik An der Vitischanze 4500 Osnabrück	Kunsthandlung Esch Domhof 2	Kerckhoff, K. Bischofsstr. 8 4500 Osnabrück	Antiquariat Scholl, W. Lange Str. 33 4500 Osnabrück	Kremer, K. Am Bockholt 3 4512 Wallenhorst	Stumpe, N. Mühlenstr. 36 4520 Melle
Antiquariat Bojera + Kellinghaus Arndtstr. 7 4500 Osnabrück	Fritz-Antik Bierstr. 17/18 4500 Osnabrück	Kordes, P. Iburgerstr. 50 4500 Osnabrück	Seinerzeit Lotter Str. 58 4500 Osnabrück	Möller KG Bremer Str. 40 4514 Ostercappeln	Montana GmbH Glücksburgerstr. 39 4530 Ibbenbüren
Bosse, P. Gildewart 20 4500 Osnabrück	Galerie Alte Münze 25 4500 Osnabrück	Antiquariat Kraemer + Hansen Laischaftsstr. 14 4500 Osnabrück	Voigt+Feldker Lotter Kirchweg 75 4500 Osnabrück	Fark, F. Westerwiesenweg 4 4516 Bissendorf	Kipp, M. Kuhdamm 95 4540 Lengerich

Antik- und Auktionshaus

G. Dietrich • Holthauser Straße 29

4425 Billerbeck Telefon 02543 / 4086

Öffnungszeiten :

werktags von 10.00 -18.00 Uhr und nach Vereinbarung

Ständiger Freiverkauf
8 Auktionen im Jahr

Knirsch, R. In den Hiärken 7 4540 Lengerich	Galerie Art Haus Am Markt 35 4550 Bramsche	Schulte, H. Mühlenweg 3 4553 Merzen	Antiquitäten Hauptstr. 18 4557 Fürstenau	Koldehoff, G. Langen 4574 Badbergen	Antik Markt Westrichweg 4 4740 Oelde
Steinigeweg Ibbenbürenerstr. 1 4542 Tecklenburg	Kunsthandlung Remme, W. Riesterweg 25 4550 Bramsche	Voss, P. Haferkamp 6 4553 Merzen	Antike Möbel Koddenberg, Ang. Quakenbr. Str. 3 4558 Bersenbrueck	Frederichs, J. Molbergerstr. 13 4590 Cloppenburg	Antik Lager Stromberg Speckenstr. 40 4740 Oelde Stromberg
Schulte-Freckling, E. Dorfstr. 11 4544 Ladbergen	Mertens, J. Osteroden Weg 13 4553 Merzen	Kremer, H. Grüner Weg 1 4554 Ankum	Knappert, W. Brunner Str. 4573 Löningen	Kunsthandlung Dinnendahl, A. Haus Diek 4722 Enningerloh	Kunsthandlung Dahms, P. Bahnhofstr. 7 4740 Oelde

MUSEUMSDORF CLOPPENBURG

NIEDERSÄCHSISCHES FREILICHTMUSEUM

POSTFACH 1344
4590 CLOPPENBURG
TELEFON 04471 / 2504

SOMMER:	WERKTAGS	8.00	- 18.00
	SONNTAGS	9.00	- 18.00
WINTER:	WERKTAGS	9.00	- 17.00
	SONNTAGS	10.00	- 17.00

**LBB Antiquitätenzubehör
Gerd Limbrock
Nieringserweg 26 a
5870 Hemer 3
Telefon 02372/61591**

mehr als 1200 Artikel ständig auf Lager
bitte Katalog anfordern gegen DM 4,-

Möbelbeschläge
Schlösser
Scharniere
Bänder
Holzteile
Intarsien
Schellackpolituren
Bienenwachs
Beizen
Profilleisten
Riegel
Schlüssel
Wachskitt

Kunsthandlung Jakobi, K. Ahornweg 10 4740 Oelde	Antiquariat Erdlen, Paul Kirchplatz 10 4802 Halle	Antiquitäten Büteröwe, Waltraud Berliner Str. 2 4830 Gütersloh	Kunsthandel Oelker, E. Berliner Str. 39 4830 Gütersloh	Kunsthandlung Brummel, Jutta Bahnhofstr. 32 4835 Rietberg	Kunsthandlung Dahms, P. Bahnhofstr. 7 4740 Oelde
Lindemann Spellerstr. 8 4740 Oelde	Lohmann, G. Talstr. 10 4802 Halle	Kunsthandlung Grabenheinrich, H. Kökerstr. 5a 4830 Gütersloh	Puls, H. Dalkestr. 2a 4830 Gütersloh	Kunsthandlung Gaeng, A. Im Lorenkamp 32 4506 Hagen	Antik Markt Westrichweg 4 4740 Oelde
Antik-Lager Halle Bismarckstr. 5 4802 Halle	Kunsthandlung Loy, D. Im Entenort 8 4804 Versmold	Galerie Spiekergasse 12 4830 Gütersloh	Voss, Gisela Münsterstr. 18 4830 Gütersloh 1	Antiquariat Dempwolf, Ursula Damaschkeweg 19a 4830 Gütersloh	Antik Lager Stromberg Speckenstr. 40 4740 Oelde Stromberg

Antiquitäten Bode

Wir restaurieren in eigener Werkstatt auch Ihre Möbel

Verkauf von bäuerlichen Eichen- u. Weichholzmöbeln

Holthausen 108 (an der B 214) 2841 Steinfeld ☎ 05492/417

Freizeit + Erholung + Unterhaltung + Hobby =

Information:
Fremdenverkehrsverband Tecklenburger Land e. V.
Meesenhof 5 (Kreisheimathaus), 4542 Tecklenburg, Tel. 0 54 82 / 70 810
– Eine Service-Einrichtung des Kreises Steinfurt –

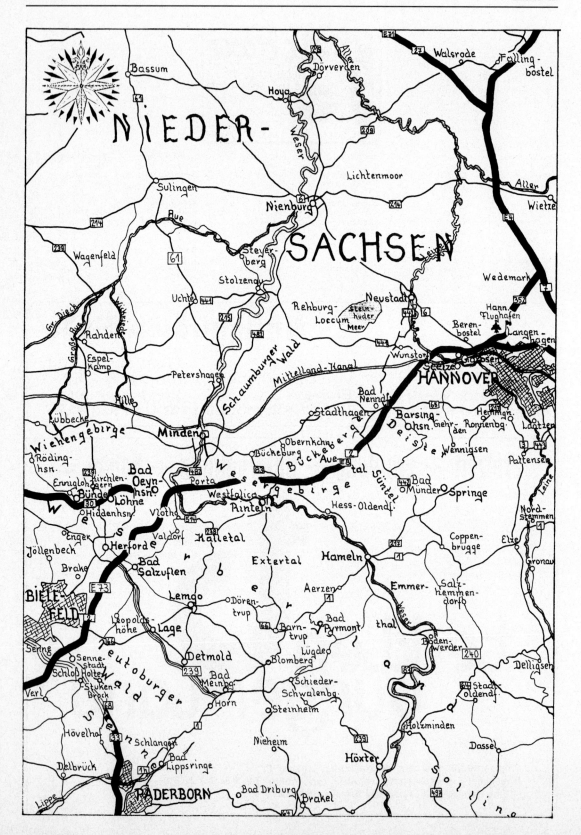

WESERBERGLAND

"Münchhausen lebt ..."

Landesnatur
Die Mischung stimmt. Das Weserbergland bietet Natur, die noch intakt ist - und Städte, in denen das Leben geruhsam verläuft. Hessens Nordzipfel, der Osten Nordrhein-Westfalens, die Südwestflanke Niedersachsens: Das Weserbergland.

Der ruhige Fluß, einsame, dunkle Wälder, Fachwerkstädtchen, Schlösser aus der Renaissance, Märchenburgen, anmutiges Bergland. Oberhalb von Minden nimmt der Fluß Abschied von den Hügeln, strömt durch die Westfälische Pforte in die Norddeutsche Tiefebene, der Hafenstadt Bremen und dem Meer zu.

Westlich der Weser liegen Reinhardswald, Eggegebirge, Teutoburger Wald, Lippisches Bergland und Wiehengebirge. Und im Osten? - Bramwald, Solling, Vogler, Hils, Ith, Süntel, Deister, Bückeberge und Wesergebirge - vertraute Namen, von Kreuzworträtseln her. Zwei Gipfel prägen sich ein: der Vogler und der Wittekindsberg; der erste wegen seines grünen Buckels, der zweite dank des Kaiser-Wilhelm-Denkmals, das ihn ziert oder verunziert, ganz wie Sie wollen.
Kleine, verwinkelte Welt? Ein Land, wo man noch um zwölf Uhr zu Mittag ißt, auch heute noch ...

Vergangenheit
Heute an der Peripherie, früher im Schnittpunkt großer Handelswege und Heerstraßen, noch früher Schauplatz des gewaltigen Aufeinanderpralls zweier Kulturen, einer weltumspannenden und einer keimenden. Roms Adler mußten im Dickicht des Teutoburger Waldes Federn lassen, über die Weser kamen sie nicht, hier begann schon seit eh und je der Norden ...

Hier in einer Landschaft für romantische Gemüter liegt Dornröschens Schloß, die Sababurg, im Reinhardswald. Der Baron von Münchhausen spann sein Garn in Bodenwerder, Herr Heinrich träumte am Vogelherd, Wilhelm Raabe aus Eschershausen schuf seine literarischen skeptischen Käuze und Hermann Löns seinen "Werwolf" in Bückeburg; und, und, und,...

Franz von Dingelstedt hat hier "so manches liebe Mal mit seiner Laute gesessen ... und hatte die Welt vergessen." Dazu noch der legendäre Rattenfänger von Hameln, der Doctor Eisenbart aus Münden, gar Hoffmann von Fallersleben, Verfasser des "Deutschlandliedes", Bibliothekar in Corvey ... eine gar wunderliche Gesellschaft!

Fachwerk (Weserrenaissance)
Ein Wandgefüge aus senkrecht stehenden Kanthölzern, den Ständern, die auf der waagrechten Schwelle aufsitzen und oben vom ebenfalls waagrechten "Rähm" gebunden werden. In die so gefügten Rechtecke sind in der Waagrechten Riegel, in der Schräge Streben eingefügt. Mit der Zeit verschönerten dann die Bildschnitzer, die "Schottilier" (Tischler), Maler und selbst die Maurer immer mehr die Arbeit des Zimmermanns: Die Fächer wurden mit Ziegeln in vielerlei Mustern ausgemauert; Schnitzereien, Bemalungen, Inschriften bereicherten außerdem die Geometrie der Fassaden. Schließlich durchdrangen, vor allem zur Zeit der Weserrenaissance, die Formen der Stein- und Holzarchitektur einander. Die besonders kostbar verzierten Häuser muten wie riesige Schränke an. (Dempftersches Haus in Hameln; Haus Sasse in Rinteln, Hämelschenburg zwischen Bad Pyrmont und Hameln ...)

Der Rattenfänger von Hameln
Waren es Kinderkreuzzüge, Seuchen, die grassierende "Tanzwut", gar eine Naturkatastrophe?? ... am 26. Juni 1284 verschwanden in der Stadt 130 Kinder, spurlos ... am Johannistag ... auf Nimmer-

Alter Markt

Die Sparrenburg in Bielefeld

Made in Bielefeld
- Oldtimer der stadtgeschichtlichen Ausstellung
Alle Aufnahmen auf dieser Seite:
Presse- und Verkehrsamt Bielefeld

wiedersehen in die Fremde - Sage, Deutung - ein um seinen Lohn für die Rattenersäufnis Geprellter - "Auszug der Hämelschen Kinder" - Aderlaß, Schock ... Die Sage ging um die Welt, hat die Weserstadt in der ganzen Welt berühmt gemacht. Sie ist mittlerweile in ca. 30 Sprachen übersetzt und von zahlreichen Literaten aufgegriffen, phantasievoll "behandelt" worden: Goethe, die Gebrüder Grimm, Pavel Kohout, Zuckmayer - mag sein, Sie finden eine für Sie plausible Erklärung, Deutung - im Museum an der Osterstraße, im Leistschen Haus, beim Pfeifenklang der Querflöte.

"Lügenkaiser"
"Sollte daher einer ... an derlei Erzählungen Vergnügen finden, so lade ich ihn ein, mich auf meinem Gute zu besuchen ..."
Herr Hieronymus Carl Friedrich von Münchhausen, ehemaliger Russisch-Kaiserlicher Rittmeister bei dem großfürstlichen Kürassierregiment, auch Erbherr auf Rinteln, Schwöbber und Bodenwerder, wie auch Gutsherr auf Hunzen - und seine galanten Abenteuer - wer kennt sie nicht? Er reitet auf halbiertem Pferd, ... auf einer Kanonenkugel ... das Rauschen der Weser ... Einbildungskraft, Lüge ... Die Chroniken behaupten, daß im zugeschütteten Gewölbe der Kemnader Klosterkirche Hieronymus Carl Friedrich von Münchhausen letzte Ruhe fand.

Das blaue F mit der Krone
Der 11. Januar 1747 wird zum bedeutendsten Tag in der Chronik Fürstenberg.
Fürstenberg - bis zu jenem Zeitpunkt ein Ort, weltabgeschieden, am hohen Felsufer der Weser - beschließt, berühmt zu werden:
Herzog Carl I. dekretiert die Gründung einer Porzellanmanufaktur. Dem Meißner Beispiel (Böttger) nacheifernd, wollte Herzog Carl als "Unternehmer" - das Wort gab es damals schon - "weißes Gold" herstellen. Er fand Fachleute, Könner (Benckgraft aus Höchst, Simon Feilner) - und es gelang: in den siebziger Jahren des 18. Jahrhunderts erlebte Fürstenberg seine Hochblüte. Gebrauchsgeschirre und Vasen, mit Dekoren, die von "pfiffigen" Malern stammten, machten Fürstenberger Porzellan weithin bekannt und berühmt, obwohl die Konkurrenz inzwischen recht zahlreich war. Außer Meißen drängten auch die Manufakturen Nymphenburg, Wien, Höchst, Ludwigsburg, Frankenthal und Berlin auf den begrenzten Markt. Dank guter Modelleure, den "Porzellinern", Malern und Brennern ist Porzellan aus Fürstenberg an der Weser ein Begriff geworden - bis zum heutigen Tage.
Handwerkliche Kunst. Drehen, Gießen, Brennen, Glasieren, Schleifen und Malen. Ein Produkt aus Feldspat, Kaolin, Quarz und Wasser, gehärtet und getrocknet im warmen Lufthauch, gebrannt im Feuer, seit über 200 Jahren ...

Tips
Oberweser: Wie Perlen einer Kette liegen traumhaft schöne Orte am geschlängelten Lauf. Solling und Vogler locken zu verwunschenen Spaziergängen. Burgen und Schlösser laden zum Besuch.

Leinetal: Burgturm in Adelebsen, Bad Gandersheim, Göttingen, Northeimer Seenplatte. Einbeck, wo im Mittelalter das süffige Bockbier erfunden wurde.

Schaumburg/Porta Westfalica: Erleben Sie Natur und Geschichte. Die alte Grafschaft Schaumburg an der Weser. Auetal, Extertal und Kalletal.

Steinhuder Meer: Norddeutschlands schönstes Segelrevier. Steinerne Zeugnisse einer bewegten archäologischen Geschichte.

Deister-Süntel-Ith-Osterwald: Bergzüge, Wasserbaum in Ockensen, Wisentgehege im Saupark bei Springe (55 einheimische Wildarten), Bergwerkstollen im Osterwald.

Badekuren: Bad Pyrmont (Der Hyllige Born), Bad Oeynhausen...

Porta Westfalica: Durchbruchstelle der Weser durch Wiehen- und Wesergebirge. Auf dem Wittekindsberg (277m) steht das bekannte, altehrwürdige Kaiser-Wilhelm-Denkmal.

Unser Tip

Westfälisches Freilichtmuseum Detmold
Landesmuseum für Volkskunde
4930 Detmold

Mit etwa 90 historischen Gebäuden auf 80 ha abwechslungsreicher Landschaft am Fuße des Teutoburger Waldes ist das Westfälische Freilichtmuseum Detmold das größte Freilichtmuseum Deutschlands und gleichzeitig das Landesmuseum für Volkskunde in Westfalen. Alle westfälischen Teillandschaften sind mit Höfen vom ärmlichen Kotten bis zum riesigen Schultenhof vertreten. Die Bauten sind historisch eingerichtet und von Gärten, Weiden und Feldern umgeben, um das Wohnen und Wirtschaften im alten Westfalen zu zeigen.
Das Paderborner Dorf ist das einzige Dorf in einem norddeutschen Freilichtmuseum. Die Palette seiner Bauten reicht vom feudalen Schönhof mit aufwendiger Saalmalerei bis zum beengten Mietshaus, vom Handwerkerhaus bis zur ländlichen Lohnbäckerei. Alle sozialen Schichten sind hier vertreten.
Das weiträumige Gelände wird durch zahlreiche Haustiere belebt, die alte westfälische Rassen repräsentieren. Von der spätmittelalterlichen Baukultur bis zur Technisierung der Landwirtschaft sind zahlreiche und vielfältige Objekte in ihrem ehemaligen Zusammenhang dargestellt, die den Besuch des Museums zu einem ebenso lehrreichen wie erholsamen Erlebnis machen.
Öffnungszeiten: 1. April - 31. Oktober, Dienstag bis Sonntag und an allen Feiertagen 9 - 18 Uhr (Einlaß bis 17 Uhr), Montag geschlossen.

Das Bielefelder Bauernhaus-Museum
Dornberger Straße 82

An der Dornberger Straße liegt das Bielefelder Bauernhaus-Museum, das älteste Freilichtmuseum Westfalens. Bis ins Jahr 1907 reichen die Überlegungen zurück, hier ein volkskundliches Museum einzurichten, das bäuerliche Haushaltsgegenstände und Geräte in ursprünglicher Umgebung vorstellt. Zu diesem Zweck bewilligten die Stadtverordneten 1914 die finanziellen Mittel für den Ankauf und die Umsetzung des Haupthauses des Meierhofes zu Ummeln. Vom April bis zum Juni 1915 wurde das Fachwerkhaus aus dem Jahre 1606, das aus einer Längsdiele, zwei Seitenschiffen mit Ställen, dem Flett und dem Kammerfach besteht und dessen Dach von zwei Ständerreihen getragen wird, abgebaut und an seinem heutigen Standort wieder aufgebaut. Nachdem das Museum ausgestattet war, wurde es am 6. Juni 1917 feierlich eröffnet. Erst in den dreißiger Jahren wurde die volkskundliche Abteilung des Städtischen Museums Bielefeld zu einer Hofanlage erweitert: 1935 kam eine Bockwindmühle (1686) aus Hille dazu, 1936 eine dem Stampfen des Flachses dienende Bokemühle (1826) aus Wittloge, 1937 ein Spieker (1795) aus Avenwedde. Nach langer Pause gab es im Jahre 1984 eine neue Erweiterung, indem ein Backhaus (1764) aus Isingdorf bei Werther übernommen wurde, und 1985 schließlich wurde ein Bienenhaus hinzugefügt, das aus der Zeit um die Jahrhundertwende stammt und vormals in Herringsen bei Bad Sassendorf stand.
Die volkskundliche Sammlung des Museums ist im Haupthaus ausgestellt. Sie besteht aus bäuerlichen Trachten, Schmuck, Haushaltsgegenständen und Geräten, wobei vor allem die Verarbeitung von Flachs anschaulich dargestellt wird. In der Reihe "Lebendiges Bauernhaus-Museum" finden jedes Jahr die unterschiedlichsten Veranstaltungen wie Korbflechten, Spinnen, Weben, Töpfern, Märchenstunden, plattdeutsche Lesungen und Laienspiel-Aufführungen statt. Nach vorheriger Anmeldung können Schulklassen und Gruppen mittwochs nachmittags am brennenden Herdfeuer Märchen selbst vorlesen und erzählen.

Öffnungszeiten:
April-Okt. tägl. außer Mo 10-13 und 15-18 Uhr,
Nov.-März tägl. außer Mo 10-13 und 14-17 Uhr

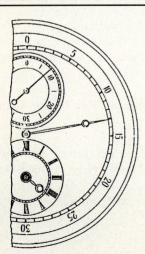

Der Uhrmacher

Meisterwerkstatt für antike Uhren,
Reparatur und Verkauf

Bahnhofstraße 75
4980 Bünde
Telefon (0 52 23) 1 22 92

Mitglied der Deutschen Gesellschaft für Chronometrie

Antiquitäten- und Kunsthandlungen

Grewe, R.
Holtorf
2833 Colnrade

Schwecke, L.
Bassumer Str. 25
2838 Sulingen

Beyer, B.
Langestr. 8
2839 Brake

Schoenmakers, A.
Bockhop 45
2839 Borstel

Galerie
Steinstr. 4
2840 Diepholz

Antiquitäten
Bode
Holthausen 108
2841 Steinfeld

Grabs, B.
Nordgoltern
3013 Barsinghausen

Heydenbluth, E.
Thiefeld 1
3013 Barsinghausen

Kunsthandlung
Pedrini, L.
Dammstr. 11
3013 Barsinghausen

Lambert, C.
Deisterstr. 9
3015 Wenningsen

Ahlden, M
Am Bahnhof 93a
3030 Walsrode

Best, W.
Stelldichte
3030 Walsrode

Galerie
Hannover Straße 2
3030 Walsrode

Kalender, C.
Langestr. 25
3030 Walsrode

Kappenberg, K.
Hünzingen
3030 Walsrode

Kunsthandlung
Zagari, G.
Moorstr. 26
3030 Walsrode

Kunstauktionshaus
Schloß Ahlden
Schloß
3031 Ahlden

Schmuck, M.
Rodewalderstr. 18
3031 Gilten

Dupont, K.u.Noll, A.
Bothmerschestr. 18
3033 Schwarmstedt

Kirst, Siegfried
Alter Winkel 18
3050 Wunstorf

Schuetz, R.
Seeweg 8
3050 Wunstdorf

Kruppa, W.
Auf den Rähden 27
3051 Auhagen

Kunsthandlung
Beulshausen, H.
Am Wacholder 7
3057 Neustadt.

Best, W.
Stelldichte
3030 Walsrode

Antiquitäten
Bolte
Niederstraße
3060 Stadthagen

Duett u Datt
Lauenhägerstr. 2
3060 Stadthagen

Oberschuer, D.
Obernstr. 18
3060 Stadthagen

Waldeck
Hüttenstr. 84
3060 Stadthagen

Antiquitäten
Theiss, Norbert
Obertorstraße 1b
3062 Bückeburg

Kunsthandlung
Waltke
Sableplatz 1
3062 Bückeburg

Bollmohr
Bahnhofstr. 277
3065 Nienstadt

Mauersberg, R.
Bisquitstr. 2
3070 Nienburg

Kunsthandlung
Tollmann, U.
Bremer Straße 206
3072 Wietzen

Werkstatt in der Burg

Klaus Dupont / Andreas Noll
Restaurieren von Möbeln

Bothmersche Str. 18
3033 Schwarmstedt
Tel. 05071 / 1042

ANTIK BAHNHOF BLOMBERG
☎ 05235 / 8088 + 7757
Ankauf sowie Verkauf aller
Antiquitäten
Biologische Restaurierung
mit **Auro** Naturprodukten

Antiquitäten
Wendenstr. 8
3250 Hameln

Beckmann, U.
Kaisersh. 57
3250 Hameln

Beier
Fischpfortenstr. 21
3250 Hameln

Bilitza-Franke
Wendenstr. 6
3250 Hameln

Buengener
Alte Marktstr. 15
3250 Hameln

Eichenberg, I.
Neue Markt Str. 23
3250 Hameln

Galerie
Fahrenhorst
Bäckerstr. 31
3250 Hameln

Kunsthandlung
Bäckerstr. 55
3250 Hameln

Kunsthandlung
Hoellings, A.
Wendenstr. 7
3250 Hameln

Kunsthandlung
Jung, Albert
Lohstr. 7
3250 Hameln

Schwarz, Uwe
Platzstr. 5
3250 Hameln

Stammer, H.
Reuteranger
3250 Hameln

Restaurator
Wehrhahn, Thomas
Alte-Heer-Str. 84
3250 Hameln

Strasser, D.
Hammelspringerstr
3252 Bad Munder

Buegener
Grohnde
3254 Emmertal

Frost, W.
Eschenweg 2
3256 Coppenbrügge

Fischbeck
Schulstr. 5
3257 Springe

Antik
Exertal 4
3260 Rinteln

SPEZIAL LEIHHAUS FÜR ANTIQUITÄTEN

Ständiger Freihandverkauf von Antiquitäten aller Art
Ankauf Gold + Silber, speziell Antik - Schmuck

Antiquitäten
wie :
Gemälde - Möbel
des 18. und 19. Jahrh.
Silber - Zinn
Glas - Porzellan
Spiegel - Teppiche
Uhren - Schmuck
u. a. m.

Kunstauktionen
Briefmarken - Antiquitäten - Edelmetalle
Geschäftszeiten :
Dienstag - Freitag 10.00 - 18.00 Uhr durchgehend
Pilling- Handelsges. mbH
Paulinenstraße 9, 4930 Detmold, Telefon (0 52 31) 2 11 41

Für unsere
Kunstauktionen
Barankauf
in jeder
Größenordnung
Schätzungen
Übernahme
von Nachlässen
jeder Art

Kunsthandlung
Hildebrandt KG
Hauptallee 3-5
3280 Bad Pyrmont

Kunsthandlung
Huneke
Schillerstr. 19
3280 Bad Pyrmont

Voelkers
Heiligenanger 16
3280 Bad Pyrmont

Restaurator
Prelle, Michael
Mittelstr. 27
3287 Springe

Blume, M.
Johannismarkt
3450 Holzminden

Antik Haus
Bytomski, Jolanthe
Oberbachstr. 20
3450 Holzminden

Antiquitäten
Schoenwamdt, H.
Mittlere Str. 8
3450 Holzminden

Habke
Angerberg 3
3477 Marienmünster

Lamers, G.
Stegbrede 13
3492 Brakel

Ann Weers
Wertherstr. 264
4800 Bielefeld

Antiquitäten
Aug.-Bebel-Str. 174
4800 Bielefeld

Kunsthandlung
Bremer, T.
Rosenberg 10
4800 Bielefeld

Kunsthandlung
Brune, K.
Mainzer Str. 1
4800 Bielefeld

Kunsthandlung
Burckhardt, Helga
Niedernstr. 35
4800 Bielefeld

Kunsthandlung
Busch, Wilhelm
Gehrenberg 26
4800 Bielefeld

Kunsthandlung
Butz, L.
Niederwall 12
4800 Bielefeld

Antiquitäten
Kreuzstr. 29
4800 Bielefeld

Galerie
Schmuckenb.str. 12
4800 Bielefeld

Edwinsson, K.
Gehrenberg 31
4800 Bielefeld

Flohmarkt-Antik
Neustädter Str. 6
4800 Bielefeld

Freckem, E.
AltstädterKi.str. 2
4800 Bielefeld

Galerie
Friedrichstr. 7
4800 Bielefeld

Garcia Juan
Hermannstr. 42
4800 Bielefeld

G.W. Arendt
Teutoburger Str. 77
4800 Bielefeld

Antiquitäten
Hauptmann, Ulrich
Niederwall 57
4800 Bielefeld

Kunsthandlung
Hergeröder
Goldstr. 4
4800 Bielefeld

Kunsthandlung
Hoeller, H.
Schneekoppestr. 13
4800 Bielefeld

Horstmann, Heinz
Niedernstr. 8
4800 Bielefeld

Keilich u. Biasci
Niederstr. 13
4800 Bielefeld

Kieselbach, M.
Detmolder Str. 186
4800 Bielefeld

Krames, R.
Niederwall 48
4800 Bielefeld

Krause
Goldstr. 5
4800 Bielefeld

Kunstantiquariat
Niedernwall 14
4800 Bielefeld

Lipke, Peter
Niedernstr. 35
4800 Bielefeld

Antiquariat
Mariss u.Fink
Breitestr. 24
4800 Bielefeld

Möcking & Westphal
Detmolder Str. 170
4800 Bielefeld

Nadrag, Nikolaus
Welle 50
4800 Bielefeld

Kunsthandlung
Nigbur, W.
Lilienthalstr. 28
4800 Bielefeld

Nonnenbruch, Barbara
Splittenbrede 11
4800 Bielefeld

Nostalgiemarkt
August-Bebel-Str.
4800 Bielefeld

Antiquariat
Oetzmann, K.
Mühlenstr. 49
4800 Bielefeld

Perlow
A.Bebel-W.Bockstr.
4800 Bielefeld

Poch, A.
Welle 3
4800 Bielefeld

Kunsthandlung
Poertner, S.
Sennestadtring 9
4800 Bielefeld

Kunsthandlung
Schomaker, Kurt
Oberntorwall 10a
4800 Bielefeld

Sokolowski, Jürgen
Apfelstr. 12
4800 Bielefeld

Stehr, Volker-J.
Detmolder Str. 60
4800 Bielefeld

Valentien, H.
Am Rathaus
4800 Bielefeld

**ANTIK
An- und Verkauf**
1500 qm Ausstellungshallen
Restaurierungen, Abbeizdienst

Möbel aus mehreren Jahrh.
Kaminzimmer, Bauernstuben
englische Möbel usw.

Täglich geöffnet von 7.^{00} - 18.^{00}
Sonntags Antik - Cafe
14.^{00} - 18.^{00} geöffn. m. Besichtig.

Antiquitäten
KRAMP
Lemgo - Lieme, Werkstr. 3
Tel. (05261) 6464

Antiquariat
Waeger, Hans
Herforderstr. 8-10
4800 Bielefeld

Weber
Neuststädter Str. 4
4800 Bielefeld

Werny, R.
Welle 4
4800 Bielefeld

Bock, Melitta
Bielefelder Str. 90
4803 Steinhagen

Kunsthandlung
Butz, L.
Azaleenstr. 44
4803 Steinhagen

Rothe, Elke
A.Kirchstr. 12
4803 Steinhagen

Schormann
Harsewinkler Str.
4803 Steinhagen

Antiquariat
Haselhorst, K.
Neue Str. 2
4806 Werther

Gorecki, G.
Buchenweg 17
4815 Schloss Holte-Stukenbrock

Dingwerth, L.
Eichendorfstr. 77
4837 Verl

Studio Galerie
Berliner Str. 10
4900 Herford

Polschinski, H.
Janupstr. 9
4900 Herford

Tobisch-Wimmer
Berliner Str. 24
4900 Herford

Onken, P.
Ziegelstr. 177
4901 Hiddenhausen

Die Galerie
Osterstr. 37
4902 Bad Salzuflen

*Restaurierungs-Werkstatt
Thomas Wehrhahn*
3250 HAMELN
Werkstatt: Rohrsen, Alte Heerstr. 84
Telefon (05151) 51216
Privat:(05151) 64509

Kunsthandlung
Duenne, R.
Dammstr. 10c
4902 Bad Salzuflen

Kunsthandlung
Hamm, D.
Lange Str. 67
4902 Bad Salzuflen

Kunsthandlung
Junghanns, R.
Wenkenstr. 13
4902 Bad Salzuflen

Taeuber
Dammstr. 14
4902 Bad Salzuflen

Ewald, H.
Neuenkirch.Str.10
4905 Spenge

Antik Eck
Breitestr. 20
4920 Lemgo

Foerster, K.
Hörstmar
4920 Lemgo

Kramp
Werkstr. 3
4920 Lemgo-Lieme

Rosteck
Stift St. Marien
4920 Lemgo

Strohmeier, H.
Echterhag 9
4925 Kalletal

Antiquariat
Antiqua
Lemgoer Str. 62
4930 Detmold

Die Galerie
Krummestr. 28
4930 Detmold

Friedrich, H.
Arminstr. 63
4930 Detmold

Kopp, Hartwig
Unter der Wehme 13
4930 Detmold

Laubinger, D
Lageschestr. 236
4930 Detmold

Kunsthandlung
Nicolaus
Hornschestraße
4930 Detmold

Oebel, Hildegard
Allee 12
4930 Detmold

Restaurierungs-Werkstatt Thomas Wehrhahn
3250 HAMELN
Werkstatt: Rohrsen, Alte Heerstr. 84
Telefon (05151) 51216
Privat: (05151) 64509

LBB
Antiquitätenzubehör GmbH
Neckargartacherstr. 94
7100 Heilbronn
Telefon 07131 / 47070

Kunstauktion
Paulinenstr. 9
4930 Detmold

Antiquariat
Stefene, U.
Ritterstr. 28
4950 Minden

Dellus, K.
Bäderstr. 20
4973 Vlotho

Bruckmann, H.
Mauerstr. 9
4934 Horn-Bad Meinberg

Theiß, H.
Schwerinstr. 7
4950 Minden

Hueffmann, G.
Viktoriastr. 17
4980 Bünde

Alte Form
Hauptstr. 47
4936 Dörentrup

Tiffany
An der Tränke 6
4950 Minden

Niederhommert, H.
Wielandstr. 20
4980 Bünde

Kunsthandlung
Busche, H.
Hornschestr. 26
4950 Detmold

Beerens, W.
Findelsgrund 60
4952 Porta Westfalica

Niemjetz, K.
Fünfhauserstr. 17
4980 Bünde

Galerie
Moltkestr. 27
4950 Minden

Theiß, Brigitte
Portastr. 50
4952 Porta Westfalica

Nienaber, R.
Bahnhofstr. 75
4980 Bünde

Jebe, K.
MeißenerD.str.120
4950 Minden

Möllenhoff, I.
Portastr. 51
4962 Porta Westfalica

Obrock, H.
Bahnhofstr. 6
4986 Rödinghausen

Kunsthandlung
Jettmann
Obermarktstr. 17
4950 Minden

Conrad, H.
Hahnenkampstr. 15
4970 Bad Oeynhausen

Galerie
Scharnstr. 7
4990 Lübbecke

Kunsthandlung
Luebking, D.
Fischerallee 1
4950 Minden

Kunsthandlung
Elsberg
Klosterstr. 7a
4970 Bad Oeynhausen

Kunsthandlung
Andreasstr. 6
4990 Lübbecke

Kunsthandlung
Reha
Königstr. 77
4950 Minden

Kreimeier, Horst
Herforderstr. 1
4970 Bad Oeynhausen

Wiegmann, K.
Am Markt 1
4990 Lübbecke

Galerie
Königstr. 3
4950 Minden

Kunsthandlung
Stein
Mindener Straße 103
4970 Bad Oeynhausen

Schiermeier, U.
Grüner W. 14
4992 Espelkamp

Schönbeck, H.
Todtenhauser Str.77
4950 Minden

Kunsthandlung
Bierbaum
Mühlenbrink 33
4973 Vlotho

Kröger
Am Sägewerk 1
4994 Preuss. Oldendorf

Möbelbeschläge
Schlösser
Scharniere
Bänder
Holzteile
Intarsien
Schellackpolituren
Bienenwachs
Beizen
Profilleisten

mehr als 12oo Artikel
ständig auf Lager

bitte Katalog anfordern
gegen DM 4,-

Tischlermeister
MICHAEL PRELLE
Holz - Einzelanfertigung GmbH

fachgerechte
Möbelrestauration
und Neuanfertigung

3257 Springe 2 / Bennigsen - Mittelstr. 27 - Tel. 0 50 45 / 60 13

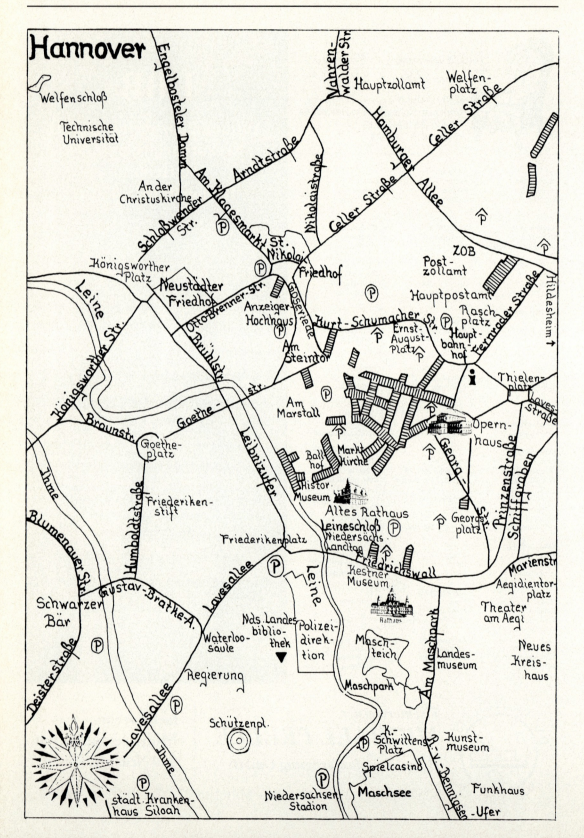

Braunschweig - Hannover - Welfenstädte

... des Löwen Zorn

Wer hätte beide Städte mehr geprägt als dieses kraftvolle Herrschergeschlecht?

Der Löwe - Heinrich!! Wieviel Traum, Romantik, Idealisierung, falscher und echter Patriotismus ranken sich um diese legendäre Herrschergestalt von seltener Kraft. Wie viel wurde seit der Romantik an ihm mißverstanden bis zum Mißbrauch. Seine Gegnerschaft zum Staufer Friedrich I. Barbarossa, dem südlich, italienisch, nach dem Heiligen Lande Orientierten. Wie rührte sie das deutsche Herz, als wollte es vergessen, daß es Jahrtausende das Heilige Römische Reich, der Nachfolger Roms gewesen. Erst im - sozusagen -Anhang ein Reich Deutscher Nation. Ja, Heinrich der Löwe fütterte die Nationalseele seit dem letzten Jahrhundert mit patriotischem Gefühl: Heinrich, der nordwärts, deutschwärts, ostwärts Orientierte! Der "deutsche" Held, gegen den "welschen" Kaiser, der den Osten kolonisierte. Hören Sie den Marschtritt der strammen Knobelbecher hinter der - historisch fragwürdigen - Idealisierung?

Das Bild wird der Gestalt Heinrichs des Löwen nicht gerecht. Kraftvoller Organisator, der er ist, bringt er die alten Sachsenlande in Form. Und weitet aus. Von Bayern bis zur Ostsee, alles in seiner Hand. Als ob Sachsenland aufatmete, daß die Karolinger Zwingherrschaft überwunden.

Aber es ist nicht nur Heinrich der Löwe, es muß am Stamm liegen. Widukind, der erbitterte Gegner Karls des Großen, Hermann Billung, der Städtegründer und Landentwickler. Der Löwe steht in großer Tradition. Und setzt ihr Glanzlichter auf. Er gründet und erhebt Städte - wie München und Lübeck - und entzieht ihnen auch seine Gunst. Bardowick, unter den fränkischen Kaisern eine blühende Stadt, mit Stadtrecht und eigener Münze seit 965, - Bardowick spürt des Löwen Zorn, als es ihm 1189 den Zutritt verweigert. Es wird erobert und sinkt von da an in Vergessenheit. Lüneburg wird Heinrichs Favorit, gedeiht und blüht bis ins 17. Jahrhundert. So des Mächtigen Wille. Soll man da greinen, daß ein unglückliches, ja tragisches Schicksal ihn immer wieder beutelt? Seine Söhne ihn verraten? Er letztlich dem gewaltigen Staufer sich unterwerfen muß? Er hat Träume ins Leben gerufen, die nie mehr ganz zu tilgen sind. Wie Widukind, sein legendärer Stammesvorfahr. Das prägt das Land, das prägt die Leute.

Braunschweig

Schon 1031 als Dorf (Brunes-wik) erwähnt, gründet Heinrich der Löwe die eigentliche Stadt am Okerübergang. Viele Gewässer sammelt die Oker gerade da zum Fluß. Wie ein Bild der Machtfülle, die "der Löwe" ansammelt zum Sachsenreich. Und Braunschweig präsentiert:

Die Burg Dankwarderode, neu erbaut 1175 von Heinrich auf dem Gipfel seiner Macht, bevor er Barbarossa die Gefolgschaft für die Italienfeldzüge verweigert und damit seinen eigenen Sturz (1180) einleitet.

Den Dom, 1173 von Heinrich begonnen, 1195, in seinem Todesjahr, vollendet, - seine Grabstätte (die Grabplatte mit dem Bild seiner Gemahlin Mathilde ist von 1250).

Der Dom - als Basilika angelegt - markierte den Anfang einer Reihe von späteren Umbauten zu Hallenkirchen im Herrschaftsgebiet der Welfen. Ob lombardische Meister die Kunst des eingewölbten Mittelschiffs in den Norden brachten?

St. Martin, 1180 begonnen, seit der Reformation evangelische Pfarrkirche. In der Anlage wirkt sie wie eine Replik des Domes.

St. Katharina. Evangelische Pfarrkirche. Im Stadtteil Hagen, Bauvorlage: siehe oben.

St. Andreas, am Wollmarkt. Ende des 12. Jahrhunderts. Bauvorlage: siehe oben.

Vom Löwen der Löwe. Gegenüber der Burg Dankwarderode steht, die früheste Denkmalsplastik Deutschlands. Übrigens zu finden in jedem Geschichtsbuch. Kraftvoll dräuend bleckt er seit 1322 Jahren die Reißzähne gen Osten. Honi soit qui mal y pense!
Namens- und Wappentier der Welfen (Welp = junger Löwe). Verpflichtung zur Größe.

Braunschweig blüht auf nach dieser kurzen, gewaltigen Gründerzeit, wird Hansestadt. Das Altstadtrathaus (gebaut 1393 - 1468) wirkt wie eine spätgotische Kathedrale, das Gewandhaus am Altstadtmarkt (1592) zeugt vom Reichtum der Renaissance in der Stadt. Und als Wolfenbüttel zur neuen Residenz erkoren ist, da drehen die Braunschweiger nochmal richtig auf: in vier Fabriken fertigen sie Fayencen (1707 - 1807). Das Bürgertum läßt sich die Nachahmung des Hofes etwas kosten, Braunschweiger Möbel bestimmen den Stil von Thüringen über Lüneburg bis in Produktionsstätten am Westerwald. Ein Einfluß von ungewöhnlicher Reichweite für die damalige Zeit und für bürgerliche Möbel. Schwer in der Grundform, meist Nuß und Eiche furniert, hinken sie dem höfischen Geschmack um ein halbes Jahrhundert hinterher. Reich intarsiert und geschmückt künden die Dielenschränke, Kommodenschränke, Schreibmöbel, Tabernakel, Standuhren und Stühle noch heute von bürgerlich-barocker Prunksucht (s.Barock und Rokoko). Unverwüstlich.
Im geistigen Wettstreit kann Braunschweig, die Verlassene, auch punkten: Erstaufführungen von Lessings "Emilia Galotti" 1772 und 1808 von Goethes " Faust I". Nicht viel gegen Herzog Augusts berühmte Handschriftenbibliothek (Region 14), aber immerhin und zu guter letzt, hurra, 1838 die erste staatliche Eisenbahnlinie Deutschlands, von Braunschweig nach Wolfenbüttel.

Hannover
Den stillen Weg zu Macht und Ansehen bevorzugt Hannover. Wohl gab es die Ansiedlung in den Leinauen schon früh, aber von sich reden machte sie erst durch ein Wunder. Fahrende Sänger verbreiten um 1150, wie der heilige Bernward von Hildesheim ein junges Mädchen von schwerem Augenleiden geheilt. Aus "Honovere" war die Kleine gekommen.

Spät erst entfaltet Hannover sich, gewinnt an Gewicht und überflügelt schließlich die Rivalen Hildesheim, Braunschweig und Wolfenbüttel. Hannover sicherte sich rechtzeitig die Zukunft. Was den Ausschlag gab? Die Erhebung zur Freien Reichsstadt (1439), die Hildesheim knapp verpaßt (siehe Region 14)? Die große Eisenbahnlinie der königlich-preußischen Eisenbahnverwaltung (eröffnet 15.10.1847), die Hannover zum Knotenpunkt macht? Die Messe, die spätestens nach dem Zweiten Weltkrieg Weltrang erreicht?
Die bittere Chance, die sich nach der Zerbombung Hannovers bot, es hat sie genutzt. Moderne Städteplanung, großzügig, verkehrsbetont. Daß es wieder knapp würde, in so kurzer Zeit, wer sollte das in den frühen Fünfzigern ahnen? Früh hatten die Hannoveraner, die Nase im Wind des Trends der Zukunft, sich mit der Industrie angefreundet. Auf den Flügeln des Industriezeitalters wird Hannover endlich die ganz Große.

So einfach soll das gewesen sein? - Da soll nicht gelten, daß Hannover schon 1269 eine Lateinschule beherbergte...,daß 1636 die Calenberger Hannover zu ihrer Residenz machten..., daß schon 1692 Ernst-August (vgl. Braunschweig) die Kurwürde erhielt,daß ab 1714 ein "Hannoveraner" - so der neue Name des Hauses Calenberg - englischer König wird und die Dynastie "Hannover" bis 1837 ein Weltreich regiert..., daß Ernst August von Hannover und seine Gemahlin Sophie von der Pfalz mit ihren Ideen der Stadt Geist einbliesen?

Schloß Herrenhausen und sein herrlicher beispielhafter Barockgarten beherbergen heute noch die höchste Gartenfontäne Europas (67 m sprüht die "Schöne von Herrenhausen"). In illuminierter, barocker Umgebung feiert Hannover noch heute jedes Jahr von Juni bis August "sein" Herrenhausen mit Musik und Theater.

Sophie sammelte Geister, und Hannover wird sie - Gott sei Dank - nicht mehr los. Mit Händel und Leibniz begann's. Später erlagen Kestner (Sohn der Goethe verbundenen Charlotte Buff), der Freiherr von Knigge, die Brüder Schlegel, der Schauspieler Iffland dem herben Reiz des "Emporkömmlings" unter den Städten. Zu böse? Noch gibt es Reste auch früherer Herrlichkeit: die

Marktkirche von 1359, die Kreuzkirche (1333), das Altstädter Rathaus (1455), den Ballhof (1650). Geistiger noch im nahen Loccum, dem alten Kloster, aus dem der frische Geist der evangelischen Akademie weht.

Wie man lebt
"An der Leine" gehen sie spazieren, die Studenten. Die Leinauen locken mit idyllischen Winkeln, urigen Kneipen, blühenden Gärtchen. Mondäner der Maschsee, sein Casino macht in letzter Zeit peinliche Schlagzeilen. Das trübt nicht die Freude der Freizeit-Wassersportler, denen der Weg zum Steinhuder Meer zu weit ist. Man redet. Den einzigen Dialekt, der zugleich Hochdeutsch ist. Fast immer. Man redet nicht viel. Man trinkt lieber - auf dem Norddeutschen Schützenfest, dem größten Fest nördlich des Weißwurstäquators (Main). Besonders gern die "Lütje Lage", ein dunkles Weizen, das gleichzeitig mit Korn gereicht wird. Gegen Schlabbern gibt es ja Lätzchen. Wo man sich trifft? An der alten "Kröpcke-Uhr" vorm traditionsreichen Café Kröpcke und "unterm Schwanz"! Wie despektierlich! Am Reiterdenkmal von König Ernst-August, vor dem Hauptbahnhof, so hätte es heißen sollen. Nun, haben sie Lust?

Niedersächsischer Landtag Hannover (Leineschloß), Leinstraße (Bild, Historisches Museum am Hohen Ufer, Hannover)

UNSER TIP

Niedersächsisches Landesmuseum Hannover
Am Maschpark 5
Telefon: 0511-883051
Das Landesmuseum umfaßt vier Abteilungen, von denen jede gewissermaßen ein eigenes Museum darstellt. Die Landesgalerie bietet in 44 Sälen und Kabinetten eine große Übersicht über neun Jahrhunderte europäischer Kunst. Diese Übersicht beginnt mit mittelalterlicher kirchlicher Kunst. Neben Skulpturen aus romanischer und gotischer Zeit beeindrucken insbesondere der Passionsaltar des Meisters Bertram von Minden (um 1390), die berühmte Goldene Tafel aus Lüneburg (um 1420) und der große Flügelaltar aus der Barfüßerkirche zu Göttingen.
Tilman Riemenschneider ist mit vier Werken vertreten. Sehenswert auch die Naturkunde-Abteilung.

Öffnungszeiten:
dienstags - sonntags 10 - 17 Uhr, donnerstags 10 - 19 Uhr, Eintritt frei

Kestner Museum
Trammplatz 3
Telefon: 0511-1682120
Ägypt. Kunst, Kunst der ant. Mittelmeerkulturen, Kunsthandwerk und -gewerbe vom fr. MA bis zur Gegenwart.
Öffnungszeiten:
dienstags bis freitags 10 - 16 Uhr, mittwochs bis 20 Uhr, samstags und sonntags 10 - 18 Uhr, Eintritt frei.

Fürstenhaus
Herrenhausen-Museum
Alte Herrenhäuser Str. 14   Telefon: 0511-750947
1721 erbaut als privater Wohnsitz, seit 1836 im Besitz des Welfenhauses, dient heute als Herrenhausen-Museum mit wervollen Einrichtungsgegenständen, Gemälden und Stichen aus der Regierungszeit der Welfenfürsten.
Öffnungszeiten:
Oktober bis März 10 - 17 Uhr, April bis September 10 - 18 Uhr, montags geschlossen.

Sprengel Museum
Kurt-Schwitters-Platz   Telefon: 0511-1683875
Bildende Kunst des 20. Jahrhunderts.
Öffnungszeiten:
mittwochs - sonntags von 10 - 18 Uhr, dienstags von 10 - 22 Uhr, montags geschlossen, Eintritt frei.

Historisches Museum am Hohen Ufer
Pferdestraße 6   Telefon 0511 / 1683052
3000 Hannover 1
Stadtgeschichte sowie Kleidung und Mode zwischen 1750 und 1910. Landesgeschichte der Region Hannover und des Landes Niedersachsen. Kultur des Niedersächsischen Dorfes. Führungen und Aktionen für Kinder.
Öffnungszeiten:
dienstags 10 - 20 Uhr, mittwochs bis freitags 10 - 16 Uhr, samstags und sonntags 10 - 18 Uhr, Eintritt frei.

Altes Rathaus, Hannover (Bild, Historisches Museum, Hannover)

Sozialgericht Hannover, Nienburger Str. 14a (Foto: Historisches Museum am Hohen Ufer, Hannover)

ANTIQUITÄTEN- UND KUNSTHANDLUNGEN

Adamiec, Wolf D.
Rotermundstr. 13c
3000 Hannover

Galerie
Walsroderstr. 312
3000 Hannover

Hemm
Gött. Landstr. 27
3000 Hannover

Kaster KG
Aegidientorplatz 1
3000 Hannover

Kuesters, Karl-Heinz
Gustav Adolf Str. 12
3000 Hannover

Mielke, Manfred
Schlägerstr. 33
3000 Hannover

Anno Dazumal
Königswertherstr.4
3000 Hannover

Dieselhorst
Edelhofe 8
3000 Hannover

Hennies u. Zinkeisen
Marienstr. 14
3000 Hannover

Kasten, Erwin
Kramerstr. 25
3000 Hannover

Lamazza, Francesco
Podbielskistr. 3a
3000 Hannover

Galerie
Am Uhrturm 3
3000 Hannover

Ansorge
Podbielskistr.199
3000 Hannover

Duecker, Hans Wilhelm
Voßstr. 58
3000 Hannover

Hensel, Inge
Schleiermacherstr. 7
3000 Hannover

Kaufhold, Guntmar
Dünenweg 6
3000 Hannover

Galerie
Ferd. Walbr. Str. 24
3000 Hannover

Kunstladen
Lichtenbergplatz 7
3000 Hannover

Antik
Groß Hillen
3000 Hannover

Edition ars Antiquia
Bödekerstr. 12
3000 Hannover

Herbart, Wolfgang
Rotermundstr. 13d
3000 Hannover

Keil, F.
Jakobistr. 26
3000 Hannover

Galerie
Seidelstr. 5
3000 Hannover

Kunsthandlung
Muehlnickel, S.
Marienstr. 85
3000 Hannover

Antik u-Troedelkeller
Podbielskistr. 19
3000 Hannover

El Gendi
Osterstr. 59
3000 Hannover

Antiquariat
Hesperus
Jakobistr. 20
3000 Hannover

Kunsthandlung
Kempin, Hermann GmbH
Marienstr. 62
3000 Hannover

Lueck,
Stephanusstr. 27
3000 Hannover

Mueller, Siegfried
Hallerstr. 13
3000 Hannover

Antiquariat
Lister Meile 17
3000 Hannover

Kunsthandlung
Francheville
Hemmingen
3000 Hannover

Antiquariat
Mueller-Kilian
Asternstr. 33
3000 Hannover

Galerie
Artforum
Ballhofstr. 8
3000 Hannover

Antiquariat
Gaertner, Heinz
Marienstr. 105
3000 Hannover

Kunsthandlung
Nase-Kareh, U.
Königstr. 47
3000 Hannover

Galerie
Bauer, J. H.
Burgstr. 25
3000 Hannover

Galerie 41
Ellernstr. 41
3000 Hannover

Kunsthandlung
Nitzsche, Frank
Friesenstr. 51
3000 Hannover

Antiquariat
Becker, Ingeborg
Lister Meile 49
3000 Hannover

Garbs, Walter
Deisterstr. 15
3000 Hannover

Kunsthandel
Pakzad, A.
Georgstr. 54
3000 Hannover

Antiquariat
Bemba, A.
Jakobistr. 16
3000 Hannover

Kunsthandlung
Gaum, W.
Steintorstr. 6
3000 Hannover

Pawils, K. H.
Am Marstall 21
3000 Hannover

Kunsthandlung
Bilderetage
Luisenstr. 1
3000 Hannover

Gerlich, G. Ch.
Wachtelsteig 4
3000 Langenhagen-Godshorn

Antik & Art Garbe
Peter, Wilhelm
Königstr. 47
3000 Hannover

**Hartmut H. Schön
Restauration antiker Möbel

Flüggestr. 28
3000 Hannover
Tel. 0511/311815**

Kunsthandlung
Boedeker, E.
Wietzendiek 10
3000 Hannover

Goetz u. Wiedenroth
Thielenplatz 3
3000 Hannover

Heydenreich, R.
Meersmannufer 17
3000 Hannover

Klein, F.
Marienstr. 3
3000 Hannover

Galerie
Turneierweg 11
3000 Hannover

Rodriguez, Manuel
Dörnbergerstr. 6
3000 Hannover

Kunsthandlung
Brauns, H.
Ostwenderstr. 8b
3000 Hannover

Auktionshaus
Haller
Spinozastr. 14
3000 Hannover

Galerie Naive
Horn, M.
Sonnenweg 19
3000 Hannover

Kunsthandel
Koch G.u.A.
Irisweg 15
3000 Hannover

Galerie
Kirchröderstr. 40
3000 Hannover

Kunsthandlung
Roethe, H.
Voßstr. 36
3000 Hannover

Canbaz
Lange Feld Str. 60
3000 Hannover

Antiquariat
Hartmann, Gebr.
Schwarzer Bär 7
3000 Hannover

Huth, Lutz
Rathenaustr. 13-14
3000 Hannover

Kunsthandlung
Koe 24
Königswörtherstr.24
3000 Hannover

Kunsthandlung
Menges & Soehne
Königstr. 51
3000 Hannover

Kunsthaus
Royal Art
Hindenburgstr. 42
3000 Hannover

Colaninno, A.
Clemensstr. 7
3000 Hannover

Kunsthandlung
Heibig, W.
Wallenstr. 8
3000 Hannover

Galerie
Jeroch, Gabriele
Burgwed. 53
3000 Hannover

Antiquariat
Koechert, C.
Dachschrift 14
3000 Hannover

Meyer GmbH
Roscherstr. 8
3000 Hannover

Sandvoss, Dieter
Kantstr. 2
3000 Hannover

Depelmann
Walsroderstr. 305
3000 Hannover

Heller, Reinhold
Robertstr. 4
3000 Hannover

Kassler, Winfried
Herrmannsb.str. 10
3000 Hannover

Kruppa, W.
Calenberger 22
3000 Hannover

Kunsthandlung
Meyer, Ernst
Friesenstr. 57
3000 Hannover

Scheunen Flohmarkt
Stellnerstr. 76
3000 Hannover

Schnur, Gerda Fresenstr. 55 3000 Hannover	Seemeyer, Adolf Lister Platz 3000 Hannover	Voss, D. Moorstr. 4 3000 Hannover	Antiquitäten Kramerstr. 14 3000 Hannover	Witkowski, H. Friesenstr. 52 3000 Hannover	Timme, H. F. Lange Laube 29 3000 Hannover 1	
Schoen, Hartmut H. Flüggestr. 28 3000 Hannover	Seidemann, Max Friesenstr. 22 3000 Hannover	Antiquariat Waeger Lavesstr. 6 3000 Hannover	Weinhoeppel, Joachim Gretchenstr. 31 3000 Hannover	Antiquitäten-Herrenh. Alleestr.1 3000 Hannover	Antiquariat Die Silbergaeule Marienstr. 6 3000 Hannover 3	
Schreiber, Irmgard Zeppelinstr. 5 3000 Hannover	Staukewitz Göbelstr. 2 3000 Hannover	Wagner, R. Burgstr. 27a 3000 Hannover	Wesemann, W. Steinhudstr. 21 3000 Hannover	Antiquariat Lister Meile 17 3000 Hannover 1	Antiquitaeten Meyer Lindenstr.11 3000 Hannover	
Antiquariat Schroeder & Weise Lehrterstr. 3000 Hannover	Kunsthandlung Stuebler, M. Langensalzastr.1a 3000 Hannover	Wahl, S. Ladenstr. 36 3000 Hannover	Wewerka Galerie Th.-Lessing-Platz 3 3000 Hannover	Ellinger, C. Böckerstr. 14 3000 Hannover 1	Wiehe, Irene Hildesheimer Str.46 3000 Hannover	
Kunsthandlung Schulze's Theodor Osterstr. 24 3000 Hannover	VVK Galerie Schwarzer Bär 6 3000 Hannover	Waldmann, Susanne Hagedornweg 15 3000 Hannover	Wiechers Alt Goldshorn 91 3000 Hannover	Mary Deppe Theaterstr. 3000 Hannover 1	Moebel u.Militaria Eiden Diesterstr.30 3000 Hannover 91	
Schumm, B. Sallstr. 58 3000 Hannover	Kunsthandlung Voosen Hildesheimerstr.105 3000 Hannover	Galerie Marienstr. 40 3000 Hannover	Wiedenroth, Alfred Gellertstr. 15 3000 Hannover	Powell, J. Breitestr. 2 3000 Hannover 1	Antiquitaeten Nordfeldstr. 29 3000 Hannover	

Historisches Museum am Hohen Ufer

Stadtgeschichte ● Landesgeschichte ● Volkskunde

Pferdestraße 6, 3000 Hannover 1
Telefon (05 11) 1 68 - 30 52 / 23 52

Öffnungszeiten :
Dienstag 10.00 - 20.00 Uhr, Mittwoch bis Freitag 10.00 - 16.00 Uhr,
Sonnabend und Sonntag 10.00 - 18.00 Uhr, Montag geschlossen
Eintritt :
Schausammlung frei, Sonderausstellungen 3,- DM,
übliche Ermäßigungen

LBB Antiquitätenzubehör
G.& H.W. DANGER
Schillerstr. 68
1000 Berlin 12
Telefon 030 / 3136543

Möbelbeschläge
Schlösser
Scharniere
Bänder
Holzteile
Intarsien
Schellackpolituren
Bienenwachs
Beizen
Profilleisten

mehr als 12oo Artikel ständig auf Lager
bitte Katalog anfordern gegen DM 4,-

Außergewöhnliche

Alte Uhren

und interessante, frühe elektrische sind immer vorrätig.

E.M. BRUNS - ANTIKE UHREN
Hildesheimer Str. 363
3ooo Hannover 81
(Wülfel - Messenähe)

Besuche bitte telefonisch avisieren
By appointment only, please
Tel.: 0511 / 863489

W. LÖWE
HANNOVER

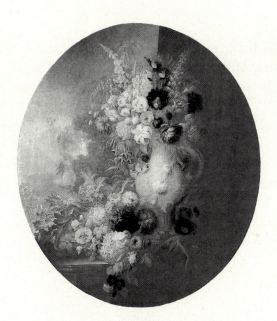

Caspar Hirschel (y) (Prag 1698 - 1743), Öl / Lwd.,
165 x 140 cm

Wir suchen ständig für unsere Spezialauktionen
Ölgemälde alter und neuer Meister,
Möbel, Porzellan, Silber, Schmuck, Uhren
und sonstige Antiquitäten.

Auktionshaus W. Löwe
Inh. E. Kurth
Knochenhauerstraße 8, 3000 Hannover 1, Telefon 05 11 / 1 80 86, 32 53 82

Wir führen nur

echte, alte

russische und griechische IKONEN

15. - 19. Jahrhundert.

Zu jeder Ikone wird ein Echtheitszertifikat ausgestellt
mit ausführlicher Beschreibung des Themas,
Angabe der Bibelstelle und Provenienz, sowie zeitlicher Einordnung.

Außerdem wird schriftlich eine uneingeschränkte Echtheitsgarantie erteilt.

Herr Brenske ist Präsident der Gemeinschaft der Ikonenfreunde (G. d. I.)
und Inhaber der bedeutendsten Ikonengalerie Norddeutschlands.

Als Autor von bisher sechs Ikonen - Büchern
ist er Sachverständiger für diese Kultbilder.

Ikonengalerie Helmut Brenske
Machandelweg 11, 3000 Hannover 21 (Friedenau)
Tel.: 0511 / 633 667

Verkauf echter IKONEN,
Einkauf, Expertisen, Wertschätzungen,
Restaurierungen und Konservierungen.

Kunst für Kenner

Mit über 30 Jahren Erfahrung in allen Bereichen des Kunstauktionswesen bietet das Haus Kastern die Beratung und den Service eines kunstverständigen Experten.

Als öffentlich bestellter und vereidigter Kunstversteigerer ist das Haus Kastern als Sachverständiger auch bei Erbschaftsangelegenheiten Ihr Partner.

Das Kunst & Auktionshaus

D-3000 Hannover 1 · Aegidientorplatz 1 · Tel. (0511) 1 87 81-83

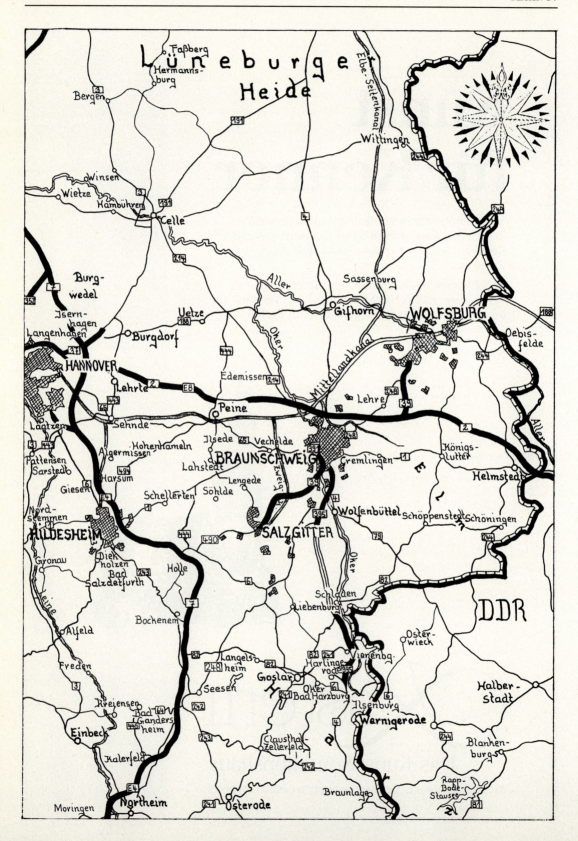

Zwischen Harz und Heide

Welfenland

Sie stehen an einem der zahlreichen Aussichtspunkte an Deister, Süntel, Ith oder Harz und blicken ins weite Flache: die Hildesheimer Börde. Satt und zufrieden liegt sie vor den Ausläufern der deutschen Mittelgebirge: bester Ackerboden. Und Hildesheim, die Stadt der Kirchen, mittendrin. Solche Geographie macht mehr als tausend Jahre Geschichte. In der Mitte zwischen Weser und Elbe, wo der uralte Ost-West-Handelsweg, der Hellweg (heute B 1 Aachen - Berlin, früher bis Königsberg), sich mit der Nord-Süd-Verbindung kreuzt, da baute 815 Ludwig der Fromme eine Marienkirche in "Hiltwins Heim". Und er setzte - der Sage nach - einen Rosenstock, der 1602 erstmals urkundlich als uralt erwähnt, noch heute als Schicksalsstrauch der Stadt gilt. Hat er sich doch auch nach dem sinnlosen, vollständigen Bombardement der Stadt 14 Tage vor Kriegsende wieder erholt. In ehemals sächsischen Stammlanden pflanzten die Franken sich ein. Die Bischöfe Bernward (993 - 1022) und Godhard (1022 - 38) bauen Kirchen (St. Michaelskirche = Gottesburg) und werden heiliggesprochen. 1196 wird die flämische Dammstadt gegründet. Hildesheim ist Mischkultur und wie alle diese tolerant. Ein großzügiger Katholizismus verwaltet von hier aus die immer noch größte Diözese Deutschlands.

Hildesheimer Leute

Mehr noch als von baulichen Sensationen des "Nürnberg des Nordens" soll von den Hildesheimern erzählt sein. "Wenn sie Erfolg haben, dann prahlen und prunken sie nicht damit, sondern gehen still ihren Weg und lassen die Tatsachen reden." Seit Urzeiten. Selbst ihre aktive Beteiligung an der Varusschlacht 9 n.Chr. im Teutoburger Wald verschweigen sie. Nun ja, die Römer waren ja endgültig zurückgedrängt über den Rhein und trauten sich nie wieder ostwärts. Was soll man da noch groß drüber reden? Es reicht, wenn man sich wehren kann. Zum Beispiel, wenn der Bischof 1481 bei gleichem Preis die Bierhumpen verkleinern läßt. Da schlag doch gleich ... im "Bierkrieg" siegen die Bürger auf ganzer Linie. Schließlich liegt auch Einbeck mit seiner uralten Bierbrauertradition in durchaus kommoder Entfernung.
Rainald von Dassel, Kanzler des Deutschen Reiches unter Barbarossa - ein Hildesheimer - brachte Teile der Heiligen Drei Könige als wertvolle Reliquien mit. Köln mußte ein paar Glieder für Hildesheim abgeben. Auch eine der - ursprünglich vierzehn - Praeputien Christi wurde, bis zu ihrem endgültigen Verschwinden, als Reliquie in Hildesheim verehrt.
Der erste urkundlich bekräftigte Amerikafahrer: Nicht Kolumbus, nein, ein durchgebrannter Hildesheimer Kaufmannssohn, Didrik Pining, Seeräuber unter Störtebeker und den Likedeelern, dann dänischer Kaperherr und Admiral auf Island. 1473 beurkundet und beglaubigt, seine Fahrt nach Labrador! Aber keine Propaganda.
"Von Sclaverey habe ich im Hildesheimischem nie was wahrgenommen",... eher ..."eine Liebe zur Freyheit, welche sich allemahl bei ihnen gefunden"... So protokolliert 1783 ein Ausländer. Nicht nur Männer, auch die Frauen waren "frey". Roswitha von Gandersheim besang als "Germanische Muse" zu Salierzeiten die Stärke, die in glaubenden Frauen wirkt. Ganz unmartialisch auch das Wappen der Stadt: eine Frau, "Fru Feie", hält rosenbekränzt den Wappenschild. Einen halben Reichsadler für die fast erreichte Reichsunmittelbarkeit und einen halben Landesherren, d.i. seine Farben. Gehen Sie nicht an der "Bernwardstür" vorbei, ohne sie genau zu betrachten. Lassen Sie sich einspinnen von der besonderen Luft, die diese bezaubernde Stadt atmet.

Braunschweig - Salzgitter - Wolfsburg - Wolfenbüttel

Braunschweig ist Welfenstadt. Hier steht der bronzene Löwe als Zeichen Herzog Heinrichs (1129 - 95). Zu seiner Zeit errichtet mit drohendgen Osten gebleckten Zähnen. Braunschweig selbst, das sich den Ruhm, Residenz der Welfennachfolger zu sein, mit Hannover teilen muß, soll auch zusammen mit Hannover abgehandelt werden (s. Reg.13). Dennoch sind die historischen Wurzeln dieses Raumes ohne den Einfluß der gewaltigen Kolonisatoren Bischof Bernward von Hildesheim und Heinrich der Löwe nicht zu erklären. Ihre Spur prägt sich ein, gründet Städte und Klöster, bestimmt Einfluß und spätere Macht. Die Nachfahren, etwas bescheidener, machen den Wolf zum Tier ihrer Wahl. Wolfsburg - nur das Schloß ist alt. Die Stadt entstand ab 1937 vom Reißbrett als Anhang zum Volkswagenwerk. Hoffmann von Fallersleben träfe es tief, hätte er geahnt, daß sein Fallersleben heute die Postadresse Wolfsburg 2 ist. Hoffmann von Wolfsburg 2 klingt auch gar nicht gut für den Dichter des "Liedes der Deutschen".

Wolfenbüttel hingegen ist alte Herzogsstadt mit großartigen, heute noch zu bewundernden Fachwerkbauten. Aber es war nicht nur Residenz der Macht. Auch Residenz des Geistes. Die Bibliothek, 1572 von Herzog August eingerichtet, zog schon immer wache Geister an. Von G.W.Leibniz,

Heinrich der Löwe

dem einzigen Philosophen, den man auch als Keks essen kann, über Stendhal, den Romancier, bis Casanova, dessen Neugierde nur der weniger bekannte Teil seines Lebens war.

Und Wilhelm Busch.

Gotthold Ephraim Lessing war Leiter der Bibliothek von 1770-81, schrieb hier seine "Emilia Galotti" und vollendete "Nathan, der Weise". Auch Wilhelm Raabe (Chronik der Sperlingsgasse) verbrachte entscheidende Jahre seines Lebens in Wolfenbüttel (1845-62).

Wie gesagt, nur wenigen Flecken in Reichweite gelang es, sich dem übermächtigen Einfluß der Welfen und Hannoveraner zu entziehen.

So auch nicht Gifhorn. Am Zusammenfluß von Aller und Ise, am Schnittpunkt der Salzstraße (von Lüneburg nach Braunschweig) und der Kornstraße (von Magdeburg nach Celle), lag es einfach strategisch zu günstig. Das Haus Braunschweig-Lüneburg sicherte sich den Platz schon früh.

Celle, die "viel schöne Stadt", zu rühmen, scheint fast überflüssig. Ohne ihre Akzente alter Fürstenpracht und stolzer Bürgerhäuser, ohne Celles wunderschöne Altstadt, wäre die Region ärmer. Sie ist es nicht.

Gewandhaus

Burgplatz
Alle Bilder: Stadt Braunschweig - Städt. Bilddienst -

Hagenmarkt mit Katharinen - Kirche

UNSER TIP

Herzog Anton Ulrich-Museum
Museumstraße 1
3300 Braunschweig

Das Herzog Anton Ulrich-Museum gehört zu den großen Kunstsammlungen des norddeutschen Raumes. Mit seiner Gründung als "Kunst- und Naturalienkabinett" im Jahre 1754 entstand in Braunschweig das älteste der Öffentlichkeit dienende Museum auf deutschem Boden.

Das Herzog Anton Ulrich-Museum trägt den Namen eines Mannes, der unter den deutschen Fürsten der Barockzeit durch seine universale Begabung auffällt. Als Kunstsammler hat Herzog Anton Ulrich (1633 - 1714) von Anbeginn an den internationalen Maßstab gesucht. Die wertvollsten Gemälde der Braunschweiger Galerie sind fast ausnahmslos von ihm erworben, darunter die Bilder von Rubens, Rembrandt und Vermeer van Delft. Dabei war sein Interesse nicht nur auf die reine Malerei gerichtet. Die damals als Ganzes angekaufte Sammlung italienischer Majolikagefäße, heute die größte in Deutschland, ist ebenso einzigartig wie die Sammlung französischer Emailarbeiten oder die Kollektion chinesischer Lackmalerei.

Diese Kunstschätze befinden sich jetzt seit bald dreihundert Jahren in Braunschweig. Anton Ulrich bewahrte sie im Schloß Salzdahlum, das er um 1690 vor den Toren der Stadt errichten ließ. Heute sind die weitläufigen Anlagen in Salzdahlum verschwunden. Nach dem Abbruch des alten Schlosses in napoleonischer Zeit wurde Anton Ulrichs Gemäldesammlung in die Residenzstadt überführt und mit anderen wertvollen Kunstbeständen aus den herzoglichen Schlössern vereinigt.

Herzog Carl I., ein Neffe Anton Ulrichs, hat das Verdienst, ein für die allgemeine Bildung bestimmtes "Kunst- und Naturalienkabinett" in Braunschweig gegründet zu haben, aus dem das heutige Museum in stetigem Wachstum hervorgegangen ist. Die kostbaren Sammlungen von Skulpturen und Kleinkunst aus Marmor, Bronze, Holz und Elfenbein, von Kunstuhren und Raritäten sind in diesen Jahren entstanden. Damals begann auch der Ausbau des Kupferstichkabinetts, das über reiche Bestände von Werken aller graphischen Techniken verfügt.

Öffnungszeiten:
Täglich außer Montag von 10 bis 17 Uhr,
mittwochs bis 20 Uhr (Eintritt frei)
Das Museum ist geschlossen: Ostersonntag, 1. Mai, Pfingstsonntag, 24., 25. und 31. Dezember.

Bad Gandersheim (3353)
Heimatmuseum
Markt 10
Schwerpunkte: Funde der Stein- und Bronzezeit, Mittelalter, Waffenkammer, bäuerliches und handwerkliches Gerät, Biedermeierzimmer

Bergen (3103)
Afrika-Museum
Buhrnstr. 9
T: 05054-604
Schwerpunkte: Sammlung afrikanischer Produkte. As. v. Gebrauchsgegenständen, Bodenschätzen, Textilien, Waffen, Schmuck, Jagdtrophäen und Fachliteratur des schwarzen Kontinents

Braunschweig (3300)
Städtisches Museum
Am Löwenwall
T: 0531-4702450
Schwerpunkte: Kunst- und Kulturgeschichte, Kunstgewerbe, Volkskunde, Numismatik

Goslar (3380)
Goslarer Museum
Königstr. 1
T: 05321-704359
Schwerpunkte: Kunst- und Kulturgeschichte, Wirtschaftsleben der Stadt, 1000jährige Geschichte des Erzbergwerks, Tierwelt und Geologie des Harzes und des Harzvorlandes

Musikinstrumenten- und Puppenmuseum
Hoher Weg 5
T: 05321-26945
Schwerpunkte: Musikinstrumente aus 2 Jahrhunderten, Puppen und Spielzeug

Hildesheim (3200)
Roemer-Museum
Am Steine 1-2
T: 05121-1979
Schwerpunkte: Gesteine und Mineralien, Paläontologie, Eiersammlung, Vorgeschichte des Gebietes, Stadtgeschichte, Völkerkunde, chin. Porzellane, sakrale Kunst

---

**LBB Antiquitätenzubehör
G.& H.W. DANGER
Schillerstr. 68
1000 Berlin 12
Telefon 030 / 3136543**

Möbelbeschläge aus Messing, Eisen, Perlmutt, Horn, Bein, Leder, Schlösser, Scharniere, Bänder, Holzteile, Intarsien, Schellackpolituren, Bienenwachs, Beizen, Profilleisten, Holzfüße, Wachskitt, usw, usw

Antiquitäten- und Kunsthandlungen

Wellm, Horst
Benningser Weg 1
3001 Pattensen

Ernst, M.
Dorfstr.18
3003 Ronnenberg

Piepo
Vörierstr. 5
3003 Ronnenberg

Antiquitäten
Von Altenstr. 32a
3006 Burgwedel

Gude, W.
Am Markt 1
3006 Burgwedel

Galerie
Halbach, Rolf
Im Mitteldorf 3
3006 Burgwedel

Werkhof, Galerie
Am Heerweg 7
3007 Wedemark

Wichert, P.
Scherenb. 15
3007 Wedemark

Antikes
Engelbostelerstr. 39
3008 Garbsen

Dettmer, Berthold
Langestr. 5
3008 Garbsen

Ehlers, R.
Bremer Straße 2
3008 Garbsen

Antiquitäten
Hindenburgstr. 1
3012 Langenhagen

Antiquariat
Das Buecherhaus
Wiesenstr. 21
3012 Langenhagen

Antiquariat
Kunz, J.
Stettiner Straße 69
3014 Rethen

Antiquitäten
Burger Landstraße
3100 Celle

Antiquitaeten
Bergstr. 38
3100 Celle

Bergmann, Galerie
Kirchweg 29
3100 Celle

Kunsthandlung
Halbach, U.
Bergstr. 1b
3100 Celle

Kilian, Galerie
Blumenlage 127
3100 Celle

Kriegsmann, E.
Mauernstr. 35
3100 Celle

Krohme, G.
Mauernstr. 47
3100 Celle

Lewitzki, R.
Bernstorffstr. 16
3100 Celle

Antiquitaeten
Bergstr. 36
3100 Celle

Noelting, D.
Höferscher Weg 7
3100 Celle

Opierzynski, H.
Südwall 3
3100 Celle

Kunsthandlung
Pedrini, L.
Dammstr. 11
3100 Celle

Kunsthandlung
Savage, H.
Mauernstr. 21
3100 Celle

Weichelt GmbH
Masch W. 14
3100 Celle

Werner, Uwe
Trüllerring 18
3100 Celle

Wulff, H.J.
Erichgasse
3100 Celle

Ermgassen, H.
P.-Schütze-Weg 10
3101 Lachendorf

Lie, Kurt
Twegte 4
3101 Nienhagen

Brammer, Elke
Beutzenerweg 5-7
3102 Hermannsburg

Lange+Werner
Celler Straße 28
3103 Bergen

Lohmann, M.
Harburger Straße 3
3103 Bergen

Wolter
Steindörferstr.126
3109 Wietze

Antiquariat
Pohl, G.
Oerrel
3122 Dedelstorf

Jaeger, Andreas
Kirchvordenerstr. 3
3150 Peine

Welge, H.
Stedum
3156 Hohenhameln

Sander, Henning
Katt'sche Str. 7
3160 Lehrte

Goertz, W.
Peiner Weg 76
3167 Burgdorf

Antik
Gude, Wolfgang
Hann.Neustadt 3
3167 Burgdorf

Galerie
Schillerslage
3167 Burgdorf

Kramski, M.
Braunschweiger.Str.
3167 Burgdorf

Meyer GmbH
Im Dorfe 6
3167 Burgdorf

Antiquariat
Mueller, R.
Mozartstr. 23
3167 Burgdorf

Kunsthandlung
Hartwich, Christa
Steinweg 5
3170 Gifhorn

Antike Möbel
Roth
Hamburger Str.33
3170 Gifhorn

Kunsthandlung
Voigt, H.
Limbergstraße
3170 Gifhorn

Winkelmann
Braunschweiger Str.3
3170 Gifhorn

Winkelmann, R.
Celler Straße 34
3170 Gifhorn

Gonschior, M.
Wedelheine
3174 Meine

Gründer Hof
Vorsfelder Str. 28
3180 Wolfsburg

Hoffmann, K.
Heiligendorf
3180 Wolfsburg

Reichelt, Renate
Porschestr. 41b
3180 Wolfsburg

Reimer, W.
H. Nordhoffstr.
3180 Wolfsburg

Rohde
Lerchenweg 77
3180 Wolfsburg

Galerie
Am Markt
3200 Hildesheim

Goldworthy, G.
Bahnhofsallee 23
3200 Hildesheim

Jaenicke, Kunsthaus
Bahnhofsallee
3200 Hildesheim

Krueger, Ch.
Marktstr. 2-3
3200 Hildesheim

Kunsthandlung
Marzahn, R.
Wollenweberstr.37
3200 Hildesheim

Kunsthandlung
Meyer, F.
Rathausstr. 13c
3200 Hildesheim

Schlaf, Axel
Eichendorffstr. 8
3200 Hildesheim

Scholz, Reinhard
Osterstr. 12
3200 Hildesheim

Antiquariat
Orleansstr. 26
3200 Hildesheim

Kunsthandlung
Warnecke, Dagobert
Scheelenstr. 2
3200 Hildesheim

Wanfahrt, Klaus
An der Bundesstr.1
3201 Söhlde

Kunsthandlung
Sommer, K.
Amselsteig 1
3202 Bad Salzdetfurth

Fest
Ottbergen
3209 Schellerten

Arendt, B.
Gudingergasse 4
3210 Elze

Jauer, W.
Winkelstr. 11
3210 Elze

Wenzel, R.
Kummerstraße
3216 Salzhemmendorf

Beie, W.
Allee 3
3220 Alfeld

Kunsthandlung
Die Schatulle
Sedanstr. 21
3220 Alfeld

Antiquitäten
Laedchen
Am Kliensberg 11
3220 Alfeld

Raritäten
Rimmek
Marktstraße 10
3220 Alfeld

Hoppe, R.
Weenzen
3225 Duingen

Abraham-Trödler
Rebenring 10
3300 Braunschweig

Antike Puppenstube
Fallersleben Str. 27
3300 Braunschweig

Antiquariat
Wiener Straße 3
3300 Braunschweig

An- und Verkauf Helmstedt
BRAUNSCHWEIGER STRASSE 37
(ECKE GRÖPERN)

Kunst · Kitsch · Antiquitäten · Raritäten · Bücher · Möbel · Schallplatten · Geschenke · Altes und Neues

Tel.: 05351/4704 oder 34140

Ständiger Ankauf – Interessante Dinge sind immer gefragt!

Antiquariat
Hopfengarten 3
3300 Braunschweig

Behrens, R.
An der Trift 22a
3300 Braunschweig

Antiquariat
WolfenbüttelerStr.
3300 Braunschweig

Buch & Kunst
Kasernenstr. 12
3300 Braunschweig

Antiquariat
Duwe, W.
Gieselerwall 7
3300 Braunschweig

Kunsthandlung
Felisch, M.
Neuer Weg 2
3300 Braunschweig

Frenk, H.
Klint 1
3300 Braunschweig

Galerie
Altmarkt 37
3300 Braunschweig

Antiquariat
Graff, A.
Neue Str. 23
3300 Braunschweig

Heinrich, Michael
Steinweg 33
3300 Braunschweig

Hippler, Angelika
Handelsweg 5
3300 Braunschweig

Jaeschke, Galerie
Am Ringerbrunnen
3300 Braunschweig

Kaphammel, T.
Leisewitzstr. 8
3300 Braunschweig

Kautsch & Sohn
Wilhelmstr. 87
3300 Braunschweig

Antiquariat
Klittich & Pfankuch
Kleine Burg 12
3300 Braunschweig

Kranz, Kristina
Rankestr. 5
3300 Braunschweig

Krueger, F.
Fallersleben Str. 42
3300 Braunschweig

Kuehle, M.
Bertramstr. 9
3300 Braunschweig

Kunsthandlung
Malerwinkel
Ziegenmarkt 4a
3300 Braunschweig

Neumann, Wilhelm
Husarenstr. 15
3300 Braunschweig

Papendieck, Helge
Celler Str. 70
3300 Braunschweig

Rein, K.D.
Helmstedter Str. 3
3300 Braunschweig

Rom Art Galerie
Cellerstraße
3300 Braunschweig

Schreiber, F.
Handelsweg 4
3300 Braunschweig

Schublade
Wilhelmstr. 84
3300 Braunschweig

Spika, Stanislaus
Forststr. 29
3300 Braunschweig

Söllner, G.
Breite Str. 24
3300 Braunschweig

Söllner, G.
Kannengießer Str. 5
3300 Braunschweig

Vogelsang, C.
Campestr. 23
3300 Braunschweig

Walkemeyer, R.
Raffturm 4
3300 Braunschweig

Wall Galerie
Magnitorwall 5
3300 Braunschweig

Weber, L.
Leonhardstr. 3
3300 Braunschweig

Wolters, G.
Kastanienallee 2a
3300 Braunschweig

Primas-Cosmann
Bäckerstr. 5
3302 Cremlingen

Kunsthaus
Lange-Herzogstr. 51
3305 Wolfenbüttel

Kunsthandlung
Großer Zimmerhof-16
3305 Wolfenbüttel

Kunsthandlung
Mathea, E.
Krummestr. 60
3305 Wolfenbüttel

Kunsthandlungen
Art & Deco
Kniestedterstr. 24
3320 Salzgitter

Magazin
Benzstr. 8
3320 Salzgitter

Marquardt, R.
Schillerstraße 48
3320 Salzgitter

Monsees
Stobenstr. 11
3320 Salzgitter

Berger, H.
Liegnitzer Str. 30
3320 Salzgitter 51

Sapadi, H.u.C.
Hohenassel
3322 Burgdorf

Patzelt, W.
An der B 6
3326 Badeckenstedt

Hankel, H.
Braunschweiger Str.
3330 Helmstedt

An und Verkauf
Legel, Berndt
Braunschweiger Str.
3330 Helmstedt

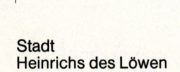
Braunschweig

Stadt
Heinrichs des Löwen

Entdecken Sie Braunschweiger Historie und Kultur, lassen Sie sich von der Atmosphäre unserer Stadt einfangen

Auskunft: Amt für Wirtschaftsförderung u. Stadtwerbung
Rathaus, Bohlweg 30
3300 Braunschweig
☎ (0531) 470-2758

Grisebach, Heiko Hauptstr. 2 3339 Ingeleben	Kesten Karnebogen 3352 Einbeck	Eberhardt, H. J. Tannerstr. 18 3360 Braunlage	Deierling, H. Kaiserbleck 1 3380 Goslar	Taleghani,D. Lauenburger Str. 34 3380 Goslar	Lachmund, I. Nordhäuser Str. 16 3388 Bad Harzburg
Antik Wallstr. 13 3340 Wolfenbüttel	Kunsthandlung Mueller, R. Marktplatz 11 3352 Einbeck	Elchlepp, A. Schillerstr. 14a 3360 Osterode	Fahlke, O. Bäringer Str.21 3380 Goslar	Ulrich, Irma Marktstr. 6 3380 Goslar	Gisevius, Bernd Am Klepperberg 4 3392 Clausthal-Zellerfeld
Fricke, S. Harzstr. 16 3340 Wolfenbüttel	Sauerbrei, K.u.J. Ole Burg 7 3352 Einbeck	Galerie Abgunst 22 3360 Osterode	Flügge, H.R. Jakobikirchhof 2 3380 Goslar	Westphal, Th. Rosentorstr. 19 3380 Goslar	Keller, C. Bergstr. 51 3392 Clausthal-Zellerfeld
Mueller Juliusstraße 3340 Wolfenbüttel	Thiele, M. Brunsen 36 3352 Einbeck-Wenzen	Victoria Antique Waagestr. 14 3360 Osterode	Mittendorf, H. Hoher Weg 15 3380 Goslar	Mittendorf, K. Bergenroder Str. 2 3387 Vienenburg	Wentzel, J. Osterröderstr. 18 3392 Clausthal-Zellerfeld
Piske, M. Rosenwall 2 3340 Wolfenbüttel	Antiquariat Voges, Antikhaus Hullerserstr. 3a 3352 Einbeck	Weber und Deppe Zwischen d.Zäunen 9 3360 Osterode	Redecke, A. Marktstr. 5 3380 Goslar	Güllemann, U. Herz.-Wilhelm-Str.19 3388 Bad Harzburg	Antiquariat Kalthammer, Sabine Breite Straße 27 3396 Altenau
Antiquitäten Am Mönchplatz 3352 Einbeck	Trödel-Scheune Wietholz 3 3352 Einbeck-Wenzen	Kunsthandlung Froboese, G. Langestr. 27 3370 Seesen	Richter, Karsten Clausthaler Str. 52 3380 Goslar	Huelter, Meister G. Breite Str. 49 3388 Bad Harzburg	Antiquariat Duwe, W. Gieselerwall 7 3300 Braunschweig
Albert Andersh.Kirchweg 9 3352 Einbeck	Bleibaum, B. Burgstr. 8 3353 Bad Gandersheim	Antikhof Hoher Weg 5 3380 Goslar	Antiquariat Struck, H. Bäringstr. 4 3380 Goslar	Kunsthaus Herzog-Wilhelm-Str.37 3388 Bad Harzburg	Kunsthandlung Felisch, M. Neuer Weg 2 3300 Braunschweig

LBB
Antiquitätenzubehör
G.& H.W. DANGER
Schillerstr. 68
1000 Berlin 12
Telefon 030 / 3136543

Möbelbeschläge
aus Messing
Eisen
Perlmutt
Horn
Bein
Leder
Schlösser
Scharniere
Bänder
Holzteile
Intarsien
Schellackpolituren
Bienenwachs
Beizen
Profilleisten
Holzfüße
Wachskitt

mehr als 12oo Artikel ständig auf Lager
bitte Katalog anfordern gegen DM 4,-

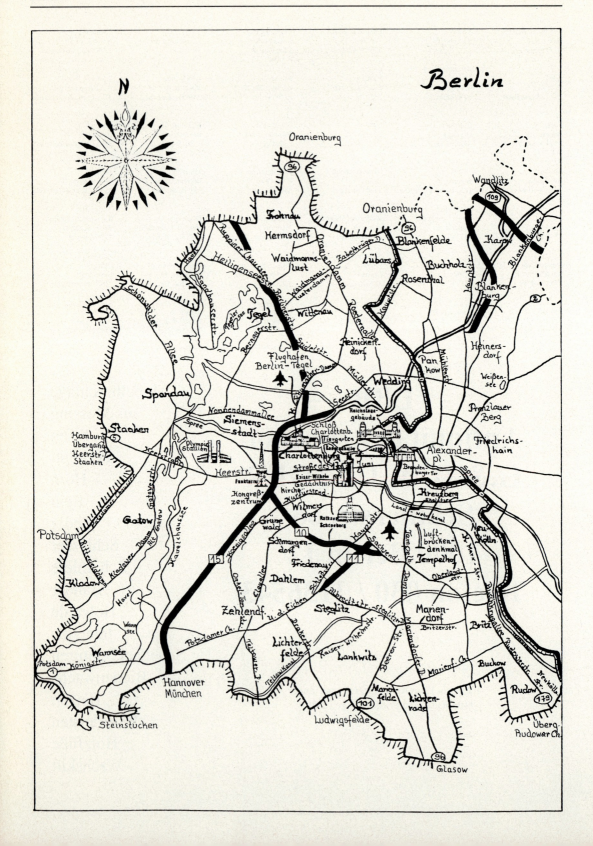

BERLIN

Hauptstadt? - Haupt - Stadt!!

Landschaft
Berlin liegt dort, wo die großen Ostseegletscher der letzten Eiszeit unentschlossen Halt machten, sich fragten, ob ihre Neugier nun befriedigt sei, sich ein paarmal auf dem märkischen Sand hin- und herwandten und endlich doch den Heimweg antraten. Zurück blieb eine im flachen Lande seltene und reizvolle Mischung aus großen, flachen Seen, Flußarmen und -verästelungen und Endmoränenhügeln, hoch genug, alle Herrlichkeit zu überschauen. Die Dekoration steht für eine der großartigsten Erfindungen der Neuzeit: Berlin. Vorhang auf für "Spree-Athen".

Grenzen
Dort mühen Spree und Havel sich vor ihrer Vereinigung noch, viele breite Sandlöcher zu füllen, damit die Berliner was zum Baden gehen haben. Wannsee, Tegeler See und Müggelsee (2:1 für den Westen) sind in aller Munde - beim Zähneputzen, Kaffeekochen, nach dem Bierbrauen, sie sind für und in jedem Berliner Kindl.
Grenzen? Keine. Halt! Doch!
Berlin - die Insel, die Abgeschnittene, die, an dünnen Lebensadern hängend, dem Osten zeigt, was 'ne Harke ist.

Geschichte
Und es auch sagt. Berlin - die größte Propagandashow. Berlin scheint geradezu aus Propaganda zu bestehen. Denn wie sollten die preußischen Herrscher und ihre Nachfolger der Welt ihre Haupstadt im märkischen Sand schmackhaft machen? Kein Welthafen, keine Kreuzung alter Handelsstraßen, keine Metropole eines alten, zentralistischen Reiches, nur der Wille einiger begabter Provinzfürsten mit entsprechender Fortune. Also her mit dem Besten, was die Welt zu bieten hat: Hugenotten ansiedeln, Künstler und große Geister an den Hof - Bach, Voltaire, Menzel; Kant im Land toleriert. So etwas macht Berlin und seinen Friedrich groß.

Preußen wächst mit. Unruhige Geister ziehen vorbei, erregen Aufsehen. Steuben hilft Washington, die USA basteln. Freiherr vom Stein will das Land umbauen, Gneisenau das Heer. Europa liegt im Fieber der französischen Revolution, Napoleon siegt: "Der König hat eine Bataille verloren, Ruhe ist die erste Bürgerpflicht" - läßt Friedrich Wilhelm III. in Berlin anschlagen. Denkste! Fichte hetzt gegen Napoleon, York schlägt ihn 1813 und erklärt das später seinem König. In Berlin wird das neue deutsche Nationalgefühl geboren. Man merkt auf und merkt sich Berlin. Berlin geht weiter die Welt anpumpen:

Kultur
Schliemann bringt von seinen Ausgrabungen die erlesensten Stücke aus Griechenland, Kreta, Troja - nach Berlin. Berlin holt sich: den Pergamonaltar aus Kleinasien, aus Milet das Markttor, aus Agamemnons und Priamos' Gräbern den Schatz, aus Babylon die Prozessionsstraße mit dem Ishtar-Tor, aus Ägypten die Nofretete, aus... den... aus... die... aus... das... nur mit Mühe können die Londoner ihr " British Museum " verteidigen.

Bau
Was fehlt uns denn noch? Bauwerke zum Imponieren. Na gut, ein paar Schlösser gab's da schon. Schloß Charlottenburg, Schloß Bellevue, und außerhalb in Potsdam "Sanssouci". Aber das reicht noch nicht. Wenn man bedenkt, was die Londoner da so alles gebaut haben an Imponierarchitektur rund um Whitehall und famous Westminster Abbey.
Ein Schinkel muß her. Und er tut's gründlich. Bis zum Schinkelismus. Die Berliner freut's, während in den Bezirken Mitte die Mietskasernen die Ortsteile zusammenwachsen lassen: Jetzt sieht's nach Weltstadt aus.

Weltstadt
Bismarck sieht's, läßt das Rübenzüchten sein, nickt beifällig: ja, das ist eine Hauptstadt, und

Reichstagsgebäude (erbaut 1884 - 1894) Architekt : Paul Wallot
Bezirk Tiergarten, Platz der Republik

Schloß Charlottenburg, Vorderansicht vom Spandauer
Damm aus gesehen

Siegessäule, erbaut 1869 - 73 nach einem Entwurf von J. H. Strack, die Victoria wurde von Friedrich Drake geschaffen.

Blick vom Europacenter auf den Breitscheidplatz mit Kaiser - Wilhelm - Gedächtniskirche, links von unten nach oben : Budapester Straße (bis zum Knick) und Hardenbergstraße

Zitadelle Spandau, Torhaus : Die Fassade entstand 1839, links : Juliusturm. Alle Bilder : Landesbildstelle Berlin

macht dazu passende Politik. Man wird langsam wer. Und ehe man sich versieht, ist man Haupstadt des neuen deutschen Reiches und einen Kaiser gibt's auch dazu. Der Jubel wird grenzenlos, eine Jubelhalle - Pardon - Sportpalast, muß her. Da tost die Menge und die kleine Welt klatscht Beifall. Fast ist man geneigt, den 1. Weltkrieg zu übersehen, geplant und verloren in Berlin. Man macht in großer Politik in Berlin. Zündet die Lunte an Rußlands morschem Zarenhaus, gründet die KPD und erschießt ihre Führer, ruft zwei Republiken aus und flüchtet mit der letztlich überdauernden nach Weimar. Berlin - nicht mehr Hauptstadt? Da muß was geschehen!

Leute, Leute, Leute
Erfinden wir die neue Architektur: Bauhaus mit Gropius, Feininger u.a. holen wir nach Berlin
Schreiben wir die besten Texte: Tucholsky, Brecht, Döblin u.v.a.
Machen wir Film: Ufa, Fritz Lang...
Machen wir das beste Theater: Max Rheinhardt
Machen wir beste Medizin: Berliner Charité, Prof. Sauerbruch...

Von Funkturm bis Friedhof: Berühmtheit, Berühmtheit. Ach es nützt nichts, Weimar bleibt Haupstadt. Da legt man sich sogar dem schnauzbärtigen Anstreicher zu Füßen und wird Nazi. Die Aufmärsche auf der Paradestraße "Unter den Linden" sollen ja so schön gewesen sein und die Akustik im Sportpalast so berauschend. Was, Sie erinnern sich daran? Pfui Teufel!
Und immer nur nach oben schauen! Gucken Sie doch mal unten rein, wo in den Lauben der Schrebergärten die "kleenen Ballina" dem langen Lulatsch (Funkturm) per Antenne den Strom für die eine Birne abschnorren. Ätsch, der großen Propagandapuste Rundfunk - das Volk erleuchtet sich auf andere Art.
Kommen Se doch mal mit in "Zille sein Milljöh", in die Hinterhöfe von "Wedding", "Mitte", "Kreuzberg"! Da gedeiht die Taschenausgabe der großen Propaganda: Die Berliner Schnauze. " Kennen Se? Weeß ick! Will ick Se nich mit langweiln. Komm Se lieba mit uff'ne Bulette mit Mostrich un'n Klaren", "und dann träumen Se, Se wärn 'ne Giraffe: So'n Hals un dann'n Schnaps - Det is Glick!"

Bummeln
Und wenn wir schon mal bummeln: Geht rund um die Uhr, Berlin kennt keine Sperrstunde (jutes altes Jesetz, bringt wat ein) Kaffee morjens um 3, 4, 5 Uhr Schwarzes Café, Kantstraße. Na also. Und dann am Tag, da gehen wir uns fein machen: die drei großen "K" - Kempinski, Cafe Kranzler, KaDeWe, allet uff'm Ku'damm. Und wenn Sie jetzt noch nicht verstehen, was Berlin so faszinierend macht, dann helfen nur noch Zugereiste. Die erkären das am besten: den Geist der Toleranz und Großzügigkeit seit Zuwanderung der Hugenotten vor 300 Jahren (Archiv im französischen Dom, Berlin- Ost) das Sich-Nicht-Unterkriegen-Lassen trotz Blockade und wegen Luftbrücke (Hungerharke am Tempelhof), die Teilung durch die Mauer - so, jetzt sind's sogar zwei Berlin, wo auf der Welt gibt's das denn noch einmal? Fahrn' Se Bus (Doppeldecker) und S-Bahn zum Gucken, U-Bahn (Linie 1 oder 6) zum Gefühlkriegen. Ob Sie's grün, rot, schwarz oder gelb lieben, alternativ oder konventionell, weltstädtisch oder provinziell, sanft oder hart: Berlin hat's. Schaun Sie doch mal rein. Berlin ist eine Reise wert.

Antiquitäten - Bummel
Berlin - Berlin - Berlin - eine Stadt mit eigener Ausstrahlung; und wer kennt nicht den Ausspruch des 1963 ermordeten US-Präsidenten Kennedy, geprägt auf der bekannten Rathaustreppe in Schöneberg: "Ick bin ein Berliner . . ." - ein Satz mit Weltruhm. Wenn man aber nicht "ein Berliner" ist - was dann? Und man möchte etwas sehen und kaufen auf der Berliner-Antiquitätenszene - was dann? Sicher ist es einfach, sich einen Stadtplan zu kaufen und dann aufs Geradewohl in eine Richtung loszugehen. Es gibt mit Sicherheit tausend Möglichkeiten, in Berlin einen Tag in der Antiquitätenwelt rumzustöbern. Lassen Sie sich deshalb einen Tag lang entführen zu einem Bummel spezieller Art - meiner Art.
Wenn Sie morgens im Hotel aufwachen, sollten Sie sich nicht auf das Hotelfrühstück freuen, sondern einmal anders den Tag beginnen. Kommen Sie mit! - Wenn man den Kurfürstendamm vom Café Kranzler Richtung Adenauer Platz geht, kreuzt nach der Bleibtreustraße die Schlüterstraße. Und dort wollen wir unseren Tag beginnen. In der Schlüterstraße 14 gibt es seit zwei Generatio-

nen eine kleine Feinbäckerei und seit ungefähr 10 Jahren im hinteren Teil des Ladens eine Stehtheke zum Frühstücken. An der Wand ein Riesengemälde mit einem weißen Pferd, das Saxophon spielt, vor der Skyline von New York. Dort macht es richtig Spaß, einen herrlich-heißen Kaffee, eine Schrippe oder, was auch immer Sie frühstücken mögen, zu verzehren und dabei den Songs aus den 60er Jahren (die eine Musikbox liefert), zu lauschen, noch ein wenig zu träumen. . . . - Dabei treffen Sie die verschiedensten Leute - den Unternehmer mit 90 Angestellten genauso wie den Bauarbeiter oder die Hausfrau neben einem Punker. Eines aber haben alle gemeinsam - die Tageszeitung! Sie gehört allen und jedem und wird einfach weitergereicht. Dies war die erste Station unseres Bummels, frisch gestärkt geht's jetzt los ...

Wenn wir dann Richtung Kurfürstendamm schlendern, treffen wir an der Ecke Schlüter - Pestalozzistraße auf das Kunsthaus Prinz-Dunst, ein Kunsthaus mit 40 Jahren Tradition. Von Gemälden über Schmuck bis hin zu Biedermeier-Möbeln, können Sie alles fachkundig bereden, beschnuppern und natürlich auch kaufen. Wenn Ihnen danach immer noch nach Gemälden ist, dann nichts wie über die Straße und rein in die Schlütergalerie. Auch hier finden wir eine große Auswahl vor.
Ein Stückchen weiter, Richtung Ku'damm, befindet sich eine der ersten Adressen für antike Juwelen bei Krischke in der Berliner Schlüterstraße 49! Hier können Sie die erlesensten Juwelen (in Berlin) von Renaissance bis Art Deco bewundern. Dazu ebenso Gemälde aus dem 17. Jahrhundert, auch signiertes Silber.
Seit 15 Jahren kauft Dragan Krischke überall auf der Welt kostbare Kleinode ebenso wie Gemälde oder ausgewählte Möbelstücke, Jugendstilvasen oder Augsburger Silber. Wer aber glaubt, daß in diesem "hochkarätigen Museum" nur die Reichen dieser Welt einkaufen können, der irrt. Auch Leute mit kleinerem Geldbeutel können sich Krischke-Luxus leisten. Ab 600 Mark gibt es eine Vielzahl schöner Schmuckobjekte. Viele Händler aus dem In- und Ausland kaufen gerne bei ihm, weil sie wissen, daß ein schneller Umschlag ihnen ein großes und abwechslungsreiches Angebot garantiert. Dasselbe gilt natürlich auch für Krischkes

private Kunden, die er intensiv betreut. Seit fünf Jahren besteht sein Großhandel in New York. Also, Sie sehen, ein absolutes Muß, wenn Sie in Berlin sind. Ein Tip noch? Melden Sie sich telefonisch an, sonst könnten Sie den Weg umsonst gemacht haben.

Ladenansicht Krischke

Wir verlassen jetzt die Schlüterstraße und bummeln den Ku'damm hinunter, Richtung KaDeWe. Vorbei an der Gedächtniskirche und am Europacenter bis zur Passauer Straße. Leicht zu finden, an der Ecke Ku'damm-Passauer Straße befindet sich das KaDeWe. Dort können Sie in der Hausnummer 35 "Antiquitäten-Berbig" finden. Seit 20 Jahren gehört Ottmar Berbigs ganze Liebe all den Dingen, die dem Liebhaber solcher Schätze das Herz höher schlagen lassen. Schmuck von Barock bis Art Deco, Taschenuhren mit Repetition, Bronzefiguren, Tafelsilber, Meißener Porzellan, Zinn und Barock-, Biedermeier-Kommoden - Herz, was begehrst du mehr?! Aber auch in der Pestalozzistraße 10 können Sie Berbigs-Antiquitätenpracht bewundern.
Lieben Sie bäuerliche Möbel aus Weichholz? Dann ist mein Tip Schillerstraße 68: Familie Danger, LBB-Zubehör und Weichholzmöbel. Hier finden Sie Schränke, Kommoden und andere Möbel in Weichholz. Eine große Auswahl verschiedenster Möbeltypen ertwartet Sie. Weichholz total, schöner geht es nicht. Darüber hinaus werden Sie auch fachmännisch über Zubehör (Beschläge, Holzteile, Wachse), für alte Möbelstücke beraten. Ach ja, wir finden die Schillerstraße ganz einfach: Zwischen der Kantstraße und der

Bismarckstraße. Schon müde? - Nein! - Also weiter. Es gibt noch einiges zu sehen. Nächste Station Holbeinstraße 11. Ein Haus aus der Gründungszeit der Gartenstadt Lichterfelde. Ein besonderer Ort der Kunst. Van Roy's Offenes Atelier. In der Atelier-Werkstatt im Keller arbeitet der Bildhauer van Roy, ein Schwarzbart mit feuerrotem, breitkrempigen Hut. Die figürlichen Sitzmöbel auf dem U-Bahnhof Dahlendorf und die "Flora" im Lichterfelder S-Bahnhof sind von ihm. 15 Ausstellungen seit 1984 mit Bildern, Skulpturen, Glasobjekten, Fotografien angewandter Kunst fanden im Treppenhaus, im Keller, im Wohn- und Arbeitsbereich statt. Es gibt noch vieles, aber schauen Sie selbst!

Mein nächster Einkaufstip führt uns in die Fasanenstraße 72. Englische Galerie Myler. Auch hier eine Fülle feiner Ölgemälde des 19. und 20. Jahrhunderts aus dem gesamten europäischen Raum, dazu noch englische Regency-Möbel (1780 - 1830) in einem persönlich ausgewählten Angebot. Für die außergewöhnlich gute Beratung zeigen sich Eva und Joseph Myler verantwortlich.

Zum Schluß sollten wir noch die Suarezstraße 58 aufsuchen. Erich Schüler, Antiquitäten und Kunsthandel. Leicht zu finden, wenn wir die Kantstraße, Richtung Masurenallee gehen, treffen wir unwillkürlich auf die Suarezstraße. Neben Bauernschränken, Barock- und Biedermeiermöbeln verfügt Erich Schüler auch über eine eigene Werkstatt. Guter Service sowie eine fachkundige Beratung ist selbstverständlich.

Nicht ohne Absicht habe ich die Suarezstraße zum Schluß gewählt. Von hier ist es nämlich nicht mehr weit bis zur Knobelsdorffstraße 27. Dort bei "Staudinger's" können Sie den Tag abrunden bei einem kleinen Essen und einem Bierchen. Mit sehr viel Liebe bereitet der Chef selber seine gemischte Küche aus deutschen, französischen und italienischen Gerichten für seine Kunden. Das Ganze ist dann nicht nur ein Gaumen-, sondern auch ein Augenschmaus. Ob Sie dann im Freien oder im Lokal sitzen, eine Atmosphäre der Gemütlichkeit wird, nicht zuletzt von den netten Bedienungen, auf Sie übertragen.

Sicherlich ist unser "Bummelweg" nicht der einzige, der durch Berlin's Antiquitätenwelt führt, aber er ist mein speziell für Sie ausgesuchter Vorschlag. Ich hoffe, Sie haben viel Spaß dabei und nun: Bon Appetit!

Ihr H. Tönnies

Kaiser-Wilhelm-Gedächtniskirche bei Nacht (Foto: Landesbildstelle Berlin)

Unser Tip

Museum für Völkerkunde
Landstraße 8
1000 Berlin-Dahlem
Telefon: 030-83011
Es besteht aus den Abteilungen Amerikanische Archäologie, Amerikanische Naturvölker, Südsee, Ostasien, Westasien, Afrika, Europa, Musikethnologie sowie dem Junior-Museum und dem Blinden-Museum.
Infolge der noch immer währenden räumlichen Begrenzungen können die Abteilungen Amerikanische Naturvölker, Westasien, Europa und Musikethnologie vorläufig keine Dauerausstellungen zeigen.
Amerikanische Archäologie :
Sammlungen aus den vorspanischen, mittel- und südamerikanischen Hochkulturen: Keramik, Steinplastik, Textilien, Gold-, Silber-, Holz-, Knochen- und Muschelarbeiten. Besonders interessante Objekte: Steinskulpturen, Guatemala; Goldraum.
Südsee :
Sammlungen aus allen Kulturregionen Ozeaniens und aus Australien. Besonders bemerkenswert: Kultobjekte vom Sepik, vom Papua-Golf und von Neuirland, Original-Boote und -Häuser, Bildnis der Gottheit Sope von Nukuoro, Federmantel des Königs von Hawaii und ein Trauergewand von Tahiti.
Ostasien :
Sammlungen aus China und der Mongolei, darunter: Guanyin (Göttin der Barmherzigkeit) aus der Song-Zeit, Tang-Keramiken, Knocheninschriften und Schattenspielfiguren aus China; Yurten aus der Mongolei und seltene lamaistische Kultgegenstände.
Südasien :
Sammlungen aus Indonesien, Indien und Hinterindien. Schattenspielfiguren und -puppen aus Indien, Thailand, Java und Bali; Theater-und Kultmasken aus Sri Lanka, Thailand und Indonesien; Kultplastiken, Textilien, Prunkwaffen und Schmuck aus Indonesien.
Afrika :
Sammlungen aus alten Kulturregionen Westafrikas, darunter Terrakotten (Ife, Nigeria): Bronzen aus Benin (Nigeria); Masken und Plastiken aus dem westlichen Afrika.
Junior-Museum :
Vermittelt an Jugendliche und Kinder - besonders aus Berliner Schulen - Informationen über außereuropäische Kulturen. Führungsprogramme für Schüler werden in wechselnden Sonderausstellungen durchgeführt.
Öffnungszeiten:
Dienstag - Sonntag 9 - 17 Uhr, Montag geschlossen

Bauhaus-Archiv - Museum für Gestaltung
Klingelhöferstrasse 14
1000 Berlin 30
Telefon: 030-2611618
Das Bauhaus-Archiv hat die Aufgabe, alle auf die Tätigkeit und das kulturelle Ideengut des Bauhauses (1919-1933) bezogenen Arbeiten zu sammeln, seine Vorgeschichte im 19. Jahrhundert und seine Weiterentwicklung bis heute zu erforschen und die Ergebnisse an die Öffentlichkeit zu geben. Das Bauhaus-Archiv unterhält ein Museum, eine Dokumentensammlung und eine Bibliothek. Es veranstaltet Sonder-Ausstellungen, Vorträge und Führungen.

Das Bauhaus-Archiv ist 1960 in Darmstadt von Hans M. Wingler gegründet worden. 1971 wurde es nach Berlin verlegt. 1979 bezog es einen Neubau, der nach Entwürfen von Walter Gropius errichtet wurde. Seit 1977 führt es den Untertitel Museum für Gestaltung. Es wird getragen von dem gemeinnützigen Verein Bauhaus-Archiv e.V., dem jedermann beitreten kann, und überwiegend aus Mitteln des Landes Berlin und der Bundesrepublik Deutschland finanziert. Alle Einrichtungen des Bauhaus-Archivs dienen ausschließlich kulturellen, wissenschaftlichen und volksbildnerischen Zwecken. Spenden an das Bauhaus-Archiv sind steuerlich abzugsfähig.

Im Museum werden zahlreiche Architektur-Modelle, Entwürfe, Gemälde, Zeichnungen, kunsthandwerkliche Arbeiten und verschiedene Industrieerzeugnisse nach Bauhaus-Entwürfen gezeigt.
Themen: Der Unterricht von Johannes Itten, Laszlo Moholy-Nagy, Josef Albers, Paul Klee, Wassily Kandinsky, Oskar Schlemmer u.a.
Aus den Bauhaus-Werkstätten: Möbel, Keramik, Weberei, Metallarbeiten, Druckgrafik, typografische Erzeugnisse; Arbeiten der Wandmalerei, der plastischen Gestaltung, der Fotografie und der Bauhaus-Bühne.
Architektur: Entwürfe und Modelle von Walter Gropius, Hannes Meyer, Ludwig Mies van der Rohe, Marcel Breuer, Ludwig Hilberseimer u. a.
Gemälde und Zeichnungen : Herbert Bayer, Lyonel Feininger, Johannes Itten, Wassily Kandinsky, Paul Klee, Laszlo Moholy-Nagy, Georg Muche, Oskar Schlemmer u.a.

Die Bibliothek umfaßt die Ideengeschichte des Bauhauses von den Vorstufen um die Mitte des 19. Jahrhunderts bis zur unmittelbaren Gegenwart. Sie hat zur Zeit einen Umfang von mehr als 12.000 Bänden (Bücher, Zeitschriften, Kataloge, Mappen). Die Präsenzbibliothek steht jedermann zur Benutzung offen.
Die Dokumentensammlung enthält Briefe, Manuskripte, Akten, Schriften und Fotos sowie den gesamten Gropius-Nachlaß. Ferner eine umfassende Zeitungs-Dokumentation von den Anfängen des Bauhauses bis zur heutigen Arbeit des Bauhaus-Archivs. Breiten Raum nehmen die Zeugnisse der seit den dreißiger Jahren in Amerika erfolgten Weiterentwicklung des Bauhauses ein. Die Benutzung des Archivs ist für jedermann frei.

Öffnungszeiten der Ausstellung:
täglich außer dienstags 11 bis 17 Uhr
der Bibliothek und der Dokumentensammlung:
montags bis freitags 9 bis 13 Uhr

Antiquitäten- und Kunsthandlungen

Antik Royal
Düsseldorfer Str.10
1000 Berlin

Dr. Atighetchi
Niebuhrstraße 10
1000 Berlin 12

Galerie
Schlüter
Schlüterstraße 63
1000 Berlin 12

Atelier
Tiemeyer, Ria
Damaschkestr.22
1000 Berlin

Galerie
Haubachstraße 23
1000 Berlin 10

Czerny, R.
Zillestraße 81
1000 Berlin 10

Grzelachowski
Tegeler Weg 106
1000 Berlin 10

Stilmöbel
Klein, Rita
Wilmersdorfer Str.18
1000 Berlin 10

Leonhardt, Rainer
Gierkeplatz 11
1000 Berlin 10

Papyri-Galerie
Schmitz
Kaiser-Friedrich Str. 4
1000 Berlin 10

Sonnenthal, T.
Cauerstraße 20
1000 Berlin 10

Galerie
Aedes
Grolmannstraße 51
1000 Berlin 12

Alte Witze
Seinnöt Weg 1
1000 Berlin 12

Art Work Galerie
Mommsenstraße 62
1000 Berlin 10

Baues, Irene
Leibnizstraße 60
1000 Berlin 12

Uhren & Schmuck
Becker
Wilmersd.orferStr.44
1000 Berlin 12

Berbig, O.
Pestalozzistraße 10
1000 Berlin 12

Biblographikon
Boerner, H.
Carmerstraße 19
1000 Berlin 12

Boldt, G.M.
Pestalozzistraße 12
1000 Berlin 12

Antiquitäten
Borchert, Brigitte
Pestalozzistraße 54
1000 Berlin 12

Bratz, Jörg P.
Pestalozzistr.88
1000 Berlin 12

Braune, Sabine
Leibnizstraße 28
1000 Berlin 12

Kunsthandlung
Broszat
Bleibtreustraße 50
1000 Berlin 12

RB Antik
Budig, Robert
Schlüterstraße 65
1000 Berlin 12

Budig-Godolt
Leibnizstraße 42
1000 Berlin 12

Cibis
Pestalozzistraße 54
1000 Berlin 12

Antiquitäten
Kantstraße 31
1000 Berlin 12

LBB-Antiquitätenzub.
G.& H.W. Danger
Schillerstraße 68
1000 Berlin 12

Dietrich, Horst
Mommsenstraße 57
1000 Berlin 12

Dillmann, H.
Schlüterstraße 48
1000 Berlin 12

Dinkler, Marina
Niebuhrstraße 77
1000 Berlin 12

Keramikgalerie
Droysenstraße 17
1000 Berlin 12

Art Deco
Bleibtreustraße
1000 Berlin 12

Fries, Ulrich
Bleibtreustraße 53
1000 Berlin 12

Gaertner, Rolf
Pestalozzistraße 25
1000 Berlin 12

Galerie
Gaertner
Uhlandstraße 20-25
1000 Berlin 12

Gropler, Wolfgang
Pestalozzistraße 9A
1000 Berlin 12

Antiquariat
Hartwig
Pestalozzistraße 23
1000 Berlin 12

Galerie
Hoffschroer, Gisela
Kantstraße 122
1000 Berlin 12

Galerie
Holstein, Jürgen
Clausewitzstr. 4
1000 Berlin 12

Huebner, Karl-Heinz
Grolmannstraße 46
1000 Berlin 12

Iwand-Kussin, H.
Mommsenstraße 57
1000 Berlin 12

Kacher, M.
Mommsenstraße 5
1000 Berlin 12

Kafka, Friedrich
Pestalozzistr.99a
1000 Berlin 12

Kipp, Rainer
Kantstraße 29
1000 Berlin 12

Kohnert, Jacob
Krumme Straße 35/36
1000 Berlin 12

Antike Juwelen
Krischke
Schlüterstraße 49
1000 Berlin 12

Galerie
Kuschel, E.
Fritschestraße 48
1000 Berlin 12

Lampertius, Jörg
Sesenheimer Str.1
1000 Berlin 12

Galerie
an der Oper
Bismarckstraße 102
1000 Berlin 12

Galerie
Lietzow, Godehard
Knesebeckstr. 32
1000 Berlin 12

Galerie
Linke, Rudolf
Weimarer Straße 26
1000 Berlin 12

List-Reckmann, M.
Kantstraße 18
1000 Berlin 12

Galerie
Lotos GmbH
Uhlandstraße 184
1000 Berlin 12

Marionettengalerie
Sybelstr. 48
1000 Berlin 12

Meier, Monika
Pestalozzistraße 96
1000 Berlin 12

Galerie
Menzel, Silvia
Knesebeckstraße 20
1000 Berlin 12

Galerie November
Muellerstaedt
Bleibtreustraße 7
1000 Berlin 12

Stilmöbel
Mueller, Willi
Kantstraße 150
1000 Berlin 12

Nater, Joachim
Kantstraße 103
1000 Berlin 12

Niederhaeusern
Krumme Straße 52
1000 Berlin 12

Galerie
Niemann, Bodo
Giesebrechtstraße 3
1000 Berlin 12

Noltekuhlmann
Pestalozzistraße 99
1000 Berlin 12

Galerie
Nothelfer
Uhlandstraße 184
1000 Berlin 12

Paluschinsky
Bleibtreustraße 40
1000 Berlin 12

Galerie
Petersen
Pestalozzistr.106
1000 Berlin 12

Pili, Querino
Pestalozzistraße 81
1000 Berlin 12

Prinz-Dunst, Karin
Schlüterstraße 16
1000 Berlin 12

Rexhausen, J.
Pestalozzistraße 23
1000 Berlin 12

Riedel, P.
Pestalozzistraße 96
1000 Berlin 12

Roessing, W.
Pestalozzistr.100
1000 Berlin 12

Galerie 56
Schiller, Eva-Maria
Kantstraße 56
1000 Berlin 12

Galerie
Schunter, Peter
Carmerstraße 10
1000 Berlin 12

Schwaeneke, Heidi
Savignyplatz 1
1000 Berlin 12

Galerie
Seibert-Philippen
Giesebrechtstr. 15
1000 Berlin 12

Galerie
Skulima, Folker
Niebuhrstraße 2
1000 Berlin 12

Sparenberg, Dieter
Stuttgarter Platz
1000 Berlin 12

Galerie
Springer
Fasanenstraße 13
1000 Berlin 12

Strauch, B.-Emma
Bleibtreustraße 19
1000 Berlin 12

Suhr, Marion L.
Wielandstraße 36
1000 Berlin 12

Galerie
Sybelstraße 52
1000 Berlin 12

Utesch, Inge
Pestalozzistraße 35
1000 Berlin 12

Vieregg-Guelsen
Bleibtreustraße 5a
1000 Berlin 12

Wazynski, Detlef
Leibnizstraße 30
1000 Berlin 12

Weese, Frank R.
Pestalozzistraße 55
1000 Berlin 12

Design Galerie
Weinand, Herbert
Wielandstraße 37
1000 Berlin 12

Wiedenweg, Katrin
Leibnizstraße 60
1000 Berlin 12

Hans & Janusch
Wytrykowski GmbH
Gervinusstraße 15
1000 Berlin 12

Art Deco
Zeidler, M.
Leibnizstraße 64
1000 Berlin 12

Kunstagentur
Dahlmannstraße 14
1000 Berlin 14

Kunsthandlung
Ägyptische Galerie
Kurfürstendamm 207
1000 Berlin 15

Galerie
Alom
Meierottostraße 1
1000 Berlin 15

Antike Öfen GmbH
Alterna
Pariser Straße 20
1000 Berlin 15

Antik Royal GmbH
Düsseldorfer Str.10
1000 Berlin 15

Antiquarius GmbH
Fasanenstraße 71
1000 Berlin 15

Bandoly
Brandenburger Str,
1000 Berlin 15

Antiquitäten Bassenge, G. Fasanenstraße 73 1000 Berlin 15	Antiquitäten Czubaszek, Jürgen Fasanenstraße 61 1000 Berlin 15	Kunsthandlung Glasek, Georgi Kurfürstendamm 227 1000 Berlin 15	Galerie "g" Kirchwehm, Gudrun Meinekestraße 26 1000 Berlin 15	Galerie Nesic, Milan Pfalzburger Str.76 1000 Berlin 15	Galerie Schueler, Walter Kurfürstendamm 51 1000 Berlin 15
Binhold, Ingeborg Kurfürstendamm 49 1000 Berlin 15	Edgar A. Ruff Dewald, U. Fasanenstraße 27 1000 Berlin 15	Heenemann Pfalzburger Str.79 1000 Berlin 15	Kunsthandlung Kleber, Manfred Düsseldorfer Str.32 1000 Berlin 15	Galerie Noé Pfalzburger Str.12 1000 Berlin 15	Galerie Stuecker, Hartmut Kurfürstendamm 206 1000 Berlin 15
Block, Ursula Schaperstraße 11 1000 Berlin 15	Galerie Dreher, Anselm Pfalzburger Str.80 1000 Berlin 15	Galerie GmbH Bregenzer Straße 9 1000 Berlin 15	Kudamm-Galerie Krause, U. Kurfürstendamm 61 1000 Berlin 15	Galerie Onnasch, Reinhard Fasanenstraße 47 1000 Berlin 15	Galerie Taube Pariser Straße 54 1000 Berlin 15
Boldt, W.-R. Pfalzburger Str.12 1000 Berlin 15	Stiche Duessel Duessel Kurfürstendamm 207 1000 Berlin 15	Hollmann, Klaus Kurfürstendamm 206 1000 Berlin 15	Ladengalerie Kurfürstendamm 64 1000 Berlin 15	Auktionshaus Quentin, Niklas Fasanenstraße 71 1000 Berlin 15	AGO Galerie Berlin Thiede, W. Meierottstraße 1 1000 Berlin 15
Galerie Bremer Fasanenstraße 37 1000 Berlin 15	Engelhardt, Gerhard Fasanenstraße 47 1000 Berlin 15	Galerie Hulsch Emserstraße 43 1000 Berlin 15	Lee Kurfürstendamm 1000 Berlin 15	Rosenthal-Galerie Kurfürstendamm 226 1000 Berlin 15	Kunsthandlung Ulrich, Herbert Bleibtreustraße 32 1000 Berlin 15
Art Galerie Brodhag, R.u.Wörn Meierottostr. 1 1000 Berlin 15	Art Galerie Ewenstein, Ludmilla Kurfürstendamm 188 1000 Berlin 15	Kaganczuk, S. Kurfürstendamm 216 1000 Berlin 15	Manthey, Bernd Kurfürstendamm 206 1000 Berlin 15	von Klein, Corinna Brandenburger Str. 1000 Berlin 15	Vezke, G. Fasanenstraße 71 1000 Berlin 15
Galerie Brunsberg Kurfürstendamm 213 1000 Berlin 15	Fahnemann Fasanenstraße 61 1000 Berlin 15	Kamp, Christiane Fasanenstraße 40 1000 Berlin 15	W. Meyer GmbH Meyer, W. Pariser Straße 21 1000 Berlin 15	Galerie Scanart Fasanenstraße 41 1000 Berlin 15	Voigt, Hartmut Uhlandstraße 48 1000 Berlin 15
Galerie 2000 Chrobok, W. Knesebeckstraße 58 1000 Berlin 15	ART 1900 Fauth Kurfürstendamm 53 1000 Berlin 15	Galerie Karo Pfalzburger Str.76 1000 Berlin 15	Englische Galerie Myler Fasanenstraße 72 1000 Berlin 15	IHMA Galerie Schueler Ralf GmbH Kurfürstendamm 207 1000 Berlin 15	Wagenknecht, Rainer Pariser Straße 46 1000 Berlin 15

**25 Jahre
Auktionshaus**   **40 Jahre
Kunsthandel**

KUNSTAUKTIONSHAUS

ANTIQUITÄTENHANDEL
PRINZ - DUNST

Schlüterstr. 16 / Ecke Pestalozzistraße
1000 Berlin 12
Telefon 0 30 / 3 13 59 65 und 3 12 51 47

4 Auktionen jährlich
Auktions - Liste auf Anfrage
Angebote jederzeit erwünscht

Interessante Konditionen für Einlieferer
Barauszahlung innerhalb einer Woche nach der Auktion

MIT DAS ÄLTESTE AUKTIONSHAUS IN BERLIN !

Durchgehend geöffnete Ladenzeiten !
Ständiger Verkauf

Galerie Westphal Fasanenstraße 68 1000 Berlin 15	Antiquitäten Galerie Horstweg 30 1000 Berlin 19	Antiquitäten Griese, Volker Suarezstraße 59 1000 Berlin 19	Antiquitäten Kunstkabinett Kaiserdamm 32 1000 Berlin 19	Antiquitäten Wozniak, A. L. Schloßstraße 65 1000 Berlin 19	Antiquitäten Veuskens Grimnitzstraße 8 1000 Berlin 20
Wewerka Galerie Fasanenstraße 41a 1000 Berlin 15	Galerie Buesch Glockenturmstr.20a 1000 Berlin 19	Galerie Hilkenbaeumer, R. Friedbergstraße 33 1000 Berlin 19	Schueler, Erich Suarezstraße 58 1000 Berlin 19	Zibert, Eduard Steifensandstraße 7 1000 Berlin 19	Boeck, Roswitha Beusselstraße 51 1000 Berlin 21
Wewerka Galerie Pariser Straße 63 1000 Berlin 15	Dekarz Leonhardt Straße 4 1000 Berlin 19	Galerie Kammergericht Kaiserdamm 117 1000 Berlin 19	Sorgenicht Suarezstraße 57 1000 Berlin 19	Borowka, Astrid Pichelsdorfer Str.128 1000 Berlin 20	Brennpunkt Galerie Eberfelder Str.13 1000 Berlin 21
Galerie Woelffer, Brigitte Kurfürstendamm 206 1000 Berlin 15	Dittmer, Konrad Suarezstraße 6 1000 Berlin 19	Kunsthandlung Krause, Peter-Jörg Reichsstraße 89 1000 Berlin 19	Stappenbeck, P. Suarezstraße 53 1000 Berlin 19	Antike Möbel Florentiner Werkst. Pichelsdorfer Str.128 1000 Berlin 20	Doepkens Alt-Moabit 56 1000 Berlin 21
Wolff, Reinhard Lietzenburger Str.92 1000 Berlin 15	Galerie Eivissa Leonhardt Straße 19 1000 Berlin 19	Galerie Langebartels, Rolf Suarezstraße 28 1000 Berlin 19	Kunsthandlung Sturm Reichsstraße 11 1000 Berlin 19	Kunsthandlung Plickert, R. Neundorfer Str.17 1000 Berlin 20	Fesseler, K. Stromstraße 35 1000 Berlin 21
Antikes Zeh, Wolfgang Fasanenstraße 55 1000 Berlin 15	Galerie Fredericia Fredericiastraße 5 1000 Berlin 19	Galerie Nalepa Riehlstraße 14 1000 Berlin 19	Galerie Theis, Heinz-J. Neufertstraße 6 1000 Berlin 19	Schiffsantiquitäten Riefke, Wolfgang Gatower Straße 124 1000 Berlin 20	Guibert, Denis Erasmusstraße 5 1000 Berlin 21
Galerie Zellermayer Ludwigkirchstr.14 1000 Berlin 15	Galerie-Werkstatt Klausenerplatz 5 1000 Berlin 19	Antiquitäten Neumann Suarezstraße 57 1000 Berlin 19	Varziner Market Neue Kantstraße 26 1000 Berlin 19	Gemäldegalerie Schiller Weißenburger Str.29 1000 Berlin 20	Karst, Michael Birkenstraße 30 1000 Berlin 21
Antiquitäten Haentzsche, Heide Suarezstraße 6 1000 Berlin 16	Geissendoerfer Leonhardtstraße 5 1000 Berlin 19	Nicklaus, Roger Suarezstraße 54 1000 Berlin 19	Galerie Westphal Wundtstraße 52 1000 Berlin 19	Skiba Seeburger Str.9-11 1000 Berlin 20	Galerie Pillango Elberfelder Str.31 1000 Berlin 21

Galerie Schlüter

Antiquitäten
An- und Verkauf von Gemälden

speziell 19. und 20. Jahrhundert

(Münchner, Düsseldorfer und Berliner Schule)

Schlüterstraße 63

1000 Berlin 12

Telefon (0 30) 3 13 33 80

Galerie Richter, Hans Flensburger Str.11 1000 Berlin 21	Kunsthandlung Berliner Fenster Nürnberger Str.19 1000 Berlin 30	Galerie Husemann, Inge Kyfhäuserstraße 24 1000 Berlin 30	Antiquitäten Lenz & Co. Keithstraße 8 1000 Berlin 30	Antiquitäten Saleick, Ruth Motzstraße 17 1000 Berlin 30	Antiquitäten Zein Goltzstraße 40a 1000 Berlin 30
Galerie Weidler, Joachim Beusselstraße 86 1000 Berlin 21	Brenner Goltzstraße 42 1000 Berlin 30	Inauen, Margot Kalckreuthstraße 3 1000 Berlin 30	Lubelfeld, Eduard Eisenacher Str.12 1000 Berlin 30	Schilling, Thea Nollendorfstraße 23 1000 Berlin 30	Arterieur d'Antras, Brice Damaschkestraße 41 1000 Berlin 31
Galerie Hofmann, E. Imchenplatz 2 1000 Berlin 22	Bresinsky, Hermann Eisenacher Straße 1 1000 Berlin 30	Silver Antiques Jasinski, Monika Bayreuther Str.44 1000 Berlin 30	Maleh Goltzstraße 32 1000 Berlin 30	Kunstauktionshaus Schoeninger Fuggerstraße 23 1000 Berlin 30	Bittner, H. Fechnerstraße 15 1000 Berlin 31
Klepka, Manfred Künstlerweg 12 1000 Berlin 22	Christophé, Gisela Rosenheimer Str. 1000 Berlin 30	Antiquariat Jeschke Winterfeldtstr.51 1000 Berlin 30	Galerie Manthey Kurfürstenstraße 79 1000 Berlin 30	Schulze, Thomas Motzstraße 58 1000 Berlin 30	Buehnemann-Schulze Uhlandstraße 130 1000 Berlin 31
Loewig, Roger Wilhelmsruher D.120 1000 Berlin 26	Ditzen, Christa Nollendorfplatz 1000 Berlin 30	Antiquitäten Karina Martin-Luther-Str. 1000 Berlin 30	Kunsthandlung Nell, Thomas Fuggerstraße 23 1000 Berlin 30	Seidel Eisenacher Str.113 1000 Berlin 30	Antiquitäten Fuhr, Guenther Paulborner Str. 94 1000 Berlin 31
Fechner, Joachim Alt-Hermsdorf 39 1000 Berlin 28	Altkunst Doebler, Rolf-H. Keithstraße 8 1000 Berlin 30	Karrer, Juergen Eisenacher Straße 7 1000 Berlin 30	Neumann, Lieselotte Keithstraße 12 1000 Berlin 30	Sonsalla, Herbert Goltzstraße 34 1000 Berlin 30	Gehring, Karl Gasteiner Straße 9 1000 Berlin 31
Antik No. 1 Kloas, Gabriele Maximiliankorso 1 1000 Berlin 28	Duwe, G. E. Eisenacher Str.113 1000 Berlin 30	Klar, Manfred Motzstraße 32 1000 Berlin 30	Nitsch, Brigitte Ansbacher Straße 65 1000 Berlin 30	Kunsthandlung Strube & Dietl Motzstraße 25 1000 Berlin 30	Gottschalk, Annelen Damaschkestraße 23 1000 Berlin 31
Galerie Frohnau Moegelin, Edda Kasinoweg 7 1000 Berlin 28	Emrath, Rolf Pohlstraße 70 1000 Berlin 30	Antik Knuth, Afag Goltzstraße 40a 1000 Berlin 30	Ploetz-Peters Keithstraße 8 1000 Berlin 30	Galerie V.-BerlinerKünstler Schöneberger Ufer 1000 Berlin 30	Harmel Damaschkestraße 24 1000 Berlin 31
Strauss, H. Waidmannsl. Str. 159 1000 Berlin 28	Gehrt, Karin Kalckreuthstraße 15 1000 Berlin 30	Galerie Krakowianka Europa-Center 1000 Berlin 30	Galerie Poll, Eva Lützowplatz 7 1000 Berlin 30	Antiquitäten Vorpagel, Peter Keithstraße 15 1000 Berlin 30	Galerie Kana, Jan Gieselerstraße 30 1000 Berlin 31
Hersdorfer Speicher Zeissler, A Berliner Straße 89 1000 Berlin 28	Kunsthandlung George, K. Fuggerstraße 19 1000 Berlin 30	Antike Puppen Kremp, Guenter Nollendorfplatz 1000 Berlin 30	Puhlmann, Helga Nollendorfplatz 1000 Berlin 30	Waroschitz, Lutz Nollendorfplatz 1000 Berlin 30	Stilmöbel Kanzenbach, Erwin Nestorstraße 1 1000 Berlin 31
Akyol Nollendorfplatz 1000 Berlin 30	Restaurierungen Gerschler, Joachim Keithstraße 10 1000 Berlin 30				Martini, Gottfried Blissestraße 44 1000 Berlin 31
Antike Puppen Alvermann Goltzstraße 3 1000 Berlin 30	Graefer, Hans Goltzstraße 3 1000 Berlin 30				Antique u. Style Netal, H. Georg-Wilhelm-Str.1 1000 Berlin 31
Russ. Samoware Amann, Heinz Marburger Straße 6 1000 Berlin 30	Galerie Hammer Europa Center 1000 Berlin 30				Stilmöbel Polke Uhlandstraße 95 1000 Berlin 31
Kunsthandlung Amsler & Ruthardt Nürnberger Straße 1000 Berlin 30	Keith-Antiquitäten Hansen Keithstraße 13 1000 Berlin 30	Ostasiatika Kuo Fuggerstraße 19 1000 Berlin 30	Galerie Raab Potsdamer Straße 58 1000 Berlin 30	Weick, Wilhelm Eisenacher Str.10 1000 Berlin 30	Galerie Schrade, R.u.Denkel Wilhelmsaue 137 1000 Berlin 31
Bader Kalckreuthstraße 14 1000 Berlin 30	Haupt, Horst Nollendorfstraße 20 1000 Berlin 30	Ostasiatika Kuo Eisenacher Straße 1000 Berlin 30	"Die Restauratorin" Raschke, Anna Landshuter Str.1 1000 Berlin 30	Wichterich, Georg Nollendorfstraße 21 1000 Berlin 30	Schulze, Martin Uhlandstraße 130 1000 Berlin 31
Kunsthandlung Baresch & Co. Kalckreuthstraße 16 1000 Berlin 30	Hellmich, Fritz Welserstraße 13/15 1000 Berlin 30	Lee Nollendorfplatz 1000 Berlin 30	Reuter, Wolfgang Keithstraße 12 1000 Berlin 30	Wolff, Reinhard Geisbergstraße 29 1000 Berlin 30	Seemund, Manfred Paulsborner Straße 1000 Berlin 31
Berbig, O. Passauer Straße 35 1000 Berlin 30	Herrmann, S. Bamberger Straße 7 1000 Berlin 30	Stilmöbel Lehmann Kurfürstenstr.145 1000 Berlin 30	Kunsthandlung Sager, H. & Co. Potsdamer Straße 98 1000 Berlin 30	Wuest, Lothar Regensburger Str.34 1000 Berlin 30	Galerie Skamander Günzelstraße 24 1000 Berlin 31

Antiquitäten u. Kunsthandel
ERICH SCHÜLER
Bauernschränke - Schreibsekretäre
Barock - Biedermeier
eigene Werkstatt
Suarezstr. 58   1000 Berlin 19   Tel.: 030 / 324 55 04

Galerie
Sperlich, Lothar
Blissestraße 54
1000 Berlin 31

Galerie
Titze, Chin
Uhlandstraße 106
1000 Berlin 31

Kunsthandlung
Maurer, Bernhard
Altensteinstr. 42
1000 Berlin 33

Schmitz, Susanne
Delbrückstraße
1000 Berlin 33

M. Schulz GmbH
Breite Straße 18
1000 Berlin 33

Treisch, Horst
Reichenhaller Str.2
1000 Berlin 33

Galerie
Wedell, Irene
Ladenbergstr. 3
1000 Berlin 33

Kunsthandlung
Wentzel, H.
Schlangenbader Str.
1000 Berlin 33

Galerie
Thielallee 30a
1000 Berlin 33

Beelke, Manfred
Mariannenplatz 23
1000 Berlin 36

Brakhane, A.
Naunynstraße 77
1000 Berlin 36

Galerie
Dadas Mauer
Wrangelstraße 18
1000 Berlin 36

Tisch & Stuhl
Kloettschen, H.
Reichenberger Str.
1000 Berlin 36

Kunst Kontor GmbH
Sorauer Straße 14
1000 Berlin 36

Galerie
Naunyn
Naunynstraße 52
1000 Berlin 36

Stilmöbel
Olfe
Dresdener Straße 8
1000 Berlin 36

Atelier Holzkunst
Philipp, H.-J.
Reichenberger St.36
1000 Berlin 36

Galerie
Qual der Wahl
Reichenberger Str.
1000 Berlin 36

Roller, E.
Waldemarstraße 24
1000 Berlin 36

Wehner,F.GmbH&Co.KG
Oranienstraße 183
1000 Berlin 36

Weiler, Nikolaus
Pfuelstraße 5
1000 Berlin 36

Galerie
Zwinger
Dresdener Str.125
1000 Berlin 36

Albrecht KG
Albrecht
Potsdamer Straße 4
1000 Berlin 37

Herwig, Anna
Bogotastraße 4
1000 Berlin 37

Hiller, Rudolf
Ostweg 68
1000 Berlin 37

Gebr. Lieckfeldt
Lieckfeldt
Alsterweg 34
1000 Berlin 37

Massow, Dagmar von
Riemeisterstr.39a
1000 Berlin 37

Valentijn, Antonius
Selmaplatz 3
1000 Berlin 37

Wiesner, Klaus
Onkel-Tom-Str.138a
1000 Berlin 37

Wittkowski, Bruno
Am Fischtal 28
1000 Berlin 37

Papierrestaurierung
Keller, Ruth
Bergengruenstr.27
1000 Berlin 38

Rafael, Monika
Schäferstraße 27
1000 Berlin 39

Antiquitäten
Reulens, Mechthild
Alt-Moabit 95
1000 Berlin 39

Banemann, K.
Albestraße 18
1000 Berlin 41

Antiquitäten
Boehm, Hans
Borstellstraße 55
1000 Berlin 41

Borkmann, Isabella
Südwestkorso 14
1000 Berlin 41

Bormann-Schütze
Bornstraße 24
1000 Berlin 41

Brokof, Lothar
Schönhauser Str.14
1000 Berlin 41

Belle Epoque
Christmann, H. G.
Görrestraße 30
1000 Berlin 41

Derz, Ralf
Forststraße 3
1000 Berlin 41

Dorsch, Horst
Bennigsenstraße 6
1000 Berlin 41

Gaertner-Hunze, H.
Flemmingstraße 9
1000 Berlin 41

Antiquitäten
Galerie Eremitage
Seesener Straße 16
1000 Berlin 41

Goebel
Berlinickestraße 16
1000 Berlin 41

Harb, Ingrid
Albrechtstraße 11
1000 Berlin 41

Hirschfeld
Hauptstraße 72
1000 Berlin 41

Antiquitäten
Jeptner, Norbert
Malplaquestraße 41
1000 Berlin 41

Lapadula, Francesco
Beckerstraße 2
1000 Berlin 41

Ladys Antik
Lau Christel
Zimmermannstr.23
1000 Berlin 41

Michaelsen
Schildhornstraße 87
1000 Berlin 41

SKIBAS TRÖDEL-LAGER

Größtes Spandauer Trödel- und Antiklager! (Fabrikhalle)

Ständig große Auswahl an:
Möbel, Bilder, Glas und Porzellan, Bücher, Schmuck, Schallplatten etc.

Öffnungszeiten: Mo., Di., Do., Fr., von 10.00 - 18.00 Uhr
Mi. von 14.00 - 18.00 Uhr u. Sa. von 9.00 - 13.30 Uhr

**Seeburger Str. 9–11
1 Berlin 20
Spandau** 3 31 43 10
3 31 47 16

Berbig Antiquitäten

Gemälde 16. bis 20. Jahrhundert

Kleinkunst-Schmuck-Gold-Silber

Möbel-Teppiche usw.

Passauer Str. 35
1000 Berlin 30

Pestalozzistr. 10
1000 Berlin 12

Credit-Cards welcome
Tel.-Sammel-Nr.: 31 35 72 27/77

Fritz Hellmich
1000 Berlin 30 (Schöneberg)
Welserstraße 13 - 15

Maler und Grafiker,
geb. in Werl, Kreis Soest (Westf.).
Kunststudium in Berlin.
Arbeitsgebiet : Sakrale und profane Kunst
(Köpfe, Landschaft, Tierkompositionen).

Ausstellungen :
Berlin, Hamburg, München, Werl (Westf.),
Kapstadt, Ancona 1968 und 1969
mit Diplomen und Medaillen.
Reisen : Europa, Canada, USA.

Ehrenmitglied der Accademia Internazionale
" TOMMASO CAMPANELLA "
mit Diplom u. Goldmedaille.

Nebelsieck
Althoffstraße 23
1000 Berlin 41

Nell, Thomas
Düppelstraße 1
1000 Berlin 41

Galerie
Sindern, Ursula A.
Muthesiusstraße 12
1000 Berlin 41

Stiegel, Horst
Hauptstraße 71
1000 Berlin 41

Kunsthandlung
Weiss, Josef
Kieler Straße 4
1000 Berlin 41

Angersbach, Johann
Borussiastraße 59
1000 Berlin 42

Alte Uhren
Rohlow, Bernhard
Richterstraße 12
1000 Berlin 42

Wolff, Robert
Bosestraße 38
1000 Berlin 42

Gojert
Richardstraße 10
1000 Berlin 44

Guetzlaf, Wolfgang
Flughafenstraße 50
1000 Berlin 44

Hurthe, Dieter
Erkstraße 12
1000 Berlin 44

Kliemant, Frank
Friedelstraße 34
1000 Berlin 44

Lipp, Peter A.
Kleine Innstraße 3
1000 Berlin 44

Orgaß, Katharina
Jonasstraße 25
1000 Berlin 44

Stenzel, Willi
Donaustraße 24
1000 Berlin 44

Atelier Albrecht
Albrecht
Unter den Eichen
1000 Berlin 45

Berg, Britta
Hindenburgdamm 78
1000 Berlin 45

Stilmöbel
Harder, T.
Gardeschützenweg
1000 Berlin 45

Herten, J.
Ostpreußendamm 75
1000 Berlin 45

Galerie
Heymann, Heidemarie
Lorenzstraße 58
1000 Berlin 45

Galerie
Prendke, Karin
Moltkestraße 51
1000 Berlin 45

Richter, Klaus
Hindenburgdamm 51
1000 Berlin 45

Galerie
Richter, A.
Jungfernstieg 4b
1000 Berlin 45

Stilmöbel
Rockel, Roland KG
Hindenburgdamm 107
1000 Berlin 45

Offenes Atelier
Holbeinstraße 11
1000 Berlin 45

Surowsky, Horst
Marschnerstraße 48
1000 Berlin 45

Kunsthandlung
Zuckert, W.
Unter den Eichen 84
1000 Berlin 45

Brucks, Eberhardt
Cecilienstraße 8
1000 Berlin 46

Ebbs
Cecilienstraße 8
1000 Berlin 46

Restaurierungen
Froehlich, H. + H.
Calandrellistraße
1000 Berlin 46

Kunsthandlung
Gutschke, Reinhard
Britzer Damm 114
1000 Berlin 47

Reinhardt, R.
Marienfelder Allee
1000 Berlin 48

Keller, Heinz
Skarbinastraße 63
1000 Berlin 49

Gringel, Theo
Holländerstraße
1000 Berlin 51

Galerie
Kusian
Blankestraße 4
1000 Berlin 51

Glaserei
Nold
Zobeltitzstraße 68
1000 Berlin 51

Wozniak, Leszek
Provinzstraße 57
1000 Berlin 51

Ararat Interart
Bergmannstraße 99a
1000 Berlin 61

Biermann, Friedhelm
Gneisenaustraße 70
1000 Berlin 61

Galerie
Chamissoplatz 6
1000 Berlin 61

Ebel, Helga
Bergmannstraße 108
1000 Berlin 61

Eylau'5
Eylauer Straße 5
1000 Berlin 61

Antik & Ankauf
Franz-Knopp, Erna
Porckstraße 73
1000 Berlin 61

Galerie
Arndtstraße 26
1000 Berlin 61

Galerie
Grigoleit, Gabriele
Tempelhofer Ufer 6
1000 Berlin 61

Hildebrandt, Volker
Zossener Straße 50
1000 Berlin 61

Holtz & Welsch
Holtz
Gneisenaustraße 61
1000 Berlin 61

Kunsthandlung
Jaegers
Großbeerenstraße 34
1000 Berlin 61

Antike Möbel

große Auswahl bäuerlicher Möbel

LBB Antiquitäten Zubehör

Beschläge, Wachse, Holzteile

Schillerstraße 68
1 Berlin 12 (Charlottenburg)
Telefon 030 / 3 13 65 43

Vergrößerbarer Eßtisch um 1800

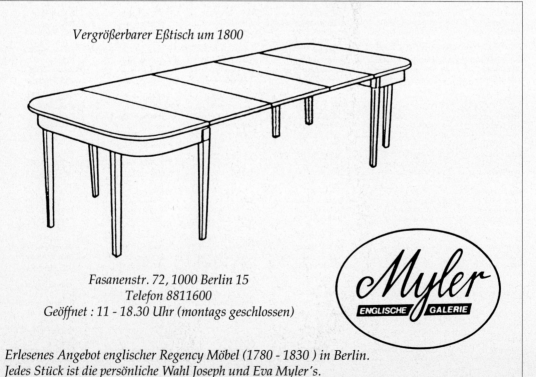

Fasanenstr. 72, 1000 Berlin 15
Telefon 8811600
Geöffnet : 11 - 18.30 Uhr (montags geschlossen)

Erlesenes Angebot englischer Regency Möbel (1780 - 1830) in Berlin.
Jedes Stück ist die persönliche Wahl Joseph und Eva Myler's.

KRISCHKE

BERLIN · NEW YORK

Brillant - Collier und Armband, in Platin gefaßt,
signiert Cartier, Paris 1920.

Die größte Auswahl an feinen Juwelen von Renaissance bis Art Déco in Berlin
Gemälde 17. Jahrhundert, signiertes Silber (u. a. Fabergé, Cartier, Tiffany)
Verkauf an Händler nach telefonischer Vereinbarung.
Jedes Stück mit Zertifikat.

Schlüterstraße 49 in Berlin 12, nahe Kurfürstendamm, Telefon (0 30) 8 81 64 87

Öffnungszeiten : Mo - Fr 10.^{00} - 13.^{00} und 15.^{00} - 18.^{30}, Sa. 10.^{00} - 14.^{00}

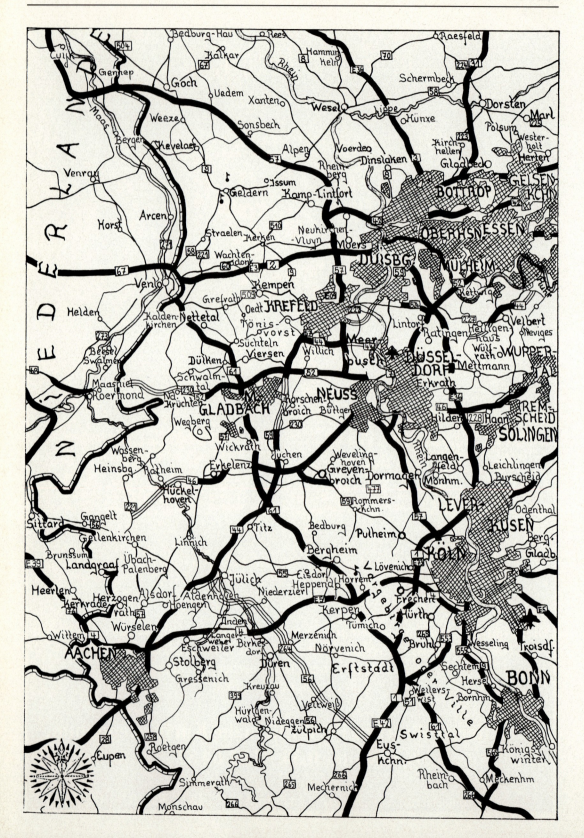

Am Niederrhein

"Rheinromantik ....?"

Landschaft

Irgendwo zwischen Rhein und Maas - so weiß die mythische Überlieferung - irgendwo hier soll einmal der Garten Eden gewesen sein. Landschaftliches Paradies, eintönig sich wiederholend, ein wenig karg. Schnurgerade Pappelreihen und knorrige Kopfweiden, keine Sensationen, schläfrige Dörfer mit niedrigen Kirchtürmen, stille Altrheinarme, Mühlen, Herrensitze, Gehöfte und einsame Katen. Ein kleines idyllisches Stück vom alten Garten ist noch geblieben. Ungezählte Burgen und Schlösser am Wegesrand, eingestreute Heiden und Moore - erst spät wurde das Unberührte, der Reiz der Ebene, der Stille wiederentdeckt.

Kleve, Emmerich, Rees, Wesel, Straden und Geldern, im Zweiten Weltkrieg fast völlig zerbombt. Von Xanten, der Stadt, in der sich Mittelalter und Römerzeit begegnen, berichtet der Schriftsteller Emil Barth in seinem Tagebuch erschüttert: "Xanten liegt platt!" - Und heute? Die alten Baudenkmäler sind liebevoll restauriert, reizvoll wieder aufgebaut, erbaut mit dem braunschwarzen und braunroten, rechteckigen Ziegelstein, dem Backstein, der schlicht geschichtet oder gestaffelt, gefächert in allen Jahrhunderten das Gesicht des Niederrheins bestimmte. Die Backsteinmauer, verwittert, regennaß oder besonnt, ist die Poesie des Niederrheins, an Gebäck erinnernd, dem sie in Farbe und Form ähnelt.

Landesnatur und Menschenschlag

"Da ist die Erde katholisch und die Hühner und die Hunde auch, auch die Rüben, die da wachsen ...", sagte Heinrich Böll über den Niederrhein. Seit über drei Jahrhunderten wallfahrten Gläubige zur Gnadenkapelle von Kevelaer zum Andachtsbild der Muttergottes - jährlich über 500.000 Pilger, von überall her ins Gebiet zwischen der niederländischen Grenze im Norden und Westen, der alten rheinländisch-westfälischen Grenze im Osten und dem Köln-Aachener Raum im Süden. Vielleicht einen Abstecher zum deutsch-niederländischen Naturpark Maas-Schwalm-Nette mit seinen zum Teil seltenen Pflanzen und Tieren, abseits der naheliegenden Großstädte, zum Naturlehrpark Wildenrath in Wegberg, zwischen Erkelenz und Heinsberg. Besinnlichkeit und Erholung nicht nur für Streß- und Smoggeplagte des "Reviers". Ein besonderer "Leckerbissen" für Naturliebhaber, wenn spätestens während der Adventshochwässer die Wildgänse am Niederrhein einschweben und zu Zehntausenden, aus Skandinavien und der sibirischen Tundra kommend, den relativ milden Winter nutzend auf Wiesen und Weiden emsig ihr Futter suchen.

Und die Niederrheiner, die Menschen? Der Kabarettist Hanns Dieter Hüsch nennt seine Landsleute: "Dickschädel voller Widersprüche. Ordnung und Zügellosigkeit, Disziplin und Verwahrlosung, Kälte und Phantasie, Strenge und Güte, im Nacken den berüchtigten Schelm, in den Augen viel Trauer und Melancholie, weltscheu, unbeholfen, höflich, abweisend, mißtrauisch, seßhaft, langmütig, freundlich, aggressiv, widersprüchlich ..."

Geschichte

Rund 400 Jahre war der Niederrhein römische Staatsgrenze. Lebendige römische Geschichte, niedergeschrieben vor allem von Tacitus. Etwa 50 v. Chr. erbauten die römischen Besatzer am Rhein den niedergermanischen Limes mit Stützpunkten, Lagern und Siedlungen: "Durnomages" (Dormagen), "Novaesium" (Neuß), "Gelduba" (Krefeld), "Asciburgium" (Moers) und "Colonia Ulpia Traiana" (Xanten), das seinen Namen um 105 n. Chr. von Kaiser Trajan erhielt. Der historische Niederrhein war stets ein Durchzugsland, geprägt von Zugriffen, Überfällen, Eroberungen und Freigaben. Interessenbereich für politische Machtspiele kleiner Territorialfürsten, kirchlicher Fürsten,

Standbild Jan Wellems vor dem Düsseldorfer Rathaus. (Foto Presseamt Stadt Düsseldorf)

nicht weniger als für die großen europäischen Mächte quer durch die Jahrhunderte. Schweden, Spanier, Holländer, Franzosen ... Preußen, Engländer, Amerikaner. Der Niederrhein als Vasall des Ruhrgebiets, Dampf aus den Kühltürmen der sechs Großkraftwerke am Rande des Braunkohlereviers - Mahnmal der Zukunft (Schneller Brüter von Kalkar) - Baggerungetüme, "schwarzes Gold" zu Strom verarbeitet, Tagebau im Braunkohlendreieck zwischen Köln, Aachen und Düsseldorf. Mit einem gigantischen Aufgebot an Technik, Planung und Umsicht wird abgebaut, zerstört und in den ausgekohlten Gebieten Landschaft wiederhergestellt. "Kraftwerk und junger Freizeitsee", Umsiedlung, Straßenbau, Kahlschlag, Retorten-Landschaft, Rekultivierung à la Rheinbraun. Ausreichend? - Oder wie ?

Immer mehr Kritiker sprechen von weitreichenden irreparablen ökologischen Konsequenzen dieses Landschaftskrieges. Eine der schlimmsten Befürchtungen ist, daß die einstmals grundwasserreiche Niederrheinische Bucht allmählich zum wasserwirtschaftlichen Notstandsgebiet verkommt. Anzeichen dafür gibt es schon.

Aachen

Aachen, in einem weiten Talkessel an den Ausläufern des Hohen Venn gelegen, ist die westlichste deutsche Großstadt. Einst schufen die Kelten um die heißen Quellen im Tal eine Siedlung (ihr Wasser- und Heilgott Granum wird Namensgeber: sie heißt Aquae Grani, woraus später Aquis granum wird). Die Römer bauen sie zu einem großen Militärbad aus, während der Völkerwanderung werden auch die Franken seßhaft: ein Hofgut für König Pippin entsteht. Dessen Sohn, Karl der Große, bestimmt dieses Hofgut zu seiner Hauptresidenz, die am Ende des 8.Jh. aus einer Pfalz mit Palasthalle, Kapelle und Königshalle besteht. Wachsende Bedeutung dieser Pfalz, als Otto I. sie zur Krönungsstätte erhebt, an der bis zum Jahre 1531 dreißig deutsche Könige und Kaiser die Krone empfangen ...

Im Zentrum der Stadt der Quellen und der Brunnen

stehen Dom und Rathaus. Ein Blick in die Domschatz-Kammer faszinierte weiland Albrecht Dürer (1520): "Da hab ich gesehen alle herrlich Köstlichkeit, desgleichen keiner, der bei uns lebt, köstlicher Ding gesehen hat". - Enge Gassen und unregelmäßige Plätze um den Markt herum, alte Bürgerhäuser, in denen man noch wohnen mag, zahllose Altstadtkneipen. Hier treiben 834 Wirte ihr Wesen von früh bis spät, etliche auch von spät bis früh. Bundesdeutscher Pro-Kopf-Rekord: Auf 200 Einwohner kommt ein gastliches Haus - Restaurant oder Café, Kneipe, Bar oder Imbißstube. Eine Stadt voller Überraschungen, voller Unterhaltung, voll von Anregungen: Pferdesport in der Soers (CHIO), das Turnier, "Stallatmosphäre", sprudelnde Vielfalt, "süße Hauptstadt der Bundesrepublik" - ob Karl der Große an seinem Hof schon Printen gegessen hat, ist geschichtlich nicht belegt. Vierzig große und kleine Aachener Backstuben vertreiben rund 30.000 Tonnen Printen jährlich .... Museen, die Alemania, Karneval ganz anders, ein Spaziergang durch historische Vergangenheit und Moderne ...
Erleben Sie Aachen! Lassen Sie sich treiben oder fundiert führen - auf den Spuren Karls des Großen. "Aachen, wa?"

Möbel
Der Übergang vom westfälischen zum niederrheinischen Möbel ist fließend. Aufbau, Schnitzerei und Holzmaterial sind ähnlich wie in Westfalen: Eichenholz, Flachschnitzerei mit Rosetten, Ranken, Schuppen, Blüten, Zweigen, Vasenmotiv mit Tulpe; eingelassene Kassetten, oft derbe Füße, breite Proportionen. Man blieb den alten, meist bäuerlichen Möbelformen treu: Milchschränke, Stollen- und Kabinettschränke, Dielenschränke. Als eigenständige Sonderheit müssen die Grafschafter Truhen erwähnt werden, mit ungewöhnlich reichem Schnitzwerk über die ganze Vorderfront verstreut. Die vier Füllungen mit Rundbogen, in Voluten auslaufend, bekrönt, in den Segmentbögen vollplastische Löwen, Adler und Pelikane. Um 1760 kommen, wohl vom französischen Geschmack beeinflußt, ungewöhnlich elegante Möbel auf (Bureauplat).

Aachener-Lütticher Möbel
Seit 1700 entwickelte sich Aachen unter dem Einfluß der Nachbarstadt Lüttich zum Zentrum der rheinischen Kunsttischlerei. Ungewöhnlich praktische Möbel, bestellt von einem anspruchsvollen, durch Handel und Gewerbe begüterten, städtischen Bürgertum. Im Aufbau etwas schwerfällig, einfach in der Gliederung. Ihr Reiz liegt zweifellos in der Schnitzerei besonders der Türfelder und Rahmen. Strenge Symmetrie, sowohl im Dekor wie in dessen Anordnung. Ein Mann prägte das gesamte Möbelkunsthandwerk ungewöhnlich stark: Johann Josef Couven (1701-1763). Auf holländischem Einfluß basiert der sogenannte "Klaskasten", ein verglastes Schrank-Oberteil zum Ausstellen kostbaren Porzellans.

Düsseldorf
Von den Großstädten am Rhein ist Düsseldorf (Dorf an der Düssel), 1288 zur Stadt erhoben, eine der jüngsten. Der Rang der Landeshauptstadt Nordrhein-Westfalens im Reigen der deutschen Metropolen gründet demnach weniger auf eindrucksvoller historischer Entwicklung als vielmehr auf seiner wirtschaftlichen Ausstrahlung: Gefragtes Außenhandelszentrum (15% des gesamten deutschen Exports werden hier abgewickelt), "Schreibtisch des Ruhrgebiets", vielfältige internationale Wirtschaftskontakte (3000 Firmen aus 50 Ländern), hier weht kein idyllisches Provinzlüftchen mehr.
Das Herz der Stadt schlägt zwischen zwei Rheinbrücken, der Oberkasseler und der Rheinkniebrücke, flankiert vom Hofgarten mit seiner "Landskrone" und vom "Spee'schen Graben". Die Landschaft mit Kneipen, Diskotheken, alten Brauhäusern und Boutiquen rund um die Bolker-, Kurze-, Flingern- und Mühlenstraße, im Süden hinter dem Karlsplatz, verschwiegene "Destillen": der "Zappes" mit blauer Schürze reicht auf einem Tablett Biergläser herum, die Speisen sind deftig. Haxe, Sauerbraten, Gemüse je nach Saison. Tausendfältiges Stimmengewirr in den engen Gassen. Die Altstadt: Hier zeigt Düsseldorf sein Gemüt. Hoch über dem Trubel: Jan-Wellem-Denkmal vor dem Rathaus, wirklich eines der schönsten barocken Reiterstandbilder ...
Der Mittelpunkt der Stadt ist eine Straße. Manche sagen: ein Laufsteg. Die Königsallee, liebevoll abgekürzt die "Kö". Eine der Prachtstraßen der alten Welt. Sie ist nur 1 km lang, 85 m breit. Hier

will man sehen und gesehen werden. Schönste und edelste Dinge aus aller Welt in den Schaufenstern. Große Namen, in der Mitte der Kö-Graben, angrenzendes "Shopping-Viertel". Kultur- und Vergnügungsangebot in reichem Maße: großes Theater, kleine Kom(m)ödchen, Konzerte am Rhein, Benrather Schloß, Meisterwerke in Museen (Kunstsammlung des Landes Nordrhein-Westfalen), Messestadt, der Flughafen (Nr.2 in Deutschland), Närrische Zeiten nicht nur im Winter .... dort an der "Längsten Theke der Welt", direkt am " idyllischen " Rhein.

Bonn.
Gleich zwei Hauptstädte hat diese Region aufzuweisen. Bonn und Düsseldorf. Damals, 1949 - als die Republik entstand, als der Berliner Bär die Krone abnahm, wurde Bonn - provisorisch - Bundeshauptstadt. Man machte sich lustig über die kleine Kapitale am Rhein, lästerte ... auch heute noch? Fortan wurde in Bonn über die Bundesrepublik Deutschland bestimmt, seit nahezu 40 Jahren. Daran hat sich nichts geändert und wird sich nichts ändern: Bonn wird Hauptstadt bleiben. Die Stadt mit den meisten Interimsqualitäten ist durch den neuen Status nicht zur Weltstadt aufgerückt.
Im neu entstandenen imposanten Regierungsviertel (städtebaulich nicht unumstritten: ein Hauch von Brasilia) reihen sich in kaltem Grau die Beton- und Glasberge. Bundespräsident, Bundestag, Bundesrat, Bundesregierung, Botschaften, (die 7. Weltmacht, die Presse, nicht gezählt), haben hier ihren Sitz am Rande der kurfürstlichen Residenz. Die alteingesessenen "Bönnscher" stört's weniger. Mit Herz, Temperament, Witz und Humor ertragen sie auch die vielen Autos mit der CD-Nummer. Sie wissen, daß ihr Bonn eine Fülle von Liebenswertem besitzt und rufen in den Alltag immer ein Stück Phantasie hinein, verschönern ihn durch heiteren Unsinn. Schmunzelnd lassen sie uns in singendem Tonfall wissen, daß das am meisten besuchte Gebäude Bonn's noch immer jenes einfache Fachwerkhaus in der Bonngasse ist, in dem Beethoven 1770 geboren wurde. Besonders schätzen die "Bönnsche", auf ihrem Rhein spazierenzufahren, dabei ein Glas Bowle und ein süßes Gebäck zu essen: "Böötsche-Böölsche-Teilsche" (Teilchen), mit dieser Formel der Daseinslust haben sie manches Ungemach der älteren, jüngeren und neuesten Geschichte ertragen.

Schloß Jägerhof
Am nordöstlichen Ende des Hofgartens steht das 1758 - 1763 erbaute Schloß Jägerhof, einst fürstliches Jagdschloß und Amtssitz. (Foto : Andreas Gefeller)

Unser Tip

Römisch-Germanisches Museum
Roncalliplatz 4
5000 Köln 1
(0221) 2214438

Das Römisch-Germanische Museum der Stadt Köln steht über den Mauern einer römischen Stadtvilla und der mittelalterlichen Kaiserpfalz neben dem gotischen Chor des Domes. Ein prunkvolles Fußbodenmosaik der Villa, inzwischen weltberühmt geworden, ist an Ort und Stelle konserviert und in die Ausstellungsräume einbezogen. Seit 1974 im eigenen Haus, zeigt das Museum das archäologische Erbe der Stadt und ihres Umlandes von der Urgeschichte bis zum frühen Mittelalter. Ein Schwerpunkt ist mit der Dokumentation römischen Alltagslebens gesetzt. Besonderen Rang erhält das Museum durch seine Sammlungen zur angewandten Kunst aus allen Teilen der Welt: Es bewahrt u.a. die umfangreichste Sammlung römischer Gläser, eine systematische Sammlung antiker Tonlampen sowie eine "Schatzkammer römischen und frühmittelalterlichen Schmuckes". Ein didaktisch aufgebautes Informationssystem (z.B. Audiovisionen) sowie die ungewöhnlichen Präsentationen tragen zur Anziehungskraft dieses Museums bei, das seit der Eröffnung von ca. 10 Millionen Menschen besichtigt worden ist.

Die Glasfront des Erdgeschosses ermöglicht schon dem Außenstehenden den Blick auf das römische Mosaik mit Szenen aus der Welt des Dionysos (um 220/230 n. Chr.) und den rekonstruierten Grabbau des Legionärs Poblicius (um 40 n. Chr.). Der Hauptteil der Sammlungen wird im weitläufigen Obergeschoß gezeigt, das in der Art römischer Häuser um einen Innenhof angelegt ist.

Die Funde aus der Urgeschichte stammen aus der Alt-, Mittel- und Jungsteinzeit, aus der Bronze- wie aus der Eisenzeit und reichen von ca. 100.000 bis in das 1.Jh. v. Chr. Die Objekte kommen aus Köln, dem Rheinland sowie von ausgewählten europäischen Fundplätzen. Von besonderem Rang sind Tongefäße der Bronze- und Eisenzeit. Grabfunde aus dem freien Germanien schließen sich an. Römische Architekturteile, Inschriften, Porträts, darunter Bildnisse des Kaisers Augustus, Keramik u.a. vermitteln eine Vorstellung von der Stadtentwicklung des römischen Köln vom Zentralort der germanischen Ubier (oppidum ubiorum) zur Stadt römischen Rechtes (colonia) und Hauptstadt der kaiserlichen Provinz Niedergermanien. Von den Einwohnern dieser im Jahr 50 n. Chr. errichteten COLONIA CLAUDIA ARA AGRIPPINENSIUM zeugen zahlreiche Grabmale mit ihren Inschriften und Reliefs. Neben Mosaiken geben Wandmalereien eine Vorstellung von der Ausstattung der Häuser. Die Götterkulte italischen, einheimischen und orientalischen Ursprungs werden durch Bildwerke aus Stein, Bronze und Ton lebendig.

Ein fahrtüchtig rekonstruierter Reisewagen bezeugt sowohl den hohen Stand der Technik wie auch des Kunstgewerbes im Römischen Reich. Dies gilt auf andere Weise auch für die ca. 1000 ausgestellten Glasgefäße, die zumeist als Beigaben in Kölner Gräbern gedient haben. Ihre unterschiedlichen Herstellungstechniken und Verzierungsarten lassen auf großes technisches Können und erheblichen Wohlstand der Einwohner schließen. Gläser mit verspielten Mustern aus bunten Glasfäden oder mit eingeschliffenem Dekor sind Markenzeichen der Kölner Werkstätten. Den Höhepunkt bildet das Diatretglas mit seinem filigranartigen farbigen Netzwerk, das in virtuoser Technik aus der Glasmasse geschliffen ist (um 330-340 n. Chr.).

Besonderen Rang haben die Sammlungen römischen und frühmittelalterlichen Schmuckes, z.B. Bernstein- und Gagatschnitzereien sowie Gemmen und Kameen. Kein westeuropäisches Museum besitzt ähnlich qualitätvolle Bestände an Goldschmiedearbeiten der Reiternomaden aus der Völkerwanderungszeit.

Als Spuren fränkischer Besiedlung im Kölner Raum sind Gläser, Tongefäße, Waffen und Grabinschriften ausgestellt. Zu den Meisterwerken zählen die Schmuckarbeiten von der Tracht fränkischer Frauen.

Das Untergeschoß des Museums ist dem römischen Alltagsleben gewidmet. Einrichtungsgegenstände aus Küche und Speiseraum, persönliche Dinge von Mann und Frau, aber auch Spielzeug stammen aus dem Besitz römischer Familien. Sarkophage und Urnen, Grabplastiken und besonders die vielfältigen Grabbeigaben für die Verstorbenen lassen soziale Strukturen und auch unterschiedliche Jenseitserwartungen deutlich werden.

Ohne Übertreibung darf gesagt werden, daß sich das Römisch-Germanische Museum über die gesamte Stadt erstreckt. Zahlreiche Denkmäler, an Ort und Stelle erhalten, zeugen von der historischen Entwicklung des Stadtbildes: das Praetorium unter dem Rathaus, Residenz der kaiserlichen Statthalter Niedergermaniens (von dort Zugang zu einem begehbaren römischen Abwasserkanal), Teile der römischen Stadtbefestigung mit dem Römerturm an der St. Apernstraße, der römische und fränkische Friedhof unter der Kirche St. Severin, die römische Grabkammer von Köln-Weiden, die Mikwe, das mittelalterliche Kultbad der ehemaligen Judengemeinde am Rathaus.

Das Römisch-Germanische Museum ist zugleich Amt für archäologische Denkmalpflege und damit nach dem Denkmalschutzgesetz für alle Bodendenkmäler der Stadt Köln von der Urzeit bis in die Gegenwart verantwortlich. Ein Stab von Archäologen und Technikern ist ständig bei Ausgrabungen, Fundbergungen und Konservierungsarbeiten im Einsatz.

Als Forschungsstätte verfügt das Römisch-Germanische Museum über ein archäologisches Ortsarchiv des Stadtgebietes, eine Denkmäler- Dokumentation sowie eine Spezialbibliothek (z.Z. 11.000 Bände), ferner eine Photothek zur Dokumentation archäologischer Ausgrabungen und Denkmäler in Köln.

Hansgerd Hellenkemper

Öffnungszeiten:
Täglich, außer montags, von 10^{00} bis 17^{00} Uhr,
mittwochs und donnerstags 10^{00} bis 20^{00} Uhr

Unser Tip

Hetjens-Museum
Schulstr. 4
4000 Düsseldorf 1
Telefon: 0211-8994201

Im Herzen der Düsseldorfer Altstadt, im Palais Nesselrode an der Schulstraße 4, ist das Hetjens-Museum zu finden. Das Museum führt den Titel "Deutsches Keramikmuseum", da es das einzige Spezialmuseum in Deutschland ist, das die Keramik aller Kulturen und Zeiten unter kunst- und kulturhistorischen Aspekten beispielhaft sammelt, sie präsentiert und interpretiert.

Die international anerkannte Sammlung des Hetjens-Museums besteht heute aus rund 10.500 Objekten, von denen etwa ein Drittel in der ständigen Schausammlung gezeigt wird. Diese Präsentation bietet die Objekte überschaubar dar, so daß die Geschichte der Kunst der Keramik aller Epochen und Erdteile in Längs- und Querschnitten vergleichend erfaßt werden kann. Getrennt nach Kulturen und Epochen verteilt sich die Schausammlung mit ihren erlesenen Keramiken auf die bezaubernden Räumlichkeiten der Barockarchitektur des Palais Nesselrode.

Die Kunst der Keramik hat seit ihrem Beginn im 8. Jahrtausend v. Chr. immer wieder Höhepunkte erreicht. Das Hetjens-Museum vermag ebenso Beispiele für die frühzeitlichen Gebrauchskeramiken des Vorderen Orients zu zeigen wie auch Meisterwerke der griechischen Vasenmalerei. Bedeutende Keramiken der T'ang- und Sung-Zeit (618-906, 960-1279) zeugen vom außergewöhnlich hohen Stand der chinesischen Keramik in künstlerischer und technischer Hinsicht.

Gleichzeitig entstand in Europa, was in der Schausammlung vor allem durch rheinische Ausgrabungen belegt wird, eine robustere Gebrauchsware, aus der sich dann das deutsche Steinzeug der Renaissance- und der Barockzeit entwickelte. Der Kern dieser umfangreichen Teilsammlung geht auf den Museumsgründer Hetjens zurück. 1906 stiftete er seiner Vaterstadt den von ihm gesammelten und teils selbst ergrabenen Bestand rheinischen, insbesondere Siegburger und "Raerener" Steinzeugs.

Die europäischen Fayencen des Barock und das 1709 in Meißen erfundene Hartporzellan - beide Abteilungen präsentieren einzigartige Schöpfungen namhafter Künstler - lassen in ihrer Eleganz und technischen Virtuosität das Stilempfinden und das Lebensgefühl des galanten Zeitalters nachklingen.

Nach der Rezeption des Jugendstils und der Bauhaus-Ideen ist die keramische Szene gerade in unseren Tagen wieder überaus lebhaft. Eine Vielfalt unterschiedlicher Konzepte bedingt Experimente mit Formen und Glasuren sowie bei der Gestaltung von Gefäßen, Objekten und Skulpturen. Dadurch erschließen sich aus dem uralten Material Ton immer wieder andere Ausdrucksmöglichkeiten.

Neben der Darstellung der historischen Perioden ist die Auseinandersetzung mit der Keramik der Gegenwart, ihre Präsentation und Interpretation in Ausstellungen, Vorträgen und Publikationen ein Schwerpunkt der Museumstätigkeit, wodurch das Hetjens-Museum zum lebendigen Zentrum für Kunstinteressierte, Keramiker und Sammler geworden ist.

Öffnungszeiten:
Di. bis So. 10 - 17 Uhr

Kunstsammlung Nordrhein-Westfalen
Grabbe Platz 5
4000 Düsseldorf
Telefon: 0211-133961
Malerei des 20. Jahrhunderts, Paul Klee Sammlung

Kunstmuseum Düsseldorf
Ehrenhof 5
4000 Düsseldorf
Telefon 0211-8992460
Europäische Kunst vom Mittelalter bis heute, besonders deutsche Kunst des 19. und 20. Jahrhunderts. Gläser von der Antike bis zur Gegenwart, Jungendstilsammlung Hentrich, Graphische Sammlung, Bibliothek, Wechselausstellungen alter, moderner und zeitgenössischer Kunst, Ausstellungen für Kinder und Jugendliche im "Museum für junge Besucher".

Öffnungszeiten:
dienstags bis sonntags 10-17 Uhr

Goethe-Museum
Anton und Katharina-Kippenberg-Stiftung
Jacobistr. 2
4000 Düsseldorf
Telefon: 0211-899-6262
Ständige Ausstellung: Goethe in seiner Zeit. Originaldokumente zum Leben und Werk des bedeutendsten deutschen Dichters.

Öffnungszeiten:
dienstags bis freitags und sonntags 10 - 17 Uhr.
Samstag Naturwissenschaftliche Ausstellungen. Aquarium (Süßwasser, Meerwasser), Terrarium und Insektarium, Dauerausstellung: Löbbecke-Sammlung - Muscheln, Schnecken, Tintenfische.

Schloß Benrath
Benrather Schloßallee 104
4000 Düsseldorf
Telefon: 0211-8996172
Bedeutendes Lustschloß mit Park des Spätbarock in einzigartiger Erhaltung der originalen Gesamtanlage. Erbaut und angelegt 1755-1770 von Nicolas de Pigage für Kurfürst Carl Theodor zur Pfalz. Im Schloß auf Bauwerk und Bauherrn bezogenen Sammlungen und andere kostbare Intarsienmöbel; Frankenthaler Porzellan. Im Souterrain Lapidarium und Modelle der Vorgängerbauten. Bau-Dokumentation.

Öffnungszeiten:
dienstags bis sonntags 10 - 17 Uhr, Führungen in halbstündlicher Folge

ANTIQUITÄTEN- UND KUNSTHANDLUNGEN

Antiquariat
Ahrens & Hamacher
Bilker Allee 168
4000 Düsseldorf

Kunsthandlungen
Curtze, H., Dr.
Citadellstr. 11
4000 Düsseldorf

Restaur. u. Verkauf
Fritzsche, Werner
Sophienstr. 7
4000 Düsseldorf

Dipl.Restauratorin
Gembala-Dauksza, Maria
Grunerstr. 22
4000 Düsseldorf

Kunsthandlung
Heidkamp, Ludwig
Nordstr. 21
4000 Düsseldorf 30

Kunsthandlung
Hoetzl, C.
Mutter Ey Str. 5
4000 Düsseldorf

Antik bis Modern
Bunsenstr. 11
4000 Düsseldorf

Kunsthandlung
Daehne, W.
Hermannstr. 22a
4000 Düsseldorf

Galerie Amir
Königsallee 102
4000 Düsseldorf

Ginko, B.
Mendelsohnstr. 20ß
4000 Düsseldorf

Antiquitäten
Heintzen & Adams
Hohe Str. 12
4000 Düsseldorf

Hofmann, Werner
Alt Niederkassel 47
4000 Düsseldorf

Biedermeiermöbel
Brocante
Niederrheinstr. 220
4000 Düsseldorf

Antiquariat
Daras, P.
Bismarckstr. 67
4000 Düsseldorf

Galerie
Beethovenstr. 16
4000 Düsseldorf

Galerie am Dreieck
Glodeck, W.
Münsterstr. 11
4000 Düsseldorf

Kunsthandlung
Helas, W.
Naegelestr. 21
4000 Düsseldorf

Holz, G.
Kopernikusstr. 18
4000 Düsseldorf

Antiklager
Eulerstr. 50
4000 Düsseldorf

Antike Uhren
Deckert
Suitbertusstr. 151
4000 Düsseldorf

Galerie Nova
Benratherstr. 6a
4000 Düsseldorf

Kunsthandlung
Grabe, D.
Eulerstr. 50
4000 Düsseldorf

Henkel
Zußmannstr. 21
4000 Düsseldorf

Holzstudio 8
Eintrachtstr. 8
4000 Düsseldorf

Kunsthandlung
Bach, W.
Südring 135
4000 Düsseldorf

Kunsthandlung
Droege, R.
Brehmstr. 34
4000 Düsseldorf

Galerie Mode & Art
Huppertz, Friedrich
Hohestr. 6
4000 Düsseldorf

Antiquitäten-Juwelier
Bare
Graf-Adolf-Str. 11
4000 Düsseldorf

Kunsthandlung
Duennebacke, Gisela
Graf-Adolf-Str. 18
4000 Düsseldorf

Häfner, E.
Kapuzinergasse 20
4000 Düsseldorf

Kunsthandlung
Beletage
Schillerstr. 7
4000 Düsseldorf

Kunsthandlung
Duennwald-Rutz, A.
Schaeferstr. 10
4000 Düsseldorf

Sphinx antiker Schmuck
Häfner, E.
Kapuzinergasse 20
4000 Düsseldorf

Kunsthandlung
Bendgens, Lore
Bilkerstr. 31
4000 Düsseldorf

Antiker Schmuck
Eichhorst
Martin Luther Platz 32
4000 Düsseldorf

Hövelmann GmbH
Benrather Schloß
4000 Düsseldorf

Bingen, W.
Fr.v.Spee-Str. 19
4000 Düsseldorf

Rest. antiker Möbel
Eick, Manfred
Germaniastr. 35
4000 Düsseldorf

Kunsthandlung
Jankowski, V.
Bismarckstr. 68
4000 Düsseldorf

Kunsthandlung
Blau, S.
Hohe Str. 16
4000 Düsseldorf

Kunsthandlung
Esser, Guenther
Schumannstr. 55
4000 Düsseldorf

Kunsthandlung
Juelich, A.
Herderstr. 92
4000 Düsseldorf

Galerie des Arts
Bohle, I.
Graf Adolf Str. 41
4000 Düsseldorf

Antiquitäten
Fassbender
Steinstr. 4
4000 Düsseldorf

Kunsthandlung
Kampf, A.
Fürstenwall 216
4000 Düsseldorf

Borcke
Blumenstr. 11
4000 Düsseldorf

Antiquitäten-Herzog
Faust, Marion
Herzogstr. 47
4000 Düsseldorf

Auktionshaus
Karbstein Schulze
Hohenzollernstr. 36
4000 Düsseldorf

Kunsthandlung
Bosch, M.
Oberbilker Allee 101
4000 Düsseldorf

Kunsthandlung
Fesel, K.
Sailerstr. 10
4000 Düsseldorf

Kunsthandlung
Ketzer-Benkel, U.
Cheruskerstr. 20
4000 Düsseldorf

Antik-Markt
Bub
Bertastr. 50
4000 Düsseldorf

Kunsthandlung
Fischer, K.
Platanenstr. 7
4000 Düsseldorf

Kunsthandlung
Kleinsimlinghaus, R.
Fürstenwall 228
4000 Düsseldorf

Kunsthandlung
Cerne, A.
Spichernstr. 22
4000 Düsseldorf

Kunsthandlung
Foerster, S.
Poststr. 1
4000 Düsseldorf

Kunsthandlung
Ganseforth
Hohestr. 49
4000 Düsseldorf

Restaurator
Grigorov, C.
Annastr. 63
4000 Düsseldorf

Hill, Kunstladen
Bahnstr. 19
4000 Düsseldorf

Klöser, K.
Altestadt 10
4000 Düsseldorf

Kunsthandlung
Cohnen, A.
Lorettostr. 14
4000 Düsseldorf

Kunsthandlung
Franke, M.
Parkstr. 38
4000 Düsseldorf

Restauratorin f. Gemälde
Gasch-Zimmer, Heidi
Brend'amourstr. 32
4000 Düsseldorf

Hartmann, Galerie
Brehmstr. 56
4000 Düsseldorf

Hoch, Sina
Wallstr. 29
4000 Düsseldorf

Altes Spielzeug
Knoll
Roßstr. 154
4000 Düsseldorf

Die Asam - Galerie ist ein Haus, welches nicht nur den echten Antiquitäten - Liebhabern und -Sammlern gerecht wird, sondern auch den großen und kleinen Wünschen von Menschen entgegenkommt, die eine gepflegte Umgebung schätzen.

**Asam - Galerie
Wallstraße 45
4240 Emmerich
Telefon 0 28 22 / 4 50 45**

Kunsthandlung
Koers, W.
Immermannstr. 2
4000 Düsseldorf

Antiquitäten
Muehlenbusch, Galerie
Neubrückstr. 10
4000 Düsseldorf

Wieczorek, P.
PW Restaurator
Bahnstr. 48
4000 Düsseldorf

Antikes
Plücker, J.
Von-Gahlen-Str. 1
4000 Düsseldorf

Galerie
Rech, Manfred
Hohestr. 28
4000 Düsseldorf

Kunsthandlung
Rickmann, B.
Königsallee 104
4000 Düsseldorf

Kunsthandlung
Kreitlow, R.
Am Mühlenturm 6
4000 Düsseldorf

Antiquariat
Muthmann, Inge
Steinstr. 34
4000 Düsseldorf

Kunsthandlung
Peiffer, P.
Bismarckstr. 61
4000 Düsseldorf

Kunsthandlung
Podhofer, H.
Moltkestr. 88
4000 Düsseldorf

Antiquitäten
Reiske, J.
Bastionstr. 33
4000 Düsseldorf

Antike Uhren
Rieke
Bastionstr. 25
4000 Düsseldorf

Oma's Möbel
Kubainsky, W.
Erkrather Str. 26
4000 Düsseldorf

Möbel
Narjes, F.
Heyestr. 64
4000 Düsseldorf

Kunsthandlung
Peiffer, W.
Ackerstr. 201
4000 Düsseldorf

EP Galerie
Podszus,
Blumenstr. 12
4000 Düsseldorf

Antiquitäten
Reißmann Martinek
Am Burgplatz 2
4000 Düsseldorf

Kunsthandlung
Ringel, M.
Hoffeldstr. 31
4000 Düsseldorf

Galerie
Kuepper, Dieter
Hermannstr. 31
4000 Düsseldorf

Kunsthandlung
Rix, O.
Fürstenwall 80
4000 Düsseldorf

Kunst & Leben Galerie
Oberkasseler Str. 52
4000 Düsseldorf

Antiquariat
Roberg, F.
Friedrichstr. 17
4000 Düsseldorf

Kunsthandlung
Kunze, L. E.
Kreuzbergstr. 36
4000 Düsseldorf

Kunsthandlung
Scheelen GmbH
Akazienstr. 37
4000 Düsseldorf

Lamers Antik
Höherweg 299
4000 Düsseldorf

Restaurierungszentrum
Schendel & Balzer
Fürstenwall 234
4000 Düsseldorf

Kunsthandlung
Lignum
Ahnfeldstr. 16
4000 Düsseldorf

Kunsthandlung
Schieber, M.
Kasernenstr. 55
4000 Düsseldorf

Luckow, Kai H.
Karl-Anton-Str. 6
4000 Düsseldorf

Schirm, Gert
Schinkelstr. 50
4000 Düsseldorf

Kunsthandlung
Maier, U.
Konkordiastr. 31
4000 Düsseldorf

Kunsthandlung
Schmela
Mutter Ey Str. 3
4000 Düsseldorf

Kunsthandlung
Maier-Hahn
Eiskellerberg 1
4000 Düsseldorf

Kunsthandlung
Schmela, A.
Lohauser Dorf 51
4000 Düsseldorf

Antiquariat
Markus, Hans
Ritterstraße 10
4000 Düsseldorf

Antik-Salon
Schmidt, Ernst
Worringerstr. 67
4000 Düsseldorf

Güterbahnhof Bilk
Martinek Antiquitäten
Friedrichstr. 145
4000 Düsseldorf

Schmidt, E.
Birkenstr. 40
4000 Düsseldorf

Galerie
Mayer, Hans
Grabbeplatz 2
4000 Düsseldorf

Galerie Art 204
Schmidt, Brigitte
Rethelstr. 139
4000 Düsseldorf

Antike Spezialitäten
Medaillon
Königsallee 21
4000 Düsseldorf

Kunsthandlung
Schmidt, H. L.
Oststr. 129
4000 Düsseldorf

WERNER BÄUMER GMBH

TEPPICHANTIQUITÄTEN UND TEXTILKUNST · AUCH ANKAUF

HEINRICH HEINE ALLEE 53
4 DÜSSELDORF 1 · T. 02 11/13 33 83

Kunsthandlung
Mensendiek, I.
Gerresh.-Land Str. 82
4000 Düsseldorf

Restaurierungen
Nowack u. Cattafesta
Spichernstr. 35
4000 Düsseldorf

Kunsthandlung
Pergel, Kollektion
Talstr. 40
4000 Düsseldorf

Kunsthandlung
Popescu, V.
Adersstr. 45
4000 Düsseldorf

Remmert, Galerie
Bilkerstr. 20
4000 Düsseldorf

Kunsthandlung
Schneider, Friedrich
Jacobistraße
4000 Düsseldorf

Kunsthandlung
Merkelbach + Wuttke
Schillerstr. 7
4000 Düsseldorf

Antikmarkt
P & L's
Worringerstr. 72
4000 Düsseldorf

Antiquitäten
Plexquisit
Hohe Str. 23
4000 Düsseldorf

Päpke & Janowitz OHG
Hohe Str. 28
4000 Düsseldorf

Kunsthandlung
Reusche, H.
Kronprinzenstr. 31
4000 Düsseldorf

Kunsthandlung
Schneider
Louise Dumont Str. 3
4000 Düsseldorf

Antikes
Schoeller, Galerie
Poststr. 2
4000 Düsseldorf

Kunsthandlung
Schramm, C.
Kaiser Friedrichstr. 2a
4000 Düsseldorf

Schrobsdorff'sches
Antiquariat
Königsallee 22
4000 Düsseldorf

Schröder, H.
Im Huferfeld 1
4000 Düsseldorf

Antiquitäten + Kunst
Schulte, Eva
Königsallee 56
4000 Düsseldorf

Kunsthandlung
Schultze, N.
Hohenzollernstr. 36
4000 Düsseldorf

Kunsthandlung
Schumacher, R.
Mintrop 10
4000 Düsseldorf

Kunsthandlung
Seiffert, H.
Sonderburg 7
4000 Düsseldorf

Kunsthandlung
Siemons, H.
Mörikestr. 45
4000 Düsseldorf

Antiquariat
Skutta, D.
Humboldt Str. 80
4000 Düsseldorf

Kunsthandlung
Sohnius, H.
Kirchfeld 149
4000 Düsseldorf

Kunsthandlung
Soraya
Berliner Allee 22
4000 Düsseldorf

Kunsthandlung
Spinrath
Rosenstr. 6
4000 Düsseldorf

Antiquitäten
Stahr. M.
Brend'amour Str. 8
4000 Düsseldorf

Kunsthandlung
Stantschev
Uhlandstr. 6
4000 Düsseldorf

Kunsthandlung
Stecher, W.
Graf Engelbertstr. 11
4000 Düsseldorf

Steinsträter, R.
Bastionstr. 35
4000 Düsseldorf

Kunsthandlung
Steinkuhl, Christel
Bastionstr. 27
4000 Düsseldorf

Antiquariat
Stern Verlag
Friedrichstr. 24-26
4000 Düsseldorf

Kunsthandlung
Stockermann
Arnoldstr. 2
4000 Düsseldorf

Kunsthandlung
Strelow, H.
Luegplatz 3
4000 Düsseldorf

Antiquitäten
Stöhr, Beate
Steffenstr. 7
4000 Düsseldorf

Kunsthandlung
Swetec, F.
Kasernenstr. 13
4000 Düsseldorf

Kunsthandlung
Taubert, T.
Schirmerstr. 4
4000 Düsseldorf

Kunsthandlung
Tondorf
Königstr. 5
4000 Düsseldorf

Treff, Galerie
Königsallee 60a
4000 Düsseldorf

Uhren Rieke
Bastionstr. 25
4000 Düsseldorf

Ullrich, Beppo
Urdenbacher Allee 29
4000 Düsseldorf

Kunsthandlung
Valenta, H.
Kaiser Wilhelm Ring
4000 Düsseldorf

Porzellan-Klinik
Vierth, H. H.
Nordstr. 2b
4000 Düsseldorf

Kunsthandlung
Voemel, E.
Königsallee 30
4000 Düsseldorf

Antiquitäten
Bastionstr. 8
4000 Düsseldorf

Kunsthandlung
Walther, H.
Poststr. 7
4000 Düsseldorf

Antiquariat
Wehrens, Horst
Oststr. 13
4000 Düsseldorf

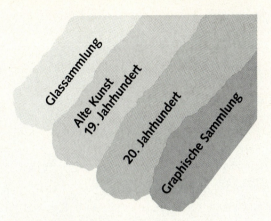

Kunstmuseum Düsseldorf

Ehrenhof 5
4000 Düsseldorf 30
Telefon 02 11/8 99-24 60
Öffnungszeiten
dienstags bis sonntags 11–18 Uhr

Antiquitäten
Wieczorek, P.-K.
Bahnstr. 48
4000 Düsseldorf

Kunsthandlung
Wiedemann, F.
Uhlandstr. 21
4000 Düsseldorf

Antike Uhren
Winkel
Bilker Str. 23a
4000 Düsseldorf

Antiquitäten Gemälde
Winter, A.
Kölner Landstr. 298+302
4000 Düsseldorf

Kunsthandlung
Wolf, D.
Bismarckstr. 50
4000 Düsseldorf

Zuny Gallery
Königsallee 30
4000 Düsseldorf

Kunsthandlung
Ansichtssache
Marktplatz 10
4000 Düsseldorf 1

Kunsthandlung
Baender, K.
Neubrückstr. 14
4000 Düsseldorf 1

Antiquitäten+Galerie
Blau, Siegfried
Hohe Str. 16
4000 Düsseldorf 1

Boening, E. F.
Heinrich-Heine-Allee 53
4000 Düsseldorf 1

Kunsthanldung
Bohle, I.
Graf Adolf Str. 41
4000 Düsseldorf 1

Gutachten
Bous, Heribert
Kronprinzenstr. 77
4000 Düsseldorf 1

Kunsthandlung
Bugdahn, u. Szeimies
Benratherstr. 11
4000 Düsseldorf 1

Kunsthandlung
Cerne, A.
Pempelforterstr. 22
4000 Düsseldorf 1

Citadellchen
Citadellstr. 10
4000 Düsseldorf 1

Alte Juwelen
Eichhorst
Martin-Luther-Platz 1
4000 Düsseldorf 1

Eisenberg. G.
Ackerstr. 77
4000 Düsseldorf 1

Düsseldorf: Arbeiten an der neuen Rheinwerft und Rheinuferstraße gegen Ende des 19. Jh.

Enneking, D. J.
Ernst-Poensgen-Allee 5a
4000 Düsseldorf 1

Lamers, D.
Höhenweg 299
4000 Düsseldorf 1

Schmidt, K.
Talstr. 30
4000 Düsseldorf 1

Wester, H.
Adersstr. 30
4000 Düsseldorf 1

Backes, C.
Benderstr. 81
4000 Düsseldorf 12

Ostrowski, Maria
Heiligenhauser Str.
4000 Düsseldorf 13

Förster, C.
Ackerstr. 145
4000 Düsseldorf 1

Lappe, K.
Auf'm Hennekamp 23
4000 Düsseldorf 1

Schmäling, G.
Bilker Str. 31
4000 Düsseldorf 1

Wolf, u. Verdi
Königsallee 27
4000 Düsseldorf 1

Restaurierungen
Feuser, Peter B.
Heyestr. 86
4000 Düsseldorf 12

Glodeck, W.
Münsterstr. 11
4000 Düsseldorf 30

Großmama's Puppenhaus
Himmelgeister Str. 17
4000 Düsseldorf 1

Loy, R.
Bilker Str. 4
4000 Düsseldorf 1

Lampen u. Decor
Schultz-Siemens, A.
Bastionstr. 10
4000 Düsseldorf 1

Zdenek, M.
Burgplatz 2
4000 Düsseldorf 1

Hof, W.
Ottostr. 12
4000 Düsseldorf 12

Kunsthandlung
Gogol, C.
Kaiserstr. 12
4000 Düsseldorf 30

Heubel, L.
Bastionstr. 27
4000 Düsseldorf 1

Martinek
Friedrichstr. 143
4000 Düsseldorf 1

Antiquitäten
Studio am Burgplatz
Burgplatz 3
4000 Düsseldorf 1

Zimmermann, A.
Haroldstr. d28
4000 Düsseldorf 1

Narjes
Heyestr. 64
4000 Düsseldorf 12

Grigorov, C.-D.
Annastr. 63
4000 Düsseldorf 30

Huthmann, D. M.
Bilker Str. 8
4000 Düsseldorf 1

Modave, L.
Benrather Str. 7
4000 Düsseldorf 1

Stübiger, A.
Pionierstr. 67
4000 Düsseldorf 1

Kunsthandlung
Kimmerich, Art
Habsburgerstr. 10
4000 Düsseldorf 11

Böhringer, G.
Nothenhof-Antiquitäten
Bergische Landstr.
4000 Düsseldorf 12

Kunsthandlung
Jockels, A.
Zu den Eichen 2
4000 Düsseldorf 30

Jacobi, H.
Erkrather Str. 354
4000 Düsseldorf 1

Reitzenstein
Pionierstr. 56
4000 Düsseldorf 1

Suchecki, W.
Bilker Str. 1
4000 Düsseldorf 1

Kunsthandlung
Kraatz, P.
Oberkasselerstr. 23
4000 Düsseldorf 11

Möbelgalerie Urdenbach
Hahn Antiquitäten
Gänsestr. 31
4000 Düsseldorf 13

Kersting, P.
Collenbachstr. 31
4000 Düsseldorf 30

Kunsthandlung
Josephs
Heinrich-Heine-Allee 15
4000 Düsseldorf 1

Restauplan GmbH
Alte Pempelfortstr. 9
4000 Düsseldorf 1

Szmais. G.
Brehmstr. 55
4000 Düsseldorf 1

Kunsthandlung
Leuchter, R.
Oberkasselerstr. 52
4000 Düsseldorf 11

Hövelmann GmbH
Urdenbacher Allee 5
4000 Düsseldorf 13

Krause, G.
Tußmannstr. 5
4000 Düsseldorf 30

Antiquitäten
Kok, G.
Hermannstr. 22a
4000 Düsseldorf 1

Rieke, Barbara Maria
Bastionstr. 25
4000 Düsseldorf 1

Restauration
Uhlig, Bernd
Kronprinzenstr. 116
4000 Düsseldorf 1

Löffelsand, Rolf
Lankerstr. 8
4000 Düsseldorf 11

Kempkens, S.
Am Mönchgraben 6
4000 Düsseldorf 13

Kunsthandlung
Mancherlei
Jülcherstr. 30
4000 Düsseldorf 30

Kunsthandlung
Krause, E.
Lichtstr. 35
4000 Düsseldorf 1

Schendel u. Balzer
Fürstenwall 234
4000 Düsseldorf 1

Ullrich, A.
Mühlenstr. 13
4000 Düsseldorf 1

Antiquitäten
Müser, M.
Cheruskerstr. 67a
4000 Düsseldorf 11

Kunstauktionen
Inselstr. 15
4000 Düsseldorf 30

Antiquariat
Mehs, P.
Frankenstr. 7
4000 Düsseldorf 30

Weichholzmöbel
Niederrheinstr. 152
4000 Düsseldorf 30

Plagemann, M.-C.
Bilker Str. 18
4000 Düsseldorf 30

Schmuckkästchen
Rosenstr. 58
4000 Düsseldorf 30

Sohn
Tußmannstr. 5
4000 Düsseldorf 30

Frorath
Am Kreuzberg 3
4000 Düsseldorf 31

Schiffer, D.
Fliednerstr. 18c
4000 Düsseldorf 31

Emminghaus, H.
Krefelder Str. 13
4004 Meerbusch

Kunsthandlung
Leendert, F. van
Düsseldorferstr. 49
4005 Meerbusch

Kunsthandlung
Lethgau, R.
Poststr. 58
4005 Meerbusch

Antiquariat
Moenter, Konrad
Kirchplatz 1
4005 Meerbusch

Kunsthandlung
Paul, A.
Obererstr. 47
4005 Meerbusch

Kunstauktionshaus
Rosthal, H.
Kanzlei 3
4005 Meerbusch

Seipelt, Ludwig
Witzfeldstr. 48
4005 Meerbusch

Kunsthandlung
Weiser, C.
Schloß Pesch
4005 Meerbusch

Galerie
Klosters, Gisela
Neuenhausplatz 31
4006 Erkrath

Rath, K.-H.
Fasanenstr. 21
4006 Erkrath

Reif, L.
Neanderstr. 71
4006 Erkrath

Die Möbelschmiede
Kirchhof 30
4010 Hilden

English Window
Kirchhofstr. 30
4010 Hilden

Heisters, K.-H.
Südstr. 15
4010 Hilden

Kunsthandlung
Maskavic, N.
Benratherstr. 16
4010 Hilden

Michels, Galerie
Eichenstr. 120
4010 Hilden

Kunsthandlung
Schmidt, K.
Erlenweg 3
4010 Hilden

Kunsthandlung
Weiss, K.
Benratherstr. 34
4010 Hilden

Wood, J.
Poststr. 40
4010 Hilden

Kaiser, S.
Hauptstr. 24
4018 Langenfeld

Biesenbruch, W.
Bahnstr. 37
4020 Mettmann

Milrose, I. u. R.
Mittelstr. 20
4020 Mettmann

Kunsthandlung
Schuebbe, C.
Hasselerstr. 85
4020 Mettmann

Zanders, R.
Breite Str. 10
4020 Mettmann

Kunsthandlung
Bayer, M.
Theodor Heuss Pl.
4040 Neuss

Beinroth, A.
Am Markt 21
4040 Neuss

Kunsthandlung
Gruenewald, K.
Promenadenstr. 17
4040 Neuss

Antiquariat
Hildebrand, Harald
Tiberiusstr. 12
4040 Neuss

Janning, Dieter
Neuestr. 3
4040 Neuss

Kunsthandlung
Karthaus, P.
Am Röttgen 48
4040 Neuss

Kunsthandlung
Kloeden, K.
Oberstr. 78
4040 Neuss

Antiquariat
Kowallik, Brigitta
Klarissenstr. 5
4040 Neuss

Papric, D.
Nordparkweg 4
4040 Neuss

Kunsthandlung
Postall, J.
Niederstr 47
4040 Neuss

Kunsthandlung
Rieder, Erika
Michaelstr. 69
4040 Neuss

Rieder, E.
Hamtorstr. 2
4040 Neuss

Roßlenbroich, K.
Koblenzer Str. 63
4040 Neuss

Antiquitäten
Neuenbaumer Str. 36
4040 Neuss

Kunsthandlung
Schubert, M.
Münsterplatz 2
4040 Neuss

Ex-Clou
Simonsen
Klarissenstr. 2
4040 Neuss

Zimmermann, K.
Kanalstr. 2
4040 Neuss

Domin Galerie
Giemesstr. 16
4044 Kaarst

Galerie
Hasselstr. 60
4044 Kaarst

Kunsthandlung
Gross
Maubisstr. 31
4044 Kaarst

Heimann, Wilhelm
Kaarster Buscherhoefe 2
4044 Kaarst

Rieckhof, P.M.
August-Thyssen-Str. 4
4044 Kaarst

Brausen, H.
Kölnerstr. 114
4047 Dormagen

Kunsthandlung
Engels E. u. H.
Gruissem 31a
4048 Grevenbroich

Kellerwessel, K.
Lindenstr. 32
4048 Grevenbroich

Kunsthandlung
Krapohl, J.
Schloß Hülchrath
4048 Grevenbroich

Baur, R.
Stresemannstr. 56
4050 Mönchengladbach

Braß
Beckerstr. 80
4050 Mönchengladbach

Busch, R.
Bismarckstr. 76
4050 Mönchengladbach

Dreyer, H
Oberheydner Str. 76
4050 Mönchengladbach

Ernst, K.
Bahnstr. 36
4050 Mönchengladbach

Evans, A
Wickrather Str. 181
4050 Mönchengladbach

Evans, D.
Düsseldorfer Str. 52
4050 Mönchengladbach

Kunsthandlung
Fuerst, U.
Margarethenstr. 30
4050 Mönchengladbach

Galerie 2000
Hauptstr. 55
4050 Mönchengladbach

Grandt, E.
Wallstr. 19
4050 Mönchengladbach

Kunsthandlung
Heil, K.
Lichthof 18
4050 Mönchengladbach

Kieven, S.
Albertusstr. 22
4050 Mönchengladbach

Kunsthandlung
Krichel, J.
Bettratherstr. 75
4050 Mönchengladbach

Küppers, J.M.
Friedrichstr. 4
4050 Mönchengladbach

Düsseldorfer Stadtpanorama mit Uferstraße (Fotos : Presseamt Stadt Düsseldorf)

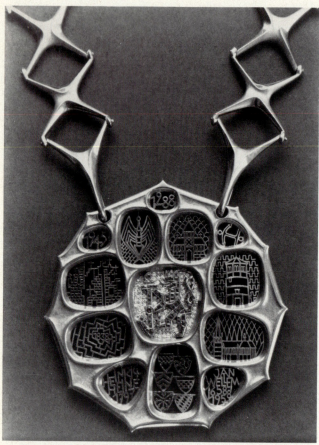

*Amtskette des Düsseldorfer Oberbürgermeisters
(Foto : Presseamt der Stadt Düsseldorf)*

Lodes, N.
Friedrich-Ebert-Str. 251
4050 Mönchengladbach

Kunsthandlung
Loehrl, C.
Kaiserstr. 58
4050 Mönchengladbach

Maaßen, W.
Neusser Str. 13
4050 Mönchengladbach

Kunsthandlung
Mueller, R.
Altstadt Center
4050 Mönchengladbach

Ringkloff, W.
Linienstr. 20-a
4050 Mönchengladbach

Ruyters, A.
Zur Mühle 4
4050 Mönchengladbach

Kunsthandlung
Sanders, J.
Alsstr. 18
4050 Mönchengladbach

Sattelmeyer, B.
Mülgaustr. 162
4050 Mönchengladbach

Dipl. Betriebswirt
Schwarting, G.
Zur Burgmühle
4050 Mönchengladbach

Shears, Michael
Kaiserstr. 73
4050 Mönchengladbach

Kunsthandlung
Strunk-Hilgers, M.
Sraßburger Allee 39
4050 Mönchengladbach

Kunsthandlung
Theunissen, H.
Hindenburgstr. 35
4050 Mönchengladbach

Kunsthandlung
Tietz, A.
Regentenstr. 84
4050 Mönchengladbach

Kunsthandlung
Vischer, E.
Bismarckstr. 59
4050 Mönchengladbach

Wagner, U.
Bismarckstr. 69
4050 Mönchengladbach

Wagner, U.
Hohenzollernstr. 58
4050 Mönchengladbach

Waude
Lockhuetterstr. 177
4050 Mönchengladbach

Waude, Ignaz
Konstantinstr. 303
4050 Mönchengladbach

Antikhandel
Werner, H.
Friedrichstr. 35
4050 Mönchengladbach

Wolf GmbH, Marlene
Volksbadstr. 85
4050 Mönchengladbach

Zons, W.
Lüpertzenderstr. 139
4050 Mönchengladbach

Kunsthandlung
Beier, H.
Hauptstr. 1
4052 Koschenbroich

Codor-Proll, Galerie
Kölnerstr. 28
4053 Jüchen

Kunsthandlung
Eder, K.
Niersstr. 24
4053 Jüchen

Lorenz, H.
Kirchstr. 3
4053 Jüchen

Kunsthandlung
Erkens, A.
Niedieckstr. 25
4054 Nettetal

Richter, R.
Bahnhofstr. 31
4054 Nettetal

Buschmann-Lempa, U.
An der Wae 44
4055 Niederkrüchten

Kunsthandlung
Hönigs
Am Mühlenbach 329
4055 Niederkrüchten

Schwalmtaler Trödelhof
Amerner Str. 65
4056 Schwalmtal

Brox und Tijssen
Hülstr. 33
4057 Brüggen

Galerie 2000
Genroherstr. 54
4057 Brüggen

Kunsthandlung
Hoff, H.
Burgwall 1b
4057 Brüggen

Kunsthandlung
Brocher + Eppinghaus
Gladbacherstr. 5
4060 Viersen

Kunsthandlung
Pauly, A.
Hauptstr. 70
4060 Viersen

Schloss Galerie GmbH
Clöratherstr. 1
4060 Viersen

Kunsthandlung
Sixel, Herbert
Tönisvorsterstr. 53
4060 Viersen

Antiquitäten
Art-Galerie
Gladbacher Str. 32
4060 Viersen 01

Bräutigam, F.
Hauptstr. 18
4060 Viersen 01

Plätzmüller, J.
Gladbacher Str. 379
4060 Viersen 01

Stein, K.
Gladbacher Str. 65
4060 Viersen 01

Winz, H.
Ompter Weg 18
4060 Viersen 01

Winzen, H.
Große Bruchstr. 7-a
4060 Viersen 01

Röhling, H.
Villa Holtz
4060 Viersen 12

Sixel, H.
Tönisvorster Str. 53
4060 Viersen 12

Kunsthandlung
Jansen, H.
Ummerstr. 4
4069 Viersen

Ackesgott, A.
Grafschafterstr. 25
4100 Duisburg

Antiquitäten
Am Dyck 69
4100 Duisburg

Brandes
Düsseldorfer Landstr. 305
4100 Duisburg

Kunsthandlung
Eberlein, D.
Schmale Gasse 15
4100 Duisburg

Evers, W.
Moltkestr. 35
4100 Duisburg

Kunsthandlung
Haack, J.
Düsseldorfer Straße 520
4100 Duisburg

Kunsthandlung
Haukamp, A.
Lothringer Straße 2
4100 Duisburg

Bric a Brac
Hoffmeister, W.
Pulverweg 5
4100 Duisburg

Kunsthandlung
Huebner, B.
Moltkestraße 45
4100 Duisburg

Kaiser, M.
Müllheimerstr. 109
4100 Duisburg

Kaplan, m.
Am Buchenbaum 21
4100 Duisburg

Kunsthandlung
Karsten, H.
Kuhlenwall 42
4100 Duisburg

Kunsthandlung
Kley, E.
Bahnhofstraße 157
4100 Duisburg

Kunsthandlung
Kohlhaas, J.
Raiffeisenstraße 147
4100 Duisburg

Kunsthandlung
Neumann, G.
Kaiser-Wilhelm-Str. 286
4100 Duisburg

Noutelle, T.
Augustastr. 56
4100 Duisburg

Nuehlen, H.
Mühlenstr. 21d
4100 Duisburg

Galerie
Orober, Antonia
Bismarckplatz 3
4100 Duisburg

Kunsthandlung
Rey, B.
Raiffeisenstraße 147
4100 Duisburg

Kunsthandlung
Rottlaender, M.
Elsa-Brändström-Str. 65
4100 Duisburg

Kunsthandlung
Schuischel, H.
Mercatorstr. 90
4100 Duisburg

Schuppin, A.
Emil Bosbach Str. 8
4100 Duisburg

Schwertner, K.
Düsseldorfer Landstr. 314
4100 Duisburg

Tummes, Norbert
Zum Lith 165
4100 Duisburg

Becker, K.
Ankerstr. 10
4100 Duisburg 1

Litzner, P.
Bregenzerstr. 49
4100 Duisburg 23

Reitzenstein
Düsseldorfer Landstr.
4100 Duisburg 25

Scheib OHG
Angermunderstr. 198
4100 Duisburg 29

Rauch, N.
Kreuzstr. 10
4100 Duisburg 74

Klein, G.
Aktienstr. 66
4100 Duisburg -01

Neugebauer, M.
Untermauerstr. 13
4100 Duisburg -01

Spruenken, A.
Dellplatz 1
4100 Duisburg -01

Berns, H. G.
Varzinerstr. 80-82
4100 Duisburg -12

Antiquariat
Roessler, S:
Peterstr. 30
4125 Kempen

Kunsthandel GmbH
Neustr. 10
4130 Moers

Breitung, G.
Friedrichstr. 1
4130 Moers

Burk, H.
Haagstr. 61
4130 Moers

Antik
Grafschafter
Rheinbergerstr. 105
4130 Moers

Kunsthandlung
Hennen, B.
Weygoldstraße 4
4130 Moers

Antiquitäten
Steinstr. 19
4130 Moers

Janitza, C.
Rheinbergerstr. 105
4130 Moers

Kunsthandlung
Maas, K.
Oberwallstr. 61
4130 Moers

Perret, R.
Rheinbergerstr. 56a
4130 Moers

Rauch, N.
Haagstr.
4130 Moers

Antiquariat
Remmler, T.
Friedrichstr. 28
4130 Moers

Schaefer, W.
Hornbergerstr. 391
4130 Moers

Kunsthandlung
Schmitz, L.
Neustr. 34
4130 Moers

Kunsthandlung
Scholten
Dorfstraße
4130 Moers

Kunsthandlung
Holzhauer, J.
Börserundstr. 31a
4132 Kamp Lintfort

Nuehlen
Saalhofferstr. 40
4132 Kamp Lintfort

Antiquariat
Haas, Gebr. OHG
Rosendaler Weg 70
4134 Bedburg-Hau

Kunsthandlung
Hansen, H.
Am Gildenkamp 37
4134 Rheinberg

Vorderstrase, R.
Binsheimerstr. 11
4134 Rheinberg

Addisow, R.
Neusser Str. 49
4150 Krefeld

Ars Domus
Ostwall 60
4150 Krefeld

Art Work Galerie GmbH
Südwall 23
4150 Krefeld

Kunsthandlung
Brehm, G.
Moerser Land Str. 416
4150 Krefeld

Kunsthandlung
Brueckmann, H.
Kölnerstr. 204
4150 Krefeld

Kunsthandlung
Brueckmann, Monika
Kölnerstr. 202
4150 Krefeld

Waffen und Militaria
Burger, H.
Moerserstr. 106
4150 Krefeld

Kunsthandlung
Deswatines, H.
Hammerschmidtplatz 2
4150 Krefeld

Dorn, D.
Alte Gladbacher Str.
4150 Krefeld

Kunsthandlung
Fochern, C.
Ostwall 226
4150 Krefeld

Gemmern, G.
Van-Wiedenhof-Str. 58
4150 Krefeld

Golubarsch, K.
Im Heggelsfeld 49
4150 Krefeld

Galerie
Angerhausenstr. 11/13
4150 Krefeld

Antike-Möbel
Grosslager
Westpreußenstr. 38
4150 Krefeld

Großjung, S.
Philadelphiastr. 138
4150 Krefeld

Grünen, T.
St.-Anton-Str. 57
4150 Krefeld

Hagen
Roonstr. 10
4150 Krefeld

Kunsthandlung
Hock, W.
Südwall 80
4150 Krefeld

Kunsthandlung
Hoves, E.
Evertstr. 35
4150 Krefeld

Kunsthandlung
Knobloch, W.
Lohstr. 88
4150 Krefeld

Kunsthandlung
Koenigs, H.
Dreikönigstr. 26
4150 Krefeld

Kreuzer, B.
Rheinstr. 11
4150 Krefeld

Kunsthandlung
Kruell
Luisenstr. 97
4150 Krefeld

Antikstube
Krüzner
Liesentorweg 17
4150 Krefeld

Kunsthandlung
Leibenguth, R.
Höppnerstr. 38
4150 Krefeld

Lennertz, E.
Evertstr. 18
4150 Krefeld

Kunsthandel GmbH
Lichtenberg
Kliedbruch 60
4150 Krefeld

Kunsthandlung
Mainz
Ostwall 100
4150 Krefeld

Nepomuk
Breite Str. 98
4150 Krefeld

Kunsthandlung
Neumann, Kurt
Breitestr. 58
4150 Krefeld

Antiquitäten Haus
Oelgart
Moerser Str. 502
4150 Krefeld

Kunsthandlung
Olbrich, R.
Westwall, 6
4150 Krefeld

Jugendstil — *Art Deco*

G & W Antiques
Inhaber Rohn
Hohenstaufenring 74-76 • 5 Köln 1
Telefon
02 21-21 34 81

Kunsthandlung
Papeler, H.
Hülserstr. 102
4150 Krefeld

Mevissen, U.
Breite Str. 98
4150 Krefeld 1

Kunsthandlung
Leendert,
An Eulen 7
4152 Kempen

Ophey, N.
Martinistr. 50g
4170 Geldern

Galerie
Dierkes
Luxemburger Platz 1
4178 Kevelaer

Ölgemälde
Brückenstraße 17
4180 Goch

Kunsthandlung
Peschken, H.
Westwall 55
4150 Krefeld

Michels, G.
Ostwall 65
4150 Krefeld 1

Storde, B.
Vinnbrueck 3c
4152 Kempen

Schoppmann, F.
Josefstr. 25
4170 Geldern

Kunsthandlung
Goertzen
Busmannstraße 1
4178 Kevelaer

Kunsthandlung
Groth, W.
Uedemer-Feldweg 27
4182 Uedem

Reiners, H.
Schneiderstr. 56
4150 Krefeld

Nicolai, D.
Wilhelmshofallee 84a
4150 Krefeld 1

Held, W.
Süchtelner Str. 50
4154 Tönisvorst

Grosshandels GmbH
Flor+Deko
Hans Tenhaeffstr. 44
4172 Straeleln

Antiquariat
Janssen, H.
Hoogeweg 16
4178 Kevelaer

Hoevelmann, Maria
Queral 84
4184 Bedburg Hau

Schankweiler
Karlsplatz 18
4150 Krefeld

Oellers, R.
Moerser Str. 390
4150 Krefeld 1

Sterzel
Am Wasserturm 2
4154 Töniesvorst

Kunsthandlung
Servaas, F.
Westwall 8
4172 Straelen

Galerie
Janssen
Busmannstraße 2
4178 Kevelaer

Thyssen, J.
Gruener Graben 8a
4184 Bedburg Hau

Schleiffenbaum
Rheinstr. 21
4150 Krefeld

Antiquitäten
Reiners, H
Schneiderstr. 56
4150 Krefeld 1

Kunsthandlung
Dau, I.
Peterstr. 55
4156 Willich

Gruene, J.
Aldekerker Land Str.
4173 Kerken

Mouwen,
Hauptstr. 25
4178 Kevelear

Schroer
Lindenallee 46
4190 Kleve

Kunsthandlung
Steinbach
Rheinstr. 36
4150 Krefeld

Stevens, I.
Industriestr. 33
4150 Krefeld 1

Kunsthandlung
Luetters, R.
Kreuzstr. 13
4156 Willich

Roediger, H.
Dorfstr. 104
4173 Kerken

Niessen, A & M
Marktstr. 57
4178 Kevelear

Die Schöne Epoche
Hüxnerstr. 40
4220 Dinslaken#

Crefelder Antikhalle
Stevens, W.
Seidenstr. 70
4150 Krefeld

Storde, B.
Westwall 43
4150 Krefeld 1

Kunsthandlung
Weinmann Modexa
Daimlerstr. 13
4156 Willich

Antiquitäten
Klotenstr. 9
4177 Issum 2

Kunsthandlung
Timmermann, M.
Hauptstraße 20
4178 Kevelaer

Kunsthandlung
Elsen, A.
Bahnhofstraße 19
4220 Dinslaken

Kunsthandlung
Sturm
Hülserstr. 114
4150 Krefeld

Wittges, B.
Südwall 15
4150 Krefeld 1

Galerie
Kreuzstr. 54
4156 Willich

Antiquariat
Busmannstr. 2
4178 Kevelaer

Kunsthandlung
Huehn, G.
An der Waterkuhl 4
4180 Goch

Buch-Kunst-Antiquariat
Falkenstein, Klaus
Friedrich-Ebert-Str.
4220 Dinslaken

London Antiques
Delank GmbH, Klaus
Stephanstr. 24
4150 Krefeld 1

Jansen, Wolfgang
Krefelder Str. 222
4150 Krefeld 29

Christliche Kunst
Bauer
Busmannstr. 1
4178 Kevelaer

Antiquariat
Kueppers, H.
Voßstr. 85
4180 Goch

Kasperek, N.
Hedwigstr. 3
4220 Dinslaken

Bildt, K.
Engerweg 7
4156 Willich 1

Elbert, T.
Viktoriastr. 107
4150 Krefeld 1

Kunsthandlung
Berg, C.
Kirchstr. 2
4152 Kempen

Blum, H.
Fischelner Str. 3
4156 Willich 1

Bociniak, K.
Geldernerstr. 127
4178 Kevelaar

Maubach, M.
Greversweg 214
4180 Goch

Antiquitäten
Klees, Fritz
Sterkraderstr. 281
4220 Dinslaken

Heeseler, G.
Prinz-Ferdinand-Str. 115
4150 Krefeld 1

Bienefeld, Mirabel
Ellenstr. 2
4152 Kempen

Kock, I.
Moltkestr. 9
4156 Willich 1

Kunsthandlung
Butzon u. Bercker GmbH
Hoogeweg 71
4178 Kevelaer

Kunsthandlung
Ölgemälde Luebeck
Benzstraße 2
4180 Goch

Kreuzaler, F.
Hüxnerstr. 369
4220 Dinslaken

Kunsthandlung
Oppenberg, B.
Wallstraße 1
4220 Dinslaken

Kunsthandlung
Veltzke, A.
Bahnstraße 9
4220 Dinslaken

Kunsthandlung
Veltzke u. Woitas
Duisburger Straße 79
4220 Dinslaken

Sabarowski
Bahnhofstr. 65
4223 Voerde

Antik
Koch
Dinslakenerstr. 142
4224 Hünxe

Popp, E.
Schermbecker L.-Str.
4224 Hünxe

Kunsthandlung
Berns, E.
Korbmacherstr. 13
4230 Wesel

Hoevelmann GmbH
Am Benrather Schloß
4230 Wesel

Hövelmann GmbH
An der Zitadelle 16
4230 Wesel

Jakobs, B.
An der Zitadelle 16
4230 Wesel

Kunsthandlung
Lipski, M.
Joh.-Sigismund-Str.3
4230 Wesel

Kunsthandlung
Raadts u. Goedeck
Heubergstr. 6
4230 Wesel

Schillings A.
Poppelbaum 33
4230 Wesel

Schluesener, U.
Schermbecker Landstr.
4230 Wesel

Scholten D.
In der Dell 6
4230 Wesel

Scholten, J.
Esplanade 2
4230 Wesel

Antiquitäten
Zumklei
Kornmarkt 21
4230 Wesel

Kunsthandlung
Ackermann, S.
Fürstenberg
4232 Xanten

Adam Galerie Antik
Viktorstr. 3
4232 Xanten

Goertzen, F. J.
Marsstr. 30
4232 Xanten

Antike Möbel
Helgers, Norbert
Siegfriedstr. 23
4232 Xanten

Pelzner
Am Frankenhof 27a
4235 Schermbeck

Kunsthandlung
Bratke, B.
Schloßstraße 9
4236 Hamminkeln

Antik 259
Aachener Straße 259
5000 Köln

Antiquariat
Hirschgäßchen 2-a
5000 Köln-Südstadt

Alte Postkarten-Bücher
Fußwinkel, K.
Bachemer Str. 112
5000 Köln-Lindenthal

Gradini, R.
Aachener Straße 495
5000 Köln

Kunsthaus am Museum
Ham, Carola van
Drususgasse 1-5
5000 Köln

Kunst und Auktionshaus
Herr, W. G.
Friesenwall 35
5000 Köln 1

Literart
Krombholz, Gabriele
Dürener Str. 121
5000 Köln-Lindenthal

Galerie
Tobies,Silex
Vorgebirgsstr. 49
5000 Köln

Galerie
Aken
Brüsseler Str. 90
5000 Köln 1

Antiqua Kunsthaus
Buttermarkt 31
5000 Köln 1

Möbel-Glas-Schmuck
Antiquitäten
Bonner Str. 71
5000 Köln 1

Atelier
Roonstr. 78
5000 Köln 1

Galerie
Baecker, I.
Zeughausstr. 13
5000 Köln 1

Balkhausen H.-P.
Richard-Wagner-Str. 37
5000 Köln 1

Antiquitäten
Balkhausen, I.
Lindenstr. 15
5000 Köln 1

Galerie
Bar-Gera, Kenda
Poststr. 2
5000 Köln 1

Galerie
Barlach, H.
Bismarckstr. 56
5000 Köln 1

Baum, H.W.
Kupfergasse 14
5000 Köln 1

Galerie
Beaux arts
Heumarkt 55-57
5000 Köln 1

Beltscheva, S.
Lütticher Str. 12
5000 Köln 1

Kunsthandel
Binhold, E.
Hohe Str. 96
5000 Köln 1

Bischoff D.
An St. Agathe 29
5000 Köln 1

Galerie
Bismarck
Kamekestr. 14
5000 Köln 1

Bohn+Schmidt
Marsilstein 9
5000 Köln 1

Galerie
Bonk, M.
Mainzer Str. 71
5000 Köln 1

Galerie
Borger
Komödienstr. 45
5000 Köln 1

Galerie
Borgmann, Th.
Apostelnstr. 19
5000 Köln 1

Art Galerie GmbH
Bobstr. 10
5000 Köln 1

Britania-Antiques
Kamekestr. 3
5000 Köln 1

Antiquariat
Buchholz, H.
Breite Str. 36
5000 Köln 1

Galerie
Buchholz, D.
Bismarckstr. 50
5000 Köln 1

Antiquitäten
City-Antik
Christophstr. 20
5000 Köln 1

Cremer, H.
Am Rinkenpfuhl 33
5000 Köln 1

Damani Antik
Bonner Str. 73
5000 Köln 1

Lampen, Puppen
Das blaue Lämpchen
Friesenwall 76
5000 Köln 1

Antik Depot
Kartäuserhof 29
5000 Köln 1

Kunsthandlung
Dautzenberg, B.
St.-Apern-Str. 56
5000 Köln 1

Delitz, R.-E.
Gertrudenstr. 25
5000 Köln 1

Devic, P.
Neumarkt 3
5000 Köln 1

Antiquitäten
Devroede, V. und Z.
Zeughausstr. 10
5000 Köln 1

Die Weisse Galerie
Thürmchenswall 23
5000 Köln 1

Dittmann GmbH
Kartäuserhof 11
5000 Köln 1

Antiquitäten
Domo
Im Klapperhof 33
5000 Köln 1

Drinhausen, R.
Buttermarkt 22
5000 Köln 1

Ikonen-Galerie
Dritsoulas, Ulrike
Burgmauer 16
5000 Köln 1

Antiquariat
Düssel
St.-Apern-Str. 54
5000 Köln 1

Faust, A.
Im Hof 34
5000 Köln 1

Fidow-Fiddickow
Herzogstr. 32
5000 Köln 1

Galerie
Fiedler, U.
Lindenstr. 19
5000 Köln 1

Antiquariat
Franke, H.
Hirschgäßchen 2-a
5000 Köln 1

Galerie
Friebe, A.
Genterstr. 28
5000 Köln 1

Galerie
Fuhrmann, I.
An der Bottmühle 16
5000 Köln 1

Kunsthandlung
Funke, W.
St.-Apern-Str. 66
5000 Köln 1

Galerie in C
Hohenstaufenring 53
5000 Köln 1

Galerie Petit
Jahnstr. 26
5000 Köln 1

Galerie
St.-Apern-Str. 12
5000 Köln 1

Galerie
Geilsdörfer, P.A.
Titusstr. 14
5000 Köln 1

Gelbert - Antiquariat
St.-Apern-Str. 4
5000 Köln 1

Fine Arts GmbH
Gerstmann-Abdallah
St.-Apern-Str. 17
5000 Köln 1

Kunsthandlung
Gise, E.
Tunisstr. 19
5000 Köln 1

Galerie
Glöckner
Breite Str. 112
5000 Köln 1

Asbach
Antiquitäten GmbH
Teichstraße 25
5166 Kreuzau
Tel.02422/4220

Spezialität:
Bauernmöbel des 19.Jahrhunderts

Antiquitäten
Inge Balkhausen

Möbel, Gläser, Porzellan, Bilder

Lindenstraße 15 — 238917
5000 Köln 1 — Tel.(0221) 251968
pr.212903

Geschäftszeit von 10.30-18.30 Uhr
Samstag von 10.30-14.00 Uhr

Kunsthandlung
Gramse, K.
Brüsseler Str. 25
5000 Köln 1

Galerie
Hoffmann, M.L.
St.-Apern-Str. 17
5000 Köln 1

Jahns, W.
Trierer Str. 19
5000 Köln 1

Leis
Brüsseler Str. 67
5000 Köln 1

Galerie
Greve, Karsten
Wallrafplatz 3
5000 Köln 1

Holborn J.
Greesbergstr. 2
5000 Köln 1

Galerie
Jöllenbeck
Maastrichter Str. 53
5000 Köln 1

Galerie
Limbach, A.
Gürzenichstr. 32
5000 Köln 1

Kunsthandlung
Gün - Gemälde
Ludwigstr. 15
5000 Köln 1

Galerie
Holtmann, H.
Richartzstr. 10
5000 Köln 1

Katebi
Neven-DuMont-Str. 5
5000 Köln 1

Galerie
Linssen, W.
Am Hof 52
5000 Köln 1

Günthers Antik-Lädchen
Palmstr. 28
5000 Köln 1

Holzapfel, E.
St.-Apern-Str. 10
5000 Köln 1

Galerie
Kicken u. Pausenback
Albertusstr. 1
5000 Köln 1

H & H Antiquitäten
Auf dem Berlich 11
5000 Köln 1

Kunsthandlung
Holzapfel, P.
Unter Käster 12
5000 Köln 1

Klefisch Kunsthandel
Ubierring 35
5000 Köln 1

Ikonen+Graphik
Hasenkamp, A.
Mittelstr. 1
5000 Köln 1

Galerie
Horbach, M.
Schaafenstr. 25
5000 Köln 1

Klein, P.
Gereonswall 29-a
5000 Köln 1

Hennig
Auf dem Berlich 11
5000 Köln 1

Galerie
Hundertmark, A.
Brüsseler Str. 29
5000 Köln 1

Koch, Hermann
Eintrachtstr. 58
5000 Köln 1

Antiquariat
Luckas, K.J.
Kleiner Griechenmarkt
5000 Köln 1

Galerie
Hetzler, Max-Ulrich
Kamekestr. 21
5000 Köln 1

Hünerbein B. von
Lintgasse 22
5000 Köln 1

Koentges, W.
Marsilstein 25
5000 Köln 1

Luhr, K.-H.
Kartäuserhof 29
5000 Köln 1

Kunsthandlung
Heuser, F.
St.-Apern-Str. 14
5000 Köln 1

Antiquariat
Höfs, J.
Gertrudenstr. 33
5000 Köln 1

Galerie
Koppelmann, I.
Friesenplatz 23
5000 Köln 1

Kunsthandlung
Lyck, B.
Balthasarstr. 61
5000 Köln 1

Heybutzki - Bücherankauf
Pfeilstr. 8
5000 Köln 1

Montezuma-Galerie
Hölter & Möker oHG
Andreaskloster 14
5000 Köln 1

Antiquites Francaises
Kortmann + Frey
Bismarckstr. 70
5000 Köln 1

Löffler, K.
Kartäuserhof 3
5000 Köln 1

Hinzer und Pittner
Lindenstr. 18
5000 Köln 1

Kunstgalerie GmbH
An Groß St. Martin 7
5000 Köln 1

Restaurierung
Kovacs Attila
Luxemburger Str. 8
5000 Köln 1 e

Ostasiatica
Bremer Str. 5
5000 Köln 1

Kunsthaus Antiqua
Buttermarkt 31-35
5000 Köln 1

Mautsch, J.
Ehrenstr. 15
5000 Köln 1

Bücherparadies
Eigelstein 50
5000 Köln 1

Auktionshaus
Kurth, U.
Breitestr. 100
5000 Köln 1

Kunsthandlung
Mermelstein, M.
Jülicher Str. 10
5000 Köln 1

Linden Antique
Pittner, Petra
Lindenstr. 18
5000 Köln 1

Antiquariat
Kutsch, W.
Komödienstr. 19
5000 Köln 1

Vitrine
Molsberger KG, Elmar
Komödienstr. 13
5000 Köln 1

Antique
Pohl, M. & F.
Severinstr. 23
5000 Köln 1

Galerie
Monschauer, D.
Brüsseler Str. 9
5000 Köln 1

Antiquariat
Post, C.
Auf dem Berlich 26
5000 Köln 1

Lammers D.
Brüsseler Str. 56
5000 Köln 1

Müller U.G.
Hohenstaufenring 63
5000 Köln 1

Pretzell, H.
Breite Str. 161
5000 Köln 1

Galerie
Larsson
Im Klapperhof 37
5000 Köln 1

Galerie
Müsers, G.
Mauritiussteinweg 64
5000 Köln 1

Antiquariat
Prinz
Friesenplatz 16
5000 Köln 1

Spiegelgalerie
Nagel, Ch.
St.-Apern-Str. 19
5000 Köln 1

Antiquariat
Prinz u. Unverzagt
Limburger Straße 14
5000 Köln 1

Galerie
Narwak, K.
Eifelwall 50
5000 Köln 1

Galerie
Reckermann, W.
Albertusstr. 16
5000 Köln 1

Galerie
Nilius Art Consulting
Vorgebirgstr. 37
5000 Köln 1

Inter Art Galerie
Neue Langgasse 2
5000 Köln 1

Antiqua

KUNSTHAUS AM BUTTERMARKT 31-35
WALTER SAUBERT
TELEFON 0221/237981 5000 KÖLN 1
ANTIQUITÄTEN KUNST EINRICHTUNGEN
ANFERTIGUNG VON EICHENMÖBEL

Galerie
Orangerie-Renz
Helenenstr. 2
5000 Köln 1

Galerie
Ricke, R.
Volksgartenstr. 10
5000 Köln 1

Galerie
Pfeilstr. 29
5000 Köln 1

Riedel J.
Mechternstr. 12
5000 Köln 1

Art-Deco-Jugendstil
PAN
Kettengasse 7
5000 Köln 1

Roethinger, R.
Severinsmühlengasse 5
5000 Köln 1

Panahmand, M.
Händelstr. 26
5000 Köln 1

Rohn, H.
Hohenstaufenring 74
5000 Köln 1

Pasque, J.
Bonner Str. 242
5000 Köln 1

Romeleit, M.
Pfeilstr. 31
5000 Köln 1

Bismarckstraße 70
5 Köln 1
(0221) 52 09 17

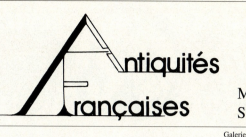

Mo.-Fr.: 11.00-18.30
Sa.: 10.00-14.00

Roth und Kaiser
Friesenwall 76
5000 Köln 1

Galerie
Schoofs, R.
Schildergasse 39
5000 Köln 1

Steinsträßer, H.
Salierring 26-a
5000 Köln 1

Ucher, A.
Grosser Griechenmarkt
5000 Köln 1

Galerie
Werner, M.
Gertrudenstr. 24
5000 Köln 1

Kunsthandlung
Zühlsdorf, K.-H.
Auf dem Rothenberg 13
5000 Köln 1

Galerie
Ruchti, F.-M.
Hamburger Str. 10
5000 Köln 1

Schulz - Antiquariat
Apostelnstr. 12
5000 Köln 1

Sterzenbach, J.P.
Lintgasse 5
5000 Köln 1

Uedelhoven, H.
Hahnenstr. 18
5000 Köln 1

Galerie
Westernhagen
Bismarckstr. 33
5000 Köln 1

Galerie
la linea
Auf dem Berlich 26
5000 Köln 1

ART GmbH
Räderscheidt, Gisele
Landsbergstr. 45
5000 Köln 1

Antiquariat
Schulz
Apostelnstraße 12
5000 Köln 1

Kunsthandlung
Stockhausen
Moltkestr. 91
5000 Köln 1

Galerier
Vahlkamp, H.
Marzellenstr. 72
5000 Köln 1

Antiquariat
Weyers, A.
Steinweg 3
5000 Köln 1

Antiquariat
Düppelstr. 20
5000 Köln-Deutz 21

Sagert, M.
Clemensstr. 3
5000 Köln 1

Schumacher, G.
Mozartstr. 22
5000 Köln 1

Galerie
Stützer GmbH & Co.KG
Kamekestr. 21
5000 Köln 1

Antiquariat
Venator
Cäcilienstr. 48
5000 Köln 1

Wiedenfeld, M.
Aachener Str. 21
5000 Köln 1

Antiquariat
Heuberger
Düppelstraße 20
5000 Köln 21

Antiquariat
Sasserath & Winges
Hahnenstr. 2
5000 Köln 1

Galerie
Seegert
St.-Apern-Str. 70
5000 Köln 1

Suchomskz, G.
Herwarthstr. 5
5000 Köln 1

Casa Antiqua
Verstraeten
Richmondstr. 2-6
5000 Köln 1

Galerie
Wiegand, V.
Mittelstr. 12
5000 Köln 1

Galerie
Jaschinski, A.
Tempelstr. 16
5000 Köln 21

Antiqua
Saubert, Walter
Salzgasse 15
5000 Köln 1

Galerie
Seyhan, M.
Hohenstaufenring 10
5000 Köln 1

Südstadt Galerie
Teutoburger Str. 12
5000 Köln 1

Vierhaus, K.
St.-Apern-Str. 64
5000 Köln 1

Galerie
Wilbrand
Lindenstr. 20
5000 Köln 1

Galerie
Art Agentur
Venloer Str. 461
5000 Köln 30

Saßmannshausen, W.
Brüsseler Platz 9
5000 Köln 1

Siep, Cl.
Lindenstr. 58
5000 Köln 1

Galerie
Teufel, H.
Auf dem Rothenberg 13
5000 Köln 1

Vigelius, Eg.
Pfeilstr. 45
5000 Köln 1

Galerie
Wilkens
Bismarckstr. 60
5000 Köln 1

Gil
Venloer Str. 537
5000 Köln 30

Schenk M.
Moltkestr. 91
5000 Köln 1

Galerie
Smend, R.G.
Mainzer Str. 31
5000 Köln 1

Blaue Galerie
Theisen, U.
Auf dem Berlich 13
5000 Köln 1

Galerie
Vogler, S.
Burgunderstr. 26
5000 Köln 1

Antiquariat
Winges
Hahnenstr.
5000 Köln 1

Liessem, M.
Methweg 4
5000 Köln 30

Linden-Antique

Deko- Klein- u. Großmöbel von 1870-1930

Lindenstraße 18
5000 Köln 1
Tel.0221/237140

Lindenstraße

Weichholzlagerverkauf:
Lindenstraße 36
5000 Köln 1

Galerie
Schichel, Ch.
Glockengasse 2-a
5000 Köln 1

Sponholz, E.
Pfeilstr. 23
5000 Köln 1

Theves, H.
Christophstr. 30
5000 Köln 1

Kunsthandlung
Weinberg, D.
Theodor-Heuss-Ring 14
5000 Köln 1

Galerie
ZZZ Die Letzten
Lütticher Str. 74
5000 Köln 1

Galerie
MARANJA
Körnerstr. 77
5000 Köln 30

Galerie
Schmitt, H.
Palmstr. 14
5000 Köln 1

Galerier
Sprüth, M
Maria-Hilf-Str. 17
5000 Köln 1

Thieler, Hartmut
Aachener Str. 60-62
5000 Köln 1

Galerie
Wentyel
St. Apern-Str. 26
5000 Köln 1

Galerie
Zachmann, D.
Venloer Str. 21
5000 Köln 1

Pediglieri, G.
Venloer Str. 506
5000 Köln 30

Altertümchen
Schoder, Stefanie
Am Duffesbach 41
5000 Köln 1

Antikuhren
Salierring 26a
5000 Köln 1

Thomas, G.
Friesenwall 66
5000 Köln 1

Möbel + Gemälde
Fleischmengergasse 33
5000 Köln 1

Zerhusen, K.
St.-Apern-Str. 40
5000 Köln 1

Der Alträucher
Redetzky, Lothar
Wahlenstr. 10
5000 Köln 30

Auktionator
Reinecke, W.
Leyendeckerstr. 87
5000 Köln 30

Strick, A.
Venloer Str. 552
5000 Köln 30

Antiquariat
Weber, Peter
Frohnhofstr. 39
5000 Köln 30

Will, H.-D.
Hüttenstr. 17
5000 Köln 30

Juchem, M.
Kirchweg 133
5000 Köln 40

Schmitz-Uth
Marsdorferstr. 13
5000 Köln 40

**Kunst und Antiquitäten
L. Beckers**
An- und Verkauf, Sachverständigen-Gutachten
Restaurieren von Zinn, Möbeln, Uhren, Bildern
5093 Burscheid, Hauptstr. 87 - 89
Tel. 02174 - 63619
Geschäftszeiten : nach tel. Vereinbarung

Schober, K.
Aachener Str. 104
5000 Köln 40

Tudor Tradition
Haus Daveg
5000 Köln 40

Antiquitäten Restauration
Au Petit Passe
Bachemer Str. 215
5000 Köln 41

Becher, Th.
Dürener Str. 252
5000 Köln 41

Brühl, W.
Wittekindstr. 38
5000 Köln 41

Carboni, Antonio
Wittgensteinstr. 1
5000 Köln 41

Deuerling-Wegner, D.
Berrenrather Str. 274
5000 Köln 41

Galerie
Erdtmann
Dürener Str. 109
5000 Köln 41

Galerie Atelier 109
Dürener Str. 109
5000 Köln 41

Gradini,R.
Aachener str. 495
5000 Köln 41

Inhoffen, U.
Sülzburgstr. 205
5000 Köln 41

Handels GmbH
Trödel + Antikes
Sülzburgstr. 96
5000 Köln 41

Klein, Otto
Joh.-Heinrich-Platz 9
5000 Köln 41

Liven, I.
Bachemer Str. 215
5000 Köln 41

Einrahmungen-Grafik
Malchow
Wittgensteinstr. 18
5000 Köln 41

Galerie
Meyer-David
Stenzelbergstr. 17
5000 Köln 41

Galerie
Michels, B.
Zülpicher Str. 271
5000 Köln 41

Ramacher und Boesmans
Virchowstr. 21
5000 Köln 41

Versteigerer
Schmitz, K..
Wendelinstr. 46
5000 Köln 41

Schönemann, W.
Gottesweg 135
5000 Köln 41

Trompka, G.
Aachenerstr. 259
5000 Köln 41

Antiquariat
Unverzagt, S.
Zülpicher Str. 68
5000 Köln 41

Lelle, P.
Raderberger Str. 178
5000 Köln 51

Parmentier,H.
Palmstr. 21
5000 Köln 51

Sloane, D.
Raderberger Str. 142
5000 Köln 51

Antiquitätenankauf
West Antik
Aachener Str. 259
5000 Köln 41

Wille G.
Luxemburger Str. 429
5000 Köln 41

Fard, D.E.
Kirchstr. 11
5000 Köln 50

Kunst und Antiquitäten
Köhl, Margarete
Barbarastr.
5000 Köln 50

Lewandowski, Ebby
Wilhelmstr. 57
5000 Köln 50

Mehlhorn, H.
Bahnhofstr. 1
5000 Köln 50

Galerie
Toennissen
Weißerstr. 67
5000 Köln 50

Galerie
Boisseree, S.
Unter den Ulmen 33
5000 Köln 51

GmbH & Cie
Delank Klaus
Pferdemengesstr. 3
5000 Köln 51

Kunsthandlung
Hardjo, S.
Schwalbacher Str. 13
5000 Köln 51

Galerie
Krings, Ernst
Goltsteinstr. 106
5000 Köln 51

Philosophie
Dinter, J.
Buchholzstr. 8-10
5000 Köln-Mühlheim

Galerie
Sprenger, G.
Breningerstr. 3
5000 Köln 51

Steinnus, Johann
Kalscheurer Weg 61
5000 Köln 51

Galerie Der Spiegel
Stünke oHG, Dr. E.
Bonner Str. 328
5000 Köln 51

Grabowski, M.
Neusser Str. 720
5000 Köln 60

Kunsthandlung
Köhrmann, G.
Yorckstr. 3
5000 Köln 60

Bücher
Lange, Klaus
Cranachstr. 7
5000 Köln 60

Antiquariat
Rauch GmbH
Niehler Str. 272-274
5000 Köln 60

Söntgerath, Rainer
Florastr. 138
5000 Köln 60

Trülzsch, W.
Neusser Str. 210
5000 Köln 60

Cottin, I.
Alpenroder Weg 30
5000 Köln 71

Antik
Bijou
Dellbrücker Hauptstr.
5000 Köln 80

Goepen, Ph.
Triberger Weg 9
5000 Köln 80

Heubel, L.
Odenthaler Str. 371
5000 Köln 80

Honisch, W.
Mielenforster Str. 84
5000 Köln 80

Galerie
Kühn, Marianne
Roteichenweg 5
5000 Köln 80

Antikmöbel
Leichenich, Hans
Dünnwalder Mauspfad
5000 Köln 80

Kunsthandlung
Ohlert, C.
Dünnwalder Mauspfad
5000 Köln 80

Gerlinger, Ch.
Kölner Str. 118
5000 Köln 90

Galerie
Saghari, K.
Hansestr. 51
5000 Köln 90

Galerie
Schulz, E.W.
Burgweg 12
5000 Köln 90

Glasgalerie
Rösrather Str. 769
5000 Köln 91

Knecht, Matthies
Germaniastr. 78
5000 Köln 91

Löltgen, H.
Zechenstr. 11
5000 Köln 91

Makel, R. u. G.
Höxter Str. 16
5000 Köln 91

Reinel und Temp
Am Weizenacker 23
5000 Köln 91

Ries, K.
Kalker Hauptstr. 168
5000 Köln 91

Hirsch & Söhne
Oswaldstr. 5
5010 Bergheim-Ziever.

Hoelzer, W.
Alefstr. 16
5010 Bergheim

Galerie
Loewen u. Steingass
Zievericherstr. 4
5010 Bergheim Erft

Galerie
Schmiedel, K.
Mandelwg 7
5010 Bergheim Erft

Wirf, E.
Gelscherstr. 107
5010 Bergheim Erft

Wlodarczyk, R.
Südweststr. 5
5010 Bergheim Erft

LBB ANTIQUITÄTENZUBEHÖR
GERD LIMBROCK
NIERINGSERWEG 26A
5870 HEMER 3
TELEFON 02372 - 61591

Möbelbeschläge
aus Messing
Eisen
Perlmutt
Horn
Bein
Leder
Schlösser
Scharniere
Bänder
Holzteile
Intarsien
Schellackpolituren
Bienenwachs
Beizen

mehr als 12oo Artikel ständig auf Lager
bitte Katalog anfordern gegen DM 4,-

Hirsch, H.
Hauptstr. 6
5012 Bedburg Erft

Liorens Mas, V.
Hohestr. 106
5012 Bergheim Erft

Antiquariat
Jansen, K.
Köln-Aachener-Str.
5013 Elsdorf

Lewkow, Luitgard
Am Schloßpark 31
5014 Kerpen Türnich

Lindner, Ronald
Hauptstr. 307
5014 Kerpen-Horrem

Scharff, A.
Hauptstr. 239
5014 Kerpen-Horrem

Will, H. D.
Heerstr. 401
5014 Kerpen Türnich

Kunsthandlung
Art Exclusiv GmbH
Franzstraße 43
5020 Frechen

Bergerhoff, J.
Keimesstraße 11
5020 Frechen

Brauns
Keimesstraße 22
5020 Frechen

Cottin, I.
Hauptstr. 41
5020 Frechen

Galerie
Erdtmann, M.
Rathaus-Center
5020 Frechen

Rick, R.
Mauritiusstr. 48
5020 Frechen

Galerie
Baldauf, R.
Hauptstraße 3
5021 Bedburg Erft

Ramspott
Bernhardstr. 56
5024 Pulheim

Rissmann, B.
Blumenstr. 1
5024 Pulheim

Weber + Barth
Kattenberg 9
5024 Pulheim

Antiquitäten Centrum
Bonnstr. 409
5030 Hürth Fischenich

Damm, T.
Ernst-Reuter-Str. 122
5030 Hürth

Kunsthandlung
Hanner, A.
Burg Kendernich
5030 Hürth

Heinrich, K.
Kendenicherstr. 85
5030 Hürth

Korne
Bonnstr. 109
5030 Hürth

Sotiropoulus
Kölnerstr. 29
5030 Hürth-Gleuel

Galerie
Tackenberg, M.
Einkaufszentrum
5030 Hürth

Belz, T.
Kölnstr. 61
5040 Brühl

Berboth, K. H.
Wesselingerstr. 1
5040 Brühl

Galerie Mühlenstraße
Mühlenstraße 39
5040 Brühl

Kloetzel, Josef
Uhlstr. 98-108
5040 Brühl

Kunsthandlung
Link
Uhlstraße 41-45
5040 Brühl

Morstein
Wallstraße 66
5040 Brühl

Opitz, H.
Mühlenstraße 79
5040 Brühl

Antiquariat
Castenholz, B.
Grachtstraße 13
5042 Erftstadt

Daners, E.
Markt 1
5042 Erftstadt

Palme, K.
Karl-Arnold-Str. 38
5042 Erftstadt

Schneider, S.
Heinrichstr. 45
5042 Erftstadt

Tackenberg, M. u. T.
Carl-Schurz-Str. 50
5042 Erftstadt

Culmann
Wilhelm-Klein-Str. 16
5060 Berg. Gladbach

Kunsthandlung
Mensches, V.
Brandorster 1
5060 Berg.Gladbach

Coppee, Ulrich
Eifelstr. 38
5090 Leverkusen

Dollmann, M.
Berliner Straße 163
5090 Leverkusen

Klapper,J.
Heinrich-Claes-Str.
5090 Leverkusen

Lindner, J.
Kölner Straße 1
5090 Leverkusen

Kunsthandlung
Luetke, M.
Kölner Straße 23
5090 Leverkusen

Schulten, E
Altstadtstr. 114
5090 Leverkusen

Beckers, E.
Hauptstr. 87
5093 Burscheid

Gemälde • Graphiken
Einrahmungen
W. Schneider
Heinrichsallee 17
5100 AACHEN, Tel.0241/23828

Der Holzwurm
Individuelle Fachberatung für den Wohnbereich
Antiquitäten & Restaurierungen

Hubert Hüßner
Im Oberdorf 60

5165 Hürtgenwald/Vossenack
Telefon 02429/2424

Samstags 10.00 - 14.00 Uhr,
sonst nach telef. Vereinb.

Galerie
Ahlmann
Heinrichsallee 9
5100 Aachen

Antiquariat
Aix-La-Chapelle
Pontstraße 10
5100 Aachen

Kunsthandlung
Amendt, J.
Theaterstr. 76
5100 Aachen

Anna Antik
Annastr. 14
5100 Aachen

Antik-Vertico
Kaiserstr. 1
5100 Aachen

Antiquitäten
Antiqua
Pontstraße 40-42
5100 Aachen

Antiquitäten
Henrichsallee 64
5100 Aachen

Aykut, E.
Annastr. 28
5100 Aachen

Antiquitäten
B & F Kunst-Agentur
Kullenhofstraße 44a
5100 Aachen

Barbenheur
Hof 6
5100 Aachen

Barkan, C. H.
Kekerellstr. 3
5100 Aachen

Baumhauer, Josef
Von-Coels-Str. 195
5100 Aachen

Baumhauer, J.
Schloßstr. 20
5100 Aachen

Bergander, M.
Neupforte 12
5100 Aachen

Antiquitäten
Bernardi, de
Adalbertstraße 67
5100 Aachen

Antiquariat
Bernard, M.
Harscampstraße 56
5100 Aachen

Beumers, M.
Jakobstr. 37
5100 Aachen

Billmann, B.
Forellenweg 8
5100 Aachen

Blum, M.
Rochusstr. 33
5100 Aachen

Blume-Mommertz, M von
Rote-Haag-Weg 72
5100 Aachen

Kunstagentur oHG
Bongartz u. Franzmann
Kullenhofstr. 44a
5100 Aachen

Antiquitäten
Bosten, P.
Großkölnerstr. 56
5100 Aachen

Bürgerhausen
Rote-Haag-Weg 72
5100 Aachen

Galerie
Cabinet d'Art
Bahnhofstraße 11
5100 Aachen

Collectors Cabinet
Pontstr. 38
5100 Aachen

Conrads
Adalbert-Stein-Weg
5100 Aachen

Antiquitäten
Creutzer
Theaterstraße 49
5100 Aachen

Galerie
Deus, M.
Hof 2
5100 Aachen

Drescher, L.
Kochstr. 28
5100 Aachen

Antiquitäten
Duemmer
Kaiserplatz
5100 Aachen

Eick, Alexander
Pontstraße
5100 Aachen

Eisen, H.
Hochbrück 2
5100 Aachen

Finders, G.
Karl-Kuck-Weg 21
5100 Aachen

Galerie
Hartmannstraße 6
5100 Aachen

Modern Art
Galerie 33
Wirichsbongardstr. 6
5100 Aachen

Geilenkirchen, J.
Fischmarkt 10
5100 Aachen

Galerie
Georg, M.
Neupforte 12
5100 Aachen

Gerhards, P.
Bahnhofplatz 1

Goerres + Petry
Viehhofstr. 23
5100 Aachen

Kunsthandlung
Goldmann, H.
Wilhelmstraße 12
5100 Aachen

Grenzland Galerie
Theaterstr. 71
5100 Aachen

Greydanus, A.
Warmweiherstr. 32
5100 Aachen

Antiquitäten
Grobusch
Münsterplatz 10
5100 Aachen

Antiquitäten
Grobusch, Hannelore
Schopenhauerstraße 19
5100 Aachen

Hamacher, H. J.
Pontstr. 40
5100 Aachen

Hein, H. J.
Haarener Gracht 15
5100 Aachen

Antiquitäten
Hilger, Brigitte
Bendelstraße 9
5100 Aachen

Galerie
Hodiamont, A.
Gottfriedstraße 12
5100 Aachen

Hoffmann, K.
Steinkaupl 7
5100 Aachen

Kunst u. Antiquitäten
I.I.E.
Pontsheide 49
5100 Aachen

Jansen, Matena
Jakobstr. 107
5100 Aachen

Kalkoffen, E.
Lütticher Str. 597
5100 Aachen

Galerie
Kohl, H.
Harscampstraße 76
5100 Aachen

Korneliusgalerie
Korneliusstraße 14e
5100 Aachen

Krott Antiquitäten
Klosterplatz 1
5100 Aachen

Antiquitäten
Kunsttruhe
Kleinkönstr. 1
5100 Aachen

Kunsthandlung
Le Marie
Kleinmarschiertstr. 55
5100 Aachen

Galerie
Lim-de-Rop, G.
Kapuzinergraben 28
5100 Aachen

Louppen, M.
Kleinmarschier 3
5100 Aachen

Antiquitäten
Luecker, Angela
Theaterplatz 9-11
5100 Aachen

Luettgens, Hubert
Münsterplatz 2
5100 Aachen

Luettgens, K.
Münsterplatz 11
5100 Aachen

Meurer, K.
Kleinkölner Str. 3
5100 Aachen

Taxator
Moeller, Hubert
Wilhelmstr. 82
5100 Aachen

Galerie
Mueller-Schwarz
Wirichsbongardstr. 6
5100 Aachen

Galerie
Mugavero, S.
Zollernstr. 7
5100 Aachen

Neue Galerie-Sammlung
Komphausbadstr. 19
5100 Aachen

Offermanns, R.
Annastr. 17
5100 Aachen

Kunsthandlung
Perlia
Theaterplatz 2
5100 Aachen

Galerie
Petzold, H.
Hartmannstraße 6
5100 Aachen

Galerie
Rautenberg, E.
Hohenstaufenallee 22
5100 Aachen

Schneider, Wilfried
Heinrichsallee 17
5100 Aachen

Antiquitäten
Schnuerpel, Hermann
Wilhelmstraße 26
5100 Aachen

Schoenen-Aachen
Wilhelmstr. 103
5100 Aachen

Galerie
Schroeder, W.
Wilhelmstr. 63
5100 Aachen

Antiquitäten
Schumacher, E. & H.
Wilhelmstraße 59
5100 Aachen

Wehrens
Büchel 7-9
5100 Aachen

Wingens, R.
Rethelstr. 3
5100 Aachen

Wolken, H.
Kockerell 4
5100 Aachen

Kunsthandlung
Das Lädchen
Kaiserstraße 35
5102 Würselen

Gerhards, E.
Kaiserstr. 1
5102 Würselen

Ronald Lindner
Schreinermeister · Restaurator

Möbel-Anfertigung
Reparaturen
Schnitzen
Drechseln
Bauernmalerei
Furnierarbeiten

Hauptstraße 307 · 5014 Kerpen-Horrem · Tel.:02273/2255, privat 2418

Schenkelberg
Landstr. 31
5135 Selfkant

Galerie
Brockschnieder
Waldfeuchter Str.145
5138 Heinsberg

Kirsch, R.
Effertzgasse 10
5160 Düren

Kunsthaus Fornara
Kölnstr. 74
5160 Düren

Haser, K.H.
Mühlbachstraße 7
5168 Nideggen

Galerie
Dorsel, F.
In den Wingerten 15
5169 Heimbach/Eifel

Rickes
Oppenhoffallee 145
5100 Aachen

Galerie
Rinkert, S.
Sebastianstr. 6
5100 Aachen

Schaefer, B.
Bachstr. 70
5100 Aachen

Schaefer, R.
Aretzstr. 59
5100 Aachen

Schieber, M.
Pontstr. 60
5100 Aachen

Schiffers, Paul
Roermonderstr. 84
5100 Aachen

Antiquariat
Schmetz am Dom
Rennbahn 13
5100 Aachen

Schmitz, E.
Korneliusmarkt 38
5100 Aachen

Schmitz, G.
Burtscheider Markt 19
5100 Aachen

Schwanen, I.
Peterstr. 77
5100 Aachen

Kunsthandlung
Sebestyen, M.
Münsterplatz 15
5100 Aachen

Galerie
Souren, B.
Hofstr. 4
5100 Aachen

Staab, I.
Lauerstr. 47
5100 Erkelenz

Antiquitäten
Steinbeck, Hans
Neupforte 2
5100 Aachen

Stolberg-Venwegen
Vennstr. 97
5100 Aachen

Antiquariat
Talke, E.
Pontstraße 10
5100 Aachen

Trachterna, Ch.
Benediktusplatz 24
5100 Aachen

Vonderweiden, H.
Köhlstr. 10
5100 Aachen

Kuepper, R.
Lärchenweg 11
5102 Würselen

Kunsthandlung
Maassen, M. u. H.
Grevenberger Str. 18
5102 Würselen

Wynands, J.
Bundesstr. 77
5106 Roetgen/Eifel

Menzerath, A.
Paustenbacherstr. 51
5107 Simmerath

Wolff, R.
Kreuzstr. 12
5107 Simmerath

Galerie
Call, D.
Eschbachstraße 21
5108 Monschau

Dulle, Martin
Erikaweg 3
5110 Alsdorf

Mieden W. J.
Hanxlerstr. 15
5133 Gangelt

Wichert, G.
Frankenstr. 34
5133 Gangelt

Hensgens, A.
Hochstr. 37
5138 Heinsberg

Antiquariat
Koenig, H.
Josef-Gaspers-Str.32
5138 Heinsberg

Lowis, W.
Maistr. 23
5138 Heinsberg

Staas, A.
Kreusstr. 32
5143 Wassenberg

Wegberger
Bahnhofstr. 52
5143 Wegberg

Drexler, W.
Kreuzstr. 12
5160 Düren

Galerie
Gilson, E.
Kölner Str. 55
5160 Düren

Galerie
Heidbuechel, B.
Yorkstr. 3
5160 Düren

Hensgens, A.
Bonnerstr. 8
5160 Düren

Vetter
Oberstraße 10
5160 Düren

Galerie
Ziehn & Dickmeis
Kölnstraße 65
5160 Düren

Niederfeld 2
5162 Niederzier-
Krauthausen

Der Holzwurm
Huessner, H.
Im Oberdorf 60
5165 Vossenach

Antiquitäten GmbH
Üdinger Weg 33
5166 Kreuznau

Antiquitäten GmbH
Asbach
Teichstr. 25
5166 Kreuznau

Koenen, J.
Teichstr. 28
5166 Kreuznau

Schroeder, E.
Bergsteiner Str. 3
5166 Kreuznau

Antiquariat
Reimersdahl, D. van
Amselweg 16
5167 Vettweiss

Hampe, R.
Zur Mühle
5170 Jülich

Ludwick, O.
Rurstr. 44
5170 Jülich

Schlefers, M.
Kapuzinerstr. 3
5170 Jülich

Antiquitäten
Oellers, Josef
Auf der Komm 1
5173 Aldenhoven

Frings, Th.
Bedburgerstr. 1
5177 Titz

Conzen, A.
Dürenerstr. 12a
5180 Eschweiler

Galerie
Kazarian
Langwahn 96
5180 Eschweiler

Breuer, R.
Breinig 3
5190 Stolberg

Geilenkirchen
Vennstr. 97
5190 Stolberg

ATELIER DE GREEF
Hochwertige Restaurierungen von Antiquitäten
Wir beraten Sie gerne:
Restaurierungen, Konservierungsmaßnahmen,
Schadensfeststellungen, Erbteilungen, Schätzungen

Atelier : Geislar Str. 94, 5300 Bonn 3, Tel. : 0228/470404 und 0228/431107

Kaussen, I. Vennstr. 99 5190 Stolberg	Fahr, B. Friedrichstr. 37 5300 Bonn	Kleinschmidt Bonner Talweg 28a 5300 Bonn	Pitzen, M. Bonner Talweg 68 5300 Bonn	Schliesing, I. Josefstraße 5300 Bonn	Witt, A. Franzstr. 29 5300 Bonn
Kunsthandlung Neuerburg, C. Langerweherstr. 47 5190 Stolberg	Kunsthandlung Fuchs, H. D. Friedrich-Breuer-Str. 5300 Bonn	Kunsthandlung Koenig u. Wolff Am Neutor 8 5300 Bonn	Antiquitäten Pommereit, K. Dorotheenstr. 26 5300 Bonn	Schmitz, G. T. Argelanderstr. 106 5300 Bonn	Wutzke, K. Prinz Albert Str. 47 5300 Bonn
Galerie Aengenendt, R. Kaiserstraße 20 5300 Bonn	Galerie Glas + Keramik Kaiserstraße 20 5300 Bonn	Korth, B. Münsterstr. 15 5300 Bonn	Kunsthandlung Pop 42 Poppelsdorfer Allee 5300 Bonn	Galerie Schoen Bonner Talweg 46 5300 Bonn	Galerie Zahn, Ph. Friesdorferstr. 7 5300 Bonn
Alefeld, A. Bonngasse 14 5300 Bonn	Antiquariat Gutacker, H. Thielstraße 4 5300 Bonn	Kramer, Jean Quellenstr. 12 5300 Bonn	Galerie Radermacher, M. Burbacher Straße 195 5300 Bonn	Schuettler, H. Tränkeweg 17 5300 Bonn	Kunsthandlung Alefeld-de Corné, F. Sternstraße 5 5300 Bonn 1
Andersen-Bergdoll, G. Arndtstr. 29 5300 Köln	HSR Antiquitaeten Endenicherstr. 289 5300 Bonn	Lila Laden Kaiserpassagen 5300 Bonn	Antiquitäten Renauer Renauer, Gernot Kaiserstr. 20 5300 Bonn 1	Kunsthandlung Schweitzer, P. Löbestraße 1 5300 Bonn	Beisegel u. Heck Dorotheenstr. 34 5300 Bonn 1
Antik und Flohmarkt Maxstr. 16 5300 Bonn	Hampel, F. Königstr. 65 5300 Bonn	Galerie Linssen, W. Prinz-Albert-Str. 47 5300 Bonn	Kunsthandlung Reschke u. Obermeyer Wesselstraße 14 5300 Bonn	Antik Sieger Sieger Reuterstr. 38 5300 Bonn	Bonner Seiden Galerie Ermekeilstr. 56 5300 Bonn 1
Galerie Apicella, G. Poppelsdorfer Allee 5300 Bonn	Heinen, J. Am Michaelshof 8 5300 Bonn	Galerie Mai, B. Breitestr. 74 5300 Bonn	Antiquariat Roehrscheid Am Hof 28 5300 Bonn	Galerie Steinmetz, B. Lessingstraße 16 5300 Bonn	Auktionshaus Bödinger, August Franziskanerstr. 17 5300 Bonn 1
Auf der Mauer, G. Öhlmühle 5300 Bonn	Henke, B. Kirschallee 30 5300 Bonn	Moehring und Bode Meckenheimerstr. 11 5300 Bonn	Schlingmeier Roeser, Klaus Am Neutor 8 5300 Bonn	Streck, H. P. Kölnstr. 127 5300 Bonn	Antiquariat Castenholz, B. Fritz-Tillmann-Str. 2 5300 Bonn 1

Altstadt-Antiquitäten
Fachwerkstatt für Restaurierungen
Möbel, Schmuck, Glas, Lampen,
Spiegel, Jugendstil-Stoffe,
Wiener Kaffeehausmöbel ,
(Thonet, Kohn etc.)
Karin Pommereit
H.-J. Neth-Pommereit
Bonn, Dorotheenstr. 26
Tel.0228/692722 + 625917

Gerstenberg
Maximilianstraße 28
5300 Bonn 1

Sobeck, R.
Weberstr. 122
5300 Bonn 1

Netzhammer, M.
Beethovenallee 45
5300 Bonn 2

Griesenbach, B.
Friedrichstr. 20
5300 Bonn 1

Steenebruegge, U.
Riegelerstr. 10
5300 Bonn 1

Antiquariat
Niemeyer, Lüder H.
Simrockallee 34
5300 Bonn 2

Antiquariat
Habelt, Rudolpf
Am Buchenhang 1
5300 Bonn 1

Galerie
Stemmeler, Ch.
Endenicher Straße 305
5300 Bonn 1

Galerie
Ossenpohl
Brunnenallee
5300 Bonn 2

Galerie
Hilo Pictures
Kaiserplatz 10
5300 Bonn 1

Galerie
Valstar-Verhoff, A.
Argelanderstr. 24
5300 Bonn 1

Palmer
Plittersdorferstr.
5300 Bonn 2

Kunsthandlung
Hintemann
Thomas-Mann-Str. 60
5300 Bonn 1

Galerie
Wagner, B. u. B.
Simrockstr. 15
5300 Bonn 1

Kunsthandlung
Scheller, F.-H.
Burgstraße 83
5300 Bonn 2

Galerie
Klein
Königstraße 71
5300 Bonn 1

Antiquariat
Weick, W.
Sternstraße 2
5300 Bonn 1

Schildgen G.
Friesdorfstr. 68
5300 Bonn 2

Dagobert Rossi

Antiquitätenhandelsvertretungen
im Bonner Antiquitäten Zentrum

Siebenmorgenweg 2 - 10
5300 Bonn 3
Tel.: 0228 / 46 62 00 + 46 62 88

Lina´s und Terry´s Antiques

• Antike Tannenholzmöbel •
Ständig wechselndes Warenangebot.
Sorgfältig aufgearbeitet.
Barock bis Jugendstil.

Konstantinstr. 64 • 5300 Bonn 2
(Rüngsdorf) • Tel. 35 29 09
Geöffnet : 11.30 - 18.30, Sa. 10.00 - 14.00
Lg. Sa. 11.00 - 18.00,
So.: Besichtigung von 14.00 - 18.00,
keine Beratung, kein Verkauf

Goede, S.
Siegfried Leopoldstr.
5300 Bonn 3

Loehr, H.
Bonn Brühlerstr. 168
5303 Bornheim

Weber
Hauptstr. 266
5330 Königswinter

Goodman, R.
Bergweg 6
5300 Bonn 3

Marx, H.
Albertusstr. 3
5303 Bornheim

Antik u. Kunstecke
Rhöndorferstr. 32
5340 Bad Honnef

Galerie
Hansen
Konrad-Adenauer-Platz
5300 Bonn 3

Kahmen, Dr.
Todenfelderstr. 7
5308 Rheinbach

Die Galerie
Hauptstraße 62
5340 Bad Honnef

Kunsthandlung
Frick, H.
Botzdorfer Weg 17a
5303 Bornheim

Fries, E.
Heisterbacherstr. 206
5330 Königswinter

Walkembach
Hauptstr. 82
5340 Bad Honnef

Galerie
Lange, K.
Dürerstr. 47
5303 Bornheim

Koehne, H.
Klotzstr. 12
5330 Königswinter

Auktionshaus
Bödinger, August
Franziskanerstr. 17
5300 Bonn 1

ANTIQUITÄTEN GERNOT RENAUER
KAISERSTR . 20
5300 BONN 1
TEL.(0228) 217939

MÖBEL " SKULPTUREN "
GEMÄLDE " SILBER "
ANTIQUITÄTEN
ANKAUF - VERKAUF

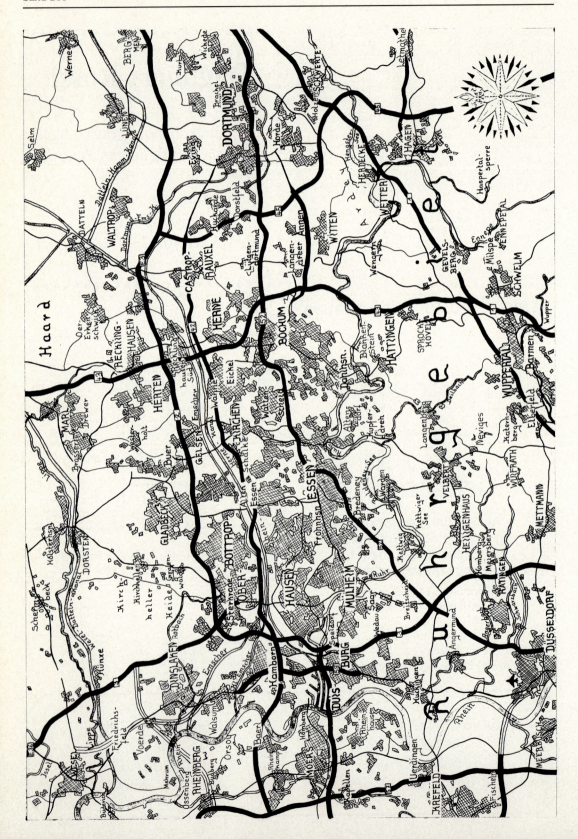

RUHRGEBIET

Kumpel Antons "Revier"

Wie hat die Republik gelacht, als Willy Brandt vor einer Generation, 1960 im Wahlkampf, den "blauen Himmel über der Ruhr" versprach. Das Ruhrgebiet, der "Kohlenpott" (Achtung: Ausdruck ist beleidigend!) - blauer Himmel? So unwahrscheinlich, als ob Kumpel Antons Brieftauben plötzlich fliegende Schinken wären!
Heute ist es soweit. Doch niemand lacht. Die Umstellung von Kohle und Stahl auf andere Produkte war unvorstellbar, ist aber unaufhaltsam. Die vormals dichteste Industrieregion der Erde wandelt sich mehr und mehr.
Charakteristikum Nummer eins:
Wandlungsfähigkeit. Anpassung.

Geschichte

Charakteristikum Nummer zwei:
Schöpferkraft. Hochqualifizierte Arbeit.
Lange lag sie brach, es ruhte das Ruhrgebiet, dämmerte in einer gewissen historischen Bedeutungslosigkeit dahin. Keine großen Schlachten, keine Fürsten, die mit Versailles wetteifern wollten. Seit dem Mittelalter Sendepause. Kein reiches Gebiet, mit Kohle kann man nicht pflügen und ernten. Als aber der Beginn des Dampfmaschinenzeitalters Brennstoff besserer Qualität und in großen Mengen fordert, da reckt der schlafende Riese Ruhrgebiet seine Glieder und wird Revier.

Das Revier

Abgesteckt. Zur Jagd auf Kohle.
Steinkohle, nicht wie linksrheinisch die minderwertige Braunkohle. Steinkohle, die nördlich des Tals der Ruhr fast zutage tritt, deren Flöze sich nach Norden absenken, der das Revier über Emscher und Lippe in die Tiefe nach Westfalen hinein gefolgt ist und folgt.
Das Revier, der Ruhrpott, ist nämlich - streng genommen - nur die Zone des Kohleabbaus. Und Kohle ist alles: Eisenschmelze, Chemie, Schnaps sogar! Pott kommt von "Pütt". Und der Pütt ist die Zeche. Und sonst nichts. Auch kein noch so schönes Stahlwerk. Und den Pütt gibt's von Dortmund-Aplerbeck über Hattingen (schon Grenzfall), Mühlheim, Duisburg, Oberhausen, Bottrop, Gelsenkirchen, Herne, Castrop-Rauxel. Zum Ruhrgebiet, zum stahlkochenden, dürfen sich noch Hagen und vor allem die linksrheinischen Homberg und Rheinhausen zählen.

Emscher

Und was heißt hier "Ruhr"-gebiet? Emschergebiet sollte es heißen, vom geographischen Zentrum der Region. Um und mit der Emscher sackt Jahr für Jahr der Boden weg, Folge der Unterhöhlung. Schon 1904 beschlossen Zechenherren und Stahlmagnate mit den anliegenden Gemeinden, das "blöde Stück Natur" hinzubiegen. Seit die "Emschergenossenschaft" am Werk ist, darf die Emscher als längster und bestversorgter Abwasserkanal der Welt gelten. "Geh nich anne Ämmscha!" bezeichnet mehr als nur eine Warnung für vorwitzige Kinder. Und doch kann diese schwarze, gequälte Abwasserröhre symbolisch für den umwohnenden Menschentyp stehen. Charakteristikum Nummer drei: Nur das Nötigste, aber nicht klein zu kriegen. Dreimal hat man der Emscher schon die Mündung verlegt, fünf abgesackte Brücken an einer Stelle hat sie schon unter sich begraben. Aber: immer noch obenauf. Wie die Menschen.

Menschen

"Arm dran is besser als Arm ab" - könnten sie gesagt haben, die Menschen. Knapp und karg das Leben, knapp und karg die Sprache. Mit Staub im Mund, unter Tage, redet man nicht viel. Vor allen Dingen nicht das geschwätzige Rheinländisch. Ein halber Satz muß langen. Langt auch. Meistens. Nur bei denen, die vom Pott kommen und "lange wech sin, woll" da merkt man's. Sie schwärmen, sie reden mit heißen Herzen in halben Sätzen, plötzlich, merken da fehlt doch... Wovon sie schwärmen, wird dem Außenstehenden oft nicht ganz klar. Aber toll muß es sein. Sehr heimatlich

Haus Bodelschwingh, Bodelschwingh
Wasserschloß, Stammsitz der Fam. von Bodelschwingh, noch im Familienbesitz. Kernbau um 1300, Erweiterung 1565, Ausstattung Ende 16. Jh. Ehem. Wohnturm ("Vogtsturm") aus dem 14. Jh. mit quadratischem Grundriß u. vorgekragtem Fachwerksbau. Parkanlage Ende 18. Jahrhundert. (Foto : Presseamt der Stadt Dortmund)

und unbeschreiblich. Ein bißchen westfälischen Einschlag sollte man aber verstehen, wenn sie "kahlen" (im Westen) oder "küän" (im Osten). Bei "Tegtmeier" wird die Knapp-sprache zum Geschäft. Woll? Elke Heidenreich - live - kann's noch. Wat Se nich sagen!

Diese Menschen hier haben Geschichte geschrieben. Man merke auf: die Menschen, nicht ihre Fürsten, Herren, Regierungen. "Ruhrgebietskämpfe" heißt es als historisches Stichwort. Hier wurde der Sozialstaat erkämpft, hier sicherte man seine Werke selbst. Das Kaiserreich, die Franzosen, die Nazis, die Engländer, Adenauer - sie alle mußten erfahren: Finger weg vom Ruhrgebiet. "Sons gib's wat ab". Die nordrhein-westfälische Landesregierung weiß wohl, warum sie das Problem Rheinhausen nur so ungern und so sehr sanft angeht. Kumpel Anton hält lange still, aber was zu viel ist, ist zu viel.
Und dann ist schlagartig der alte Kampfgeist wieder wach, die Solidarität, die so viele Große zermürbte und zum Einlenken brachte.
Was Kumpel Anton dazu bringt? Stolz - Charakteristikum Nummer vier.

Stolz
Stolz auf das Erarbeitete. Mühsam Erarbeitete. "Dat Häusken". Den Schrebergarten. Heute den Campingwagenplatz. Die "Kaninen" im Hinterhof, wo auch die Wäsche trocknet. Die zweimal am Tag fix abgenommen sein muß, wenn Früh- oder Spätschicht die Thomas-Birnen abblasen und den Himmel mit rostgrauem Staub füllen. Nostalgie. Es blasen nur noch wenige Thomasbirnen.

Stahl ist kein Geschäft mehr. Stolz auf die "Gute Stube". Mit röhrendem Hirsch über dem schweren

Kanapee. Die Lehnen mit Brokatdeckchen behängt. Welche mit Goldlitze. Und der Teppich hat die Fransen ordentlich gekämmt. Und das Paradekissen. Mit Kniff. Ja wie schnödelten da die "feinen Leute" über "Gelsenkirchener Barock". Und selbst? Saßen die "Feinen" in den 50er Jahren doch an Nierentischen umgeben von Schwanenhalsleuchten mit Tütenschirm. Und heute...? So ändern sich die Zeiten und so hat auch Kumpel Anton einen bundesweiten Stil kreiert. Den mit der Schrankwand aus Eiche in altdeutschem Stil!

Futter und Vereine
Wer schafft, braucht Kraft. Das gilt hier wie anderswo auch. Besonders unter Tage. Dicke Bohnen mit Speck, Rübstil, gemengter Kohl, Pannas mit Bratkartoffeln, Linsen-, Erbsen-, Graupensuppe - alles Richtung Eintopf und immer wieder: Speck, Speck, Speck. Wenn's gab, Fleisch. Aber selten. Sonntags Pfeffer-Potthast, ein Gulasch, süß-sauer mit Lorbeer und viel Soooße. Ja, so ein Essen von leicht westfälischem Einschlag, das ist was Deftiges. Produziert wird der viele Kohl, sofern "dat Gärtken" nicht reicht, ironischerweise in der Pfalz. Die kriegte dafür Kohle, die sie nicht hatte. Fleisch war Mangelware in der Küche, im Hinterhof kein Platz für Hühner, Enten, Gänse, grad mal, wenn's sehr gut ging, für'ne "Zich". Aber Kaninchen, die "Kaninen", die hatte jeder. Und war im Verein.

Und im Brieftaubenverein. Die genügsamen Tiere machten das Ruhrgebiet offensichtlich zu ihren Stammlanden. Überall auf den Dächern die Schläge für "die Rennpferde des kleinen Mannes". Taubenvatters Jupp. Wo gibt es in aller Welt noch Schalmeienkapellen? Ein bißchen im Saarland, ein bißchen im Erzgebirge. Natürlich, im Ruhrgebiet. Mit mehr als hundertjähriger Tradition. Die Feiertags- und Festmusik der Bergknappen.

Glanz und Gloria
Gründerjahre. Ein fester Begriff. Ab Mitte des letzten Jahrhunderts. Können Sie sich die Gründerjahre ohne Ruhrgebiet vorstellen? Das geht gar nicht, meinen Sie? Stimmt! Nirgends wurde so

Rathaus Hamm (Foto Jucho, Hamm)

*Wasserkanne, sog. Helmkanne, Dortmund um 1720
(Foto : Museum für Kunst und Kulturgeschichte Dortmund)*

heftig gegründet, expandierten die Betriebe so ungeheuer schnell wie im Ruhrgebiet. Und als in den 90er Jahren des letzten Jahrhunderts das kaum volljährige, neue deutsche Kaiserreich durch seine erste große Wirtschaftskrise schlingerte, da krachte es im Ruhrpott lauter als sonst im Reiche. Viele Kleine verschwanden, die Großen wurden größer. Das alte Lied. Da half auch nicht mehr, daß stärker mechanisiert wurde, daß man Leute mit geringerer Qualifikation in den Berg schickte. Das traf den Stolz der einheimischen Kumpels. Die zu hunderttausenden aus Polen herangekarrten Schimanskis, Szymaniaks, Tilkowskis - sie konnten nichts dafür, daß die Einheimischen ihre Wut über Lohndrückerei und Ausbeutung "an den Pollacken" ausließen. Aber bis heute geht da ein schlecht gekitteter Riß durch, selbst wenn "Juskowiak" und andere zu Fußballnationalspielern und Helden der ganzen Republik wurden.

Charakteristikum Nummer fünf: Kumpel Anton vergißt nicht. Nicht im Guten, nicht im Schlechten. Er trägt's, aber er vergißt nicht. Und ist doch tolerant. Der Pott schmilzt ein. Rote, Schwarze, Katholiken, Protestanten, Inländer, Ausländer, sogar Rheinländer. Charakteristikum Nummer sechs: menschlich großzügig.

Das weiß besonders eine Firma, deren Name in der ganzen Welt symbolisch für den Ruhrpott und deutsche Schwerindustrie verstanden wird. Die drei Ringe. Krupp.

Andere Firmen haben Arbeiter und Angestellte. Krupp hat Kruppianer. Es soll jetzt nicht die Firmengeschichte zum tausendsten Mal erzählt werden, hier interessieren die Momente, wo es bei Krupp so "menschelte", wo Neugier, Image, Aufstieg, Prunksucht, Stolz und Sorge füreinander "Kruppianer" machte. Alfred Krupp, der 1830 als Vierzehnjähriger den verschuldeten Sieben-Mann-Betrieb "Fried.Krupp" erbte, besaß 1887 die größte Firma im Deutschen Reich. Und verstand was von Beziehungen und Public Relations, daß die Heutigen noch blaß werden, wenn sie daran denken.

Die Arbeitersiedlungen, die Krupp für seine Leute bauen ließ, sind mehr im Gedächtnis als seine Lohnkämpfe; seine medizinische Fürsorge und

Lichtputzschere mit Ständer, Silber. Hamm, Meister GS, um 1700. (Foto Gustav-Lübcke-Museum Hamm)

Altersversorgung mehr als seine zahlreichen Betriebsunfälle; aber auch seine Kanonen mehr als seine Eisenbahnschienen. So mußte der Ur-Enkel des "Alten" 1945 stellvertretend und nicht nur symbolisch ins Gefängnis.

Alfred Krupp war ein Wirtschaftswunder-Märchenprinz. Und das geworden mit dem mythischen Metall Eisen. Ja, "der Gott, der Eisen wachsen ließ...", das war Alfred Krupp beinahe selbst. Krupps Machtzuwachs empfand Wilhelm II. als seinen eigenen, und mancher Zu-Kurz-Gekommene fühlte es auch so. Man war eben "Untertan". Der Glanz eines solchen Lichtes sollte in jede Hütte dringen. Fehlte uns Deutschen, dem vormaligen "Volk der Dichter und Denker", nur noch die Kulturbeflissenheit. Gemach, gemach...

Kultur
Auch hier Krupp. Seine "Villa Hügel" sporrt Phantasie und Ehrgeiz an. Wenig gewachsene Kultur? Dann holt man sie sich. Die Schauspielhäuser im Ruhrpott haben Weltruf: Oper Duisburg, Bottrop, Dortmund, Essen. Die Festspiele von Recklinghausen, Gelsenkirchen. Die Oberhausener Filmtage. Bochum. Schauspielhaus und Ruhruniversität. Die vielleicht häßlichste Uni der Welt. Aber mit einer Anziehungskraft für kreative Intelligenz! Wie der Sog eines Permanentmagneten. Und im Randgebiet, in Herdecke, die erste Privatuni Deutschlands (für Anthroposophen). Das Revier saugt an, zieht an.

Ende gut? Alles gut!
Ob das neue Bild des Ruhrpotts wirklich die Probleme mit Kohle und Stahl vergessen machen kann? Die Ruhrgebietswerbung suggeriert es.
Enden wir wie begonnen: Was tun, bei blauem Himmel über der Ruhr? Wedau (Duisburg), Baldeney-See (Essen), oder auf der Rennstrecke zum Sauerland (s.Reg.18). Bei wolken-, nicht staubgrauem Himmel: Bochum hat Bäder, da würden die Römer blaß vor Neid. Keine Kauen, nein, die gibt's (fast) nicht mehr. Schade? Nicht solange dieser Menschenschlag sich seinen Charakter erhält. Sei's so!

UNSER TIP

Westfälisches Industriemuseum

Zeche Zollern II/IV
Grubenweg 5
4600 Dortmund-Bövinghausen
Tel.: 0231 / 604011

Die Zeche Zollern II/IV ist die Zentrale des Westfälischen und Industriemuseums des Landschaftsverbandes Westfalen-Lippe. Im Bemühen um die Erhaltung und Restaurierung technischer Denkmäler wird hier eine umfangreiche Dokumentation zur Sozial-, Wirtschafts- und Technikgeschichte im 19. und 20. Jahrhundert für Westfalen erstellt. Neu ist der dezentrale Aufbau: Für das Ruhrgebiet wurden neben Zollern II/IV die Zeche Hannover I/II/V in Bochum-Hordel, die Zeche Nachtigall in Witten-Bommern sowie bei Waltrop das Schiffshebewerk Henrichenburg ausgesucht. Die Tagesanlagen von Zollern II/IV markieren den Bruch zwischen dem historischen Bauen des 19. Jahrhunderts und der modernen Architktur. Die Ziegelbauten wurden im Stil der norddeutschen Backsteingotik entworfen. Dagegen entstand die Maschinenhalle 1902/03 als erster moderner Industriebau des Ruhrgebiets in Stahlskelettbauweise mit Jugendstildekor. Die originale Maschinenausstattung blieb weitgehend erhalten. Spätere Ausstellungen werden den Arbeitsalltag auf der Zeche, Produktionsabläufe sowie das Leben in der Kolonie anschaulich darstellen. Daneben soll Zollern II/IV auch zu einem Kultur- und Freizeitzentrum werden. Während der Aufbauarbeiten ist eine Außenbesichtigung möglich.

Führungen nach Vereinbarung.

Historisches Zentrum

Engels-Haus
Museum für Frühindustrie
5600 Wuppertal
Telefon: 0202-5636498

Stichworte:
Kinderarbeit, die Bleicherei als Grundlage der Wuppertaler Textilindustrie, verschiedene Formen der Weberei und Flechterei, Antriebsaggregate, Struktur der Fabrikkolonie Engels, Essen und Wohnen, Zuwanderung, Bevölkerungswachstum, Lebenserwartung, Todesursachen, Sozialfürsorge und soziale Schichtung, Entwicklung des Verkehrswesens, Schule und Religion

Öffnungszeiten:
Dienstag - Sonntag 10 - 13 Uhr und 15 - 17 Uhr, Eintritt frei, Führungen nach Voranmeldung

Schloß Oberwerries (Foto : Jucho, Hamm)

ANTIQUITÄTEN- UND KUNSTHANDLUNGEN

Baumgart, T.
Bahnhofstr. 160
4030 Ratingen-Hösel

Bormann, W.
Homberger Str. 15
4030 Ratingen 1

Kunsthandlung
Burak, R.
Am Ostbahnhof 3
4030 Ratinger

Antiquitäten
Christ
Meiersbergerstr. 51
4030 Ratingen

Haarmann, B.
Lintorfer Str. 8
4030 Ratingen

Hempelmann,
Bechemerstr. 45
4030 Ratingen

Kautz, P.
Brückstr. 24
4030 Ratingen

Niewolik, H.
Poststr. 50
4030 Ratingen

Kunsthandlung
Riedel, J. V.
Allscheid 19
4030 Ratingen

Schmitz, Peter
Heiligenhauser Str.23
4030 Ratingen-Hösel

Schmitz, B.
Düsseldorfer Str. 69
4030 Ratingen

Kunsthandlung
Schuetzdeller, P.
Mettmannerstr. 127
4030 Ratingen

Trinsenturm
Wehrgang 1
4030 Ratingen

Brenger
Weierstr. 180
4200 Oberhausen

Conen, J.
Nohlstr. 87
4200 Oberhausen

Falk, Horst
Wielandstr. 8
4200 Oberhausen

Galerie
Flore, Karla
Steinbrinkstr. 198
4200 Oberhausen

Hauff, V.
Mellinghoferstr. 167
4200 Oberhausen

Hoefkes, G.
Friedensplatz 13
4200 Oberhausen

Kunsthandlung
Schnorrenberg-Stadler
Wilmsstr. 62
4200 Oberhausen

Kunsthandlung
Westhoff, V.
Bahnhofstr. 32
4200 Oberhausen

Antiquariat
Wiebus, Arndt
Steinbrink 249
4200 Oberhausen

Conen, Galerie
Nohlstr. 87
4200 Oberhausen 1

Kunsthandlung
Berkenbusch, J.
Kirchhellenerstr. 28
4250 Bottrop

Kunsthandlung
Bohrer, O.
Osterfelderstr. 141
4250 Bottrop

Brammer KG
Friedrich Ebert Str.
4250 Bottrop

Hanus, J.
Bottroper Str. 12
4250 Bottrop-Kirchh.

Hueneke A.
Vossundern 25
4250 Bottrop-Kirchh.

Kunsthandlung
Malcharek, C.
Gladbecker Str. 211a
4250 Bottrop

Galerie
Der blaue Kreis
Allee 13
4270 Dorsten

Päpke, H.
Westerwall 61
4270 Dorsten

Bendig, Rudi
Schulstr. 4
4270 Dorsten-Lembeck

Galerie GmbH
AKS
Mathildenstraße 16
4300 Essen

Busch, U.
Am Langensiepen 24
4300 Essen

Deres, U.
Kahrstr. 5
4300 Essen

Kunsthandlung
Friedrich, E.
Alfredstr. 340
4300 Essen

Kunsthandlung
Gillessen, R.
Vereinsstraße 21
4300 Essen

Antiquariat
Goetzhaber, L.
Hufelandstraße 32
4300 Essen

Kunsthandlung
Gossling, A.
Altenessener Str. 415
4300 Essen

Kunsthandlung
Gramolla, B.
Freiheitstraße 2
4300 Essen

Haagmans, Leo
Rinderbachstr. 20
4300 Essen-Kettwig

Kunsthandlung
Haas, R.
Huyssenalstr. 70
4300 Essen

Kunsthandlung
Hebler, C.-L.
Friedrich-Ebert-Str.
4300 Essen

Kunsthandlung
Hermann, W.
Werdener Markt 3
4300 Essen

Antiquitäten
Holsterhausen
Gemarkenstr. 130
4300 Essen

Kunsthandlung
Honnef, U.
Porscheplatz 9
4300 Essen

Kunsthandlung
Husmann, C.
Heierbusch 22
4300 Essen

Hörr, E.
Ahornstr. 5
4300 Essen

Antik
Grafenstr. 49
4300 Essen

Jerusalem, H.
Zweigertstr. 10
4300 Essen

Antiquariat
Kellermann, E.
Rüttenscheider Str.56
4300 Essen

Kunsthandlung
Kessler, G.
Ruhrstraße 51
4300 Essen

Kunsthandlung
Kiefer, K.
Rüttenscheider Str.73
4300 Essen

Kunsthandlung
Klein, Hans KG
Lindenallee 73
4300 Essen

Kunsthandlung
Koetter, H.-J.
Girardetstr. 82
4300 Essen

Kunsthandlung
Kullik-Collande
Kopstadtplatz 2
4300 Essen

Kähl, H.
Dorotheenstr. 24
4300 Essen

Kunsthandlung
Moderack, K.-H.
Rüttenscheider Str.34
4300 Essen

Nettesheim
Nierenhoferstr. 18
4300 Essen

Kunsthandlung
Reimus, D.
Velberter Str. 81
4300 Essen

Rothe, H.
Tersteegenweg 4
4300 Essen

Antik-Möbel
Ruttloff, R.
Stoppenberger Platz 1
4300 Essen

Antiquariat
Scharioth'sche, B.
Huyssenal. 58
4300 Essen

**Städtisches
Gustav - Lübcke - Museum**

4700 Hamm 1
Museumsstraße 2
Tel. 0 23 81 / 17 25 24

Träger :
Stadt Hamm
Öffnungszeiten :
Di. - Sa. 10.00 - 16.00 Uhr
So. 10.00 - 13.00 Uhr
Sonderregelungen an Feiertagen
Eintritt :
Erwachsene DM 0.50
Schüler DM 0.20
Schulklassen und Gruppen frei
Führungen :
nach Vereinbarung
Aktivitäten :
Wechselausstellungen
Leiter :
Museumsdirektor Dr. Hans Wille
Markgrafenufer 14
4700 Hamm
Tel. 0 23 81 / 8 38 33
Wiss. Mitarbeiter :
Dr. Burkhard Richter

DEUTSCHES SCHLOSS- UND BESCHLÄGEMUSEUM

**5620 Velbert 1
Forum Niederberg,
Oststraße 20
Telefon (0 20 51) 31 32 85**

Entwicklung der Schloß- und Beschlagfertigung seit dem 3. Jahrtausend bis zur Gegenwart: Eine kultur- und technikgeschichtliche Sammlung von internationaler Bedeutung.

Das Museum hat im September 1982 einen Neubau im Forum Niederberg bezogen.
Öffnungszeiten: dienstags bis freitags von 10 bis 17 Uhr,
samstags von 10 bis 13 Uhr,

Schaumann, R.
Hans-Luther-Allee 21
4300 Essen

Kunsthandlung
Schichtel, M.
Meisenburgstr. 153
4300 Essen

Schlabach-Stil
Huyssenallee 89/95
4300 Essen

Schmell, Marion
Klarastr. 47
4300 Essen

Kunsthandlung
Schueppenhauer, C.
Bismarckstraße 53
4300 Essen

Schuette, B.
Kaiserstraße 17
4300 Essen

Slania
Rüttenscheiderstr.1-5
4300 Essen

Kunsthandlung
Steeger, U.
Kleine Buschstr. 48
4300 Essen

Kunsthandlung
Stirnberg, Chr.
Isenbergstraße 32
4300 Essen

Kunsthandlung
Wagner, K.
Berliner Str. 187
4300 Essen

Kunsthandlung
Wirtz, I.
Krayerstr. 12
4300 Essen

Antiquariat
Wuennenberg, Eckhard
Hollestraße 1
4300 Essen

Borgwardt, Almut
Rüttenscheider Str.
4300 Essen 1

Coenen, H.
Rüttenscheider Str.
4300 Essen 1

Grunewald, P.
Gemarkenstr. 130
4300 Essen 1

Grünnewig, G.
Lindenallee 77
4300 Essen 1

Heeken, P. van
Elfriedenstr. 32
4300 Essen 1

Henn Antik und Trödel
Klarastr. 45
4300 Essen 1

Hoeller, Hannelore
Akazienallee 12
4300 Essen 1

Kunsthandlung
Huester, H. P.
Julienstraße 73
4300 Essen 1

Hümmling, L.
Rüttenscheider Str.
4300 Essen 1

Galerie
Isfahan
Zweigertstraße 10
4300 Essen 1

Kaufhold, Heinz-Josef
Keplerstr. 104/106
4300 Essen 1

Kirstein, H.-J.
Maxstr. 45
4300 Essen 1

Kulbrock
Langenbrahmstr. 27
4300 Essen 1

Lackmann, S.
Rüttenscheider Str.
4300 Essen 1

Lewis, C.
Lindenallee 79
4300 Essen 1

Loock, R.
Saalestr. 34
4300 Essen 1

Martini Antiquitäten
Huyssenallee 99-103
4300 Essen 1

Matijas, I. u. B.
Lindenallee 74
4300 Essen 1

Menke, A.
Mainzer Str. 8
4300 Essen 1

Moderack
Rüttenscheider Str.34
4300 Essen 1

Moltrecht, R.
Rüttenscheider Str.56
4300 Essen 1

Oepen
Rüttenscheider Str.
4300 Essen 1

Kunsthandlung
Ranke-Heinemann, J.
Schnutenhausstraße 44
4300 Essen 1

Schniedermeier GmbH
Klarastr. 21
4300 Essen 1

Natis Ecke – Antiquitäten

Albrecht , 5657 Haan, Kölner- /Ecke Wilhelmstraße, Tel. 0 21 29 / 48 50

Wir bieten an : Weichholz, Eiche, Nußbaum, Küchen- u. Wohnmöbel.
Große Auswahl an Wanduhren, Porzellan, Glas, Steintöpfen, Krügen u. v. m.
Wir freuen uns auf Ihren Besuch.
Öffnungszeiten : Mo, Di, Do 14 bis 18.30 Uhr, Fr 14 bis 18.30 Uhr,
Sa 9 bis 13.00 Uhr oder nach Vereinbarung. Mittwochs geschlossen.

Seirafi
Lindenallee 82
4300 Essen 1

Antiquitäten
Wegener, Karin
Lindenallee 6/8
4300 Essen 1

Zippel, K.
Weberstr. 11
4300 Essen 1

Berchem, D.
Weidkamp 62
4300 Essen 11

Müller, Gerhard
Weidkamp 87
4300 Essen 11

Roth, M.
Wildbannstr. 7a
4300 Essen 12

Pehnke, Eva
Hubertstr. 288
4300 Essen 13

Bien, M. u. S.
Bochumer Landstr.
4300 Essen 14

Galerie
Kunst, R.
Bochumer Landstr. 216
4300 Essen 14

Kunsthandlung
Hermann, W.
Heckarstr. 3
4300 Essen 16

Schluchtmann, H.-J.
Laupendahler Landstr.
4300 Essen 16

Lücker, F.
Laurastr. 10
4300 Essen 17

Kunsthandlung
Huester, H. P.
Neckarstraße 66
4300 Essen 18

Kaimer, K.-H.
Graf-Zeppelin-Str.120
4300 Essen 18

Rauer, P.
Heiligenhauserstr.55
4300 Essen 18

Antiquariat
Gravure
Nierenhofer Str.109
4320 Hattingen

Seidler, C.
Bahnhofstraße 73
4320 Hattingen

Kunsthandlung
Nasenberg, B.
Mittelstr. 97
4322 Sprockhövel

Motiv: Fußgängerzone und Pauluskirche

 Hamm
Ihre Einkaufs- und Erlebnisstadt

Weitere Informationen erhalten Sie beim Presse- und Werbeamt der Stadt Hamm,
Heinrich-Reinköster-Straße 6, 4700 Hamm 1, Telefon (0 23 81) 17-28 71 + 17-28 72

Aacken
Mülheimerstr. 382
4330 Mülheim

Braun, I.
Humboldtstraße
4330 Mülheim

Brechlin, K.
Kölnerstr. 387
4330 Mülheim

Dalwig-Nolda
Kohlenkamp 2
4330 Mülheim

Foerster, S.
Heidendorenstr. 38
4330 Mülheim

Gooran, Y.
Schloßberg 1
4330 Mülheim

Hartmann, R.
Kettwigerstr. 16
4330 Mülheim

Leibner-Kruell
Hansastr. 49
4330 Mülheim

MK Kunstgalerie
Am Schloß Broich 31
4330 Mülheim

Meijer, Heinrich
Bonnstr. 31
4330 Mülheim

Kunsthandlung
Mensing , J.
Rhein Ruhr Zentrum
4330 Mülheim

Kunsthandlung
Niemann-Delius
Wasserstr. 3
4330 Mülheim

Kunsthandlung
Nuemann, D.
Wallstr. 7
4330 Mülheim

Pape, M.
Friedrichstr. 26
4330 Mülheim

Rotermund, C.
Delle 45
4330 Mülheim

Antiquitäten
Sabonati
Klöttschen 33
4330 Mülheim

Kunsthandlung
Schmellekamp, R.
Schloßstr. 47
4330 Mülheim

Steinen, M.
Duisburgerstr. 304
4330 Mülheim

Sund, M. Hingbergstr. 130 4330 Mülheim	Dujardin, Rudolf Sieben Quellen 6 4350 Recklinghausen	Nickel, N. Herrenstr. 12 4350 Recklinghausen	Schafmann, J. Kusenhorster Str. 5 4358 Haltern	Burkhard, K. Bahnstraße 10 4600 Dortmund	Hoffmann, D. Gutenbergstraße 49 4600 Dortmund
Terjung, Duisburgerstr. 115 4330 Mülheim	Gesterkamp, M. Herzogswell 10 4350 Recklinghausen	Spitmann, Wickingstr. 6 4350 Recklinghausen	Antiquariat Voye, M. Merschstr. 11 4358 Haltern	Galerie Colonnette Am Surck 4 4600 Dortmund	Antiquariat Kirchner, R. Hoher Wall 30 4600 Dortmund
Antiquitäten Elbestr. 40 4330 Mülheim	Giesel, G. u. M. Bochumer Str. 193 4350 Recklinghausen	Blome, J. Bahnhofstr. 62 4352 Herten	Werner, I. Hochstr. 51 4390 Gladbeck	Friedrich, J. Arndtstraße 75 4600 Dortmund	Kunsthandlung Kunst-Kabinett Große-Heim-Straße 72 4600 Dortmund
Gemäldeatelier Wickerath, Franz Klöttschen 50a 4330 Mülheim	Kunsthandlung Hartmann, Kaiserwall 22 4350 Recklinghausen	Kunsthandlung Wiederhold-Burg, A. Hermannstr. 13 4352 Herten	Albrecht Hermannstr. 140 4600 Dortmund	Groben F. Grünestr. 29 4600 Dortmund	Klemmer, G. Leierweg 29 4600 Dortmund
Antiquitäten Barkowski, Rolf Am Lohtor 2 4350 Recklinghausen	Kunsthandlung Jaspert, D. Castroperstr. 14 4350 Recklinghausen	Nowsky, G Horneburger Str. 121 4353 Oer-Erkenschwick	Albrecht's Antik Kleppingstr.27 4600 Dortmund	Grundmann, G. Evingerstr. 180 4600 Dortmund	Krian, E. Hoher Wall 22 4600 Dortmund
Brockbals Tiroler Str. 36a 4350 Recklinghausen	Kaupel, J. Bochumer Str. 258 4350 Recklinghausen	Kunsthandlung Buskies, E. Friedhofstr. 16 4354 Datteln	Beck's Auktionen GmbH Hansastr. 44 4600 Dortmund	Galerie Henrichsen Kampstraße 45 4600 Dortmund	Lamers Hellweg 99 4600 Dortmund
Böcker, W. Feldstr. 46 4350 Recklinghausen	Kunsthandlung Knick, W. Martinistr. 12 4350 Recklinghausen	Antiquitäten Isbruchstr. 2 4355 Waltrop	Antike Uhren Bonacker Langestr. 54 4600 Dortmund	Kunsthandlung Heseler, Walter Kleppingstraße 13 4600 Dortmund	Kunsthandlung Malten, H. Kleppingstraße 28 4600 Dortmund
Dick, H. Augustinessstr. 2a 4350 Recklinghausen	Kunst & Antiquitäten Lutat, K. Turmstr. 2 4350 Recklinghausen	Antiquariat Spenner, H. Leveringhäuserstr.179 4355 Waltrop	Kunsthandlung Broeldiek Kaffsackweg 2 4600 Dortmund	Hoffmeister, P. Söldnerstr. 54 4600 Dortmund	Kunsthandlung Markovic, T. Rheinische Straße 134 4600 Dortmund

Grüße aus der Universitätsstadt

Ende 1968 wurde „auf der grünen Wiese" die Universität Dortmund gegründet. Rund 20 Jahre später studieren hier und an der Fachhochschule über 25.000 Studenten beispielsweise Natur- und Ingenieur-Wissenschaften, Informatik, Gesellschaftswissenschaften, Journalistik, Pädagogik, Design, Wirtschaft oder Sprach- und Literaturwissenschaften.
Darüber hinaus ist die Dortmunder Uni mit einer Vielzahl von Forschungsaufträgen zu einem wissenschaftlichen Großbetrieb mit bedeutendem Innovationspotential geworden. Hochschuleigene Institute wie das Institut für Robotertechnik, aber auch Forschungseinrichtungen stehen im engen Kontakt mit der Uni, internationalen Partnern und ausländischen Universitäten. Von den 17 deutschen Forschungsprojekten für das europäische EUREKA-Programm sind allein fünf an die Dortmunder Hochschule vergeben worden.

Direkt neben der Universität wurde das zukunftsorientierte Technologie-Zentrum errichtet. Rund 40 Firmen entwickeln hier unter marktwirtschaftlichen Bedingungen neue Produkte und Verfahren. Sie tragen genauso wie Uni und Forschungseinrichtungen zum raschen wirtschaftlichen Strukturwandel und damit zur Zukunftssicherung der Region bei.

Das Ruhrgebiet – ein starkes Stück Deutschland.

DORTMUND

Auskünfte: Informations- und Presseamt der Stadt Dortmund, Südwall 6 (im Stadtgarten), Postfach 10 50 53, 4600 Dortmund 1, Tel.: (0231) 5 42-25 66, Telex: 822 573 ipado, Fax: (0231) 54 22 877

<table>
<tr><td colspan="2">

Versteigerungen
Antiquitäten
Sachverständiger Auktionator
Kostenlose Beratung bei Nachlässen
Ständig große Posten Tafelsilber

DETLEF J. E. SCHRÖDER
Merscheider Str. 316 , 5650 Solingen 11
Telefon 0212 / 33 11 24

</td><td colspan="2">

Rolls Royce - Vermietung
Hochzeits-, Party-, Jubiläums-, Gäste-,
Gesellschafts- und Flughafenfahrten.

DETLEF J. E. SCHRÖDER
Merscheider Str. 316 , 5650 Solingen 11
Telefon 0212 / 33 11 24

</td></tr>
</table>

Antiquariat
Nolte, H.
Meißenerstr. 49
4600 Dortmund

Antikes
Wilke, H.
Kaiserstr. 46
4600 Dortmund 1

Auktionshaus
Descho, Gabriele
Brückstraße 55
4630 Bochum

Antiquariat
Lorych, S.
Rathausplatz 8
4630 Bochum

Kunsthandlung
Wueller, P.
Brückstraße 51
4630 Bochum

Kunsthandlung
Heseler, W.
Langestr. 65
4670 Lünen

Galerie
Purschke
Wunnenbergstraße 23
4600 Dortmund

Menzebach, M.
Evingerstr. 363
4600 Dortmund 16

Kunsthandlung
Eiter, B.
Egmannshof 18
4630 Bochum

Kunsthandlung
Mortier, L.
Am Nordbad 32
4630 Bochum

Kunsthandlung
Bergmann & Bergmann
An den Lothen 7
4630 Bochum 7

Antike Fundgrube
Niggeling, Detlev
Dortmunder Str. 93
4670 Lünen

Roese, W.
Lütgendortmunderstr.
4600 Dortmund

Kruse
Stockumerstr. 194
4600 Dortmund 50

England Antiques
Hellweg 21
4630 Bochum

Kunsthandlung
Mueller, W.
Ückendorfer Str 107
4630 Bochum

Kunsthandlung
Berkenbusch, J.
Blindestr. 1
4650 Gelsenkirchen

Sauff, Michael
Borker Str. 6
4670 Lünen

Kunsthandlung
Schlierkamp, I. u. H.
Kaiserstraße 46
4600 Dortmund

Kunsthandlung
Mueller, H.
Hellerstr. 114
4600 Dortmund 50

Kunsthandlung
Ewert u. Knoth
Marthastr. 12
4630 Bochum

Galerie
Neue Ansichten
Huestraße 34
4630 Bochum

Block, W.
Ringstr. 93
4650 Gelsenkirchen

Kunsthandlung
Gabert, G.
Bahnhofstraße 8b
4690 Herne

Schoenert, Petra
Sartorostr. 10
4600 Dortmund

Schmi-Dau
Bahnhofstr. 73
4600 Dortmund 50

Gudrun's Kämmerchen
Markt Str. 315
4630 Bochum

Nieder-Eichholz, D.
Hellweg 21
4630 Bochum

Decker, D.
Maximilianstr. 11
4650 Gelsenkirchen

Kunsthandlung
Henrichs, R.
Martinistr. 28
4690 Wanne-Eickel

Stemmann, H.
Gnadenort 3
4600 Dortmund

Kunsthandlung
Schmidt, G.
Hombrucherstr. 60
4600 Dortmund 50

Haack, H.
Hattingerstr. 778
4630 Bochum

Prior, M.
Brückstr. 17
4630 Bochum

Idelmann, V.
Hagenstr. 38
4650 Gelsenkirchen

Kunsthandlung
Klecks-Herne
Neustraße 25
4690 Herne

Stuerenberg
Alexanderstr. 1
4600 Dortmund

Accordi+Machaczek
Lennestr. 4
4630 Bochum

Hagermann, jun.
Wittenerstr. 156
4630 Bochum

Stilmöbel
Schlesinger & Söhne
Kortumstraße 2-14
4630 Bochum

Juergensen, E.
Bochumerstr. 165
4650 Gelsenkirchen

Oelmann, H.
Mozartstr. 5
4690 Wanne-Eickel

Auktions GmbH
Viktoriastr. 24
4600 Dortmund

Kunsthandlung
Ahlheim, U.
Oberstr. 108
4630 Bochum

Kunsthandlung
Haus der Kunst
Am Varenholt 123
4630 Bochum

Seidel, Konrad
Hattingerstr. 193
4630 Bochum

Klein
Halfmannshof 52
4650 Gelsenkirchen

Kunsthandlung
Schoenau, F.
Hauptstraße 55
4690 Wanne-Eickel

Witt, A.
Bickestr. 15
4600 Dortmund

Kunsthandlung
Berswordt-Wallrabe
Haus Weitmar
4630 Bochum

Galerie
Hebler
Querenburg 283
4630 Bochum

Antiquariat
Stobbe
Westenfelder Str.89
4630 Bochum

Kunsthandlung
Kovacevic, M.
Rotthäuserstr. 124
4650 Gelsenkirchen

Kunsthandlung
Wurm-Schleimer, M.
Hauptstraße 153
4690 Wanne-Eickel

Grundmann, G.
Bornstr. 81
4600 Dortmund 1

Antiquariat
Bielemeier, J.
Querenburger Höhe 262
4630 Bochum

Antiquariat
Joest, W.
Universitätsstraße 16
4630 Bochum

Kunsthandlung
Sundermann, B.
Königsallee 18
4630 Bochum

Kroener GmbH & Co KG
Horsterstr. 27
4650 Gelsenkirchen

Albrecht, J.
Ardeystr. 108
5810 Witten

Kunsthandlung
Nawrocki
Luisenstraße 36
4600 Dortmund 1

Antiquariat GmbH
Brüderstraße 7
4630 Bochum

Galerie
Knappmann-Thon
Alte Bahnhofstr. 56
4630 Bochum

Kunsthandlung
Thiele, W.
Kortumstraße 118
4630 Bochum

Kunsthandlung
Kurth, U.
Schollbruch 44
4650 Gelsenkirchen

Kunsthandlung
Baltes, W.
Hauptstraße 57
5810 Witten

Nowak, M.
Münsterstr. 170
4600 Dortmund 1

Bode, L.
Brückstr. 6
4630 Bochum

Koehler, J.
Kemnaderstr. 252
4630 Bochum

Turner, G.
Königsallee 12
4630 Bochum

Kunsthandlung
Maennig
Reinersweg 9
4650 Gelsenkirchen

Grabski, H.
Ardeystr. 64
5810 Witten

Stadler, Franz
Leierweg 29
4600 Dortmund 1

Brücktor Antik
Brückstr. 17a
4630 Bochum

Kroll-Vogel, P.
Kohlenstr. 57
4630 Bochum

Uhlenbruch+ Schönfeld
Vollmond 47
4630 Bochum

Kunsthandlung
Michels, B.
Beskenstr. 17
4650 Gelsenkirchen

Kiffmeier, M.
Ardeystr. 109
5810 Witten

Tovenrath, J.
Spreestr. 14
4600 Dortmund 1

Kunsthandlung
Bulheller, K.
Nordring 68
4630 Bochum

Kunsthandlung
Krusenbaum, Carl
Westring 5
4630 Bochum

Lampen Unger
Unger, H.
Brückstr. 17
4630 Bochum

Misch, U.
Hagenstr. 41
4650 Gelsenkirchen

Wiedenbrueg, K.
Gerichtsstr. 6
5810 Witten

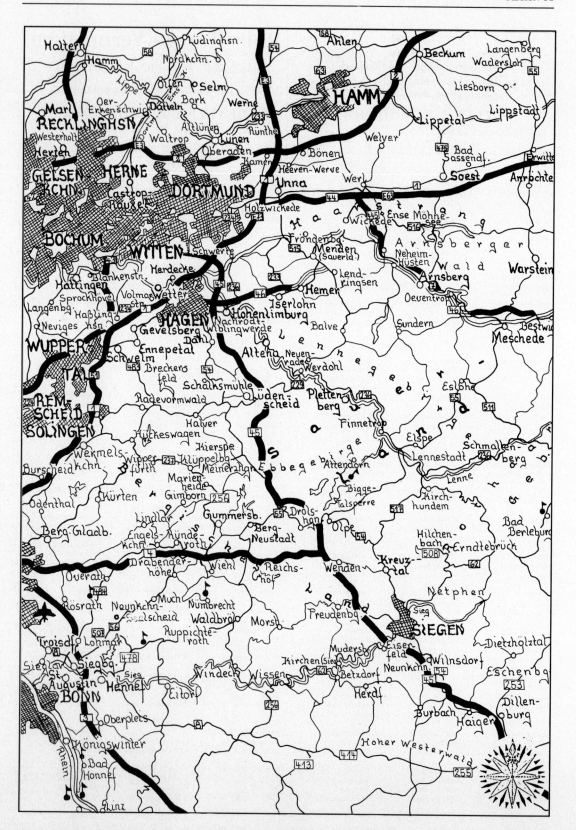

Bergisches Land und Sauerland

"Die grüne Lunge des Ruhrgebiets"

"Bergisches Land" - das muß einem Tiefländer entfahren sein, als er das erste Mal von den Höhen des Teutoburger Waldes aus in der Ferne dunkel die hohen Ketten des "Bergischen"- und "Sauerlandes" schimmern sah. Welch grandioses Mißverständnis! "Bergisch" ist nicht "bergig", sondern der Name stammt von den Grafen von Berg, Sitz in Burg.
"Sauerland" ist nicht "sauer", sondern der Sammelbegriff einer Reihe von Mittelgebirgsmassiven wie Ebbegebirge, Lennegebirge, Arnsberger Wald, Homert, Rothaargebirge. Die letzte große Sperre vor der norddeutschen Tiefebene.
So landschaftlich reizvoll das Äußere des "Allgäus des Ruhrgebiets", des "Landes der tausend Berge", die tiefere Wahrheit liegt -wie bei den Namen- darunter: Vielfältige Erzlager von der Sieg bis an die Ruhr. Und was die Erde dort preisgibt, im Revier, den Reichtum der Kohleflöze von Ruhr über Emscher zur Lippe, das zusammen begründete im letzten Jahrhundert die Weltgeltung des "Made in Germany". Und den Reichtum der "Schlotbarone" wie der ganzen Region.

Fachleute von hohem Rang sind die "Knappen", nicht Fließbandarbeiter. Seit zweitausend Jahren wird hier Erz geschmolzen, in Altena nachweisbar. Und zunftmäßig und straff organisiert bewahren die Bergleute ihre uralten Traditionen. Heute sind die meisten Bergwerke geschlossen, als Bergmuseen einer staunenden Öffentlichkeit zugänglich. Doch atmen die Dörfer in den tief eingeschnittenen Tälern noch den alten Geist. Und noch heute lebt mancher, der zu erzählen weiß von Mühsal und Glanz vergangener Tage, als sie von weit her kamen, um in "ihren" Berg einzufahren. Steil ragende Berge, waldüberzogen, geheimnisvolle Täler, sattgrüne Matten, auf denen das Vieh weidet - für eingefleischte Süddeutsche mag es übertrieben erscheinen, aber es gemahnt wirklich ans Allgäu. Nur fehlt der sanfte Glanz des Südens, kühler mutet es an, spröder, will in seiner Schönheit erschlossen werden.
Es fehlt aber auch der Föhn, der kopfschmerzbringende. Dafür ist es reich, regenreich. Und der Regen bringt Segen! Viel! Sehr viel! Vier Flüsse entspringen in einem Quellgebiet von wenigen Quadratkilometern: Eder, Lenne, Lahn und Sieg. Zwanzig Talsperren, wenige über fünfzig Jahre alt, fangen den Segen von oben auf, speichern ihn, bewahren ihn für das unersättlich durstige Industriegebiet im Norden. Und bieten Wasser und Strand für die erholungssuchenden Stadtmenschen der Region, des Ruhrgebietes, der größten zusammenhängenden Stadtlandschaft Europas.
Schlupfwinkel und Ecken, murmelnde Bäche von seltener Klarheit, übersonnte Aussichtshöhen, der Charme alter Tradition und neuen Fleißes - Bergisches Land und auch das Sauerland werden in ihrer Vielfalt fast jedem Geschmack gerecht.

Geschichte

Beginnen wir etwas später, obwohl der "Hellweg" vom Rhein zur Ruhr und bei Soest ins breite Tal der Lippe einer der ältesten Kultur-und Handelswege ist. Beginnen wir mit der Besiedelung durch die Franken. Übergehen wir die Zeit der Kelten, forschen wir nicht - wie im Neandertal bei Mettmann - nach vorgeschichtlichen Spuren, es gab sie sicher, das sollte hier genügen. Aber, wer kennt schon die norddeutsche Keimzelle fränkisch-christlicher Missionstätigkeit, das Kloster Werden (in Essen-Süd)? 767 von Liudger gegründet, dem eifrigen Frankenmissionar, der 792 zur Zeit Karls des Großen das Kloster Mimingerneford folgen ließ, das heutige Münster. Es lohnt zu erwähnen, daß besagter Liudger 769-72 zweimal zu Studienzwecken im englischen York weilte. Europa, wie bist Du so alt! In seinem Stammsitz Werden bewahrte er eine Kostbarkeit von unschätzbarem Wert, die Bibel des Gotenbischofs Wulfila (311-383), auch bekannt als "Codex ar-

Peter Paul Rubens, der berühmte flämische Maler, wurde am 28. Juni 1577 in Siegen geboren. Im Rubenssaal des Oberen Schlosses zu Siegen informieren Originalgemälde und Kupferstiche über das Schaffen des Malerfürsten.
Foto: Stadt Siegen - Pressestelle -

genteus", ältestes Schriftzeugnis germanischer Sprache. Wie seltsam fremd und doch anheimelnd die uralten Laute: "Atta unsar thu in himinam, weihnai namo thein". Heute befindet sich der Codex im schwedischen Uppsala. Vom Habsburger Rudolf II. nach Prag transferiert zum Schmukke der neuen Universität wird der wertvolle Foliant im Dreißigjährigen Krieg Beute der Schweden und landet so in Uppsala, zumindest 187 der ursprünglich 336 Blätter. Damit sind Werdens Wunder noch nicht zu Ende. Der "Heliand", eine germanisierte biblische Geschichte von eigenartigem Reiz, soll in Werden entstanden sein. Fulda und Werden streiten sich um den Ruhm, fest steht, daß Einflüsse beider Klöster nachzuweisen sind, und warum sollte nicht ein Werdener Mönch den Heliand schließlich um 800 doch in Fulda geschrieben haben?

Dramatik und Intrige vier Jahrhunderte später: am 7.November 1225 ermordet Graf Friedrich von Isenberg (Hattingen) seinen nahen Verwandten Engelbert I. am Gevelsberg. Nur ein Familiendrama? Engelbert I. war Graf von Berg, Herzog von Westfalen, Erzbischof von Köln - einer der Mächtigsten im Heiligen Römischen Reiche Deutscher Nation. Die Erschütterung klingt literarisch nach: Walther von der Vogelweide höchsteigen verfaßt eine Totenklage, 1592 erscheint eine "Schreckliche und erbermliche Historia, Wie Herr Friedrich Graff zu Altena und Isenberg/ seinen Vettern/ Herrn Engelbrecht/ Erzbischoffen zu Cöln/ gebornen Graffen zu Berge/ auf Keyserlicher freien Strassen mörderlich erschlagen und..."

Die Münsteranerin Annette von Droste-Hülshoff verfaßt 250 Jahre später dazu eine Ballade, die dem Thema neuen Auftrieb verschafft. Wie auch die Romantik überhaupt, legt sie verklärte Spuren in die Vergangenheit wie in die Zukunft.

Wäre noch von der Rolle zu sprechen, die die "Veme" oder "Feme" in unserem Gebiet spielte. Mark, althochdeutsch "marka"= Grenzgebiet, so heißt seit alter Zeit das waldig-unübersichtliche

Niemandsland zwischen den Grafschaften Berg und Mark. Die Grenze entwickelte sich erst langsam zur Linie mit bewachten Schlagbäumen: hölzernen "Klinken" und Landwehren. In der Rechtsunsicherheit des Gebiets entfaltete sich die "Feme", Gerichte unter dem Vorsitz eines Freisassen, auch Bauern, der vom König dazu ernannt war. Und eben diese Femegerichte werden in der Zeit des ausgehenden Mittelalters zum stabilen Rechtsfaktor; ihre Urteile, wenn auch ohne Vollzugsgewalt, werden sogar im Ausland gehört. Der Tiroler Ritter und Minnesänger Oswald von Wolkenstein wendet sich beispielsweise 1429 an den Freistuhl von Arnsberg, um dort eine Privatklage einzubringen.

Die Grenze
Eine der ältesten Grenzen verläuft durch unser Gebiet, eine Stammesgrenze, eine Sprachgrenze, eine Kulturgrenze, eine Grenze zwischen Nord und Süd, über tausend Jahre alt und noch heute im Bewußtsein der Menschen. Entlang der Wasserscheide zwischen Ruhr und Wupper von Duisburg über Mühlheim, Schwelm, Meinerzhagen zieht sich die alte Siedlungsgrenze zwischen Franken und Sachsen, Grafschaft Berg und Mark, Rheinland und Westfalen.
Die Franken blieben über der Erde, nutzten das weiche Wasser der Wupper nicht nur zum Bierbrauen, sondern trieben damit Mühlen und verwandten es zum Färben. Von Wipperfürth über Wuppertal, Burscheid, Altenberg bis Leverkusen reihten sich die aufstrebenden Färbereien, reichten bei Schwelm und Gevelsberg auch ins Ennepetal. So wurden die Wolle- und Kattunfärber zu Vorläufern der großen IG Farben, heute Bayer Leverkusen. Aber schlecht ergeht es nach wie vor einem, der "über die Wupper" geht. Die Sachsen, weniger wie die Nieder- eher wie auch ihre Stammverwandten im Erzgebirge, trieben Stollen in die Tiefe der Berge und brauten aus Quellwasser die feinsten Biere. Tun sie heute noch: Warsteiner, Krombacher, Veltins, und...und...und...
Dennoch sprach Adenauer recht abfällig von "Deutsch-Sibirien". Und holte sich von eben dort den Zwergschulverfechter Heinrich Lübke als Bundespräsidenten. Eben! Und ein gekröntes Haupt hat das Sauerland auch hervorgebracht: Theodor von Neuhoff auf Burg Pungelscheid brachte es zwischenzeitlich zum König von Korsika, landete aber am Ende wieder im Armenhaus.

Beharrlichkeit
Das sind sie, die Leute vom Sauerland: beharrlich. Im Jülisch-Klevischen Erbfolgestreit (1609-1666) fiel die Mark an Brandenburg-Preußen, die "Märker" wurden in Folge gute Preußen. Schließlich kehrte damit wieder Ruhe ein, wenn schon der Dreißigjährige Krieg für sie zu einem vierzigjährigen geworden war. Doch wie beharrlich, das mußte selbst der große Preuße Friedrich II. am eigenen Leib erfahren. Die Reformation D. Martin Luthers hatte in Philipp Nicolai aus Rafflenbeul (1556-1608) einen kämpferischen Prediger und

"Krönchen"

Das "Krönchen", aus vergoldetem Schmiedeeisen, Wahrzeichen der alten Stadt Siegen, hat seinen Platz auf der Spitze der spätromanischen Nikolaikirche in der Siegener Altstadt. Es wurde von Johann Moritz Fürst zu Nassau-Siegen zur Erinnerung an seine am 26. November 1652 im Hradschin zu Prag durch Kaiser Ferdinand III., römisch-deutscher Kaiser, erfolgten Erhebung in den Reichsfürstenstand den Siegener Bürgern gestiftet. Die achtzackige Fürstenkrone hat einen oberen Durchmesser von 2,35 m
Foto: Stadt Siegen - Pressestelle -

Blick auf Siegen. In der Mitte des Bildes sehen Sie die Nikolaikirche mit dem "Goldenen Krönchen". Baubeginn der Nikolaikirche: 13. Jahrhundert; sie war ehemals Stadtkirche und zeitweilig Erbbegräbnis der Fürsten von Nassau-Siegen.
Foto: Stadt Siegen - Pressestelle -

Markt mit Kölner Straße und Dickem Turm
Straßen, die nur den Fußgängern für erlebnisreiche Einkaufsbummel und gemütliche Informationsspaziergänge vorbehalten sind, prägen das Image Siegens als Handels- und Kongreßstadt. Für einen Einzugsbereich von rund 600 000 Menschen ist Siegen zentrale Einkaufsstadt der Siegerland-Region. Foto: Blick vom Turm der Nikolaikirche auf die City und die Fußgängerzone Kölner Straße.
Foto: Stadt Siegen - Pressestelle -

Liederdichter, dem wir so schöne Lieder verdanken wie "Wachet auf, ruft uns die Stimme..", "Wie schön leuchtet der Morgenstern.." Auch andere Lieder enthielt das 1714 erschienene "Märkische Gesangbuch", genannt "Mark und Kern". 1780 nun verfügte plötzlich eine Kabinettsorder, daß das preußische Gesangbuch zu benutzen sei. Ein Sturm der Entrüstung!
Am 11.Mai 1786 gibt Friedrich der Große klein bei: "...befehlen wir..., es vor der Hand bei der Beibehaltung des Alten Gesangbuches ... zu lassen, übrigens aber bei schicklicher Gelegenheit Euch zu bemühen, die Begriffe des Volkes von dem Neuen Gesangbuch zu verbessern." Und noch ein Affront widerfuhr dem großen König von märkischer Frömmigkeit: Der fromme Pietist und fruchtbare Kirchenliederdichter Gerhard Tersteegen(1697-1769) lehnte eine Einladung des Herrschers aller Preußen rundweg ab.

Preußen rächt sich auf seine Weise: Als die Prinzessin Luise von Mecklenburg-Strelitz 1797 Gemahlin des Preußenkönigs Friedrich-Wilhelm III. wird, nimmt sie ein Kirchenlied aus ihrer Kindheit mit. 1822 wird am Zarenhof vom Dirigenten Bortniansky eine neue Melodie dazu komponiert, das Ganze in ein feierliches Zeremoniell eingefügt: so kommt Tersteegens "Ich bete an die Macht der Liebe..." in den Großen Zapfenstreich und wird zum Symbol des Preußentums. Geschichte kann ironisch sein!
Sehen Sie sich zum besseren Verstehen die "Bonte Kerke" in Lieberhausen an. So brachte bodenständige Frömmigkeit den Menschen die Bibel nahe zu Zeiten, als Lesen noch Luxus war.

Reisen, nicht Rasen
sollten Sie, wenn Sie im Bergischen- und Sauerland unterwegs sind. Meiden Sie die Einflugschneisen, die sich die Ruhrgebietsbewohner zum schnelleren Erreichen ihrer Naherholungsziele haben schlagen lassen. Trödeln Sie lieber entlang alter, fast verborgener Nebensträßchen. Fahren Sie die "Eisenstraße" bis Laasphe, halten Sie öfter an. Sehen Sie sich das Drahtmuseum in Altena an, denken Sie kurz an die Gründung des Deutschen Jugendherbergswerkes eben dort.
Machen Sie einen Umweg über Attendorn, schauen Sie in die alte Stadtkirche aus dem 14.Jh., den "Sauerländer Dom", kühlen Sie sich in der "Attahöhle". Genießen Sie unterwegs die einfachen Leckereien: Lieberhauser Eierkuchen, frische Forellen aus der forellenreichsten Region der Bundesrepublik. Sagen Sie in Kierspe-Marienheide Fuchs und Hase Gute-Nacht, oder lassen Sie sich aufheizen bei Jazz und Motorrädern in der Pfannkuchenmühle bei Dabringhausen.
Lieben Sie Karl May, den Verzauberer Ihrer Jugendtage? In Elspe feiert man alljährlich Wiedersehen mit seinen legendären Figuren. Lassen Sie sich für Stunden oder Tage verzaubern vom Sauerland, dieser so gut versteckten Perle unter den deutschen Urlaubslandschaften.

Oder gehen Sie ins Bergische. Die Grafen von Berg haben aus ihren Besitzungen über Aachen bis Lüttich in Burg so viel Sehenswertes zusammengetragen! Von Rüstungen über Möbel bis zu historischen Abstrusitäten wie Foltergeräten oder Keuschheitsgürteln. Und das weiträumige Obstland ringsherum gibt seinen Teil dazu: Waffeln mit heißen Kirschen oder die vielgerühmten Burger Brezeln. Und gehen Sie dann gestärkt wieder Ihren Geschäften nach, es sei denn, es reizt Sie doch noch die städtische Weltattraktion am Nordrand der Region: die Wuppertaler Schwebebahn. Aus der Not im engen Tal der Wupper und dem Erfindungsreichtum der Leute geboren, zieht sie wie eh und je ihre Bahn auf Stelzen über dem Lauf der Wupper. Und ist das sicherste Verkehrsmittel der Welt. Statistisch. Nur ein größerer Unfall blieb zu beklagen über die Jahrzehnte: Tuffi, der kleine Elefant, zu Werbezwecken in die Bahn verfrachtet, stürzte sich, das Theater leid, in die Wupper. Er überstand's! Und führt heute als Maskottchen auf den Wuppertaler Milchtüten ein eher beschauliches, und so die Werbung will, ewiges Leben.

Antiquitäten
So arm das Sauerland - fast nur bäuerliche Möbel - so reich ist die Grafschaft Berg an antiken Schätzen. Ist doch Aachen-Lütticher wie Bergischer Barock ein Begriff. Und auf Schloß Burg in reicher Fülle zu besichtigen, wie auch Möbel der Renaissance, frühe Kastenmöbel u.a.m. Nicht vergessen sein soll auch der prächtige Kirchenschatz in Essen. Besuchen Sie auch ein örtliches Heimatmuseum, die Gegend ist so reich!

UNSER TIP

Schloss Homburg
Museum des Oberbergischen Landes

Schloss Homburg, die bedeutendste Burganlage des Oberbergischen Landes erhebt sich weithin sichtbar auf einem Bergsporn des oberen Bröltales.

Neues Leben aber zog 1926 mit dem Museum des Oberbergischen Landes ein. Seine Aufgabe war und ist, an historischer Stätte altes heimisches Kulturgut zu sammeln und zu pflegen. In seinen verschiedenen Abteilungen gewinnt man Einblick in die Geschichte und Kultur, in Volkstum und Naturheilkunde des Oberbergischen Landes.

Öffnungszeiten:
Vom 01.04. - 01.11. durchgehend von 9.30 bis 18 Uhr.
In den Wintermonaten nur nach Voranmeldung.
An den Sonntagen der Monate November, Februar, März von 13.30 bis 16.30 Uhr.

Altena (5990)
Leuchtenmuseum
Möhnestraße 55
T: 02932-2051
Schwerpunkte: Entwicklung der künstlichen Beleuchtung

Attendorn (5952)
Kreisheimatmuseum
Alter Markt 1
T: 02722-4001
Schwerpunkte: Stadt-, Kunst- und Kulturgeschichte

Bergisch Gladbach (5060)
Bergisches Museum für Bergbau, Handwerk und Gewerbe
Burggraben 9-21
T: 02204-55559
Schwerpunkte: historische Schulklasse als Kindermuseum, Bergbau (Schaustollen), Handwerk (Darstellung von Wasserkammer, Gerberei, historische Büttenschöpferei und altes Backhaus)

Bergkamen (4619)
Heimatmuseum
Jahnstraße 31
Schwerpunkte: Ausgrabungen aus dem Römerlager in Oberaden, Fundstücke und Repliken aus früheren Epochen

Hamm (4700)
Städtisches Gustav-Lübcke-Museum
Museumsstraße 2
T: 02381-101524
Schwerpunkte: Ägypten, Mittelalter, Vor- u. Frühgesch.

Kreuztal-Ferndorf (5910)
Heimatmuseum Ferndorf
T: 02732-4297
Schwerpunkt: Möbel, Wohnräume, Gebrauchsgegenstände aus dem 18. Jahrhundert

Siegen (5900)
Siegerland-Museum im Oberen Schloß
Oberes Schloß
T: 0271-52228
Schwerpunkte: Rubensoriginale und Rubensgraphiken, interessante Mineralsammlung

Soest (4770)
Burghofmuseum
Burghofstr.: 22
T: 02921-1031
Schwerpunkte: Das Museum stellt bäuerliches und bürgerliches Kulturgut aus und informiert über die Stadtgeschichte und die kirchliche Kunst.

Windeck (5227)
Heimatmuseum Windeck-Altwindeck
Burg Windeckstr. 5
T: 02292-2071
Schwerpunkte: Die Sammlung beinhaltet bäuerliches und handwerkliches Gerät, sowie eine Sammlung von gußeisernen Ofenplatten.

Antiquitäten- und Kunsthandlungen

Kloeden, E.
Emschestraße 54
4320 Hattingen

Kunsthandlung
Freitag, T.
Wilhelmstr. 119
4700 Hamm

Kunsthandlung
Kohl, A.
Werlerstr. 20
4700 Hamm

Kunsthandlung
Kuhlmann, V.
Reinkösterstr. 10
4700 Hamm

Kunsthandlung
Mensing. Josef
Ostendorfstr. 2-10
4700 Hamm

Kunsthandlung
Schoettler
Rathenaustr. 24
4700 Hamm

Siegfried, D.
Oststr. 19
4700 Hamm

Galerie
Hermannstr. 81
4710 Lüdinghausen

Sauff, H.
Penningrode 41
4712 Werne

Reher, Galerie
Schloßstr. 24
4717 Nordkirchen

Antiquitäten
Sauff
Schloßstr. 24
4717 Nordkirchen

Doder, S.
Kampstr. 1
4730 Ahlen

Kunsthandlung
Gausling, A.
Südberg 72
4730 Ahlen

Glombitza GmbH
Menzelstr. 31
4730 Ahlen

Hoermann, M.
Weststr. 89
4730 Ahlen

Koellermann, I.
Markt 6
4730 Ahlen

Sonntags Besichtigung 14.00 bis 18.00 Uhr

antike Fundgrube

erlesene
Antiquitäten
Möbel -
Restaurationen
Meisterbetrieb

D. Niggeling
Dortmunder Str. 93
4670 Lünen
Tel. 0 23 06 / 1 31 74

Westhues, W.
Warendorferstr. 19
4730 Ahlen

Kunsthandlung
Pepper, G.u. Isenberg
Friedrich-Ebert-Str.
4750 Unna

Tebernum, C. u. H.
Morgenstr. 10
4750 Unna

Kunsthandlung
Gossling, A.
An der Steinenbrücke
4760 Werl

Hill-Green
Haus Lohe
4760 Werl

Kunsthandlung
Knabe, K.
An der Steinerbrücke
4760 Werl

Kunsthandlung
Rensmann, E.
Steinergraben
4760 Werl

Wehr, Cornelia
Klosterstr. 5
4760 Werl

Aull, C.
Ulricherstr. 42
4770 Soest

Kunsthandlung
Beckenbauer, H.
Am Seel 10
4770 Soest

Knop, H.-D.
Paradieser Holzweg 23
4770 Soest

Wlodarski, B.
Thomastr. 17
4770 Soest

End, K.-H.
Spielplatzstr. 23
4780 Lippstadt

Antik Laden
Gurris
Hauptstr. 66
5004 Herdecke

A.Birkenfeld
Am Alten Pastorat 21
5060 Berg. Gladbach

Antiquariat
Bergische Bücherstube
Hauptstraße 247
5060 Berg. Gladbach

Pisarski
Odenthal-Voiswinkel
5060 Berg. Gladbach

Pisarski M.
Am S-Bahnhof
5060 Berg. Gladbach

Kunsthandlung
Schroeder u. Doerr
Wingertsheide 57
5060 Berg.Gladbach

Heppkehausen,J.
Kölner Str. 43
5063 Overath

Kunsthandlung
Kraus, E.
Auf dem Lohknippen 14
5063 Overath

Schirow, G.
Zöllnerstr. 27
5063 Overath

Kunsthandlung
Binhold, E.
Am Telegraf 44
5068 Odenthal

Blau, H.G.
Höffer Weg 9
5068 Odenthal-Höffe

Psisarski, H.
Odenthaler Str. 19
5068 Odenthal

Töpferei
Frenzel
Kirchplatz 7
5200 Siegburg

Kunsthandlung
Frenzel, H.J.
Holzgasse 4
5200 Siegburg

Galerie
Grunschel, K. u. R.
Siegfeldstr. 15a
5200 Siegburg

Kaul, G.
Kaiserstraße 69
5200 Siegburg

Leyendecker, K.
Ringstr. 31
5200 Siegburg

Micus, H.
Augustastr. 25
5200 Siegburg

Schmidt, J.
Luisenstr. 42
5200 Siegburg

Kunsthandlung
Stiefelhagen, K.
Kaiserstraße 49
5200 Siegburg

Blum, G.
Altenratherstr. 1
5202 Lohmar

Bornkast, M.
Meigermühle
5202 Lohmar

Helbing, D.
Fliederweg 4
5202 Hennef Sieg

Herkenhoener, I.
Fasanenweg 24
5202 Hennef Sieg

Schacher, R.
Königstr. 2
5202 Hennef Sieg

Weiler, A.
Westerwaldstr. 71
5202 Hennef Sieg

Habernickel
Oberdreisbach 6
5203 Much

Kunsthandlung
Lambertz, Karen
Hauptstraße 4b
5204 Lohmar

Galerie
Steuber, H. u. J.
Meisenweg 6
5204 Lohmar

Galerie
Firla, S.
Marktstraße 1
5205 Santk Augustin

Kahnis u. Odenthal
Mittelstr. 27
5205 Sankt Augustin

LINDER ANTIQUITÄTEN

Kirschholzmöbel

Restaurierungen

5270 Gummersbach-Hunstig
Tel. 02261/76635

Galerie
Radicke, J.
Eisenacher Straße 33
5205 Sankt Augustin

Saher, R. u. Böker
Hauptstr. 28
5205 Sankt Augustin

Friede, R.
Lindlaustr. 27
5210 Troisdorf

Kajan Antiquitaeten
Im Kreuzfeld 7
5210 Troisdorf

Schliesing, I.
Kölner Str. 53
5210 Troisdorf

Schroeder, S.
Kölner Str. 5
5210 Troisdorf

Werner
Hauptstr. 13
5216 Niederkassel

Blanke Werner
Im grünen Tal 11
5220 Waldbröl

Rose, M.-S.
Westerwaldstr.
5220 Waldbröl

Sohnius, O.
Vennstr. 25
5220 Waldbröl

Jacob, S.
Im Langen Feld 13
5221 Hilchenbach

Vogel, M.
Schützenstr. 6
5221 Hilchenbach

Druihausen, A.
Heddinghausen 108
5223 Nümbrecht

B 8
Hauptstr. 48
5231 Kircheib

Bell, Paul
Brunnenstr. 2
5231 Reiferscheid

Antiquariat
Buschulte, H.
Brucher Str. 7
5231 Oberlahr

Kunsthandlung
Heinrich
Rimbach
5231 Oberirsen

Marenbach GmbH
Kanalstr. 5
5231 Weyerbusch

Bell, P.
Brunnenstr. 2
5232 Reiferscheid

Heike, M.
Engelsteinstr. 86
5240 Betzdorf

Krug, M.
Sandersgarten 16a
5240 Betzdorf

Tomandl, W.
Im Kreuztal 104
5248 Wissen

Schenk, M. W.
Am Bleiberg 2
5250 Engelskirchen

Antiquitäten
Linder, Reinhard
Hunstiger Str. 37
5270 Gummersbach

Pannhuis, H.
Lingestenstr. 8
5270 Gummersbach

Kunsthandlung
Sarcander, Arthur
Frömmersbacher Str. 9
5270 Gummersbach

Bagdaschwilli, H.
Hämmern 1
5272 Wipperfürth

Berger, M. u. H.
Kleppersfeld 7
5272 Wipperfürth

Altwicker, R.
Bielsteiner Str. 82
5276 Wiehl

Pütz, D.
Hauptstr. 42
5276 Wiehl

Ackermann, W.
Jaegerstr. 8
5600 Wuppertal

Kunsthandlung
Adolphs, F.
Hochstr. 29
5600 Wuppertal

Albermann
Deweerthstr. 14
5600 Wuppertal

Becker, H.
Sonnbornerstr. 93
5600 Wuppertal

Beneke, A.
Bismarckstr. 11
5600 Wuppertal

Kunsthandlung
Brusten, A.
Wormser Str. 53
5600 Wuppertal

Trödel-Thereschen
Antiquitäten
Fürstenbergstr. 21 · 4790 Paderborn · Tel. 0 52 51 / 2 59 89
Öffnungszeiten: Montag bis Freitag 15.00 bis 18.30 Uhr,
Samstag 10.00 bis 14.00 Uhr

Cords, H.
Mastweg 100
5600 Wuppertal

Janus, P.
Friedrichstr. 65
5600 Wuppertal

Runte, Karl
Wikingerstr. 1
5600 Wuppertal

Montenbroich, V.
Luisenstr. 100
5600 Wuppertal 1

Fuchs, G.
Hardenberger Schloß 1
5620 Velbert

Broecking, B.
Haddenbacher 164
5630 Remscheid

Bücherkiste
Kleine Klotzbahn 2
5600 Wuppertal

Jindra + Paluk
Schmitteborn 19
5600 Wuppertal

Saxenhammer, K.
Bornerstr. 18
5600 Wuppertal

Muehlenbeck, H.
Armin-Wegner-Platz 5
5600 Wuppertal 1

Antiquariat
Kuttner, G.
Lohmühler Berg 31
5620 Velbert

Kunsthandlung
Haemmerling, H.
Ziegelstr. 7a
5630 Remscheid

Kunsthandlung
Ex Libris
Sonnbornerstr. 93
5600 Wuppertal

Klaas u. Loeper
Hünefeldstr. 50
5600 Wuppertal

Kunsthandlung
Schleu, Werner
Berlinerstr. 158
5600 Wuppertal

Runte, K.
Wikingerstr. 1
5600 Wuppertal 1

Kunsthandlung
Obach, Dieter
Frierichstr. 120
5620 Velbert

Hoeller,
Bornerstr. 30
5630 Remscheid

Kunsthandlung
Eynern, C. von
Kärntnerstr. 4
5600 Wuppertal

Kunsthandlung
Kocks, I.
Aschenweg 5
5600 Wuppertal

Kunsthandel
Schmidt
Friedrich-Engel-Allee
5600 Wuppertal

Wiegand, H.
Mäuerchen 6
5600 Wuppertal 1

Antik-Stübchen
Schubert, Richard
Friedrichstr. 254
5620 Velbert

Krielke, H.
Hindenburgstr. 136
5630 Remscheid

Fischer, Gerhard
Vienhofstr. 115
5600 Wuppertal

Kunsthandlung
Krause, G.
Concordienstr. 9
5600 Wuppertal

Schmitz, H.
Am Kalkofen 42
5600 Wuppertal

Delorette H. & H.
Grönhoff 8
5600 Wuppertal 2

Flockenhaus
Hofstr. 23
5620 Velbert 1

Kunsthandlung
Mueller, G.
Allee 71
5630 Remscheid

Fischer, P.
Am Friedenshain 93
5600 Wuppertal

Kunsthandlung
Kunze, C.
Clarenbach 2
5600 Wuppertal

Schott, J.
Hippenhaus 31b
5600 Wuppertal

E & B Antik Import
Hatzfelder Str. 135
5600 Wuppertal 2

Kessels, B.
Hoelterhoffstr. 14
5620 Velbert 1

Oeztuerk, A.
Honsbergerstr. 15
5630 Remscheid

Kunsthandlung
Gey, B.
Mäuerchen 8
5600 Wuppertal

Kunsthandlung
Kunze, C.
Oststr. 12
5600 Wuppertal

Speer, F.
Alemannenstr. 35
5600 Wuppertal

Herrmann, R.
Nelkenstr. 35
5600 Wuppertal 2

Muckenfuss, W.
Langenberger Str. 12
5620 Velbert 1

Pauler, G.
Königstr. 111
5630 Remscheid

Kunsthandlung
Hohage, J.
Grefrather Str. 16
5600 Wuppertal

Antiquitäten
Muehlenbeck
Sandowastr. 12
5600 Wuppertal

Antiquariat
Steffens, A.
Friedrich Engels Str.
5600 Wuppertal

Jindra, G.
Haqmmesberg 5
5600 Wuppertal 2

Kunstlädchen
Dal-Mas, H.
Elberfelder Str. 9b
5620 Velbert 15

Sauer, K.
Freiheitstr. 103
5630 Remscheid

Idelberger, O.
Charlottenstr. 30
5600 Wuppertal

Kunsthandlung
Mumbeck, B.
Luisenstr. 104
5600 Wuppertal

Kunsthandlung
Stoehr, H. Dr.
Jägerhof 43
5600 Wuppertal

Stosberg H. U.
Westkotter Str. 158
5600 Wuppertal 2

Christ, N.
Schlehenweg 16
5628 Heiligenhaus

Sauer, K.
Scheiderstr. 9
5630 Remscheid

Versteigerer
Ihde, U.
Eichenstr. 9a
5600 Wuppertal

Nipshagen, E.
Paradestr. 57
5600 Wuppertal

Tichmann, A.
Luisenstr. 81
5600 Wuppertal

Heyer, W.
Sonnbornerstr. 34
5600 Wuppertal 11

Kunsthandlung
Schmitz, P.
Ruhrstr. 86
5628 Heiligenhaus

Kranjc, F.
Bergisch Born 124
5630 Remscheid 11

Kunsthandel Janus
Am Rathaus
5600 Wuppertal

Putty, H.
Unterstr. 30
5600 Wuppertal

Dubbel, S.
Klingelholl 94
5600 Wuppertal 1

Kunsthandlung
Bruckmann, G.
Hauptstr. 51
5620 Velbert

Kunsthandlung
Mueller, H. J.
Gohrstr. 10
5628 Heiligenhaus

Kunsthandlung
BBS-Kunst
Eich 54
5632 Wermelskirchen

Antikmöbel & Antiquitäten
aller Art, unverfälscht
Groß- und Einzelhandel
A.Drinhausen
5223 Nümbrecht, Tel:02293/6649 und
5000 Köln 1, Buttermarkt 22 Tel.0221/231168

WIE ES EUCH GEFÄLLT
ANTIQUITÄTEN
Weichholzmöbel - Ölbilder
Liebenswertes Kleinzeug
Am Lohtor 2 - RE - Tel. 0 23 61 / 1 70 42
Mo. bis Fr. 14.30 - 18.30 Uhr
Samstag 10.00 - 14.00 Uhr

Frembgen, D.
Thomas-Mann-Str. 2
5632 Wermelskirchen

Kretschmer
Mittelstraße 41
5653 Leichlingen

Temme-Becker
Graf-Adolf-Str.109
5758 Fröndenberg 01

Antik - Laden

Antiquitäten
u. Raritäten

Schätzungen

Hauptstraße 66
5804 Herdecke
Tel. 0 23 30 / 22 85
privat 0 23 31 / 5 50 32

GURRIS

Siebel, Th.
Kreuzstr. 1
5632 Wermelskirchen

Albrecht, Norbert
Kölner Str. 38
5657 Haan

Fischer K.
Arnsberger Str. 6
5760 Arnsberg

Stoßberg, R.
Eipringhausen 5
5632 Wermelkirchen

Bockhacker, M.
Eschenweg 7
5657 Haan

Lepper D.
Menzeler Str. 1
5760 Arnsberg

Bremmer, H.
Weyerstr. 265
5650 Solingen

Coutelier, E.
Am Quall
5657 Haan

Funke, P.
Herblinghausen
5768 Sundern

Freter, H.
Dahlenkamp 2
5800 Hagen

Schlieper, G.
Goldberg 9
5800 Hagen

Vogel, J.
Rembergstr. 58
5800 Hagen

Brueckner, S.
Clemensstr. 6
5650 Solingen

Kunsthandlung
Rech, M.
Graf Engelbert Str. 5
5657 Haan

Futter, L.
Hof zum Broich
5768 Sundern

Kepper, K. H.
Eilperstr. 29
5800 Hagen

Schmitz-Erdmann, R.
Märkischer Ring 118
5800 Hagen

Felber, P.
Gemarkenweg 4a
5800 Hagen -05

Busse
Broßhauser Mühle
5650 Solingen

Jeikner, W.
Hauptstr. 70
5804 Herdecke

DiMauro, F.
Neustr. 18
5650 Solingen

Klein, Horst
Friedhofstr. 6
5804 Herdecke

Kunsthandlung
Grimm, H.
Merscheiderstr. 16
5650 Solingen

Kunsthandlung
Sommer, HG
Epscheiderstr. 39a
5805 Breckerfeld

Kunsthandlung
Grusser, G.
Friedrich-Ebert-Str.
5650 Solingen

Grafen, F.
Mittelstr. 71
5820 Gevelsberg

Kahnert, U.
Bergerstr. 57
5650 Solingen

Alte Schule Escherhof
Westerwaldstraße 11
5220 Waldbröl
Telefon 02291 / 5865

Kunsthandlung
Azteca Steiemann
Loherstr. 8
5828 Ennepetal

Kamm, G.
Kullerstr. 57
5650 Solingen

Ehlers, B.
Deterbergerstr. 14
5828 Ennepetal

Antiquariat
Kiene, H.
Katharinenstr. 19
5650 Solingen

Kunsthandlung
Enke, L.
Hauptstr. 145
5830 Schwelm

Kunsthandlung
Platte, E.
Odentalerweg 11
5650 Solingen

Tschelog, H. G.
Hauptstr. 34
5830 Schwelm

Kunsthandlung
Schaff, C. D.
Mummstr. 31
5650 Solingen

Vahle, M.
Hattingerstr. 20
5830 Schwelm

Schroeder, D.
Merscheider Str.316
5650 Solingen

Schröder, Detlef
Merscheider Str. 316
5660 Solingen 11

Gerken, F.-J.
Drostestr. 29
5768 Sundern

Klaproth, B.
Bergstr. 110
5800 Hagen

Schuermann
Altenhagenerstr. 42
5800 Hagen

Mulorz u. Risch
Friedenstr. 38
5840 Schwerte

Weintz, P.
Holzkamperweg 27
5650 Solingen

Müller, M.
Unnaer Str. 34
5750 Menden

Plaesier, S.
Marktstr. 2
5768 Sundern

Lange, W.
Hagener Str. 15
5800 Hagen

Stolle, J.
Elberfelderstr. 79
5800 Hagen

Vostry, E.
Kamp 13
5840 Schwerte

Wick, E.
Hübben 25
5650 Solingen

Bullemer
Kolpingstr. 12
5750 Menden 01

Kunsthandlung
Fischer, H.
Stresemannstr. 10
5800 Hagen

Paffrath, Marie
Spinngasse 4
5800 Hagen

Kunsthandlung
Syplacz, A.
Lenneuferstr. 15
5800 Hagen

Koller, A.
Dördelweg 23
5860 Iserlohn

Siegen
Die Stadt im Mittelpunkt

Informationen

Städt. Verkehrsamt
Telefon (02 71) 5 93-1
Durchwahl
(02 71) 59 33 16
Rathaus Siegen
Postfach 10 03 20
5900 Siegen

Siegen. Oberzentrum für mehr als 600.000 Menschen. Universitätsstadt. Moderne Infrastruktur im Bildungs- und Ausbildungsbereich. Hoher Freizeitwert mit über 150 Sportstätten und einer Umgebung, wie für Urlaub geschaffen.

Wir sind für Sie da

- bei Auskünften über Siegen und das Siegerland
- bei der Organisation von Besichtigungen und Stadtrundfahrten
- bei Anfragen nach Prospekten und Informationsmaterial aus dem In- und Ausland
- bei dem Verkauf von Eintrittskarten für Theater und andere kulturelle Veranstaltungen
- bei der Zimmervermittlung für Gäste
- um Ihnen zu helfen, wo immer es sei

Sanchez
Hochstr. 30
5860 Iserlohn

Sittler, W.
Am Zeughaus 8
5860 Iserlohn

Kunsthandlung
Strauss, B.
Hans Böcklerstr. 22
5860 Iserlohn

De Lanck, K.-H.
Hauptstr. 228
5870 Hemer

Galerie
Monika Elisabeth
Hauptstr. 189
5870 Hemer

Branscheid, U.
Luisenstr. 2
5880 Lüdenscheid

Kunsthandlung
Hoffmeister
Gotenstr. 6
5880 Lüdenscheid

Kunsthandlung
Holub, R.
Knapperstr. 59
5880 Lüdenscheid

Antiquariat
Melzer
Sauerfelderstr. 8
5880 Lüdenscheid

Petrikat, H.
Staberger Str. 1
5880 Lüdenscheid

Petrikat, P.
Weststr. 41
5880 Lüdenscheid

Springer, Thorsten
Talstr. 93a
5880 Lüdenscheid

Bender, D.
Nordhellen 5
5882 Meinerzhagen

Hispano
Hauptstr. 3
5882 Meinerzhagen

Röthling, M.
Lortzingstr. 3
5882 Meinerzhagen

Tschoepe, F.
Hahnenbecke 9
5882 Meinerzhagen

Kunsthandlung
Bader, F.
Wehestr. 9
5883 Kierspe

Söhl
Hinterste Berg 11
5883 Kierspe

Euler, J.
Höferhof 16
5883 Kierspe 1

Lange, U.
Volmestr. 45
5884 Halver

Kunsthandlung
Sieper-Schaub, W.
Höhenweg 31
5884 Halver

Kunsthandlung
Borkenhagen,
Heeserstr. 1
5900 Siegen

Hamann P.
Zum Wildgehege 9a
5900 Siegen

Isermann, I.
Löhrstr. 24
5900 Siegen

Kiss, J.
Austr. 56
5900 Siegen

Möbel Bossmann
Am Lohgraben 8
5900 Siegen

Pothmann, W.
Juliusstr. 16
5900 Siegen

Richter
Hainstr. 2
5900 Siegen

Schütz
Koblenzer Str. 53
5900 Siegen

Schütz, H.-W.
Gießereistr. 12
5900 Siegen

Weferling, S.
Siegstr. 59
5900 Siegen

Richter, U.
Kölner Str. 189
5908 Neunkirchen

Kunsthandlung
Oehlers, H.
Ginnerbach 2
5909 Burbach

Schneider B.
Jägerstr. 19
5909 Burbach

Kirchhof M.
Poststr. 21
5920 Bad Berleburg

Tröster, H.
Burgweg 1
5948 Schmallenberg

Decker-Lehwald, W.
Frankfurter Str. 16
5960 Olpe

Rademacher, H.-W.
Friedrichstr. 50
5960 Olpe

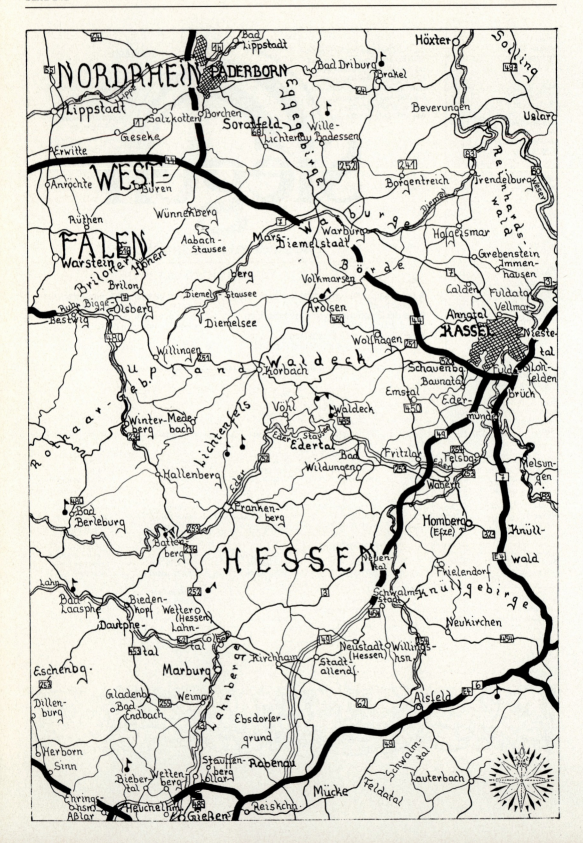

Hessisches Bergland

Märchenhaftes

Fro(h)nhausen, Schrecksberg, Rauisch-Holzhausen, Bruchhausen, Siedlungshausen, Romerod, Zimmersrode, Schwarzenborn.
Ortsnamen erzählen die Geschichte vom harten Leben in der Region; von den östlichen Ausläufern des Rothaargebirges (s.Reg.19) zu den Südspitzen des Weserberglandes, vom oberen Lahntal zum Knüll. Schweinsberg, Ziegenhain, Immenhausen, Wolfhagen, Habichtswald - die Namensgeber und Taufpaten aus der Tierwelt.

Nun sind Sie hoffentlich eingestimmt auf die Schätze der Region: Märchen. Wir befinden uns im fruchtbarsten deutschen Märchenland. "Die mußten damals viel Zeit gehabt haben. Kein Wunder, daß der Hunger ihr ständiger Begleiter gewesen war und die Pestilenz ihr Weggenosse. Leere Scheuern haben sie gehabt."

So hat nach W. Reuter ein Bauer um die Jahrhundertwende geurteilt. Aber Märchen hatten sie. Die Gebrüder Grimm scheuten nicht die Unwegsamkeit der Wälder, sie aufzuspüren und aufzuzeichnen, von der Schwalm bis zum Weserbergland. Wo heute die B 83 als "Deutsche Märchenstraße" führt. Wo unterhalb der Trendelburg von der Mühle der Esel aufbrach, an der Krukenburg den alternden Jagdhund aufsammelte; in Fürstenberg, wo die Leute so arm sind, daß nicht einmal mehr eine Katze zu fressen findet, die Katze aufnahm, und wo sie bei Höxter den Hahn vor dem Kochtopf retteten, in den er zu Mariä Lichtmeß, der Tradition gemäß, sollte. Das Räuberhaus soll bei Bückeburg stehen. Und in Bremen landen sie und ihr Denkmal: die Bremer Stadtmusikanten.

Münchhausen

Ortsnamen erzählen Geschichten:
Münchhausen. Doch, doch, gar nicht weit weg, in Bodenwerder an der Weser wird 1720 der Lügenbaron geboren, ficht gegen die Türken, ist in russischen Diensten. Und erzählt wilde Geschichten, schließlich ist er ein geselliger Mensch. Ungesellig wird er, als 1785 in England ein Buch erscheint von dem Kasseler Universalgelehrten und Wiederentdecker der Gotik, R.E. Raspe: "Baron Munchausen's Narrative of his Marvellous Travels and Campaigns in Russia." Gottlieb August Bürger übersetzt es ins Deutsche, wo es seinen Siegeszug in die Kinderzimmer antritt. G.A. Bürger, dessen düstere Ballade "Lenore" - dem "gothic feeling" der Engländer nachempfunden - eine literarische Lawine auslöst: vom "Sturm und Drang" bis zur "Romantik" lassen Deutschlands Schriftsteller sich "begeistern".

Geschichtliches

Ortsnamen erzählen Geschichte: Sachsenhausen, Sachsenberg, Frankenberg, Frankenau. So schön beisammen wie bei Korbach hat man sie selten. Noch Fragen? Siehe "Region 18 - Die Grenze". Und die Franken christianisieren die wilden Sachsen. Ansgar, der Apostel des deutschen Nordens, bricht von Corvey aus auf. 815 von Vettern Karls d. Gr. gegründet, sammelt die Benediktinerabtei Kloster Corvey alte Schriften: von Tacitus, von Cicero. Widukind schreibt seine Sachsengeschichte. In später Nachfolge lebt hier Hoffmann von Fallersleben, Dichter des Deutschlandliedes, 1860-74, Hofbibliothekar der Fürsten von Corvey.

Höxter, dessen Stadtteil heute Corvey ist, rivalisiert mit dem Kloster um den strategisch wichtigen Weserübergang an dem alten Handelsweg zwischen Rhein und Elbe. Höxter läßt sich von der mächtigen Hanse helfen, wird Mitglied der Hanse. Vorübergehend haben sie dort zwei Weserübergänge: den geistlichen und den weltlichen.

Schönes, Bäuerliches

Der Sinn für Schönes, nicht nur im Märchen, muß den Leuten im Blut liegen. Schön wie das Tal von Fulda und Schwalm. Schön wie Alsfeld, wo sich die Geschichte des Fachwerkbau von der Gotik bis zum Klassizismus vor Ort verfolgen läßt. Schön wie Hannoversch-Münden, trotz des kitschigsüßen Wesergeburtssteins: "Wo Fulda sich und Werra küssen..."Schön wie das Wesertal schließlich, bis zur Porta Westfalica. Schön wie Porzellan. In Fürstenberg bei Höxter liegt die zweitälteste deutsche Porzellanmanufaktur. Im alten Museum können Sie Techniken der Porzellanherstellung wie auch geschmäcklerische Varianten aus dem Reichtum unserer Tischkultur bestaunen.So schön wie die bäuerlichen Möbel der Schwalm und des Magdeburger Landes, wie die Kastentische mit umlaufendem Fußsteg. Kunst der dörflichen Meister wie J.G. Gombert (Mudersbach), Henrich Hartert (Brandoberndorf), J.D. Ordmüller (Damshausen), J.C. Schmidt (Amönau). Meist aber sind die Meister unbekannt.

Der Eigentümer ist wichtiger, sein Name prangt häufig auf den vierfachigen Truhen, auf den Eichenschränken, die mit Obstholz in naiven bäuerlichen Motiven intarsiert sind. Hierhin gehört der 1. Teil des Zitats aus dem 1. Abschnitt: "Es waren Narren, die das Geschnitzte überhaupt fertigten. Die mußten damals viel Zeit gehabt...." Es paßt auch hier. Denn märchenhaft schön sind auch ihre wertvollen Möbelstücke. Schön ist die Tracht der Schwälmer Bauern. So schön, daß sie heute fast jedes "Hessen-"plakat ziert.

Fürstliches
Fürstenhagen, Fürstenberg (2x), Zierenberg, Lichtenfeld, Lichtenau (2x), Amöneburg, Amönau, Hatzfeld. Ortsnamen erzählen Geschichten: Nett müssen's die Landgrafen von Hessen und diverse kleinere Fürsten gehabt haben. Also nicht nur Düsteres birgt die Gegend. Diese netten Namen sammeln sich um Kassel, die Residenz der Hessen-Kassel seit 1277. Daß Kassel zu "einer der schönsten Residenzen Europas" wurde, mußten die Landeskinder teuer bezahlen. 12.000 von ihnen verkaufte ihr Landesherr, Friedrich II. von Hessen-Kassel, an den englischen George III., dessen Großvater 1714 aus dem nachbarlichen Hannover zum englischen König berufen worden war. Gutnachbarliche Beziehungen sozusagen, aber "Ab nach Kassel" geriet in üblen Ruch.
Heute bestaunen wir die mit diesem feudalen Schurkenstück bezahlten Prachtbauten und die Gegner von Eintracht Frankfurt wissen kaum, daß der Schlachtruf: "Erbarmen!" "Zu spät, die Hesse kumme!" aus solch bittern Zeiten stammt.

Heute sucht Kassel friedlicheren Anschluß an die Welt der Kunst. Die "Documenta" hat Weltgeltung und die Kunstmöbelschreinerei des Michael Thonet hat von Boppard (Rhein) ausgehend, über Wien, schließlich bei Kassel ihren endgültigen Sitz als Möbelfabrik mit Weltruf genommen.

Geistiges
Neben der heiligen Elisabeth, deren rührende Geschichte aus Kreuzzugstagen heute jedes Kind kennt, beherbergt Marburg weitere Prominenz: die Universität, schon 1527 gegründet.
Während über Elisabeths Grab sich das erste rein gotische Baudenkmal erhebt, 1283 vollendet und geweiht, ist die Universität Schauplatz der ersten Einigungsversuche der religionsrevolutionären Fraktion: der Marburger Gespräche zwischen Luther, Melanchthon und Zwingli (1529).

Heute ist Marburg - dem Wirken Prof. W. Abendroths verdankt man es - ein Hort neuer und soziologisch interessierter Germanistik. Die große Tradition der Erforschung des Deutschen setzt sich fort. Vergessen wir über diesen tosenden Geistesschlachten nicht den Charme des Städtchens und seine herrliche Lage im idyllischen Lahntal. Mieten Sie doch mal ein Paddelboot und lassen sich ein paar Stunden treiben.
Zurück, wird Marburg Ihnen wirklich erscheinen wie "die hoch-gebaute Stadt".

"Ottoneum" Naturkundemuseum (Foto: Presse- u. Werbeamt Stadt Kassel)

Museum Fridericianum am Friedrichsplatz (Foto: Presse- u. Werbeamt Stadt Kassel)

Unser Tip

Hessisches Landesmuseum
Brüder-Grimm-Platz 5
3500 Kassel
Telefon: 0561-780036

Faszinierend zunächst das Astronomisch-Physikalische Kabinett mit dem Bereich Technikgeschichte: älteste, naturwissenschaftliche Sammlung Hessens, die auf die erste, fest eingerichtete Sternwarte der Neuzeit zurückgeht. Technische Wunderwerke und Instrumente der Astronomie, Physik und Technik aus 4 Jahrhunderten beeindrukken den Besucher: Kunstuhren, Globen, Mikroskope, Fernrohre, Barometer, Rechenmaschinen, Telegraphen. Herausragend die technischen Kunstwerke des Jost Bürgi. In neuerer Zeit bereichern Objekte der Technikgeschichte, u. a. der älteste Dampfzylinder der Welt (Denis Papin), eine Henschel-Lok (1905) und das Flugzeug "Fieseler Storch", den wertvollen Bestand. Die Eingangshalle des Museums beherrscht die Vor- und Frühgeschichte mit der Steinkammergrabkultur, 3. Jahrtausend vor Chr. Die Ausstellung zeigt Funde aus Ausgrabungen, Sammlungen von altsteinzeitlichen Geräten, z.B. Faustkeile, Funde aus Gräbern, seltene Kultsteine. Aus der Bronzezeit ist besonders das Frauengrab von Molzbach u.a. mit reichem Schmuck zu nennen. Weitere herausragende Stücke: Holzfunde von europäischer Seltenheit, Tongefäße, Gerätschaften aus der Eisenzeit, keltische Goldmasken sowie Gebrauchsgegenstände von Ausgrabungen, die bis ins 17.Jh. reichen. Mehr als 100 000 Objekte umfaßt diese Abteilung, in einer Schausammlung eindrucksvoll dokumentiert. Kunsthandwerk und Plastik vom frühen Mittelalter bis zur Gegenwart: ein einzigartiges Spektrum von Kunstwerken. Z.B. Hauptstücke der deutschen Plastik, "Cauber Madonna" und Altäre aus Hessen. Prunkstücke aus der Schatzkammer der Landgrafen und fürstlichen Kunstkammer Hessens: "Katzenelbogischer Willkomm", die Seladonschale, frühestes auf dem Kontinent nachweisbares Porzellan Chinas. Weitere Kostbarkeiten: Elfenbein-Skulpturen, Silbergeräte und die bedeutendste deutsche Bernstein-Sammlung. Darüber hinaus Fayencen hessischer Manufakturen und der umfassendste Besitz von Fuldaer und Kasseler Porzellan. Seit 1987: "Kunsthandwerk und Design" in der Torwache.

Öffnungszeiten:
Januar - Dezember, Dienstag - Sonntag 10 - 17 Uhr; montags geschlossen
Torwache: Mittwoch, Donnerstag, Samstag, Sonntag 10 - 17 Uhr

Kunstvolles Kassel
Einmalig: die Kasseler Museenlandschaft.
Ein Leckerbissen für alle Kunstfreunde ist das Schloß Wilhelmshöhe mit der **Gemäldegalerie Alte Meister**, die u. a. 17 Rembrandts beherbergt.

In der **Löwenburg**, einer romantischen Ritterburg im Park Wilhelmshöhe, sind Waffen und Rüstungen aus dem Mittelalter aufgestellt.

Das **Hessische Landesmuseum** zeigt Beispiele der Vor- und Frühgeschichte, Kunsthandwerk und Volkskunde.

In der **Neuen Galerie** sind europäische Malereien und Plastiken von 1750 bis zur Gegenwart zu sehen.

Die **Landesbibliothek** hütet unter ihren Schätzen das Hildebrandslied, ältestes schriftliches Zeugnis deutscher Dichtung.

Das **Naturkundemuseum Ottoneum** ist als Schausammlung für Geologie, Botanik und Zoologie vor allem für Schüler von großem Interesse.

Mehr als 600 Kostbarkeiten einer jahrhundertealten Tapetenkultur sind im Kasseler **Tapetenmuseum** zu sehen.

Das **Museum Friedericianum** ist ab 1988 für Kassel ein unverwechselbares Kunstzentrum. Mit einem permanenten Austellungsprogramm werden große Ausstellungen und kleinere Präsentationen gezeigt.

LBB ANTIQUITÄTENZUBEHÖR GMBH
NECKARGARTACHERSTR. 94
7100 HEILBRONN-BÖCKINGEN
07131 - 47070

Möbelbeschläge
Schlösser
Scharniere
Bänder
Holzteile
Intarsien
Schellackpolituren
Bienenwachs
Beizen

mehr als 12oo Artikel ständig auf Lager
bitte Katalog anfordern gegen DM 4,-

ANTIQUITÄTEN- UND KUNSTHANDLUNGEN

Antiquariat Q
Friedrich-Ebert-Str.
3500 Kassel

Kunsthandlung
Becker, K.-H.
Querallee 13
3500 Kassel

Kunsthandlung
Bey, R.
Jordanstr. 9
3500 Kassel

Bollerhey
Dörnbergstr. 7
3500 Kassel

Bracht, C.
Kirchweg 25
3500 Kassel

Bunge, Kurt
Kuhbergstr. 21
3500 Kassel

Kunsthandlung
Dzierbicki, A.
Jordanstr. 15
3500 Kassel

Eckelmann, H.
Friedrich-Ebert-Str.
3500 Kassel

Eichholz, J.
Wilhelmshöher Allee
3500 Kassel

Kunsthandlung
Eule, H.
Wolfsschlucht 8a
3500 Kassel

Antiquariat
Fuhr & Jepsen oHG
Goethestr. 67
3500 Kassel

Antiquariat
Hamecher, Horst
Goethestr. 74
3500 Kassel

Kunsthandlung
Heinzel, B.
Opernstraße 9
3500 Kassel

Herlitz, F.
Am Hasenstock 5
3500 Kassel

Hoppe
Goethestr. 67
3500 Kassel

Innocenti GmbH
Pfeifferstr. 53
3500 Kassel

Antiquariat
Jenior, W.
Lassalle Str. 15
3500 Kassel

Kaufmann, H.
Weserstr. 13a
3500 Kassel

Kunsthandlung
Kopp, A.
Kaufswiesenweg 29
3500 Kassel

Kunsthandlung
Krueger, K.-H.
Erich-Klabunde-Str.
3500 Kassel

Leck, Irmgard
Fridrich-Ebert-Str.
3500 Kassel

Kunsthandlung
Makrocki, A.
Quellenstr. 14
3500 Kassel

Moosburger, Roland
Friedrich-Ebert-Str
3500 Kassel

Prior, W.
Friedrich-Ebert-Str.
3500 Kassel

Kunsthandlung
Puri, Siegfried
Rolandstraße 3
3500 Kassel

Rudolf, J.
Friedrich-Ebert-Str.
3500 Kassel

Rühl, Otto Horst
Mönchebergstr. 40-42
3500 Kassel

Röhr, U.
Agathofstr. 36
3500 Kassel

Schneider
Friedrich-Ebert-Str.
3500 Kassel

Schuhmann & Co.
Wilhelmshöher Allee
3500 Kassel

Schulte, J.
Friedrich-Ebert-Str.
3500 Kassel

Schulte, J.u.I.
Kölnische Str. 127
3500 Kassel

Stark, H.
Fuldatal
3500 Kassel

Störmer, T.
Schlangenweg 9
3500 Kassel

Tochmann, R.
Pfannkuchstr. 21
3500 Kassel

Kunsthandlung
Waldmann, Peter
Friedrich-Ebert-Str.
3500 Kassel

Kunsthandlung
Wein, G.
Hauptstraße 14
3500 Kassel

Winkenjohann, U.
Kölnische Str. 61
3500 Kassel

Wolfram, A.
Michelskopfweg 1
3500 Kassel

Brandt, W.
Wilhelmshöhe 49
3501 Schauenburg

Diederich, M.
Terrasse 20
3501 Edermünde

Diederich, M.
Heinrich-Heine-Str. 4
3501 Niedenstein

Fischer, F.
Bodenhausen 1
3501 Habichtswald

Kunsthandlung
Weber, W.
Siedlerweg 9
3504 Kaufungen

Hilsenbeck, P.M.
Kasseler Str. 2a
3507 Baunatal

Antiquariat
Beume, K.
Burgstr. 18
3510 Hann. Münden

Heuchert, G.
Lange Str. 26
3510 Hann. Münden

Kaltenstadler
Rosenstr. 18
3510 Hann. Münden

Lausmann, M.
Veckerhägerstr. 25
3510 Hann. Münden

Kunsthandlung
Wassmuth, A. u. K.
Langestr. 2
3510 Hann. Münden

Kunsthandlung
Wichert, K.
Schmiedestr. 11
3510 Hann. Münden

Seute, G.
Waschbergweg 43
3510 Hann. Münden

Schaefer, Bernhard
Conradistr. 2
3522 Bad Karlshafen

Eckelmann, H.
Am Wasser 5
3523 Grebenstein

Glasmuseum
Am Bahnhof 3
3524 Immenhausen

Lamers, G.
Rosenstr. 4
3533 Willebadessen

Ferchland-Nolte, B.
Am Kohlhagen 15
3540 Korbach

Merz, T.
Steckbahn 2
3540 Korbach

Kunsthandlung
Marx, E. u. B.
Wiesenweg 7
3542 Willingen

Bialowitz, N.
Korbacher Str. 19
3544 Waldeck

Hoppek, Galerie
Arolsen
3548 Arolsen

Antiquariat
Am Grün 30
3550 Marburg

Kunsthandlung
Fiege, W.
Am Erlengraben 4
3550 Marburg

Versteigerer
Hahn, H.
Am Krekel 45
3550 Marburg

Hatzig, H.-J.
Am Grün 27
3550 Marburg

Höhfeld, U.
Dorfmitte 9
3550 Marburg

Kunsthandlung
Kaefer, W.
Untergasse 13
3550 Marburg

Knoll, E.
Am Kornacker 40
3550 Marburg

Antiquariat
Kroehnke, E.
Aulgasse 4
3550 Marburg

Ring, A.
Bei St. Jost 24
3550 Marburg

Ritterpusch, L.
Wehrdaerstr. 135
3550 Marburg

Schulz, P.
Eisenstr. 3a
3550 Marburg

Kunsthandlung
Schulz, Otto
Untergasse 5
3550 Marburg

Weber, H.
Ketzerbach 17
3550 Marburg

Wilcockson, J.
Schuhmarkt 1
3550 Marburg

Wolff, M.
Zwischenhausen 7
3550 Marburg

Burk, D.
Kreuzstr. 35
3554 Gladenbach

Antiquariat
Schweinsberg, E.
Gießener Straße 4
3555 Fronhausen

OMIS - MÖBEL - STUBE
Antiquitäten, An- und Verkauf, Restauration
Inh. Jürgen Sill
Detmolder Straße 29, 4790 Paderborn
Telefon 0 52 51 / 5 77 95, privat 0 52 54 / 1 09 91
Öffnungszeiten : Mo - Fr 14.00 - 18.00 Uhr, Sa 10.00 - 13.00 Uhr

Paczensky und Tenczin Möllner Str. 14 3557 Ebsdorfgrund	Pezus, K. An der Warte 5 3560 Biedenkopf	Wegener, C. Zwischen den Krämen 4 3580 Fritzlar	Göbel, H. Kreisstr. 34 4788 Warstein	Krehota, A. Detmolder Str. 41 4790 Paderborn	Sill, Jürgen Thunemühle 1 4790 Paderborn	
Ante I. Hauptstr. 3 3558 Frankenberg	Budrus, R. Littau 18 3570 Stadtallendorf	Danz, H. Cappelerstr. 5 3583 Wabern	Kunsthandlung Altmeyer, R. Torgasse 9 4790 Paderborn	Kunsthandlung Lammersen, A. Kamp 14 4790 Paderborn	Stecker, Eva Am Domturm 4790 Paderborn	
Denaro, G. Auf der Heide 11 3558 Frankenberg Eder	Weyl, C. Marktstr. 18 3570 Stadtallendorf	Lamm, R.u.I. Brunnenstr. 40 3590 Bad Wildungen	Troedel Thereschen Fürstenbergstr. 31 4790 Paderborn	Poppinga, R. Okern 7 4790 Paderborn	Troedel Thereschen Fürstenbergstr. 21 4790 Paderborn	
Galerie im Grund Raingasse 9 3559 Ebsdorfgrund	Zon, R. Ohäusermühle 3570 Stadtallendorf	Lerchl, K. Cappeler Stiftsallee 4780 Lippstadt	Kunsthandlung Becker, D. Franziskanermauer 22 4790 Paderborn	Kunsthandlung Ravens-Rademacher, J. Riemekestr. 5 4790 Paderborn	Kunsthandlung Tueshaus, K. Rathausplatz 6 4790 Paderborn	
Langenfeld, H. Zum Küppel 3 3559 Burgwald Eder	Kilian, H. Ellerweg 1 3576 Rauschenberg	Kabinett Antiquitäten Hoffmann Woldemei 23 4780 Lippstadt	Kunsthandlung Fuest, E. Riemekestr. 79a 4790 Paderborn	Rodelhutscort, H. Michaelstr. 7 4790 Paderborn	Antiquariat Le Mans Wall 23 4790 Paderborn	
Schmidt, H. Tannenstr. 14 3559 Burgwald	Ruhl, H. Am Schalkert 9 3577 Neustadt	Kunsthandlung Schneider, C. Geiststr. 9 4780 Lippstadt	Hagedorn, R. Theodorstr. 19 4790 Paderborn	Schlingmann, Renate Krumme Grube 2 4790 Paderborn	Kunsthandlung Moeller, H. Grundsteinheim 4791 Lichtenau	
Kunsthandlung Schmolling, W. Edertalstr. 4 3559 Hatzfeld	Gies, H. Wierastr. 13 3578 Schwalmstadt	Wallner & Radl GmbH Quellenstr. 26 4780 Lippstadt	Janssen, L. A. Grube 9 4790 Paderborn	Schoenke, Hans Josef Temme Weg 29 4790 Paderborn	Kunsthandlung Waesch, W. Bühlheim 4 4791 Lichtenau	
Halver, R. Georg-Müller Str. 4 3560 Biedenkopf	Krug, W. Am Hochzeitshaus 5 3580 Fritzlar	Kunsthandlung Koehler, J. Auf der Heckenbrede 2 4782 Erwitte	Kunsthandlung Kafsack, Margareta Michaelstr. 2-6 4790 Paderborn	Kunsthandlung Schoell, H. A. d. Dielen 16 4790 Paderborn	Antiquariat Wichert-Pollmann Am Hammer 16 4791 Altenbeken	

Faszination Kassel.

**Kassel – Kunst – Kultur:
Einzigartiges Ambiente.**

Kassel – kulturelles, wirtschaftliches Zentrum der Region Nordhessen. Synthese von Stadt und Landschaft, mit einzigartigen Parks, Schlössern und Museen. Traditionsreiche Residenzstadt, heute Kunst-, Tagungs- und Universitätsstadt mit ca. 200.000 Einwohnern.

Kunst-Erlebnis Wilhelmshöhe.

Alles überragend: Der Herkules, Wahrzeichen der Stadt in 550 m Höhe. Alljährliche Attraktion: faszinierende Wasserkünste. Mittelpunkt im Park: Schloß Wilhelmshöhe mit Gemäldegalerie Alte Meister und Antikensammlung von internationalem Rang.

documenta und Kulturmeile Kassel.

Kassels City: Kultur-, Museums-, Theater- und Shopping-Szene rund um Friedrichsplatz, Brüder-Grimm-Platz, Ständeplatz, Karlsaue. Mit der documenta, Weltausstellung der modernen Kunst seit 1955, inzwischen Mythos und untrennbar mit Kassel verbunden. Mit einem Staatstheater, weit über Kassels Grenzen gegenwärtig. Beeindruckend und sehenswert die Museumsmeile Fridericianum – Ottoneum – Brüder-Grimm-Museum – Neue Galerie – Deutsches Tapentenmuseum – Hessisches Landesmuseum. Kunst integriert in Landschaft: Der Barockpark Karlsaue mit Orangerie und Blumeninsel Siebenbergen, u.a. Schauplatz der Bundesgartenschauen 1955 und 1981.

Kunst-Szene Kassel 1988:

Wechselausstellungen im Museum Fridericianum, Neue Galerie, Hessisches Landesmuseum, Ballhaus Wilhelmshöhe. Antiquitätenmessen, Flohmärkte, Theaterfestivals, Kleinkunst etc.

Informationen:
Stadt Kassel
Presse- und Werbeamt
Rathaus, Obere Königsstr. 8
D-3500 Kassel
Telefon (05 61) 7 87-80 07

HARZ UND RHÖN

"Grenzlandtour"
Harz

Sie haben ihn in aller Welt bekannt gemacht, die dichterischen "Harz-Touristen": Johann Wolfgang von Goethe, es zog ihn in den Harz (Hart = Wald), den geheimen Legionsrat im weimarischen Staatsdienst, um in den "sieben Bergstädten" des Harzes zu lernen, die Silbererzförderung zu studieren. Hier wurde er zum Wissenschaftler, hier holte er sich auch seine ersten Anregungen zu seiner Farbenlehre - und er dichtete ... "Harzreise im Winter" - 1777 - "Ich stand ... grenzenlosen Schnee überschauend ... " Der verborgene Reiz dieses nördlichsten deutschen Mittelgebirges zog sie an: Heinrich Heine ("Auf die Berge will ich steigen, auf die schroffen Felsenhöhn"), wandernde Studiosi, Handwerksgesellen, der weitgereiste dänische Romancier, Dramatiker und Märchenerzähler Andersen ... "Schattenbilder einer Reise in den Harz ... (1831).

Sie durchstreiften die Wälder, die einsamen Höhen, die Flußtäler, genossen die bescheidene, herbe Schönheit des vierhundert Millionen alten, 90 km langen und 30 km breiten Gebirges ... Joseph von Eichendorff, Caspar David Friedrich - weitere träumerische Romantiker folgten ihren Spuren - ... sie entdeckten das Ursprüngliche, die Felsenwildnis, die Klippen aus Granitblöcken, die Flußtäler von Ilse, Oker und Bode, die Wasserfälle und den wilden Forst.

Erst schweifend und romantisch, später kernig und sehr deutsch. - "Sachsenroß, Teutonia, Viktoria Luise" - man fuhr in den Harz. Nach St. Andreasberg und Braunlage. Der Harz kam in Mode und ... wieder aus der Mode. Nach zwei Kriegen und Zusammenbrüchen blieben die Gäste aus, wurden die Gasthäuser bescheidener. Eine widersinnige Grenze tat ein übriges, zerschnitt alte Bindungen. Man sieht "drüben" den Vater Brocken, blickt über eine unnatürliche, schier undurchdringliche Grenze ... Wanderungen, Skitouren, hinüber, heutzutage unmöglich! - Wie lange noch??

Wintersport

Das Wintersport - Vergnügen im westlichen, übrigens auch im östlichen Harz ist gut organisiert. Die siebziger Jahre brachten die Wende, den Sprung ins kalte Wasser der Moderne: neue Ferienzentren mit ihren Apartements für ein paar tausend Gäste auf den Bergkuppen oder den fichtenbestandenen Talflanken, die Hoteltürme und Urlauberkomplexe mit beheiztem Freischwimmbad, Diskothek, Friseur, Boutiquen, Sauna und medizinischen Einrichtungen - sie schossen aus dem Boden. Skikurse und Skitouren unter Führung erfahrener Leiter, Skikindergarten und Eisstockschießen, Schlittschuhlaufen mit Unterricht, Fahrten mit Pferdeschlitten zur Wildfütterung - alles wird geboten zwischen Hahnenklee und Bad Sachsa, zwischen Bad Harzburg und Osterode, in Altenau und Braunlage, hier im "Zonenrandgebiet", wo einst Preußen an Braunschweig und Hannover grenzte.

Bergbau-Geschichte

Über Jahrhunderte drückte der Bergbau, die Suche nach Silber, Zink, Kupfer, Eisen und Blei dem Wirtschaftsleben und dem Charakter der Landschaft ihren Stempel auf. Begonnen hatte alles im Jahre 968, als im Rammelsberg bei Goslar Silbererz gefunden wurde. Der Harz rückte in den Blickpunkt: Aufblühen des Landes, "Sachsen- und Otto-Adelheid-Pfennige" aus Harz-Silber, Heinrich III. (1039 - 1056) erkor die Kaiserpfalz Goslar zu seiner Lieblingsresidenz. Im 11. und 12. Jh. war die Region Schauplatz großer Machtkämpfe der sich ständig in Geldverlegenheit befindlichen Fürsten ... Staufer, Welfen, Askanier, "Adler gegen Löwe" ... Niedergang des mittelalterlichen Reiches ... Zersplitterung des Harzes in viele kleine Territorialherrschaftsgebiete ... neue Impulse im 16. Jahrhundert ... bessere technische Abbauverfahren. Erze aus Goslar wurden nach Moskau und London exportiert, brachten den Mächtigen des Landes Einfluß und Reichtum. Bergmänner aus dem Harz waren in der ganzen Welt gefragt. Inzwischen sind die meisten Hütten und Gruben erschöpft und die Halden nur noch Fundgruben für Experten und Amateure der Feldgeologie. Heute werden nur noch das Gangerzvorkommen bei Bad Grund "Hilfe Gottes" und die Lagerstätte im Rammelsberg bei Goslar weiter ausgebeutet. Fast ein Drittel des Verbrauchs an Nichteisenmetallen (Blei, Kupfer, Zink, Silber und Gold) in der Bundesrepublik stammt noch heute aus Harzer Gruben.

Auch der Umgang mit dem nassen Element, dem Wasser, wurde hier zur Kunst entwickelt. Der westliche, im wesentlichen zur Weser hin entwässernde Teil des Harzes ist das niederschlagsreichste Gebiet Deutschlands nördlich des Mains. Unterschiedlichste Bedürfnisse und Erfordernisse ließen dieses Fleckchen Erde zum wasserbaulich und - wirtschaftlich am stärksten erschlossenen Gebiet Deutschlands, wenn nicht Europas, werden. Ob die Bremer und Hannoveraner, ob die Arbeiter im Wolfsburger Volkswagenwerk oder die Einwohner von Magdeburg und Halle an den Harz denken, wenn sie den Wasserhahn aufdrehen? Von Harzer Talsperren aus werden sie mit Wasser versorgt - durch "Urquell-Pipelines", die Hunderte von Kilometer lang sind.

Göttingen

Entstanden an der Kreuzung von Hellweg und Königsstraße, zwei alten Handelswegen, geriet Göttingen erst mit der Universität so recht ins Licht der Geschichte. Sicher gibt es Sehenswertes von früher: Das historische Rathaus aus dem 14.Jh., die Jakobi-, Albani-, Johannis-, Marienkirche, alle aus der Zeitspanne um 1300 begonnen, bis zum frühen 16.Jh. vollendet. Das ehemalige Dominikanerkloster in der Paulinerstraße diente vorübergehend als Universität (ab 1737), später als Bibliothek. In der Pauliner-, Johannis-, Burg- und Barfüßerstraße stehen noch erhaltene prächtige Wohnhäuser, alle um 1540 entstanden. Die Universität, gegründet 1737 von Kurfürst Georg August von Hannover, machte schnell von sich reden. Berühmte Geister hat sie hervorgebracht. Die Mathematiker und Physiker A. G. Kästner und G. C. Lichtenberg, der als Aphoristiker wohl noch bekannter ist. Entstammt seiner Feder doch der goldene Satz: "Daß, wenn ein Buch und ein Kopf zusammenstoßen und es hohl klingt, das nicht immer die Schuld des Buches sein muß." Als er im Herbst vom Hauberg im Osten Drachen steigen ließ, notierte er in seinem "Sudelbuch": "Lustig war es, daß sich sogar galante Mamsellen einfanden. Die eine behauptete, der Schwanz wäre zu kurz, die andere, er wäre zu lang. Es ist dieses kein Scherz von mir, sondern res facti... Man erkennt indessen hieraus die Verschiedenheit der menschlichen Urteile. Was dem einen zu lang ist, ist dem anderen zu kurz."

Ja, ja, so ein kleines Universitätsstädtchen. Und doch so viele Berühmtheiten: Heinrich Voß, der Homerübersetzer, die Brüder Wilhelm und Alexander Humboldt, um deren Ideal des allseitig (humanistisch) gebildeten Menschen noch heute der Streit geht. G. A. Bürger, dessen "Leonore" die Bewegung des Sturm und Drangs auslöste. Clemens von Brentano. Die Gebrüder Grimm - Mitglieder des "Hainbundes", einer Protestbewegung gegen Nationalismus und Aufklärung . Hoffmann von Fallersleben, schließlich. Aber auch die "Göttinger Sieben", die Professoren Albrecht, Dahlmann. Ewald, Gervinus, Jakob und Wilhelm Grimm, Wilhelm Weber, die 1837 gegen die willkürliche Aufhebung des Staatsgrundgesetzes protestierten, auch sie sind Göttinger Geistes. Unruhigen, wie ihr Studiosus Harry Heine, der 1820 schon nach drei Monaten wegen Duellierens und "Unkeuschheit" die Universität verlassen mußte. 1824 kehrte er zurück, legte sein Examen ab, wurde Christ (Christian Johann Heinrich), promovierte und wurde der Heine.

Auch ein Otto von Bismarck trieb es übel im Sommersemester 1833. Pflegte er doch - Entsetzen! - nackt im Kanal zu baden. Und mit 25 nachgewiesenen Mensuren müßte doch jeden Menschens Ehre gerettet sein. Doch gab es auch Technisches. Wilhelm Weber (s.o.) und Karl Friedrich Gauß knüpften die erste telegraphische Verbindung per Elektromagneten. Osterm 1833. "Michelmann kömmt" . Michelmann, Faktotum der Sternwarte, soll noch vor dem Spruch angekommen sein, behaupten böse Zungen, habe es aber, der Größe der Entdeckung sich bewußt, verschwiegen. Originale in familiärer Atmosphäre einer universitätsgeplagten Kleinstadt: Göttingen setzte der "alten Müllern", der ältesten Straßenhändlerin der Welt (1840-1935) ein Denkmal. Seh'n se. Schließen wir mit Heinrich "Harry" Heine: Die Stadt Göttingen, berühmt durch ihre

Würste und Universität, gehört dem König von Hannover und enthält 999 Feuerstellen, diverse Kirchen, eine Entbindungsanstalt, eine Sternwarte, einen Karzer, eine Bibliothek und einen Ratskeller, ..." wo das Bier sehr, sehr gut ist."
Braunschweiger Möbel stellte Göttingen in Mengen her, aber, wen interessiert das denn noch. Sie vielleicht? Dann bitte!

Rhön
Zwischen Natur und Kultur
Endlose Wälder wechseln sich mit baumlosen Hochplateaus und weiten Wiesen ab. Viele Naturparks mit Landschaftsschutzgebieten für Tiere und seltene Pflanzen verlocken zu ausgiebigen Besuchen. Wenn auch - und damit geht es der Rhön wie dem Westerwald - ja, wenn auch die Rhön rauh genannt wird. Ein Körnchen Wahrheit ist schon dran. In der hessischen wie auch der bayrischen Rhön, deren Kuppen und Bergzüge sich etliche hundert Meter höher erheben als etwa die Täler von Main und Rhein, pfeift der rauhe Wind etwas kälter.
Die "typische Schafherde" am Wegesrand. Hänge als Weideland. - Es ging karg zu bei den Kleinbauern in den abgelegenen Dörfern der "rauhen" Rhön: Heimarbeit oder Erntearbeit in reichen Gegenden. Und heute? Ein echter Geheimtip für Urlauber, die gegen den Strom schwimmen wollen: Fachwerkromantik in Melsungen und Allendorf, altes Vulkanland, Basaltdecken, Hochmoore, Hochrhönstraße, Schwarzes Moor ... Der Sage nach befindet sich unter dem Moor eine versunkene Stadt, aus der des Nachts wunderschöne Jungfrauen aufsteigen, um den Mädchen ihre Burschen abspenstig zu machen ...
Nach der Besichtigung dieses herrlichen Biotops vielleicht weiter ... grandiose Aussicht ... zum "Berg der Flieger", der Wasserkuppe. - Abenteuerlustige Darmstädter machten hier vor 77 Jahren erste Flugversuche mit drachenähnlichen Gleitern, wobei sie sich schon damals fast zwei Minuten lang in der Luft halten konnten.
Heute gibt's hier eine Flugschule, Modellflugwettbewerbe, Neppläden und - für Kinder - eine lange, lange Rutschbahn. Dazu wird ein Segelflugmuseum geboten, das die Geschichte der motorlosen Luftfahrt ausführlich zeigt. Richtung Nordosten nach Tann, hart an der DDR-Grenze entlang, malerisches Stadttor, außerdem gleich drei Schlösser, das Rote, Gelbe und Blaue genannt. Nach Fulda, dem westlichen Tor zur Rhön! Freunde von barockem Prunk dürfen sich hier auf einen längeren Aufenthalt freuen. Da gibt's den Dom mit der Gruft des heiligen Bonifatius, da steht das Schloß, die elegante Orangerie an der Nordseite des weiten Schloßparks und außerdem das Schloß Fasanerie ein paar Kilometer außerhalb des Stadtkerns, das mit seiner berühmten Porzellansammlung gar als Hessens schönstes Barockschloß gefeiert wird.

Möbel
Je weiter wir die Möbelformen nach Süden verfolgen, umso mehr verlieren sich die Einflußbereiche von Städten. Im Harz strahlt der Einfluß Braunschweigs ungewöhnlich weit aus. Die herstellenden Werkstätten verteilten sich über das ganze Land (Göttingen) und schufen Möbelformen nach Vorbildern höfischer Möbelkunst: Reich eingelegte Möbel, die Türen mit einem bogenförmigen Abschluß. Im Raum Kassel beharrt man lange stilistisch in der Welt des 17.Jahrhunderts, später dann entstehen Kastentruhen, meist als Hochzeitstruhen, eingelegt mit Obst-, Birken- und Tujawurzelholz, poliert und bemalt. Eine echte "Spezialität" dieser Region, vom 16. bis 18.Jahrhundert hergestellt: der Rhöntisch, die bäuerliche Form eines Viereck-Kastentisches mit Steg und Seitenbrettern als Gestell; auch die Rhöner Mehltruhe, mit flachem Deckel. Sehr verbreitet auch die reizvollen Löffelkörbchen. Sie hingen an der Wand und nahmen die meist aus Ahorn geschnitzten Eßlöffel der bäuerlichen Tischrunde auf.

Mehltruhe aus der Röhn (Foto: Mainfr. Museum Würzburg)

Unser Tip

Alfeld (3220)
Heimat- und Tiermuseum
Am Kirchplatz 4-5
T: 05181-5304
Schwerpunkte: Holzschnitzkunst, exotische Tiere, Mittelalter, Ur- und Frühgeschichte, städt. Ackerbürgertum

Delligsen (3223)
Glasmuseum Grünenplan
Obere Hilsstr. 3 u. Kirchtalstr. 13
T: 05187-7133
Schwerpunkte: Grabungsfunde, Glasmachergeräte

Eschwege (3440)
Heimatmuseum
Vor dem Berge 17a
T: 05651-30041
Schwerpunkte: erdgeschichtliche und vorgesch. Samml., Uniformen, Waffen, Trachten, Münzen, sakrale Kunst, ältestes deutsches Fotoatelier, Apotheke des 18. Jh

Friedewald Kr. Hersfeld-Rotenburg (6431)
Heimatmuseum
Schloßplatz 2
T: 06674-251
Schwerpunkte: Leben u. Wohnen v. etwa 100 Jahren,

Friedland (3403)
Europäisches Brotmuseum
3403 Friedland 3 (Mollenfelde)
T: 05504-580
Schwerpunkte: Die Welt des Brotes in Kunst, Kultur und Brauchtum, 30 Themen zur Geschichte des Brotes, Brot in der bildenden Kunst, Mühlen, Großgeräte, histor. Brot, Brot im relig. Brauchtum, traditionelles Backgerät wie Backmodeln, Brotstempel etc.

Gersfeld (6412)
Schloß- u. Heimatmuseum
Schloß
T: 06654-7077
Schwerpunkte: bäuerl. Gebrauchsgegenstände u. Gerätschaften 19. Jh., Mineraliensammlg.

Göttingen (3400)
Kunstsammlung der Universität
Hospitalstr. 10
T: 0581-395095/99
Schwerpunkte: Renaissance- u. Barockgraphik

Städtisches Museum
Ritterplan 7-8
T: 0551-4002843/44/45
Schwerpunkte: Sakrale Kunst des Mittelalter u. Barock, Stadtgesch., Urgesch., Universitätsgesch.

Hannoversch Münden (3510)
Stätisches Museum
Welfenschloß
T: 05541-751
Schwerpunkte: Vor- und Frühgeschichte, Eisenbarth und seine Zeit, Spinnen und Weben, Zinngießerei, Welfenporträts, Baugeschichte der Stadt, Werke des Bildhauers Eberlein, Fayencen

Kaufungen (3504)
Heimatmuseum St. Georg
T: 05605-4668
Schwerpunkte: Stadtgeschichte, bäuerliche Kultur und Handwerksgerät

Northeim (3410)
Heimatmuseum
Am Münster 32-33
T: 0551-7061
Schwerpunkte: Militaria und mittelalterliche Kirchenkunst, Stilmöbelzimmer, Handwerk, Bürgertum, Geologie, Vor- und Frühgeschichte

Osterode am Harz (3360)
Heimatmuseum mit Ostpreußen-Stube
Rollberg 32
Schwerpunkte: Tilman Riemenschneider, Bauern- und Trachten-Museum, Heimatstube Osterode, Forst- und Weidewirtschaft, Textilverarbeitung, Gipsgewinnung und -produkte, Vor- und Frühgeschichte

Sankt Andreasberg (3424)
Historisches Silbererzbergwerk
Grube Samson
T: 05582-1249
Schwerpunkte: zum Museum umgestaltete Silbererzgrube, Technik und Arbeitsweise

Wanfried (3442)
Städtisches Heimatmuseum Wanfried
Rathaus
T: 05655-8001
Schwerpunkte: Wanfrieder Werrakeramik, Bauern- und Bürgerstuben, Urkunden und Zunftbriefe

Witzenhausen (3431)
Jahrhundertmuseum im Freizeitpark Ziegenhagen
T: 05545-246
Schwerpunkte: Fossilien und Mineralien, Haus- und Hofrat, Waffen, Zeit- und Musikuhren, bäuerliches Kulturgut

Museum für Völkerkunde
Steinstr. 19
T: 05542-3203
Schwerpunkte: Afrika und Ozeanien

Antiquitäten- und Kunsthandlungen

Ahlbrecht
Jüdenstr. 11
3400 Göttingen

Ahlbrecht, H.
Untere Str. 15
3400 Göttingen

Kunsthandlung
Albrecht Dürer Haus
Weendstr. 87
3400 Göttingen

Antiquitäten
Ewaldstr. 79
3400 Göttingen

Antiquitäten
Belle 'Epoque
David-Hilbert-Str. 2
3400 Göttingen

Galerie
Stoeberstübchen
V. Ossletzky Str. 1
3400 Göttingen

Bockum-Dolffs, v.
Bühlstr. 19
3400 Göttingen

Braunschweig, C.
Rote Str. 40
3400 Göttingen

Bricoles, Art-Deco
Papendieck 2
3400 Göttingen

Brocante
Kurze Str. 16
3400 Göttingen

Antiquariat
Bruehmann, Gudrun
Groner Torstr. 5
3400 Göttingen

Antiquariat
Doerri, Hans H.
Düstere Str. 8
3400 Göttingen

Funk, E.
Am Brachfelde 17
3400 Göttingen

Antiquariat
Geibel, E.
Burgstr. 11
3400 Göttingen

Ghobadi, M.
Rote Str. 16
3400 Göttingen

Antiquariat
Mauerstr. 16
3400 Göttingen

Gozzi, P.
Rote Str. 29
3400 Göttingen

Gritsch, E.
Lg. Geismarstr. 79
3400 Göttingen

Harlekin Galerie
Burgstr. 38a
3400 Göttingen

Antiquariat
Hoelty-Stube
Johannisstr. 28
3400 Göttingen

Jelinic, Karl
Güterbahnhofstr. 4
3400 Göttingen

Kunsthandlung
Jeppe, H.
Jüdenstr. 8
3400 Göttingen

Maass,S.u.König,R.
Rote Str. 15
3400 Göttingen

Kunsthandlung
Moehring, H.
Burgstr. 46
3400 Göttingen

Müller, Klaus
Am Weißen Stein 11
3400 Göttingen

Galerie 19
Nottbohm
Jüdenstr. 19
3400 Göttingen

Restauratorschule
Rudolf-Wissell-Str.
3400 Göttingen

Kitsch und Kunst
Richter, Dorothee
Düstere Str. 22
3400 Göttingen

Rothmann
Breite Str. 17
3400 Göttingen

Schlichting, H.
Rote Str. 15
3400 Göttingen

Kunsthandlung
Schreiter, K. H.
Nikolaistr. 17
3400 Göttingen

Kunsthandlung
Schroeder
Kurze Straße 17
3400 Göttingen

Stratemann, Kurt-R.
Burgstr. 19
3400 Göttingen

Antiquariat
Suelzen, A.
Jüdenstr. 17
3400 Göttingen

Wolf, Hans-Werner
Jüdenstr. 31
3400 Göttingen

Zöllner u. Hexel
Geismarstr. 33
3400 Göttingen

Conrad, U.
Holzerode
3401 Ebergoetzen

Galerie am Rathaus
Steinstr. 23
3408 Duderstadt

Schwedhelm, G.
Desingeroeder Str.
3408 Duderstadt

Kunst Galerie
Bunde, Kurt
Hinter der Kapelle 12
3410 Northeim

Ippensen, Wilhelm
Hollenstedt
3410 Northeim

Victoria Antiquitäten
Hauptstr. 6
3420 Hörden

Schindler, Manfred
Zum Liethberg 11
3422 Bad Lauterberg

Kunsthandlung
Seidel
Hauptstr. 89
3422 Bad Lauterberg

Arends, U.
Steinstr. 2
3430 Witzenhausen

Güntherroth, K.-F.
Marktplatz 7
3440 Eschwege

Malkomes, H.-G.
Homberger Str. 140
6430 Bad Hersfeld

Antiquariat
Ultenspiegel
Frauenstr. 28
6430 Bad Hersfeld

**LBB Antiquitätenzubehör
G.&H.W. DANGER
Schillerstr. 68
1ooo Berlin 12
Telefon 030 - 3136543**

Möbelbeschläge
aus Messing
Eisen
Perlmutt
Horn
Bein
Leder
Schlösser
Scharniere
Bänder
Holzteile
Intarsien
Schellackpolituren
Bienenwachs
Beizen

mehr als 12oo Artikel ständig auf Lager
bitte Katalog anfordern gegen DM 4,-

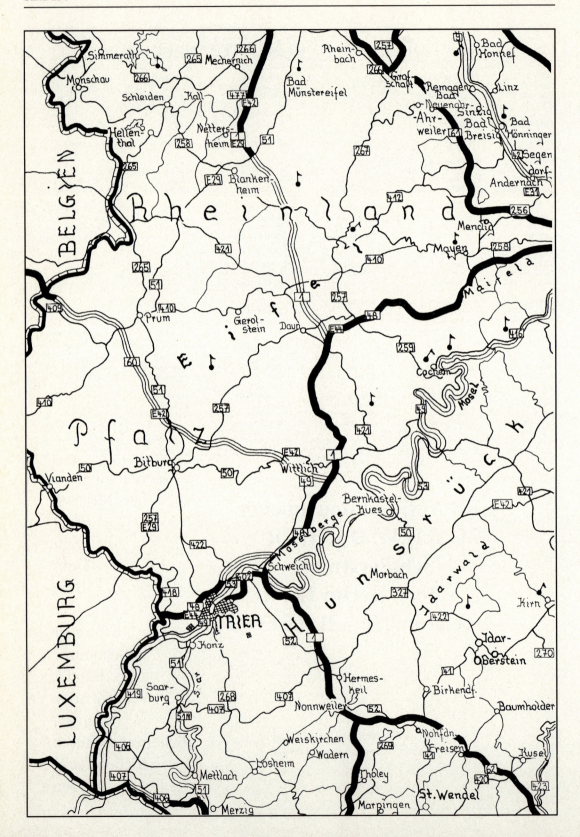

Eifel - Mosel - Hunsrück

Europas grünes Herz

Hunsrück - Schinderhannes' Hinterland
Dicht und grün die Wälder, gegliedert nur durch das dunklere Grün der Fluß- und Bachtäler, aufgelockert durch spärliche Siedlungen, dann wieder kahle Flächen, wie eine Schneise entlang der Hunsrück-Höhenstraße. Wie die Natur uns den Hunsrück übergeben, da erschließt sich seine Schönheit erst beim näheren Hinblicken.

Zwischen Mosel- und Nahetal erstreckt sich dieses weite Waldgebiet, wie stehengeblieben, entrückt. "Heimat" - meinte das Fernsehen, als es dort die gleichnamige Serie drehte. Ja, heimatverbunden und zäh sind die Hunsrückbewohner, ein Teil der Franken. Carl Zuckmayer hat der Gegend und ihren Bewohnern im "Schinderhannes" ein bleibendes Denkmal gesetzt. Und beim Klang der Sprache in den niedrigen geduckten Dörfchen aus alten Fachwerkhäusern, da werden seine Figuren wieder lebendig.

Nahetal und Idar-Oberstein
Nicht so arm dran ist das Nahetal. Gedeiht hier an den Hängen doch ein spritziger, duftiger Wein, der nicht an den rauhen Hunsrück im Norden denken läßt. Bad Kreuznach ist freundliches Zentrum der unteren Nahe. Ruine Kauzenburg und die "Brückenhäuser", 1495 erstmals erwähnt, sind ohne Zweifel sehenswert.
Eine Perle des Nahetals: Idar-Oberstein. Seit der Römerzeit werden hier Edelsteine gesammelt und bearbeitet, in der "Weiherschleife" heute noch mit dem alten Wasserantrieb. Das Edelsteinmuseum ist das größte in Europa und ist im Hochhaus der Diamant- und Edelsteinbörse untergebracht. Für Kenner und Liebhaber alten Schmucks und seiner Verarbeitungsweisen wüßte ich kaum ein lohnenderes Ziel. Bemerkenswert ist noch die "Felsenkirche" in Oberstein, 1482-84 in eine Nische in den Fels gebaut, mit einem wertvollen Flügelaltar aus dem frühen 15. Jh.

Moseltal und Trier
Für Kenner. Zeit und Genußfähigkeit sollte man mitbringen, will man der Mosel auf ihren unzähligen Windungen und Schleifen folgen. Nicht der rasche Kilometerfresser ist gefragt, denn Trier-Koblenz sind bei 75 km Luftlinie immerhin fast 250 km Mosel.
Die Mosel in ihrem engen Tal, ein Stück Süden zwischen herben und rauhen Gebirgsmassiven, sie will zärtlich erkundet sein. Hier ein ruhiger Blick von der Höhe bei Cochem über die nächste große Schleife, da ein Einblick in mittelalterlich holprige, enge Gäßlein, wie in Beilstein, dort noch ein Café zwischen anheimelnden, schmucken Fachwerkhäusern, und schließlich eine Weinprobe, den Tag zünftig zu beschließen. Beim Winzer Fahrzeug stehen lassen. Feststellen, daß Moselwein herb und ungemein spritzig leicht ist. Nicht süß und fad, wie meist in Massenabfüllungen.

Haben Sie so den Tag harmonisch beendet, sollten Sie trotz des Staunens planen. Wenn auch die südliche Wärme des Moseltals - bis 30° noch im September - zur Trägheit verlockt und ans Douro-Tal in Portugal denken läßt, wählen Sie aus. Moselkern mit Burg Eltz und dem wildromantischen Eltztal? Zell mit seinem Panoramablick von der 1146 erbauten Marienburg? Das beliebte Cochem? In Traben-Trarbach ins kulturgeschichtliche Museum? Bernkastel-Kues mit seinem malerischen Stadtkern? Das stillverschlafene Tal der Kyll? Oder gar Trier?
Trier ist schön und unerschöpflich. Glauben Sie's. War doch Trier der Sitz eines der Tetrarchen ("Viertel"-herrscher nach Alexandrinischem Vorbild) des Imperium Romanum. Kaiserstadt mit zweierlei Badehäusern : das eine für, ja, für die Nobilität (Kaiserthermen) und das andere fürs Volk (Barbarathermen), einem Amphitheater, Tempeln, Palastaula, Porta Nigra, und..., und..., und... . Konstantin fing in Trier an, der Große zu

Konstantin-Basilika
Röm. Palastaula, Anf. d. 4.Jh., Thronsaal des Kaisers Constantin, später Burg der Trierer Kurfürsten, heute ev. Kirche.
(Foto: Presse- und Informationsdienst Trier)

werden. "Augusta Treverorum", von Augustus gegründet, nachdem Caesar den wilden Stamm der Treverer Rom gefügig gemacht, wird jahrhundertelang zur mächtigsten Metropole nördlich der Alpen. Hier kreuzen sich die großen römischen Heerstraßen. Nach Norden, quer durch die Eifel, wollen wir einer folgen.

Durch die Eifel auf den Spuren der Römer
"eifla", so wurde die beschwerlich Unwegsame 762 erstmals genannt. Und schon die Römer, die doch den geraden Straßenbau so liebten, mußten krumme Wege gehen, sie zu durchqueren. Von Trier bis Piesport führt ihre Straße im engen Moseltal, das berühmte "Römerschiff" in Neumagen hinterlassend, dann in Windungen bis Bitburg (Beda), über Gerolstein nach Blankenheim, wo sie dann in etwa der heutigen B 51 folgt, ab Zülpich der B 265, der alten Originaltrasse, bis Köln, der alten "Colonia Claudia Ara Agrippinensium". Unterwegs zu finden: Die "Villa Otrang" nördlich von Bitburg; Reste des 70 km langen Aquädukts (Wasserleitung) von der Schnee-Eifel nach Köln bei Vussem; teilrestauriert; in Ilversheim römische Kalkbrennereien für das Vorprodukt des römischen "caementum", in Zülpich das Probstei-Museum mit römischen Funden.

Hohe Eifel, Schnee-Eifel, Vulkaneifel,
spät erst im letzten Jahrhundert mit preußischem Sinn für Planung und Entwicklung erschlossen, haben sich in letzter Zeit zusehends zum Urlaubsland entwickelt. Wo so lange "die Köhler im finsteren Walde" saßen - 1896 erlosch der letzte Holzkohle-Hochofen in Jünkerath - da wurde auch erst 1868-70 die erste kleine Stichbahn nach Gerolstein gebaut.
Erst der Eifel-Entwicklungsfond seit 1884/85 hilft der Region auf, gliedert ihr die zunächst leichter zugänglichen und damit attraktiveren Randgebiete zu, forstet auf, schlägt Breschen in die Wildnis und baut Verbindungswege in "preußisch Sibirien". Heute sind die Maare (Seen in erloschenen Vulkankratern) touristische Attraktionen. Der

Nürburg-Ring, die Nordschleife besonders, zieht Motorsportfreunde zur "schönsten Rennstrecke der Welt". Dagegen wird die "Deutsche Wildstraße" im Westen beinahe zur minderen und nicht gewürdigten Sehenswürdigkeit.

Aber auch Kleines und Feines hat seine Reize, wie Mechernich oder Monreal, bezaubernde Fachwerkorte mit Museen und Charakter.

Bleibt noch Maria Laach zu erwähnen, die mächtige, romanische Benediktinerabtei am Ufer des Laacher Sees, heute bequem zugänglich an der linksrheinischen Autobahn gelegen.

Eifel ist vielseitig, voller Überraschungen, anregend. Wer sucht, der findet.

UNSER TIP

Freilichtmuseum Roscheider Hof
5503 Konz
Rathaus, Tel. 06501/830

Überliefertes zu bewahren, alte Bräuche neu erstehen zu lassen oder die Erinnerung an sie zu pflegen, Leben und Sitten unserer Vorfahren zu konservieren, darzustellen und zu erläutern, all dies hat sich unsere Gesellschaft in jüngster Zeit wieder zur Aufgabe gemacht. "Gott sei Dank" - muß man sagen, damit nicht die Worte am Eingang des ältesten schwedischen Freilichtmuseums wahr werden:"Es kann der Tag kommen, da all unser Gold nicht reicht, uns ein Bild der verschwundenen Zeit zu formen."

Der Verein "Freilichtmuseum Roscheider Hof e.V." hat sich ebenfalls dieser oft nicht leichten, aber doch dankbaren Aufgabe angenommen: Seit 1976 werden die Baulichkeiten des uralten Roscheider Hofes als Ausstellungsräume eines Volkskunde- und Freilichtmuseums genutzt. Dokumente und Gegenstände aus früherer Zeit, Zeugnisse uralter Volkskultur, ja ganze Häuser älterer Bauarten, die Aufschluß geben über die Wohnweise unserer Vorfahren, konnten gerettet und inzwischen vom Museum übersichtlich aufgestellt werden. Bei dieser Darstellung geht es um weit mehr als darum, auf der romantischen Nostalgiewelle mitzuschwimmen, denn wenn man erlebt, wie ein Handwebstuhl oder ein Spinnrad funktioniert, wie im Steinbackofen das Brot gebacken wurde, wenn man das Klappern der Mühle hört, oder wenn man nachvollziehen kann, wie das Land früher mühsam mit Ochsen gepflügt wurde, dann entsteht eine Vorstellung davon, wie das Leben unserer Vorfahren ausgesehen hat.

All dies zu zeigen gehört zu den Zielen des Freilichtmuseums "Roscheider Hof" in Konz bei Trier, der landschaftlich besonders schön gelegen, herrliche Ausblicke bietet auf die Saarmündung und die tief unten fließende Mosel. Eine - keineswegs vollständige - Aufzählung soll nun einen Überblick über die Ausstellung verschaffen:

Der Roscheider Hof, ein uraltes, erstmals 1330 erwähntes Hofgut der Benediktiner von St.Matthias in Trier, bildet die Kernanlage des Museums. Im Innenhof stehen alte landwirtschaftliche Maschinen und Geräte. Eine Übersicht über den Gesamtplan des Museums befindet sich im Eingangsflur. Einkaufsspaß vergangener Zeiten vermittelt der komplett eingerichtete Tante-Emma-Laden. Eine Ausstellung über die Landwirtschaft, den Weinbau, über Jagd und Fischerei befindet sich im ehemaligen Rinderstall. Interessant ist auch ein Blick in die Wäschekammer und natürlich in die alte Küche. Im Obergeschoß ist die Schulklasse mit dem Lehrmittelraum die Attraktion für alt und jung. So geht es weiter mit vielerlei original eingerichteten Zimmern mit gotischen und barocken Möbeln über die Biedermeierzeit bis zu den Gründerjahren, mit schönen Sammlungen und sehenswerten Ausstellungen.

Durch den ehemaligen Pferdestall mit der Darstellung alter Handwerke erreicht man den nach alten, originalgetreuen Vorlagen angelegten Rosen- und Kräutergarten, in dem im Herbst etwa 800 Rosenstöcke zauberhafte Farben und betörenden Duft verschwenden.

Sehenswert ist auch bereits der kleine Hunsrückweiler, in dem zur Zeit fünf Fachwerkhäuser zu besichtigen sind. Nach dem Gang durch die gesamten Ausstellungen lädt die gemütliche Gutsschenke im Innenhof des Museums zum Verweilen ein.

Öffnungszeiten: März bis November, montags bis freitags von 8.00 Uhr 16.00 Uhr, samstags und an Sonn- und Feiertagen von 10.00 Uhr bis 17.00 Uhr.

Rheinisches Freilichtmuseum
Landesmuseum für Volkskunde
5353 Mechernich-Kommern
Kr. Euskirchen
T: 02443-5051

Bäuerliche Haus- und Hofformen, handwerkliche und technische Kulturdenkmäler der vorindustriellen Zeit aus dem Gebiet der ehemaligen Rheinprovinz. Zentrale Sammelstätte rheinischer Volkskultur. In drei Ausstellungshallen werden neben den Dauerausstellungen "Rheinische Keramik" und "Bürgerliche Welt im Puppenhaus" jährlich mehrere Sonderausstellungen gezeigt.

Museumsführer und Einzelmonographien aus der Reihe "Führer und Schriften des Rheinischen Freilichtmuseums" sowie Führungsblätter zu Einzelthemen;
Führungen auf Anfrage.

Öffnungszeiten:
April bis Oktober, täglich 9 - 16 Uhr
November bis März, täglich 10 - 16 Uhr

Antiquitäten- und Kunsthandlungen

Wurzeln schlagen in TRIER

Warum eigentlich nicht? Schöner leben läßt es sich nirgendwo. Ob Wirtschaftsunternehmen, Gewerbebetrieb oder Privatmann, Trier heißt Sie willkommen und bietet Ihnen die volle Palette seiner Vorzüge.

Viel Landschaft ● Eifelwälder
Prächtige Wohnlagen ● Reine Luft
Eigenes Theater ● Einkaufsstraßen
Französische Küche ● Konzertleben
Berühmte Weine ● Historische Altstadt
Kneipen ● Tante-Emma-Läden
Investitionshilfen ● Gewerbe- und Industrieland ● Zentrale Lage in der EG
Fördermaßnahmen (bis zu 20%)
Autobahn ● Moselhafen ● 3 x Ausland nahebei ● Flughafen Luxemburg
Universität ● Sozialeinrichtungen
Reges Sportleben
Freundliche Mitmenschen

MOSELHAUPTSTADT
TRIER
UNIVERSITÄTSSTADT

Presse- und Informationsamt
der Stadt Trier · Rathaus
5500 Trier
Tel. (0651) 718 30 10

Europas nördlichster Süden

Schindler, Juergen
Weierstr. 72
5353 Mechernich

Tummescheidt GmbH
Burg Satzvey
5353 Merchernich

Kreiser, R.
Auf dem Driesch 8
5354 Weilerwist

Strohmenger, A.
Kölnerstr. 150
5354 Weilerwist

Gossens, H.
Kölnerstr. 44
5358 Bad Münstereifel

Ruehle, B.
Kölnerstr. 92
5358 Bad Münstereifel

Tritzschkow, I.
Euskirchenerstr. 25
5358 Bad Münstereifel

Thiel, L.
Klosterplatz 3
5372 Schleiden

Gerardi, C.
Kölnerstr. 64
5374 Hellenthal

Galerie
Hoffmann, O.
Lichtenhardt 21
5374 Hellenthal

Mueller-Johnston
Habsburgring 22
5440 Mayen

Rieser
Habsburgring 24
5440 Mayen

Krautkraemer, K. A.
In den Mühlwiesen 2
5442 Mendig

Kunsthandlung
Portobello
Koblenzer Str. 51
5443 Kaisersesch

Ortmann, M.
Keltenstr. 33
5445 Kottenheim

Meurer, E.
Mühlenweg 8
5447 Ulmen

Kessel, D.
Im Gretenhof 5
5480 Remagen

Antiquariat
Piermont, A.-Y.
Rolandstr. 13
5480 Remagen

Kohlhaas, K.
Beller Hepping.Str.62
5482 Grafschaft

Weber, H.u.M.
Ahrweilerstr. 27
5482 Grafschaft

Kunsthandlung
Granow, C.
Kreuzstr. 8a
5483 Bad Neuenahr

Schwalb
Poststr. 27
5483 Bad Neuenahr

Vendel, W.
Walporzheimerstr. 11
5483 Bad Neuenahr

Antiquariat
Esser, N. u. C.
Drosselweg 5
5484 Sinzig

Antiquariat
Haselhoff, B. u. B.
Hunsrückstr. 15
5484 Sinzig

Honrath, Kurth
Marienstätterwetg
5484 Bad Breisig

Peters, B.
Biergasse, 18
5484 Bad Breisig

Kunsthandlung
Meis, H.
Bachovenstr. 5
5485 Sinzig

Grund, J.
Sportplatzweg 2
5486 Berg

Beil, P.
Brunnenstr. 2
5489 Reiferscheid

Engel, W.
Paulinstr. 64
5500 Trier

Fink, K.
Gallstr. 31
5500 Trier

Antikes
De Smet
Jakobgasse 16
5350 Euskirchen

Galerie
Hausen, Luisa
Wilhelmstraße 67
5350 Euskirchen

Antiquitäten
Micior, B.
Augenbroicherstr. 3
5350 Euskirchen

Rathaus-Galerie
Willmes, G.
Baumstraße 13
5350 Euskirchen

VOLKSKUNDE- UND FREILICHTMUSEUM ROSCHEIDER HOF
5503 KONZ BEI TRIER

Geöffnet : März bis November
Mo. bis Fr. 9.00 - 18.00 Uhr
Sa., So. und Feiertage 10.00 - 18.00 Uhr
(letzter Einlaß jeweils 17.00 Uhr)

Bei Gruppen erbitten wir Voranmeldung
Telefon 06501 - 4028

Gartenhaus aus der Biedermeierzeit,
seit 1979 im Volkskunde- und Freilichtmuseum
Roscheider Hof wiedererrichtet.

Gaber, H.
Maarstr. 42
5500 Trier

Kunsthandlung
Grotowski GmbH
Paulinstr. 5
5500 Trier

Haag, E.
Simeonstr. 22
5500 Trier

Habernicht, M.
Genovevastr. 4
5500 Trier

Haubrich, B.
Palaststr. 5
5500 Trier

Hermersdorf, L.
An der Meerkatz 2
5500 Trier

Kaschenbach GmbH
Fleischstr. 50
5500 Trier

Kunsthandlung
Kläs, W.
Engelstr. 3
5500 Trier

Kottmeier, H. J.
Bitburgerstr. 2
5500 Trier

Versandbuchhandlung
Heinz - Dieter Feige
Kunst- und Antiquitätenliteratur

Museums-, Sammler- und Auktionskataloge

Albert - Einstein - Straße 3
5482 Grafschaft 2
Tel.: 0 22 25 / 68 34 und 0 2 28 / 45 41 25

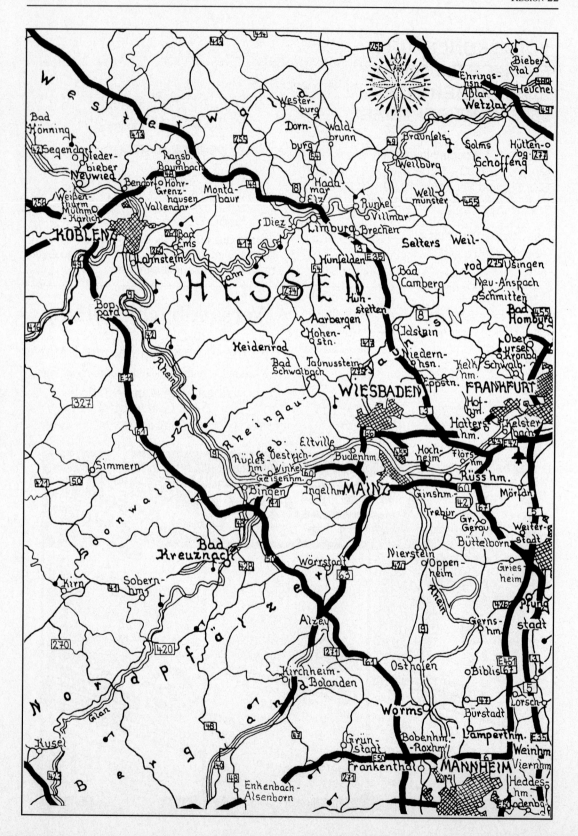

Der Mittelrhein von Worms bis Bonn

"s goldisch Herzstick!"

Landschaft

"Kuning-Sundra-Gau" - Vorzugsgebiet unter dem alleinigen Bann des Königs- so nannten die fränkischen Herren den fruchtbaren Landstrich zwischen Rhein, Main und Taunus. Ein Königsland, fürwahr, mit Kaiserblick! Vom Taunusrand schweift der Blick nach Süden über ein gottgesegnetes Land, das der Main im Mittelgrund begrenzt und das silberne Band des Rheins in die Unendlichkeit zu verlängern scheint.

Hier sammelt der Rhein noch einmal in aller Breite Kraft, bevor er sich anschickt, durch die Sperre aus Hunsrück und Taunus zu brechen.

Was diesen breiten, majestätischen Strom vor Urzeiten bewogen haben mag, nicht weiter seinem geologischen Grabenbruch durch die Wetterau zu folgen, sondern dickköpfig den Weg durch die mächtigen Urgebirgsrümpfe zu suchen, wir wissen's nicht.

Aber mit seinem Durchbruch schuf "Vater Rhein" die schönste, romantischste, burgenreichste Flußpassage Europas. Von Bingen bis Bonn. Aus der Weite der Rheinebene mitten durch den Riegel, beginnend mit der engsten Stelle, dem Binger Loch, vorbei an der Loreley bis zur friedlichen Öffnung zur Ebene hin hinter Bad Honnef.

Wie soll das Siebengebirge dort entstanden sein? Die Sage weiß, daß die sieben Riesen, als sie dem Rhein sein Bett gegraben, nach getaner Arbeit ihre Schaufeln reinigten und so das Siebengebirge schufen.

Doch im Süden, wo der Rhein von Mainz und Wiesbaden bis Bingen ca. 30 km das Taunusvorland entlang läuft, bis er die Bresche gefunden hat, da ließ er fruchtbarsten Löß liegen und gab den Zugang zu vulkanisch warmen Quellen frei.

Geschichte

Schon in vorgeschichtlicher Zeit war dies Gebiet für Besiedelung attraktiv: Bandkeramiker, Schnurkeramiker, Hügelgräberleute lieferten sich Gefechte und hinterließen Spuren, bis sie unter den Kelten aufgingen. Die Kelten aber leben fort in latinisierten Ortsnamen wie "Kerterecho" (Katarakt) für Kiedrich, "Moguntiacum" (vom keltischen Mondgott Mogon) für Mainz. Imposante keltische Ring-wälle zieren noch heute den Altkönig im Taunus.

Doch auch die Kelten müssen weichen. Germanenstämme wie Chatten und Matthiaker drängen sie über den Rhein und in die Gebirgstäler. Mit dem Auftauchen der Römer tritt die Region in die Geschichte ein, in Caesars "Bellum Gallicum", dem Keltenkrieg, in dem so vieles nördlich der Alpen plötzlich Geschichte wird. Zwar hatte Caesar selbst 55 v.Chr. den Germanen durch einen Brückenschlag über den Rhein augenfällig die Überlegenheit römischer Technik demonstriert, aber letztlich begnügte er sich doch mit dem Rhein als Grenze. Erst Drusus gründete 13 v.Chr. das Lager "Moguntiacum" (Mainz) und seinen rechtsrheinischen Brückenkopf "Castellum" (Kastell). Und gleich ließen sich an Wiesbadens warmen Quellen die Römer bei "Aquis Matthiacis" ihr Rheuma kurieren.

Flugs verlegten sie die Rheingrenze auf die Taunushöhen, bauten dort ihren "Limes" und sicherten sich im sonst unwirtlichen Germanien natürliche Thermen größten Aus-maßes. Und wenn schon "luxuria", dann richtig! Wein muß her! Und die alten Römer bauen ihn an, machen ihn heimisch. Rebmesser, Mostsiebe und Feldflaschen aus römischen Funden zeugen von ihrem fröhlichen Tun.

Doch auch die Römer müssen weichen. Die nächste Welle der Völkerwanderung schwappt über sie

Griechische Kapelle (Foto : Archiv für Öffentlichkeitsarbeit Wiesbaden)

hinweg, die Franken werden hier heimisch. Und sie erheben das Gebiet zum Zentrum ihres Reiches, zum "Königs-Sonder-Gau", die Bewohner ausgestattet mit besonderen Privilegien. Geblieben ist von den Franken die stolze, freie Art. Geblieben sind die typisch fränkischen Höfe: ein wehrhaftes, großes Karree, dem Hoftor gegenüber die Scheune, links Wohnhaus und Stallungen, rechts die Geräteschuppen.

Geblieben sind Orts- und Gemarkungsnamen wie "-heim", "-hausen", "-ingen": Erbenheim = Erbos Heim, "Frank"-furt, Niedern-"hausen" u.ä.m. Geblieben ist das Christentum. Bonifatius christianisierte im Gefolge der Frankensiege ganz Deutschland. Wo hielt er die fränkische Generalsynode? In Frankfurt, natürlich (745)! Wo nahm er seinen Sitz als Bischof? In Mainz, natürlich (748)!

Und zwischen Worms, Mainz, später Frankfurt spielt die deutsche Geschichte bis nach dem dreißigjährigen Krieg (1648). Merkdaten: Das Wormser Konkordat von 1122, das den alten Streit über die Einsetzung der Bischöfe beilegte; der Reichstag zu Worms, der über Martin Luther die Reichsacht verhängte (1521).

Mainz: Sitz der Erzbischöfe und geistlichen Kurfürsten, Kanzler des Heiligen Römischen Reiches Deutscher Nation; Ort der größten kaiserlichen Machtentfaltung im Mittelalter: 1184 unter dem Staufer Friedrich I. Barbarossa das Reichsfest zu Mainz.

Was hat dieser Landstrich alles gesehen! Und wie wirkt die alte Tradition der Reichsfreiheit fort! Gehen wir ins Rechtsrheinische, in den Rheingau. Sehr alt sind die "Rheingauer Freiheiten", schon in fränkischer Zeit dürfen sie z.T aus der Nachbarschaft zum "Königssondergau" um Wiesbaden geschlossen werden. Aber schon um 850 unter Hrabanus Maurus, Erzbischof von Mainz, griff das Erzbistum über den Rhein und die Schenkung Otto II. (983) bestätigt nur bereits Vollzogenes: der Rheingau gehört zu Mainz.

Und wie den Mainzer Bürgern um 1100 die ersten Freiheiten gewährt werden, die noch heute an den ehernen Türen des Doms zu lesen, so erhielten auch die Rheingauer besondere Freiheiten. Rodungsarbeit macht frei, macht die Bewohner gleich: "Ringovia terra libera est, obediens permagnificae ecclesiae Mogonciensis - der Rheingau ist frei und gehört der hervorragenden Mainzer Kirche". Ohne Standesunterschied werden sie "cives - Bürger" genannt.

Bis heute wirkt einiges fort. In der Kiedricher Kirche - nicht nur wegen ihres alten Chorgestühls, dem Lettner und der gotischen Orgel erwähnenswert - wird noch heute aus faksimilierten Folianten der "Gregorianische Choral im germanischen Dialekt" nach einem 600 Jahre alten Mainzer Privileg gesungen. Und die Rheingauer wußten ihre Privilegien zu schützen: um den ganzen Rheingau zog sich seit dem 11.Jh. ein Wall aus Bäumen und Hecken, bis zu 100 Meter breit, das "Gebück". "...man kappte die in diesem Gebiet stehenden Bäume ab, ließ sie neuerdings ausschlagen und bog die hervorgeschossenen Zweige zur Erde nieder. Diese ...brachten eine so dicke und verwickelte Wildnis hervor, die Menschen und Pferden undurchdringlich war." 1771 offiziell aufgelassen, sind heute noch Reste dieser Krüppelbäume zwischen Hausen und dem Mapper Hof zu finden.

Nassau
Sprachen wir von Freiheiten? Auch die weltliche Herrschaft der Region hat da etwas zu bieten. Die Nassauer, klein aber fein, regierten mit leichter Hand und tun es noch heute in Luxemburg und mit ihrem alten Nebenzweig in den Niederlanden, deren Freiheitskampf gegen die Spanier ein Nassauer anführte.

Ironie der Geschichte: als Preußen sich Nassau endlich einverleibt (1866), weil dieser schöne Landstrich Bismarcks Begehrlichkeit geweckt hatte, da dauerte es keine zwei Generationen und Wilhelm zwo mußte nach verlorenem ersten Weltkrieg bei eben den Nassauern in Holland Schutz suchen.

Freiheiten! Abschaffung der Leibeigenschaft (1808), der Prügelstrafe (1809), des Galgens (1816), die erste Verfassung in einem deutschen Kleinstaat (1814), Anfänge der Selbstverwaltung der Gemeinden. Freiherr vom Stein lernte hier das Reformieren. Und Studenten anderer, weniger freigebiger Landesherren lernten am Göttinger Freitisch der nassauischen Studenten das "Nassauern" (s.Region 2o). Was meinten die Nassauer zum Verkauf hessischer Landeskinder an England (s.Region 19):"Mer verkääft doch sei' Leut' nit!"

Endlich! Wein!!!
Schon die alten Römer..., ja wir wissen's. Aber was wäre diese Gegend ohne den Wein. Von der Wormser "Liebfraumilch", dem Niersteiner "Domtal", der Binger "St.Rochuskapelle" wissen inzwischen auch die Supermärkte in Chikago, aber daß Queen Victoria von England (1837-1901) "Hochheimer" für ihre Tafel importieren ließ und daher deutscher Wein in England "Hocks" heißt - wußten Sie es? Nun, nach wie vor gedeiht im Rheingau einer der exquisiten Rieslinge der Welt, aber holen müssen Sie ihn sich selbst. Beim Winzer persönlich, versteht sich. Denn die besten Gewächse werden immer noch vor Ort getrunken. Wie läuten doch die Glocken im Rhein- und Königssondergau? "Vinum bonum..vinum bonum.." und auf der kargen Höhe: "Äppel..päppel..Äppel..päppel.."

Und doch werden auf der kargen Höhe, im Westerwald bei Höhr-Grenzhausen im "Kannebäcker Ländche", die "Bembel" aus blauem Steinzeug hergestellt, die von hier aus ihren Siegeszug um die Welt antraten. Und nur, wer an heißen Sommertagen ihre kühlende Wirkung verspürt und genossen hat, weiß, daß diese unscheinbaren grau-blauen Gefäße mehr können als nur zur Zierde auf dem Bord stehen. Für "Vinum Bonum" wie für "Äppelwoi" oder gar -horribile dictu- für eine Feld-, Wald, -und Wiesen- "Bowle".

Leute
Ein selbstbewußter, freiheitsgewohnter Menschenschlag wohnt hier, daran änderte auch die Begehrlichkeit vieler Herren nichts, die teilhaben wollten an den Segnungen der Region. Ihre Spuren begeistern heute als Kette herrlicher Burgen am Rhein. Sie im Einzelnen zu rühmen, hieße Wasser in eben den Rhein zu schütten! Und wie der große Herr, der Erzbischof von Mainz, am Binger Loch seinen "Mautturm", den heutigen "Mäuseturm", errichtete, so ließen die kleinen Herren jeweils eine Kette über den Rhein und kassierten ihren Wegezoll an der großen Verkehrsverbindung zwischen Nord und Süd.

Und feiern können die Menschen hier! Nicht nur in der Rüdesheimer "Drosselgasse", nicht nur auf den vielen kleinen Weinfesten, nicht nur bei dem "Rhein in Flammen", dem großen Sommerfeuerwerk, nein, auch in jeder kleinen "Straußwirtschaft", wo der Winzer seine eigenen Produkte einschenkt, fühlt man lebensfrohe Art. Und erst Karneval! Nirgendwo in Deutschland tobt er heftiger, wird er mit mehr Inbrunst und Lebensfreude gefeiert als am Rhein zwischen Mainz und Bonn. Losgelassen - wie in den Zeiten der "alten" Freiheit, als Mainz die Republik probierte nach Vorbild der französischen, als ein Karnevals"prinz" mit seinem "Elfer-Rat" die feudale Obrigkeit zum Narren machte, als das Volk aus der "Bütt" Ungeschminktes und Ungepudertes von sich ließ!

Warum ist es am Rhein so schön?
Nicht nur wegen des bekannten Liedgutes.
In Boppard wirkten die berühmten Kunstmöbelschreiner A. und D. Roentgen, in Bacharach - 'Bacchi ara', Tisch des Weingottes, wie man schon im Mittelalter so schön ethymologisierte - begann Thonet im Biedermeier den Siegeszug seiner Sitzmöbel um die Welt.

Und der Rhein selbst! Seine Geschichte, seine Größe, seine Schönheit machen ihn zum deutschen Schicksalsstrom ohne Konkurrenz. Wie oft war er Grenze oder Scheingrenze, und so muß dieser majestätische Strom einiges an vaterländischem Pathos über sich ergehen lassen. Seit Blüchers Rheinübergang 1813 nach der Völkerschlacht bei Leipzig ist nationaler Überschwang ohne Rhein nicht mehr zu denken. Das Germaniadenkmal auf dem Niederwald bei Rüdesheim zeugt noch heute von früherer martialischer Gesinnung. Eine bildschöne Aussicht hat man von dort. Auch die Loreley hat's mit ihrem Singen so manchem angetan (von Heine und trotz Kästner). Und so war es nicht ganz aus der Luft gegriffen, die alte Universitätsstadt und Römergründung Bonn zur Hauptstadt der Bundesrepublik zu küren.
Möge der alte Rhein ihr neuen Glanz verleihen. Darum ist es am Rhein so schön!

Unser Tip

Wiesbadener Museum
Friedrich-Ebert-Allee
6200 Wiesbaden

Ein Museum auf Goethes Anregung
Auf eine Anregung Goethes, der zweimal in Wiesbaden kurte, geht das Wiesbadener Museum zurück. Es sammelt Zeugnisse aus der Vergangenheit und vor allem moderne Kunst. Alexej Jawlensky, der große russische Maler, der in Wiesbaden lebte und starb, gibt der Wiesbadener Gemäldegalerie mit wichtigen Werken einen besonderen Akzent.

Landesmuseum Mainz
Große Bleiche 49-51
6500 Mainz
T: 06131-21744-45

Das Landesmuseum Mainz, die älteste Museumsgründung in Rheinland-Pfalz, ist eine kunst- und kulturgeschichtliche Institution, deren Bestände von der Steinzeit bis zur Gegenwart reichen. Im Steinsaal werden die römischen Denkmäler in einer ehemaligen Zusammenschau dargeboten. Weitere Höhepunkte eines Rundganges durch die ehemalige kurfürstliche Golden-Roß-Kaserne sind einzelne Kunstwerke der deutschen Kaiserzeit, Zeugnisse des späten Mittelalters, der Renaissance, die Galerie niederländischer Malerei, die umfassende Sammlung Höchster Porzellane, Gemälde des 19. Jahrhunderts, eine vorzügliche Jugendstil-Glassammlung und Kunst des 20. Jahrhunderts. Angeschlossen ist die frühchristliche Prinz-Johann-Georg-Sammlung, zu der auch viele Ikonen gehören. Zukünftig wird eine räumlich angeschlossene, neueingerichtete stadtgeschichtliche Abteilung und eine Landesgalerie, die der jungen Kunst Rheinland-Pfalz dienen wird, das Programm des Museums abrunden. Wechselausstellungen im Hofpavillon und im Studio.

Öffnungszeiten: Dienstag bis Sonntag 10 - 17 Uhr; montags geschlossen.

Gutenberg-Museum
Liebfrauenplatz 5
6500 Mainz

Das Gutenberg-Museum der Stadt Mainz mitten im Herzen der Stadt, nahe beim Dom, zieht jährlich weit über hunderttausend Besucher aus aller Welt an.

Zu den Hauptattraktionen gehören die rekonstruierte Werkstatt des Erfinders des Druckens mit beweglichen Typen und die 1 1/2 Exemplare der weltberühmten "Gutenberg-Bibel" (1452-1455).

In täglichen Vorführungen in der Gutenbergwerkstatt erfährt das Publikum die Arbeitsweise Gutenbergs, der mit seiner Erfindung neue Wege der Textverarbeitung einleitete. In vier Stockwerken sind die Zeugnisse und Schätze der Schrift-, Buch- und Druckgeschichte ausgebreitet.

Öffnungszeiten:
Dienstag bis Samstag 10 - 18 Uhr; Sonntag 10 - 13 Uhr.

Akademisches Kunstmuseum
Am Hofgarten 21
5300 Bonn
Tel. 0228/737738

Das Akademische Kunstmuseum, ein Schinkelbau, ist eine Einrichtung der Universität Bonn. Es umfaßt die größte Abgußsammlung antiker Plastiken in Deutschland sowie eine bedeutende Sammlung griechischer und römischer Originalwerke (Vasen, Terrakotten, Bronzen und Marmorwerke). Das Museum dient Lehr- und Studienzwecken, ist aber ebenso für die Öffentlichkeit von großem Interesse.

Originalsammlung So und Di 10 -13 Uhr, Do 16 - 18 Uhr.
Abgußsammlung So - Fr 10 - 13 Uhr und Do 16 - 18 Uhr.

Hessisches Landtheater (Foto : Amt für Öffentlichkeitarbeit, Wiesbaden, Landeshauptstadt)

Antiquitäten- und Kunsthandlungen

Die Stadt der vielen Möglichkeiten

KOBLENZ

EINKAUF, THEATER, MUSEEN, KONZERTE, SPORT · ROMANTIK UND GEMÜTLICHKEIT

Stadt Koblenz, Presse- und Fremdenverkehrsamt, Gymnasialstr. 1–3 (Rathaus Gebäude II)
Postfach 2080 · Tel. 0261/129 22 28 + 3 13 04

Becker, H.
Zeppelinstr. 65
5400 Koblenz

Hess
Brenderweg 3
5400 Koblenz

Mau, S.
Emserstr. 50a
5400 Koblenz

Galerie
Schloss-Str. 9-11
5400 Koblenz

Kolbe, H.
Provinzialstr. 29
5417 Urbar

Noll
Schanzgraben 2
5427 Bad Ems

Kunsthandlung
Debrich, P.
Florinsmarkt 4
5400 Koblenz

Hoffmann, R.
Kornpfortstr. 25
5400 Koblenz

Kunsthandlung
Meister, Gebr.
Firmungstr. 13
5400 Koblenz

Kunsthandlung
Priebe, E.
Moselstr. 4
5401 Alken/Mosel

Havranek, Jan
Alleestr. 7
5419 Maxsain

Neuhaeusel, P.
August Otto Str. 7
5429 Holzhausen

Kunsthandlung
Eckes, M.
Firmungstr. 36
5400 Koblenz

Huther, B.
Firmungstr. 40
5400 Koblenz

Kunsthandlung
Rube
Mehlstr. 13
5400 Koblenz

Stein, K. G.
Koblenzerstr. 2
5401 Lehmen

Kunsthandlung
Blaser, R.
Hochstr. 19
5420 Lahnstein

Kunsthandlung
Falk, A.
Kirchstr. 25
5430 Montabaur

Galerie
Markenbildchenweg 13
5400 Koblenz

Knobloch
Firmungstr. 21
5400 Koblenz

Schick, J.
Planstr. 55
5400 Koblenz

Pfarrer, W.
Im Böschacker 1
5403 Mülheim Kärlich

Ferring-Gschossmann
Hohenrhein 72a
5420 Lahnstein

Kunsthandlung
Rücker, A.
Bahnhofstr. 36
5430 Montabaur

Galerie
Rathauspassage 6
5400 Koblenz

Antiquitäten
Florinsmarkt 14
5400 Koblenz

Kunsthandlung
Schild, Jürgen
Münzstr. 10
5400 Koblenz

Leisenfeld, D.
Ohlenfeld
5407 Boppard

Kunsthandel GmbH
MMK Münzen-Medaillen
Becherhoellstr. 29
5420 Lahnstein

Antiquitäten
Schneider
Hauptstr. 40
5431 Moschheim

Gorny, H.
Mehlstr. 10
5400 Koblenz

Kuhn, W.
Kornpfortstr. 8
5400 Koblenz

Schmitt, Rudolf
Görrestr. 2
5400 Koblenz

Kunsthandlung
Nick, H.
Burgstr. 2
5407 Boppard

Heuser, S.
Bahnhofstr. 4
5422 St. Goarshausen

Kunsthandlung
Tietze, R.
Nachtigallenweg 10
5431 Meudt

Greiner, W.
Hohenzollernstr. 120
5400 Koblenz

Kunsthandlung
Laik
Altenhof 9
5400 Koblenz

Stoeffler, B.
Florinsmarkt 5
5400 Koblenz

Kunsthandlung
Stöcker, R.
Buchholzer Str. 20
5407 Boppard

Wagner
H. Schlusnus Str. 32
5423 Braubach

Kunsthaus
Marktstr. 52+44/45
5450 Neuwied

Hardy, T
Josefsplatz 7
5400 Koblenz

Lein, P.
Grabenstr. 19
5400 Koblenz

Thelen, K.
Bubenheimer Weg 50
5400 Koblenz

Kunsthandlung
Wutzke, V.
Raiffeisenstr. 10-c
5411 Eitelborn

Kunsthandlung
Alexandra
Römerstr. 6
5427 Bad Ems

Kunsthandlung
Hentrich, L.
Mittelstr. 91
5450 Neuwied

Kunsthandlung
Hartmann, R.
Kapuzinerstr. 138
5400 Koblenz

Lenz, P.
Wallersheimerweg 13
5400 Koblenz

Wahl, W.
Florinsmarkt 2
5400 Koblenz

Holzkunst
Sollbach, E.
I. d. Bornwiese
5412 Ransbach

Neidlinger, G.
Römerstr. 30
5427 Bad Ems

Antiquitäten
Mainusch
Gladbacherstr. 20
5450 Neuwied

Antiquitäten - Schneider

Barock -, Biedermeier - und Weichholzmöbel

Ölgemälde aus allen Epochen - Westerwälder Keramik von 1600 - 1950

Restaurierung in eigener Werkstätte, Gutachten + Schätzungen

5431 Moschheim, Hauptstraße 40, Tel. 02602 - 7916

Geschäftszeiten: Mo -Fr 15.00 - 18.30 Uhr, Sa 10.00 - 13.00 Uhr und nach tel. Vereinbarung

Antiquitäten - Bauernladen
25 Jahre
" bäuerliches Brauchgut und Volkskunst "
Staatlich anerkannter Restaurator

Wir führen original regional - typische Bauernmöbel vom 16. Jhdt. bis ca. 1860.
Tausend Jahre Bauernkeramik (Irdenware und Steinzeug).
Dreihundert Jahre Gebrauchsglas; Weingläser, Biergläser, Schnapsgläser, Apfelweingläser, Karaffen usw.
Rustikale Kinder- und Puppenmöbel, Schaukelpferde,
Dreihundert Jahre Küchenutensilien sowie ausgesuchtes bäuerliches Brauchgut und Volkskunst aus :
Zinn, Glas, Keramik, Eisen, Kupfer, Messing, Flechtwerk usw.

Vom Angebot her eines der führendsten Fachgeschäfte. Eigene Restaurierungswerkstatt.
S. und W. Heller, 6200 Wiesbaden, Mauergasse 15 / am Rathaus,
täglich von 11.00 bis 18.00 Uhr geöffnet, Telefon 0 61 21 / 30 25 95

Schmitt
Karl Marx Str. 35
5450 Neuwied

Bambach, K.
Steingasse 11
6200 Wiesbbaden

Engel, P.
Nettelbeckstr. 21
6200 Wiesbaden

Havlica, O.
Bleichstr. 17
6200 Wiesbaden

Kranepfuhl, G.
Trommlerweg 1
6200 Wiesbaden

Mohr, H.
Kleine Weinbergstr. 1
6200 Wiesbaden

Jechel-Failer
Marktstr. 52
5450 Neuwied 1

Beisac R. de
Taunusstr. 21
6200 Wiesbaden

Kunsthandlung
Falber, A.
Nerostr. 35
6200 Wiesbaden

Heller S.
Mauergasse 15
6200 Wiesbaden

Krasomil, D.
Webergasse 37
6200 Wiesbaden

Antiquariat
Nobis, G.
Forststr. 12
6200 Wiesbaden

Saloman, H.
Rengsdorferstr. 31
5451 Melsbach

Besier
Taunusstr. 25
6200 Wiesbaden

Fuhr, W.
Marcobrunner Str. 18
6200 Wiesbaden

Restaurierung
Herrchen, Andreas
Emser Str. 52
6200 Wiesbaden

Kruger, F.J.
Volkerstr. 9
6200 Wiesbaden

Kunsthandlung
Oberacker, R.
Taunusstr. 14
6200 Wiesbaden

Schreyoegg, G.
Marienburg
5458 Leutesdorf

Bigart, Simon
Kranzplatz 11
6200 Wiesbaden

Gasch, H.
Mozartstr. 8
6200 Wiesbaden

Heydendahl, E.
Taunusstr. 15
6200 Wiesbaden

Kunsthandlung
Mager, K.
Büdingenstr. 4
6200 Wiesbaden

Kunsthandlung
Pajalic, M
Ellenbogenstr. 14
6200 Wiesbaden

Mocek, H.
Buttermarkt 5
5460 Linz

Blawat, K.M.
Webergasse 37
6200 Wiesbaden

Kunsthandlung
Glidemann GmbH
Breslauer Str. 27
6200 Wiesbaden

Kunsthandlung
Hoehn GmbH
Thorwaldsenanlage 66
6200 Wiesbaden

Mally, P.
Schöne Aussicht 34
6200 Wiesbaden

Antiquariat
Panorama GmbH
Möhringstr. 6a
6200 Wiesbaden

Arts & Antiques
St. Thomaser Hohl 54
5470 Andernach

Kunsthandlung
Bochheimer, S.
Taunusstr. 25
6200 Wiesbaden

Antiquariat
Goetz
Wörthstr. 28
6200 Wiesbaden

Kunsthandlung
Hoerner, H.
Saalgasse 1
6200 Wiesbaden

Manko, H.-W.
Jawlenskystr. 2
6200 Wiesbaden

Kunsthandlung
Paulig, F.
Wörthstr. 17
6200 Wiesbaden

Droste zu Vischering
Steinweg 16
5470 Andernach

Bolognesi, G.L.
Bismarckring 6
6200 Wiesbaden

Golden Oldies GmbH
Alte Dorfstr. 35
6200 Wiesbaden

Antiquariat
Höppner, E.
Rheingaustr. 134
6200 Wiesbaden

Kunsthandlung
Marschalleck, C.
Stettinerstr. 8a
6200 Wiesbaden

Paulus A.
Herrnmühlgasse 9
6200 Wiesbaden

Galerie
Hochstr. 37
5470 Andernach 01

Gemälde-Restaurator
Broek
Hasenspitz 18
6200 Wiesbaden

Kunsthandlung
Gruebel, E.
Dambachtalstr. 10
6200 Wiesbaden

Jamm, W.
Kranzplatz 3
6200 Wiesbaden

Kunsthandlung
Matuschek
Mauergasse 16
6200 Wiesbaden

Kunsthandlung
Reichard, H.
Taunusstr. 18
6200 Wiesbaden

Kunsthandlung
Hess, P. u. Erker, T.
Eisengasse 4
5470 Andernach 01

Colemann, R.
Kaiser-Friedrich-R. 8
6200 Wiesbaden

Kunsthandlung
Haasner, B.
Saalgasse 38
6200 Wiesbaden

Kunsthandlung
Keul
Taunusstr. 12
6200 Wiesbaden

Kunsthandlung
Matuschek, R.
Straße der Republik 8
6200 Wiesbaden

Silber-Kunst-Juwelen
Rendelsmann Heijo
Taunusstr. 34
6200 Wiesbaden

Kunsthandlung
Weberbauer, I.
St.-Thomaser-Hohl 54
5470 Andernach

Flohmarkt Marshall
Mauergasse 16
6200 Wiesbaden

Dipl.-Kfm.
Harkort, U.
De-Laspee-Str. 4
6200 Wiesbaden

Kunsthandlung
Kohls und Partner KG
Wilhelmstr. 60
6200 Wiesbaden

Merry old England
Wilhelmstr. 52
6200 Wiesbaden

Schaefer, L.
Taunusstr. 22
6200 Wiesbaden

Andrian
Wilhelmstr. 10
6200 Wiesbaden

Kunsthandlung
Dzierzbicki, A.
Jordanstr. 15
6200 Wiesbaden

Kunsthandlung
Haupt, H.
Hohlgasse 29
6200 Wiesbaden

Kunsthandlung
Kopp, W.
Taunusstr. 7
6200 Wiesbaden

Mohr, G.
Kurt-Schumacher-R.47
6200 Wiesbaden

Kunsthandlung
Schaefer
Faulbrunnenstr. 11
6200 Wiesbaden

Schaefer, G.
Bismarckring 7
6200 Wiesbaden

Swatosch Gebr. GmbH
Rheingaustr. 26
6200 Wiesbaden

Textor, W.
Laterngasse 1
6203 Hochheim/Main

Schmidt, M.
Yorckstr. 13
6200 Wiesbaden

Antiquariat
Sändig, Dr. M.
Sonnenberger Str. 64a
6200 Wiesbaden

Weissmantel, H.
Hintergasse 42
6203 Hochheim

Goebels Trödelladen
D. Goebel
Ankauf + Verkauf · Restauration
Goebenstraße 29
6200 Wiesbaden
Telefon (06121) 44 20 03 (Werkstatt)
ab 14.00 Uhr (06121) 4 76 02 (Laden)

Schmiech, B.
Albrechtstr. 46
6200 Wiesbaden

Antiquariat
VMA GmbH & Co. KG
Langgasse 35
6200 Wiesbaden

Käsdorf, A.
Rolandstr. 11
6204 Taunusstein

Scholley
Scharfensteiner Str.
6200 Wiesbaden

Gemälde-Restaurator
Weber, Gerh.
Adolfstr. 14
6200 Wiesbaden

Kunsthandlung
Matuschek
Aarstr. 94
6204 Taunusstein

Lange, H.
Hauptstr. 120
6227 Oestrich-Winkel

Küster
Fleischgasse 22
6250 Limburg

Dick, W.
Mühlweg 2
6252 Diez

Schröter H.
Waldstr. 72
6200 Wiesbaden

Kunsthandlung
Weichmann
Luisenstr. 24
6200 Wiesbaden

Jäger, K.
Adolfstr. 44
6208 Bad Schwalbach

Kunsthandlung
Spreitzer, B.
Hauptstr. 121
6227 Oestrich-Winkel

Kunsthandlung
Phoenix
Hospitalstr. 3
6250 Limburg

Gemäldegroßhandlung
Walbröhl u. Co.
Felkerstr. 48
6252 Diez

Antiquariat
Schwaedt, A.
Rheinstr. 43
6200 Wiesbaden

Schmuck-Silber-Glas
Wirth Antik
Bärenstr. 2
6200 Wiesbaden

Kunsthandlung
Presser, I.
Römerberg 2
6222 Geisenheim

Wendel, G.
Marktstr. 9
6227 Oestrich-Winkel

Kunsthandlung
Praeger, B.
Am Fischmarkt
6250 Limburg

Schröder, W.
Rathausstr. 46
6254 Elz

Seibert, P.
Wandersmannstr. 60
6200 Wiesbaden

Wörner, R.
Grabenstr. 9
6200 Wiesbaden

Malerei u. Plastik
Gläßner, G.
Rheinstr. 44
6223 Lorch

Heimes, I.
Kiedricher Str. 41
6228 Eltville

Quaschinski, B. u. W.
Fischmarkt 18
6250 Limburg

Weimer, J.
Langgasse 49
6254 Elz

Simon, H.
Taunusstr. 34
6200 Wiesbaden

Ziffzer, E.
Grabenstr. 26
6200 Wiesbaden

Kunsthandlung
Matern
Römerstr. 13
6223 Lorsch

Volz, G.
Bertholdstr. 23
6228 Eltville

Schröder
Fleischgasse 32
6250 Limburg

Linge, J.
Hauptstr. 16
6272 Niedernhausen

Kunsthandlung
Springer-Heinze
Zietenring 4
6200 Wiesbaden

Zimmermann, U.
Bremthaler Str. 23
6200 Wiesbaden

Kunsthandlung
Müller, A. u. W.
Nibelungenstr. 40
6223 Lorsch

Kunsthandlung
Balzer GmbH & Co KG
Schloßpark
6229 Schlangenbad

Kunsthandlung
Stoffenburg, E.
Hospitalstr. 1
6250 Limburg

Hartung, G.
Am Steilhang 4
6290 Weilburg

Kunsthandlung
Stolanova-Hamara
Lichtenbergstr. 9
6200 Wiesbaden

Kunsthandlung
Zuta, P.
Goldgasse 2
6200 Wiesbaden

Welsch, B.
Rheinstr. 51
6223 Lorch

Laros, M.
Kirchgasse 13
6229 Walluf

Kunsthandlung
Topp, H.
Grabenstr. 31
6250 Limburg

Heumann, H.
Kleiststr. 4
6290 Weilburg

Kunsthandlung
Strebel, M.
Webergasse 1
6200 Wiesbaden

Riese, E.
Frankfurter Str. 24
6203 Hochheim

Frey, K.H.
Taunusstr. 11
6227 Oestrich-Winkel

Antiquariat
Sändig, E.
Nelkenstr. 2
6229 Walluf

Wöll, W.
Westerwaldstr. 59
6250 Limburg

Hild, R.
Mauerstr. 6
6290 Weilburg

Scherbaum, R.
Selbenhäuser Weg 2
6290 Weilburg

Schmidt, T.
Frankfurter Str. 1
6290 Weilburg

Kunsthandlung
Blank, H.
Scheide Lahn Str. 39
6347 Angelburg

Berchner, Ursula
Dorfweiler Str. 11
6348 Schmitten

Dietrich, G.
Turmstr. 23
6348 Herborn

Lampasiak, M.
Westerwaldstr. 7
6348 Herborn

KOMMODEN · WASCHKOMMODEN · ANRICHTEN · HOCHSCHRÄNKE · VERTIKO · NACHTKÄSTCHEN · ... · BÄNKE · HÄNGE... · ... · RE... · GALE... · ...AUERN · SCHRÄ... · ... · ...RE · BETTEN · ... · WA... · SCHKOM... · ...HSCHR... · ANK · VERT... · TRUHEN · BÄNKE · TRUHEN · ... · HÄNGESCHRÄNKE · TISCHE · STÜHLE · REGALE · TELLERBOARDS

**WEICHHOLZMÖBEL
KAI MUHLER
HENK VAN DEN HEUVEL
WAGEMANNSTR. 13 - WIESBADEN
TELEFON 0 61 21 - 30 74 32**

Antike Möbel
Restaurationswerkstatt
An-und Verkauf   Schreinerei
Meisterbetrieb   Biedermeiermöbel

E. Metzner
Rheinstrasse 40 6500 Mainz Telefon 06131/23 11 80

Schneider, R.
Kleine Gasse 3
6348 Herborn

Klein, N.
Hauptstr. 31
6349 Greifenstein

Lampasiak, J.
Ballersbacher Weg 21
6349 Sinn

Antiquariat
Belzer, R.
An der Wied 10
6500 Mainz

Beuerbach, W.
Pfitzner Str. 8
6500 Mainz

Antiquariat
Czernik-Schild, G.
Gaustr. 24
6500 Mainz

Düx, H.
Schönbornstr. 7
6500 Mainz

Dörrwand, A.
Am Wildgraben 35
6500 Mainz

Fraunhofer, Heidrun
Augustiner Str. 73
6500 Mainz

Fuchs, F.
Kapuzinerstr. 38
6500 Mainz

Hackenberg-Kohl, D.
Weintorstr. 1
6500 Mainz

Hoff, D.
Weihergarten 4
6500 Mainz

Antiquariat
Klees, B.
Gaustr. 36
6500 Mainz

Lambrich, D.
Wormser Str. 83
6500 Mainz

Kunsthandlung
Lautner, H.-G.
Rochusstr. 22
6500 Mainz

Marias Antik-Boutique
Nackstr. 8
6500 Mainz

Antike Möbel
Metzner, Eberhard
Rheinstr. 40
6500 Mainz

Kunsthandlung
Müller, E.
Rheinstr. 101
6500 Mainz

Kunsthandlung
Müller, W.
Kaiserstr. 41
6500 Mainz

Münch
In der Witz 38
6500 Mainz-Kastel

Möschler, A.
Karthäuserstr. 6
6500 Mainz

Neuhäuser, R. G.
Budenheimer Str. 25
6500 Mainz

Pfülb, M.
Inselstr. 4
6500 Mainz

Püschel, K.
Holzstr. 22
6500 Mainz

Kunsthandlung
Rehberg, D.
Uferstr. 17
6500 Mainz

Riedel, C.
Mühlweg 59
6500 Mainz

Kunsthandlung
Rousin, K.
Zanggasse 1
6500 Mainz

Schott, M.
Kirschgartenstr. 3
6500 Mainz

Kunsthandlung
Schulte, H.
Kirschgarten 29
6500 Mainz

Antiquariat
Sellin, W.
Fischtorstr. 4
6500 Mainz

Kunsthandlung
Sorg, F.
Gartenfeldstr. 8
6500 Mainz

Steckenpferd
Bleichgarten 11
6500 Mainz

Antiquariat
Steger, H.
Berliner Str. 27
6500 Mainz

Thiel, R. W.
Weingartenstr. 23
6500 Mainz

Kunsthandlung
Tusar, H.
Binger Str. 3
6500 Mainz

Kunsthandlung
Weber
Augustinerstr. 43
6500 Mainz

Yasmin
Gärtnergasse 24
6500 Mainz

Kunsthandlung
Elsner, K. J.
Berndesallee 12
6501 Heidesheim

Schäfer, D. u. B.
Fronhofstr. 13
6505 Nierstein

Schmitt, G.
Ludwigstr. 18
6507 Ingelheim

Westphal, M.
Belzer Str. 10
6507 Ingelheim

Müller, R.
Herrmann-Ehlers-Str.
6508 Alzey

Höhn, U.
Alzeyerstr. 13
6509 Flonheim

Brinkmann, J.
Martinspforte 1
6520 Worms

Antiquariat
Kraft, K.
Valckenbergstr. 12
6520 Worms

Kunsthandlung
Steuer, H.
Kämmererstr. 41
6520 Worms

Kunsthaus Heylshof
Stephansgasse 9
6520 Worms

Süss
Speyrerstr. 74
6520 Worms

Walz, J.
Hochheimer Str. 76
6520 Worms

Midinet, F.
Nordhöferstr. 22
6524 Guntersblum

Altenhofen, G.
Rathausstr. 2
6530 Bingen

Kunsthandlung
Engelhardt-Rotthaus
Schmittstr. 18
6530 Bingen

Jacksons Antiquitäten
Rathausstr. 21
6530 Bingen

Nostalgie
Vorstadtstr. 16
6530 Bingen

Roos, T. u. K.
Hasengasse 5
6530 Bingen 1

Schüler, S.
Am Sportplatz 1
6531 Waldlaubersheim

Antiquariat
Posthof Bacharach
Schloß Schönberg
6532 Oberwesel

Antiquariat
Geib, R.
Am St. Jakobsberg 33
6535 Gau-Algesheim

Westphal, M.
Hauptstr. 56
6535 Gau-Algesheim

Remmet Harry
Naheweinstr. 141
6536 Langenlohnsheim

Galerie
Kirchgasse 5
6540 Simmern

Burska, Urban
Mannheimer Str. 54
6550 Bad Kreuznach

Dance, B.
Am Schloßplatz
6550 Bad Kreuznach

Fuhr, I.
Wilhelmstr. 58
6550 Bad Kreuznach

Hagg & Scott
Kurhausstr. 1
6550 Bad Kreuznach

Galerie
Mannheimer STr. 62
6550 Bad Kreuznach

Kunsthandlung
Lunkenheimer
Mannheimer Str. 208
6550 Bad Kreuznach

Müller, P.
Industriestr. 21
6550 Bad Kreuznach

Rothenbach D.
Mainzer Str. 73
6550 Bad Kreuznach

Ruhs, H.
Mannheimer Str. 40
6550 Bad Kreuznach

Kunsthandlung
Zapp, H.
Ledderhoser Weg 77
6550 Bad Kreuznach

Bielitz, J.
Obergasse 24
6551 Wallertheim

Butnaru, D.
Kreuznacherstr. 30a
6551 Volxheim

Dance, B.
Lindenstr. 3
6551 Hargesheim

Antikmöbel
Lindenstr. 12
6551 Hargesheim

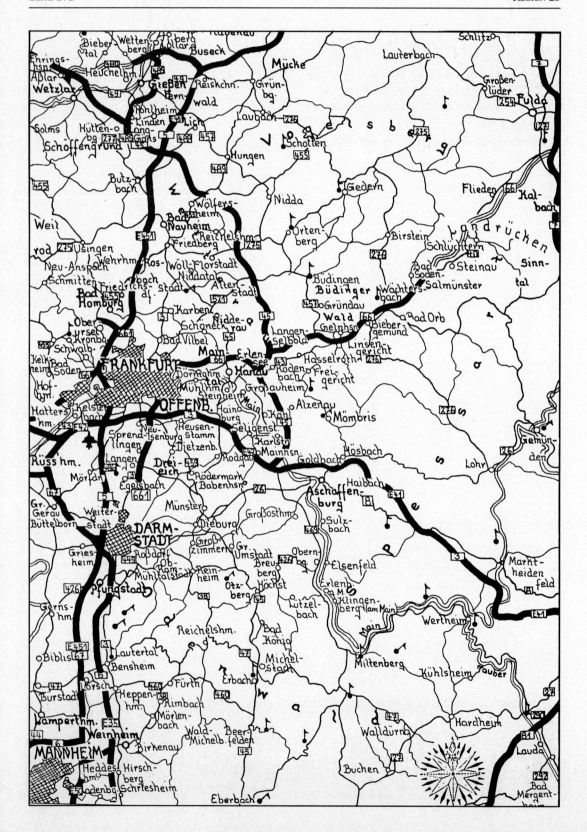

Zwischen Spessart und Taunus

"In des Spechtwalds tiefsten Gründen ..."

Wo einst berüchtigte Räuber - der Wurzeljörg, der taube Johann, der krumme Haufriedel, der lange Andres - im dichten Forst ihr Unwesen trieben, findet sich heute ein urtümliches und nicht nur für Geschichtsfans interessantes Gebiet. Rund zweihundert Jahre ist es her, da mußten Fremde in den Wäldern zwischen Lohr am Main (Spessarttor) und Aschaffenburg stets damit rechnen, Geld oder Leben - bisweilen auch beides - zu lassen.

"Lieber Gott", lautete damals ein Stoßgebet jener Kaufleute, die auf dem Weg nach Frankfurt den unheimlichen "Räuberwald" zu durchqueren hatten, "du hast mir aus dem Mutterleib geholfen - nun hilf mir auch durch den Spessart". Lichtscheues Gesindel trieb sich in jenen Tagen zuhauf in diesem großen Waldgebiet herum. - Kein edles Räubertum im Stil Hauffscher Romantik: Raub, Wilderei oder Verhungern hießen die drei Möglichkeiten, die seinerzeit das Leben in den verarmten Spessartdörfern bot.

Die Wirtshäuser haben nichts "Unheimliches" mehr, wie zu den Zeiten, die so unruhig gewesen sein sollen. In die Gaststuben kommen keine Räuber mehr, sondern Leute, die einen guten Wein, einen kräftigen Happen schätzen, Städter aus dem nahen Rhein-Main-Ballungsraum. Immer mehr entdecken die von Main, Kinzig und Sinn umflossene "grüne Insel: "Naturpark Spessart". - Ist es bald vorbei mit der Waldeinsamkeit, der romantischen Idylle??

Die Autobahn hat das Wirtshaus im Spessart vor Jahren "gefressen" - in Dorfkneipen, Waldschänken und anderen Lokalitäten feiert es fröhliche Urständ: "Räuberspieß, Holzfällertopf, Wildschweinessen ... " - Wird der Wald "möbliert"? - Park-, Rast- und Trimm-dich- Plätze, Wegweiser, Lehrpfade, Waldmuseen und Wild zum Streicheln ... Es wird sich nicht verhindern lassen.

Geschichte

Früheste Spuren menschlicher Besiedlung reichen zurück bis in die Bronzezeit (1800 - 750 v.Chr.), Ansiedlungen am Südrand des Spessart aus der Hallstatt-Zeit (750 - 450 v.Chr.) und durch eindringende Kelten aus der La-Téne-Zeit. Später Grenzland des Römischen Imperiums. Wichtige Kastelle entstanden am Main. Burgunder (Spuren Siegfrieds) drangen ein, Alemannen - sie gründeten Aschaffenburg, Gemünden, Lohr - schließlich vom Westen her die Franken.

Von dieser Entwicklung blieb der eigentliche Spessart unberührt, ein undurchdringliches Waldgebiet ohne Besiedelung (unter Karl dem Großen königlicher Bannwald). Mit dem Einzug des Christentums wurde das Waldland an Klöster und Stifte verteilt. Kaiser Otto II. verschenkte an den Mainzer Erzbischof Willigis weite Teile des Spessart, der bis 1803 (Säkularisation) geistlicher Besitz blieb, ausgenommen jene Gebiete, die Grafengeschlechtern gehörten (Rieneck, Wertheim, Hanau oder Erbach).

Auf dem Wiener Kongreß beim Länderschacher (1815) schließlich wurden die zu Mainz und Würzburg gehörenden Teile des Spessart Bayern zugeschlagen. Die Zehnt Somborn blieb hessisch.

Aschaffenburg

"Ascapha", eine alemannische Siedlung an der Mainschleife, bestand bereits im 5. Jahrhundert. In Anspielung auf das milde Klima nannte ein Wittelsbacher, Ludwig I., - Großvater des Märchenkönigs - Aschaffenburg "mein Bayrisches Nizza". Wer hoch über dem Main das Pompejanum im hellen Licht schimmern sieht, ist fast versucht, diese Kopie eines römischen Hauses aus Pompeji für ein Original zu halten.

Einer kurmainzischen Laune verdankt Aschaffenburg das Schloß St. Johannisberg. Halten Sie sich fest! Das Renaissance-Schloß wurde Anfang des 17.Jahrhunderts für nach heutigem Kurs 45 Millionen als Zweitwohnung für des Heiligen Römischen Reiches Erzkanzler aus Mainz erbaut. Und Aschaffenburg war Zugabe zum Schloß überm Main, seine Bürger Zaungäste höfischen Lebens. Englische Parkanlagen Schöntal und Schönbusch (mit 1778 - 82 erbautem Lustschloß Freundschafts- und Philosophentempel), Besucherattraktionen noch heute.

Deutsches Sommermärchen - Mespelbrunn
"Wenn Sie noch nie in Mespelbrunn waren, dann haben Sie Ihren erholsamsten Urlaub noch vor sich." Das verheißt der Prospekt, der um Sommerfrischler wirbt. Ein märchenhaftes Wasserschloß lockt, im Besitz des Geschlechtes Echter, erbaut 1551 - 1569. Hier wurde Julius Echter geboren, der 44 Jahre Fürstbischof von Würzburg war und aufgrund seiner Baufreudigkeit überall in Mainfranken Zeugnisse seiner Herrschaft hinterließ (allein fast 300 Kirchen). Drüben in der Wallfahrtskirche von Hessenthal liegt er, liegt das gesamte Geschlecht begraben. -

Stilleben von Schloß, Weiher und Laubgewölbe. Das Wasser grün, undinegrün. Hier drehte der Regisseur Kurt Hoffmann 1957 seine Räuberpistole "Das Wirtshaus im Spessart". -Heutige Besitzer die Ingelheim (seit 1665); sie brachten einen Hauch Weltluft in das stille Tal. Sie wahren pietätvoll das Erbe der Echter und leben von ... Eintrittsgeldern der unzähligen Besucher, die bei einer Stippvisite im Märchenschloß einen Hauch Romantik erhaschen wollen.

Odenwald
"Tief im Odenwald ... an einer einsamen Quelle soll der grimmige Hagen Siegfried, den heldenhaften Drachentöter, ermordet haben. Allerdings finden Sie gleich vier Orte, die sich der gemeinen Tat "rühmen". Wer auf Siegfrieds Spuren die

Frankfurt, Hauptwache und Katharinenkirche (Foto: Presse- und Informationsamt Frankfurt a.M.)

Die Skyline Frankfurts, im Vordergrund die Flößerbrücke (Foto: Presse- und Informationsamt Frankfurt a.M.)

ausgedehnten Wälder dieses Mittelgebirges durchstreift, entdeckt sicher nicht nur romantische Quellen. Ihn erwarten idyllische Landstriche, romantische Städtchen - Bad König etwa -, Erbach, Michelstadt, "Deutsches Elfenbeinmuseum" Miltenberg, Amorbach, die Schloßanlage Fürstenau (13.Jh.), deren mittelalterlicher Kern noch gut erkennbar ist ... ehemaliges Jagdrevier der Burgunder ... vor rund fünfzehn Jahrhunderten ... seitdem ist sehr viel Wasser den Main hinuntergeflossen. Auch sonst hat sich eine Menge in der Welt ereignet Licht und Schatten ... auch vor einem der originellsten Rathäuser in Michelstadt, tief im Odenwald.

Frankfurt am Main
Eine Reihe von Superlativen beansprucht sie schon, die Mainmetropole, die in der Bundesrepublik und teilweise darüber hinaus nicht überboten werden: größtes Banken- und Börsenzentrum, größter Pelzhandelsplatz, Veranstalter der größten Buchmesse der Welt ...

Als einzige deutsche Metropole weist die ehemals Freie Reichsstadt mit ihrer zentralen Lage eine geschlossene Hochhaus-Skyline auf, die ihr den halb ehrfürchtigen, halb boshaften Beinamen "Mainhattan" eingetragen hat. Historischer Glanz: bronzezeitlicher Siedlungskern, römische Militärstation (1.Jh.), fränkischer Königshof (794), glänzende Reichsversammlungen, karolingische Pfalz, staufische Kaiserpfalz, Freie Reichsstadt (1375). Handels- und Messeplatz, Ort der Königswahlen (seit 1356), Stätte feierlicher Kaiserkrönungen (seit 1562), das Zentrum des deutschen Traumes von Demokratie und Freiheit (Paulskirche: Nationalversammlung 1848/1849) - die stolze Vergangenheit dieser bedeutenden Stadt läßt uns die immer wieder gestellte Frage verständlich erscheinen, warum eigentlich nicht die Geburtsstadt Goethes die Hauptstadtwürde erlangte.

Sie hat auch kulturell einiges zu bieten, die Wirtschaftsmetropole am Rhein-Main Flughafen: Das Frankfurter Museumsufer, die Johann Wolfgang Goethe-Universität, die Städtischen Bühnen, der Palmengarten, Zoologischer Garten, Alte Oper, Jazzlokale (Hauptstadt des Jazz) ... Gemütlichkeit, die finden Sie auch. Etwa drüben auf der anderen Mainseite in Sachsenhausen in einer der gemütlichen "Ebbelwoi"-Kneipen, bei "Ribbsche und Kraut" oder "Handkäs mit Musik".

Möbel

Von Frankfurt aus wurde das Möbelkunsthandwerk des Barock nicht nur im Umkreis, sondern bis nach Braunschweig, Augsburg, ja bis in die Schweiz sehr stark beeinflußt.

Großbürgerliche Patriziermöbel, vor allem der Frankfurter Wellenschrank, dienten der Repräsentation eines selbstbewußten Bürgertums: Einfache, klare Gliederung, Wulst-Kehlemotiv, groß, zweitürig, mit hohem, gegliedertem Sockel, schwer auf fünf gedrückten Kugelfüßen ruhend, unverwechselbar, weit vorkragender, verkröpfter, profilierter gerader Abschlußsims, abgeschrägte Ecken. Seitlich und in der Mitte des Hauptgeschosses finden wir Säulen oder Pilaster mit korinthischen Kapitellen. Die vorstoßenden, wulstartigen Füllungen, sogenannte Nasen, gaben diesem imposanten Nußmaserfurnier - Barockschrank auch den Beinamen "Nasenschrank".

Frankfurter Ecknasenschrank, zweites Viertel 18. Jh. (Foto: Historisches Museum Frankfurt a.M.)

Unser Tip

Deutsches Elfenbeinmuseum Erbach
Erbacher Festhalle
6120 Erbach
(06062) 3071

Im 18. und 19. Jahrhundert war Erbach Zentrum der europäischen Elfenbeinschnitzerei. Unter Graf Franz I. zu Erbach-Erbach, selbst ein Elfenbeinkünstler wie so viele Adelige im 17. und 18. Jahrhundert, wurde die Elfenbeinkunst im letzten Viertel des 18. Jahrhunderts in Erbach eingeführt - zu einer Zeit, als überall sonst in Europa die barocke Blüte des Schnitzens und Drechselns in Elfenbein zu Ende ging. Mit dem neuen Werkstoff brachte der Graf seinen einheimischen Horndrehern bessere Verdienstmöglichkeiten ins Land. Anfangs entstanden Ziergeräte wie Dosen, Schalen, Schmuckkästchen und Leuchter. Um die Mitte des 19. Jahrhunderts erreichte die Erbacher Schnitzkunst mit der Schaffung und Verbreitung der Blumenbrosche einen ersten Höhepunkt. Aus ihr entwickelte sich die eigentliche Spezialität der Odenwälder Schnitzer, der Elfenbeinschmuck: Die "Erbacher Rose" wurde auf der Wiener Weltausstellung 1873 mit einer Bronzemedaille prämiert.Seit dem letzten Drittel des 19. Jahrhunderts entstanden auch verstärkt Kleinplastiken in Erbach. Diese ganze Entwicklung wird an den Exponaten sichtbar.Schon bald nach der Gründung konnte die Sammlung über den regionalen Raum hinaus so erweitert werden, daß 1971 das Museum in "Deutsches Elfenbeinmuseum Erbach" umbenannt wurde. Stiftungen, Ankäufe und Lleihgaben führten zur raschen Erweiterung des Museums.

Öffnungszeiten:
Montag bis Freitag 9.30 - 12 Uhr, 14 - 16 Uhr

Hessisches Puppenmuseum
Parkpromenade 4
6450 Hanau-Wilhelmsbad
(06181) 86212

Das Hessische Puppenmuseum wurde 1983 eröffnet und schon 1986 erweitert. Es zeigt die Entwicklung der europäischen Spielpuppe von der Antike bis in die Gegenwart, daneben "Puppen aus aller Welt" und "Zirkus und Jahrmarkt". Präsentation und Information gehen eher von einem funktionalen als von einem formalen Verständnis der Kulturgeschichte aus: Sie verdeutlichen auch das zeitgenössische Umfeld.Kinderbilder und - soweit bekannt - Familiengeschichten vom Puppenspiel sind ebenso dabei wie Spielzubehör. Daraus ergibt sich die Möglichkeit für ein Spielzeugmuseum, Kulturgeschichte auf kleinem Raum zu zeigen. Waschen und Kochen, Wohnen und Einkaufen, Erwachsenen- und Kinderkleidung lassen sich durch die Zeiten verfolgen und ermöglichen Spezialführungen mit Themen aus Pädagogik, Sozialgeschichte, Technik, Volkskunst und Brauchtum. Die Geschichte der Puppe als Stellvertreter des Menschen beginnt bei den frühen Kult- und Grabfiguren. Als Spielzeug ist sie in Europa von der Antike an in Objekten nachweisbar. Die Vielfalt der Exponate des Puppenmuseums kann hier nur grob umrissen werden: griechische Glieder und römische Babypuppen, hellenistische Kriegerpuppen, mittelalterliche Unikate aus Holz mit geschnitzter oder - nach 1860 - textiler Kleidung, Puppenhäuser und -stuben, mechanische Puppen, Puppen aus aller Welt (besonders hervorzuheben ist hier die Sammlung japanischer Puppen), europäische Trachten- und Souvenirpuppen und nicht zuletzt ein prächtiges Zirkusmodell. Dreimal im Jahr wechselnde Sonderausstellungen versuchen, ergänzend zur ständigen Ausstellung, den Themenkreis "Puppe" abzudecken, wobei "Puppe" als menschliche Figur verstanden wird, die ihre Funktion im Alltagsgebrauch wie in der modernen Objektkunst hat.
Gertrud Rosemann, Museumsleiterin

Öffnungszeiten: 10 - 12 und 14ˑ17 Uhr,
montags geschlossen

Museum für Kunsthandwerk Frankfurt am Main
Museum für Kunsthandwerk
Schaumainkai 17
6000 Frankfurt am Main
Tel 069/212-4037/4833

Das Museum für Kunsthandwerk der Stadt Frankfurt am Main gehört zu den international bedeutendsten Museen für angewandte Kunst. In dem zweigeteilten Blatt des asiatischen Ginkgo-Baums sind die Objekte des Museums für Kunsthandwerk, die dem europäischen und asiatischen Raum entstammen, symbolisiert. Der Sammlungsbestand von ca. 30.000 Objekten umfaßt Gegenstände aus Holz, Metall, Glas, Keramik, Textilien, Papier und anderen Materialien. Sie schließen in der europäischen Abteilung einen Zeitraum ein, der vom frühen Mittelalter bis zum 20. Jahrhundert, in der asiatischen Abteilung vom vorchristlichen bis zum 20. Jahrhundert reicht.Gegründet wurde das Museum 1877 von Frankfurter Bürgern, die sich im Mitteldeutschen Kunstgewerbeverein zusammenschlossen. 1921 wurde das Museum städtisch. 1939 wurden alle Museumsobjekte deponiert. Nach dem Verlust des eigenen Gebäudes (1944) wurde seit 1965 nur ein minimaler Teil des Museumsbestandes in dem ehemaligen Wohnhaus der Familie von Metzler gezeigt, einer Villa aus dem Jahr 1803. Mit dem 1985 eröffneten Neubau, der von dem New Yorker Architekten Richard Meier entworfen und ausgeführt wurde, hat das Museum nun endlich wieder einen angemessenen Rahmen erhalten.
Die Museumsobjekte sind von sehr guter bis ausgezeichneter Qualität, z.T. haben sie Weltgeltung. Das Schwergewicht der Sammlertätigkeit liegt außer bei der sinnvollen Ergänzung des Bestandes vor allem bei den Objekten des zeitgenössischen europäischen und ostasiatischen Kunsthandwerks und denjenigen Objekte, die westliche und östliche Wechselbeziehungen verdeutlichen.
Öffnungszeiten:
täglich von 10 bis 17 Uhr, Mittwoch von 10 bis 20 Uhr, Montag geschlossen, Eintritt frei.

ANTIQUITÄTEN- UND KUNSTHANDLUNGEN

Galerie Schellgasse 8 6000 Frankfurt	Dehio, H.G. Feldbergstr. 29 6000 Frankfurt	Galerie Arndtstr. 12 6000 Frankfurt	Günther, K. Auf der Körnerwiese 6000 Frankfurt	Kunst um 1900 Fahrgasse 1 6000 Frankfurt	Pfeiffer, W. Königswarterstr. 6 6000 Frankfurt
Anno Tobak Battonnstr. 34 6000 Frankfurt	Doka, Heider Fr. von Stein Str. 9 6000 Frankfurt	Galerie 1900 Neue Mainzer Str. 60 6000 Frankfurt	Kunsthandlung Gärtner, Michael Kaiserhofstr. 16 6000 Frankfurt	Kunsthandlung Schillerstr. 28 6000 Frankfurt	Antik Oeder Weg 56 6000 Frankfurt
Kunstrestaurator Barth Karl Herborner Str. 50 6000 Frankfurt/Main	Döbritz, Wilhelm M. Braubachstr. 10-12 6000 Frankfurt	Galerie Berliner Str. 66 6000 Frankfurt	Heijningen Fahrgasse 20 6000 Frankfurt	Leonhardi, Friedrich Altkönigstr. 11 6000 Frankfurt	Schneider Oeder Weg 25 6000 Frankfurt
Buren, J. Oeder Weg 66 6000 Frankfurt	Dörr, P. Waldstr. 97 6000 Frankfurt	Galerie Neue Mainzer Str. 60 6000 Frankfurt	Heubel, L. Braubachstr. 9 6000 Frankfurt	Lösch, Karl Weberstr. 23 6000 Frankfurt	Schreiter, N. Glauburgstr. 83a 6000 Frankfurt
Buttlar Roßmarkt 10 6000 Frankfurt	Kunsthandel Fichter, H.W. Arndtstr. 49 6000 Frankfurt	Galerie Börsenstr. 2 6000 Frankfurt	Kunsthandlung Himmighoffen Schillerstr. 28 6000 Frankfurt	Magus Weißadlergasse 8 6000 Frankfurt	Kunsthandlung Siebert, Fritz Berliner Str. 68 6000 Frankfurt
Csirmaz, J. Staufenstr. 4 6000 Frankfurt	Tsiaoussidis Sandgasse 6000 Frankfurt	Galerie Weckmarkt 7 Am Dom 6000 Frankfurt	Klip, A. Fahrgasse 25 6000 Frankfurt	Martin, H. Weißfrauenstr. 2 6000 Frankfurt	Sparr, Claudia Hochstr. 47 6000 Frankfurt
Czakainski, A. Ob. Kalbacher Weg 3 6000 Frankfurt	Kunstgalerie Fahrgasse 87 6000 Frankfurt	Graf u. Weis Eckenh. Landstr. 126 6000 Frankfurt	Antiquariat Koch, J. Eckenheimer Landstr. 6000 Frankfurt/Main	Mohr, J.-P. Keplerstr. 16 6000 Frankfurt	Stör, A. Fahrgasse 7 6000 Frankfurt

Auf 500 qm Ausstellungsfläche

finden Sie bei uns

hochwertige Möbel aus
edlen Hölzern

z. B. Sekretäre, Schränke, Kommoden,
komplette Eßzimmer, Polstermöbel
sowie Glas, Porzellan, Schmuck
u. v. m. aus 3 Jahrhunderten.

Wir restaurieren in eigener Werkstatt
und garantieren für die Echtheit unserer Stücke.

Antik - Lager - Georgenhausen, Reinheim / Odw.
Hirschbachstraße 49
10 km von Darmstadt
Telefon 0 61 62 / 56 23
Geöffnet : täglich 10.^{00} - 18.^{00}

Stör, H.
Fahrgasse 9
6000 Frankfurt

Urlass, S.
Ziegelgasse 3
6000 Frankfurt

Vogt, H.-P.
Gluckstr. 13
6000 Frankfurt

Wegener-Chominski, J.
Börsenplatz 13
6000 Frankfurt

Weissmantel
Mechthildstr. 31
6000 Frankfurt

Whatnot, Th.
Allerheiligenstr. 23
6000 Frankfurt

Wood, J.
Wolfgangstr. 141
6000 Frankfurt

Antiquariat
Alicke, P.
Kurt-Schumacher-Str.
6000 Frankfurt 1

Antik
Egenolffstr. 38
6000 Frankfurt 1

Kunsthandlung
Andreas, K.
Roßmarkt 23
6000 Frankfurt 1

Antic
Alte Gasse
6000 Frankfurt 1

Kunsthandlung
Appel & Fertsch
Corneliusstr. 30
6000 Frankfurt 1

Auth R.
Zeil 5
6000 Frankfurt 1

Barras C.C.
Neue Mainzer Str. 22
6000 Frankfurt 1

Beacon Hill
Jahnstr. 60
6000 Frankfurt 1

Betzer, K.
Bergerstr. 19
6000 Frankfurt 1

Beyerle, Hans
Braubachstr. 15
6000 Frankfurt 1

Galerie
Braubachstr. 34
6000 Frankfurt 1

Bücher, Hase
Goethestr. 27
6000 Frankfurt 1

Antiquariat
Mainzer Landstr. 166
6000 Frankfurt 1

Kunsthandlung
Fahrgasse 87
6000 Frankfurt 1

Kunsthandlung
Hermannstr. 41
6000 Frankfurt 1

Kunsthandlung
Dohmen, C.
Schumannstr. 33
6000 Frankfurt 1

Auktionshaus
Döbritz, Wilhelm M.
Braubachstr. 10-12
6000 Frankfurt 1

Kunsthandlung
An der Hauptwache 7
6000 Frankfurt 1

Galerie
Egenolfstr. 39
6000 Frankfurt 1

Antiquariat
Ewald, Georg
Gr.Bockenheimer Str.
6000 Frankfurt 1

Kunsthandlung
Mainluststr. 8
6000 Frankfurt 1

Kunstkabinett
Börsenplatz 13-15
6000 Frankfurt 1

Kunsthandlung
Gessler
Töngesgasse 29
6000 Frankfurt 1

Kunsthandlung
Gierig, T.
Braubachstr. 26
6000 Frankfurt 1

Kunsthandlung
Giessen, J.
Hochstr. 48
6000 Frankfurt 1

Kunsthandlung
Gres, B.
Eschersheimer Landstr. 94
6000 Frankfurt 1

Galerie
Eckenheimer Landstr.
6000 Frankfurt 1

Kunsthandlung
Grässlin & Ehrhardt
Bleichstr. 48
6000 Frankfurt 1

Hagemeier Galerie
Neue Mainzer Str. 60
6000 Frankfurt 1

Gallery
Hartje
Frhr.-v.-Stein-Str.
6000 Frankfurt 1

Galerie
Liebigstr. 25
6000 Frankfurt 1

Antiquariat
Hase, A.
Im Trutz 2
6000 Frankfurt 1

Kunsthandlung
Heberle, Dr. B.
Blumenstr. 4
6000 Frankfurt 1

Antiquariat
Henle, R.
Zeil 22
6000 Frankfurt 1

Kunsthandlung
Hermann-Simsch, M.
Römerberg 8
6000 Frankfurt 1

BAUERNMÖBEL
in Hart- u. Weichholz
nur Originale
ANTIK-LAGER
ÖFFNUNGSZEITEN:
Montag
 9.00 bis 13.00 Uhr
Donnerstag
 16.00 bis 18.00 Uhr
Samstag
 9.00 bis 14.00 Uhr
Langer Samstag
 9.00 bis 18.00 Uhr

GROSS-UMSTADT
Rodensteinerstraße 4
Telefon 06078/5680 oder 71566

Kunsthandlung
Hilger, G.
Beethovenstr. 71
6000 Frankfurt 1

Kunsthandlung
Hoeppner, H.
Bockenheimer Landstr.
6000 Frankfurt 1

Antiquariat
Hoffmann, E.
Weißadlergasse 3
6000 Frankfurt 1

Ikonen-Kunststube
Steinweg 1
6000 Frankfurt 1

F. Müller
Japan Art
Domstr. 6
6000 Frankfurt 1

Kunsthandlung
Klingerstr. 8
6000 Frankfurt 1

Antiquariat
Koch, Juergen
Eckenheimer Landstr.
6000 Frankfurt 1

Kunsthandlung
Krause
Fahrgasse 29
6000 Frankfurt 1

Kunsthandlung
Lüpke, K.
Braubachstr. 28
6000 Frankfurt 1

Kunsthandlung
Masic
Gr.Bockenheimer Str.
6000 Frankfurt 1

Kunsthandlung
Meyer-Ellinger, H.
Brönnerstr. 22
6000 Frankfurt 1

Antiquariat
Missirioglou
Alte Gasse 67
6000 Frankfurt 1

Moody, H.
Braubachstr. 36
6000 Frankfurt 1

Galerie-Kunsthandlung
Beethovenstr. 71
6000 Frankfurt 1

Kunsthandlung
Oevermann
Krögerstr. 6
6000 Frankfurt 1

Galerie-Kunsthandlung
Ostheimer, Margot
Braubachstr. 33
6000 Frankfurt 1

Kunsthandlung
Petrov, P.
Braubachstr. 11
6000 Frankfurt 1

Kunsthandlung-Galerie
Oeder Weg 43
6000 Frankfurt 1

Galerie
Domstr. 6
6000 Frankfurt 1

Zeitgenössische Kunst
Galerie
Feldbergstr. 2
6000 Frankfurt 1

Kunsthandlung
Reichert, R.
Myliusstr. 49
6000 Frankfurt 1

Kunsthandlung
Richert, D.P.
Börsenstr. 2
6000 Frankfurt 1

Kunsthandlung
Rumbler
Börsenplatz 13
6000 Frankfurt 1

Schäfer, E.
Kunsthandlung
Berliner Straße
6000 Frankfurt 1

Schneider, J.P.
Rssmarkt 23
6000 Frankfurt 1

Kunsthandlung
Scholze, K.
Kaiserstr. 6
6000 Frankfurt 1

Galerie
Schäfer, K.G.
Kirchnerstr. 1
6000 Frankfurt 1

Antiquariat
Seifert & Medeke
Berger Str. 31
6000 Frankfurt 1

Sekulic
Berliner Str. 39
6000 Frankfurt 1

Stör
Fahrgasse 9 + 7
6000 Frankfurt 1

Kunsthandlung
Urlass, R.
Fahrgasse 19
6000 Frankfurt 1

Kunsthandlung
Wittwer, H.
Ulmenstr. 10
6000 Frankfurt 1

Atelier Tello
Eckenheimer Landstr.
6000 Frankfurt 50

Antike Möbel
Ingeborg Herbert
Kirchstr. 1
6141 Einhausen
Tel.: 06251 / 51409

Geppert-Rahm, M. Reinhardstr. 6 6000 Frankfurt 50	Cicero Vogelweidstr. 18 6000 Frankfurt 70	Wagner, Stephanie Kaulbachstr. 50 6000 Frankfurt 70	Rabeneck, L. Homburger Str. 12 6000 Frankfurt 90	Klappers, W. Heusenstammer Str. 30 6053 Obertshausen	Andert, Antonin Mendelsohnstr. 4 6100 Darmstadt
Kunsthandlung Harder, J. Auf der Kuhr 40 6000 Frankfurt 50	Herrlein, Klaus Schulstr. 1 6000 Frankfurt 70	Kunsthandlung Kleine Brückenstr. 5 6000 Frankfurt 70	Waglechner, J. Am Weingarten 3 6000 Frankfurt 90	Bongers, Winfried Ane Str. 2 6057 Dietzenbach	Antik Ecke Heinheimerstr. 71 6100 Darmstadt
Kunsthandlung Loehr, D. Alt-Niederursel 41 6000 Frankfurt 50	Kunsthandlung Ivacic, I.-I. Wallstr. 18 6000 Frankfurt 70	Zimmermann, H. Paradiesgasse 55 6000 Frankfurt 70	Besler, W. Biebererstr. 79 6050 Offenbach	Müller, I. Obergasse 4 6070 Langen in Hessen	Galerie Luisenstr. 24 6100 Darmstadt
Moody, H. Woogstr. 30 6000 Frankfurt 50	Antiquariat Keip Hainer Weg 46 6000 Frankfurt 70	Galerie Gartenstr. 47 6000 Frankfurt 70	Galerie Berliner Str. 218 6050 Offenbach	Dokter, U. Hainer Tritt 25 6072 Dreieich	Antiquariat Dorner, A. Holzstr. 11 6100 Darmstadt
Kunsthandlung Rumscheidt, S. Eschersheimer Landstr. 6000 Frankfurt 50	Klein, W. Mörfelder Landstr. 10 6000 Frankfurt 70	Adrian, J.M. Am Waldgraben 12 6000 Frankfurt 71	Kunsthandlung Galerie Lilistr. 83 B 6050 Offenbach	Schauer, R. M. August-Bebel-Str. 67 6072 Dreieich	Antik Fecke, Susanne Dieburgerstr. 24 6100 Darmstadt
Kunsthandlung Shahidi Wilhelm-Busch-Str. 41 6000 Frankfurt 50	Kähler, C. Cranachstr. 22 6000 Frankfurt 70	Galerie Gering-Kulenkampff Textorstr. 91 6000 Frankfurt 71	Günther, J. Weinbergstr. 1 6050 Offenbach a.M.	Schlendermann, H. Spitalgasse 6 6072 Dreieich	Geilenkeuser, O. Frankensteinerstr. 18 6100 Darmstadt
Toga Kunsthandlung Eschersheimer Landstr. 6000 Frankfurt 50	Leipold, L. Schifferstr. 13 6000 Frankfurt 70	Antiquariatversand Greul, A. Am Goldsteinpark 6000 Frankfurt 71	Herold, M.u.C. Ludwigstr. 151 6050 Offenbach a.M.	Lang, Helga M. Konrad-Adenauer-Str. 6074 Rödermark	Gommermann, R. Luisenstr. 16 6100 Darmstadt
Kunsthandlung Kopp, H. Talstr. 106 a 6000 Frankfurt 56	Antiquariat Meichsner Dreieichstr. 52 6000 Frankfurt 70	Maurer, W. Am Ruhestein 43 6000 Frankfurt 71	Kunsthandlung Huber & Reichard Berliner Str. 218 6050 Offenbach	Durak von Freyberg Frankfurter Str. 143 6078 Neu Isenburg	Grobauer Adelungstr. 15 6100 Darmstadt
Nitsche H.H. Genfer Str. 2 6000 Frankfurt 56	Kunsthandlung Textorstr. 58 6000 Frankfurt 70	Kastl Albanusstr. 16 6000 Frankfurt 80	Kunsthandlung Kindel, H.P. Kaiserstr. 61 6050 Offenbach	Flannery, D.-M. Frankfurter Str. 18 6078 Neu Isenburg	Grode, H. Alexanderstr. 31 6100 Darmstadt
Ehmer, K. Pestalozzistr. 13 6000 Frankfurt 60	Petri, K. Wallstr. 9 6000 Frankfurt 70	Kunsthandlung Reimer, H. Bolongarostr. 131 6000 Frankfurt 80	Kitzinger, A. Mühlheimer Str. 386 6050 Offenbach a.M.	Klüppel, M. Bahnhofstr. 96 6078 Neu Isenburg	Held, A. Weidigweg 6 6100 Darmstadt
Roccioletti, W. Musikantenweg 80 6000 Frankfurt 60	Rauch, H.-F. Wallstr. 5 6000 Frankfurt 70	Straßenmeyer, R. Bolongarostr. 117 6000 Frankfurt 80	Klein, W. Biebererstr. 64 6050 Offenbach	Hornivius, S. Jourdanallee 16 6082 Mörfelden	Kunsthandlung Heymann Elisabethenstr. 58 6100 Darmstadt
Antiquariat Schutt, H. Arnsburger Str. 76 6000 Frankfurt 60	Richter Schulstr. 5 6000 Frankfurt 70	Antiquariat Homburger Str. 34 6000 Frankfurt 90	Kunsthandlung Waldstr. 324 6050 Offenbach	Galerie Rüsselsheimer Str. 5 6085 Nauheim	Hoefler, H. Haardtring 154 6100 Darmstadt
Seckbacher Wilhelmshöher Str. 16 6000 Frankfurt 60	Kunsthandlung Ruppel, K. Schweizerstr. 44 6000 Frankfurt 70	Bildstein, W. Leipziger Str. 77 6000 Frankfurt 90	Kunsthandlung Leidecker, M. Bieberer Str. 266 6050 Offenbach	Gilbert, H. Ernst-Ludwig-Str. 15 6086 Riedstadt	Joehle, H. Messeler Park 132 6100 Darmstadt
Kunsthandlung Tessien, M. Marktstr. 121 6000 Frankfurt 60	Kunsthandlung Simon, Dr.Ing. U. Sachsenh.Landwehrweg 6000 Frankfurt 70	Fundus Leipzigerstr. 36 6000 Frankfurt 90	Kunsthandlung Mars & Merkur Schillstr. 7 6050 Offenbach	Hueck, K. Brunnenstr. 3 6090 Rüsselsheim	Kabel und Lang Schulstr. 16 6100 Darmstadt
Kunsthandlung Wilhelm, O. Gellertstr. 24 6000 Frankfurt 60	Stein, U. Brückenstr. 34 6000 Frankfurt 70	Antiquariat Haschtmann, W. Elbinger Str. 1 6000 Frankfurt 90	Antiquariat Ott, W. Frankfurter Str. 56 6050 Offenbach	Vogel, Michael Waldstr. 46 6090 Rüsselsheim	Kunsthandlung Karawanserei Karlstr. 106 6100 Darmstadt
Antik Hoedt, Wolf Mittlerer Hasenpfad 1 6000 Frankfurt 70	Kunsthandlung Sydow-Zirkwitz Geleitsstr. 10 6000 Frankfurt 70	Antiquariat Marx Jordanstr. 11 6000 Frankfurt 90	Kunsthandlung Hospitalstr. 18 6050 Offenbach	Antiquariat Nold, R. Feldstr. 29 6092 Kelsterbach	König - Bilder Grafenstr. 35 6100 Darmstadt
Blechschmidt, G. Wallstr. 5 6000 Frankfurt 70	Wagner Mörfelder Landstr. 6000 Frankfurt 70	Antiquariat Pölck, Rainer Alt-Rödelheim 15 6000 Frankfurt 90	Ginthum, R. Waldstr. 15 6053 Obertshausen	Zingsem, K. Alt Astheim 12 6097 Trebur	Kunsthandlung Langheinz Schulstr. 10 6100 Darmstadt

„Anno Tobac" Antiquitäten + Restaurierungen

*Auf mehr als 400 m² erwarten Sie Möbel von Barock bis Jugendstil.
Wir restaurieren für Sie, laugen ab, schleifen, wachsen, polieren, lackieren und entwurmen.
6057 Dietzenbach, Auestraße 2, Tel. 0 60 74 - 4 16 77*

Antiquariat
Lehr, K.
Sandstr. 38
6100 Darmstadt

Kunsthandlung
Strauß, D.
Rheinstr. 16
6100 Darmstadt

Kunsthandlung
Siegburg, M.
Steinweg 1
6110 Dieburg

Antiquitäten
Sommer, H.
Kronberger Str. 30
6232 Bad Soden/Taunus

Kunsthandlung
Stuebler
Burgstr. 2
6238 Hofheim

Antiquariat
Auvermann & Reiss
Zum Talblick
6246 Glashuetten

Kunsthandlung
Lufft, T.
Landwehrstr. 3
6100 Darmstadt

Kunsthandlung
Thieme
Pfungstädter Str. 48
6100 Darmstadt

Studio für Kunst
Rodensteiner Weg 5
6111 Otzberg

Kunsthandlung
Sommer, H.
Königsteinerstr. 20
6232 Bad Soden

Woelke, J.
Kurhausstr. 2
6238 Hofheim

Solar, O. R.
Am Huttig 1
6250 Limburg

Kunsthandlung
Meise, P.
Bahnhofstr. 9
6100 Darmstadt

Kunsthandlung
Vezzani, G.
Dieburgerstr. 62
6100 Darmstadt

Buchal, Peter
Heinrich Ritzel Str.
6114 Groß Umstadt

Restaurierungen
Graf, Erwin
Frankfurter Str. 28
6233 Kelkheim

Zink, F.
Hintergasse 38
6238 Hofheim/Taunus

Antiquariat
Bennung-Corominas, R.
Ludwigstr. 40
6300 Gießen

Mettchen, D.
Heidelberger Str. 37
6100 Darmstadt

Dovis, P.
Alte Bahnhofstr. 1
6101 Roßdorf

Kunsthandlung
Schuh, G.
Markt 4
6114 Groß Umstadt

Restaurierung
Im Holunder Hof
Frankfurter Str. 21
6233 Kelkheim

Castle, I.
Schäfergasse 3
6239 Eppstein

Führer
Marburgerstr. 333
6300 Gießen

Mueller und Otto
Adelungstr. 11
6100 Darmstadt

Kunsthandlung
Meinass, F.
Gehringstr. 26
6101 Brensbach

Kunsthandlung
Ziesler, G.
Schlierbacherstr. 4
6114 Groß Umstadt

Kunsthandlung
Keskari
Breslauerstr. 69
6233 Kelkheim

Kunsthandlung
Vanderberg, M.
Zum Kohlwaldfeld 9a
6239 Eppstein

Kunsthandlung
Raetzel, G.
Grünbergerstr. 11
6300 Gießen

Bilderkabinett
Müller-Linow
Wilh.-Leuschner-Str.
6100 Darmstadt

Kunsthandlung
Neuber, G. u. U.
Neutsch 15
6101 Modautal

Hooyer
Darmstädterstr. 5
6115 Münster

Mayrl, J.
Hornauerstr. 95
6233 Kelkheim

Antiquariat
Sauer, G.
Gerichtstr. 7
6240 Königstein

Kunsthandlung
Richebaecher, K.
Katharinengasse 14
6300 Gießen

Galerie
Netuschil
Adelungstr. 16
6100 Darmstadt

Otto
Bruchwiesenweg 2
6101 Roßdorf

Streun, P u. E.
Sophienstr. 36
6120 Erbach

Kunsthandlung
Schaffarcyk
Borngasse 1
6233 Kelkheim

Kunsthandlung
Jembus, J.
Königsteinerstr. 2
6242 Kronberg

Roden, R.
Zu den Mühlen 19
6300 Gießen

Kunsthandlung
Perspektive
Mollerstr. 36
6100 Darmstadt

Kunsthandlung
Gansel, B.
Rheinstr. 116
6102 Pfungstadt

Kunsthandlung
Sydow, W. M.
Bahnstr. 31
6120 Erbach

Kunsthandlung
Ernst, Rolf
Im Klingen 5a
6238 Hofheim

Kronberg Antiques
Friedrich-Ebert-Str.
6242 Kronberg

Kunsthandlung
Schaefer, K.
Gartenstr. 13
6300 Gießen

Kunsthandlung
Karlstr. 96
6100 Darmstadt

Schilke, R.
Am Hintergraben 6
6102 Pfungstadt

Fecht, A.
Kimbacherstr. 38
6123 Bad König

SEIT 1964 IN HANAU
BRÜGGEMANN
SCHREINEREI

Möbel-Antiquitäten-Restaurierung
6450 Hanau 1, Moselstr. 40
06181 / 16968

Kunsthandlung
Poorhosaini, S.
Schulstr. 1
6100 Darmstadt

Siegmayer, H.
Außerhalb 31
6104 Seeheim

Altmöbel
Mueck, B.
Hauptstr. 24
6126 Brombachtal

Kunsthandlung
Sander, H.J.
Nikolaiweg 1
6100 Darmstadt

Ivoos, D.
Egerländerstr. 20
6107 Reinheim

Rath, I.
Haingasse 18
6230 Bad Homburg

Schmidt, E.
Heinrich-Delp-Str.
6100 Darmstadt

Antiklaedchen
Graetenhausen
Hauptstr. 12
6108 Weilerstadt

Hamm, R.
Ringstraße
6231 Schwalbach

Heinz, A.
Niederhofheimer Str.
6238 Hofheim

Miletic, M.
Bahnhofstr. 23
6242 Kronberg/Taunus

Schmidt, G.
Unterer Hardthof 19
6300 Gießen

Kunsthandlung
Sickenberger, H.
Landgraf-Philipps-52

Antiquariat
Pfister, M.
Niedergartenweg 5
6108 Weilerstadt

Antiquariat
Nolting
Oranienstr. 16
6232 Bad Soden

Kunsthandlung
Kahl, Abuyen, V.
Nachtigallenweg 7
6238 Hofheim

Galerie
Satyra
Steinstr. 1
6242 Kronberg

Ehrlich, W.
Pfarrgarten 5
6302 Lich

Kunsthandlung
Staschik, G.
Landwehrstr. 24 1/2
6100 Darmstadt

Kunsthandlung
Wojan, D.
Niederwiesenstr. 13
6108 Weilerstadt

Kunsthandlung
Sander, J.
Zum Quellenpark
6232 Bad Soden

Kaiser, D.
Wiesbadener Str. 7a
6238 Hofheim

Schneider, I.
Oberer Thalerfeldweg
6242 Kronberg/Taunus

Kunsthandlung
Seharsch, P.
Lessingstr. 3
6302 Lich

Gansow, G.
Großen-Busecker-Str.
6305 Buseck

Schröer, R.
Obergasse 1
6306 Langöns

Antiquariat
Haeuser, E.
Hintergasse 19
6308 Butzbach

Schneider, K.
Untere Langgasse 7
6312 Laubach

Kunsthandlung
Beer, R.
Müllerbergweg 9
6315 Mücke

Antiquitäten
Rossmarkt 9
6320 Alsfeld

Schaper, Eckehard
Wehrgasse 10
6320 Alsfeld

Fiedler
Bergstr. 11
6330 Wetzlar

Galerie
Domplatz 3
6330 Wetzlar

Kunsthandlung
Lewellyn, G.
Eisenmarkt 8
6330 Wetzlar

Kunsthandlung
Lotz, R.
Silhöfertorstr. 10
6330 Wetzlar

Siebert, U.
Weißadlergasse 4
6330 Wetzlar

Kunsthandlung
Siekoetter
Hausergasse 25
6330 Wetzlar

Bracksmayer, R.
Kolonnade 5
6350 Bad Nauheim

Mohr, R.
Hauptstr. 68
6350 Bad Nauheim

Severin, G. u. P.
Görbelheimer Mühle 1a
6360 Friedberg

Spreen, C.
Am Schloß 18
6367 Karben

Antiquitäten
Friedrich-Ebert-Str.
6368 Bad Vilbel

Hagenauer
Friedrich-Ebert-Str.
6368 Bad Vilbel

Müller, M.
Frankfurter Str. 24
6368 Bad Vilbel

Umlauf, O.
Nidderstr. 19
6368 Bad Vilbel

Kunsthandlung
Schmidt, L.
Berlinerstr. 11
6374 Steinbach

Kunsthandlung
Blaszczyk, M.
Ludwigstr.
6380 Bad Homburg

Kunsthandlung
Daberkow, A.
Seedammweg 19
6380 Bad Homburg

Franck
Dorotheenstr. 21-23
6380 Bad Homburg

Kunsthandlung
Frischmann, G.
Tannenwaldallee 67
6380 Bad Homburg

Galerie
Thomasstr.
6380 Bad Homburg

Kunsthandlung
Grünwald, E.
Römerstr. 2
6380 Bad Homburg

Kopp, Helmut
Ludwigstr. 8
6380 Bad Homburg

Kunsthandlung
Luedecke, C.
Waisenhausstr. 2
6380 Bad Homburg

Antiquariat
Marel, Karl
Kirdorfer Str. 43
6380 Bad Homburg

Rittmeyer, I.F.
Louisenstr. 56
6380 Bad Homburg

Die Bilderstube
Rühl, A.
Louisenstr. 22
6380 Bad Homburg

Schweizer
Thomasstr. 2
6380 Bad Homburg

Schweizer, J.
Weinbergsweg 15
6380 Bad Homburg

Strohmeier, U.
Wallstr. 33
6380 Bad Homburg

Kunsthandlung
Weller, M.
Louisenstr. 97
6380 Bad Homburg

Kunsthandlung
Anault
Junkenfeld 5
6382 Friedrichsdorf

Hofer
Alt-Seulberg 43
6382 Friedrichsdorf

Kellner
Siegfriedstr. 6
6384 Schmitten

Tröger, H. G.
Scheunengasse 4
6390 Usingen

Kunsthandlung
Deisenroth, A.
Rhönstr. 8
6400 Fulda

Theo Bernard **Antiquitäten**

AN- UND VERKAUF
EIGENE WERKSTATT

Mechenharder Str. 137
8765 Erlenbach / Mechenhard
Telefon 0 93 72 / 7 21 44

Fuchs
Abtstor 41
6400 Fulda

Kunsthandlung
Henkel, W.
Karlstr. 11
6400 Fulda

Kiel, W.
Königsbergerstr. 5
6400 Fulda

Kruse, D.
Engelhelmserstr. 1
6400 Fulda

Leipold, G.
Löherstr. 26
6400 Fulda

Maierhof, E.
Heinrichstr. 38
6400 Fulda

Nüdling, C. K.
Luckenberg 11
6400 Fulda

Kunsthandlung
Raab
Mittelstr. 29
6400 Fulda

Semler, R.
Simpliziusbrunnen 7
6400 Fulda

Seng
Am Kies 3
6400 Fulda

Galerie
Peterstor 10
6400 Fulda

Spahn, R.
Kilianstr. 2a
6403 Flieden

Kunsthandlung
Lauer, J.
Fuldaerstr. 25
6404 Neuhof

Scheuring, N.
Königsbergerstr. 17
6419 Burghaun

Stör, H. u. E.
Frankfurter Str. 10
6424 Grebenhain

Schreinerei
Brueggemann, Dietrich
Amselstr. 23
6450 Hanau

Hesters
Alter Rückinger Weg 2
6450 Hanau

Patzelt, L.
Ludwigstr. 11
6450 Hanau

Rohde, Wilhelm
Bruchköbeler Landstr.
6450 Hanau

Pairan, K.
Gablonzer Str. 7
6452 Hainburg

Alban, E.
Kaiser-Karl-Str. 31
6453 Seligenstadt

Schöneich, M.
Römerstr. 1
6453 Seligenstadt

Prinz Reuß H. XV.
Vorstadt 9
6470 Büdingen

Lappat, S. W.
Kurallee 9
6478 Nidda

Zack, M.
Niddergrund 58
6479 Schotten

Hummel, E.
Wittgenborner Str. 7
6480 Wächtersbach

Jäger, R.
Pfarrgasse 20
6480 Wächtersbach

Brendt, M.
Quellenring 21
6482 Bad Orb

Breitenbach
Schwalbenrainweg 40
8750 Aschaffenburg

Kunsthandlung
Brönner, G.
Roßmarkt 35
8750 Aschaffenburg

Kunsthandlung
Delden, W.
Grünewaldstr. 19
8750 Aschaffenburg

Stiftsgalerie
Eujen, U.
Dalbergstr. 5
8750 Aschaffenburg

Kunsthandlung
Hadi
Weißenburger Str. 36
8750 Aschaffenburg

1.000 qm Antik + Kunst
restaurierte - unrestaurierte Möbel aus ganz Europa
8750 Aschaffenburg, Hanauer Straße 2
Telefon 0 60 21 / 1 24 16

Hirte, Helmut
Güterberg 6
8750 Aschaffenburg

Restauration
Würzburger Straße 99
8750 Aschaffenburg

Bauer, E.
Grabenstr. 10
8752 Kleinostheim

Bosse, W.
Pfarrgasse 7
8754 Großostheim

Teumer, I.
Hauptstr. 122
8760 Miltenberg

Kreuzer, M.
Schmiedsgasse 46
8762 Amorbach

Antike
Bahnhofstraße 20
8750 Aschaffenburg

Schaeffer, Theo
Schönbuschallee 61
8750 Aschaffenburg

Kunsthandlung
Borst, M.
Aschaffenburger Str.
8752 Schöllkrippen

Galerie 13
Adalbert-Stifter-Str.
8754 Großostheim

Breitenbach, C.
Dorfstraße 24
8761 Laudenbach

Moeller-Stegerwald
Abteigasse 1
8762 Amorbach

Hörter, Linda
Wächtersbacher Str.
8750 Aschaffenburg

Schmuck
Ladingstraße 9
8750 Aschaffenburg

Die Galerie
Bahnhofstr. 38
8752 Kleinostheim

Jalufka
Marktstraße 12
8760 Miltenberg

Allwardt, J.
Schmiedsgasse 8
8762 Amorbach

Sagasser, J. u. A.
Löhrstraße 48
8762 Amorbach

Joachimi, W.
Wermbachstr. 25
8750 Aschaffenburg

Kunsthandlung
Seeger, C.
Treibgasse 5-a
8750 Aschaffenburg

Antiquariat
Am Sportplatz 2
8765 Erlenbach a.M.

Korn, Reinhold
Aschaffenburger Str.
8750 Aschaffenburg

Watzke, B.
Badergasse 4
8750 Aschaffenburg

Kunsthandlung
Wallrabenstein, I.
Landstr. 14
8767 Wörth am Main

Kunsthandlung
Peleschka, U.
Kapuzinerplatz 1
8750 Aschaffenburg

Kunkel, Helmar
Setzbornstraße 2
8751 Rothenbuch

Madre, G.
Pfingstgrundstr. 14
8770 Lohr a.M.

ANTIQUITÄTEN
Monika Möller - Stegerwald
Abteigasse 1, 8762 Amorbach
Di - Fr 10.30 - 12.00 Uhr,
         15.30 - 18.00 Uhr
Sa   11.30 - 12.00 Uhr
So   15.30 - 18.00 Uhr, Mo Ruhetag
Tel.: 093 73 / 1047, nach Geschäftsschluß 570

LBB Antiquitätenzubehör

Siegfried SCHULZ
Schillerstr. 39
7101 Ellhofen
Telefon 07134 - 17348

Möbelbeschläge
aus Messing
Eisen
Perlmutt
Horn
Bein
Leder
Schlösser
Scharniere
Bänder
Holzteile
Intarsien
Schellackpolituren
Bienenwachs
Beizen

mehr als 12oo Artikel ständig auf Lager
bitte Katalog anfordern gegen DM 4,-

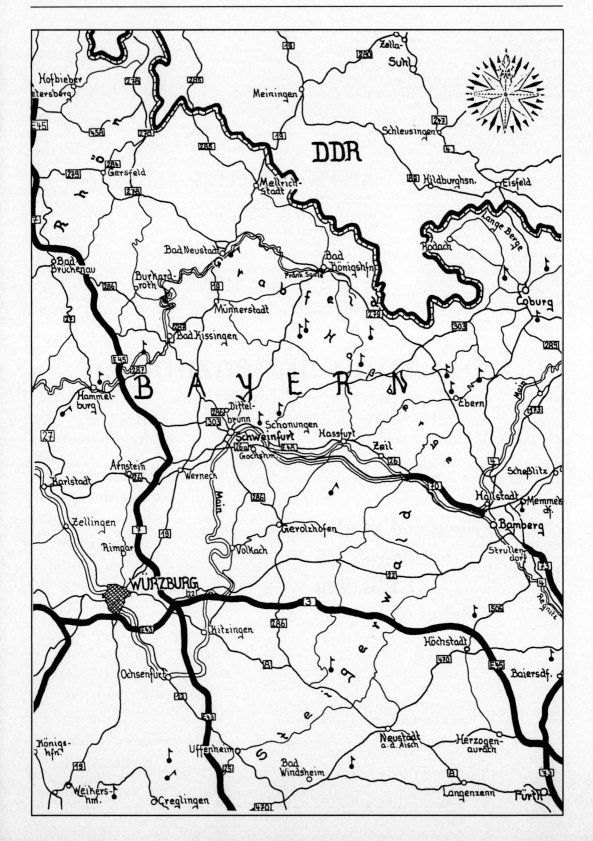

MAINFRANKEN

"... Land der Bocksbeutel"
Laudatio
Kulturgeschichtliche Streifzüge durch Franken - ein schier unerschöpfliches Thema!
Franken, Europas Mitte, Schmelztiegel der Völker und Kulturen; spätgotische Blüte fränkischer Bildschnitzerei (Tilman Riemenschneider); unvergleichliche Bauwerke süddeutschen Barocks (Balthasar Neumann); Residenzen, Schlösser, die zum Besten gehören, was Deutschland zu bieten hat, historische Garten- und Parkanlagen, Lustgärten, gestaltete Natur, eine wundervolle Ergänzung zu den kunstvollen Bauten ...

Main
"Eines kann einem kaum entgehen dort im Frankenland, der Main". Und wie sehr man ihn auch schon verdreckt, einige seiner anziehendsten Ufer - wer erlaubt das? - durch Kies- und Zementwerke verschandelt: kein Fluß fließt so anmutig bescheiden vor sich hin, zwischen lieblich auslaufenden Weinhängen und Wald, in weichen Windungen von flachen baumlosen Wiesen, von altmodischen, verwinkelten Orten gesäumt, mit Brückenheiligen gesegnet, entstehend aus dem Weißen und dem Roten Main, herab vom Fichtelgebirge und vom Ostrand der Fränkischen Alb. Lang ist er 250 km - Luftlinie, in der Laufentwicklung das Doppelte, von der Regnitzmündung ab schiffbar, und der Traum von der Rhein-Main-Donau-Verbindung, vom direkten Wasserweg zwischen Nordsee und Schwarzem Meer, den schon Karl der Große geträumt hat - wird er in nicht allzu ferner Zukunft verwirklicht sein? - oder nicht?

Landschaft
Die zentrale Landschaft der mittleren Mainlande ist die Fränkische Platte, eine einförmige, früh besiedelte und waldarme Muschelkalkplatte, in die das Maintal und die Täler der Mainzuflüsse mehr oder weniger tief eingeschnitten sind. Fruchtbare Lettenkohleschichten des Keuper, diluviale Lößdecken, die die Muschelkalkplatte vielfach bedecken, machen diese Platte zur fruchtbaren Kornkammer.

Geschichte
Auf dem schmalen Bergausläufer des Würzburger Marienberges stand schon in keltischer Zeit um 1000 v.Chr. eine Fliehburg, von der aus die Region am weiten Talkessel überwacht wurde. 742 gründete der hl. Bonifatius das Bistum Würzburg, das bald zum bedeutendsten kirchlichen und politischen Mittelpunkt der fränkischen Mainlande werden sollte.
Ein historischer Augenblick für die gesamte Region: 1156 heiratet Kaiser Friedrich Barbarossa Beatrix von Burgund - in Würzburg. Barbarossa war es auch, der dem Bischof die Herzogswürde von Franken verlieh (1168). In den folgenden Jahrhunderten gab es mehrfach Fehden zwischen Bischof und Bürgerschaft, die reichsunmittelbar sein wollte. Vergeblich das Bemühen der Bauernheere (1525), die Festung Marienberg, den Sitz der Fürstbischöfe (bis 1720) zu berennen.
Das goldene Zeitalter der Schönborn am Main: reichsgräfliches Haus, emporgestiegen aus dem Halbdunkel des Kleinadels, plötzlich ins Licht der Deutschen Geschichte, anno Domini 1642. Macht, Reichtum, Geschmack; Waffenlärm der Franzosen- und Türkenkriege, des Nordischen Krieges, der beiden Schlesischen Kriege, des Spanischen, Polnischen und Österreichischen Erbfolgekrieges. Augenfälliges Erbe der Schönborn-Ära (endete 1756) Kunst, Prunkbauten (Würzburger Residenz), Schlösser und Kirchen in Franken ... und in den Rheinlanden, in Baden und Niederösterreich, in Wien und Prag ...
Mit der Säkularisierung (1806) kamen die vielen kleinen und kleinsten fränkischen Territorien zu Bayern: die Hochstifte Würzburg, Bamberg und Eichstätt, das Fürstentum Aschaffenburg, die Markgrafentümer Ansbach und Bayreuth ... und, sie blieben beim flächengrößten deutschen Bundesland. Was sie in ihren Residenzen geübt, konnten sie später gut gebrauchen, das Regieren ... so

daß Spötter behaupten, der Freistaat Bayern werde von Franken regiert, von den Schwaben finanziert und von einigen Bayern bewohnt.

Natur und Kultur und ... Wein

... der Strom der Macht floß ab nach München, doch die Region blieb fränkisch. Man sehe sich die Gesichter an, man höre die Menschen sprechen, "fränkische Heiterkeit"; vielleicht auf den Gegensatz von Wein und Bier zurückzuführen? - Wo Sie auch Ihren Streifzug durch die Region antreten - am schönsten im Herbst - Sie werden ihrem Reiz verfallen. Wetten?

Zwischen Steigerwald (Klöster, Schlösser, Wein), Spessart und Rhön finden Sie das mainfränkische Weinbaugebiet. An steilen Hängen wachsen die Reben, die Erde speichert Sonnenwärme, um sie nachts wie ein Heizkörper auszustrahlen. Hier in kleinen Winzerkellern oder in Stahltanks einer Genossenschaft lagern sie, die Frankenweine, aus Bocksbeuteln fließen sie ins Glas, auf der Zunge entfalten sie Blume, Körper und Schwanz, ihre Qualitätsmerkmale. - "Vincit et sanat", der Wein siegt und heilt, lautet eine alte Inschrift. - Weinproben, Winzerfeste, Frühschoppen, gemütliche Dämmerschoppen ...

Eschendorfer Lump (an der Mainschleife), Iphöfer Julius - Echter-Berg, Randersacker Pfülben, Rödelseer Küchenmeister, Sommeracher Katzenkopf ... Nordheimer Vögelein, Würzburger Stein - Wein-Seminare, Wein-Kurzurlaub, Wein-Wanderwochen ... hier wird die Wirklichkeit nach Öchslegraden gemessen. Köstliche Gaumenfreuden erwarten Sie im Bocksbeutelland. "Prosit!"

Würzburg - "castellum Virteburch"

Ostfrankens Herzöge, die Fürstbischöfe, wurden unter Domherrn aus Adelsfamilien gewählt. Adel und Geistlichkeit verdankte das Kunstwerk Alt-Würzburg sein Maß, seine Würde und seine Heiterkeit. Europas schönster Pfarrhof (soll Napoleon gesagt haben). Die Stadt wird Sie begeistern, auch nach dem Wiederaufbau - am 16. März 1945 war sie in Schutt und Asche gesunken: "Grab am Main". - Sie können auswählen: Mozartfest (2. Junihälfte), Würzburger Bachtage (Ende November), Kilianifest mit Trachtenzug im Juli, Winzerfest Ende September. Wandern Sie hinauf zur Festung Marienberg, besuchen Sie das Mainfränkische Museum mit dem Tilman-Riemenschneider-Saal, die weltberühmte Fürstbischöfliche Residenz Balthasar Neumanns, Höhepunkte barocker Bauweise, der Dom (romanisch), die Gräber der Schönborn-Bischöfe, die "Julius-Echter-Bastei", zurück zur Alten Mainbrücke ... am Grab Walthers von der Vogelweide, Universität (seit 1582) - hier entdeckte Wilhelm Conrad Röntgen 1895 die nach ihm benannten Strahlen ... leibliche und kulturelle Genüsse. Vielleicht jetzt ein Glas Frankenwein, dazu "Meefischli", kleine Weißfische in Mehl paniert und gebacken? - Berühmt für diese Spezialität ist das "Fisch- und Weinhaus Schiffbäuerin" (Katzengasse 7, linke Mainseite).

Bamberg

Welche Stadt ist schon von einem Heiligen gegründet worden? Auf Bamberg trifft das zu: Kaiser Heinrich II., der Heilige, gründete 1007 das Bis-

Würzburg: "Grafeneckart" (Rathaus)
(Foto: Amt für Öffentlichkeitsarbeit und Statistik, Würzburg)

tum Bamberg (Grafen Babenberg) und legte damit auch den Grundstein für die Stadt, die sich auf sieben Hügeln erhebt und daher oft "das Rom des Nordens" genannt wurde. - "Bamberg: geistlich und weltlich gar schön" - Domberg und Michelsberg, Bürgerquartiere an den zwei Regnitzarmen, dazwischen ein höchst bemerkenswertes Rathaus. Bamberger Reiter, ein Papstgrab - das einzige auf deutschem Boden, das Haus E.T.A. Hoffmanns ... Zeugen einer großen Vergangenheit. - Bamberg als Bierstadt bietet seinen Gästen den Weg zum "Diplom-Bierologen" mit einem "Bierseminar" an, das in Theorie und Praxis binnen fünf Tagen alles über den Gerstensaft vermittelt. Haben Sie Lust, und Zeit? - Zehn Brauereien warten, berühmt der kernige Geschmack des Rauchbiers.

Möbel

In Franken war zweifellos die reichste und vielfältigste Möbelmanufaktur zu Hause. Eine große Anzahl bedeutender Ebenisten, die für die fürstlichen Höfe eine unvergleichliche Möbelkultur schufen. Ihre Kunst prägte auch die Stilentwicklung des bürgerlichen Möbels. Würzburg war Hauptsitz für die Herstellung von Kabinettschränken in besonders prunkvoller und aufwendiger Art: Ebenholzmöbel, eingelegt mit Perlmutter, Elfenbein, Lapislazuli, Edelmetall und Miniaturen von unvergleichlicher Prachtfülle. In den Bürgerhäusern prunkte der Schreibschrank, wuchtig mit kommodenförmigem Unterbau, die Front gebuchtet, mit Nußbaummarketerie verkleidet.

Ebenisten: Mattern, Karl Maximilian
(Siehe Rubrik "Meister der Möbelkunst")
Spindler, Heinrich-Wilhelm; Schlecht, Benedikt

Porzellan

Wenige Jahre, 1775 - 1780, bestand in Würzburg eine Porzellanmanufaktur, die einfache Geschirre, Schäfer-, Jäger- und Gärtnerfiguren von lokaler Bedeutung erzeugte. Sie führte die Preßmarke W unter einem Breitoval oder unter CG, dem Monogramm des Besitzers Caspar Geyer.

Bamberg: am alten Kanal mit Blick zur Bergstadt (Foto: Städtisches Fremdenverkehrsamt Bamberg)

UNSER TIP

Schloß Aschach
Graf Luxburg-Museum
8733 Bad Bocklet
Telefon: 0971-888550

Schloß Aschach liegt im waldreichen Vorlande der Rhön auf leichter Anhöhe über den satten Wiesengründen des Saaletales, aus dem oft noch altvertraute Weisen hell zum Burgsöller hinaufklingen, wenn der Postillon ins Horn bläst, um für Winken und Gruß zu danken. Es ist dem glanzvollen Weltbad Kissingen ebenso benachbart wie dem verträumten Biedermeierbad Bocklet und gehört gewiß, schon wegen seiner malerischen Lage, zu den liebenswertesten Burgen im Frankenlande.

Der hochragende, von Treppengiebeln gekrönte Fürstenbau und das behaglich gestreckte Kleine Schloß umschließen den blumengeschmückten Burghof mit seinen uralten Linden; dort sitzt man zu Füßen der Sonnenuhr an weinbewachsener Mauer unter bunten Schirmen, bis abends festliches Licht von Lüstern im Schloß oder friedlicher Mondenschein um die Wette durchs Fenster in die gemütlichen Gewölbe der Gaststube hineinschauen.

Einst - zur Stauferzeit - der feste Sitz der reichen Grafen von Henneberg und gewiß auch zeitweiliger Aufenthalt des berühmten Minnesängers aus dieser Familie, des über Kissingen ansässigen Otto von Botenlauben, wurde Aschach gegen Ende des Mittelalters Amtssitz der mächtigen Fürstbischöfe von Würzburg, deren Staat 1803 an Bayern fiel. Schloß Aschach wurde 1829-1860 eine bekannte Steingutmanufaktur.

Schloßmuseum

1873 kaufte Reg.-Präsident Graf Luxburg das Schloß. Pompöse Barockschränke, zierliche Kommoden und Schreibschränke des Rokoko, wertvolle gotische Tafelbilder, Silberpokale, Porzellane, Glas und Zinn füllen seitdem wieder das Haus, in das sein Sohn noch kostbare, alte Teppiche und altchinesische Keramik einbrachte.

Graf Karl Luxburg schenkte 1955, hochbetagt, Schloß und Sammlungen dem Bezirk Unterfranken, um beides vereint den Kunstfreunden von nah und fern für die Dauer zu erhalten. Der besondere Reiz der wervollen, 1857 als Schloßmuseum eröffneten Sammlungen und des Interieurs liegt vor allem darin, daß den Besucher kein langweiliges Museum erwartet, sondern daß die Kunstschätze eingebettet sind in das Milieu eines Sammlers im ausgehenden 19. Jahrhundert, der auch Kaiser Friedrich III., den Fürsten Bismarck, Adolf von Menzel und Georg Dehio seine Gäste nannte; es wurde erhalten als kulturhistorisches Dokument jener Epoche. Der Blumenschmuck, in kostbaren Vasen überall verteilt, verrät ebenso wie dei große Festtafel mit ihrem Porzellan, Silber und Kristall etwas von dem Zauber des hier immer noch wachen Lebens aus längst verklungener Zeit. Die Aschacher Schloßkonzerte namhafter Solisten werden in diesem traditionsreichen Milieu alljährlich für die Besucher ein unvergeßliches Erlebnis.

Öffnungszeiten:
1. Mai bis 31. Oktober von 14 bis 18 Uhr, außer montags;
Gesellschaften nach Vereinbarung auch vormittags

Würzburg: Mainkai, Alte Mainbrücke, Festung mit der berühmten Weinlage (Foto: Amt für Öffentlichkeitsarbeit, Würzburg)

═ **UNSER TIP** ═

Mainfränkisches Museum

WÜRZBURG
Festung Marienberg

*weltberühmte
Meisterwerke
Riemenschneiders*

*

**Gemälde, Plastik
Kunstgewerbe,
Volkskunst**

**Fränkische Weinkultur,
Vorgeschichte**

geöffnet täglich, auch an Sonn- und Feiertagen
von 10 bis 17 Uhr
(1. 11. bis 31. 3. von 10 bis 16 Uhr)

Tel. (09 31) 4 30 16 · Große Parkplätze

Diese eindrucksvolle Sammlung fränkischer Kunst und Kultur mit ihrem Herzstück, den weltberühmten Meisterwerken Tilman Riemenschneiders, des Bildschnitzers von Würzburg, zieht alljährlich eine Viertelmillion begeisterter Besucher in ihren Bann. Geschichte und Gegenwart begegnen sich dort oben über der Stadt, in dem Museum auf dem Marienberg und erschließen gleichermaßen Kostbares und Köstliches.

Antiquitäten- und Kunsthandlungen

Bauer, K. u. F.
Untere Brücke 4
8600 Bamberg

Blokesch, H.
Karolinenstraße 14
8600 Bamberg

Braun, Thomas
Fischstraße 2
8600 Bamberg

Braun, Werner
Fischstraße 2
8600 Bamberg

Kunsthandlung
Christine GmbH
Hellerstr. 6
8600 Bamberg

Essler, S.
V-Bach-Straße
8600 Bamberg

Geissler, Heribert
Kunigundenruhstr. 14
8600 Bamberg

Goertler
Siechenstraße 14
8600 Bamberg

Guertler, Meta
Untere Sandstraße 2
8600 Bamberg

Hoechstetter, R.
Karolinenstraße 21
8600 Bamberg

Hottelmann-Schmidt
Judenstraße 17
8600 Bamberg

Antiquariat
Kohr, K.
Zinkenwörth 9
8600 Bamberg

Loersch, A.
Austraße 35
8600 Bamberg

Antiquariat
Murr
Karolinenstr. 4
8600 Bamberg

Onnen, E.
Schloßstraße 26a
8600 Bamberg

Onnen-Seidenath
Weide 2
8600 Bamberg

Rammel, Gerhard
Karolinenstraße 1
8600 Bamberg

Reichelsdorfer, M.
Zinkenwörthstr. 18
8600 Bamberg

Kunsthandlunhg
Reiser, T.
Dientzenhofer STr. 42
8600 Bamberg

Antiquariat
Rücker, L.
Lugbank 6
8600 Bamberg

Schlund, W.
Memmelsdorfer Str.
8600 Bamberg

Schmutzler, Erika
Herrenstraße 4
8600 Bamberg

Schwarzkopf, V.
Obere Brücke 8
8600 Bamberg

Kunsthandlung
Vogel, G.
Karolinenstr. 2
8600 Bamberg

Antiquitäten
Wenzel
Karolinenstraße 16
8600 Bamberg

Wihr, R.
Karolinenstraße 18
8600 Bamberg

Wohlfahrt, K.
Fleischstraße 19
8600 Bamberg

Wunder, H.
Gertraudenstraße 10
8600 Bamberg

Mueller, R.
Birkenstraße 5
8601 Lauter

Reichelt, E.
Bamberger Straße 9
8601 Gundelsheim

Zeidler, Ulrike
Karlsbader Straße 2
8603 Ebern

Motschenbacher, A.
Am Ziedergraben 19
8605 Hallstadt

Riedhammer, GmbH
Emil-Kemmer-Str. 6
8605 Hallstadt

Auinger GmbH
St.-Laurentius-Str.2
8700 Würzburg

Antiquariat
BUB
Kürschnerhof 7
8700 Würzburg

Baum, Wolfgang
Karmelitenstraße 23
8700 Würzburg

Verlag u. Antiquariat
Becker, Ulrich
Am Rubenland 13
8700 Würzburg

Bernanke, J.
Semmelstraße 42
8700 Würzburg

Braendl, W.
Büttnerstr. 25
8700 Würzburg

Galerie 5
Diehl, H.G.
Sanderstr. 23/25
8700 Würzburg

Ebinger, Michael
Karmelitenstraße 19
8700 Würzburg

Ewald, Gustav
Bronnbachergasse 33
8700 Würzburg

Kunsthandlung
Fischer, A.
Günterslebenerstr. 9
8700 Würzburg

China-Galerie
Gild, G.
Wolfhartsgasse 6
8700 Würzburg

Hesse, Jürgen
Lämmermühle
8700 Würzburg-Aub

Hetzler, Gerhard
Franziskanergasse 1
8700 Würzburg

Kunsthandlung
Hillenbrand, A.
Pommergasse 2
8700 Würzburg

Hummel, C.
Roßsteige
8700 Würzburg

Karsten, Bodo
Mergentheimer Str.
8700 Würzburg

Keller, K.
Bachgasse 2
8700 Würzburg

Leonhardt, K.
Wohfhartsgasse 5
8700 Würzburg

Mantei, W.
Semmelstr. 60
8700 Würzburg

Marotte, die
Bauerngasse 16
8700 Würzburg

Antiquitäten
Mars, R.
Ludwigstr. 4
8700 Würzburg

Antiquariat
Mergenthaler, Walter
Textorstr. 2
8700 Würzburg

Werkstatt-Galerie
Michel, Gerd
Semmelstr. 42
8700 Würzburg

Kunsthandlung
Milenkovic, L.
Pleicherpfarrgasse 9
8700 Würzburg

Antiquariat
Müller, Franz X.
Kard.-Faulhaber-Platz
8700 Würzburg

Oppmann, M.
Wolfstalstraße 6
8700 Würzburg

Pfrang, W.
Sieboldstr. 6
8700 Würzburg

Würzburg Congress

Congress Centrum am Main,
bis zu 2000 Personen. Eine neue Dimension,
mitten in Deutschland, mitten in Europa.
Daneben :
Tagen in Hotels und auf der Festung Marienberg
(Hofstuben, bis zu 400 Personen). 3000 Gästebetten.
Beste Autobahn- und IC - Verbindungen.
Direktanschluß Flughafen Frankfurt.
Rahmen a la carte : Residenz (Tiepolo Fresken),
Festung, Museen (Riemenschneider), Kiliansdom,
Frankenwein - Proben, berühmte Weinstuben,
Mozartfest, Ausflüge ins fränkische Weinland.

Information :
Fremdenverkehrsamt der Stadt Würzburg
Würzburg - Palais am Congress Centrum
8700 Würzburg Telefon 0931 / 37660

Import aus Frankreich ... antike Möbel

antik & deco Theresienpassage
direkt am Münster
Theresienstr. 29, Tel 0841 / 87990 / 34152
Sie finden bei uns auch : Bauernmöbel u. s. w.
Händlerlager Ingolstadt - Friedrichshafen

Prachter, Peter
Weingartenstraße 29a
8700 Würzburg

Antiquitäten
Rummel
Texstorstraße 13/15
8700 Würzburg

Schaller, E.
Buchengraben 14
8700 Würzburg

Schnitzereien-Krippen
Schlaud, J.
Eichhornstr. 23
8700 Würzburg

Antiquariat
Schöneborn, Klaus
Johannitergasse 5
8700 Würzburg

Sommer
Pleicherkirchplatz 13
8700 Würzburg

Kunsthandlung
Villinger, R.
Kaiserstr. 13
8700 Würzburg

Vogel, A.
Dollgasse 9
8700 Würzburg

Volk, Konrad
Domstr. 41
8700 Würzburg

Kunsthandlung
Wildmeister oHG
Karmelitenstr.
8700 Würzburg

Zemanek,
Maiergasse 2
8700 Würzburg

Kunsthandlung
Zürn Meister Götz
Leistenstr. 17
8700 Würzburg

Bruettling, R.
Mönchshof 21
8701 Sommerhausen

Brehm, W.
Hauptstraße 3
8702 Uettingen

Demling, M.
Bergstraße 14
8702 Greußenheim

Hess, D.
Altes Pfarrhaus
8702 Uettingen

Labisch, Hubert
Hauptstraße 29
8702 Unterpleichfeld

Pfrang, W.
Niederhofer Straße 18
8702 Rimpar

Felgenhauer
Mähderweg 32
8705 Zellingen

Schafferhans, A.
Würzburger Straße 13
8710 Biebelried

Cotney, Jochen
Balth.-Neumann-Str.10
8714 Wiesentheid

Groetsch, K.H.
Ringsbühlweg 2
8715 Iphofen

Kunsthandlung
Palette
Metzgergasse 14
8720 Schweinfurt

Kunsthandlung
Rauch, W.
Obere Str. 9
8720 Schweinfurt

Reusch, C.
Zehntgasse 1
8720 Schweinfurt

Kunsthandlung
Schiefer, E.
M.-Grünewald-Ring 16
8720 Schweinfurt

Schneider, G.
Alte-Bahnhof-Str.6
8720 Schweinfurt

Kunsthandlung
Wolff, K.
Schultesstr. 18
8720 Schweinfurt

Alte Uhren
Taupp, Angy
Lülsfelder Weg 1
8723 Gerolzhofen

Volk, B.
Schallfeld
8723 Gerolzhofen

Schmid, S.
Radegunisstraße 9
8725 Arnstein

Kunsthandlung
Bopp u. Hußlein
Truchseßpassage
8728 Haßfurt

Barthelmeß, G.
Knetzgauer Straße 12
8729 Sand a.M.

Kunsthandlung
Bittenbrünn
Briegelstr. 3
8729 Königsberg

Meindl, P.
Eichelsdorf
8729 Hofheim

Antiquariat
Badorrek, M.
Kurhausstr. 22
8730 Bad Kissingen

Beck, E.
Winkelserstr. 31
8730 Bad Kissingen

Kunsthandlung
Braun, H.
Am Rosengarten
8730 Bad Kissingen

Galerie 'Aartforum'
Frühlingstr. 6-a
8730 Bad Kissingen

Kunsthandlung
Hassloch
Lindesmühlenpromenade
8730 Bad Kissingen

Hirnickel
Maxstr. 24
8730 Bad Kissingen

Kunsthandlung
Kacer, C.
Prinzregentstr. 3
8730 Bad Kissingen

Koch, G.
Kurhausstraße 39
8730 Bad Kissingen

Kuepper, H.
Ludwigstraße 7
8730 Bad Kissingen

Paquet, D.
Martin-Luther-Str.
8730 Bad Kissingen

Stark, Georg
Pfaff Str. 2
8730 Bad Kissingen

Vindobona - Galerie
Prinzregentstr. 3
8730 Bad Kissingen

Benkert, G.
Wirtsgasse 6
8731 Sulzthal

Antiquitäten am Schloß

Inh. Jochen Cotney

**Balth.- Neumann- Straße 10 · 8714 Wiesentheid
Telefon 0 93 83 / 27 05**

Pour le Mérite

Spezialhandel für Militaria
P. und I. Krah
Juliuspromenade 3 · 8700 Würzburg
Tel. (09 31) 144 40

Uniformen
Historische Waffen und
Ausrüstungsgegenstände
Orden

Zinn - u. Modellfiguren
Pinsel - Farben - Zubehör
Elastolin-u. Lineolfiguren
Gußformen

Literatur - Graphik
Filme

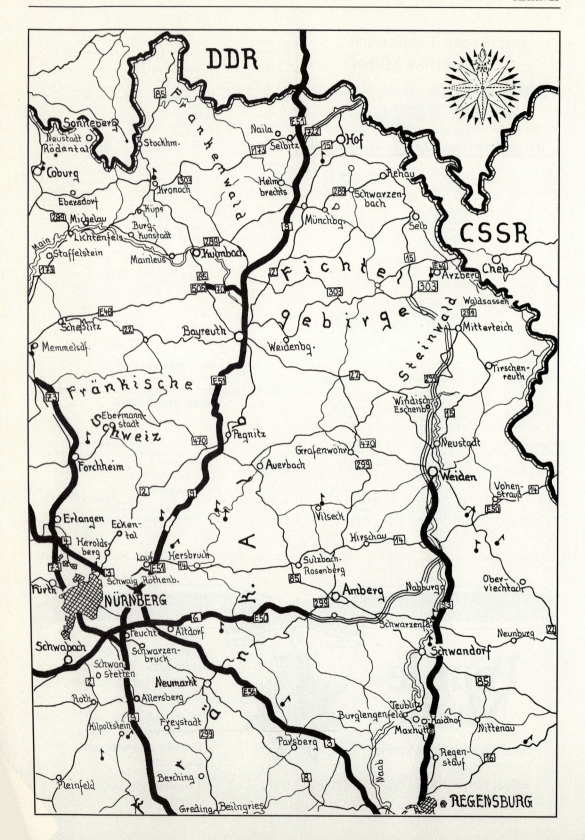

Fränkische Schweiz - Frankenwald - Fichtelgebirge

"Miniatur in der Miniatur"

Fränkische Schweiz
Nicht ohne Stolz trägt die "Fränkische Schweiz" den Namen ihrer alemannischen Patentante. Bis zu Beginn des vorigen Jahrhunderts hieß diese Region noch schlicht "Muggendorfer Gebirg". Aber schon bald, nachdem die Romantiker die karstige Juralandschaft durchwandert hatten und in ihren Briefen von ihr schwärmten, bürgerte sich die Bezeichnung "Schweiz" für den "Schlupfwinkel des deutschen Gemüts" ein. Steile Felsen, tiefe Höhlen: nirgendwo in Deutschland werden Sie so viele Höhlen finden wie gerade hier im Städtedreieck zwischen Nürnberg, Bamberg und Bayreuth. Insgesamt 280. Die abenteuerlichste: die Maximiliansgrotte. Tropfsteine hängen wie Eiszapfen von der Decke herab. Modriger Geruch ... lohnende Ziele auch über der Erde: die altehrwürdige Burg von Gößweinstein? Wenn man von dem 1000 Jahre alten Gemäuer herabblickt, schaut man über vier Täler. Der grandiose Blick soll Richard Wagner zu seinem Parsival inspiriert haben. Bilderbuchziele allerorten: Basilika von Balthasar Neumann (Gößweinstein), barocker Rausch in Weiß-Blau-Gold; uralte Festung Tüchersfeld - eine abenteuerliche Ansammlung alter, windschiefer Häuser, die wie Adlerhorste an drei gewaltigen Felsen kleben, vorbei an Schloß Rabeneck, weiß leuchten die Dolomitfelsen aus dem dunklen Grün des Waldes hervor. Wild, urwüchsig, unnahbar ... Verstehen Sie jetzt, warum die Landschaft ihren Namen hat?

Bayreuth
Ehemalige Residenz der Markgrafen von Brandenburg-Kulmbach. Sie erbauten (1712-1718) das Alte Schloß als Residenz. Der achteckige Schloßturm ist heute eines der Wahrzeichen Bayreuths. "Baierrute", 1194 erstmals urkundlich erwähnt, weist auf die Rodung bayerischer Siedler hin. - Tausende von Touristen in der Stadt der Richard-Wagner-Festspiele, schmieriges Kopfsteinpflaster, Hektik, Enge ... internationaler kultureller Ruf durch den Komponisten, der 1870 mit seiner Frau Cosima Liszt hierher übersiedelte und die Festspiele (1876) begründete. Alljährlich, seit über 100 Jahren, von Juli bis Ende August, finden im Festspielhaus auf dem Grünen Hügel 30 Aufführungen statt; jeweils 1.900 Gäste, Künstler mit internationalem Ruf übernehmen die tragenden Partien ... und Wolfgang Wagner, ein Enkel des Meisters, die Leitung der Festspiele.

Möbelkunst
Hier finden wir insbesondere Bandelwerk aus Zwetschgen- und Pflaumenholz in Nußbaum eingelegt. Auch Nußbaummaser- und Wurzelmaserholz fallen auf. Die Akanthusranke wird mit Brandstift modelliert. Allegorische Figuren, Vögel und Insekten sind im Schnitzwerk und bei Einlagen die häufigsten Motive.

Fichtelgebirge (= Fichtengebirge)
Äußerst reizvoll auch eine Reise in den hufeisenförmigen, nach Nordosten geöffneten Gebirgsrahmen (über 1000 m): das Fichtelgebirge. Als eines der ältesten Gebirge Deutschlands weist es eine besondere geologische Vielfalt auf: Granite, Schiefer, Marmor, Basalte, Tonerden und Erze, besonders Zinn und Eisen.

Früh besiedelt (9. Jh.) erfolgte eine planmäßige Rodung, so daß um 1200 fast alle heutigen Siedlungen bestanden: Wunsiedel, Weißenstadt, Kirchenlamitz, Selb, Marktredwitz ... auffallend viele Orte, entlang der Eger tragen die Namensendung -hammer (Zeugen ehemaliger Hammerwerke). Die einst bedeutende Eisenerzgewinnung und Glasindustrie ist seit dem 18. Jh. zum Erliegen gekommen. Mitte des 19. Jh. entstanden mehrere Porzellanfabriken, von denen die 1879 in Selb gegründete Firma Philipp Rosenthal Ihnen ein Begriff sein dürfte. Wenn nicht, besuchen Sie doch mal das reizvolle Wander- und Wintersportgebiet an der tschechischen Grenze.

Coburger Land

Vor genau 68 Jahren fiel die Entscheidung. Wir müssen gestehen, daß wir froh darüber sind. 1920 nämlich fand eine aufsehenerregende Volksabstimmung statt. Die Menschen des Landstrichs sollten sich entscheiden, ob sie künftig zu Thüringen oder zu Bayern gehören wollten.

Nun, eigentlich wollten sie weder zu den einen noch zu den anderen gezählt werden. Letztlich fühlten sie sich als Franken, als ein traditionsreiches und geschichtsträchtiges ... Völkchen von starker Mentalität, von eigenwilligem Charakter und bärbeißigem Humor. Es mußte entschieden werden, sie wählten den Freistaat Bayern. Inzwischen ist man im Coburger Land froh darüber, nicht wie Thüringen zur DDR, sondern gerade noch zur Bundesrepublik Deutschland zu gehören.

Die Landschaft ist anmutig und heiter, wunderschön: hügelig, bewaldet. Beinahe erinnert sie an die Toskana, mit ihren lieblichen Tälern, blühenden Hängen ... Hier war einst Deutschlands Mitte, grünes Herz ... des fleißigen deutschen Pulses Ursprung. - Quer durch Fluren und Wälder wurde eine Grenze gelegt, unüberwindbar und brutal. Einen schlimmeren Anschauungsunterricht für Geschichte gibt es nicht: Türme, Beton, Draht ... der Todesstreifen ... "Fried ernährt, Unfried zehrt" lautete der Wahlspruch von Coburgs berühmtesten Herzog. Wie lange noch ...?

Veste Coburg

Türme, Wehrmauern, Bastionen, 464 Meter über dem Meeresspiegel auf einem Dolomitfelsen gelegen, "Frankens Krone" genannt: die Veste Coburg. Von ihrem mächtigen Bautenkranz reicht der Blick bis zum Thüringer Wald und Fränkischen Jura, zum Frankenwald und Fichtelgebirge. Sie thront so mächtig, so majestätisch auf dem Hügel am Rande der Stadt, daß man sich gut vorstellen kann, daß sie im Dreißigjährigen Krieg selbst dem Eroberer Wallenstein standhielt.

Sie war uneinnehmbar, auch Luther suchte und fand Schutz ... ihre ältesten Bauteile gehen zurück bis ins Jahr 1200, ihre heutige Gestalt erhielt sie aber im wesentlichen nach einem großen Brand im 15. Jahrhundert. Ein Begriff nicht nur als imposante Anlage. Bei Ihrem Besuch erwarten Sie ebenso

Fayence-Walzenkrüge, Manufaktur Bayreuth (Mainfränkisches Museum Würzburg)

Judenhof Tüchersfeld, Fränkische Schweiz (Foto: Fremdenverkehrsverband Franken e.V.)

Frankenwald
Sie liegen nahe beieinander und sind doch sehr verschieden. Der Frankenwald wirkt eher kühl und verschlossen, die Wälder sind weit und dunkel. Auf bisweilen saftigen, kräuterreichen Wiesen in den Tälern der Flüßchen Kronach, Rodach und Haßlach sind kaum Rinder anzutreffen:

Die Heuernte reicht gerade für die Stallfütterung in den gewöhnlich langen und harten Frankenwald-Wintern. Ins wirtschaftliche Abseits gedrängt? Vom Hinterland abgetrennt: Im Norden, Osten und Westen ist für die Menschen hier die Welt zu Ende. Eine Hypothek der Grenze, die ihnen deutsche Geschichte nach 1945 auferlegte. Man wartet auf den Fremdenverkehr und produziert ... Puppen und Weihnachtskugeln ...

vielfältige wie sehenswerte Kunstsammlungen: Kupferstichkabinett (300.000 Blatt), Glasskulpturen-, Gemälde- und Waffenkollektionen ...

Coburg
Die Coburger Altstadt ist - von der inzwischen offenbar modern gewordenen, öden Fußgängerzone einmal abgesehen - wie eh und je eine Kostbarkeit: da ist das alte Renaissance-Rathaus, die uralte Hofapotheke aus Zeiten, da Coburg noch Sitz der Herzöge von Sachsen-Gotha war und bedeutende Königshäuser mit der fränkischen Stadt noch in enger Verbindung standen.

Der spätere Gemahl von Queen Victoria von England, Prinz Albert, wurde im Rosenau-Schlößchen vor den Toren der Stadt geboren. Um bei soviel Geschichte dieser alten Stadt wieder auf den Boden der Tatsachen zu kommen, müssen Sie nur zum Bratwurststand auf dem Marktplatz gehen. Traditionsgemäß gibt's dann die "Bratwürscht", über Kiefernzapfen ("Kühla") gebraten, - "aane oder zwaa" - rauchig schmeckende Köstlichkeit.

Bemalter Schrank aus Wunsiedel, 1755 (Mainfränkisches Museum Würzburg)

Unser Tip

Stadtmuseum Bayreuth

Höfisch und bürgerlich

Hochherrschaftlich ist der Sitz des Stadtmuseums: das neue Schloß zu Bayreuth. Doch die prunkvolle Fassade trügt. Obwohl das Stadtmuseum mehrere Räume im rechten Flügel des Schlosses für sich in Anspruch nehmen durfte, ist es beengt. In absehbarer Zeit soll es darum umgesiedelt werden.

Die Fülle der Exponate verblüfft. Wie die Gesellschaft des 18. Jahrhunderts ist auch das Stadtmuseum in einen höfischen und eunen bürgerlichen Teil gegliedert.

Im höfischen Trakt entzücken kostbare Fayencen aus der ehemaligen Bayreuther Manufaktur in St. Georgen, die 1719 erstmals urkundlich erwähnt wird. Neben Geschirr und Krügen in Unterglasur- und Muffelfarben war die Produktion von braunglasierten Stücken mit Gold- oder Silberdekor eine typisch Bayreuther Spezialität. Das Stadtmuseum vermittelt einen Überblick über Erzeugnisse dieser Manufaktur von der Frühzeit bis ins beginnende 19. Jh.

Fichtelgebirgsgläser, antike Möbel, eine fränkische Wäschepresse Nußbaum furniert (1750), ein Schreibschrank mit St. Georg und Jagdszenen versinnbildlichen eindrucksvoll den hohen Stand der Handwerkskunst. Creußener Krüge, Thurnauer Töpferwaren, deutsche und böhmische Gläser des 17. bis 19. Jahrhunderts wurden zu wertvollen Sammlungen zusammengetragen. Beim Zinn, das im nahen Weißenstadt aus einem Bergwerk gewonnen wurde, stehen seltene Stücke, so ein Lichtenhainer Krug aus dem Jahre 1698, ein Auferstehungsteller von Caspar Enderlein, Nürnberg (1600) und eine Nürnberger Musicaschüssel von Nicolaus Horchaimer gar aus dem Jahre 1567.

Was die Bauern des Umlandes an Althergebrachtem aufgegeben haben, wird angesichts einer "Hummelgauer Bauernstube" bewußt. Himmelbett und bemalter Schrank, Spinnrad, Truhe, Wiege, Trachtenhäubchen und Kachelofen führen vor Augen, welch schlechter Tausch es war, als das Landvolk des nahen Hummelgaues die Bauernhäuser lieber mit städtischem Mobiliar bestückte.

Im Uhrenkabinett, einer Sammlung, die der Stadt gestiftet wurde, zeigt sich, wie weit die Urheber und Betreuer des Stadtmuseums über das Bayreuther Land hinaus griffen, um aufschlußreiche Merkmale vergangener Epochen zu zeigen. Da hängen nebeneinander eine friesische Wanduhr, eine Schwalbenschwanzuhr aus Schlesien, Schwarzwälderuhren, ja sogar japanische Wanduhren, eine Sägeuhr, eine Wiener-Brettl-Uhr und dergleichen mehr.

Ab 1982 nimmt das Stadtmuseum auch noch eine Sammlung von Waffen und Militaria auf. Die Gemäldegalerie mit Werken des 19. Jahrhunderts wird erweitert. Hier sollen noch Möbel, Kleinkunst und Spielzeug der selben Epoche zugeordnet werden. Zwar war da die große höfische Zeit Bayreuths längst vorüber, doch trägt das dazu bei, die Stadtentwicklung und das bürgerliche Leben noch mehr ins Bewußtsein zu bringen.

Öffnungszeiten: 1.5. bis 30.9. Mo, Do, Fr, Sa 9-12; Di, Mi 9-12 und 14-17 Uhr

Die Veste Coburg

... mit ihrer markanten Silhouette, treffend "Fränkische Krone" genannt, präsentiert sich als eine der größten und besterhaltenen Burgen Westdeutschlands. Von hier aus überblickt man bei schönem Wetter ein Gebiet vom Thüringer Wald bis zum Fränkischen Jura, von der Rhön bis zum Frankenwald und Fichtelgebirge.

Die bewegte Geschichte der Veste Coburg reicht bis ins frühe Mittelalter zurück. 1056 erscheint der Name erstmals im Zusammenhang mit einer Schenkung an das Erzbistum Köln, in der Folgezeit fällt sie an die Herzöge von Meranien (um 1225), die Grafen von Henneberg (1248) und gelangt unter die Herrschaft des Hauses Wettin (1353) und dessen Ernestinischer Linie (1485). Die Bautätigkeit an der weitläufigen Burganlage, die von Spätgotik und Renaissance geprägt ist, kommt in keinem Jahrhundert zur Ruhe. Durch den Aufenthalt Martin Luthers vom 23. April bis 5. Oktober 1530 während des Reichstages zu Augsburg wird die Veste Coburg heute zu der bedeutendsten Luther-Gedenkstätte Westdeutschlands. Im Dreißigjährigen Krieg trotzte die Veste Coburg der Belagerung Wallensteins. Einen Einblick ins Leben der letzten "Burgherren", der Herzöge von Sachsen-Coburg und Gotha - ab 1826, seit 1920 ist der Freistaat Bayern für die Veste zuständig - kann man noch heute im Fürstenbau erhalten, in dem sich die fürstlichen Privatgemächer befinden.

Möbel und Uhren (die ältesten von 1620), wertvolles Porzellan (Sevres, Meißen, Nymphenburg) aus drei Jahrhunderten beleuchten den erlesenen höfischen Geschmack, der spätmittelalterliche Speisesaal, ein Fahnensaal, das Lucas-Cranach-Zimmer und die benachbarte Lutherkapelle sind Zeugnisse ereignisreicher Vergangenheit. Die von den Coburger Herzögen angesammelten Kunstschätze, die heute die Coburger Landesstiftung betreut, sind in den Kunstsammlungen der Veste zu besichtigen.

Öffnungszeiten:
April bis Oktober 9.30 bis 13.00, 14.00 bis 17.00, sonst nachmittags, außer Montag

---

Horst Hippe
Schaftnacherweg.4
8540 Rednitzhembach
Telefon 09122 - 74969

Kunstschlosserei
Restaurierungsbedarf
Sandstrahlerei

ANTIQUITÄTEN- UND KUNSTHANDLUNGEN

Deckmann, W.
Von-Brun-Str. 4
8550 Forchheim

Kunsthandlung
Preis, N.
Altes Pfarrhaus
8551 Egloffstein

Blechschmidt, H.
Ostpreußenstr. 5
8570 Pegnitz

Antiquariat
Baedeker, P.
Nibelungenstr. 28
8580 Bayreuth

Boltz, Waltraud
Brandenburger Str.
8580 Bayreuth

Kunsthandlung
Bruch, A.
Hohenzollernring 74
8580 Bayreuth

Galerie
Kämmereigasse 4
8580 Bayreuth

Giessel, Karl
Am Schloßberglein 4
8580 Bayreuth

Antiquariat
Hagen, H.J.
Ludwigstr. 6
8580 Bayreuth

Antiquariat
Jasorka, Irmintraut
Maxstr. 71
8580 Bayreuth

Kopetz, Hanny
Brandenburger Str.
8580 Bayreuth

Lehr, E.
Quellhöfe 5
8580 Bayreuth

Noworzyn, G.
Egerländer Straße 24
8580 Bayreuth

Antik Schneider
Schneider
Sophienstraße 13
8580 Bayreuth

Scholz, H.
Lisztstraße 24
8580 Bayreuth

Altwaren Raritäten
Weder, J.
Schüller-Straße 19a
8580 Bayreuth

Weithauer oHG, Gert
Ludwigstr. 4
8580 Bayreuth

Frass, R.
Rotherstraße 35
8582 Bad Berneck

Glass, Astrid v.
Lindenstraße 5
8590 Marktredwitz

Antik Schneider
Schneider
Markt 48
8590 Marktredwitz

Simok, K.
Nelkenstraße 11a
8590 Marktredwitz

Antiquariat
Böhringer
Marktplatz 2
8592 Wunsiedel

Schneider, J.
Sechsämterlandstr. 16
8592 Wunsiedel

Kunsthandlung
Berr, K.
Marktplatz 5
8593 Tirschenreuth

Braun
Rebenstraße 2
8608 Memmelsdorf

Oppelt, R.
Würzburger Straße 1
8611 Baunach

Reiss, L.
Amelungenstraße 1a
8618 Strullendorf

Heiss
Im Schloß
8619 Zapfendorf

Feulner, R.
Sonnenweg 3
8620 Lichtenfels

Restaurator
Heck, Wolfgang
Abteistraße 20
8620 Lichtenfels

Kunsthandlung
Schnös
Ringgasse 1
8620 Lichtenfels.

Bully, Haesslein
Lichtenfelser Str.
8622 Burgkunstadt

Wuerstlein, K.H.
Am Nonnenbach 20
8626 Michelau

Kunsthandlung
Bergmann, Dr. G.
Steinweg 19
8630 Coburg

Daschner GmbH
Ketschengasse 40
8630 Coburg

Metzing, U.
Steingasse 10
8630 Coburg

Raumschuessel, H.
Neugasse 3
8630 Coburg

Schoenweiss, W.
Judengasse
8630 Coburg

Seifert, E.
Webergasse 26
8630 Coburg

Restaurator
Sippel, Kalle
Rosenauer Straße 62
8630 Coburg

Fränkische Galerie
Festung Rosenberg
8640 Kronach

Jarzabek, J.
Ottostraße 11
8670 Hof/Saale

Lankes, Heinz Dieter
Klosterstraße 22
8670 Hof/Saale

Pfadenhauer, A.
Kreuzsteinstr. 13
8670 Hof/Saale

Weidmann Karola
Luitpoldstraße 15
8670 Hof/Saale

Kunsthandlung
Rohrer, K.
Schloßplatz 19
8671 Höchstädt

Kunsthandlung
Stainless, F.
Schulgasse 10
8671 Köditz

Antiquariat Hagen
Ludwigstraße 6
8580 Bayreuth
Di - Fr 14.30 - 18.00 Uhr
Sa 10.00 - 13.00 Uhr

Das historisches Wirtschaftsgebäude "Theresienstein" im Hofer Stadtpark - 1904 erbaut - gilt als eines der schönsten Beispiele der deutschen Jugendstilarchitektur (Foto: Amt für Öffentlichkeitsarbeit, Hof)

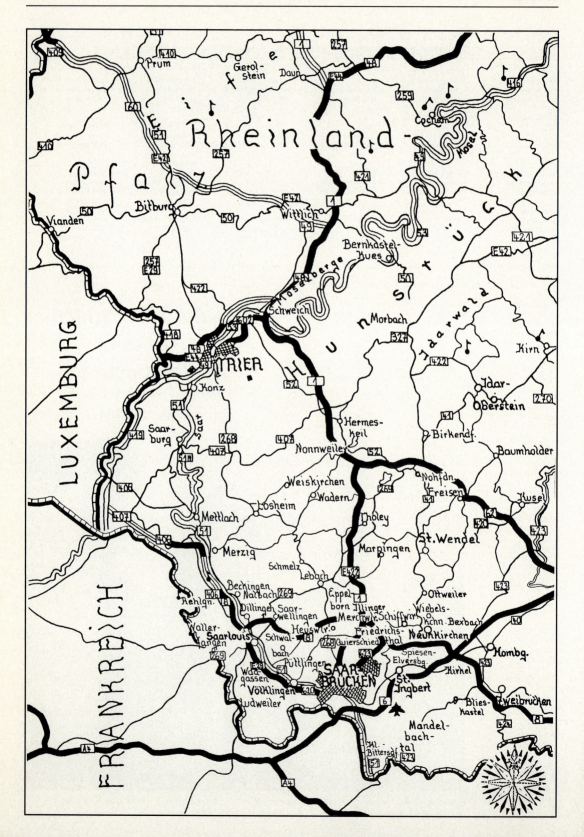

SAARGEBIET

Europäisches Kernland

Grenzen
Das Seltsame an den immer wieder umstrittenen Grenzländern ist, daß sich deren eigene Grenzen eigentlich immer ganz klar bestimmen lassen können. So auch beim Saargebiet. Zwischen Pfalz, Hunsrück, Moselgebiet und Lothringen liegt das heutige Bundesland, eigentlich schon immer in seiner nationalen Randlage. Die Grenze des Saarlandes ist heute zu einem großen Teil Staatsgrenze, im Süden und Südwesten zu Frankreich und nördlich daran anschließend zu Luxemburg.

Landschaft
Dieses äußerlich so kompakt erscheinende Ländchen ist, aus Geographen-Sicht betrachtet, keine Einheit. In ihm treffen sich die Ausläufer des Rheinischen Schiefergebirges mit dem Saar-Nahe-Bergland und den Randgebieten des lothringischen Stufenlandes. Für's Auge bietet sich das als eine Landschaft der Hügel und Wälder dar. Im Norden, im Schwarzwälder Hochwald, werden die Hügel sogar zu regelrechten Bergen. Die Gäulandschaften, Saargau und Bliesgau, bestimmen das Bild im Südosten und Westen.

Die Namensgeberin des Landes, die Saar, ist, entgegen mancher Vermutung, eigentlich ein eher bescheidenes Flüßchen. Insgesamt rund 250 Kilometer lang, mit ihrem Quellgebiet auf dem Donon in den mittleren Vogesen und der Mündung dicht oberhalb von Trier in die Mosel, durchfließt sie mit einem Drittel ihrer Länge das Saarland. In der aus nördlicher Richtung kommenden Blies hat sie ihren größten Zufluß. Ein idyllisches Bild gibt sie in ihrem Unterlauf ab, wenn sie sich bei der Mettlacher Saarschleife um einen langgestreckten bewaldeten Höhenrücken windet. Die "Industrielandschaft", die man eigentlich auch im Saarland erwartet, beschränkt sich im wesentlichen auf den Verdichtungsraum mit den Eckpunkten Saarbrücken, Dillingen und Neunkirchen-Homburg. Dort konzentriert sich auch die Montanindustrie.

Geschichte
Briefmarkensammler wissen, auch ohne sich besonders mit Geschichte beschäftigt zu haben, gut Bescheid: Die Saarmarken, begehrte philatelistische Objekte, spiegeln anschaulich das wechselvolle Schicksal des Landes in diesem Jahrhundert wieder: Zweimal, als Folge der Weltkriege, gehörte das Gebiet zum französischen Wirtschaftsraum und hatte politisch eine Sonderstellung inne. Obwohl es die Bevölkerung beide Male wieder zurück in das "Reich" drängte, entstand so das saartypische Zusammengehörigkeitsgefühl, eine Art saarländisches Bewußtsein, wie man es sonst in einst eher willkürlich entstandenen politischen Gebietseinheiten nicht oft findet. Vor zwei Jahrhunderten gab es auch dort noch das übliche territoriale Vielerlei. Das Land gehörte der nassauischen Grafschaft Saarbrücken und Lothringen sowie Kurtrier. Darunter vermengt noch eine Anzahl von Klein- und Kleinstterritorien. Mit dem ersten Eindringen der, damals revolutionären, Franzosen 1793 wurde dem ein Ende bereitet. Die angestammten Landesherren flüchteten und 1815 wurde der größte Teil des Landes preußisch und ein kleinerer kam zu Bayern. Vom nicht sehr ergiebigen Agrarland zu einem Land der Schwerindustrie hatte sich, ein Ausnahmefall, das Saargebiet schon zu feudalistischen Zeiten entwickelt. Interessanterweise finden sich erste Spuren dessen, was man als Industrie bezeichnen kann, schon aus der Römerzeit. Das heutige Industrierevier entstand während der Regentschaft des in Saarbrücken ansässigen nassauischen Fürsten Wilhelm Heinrich. Er, der vieles vom französischen Hof in Versailles abguckte, bemühte sich darum, den Kohleabbau zu intensivieren, also industriell zu nutzen und nahm die Gruben in staatliche Regie. Die auf seine Initiative hin unternommenen Versuche zur Koksbereitung, waren die ersten ihrer Art auf dem europäischen Kontinent. Bei seinem Tode hinterließ der Fürst neben vielen Schulden ein kleines Imperium aus Kohlegruben,

Eisenwerken und Glashütten. Im großen Stile ausgebaut wurde diese Hinterlassenschaft im vergangenen Jahrhundert durch die damit kräftig verdienenden Schlotbarone. Zugleich wuchs die Bevölkerung, viele neue Arbeitskräfte wurden benötigt, wuchsen die Städte und mit ihnen die Bedeutung dieses Landes an der Grenze, das so erst zum Zankapfel der Weltpolitik werden konnte.

Stammväter der heutigen Saarländer, um noch einmal ganz weit in die Vergangenheit abzutauchen, sind übrigens die Franken, die vor langer Zeit die vorher ansässigen romanisierten Kelten vertrieben. Der Fachmann kann es an der Mundart erkennen: Im Saarland trifft der agile rheinfränkische Menschenschlag mit dem eher bedächtigen der Moselfranken aufeinander. Aus dem Elsässischen und Lothringischen ist außerdem, noch heute erkennbar, auch das Alemannische in das Saargebiet gekommen.

Kunst

Ein Land der blühenden Künste war das Saarland, auch als es diesen einheitlichen Begriff noch nicht gab, eigentlich nie. Man muß schon genauer hinschauen, wenn man trotzdem einige Beispiele für eine nicht ganz kulturlose Vergangenheit finden will. Der Alte Turm in Mettlach, ein romanischer Bau und ältestes Zeugnis kirchlicher Baukunst an der Saar, die prachtvolle Barockabtei Mettlach und die ebenfalls barocke Saarbrücker Ludwigskirche gehören sicherlich dazu. Der große Schinkel hat im kleinen Bischmisheim eine klassizistische Dorfkirche hinterlassen. Das höfische Leben des 18. Jahrhunderts sorgte für einen Aufschwung und sogar Goethe empfand Saarbrücken als einen "lichten Punkt in einem so felsig waldigen Lande". Dort wirkte der Barockbaumeister Friedrich Joachim Stengel. In Ottweiler entstand eine fürstliche Porzellanmanufaktur und in Homburg wurde durch Herzog Karl II. August von Zweibrücken die Schloßanlage Karlsberg erbaut. Deren Gemäldesammlung bildete später einen Teil des Grundstockes der Pinakothek in München.

Antiquitäten

Die nur 31 Jahre lang bestehende Porzellanmanufaktur von Ottweiler - die erste übrigens, die mit Steinkohle feuerte - wurde vor allem durch Tafel- und Kaffeegeschirre bekannt, auf denen mit Emailfarben mythologische und Szenen aus der Commedia dell'Arte dargestellt waren. In den letzten Jahren war Steingut das Haupterzeugnis.

Altes Rathaus, Saarbrücken (Foto: Amt für Öffentlichkeitsarbeit, Saarbrücken)

Ludwigskirche in Saarbrücken (Foto: Amt für Öffentlichkeitsarbeit, Saarbrücken)

Bei der Schließung 1794 übernahm die große Töpferei in Saargemünd die Rohmaterialien und Modelle. Bis Ende des 19. Jahrhunderts wurden dort Eßservice mit gedruckten Landschaften im englischen Stil und majolika-ähnliche Fayencen hergestellt. Kurz vor Schließung 1870, als Saargemünd deutsch wurde, galten die Lothringer als die größte französische Fabrik für Industriekeramik.

UNSER TIP

Bexbach (6652)
Gruben- und Heimatmuseum im Hindenburgtum
Schwerpunkte: unterirdische Bergwerksanlage

Herschberg (6791)
Waldmuseum Herschberg
Thaleischweler Str. 29   T: 06375-850
Schwerpunkte: Funktion des Waldes, Holzarten, Holzbearbeitungsgerät, Tiere des Waldes

Illingen (6688)
VSE Elektro-Museum   Gymnasialstr. 72 a
Schwerpunkte: Elektro-Haushaltsgeräte, Motoren, Schaltgeräte, Zähler, Telefone, Rundfunkgeräte

Mettlach (6642)
Keramik-Museum
Schloß Ziegelberg
T: 06864-81294
Schwerpunkte: Keramik von 1750-1930

Nenning (6643)
Römische Villa Nenning an der Mosel
Schwerpunkte: römische Villa bis ins 4.Jh. bewohnt

Saarbrücken (6600)
Landesmuseum für Vor- und Frühgeschichte
Am Ludwigplatz 15   T: 0681-5947
Schwerpunkte: keltisches Kunstgewerbe

Saarland-Museum
Bismarckstr. 11-15
Schwerpunkte: Gemälde

Saarlouis (6630)
Städtisches Museum
Alte-Brauerei-Str.
T: 06831-193265
Schwerpunkte: französische und preußische Festungsgeschichte, Marschall-Ney-Sammlung, keltische Funde, Waffeleisensammlung, Grubenlampensammlung

Sankt Wendel (6690)
Heimatmuseum für Stadt und Kreis
Am Fruchtmarkt 1
T: 06851-3036
Schwerpunkte: Werke von St. Wendeler Künstlern, Stadtgeschichte, Vor- und Frühgeschichte

ANTIQUITÄTEN- UND KUNSTHANDLUNGEN

Altstadtgalerie
St. Johanner Markt 20
6600 Saarbrücken

Elitzer, E.
Fürstenstr. 17
6600 Saarbrücken

Hell, W.
St. Johanner Markt 39
6600 Saarbrücken

Kohlert, F.
Ormesheimer Straße
6600 Saarbrücken

Lauer, H.
Metzerstr. 139a
6600 Saarbrücken

Scheidt
Kaiserstr. 170
6600 Saarbrücken

Auktionshaus Peretz
Dudweilerstr. 9
6600 Saarbrücken

Ernst
Fürstenstr. 15
6600 Saarbrücken

Kunsthandlung
Herburger, H.
Dudweiler Str. 13
6600 Saarbrücken

Kunsthaus
Kopp
Obertorstr. 8
6600 Saarbrücken

Antiquitäten
Mansarde
Talstr. 64
6600 Saarbrücken

Scheidterberg
Scheidlerstr. 15
6600 Saarbrücken

Euro-Kunst
Bieler
Saargemünder Str. 10
6600 Saarbrücken

Kunsthandlung
Felden, H.
Fürstenstr. 15b
6600 Saarbrücken

Hild, H.
St. Johanner Markt 13
6600 Saarbrücken

Kunstantiquariat
Köhl, P. H.
St. Johanner Markt 20
6600 Saarbrücken

Meyer
Lessingstr. 36
6600 Saarbrücken

Schmidt, K. H.
Dudweilerstr. 3
6600 Saarbrücken

Kunsthandlung
Bozjeloye, M.
Beethovenstr. 61
6600 Saarbrücken

Fischer, D.
Keltermannpassage
6600 Saarbrücken

Buchhandlung GmbH
Antiquariat
Talstr. 58
6600 Saarbrücken

"Le petit tresor"
Laborenz-Huber, D.
Keltermannpassage
6600 Saarbrücken

Mueller, R.
St. Johanner Markt 18
6600 Saarbrücken

Auktionator
Schneider, A.
Mainzerstr. 3
6600 Saarbrücken

Antiquitäten
Brocante, R.
Feldmannstr. 24
6600 Saarbrücken

Freiermuth, M.
Kaiserstr. 88
6600 Saarbrücken

Antiquariat
Kiefer, u.Lauer, D.
Berliner Promenade 12
6600 Saarbrücken

Langer, R.
Fröschenstr. 12
6600 Saarbrücken

Ochsenbein
Gergerstr. 16
6600 Saarbrücken

Sommer, Paul
Marienstr. 10
6600 Saarbrücken

Dawo
Kaiserstr. 133
6600 Saarbrücken

Galerie nouvelle
Kaltenbachstr. 15
6600 Saarbrücken

Klein, K.
Schillerplatz 16
6600 Saarbrücken

Kunsthandlung
Langer, M.
Neumagener Weg 3
6600 Saarbrücken

Auktionshaus
Perc-Peretz
Dudweilerstr. 9
6600 Saarbrücken

Strauß, H.
Kaiserstr. 170
6600 Saarbrücken

Ebrahimzadeh, L.
Talstr. 50
6600 Saarbrücken

Galerie St. Johann
St. Johanner Markt 22
6600 Saarbrücken

Kohlbacher, P.
Kaiserstr. 22
6600 Saarbrücken

Lauer, K.
Nauwieserstr. 40
6600 Saarbrücken

Rase, L.
Im Rosengarten 7
6600 Saarbrücken

Antiquariat
Teufel, W.
Mainzer Str. 13
6600 Saarbrücken

EURO ANTIQUES
Spesbacher Straße · 6792 Ramstein

Monatliche **DIREKTIMPORTE**
aus England, Frankreich u. Belgien
in Eiche, Nußbaum, Mahagoni,
Kirsche usw.

auf über **800 m² Lagerfläche**
· Große Auswahl zu Niedrigpreisen ·

Tel.:06371-57179

LBB Antiquitätenzubehör

Siegfried SCHULZ
Schillerstr. 39
7101 Ellhofen
Telefon 07134 - 17348

Möbelbeschläge
aus Messing
Eisen
Perlmutt
Horn
Bein
Leder
Schlösser
Scharniere
Bänder
Holzteile
Intarsien
Schellackpolituren
Bienenwachs
Beizen

mehr als 12oo Artikel ständig auf Lager
bitte Katalog anfordern gegen DM 4,-

Theis-Hajduk, R.
Mainzerstr. 52
6600 Saarbrücken

Galerie
Weinand-Bessoth
Gerberstr. 7
6600 Saarbrücken

Galerie
Hess
Kaiserstr. 28a
6600 Saarbrücken 3

Kampschulte, I.
Bruchwiesenanlage 1
6602 Dudweiler

Fundgrube
Saarbrückenerstr. 113
6605 Friedrichsthal

Weber, G. u. P.
Donatus 45
6610 Lebach

Newedel, H.
Rathaustr. 18
6620 Völklingen

Weber, C.
Marktstr. 5
6625 Püttlingen

Antiquitäten
Weber, Frank
Auf der Raht
6625 Püttlingen

Kunsthandlung
Andreescu, D.
Französische Str. 13
6630 Saarlouis

Kunsthandlung
Astra-Werke GmbH
Pavillonstr. 41
6630 Saarloui

Flohmarktshop
Hauptstr. 62
6630 Saarlouis

Kunsthandlung
Fritzen, H.
Silberherzstr. 6
6630 Saarlouis

Antiquariat
Scharwath, Dr. H.
Silberherzstr. 17
6630 Saarlouis

Schirra + Biewer GmbH
Überheimerstr. 1
6630 Saarlouis

Schon Wagner
Augustinerstr. 1
6630 Saarlouis

Volp, R.
Alte Post 28
6630 Saarlouis

Kunsthandlung
Walzinger, A. u. A.
Pavillonstr. 8
6630 Saarlouis

Mettler, C.
Vorstadtstr. 79
6632 Saarwellingen

Tholey, A.
Im Dorf 40a
6633 Waldgassen

Knoll, Hans
Achtstr. 8
6638 Dillingen

Scheune
Dorfstr. 42
6649 Weiskirchen

Kunsthandlung
Beck, M.
Am Schwedenhof 4
6650 Homburg-Einöd

Galerie Homburg
Saarbrücker Str. 31
6650 Homburg

Jeromin, T.
Saarbrückerstr. 20
6650 Homburg

Kunsthandlung
Miles, E.
Talstr. 36
6650 Homburg

Kunsthandlung
Steiner, A.
Saarbrückerstr. 25
6650 Homburg

Braun, W.
Biestal 55
6653 Blieskastel

Krehl, U. u. P.
Bliesgaustr. 30
6653 Blieskastel

Beutschnitt u. Co.
Hofenfelsstraße 203
6660 Zweibrücken

Kunsthandlung
Czerny, W.
Ritterstr. 4
6660 Zweibrücken

Bumb, I.
Landauerstraße 34
6662 Contwig

Kunsthandlung
Ebip, S.
Kohlenstr. 36
6670 St. Ingbert

Kunsthandlung
Heib, A.
Kaiserstr. 20
6670 St. Ingbert

Kunsthandlung
Thielen, H.
Im Alten Tal 32
6670 St. Ingbert

Zur Galerie
Kaiserstr. 81a
6670 St. Ingbert

Kunsthandlung
Baumann GmbH
Waldstr. 14
6685 Schiffweiler

Recktenwald, L.
Erlenweg 1
6686 Eppelborn

Antiquariat
Hackhofer, B.
Am Schlaufenglan 75
6690 St. Wendel

Kunsthandlung
Leismann, H.
Hospitalstr. 25
6690 St. Wendel

Mrziglod, G.
Grimostr. 9
6695 Tholey

Mrziglod, M.
Varuswald 21
6695 Tholey

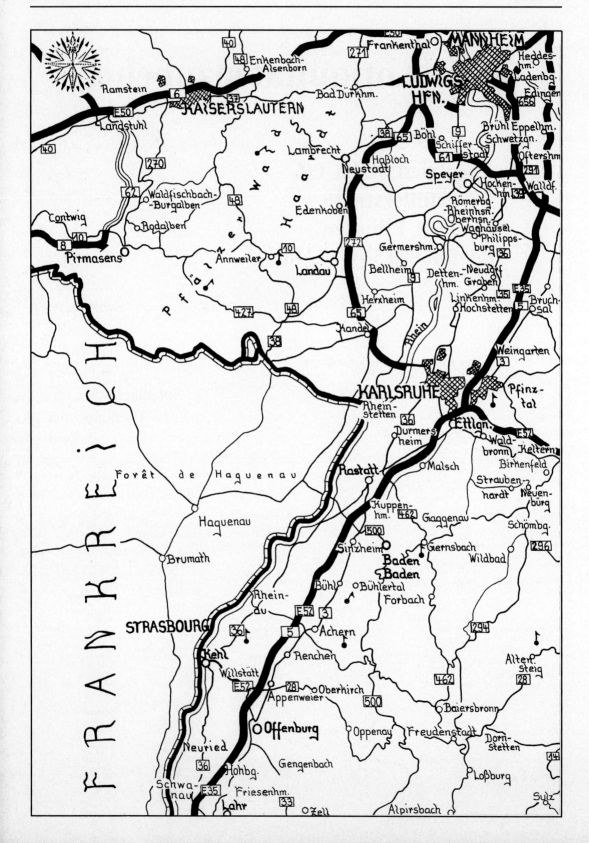

Oberrhein und Pfälzer Wald

-"goldisch Palz - Gott erhalt's !"

Trübe ist es, trist und hoffnungslos grau,die Luft riecht nach abgestandenem Wasser und Industrie, und man möchte nichts wie weg.... an den wenigen feuchtkalten Dezembertagen in der Oberrheinebene. Aber schon im Februar ist es zu spüren: Das Frühjahr kommt!
Und wie!! Wie der Frühling zum Sprung ansetzt, von der Insel Mainau im Bodensee zum Kaiserstuhl bei Freiburg, dann plötzlich das ganze Rheintal füllt, das ist einzig.Während Restdeutschland noch unter der Knute des Winters stöhnt, da enfaltet der Frühling schon seine ganze Pracht in dieser bevorzugten Gegend. Und wenn erst die Obstbäume an der Bergstraße blühen, dann möchte man nicht mehr weg von diesem sonnenverwöhnten Paradies. Sie denken, das sei übertrieben? Dann kommen Sie doch einmal Ende März nach Heidelberg, wenn vor der scheinbar unzerstörbaren Einheit von Berg, Schloß, Stadt und Fluß der Frühling seine Pracht entfaltet und Sie unter noch grauen Wäldern ins blühende Neckartal lockt! Und, wenn erst die Schwetzinger im April ihren ersten Spargel stechen, dazu im Rokoko-Schloß die Musik der Festspiele erklingt, dann werden auch Sie sich immer wieder hierher zurücksehnen.

Ja, da hat der Rhein mit seinem aufgefüllten Grabenbruch der Natur Besonderes abgetrotzt. Vor widrigen Winden geschützt durch die mächtigen Urgebirgsreste von Schwarzwald und Vogesen im Süden, Odenwald, Haardt und Pfälzer Wald im Norden, kann die Sonne ihre Kraft entfalten wie sonst nirgends in solchen Breiten. Und will man glauben, was die Pfälzer Winzer sagen, dann bezieht das Rheintal über das Rhonetal und durch die burgundische Pforte die warme Luft direkt vom Mittelmeer,von Frankreich her, aus Nizza, von der Cote d'Azur.

Bei so viel natürlicher Begünstigung spielt es kaum noch eine Rolle, daß entlang des Rheingrabenbruchs die Pfalz samt Anhang sich jedes Jahr mehrere Millimeter nach Südwesten absetzt. Das stört nur, wen das Unglück traf, direkt auf der Bruchkante zu bauen: Nach fünfzig Jahren "is es verropft". Doch ein widriger Umstand hinderte jahrmillionenlang eine intensive Nutzung des klimatisch begünstigten Gebietes durch den Menschen: Der unregulierte Rhein.Durch sumpfige, schnaken-verseuchte Niederungen wälzte er sich in verschlammten Windungen, lud minderwertigen Sand und Kies und Dreck ab, war unberechenbar mit seinen Überschwemmungen. So drängten die Menschen sich an den Rändern, kultivierten die Gebirgshänge, die zugänglichen Täler, die unverzichtbaren Flußmündungen. Die Residenzen (und Schloßbauten) der Kurfürsten von der Pfalz spiegeln die Entwicklung wider: 1729 Umzug von Heidelberg nach Mannheim. Aber erst die große Rheinregulierung durch den Ingenieur Tulla brachte die Wende:

Der Rhein schiffbar, kontrollierbar die Fluten, bewohnbar das Land. Heute ist der Strom eine internationalisierte Hauptverkehrsader Europas, an seinen Ufern die massivsten Industrieballungen der Neuzeit, die früher ausgedehnten Sumpfniederungen auf wenige Naturreservate reduziert, der idyllische Altrhein, ein großer Freizeitraum für gestreßte Städter. Und wenn die Ludwigshafener ihren Teil daran "Blaue Adria" nennen, so gibt sich darin die Schönheit der Landschaft wie auch die unerfüllbare Natursehnsucht des Stadtmenschen zu erkennen.

Geschichte

Zwar lassen sich am Oberrhein schon frühe Besiedelungsspuren nachweisen, aber lange Zeit trotzten Sümpfe und Schnakenschwärme einer gründlichen Erschließung. Nur am Rande, im Rücken die dunklen, unheimlichen Wälder, vor sich die große Sumpfniederung, nur am Rande konnten sich menschliche Siedlungen auf Dauer entwickeln. Und doch wurde das Rheintal zum jahrtausendelang umkämpften Machtzentrum in Mitteleuropa. Doch ohne Hinterland kein Besitz des Rheintals. Die Römer gingen - wie meist - voran. Sie überzogen die Gegend mit Stützpunkten (Kastellen), verbanden sie mit vorbildlich angelegten Militärstraßen, schlugen so Schneisen in die Unwirtlichkeit der Wälder, schoben ihre Abschreckungsgrenze, den Limes, nach Osten über die schützenden Gebirge. Was sie erwarben und sicherten, konnten die lachenden Erben des "Imperium Romanum" nutzen und ausbauen.

Wie flußabwärts Worms, und vor allem Mainz, so demonstriert weiter südlich Speyer mit seinem über tausendjährigen Dom frühe Kaisermacht im "Heiligen Römischen Reich Deutscher Nation". Wie Mainz Sitz der geistlichen Macht - Erzbischof, Kurfürst, Kanzler des deutschen Reiches - so sind die "Pfälzer" weltliche Kurfürsten.

Und mischen kräftig mit im europäischen Machtkonzert. 1192-94 halten die Pfälzer für den Stauferkaiser Heinrich VI. den englischen König Richard I. Löwenherz gefangen. Ja, den, auf den Robin Hood und seine Spießgesellen so sehnlich warten! Und die Feste Trifels bei Landau zehrt noch heute von dieser Räubergeschichte aus der Zeit der Kreuzzüge. Ist doch auch die Geschichte zu rührend, wie der Sänger Blondel von Burg zu Burg ziehend seinen König im Wechselgesang identifiziert und im heimischen England die Lösegeldaktion in Gang setzen kann. 1619-20 greift der protestantische Pfälzer Friedrich V. nach der böhmischen Krone und geht als "Winterkönig" kurz und tragisch in die Geschichte ein. Auch die Ein- und Übergriffe nach Bayern sind nur vorübergehender Natur.

Kultur statt Macht
Als dann ab 1688 Ludwig XIV. von Frankreich (Sonnenkönig) die Parole ausgibt: "Verbrennt die Pfalz!", und sein Marschall Mélac (der "Lackl"!) dies gründlich tut, da sind's die Pfälzer leid. Schmollend verlassen sie ihre verbrannte Residenz Heidelberg und ihre ebendaselbst von Kurfürst Ruprecht I. 1386 gegründete Universität. Nach Prag (1348) und Wien (1365) die dritte im deutschsprachigen Raum. Mit Weltruf. Bis heute. Was bleibt? Eine Kette wunderschöner Burgen

Kurfürst Carl Theodor v. d. Pfalz (1724/43-1799), Ölgemälde von Felix Anton Besoldt (um 1720-1774), 1753 (Städt. Reiß-Museum Mannheim)

entlang der Hauptverkehrswege, eine Kette imposanter Schlösser: Heidelberg, Schwetzingen, Mannheim, ... die nichtgenannten mögen's mir verzeihen. Und während die Pfälzer Versailles zu kopieren suchen, wächst in aller Stille in ihrem Süden eine neue Macht heran, deren politische Sprengkraft auch die Pfalz nicht ungerührt lassen wird. Die Markgrafschaft Baden, die sich im Laufe der Jahrhunderte zum Großherzogtum aufbaut und schließlich die Pfälzer auf dem rechten Rheinufer ganz beerbt.

Baden
Das "Gesetzbuch der Markgrafschaft Baden" von Ulrich Zasius (1511) gilt als Begründung einer humanistischen Rechtswissenschaft mit Quellenkritik. Samuel Pufendorf führt die Tradition der Region fort, 1672 begründet er die deutsche Naturrechtslehre. Von Heidelberg aus. Und in der Tradition eines für Deutschland frühen Rechtsverständnisses werden die Badener aufmüpfig. Hat-

Karlsruher Majolika-Figur, um 1920
(Badisches Landesmuseum Karlsruhe, Bildarchiv)

ten sie sich noch 1832 mit anderen süddeutschen Demokraten zum "Hambacher Fest" bei Neustadt in der Südpfalz getroffen, so versuchten sie's 1848 auf eigene Faust. In Konstanz ruft Hecker die deutsche Republik aus, nach Schlachten bei Waghäusel (Nähe Wiesloch) stirbt sein Traum "bei Rastatt auf der Schanz".Preußen spielt eine unrühmliche Rolle bei der Niederschlagung des Badeneraufstandes; "und, wo Dein Vater ruht, mein Schatz, da hat noch mancher Preuße Platz"- heißt es in dem bitteren "badischen Wiegenlied" aus dem letzten Jahrhundert. Doch das sonnige, badische Gemüt verträgt keine lange Schwermut. Nur den Anschluß an Württemberg nach dem zweiten Weltkrieg, die Zusammenlegung mit Schwaben, ja, die nimmt man noch heimlich übel!

Schlösser .. und Baden-Baden
Wie im Norden, in der rechtsrheinischen Pfalz, so hatten Mélacs Horden auch weiter im Süden alles zerstört. Und auch die Badener bauten neue Schlösser in der Manier von Versailles mit italienischem Einschlag. Schloß Rastatt machte den Anfang (17o7), eine Kopie von Versailles sollte zum ersten Mal am Oberrhein entstehen als neue Residenz. Und weil es so schön gelang, bauten sie gleich nebenan das Lustschlößchen "Favorite" (1711). Und in "Karls"-ruhe eine ganze neue Stadt um ein Schloß herum (ab 1715). Vom Rheintalrand Durlach mitten hinein in die Ebene. Mutig! Und da wirkte auch ein Balthasar Neumann mit. Was hatte diesen genialen Baumeister des deutschen Barock, Hofbaumeister der Fürstbischöfe von Schönborn, Erbauer der Würzburger Residenz, ins Badische verschlagen? Ein Schönborn natürlich, der in seinem Besitz Bruchsal eine neue Residenz bauen ließ (1722).

Baden-Baden. Punkt. Wer nennt die illustren Namen, die dieser wunderschönen Stadt Glanz verliehen? Der römische Kaiser Caracalla (Caracalla-Thermen in Rom!) baute hier 213 n.Chr. die Kaiserthermen von "Aquae Aureliae"; um 1500 gab es schon 12 Badehäuser und 389 Einzelbadkästen; Paracelsus, der wohl berühmteste Arzt dieser Zeit, wirkte hier. Im 19.Jh. wurde Baden-Baden zum Treffpunkt europäischer "High-Society", vor allem auch literarischer: Dostojewski, Gogol, Turgenjew, Balzac, Mark Twain....'Wer nennt die Völker, kennt die Namen, die gastlich hier zusammen kamen?' Casino, Park, Rennbahn Iffezheim, die reizvollen Weine des Markgräfler Landes ... Noch heute verströmt die "Sonnenhauptstadt Europas" Eleganz und diskreten Charme, der wohl zu bezaubern vermag.

Kaiserstuhl, Elsaß
Drehte sich im Norden des Rheintals das Rad der Macht, so im Süden umso mächtiger die Kelter. Welche Gaumenfreuden haben Südbaden, das Elsaß und der Kaiserstuhl zu bieten! Und wieviel fürs Auge! Freiburg: Hans Baldung-Grien, Lucas Cranach, Matthias Grünewald, Hans Holbein d.J., sie alle und noch mehr Künstler von Weltrang hinterließen in der malerischen Stadt sehenswerte Spuren. Sollten Sie auf dem Münsterplatz einer Weinprobe noch ausgewichen sein, dann ist nach der Münsterturmbesteigung Zeit, badischen Wein und badische Küche auf die Probe zu stellen. Verstehen Sie nun, weshalb die hohen Richter vom "Guide Michelin" die deutsche Küche zuerst hier, in Südbaden und am Kaiserstuhl entdeckten?

Franz Kellers "Schwarzer Adler" in Oberbergen errang einen der ersten deutschen "Michelinsterne". Ja, Sepp Herberger, der alte Fuchs, wußte das schon eher. Wo feierte die deutsche Fußballnationalelf der Nachkriegsjahre? Eben. Bei Franz Keller. Vergilbte Bilder an der Wand belegen es.

Was braucht der Kaiserstuhl zu belegen? Ein Eldorado für Geologen und Gourmets. Und mit Blick auf das Elsaß, wo es schon in Colmar mit leiblichen und kulturellen Genüssen geradeso weitergeht, wie es auf deutscher Seite in Südbaden geendet. Nützen Sie den Blick, der sich von Breisach aus bietet, vom Münsterplatz. Im Breisacher Münster entzückt der "Breisacher Altar" des Meisters HL (entstanden 1523-26). Ob die eigenwillig eingerollte Spitze des Altars wirklich einer Wette des Schnitzers mit dem Baumeister entsprang, ob die wirbelnden Randornamente wirklich die Winde der Gegend abbilden? Prüfen Sie es nach. Vielleicht hat es auch nur der gute Kaiserstühler Wein bewirkt. Wer weiß?

Dreyecksland
Eine Besonderheit bleibt noch zu berichten aus dem südlichsten Zipfel der Republik: "Dreyecksland"- eine "Kopfgeburt", wie der SWF es in einem seiner jüngsten "Fernsehfeatures" treffend kennzeichnete: ein neues Land, und doch ein ganz altes. Die Überreste des alten Alemannenreiches, wie sie sich im Dreiländereck zwischen Schweiz, Frankreich und Deutschland erhalten haben. Als Sprache, als Lebensart, als Küche. Wo man untereinander mehr gemein hat als mit seinen Wirtsnationen. Wo Johann Peter Hebel nicht nur sein "Schatzkästlein des Rheinischen Hausfreundes" schuf, sondern auch seiner alemannischen Mundart ein bleibendes Denkmal setzte.

Wo das schweizerische Basel seinen internationalen Flughafen Mulhouse auf französischem Territorium hat. Wo "Radio Dreyecksland" in alemannischem Dialekt die Aufmüpfigen dreier Nationen vor dem Lautsprecher versammelt. Besuchen Sie Lörrach. Nicht nur wegen seiner sehenswerten Stadtbefestigung, nein, steigen Sie auf zur Schloßruine Rötteln. Hier genießen Sie den Blick über die ganze gesegnete Gegend:
Breisgau, Sundgau, Sinsgau. Und Sie werden

Mannheim - Sternwarte mit Christuskirche
(Foto: Städt. Presseamt Mannheim)

Verständnis finden für Bernhard von Weimar, der sich von Napoleon als Lohn der Folgsamkeit diese Gaue als sein und eins wünschte. Doch blieb es halt eine "Kopfgeburt".

Weinstraße
Malerisch liegt sie da, die Bruchkante der Haardt am Westrande der oberrheinischen Tiefebene, steil wie ihr östliches Gegenstück, der Odenwald, noch mehr von Burgen und Herrenhäusern gesäumt. Hier ist gut leben, das fühlt man förmlich. Auch wenn die Bezeichnung "Weinstraße" erst in den dreißiger Jahren dieses Jahrhunderts und mehr aus Propagandagründen entstand, so hat sie sich doch als selten zutreffend erwiesen. Die Ortsnamen entlang der B 271 und B 38 lesen sich wie die Weinkarte eines gehobenen Restaurants.

"Weck, Worscht und Woi", sie sind die Grundlagen der gemütlichen, lebensfrohen Pfälzer Art. Feste und Festchen in jedem Weiler und zu jeder Jahreszeit. Wenn man irgendwo in Deutschland Feste zu feiern versteht, dann in dieser Region.

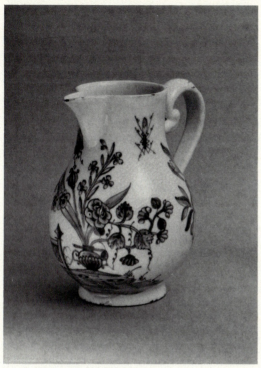

*Fayence-Kännchen, Manufaktur Durlach
(Mainfränkisches Museum Würzburg)*

Tief ins Bewußtsein hat sich der Genuß von Wein als quasi naturgegebenem Lebensmittel eingegraben: den Kindern tut man's (ein böses Gerücht?) schon in den "Schoppen", ins Fläschchen.
"Trinkt der Angeklagte?" wird ein Zeuge in der Pfalz vor Gericht gefragt. "Naa, soviel säuft er net, daß mer sage dät, 'er trinkt'."
Doch auch die Städtchen haben einiges zu bieten: Bad Dürkheim seinen "Wurstmarkt", das größte Weinfest der Welt; Neustadt seine herrliche Lage, im Hambacher Schloß eine Wiege der deutschen Demokratie; Landau vereint alte Tradition mit reizvollen neuen Ideen und ist kulturell alles andere als "Provinz"; Bad Bergzabern, das bezaubernde Tor zu Erholung und zum Pfälzer Wald.

Pfälzer Wald
Hinten, im Wald, nach Westen zu, da geht es nicht so idyllisch zu. Hart ist das Leben im Pfälzer Hinterland, Kleinindustrie wie Schuhfabrikation muß den dürftigen Lebensunterhalt sichern. Und der Wald, Wald, Wald. Den hat das Militär als gute Tarnung für seine Depots entdeckt. Überall werden Sie auf Anzeichen stoßen.
Die Pfälzer leben damit. Schließlich gilt immer noch die sagenhafte Verheißung: Als der Herrgott und der Teufel sich die Welt aufteilten, da soll der Teufel leichtfertig zum Herrn gesagt haben: "B'halt's!" Und der Herrgott machte daraus sein Paradiesgärtlein, die "Pfalz", und da der Teufel sich vor Wut nie mehr dort blicken ließ, da gab der Herr den Pfälzern ihre "fürnehmste" Aufgabe: die Weltachse zu schmieren. Und da steht sie, hinter Annweiler im südlichen Pfälzer Wald. Wollen Sie sich nicht auch auf die Suche machen? Die düstere Schönheit der Gegend lohnt den Versuch.

*Antiquitäten
von Barock bis Art Deco
im Preisführerteil*

Unser Tip

Landkreis Bad Dürkheim

Für jeden das richtige Museum
Das Pfalzmuseum für Naturkunde in Bad Dürkheim bietet Schausammlungen aus den Bereichen Geologie, Mineralogie, Paläontologie, Zoologie, Botanik sowie des Naturschutzes an. Unter anderem sind Modelldioramen mit Tieren und Pflanzen der Urzeit und Präparate von in der Pfalz ausgestorbenen Tierarten zu sehen. Sonderausstellungen sowie die Außenanlage des Museums mit ihren Kleinbiotopen, Tiergehegen und einem Amphibienteich runden das Angebot ab. Wer sich speziell für Steine oder Fossilien interessiert, dem seien die Museen in Imsbach und Mehlingen empfohlen. Das Steinemuseum Imsbach besitzt unterschiedliche Gesteinsarten und Mineralien vom nahegelegenen Donnersberg. Die Stücke sind zum Teil aufgeschnitten und geschliffen. Die Fossiliensammlung in Mehlingen gehört zu den bedeutendsten Deutschlands. Rund 5000 Versteinerungen von frühen Pflanzen und Tieren aus dem Boden der West- und Nordpfalz sind hier versammelt. Burgenfreunde können im Burgenmuseum Grafendahn bei Dahn eine Reise ins Mittelalter antreten. Zeugen aus jüngster Zeit hat das Militariamuseum in Dahn-Reichenbach zu bieten: Waffen des Zweiten Weltkriegs, Handwerksgeräte und Tiere der Heimat. Ganz der Tradition von Pirmasens als der Deutschen Schuhmetropole verpflichtet ist das dortige Schuhmuseum: die Sammlung enthält heimische Erzeugnisse von 1830 bis 1967 sowie Schuhe aus aller Welt. Gutes Schuhwerk brauchten auch die Westpfälzer Wandermusikanten, die oft die Armut in die Neue Welt trieb. Szenen aus ihrem Leben und viele Musikinstrumente zeigt das Musikantenlandmuseum auf Burg Lichtenberg bei Kusel. In die Welt des Jahrmarkts mit ihren Schießbuden und Pferdekarussells führt das Deutsche Schaustellermuseum in Lambrecht. 100 Jahre Eisenbahngeschichte und 80 Jahre Motorradgeschichte dokumentieren die Exponate des Neustadter Eisenbahnmuseums und des Otterbacher Motorradmuseums. Pfalzmuseum für Naturkunde (Pollichia-Museum) Hermann-Schäfer-Str.17, 6702 Bad Dürkheim T: 06322-3635

Badisches Landesmuseum Karlsruhe
Neue Schausammlung "Karlsruher Majolika"
Ahaweg 6
7500 Karlsruhe

Schausammlung "Karlsruher Majolika"
In den neuen Schau- und Ausstellungsräumen des Badischen Landesmuseums im Verwaltungsgebäude der Majolika-Manufaktur im Park hinter dem Karlsruher Schloß besteht seit Mai 1988 die Möglichkeit, die vielfältige Produktion des Unternehmens von 1901 bis in die Gegenwart an ca. 275 ausgewählten Beispielen zu verfolgen.
1901 auf Anregung des Malers Hans Thoma durch Großherzog Friedrich I. gegründet, gehört die Karlsruher Majolika-Manufaktur in die Reihe der Manufakturen und Werkstätten, die um die Jahrhundertwende zur Herstellung von hochwertigen kunsthandwerklichen Arbeiten ins Leben gerufen wurden, um allgemein dem Kunsthandwerk zu neuem Ansehen zu verhelfen.
Einen bedeutenden Platz in der Produktion der Manufaktur nahm seit 1909 die Baukeramik ein. Auf diesem Gebiet häuften sich die Aufträge aus allen Teilen Deutschlands, aus dem Ausland und sogar aus Übersee.
Das behutsam renovierte, aus der Zeit der Manufakturgründung stammende Gebäude beherbergt neben der ständigen Schausammlung "Karlsruher Majolika" eine Museumswerkstätte der museumspädagogischen Abteilung und Räumlichkeiten für Sonderausstellungen.
Öffnungszeiten: Täglich außer Montag von 14⁰⁰-17⁰⁰ Uhr

kunsthalle
mannheim

Moltkestraße 9
6800 Mannheim
(0621 / 2936413 / 14 / 15)

Sammlungen:
Malerei und Plastik des 19 . und 20 . Jahrhunderts
mit Schwerpunkt Deutschland und Frankreich;
Plastik seit 1945 international

täglich 10.00 - 17.00 Uhr
Donnerstag 10.00 - 20.00 Uhr
Montag geschlossen

Zeichnungen, Aquarelle und Druckgraphik
vom 15. bis zum 20. Jahrhundert

nur nach telephonischer Vereinbarung
Mi 10.00 - 12.00 und 14.00 - 17.00 Uhr

Plakate und Werkkunst

Museumspädagogischer Dienst

Bibliothek mit Lesesaal
Literatur zur Kunst ab 1800 und bibliophile Ausgaben
(keine Ausleihe)
Öffnungszeiten : Di, Mi, Fr 10.00 - 17.30 Uhr
                 Do 14.00 - 18.30 Uhr

Eintritt in die Sammlung frei,
für Sonderausstellungen wird Eintritt erhoben.

Es präsentiert sich Ihnen ein Marktveranstalter aus Rheinland-Pfalz

Werbe- und
Veranstaltungs-
a g e n t u r

6701 Kallstadt/Weinstraße · Hebengasse 7 · Tel. 06322/66600

Wir veranstalten:
- *Antiquitäten*
- *Floh*
- *Schallplatten*
- *Kunsthandwerker* — **M Ä R K T E**

im Bundesland Rheinland-Pfalz, Hessen und Saarland!

Antiquitäten- und Kunsthandlungen

Brucker, H.
Niedererdstraße 16a
6700 Ludwigshafen

Kunsthandlung
Dropmann, B.
Prinzregentenstr. 47
6700 Ludwigshafen

Antiquariat
Drumm
Orffstraße 3
6700 Ludwigshafen

Fazlagic
Goethestraße 17
6700 Ludwigshafen

Fazlagic
Seilerstraße 6
6700 Ludwigshafen

Kunsthandlung
Freund
Mühlaustr. 25
6700 Ludwigshafen

Kunsthandlung
Kleinhenz, H.-D.
Heinigstr. 31a
6700 Ludwigshafen

Antiquariat
Mahl, Manfred
Hohenzollernstr. 37
6700 Ludwigshafen

Antiquariat
Mahl, Manfred
Hohenzollernstr. 37
6700 Ludwigshafen

Schreiber, A.
Kaiser-Wilhelm-Str.
6700 Ludwigshafen

Siller
Altriperstraße 56
6700 Ludwigshafen

Zintl
Bleichstraße 18
6700 Ludwigshafen

Blinn, Franz
Weinstraße 25a
6701 Forst

Heller, O.
Sudetenstraße 13
6701 Dannstadt

Binder, G.
Wein-Nord-Str. 9
6702 Bad Dürkheim

Kunsthandlung
Blüm
Wein-Süd 10
6702 Bad Dürkheim

Kipplinger, Ingrid
Kurgartenstr. 6
6702 Bad Dürkheim

Kunsthandlung
Kämmer, N. u. H.
Heumarkt 17
6705 Deidesheim

Antiquariat
Boerstinger, H.-J.
Gerolsheimer Str. 25
6710 Frankenthal

Kunsthandlung
Schlitt, J.
Westl. Ringstr. 32
6710 Frankenthal

Antiquitäten
Bruckert, Christina
Beindersheimer Str.4
6711 Großniedesheim

Schilling, H.
Mozartstraße 32
6718 Grünstadt

Kunsthandlung
Anders, F.
Hauptstraße 37
6719 Einselthum

Breyther, E.
Hauptstraße 21
6719 Wattenheim/Pf.

Antiquariat
Adam & Schneider
Kutschergasse 22
6720 Speyer

Die kleine Kunststube
Maximilianstr. 60
6720 Speyer

Drawe, G.
Gilgenstraße 15
6720 Speyer

Kopp, D.
Mühlturmstraße 7
6720 Speyer

Rosentreter, R.
Karmeliterstraße 18
6720 Speyer

Weingärtner, H.
Korngasse 34
6720 Pirmasens

Antik Galerie
Haaf, Rainer
Haupstr. 56
6721 Westheim

Antik Remise
Sartelet, Silvia
Pfalzstraße 32
6721 Zeiskam

Kunsthandlung
Böh, W. u. M.
Am Friedhof
6725 Römerberg/Pfalz

Maneti, H.
Wörthstraße 65
6729 Hördt/Pfalz

Schmid, K.-H.
Ludwigstraße 33
6729 Jockgrim

Abresch, H.
Bergstraße 1
6730Neustadt/Wein.

`t Cadeautje
Antiquitäten Geschenke Bilder

Ingrid Kipplinger
6702 Bad Dürkheim, Kurgartenstr. 6
Tel.: 0 63 22 / 6 56 00

Antiquariat Marsilius
- Buch- und Kunstauktionen -

Inh. Gabriele Adam
6720 Speyer
Kutschergasse 22
Tel. 0 62 32 / 2 41 30

Kunsthandlung
Boschert, H.
Kellereistr. 19
6730 Neustadt/Wein.

Denzinger, H.
Hauptstraße 63
6730 Neustadt/Wein.

Koch, F.
Winzingerstr.3
6730 Neustadt/Wein.

Galerie
Moltkestr. 14
6730 Neustadt/Wein.

Kunsthandlung
Rübel, H.
Marktplatz 9
6730 Neustadt/Wein.

Kunsthandlung
Szopinski
Grosstr. 36
6730 Neustadt/Wein

Wessa, K.
Heidenbrunnenweg 15
6730 Neustadt/Wein.

Reuter, R.
Dürkheimerstraße 89
6731 Frankenthal

Wahl, P.
Talstraße 50
6731 Neustadt/Wein.

Kunsthandlung
Kastenholz, G.
Kirchgasse 27
6733 Haßloch

Masanek, H.-P.
Marktstraße 5
6735 Maikammer

Auerswald, M.
Kronstraße 3
6740 Landau/Pf.

Kunsthandlung
Boschert, E.
Martin-Luther-Str. 10
6740 Landau

Klotz GmbH
Hainbachstraße 88
6740 Landau

Ferdinand Klotz GmbH
Hainbachstraße 88
6740 Landau/Pf

Goetz, G.
Trappengasse 9
6740 Landau/Pf.

Kunsthandlung
Schaller, J.
Martin-Luther-Str. 10
6740 Landau/Pf

Zinnkann
Martin-Luther-Str.4
6740 Landau/Pf.

Groß, F.
Kirchstraße 13
6741 Gleisweiler

Meyer, U.
Hauptstraße 36
6741 Erlenbach

Oehl, B.
Am Bornbach 10
6741 Wernersberg

Ablaugerei
Hofmann
Waldstr. 11
6747 Gräfenhausen

Trapp, P.
Kettengasse 3
6748 Bad Bergzabern

Atelier
A. K. R. GmbH
Nordbahnstr. 17
6750 Kaiserslautern

Ölgemälde, Rahmen
Behr, A. A.
Mannheimer Str. 37
6750 Kaiserslautern

Kunsthandlung
Boschert, H.
Eisenbahnstr. 29
6750 Kaiserslautern

Gleiche, Dr.
R.-Breitscheid-Str. 5
6750 Kaiserslautern

Kunsthandlung
Goebels, M.
Otterberger STr. 51
6750 Kaiserslautern

Kunsthandlung
Hoffmann, A. u. J.
Distelstr. 12
6750 Kaiserslautern

Kunst + Galerie
Jung KG
Fackelstr. 30
6750 Kaiserslautern

Nebling, M.
Schillerplatz 7
6750 Kaiserslautern

Ohk, M.
Fruchthallstraße 4
6750 Kaiserslautern

Kunsthandlung
Prass, U.
Pirmasenser Str. 4
6750 Kaiserslautern

Kunsthandlung
Roos, M.
Benzinoring 39
6750 Kaiserslautern

Kunsthandlung
Venz, E.
Gaustr. 4
6750 Kaiserslautern

Antiquariat
Winkelmann, Dr. P.
R.-Breitscheid-Str.
6750 Kaiserslautern

Deutscher, Sieglinde
Burgherrenstr. 120
6750 Kaiserslautern

Lacmann, A.
Kirchenstraße 15
6756 Otterbach/Pf.

Kunsthandlung
Maurer, R. u. E.
Röderhof
6761 Imsbach

Bleicker, B.
Vogelstraße 2
6780 Pirmasens

Braun, H.
Kreisstraße 6
6780 Pirmasens

Restauration
Buergerhaus
Exerzierplatz 3
6780 Pirmasens

Antiquitäten
INGO G. RAAB
Kunigundenstraße 8
6730 Neustadt / W
Telefon 06321 / 32890

Eckardt, R.
Hauptstr. 75
6780 Pirmasens

Schmoelz, H.
Winzlerstraße 17
6780 Pirmasens

Kunsthandlung
Staller
Hauptstr. 26
6780 Pirmasens

Euro-Antiques
Spesbacherstraße 24
6790 Landstuhl

Naffouj Gallery GmbH
Ziegelhütte
6790 Landstuhl

Kunsthandlung
Zoller, U.
Weiherstr. 2
6790 Landstuhl

Euro-Antiques
Flurstraße
6792 Ramstein

Galerie 'K'
Landstuhler Str. 69
6792 Ramstein

Euro Antiques
Hobbs, David
Spesbacherstr.24
6792 Ramstein

Kunsthandlung
Wagner, T. E.
Kaiserstr. 35
6795 Kindsbach

Jacob, G.
Rathausstraße 42
6797 Waldmohr

Kunsthandlung
Schmidt, H.
Lessingstr. 34
6797 Waldmohr

Bauer
Rheinhäuser Str.110
6800 Mannheim

Flormann, W.
Luisenstraße 11
6800 Mannheim

Antiquitätenhandlung
Freund, Christian
Q 3,9
6800 Mannheim

Kunsthandlung
Galerie
Rheinhäuser Str. 24b
6800 Mannheim

Antiquariat
Graf, H.
R 3, 1
6800 Mannheim

Kunsthandlung
Harms, M.
Friedrichsplatz 5
6800 Mannheim

Restaurierung
Heller, Eugen GmbH
A 3/7
6800 Mannheim

Kincel-Ossolinski, K.
Rheinvorlandstraße 10
6800 Mannheim

Kunsthandlung
Lauth, Robert
Meerfeld 52
6800 Mannheim

Gemälde-Rahmen
Novacek
Relaisstraße 68
6800 Mannheim

Pfleger, L.
Robert-Blum-Straße 22
6800 Mannheim

Geigenbauer
Scharff, Hubert
S 2-11.
6800 Mannheim

Schauer, V. C.
Augartenstraße 68
6800 Mannheim

Kunsthandlung
Schubert, W.
Friedrichsring 40
6800 Mannheim

Antike Kleinkunst
Schulz, K.
Friedrichsplatz 15
6800 Mannheim

Wasserturm-Galerie
Kloppenheimer Str. 94
6800 Mannheim

Antike Bauernmöbel
Welsch, Karin
Eichendorffstr.
6800 Mannheim

Galerie
Weng
D 7, 1-4
6800 Mannheim

Arabeske
Schwetzinger Str. 94
6800 Mannheim 1

Kunsthandlung
Boeser, H.
T 2, &
6800 Mannheim 1

Kunsthandlung
Buck Gebr.
J 3, 13
6800 Mannheim 1

Carina
D 3, 5
6800 Mannheim 1

Antiquitäten
Eichendorff
Augusta-Anlage 5
6800 Mannheim 1

Kunshandlung
Fahlbusch
Friedrichsplatz 6
6800 Mannheim 1

Kunsthandlung
Galerie und Kreathek
Seckenheimer Str. 33
6800 Mannheim 1

Gerstenberger, B.
S 3,8
6800 Mannheim 1

Gremm, Thomas
R 3,12
6800 Mannheim 1

Kunsthandlung
Gruber
P 6, 24
6800 Mannheim 1

Kunsthandlung
Grzesiak, T.
S 6,21
6800 Mannheim 1

Kunsthandlung
Hasrms, B.
R 7, 37
6800 Mannheim 1

Kunsthandlung
Hauck, M.
L 12, 6
6800 Mannheim 1

Hermann, P.
T 2,5
6800 Mannheim 1

Huss, M.
H 2, 15
6800 Mannheim 1

Kunsthandlung
Jäger-Breitenbach, S.
L 12, 6
6800 Mannheim 1

Antiquariat
Kaeflein, W.
M 2, 10
6800 Mannheim 1

Kunsthandlung
Kazniki, J.
Collini-Center
6800 Mannheim 1

Kerstan, A.
Kobellstr. 2
6800 Mannheim 1

Antiquitäten
Augartenstraße 68
6800 Mannheim 1

Antike Uhren
Lehnert, Hubertus
M 4,5
6800 Mannheim 1

Kunsthandlung
Merkel, H. K.
Moselstr. 7
6800 Mannheim 1

Reinig-Michael, A.
Michael, M.
P 7, 20
6800 Mannheim 1

Nagel, F.
Augusta-Anl. 15
6800 Mannheim 1

Rudolf, H.-J.
Seckenheimer Str.25
6800 Mannheim 1

Rutschmann, R.
B 4,13
6800 Mannheim 1

Kunsthandlung
Rödel-Neubert, R.
Rheindammstr. 50
6800 Mannheim 1

Varia Antiquitäten
Schoene, P.
R 3,5a
6800 Mannheim 1

Schottmann
G 2,15
6800 Mannheim 1

Kunsthandlung
Vogel - Galerie
N 6, 3
6800 Mannheim 1

Kunsthandlung
Müller. U. W.
Garnisonstr. 4
6800 Mannheim 01

Kunsthandlung
Naskudla, R.
T 3, 9
6800 Mannheim 01

Kunsthandlung
Reffert, G.
S 6, 26
6800 Mannheim 01

Kunsthandlung
Rheinstätter, M.
M 3, 9
6800 Mannheim 01

Kunsthandlung
Schreiber, J.
Dürerstr. 130
6800 Mannheim 25

Kunsthandlung
Croissant, K
Oppauerstraße 23
6800 Mannheim 31

Hauck, Dietrich
Am Bogen 6
6800 Mannheim 51

Ponto, H.
Hirschhorner Str. 20
6800 Mannheim 51

Andrea, F.
Kirchenstr. 37
6802 Ladenburg

Dursy, Hans V.
Boveristr. 6
6802 Ladenburg

Schmidt, G.
Am Bahndamm 8
6802 Ladenburg

Antik Insel
Burger, Silke
Dammstraße 40
6804 Ilvesheim

Kunsthandlung
Leinweber, I.
Kirschenstr. 65-a
6806 Viernheim

Galerie
Rathausstr. 41
6806 Viernheim

Banknoten aller Art
Gottselig, Roland
Karl-Theodor-Str. 7
6830 Schwetzingen

Kunsthandlung
Kammerer, U.
Grenzhof 19
6830 Schwetzingen

Rotter, B.
Kronenstr. 5
6830 Schwetzingen

Ambiente
Ladenburgerstr. 51
6900 Heidelberg

Kunsthandlung
Atelier
Neugasse 1
6900 Heidelberg

Antiquariat
Biehn, I.
Steingasse 3
6900 Heidelberg

Bremer, R.
Haspelgasse 14
6900 Heidelberg

Castle
Im Sand 3a
6900 Heidelberg

Kunsthandlung
Doss, A.
Fröbelstr. 2
6900 Heidelberg

Gallerie
Friedmann-Guiness
Friedrich-EbertAnl.
6900 Heidelberg

ABLAUG SERVICE
Hofmann & Co GmbH
Rheinstr. 32b · 6740 Landau · Tel. 06341/80077

ANTIK - LAGER
\>\> Antike Möbel von 1820 - 1920 \<\<
Großhandel - Einzelhandel

Thomas Gremm

R 3, 12 • 6800 Mannheim 1• Tel. 06 21 / 15 14 41
Geschäftszeiten : Montag - Freitag 14.00 - 18.30 Uhr, Samstag 10.00 - 14.00 Uhr

---

Antiquitäten
Fuest, H.
Bunsenstr. 19
6900 Heidelberg

Galerie 33
Brückenstr. 33
6900 Heidelberg

Galerie 'G'
Uferstr. 4
6900 Heidelberg

Galerie K
Ladenburger Str. 21
6900 Heidelberg

Galerie Kohlhof e.V.
Kohlhof 9
6900 Heidelberg

Gallerie International
Hertzstr. 1
6900 Heidelberg

Gesch
Steingasse 4
6900 Heidelberg

Antiquariat
Goethe
Ingrimstr. 20-a
6900 Heidelberg

Kunsthandlung
Greiser, O.
Schröderstr. 14
6900 Heidelberg

Gruenert, R.
Klingentor 14
6900 Heidelberg

Orientteppich
Berliner Str. 109-a
6900 Heidelberg

Kunsthandlung
Hassbecker, E.
Haspelgasse 12
6900 Heidelberg

Kunsthandlung
Heckmann, F.
Sitzbuchweg 52
6900 Heidelberg

Hoerrle, O.
Kaiserstr. 70
6900 Heidelberg

Humboldt
Rohrbacherstr. 18
6900 Heidelberg

Antiquitäten
Iszatt
Heiliggeiststr. 21
6900 Heidelberg

Kunsthandlung
Kammerer, U.
Neugasse 5
6900 Heidelberg

Antiquariat
Kerle, F.H.
Plöck 101
6900 Heidelberg

Antik Kratzert
Kratzert
Mittelbadgasse 7
6900 Heidelberg

Antiquariat
Kulbach, R.
Neugasse 19
6900 Heidelberg

Antiquariat
Lang, P. u. B.
Heiliggeiststr. 5
6900 Heidelberg

Leitz, B.
Nadlerstr. 3
6900 Heidelberg

Kunsthandlung
Melnikow, A.
Friedrichstr. 12
6900 Heidelberg

Metz
Mittelbadgasse 10
6900 Heidelberg

Antiquitäten
Moufang
Ladenburgerstr. 19
6900 Heidelberg

Kunsthandlung
Nuzinger, C.
St.-Anna-Gasse 11
6900 Heidelberg

Purschwitz, M.
Wilhelmstr. 65
6900 Heidelberg

Rauch, H. J.
Schmitthennerstr. 59
6900 Heidelberg

Renner, W.
Leimerstr. 2
6900 Heidelberg

Kunsthandlung
Rothe, M.
Werderplatz 17
6900 Heidelberg

Kunsthandlung
Rudolf, G.
Schulzengasse 10
6900 Heidelberg

Stadler, J.
Beethovenstr. 5
6900 Heidelberg

Kunsthandlung
Staeck, K.
Ingrimstr. 3
6900 Heidelberg

Stefan - Galerie
Untere Str. 18
6900 Heidelberg

Galerie
Stemmle-Adler
Bauamtsgasse 6
6900 Heidelberg

Strobel C. B.
Plöckstr. 62
6900 Heidelberg

Bibliographicum
Tenner, Erna
Hauptstr. 194
6900 Heidelberg

Tin Tin Nabulum
Treuch, Brigitte
Sofienstr. 29
6900 eidelberg

Tsochantaridis, A.
Haspelgasse 16
6900 Heidelberg

Kunshandlung
Vogel Gemäldegalerie
Hauptstr. 25
6900 Heidelberg

Antiquitäten
Wassak, A.
Märzgasse 4
6900 Heidelberg

Antiquariat
Weber, L.
Heiliggeistkirche
6900 Heidelberg

Kunsthandlung
Welker GmbH, W.
Hauptstr. 106
6900 Heidelberg

Antiquariat
Welz, F.
Oberbadgasse 8
6900 Heidelberg

Kunsthandlung
Wendel, I.
Zwingerstr. 14
6900 Heidelberg

Wiegand, M.
Schönauerstr. 70
6900 Heidelberg

Winnikes, H.
Steingasse 14
6900 Heidelberg

Kunsthandlung
Winterberg, Arno
Blumenstr. 15
6900 Heidelberg

**Kunst- und Antiquitäten-
Ausstellungsgesellschaft** m. b. H.
Falk Anders

Privat :
An der Martinspforte, 6719 Einselthum
Telefon (0 63 55) 22 94

Geschäft :
Kirchenstraße 37, 6802 Ladenburg
Do. u. Fr. 15 - 18, Sa. 10 - 13 Uhr
Telefon (0 62 03) 1 52 22

Antiquitäten Deutscher
Bürgerliche und bäuerliche Möbel
Restauriert oder unrestauriert
Burgherrenstr. 120
6750 Kaiserslautern 32
Telefon 0631-50974 (nur nach telef. Vereinbarung)

FREUND
KUNST - UND ANTIQUITÄTEN- HANDLUNG
CHRISTIAN FREUND
Q 3,9 6800 MANNHEIM 1
TEL.0621 / 105531
IHR SPEZIALIST FÜR AUTOGRAPHEN, WILHELMINISCHES ZEITALTER, PORTRAITKUNDE.
AUSSERDEM FÜHREN WIR PORZELLAN, SILBER, MÜNZEN, GLAS, GEMÄLDE, ALTE DOKUMENTE UND HISTORISCHE WERTPAPIERE

antikes & kunst adam
Erlesene Möbel des Klassizismus
06223/8718 od. 06224/72860
Dilsberger Str. 6903 Neckargemünd

Kunsttischlerei
Antiquitäten + Restauration
Franz Blinn
Meisterbetrieb
6701 Forst/Wstr.
Weinstraße Tel.06326-5661

Antiquitäten
HANSJÖRG CHRISTEN
Kriegsstraße 162
(Ecke Hirschstraße)
7500 Karlsruhe
Telefon 0721 / 2 14 07
Geöffnet :
15.00 - 18.30 Uhr
Sa. 10.00 - 13.00 Uhr

ANTIKE-Möbel
Verkauf und Restaurierung
G + C Iszatt, Heiliggeiststraße 21
69 HD   (0 62 21) 1 33 85

Antike Uhren-Galerie
Hubertus Lehnert
Uhrmacher
Restaurierungs-Werkstatt

M 4, 5
6800 Mannheim
Telefon 0621 / 102472

Öffnungszeiten:
Di. bis Fr. 10.00 - 18.00 Uhr
Sa.   9.30 - 13.00 Uhr
Montag geschlossen

Beindersheimer Straße 4
6711 Großniedesheim
Tel.:06239/7192

An - u. Verkauf Weichholz-, Kirschbaum- u. Nußbaummöbel aller Art Haushaltsauflösungen

Antiquitäten - Bruckert

Antik - Insel
An & Verkauf
Dammstr. 40
6804 Ilvesheim
Tel. 0621 / 491971

Buch- und Kunstantiquariat
Walter Kaeflein
Inh. R. Kaeflein
M 2, 10 - Postf. 12 10 13 - 6800 Mannheim 1
Telefon (06 21) 15 14 54
Alte Graphik 15. - 19. Jahrhundert
Alte Stiche : Städteansichten, Landkarten
Dekorative Graphik : Blumen, Mode, Jagd
Alte Bücher : Landes - u. Ortsgeschichte u. a.
Alte Weltkarten, Berufsdarstellungen

Antik Remise
Sartelet
Pfalzstraße 32
6721 Zeiskam
Tel. 0 63 47 / 21 32

Riesenauswahl in der Pfalz!

Antik - Galerie Haaff

Das Antik - Einrichtungshaus mit 11 Ausstellungsräumen
- rustikale Kiefer - und Eichenmöbel
- polierte Nuß - und Kirschbaummöbel
- Gemälde, Grafik
- Spiegel, Bilderrahmen
- Bauernkeramik, Steingut
- handgearb. Tischdecken und Spitzen

6721 Westheim · Hauptstr. 56
☎ (06344) 4250 ☎ (07274) 3427

Öffnungszeiten: Mo. - Fr. 14 - 18 Uhr,
Sa. 10 - 16 Uhr, sonn- + feiertags 14 - 18 Uhr
(außerhalb der gesetzl. Zeiten nur Besichtigung,
keine Beratung, kein Verkauf)

" Sonderkonditionen für Händler "

Wulsten, M.
Schloßbergstr. 2
6900 Heidelberg

Zeck, P.
Steingasse 6
6900 Heidelberg

Kunsthandlung
Doss KG. A.
P 7, 6
6900 Mannheim

Adam, Stefanie
Ernst Reuter Str. 14
6906 Leimen

Kunsthandlung
Hübel, L.
Hauptstr. 129
6940 Weinheim

Auktionshaus
Richter, R.
Brückstr. 35
6940 Weinheim

Schmidt, K.
Friedrich Ebert Ring
6940 Weinheim

Weise, H. D.
Sommergasse 137
6940 Weinheim

Zimmer, T.
Müllheimertalstr. 7
6940 Weinheim

Zopf, H.
Betentalstr. 39
6940 Weinheim

Galerie F.
Weinheimer Str. 7
6942 Mörlenbach

Rudeloff, K.
Wolfsgartenweg 31
6942 Mörlenbach

Abel, E.
Herrenstr. 33

Ansorge
Tannenweg 2a
7500 Karlsruhe

Antiquitäten
Ari, A.
Schützenstr. 13
7500 Karlsruhe

Baumeister, H.
Taubenstr. 11
7500 Karlsruhe

Kunsthandlung
Burhenne, H.
Scheffelstr. 68
7500 Karlsruhe

Kunsthandlung
Büchle, E.
Kreuzstr. 19
7500 Karlsruhe

Antiquitätenhandel
Christen, Hans Joerg
Kriegstr. 162
7500 Karlsruhe

Dewald, C.
An der Silbergrub 5a
7500 Karlsruhe

Doll, J.
Insterburgerstr. 28b
7500 Karlsruhe

Kunsthandlung
Dorer OHG, J.
Erbprinzenstr. 19
7500 Karlsruhe

Stilmöbel
Karlstr. 67
7500 Karlsruhe

Fischer, S.
Karlstr. 91
7500 Karlsruhe

Fischer-Stehberger
Wendtstr. 20
7500 Karlsruhe

Furrer, Karin
Amalienstr. 14a
7500 Karlsruhe

Galerie
Im Oberviertel 19
7500 Karlsruhe

Kunsthandlung
Gayer-Haas
Uhlandstr. 30
7500 Karlsruhe

Gloeckler, G.
Yorckstr. 13
7500 Karlsruhe

Antiquariat
Gromer, H.
Tulpenstr. 39
7500 Karlsruhe

Kunsthandlung
Gräff, Armin
Waldstr. 20
7500 Karlsruhe

Haehnel, T.
Brauerstr. 3a
7500 Karlruhe

Kunsthandlung
Hartmann
Weinbrennerstr. 32
7500 Karlsruhe

Heemken, F.
Im Speitel 34
7500 Karlsruhe

Kunsthandlung
Hess, Dietrich
Kaiserstr. 36
7500 Karlsruhe

Hoffmann, M.
Herrenstr. 31
7500 Karlsruhe

Hoffmann, M.
Ludwig-Wilhelm Str.
7500 Karlsruhe

Keller, A.
Steinstr. 13
7500 Karlsruhe

Kirrmann, J.
Herrenstr. 40
7500 Karlsruhe

Kreitz, B.
Lessingstr. 78
7500 Karlsruhe

Krejcirik, F.
Hirschstr. 22
7500 Karlsruhe

Kunz, E.
Hardtstr. 47
7500 Karlsruhe

HUBERT SCHARFF -Geigenbauer-

vormals Kurt Hoyer — Lauten - und Geigenbauer

Fachgeschäft für Saiteninstrumente — Bogen — Saiten — Zubehör

Großes Lager alter und neuer Geigen, Violen + Celli
Reparatur
Ankauf und Verkauf

6800 MANNHEIM
S 2 - 11
TEL. 0621 / 2 53 26

Antike Möbel aus mehreren Jahrhunderten

Traditionelle, handwerkliche Restaurierung

Eduard Sluk ANTIQUITÄTEN Restaurator

Unterdorfstraße 35 · 7526 Zeutern bei Bruchsal · Tel. 07253/5251

Antiquitäten
Kutzner, T.
Hirschstr. 35a
7500 Karlsruhe

Kunsthandlung
Wackernah, G.
Amalienstr. 42
7500 Karlsruhe

Kunsthandlung
Paepcke, H.
Kaiserstr. 189
7500 Karlsruhe 1

Antiquariat
Lange
Hirschweg 15
7501 Marxzell

Kunsthandlung
Felzen
Luisenstr. 9b
7509 Badenweiler

Antiquitäten
Bencik, T.
Oestlichestr. 7
7530 Pforzheim

Leyendecker, H.
Kirchstr. 20
7500 Karlsruhe

Wieland, C.
Erasmusstr. 7
7500 Karlsruhe

Antiquariat
Stuckhardt, W.
Gartenstr. 1a
7500 Karlsruhe 1

Kunsthandlung
Böser, D.
Bahnhofstr. 1
7504 Weingarten

Kunsthandlung
Krohn, Dr. L.
Hintere Au 1
7509 Badenweiler

Bode, M.
Wilhelmshöhe 2
7530 Pforzheim

Mehl, N.
Werderstr. 53
7500 Karlsruhe

Kunsthandlung
Armin's Bazar
Kaiserstr. 121
7500 Karlsruhe 1

Kunsthandlung
Zimmermann, W.
Erbprinzenstr. 28
7500 Karlsruhe 1

Bettaglia-Merkle, M.
Seminarstr. 14
7505 Ettlingen

Kunsthandlung
Schumacher
Kaiserstr. 6
7509 Badenweiler

Dittus, M.
Kirchenstr. 22
7530 Pforzheim

Raab, N.
Nelkenstr. 33
7500 Karlsruhe

Galerie
Breitenstein
Kriegsstr. 284
7500 Karlsruhe 1

Kunsthandlung
art contact
Gartenstr. 1
7500 Karlsruhe 1

Antik
Gramlich, K.
Pforzheimerstr. 37
7505 Ettlingen

Auktionator
Maier, H
Industriestr. 1
7512 Rheinstetten

Kunsthandlung
Feuer, F.
Dillsteiner Str. 12
7530 Pforzheim

Schach, Horst
Herrenstr. 50a
7500 Karlsruhe

Kunsthandlung
Hansen, M.
Herrenstr. 42
7500 Karlsruhe 1

Kunsthandlung
Usine
Rheinstr. 65
7500 Karlsruhe 21

Jonderko, R.
Bulacherstr. 32
7505 Ettlingen

Kunstwerkstätte
Schaaf, Wolfgang
Hauptstr. 67
7513 Stutensee.

Antiquariat
Fischer, R.
Blumenheckstr. 25
7530 Pforzheim

Kunsthandlung
Schork, G.
Karlsruher Str. 41
7500 Karlsruhe

Kunsthandlung
Heil, A. u. A.
Weinbrennerstr. 15
7500 Karlsruhe 1

Kunstmarkt
Boss GmbH
Am Berg 28
7500 Karlsruhe 41

Antiquitäten
Andersen, E.
Ettlinger Straße 145
7506 Bad Herrenalb

Kunsthandlung
Neuhoff, G.
Esternaystr. 48
7517 Waldbronn

Jaeck, L.
Dillsteinerstr. 30
7530 Pforzheim

Siebold, F.
Waldstr. 69
7500 Karlsruhe

Kunsthandlung
Isert, H.E.
Amalienstr. 30
7500 Karlsruhe 1

Galerie
Amthausstr. 20
7500 Karlsruhe 41

Heemken, F.
Hauptstr. 135
7507 Pfinztal

Kunsthandlung
Fuhr, V.
Pforzheimer Str. 9
7518 Bretten

Antiquariat
Kiefer, Peter
Ebersteinstr. 14-16
7530 Pforzheim

Tandem
Hirschstr. 54
7500 Karlsruhe

Antiquariat
Kalligramm
Fritz-Erler-Str. 21
7500 Karlsruhe 1

Kunsthandlung
Hohmeister, C.
Amthausstr. 9
7500 Karlsruhe 41

Krauch, R.
Alter Bergweg 5
7507 Pfinztal

Kunsthandlung
Bergrfried
Am Alten Schloß 18
7520 Bruchsal

Martin, L.
Durlacherstr. 23
7530 Pforzheim

Vis à Vis
Marienstr. 79
7500 Karlsruhe

Kleinert,
Breitestr. 106
7500 Karlsruhe 1

Kunsthandlung
Schneider-Sato, H.
Zunftstr. 9
7500 Karlsruhe 41

Kunsthandlung
Atzler KG, E.
Luisenstr. 10
7509 Badenweiler

Kreischner, A.
Spöckweg 37a
7520 Bruchsal

Morlock, B.
Kirchweg 51
7530 Pforzheim-Bir.

Voegele, K.
Waldstr. 15
7500 Karlsruhe

Kunsthandlung
Meyer, Dipl. Ing. K.
Ernststr. 88
7500 Karlsruhe 1

Antike Uhren
Ferstl, Robert
Enzstr. 2
7500 Karlsruhe 51

Birkenfelder, A.
Sasbachstr. 25
7509 Achern

Antik-Stilmöbel
Brückmann
Hauptstr. 59-63
7525 Bad Schönborn

Antiquariat
Mühlan, M. u. A.
Eichendorffstr. 7
7530 Pforzheim

CA Antiquitäten & Kunstgutrestaurierung Christian Ansorge Tannenweg 2a 7500 Karlsruhe 31 Tel. 0721 / 707304

Kunsthandlung
Schaudt, L.
Museumstr. 4
7530 Pforzheim

Kunsthandlung
Schmidt, T.
Am Nagoldhang 9
7530 Pforzheim

Bilder-Starck
Starck, K.
Lammstr. 20
7530 Pforzheim

Galerie
Wehr, I.
Lammstr. 3
7530 Pforzheim

Kunzmann,
Talstr. 32
7531 Eisingen

Duehamel, J.
Hauptstr. 69
7533 Tiefenbronn

Kunsthandlung
Bauer, R.
Königsbacher Str. 9
7535 Königsbach-Stein

Kunsthandlung
Stangl, I.
Pfarrgasse 11
7537 Remchingen

Zurell,
Marktstr. 8
7537 Remchingen

Kunsthandlung
Becker, H.
Hauptstr. 75
7538 Keltern

Kunsthandlung
Schmidt, N.
Schwanner Str. 10
7541 Straubenhardt

Kunsthandlung
Endres, R.
Wilehlmstr. 91
7547 Wildbad

Kunsthandlung
Burkhardt, H.
Herrenstr. 5
7550 Rastatt

Clausnitzer, C.
Bahnhofstr. 11
7550 Rastatt

Gerlach, M.
Plittersdorferstr. 79
7550 Rastatt

Kunsthandlung
MAX
Kehler Str. 10
7550 Rastatt

Dollenbacher, E.
Auerstr. 44
7552 Durmersheim-Wü.

Antiquitäten
Dollenbacher
Benzstr. 4
7552 Durmersheim-Wü.

Häfele, F.
Hauptstr. 33
7552 Durmersheim

Anastasiu, J.
Langestr. 47
7570 Baden-Baden

Auktionshaus
Sophienstr. 18
7570 Baden-Baden

Bayer, G.
Geroldsauerstr. 15
7570 Baden-Baden

Kunsthandlung
Becker, M.
Luisenstr. 18
7570 Baden-Baden

Restauratorin
Benner, Gloria
Friedhofstr. 8
7570 Baden Baden

Borstorff, W.
Mauerberg 189
7570 Baden-Baden

Kunsthandlung
Christian, O.
Kurgartenstr. 21
7570 Baden-Baden

Cresnik, H.
Merkurstr. 17
7570 Baden Baden

Kunsthandlungen
Danner, R.
Steinhauerweg 8
7570 Baden-Baden

Galerie
Elwert, J.
Lichtentaler STr. 40
7570 Baden-Baden

Engert, J.
Merkurstr. 25
7570 Baden-Baden

Kunsthandlung
Fischer, S.
Marktplatz 13
7570 Baden-Baden

Kunsthandlung
Furnari, R.
Lichtentaler Str. 13
7570 Baden-Baden

Auktionen
Weinbergstr. 10
7570 Baden-Baden

Kunsthandlung
Holz, H.
Merkurstr. 17
7570 Baden-Baden

Kunsthandlung
Klimas, H.-D.
Stolzenbergstr. 12
7570 Baden-Baden

Kolb, E.
Lichtentaler 56
7570 Baden-Baden

Liebmann, P.
Sophienstr. 13
7570 Baden-Baden

Kunsthandlung
Melsheimer, H.
Ludiwg-Platz
7570 Baden-Baden

Niewoehner A.
Sonnenpl. 2
7570 Baden-Baden

Platz-Prestenbach
Sofienstr. 22
7570 Baden-Baden

Kunsthandlung
Reich, C.
Kronprinzenstr. 10
7570 Baden-Baden

Runge, K.
Stolzenbergstr. 13
7570 Baden-Baden

Schremmer, H.
Herchenbach 15
7570 Baden-Baden

Antiquaruiat
Thelen
Büttenstr. 11
7570 Baden-Baden

Wooth
Im Kastanienwald 2
7570 Baden-Baden

Kunsthandlung
Schultheiss, M.
Forlenweg 9
7571 Hügelsheim

Restauration
Schremmer, G. H.
Bahnweg 5
7573 Sinzheim

Hansmann, C.
Hauptstr. 50
7580 Bühl

Kunsthandlung
Krieschebuch
Hauptstr. 5
7580 Bühl

Kunsthandlung
Borst, G.
Rebblick 15
7595 Sasbachw.

Kunsthandlung
Degen, R. u. Kurt
Talstr. 34
7595 Sasbachw.

Kunst und Antiquitäten
Rudolf Jonderko
Bulacher Straße 32
7505 Ettlingen 1

Telex 78 29 91 niko d
Telefon : 0 72 43 / 3 19 04, privat : 07 21 / 37 52 29

Toni's Fundgrube

Gommersheim, Hintergasse 31
Telefon 0 63 27 / 14 71
zwischen Neustadt / Weinstraße
und Speyer / Rhein

An- und Verkauf
von Möbeln
aus Oma's Tagen
und sonstigen
Gegenständen

Sucht Ihr Möbel aus Oma's Tagen, und wollt dabei auch Geld noch sparen, dann nehmt Euch Zeit und seid nicht dumm, in Toni's Fundgrub steht's herum.
Öffnungszeiten:
tgl. v. Di-Fr von 9-12 Uhr und
14-18.30 Uhr, Sa von 9-14 Uhr,
langer Sa von 9-18 Uhr
Sonstige Besichtigung nach
telefonischer Vereinbarung.

Gommersheim ist ein Ortsteil von Edenkoben
ca. 10 km östlich.

Märkte und Ausstellungen, wie sie Sammler, Kunst- und Antiquitätenliebhaber wünschen

Ludwigshafen, Friedrich Ebert Halle
Mannheim, Maimarktgelände
Karlsruhe, Oststadthalle

Ettlingen Schloß
Ludwigshafen, Pfalzbau

Internationale Antik-Sammlerbörse 27. - 29.1.89
Groß-Trödelmarkt mit Antik-Center März/Oktober
Großtrödelmärkte und Antik-Sammlerbörsen
März, Juni, Sept. u. Dez.
Ettlinger Antiquitätentage - Ende November -
Ludwigshafener Antiquitätentage - September -

In Rheinstetten bieten wir den Kutschenmarkt, Frühjahrs-Trödelmarkt, Sommernachts-Trödelmarkt und Herbst-Trödelmarkt auf einem der schönsten Plätze Deutschlands.

Sowie weitere regelmäßige Antik-Sammlerbörsen oder Antik-Trödelmärkte in Ettlingen, Emmendingen, Gernsbach, Friesenheim, Rastatt, Ketsch, Landau, Rodalben, Kaiserslautern, Bensheim, Neckarsteinach, Marbach, Rüdesheim u. Rothenburg o.d.T.

Informationen durch Nippen-Ausstellungsdienst
Telefonservice 07242-1314 Tag und Nacht mit aktuellen Marktterminen,
Öffnungs- und Aufbauzeiten, persönliche Auskünfte Montag, Dienstag und Donnerstag von 9-12, 16-18 Uhr.

7512 Rheinstetten-Mörsch
Robert-Koch-Str.4, Postfach 1125

LBB Antiquitätenzubehör
Siegfried SCHULZ
Schillerstr. 39
7101 Ellhofen
Telefon 07134 - 17348

mehr als 12oo Artikel ständig auf Lager
bitte Katalog anfordern gegen DM 4,-

Möbelbeschläge
Schlösser
Scharniere
Bänder
Holzteile
Intarsien
Schellackpolituren
Bienenwachs
Beizen

Antiquitäten Hans Röttges
Möbel, Varia
restauriert, unrestauriert
bürgerlich, bäuerlich

Kirchweg 51 • 7534 Birkenfeld • Tel. 07231 / 64586
Fr.: 15.00 - 18.30 Uhr, Sa.: 10.00 - 13.00 Uhr,
od. tel. Vereinbarung

Antiquitäten
Raritäten
Kunsthandwerk

Claudia Hansmann

7580 Bühl, Hauptstr. 50, Telefon 0 72 23 / 85 73

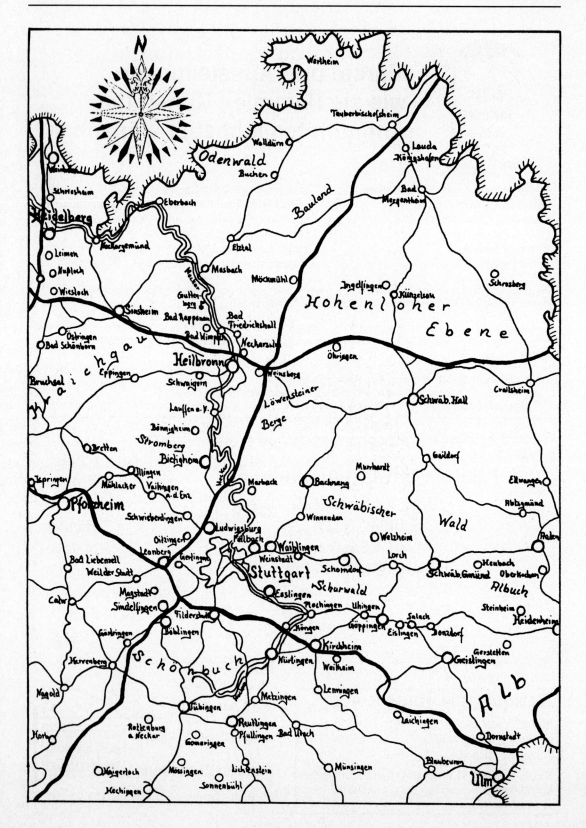

Schwäbisch - Fränkisches Stufenland

Schaffe, spare, Häusle baue ...

Landschaft
Am Anfang war... ein uralter, gewaltiger Kampf, begonnen vor 140 Millionen Jahren. Ende der Jurazeit! Das Festland hebt sich, das Meer muß weichen. Entwässernde Flußsysteme strömen nach Süden, einer frühen "Ur-Donau" entgegen. -Dramatische Wende, 100 Millionen "Jährchen" später, im Tertiär: der Oberrheingraben sackt ab, bis unter Meeresniveau. "Marsch, kehrt, ihr Wassermassen, Sturzbäche, Rinnsale, nach Norden mit starkem Gefälle, hin zum Rheingraben!"

- Klamm heimlich (hehlinge) zapft der Neckar die Täler der Donaunebenflüsse an, leitet ab, beginnt, sich hineinzufressen in das süddeutsche Schichtpaket, gierig die Treppe abwärts, sich mit "knitzen" Kumpanen (Enz, Rems, Murr, Jagst ...) vereinend - Schwabenstreiche. "Der wackre Schwabe forcht sich nit", mit sprichwörtlichem Fleiß kämpft er um diese Wasserscheide. Zäh ist dieses Ringen und endlos. Kraftvoll trägt er ab, seit Jahrmillionen - viel Steine gab's...: der unterschiedlichen Widerstandsfähigkeit seiner "Gegner" verdankt diese Region der Überraschungen, der Vielfältigkeit der Formen ihren besonderen Charakter.

Landesnatur
Gefälle, Anstieg, Täler, Höhen. - Munteres Gebuckel aus Lettenkeuper, Muschelkalk, Löß, Lehm und Sandstein. Nichts ist beständiger als der Wechsel! Idyllische Tallandschaften, dem Neckar entlang. "Eine fröhliche Kurve!" - Wasser: Lauter, Fils, Rems, Murr, Sulm, Kocher, Jagst, Aich, Enz, Zaber, Lein, Elsenz... Wasser!!
Dazwischen Grünlandschaften, Gäue, mit fruchtbaren Böden überzogen. Auch klimatisch Vorzugslandschaften! Bildhafte, einprägsame Namen: Schönbuch, Heckengäu, Oberes Gäu, Filder, Strohgäu, Kraichgau, Hohenloher Ebene und Bauland. Sonnige, steilgestufte Weinberge, ausgedehnte Obsthaine, Schlösser, Burgen, - weite, ausgedehnte Waldgebiete, hügelig: Schurwald, Welzheimer-, Mainhardter- und Murrhardter Wald, Löwensteiner Berge, Stromberg und Heuchelberg. Reizvolles Beieiander von Bergland und fruchtbaren Beckenlandschaften!

Grenzen
Teile der europäischen Mittelgebirgskette umrahmen Süddeutschlands "Park am Neckar, hüten ihn. Die äußere Form? - Sie gleicht einem riesigen, nach Norden geöffneten Zirkel, dessen Schenkel sich vom Kamm des Schwarzwaldes zum Odenwald entlang des Rheingrabens und von den höchsten Teilen der Schwäbischen Alb zur Frankenhöhe hinziehen, der in den wärmeren Tieflagen den Bewohnern Schutz bietet, seit altersher.

Geschichte
Wo fangen wir an? Vor einer halben Jahrmillion?? "Homo erectus, homo heidelbergiensis"! - Oder vor 200.000 Jahren? "Homo steinheimiensis"! Direkte Vorfahren? Jäger, Sammler, einfache Steinwerkzeuge! - Zu lange her! Die Urgeschichte ruht. Etwa doch nicht? Älteste Menschenreste Europas, unstete Nomaden, hier, Gruppen umherschweifender Ururur...ahnen. Hunderttausende von Jahren vor dem berühmteren Neandertaler!

- Er war da, der Mensch, in vielerlei Zeugnissen nachweisbar, gerade hierzulande: eigenartige Frauenfigürchen aus dem Petersfels bei Engen, lebensvolle Tierdarstellung aus der Vogelherdhöhle im Lonetal. Älteste Kunstwerke der Menschheit!? Und er blieb da, hartnäckig, stur, suchte Schutz in Höhlen, trotzte der Eiszeit und begann während der Nacheiszeit (8.000 v. Chr.), seine Aktivitäten zur Bestreitung des Lebensunterhaltes breiter zu fächern: er kultivierte Wildgetreide (Dinkel = Schwabenkorn), domestizierte Ziegen und Schafe und... wurde seßhaft. Erste Bauernkultur, Linearbandkeramiker (Tauberbischofsheim, Gerlingen), Siedlungen, Werkzeuge, Tongefäße. - Neue Mode, Stichbandkeramik (Großgartach), Brandrodung, er greift immer mehr in das Gleichgewicht der Natur ein. Lückenlos bietet sich uns die so kurze Zeitspanne von 4.000 v.Chr. bis heute: Proto-Kelten, Kelten, Römer und Germanen haben die frühe Geschichte dieses Raumes lange vor der Reichsgründung Karls des Großen bestimmt. 6.000 Jahre - 200 Generationen im Sauseschritt! Mut zur Lücke! Der rote Faden: Metallzeitliche Verhältnisse gebären den Handwerkerstand, Kupfer-, Bronzeverarbeitung, Grabhügelzone (Kirchberg bei Tübingen), gegen 1.200 v.Chr. treten Brandgräber auf, Urnenfelder. Kultureller und wirtschaftlicher Aufschwung, kraftvoll pulsierendes Leben an den Seeufern. Hallstattkultur (800 v.Chr.), Riesengrabhügel (Hohenasperg), Adelssitze, kostbarer Goldschmuck, importierte griechische und etruskische Güter. - Schon damals leidige Konkurrenz! - Urplötzlich aber tritt es auf, das Keltentum, die tragende Säule der frühen südwestlichen Vorgeschichte. Sie hinterlassen eigenartige, fesselnde Kunstäußerungen, Kultfiguren, ihr Münzwesen und... Flur-, Orts- und Gewässernamen. Urkeltisch! Blüte der keltischen Kultur bis... dies ater (Schwarzer Tag) - Caesar, Rom, beschließen, ihren Machtbereich nach Norden auszuweiten. Er steht 52 v.Chr. am Oberrhein und vor den Kelten: zäh und konsequent schiebt er seine Reichsgrenze nach Osten vor, der berühmte Limes teilt das Ländle (Walldürn bis Aalen). Tragisches Besatzunglos: Römische Kultur, Bäder, Kastelle....... drei Jahrhunderte! Leiden sind Lehren!! - Die Kelten verschwinden (Britische Inseln), die Alemannen vertreiben die Römer (260 n.Chr.), Franken fallen ein und drängen (nach 496) die Alemannen zum Süden hin zurück. Bleibendes Ergebnis: Calw - Leonberg - Murrhardt - Crailsheim, die alte Grenze blieb bis heute Mundartgrenze. - Noch 50 Generationen: Christianisierung, Karolinger, Herzogtum Franken, Herzogtum Schwaben. Die Staufer erringen die Kaiserkrone, Pfalzen (Bad Wimpfen), Burgen, Kirchen, Städtegründungen (Hall, Eßlingen, Heilbronn, Reutlingen....). Barbarossa (Als Kaiser Rotbart lobesam...), Konradin und: "Aus mit der Stauferherrlichkeit!" - Kaiserlose, schreckliche Zeit!!

Das Alte Schloß aus dem 13. Jahrhundert und der 1986 dreißig Jahre alte Fernsehturm des Süddeutschen Rundfunks. (Foto: Verkehrsamt der Landeshauptstadt Stuttgart)

Vor der ansteigenden Wald- und Villen-Kulisse der baden-württembergischen Landeshauptstadt - der Hufeisenbau des Neuen Schlosses (heute Sitz einiger Ministerien). Foto: Verkehrsamt der Landeshauptstadt Stuttgart, Steinert

Ein halbes Jahrtausend beispielloser staatlicher Zersplitterung hebt an: "Landgraf, werde hart!" - Keine führende Vormacht kann sich letztlich entscheidend durchsetzen. - Wer gegen wen?? Badische Markgrafschaften, die Grafschaft Württemberg (1495 zum Herzogtum gekürt) wachsen in das einstige fränkische Stammesgebiet hinüber. Kleine weltliche Territorien, geistliche Landesherrschaften, reichsunmittelbare Klöster, Ritterorden, Reichsstädte als Gewerbe- und Handelszentren, als Pflanzstätten von Kunst und Bildung liegen in ständigem Widerstreit. Das Zeitalter der Glaubensspaltung (nach 1517) läßt politische zu konfessionellen Grenzen werden: "Cuius regio eius religio" - der Fürst bestimmt. Spiel ohne Grenzen, Einheit oder Zersplitterung? Rund 600 größere, kleinere und kleinste Machtgebiete werden gezählt. Kleinräumigkeit, Eigenbrödelei und Verliebtheit in die Sonderart treiben Blüten.

Ein Korse, Napoleon Bonaparte, muß zur "Flurbereinigung" schreiten (1806). Das Alte Reich zerbricht, Baden und Württemberg entstehen unter Belassung der beiden Fürstentümer Hohenzollern. - Ein kurzer Traum! - Reichsgründung (1871), tiefer Absturz mit dem Ersten Weltkrieg, die Herrscherhäuser verschwinden. - Ein Alptraum! - Gewaltherrschaft, Feuerbrand im Zweiten Weltkrieg, Untergang, Besatzungslos.... alles, wie gehabt!! Und heute? Das Pendel der Zeit steht auf "demokratischer Einheit des südwestdeutschen Raumes." Seit 1952 existiert als "Musterländle" im Südwesten der Bundesrepublik Deutschland "Baden-Württemberg".

Wirtschaft

Die Region Mittlerer Neckar zählt heute zu den stärksten Wirtschaftspotenzen der Bundesrepublik. Eine Industriegasse, schwäbische Unternehmen zu Weltfirmen angewachsen. - Eigensinnige Tüftlertalente, die topographische Vielfalt des Lebensraumes, die Vorteile der kurzen Kommunikations- und Informationswege ließen und lassen neue Zukunftsbranchen, junge Unternehmen nur so sprießen. Was dieses Danaergeschenk der Neuzeit hier zwischen Stuttgart und Heilbronn/Neckarsulm noch immer menschlich macht, ist die altschwäbische Maxime: um Gottes willen die Kirche im Dorf lassen.

Schwobä

Über die schwäbische Mentalität, eine Urmischung aus keltisch-römisch-alemannisch-fränkischen Wurzeln, ist schon viel geschrieben worden, mehr als über alle anderen deutschen Stämme. (Schaffe, spare, Häusle baue...). Klar, daß die Schwabenseele einer recht vielfältigen und bewegten Landschaft gleicht - wie könnte es anders sein - dem Schwabenländle. Von den Tüftlern Daimler und Bosch über die Musensöhne Uhland, Mörike, Kerner, Hölderlin und Schiller bis zum Genie Einstein.

Der Schwabe vereinigt all das etwa gleichmäßig, was bei anderen als ausgesprochene Stärke oder Schwäche auffällt. "Sowohl-Als auch", kein preußisches "Entweder- Oder". Schüchternheit und Draufgängertum, Intelligenz und Einfalt, Innigkeit und Derbheit sind für ihn keine Gegensätze, all das verkraftet er spielend und ohne Bruch. Sein Fleiß, historisch bedingt. Er war lebensnotwendig: es galt im Ländle die Realteilung, das Erbe wurde unter allen Kindern geteilt, immer kleinere Parzellen, Gehöfte. Das "Sach" beieinanderzuhalten, war nur durch unermüdliche Schaffenskraft und Zähigkeit möglich. Kernig geartet auch der Humor im "Schwobeland": provozierende Derbheit, oft schockierende Pietätlosigkeit. - Nur ja keine weiche Regung zeigen, es könnte als Schwäche ausgelegt werden. Deftiges, häufig Anrüchiges mit Lust und in der Breite behandelt. Beste Beispiele hierfür sind der "Schwäbische Gruß" und die berühmt-berüchtigten "Gogen-Witze" der Tübinger Weingärtner. Garnierend wirken die mundartliche Bildhaftigkeit und eine schelmenhaft-philosophische Hintergründigkeit.

Kunst

Ludwigsburger Porzellan: Seine große Zeit war das Rokoko, die Epoche des ancien régime in Frankreich, von der Talleyrand sagte, wer damals nicht gelebt habe, kenne die Süße des Lebens nicht. Auch im kleinen Württemberg suchte Herzog Carl Eugen, dem Hofleben in Versailles nach-

Staatstheater Stuttgart, Großes Haus (Staatsoper)
Foto: Verkehrsamt der Landeshauptstadt Stuttgart, Steinert

Eberbach am Neckar - romantische Vielfalt an der Burgenstraße - Pulverturm, Thalheim'sches Haus (1390) und Kurzentrum (Foto : Kurverwaltung Eberbach)

zueifern. Die von ihm 1758 gegründete Porzellanmanufaktur, "notwendiges Attribut des Glanzes und der Würde", errang innerhalb weniger Jahre durch die Mitarbeit hervorragender Künstler (G.F. Riedel) eine Spitzenstellung in Europa. Auch heute noch wird in Ludwigsburg, dieser großen Tradition verpflichtet, Porzellan nach alten, bewährten Vorbildern handwerklich hergestellt.

Spezielles

Spätzle
Nationalgericht der Schwaben, nicht zu verwechseln mit Teigwaren, werden auf einem "Spätzlesbritt" ins kochende Wasser "g'scherrt".

Trieler
Ein solcher Zeitgenosse ist am Stammtisch nicht erwünscht.

Gosch
Mund. Meistens für böses Mundwerk benutzt.

Gschmäckle
Wenn etwas ein "Gschmäckle hat, ist es leicht anrüchig.

Báchel
Mäßig intelligenter Mensch.

babbla
Wenig überlegt daherreden. Weniger negativ als "batscha". Damen, die gern "babblet", sind "Babbelfuddla".

bruddla
Meckern.

Grommbirasalat
Kartoffelsalat, mit Brühe und Öl.

Maultasche
Feingehacktes Fleisch, mit Spinat oder Lauch angereichert und unter Nudelteig versteckt.

Reig'schmeckte
Neubürger, Zugezogene.

UNSER TIP

Deutschordens-Museum
Schloß
6990 Bad Mergentheim
Telefon: 07931-57359

Über eine Wendeltreppe (1586) sind die Museumsräume, ehemals Gemächer des Hochmeisters, Kanzlei und Gästezimmer im Süd- und Westflügel des 2. Obergeschosses erreichbar. In den reich mit Mobiliar ausgestatteten Zimmern in klassizistischem Rokoko- und Barockstil befinden sich Sammlungen zur Geschichte des Deutschen Ordens und seiner Burgen.
Eigene Abteilungen sind der Stadtgeschichte Mergentheims, fränkischer Volkskunst und einer Puppenstubensammlung mit Küchen und Kaufläden (1820 bis 1920) gewidmet. Ein Diorama mit über 2000 Zinnfiguren (Schlacht bei Herbsthausen 1645), eine Militariaschau und eine Münzsammlung des Deutschen Ordens sind weitere Anziehungspunkte in über 20 Räumen des Museum.
Im "Bläserturm" befinden sich eine Marienburger Gedenkstätte sowie ein Türmerstüble mit Klause des Türmers.
Zur lebendigen Museumsarbeit gehören Führungen, monatliche Museumskonzerte im Kapitelsaal, sowie Vorträge und Sonderausstellungen zur Kultur und Geschichte Frankens und des Deutschen Ordens.
Öffnungszeiten:
März bis Oktober: Di-Fr 14.30-17.30; Sa, So u. an Feiertagen 10.00-12.00 u. 14.30-17.30; Nov. bis Febr.: So u. an Feiertagen 10.00-12.00; 4.Advent bis 5.Januar geschl.

Hohenloher Freiland-Museum
7170 Schwäbisch-Hall
Telefon: 0791-751246

Ausstellungszentrum mit historischem Hohenloher Dorf aus dem 18. Jahrhundert. Darstellung der bäuerlichen Arbeit in Feld und Hof.
Öffnungszeiten:
täglich, außer montags; 10 - 12 Uhr und 13.30 - 17.30 Uhr

Württembergisches Landesmuseum Stuttgart
Altes Schloß   Schillerplatz 6

Altes Schloß zu Stuttgart:
950 erste Anlage einer Burg. Seit 1316 Hauptsitz der Grafen von Wirtemberg. 1553-1560 Umbau der Wasserburg zum Renaissanceschloß mit Reittreppe und Schloßkirche. Nach 1945 wieder aufgebaut. Seit 1977 ist der Wiederaufbau des Schlosses nach dem Kriege beendet.

Darin seit 1948:
Vorgeschichtliche Sammlungen, Klassische Antike, provinzialrömische Sammlung, Frühes Mittelalter, Hohes Mittelalter, Schwäbische Skulpturen, Europäisches Kunsthandwerk, Herzogliche Kunstkammer, Württembergischer Kronschatz, Kostüm- und Textilsammlung, Uhren, Musikinstrumente, Münzen.

Öffnungszeiten:
Di.-So. 10 Uhr - 17 Uhr
Mi.   10 Uhr - 19 Uhr
Mo.   geschlossen
Eintritt frei.

Dazu gehören:
Römisches Lapidarium im Stiftsfruchtkasten, schräg gegenüber am Schillerplatz; Höfische Kunst des Barock in Schloß Ludwigsburg.
Zweigmuseum:
Limesmuseum Aalen, Federseemuseum Bad Buchau, Mittelalterliche Kunst Bebenhausen, Deutsches Spielkartenmuseum Leinfelden-Echterdingen, Römischer Weinkeller Oberriexingen, Historisches Museum Schloß Urach, Dominikanermuseum Rottweil (in Vorbereitung), Wagenmuseum Heidenheim, Volkskultur in Württemberg in Schloß Waldenburch (in Vorbereitung).

Schlösser:
Ludwigsburg, Ludwigsburg-Favorite, Stuttgart-Solitude, Meersburg, Tettnang, Bebenhausen, Urach, Weikersheim (zugleich Zweigmuseum)

Bad Wimpfen (7107)

Museum im Steinhaus
Burgviertel 15
T: 07063-7051
Schwerpunkte: Stadtgeschichte, Ur- und Frühgeschichte, Keramik, Waffen, Münzen

Ödenburger Heimatmuseum
Langgasse 2, Konventhaus
T: 07063-8442 od. 7374
Schwerpunkte: Völkerkunde, historische Darstellungen

Puppenmuseum
Speyrer Turm, Ecke Schiedstr., Hauptstr.
T: 07063-8568
Schwerpunkte: Spielzeug, historische Puppen

ANTIQUITÄTEN- UND KUNSTHANDLUNGEN

Mosbach Antik
Latoschinsky, Rudi
Bahndamm 1
6950 Lohrbach

Kunsthandlung
Suarsana, P.u. N.
Johanniterhof 8
6990 Bad Mergentheim

Fabian, H.
Wagnerstraße 38
7000 Stuttgart

Atelier-Service
Breitscheidstr. 98
7000 Stuttgart 1

Drücker, Gerhild
Sandberger Str. 31
7000 Stuttgart 1

Wonderful
Funk, Wolfgang
Pfarrstraße 5
7000 Stuttgart 1

Pohle, H.
Schmelzgärten 9
6950 Mosbach

Wunderlich, R.
Kirchenmaermstraße
6994 Niederstetten

Feister, K.
Silberburgstraße 161
7000 Stuttgart

Ostasiatica
Baader, Joachim
Hohenstaufenstr. 21
7000 Stuttgart 1

Galerie
Eberhardstr. 3
7000 Stuttgart 1

Gaitanidis, R.
Wagenburgstr. 111
7000 Stuttgart 1

Kunsthandlung
Trub, D.
Bachmühle
6953 Gundelsheim

Aichele, Frieder
Calwer Straße 38
7000 Stuttgart

Galerie
Tuchmachergasse 6
7000 Stuttgart

Baetzner, Heril
Falbenhennenstraße 15
7000 Stuttgart 1

Döser, Dr. P.
Königstr. 1
7000 Stuttgart 1

Galerie
Johannesstr. 91
7000 Stuttgart 1

Galerie M
Hofstr. 3
6967 Buchen

An- und Verkauf GVS
Kienestraße 37
7000 Stuttgart

Gebr. Schilling
Reuchlinstraße 17
7000 Stuttgart

Schatzinsel
Bauer & Sohn, M.
Königstr. 1
7000 Stuttgart 1

Eberle, U.
Arndtstr. 36
7000 Stuttgart 1

Galerie
Unter dem Birkenkopf
7000 Stuttgart 1

Kunsthandlung
Berberich, R.
Waldstr. 41
6968 Walldürn

Bader, R.
Fritz-Elsas-Straße 34
7000 Stuttgart

Joniskeit, Rainer D.
Lazarettstraße 14
7000 Stuttgart

Belger, K.-R.
Mozartstraße 55
7000 Stuttgart 1

Engel & Streffer
Alexanderstr. 11
7000 Stuttgart 1

Gallerie
Alexanderstr. 90
7000 Stuttgart 1

Kunsthandlung
Englert jun., O.
Hornbacher Str. 29
6968 Walldürn

Baerchen, H.
Königstraße 20
7000 Stuttgart

Kling, H.
Senefelderstraße 67
7000 Stuttgart

Bermoser, L.
Kyffhäuserstr. 81
7000 Stuttgart 1

Englische Möbel
Enke & Roe
Fritz-Elsas-Straße 42
7000 Stuttgart 1

Gruber, G.
Lerchenstr. 77
7000 Stuttgart 1

Berl, U.
Kapellenstraße 13
6970 Lauda

Berendt, W.
Maximilianstraße 25
7000 Stuttgart

Neumann, Bernd
Wagnerstraße 38a
7000 Stuttgart

Galerie
Birkenwald GmbH
Birkenwaldstr. 94
7000 Stuttgart 1

Englische Möbel
Enke & Roe
Firnhaberstraße 26/28
7000 Stuttgart 1

Gulumjan, W.
Augustenstr. 21
7000 Stuttgart 1

Faller, J. KG
Maingasse 21
6980 Wertheim

Botnanger Kunsthaus
Beethovenstr. 7
7000 Stuttgart

Kunstauktionshaus
Mörikestr. 17
7000 Stuttgart

Breitsprecher, M.
Paulinenstr. 44
7000 Stuttgart 1

Antiquitäten Pavillon
Esslinger, D.
Eberhardstraße 31
7000 Stuttgart 1

Galerie
Reinsburgstr. 136
7000 Stuttgart 1

Gimple, W.
Nebenmaingasse 3
6980 Wertheim

Dassler, G.
Gomaringer Streß 32
7000 Stuttgart

Galerie
Katharinenstr. 21b
7000 Stuttgart

Busany, B.
Johannesstr. 65
7000 Stuttgart 1

Galerie
Faiss-Reiner, Meta
Marienstr. 28
7000 Stuttgart 1

Galerie
Haderek, Tilly
Römerstr. 1
7000 Stuttgart 1

Kunsthandlung
Mayer, T.
Rathausgasse 17
6980 Wertheim

Haertl, K.
Paulinenstraße 44
7000 Stuttgart 1

Loeber, A.
Breitenbrunnerstr. 55
6981 Faulbach

Antike Juwelen
Hainz
Marktstraße 6
7000 Stuttgart 1

Kunsthandlung
Thomas, H. u. H.
Am Rankacker 1
6982 Freubenberg

Galerie
Harthan, A.
Haußmannstr. 20
7000 Stuttgart 1

Eckert, Norbert
Eichendorffstraße 19
6990 Bad Mergentheim

Heberle, M.
Gaisburgstraße 27
7000 Stuttgart 1

Restauratoren
D. Schmautz und M. Baur
für hochwertige Möbel und Holzobjekte
Kleinbottwarer Straße 33
7141 Steinheim an der Murr
Telefon 07144 / 2 43 73

Krzisnik, M.
Wachbacher Straße 5
6990 Bad Mergentheim

Antiquitäten-Lädle
Dayss, Barbara
Calwer Straße
7000 Stuttgart

Alte Stiche
Eberhardstr. 3
7000 Stuttgart 1

Bühler Kunsthaus
Wagenburgstr. 4
7000 Stuttgart 1

Fischinger, P
Esslinger Str. 20
7000 Stuttgart 1

Heer, A.
Brennerstraße 21
7000 Stuttgart 1

Schmid, P.
Herrenmühlstraße 29
6990 Bad Mergentheim

Denneberg, C.
Franz-Schubert-Str. 74
7000 Stuttgart

Antik Markt
Stöckachstraße 17a
7000 Stuttgart 1

Dargel, Joh.-Joachim
Schwabstraße 36b
7000 Stuttgart 1

Fischle, E.
Rosenstr. 34
7000 Stuttgart 1

Heidelbauer, B.
Werfmershalde 16
7000 Stuttgart 1

Kunsthandlung
Siekkötter, M.
Herrenmühlstr. 14
6990 Bad Mergentheim

Durst, B.
Rosenstraße 31
7000 Stuttgart

Antiquitäten Kabinett
Marquardtpasssage
7000 Stuttgart 1

Galerie
Planckstr. 123
7000 Stuttgart 1

Franz, H.
Jakobstr. 8
7000 Stuttgart 1

Heinzelmann
Königstr. 20
7000 Stuttgart 1

Baden - Württembergs Zentrum für Kunst und Antiquitäten
Eröffnung: Anfang 1989

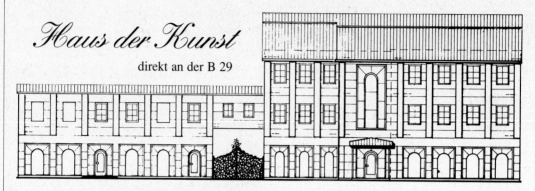

Haus der Kunst
direkt an der B 29

EG : **Antiquitätenzentrum**
mit über 30 Händlern

1. OG : **Auktionshaus und Galerie**
vierteljährliche Auktionen werden von

, Heilbronn, durchgeführt.

(siehe auch rechte Seite)

2. OG : **Porzellanmalschule**
unter der Leitung einer ehemaligen Malerin aus Meißen.
Tel. Anmeldung zu Wochen- und Wochenendkursen erbeten.

3. OG : **Museum für Königliches Meißner Porzellan**
mit über 300 Ausstellungsstücken aus der Zeit von 1720 bis 1945.
Museum für Puppen und Teddybären
mit über 1000 bedeutenden Exponaten.

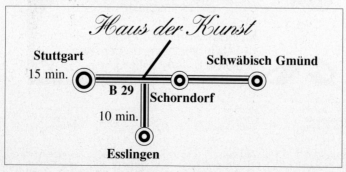

Kurt Krockenberger
Kanalstraße 10, 7064 Grunbach, Telefon 0 71 51 - 7 35 05

DR. FRITZ NAGEL
STUTTGARTER KUNST-
AUKTIONSHAUS

7000 Stuttgart 1, Mörikestraße 17–19, Telefon (0711) 60 80 00/-01/-02

ALTE und MODERNE KUNST * ANTIQUITÄTEN * ANTIKE MÖBEL * SAMMLERTEPPICHE

SEIT 1924 * ÜBER 60 JAHRE KUNSTAUKTIONEN * Nachlaß-Auflösungen * Sammlungs-Versteigerungen

Fundierte Beratung
durch
erfahrene Mitarbeiter

AUKTIONSKATALOGE (DM 20.-) AUF WUNSCH * JÄHRLICH 4 GROSSE KUNSTAUKTIONEN * ÜBERNAHME GUTER STÜCKE JEDERZEIT *

Heinzelmann
Alexanderstr. 157
7000 Stuttgart 1

Herre, S.
Rosenstraße 31
7000 Stuttgart 1

Hinn, L.
Kronenstraße 20
7000 Stuttgart 1

Hoffmann, U.
Schwabstr. 82
7000 Stuttgart 1

Hofmann u. Seyfert
Hasenbergstr. 38b
7000 Stuttgart 1

Hohmann, W.
Seyfferstr. 51
7000 Stuttgart 1

Galerie
Hoss GmbH
Haussmannstr. 124a
7000 Stuttgart 1

Häcker, D.
Schickstr. 9
7000 Stuttgart 1

Ikonen-Galerie
Lenzhalde 20
7000 Stuttgart 1

Jentsch, G.
Breitscheidstraße 47
7000 Stuttgart 1

Joniskeit, R.
Lazarettstr. 14
7000 Stuttgart 1

Galerie
Kaess-Weiss
Bismarckstr. 79
7000 Stuttgart 1

Kaiser, W.
Im unteren Kienle 42
7000 Stuttgart 1

Karakaschian, W.
Am Kochenhof 92
7000 Stuttgart 1

Katz, A.
Liststraße 25
7000 Stuttgart 1

Keim, Frieder
Rotebuehlstr. 119b
7000 Stuttgart 1

Keyes, S.
Heusteigstraße 63
7000 Stuttgart 1

Kobialka, K.
Katharinenstraße 35
7000 Stuttgart 1

Koch u. Wieck
Dürrstraße 25
7000 Stuttgart 1

Kocher-Benzing
Rathenaustr. 21
7000 Stuttgart 1

Kolczynski
Hohenheimer Str. 40
7000 Stuttgart 1

Kraft, Helmut
Heilbronner Str. 127
7000 Stuttgart 1

Krebs, L.
Herweghstr. 1
7000 Stuttgart 1

Kretschmann, J.
Neckarstraße 129a
7000 Stuttgart 1

Lang, M.R.
Bebelstraße 60
7000 Stuttgart 1

Le Palme
Schloßgartenpassage
7000 Stuttgart 1

Lutz, H.
Klotzstr. 5
7000 Stuttgart 1

Lörcher
Heubergstr. 42b
7000 Stuttgart 1

Lörcher
Hackländerstr. 35
7000 Stuttgart 1

Melling, A.-M.
Reinsburgstraße 131
7000 Stuttgart 1

Mokry, K.M.
Heusteigstraße 106
7000 Stuttgart 1

Edeltrödel
Moore, Sigrid
Leonhardstraße 13
7000 Stuttgart 1

Moser, S.
Rosenstraße 31
7000 Stuttgart 1

Mughrabi, S.
Eberhardstr. 3
7000 Stuttgart 1

Müller & Gräff
Calwer Str. 54
7000 Stuttgart 1

Müller-Roth
Blumenstr. 15
7000 Stuttgart 1

Neues Glas
Esslinger Str. 6
7000 Stuttgart 1

Neukamm, W.
Vogelsangstraße 23
7000 Stuttgart 1

Oma Plüsch
Sophienstraße 22 B
7000 Stuttgart 1

Opferkuch, R.
Wernlinstr. 1
7000 Stuttgart 1

Gemäldegalerie
Pfister
Schwarenbergstr. 69
7000 Stuttgart 1

Puhl
Fritz-Elsas-Straße 50
7000 Stuttgart 1

Reimann
Schloßstr. 51
7000 Stuttgart 1

Auktionshaus
Rieber, Bernd
Marienstraße 12
7000 Stuttgart 1

Roesch, Rolf
Weberstraße 57
7000 Stuttgart 1

Roeth, L.G.
Pfarrstraße 21
7000 Stuttgart 1

Rothenbacher, M.
Elisabethenstr. 26
7000 Stuttgart 1

Röth, L. G.
Pfarrstr. 21
7000 Stuttgart 1

Sammler Eck
Hauptstraße 55
7000 Stuttgart 1

Schaible, H.
Eberhardstr. 53
7000 Stuttgart 1

Kunsthaus
Schaller
Marienstr. 3
7000 Stuttgart 1

Silber

- eines der größten Angebote -
Gebrauchssilber - Sammlerstücke

Silber aus :
Dänemark, Deutschland
England / Irland
Kanada, Österreich / Ungarn
Russland, Amerika
und vielen anderen Ländern.

Was immer Sie an
Silber wünschen oder suchen
- fragen Sie zuerst uns

Durch Großeinkauf - günstige Preise
Echtheitszertifikat
Umtauschrecht

Antiquitäten

D. Esslinger
Eberhardstr. 31-33
7000 Stuttgart 1
Tel.: (0711) 243134

Antike Möbel

Barock, Louis Seize, Empire, Biedermeier, Gründerzeit und bäuerliche Möbel
Restauriert und unrestauriert

G. Schoengarth
Echterdinger Straße 20
7035 Waldenbuch
Tel.: 07157 / 8590
oder 07031 / 50650

Tel. 6 40 11 31
Tübinger Straße 8 - 10
und Sophienstraße 22 b
(Eingang im Hof)
7000 Stuttgart 1

An- und Verkauf von
Antiquitäten, Raritäten, Edelkitsch
verschiedener Epochen und Stilrichtungen

Schiefer, T.
Böblinger Straße 55
7000 Stuttgart 1

Viggiani, V.
Brückenstraße 1
7000 Stuttgart 1

Wolff, F.
Nittelwaldstr. 48
7000 Stuttgart 1

Campana und Ritter
König-Karl-Str. 16
7000 Stuttgart 50

Paul
Blautopfstraße 12
7000 Stuttgart 61

Winkler, P.
Hauptstraße 58
7000 Stuttgart 80

Schilling, H.
Paulinenstr. 47
7000 Stuttgart 1

Wahlandt, E.
Werastr. 6
7000 Stuttgart 1

Zeriadtke, B.
Alexanderstr. 136
7000 Stuttgart 1

Etzel, J.
Schmidener Straße 92
7000 Stuttgart 50

Glauner
Rienzistraße 17
7000 Stuttgart 70

Winterhagen, W.
Österfeldstraße 5
7000 Stuttgart 80

Schlitter, H.
Neckarstraße 75
7000 Stuttgart 1

Walter, M.
Hauptmannsreute 91
7000 Stuttgart 1

Kunsthandlung
Keim
Marktstr. 31
7000 Bad Cannstatt

Baisch, D.K.
Eberhardtstr. 35
7000 Stuttgart 01

Weissert, Nikolaus
Ahornstr. 31
7000 Stuttgart 70

Wurmehl
Alpenrosenstraße 20
7000 Stuttgart 80

Schoengarth, M.
Geißstraße 15
7000 Stuttgart 1

Wehr, R.
Alexanderstr. 53
7000 Stuttgart 1

Galerie
Erdmannsdörfer
Staufeneckstr. 15
7000 Stuttgart 30

Mauler, G.
Überkinger Straße 4
7000 Bad Cannstatt

Weißert, N.
Ahornstr. 31
7000 Stuttgart 70

Kunsthandlungen
Seeger, B.
Bahnhofstr. 139
7012 Fellbach

Schurr, Dr. U.
Alexanderstr. 153
7000 Stuttgart 1

Antiquitäten
Weidemann, I.
Birkenwaldstraße 213b
7000 Stuttgart 1

Galerie
Walpenreute 10
7000 Stuttgart 30

Rausch J.
Karlsbader Straße 24
7000 Stuttgart 50

Blank, H.
Melonenstr. 54
7000 Stuttgart 75

Kunsthandlung
Steger, H.
Bruckwiesenweg 2
7012 Fellbach

Stahl, A.O.
Gutenbergstraße 50/2
7000 Stuttgart 1

Weidemann, I.
Herdweg 94e
7000 Stuttgart 1

Mueller, D.
Salzburger Straße 10
7000 Stuttgart 30

Utzt, Inge
Rippoldsauer Str. 9
7000 Bad Cannstatt

Koehler, C.
Nellinger Streß 24a
7000 Stuttgart 75

Bergler, H.-P.
Wernerstraße 7
7014 Fellbach

Starker, O.
Charlottenplatz 17
7000 Stuttgart 1

Weinmann, K.
Urbanstr. 48
7000 Stuttgart 1

Schoch, C.W.
Grazer Streß 45
7000 Stuttgart 30

Volkmar, Marlies
Wilhelmstraße 9
7000 Bad Cannstatt

Weinbrenner, Ulrike
Tuttlinger Straße 90
7000 Stuttgart 75

Kunsthandlung
Biedermann, J.
Jahnstr. 46
7014 Kornwestheim

Steinkopf, J. F.
Marienstr. 3
7000 Stuttgart 1

Weissenburger, Ruth
Marienstraße 24
7000 Stuttgart 1

March, B.
Solitudestr. 254a
7000 Stuttgart 31

Antiquariat
Barth, Elisabeth
Großglocknerstr. 33
7000 Stuttgart 60

Antiquarium
Am Wallgraben 127
7000 Stuttgart 80

Fakner, R.
Mozartstraße 2
7014 Fellbach

Szepanski, P.
Immenhofer Straße 13
7000 Stuttgart 1

Weissert, F.
Charlottenstr. 21c
7000 Stuttgart 1

Heiland, Joachim
Zazenhäuser Straße 16
7000 Stuttgart 40

Brenner, Dieter
Grossglocknerstr. 16
7000 Stuttgart 60

Hoch, P.
Seerosenstraße 19
7000 Stuttgart 80

Schempp GmbH
Kallenbergstraße 43
7015 Münchingen

Uhlig, R.
Kleiner Schloßplatz 8
7000 Stuttgart 1

Wernicke, R.
Gutenbergstr. 62a
7000 Stuttgart 1

Sturm, M.
Unterländer Str. 8
7000 Stuttgart 40

Ohneiser, H.
Rotenberger Steige 1
7000 Stuttgart 60

Muehlbach, R.
Vaihinger Straße 75
7000 Stuttgart 80

Antiquariat
Veit, G. u. S.
Burgklinge 33
7016 Gerlingen

Veith, I.
Asperger Str. 56
7000 Stuttgart 1

Wilhelm, B.
Friedenstr. 12
7000 Stuttgart 1

Bechert u. Riegraf
Hallschlag 23
7000 Bad Cannstatt

Galerie
Ginter, Manfred
Alosenweg 32
7000 Stuttgart 61

Kunsthaus
Hauptstr. 64
7000 Stuttgart 80

Kunsthandlung
Brill, M.
Echterdinger Str. 30
7022 Leinfelden

Cichy, R.
Hubertusweg 1
7022 Leinfelden

Györfi
Schuhgasse 2
7033 Herrenberg

Glockner, M.
Friedhofstraße 37
7022 Echterdingen

Kunsthandlung
Herrmann, K.
Marktplatz 1
7033 Herrenberg

Hoch, P.
Taxiswald 6
7022 Echterdingen

Antiquitäten
Krug
Wettgasse 12
7036 Schönaich

Neumann, B. u. I.
Möhringer Straße 19
7022 Echterdingen

Abtiquitaetenlaedle
Schoenaicher
Rosenstraße 8
7036 Schönaich

Schlachtberger, Udo
Filderstraße 42
7022 L.-E./ Musberg

Gemälde
Schwedler
Schwalbenweg 4
7038 Holzgerlingen

Lueber, W.
Hohenheimer Straße 25
7024 Filderstadt

Kunsthandlung
Arapovic, N.
Ruhrstr. 5
7050 Waiblingen

HOMMAGE AN EINEN NARREN

GROTESKE FARCE IN UND AUF MEHREREN STUFEN SCHWARZES THEATER IN SURREALEN BILDERN INSZENIERT UND GESPIELT VON SUSANNE BARTZKE & MARTIN BACHMANN

FIGURENTHEATER BARTZKE / BACHMANN
GINSTERWEG 1, 7000 STUTTGART, TEL. 07 11 / 46 21 93

Zimmermann, F.
Pulsstraße 33
7024 Filderstadt

Kunsthandlung
Dirschedl, I.
Wartbühlstr. 69
7050 Waiblingen

Kunsthandlung
Diudis, E.
Freudental 10
7070 Schwäbisch Gmünd

Galerie T
Kaiserstr. 5
7100 Heilbronn

Antiquariat
Mehrdorf, R.
Reutlinger Str. 7/3
7100 Heilbronn

Kunsthaus
Rathausgasse 5
7100 Heilbronn

Barthelmess, H.
Schafgasse 1
7030 Böblingen

Antiquariat
Kübler, U.
Zwerchgasse 6
7050 Waiblingen

Kunsthandlung
Fischer, R.
Kappelgasse 3
7070 Schwäbisch Gmünd

Hartmann, B.
Hauptstraße 34
7100 Heilbronn

Alte Hängematten
Angilotti
Allee 888
7100 Heilbronn

Kunsthandlung
Rieker, M.
Weinsberger Str. 3
7100 Heilbronn

Krauss, W.
Harbigstr. 46
7030 Böblingen

Galerie
Torstr. 10
7057 Winnenden

Kunsthandlung
Ma-celo's
Ackergasse 2
7070 Schwäbisch Gmünd

Kunsthandlung
Kettemann, S.
Schweinsbergstr. 38
7100 Heilbronn

Chambes, der snuselige Frimpong Bombes
0 72 62/1872

Galerie
Seiler, R.
Gustav-Binder-Str. 8
7100 Heilbronn

Antik-Laedle
Plieninger Straße 10
7031 Steinenbronn

Grafer
Im Hummerholz 29
7057 Winnenden

Kunsthandlung
Maier, K.
Rinderbachergasse 23
7070 Schwäbisch Gmünd

Kunsthandlung
Köhl, E.
Uhlandstr. 65
7100 Heilbronn

Porzellan-Klassiker
Blücherstraße 46
7100 Heilbronn

Kunsthandlunhg
Trache, C.
Härlestr. 21
7100 Heilbronn

Herzog, W.
Jakobstraße 21
7031 Steinenbronn

Ilzhoefer, P.
Welzheimer Straße 27
7060 Schorndorf

Strecker, G.
Lindacher Straße 68
7070 Täferrot

Antiquitätenzubehör
LBB
N/gartacher Str. 94
7100 Heilbronn

Sualk Reyam
Gnadenlosweg 6.30
7101 Eden

Kunsthandlung
Wagner, S.
Pfühlstr. 27
7100 Heilbronn

Hoyer
Nagolder Straße 15
7031 Jettingen

Antiquariat
Klein, K.-H.
Haldenstr. 32
7060 Schorndorf

Ulrich, T.
Aalener Straße 54
7070 Schwäbisch Gmünd

Meier & Staudenraus
Plieningerstr. 10
7031 Steinenbronn

Kunsthandlung
Pilz, E.
Westergasse 6
7060 Schorndorf

Kunsthandlung
Stephan, J.
Im Bürglesbühl 28
7072 Heubach, Württ.

Shop of Memories
Jettinger Straße 43
7031 Gäufelden

Kunsthandlung
Schirmer, Hayn & Co.
Werderstr. 57
7060 Schorndorf

Antiquitäten&Wohnen
N/gartacherstr.94
7100 Heilbronn

Galerie Tendenz
Lange Str. 6
7032 Sindelfingen

Staerk, G.
Bahnhofstraße 28
7063 Welzheim

Kunsthandlung
Bayer, B.
Uhlandstr. 79
7100 Heilbronn

Hoehn, M.
Wurmbergstraße 3
7032 Sindelfingen

Bader, M.
In den Steingärten 4
7070 Schwäbisch Gmünd

Kunsthandlung
Benker
Am Melchiorsgraben 14
7100 Heilbronn

Boehmlaender
Tübinger Straße 28
7033 Herrenberg

Blumer, R.-D.
Alleestraße 6
7070 Schwäbisch-Gmünd

Biro, G.
Wollhausstraße 125
7100 Heilbronn

Die Wagnerstraße in Stuttgart

Im Bohnenviertel hinter dem Parkhaus von Breuninger

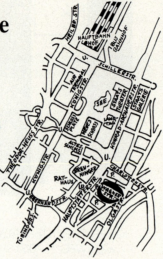

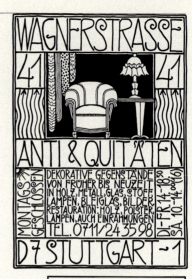

Norbert Schmidt

Antiquitäten
Raritäten

An- und Verkauf
7000 Stuttgart 1
Wagnerstraße 28
Tel. 07 11 / 24 35 22

Bernd Neumann
Wagnerstraße 38 a
7000 Stuttgart 1
07 11 / 24 56 02

Antiquitäten

Spezialgebiete :

geätzte Scheiben für Fenster und Türen.
Bleigefaßte Scheiben,
Wand- Tisch- und Deckenleuchten
in Jugendstil und Art Deco.
Thonet - Möbel,
alte Wirtshauseinrichtungen

Objekte aus den 50er Jahren

Wolfgang Steck
Wagnerstraße 43
7000 Stuttgart 1
Tel. : 0711 / 2 36 99 08
Di - Fr 15.00 - 18.30 Uhr
Sa 10.00 - 14.00 Uhr

...anti&quitäten...anti&quitäten...anti&quitäten...

Inneneinrichtungen
Ausstellung I Beratung
An & Verkauf
Stilechte, fachgerechte Restaurierung

Peter Kuhn

Wagnerstraße 38
7000 Stuttgart 1
Im Bohnenviertel
Telefon (0711) 24 15 64
Spezialgebiete :
Reise - Geographie
Alte Schiffswerbung
Kleinantiquitäten aus der Kolonialzeit

ANTIQUARIAT

alte und illustrierte
**BÜCHER,
STICHE, ANSICHTSKARTEN**

Bernd Braun

Wagnerstraße 47
7000 Stuttgart
Tel. : 0711 / 2369753
Tel. privat : 0711 / 69 15 80
Geöffnet : Di. - Fr. 12.00 - 18.30 Uhr, Sa. 10.00 - 14.00 Uhr
An- und Verkauf
Kataloge auf Anfrage

Gute Antiquitäten
Oskar Ruff

Torstraße 25 • 7000 Stuttgart 1 • Telefon 0711 - 24 76 57
Besuch gerne jederzeit nach tel. Anmeldung.

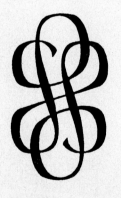

HAUS PFROMMER

bietet :

klassische Restauration
antiker Möbel

Anfertigung und Reparatur
von hochwertigem Goldschmuck

custommade jewellery
Pfrommer / Jedele

7320 Göppingen, Jebenhauser Straße 90, Telefon : 0 71 61 / 7 23 28

Antiquariat
Wahl, M.
Kernerstr. 42
7100 Heilbronn

Kunsthandlung
Werner, B. u. S.
Teutonenstr. 87
7100 Heilbronn

Emke, Klaus
Tillystr. 11
7101 Untereisesheim

Roth, G.
Gellmersbacher Straße
7102 Gellmersbach

Kunsthandlung
Brausch, A.
Binswanger Str. 14
7107 Neckarsulm

The Elephant Pal
Edinburger Str.17
7107 Bad Fr'Hall

Kern, R.
Marktrain 1
7107 Bad Wimpfen

Haeuser, S.
Poststraße 69
7110 Öhringen

Das Kunsthäusle
Reichert, Dr.
Marktplatz
7115 Kupferzell

Maurer, H.-J. u. R.
Waldbacher Straße 13
7117 Bretzfeld

Ehrhardt, H.
Keltergasse 15
7118 Künzelsau

Kunsthandlung
Heiland, S.
Hauptstr. 17
7120 Bietigheim

Galerie
Saußele, Lore
Ulrichstr. 7
7120 Bietigheim

Thannheimer, M.
Geisinger Straße 40
7120 Bietigheim

Antiquariat
Randerbrock, E.
Finkenweg 5
7122 Besigheim

Wengerter, Horst
Heckenweg 1
7122 Besigheim

Antiquitäten
Hagenlocher
Poststr. 19
7124 Bönnigheim

Kunsthandlung
Blackholm
Maulbronner Str. 15
7129 Brackenheim

Ziegler, I.
Mönchsbergstreß 67
7129 Dürrenzimmern

Kunsthandlung
Kicherer, L.
Klosterhof 34
7133 Maulbronn

Kunsthandlung
Rackelmann, K.
Hofgasse 3
7135 Wiernsheim

Baral, K.H.
Eberhardstraße 12
7140 Ludwigsburg

Antiquariat
Beuttler
Untere Gasse 29
7140 Ludwigsburg

Kunstmarkt
Boss, J.
Myliusstr. 8
7140 Ludwigsburg

Eichler, Martin
Fährstraße 5
7140 Ludwigsburg

Englert, D.
Karlsplatz 1
7140 Ludwigsburg

Fischer, G.
Lindenstraße 27
7140 Ludwigsburg

Antiquitäten
Freed
Charlottenstraße 7
7140 Ludwigsburg

Kunsthandlung
Heck, O.
Robert-Franck-Allee 9
7140 Ludwigsburg

Antiquitäten
Hitt, Ursula
Marktplatz 13
7140 Ludwigsburg

Krust, F.
Marktplatz 6
7140 Ludwigsburg

Malek, N.
Fabrikstraße 15
7141 Beilstein

Stilmöbel
Morigl, Friedrich
Buchenweg 1
7141 Steinheim

Antiquariat
Melchior, W.
Schloß Riet
7143 Vaihingen

Trostel, E.
St.-Leonhard-Str. 23
7143 Horrheim

Hill, W.
Hofener Weg 33b
7148 Remseck a.N.

Kunsthandlung
Knyphausen, Graf
Schloß Remseck
7148 Remseck

Griesser, P.C.
Am Rathaus 2
7150 Backnang

Mueller, Jakob
Schmidener Straße 11
7150 Waiblingen

Muehlbach, R.
Gerstenaeckerweg 1
7154 Althütte

Rau, E.
Bretzfelder Straße 30
7156 Wüstenrot

Kunsthandlung
Monier, H.
Nägelestr. 2
7157 Murrhardt

Schmautz, D.
Jaghaus
7163 Oberrot

Pollak, M.
Engelhofen 2
7164 Obersontheim

Baumann, J.
Bahnhofstraße 2
7170 Schwäbisch Hall

Graeter, Friedrich
Haus am Roten Steg
7170 Schwäbisch Hall

HOHENLOHER FREILAND MUSEUM

Vor den Toren der alten
Reichsstadt Schwäbisch Hall
entsteht ein historisches Dorf :

Großbauernhöfe,
Seldner- und Taglöhnerhäuser,
Gasthof " Roter Ochsen ", Weinkelter,
Sägemühle, Armenhaus, Brechdarre,
Schafscheuer, Dorfschmiede u. a.

Alte Bauerngärten, historische Felder,
Tiere in den Ställen,
Dauerausstellung Dorfhandwerker,
große Sammlungen an Bauernmöbeln,
Keramik, Hausrat, Textilien u. a.

Museumsdorf Wackershofen
Tel. (0791) 751 - 363, 751 - 246 u. 72774.

Historische Hammerschmiede
(Außenstelle)
7181 Satteldorf - Gröningen
Tel. (07955) 3141

Information und Prospekte auch bei
Hohenloher Freilandmuseum, Rathaus,
7170 Schwäbisch Hall. Postfach 100180

Haus am Roten Steg

Friedrich Gräter
Tel. 0791/7427

Antike Möbel aus Süddeutschland.
Schränke, Kommoden, Sitzmöbel.
Eigene Restaurationswekstätten
Raumausstattung in Antik & Modern

Mauerstraße 21
7170 Schwäbisch Hall

Mosbach-Antik
Möbel und Ofen
aus dem Odenwald

R. Latoschinsky
6950 Mosbach-Lohrbach   Tel. 06261-15442

ANTIQUITÄTEN
An- und Verkauf von Antiquitäten
W. Hagenlocher
Poststraße 19
7124 Bönnigheim
Telefon (07143) 21473 privat 21751
Mo.-Do. 14.⁰⁰-18.⁰⁰ und nach Vereinbarung

Antiquitäten am Markt

INH. URSULA HITT
MARKTPLATZ 13
7140 LUDWIGSBURG
TELEFON:
GESCHÄFT (07141) 2 39 51

DEUTSCHES
ZWEIRAD-MUSEUM
+ NSU-MUSEUM
NECKARSULM

Möbelrestaurator
SCHELLACK POLITUREN
ERNST KAWOHL
SECKACHER STR. 12
6960 OSTERBURKEN/SCHLIERSTADT
TELEFON: 06292/464

Ölgemälde
Aquarelle
Grafiken
Zeichnungen
Auftragsbilder
Einrahmungen
Restauration
Unterricht

BILDER BECKE
KUNSTHANDLUNG
MARIA BECKE
KIRCHSTR. 8
7320 GÖPPINGEN
T. 07161-71959

M. SCHOENGARTH
Antiquitäten – Art Deco
Geißstraße 15
7000 Stuttgart 1
Telefon 07 11 / 23 38 84

Fensterläden
Für Möbel   Und Türen
Ablaugerei

7060 Schorndorf   B. Herget
Lange Straße 72   J. Krüger
0 71 81 / 4 36 92

life art
ANTIK·DESIGN

D. + K. KRAWINKEL

7250 Leonberg   Telefon:
Bahnhofstraße 1   0 71 52 / 2 36 85

GEBIETSGEMEINSCHAFT
Liebliches Taubertal
Landratsamt Main - Tauber - Kreis
Postfach 12 54, Gartenstraße 1
Telefon 0 93 41 / 820

ODENWALD - ANTIK
JUTTA SCHESCHONKA
BÜRGERMEISTER - STEIN - STRASSE 19
6948 WALD - MICHELBACH
TELEFON 0 62 07 / 6471 ODER 5831

Antiquitäten
Hauesslein, H.
Stuttgarter Straße 11
7171 Michelfeld

Restaurator
Eckel, F.
Lenzhalde 13
7300 Esslingen

Antiquitäten
Micha's Laedle
Esslinger Straße 22
7303 Neuhausen

Kunsthandlung
Frenzel, E.
Schulstr. 6
7320 Göppingen

Antiquitäten
Obenauer, H.
Finkenweg 6
7320 Boll

Kunsthandlung
Schömig, R.
Vordere Stelle 2
7334 Süßen

Etzold, S.
Marktplatz 28
7250 Leonberg

Fimbach, V.
Im Heppächer 15
7300 Esslingen

Rogge, H.
Am Markt 5
7310 Plochingen

Kunsthandlung
Gamisch, W.
Lange Str. 6
7320 Göppingen

Pfrommer, W.
Jebenhäuser Straße 90
7320 Göppingen

Kunsthandlung
Banzhaf, I.
Fichtenstr. 4
7336 Uhingen

Krauss Kuehnel
Schloßstraße 8
7250 Leonberg

Kunsthandlung
Fingerle, H.
Unterer Metzgerbach 2
7300 Esslingen

Bohring, Lothar
Stahlackerweg 91
7311 Ohmden

Kunsthandlung
Haenle
Schulstr. 12
7320 Göppingen

Scheck, W.
Schloßstraße 2
7320 Göppingen

Kunsthandlung
Kuhn, T.
Hauptstr. 90
7340 Geislingen

Antik & Design
Liefeart
Bahnhofstraße 1
7250 Leonberg

Kunsthandlung
Huggele, A. O.
Küferstr. 52
7300 Esslingen

Inceisa, M.
Untere Neue Straße 8a
7317 Wendlingen a.N.

Haisch, E.
Schottstraße 19
7320 Göppingen

Schindler, R.
Spitalstraße 3
7320 Göppingen

Harnisch, J.
Brunnsteige 3
7440 Nürtingen

Mueller, H. J.
Marktplatz 13
7250 Leonberg

Kuebler, A.
Heugasse 3
7300 Esslingen

Inceisa, M.
Lilienweg 18
7317 Wendlingen a.N.

Antiquitäten
Stuttgarter Straße
7320 Göppingen

Seng
Lorcher Straße 1
7320 Göppingen

Antiquariate
Scheufele & Csiszmarek
Ludwigstr. 12
7440 Nürtingen

Kunsthaus
Neumann
Schloßstr. 15
7250 Leonberg

Kunsthandlung
Pfeffer, H.
Schelztorstr. 2
7300 Esslingen

Kunsthandlung
Loerz, B. u. H.
Behrstr. 76
7317 Wendlingen

Kunsthandlung
Immig, A.
Kaiserbergsteige 15
7320 Göppingen

Kunsthandlung
Ventzki
Kirchstr. 14
7320 Göppingen

Wastl, Günther
Schloßberg 10
7440 Nürtingen

Raule, G.
Badtorstraße 7
7252 Weil der Stadt

Schmid, H.
Fischbrunnenstraße 8
7300 Esslingen

Fauser, Adolf
Lindenstraße 4
7319 Dettingen/Teck

Galerie
Klieber, H.
Bleichstraße 1
7320 Göppingen

Kunsthandlung
Zoller, E.
Pflegstr. 1
7320 Göppingen

Wastl, G.
Mönchstraße 44
7440 Nürtingen

Auch, A.
Holzweg 13
7300 Esslingen

Kunsthandlung
Stenti, M.
Schenkenbergstr. 17/1
7300 Esslingen

Kunsthandlung
Becskei, M.
Kirchstr. 8
7320 Göppingen

Auktionshaus
Klinghofer, Rolf
Salacher Str. 85
7322 Eislingen

Galerie
Seltenreich, Erika
Dielenstr. 10
7322 Donzdorf

Raff, E.
Mörikestraße 39
7441 Neckartailfingen

Restaurator
Cabanis Troschke
Weilerweg 22/1
7300 Esslingen

Trittner, E.
Katharinenstraße 8
7300 Esslingen

Dundalek
Poststraße 33
7320 Göppingen

Antiquariat
Kümmerle, H. u. D.
Reichsdorfstr. 25
7320 Göppingen

Gelmar, S.
Hauptstraße 263
7329 Lauterstein

Dix, I.
Linsenhofer Straße 21
7442 Neuffen

Dengler, A.
Im Heppächer 29
7300 Esslingen

Zankl, R.
Mittlere Beutau 77
7300 Esslingen

Engert, R.
Bleichstraße 18
7320 Göppingen

Kunsthandlung
Lietzmann, H.
Vordere Karlstraße 45
7320 Göppingen

Kunsthandlung
Haenle
Hauptstr. 257
7329 Lauterstein

Kunsthandlung
Scheithauer, U.
Nürtinger Str. 2
7442 Neuffen

Domizil
Roßmarktstraße 15
7300 Esslingen

Hinz, K.
Uhlandstraße 64
7302 Ostfildern

Fauser, A.
Boller Straße 37
7320 Göppingen

Obenauer, H.
Hauptstraße 41
7320 Boll

Antiquariat
Bretz, P. F.
Haldenwiesenstr. 25
7333 Ebersbach

Antik + Trödel
Landenberger, J.
Hauptstraße 58
7443 Frickenhausen

Antike schwäbische Möbel

Meisterbetrieb für Möbelrestaurierung
Alte Graphiken aus Geislingen und Umgebung

Stuttgarter Straße 50, 7340 Geislingen / Steige
Tel.: 0 73 31 / 6 46 90, übliche Öffnungszeiten

STUTTGART

Stuttgart-Erlebnis '88 – Sport & Kultur

Marcia Haydée, Direktorin des Stuttgarter Staatsballetts. Jürgen Klinsmann, Sunnyboy und Spieler beim VfB Stuttgart. Zwei Namen für Sport und Kultur, made in Stuttgart. Davon bietet Stuttgart '88 einiges und mehr: Schwäbische Küche, Mineralquellen-Spaß, gemütliche Weindorfgespräche, gute Volksfestlaune. Es tut sich immer etwas. Stuttgart – Großstadterlebnis inmitten von Wäldern und Weinbergen. Nehmen Sie Abschied vom Alltag. Erleben Sie die schöne Hauptstadt in Deutschlands Süden. Stuttgarter haben gerne Gäste. Herzlich willkommen.

Jahresvorschau '88 Stuttgart

20.08. – 11.09.	Europäisches Musikfest Stuttgart, Internat. Bachakademie
26.08. – 04.09.	Stuttgarter Weindorf
09.09. – 25.09.	Shakespeare-Festival Stuttgart
24.09. – 09.10.	Cannstatter Jubiläums-Volksfest
27.10. – 30.10.	4. Int. Reit- u. Springturnier
07.11. – 13.11.	»Stuttgart Classics«, World best Tennis
07.11. – 04.12.	38. Stuttgarter Buchwochen
26.11. – 23.12.	Stuttgarter Weihnachtsmarkt
02.12. – 04.12.	Int. Deutscher Turner-Bund-Pokal
28.12. – 30.12.	Int. Deutschland Cup Eishockey

... und 1989:

13.01. – 18.01.	Sechstagerennen
08.07. – 16.07.	»Mercedes-Cup« (Internat. Weißenhof-Tennis)
01.09. – 09.09.	Volleyball-Europameisterschaft
15.10. – 22.10.	Kunstturn-Weltmeisterschaften
November	»Stuttgart Classics«, World best Tennis
16.12.	Weltmeisterschaft im Formationstanz

Stuttgart-Rundfahrten

bei Tag und Nacht sind ein besonderes Erlebnis. Auskünfte durch das
Verkehrsamt Stuttgart
Lautenschlagerstraße 3, Postfach 10 50 44, 7000 Stuttgart 10
Telefon 0711/22 28-0, Telex 723 854, Telefax 0711/18 05 713

VERKEHRSAMT STUTTGART

ALFRED KRIEG
AUKTIONATOR
SPIELZEUG * EISENBAHNEN * AUTOS

... suche ständig für meine Stuttgarter Auktion interessantes Spielzeug

* **EISENBAHNEN**
* **AUTOS**
* **DAMPFMASCHINEN**
* **PUPPEN**
* **mechanisches SPIELZEUG**

Fordern Sie ausführliche Informationen an.
Die INFO-MAPPE
erhalten Sie von mir
kostenlos.

ALFRED KRIEG
AUKTIONATOR
Brahmsstr. 14
7100 Heilbronn-Biberach
Telefon 07066-7021

KUNST- UND ANTIQUITÄTENHANDEL
Klaus Emke

Besichtigung nach telefonischer Terminabsprache

Tel.: 07132 / 43305

7101 Untereisesheim
Sachverständigengutachten
für Möbel aus allen Epochen

Studio für Porzellankopf-Puppen
Reproduktionen antiker Puppen
Puppenkurse

Machen Sie wunderschöne Reproduktionen selbst.
Alles für den Puppenmacher! Liebevoll von mir selbst angefertigte Puppen, Bausätze z. B. »das Dreigesicht«. Aus ca. 200 Formen suchen Sie Ihre Puppe aus! Sehr seltene Puppen in limitierter Auflage: S&H 1388, Handwerk 109 HH, Heubach 11173, SFBJ 237 u. v. a. Prospekt, Formenliste u. Kleiderschnittliste gegen 1,10 DM in Briefmarken. Materialversand auch per Post.

Lieselotte Scheuerle
Steile Straße 3
7440 Nürtingen-Neckarhausen
Telefon 0 70 22 / 5 22 75

Geschäftszeiten: Mi, Do, Fr 15.00-18.00 Uhr oder n. telef. Abspr.
Besichtigung auch samstags und sonntags nach telef. Vereinb.

SCHLACHTBERGER
Fachgeschäft und Reparaturwerkstatt für alte Uhren

7022 L.-E./Musberg · Filderstraße 42
Tel. 0711 / 754 21 18 (754 69 95)

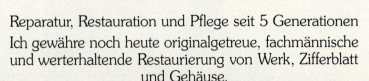

Reparatur, Restauration und Pflege seit 5 Generationen
Ich gewähre noch heute originalgetreue, fachmännische und werterhaltende Restaurierung von Werk, Zifferblatt und Gehäuse.

ANTIQUITÄTEN JUGENDSTIL ART DECO 50er JAHRE

Sigrid Moore

Leonhardstraße 13
7000 Stuttgart 1
Tel. 07 11 / 23 33 85

Geöffnet : Mo - Fr 11 h - 18.30 h, Sa ab 10 h

Conny's ANTIQUITÄTEN

Individuelle EINRICHTUNGEN und Beratung

MÖBELRESTAURATION von Meisterhand

Inh. Cornelius Freyer
7100 Heilbronn - Böckingen
Klingenberger Straße 12
Tel. 0 71 31 / 3 12 75 Werkstatt und Laden
Auto C - Netz 01 61 / 2 71 42 58

LBB Antiquitätenzubehör

Siegfried SCHULZ
Schillerstr. 39
7101 Ellhofen
Telefon 07134 - 17348

Möbelbeschläge
Schlösser
Scharniere
Bänder
Holzteile
Intarsien
Schellackpolituren
Bienenwachs
Beizen

mehr als 12oo Artikel ständig auf Lager
bitte Katalog anfordern gegen DM 4,-

Haben Sie Restaurierungsprobleme ?

...mit einem Möbelstück aus früheren Zeiten
(z.B. Truhen, Schränke, Türen oder ähnlichem)

Kommen Sie zu uns !!!

Wir sind ein in der
Handwerkskammer Heilbronn eingetragener

Meisterbetrieb

und haben uns spezialisiert auf :

- Schellack- und Wachspolituren
- sämtliche Schreiner- und Furnierarbeiten
- Sonderanfertigungen von jeglichen Möbeln
- Wandvertäfelungen
- orginalgetreue Holzdecken
- stilistische Türfutter
- restaurierte antike Türen
- etc. etc. etc. etc.

STT Wohn - Design GmbH
Neckargartacher Str. 94
71oo Heilbronn
Telefon 07131 - 47070

Wir arbeiten überregional

Euro **A**ntique **D**ata **O**rganisation

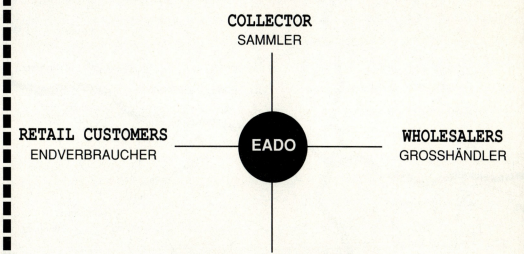

BYING - SELLING ? WE STORE YOUR OFFERS AND REQUIRIES FOR ANTIQUITIES ON THE EUROPEAN MARKET!
KAUFEN - VERKAUFEN ? WIR SPEICHERN IHRE ANGEBOTE UND NACHFRAGEN FÜR DEN EUROPÄISCHEN MARKT !

WE SERVE 30.000 CUSTOMERS AND THOUSANDS OF ITEMS
WIR VERWALTEN RUND 30.000 ADRESSEN UND TAUSENDE VON ARTIKEL

JOIN US
WERDEN SIE MITGLIED

FURTHER INFORMATION 0049 - 7131 - 470721
WEITERE INFORMATIONEN   07131 - 470721

EADO
POSTFACH
7100 HEILBRONN
WEST GERMANY

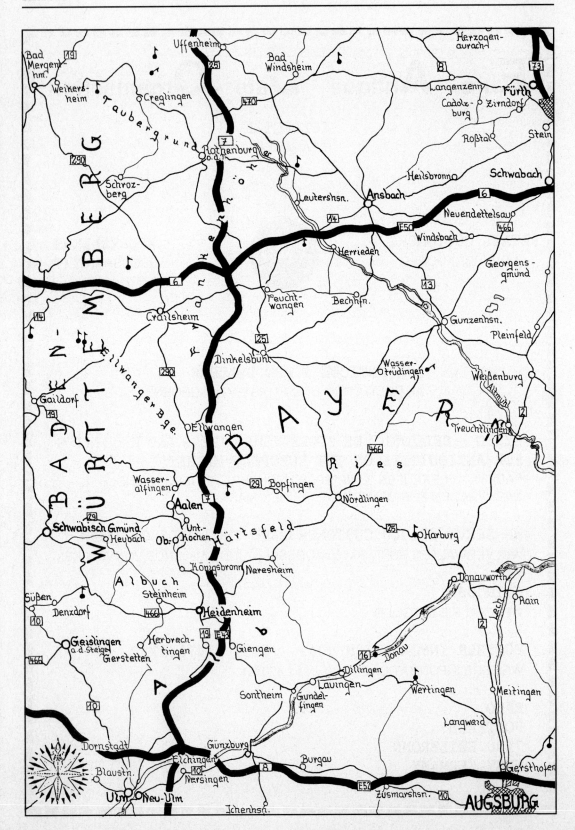

An der romantischen Straße

... dem Gestern auf der Spur

Grenzen

Die Romantische Straße, wer kennt sie nicht? Sie ist ein Klassiker unter Deutschlands Touristikrouten - dabei als künstliches Geschöpf der Fremdenverkehrsförderer nur knapp 30 Jahre alt. Das spricht für ihren Reiz. Ihre Erfinder hatten damals mit dem Stift auf der Landkarte offenbar kein Ende gefunden. Man kann sie verstehen. Zwischen Main und Alpenvorland, von Würzburg bis Füssen, schlängelt sich der Romantik-Weg 350 Kilometer durch acht Landschaften höchst unterschiedlichen Charakters, ziemlich weit abseits der eigentlichen Hauptverkehrsadern. Aber romantisch im weitesten Sinne sind sie alle. Und ganz besonders romantisch erscheint vielen, auf der Suche nach der Vergangenheit, die goldene Mitte, das Herzstück, so ungefähr zwischen Creglingen im Norden und Donauwörth im Süden.

Landschaft

Sehr bald nach ihrem Beginn fädelt sich die Romantische Straße ins Tal der Tauber ein, deren gemächlich-mäanderndem Lauf sie folgt bis Rothenburg, wo sich das Tal steil in den Muschelkalk schneidet. Dann wird die Landschaft plötzlich ganz anders, sie wird weit, dehnt sich in flachen Wellen bis dorthin, wo sich die Frankenhöhe steil und jäh über die westlich vorgelagerte Gäufläche erhebt, auf der die Tauber entspringt. Geographisch bemerkenswert: Bei Schillingsfürst fließen die Flüsse plötzlich anders herum. Dort verläuft die europäische Wasserscheide zwischen Rhein und Donau, zwischen Nordsee und Schwarzem Meer. Viele Wasser entspringen im Lettenkeuper der Frankenhöhe. Auch die Wörnitz, der es durch die flachgeneigten Keuperplatten leicht gemacht wird auf ihrem Weg nach Süden. Der Wörnitzgrund, durch den sie mit großen Schleifen fließt, ist gesäumt von sanften Wiesentälern. Hinter Dinkelsbühl führt die Romantische Straße durch unruhiges Hügelgelände. Das ist der Rand des Ries. Das Geheimnis des riesigen Kessels mit über 20 Kilometern Durchmesser wurde erst gelöst, als NASA-Astronauten dort trainierten. Für ihre Flüge zum Erdtrabanten fanden sie in diesem Mondkrater auf Erden ideale Übungsvoraussetzungen. Er muß wohl vor mehr als 15 Millionen Jahren durch Einschlag eines Meteoriten oder eines anderen kosmischen Körpers entstanden sein. Bei Donauwörth, wo die Wörnitz in die Donau mündet, schließlich die Reste des einst ausgedehnten Donaurieds. Aber auch heute noch ist es als große ökologische Zelle mit versumpften Naßflächen, Mooren und Auenwäldern ein Lichtblick für Naturfreunde und Umweltschützer.

Geschichte

Der Reichtum alter Zeit, ein Maß auch für die damalige politische Bedeutung der Gegend, kontrastiert im nördlichen Teil der Romantischen Straße mit dem heute eher als Schattendasein zu beschreibenden Zustand. Das einstige Zentrum des Heiligen Römischen Reiches Deutscher Nation, ein getreuliches Spiegelbild auch seiner kleinkarierten Verhältnisse, ist seit etwa zweihundert Jahren aus dem Rampenlicht der Geschichte zurückgetreten und zeugt eben gerade deshalb fast unverfälscht von geschichtlicher Größe. Nutzen und Nachteil der Historie haben hier Exempel statuiert. Was sich heute als fiktive Autoroute an Weindörfern und Fachwerkorten, Reichs- und Residenzstädten, Schlössern und Burgen, Hofgärten und Orangerien, Parks und Eremitagen, Kirchen und Klöstern vorbeiwindet, folgt jenem uralten Handelsweg, auf dem im Mittelalter das kostbare Salz transportiert wurde, jener Straße der deutschen Kaiser und Könige, der Heer- und Kreuzzüge. Die Geschichte der Besiedlung reicht freilich noch weiter zurück. Auf keltischem Kulturboden hatte sich eine provinzial-römische Mischkultur entwickelt. Die römischen Grenzbefestigungen, deren Spuren noch anzutreffen sind, wurden schließlich von den nach Süden ziehenden Alemannen durchbrochen. Von ihrer Ansiedlung

*Nürnburg: Platz beim Tiergärtnertor unterhalb der Kaiserburg. Links das Pilatushaus.
(Foto: Bildstelle und Denkmalsarchiv Nürnberg)*

zeugen noch die auf "-ingen" endenden Ortsnamen. Um 500 strömten fränkische Krieger und Bauern in das Gebiet. Damit begann auch die Christianisierung. Aus den fränkischen Königsgütern und späterem Reichsbesitz entwickelte sich eine große Zahl geistlicher und weltlicher Territorialherrschaften, ein vielherrisches Territorium, ein Mikrokosmos des alten Reiches, man kann es aber auch Kleinstaaterei nennen. Folgende Territorialherren teilten sich die Macht: Freie Reichsstädte wie Rothenburg, Nördlingen, Dinkelsbühl oder Donauwörth, die Grafschaften Wertheim, Hohenlohe und Oettingen, das Fürstentum Ansbach und das Würzburger Hochstift. Das ganze Mittelalter hindurch wurde fleißig verschenkt und verpfändet, verkauft und getauscht, auch erobert. Ein wahrlich bunter Flickenteppich war so entstanden, mit höchst unregelmäßiger Farbverteilung. Kaum ein Gebiet bildete ein in sich geschlossenes Ganzes, drei benachbarte Ortschaften konnten durchaus drei verschiedenen Herren gehören. Trotz der Umbrüche durch Reformation, Dreißigjährigen Krieg und Gegenreformation blieben diese Strukturen bestehen, bis unter Napoleon eine Neuordnung stattfand. Die damals vollzogene Grenzziehung, nach der es statt früherer Vielfalt nur noch Württemberg im Westen und Bayern im Osten gab, blieb auch nach 1945 bestehen. Romantisch wurde dies alles erst empfunden, als der Korse einen Schlußstrich schon gezogen hatte. Ein Stückchen Verklärung der Vergangenheit mag dabei mit im Spiel gewesen sein.

Kunst

Das Land zwischen Tauber, oberer Donau und Wörnitz hat, entsprechend seiner geschichtlichen Entwicklung, Zeugen aus allen Stilepochen aufzuweisen. Obwohl auch der ausgeprägte Bauwille der Romanik oft anzutreffen ist, war es doch die von einem starken Bürgertum getragene Gotik, die vor allem mit ihren Sakralbauten das Bild der kulturhistorisch so bedeutenden Städte wie Rothenburg, Nördlingen oder Dinkelsbühl geprägt hat. In den Kirchen des Taubertals (Creglingen, Rothenburg) finden sich die holzgeschnitzten Altäre eines Tilmann Riemenschneider. Die Re-

Brunnenfigur, sog. "Hansel". Nürnberg um 1380. Bronze, 118 cm. (Foto: Fremdenverkehrsverband Nordbayern e.V.)

naissance hat sich markant im neueren Teil des Rothenburger Rathauses oder in dem beeindruckenden Fachwerkbau des Deutschen Hauses in Dinkelsbühl bemerkbar gemacht. Das Barock brachte den Prunk und die Machtentfaltung der weltlichen und vor allem kirchlichen Gewalt sowie die Verehrung der Heiligen zum Ausdruck. Fränkisches Rokoko zeigt sich in der ehemals Markgräflichen Residenz von Ansbach.

Ansbach übrigens liegt auf dem Weg der Burgenstraße, die sich in Rothenburg mit der Romantischen Straße kreuzt, von Mannheim über Heilbronn nach Nürnberg. Der Endpunkt dieses ebenfalls sehr beliebten Touristenweges ist Nürnberg, "des Deutschen Reiches Schatzkästlein", das vom späten Mittelalter bis weit in die Neuzeit eine mächtige Handels- und Gewerbestadt war und in Kultur und Politik eine bedeutende Rolle spielte. Prägend sind Nürnbergs Kirchen: St. Sebaldus mit dem Sebaldusgrab von Peter Vischer d. Ä.; die Frauenkirche mit ihrer schönen Fassade, dem "Männleinlaufen" und dem Tucher-Altar; St. Lorenz mit dem Englischen Gruß von Veit Stoß und dem Sakramentshäuschen von Adam Krafft. Dazu kommen die auf der Höhe gelegene Burg der deutschen Kaiser und Könige, das Heilig-Geist-Hospital, der Schöne Brunnen, das Dürerhaus, der Henkersteg und die kilometerlange Stadtmauer.

Antiquitäten

Herausragend als Produktionsstätten von wertvollem Kunsthandwerk waren die beiden Städte Ansbach und Nürnberg. Ansbach war Zentrum der höfischen Möbelkunst Mittelfrankens, die sich vor allem an französische Vorbilder anlehnte, besaß zudem eine bedeutende Fayencemanufaktur, deren wertvollste Stücke die 1730 bis 1745 geschaffenen, mit Muffelfarben bemalten Geschirre der "Grünen Familie" waren, und hatte eine Porzellanmanufaktur, in der u.a. das "Ansbacher Muster" geschaffen wurde. In Nürnberg wurden ebenfalls bedeutende Fayencen geschaffen, darunter die Sonderformen der bauchigen sogenannten Wurst- oder Milchkrüge. Glasschneider waren dort als erste ihrer Zunft in Deutschland tätig. Mit der Frankenmetropole ebenfalls verbunden: der Nürnberger Schrank, der süddeutschen Fassadenschränken des 16. Jh. ähnelt, aber den Kontrast zwischen Füllung und Rahmen besonders betont.

Unser Tip

Germanisches Nationalmuseum
Kornmarkt 1
D - 8500 Nürnberg 1
Telefon 0911 / 13310

Im Augenblick stellt sich das Germanische Nationalmuseum auf einer Ausstellungsfläche von 27.000 qm als das größte deutsche Museum zur Kunst- und Kulturgeschichte dar. Der Vielfalt der verschieden gestalteten Bauteile um das alte Kloster herum entspricht auch die Unterschiedlichkeit der Sammlungsgegenstände.

Unter einer einheitlichen Verwaltung und einer Vielzahl von Dächern bietet sich ein geschlossenes Museum, das einer umfassenden Darstellung der deutschen Kulturnation in ihren erhaltenen Zeugnissen dienen soll. Geschichte selbst kann nicht Sammelobjekt sein, ihr Ablauf ist wegen ihrer unendlichen Vielschichtigkeit und ihrer verschiedenartigen Interpretationsansätze nicht faßbar darzustellen. Nur das konkrete Sammelstück kann als authentisches Beweisstück aus vergangenen Zeiten Zugang zur geschichtlichen Darstellung der Vergangenheit einer Nation schaffen. Je qualitätvoller die Aussage eines solchen Sammelstückes ist - gemeint ist nicht nur die künstlerische Qualität eines Kunstwerkes, sondern auch die präzise und deutbare, direkte oder indirekte historische Aussage - umso intensiver ist durch diese "Quelle" der Zugang zur Vergangenheit möglich.

Notwendig kann diese Rückbesinnung anhand der Objekte nur dann sein, wenn ihre Erforschung und Betrachtung auch Schlüsse auf unsere Gegenwart zuläßt. Dies steht ganz im Sinne der Ideen des Gründers, Hans von Aufsess und der Worte des ehemaligen Vorsitzenden des Verwaltungsrates des Museums - von der Gründungszeit an bestimmt dieser Rat noch immer als selbständiges Organ die Leitlinien des Museums - Theodor Heuss, der zum 100jährigen Jubiläum des Museums sagte: "Der Sinn dieses Museums war nie bloße Konservierung eines Gewesenen, sondern dessen Vergegenwärtigung als geistig-politischer Auftrag." Für Heuss war dieses Museum "die Selbstdarstellung eines urbanen und gebildeten, eines humanistischen und humanen Geistes".

Von Anfang an sammelte dieses Museum nicht nur die wertvollen Kleider und den kostbaren Schmuck des Adels und der Herrschenden, sondern auch das Hausgerät der Bürger wie ihr Spielzeug, die Backmodeln der Hausfrauen wie die Truhen und Zeichen der Handwerkerzünfte.

Die größte Sammlung zur deutschen Volkskunde, vom Elsaß über die Schweiz nach Ostpreußen, Schleswig und Siebenbürgen, aus allen deutschsprachenden Landschaften, gibt einen Spiegel des Brauchtums, der Trachten und Gewohnheiten der Bauern. Die Zeugnisse der Volksfrömmigkeit in vielerlei Gestalt sprechen von den Nöten und Verheißungen, von den Sorgen und erfüllten Hoffnungen der einfachen Gläubigen. Jüdische Altertümer aus vielen Jahrhunderten belegen den Anteil der jüdischen Mitbürger an der Entwicklung der Kunst und Kultur. Ausstattungsstücke aus mittelalterlichen Kirchen und Kapellen, Dokumente von Pilgerreisen in ferne Lande weisen auf das theozentrisch geschlossene mittelalterliche Weltbild. Der Humanismus und die Reformation veränderten Bildthemen und Glaubensauffassungen.

All dies läßt sich - wie etwa die höfische Welt des Absolutismus im 18. Jahrhundert - an den Sammelstücken ablesen. Der Gartenlust des Rokoko mit seinen heiteren Sandsteinfiguren steht die qualitätvolle Möbelkultur der Residenzen und Schlösser gegenüber. Und vollends strahlen die Objekte einer international angesehenen süddeutschen Goldschmiedekunst aus Nürnberg und Augsburg einen Reflex vom Unternehmergeist und der Pracht der großen deutschen Handelsstädte aus, die als Zwischenglieder zwischen der bürgerlichen Kulturhöhe der Niederlande und der verfeinerten Kultur der oberitalienischen Stadtstaaten eine Mittlerrolle einnahmen.

Viele Spezialsammlungen fügen sich dem Spiegel des historischen Ablaufes der deutschen Kunst- und Kulturgeschichte an. Sie sind vielfach ineinander verwoben und niemals isoliert zu sehen. Wie die Äste an einem Baum laden sie in ihrer Fülle weit aus und lassen das Einzelobjekt im entwicklungsgeschichtlichen Zusammenhang einzelner Gattungen aufleuchten. So besitzt das Museum eine großartige Musikinstrumentensammlung und kann stolz darauf sein, die größte Sammlung von Klavieren auf der Welt zu beherbergen.

Ein Archiv für Bildende Kunst erwuchs seit 1965 aus dem von Aufsess angelegten, aber nicht weiter gepflegten Archiv als "zentrale Dokumentationsstelle für die Geschichte der bildenden Kunst im deutschen Sprachgebiet". Hier werden mit größtem Erfolg schriftliche Nachlässe von Künstlern und Kunstgelehrten gesammelt. Aufsess hätte seine Freude an dieser Vollständigkeit und in der umfassenden Aufgabenstellung, die besonders auch die Kunstgeschichte des 20. Jahrhunderts mit einbezieht.

Seit seinen Gründungstagen hat das Germanische Nationalmuseum ein enges Verhältnis zur jeweiligen zeitgenössischen Kunst. In den Bauten Essenweins hatten Fresken und Glasgemälde bedeutender deutscher Künstler ihren Platz. Die wieder errichteten modernen Museumsbauten wurden durch Skulpturen bekannter deutscher Bildhauer ergänzt, bis hin zum "stürzenden Krieger" von Marino Marini, einem Italiener, vor dem Haupteingang. Eine Sammlung expressionistischer Kunst mit einem Hauptwerk Ernst Ludwig Kirchners, dem Absinthtrinker von 1914, wurde nach dem letzten Krieg aufgebaut. Das Kunstgewerbe des Bauhauses wird genauso gesammelt wie in jüngster Zeit mit Stiftungen der Anschluß an das gegenwärtige "industrial design" gesucht wird. Das "Vergangene vergegenwärtigen" heißt, mit den Augen der Gegenwart das Vergangene sehen, und dazu bedarf es des Sammelns und Gegenüberstellens gegenwärtiger Kunst. Es gibt für ein so umfassend angelegtes Museum keinen Grund, Kunst- und Kulturgeschichte an irgendeinem Datum in der Vergangenheit enden zu lassen: Jeder Tag, der vom Heute vorübergegangen ist, ist Vergangenheit.

Die wissenschaftliche Forschung am Germanischen Nationalmuseum ist die Grundlage aller Tätigkeiten an diesem Haus. Ohne Kenntnisse über Wesen und Herkunft, Inhalt und Bedeutung der Gegenstände kann es keine sinnvollen Ordnungen geben. Die größte Bibliothek zur deutschen Kulturgeschichte mit fast einer halben Million Bände gibt die Möglichkeit, sowohl für die wissenschaftlichen Mitarbeiter des Museums wie auch für alle stets willkommenen Benutzer, ein Höchstmaß an Informationen zu erhalten. Benachbart zur Bibliothek sind die umfangreichen Bestände der graphischen Künste aufbewahrt. Auch hier steht in den Ordnungsprinzipien die kulturhistorische Aussage der Blätter im Vordergrund. Wechselnde Ausstellungen bringen die in Deutschland umfangreichste Sammlung deutscher Druckgraphik neben den bedeutenden Zeichnungen dem betrachtenden Publikum näher. Auch hier ist, wie in einer Bibliothek, der Zugang zu den Beständen jedermann, jederzeit möglich.

Steigende Besucherzahlen zeigen, daß das Verlangen, sich mit der eigenen Vergangenheit zu beschäftigen, nie verlorengegangen ist. Freilich muß auch das Museum den Fragen der Besucher mehr Aufmerksamkeit schenken. So soll in nächster Zeit ein informationsreicheres Beschriftungssystem die oft recht kargen Angaben an den Objekten ersetzen. Kataloge und kleine Bildführer sollen bessere Möglichkeiten schaffen, sich auch nach dem Museumsbesuch mit dem Gesehenen zu beschäftigen, kurz, eine größere Öffnung des Museums in die Öffentlichkeit ist als dringende Aufgaben in der nahen Zukunft definiert. Dazu bedarf es auch der Mithilfe unserer Besucher, deren Anregungen das Museum gerne berücksichtigt.

So möge dieser kurze Bericht mithelfen, dem Museum viele neue Besucher zuzuführen, die sich hier an den unverfälscht dargestellten "Quellen" über die Vergangenheit und Gegenwart der deutschen Nation ihre Gedanken machen können.

Gerhard Bott

Öffnungszeiten:
Dienstag bis Sonntag 9 - 17 Uhr,
Donnerstag auch 20 - 21.30 Uhr,
an Feiertagen Sonderregelung.

Ansbach (8800)
Markgrafenmuseum
Schaitbergerstr. 14
T: 0981-51242
Schwerpunkte: Vor- und Frühgesch., Geschichte des Fürstentums Ansbach, Kaspar Hauser, Porzellansammlung

Residenz und Staatsgalerie Ansbach
Promenade 27
T: 0981-3186
Schwerpunkte: Raumausstattungen des 18.Jh., Ansbacher Porzellan und Fayencen

Autenried (8871)
Ikonenmuseum Schloß Autenried
T: 08223-862
Schwerpunkte: russ. Ikonen

Bertoldsheim (8859)
Bildgalerie
Schloß
T: 08434-434
Schwerpunkte: deutsche und niederländische Malerei des 17. und 18.Jahrhunderts

Crailsheim (7180)
Fränkisch-Hohenlohesches Heimatmuseum
Spitalstr. 2
T: 07951-5431
Schwerpunkte: Fayence-Sammlung, Möbel zu Schloß Hornberg, Biedermeierzimmer, frühgeschichtliche Funde

Donauwörth (8850)
Städtisches Museum
Ried 103
Schwerpunkte: Keramiksammlung, bäuerlich-handwerkliche Kultur

Ellingen (8836)
Residenz Ellingen
Schloß
T: 09141-3327
Schwerpunkte: Deutschordensmuseum, Wohnkultur im klass. franz. Empire-Stil, Münzen, Spiegel, Wappen

Ellwangen (Jagst)
Schloßmuseum
T: 07961-81284
Schwerpunkte: Schrezheimer Fayencen, barocke Weihnachtskrippen, Stadtgeschichte, Kirchliche Kunst, Wasseralfinger Eisenguß, Schloßkapelle

Feuchtwangen (8805)
Heimatmuseum
Museumstr. 19
T: 09852-575
Schwerpunkte: bäuerliche und bürgerliche Wohnkultur, Samml.: Zinn, Fayencen, Glas, Trachten, Arbeitsgeräte

Neuburg an der Donau (8858)
Heimatmuseum
Schwerpunkte: Kunst- und Gebrauchsgegenstände der Fürsten, Handwerk, Gemäldegalerie, Kunstgewerbe, Münzen, Vor- und Frühgeschichte, Mittelalter, Neuzeit

Nürnberg (8500)
Gewerbemuseum
Gewerbemuseumsplatz 2
T: 0911-20171
Schwerpunkte: Glas, Keramik, Metalle, Textilien, Schmuck, Spielzeug, Elfenbein, Holz

Spielzeugmuseum der Stadt Nürnberg
Karlstr. 13
T: 0911-163260
Schwerpunkte: Querschnitt durch das Spielzeuggebiet

ANTIQUITÄTEN- UND KUNSTHANDLUNGEN

Kunsthandlung
Kirchner, R. A.
Treppacher Str. 10
7080 Aalen

Mugele, W.
Kapellenstraße 26
7188 Fichtenau

Kunsthandlung
Wieder, B.
Hauptstr. 17
7920 Heidenheim

Galerie
Augustinerstr. 11
8500 Nürnberg 1

Ehrlich
Irrerstraße 18
8500 Nürnberg 1

Kunsthandlung
Lisson, D.
Inn Laufer Gasse 15
8500 Nürnberg 1

Kunsthandlung
Koschwitz, P.
Mittelbachstr. 17
7080 Aalen

Schultes, O.
Breitenbacher Str.4
7188 Fichtenau

Resch, W.
Schwabstraße 26
7928 Giengen

Balmberger, G.
Klaragasse 11
8500 Nürnberg 1

Erlinger, G.
Obere-Wörth-Straße 5
8500 Nürnberg 1

Martinek
Irrerstraße 4
8500 Nürnberg 1

Saalborn & Co. KG
Stadtgraben 16
7080 Aalen

Brandhuber, A.
Teckstraße 13
7920 Heidenheim.

Auktionshaus
Königstr. 39
8500 Nürnberg

Barthelmeß, E.
Kaiserstr. 32
8500 Nürnberg 1

Eule
Mostgasse 4
8500 Nürnberg 1

Mueller, M.
Untere Kreuzgasse 2
8500 Nürnberg 1

Kunsthandlung
Scheible, A.
Mittelbachstr. 23
7080 Aalen

Kunsthandlung
Burgäzy, W.
Bernhardusweg 8
7920 Heidenheim

Antik
Fürther Straße 80
8500 Nürnberg

Bretschneider, E.
Winklerstraße 24
8500 Nürnberg 1

Gemälde
Gall, Rudolf
Kaiserstr. 38
8500 Nürnberg 1

Antiquariat
Nickel-Zadow
Plobenhofstr. 4
8500 Nürnberg 1

Kunsthandlung
Sowa u. Reiser
Mittelbachstr. 11
7080 Aalen

Kunsthandwerk
Florian
Schnaitheimer Str. 7
7920 Heidenheim

Cotta, A.
Trödelmarkt 45
8500 Nürnberg

Galerie
Commedia
Lammsgasse 14
8500 Nürnberg 1

Hartmann, A.
Weinmarkt 2
8500 Nürnberg 1

Galerie
Nowak, Bruno
Karolinenstr. 14
8500 Nuernberg 1

Restaurator
Fuchs, Rolf
Binsengasse 16
7080 Aalen 1

Herzog, R.
Weinmarkt 16
8500 Nürnberg 1

Oettner, G.
Weißgerbergasse 8
8500 Nürnberg 1

Antiquitäten
Eiberle, Elke
Wacholderstraße 5
7085 Aufhausen

Kunsthandlung
Hör
Geiersberg 15
8500 Nürnberg 1

Pohl, Anna
Obere Wörthstraße 8
8500 Nürnberg 1

Antiquitäten-Stadel
auf 900 m² Verkaufsfläche
Raiffeisenstr.15 + 16
8851 Unterthürheim bei Wertingen
Tel.08274-1248+1239

Kunsthandlung
Kauffmann, G.
Oberdorf
7085 Bopfingen

Kachelriess, Gisela
Weinmarkt 10
8500 Nürnberg 1

Galerie
Hallplatz 37
8500 Nürnberg 1

Galerie
Maier, Monika
Beurenerweg 1
7086 Elchingen

Kunsthandlung
Geiselhart, W.
Hintere Gasse 12
7920 Heidenheim

Erlinger, G.
Karl-Grillenb.Str. 20
8500 Nürnberg

Daliner, M.
Klaragasse 30
8500 Nürnberg 1

Galerie
Kaiserstr. 8
8500 Nürnberg 1

Rathfelder, H.-J.
Weinmarkt 14
8500 Nürnberg 1

Kunsthandlung
Eckart, K.-H.
Höhenweg 2
7090 Ellwangen

Kunsthandlung
Härle, P.
Schnaitheimer Str. 7
7920 Heidenheim

Galerie
Lindengasse 42
8500 Nürnberg

Dennerlein, I.
Schlotfegergasse 1
8500 Nürnberg 1

Kunsthandlung
Karlicek, W.
Albrecht-Dürer-Str.
8500 Nürnberg 1

Kunsthandlung
Ricard, J.
Königstr. 33
8500 Nürnberg 1

Geiselhart, D.
Friedhofstraße 1
7090 Ellwangen

Kunsthaus GmbH
Clichystr. 49
7920 Heidenheim

Galerie
Obere Wörthstr. 1
8500 Nürnberg

TR Thomas Rup
Restaurierungsatelier
für polychrome Skulpturen und Gemälde etc.
Untersuchungen und Dokumentationen
7080 Aalen - Waldhausen, Neuffenweg 6,
Tel. (07367) 2715

Maier, A.
Apothekergasse 1
7090 Ellwangen

Knabe, J.
Grabenstraße 26
7920 Heidenheim

Weidler
Geiersberg 4-6
8500 Nürnberg

Weinbeer, G.
Weinbergweg 32
7179 Wolpertshausen

Kunsthandlung
Maier, M.
Hans-Holbein-Str. 53
7920 Heidenheim

Wilhelm
Eibacher Hauptstr.91
8500 Nürnberg

Kunsthandlung
Sternmann, Math.
Lange Str. 60
7180 Crailsheim

Nehring, Clara
Clichystraße 69
7920 Heidenheim

Winter, D.
Pirckheimer Straße 59
8500 Nürnberg

Döring
Egidienplatz 1
8500 Nürnberg 1

Kunstantiquariat
Kistner, Erwin & Rolf
Weinmarkt 6
8500 Nürnberg 1

Antik
Roessler
Weinmarkt 16
8500 Nürnberg 1

Nesplak, K.
Hauptstraße 125
7181 Hengstfeld

Neils, N.
Leonhardtstraße 39
7920 Heidenheim

Albrecht, C.P.
Hauptmarkt 29
8500 Nürnberg 1

Edelmann, M.
Breite Gasse 52/54
8500 Nürnberg 1

Klinger, D.
Hutergasse 4
8500 Nürnberg 1

Roetzer, C.
Albrecht-Dürer-Platz
8500 Nürnberg 1

Lukschanderl, B.
Birkenwaldstraße 31
7188 Fichtenau

Schulz, E.
Am Radkeller 3
7920 Heidenheim

Anatolia, I.
Albrecht-Dürer-Str.
8500 Nürnberg 1

Kunsthandlung
Ehrhardt, U.
Obere Wörthstr. 21
8500 Nürnberg 1

Antiquariat
Untere Schmiedgasse 8
8500 Nürnberg 1

Roth, U.
Hauptmarkt 1
8500 Nürnberg 1

Galerie Maier

Antiquitäten
Mobiliar
Louis XVI, Empire,
Biedermeier, u. a. Epochen,
excl. Orientteppiche,
Skulpturen

An- u. Verkauf, Kommission

Ihr Haus für anspruchsvolle Kunst
7056 Neresheim - Elchingen
Tel. 0 73 67 / 26 10
Geöffnet tägl. 9.00 - 18.00 Uhr o.n.V.
Autobahn A 7 Ausf. Aalen Süd - Oberkochen

Gemälde 19. - 20. Jahrh.
H. v. Zügel, Fr. v. Keller,
A. Münzer, O. Strützel,
O. Pippel, Ph. Röth,
A. Eckener, J. Wenglein,
P. M. Padua, F. Halberg - Kraus,
H. v. Rustige, D. de Holesch,
K. Heffner, L. H. de Haas u. v. a.

Ständige Ausstellung

Antiquitäten
Russo, A.
Albrecht-Dürer-Str.4
8500 Nürnberg 1

Kunsthandlung
Voigt
Obere Wörthstr. 1
8500 Nürnberg 1

Antiquitäten
Brenner, P.A.
Rathenauplatz 2
8500 Nürnberg 20

Kunsthandlung
Kreppelt, H.
Habsburgerstr. 46
8500 Nürnberg 50

Kunsthandlung
Raimond, J.
Muggenhofer Str. 39
8500 Nürnberg 80

Antiquitäten
Wilcke, H.
Kraftshofer Hauptstr.
8500 Nürnberg 90

Schlosser, J.
Albrecht-Dürer-Str.1
8500 Nürnberg 1

Kunsthandlung
Wegener, V.
Obere Schmiedgasse 24
8500 Nürnberg 1

Galerie
Theodorstr. 1
8500 Nürnberg 20

Jedlitschka, G.
Krumbacher Str. 4
8500 Nürnberg 60

Saffer, H.G.
Untere-Turn-Str.14a
8500 Nürnberg 80

Wolf, P.
Burgschmietstraße 18
8500 Nürnberg 90

Kunsthandlung
Schneider, R.
Breite Gasse 25
8500 Nürnberg 1

Wehner, E.
Trödelmarkt 13
8500 Nürnberg 1

Gemälde u. Graphik
Berliner Platz 2
8500 Nürnberg 20

Roedel, G. u. F.
Schwertweg 5
8500 Nürnberg 60

Galerie
Eberhardshofstr. 1b
8500 Nürnberg 80

Antiquitäten
Kellner, Brigitte
Kolerschloß
8501 Eckental

Kunsthandlung
Schrag, Hch.
Köenigstr. 15
8500 Nürnberg 1

Galerie
Innere Laufer Gasse
8500 Nürnberg 1

Restaurator
Wiedl, Hermann
Adamstraße 14
8500 Nürnberg 20

Broszinski, T.
Tulpenstraße 10
8500 Nürnberg 70

Tobien, H.
Denisstraße 21
8500 Nürnberg 80

Roetzer, F. u. E.
Fröschauerstraße 3
8501 Schwarzenbruck

Galerie
Burgstr. 17
8500 Nürnberg 1

Kunsthandlung
Wiedl, G.
Judengasse 36
8500 Nürnberg 1

Kunsthandlung
Zickler KG, Egon
Mathildenstr. 40
8500 Nürnberg 20

Dorn, W.
Melanchthonplatz 2
8500 Nürnberg 70

Galerie
Blumenthalstr. 7
8500 Nürnberg 80

Schuegraf, J.
Gutzberg
8501 Roßtal

Galerie
Schuler, Monika
Augustinerstr. 11
8500 Nürnberg 1

Wild, H.
Obere Wörthstr. 22
8500 Nürnberg 1

Forster, J.
Schweiggerstraße 31
8500 Nürnberg 30

Kunsthandlung
Funk, S.
Gibitzenhofstr. 74
8500 Nürnberg 70

Beck, R.M.
Wilhelm-Marx-Str. 68
8500 Nürnberg 90

Soerries, G.
Blumenstraße 5
8501 Eckental

Seiffert, A.
Bergstraße 12
8500 Nürnberg 1

Kunsthandlung
Wormser & Co., Karl
An der Fleischbrücke
8500 Nürnberg 1

Kornemann, H.
Waldgärtnerstraße 10
8500 Nürnberg 30

Koenig
Untere Schmiedgasse 8
8500 Nürnberg 70

Buchholz, P.
Kleinweidenmuehle 7
8500 Nürnberg 90

Antik
Brückerstraße 3
8502 Zirndorf

Galerie
Karolinenstr. 14
8500 Nürnberg 1

Kunsthandlung
Zickler, E.
Hefnersplatz 1
8500 Nürnberg 1

Plasberg, Ralf
Regensburger Str.35
8500 Nürnberg 30

Galerie
Hessestr. 8
8500 Nürnberg 70

Ehmann, Rudolf
Hauptstraße 162a
8500 Nürnberg 90

Kunsthandlung
Schultheiß, Hans
Weiherhofer Hauptstr.
8502 Zirndorf

Kunsthandlung
Stanisavljevic, S.
Bergstr. 17
8500 Nürnberg 1

Baur, L.
Schillerstraße 10
8500 Nürnberg 10

Bilder
Baumeister
Wiesenstr. 84
8500 Nürnberg 40

Wolf, P.
Schweinauerstraße 41
8500 Nürnberg 70

Faber, U.
Franzstraße 20
8500 Nürnberg 90

Dallner, H.
Bruckwiesenstraße 89
8507 Oberasbach

Straube, B.
Trödelmarkt 11
8500 Nürnberg 1

Bode, Klaus D.
Kressenstr. 5
8500 Nürnberg 10

Lohrey, F.M.
Breitscheidstraße 32
8500 Nürnberg 40

Zintl, H.
Obere Mentergasse 1
8500 Nürnberg 70

Gaab u. Lutz
Bucher Straße 7
8500 Nürnberg 90

Ludwig, G.
Rosenstraße 11
8507 Oberasbach

Tetley-Jones
Lorenzer-Platz 3a
8500 Nürnberg 1

Habermalz, G.
Bucherstraße 22
8500 Nürnberg 10

Kunsthandlung
Mieth, K.
Pillenreuther Str. 66
8500 Nürnberg 40

Antiquariat
Barth, R.
Fuerther Str. 89
8500 Nürnberg 80

Hofner, Gerhard
Roritzerstr. 4
8500 Nürnberg 90

Mueller, M.
Wilhelmstraße 12
8507 Oberasbach

Traeg, A.
Obere Wörth Straße 18
8500 Nürnberg 1

Reichel, R.
Bessemerstraße 52
8500 Nürnberg 10

Storch, S.
Wölckernstr. 59
8500 Nürnberg 40

Kunsthandlung
Fleißner, M.
Fürther Str. 96a
8500 Nürnberg 70

Kohlmann-Schaefer, M.
Bucherstraße 17
8500 Nürnberg 90

Die Arche
Billinganlage 14
8510 Fürth

Kunsthandlung
Uhlemann, J.
Albrecht-Dürer-Str.
8500 Nürnberg 1

Wenting, B.
Krelingstraße 1
8500 Nürnberg 10

Kunsthandlung
Streubel
Hummelsteiner Weg 70
8500 Nürnberg 40

Harter, H.
Austr. 42
8500 Nürnberg 80

Prell, H.
Johannisstraße 112
8500 Nürnberg 90

Doehler, I.
Würzburger Straße 44
8510 Fürth

Kunsthandlung
Weinmarkt 12a
8500 Nürnberg 1

Winter, D.
Krelingstraße 40
8500 Nürnberg 10

Frenzel, G.
Holzstattstraße 4
8500 Nürnberg 50

Kunsthandlung
Howorka, G.
Kernstr. 11
8500 Nürnberg 80

Pribuss, N.
Kirchenweg 72
8500 Nürnberg 90

Galerie
Königstraße 107
8510 Fürth

Geitner, J. Nürnberger Straße 36 8510 Fürth	Simon Langestraße 79 8510 Fürth	Antiquitäten Scholl, Carl Hauptstraße 13 8520 Erlangen	Pfeiffer, H. Altheim 8531 Ipsheim	Meldau, H. Nürnberger Straße 23 8800 Ansbach	Restaurierungsatelier Wissmath, Walter Hindenburgstraße 2 8818 Lehrberg
Giersch, C. Goethestraße 7-9 8510 Fürth	Restaurator Studtrucker, B. Goethestraße 7-9 8510 Fürth	Walther, Gerhard Goethestraße 17 8520 Erlangen	Dietzel, H.J. Meyerbeerstr. 2 8540 Schwabach	Blank, F. Limesstraße 6 8801 Wilburgstetten	Kunsthandlung Gorlo, M. Hindenburgstr. 25 8850 Donauwörth
Antiquitäten Hamper, Else Amalienstraße 27 8510 Fürth	Wagner, H. Theaterstraße 17 8510 Fürth	Wannemacher, H.Franzosenweg 2 8520 Tennenlohe	Antiquitätenzubehör Hippe, Horst Schaftnacherweg 4 8540 Rednitzhembach	Storck, C. Hauptstraße 13 8802 Eschenbach	Antiquitätenstadel Burkhard, Dorle Raiffeisenstraße 8851 Thürheim
Antik Lädle Würzburger Straße 44 8510 Fürth	Duerr, C. Luitpoldstraße 3 8520 Erlangen	Csonth Paulistraße 4 8520 Erlangen 1	Koenig, M. Am Rothbucke 6a 8540 Rednitzhembach	Storck, E. Auestr. 18 8802 Eschenbach	Antiquitäten Schaeferling, Michael Donauwörther Str.37 8880 Dillingen
Lang & Vogel Königstr. 65 8510 Fürth	Habermann Esperstraße 11 8520 Erlangen	Gemälde Am Windflügel 7 8521 Weisendorf	Antiquitäten Baumeister, G. Spalterstraße 5 8541 Abenberg	Alte Kunst Hintze, Liselotte Untere Schmiedgasse 5 8803 Rothenburg	Kunsthandlung Reichert, W. Donaustr. 3-a 8882 Lauingen/Donau
Rauguth, J. Lange Straße 79 8510 Fürth	Hahn, G. Pfarrstraße 18 8520 Erlangen	Herrmann, H. Hintere Gasse 71a 8522 Herzogenaurach	Karl, R. Kolpingstraße 3 8543 Hipoltstein	Weiss, Fritz Untere Schmiedgasse 5 8803 Rothenburg	Kabrhel,W. Kirchstraße 18 8884 Höchstädt a.d.D.
Gemäldehaus Fürther Freiheit 6 8510 Fürth	Hotson Alter Markt 5 8520 Erlangen	Kirchner Bubenreuther Str.18 8523 Baiersdorf	Bussinger, R. Lange Gasse 36 8545 Spalt	Alte Kunst Weiß, Peter Herrngasse 23 8803 Rothenburg	Dehner Schloßstraße 4 8887 Oberbechingen
Roesch, M.E. Ludwig-Erhard-Str.4 8510 Fürth	Antiquariat Kurta, A. Westliche Stadtmauer 8520 Erlangen	Minnameier, P Diebach Straße 17 8530 Neustadt/Aisch	Bienia, P. Apothekenstraße 15 8550 Forchheim	Ebert, H. Föhrenberggasse 7 8804 Dinkelsbühl	Antiquitätenzubehör Hippe, Horst Schaftnacherweg 4 8540 Rednitzhembach
Schmid, L. Marienstraße 19 8510 Fürth	Pilz Schallershoferstr. 17 8520 Erlangen	Pabst, P. Riedfelder Ortsstr.12 8530 Neustadt/Aisch	Eichinger, Max Neustadt 4 8800 Ansbach	Historische Waffen Fricker, Jürgen H. Hechtzwinger 8804 Dinkelsbühl	Koenig, M. Am Rothbucke 6a 8540 Rednitzhembach
Schrepf Nürnberger Straße 31 8510 Fürth	Antiquariat Schmidt, F. Martin-Luther-Platz 5 8520 Erlangen	Pfeiffer, B. Riedfelder Ortsstr.12 8530 Neustadt/Aisch	Hub, K.-P. Martin-Luther-Platz 8800 Ansbach	Luwig Abteigasse 3 8807 Heilsbronn	Antiquitäten Baumeister, G. Spalterstraße 5 8541 Abenberg

KUNST & AUKTIONSHAUS
KARL-HEINZ ECKART

Neben 4 Auktionen jährlich und ausgewählten Kunstausstellungen zeigen wir Ihnen in unseren Räumen ständig ein breites Angebot hochwertiger Antiquitäten im freien Verkauf.

Öffnungszeiten: Mo–Fr 9–12 Uhr
14–18 Uhr
Samstag 9–13 Uhr

Auktionstermine und Kataloge auf Anfrage.

Höhenweg 2 · 7090 Ellwangen-Schrezheim · ☎ 07961/5 10 11 u. 66 91   Abb. Blick in einen unserer Ausstellungsräume.

JÜRGEN H. FRICKER Historische Waffen
Öffentlich bestellter und vereidigter Sachverständiger für historische, europäische Waffen.
D-8804 Dinkelsbühl Hechtzwinger
Tel. 09851-3653 Termin nach Vereinbarung
Großes Angebot an Jagdwaffen, Pistolen, Gewehren, Harnischen und Blankwaffen des 16.-19. Jahrhundert.

Horst Hippe

**LBB Antiquitätenzubehör
Vertrieb Nordbayern**

Zubehör für Antiquitäten u. Restaurationsbetr.
vom Mittelalter bis Jugendstil

Fabrikation exclusiver Metallwaren
Antike Fenster und Türbeschläge
Sandstrahlerei

**Schaftnacher Weg 4
8540 Rednitzhembach
Tel.(09122)74969**

Antiquitäten • Elke Eiberle
Möbel aus dem 18./19. Jahrhundert
Kirschbaum und Edelhölzer

Wachholderstr. 5
7085 Bopfingen-Aufhausen
Tel. 07362 - 4487

ganztägig geöffnet
und nach tel. Vereinbarung

Antiquitäten M.Schäferling

8880 Dillingen-Donau
Donauwörtherstr. 37 1/2 Tel. 09071-6299

Geschäftszeiten: Di.-Fr. 13.00-18.00 Uhr Sa. 9.00-13.00 Uhr

Verkauf und Restaurierung antiker Uhren

speziell
Biedermeier Wanduhren
Wiener Stockuhren

Roland Stille
Uhrmachermeister
Pfarrgasse 4 • 7090 Ellwangen • 0 79 61 / 5 34 06

ANTIQUITÄTEN AUSSTATTUNG

Alte Kunst
Peter Weiß   Rothenburg o.T.

am Burgtor
Herrngasse 23
Telefon 0 98 61/34 59

Eigene Restaurierungs- und Polsterwerkstätte
Großes Lager an ungerichteten Möbeln
Mitglied des Verbandes bayer. Kunst- und Antiquitätenhändler

Horst Hippe

LBB Antiquitätenzubehör
Vertrieb Nordbayern

Zubehör für Antiquitäten u. Restaurationsbetr.
vom Mittelalter bis Jugendstil

Fabrikation exclusiver Metallwaren
Antike Fenster und Türbeschläge
Sandstrahlerei

**Schaftnacher Weg 4
8540 Rednitzhembach
Tel.(09122)74969**

Das Museum Deutscher Kunst und Kultur

SCHAUSAMMLUNGEN zur Kunst und Kultur des deutschsprachigen Raumes
von 30.000 bis zur Gegenwart
STUDIENSAMMLUNGEN (Graphische Sammlung, Münzkabinett, Historisches Archiv,
Archiv für Bildende Kunst, Bibliothek)
KUNSTPÄDAGOGISCHES ZENTRUM
FORSCHUNGSINSTITUT FÜR REALIENKUNDE
INSTITUT FÜR KUNSTTECHNIK UND KONSERVIERUNG
Öffnungszeiten: Dienstag bis Sonntag 9.00 - 17.00 Uhr
 Donnerstag auch 20.00 - 21.30 Uhr
 Montags, 1.1., Faschingsdienstag, Karfreitag, Ostermontag,
 1.5., Pfingstmontag, 17.6., 24.12., 25.12. und 31.12. geschlossen

GERMANISCHES NATIONALMUSEUM
Kornmarkt / Kartäusergasse (Verwaltung)
D - 8500 Nürnberg 1

- Die besondere Geschenkidee -

Gute Stube Korb

Handwerk und Kunst aus Jahrhunderten
Antiquitäten
Wir restaurieren
Gold und Silberschmuck, Porzellan, Fayencen, Zinn,
Bronze, Elfenbein, Gemälde und Bilderrahmen
Beratung durch geschulte Fachkräfte

Öffnungszeiten :
Montag bis Freitag 10 bis 18 Uhr
Samstag 10 bis 13 Uhr
Reinschauen lohnt sich !

Winnender Straße 36
7054 Korb
Telefon 0 71 51 / 3 49 98

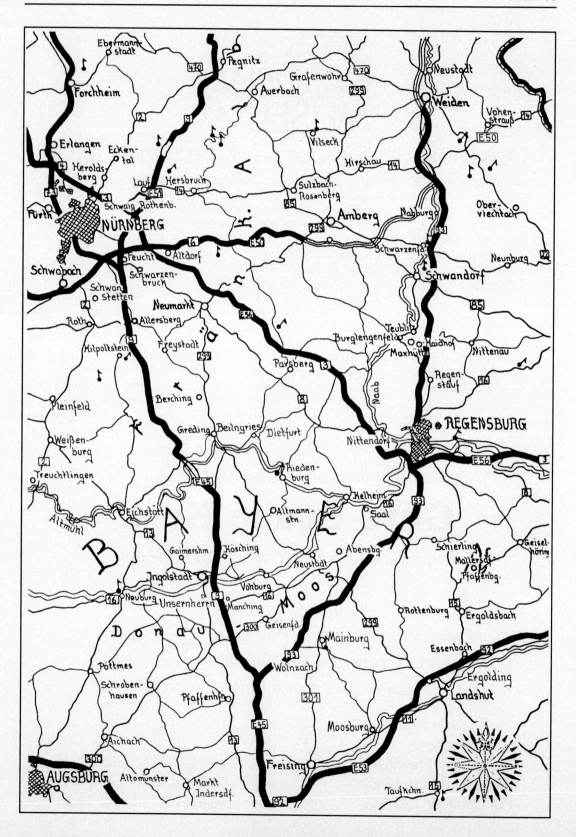

OBERPFALZ

... "ins Land der Franken fahren"

Der Wald
"Dieser Hercynische Wald erstreckt sich in einer Breite von neun Tagesmärschen... Er nimmt seinen Anfang vom Gebiet der Helvetier..., erstreckt sich entlang der Donau bis zum Gebiet der Dacer..." schrieb Caesar im sechsten Buch seines "Bellum Gallicum". Unermeßlich, vom Rhein (Schwarzwald) bis zu den Karpaten. Bis kurz vor Transsilvanien, sozusagen. Hinterwäldlerisch, sollte man meinen. Und besonders die Oberpfalz. "Die Oberpfalz war zum Beginn des 6. Jahrhunderts noch von ausgedehnten Urwäldern bedeckt. Nur in den Flußniederungen von Naab, Regen und Altmühl, in den Lößgebieten südlich von Regensburg sowie im Chamer Becken waren bereits erste kleine Siedlungsinseln vorhanden. Häufungen der Ortsnamen mit den Endungen -ing weisen auf die Anfänge der Besiedelung der Oberpfalz hin. In die großen zusammenhängenden Wälder wagten sich die Siedler nur zögernd." So eine Broschüre des Bayerischen Staatsministeriums für Ernährung, Landwirtschaft und Forsten. Noch heute ist die Oberpfalz das waldreichste Gebiet Bayerns mit 41% der Gesamtfläche. Zwei Drittel davon sind geschützt: "Veldensteiner Forst", "Oberpfälzer Wald", "Oberer Bayerischer Wald" etc. - Blaubeeren, Preiselbeeren, Pilze, Holzkohle. So nährt der Wald heute die Menschen. Die jetzige Vorherrschaft der Nadeln mit nur ca. 5 % Laubwald ist Folge der jahrhundertelangen Erschließung und Nutzung des Waldes zur Energiedeckung.

Das Eisen
Die "Bayerische Eisenstraße" von Pegnitz bis Regensburg ist Zeuge, wohin das Holz gewandert. 1387 verbanden sich die Eisenerzeuger der Oberpfalz zur "Großen Hammereinung", einem bedeutenden Dokument mittelalterlicher Wirtschaftsgeschichte. Im 14. Jahrhundert war die Pfalz schon ein Eisenzentrum europaweiter Geltung. Amberg wird Oberpfälzer Residenz der Pfalzgrafen bei Rhein. Die Pfalz blüht auf. Heute ist von der blühenden Industrie nur noch - und wie lange noch - die "Maxhütte" in der Bergstadt Auerbach übrig, und auch die Maxhütte ist seit längerer Zeit im Gerede. Die Eisenzeit geht ihrem Ende zu.

Erschließung und Blüte
Die Oberpfalz ist Ostfranken. Pioniere der Erschließung, wie so oft, die fränkischen Karolinger und ihre Missionare. Schon im 7. Jahrhundert war St. Emmeram in Regensburg und Umgebung aktiv, im 8. Jahrhundert legt er dort ein Benediktinerkloster an, um 740 wird er in der Krypta der ehemaligen Benediktiner - Klosterkirche St. Emmeram bestattet. Er und seine Nachfolger sichern das Land mit einer Kette von Klöstern, die später zum Nucleus aufstrebender Siedlungen werden sollen. Wo Geld, da Kultur.

Der wirtschaftliche Aufschwung seit dem späten Mittelalter prägt die Region auch kulturell. Gotik (zweimalige Residenz Landshut) und Renaissance (Eichstätt) überwuchern ältere Wurzeln. Ingolstadt, 806 erstmals urkundlich erwähnt, zeigt sich baulich spätgotisch und unter Einfluß der Renaissance. Sie vermissen den Hinweis auf Allgegenwärtiges und Überwiegendes, auf Barock? Langsam, langsam! Vorher mußte noch die Reformation mit Bauernaufständen, Bildersturm und Religionsscharmützeln bis zum Dreißigjährigen Krieg (1618-1648) mit "dem alten Plunder" aufräumen. Erst die leergebrannten Hülsen früherer Herrlichkeit füllten sich, das aber umgreifend, mit schwellendem Barock. Warum so umfassend gerade in der Oberpfalz? Zwei Gründe. Ein geistiger: von Ingolstadt aus trat die Gegenreformation ab 1661 ihren Siegeszug durch Deutschland an. Ein künstlerischer: aus der Tradition bodenständigen Handwerks sproß eine Künstlerfamilie, die in einem Atemzug mit dem großen Tiepolo (Würzburger Residenz) genannt wurde und wird: die Familie

1720 freskierte Cosmas Damian Asam die ehemalige Zisterzienser Abteikirche in Aldersbach. Das Bild zeigt einen Apostel aus dem Deckenfresko Christi Himmelfahrt. (Foto : FVV Ostbayern)

Asam. Hans Georg Asam (1649-1711), der Vater, begann, von Venedig inspiriert, die Tradition des Hauses als Klostermaler. Seine Söhne Cosmas Damian Asam (1686-1739), Maler und Architekt, und Egid Quirin Asam (1692-1750), Stukkateur und Bildhauer, ergänzten und bauten aus und perfektionierten das, was heute in der Oberpfalz "Asam-Barock" heißt. Europaweit ihr Werk, ihr Wirken, ihre Wirkung. Auskunft erteilt Telefonnummer : 0941-560260.

Die Tierwelt
"Es gibt da ein Rind in der Gestalt eines Hirsches... (sc. ein Ren)", notiert Caesar, "Ebenso gibt es welche, die Elche genannt werden... und sie haben Schenkel ohne Knie und Gelenke, legen sich auch nicht zur Ruhe und wenn sie durch Zufall getroffen, hingestürzt sind, können sie sich auch nicht wieder aufrichten oder erheben. Sie nutzen Bäume als Ruhelager; an sie lehnen sie sich und gelangen so, nur wenig schräglehnend, zur Ruhe". (Caesar, De Bello Gallico, VI, 26-28)

"Die dritte Art davon sind die, welche Ur genannt werden. Diese sind nur wenig kleiner als Elephanten..."- Nun ja, Caesar konnte wirklich nicht alles selbst untersuchen. Aber bis heute bergen der Oberpfälzer und der Bayerische (u. Böhmer-) Wald seltenes Getier. Auerhahn, Ur und Wisent werden heute wieder heimisch, nachdem sie überall sonst praktisch ausgestorben sind. Wolf und Luchs tasten sich vorsichtig zurück in ihre alten Gebiete, diesmal mit Unterstützung des Menschen, der ihnen zuvor fast den Garaus gemacht. Auch der "Wolpertinger", Abkömmling der pfälzischen "Elwetritsche", soll dort gelegentlich gesichtet worden sein.

Leute
Noch ein letztes Mal unser römischer Gewährsmann Caesar: "Wenn von den Jägern aus den Spuren erkannt ist, wohin sie (die Elche) sich zurückzuziehen pflegen, untergraben sie an diesem Platz alle Bäume an den Wurzeln oder fällen sie, so daß nur eine gewisse Zahl stehen bleibt.

Statue des Don Juan d´Austria am Zieroldplatz
(Foto : Archiv FVA Regensburg, Altes Rathaus)

Wenn Sie (die Elche!) sich dort, ihrer Gewohnheit nach, anlehnen, werfen sie die präparierten Bäume mit ihrem Gewicht um und stürzen zusammen mit ihnen hin". Von wo die listigen Jäger sie nur aufzusammeln brauchen. Gutes, altes Jägerlatein. Wie die Urahnen mit List zum Jagen, so gingen die Nachfahren mit List gegen die Jäger vor: um ihre teuren Hopfenpflanzungen gegen das Einzäunungsverbot der fürstlichen Jäger zu schützen, ernannten die Pflanzer der Holledau (oder hochdeutsch: Hallertau) ihre Felder zu Gärten. Die durften sie umzäunen, und so heißen sie heute noch "Hopfengärten". Vom Hopfen ist es nicht weit zum Bier. 1300 Brauereien gibt es in ganz Deutschland, 900 davon in Bayern, 600 allein in der Oberpfalz. Ausprobieren. Schließlich stammt aus der Oberpfalz folgendes erweiterte Reinheitsgebot für deutsches Bier. "Der Herr Bürgermeister gibt bekannt, daß am Mittwoch Bier gebraut wird, und deshalb ab Dienstag nicht mehr in den Bach geschissen werden darf!" Nicht überall war man offensichtlich so streng und pingelig.

Altmühltal

"Besuchen Sie die Altmühl, solange sie noch steht..." möchte man in Anlehnung an den Sommerhit des Jahres 1986 sagen. Noch kann niemand abschätzen, ob die Idylle einer der schönsten deutschen Flußlandschaften den Ansturm moderner Technik überstehen wird. Die Baustelle des Rhein-Main-Donau-Kanals frißt sich durch alte Kulturlandschaft. Bereits Karl den Großen faszinierte die Idee, von der Nordsee zum Schwarzen Meer binnen-kontinental durchzuschiffen. 763 gab er es auf. Bei Teuchtlingen sind die Reste der "Fossa Carolina" zu besichtigen.

"Daran erkenn' ich meine Pappenheimer" so sprichwörtlich Schillers "Wallenstein" über die gefürchteten Draufgänger. In Pappenheim sind sie zuhause. Solnhofer Schiefer macht als Qualitätsbegriff seinen Weg. Nicht nur im heutigen Bungalow der gehobenen Ausstattungsklasse "betreten" sie ihn, auch in der Hagia Sophia in Istanbul. Seine Feinheit macht ihn zum "Druckstein" für Lithographien in der ganzen Welt.

Viel mehr noch bietet das wunderschöne Flußtal. Doch sehen Sie doch selbst nach. Ein Tip noch: gönnen Sie sich die Zeit, den Donaudurchbruch beim Kloster Weltenburg (Kelheim) vom Schiff aus zu erleben.

Regensburg

Unerschöpflich für Freunde historischer Schätze. Knaurs Kulturführer, Fundgrube Regensburg Schon in keltischer Zeit bezeugt als Radasbona, ist diese Siedlung am Zusammenfluß von Donau, Naab und Regen bis heute Zentrum des östlichen Bayern. Zwar nicht mehr "Hauptstadt", wie in der in Regensburg erstellten Kaiserchronik (12. Jahrhundert) so treffend gewertet. Aber immerhin.

An Regensburg kann man nicht so ohne weiteres vorbei. Ob erwähnte St. Emmerans Klosterkirche, der gewaltige gotische Dom, die Steinerne Brücke (12. Jahrhundert), die Gebäude derer von Thurn und Taxis, die "Geschlechtertürme", mittalalterliche Patrizier-"Hochhäuser"

- Regensburg ist eine Reise wert.

UNSER TIP

Amberg (8450)
Museum der Stadt Amberg
Eichenforstgasse 12
T: 09621-10235
Schwerpunkte: Amberger Keramik, Volkskunde, Stadtgeschichte

Berching (8434)
Heimatmuseum
An der Johannisbrücke 4
T: 08462-320
Schwerpunkte: volkstümliche Möbel, Hafnerware, Kunsthandwerk, bäuerliche und handwerkliche Geräte

Landshut (8300)
Burg Trausnitz
T: 0871-22638
Schwerpunkte: Prunkräume, Mobiliar, Gobelin-Folgen, Burgkapelle

Staatsgalerie
Residenz Landshut
T: 0871-22638
Schwerpunkte: Bayerische Bildnismalerei, europ. Malerei des Barock

Stadtresidenz Landshut
T: 0871-22638
Schwerpunkte: italienische Renaissance-Räume, Gemälde

Oberviechtach (8474)
Heimatmuseum
Marktplatz 13
T: 09671-217
Schwerpunkte: Kunst, Kunsthandwerk, Hausrat und bäuerliches Gerät

Regensburg (8400)
Diözesanmuseum
Emmeramsplatz 1
T: 0941-51068
Schwerpunkte: Skulpturen, Gemälde

Städtische Galerie
Bertholdstr. 9
T: 0941-5072944
Schwerpunkte: Plastik, Malerei, Graphik, Kunsthandwerk

Sulzbach-Rosenberg (8458)
Heimatmuseum
Luitpoldplatz, im Schloß
Schwerpunkt: bäuerliches und bürgerliches Wohnen

Thumsenreuth (8481)
Schloßmuseum Thumsenreuth
T: 09682-247
Schwerpunkte: Albrecht-Dürer-Doppelpokal; Heimatgeschichte über 4 Jahrhunderte, mit wertvollen und seltenen Sammlungsstücken

Haidplatz, Thon - Dittmer Palais, Rathausturm, Neue Waag, Justitia - Brunnen (Foto : Städt. Lichtbildstelle , Regensburg)

Antiquitäten- und Kunsthandlungen

Herzhoff Antiquitäten

600 m² antike Bauernmöbel

Pucher Straße 7
8080 Fürstenfeldbruck
☎ 0 81 41 / 1 64 00 und 1 21 03

Wir restaurieren auch in Ihrem Auftrag in unserer anerkannten Restaurationswerkstatt

Bauernsachen Trescher
Weichselsteiner Weg 1 a   8430 Neumarkt

- **Großauswahl orig. Bauernmöbel**
- **nur handgewachst**
- **Lagerbestände für Selbstherrichter**

Tel. (09181) 21285

Antiquitäten
Romberger, Stefan
Schirmgasse 276
8300 Landshut

Antiquitäten
Vicek, M.
Altstadt 26
8300 Landshut

Antiquitäten
Forstner, M.
Rottenburgerstr. 17
8301 Neufahrn

Antiquitäten
Seeholzer, M.
Wörtherstraße 41
8301 Postau

Abel, J.
Steinweg 11
8400 Regensburg

Angelini, Elena
Türken-Straße 2
8400 Regensburg

Kunsthandlung
Asia
Weiße-Hahnen-Gasse 2
8400 Regensburg

Baier
Drehergasse 3a
8400 Regensburg

Balters
Wahlenstraße 6
8400 Regensburg

Antiquariat
Berg, R.
Wahlenstr. 6
8400 Regensburg

Kunsthandlung
Bezenka, H.
König-Philipp-Weg 9
8400 Regensburg

Burges, H.
Obere Bachgasse 9
8400 Regensburg

Bäumler, P.
Obere Bachgasse 9
8400 Regensburg

Antiquariat GmbH
Glockengasse 8
8400 Regensburg

Danzl, S.
Am Weinmarkt 3
8400 Regensburg

Kunstladen
Rathausplatz 4
8400 Regensburg

Kunsthandlung
Dietzel, H.
Engelburger Gasse 9
8400 Regensburg

Kunstschreinerei
Feirer, Franz
Brauergasse 8
8400 Regensburg

Feser, B.
Grasgasse 6
8400 Regensburg

Antiquariat
Galerie Heinrich
Hinter der Grieb 2
8400 Regensburg

Galerie
Wahlenstr. 20
8400 Regensburg

Galerie
Neue Waaggasse 2
8400 Regensburg

Gergs, G.
Brückenstraße 4
8400 Regensburg

Gleixner, W.
Tändlergasse 3
8400 Regensburg

ALTE REICHSSTADT JUNGE UNIVERSITÄTSSTADT MODERNE INDUSTRIESTADT

REGENSBURG

Böhmische Antiquitäten
Inh.: M. Vlcek

Altstadt 26 8300 Landshut Telefon 0871-26339

Hahn, C.
Hinter der Grieb 3
8400 Regensburg

Kunsthandlung
Heinrich, A.
Haidplatz 7
8400 Regensburg

Antikhaus
Insam
Tändlergasse 11
8400 Regensburg

Antiquariat
Kovac, G.
Fr.-Ebert-Str. 26
8400 Regensburg

Kunstkabinett
Unt. Bachgasse 7
8400 Regensburg

Mayer
Proskestr. 4
8400 Regensburg

Kunsthandlung
Mehrbrey, M.
Am alten Rathaus
8400 Regensburg

Kunsthandlung
Meierhöfer, C.
Gumpelzhaimer Str. 1
8400 Regensburg

Michl
Untere Bachgasse
8400 Regensburg

Muth, M.
Steinweg 4
8400 Regensburg

Oberberger, J.
Untere Bachgasse 4
8400 Regensburg

Kunsthandlung
Oodpieszczyk, R.
Seifensiedergasse 14
8400 Regensburg

Otto, R.
Thundorfer Straße 2
8400 Regensburg

Antikschreinerei
Otto, R.
Pürkelgutweg 12
8400 Regensburg

Rampfel, H.
Untere Bachgasse 11
8400 Regensburg

Schilling, F.
Steckgasse 4
8400 Regensburg

Kunsthandlung
Schönsteiner-Mehr
Untere Bachgasse 7
8400 Regensburg

Sedlmeier, F.
Lunzengasse 4
8400 Regensburg

Kunsthandlung
Seiler, H.-L.
Am Roemling
8400 Regensburg

Sennebogen, R.
Obere Bachgasse 19
8400 Regensburg

Stadelmeyer, G.
Villastr. 3
8400 Regensburg

Antiquitäten und Bauernmöbel

Hedwig Tollkühn
Taschenturmstr.2
8070 Ingolstadt
Tel.0841/3 40 31
privat 3 41 59

Möbel des 17.-19.Jahrh.
Riesenauswahl auf 1500 m²
Ausstellungsfläche

Tel.(08463) 9545

Manfred Ehrl
Antik-Waffen in allen Preisklassen
Tel. (08463) 1459
Schloß 8547 Greding
direkt an der Autobahn M.-Nbg.

Die Puppenwerkstatt

Restauration, Reparatur
Kleidung und Zubehör

Ankauf von Puppen und Puppenteilen
Geöffnet : Mo. - Fr. 14.30 - 18.30

Angelika Wühr
Webergasse 1
8078 Eichstätt
Tel. 08421 / 3229

DEKOR + ANTIK SALZER

8430 NEUMARKT
KARL - SPITTA - STRASSE 6
(INDUSTRIEGEBIET SÜD)
TEL.: 09181 / 5863

**ANTIQUITÄTEN
AN- UND VERKAUF**

DER FACHMANN FÜR ANTIKE
EINRICHTUNGEN UND RESTAURIERUNGEN

Antik - Schreinerei u. Antik - Laden

Ankauf und Verkauf von Antiquitäten
Restaurationen
Inh. R. Otto
Thundorferstr. 2 und Pürkelgutweg 12, 8400 Regensburg
Tel (09 41) 79 36 63 / 6 12 14 / 5 36 49

Kunsthandlung
Hailer, H.
Kirchengasse 4
8430 Neumarkt

Kunsthandlung
Kriha-Hermann, K.
Gartenstr. 2
8430 Neumarkt

Kunstpassage
Rosengasse 1 a
8430 Neumarkt

Kohlmann-Schaefer, M.
Zimmererstraße 16
8430 Neumarkt

Lang, Josef
Großbergweg 6
8430 Rittershof

Antik-u.Bauernmöbel
Mathes, Siegfried
Regensburger Straße
8430 Neumarkt

Galerie
Donau-Einkaufszentrum
8400 Regensburg

Radny, G.
Schwerdnermühle
8411 Lappersdorf

Antik
Salzer
Karl-Spitta-Straße 6
8430 Neumarkt

Vogel, Hans
Prinzenweg 13
8400 Regensburg

Antiquitäten
Ziegler
Hemhof
8411 Endorf

Stromberg
Rosengasse 5
8430 Neumarkt

Antiquariat
Wagner, H.-J.
Hinter der Grieb 4
8400 Regensburg

Kunsthandlung
Fahrnholz
Bodenstein
8415 Nittenau

Trescher, Hans
Weichselsteinerweg 1a
8430 Neumarkt

Kunsthandlung
Watzlawik, S.
Pfarrergasse 8
8400 Regensburg

Keup, K.-D.
Ludwigsplatz 14
8420 Kelheim

Neufert, M.
Wagnergasse 8
8433 Parsberg

Wingerter
Rennweg 19
8400 Regensburg

Kunsthandlung
Liberte
Stadtturm
8420 Straubing

Preis GmbH, Gebr.
Lindbergstr. 17
8433 Parsberg

Wolf, A.
Hemauer Straße 17
8400 Regensburg

Kunsthandlung
Meier, M.
Theresienplatz 6
8420 Straubing

Emmert, W.
Regensburger Straße 5
8450 Amberg

Zimmermann, H.
Obermünsterstr. 7
8400 Regensburg

Kunsthandlung
Probst, A. u. E.
Ludwigsplatz 16
8420 Straubing

Kunsthandlung
Fischer
Terrassenweg 21
8450 Amberg

Antikes
Froehler, Franz
Sternstraße 14
8401 Alteglofsheim

Antiquitäten
Schneeberger, R.
Schenkendorfstr. 5
8420 Straubing

Kunsthandlung
Maier, U.
Hafnergäßchen 1
8450 Amberg

Krisch, R.
Bergstraße 5
8401 Hagelstadt

Antiquitäten
Voelkl, I.
Mühlweg 34
8420 Straubing

Straubinger, F.
Leopoldstraße 10
8450 Amberg

Zimmermann, H.
Waldenburger Str. 2
8402 Neutraubling

Antiquitäten
Winklmeier, J.
Fraunhoferstr. 14
8420 Straubing

Kunsthandlung
Ernstberger, J.E.
Kreuzbergring 62
8460 Schwandorf

Oberhollenzer, J.
Schwaig-Mühlweg 3
8425 Neustadt a.D.

Kunsthandlung
Egeter, G.
Schulgasse 11
8480 Weiden

Waldhoefer
Hauptstraße 2
8411 Bernhardswald

Mittelalter in Ostbayern

Erleben Sie die Faszination vergangener Jahrhunderte in einzigartig erhaltenen Zentren mittelalterlicher Stadtkultur.

- Die Landshuter Hochzeit, Deutschlands größte historische Festveranstaltung,
- die Agnes-Bernauer-Festspiele in Straubing
- und die Veranstaltungen zu den 1250-jährigen Jubiläen der Bistümer Passau und Regensburg sind allemal eine Reise wert.

Veranstaltungskalender und Urlaubstips bei:
**Kultur-Info Ostbayern
Landshuter Straße 13
8400 Regensburg**

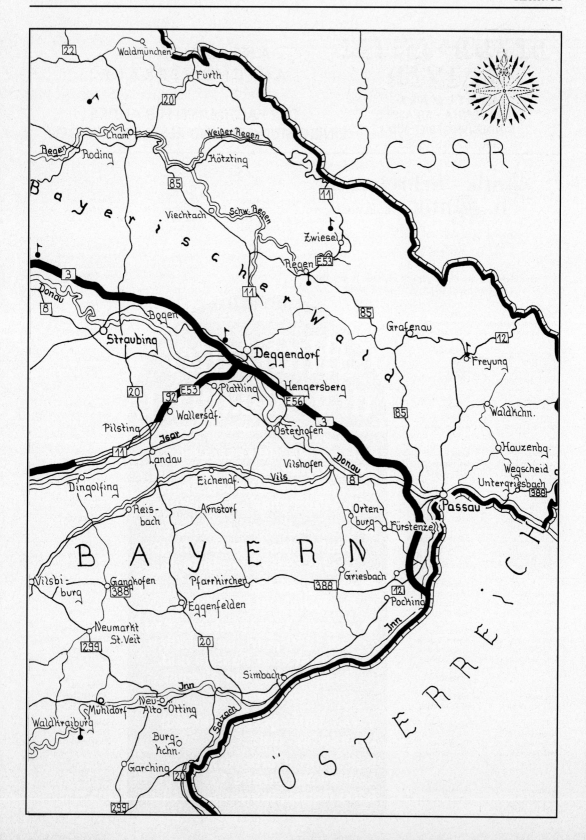

BAYERISCHER WALD

"Tief drin im Böhmerwald"

Waldgebirge

Das Ostbayerische Grenzgebirge trennt das Oberpfälzer Hügelland und das Alpenvorland vom Böhmischen Kessel. Bergland zwischen Donau und der Grenze zur CSSR, im Norden durch die Further Senke und das Tal des Regen von der Oberpfalz abgesondert, bestehend aus Gneis, Glimmerschiefer und Granit: ein Urgebirge der Erde, das vor 60 Millionen Jahren sehr hoch war. Heute - sechzig Berge über 1000 m hoch, im hinteren Teil ragt der Hauptgebirgszug weit über 1250 m auf: Großer Arber (1456 m), Kleiner Arber (1384 m), Lusen (1373 m)...

Die jetzt erkennbare Form entstand durch Verwitterung im Laufe der Jahresmillionen: flache, "abgeschliffene" Formen der Gipfel, die den blanken, nackten Fels (Granit) zeigen; Karseen, an der eiszeitlichen Schneegrenze entstanden: ... Arbersee, Rachelsee ...

Uns zeigt sich das größte zusammenhängende Waldgebiet Mittel- und Westeuropas, ein wellendes Waldmeer. Nach Süden öffnet sich der Ausblick ins Donautal mit dem Silberband des großen Stroms, an manchen Tagen, wenn die Luft ganz klar ist, begrenzt von der Kette der Alpen. In den Wäldern - es gibt noch echte Urwälder - Wandern, Schauen, Erleben: große und kleine Wunder. Der erste deutsche Nationalpark! Unzählige einsame Wege, "einer lieblicher als der andere" (Adalbert Stifter), mächtige Tannen und Fichten, Buchen, Ahorne und Lianen, Moose und Farne, Pilze und Beeren, über Kiesel springende Wasser...

Eine Kammwanderung entlang der Grenze: Vom Dreisesselfels, der untrennbar mit Leben und Werk von Adalbert Stifter verbunden ist, über Lusen, Rachel (Kapelle über dem Rachelsee), Falkenstein, Arber und Osser zum Hohen Bogen im Nordwesten - kahle, sagenumwobene Gipfel - Dunst und Nebel oberhalb der Baumgrenze. - Wer denkt nicht an die Sage vom Teufel, der hier einst seine unheilbringende Last zur Erde schmetterte?

Geschichte

Besiedelung bereits in der Stein- und Bronzezeit? - Funde deuten darauf hin. Historisch feststellbar sind jedoch die Kelten und Markomanen. Slawische Stämme (5.Jh.) folgten, wurden verdrängt von den Bajuwaren (aus Böhmen kommend). Rodung und Erschließung unter den Agilofingern, Klostergründungen. Der eigentliche Urwald, der Hintere Wald, aber blieb bis ins 13.Jh. unberührt, nur von engen Handelspfaden (Goldener Steig, von Passau nach Prachatitz) durchzogen. Unter den Wittelsbachern und dem örtlichen Adel dann nochmals eine intensive Kolonisierungsperiode, Kriege, Lauf der Zeit, Hussiteneinfälle (1420), Dreißigjähriger Krieg (1618 - 1648), Österreichischer Erbfolgekrieg. Seit 1806 (Königreich Bayern) gehört die Region außer den Landkreisen Cham, Roding und Regensburg zum Regierungsbezirk Niederbayern.

Umstritten ist noch immer der Name der Region: Böhmerwald, Bayerischer Wald - oder ganz einfach "Woid" (Wald), wie die Bewohner ihre Heimat liebevoll nennen. Argumente gibt es für jede Version, doch hat sich in den letzten Jahrzehnten der Name "Bayerischer Wald" für den westlich der tschechischen Grenze liegenden Teil des Böhmerwaldes eingebürgert, in dem der würzige Bärwurz "dahoam" ist.

"Wai'tler" (Waldler)

"Wir san vom Woid dahoam, der Woid is schö", so das Lied des Bayerischen Waldes, geschmettert aus rauhen Waldlerkehlen in "Boazzen" (Wirtschaften). Drei-, vierstimmig. Einer setzt ein, der zweite singt "üwe" (drüber), der nächste "überschlagt" und der vierte paßt "zuawe" (paßt seine Baßstimme dazu). "Ja, gesungen wird viel und "schö" im Osten Bayerns. Am Waldlerstammtisch, auf den Kirchweihen, an den langen Winterabenden, beim "Anklöpfeln" in den Losnächten - arme Leute und Kinder zogen und ziehen an den

Biertor - Wahrzeichen der Stadt Cham, das einzige noch erhaltene Burgtor (Urspr. 4 Tore) (Foto : Stadtarchiv Cham)

Donnerstagen im Advent auf die Straße - bei Weihnachtsspielen. Auch außerhalb brauchtümlich bestimmter Feste: Am Abend in der Familie, während der harten Arbeit, beim Spielen oder auch auf dem Weg vom Wirtshaus nach Hause . . . Volksmusik, lebendes Volksgut, in ihrer ursprünglichen Form. Volkslieder, das Schnaderhüpfl, das Gstanzl (ein Vierzeiler, lustig, mit herausforderndem Inhalt), Volkstänze, "a Musi" . . . mit Geigen, Klarinetten, Zimbal und Baß, Zither, Gitarre und uriger Knopfharmonika ... "auf geht's, Wai'tler, sing mer a weng"...

Ein besonderer Menschenschlag, knorrig und schlagfertig, keineswegs nur mit der Faust, um aufzutrumpfen beim "Watten", dem bayerischen Poker um eine Maß Bier. Foppen, Hereinlegen, Verulken ist fast schon eine Art Volkssport. Die Härte eines Lebens, das bis in die Gegenwart hinein selbstverständlich war, die Notwendigkeit, sich zu wehren, prägte die besondere Art der Niederbayern. Weit vom Schuß, auf Bauernhöfen, in Waldarbeiterhäusern, Waldbauernhöfen - es ging einfach zu und rauh. Das prägt !. In früheren Jahren mußte man fort, dahin, wo die Lebensbedingungen besser waren, wo es Arbeit gab, in die Großstädte, als Fernpendler, gar ins Ausland, New York, Chicago ... doch das Heimweh zog sie zurück in die Häuslwelt. - Ein sehnsüchtiger Menschenschlag, die Waldler. Ihre Heimat, der Wald, ermöglicht ihnen heute ein besseres Leben. Die Öffnung für den Tourismus, die Ausbeutung durch die "weiße Industrie" ist ein nahezu zwangsläufiger Vorgang. Ein Kompromiß zwischen Naturschutz und Tourismus muß gefunden werden, eine harmonische Verbindung von Reservat und Erholungsgebiet ist notwendig. Der Wald hat jetzt Arbeit genug für seine Menschen - "mir san vom Woid dahoam ...", "Musikanten, spielt's auf, daß d'Soitn springa" ...

"Waldtour"

Deggendorf, Einkaufsstadt der Wälder, ist ein idealer Ausgangspunkt für eine "Waldtour". Ein wichtiger Umschlagplatz der Donauschiffe. Einer der schönsten Stadtplätze Bayerns mit dem spätgotischen Rathaus, tausendjährige Vergangenheit, "Eingangstor zum Wald" ... In der näheren Umgebung und unweit der Donau liegen die weithin berühmten Klöster Metten und Niederaichtal: Barock an der Donau ...

Zwiesel: "Fein Glas und gut Holz, sind Zwiesels Stolz" - Hier in einem der wichtigsten Orte der Region mit seiner seit dem 14. Jh. belegten Glaserzeugung, mit der Staatlichen Glas-Fachschule, unternehmen wir einen Gang durch das Museum

"Wald - Heimat - Glas" und bewundern die herrlichen Kunstwerke aus Glas und Holz: Dokumente der Heimatgeschichte dieser Gegend. In unzähligen kleinen Glasbläserein gibt es mundgeblasene Gläser, Vasen oder buntverzierte "Schmalzlerflaschen" zu kaufen. Schmalzler ist Schnupftabak, im Dialekt "Schmai" genannt (die Zahl der Schnupfer wächst). Nicht fern von hier grüßt der Große Arber, majestätisch. Wer Lust hat, kann per Sesselbahn den Gipfel stürmen.
Bayrisch Eisenstein, Böhmisch Eisenstein liegt jenseits der Grenze, die den Bahnhof halbiert. Glasmacherkunst auch in Frauenau und Spiegelau. Ein Abstecher in den Nationalpark, durch den Wald nach Grafenau, Schloß Wolfstein in Freyung, zum sehenswerten Museumsdorf Tittling am Dreiburgensee ... eine Fülle von Sehenswürdigkeiten und Erholungsmöglichkeiten im "Gläsernen Wald" ... Bischofsmais (Wallfahrtsstätte), Bodenmais (Silberberg, 20 km Stollen), Bogen ... Donaustauf (Wallhalla, "Tempel deutscher Ehren"), Cham (älteste Stadt der Region), die über 1000jährige Handelsstadt. In der ehemaligen Fürstenherberge, dem heutigen Café Krone, stiegen einst Könige und Ritter ab. Ein guter Tip ist auch Untertraubenbach mit seinem Rötelseeweiher, einem einzigartigen Vogelschutzgebiet. - Genießen Sie das geruhsame Ostbayern! - Vielleicht nach Lam zu einem der ältesten Fremdenverkehrsorte der Region (Silberabbau bis ins 18.Jh.) ... oder entlang der Bayerischen Eisenstraße von Pegnitz bis Regensburg. Ganz sicher nach Passau, laut Alexander v. Humboldt eine der sieben schönsten Städte der Welt mit zahlreichen sakralen und profanen Bauwerken und einer 2000jährigen Geschichte: Stephansdom (größte Kirchenorgel der Alten Welt), St. Nikola-Kirche, Alte und Neue Bischofsresidenz, Rathaus, Römerwehr, Paulusbogen, Kloster Niedernburg, Feste Oberhaus ... idyllisch eingebettet liegt die Dreiflüssestadt" an der Mündung von Inn und Ilz. - Und, wenn es Ihnen zu laut, zu hektisch werden sollte, dann ziehen Sie wieder ..."waldwärts"...

Glück und Glas
Da Holz im Mittelalter der wichtigste Brennstoff war, da die Wälder zwischen Furth und Passau dicht waren und noch kaum besiedelt und da man außerdem auch noch Quarz fand, drangen die Glashütten im Mittelalter aus der Gegend um Köln, wo bereits die Römer die Glaserzeugung betrieben, bis in den Bayerischen Wald vor. Das sogenannte Flußmittel (Pottasche) gewann man aus der Asche der Baumriesen. 1000 Kubikmeter Fichtenholz ergaben 0,45 m^3 Pottasche. Das Aschebrennen war damals ein wichtiger Beruf. Man zog umher (Wanderhütten), produzierte Perlen, Fenster- oder Butzenscheiben und Trinkgläser, bekannt unter dem Begriff "Waldglas". Pferdefuhrwerke karrten dann die Produkte in die umliegenden Städte (Regensburg, Passau, Nürnberg, auch nach Wien oder Warschau). Im 19. Jh. kam die Öffnung nach draußen - Eisenbahnstrecke von Plattling nach Bayerisch Eisenstein - der Kohlegenerator löste die Holzfeuerung ab. Rohstoffe wurden eingeführt, die Hütten aber blieben. Wenn auch die Struktur der heutigen Glasindustrie sich wesentlich veränderte, wenn sich schöpferische Arbeit auch in einem Vakuum befindet, das jahrtausendalte Handwerk des Glasmachens und Glasveredelns sollte erhalten bleiben. Glas wird heute tonnenweise geschmolzen, aus den Hütten sind Fabriken geworden. - Der Tourismus fördert zwar die Existenz kleinerer Veredelungsbetriebe. Es gibt Berufsschulen, Staatliche Glas-Fachschulen, ein Glasmuseum in Frauenau. Man kann nur hoffen, daß schöpferische Impulse, neue Ideen der alten Tradition dieses Handwerks neuen Auftrieb und entsprechende Würdigung geben, gerade hier im "Gläsernen Wald".

Zinnkanne im Chamer Rathaus

UNSER TIP

Cordonhaus Cham
Propsteistr. 46
8490 Cham
Seit mittlerweile sechs Jahren besteht das Cordonhaus in Cham mit seiner inzwischen überregional bekannten Städtischen Galerie, heimatgeschichtlicher Sammlung und, seit 1984, der prähistorischen Sammlung der sogenannten Chamer Gruppe, die für die Vorgeschichtswissenschaft ein wichtiges Forschungsgebiet ist.
Es finden mit Unterstützung des "Freundeskreises Kunst im Cordonhaus" und der "Altstadtfreunde Cham" Ausstellungen, Lesungen, Konzerte und Theaterveranstaltungen statt. Auch die Freunde der Kleinkunst kommen auf ihre Kosten. Bei den Vernissagen hat es sich in letzter Zeit eingebürgert, kleinere musikalische Darbietungen (dank des neuen Flügels) von jungen Künstlern miteinzubeziehen, wobei hie und da durchaus Leckerbissen für musikalische Ohren zu hören sind.
Öffnungszeiten:
Mittwoch bis Sonntag, 14 - 17 Uhr;
Donnerstag, 14 - 19 Uhr

Passauer Glasmuseum
Am Rathausplatz
8390 Passau
Tel.: 0851/35071
Telex 57954
In der jahrtausendealten Glaskunst hat es nie zuvor eine solche Pracht, Eleganz und Vielfalt gegeben wie im 19. Jahrhundert in Bayern, Böhmen und Österreich. Im Passauer Glasmuseum erstrahlt diese fruchtbare Epoche des Glasschaffens in prächtigem Glanz. Harmonisch fügen sich 150 Glasvitrinen mit mehr als 10.000 Einzelstücken vom Biedermeier bis zum Jugendstil in die vornehm-zurückhaltende Raumarchitektur ein.
Zu Gruppen zusammengestellt und in jeweils einzelnen Schauvitrinen und Sälen präsentiert, werden die wichtigsten Erzeugnisse der Glashütten nach Epochen einprägsam vorgestellt. Hier wurde "in die Tiefe" gesammelt - für die Glasforschung ein Beitrag von unschätzbarem Wert. Alte Unterlagen berichteten zwar über die vielfältige Erzeugung von Glas, aber noch nie wurde die hohe Glaskunst des 19. Jahrhunderts "Bayern - Böhmen - Österreich" in solcher Vollständigkeit und Übersichtlichkeit an einem Ort gesammelt und präsentiert.
Öffnungszeiten: Ganzjährig geöffnet, täglich von 9 - 17 Uhr

Freilichtmuseum Finsterau
8391 Finsterau
Tel.: 08557/221
Im Freilichtmuseum Finsterau am Ostrand des Nationalparks Bayerischer Wald werden in einem großzügigen Gelände Bauernhäuser und -höfe aus dem ganzen Bayerischen Wald zusammengetragen. Von Kleinbauernanwesen bis zum stattlichen Vierseithof des Großbauern spannt sich das Spektrum der Hofgrößen. Alle Häuser sind vollständig ausgestattet, nicht allein mit schönen Möbeln und altertümlichen Geräten, sondern auch mit den derben Gegenständen des bäuerlichen Alltags. Besonders das ärmliche "Sachl" mit seiner wirklichkeitsgetreuen Einrichtung zählt zu den wichtigsten Freilichtmuseumsobjekten in Deutschland. Die karge, zugige Kinderkammer mit den wenigen, einfachen Spielsachen steht in herbem Kontrast zum gewohnten Bild vom schönen Landleben. Beim Petzi-Hof sind sieben Gebäude um einen engen Innenhof gruppiert. Der Hof war bis zur Übertragung bewohnt und enthält weitgehend originale Ausstattung aus dem frühen 20. Jahrhundert. Die gemauerten Öfen in den Stuben, die dunklen Holzdecken und die abgenutzten Möbel, die mit Stickereien verzierten Textilien, die Gefäße und Geräte und die unzähligen Kleinigkeiten, die sich alle "an ihrem hergebrachten Platz" befinden, erwecken eine rege Vorstellung des vergangenen Lebens auf dem Bauernhof. Im Erdgeschoß der "Ehrn", einem ehemals verrufenen Straßenwirtshaus, ist eine gemütliche Museumsgaststätte eingerichtet. Das obere Stockwerk beherbergt jährlich wechselnde Sonderausstellungen.
Öffnungszeiten:
Dienstag bis Sonntag, Januar bis April 13-16 Uhr, Mai bis September 9-18 Uhr, Oktober 9-16 Uhr, November bis 15. Dezember geschl., 16. bis 31. Dezember 13-16 Uhr; montags außer an Feiertagen geschlossen.

Museumsdorf Bayerischer Wald
direkt neben dem Hotel Dreiburgensee
8504 Tittling
Tel.: 08504/8482 u. 4040
Das Museumsdorf zeigt die historischen Bauformen des Bayerischen Waldes aus dem 15. bis 19. Jahrhundert. 50 bäuerlichen Anwesen mit ca. 100 Objekten, 30.000 Sammelstücke bäuerlicher Volkskunst, bäuerliche Geräte, komplette Werkzeugsammlungen von mehr als 30 Handwerksberufen; Sägewerke, Mühlen und die älteste Volksschule in Deutschland.

Museum in der Veste Oberhaus
Burgfeste Oberhaus
8390 Passau
In über 50 historischen Räumen beherbergt das kulturgeschichtliche Museum der Stadt Passau seine vielfältigen Schausammlungen.
Öffnungszeiten: ganzjährig geöffnet, täglich außer Montag: 15. März - 31 Oktober 9 - 17 Uhr.
Pendel-Verkehr zur Veste Oberhaus ab Rathausplatz vom 1. Mai - 15. Oktober 10.30 - 11.30, 12.30 - 16.30 Uhr.

Römermuseum Kastell Boiotro
Ledergasse 43
Zweigmuseum der Prähistorischen Staatssammlung München im Stadtteil Innstadt: Archäologische Funde aus Passau und Umgebung (römische Vergangenheit, Völkerwanderungszeit).
Geöffnet: 1. März - 30. November, täglich außer Montag 10 - 12 Uhr, 15 - 17 Uhr, (Juni, Juli, August, 14 - 17 Uhr). Museumsführung jeden 1. und 3. Mittwoch von März - November, von 17 - 18 Uhr.

Antiquitäten- und Kunsthandlungen

Antiquitäten
Wieser, G.
Passauer Straße 8
8350 Plattling

Kunsthandlung
Heinzl, L.
Stadtplatz 1
8374 Viechtach

Antiquitäten
Straub, L.
Fischhaus
8391 Ruderting

Kunsthandlung
Herrmann, H.
Poschingerstr. 12
8371 Drachselsried

Antiquitäten
Boehmisch, H.L.
Rindermarkt 1
8390 Passau

Antiquitäten
Thurnreiter
Grabengasse 28
8390 Passau

Antiquitäten
Driendl, H.
Voitschlag
8352 Grafenau

Kunsthandlung
Tixier, F.
Gansmühle 10
8380 Landau

Antiquitäten
Blum
Parkstettenerstr. 8
8441 Steinach

Antiquitäten
Pongratz, A.
Oberzwieselauerstr.1
8372 Zwiesel

Antiquitäten
Haidinger, E.
Ortstraße 8
8390 Passau

Antiquitäten
Vogel, G.
Zieglreuth
8390 Passau

Restaurator
Zambelli
Haus i.Wald
8352 Grafenau

Antiquitäten
Boehmisch, E.
Große Messergasse 2
8390 Passau

Antiquitäten
Holey, G.
Hauptstraße 26b
8441 Feldkirchen.

Kunsthandlung
Schmitt, H.
Langdorferstr. 30
8372 Zwiesel

Antiquitäten
Haimerl, K.
Bräugasse 16
8390 Passau

Kunsthandlung
Zanella, C.
Michaeligasse 8
8390 Passau

Restaurator
Haber,. G.
Passauer Straße 27
8353 Osterhofen

Antiquitäten
Boehmisch, H.L.
Rindermarkt 1
8390 Passau

Kunsthandlung
Wachter, R.
von-Pflug-Str. 15
8462 Neunburg

Kunsthandlung
Herrmann
Bergknappenstraße 18
8373 Bodenmais

Antiquariat
Henke, H.
Domplatz
8390 Passau

Kunsthandlung
Zanella, C.
Residenzplatz 3
8390 Passau

Restaurator
Beer, F.
Zollingstraße
8355 Hengersberg

Antiquitäten
Haidinger, E.
Ortstraße 8
8390 Passau

Antiquitäten
Wieser, G.
Passauer Straße 8
8350 Plattling

Kunsthandlung
Heinzl, L.
Stadtplatz 1
8374 Viechtach

Antiquitäten
Maier, J.
Neuburger Straße 41
8390 Passau

Restaurator
Kellhammer
Unteres Bergfeld 10
8391 Thyrnau

Antiquitäten
Wenzel, H.
Hochreuth
8356 Spiegelau

Antiquitäten
Haimerl, K.
Bräugasse 16
8390 Passau

Antiquitäten
Driendl, H.
Voitschlag
8352 Grafenau

Kunsthandlung
Tixier, F.
Gansmühle 10
8380 Landau

Kunsthandlung
Michalski,
Görlitzerstr. 34
8390 Passau

Antiquitäten
Seidl, M.
Erlenweg 11
8391 Kirchberg

Kunsthandlung
Sulek, M.
Füeßlgasse 11
8357 Wallersdorf

Antiquariat
Henke, H.
Domplatz
8390 Passau

Restaurator
Zambelli
Haus i.Wald
8352 Grafenau

Antiquitäten
Boehmisch, E.
Große Messergasse 2
8390 Passau

Antiquariat
Stoecker, E.
Ludwigsplatz
8390 Passau

Antiquitäten
Straub, L.
Fischhaus
8391 Ruderting

Kunsthandlung
Fuchs
Einöd bei Pleinting
8358 Vilshofen

Antiquitäten
Maier, J.
Neuburger Straße 41
8390 Passau

Restaurator
Haber,. G.
Passauer Straße 27
8353 Osterhofen

Antiquitäten
Hartl, G.
Oberer Stadtplatz
8360 Deggendorf

Kunsthandlung
Michalski,
Görlitzerstr. 34
8390 Passau

Restaurator
Beer, F.
Zollingstraße
8355 Hengersberg

Kunsthandlung
Pasquay, J. u. H.
Bergerstraße 42
8360 Deggendorf

Antiquariat
Stoecker, E.
Ludwigsplatz
8390 Passau

Antiquitäten
Wenzel, H.
Hochreuth
8356 Spiegelau

Kunsthandlung
Waeschefelder, I.
Stadtgraben 39
8360 Deggendorf

Antiquitäten
Thurnreiter
Grabengasse 28
8390 Passau

Kunsthandlung
Sulek, M.
Füeßlgasse 11
8357 Wallersdorf

Kunsthandlung
Wießner, H.
Moizerlitzplatz 4
8370 Regen

Antiquitäten
Vogel, G.
Zieglreuth
8390 Passau

Kunsthandlung
Fuchs
Einöd bei Pleinting
8358 Vilshofen

Kunsthandlung
Herrmann, H.
Poschingerstr. 12
8371 Drachselsried

Kunsthandlung
Zanella, C.
Michaeligasse 8
8390 Passau

Antiquitäten
Hartl, G.
Oberer Stadtplatz
8360 Deggendorf

Antiquitäten
Pongratz, A.
Oberzwieselauerstr.1
8372 Zwiesel

Kunsthandlung
Zanella, F.
Residenzplatz 3
8390 Passau

Kunsthandlung
Pasquay
Bergerstraße 42
8360 Deggendorf

Kunsthandlung
Schmitt, H.
Langdorferstr. 30
8372 Zwiesel

Restaurator
Kellhammer
Unteres Bergfeld 10
8391 Thyrnau

Kunsthandlung
Waeschefelder, I.
Stadtgraben 39
8360 Deggendorf

Kunsthandlung
Herrmann
Bergknappenstraße 18
8373 Bodenmais

Antiquitäten
Seidl, M.
Erlenweg 11
8391 Kirchberg

Kunsthandlung
Wießner, H.
Moizerlitzplatz 4
8370 Regen

Cordonhaus Cham

mit Städtischer Galerie
und Heimatgeschichtlicher
Sammlung

**Propsteistr. 46
8490 Cham**

Öffnungszeiten:
Mittwoch bis Sonntag 14 bis 17 Uhr,
Donnerstag 14 bis 19 Uhr
Telefon (09971) 4933 und 4941

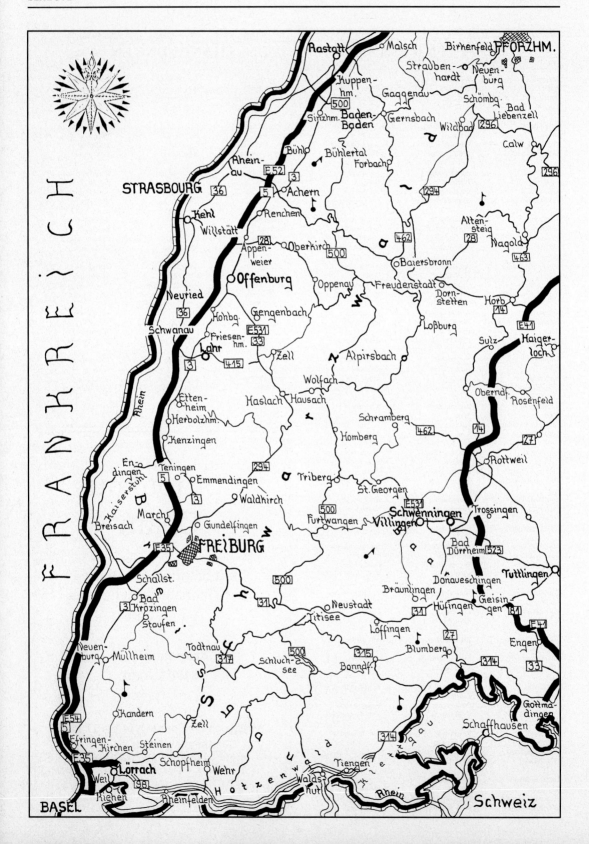

SCHWARZWALD

"Kuckuck, Kuckuck, ruft`s aus dem ..."

Entstehungsgeschichte
Vor 50 - 60 Millionen Jahren waren der Schwarzwald und die Vogesen, die wie Zwillingsschwestern den Oberrheingraben einrahmen, ein zusammenhängendes, von Meer bedecktes Gebiet. Geschiebe und Gezerre, die Ränder hoben sich, das Mittelstück brach ein, und das Meer zog sich angesichts dieser Naturgewalten erschrocken zurück. An den brüchigen Rändern spie die Erde Feuer und hinterließ als eindrucksvolle Beweise den Hegauvulkanismus im Osten und den Kaiserstuhlvulkanismus im Westen des Schwarzwalds. Die Gletscher der Eiszeit starteten im Verbund mit den Schwarzwald- und Vogesenflüssen und dem Rhein eine konzertierte Aktion: Die Berge wurden geschliffen und gerundet, der Graben durch die Flüsse eingeebnet, und als Abschiedsgeschenk gab es ein paar wunderschöne Seen.

Landschaft und Grenzen
Man muß schon sagen, die Arbeit hat sich gelohnt. Der Schwarzwald ist nicht nur das höchste, sondern auch eines der schönsten Mittelgebirge Deutschlands. Von Norden kommend, weiß man eigentlich gar nicht so recht, wo das Kraichgauer Hügelland aufhört und der Schwarzwald anfängt. Aber, wenn man erst einmal auf dem welligen Rücken angekommen ist, sieht man vor lauter Wald die Tannen nicht. Man ahnt, wie der Schwarzwald zu seinem Namen gekommen ist. Auf der Reise gen Süden verändert sich das Bild allmählich. Der Wald ist durch zahlreiche Rodungen aufgelockert und die Besiedlung dichter als im Nordschwarzwald. Im Südschwarzwald wird die Landschaft abwechslungsreicher. Hier gibt es die höchsten Berge wie den Feldberg (1433 m) mit seinen Trabanten, von denen einige über 1100 m hoch sind, tief eingeschnittene Täler und Schluchten, Wasserfälle und stille Seen. Aber, getreu dem Motto, wo es am schönsten ist, soll man aufhören, fällt der Schwarzwald im Süden wie eine riesige Sonnenterrasse zum Hochrheintal hin steil ab. Halt! Es gibt auch seitliche Grenzen. Im Osten richtet man sich am besten nach der Faustregel: Wenn der Wald aufhört und in fruchtbare Anbauflächen für Mensch und Vieh übergeht, fangen Klettgau, Baar, das Albvorland oder die Gäulandschaften des Neckarlandes an. Das stimmt dann in etwa. Im Westen ist die Grenze schon deutlicher sichtbar. Unter dem Steilabfall zur Oberrheinischen Tiefebene werden die zahlreichen vorgelagerten Berge und der Kaiserstuhl hauptsächlich für den Weinbau genutzt (Bacchus sei Dank). In der fruchtbaren Ebene wird Getreide, Obst und Gemüse angebaut.

Geschichte
Die Vorfahren der heutigen Schwarzwaldbewohner, die Alemannen, hatten sich nach der Vertreibung der römischen Besatzer in der Oberrheinebene und den Schwarzwaldtälern niedergelassen, bewirtschafteten die fruchtbaren Felder und genossen die römischen Thermen. Da zeigten ihnen die Franken, was eine Harke ist, vertrieben die Alemannen aus dem Norden und besetzten den Süden mit einer fränkischen Militärregierung. Die nächsten 1000 Jahre litt die Bevölkerung unter der Leibeigenschaft und der Abhängigkeit von zahlreichen Feudalherren (im 13.Jh. waren es 250). Die größten Stücke der Schwarzwälder Torte schnitten sich die Habsburger, die Markgrafen von Baden und die Grafen von Württemberg ab. Die Bauern wehrten sich gegen diese Ausbeutung durch ihre Grundherren und es kam immer wieder zu erfolglosen Aufständen und Revolten. Der Bauernaufstand des "Bundschuh" unter Joß Fritz und dem "Armen Konrad" (weil i koin Rat weiß) wurde ebenso niedergeschlagen wie die Bauernkriege, die in Stühlingen ausgelöst wurden. Auch die Salpeterer, die im Hotzenwald ihre Freiheit gegen die Klosterherren von St. Blasien verteidigten, hatten keinen Erfolg gegen die weltliche und geistliche Übermacht. Erst 1783 wurde die Leibeigenschaft abgeschafft. Die freiheitlichen, demo-

kratischen Kräfte des 19.Jh. machten den Südwesten noch einmal zum Ausgangspunkt einer spektakulären, aber glücklosen Revolution. Der Versuch von Hecker und Struve, 1848/49 die Republik auszurufen, wurde von "Ausländern", den Preußen, niedergeschlagen. Noch heute werden die "Preußen" im Ländle mit Vorsicht genossen.

Architektur
Zwar wurde vieles durch Kriege und die Säkularisation zerstört und verschleudert, trotzdem gibt es noch zahlreiche Baudenkmäler und bedeutende Kunstschätze quer durch die Jahrhunderte. Welchen Stil bevorzugen Sie? Möchten Sie wissen, wie die Römer gebadet haben? Dann fahren Sie nach Badenweiler oder Baden-Baden. Wenn Sie von der Monumentalität der romanischen Kunst beeindruckt sind, können Sie die Klosterbauten von Hirsau oder die St. Cyriakuskirche in Sulzburg besichtigen. Das Freiburger Münster mit seinem "Schönsten Turm der Christenheit", einem Prototyp gotischer Baukunst, wird Sie auf jeden Fall begeistern. Falls Sie etwas für Altäre übrig haben, sollten Sie sich den Hochaltar im Freiburger Münster und, weil Sie schon in der Nähe sind, auch den im Breisacher Münster anschauen.

Aber die Gotik hat noch mehr zu bieten. Neben Kirchen, Schlössern und Burgen läßt sich in zahlreichen Städten mit prächtigen Patrizierhäusern, Wehrgängen und Türmen das Mittelalter heraufbeschwören. (Ettlingen, Calw, Villingen-Schwenningen, Gegenbach, Waldshut). Sollten Sie ein froher, lebenslustiger Mensch sein, bevorzugen Sie vielleicht den üppigen, unbekümmerten Stil der Barockbauten, wie sie sich die reichen Klöster von St. Ulrich, St. Peter und St. Trudpert vom Vorarlberger Peter Thumb erbauen ließen. Diese Bauwerke sind Ausdruck der Erleichterung über das Ende des 30-jährigen Krieges. Beispiele des heroischen Geschmacks im Klassizismus finden Sie u.a. in Freiburg und St. Blasien.

Als echtes Kind des Industriezeitalters können Sie nichts mit dem Wort Nostalgie anfangen? Besichtigen Sie doch mal die Freiburger Universitätsbauten. Sie wurden nach dem 2. Weltkrieg neu gebaut und gelten als gelungenes Beispiel für moderne, funktionelle Architektur des 20. Jahrhunderts.

Freiburg, das Martinstor
(Foto: Städt. Verkehrsamt, Freiburg i.Br.)

Freizeit
Wer den Schwarzwald so richtig erleben will, sollte seine Wanderschuhe anziehen und sich auf die Socken machen. Es gibt immerhin 23.000 km Wanderwege. Und, wenn er Glück hat, platzen seine Blasen im Glottertal und Dr. Brinkmann verarztet ihn. Sie können Wildparks besuchen, Golf oder Tennis spielen, Drachenfliegen, Segeln, Surfen, Skifahren und... und... und... ein Bummel in Freiburg gehört genauso dazu wie der Besuch eines Weinfestes in den Weinbaugebieten.

Spezialitäten
Ein Vesperteller in einem Landgasthaus. Schwarzwälder Schinken, Schwartenmagen und Schäufele mit Holzofenbrot und zur Verdauung ein Obstwässerle, ein bodenständiges Vergnügen! Die Schwarzwälder Kirschtorte ist nichts für Schlankheitsapostel, genausowenig wie Knöpfli, Flädli, Riebeli, Schupfnudle oder Scherbeküchli. Sie wissen nicht, was das ist? Probieren!
Hier werden die Soßen mit Wein verfeinert und das Schneckensüppchen mit Sahne gebunden. Daß dazu Wein getrunken wird, ist selbstverständlich. Man merkt, Frankreich ist gleich nebenan.

Brauchtum

Wenn er rot ist, ist sie ledig, wenn er schwarz ist, ist sie verheiratet. Die Rede ist vom Bollenhut, dem Symbol Schwarzwälder Trachten. Getragen werden sie bei Hochzeiten, Volksfesten und kirchlichen Feiertagen. Die höchsten Feiertage haben, zumindest in den Fastnachtshochburgen, nichts mit der Kirche zu tun. Und schon gar nichts mit dem rheinischen Karneval. Bei der alemannischen Fasnet werden die Wintergeister ausgetrieben und die Hexen, Narros oder Schurris sehen mit Häs und Holzlarve nicht selten zum Fürchten aus.

Schwarzwaldhaus und Kuckucksuhr

Breit und behäbig, das Stroh- oder Schindeldach teilweise bis auf den Boden. An der Giebelseite weit herabgezogene Walmen. Wohnhaus, Stallungen, Speicher, alles hat darunter Platz.
Im Freilichtmuseum Vogtsbauernhof können Sie das typische Schwarzwaldhaus besichtigen. Das Uhrmacherhandwerk hat im Schwarzwald eine lange Tradition, vor allem die Kuckucksuhr hat den Schwarzwald berühmt gemacht.
Im Deutschen Uhrenmuseum in Furtwangen gibt es mehr als 1000 Objekte aus allen Zeiten der Uhrenentwicklung. (Siehe auch Rubrik "Uhren").

Kleiekotzer, Buche geschnitzt und bemalt (Augustinermuseum Freiburg) (Foto : H. P. Vieser)

UNSER TIP

Schwarzwälder Freilichtmuseum
"Vogtsbauernhof"
7625 Gutach

Im Gutacher Freilichtmuseum "Vogtsbauernhof" eröffnet sich dem Besucher ein faszinierender Einblick in bäuerliches Leben und Wohnen, in ländliche Kultur und Technik des Schwarzwaldes vom Hotzenwald im Süden bis zum Rench- und Achertal im Norden. Dies wird erreicht durch die Präsentation der fünf wichtigsten Haustypen dieser Landschaft, denn "das Schwarzwaldhaus" gibt es nicht. Aber trotz aller Verschiedenheiten haben die im Museum gezeigten Häuser gemeinsame Merkmale: Alle Häuser sind Eindachhäuser für Menschen, Vieh und deren Nahrung; sie sind mit Schindeln oder Stroh gedeckt und zumindest im Wohnbereich ganz aus Holz. Ständer und Bohlen beherrschen die Wandstruktur. Die Fenster sind durch Sprossen gegliedert und bilden oft - senkrecht aufeinander zulaufend - einen Fenstererker. Alle Häuser des Museums sind mit altem Hausrat und Wirtschaftsgerät ausgestattet. Sie geben so einen Einblick in die Lebens- und Schaffenswelt der früheren Schwarzwaldbewohner. Dazu gehören auch die Nebengebäude der Höfe wie das Leibgedinghaus, Speicher, Mühlen, Sägen und Kapellen. Beginnende eigenständige Gewerbetätigkeit in abhängiger Lohnarbeit oder als selbständige Tagelöhner deuten sich in Gebäuden wie der Hanfreibe, der Hammerschmiede, der Ölmühle oder in einem nachgebauten Kohlenmeiler sowie in der Störhandwerksstube an.
Keim- und Ausgangszelle des Museums war der "Vogtsbauernhof". Er wurde an Ort und Stelle in Gutach erbaut und gab dem Bauernhaustyp, den er verkörpert, den Namen "Gutacher Haus". Ihm wurden ein Speicher, ein Leibgedinghaus, eine Mahl- und eine Sägemühle sowie ein Back- und Brennhaus zugesellt. Ein Bauerngarten sowie ein reichhaltiger Kräuter- und Heilpflanzengarten runden den Gesamteindruck dieser Hofanlage ab. Im Jahre 1966 wurde der "Hippenseppenhof" aus Furtwangen-Katzensteig erworben, der mit seiner Firstsäulenkonstruktion die älteste Bauweise im Schwarzwald aufzeigt. Ihm sind eine Hofkapelle und ein Speicher angegliedert.
Zwischen 1970 und 1972 gelang es, aus Oberwolfach den "Lorenzenhof" zu erwerben, eines der schönsten noch erhaltenen "Kinzigtäler Bauernhäuser". In diesem Hofgebäude, dem ein Backhaus, eine Hanfreibe, ein Speicher und eine Sägemühle zugeordnet sind, wurde im Jahre 1979 ein Waldmuseum der Landesforstverwaltung Baden-Württemberg eingerichtet.
Aus dem Südschwarzwald konnten leider keine Originalbauten erworben werden, man mußte sich daher mit Nachbauten behelfen: 1980 mit der Idealform eines Hotzenwaldhauses nach dem Vorbild des "Klausenhofs" von Herrischwand und 1982 mit dem Neu- und Nachbau des "Reesehanselhofs" aus Hofgrund als Beispiel für ein Haus aus den Hochregionen des Schwarzwaldes.
Eine Sammlung von Archivalien, Bildern, Plänen und Literatur vervollständigt das Gesamtbild.
Öffnungszeiten:
Von 1. April bis 1. November täglich von 8^{30} bis 18^{00} Uhr; Einlaß bis 17^{00} Uhr

Antiquitäten- und Kunsthandlungen

Martin Moreschi
Antiquitäten und Beratung
An- und Verkauf
Hauptstraße 7, Tel : 0 78 03 / 38 17
7601 Ohlsbach

Kunsthandlung
Danner, P.
Farrengasse 5
7601 Ortenberg

Kunsthandlung
Bippus, A.
Gassenwiesen 5
7214 Zimmern

Grimm, R.
Oberndorferstr. 147
7230 Schramberg

Sauttner, F.
Schubartweg 8
7260 Calw

Kunsthandlung
Döbele, J.
Max-Ackermann-Str.
7263 Bad Liebenzell

Kunsthandlung
Huber, M.
Sauter-Weg. 16
7263 Bad Liebenzell

Kunsthandlung
Stöcklein, U.
Maisenbacher Str.
7263 Bad Liebenzell

Flegel, F.
Stettinerstr. 67
7270 Nagold

Kunsthandlung
Neugebauer, F.
Welkerstr. 107
7272 Altensteig

Jaehnert, K.
Wildbergerstr. 16
7277 Wildberg

Gemälde
Friedrich
Schulstr. 35
7290 Freudenstadt

Kunsthandlung
Root
Ruhesteinstr. 523
7292 Baiersbronn

Kunsthandlung
Theile
Hauptstr. 7
7295 Dornstetten

Hoenig, W.
Rodt Schroederstr. 10
7298 Loßburg

Kunsthandlung
Barz, W.
Sofienstr. 4
7600 Offenburg

Karrle, K.
Resedenweg 8
7600 Offenburg

Kaul, U.
Vitus Burg 5
7600 Offenburg

Leberer, U.
Bad Str. 2
7600 Offenburg

Rexter
Saarlandstr. 4
7600 Offenburg

Kunsthandlung
Danner, P.
Farrengasse 5
7601 Ortenberg

Kunsthandlung
Link, P.
Hauptstr. 58
7602 Oberkirch

Kunsthandlung
Müller, E.
Löwengasse 2
7602 Oberkirch

Danner, F.
Ortenauer 27
7604 Appenweier

Muschalla, H.
Joseph Simon Str. 8
7606 Lautenbach

Baldzuhn, B.
Vogesenstr. 58
7607 Neuried

Boscia, S.
Hauptstr. 77
7613 Hausach

Ruck, M
Brueckenhauserstr. 2
7614 Gengenbach

Kunsthandlung
Kruft, P.
Vorstadtstr. 66
7620 Wolfach

Kunsthandlung
Mensing, P.
Kirchstr. 24
7630 Lahr

Kunsthandlung
Röger, S.
Bertholdstr. 56
7630 Lahr

Trapp, E.
Heerstr. 176
7630 Lahr

Warthmann, T.
Altstadtquartier 14
7630 Lahr

Kunsthandlung
Wild GmbH
Rathausplatz 6
7630 Lahr

Hirth, E.
Oberdorfstr. 8
7640 Kehl

Walter, S.
Blumenstr. 8
7640 Kehl

Fundgrube
Schmieder
Hauptstraße 39
7742 Vöhrenbach

Krohmer, E.
Fliederweg 12
7790 Meßkirch

Kunsthandlung
Albrecht, B.
Kantinenstr. 10
7800 Freiburg

Antik
Oberlinden 10
7800 Freiburg

Antiquariat
Bauch, H.
Basler Str. 20
7800 Freiburg

Kunsthandlung
Berges
Schwabentorplatz 6
7800 Freiburg

Antiquariat
Bernecker, J.
Gerberau 7b
7800 Freiburg

Birkenfelder, O.
Badenweilerstr. 16
7800 Freiburg

Borbe, O.
Birkenweg 15
7800 Freiburg

Antiquitäten
Brugger, E.
Landstr. 95
7800 Freiburg

Kunsthandlung
Chamier
Wilhelmstr. 1a
7800 Freiburg

Kunsthandlung
Correa
Goethestr. 3
7800 Freiburg

Antik
Deutsch
Konviktstr. 16
7800 Freiburg

Dick
Hildastr. 17
7800 Freiburg

Dingler
Günterstal 53
7800 Freiburg

Dold, T.
Gerberaustr. 2
7800 Freiburg

Kunsthandlung
Eberwein
Gerberau 5a
7800 Freiburg

Eisenhans, V.
Rempartstr. 5
7800 Freiburg

Foernbacher, K.
Schlossbergstr. 10
7800 Freiburg

Antiquariat
Forster & Kaner
Grünwälder Str. 6
7800 Freiburg

Kunsthandlung
Friedrich, Kurt
Friedrichstr. 27
7800 Freiburg

Fritz, W.
Jahnstr. 13
7800 Freiburg

Geschoell
Wippertstr. 3
7800 Freiburg

Haemmerle, W.
Zähringerstr. 353
7800 Freiburg

Haering, J.
Gerberau 38
7800 Freiburg

Antikes & Neues
Antiquitäten-
Restaurationen
Unsere Spezialität :
Handpolituren

Werkstätte für Holzgestaltung und Innenausbau
Hans - Peter Krier
Schreinermeister

7883 Görwihl - Niederwihl Nr. 130
Telefon (0 77 54) 8 40

7887 Laufenburg / Ost, Gewerbegebiet
Telefon (0 77 63) 12 34

Antikhandel

**Möbel und Kleinantiquitäten
auch für Händler interessant**

Tel. 07728-1340 u. 07725-3257

Michaela + Hans Lierheimer   Niedereschach   Dauchingerstr. 43

Antiquitäten
Hagen, T.
Konradstr. 7
7800 Freiburg

Antiquariat
Kolb, U.
Friedrichring 11
7800 Freiburg

Antiquitäten
Reichenbach
Gerberau 8
7800 Freiburg

Antiquariat
Ries, Peter
Lerchenstr. 21
7800 Freiburg

Kunsthandlung
Sasse
Quäkerstr. 11
7800 Freiburg

Antiquitäten
Schumann, U.
Talstr. 35
7800 Freiburg

Kunsthandlung
Halouskova, K.
Bertoldstr. 43
7800 Freiburg

Kraus, M.
Klarastr. 55
7800 Freiburg

Kunsthandlung
Reichert, A.
Gerberau 7a
7800 Freiburg

Runte, C.
Baslerstr. 93
7800 Freiburg

Scherb, W.
Kartäuserstr. 32
7800 Freiburg

Schwer, D.
Schwarzwaldstr. 88
7800 Freiburg

Gottenheim
Klarastr. 62
7800 Freiburg

Krug, G.
Oberlinden 3
7800 Freiburg

Reinhardt, R.
Auggenerweg 5
7800 Freiburg

Sartor, R.
Zähringerstr. 394
7800 Freiburg

Kunsthandlung
Schneider
Wilhelmstr. 17
7800 Freiburg

Kunsthandlung
Selz
Hildastr. 7
7800 Freiburg

Ihli, P.
Grünwälderstr. 16
7800 Freiburg

Kuerfen, M.
Kandelstr. 9
7800 Freiburg

Kunsthandlung
Jacob
Friedrichring 24
7800 Freiburg

Kunsthandlung
Lesch, I.
Stadtstr. 46
7800 Freiburg

Adieu Streß!

Wenn Ihr Chef sich dauernd ärgert, gönnen Sie ihm Ruhe. Bevor Ihr Hausarzt die Augenbrauen hochzieht, gönnen Sie sich eine Erholungspause. Wenn der Ehepartner immer kürzere Antworten gibt, gönnen Sie sich gemeinsam schöne Tage. Lassen Sie den Streß daheim, fahren Sie einfach nach Freiburg. Hier kann man, wie Tucholsky so schön sagte, sich hinsetzen und einfach mit der Seele baumeln.

Kunsthandlung
Jahrendt, H.
Kartäuserstr. 8
7800 Freiburg

Martens, K.
Friedhofweg 15a
7800 Freiburg

Kunsthandlung
Janz, Max
Sundgauallee 35
7800 Freiburg

Mehlhorn, A.
Gartenstr. 11
7800 Freiburg

Kunsthandlung
Kaiser, M. G.
Mühlenstr. 2
7800 Freiburg

Meixner, R.
Im Laimacker 12
7800 Freiburg

Kaufmann, J.
Gerberau 10
7800 Freiburg

Kunsthandlung
Meixner, R.
Kartäuserstr. 64b

Kircher, T.
Klarastr. 31
7800 Freiburg

Antiquariat
Mulzer, P.
Sedanstr. 19
7800 Freiburg

Kleefeld, R.
Kirchstr. 48
7800 Freiburg

Kunsthandlung
Nikfer, M.
Gerberau 7
7800 Freiburg

Kunsthandlung
Klohe, G.
Marienstr. 13
7800 Freiburg

Kunsthandlung
Passmann, W.
Leinhaldenweg 17
7800 Freiburg

„Freiburg hat, was alle suchen".

Stadt Freiburg im Breisgau
Presse- und Informationsamt
Rathausplatz 2-4 · 7800 Freiburg i. Br.

Kober, H.
Sichelstr. 4
7800 Freiburg

Puhane, D.
Haslacherstr. 60
7800 Freiburg

Intarsien neu und alt in künstlerischer Ausführung

Restaurieren wertvoller alter Möbel

Staatlich anerkannter Kunsthandwerksbetrieb

PETER KOHLER

D-7808 Waldkirch-Kollnau, Kreuzstr. 15, Tel. 0 76 81 / 75 23

Antiquitäten " Les Epoques "
Hochwertige deutsche und französische Möbel aus verschiedenen Epochen
Ludwig XIII - Napoleon III - Biedermeier
H. V. Limol
Hauptstraße 146, 7819 Denzlingen
9 km von BAB - Ausfahrt Freiburg - Nord
Öffnungszeiten : Täglich von 14.30 - 18.30 Uhr, Samstag 9.00 - 13.00 Uhr, Telefon 0 76 66 / 68 15

Kunsthandlung
Spiegelhalter, J.
Konviktstr. 51
7800 Freiburg

Antiquariat
Uhl, P.
Werthmannplatz 2
7800 Freiburg

Antiquariat
Bauch, H.
Seppelhof
7801 Oberried

Oma's Moebel
Schwarzwaldstr. 88
7801 Falkensteig

Bulka, J.K.
Hans Jakob Str. 21
7808 Waldkirch

Docker, D.
Schlatterstr. 32
7812 Bad Krotzingen

Antiquariat
Spittka, M.
Grünterstalstr. 44
7800 Freiburg

Volle, S.
Gerberau 36
7800 Freiburg

Corti, A.
St. Stephan Str. 20
7801 Freiburg

Antiquariat
Bernecker, J.
Schwimmbadstr. 14
7805 Bötzingen

Kunsthandlung
John, P.
Marktplatz 22
7808 Waldkirch

Hoeferlin, J.
Friedenstr. 39
7812 Bad Krozingen

Kunstsalon
Straetz
Salzstr. 15
7800 Freiburg

Kunsthandlung
Vögtlin, K.-F.
Zasiusstr. 40
7800 Freiburg

Fehrenbach, K.
Belzgasse 17
7801 Ehrenkirchen

Wolf
Sieglestr. 21
7805 Bötzingen

Bieg
Bahnhofplatz 3
7811 Sulzburg

Horstmann, M.
Schlatterstr. 1
7812 Bad Krotzingen

Timm, D.
Dreikönigstr. 14
7800 Freiburg

Weber, G.
Gerberau 42
7800 Freiburg

Lisson, B.
Schloßstr. 6
7801 Hartheim

Kunsthandlung
Kost, F.W.
Dorfstr. 4
7806 March

Antiquariat
Schiller, L.
Am Birkenrain 28
7811 Sankt Peter

Kunsthandlung
Kilian
Bremgartener Str. 11
7812 Bad Krozingen

Trub, W.
Karlsruherstr. 16
7800 Freiburg

Versteigerungshaus
Zadick, Ralph
Peter-Thumb-Str. 6
7800 Freiburg

Antiquariat
Lux, K.
Im Hausgarten 33
7801 Freiburg

Schwoerer, M.
Waldstr. 7a
7806 March

Berger, J.
Stauffer Str. 38
7812 Bad Krozingen

Kunsthandlung
Heintz, M.
Jögergasse 4
7813 Staufen

Kaestner, A.
Jägerhäusleweg 1
7813 Staufen

Kunsthandlung
Pinkus, L.
Auf dem Graben 6
7813 Staufen

Kunsthandlung
Hosp, I.
Bundesstr. 44
7814 Breisach

Kunsthandlung
Hosp, Ingrid
Schloß Rimsingen
7814 Breisach

Stehlin, E.
Klosterhöfe 2
7814 Breisach

Kunsthandlung
Zimmermann
Vogelsang 10
7814 Breisach

Seifarth
Bahnhofstr. 8
7815 Kirchzarten

Kunsthandlung
Wolf, I.
Höllentalstr. 16
7815 Kirchzarten

Dukic, R.
Neuhäuser, 22
7816 Münstertal

Martens, K.
Mittelstadt 3
7818 Vogtsburg

Deutsch, H.
Gottlieb Daimler Str.
7819 Denzlingen

Antiquitäten
Limol, H. V.
Hauptstr. 146
7819 Denzlingen

Stepper, E.
Waldkirchstr. 36
7819 Denzlingen

D'Fundgrube
Gartenstr. 6
7830 Emmendingen

Kunsthandlung
Eckenstein, B.
Schlossgasse 9
7830 Lörrach

Kunsthandlung
Senftleben-Bierschenk
Hochburger Str. 25
7830 Emmendingen

Kunsthandlung
Wechlin, Karl
Basler Str. 172
7830 Lörrach

Troesch, K.
Lützelberg 8
7831 Wyhl

Kunsthandlung
Flemming, L.
Oberes Schloß
7832 Kenzingen

Galerie
Hauptstr. 28
7832 Kenzingen

Erhardt, H.
Bad Str. 6
7840 Müllheim

Kunsthandlung
Harnapp, Dr. E.
Marzeller Weg 7
7840 Müllheim

Lacher, S.
Hauptstr. 65
7840 Müllheim

Thiessen, E.
Zeigelstr. 23
7842 Kandern

Volz, S.
Hermann Burtestr. 9
7842 Kandern

Knecht, H.
Hauptstr. 42
7843 Heitersheim

Kisker, E.
Luisenstr. 9
7847 Badenweiler

Knirsch, B.
Luisenstr. 27
7847 Badenweiler

Antiquariat
Sasse, L.
Badstr. 1
7847 Badenweiler

Bahnholzer, A.
Hammerstr. 9
7850 Lörrach

Braun
Riesstr. 8
7850 Lörrach

Antiquariat
Lohse
Feldbergstr. 35
7850 Lörrach

Pempelfort S.
Baslerstr. 159
7850 Lörrach

Sturm, E.
Waldbrunnstr. 58
7850 Lörrach

Treiling, T.
Feerstr. 1
7850 Lörrach

Galerie
Dorfstr. 36
7854 Inzlingen

Kunsthandlung
Stahlberger
Plädlistr. 4
7858 Weil a. Rh.

Mende, P.
Hauptstr. 47
7859 Eimeldingen

Kunsthandlung
Schön, J.-P.
Rheinbrueckstr. 25
7880 Bad Säckingen

Glatter, D.
Tiefenstein
7883 Görwihl

Kunsthandlung
Daniels, R.
Weihergasse 12
7890 Waldshut-Tiengen

Kipper, A.
Kaiserstr. 16
7890 Waldshut-Tiengen

Kunsthandlung
Langenfeld, G.
Eschbacher Str. 24
7890 Waldshut-Tiengen

Neumann, H.
Kaitlestr. 1
7890 Waldshut Tiengen

Kunsthandlung
Plakart
Wallstr. 10
7890 Waldshut-Tiengen

Seitz,K.
Schaffhauserstr. 34
7890 Waldshut-Tiengen

Fundgrube

An- und Verkauf von Bauernmöbeln, Porzellan, antiken Gegenständen, Raritäten

7741 Hammereisenbach
Hauptstr. 39 · Tel. (07657) 637

LBB Antiquitätenzubehör
Siegfried Schulz
Schillerstr. 39
7101 Ellhofen
Telefon 07134 - 17348

Über 12oo Artikel zum Restaurieren
von Antiquitäten ständig
auf Lager

Bitte Katalog anfordern
gegen DM 4,- in
Briefmarken

Schwäbische Alb und " Schwäbisches Meer "

... " eine gese(e)gnete Gegend "

Geheimnisse der Urwelt

Die Schwäbische Alb ist ein Dorado der Geologen. Die Geheimnisse der Urwelt zeigen sich hier in den Petrefakten, in den zahlreichen Höhlen, in den präparierten Urtieren ferner Weltzeitalter. Ein Jura-Gebirge, das sich von Tuttlingen bis in die Gegend von Nördlingen in einer Länge von 200 km zwischen dem Neckarland und dem Donautal hinzieht, 40 km breit. Dramatische Vergangenheit! - Reste eines gewaltigen Meeresbodens, durch erdgeschichtliche Revolutionen im Lauf von Jahrmillionen emporgehoben, umgeschichtet, durchstoßen und durchbrochen... sanfte Bergrücken, Steinzacken und -zähne, Hügel und Kuppen, schmale Täler und vielbesuchte Höhlen ..., Pferdekoppeln, Wacholderheiden, Blumenwiesen, Buchenwälder, Kalkfelsen, Maare, Wasserfälle, Thermalquellen erwarten den Wanderer und Naturfreund:"Wahrlich! Ein Gott, ein Gott hat dieses Gebirge geschaffen." (Friedrich Hölderlin) - Ein Wanderschäfer mit seiner Herde, ein Bild, das sich immer wieder bietet, die Symbolpflanze der Alb, die Silberdistel am Wegesrand, Weite, Stille, Einsamkeit: "schwäbische Alb-Träume" im "Ländle", die begeistern, nicht nur die 100 000 Mitglieder des Schwäbischen Albvereins. Unzählige Menschen wandern jährlich auf den weiten Hochflächen, über die der Wind streift, genießen von den Aussichtstürmen den weiten Blick über dieses Land, das dem Herrgott bei der Erschaffung der Welt als Muster gedient haben soll.

"Kaiserliches"

Von den drei großen Herrscherhäusern der deutschen Geschichte entstammen zwei der Schwäbischen Alb: Hohenstaufen und Hohenzollern - die Habsburger waren im Aargau zuhause. Wie sagte doch ein altes Sprichwort? - "Die Schwaben fechten dem Reiche vor."-Die Burg der Staufer (1070 von Friedrich von Büren erbaut) auf dem aussichtsreichen Hohenstaufen wurde zum Stammschloß des von Tragik "umwitterten" Kaisergeschlechts (Friedrich Barbarossa; 11./12.Jh. Blütezeit der Staufer). Der Herrschaftsbereich reichte bis nach Sizilien. Als die Staufer nach 1250 in einem atemberaubend dramatischen Sturz untergingen, geriet das ganze Herrschaftsgefüge des deutschen Südwestens ins Wanken. Im Bauernkrieg wurde die Burg der Staufer zerstört, nur wenige Reste blieben erhalten.

Den Nordrand der Schwäbischen Alb mit ihrem Steilhang zieren weitere bedeutende Denkmäler der schwäbischen und deutschen Geschichte: der Rechberg, der Hohenneuffen, die Teck (Zähringer) und ... der Hohenzollern. Er grüßt als burggekrönter Bergkegel weit hinein ins schwäbische Land bis zum Schwarzwald. Wie ein Märchenschloß präsentiert sich heute die Stammburg der preußischen Kaiser. Eine kulturelle und historische Pflichtübung für Touristen. Hier werden die Sarkophage Friedrichs des Großen und seines Vaters, des Soldatenkönigs, verwahrt. Vieles, was in Berlin und Potsdam an das alte Preußen erinnerte, - die Hohenzollern stellten 1871 den ersten deutschen Kaiser - befindet sich heute in der 1850 im romantischen Stil wiederaufgebauten Burg, auch die preußische Königskrone.

Städte und Feste

Nicht nur Burgen und Berge locken; zu ihren Füßen, in den Tälern kauern auch Städte und "Städle" von ausgeprägter Eigenart: Im Osten Ellwangen(Stift) , Aalen (römisches Reiterkastell - ala), Heidenheim (Schloß Hellenstein), Schwäbisch Gmünd (Marktplatz); im Herzen der Alb Urach (Schäferlauf), Blaubeuren (Klosteranlage, Blautopf), Reutlingen (Textil- und Lederindustrie), Tübingen (traditionsreiche Universitätsstadt), Haigerloch, die alte Bischofsstadt Rottenburg und ... die ehemals freie Reichsstadt Ulm mit ihrem berühmten gotischen Münster und dem höchsten Kirchturm der Welt.

*Lindau (Bodensee), Altes Rathaus, Nordseite
(Foto Werner Stuhler, 8991 Hergensweiler)*

Originelles - Auserlesenes
"Brigach und Breg bringen die Donau zuweg". Hinter Donaueschingen im tiefsten Muldenteil, der zwischen 670 und 680 m hoch gelegenen Riedbaar, entsteht die "junge" Donau aus dem Zusammenfluß der beiden Schwarzwaldflüsse... In der kargen Landschaft der "rauhen" Baar liegt das Bauerndorf Neudingen, einst karolingische Königspfalz - hier starb 888 n.Chr. Kaiser Karl der Dicke unter nicht ganz geklärten Umständen -, später Grablege der Herren von Fürstenberg - ein für die Baar typisches "Etterdorf", das ringsum durch einen Gürtel aus Bäumen und Büschen gegen die offene Feldflur abgegrenzt war...
Im oberen Donautal finden Sie in einem idyllischen Tal, das von Mühlheim bis Sigmaringen unter Landschaftsschutz steht, Kloster Beuron, ein "Mekka" für reiselustige Wallfahrer, Brautpaare, Sonntagsausflügler, Wanderer, Faltbootfahrer...
Die Hauptmasse des bei Immerdingen versickernden Donauwassers tritt am Aachtopf (Dorf Aach) wieder ans Tageslicht. Hier schüttet die größte Quelle Mitteleuropas: aus dem 50 m breiten Topf wallen bei Niedrigwasser 9 cbm/sec herauf, bei Hochwasser aus 6 - 10 Schächten 24 cbm/sec. Ein imposantes Naturschauspiel...
Die mittlere Alb wurde in der Tertiärzeit von mehr als 335 vulkanischen Schloten durchlöchert. Die Trichter an der Oberfläche werden Maare genannt. "Randecker Maar", "Schopflocher Maar" ...Begehbare Höhlen: Bärenhöhle, Nebelhöhle, Charlottenhöhle, Tiefenhöhle, Gutenberger Höhlen, Olgahöhle ... Kolbinger Höhle ...

Oberschwaben
Dem Kunstfreund bietet der Landkreis Biberach, insbesondere entlang der "Oberschwäbischen Barockstraße", eine Fülle von Sehenswürdigkeiten. - "Himmelreich des Barock!" - Kirchen und Klöster: Ochsenbach und Rot an der Rot, Bad Buchau (Federsee), Biberach (Altstadt), Bad Schussenried (berühmter Bibliothekssaal der ehemaligen Prämonstratenser Reichsabtei), "die schönste Dorfkirche der Welt" in Steinhausen, die spätbarocke Kirche in Otterswang, die größte Barock-Basilika Deutschlands in Weingarten (mit berühmter Orgel) und, und, und ...

"Und bringt auch tüchtigen Hunger mit"
Fast jeder Ort Oberschwabens besitzt auch heute noch seine kleine eigene Brauerei, die oft schon im Nachbardorf unbekannt ist. Meist ist der Brauerei ein Gasthaus angeschlossen: hier "Adler"-Bier, dort "Kronen"-Bräu... gutes, mundendes Bier... dazu ein deftiger "schwäbischer" Rostbraten mit handgeschabten Spätzle... oder Kässpätzle, Leberspatzen, saure Kutteln... speziell auch der Biberacher "Knauzenweck". Zum Nachtisch gar einen "Zwetschgakuache", der wegen seiner Wirkung allerdings ebenso verrufen ist wie der "Zwiebelkuache". Es heißt nicht umsonst:"Zwiebelkuache mit viel druff, nochher macht mer's Fenschder uf!" Vorsichtigere bevorzugen vielleicht einen Käskuache oder einen Gugelhopf, beide schön mit "Zibebe" versehen. Nichts anderes als Sultaninen. Fast vergessen hätten wir die schwäbische Vorliebe für Suppen. Besonders erfindungsreich die schwäbische Küche: "Metzelsupp" vom Wurstmachen, "brennte Mehlsupp", "Hohenzollernsupp" (eine famose Tomatensuppe mit schwarzem Pfeffer und Majoran) oder die berühmte "Flädlessupp", die "Riebelesupp"... und "Maultasche" und, und, und...

Kein Wunder, daß die Schwaben stattliche Kerle sind, bei dem Essen! Drum gilt auch im Ländle das geflügelte Wort: "Liaber en Ranze vom Fressa wia en Buckel vom schaffe." - "So isch no au wiader!"

"Schwäbisches Meer"

Entstehung? - Ein Werk der Gletscher, besonders des Rheingletschers. Lage? - Im Dreiländereck, im Herzen Europas. Größter (539 km^2) und tiefster (252 m) See Deutschlands. Gespalten durch den Bodanrück, an dem Bodman, eine ehemalige karolingische Pfalz und Namensgeber für den See, liegt, in zwei Teile: Überlinger See und Untersee mit Zeller und Gnadensee. Natürliches Klärbecken des Rheins: trübe und schlammig tritt dieser in den See. Noch weit hinaus hebt sich sein graues Wasser von den klaren Fluten des Sees ab. Allmählich sinken die mitgeführten Geröll-, Kies-, Sand- und Schlammassen zu Boden. Gereinigt wie nach einem Bade verläßt "Vater Rhein" den See wieder. Ein wahrlich schlechter Dienst für das Dreiländermeer, denn ganz allmählich nimmt die Verlandung zu, langsam, aber sicher... Jahrtausende noch... Es scheint den See nicht zu stören.

Er gibt, er spendet... Trinkwasser für den dicht besiedelten Neckarraum von Schwenningen bis Bad Friedrichshall, jährlich 250 Mio cbm... Seine Wasserfläche wirkt als Wärmespender, sie mildert das Klima der Uferlandschaft, ermöglicht reiche Wein- und Obstgärten und teilweise mediterrane Flora (Blumeninsel Mainau), tropische und subtropische Pflanzen, das "Frühbeet" Reichenau mit seinem blühenden Gemüsebau... Der See lockt die Menschen und... sie lassen sich locken und verzaubern. - Martin Walser, der Schriftsteller, der ganz in der Nähe wohnt, schreibt treffend: "Es ist doch erstaunlich, wie viele Menschen, die überhaupt keine Lyriker waren, Gedichte geschrieben haben über den Bodensee. Und das nicht nur einmal, sozusagen im ersten Hinsinken, sondern wiederholt, lebenslänglich, hoffnungslos..."

Seereise

Der größte deutsche Binnensee, an dem die Bundesrepublik 305 km•, die Schweiz 173 km• und Österreich 60 km• Anteil haben, "befördert" mit Schiffen und Motorbooten über die Ländergrenzen hinweg Millionen von Fahrgästen. Erholsame Ausflüge mit der Weißen Flotte, glückliche Urlaubstage. An Freizeit-Attraktionen und Sehenswürdigkeiten bietet das Schwäbische Meer eine Menge und dürfte allen Ansprüchen gerecht werden: Fährhafen und Touristenstadt Meersburg (späte Heimat für Annette von Droste-Hülshoff 1841-1848), welliges Moränenland mit Obstbäumen und Wäldern, der Sandsteinhang mit Weinbergen, mit beherrschenden Schlössern an der oberen Kante und dem Hafen am Ufer, der tiefe, blaue See ... ein bezaubernder Dreiklang.

Hinüber nach Konstanz: Universitätsstadt, Kulturzentrum des Bodenseeraumes, gepflegte Uferspazierwege, Reitwege im Lorettowald, Wassersportmöglichkeiten, aus dem Mittelalter überkommene Altstadt, Grenzstadt... Urlauberherz, was willst du mehr? Kultur, Geschichte?

Bitte sehr: Gegründet von Kaiser Constantius Chlorus, dem Vater Konstantin's des Großen (3.Jh.n.Chr.), Bischofssitz (um 600 n.Chr.), freie Reichsstadt (1192 - 1548). Hier fand 1414 - 1418 das erste Konzil auf deutschem Boden statt, das den Reformator Johann Hus als Ketzer zum Scheiterhaufen verurteilte und 1415 vor den Toren der Stadt verbrennen ließ...

Zum Pfahlbauort Unter-Uhldingen: Am Ufer des Sees rekonstruierte man auf vorgeschichtlichen Resten (Stein- und Bronzezeit) diese Siedlungsform aus der deutschen Frühzeit.Weit spannt sich der Bogen reizvoller Seestädtchen mit architektonischen Höhepunkten, von den altehrwürdigen Kirchen aus ottonischer Zeit auf der Insel Reichenau bis hin zum festlich-heiteren Barock der Wallfahrtskirche Birnau: Friedrichshafen (Zeppelinmuseum, Bodensee-Museum), Überlingen (mit Rathaus, Münster, Befestigungsanlagen), Kapelle Goldbach, Klosterkirche von Salem... Renaissanceschloß Heiligenberg... ein Besuch bei Graf Lennart Bernadotte (schwedisches Königshaus), dem Besitzer des exotischen Pflanzenparadieses Mainau mit der imposanten Schloßanlage... zur Peterskirche nach Lindau (bayerisch), zum schönsten Bürgerhaus am "Schwäbischen Meer", dem Haus Cavazzen... Hafenpromenade mit Alpenpanorama, Kurkonzerte... und der See... "Eine gese(e)gnete Gegend", fürwahr...

Möbelkunst

Ähnlich der vielgestaltigen Landschaft Schwabens auch das hergestellte Mobiliar. Alle Typen sind zu finden, vom edelsten Patriziermöbel in den Städten bis zum bäuerlichen Möbel auf dem Lande. Eine bedeutende Möbelmetropole des Barock war Ulm. Berühmt war der Ulmer Fassadenschrank mit seiner prunkvollen Schauwand, die reich mit seltenen farbigen Hölzern eingelegt war. Imposant auch der eigenwillige Bodenseeschrank, ein- und zweitürig mit kunstvollen Schweifungen, phantasiereicher Ornamentik der Marketerie und durchgegliedertem Schnitzwerk.

UNSER TIP

Städtische Kunstsammlungen
Marktplatz 6
8990 Lindau (Bodensee)
Städtische Kunstsammlungen im Haus zum Cavazzen Gemälde und Plastiken des 15. - 20. Jh. Graphische Sammlung, Münzsammlung. Reichsstädtische Wohnkultur und Kunstwissenschaftliche Handbibliothek

Sonderausstellungen

Öffnungszeiten:
Dienstag bis Samstag   9 - 12 und 14 - 17 Uhr
Sonntag   10 - 12 Uhr
Montag geschlossen

Friedrichshafen (7990)
Städtisches Bodensee-Museum
Adenauerplatz 1
T: 07541-203
Schwerpunkte:
städtische Kunstsammlung, Zeppelin-Abteilung

Laupheim (7958)
Heimatmuseum der Stadt
"Kleines Schlößle", Kirchberg 11
T: 07392-3051
Schwerpunkte:
Bäuerliches und bürgerliches Mobiliar, kirchliche Kunst, religiöse Volkskunst, Bodenfunde, "Gemäldegalerie", Dokumentation der ehem. Jugendgemeinde

Überlingen (7770)
Museum der Stadt Überlingen
Krummebergstr. 30
T: 07551-87217
Schwerpunkte: Malerei und Plastiken (Gotik-Rokoko), Kultur der ehem. Reichsstadt

Waldburg (7981)
Burg Waldburg
T: 07529-240
Schwerpunkte:
Geweih- und ornothologische Sammlung, Möbel, Gobelins, Familienportraits (17.-18-Jh.), Waffensammlung

Weingarten, Kreis Ravensburg (7987)
Alamannenmuseum Weingarten
Karlstr. 28
T: 0751-4051
Schwerpunkte: Alammanenfund eines Reihengräberfeldes (5.-7.Jh. n.Chr.)

Heimatkundliche Sammlung
St. Longinusstr. 13
T: 0751-4051
Schwerpunkte: Uniformsamml., Volksk., Heimatgesch.

Konstanz (7750)
Haus zur Kunkel
Münsterplatz 5
Schwerpunkte: Profane Wandmalerei von früher, die Ritter und Handwerkermotive darstellen.

Johannes-Hus-Haus
Hussenstr. 64
T: 07531-29042
Schwerpunkte: Neu restaurierte Gedenkstätte des Reformators J. Hus, Museum mit Ausstellung moderner tschechischer Kunst und historischem Anschauungsmaterial.

Rosgartenmuseum Konstanz
Rosgartenstr. 3-5
Schwerpunkte: Ältere und Jüngere Steinzeit (Mittelalter); Vor- und Frühgeschichte; Kunst- und Kulturgeschichte

Rosgartenmuseum Konstanz,
Abteilung Bodensee-Naturmuseum
Katzgasse 5-7
T: 07531-284245
Schwerpunkte: Flora und Fauna, Bienen, Naturgeschichte des Bodenseegebietes, Paläontologie, Geologie, Schiffahrt, Fischfang, Natur und Umweltschutz.

Städtische Wesenberg-Gemäldegalerie
Wesenbergstr. 41
T: 07531-284250
Schwerpunkte: Handzeichnungen von niederländischen, italienischen und deutschen Meistern, um 15.-18.Jh. (Tizian, Raffael, Rembrandt u.v.a.)

Antiquitäten- und Kunsthandlungen

Deutsche und franz. Puppen,
Puppenstuben,
Küchen und Kaufläden
im Originalzustand

Adelheid Kienzlen
Grafenberger Straße 24
7434 Riederich
Telefon : 0 71 23 / 3 18 46

Antiquariat
Knödler, Karl
Katharinenstr. 8-10
7410 Reutlingen

Kraushaar, K.
Nürtingerhofstr. 7
7410 Reutlingen

Lang, R.
Krämerstr. 10
7410 Reutlingen

Mauser
Roßbergstr. 14
7410 Reutlingen

Schroeder, M.
Riedstr. 23
7410 Reutlingen

Seither-Weiss
Kaiserstr. 64
7410 Reutlingen

Kunsthandlung
Balzerowiak, C.
Königstr. 29
7200 Tuttlingen

Stoeltzel, J.
Seestr. 20
7240 Horb-Altheim

Kaiser R.
Kronenstr. 5
7400 Tübingen

Schindler, W.
Obere Haldenstr. 1
7400 Tübingen

Steiner, Josef
Lindenwasen 10
7407 Rottenburg

Vohr, E.
Steinachstr. 26
7410 Reutlingen

Kunsthandlung
Leibinger
Karlstr. 45
7200 Tuttlingen

Antiquariat
Vogel, I.
Mühlgässle 19
7240 Horb

Antiquariat
Kerler, Heinrich
Wilhelmstr. 3
7400 Tübingen

Antiquariat
Seuffer
Neue Str. 4
7400 Tübingen

Kloster Höfle
Boger, Hermann
Nürtingerhofstr. 12a
7410 Reutlingen

Waimer, S.
Albstr. 9
7410 Reutlingen

Kunsthandlung
Wenkert, A.
Waaghausstr. 12
7200 Tuttlingen

Akzent
Bachgasse 9
7400 Tübingen

Koellisch, Wolfgang
Albrechtstr. 29
7400 Tübingen

Antiquariat
Szakacs
Bachgasse 13
7400 Tübingen

Galerie
Metzgerstr. 53
7410 Reutlingen

Winter, A.
Krämerstr. 16
7410 Reutlingen

Wilhelm, B.
Heinrich Riekerstr. 6
7200 Tuttlingen

Conrad, A.
Westbahnhofstr. 60
7400 Tübingen

Ladenberger, U.
Hechingerstr. 8
7400 Tübingen

Verrept, J.
Aeulestr. 6
7400 Tübingen

Degerschlacht
Hans Baldung Str. 16
7410 Reutlingen

Winter, M.
Metzgerstr. 48
7410 Reutlingen

Antiquitäten
Bjoerkstroem, H.
Friedenstr. 10
7201 Hausen

Conrad
Haaggasse 25
7400 Tübingen

Linkersdorf
Beim Nonnenhaus 10
7400 Tübingen

Sauermann
Herrenberger Str. 18
7403 Ammerbuch

Dohm, F.
Jos. Weiss Str. 28
7410 Reutlingen

Scholz G.
In der Stelle 28
7413 Gomaringen

Warmuth, M.
Altes Pfarrhaus
7201 Irndorf

Faul, R.
Ammergasse 24
7400 Tübingen

Lustnauer Mühle
Aeulestr. 6
7400 Tübingen

Weissenrieder, W.
Hechingerstr. 31
7404 Ofterdingen

Kunsthandlung
Doster, T.
Untere Gerberstr. 15
7410 Reutlingen

Kunsthaus
Frenzel
Lange Str. 6
7424 Heroldstatt

Warmuth, Friedemann
Neueichhof
7209 Aldingen Aixheim

Frost, G. P.
Am Pfleghof
7400 Tübingen

Schreinerei
Mayer, Wendelin
Beim Nonnenhaus 3
7400 Tübingen

Winter, R.
Hechingerstr. 21
7404 Ofterdingen

Kunsthandlung
Geyer
Oberamteistr. 1
7410 Reutlingen

Eppinger
Münsingersrt. 161
7432 Bad Urach

Wilhelm, M.
Trossingerstr. 35
7209 Aldingen

Guttenberger, B.
Lange Furche 23
7400 Tübingen

Patterson, N.
Haaggasse 23
7400 Tübingen

Riefler, K.
Stettinerstr. 4
7406 Mössingen

Kunst-Handels-GmbH
Badstr. 21
7410 Reutlingen

Kunsthandlung
Frenzel, E.
In den Thermen 2
7432 Bad Urach

Kunsthandlung
Bacher, E.
Marktstr. 3
7240 Horb

Auktionshaus
Heck
Hafengasse 10
7400 Tübingen

Petzold
Hechingerstr. 146
7400 Tübingen

Schmid, Karl
Mittelgasse 3
7406 Mössingen

Auktionshaus
Heck
Kaiserstr. 64
7410 Reutlingen

Antiquariat
Schmidt
Untere Klingen 2
7457 Bisingen

Kunsthandlung
Potrebny, H.
Johanniterstr. 53
7240 Horb

Antiquariat
Heckenhauer, J.J.
Holzmarkt 5
7400 Tübingen

Rödler, Joh.
Schillerstr.15
7400 Tübingen

Holdermann, M.
Klostergasse 18
7407 Rottenburg

Kunsthandlung
Horwarth
Metzgerstr. 9
7410 Reutlingen

Fislcher K.
Wilhelmstr. 31
7460 Balingen

Kunsthandlung
Koch, Martha
Alter Markt 19
7460 Balingen

Antikes
Schulze, W.
Rubenstr. 17
7480 Sigmaringen

Antiquitäten
Knapp, C.
Färberstr. 15
7730 VS-Villingen

Schoenauer, Dieter
Schweizer Straße 40
7460 Engstlatt

Kunsthandlung
Riempp
Apothekergasse 17
7480 Sigmaringen 01

Krebs, P.
Bertholdstr. 31
7730 VS-Villingen

Antiquitäten
Cless, D.
Sonnenstraße 37
7470 Ebingen

Oswald, A.
Westerstetterstr. 8
7488 Stetten

Kunsthandlung
Müller, R.
Weigheimer str. 23
7730 V.-Schwenningen

Restaurator
Feyerabend, Herbert
Otto Lilienthal Str.
7470 Albstadt Ebingen

Kunsthandlung
Deibel, H.
Hegaustr. 9
7700 Singen

Blatz, A.
Zollernstr. 21
7750 Konstanz

Hess, W.
Grüngrabenstr. 32
7470 Albstadt-Ebingen

Frauendienst, A.
Schaffhauserstr. 51
7700 Singen

Borowski
Kreuzlingerstr. 54
7750 Konstanz

Antiquitäten
Kunstkabinett
Bei der Kirche 1
7470 Albstadt

Kunsthandlung
Förg, A.
Hauptstr. 40
7700 Singen

Epp, F.
Stephansplatz 47
7750 Konstanz

Antiquitäten
Maier, A.-M.
Hechinger Straße 1
7470 Tailfingen

Kunsthandlung
Rädle, H.-P.
Hegaustr. 4
7700 Singen

Kunsthandlung
Fiess, E.
Hüetlinstr. 32
7750 Konstanz

Kunsthandlung
Knittel, F.
Neuhauser Str. 13
7750 Konstanz

Kunsthaus
Repphun
Kreuzlinger Str. 37
7750 Konstanz

Beck, H.
Obere Rheinstr. 34
7752 Reichenau-Baden

Kunsthandlung
Schmidt, W.R.
Bei der Kirche 1
7470 Tailfingen

Ritter, M.
Hauptstr. 22
7702 Gottmadingen

Kunsthandlung
Gend, U.
Hinterhauser Str. 13
7750 Konstanz

Leber, P.
Schwaketenstr. 9
7750 Konstanz

Rudolph, K.
Münzgasse 14
7750 Konstanz

Antiquitäten
Herzog
Zur Halde 16
7753 Allensbach

Raritäten Remise

Die Raritäten Remise
lädt ein zu einem kleinen
attraktiven Abstecher nach Engstlatt.
Wir erwarten Sie mit einer erlesenen Auswahl und
sehenswerten Stücken, für die sich ein kleines Stück
Umweg ganz sicher lohnt.

Geschäftszeiten:
Montag bis Freitag 9.00 bis 12.00 Uhr
14.00 bis 18.30 Uhr
Samstag 9.00 bis 13.00 Uhr

ANTIK-MÖBEL–ANTIQUITÄTEN DIETER SCHÖNAUER
SCHWEIZER STRASSE 40, 7460 BALINGEN-ENGSTLATT
TELEFON 07433/5954

WENDELIN MEYER — MÖBEL WERKSTÄTTE

Beim Nonnenhaus 3
7400 Tübingen
Telefon 07071/2 38 86

- Anfertigung hochwertiger Einzelmöbel
- Individuelle Sonderanfertigungen
- Intarsien nach eigenen und gegebenen Entwürfen
- Reparaturen alter wertvoller Möbel

Rieber, R.
Ebinger Str. 20
7472 Winterlingen

Plueckthun, T.
Hauptstr. 9
7706 Eigeltingen

Antiquariat
Münzgasse 16
7750 Konstanz

Meister, R.
Emmishofer Str. 3
7750 Konstanz

Scheideck, Andreas
Kirchgasse 7
7750 Konstanz

Kessler, H.
Steig 10
7753 Allensbach

Ferrer, J.
Antonstr. 5
7480 Sigmaringen

Kunsthandlung
Vogt, I.
Hexenwegle 11
7707 Engen, Hegau

Guegel, M. B.
Alter Wall 2
7750 Konstanz

Mollweide, G.
Turnierstr. 21
7750 Konstanz

Buch u. Kunst
Scheringer, G.
Münzgasse 16
7750 Konstanz

Geiger, B.
Stettenerstr. 1
7758 Meersburg

Heine, Bettina
Strohdorferstr. 4
7480 Sigmaringen

Mueller, M.
Zollstr. 11
7708 Tengen

Hubert, K.
Zum Schlössle 11
7750 Konstanz

Antiquariat
Müsken, H.
Zollernstr. 3
7750 Konstanz

Kunsthandlung
Schwenkglenks, R.
Obermarkt 12
7750 Konstanz

Geiger, M.
Gehausweg 22
7758 Meersburg

Ismann, A.
Nothaldenstr. 9
7480 Sigmaringen

Bennett, G.
Carl Haag Str. 2
7730 V.-Schwenningen

Kunsthandlung
Hörenberg, I.
Hussenstr. 64
7750 Konstanz

Kunsthandlung
Ottinger, M.
Hans-Lobisser-Str. 9
7750 Konstanz

Kunsthandlung
Stadler, I.
Salmannsweilergasse
7750 Konstanz

Kunsthandlung
Moger, A.
Winzergasse 7
7758 Meersburg

Lorch, E.
Gorheimerstr. 22
7480 Sigmaringen

Antiquariat
Jung, R.
Rietpassage
7730 V.-Schwenningen

Keller, U.
Münzgasse 3
7750 Konstanz

Antiquariat
Patzer & Trenkle
Hussenstr. 45
7750 Konstanz

Kunsthandlung
Wesner
Bodanstr. 15
7750 Konstanz

Schneider, W.
Unterstadtstr. 15
7758 Meersburg

Schiller, F.
Dorfstr. 33
7776 Owingen

Kunsthandlung
Johannsen, W. u. C.
Schloßberg 12
7940 Riedlingen

Burger, M.
Biberacher Straße 40
7952 Oggelshausen

Winter, A.
Kirrlohstr. 11
7967 Bad Waldsee

Leinmueller, R.
Henri Dunantstr. 25
7980 Ravensburg

Kunsthandlung
Lutze, B.
Zeppelinstr. 7
7990 Friedrichshafen

Frueh, P.
Weildorferstr. 9
7777 Salem

Kunsthandlung
Kraus & Gewecke
Gauberg 1
7942 Zwiefalten

Antiquariat
Genth, D.
Mörikestr. 6
7952 Bad Buchau

Friedmann, K.
Lindenstr. 12
7968 Saulgau

Antiquariat
Rieser, Rudolf
Eichelstr. 8
7980 Ravensburg

Reinhardt, C.
Waggershauserstr. 115
7990 Friedrichshafen

Thum, D.
Ittendorf
7778 Markdorf

Sauter, A.
Kauchenweg 7
7945 Langenenslingen

Kunsthandlung
Prock, C.
Wuhrstr. 15
7952 Bad Buchau

Kunsthandlung
Döbele
Marktstr. 59
7980 Ravensburg

Schaeffler, F.J.
Kalter Knebel 53
7980 Ravensburg

Tunc, N.
Friedrichstr. 47
7990 Friedrichshafen

Antiquariat
Feucht, R. G.
Am Rain 21
7930 Ehingen

Merk, H.
Alleshauser Straße 11
7946 Uttenweiler

Heine, A.
Habsthal
7965 Ostrach

Kunsthandlung
Frei, K. & A.
Herrenstr. 6
7980 Ravensburg

Buchhandlung
Schmitt GmbH, A. F.
Schulgasse 6
7980 Ravensburg

Hanser, H.
Bachstr. 5
7994 Langenargen

Restaurierungen
Wawryk, Heinrich J.
Marchtaler Straße 10
7930 Ehingen-Stetten

Kunsthandlung
Helle GmbH, C.
Ulmer Torstr. 15
7950 Biberach

Kunsthandlung
Allgaier, R.
Dreikönigsgasse 18
7967 Bad Waldsee

Kunsthandlung
Geiger
Rathausstr. 1
7980 Ravensburg

Stehle, Karl
Lazarettenstr. 39
7980 Ravensburg

Fitzko, K.
Rosenstr. 15
7995 Oberteuringen

Restaurierungens
Knerr, Hans-Peter
Breslauer Str. 11-13
7932 Munderkingen

Reisch, A.
Maierhofstraße 7
7950 Biberach

Kunsthandlung
Schmuck, G.
Kirrlohstr. 13
7967 Bad Waldsee

Kunsthandlung
Hölder, D.
Eichelstr. 10
7980 Ravensburg

Wettstein, K. H.
Haldenweg 33
7980 Ravensburg

Wohlgenannt, E.
Bernaumühle
7995 Neukirch

Kunsthandlung
Schrade, E.
Mochental Schloß
7937 Obermarchtal

Maier, E.
Weiherweg 5
7951 Luxenweiler

Terwissen, H.
Schmiedgasse 18
7967 Bad Waldsee

Kamberger, M.
Mühlbruckstr. 11
7980 Ravensburg

Gutekunst, O.
Pfrungener Str. 5
7983 Wilhelmsdorf

Fricker, A.
Hauptstr. 71
7996 Meckenbeuren

LBB Antiquitätenzubehör

Siegfried SCHULZ
Schillerstr. 39
7101 Ellhofen
Telefon 07134 - 17348

Möbelbeschläge
Schlösser
Scharniere
Bänder
Holzteile
Intarsien
Schellackpolituren
Bienenwachs
Beizen

mehr als 12oo Artikel ständig auf Lager
bitte Katalog anfordern gegen DM 4,-

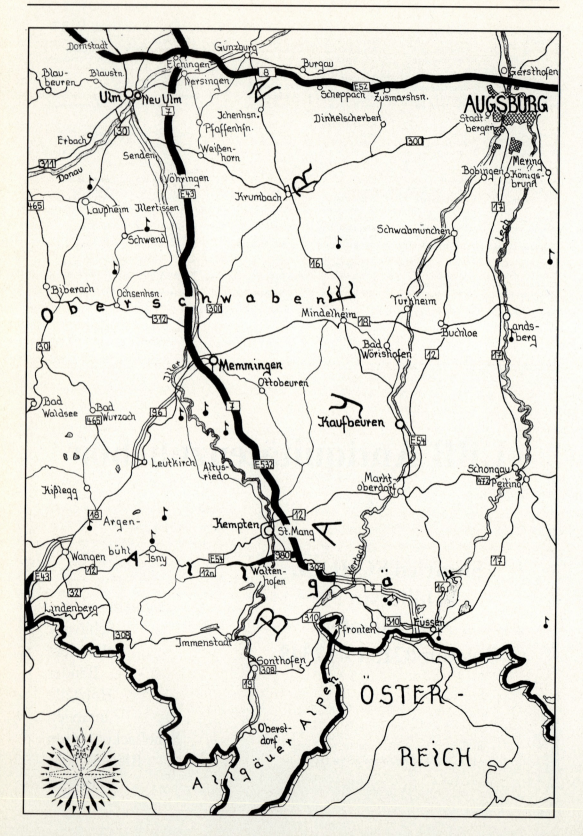

ALPENVORLAND UND ALLGÄUER ALPEN

...mein lieber Schwan..."

Grenzen
Das Allgäu - fast jedem Kind bekannt als das Land von Sahnejoghurt, Kondensmilch und schokoladeproduzierenden lila Kühen. Man weiß auch, wie es in diesem Landstrich aussieht: Grüne Wiesen, darauf glockenbehangenes Braunvieh, im Hintergrund das Panorama der Alpen und darüber ein leichtbewölkter blauer Himmel. Schwieriger wird's da schon, wenn man fragt: Wo liegt das eigentlich genau, dieses Bilderbuch-Allgäu? Da haben selbst Allgäuer ihre Schwierigkeiten. Einigkeit herrscht lediglich über die Grenze im Osten, das ist der Lech. Der Bodensee als Grenzmarkierung im Westen ist auch noch akzeptabel, zumal man so elegant die politische Scheidelinie zwischem dem württembergischen Allgäu (mit Isny und Wangen) und Bayerisch Schwaben umgehen kann. Doch, wo beginnt das Allgäu, wenn man von Norden kommt? Ab da, wo man die Berge sehen kann, also wenn man die Bundesstraße 18 zwischen Memmingen und Landsberg erreicht hat, heißt es. Seit der Gebietsreform vor 17 Jahren hat der Amtsschimmel jedoch, weit ausgreifend, das Gebiet um mehr als ein Drittel vergrößert. Die neugeschaffenen Landkreise Ost- und Unterallgäu reichen weit ins Mittelschwäbische hinein, wo eigentlich schon Ulmer und Augsburger Luft weht.

Landschaft
Der flüchtige Eindruck, das Allgäu wäre zumindest topographisch eine ziemlich einheitliche Region, täuscht. Deutlich können drei Bereiche unterschieden werden: Die Kalkhochalpen, die Allgäuer Voralpen und das hügelige Alpenvorland. Das Alpenvorland, das als Iller-Lech-Schotterplatte sich bis zur Donau hin erstreckt, wird von langen Hügelrücken und breiten Tälern geprägt und erscheint als ein recht flaches Gebiet mit Wäldern und Weideflächen. Der Südwesten bietet mit dem Durchbruch der Iller durch Jung- und Altmoränen ein völlig anderes Bild. Die Voralpen sind als breites Band dem Alpen-Hauptzug vorgelagert, stellenweise auch mit ihm verzahnt, und reichen vom Pfänder bei Bregenz bis zum Säugling bei Füssen. Sie bestehen vorwiegend aus Molasse, Flysch und Kreidekalken. Die Kalkhochalpen umschließen den Talkessel bei Oberstdorf nach Osten, Westen und Süden und erreichen Höhen von über 2500 Metern. Zu den Besonderheiten des Allgäus gehören die sonst nirgends in dieser Form zu findenden Übergänge von beschaulich-idyllischem Hügelland in die Welt der großen Berge. Selten sonst auch wächst das Grün so weit in die Gipfelregionen hinein.

Geschichte
Das Allgäu liegt zum allergrößten Teil im Freistaat Bayern (wiedermal ist Napoleon daran schuld), doch Bayern gibt's dort keine. Immer noch gibt der Einheimische den Spätzle - auch Essen ist ja ein Teil der Kultur - gegenüber den Knödeln den Vorzug. Westlich des Lech wird nicht nur schwäbisch gespeist, auch schwäbisch gesprochen, vorwiegend zumindest. Doch weder mit den Schwaben noch mit den Bayern beginnt die Geschichte des Allgäus, sondern mit den Kelten. Auf dem Gebiet des heutigen Kempten beispielsweise hatten sie nachweislich gesiedelt, ein Ort, den die Römer, die dann kamen, später Cambodunum nannten. Eine 2000 Jahre alte Tradition, die sich also noch im Namen erhalten hat. Die schwäbisch-alemannische Eroberung des Raumes löste schließlich die Herrschaft der Römer ab.
Als die ursprünglichen alemannischen Gaue (von Almanngau soll sich auch der Name Allgäu herleiten) auseinandergefallen waren, kam es zur Bildung einer großen Anzahl selbständiger Territorien. Herren wurden der weltliche Hochadel und Niederadel (Ritterschaft) sowie Klöster (Ottobeuren, Stift Kempten) und Bistümer, unter denen das Augsburger beherrschend war. Daneben entwickelte sich eine stattliche Reihe freier Reichsstädte:

Basilika St. Lorenz mit Zumsteinhaus, Kempten (Foto: Verkehrsamt Kempten)

Isny, Wangen, Kempten, Leutkirch, Memmingen und Kaufbeuren erhielten alle ihre Stadtrechte unter der Herrschaft der Staufer, als Schwaben Mittelpunkt des Kaiserreiches war. Von den adeligen Herrschaften jener Zeit zählen noch heute die Nachfahren des berüchtigten Truchseß Jörg von Waldburg, der seine Gegner im Bauernkrieg erbarmungslos niederschlug, zu den heimlichen Herrschern des Allgäu. Viele sind wirtschaftlich von ihm abhängig und die meisten beziehen ihre Informationen aus seinen Zeitungen.

Die starke territoriale Zersplitterung führte zwischen den Standesherrschaften, Reichsstädten und Klöstern zu Machtkämpfen, die - verbunden mit oft schwerwiegenden Kriegsfolgen - die wirtschaftliche Bedeutung des Allgäus nahe Null brachten. Als der Dreißigjährige Krieg vorbei war, war der Landstrich völlig verarmt. Schwäbische Findigkeit war gefragt, um der weder mit Fruchtbarkeit noch mit Bodenschätzen gesegneten Gegend doch noch Wohlstand abzuringen. Im Laufe des 19. Jahrhunderts, so spät also war das erst, wurde aus dem "blauen" (Flachsanbau) das "grüne Allgäu". Man stellte um auf Weidewirtschaft und Milchverwertung. Fachleute, aus der Schweiz und den Niederlanden importiert, zeigten, wie man das macht. Diese sanfte und industrielose Art des Fortschritts sorgte für ein Aufblühen des Fremdenverkehrs. Der moderne Tourist mit seiner massenhaften Suche nach Idylle stellt diese damit jedoch gleichzeitig in Frage.

Kunst

Ostwärts von Burg und Stadt Füssen, vor dem Hintergrund der ansteigenden Alpen, grüßen die beiden berühmtesten bayerischen Königsschlösser des 19. Jahrhunderts (aber auf älter "gemacht"): Hohenschwangau mit seinen romantisch wirkenden Formen, dort, wo einst die frühgotische Burg Schwanstein stand, und König Ludwigs II. über der einsamen Pöllatschlucht thronendes Märchenschloß Neuschwanstein. Jahr für Jahr sind diese Prunkburgen, die sich im Alp- und Schwansee spiegeln, das Ziel vieler Bewunderer. Doch auch anderswo ist das Allgäu nicht nur

Kempten, St.-Lorenz-Basilika (Foto: Verkehrsamt Kempten)

Antiquitäten

Der Einfluß von Augsburg her war auch im Bereich des Kunsthandwerks groß. Augsburger Möbel, mit Tradition seit 1322, treten besonders im 16. und 17. Jh. in den Vordergrund. Neben den für die Höfe bestimmten berühmten Silbermöbeln finden sich auch bürgerliche Möbel mit reichem Schnitzwerk und herausragenden Intarsienarbeiten. Prunktische und Kabinettschränke vor allem stammen aus Augsburg.

Im 16. Jh. wurde die Fuggerstadt ein Zentrum der deutschen Silberschmiedekunst und Augsburger Uhren des gleichen Zeitraumes zeichnen sich durch hohe Qualität und dekorative Ausschmükkung aus. Für das Allgäu von Bedeutung sind die ländlichen oder Bauernmöbel aus eigenen Werkstätten. Die Besonderheit an diesen Produkten ab dem ausgehenden 18. Jh. ist die Hellfarbigkeit der Möbel, die meist weiß bis hellblau bemalt sind.

landschaftlich reizvoll, sondern birgt noch weitere, wenn auch weniger bekannte Kunstschätze: reizvolle alte Stadtbilder, Klöster und Burgen, Wallfahrtskirchen- und kapellen.

Im Unterallgäu sind besonders die Städte Memmingen (gotische St. Martins-Kirche, Siebendächerhaus) und Mindelheim (barocke Jesuitenkirche) und das Benediktinerkloster Ottobeuren hervorzuheben. Im Oberallgäu steht Kempten im Mittelpunkt, die Allgäu-Metropole mit ihrer St. Lorenz-Basilika, dem ersten Barockbau nach dem Dreißigjährigen Krieg. Im Westallgäu, zwischen Bad Wurzach, Leutkirch und Wangen, sind vor allem die Schlösser der Fürsten von Waldburg-Zeil bekannt. Zwischen Buchloe, Kaufbeuren und Füssen im Ostallgäu trifft man auf zahlreiche Fresken der Augsburger Schule. Apropos Augsburg: Die Stadt im Norden des Gebietes ist heute Regierungshauptstadt von Bayerisch Schwaben und hat sich eine zentrale Stellung bewahrt. Trotzdem war der Einfluß auf das Allgäu früher, besonders in der Kunst, sicher größer. Augsburg war einst ein berühmtes Zentrum der Architektur, der Musik und der Malerei.

Tafelaufsatz mit Triton und Neireide; Silber, getrieben, gegossen, ziseliert, punziert u. teilvergoldet, Höhe 34,2 cm; Meister Tobias Zeiler (um 1625-1666), Augsburg, um 1645 (Foto: Mus. für Kunst und Gewerbe Hamburg, Karin Kiemer)

UNSER TIP

Museen in Augsburg

Im **Schaezler-Palais** haben die Städtischen Kunstsammlungen die Deutsche **Barockgalerie** aufgebaut. Zusammen mit der anschließenden Staatsgalerie im ehemaligen Dominikanerinnenkloster (Augsburger und schwäbische Malerei der Spätgotik und Renaissance - Holbein, Dürer, Burgkmair) zählt diese zu den bedeutendsten Gemäldegalerien Süddeutschlands.

Römisches Museum
in der ehemaligen Dominikanerkirche, Dominikanergasse 15; Sammlung vorgeschichtlicher, römerzeitlicher und frühgeschichtlicher Funde aus Augsburg und Bayerisch-Schwaben.

Maximilian-Museum
(mit Diözesanmuseum), Phil.-Welser-Straße 24; Architekturmodelle (Holl), Plastik (Multschler, Loscher, Daucher, Reichle, Petel, Bendl), Buchmalerei, Kunstgewerbe des 10. bis 18.Jh., Stadt- und Handwerksgeschichte der Augsburger Gold- und Silberschmiede.

Staatsgalerie
im ehemaligen Dominikanerinnenkloster (Eingang Schaezler-Palais): Altdeutsche Malerei mit Werken von Holbein d. Ä., Burgkmair, Apt, Elsheimer, Flegel, Schönfeld, Sandrart, Bergmüller, Holzer, Maulbertsch, Graff, Tischbein, Zick, Kobell), Rokoko-Festsaal, Stiftung Scheinhammer, Kellergalerie (Diskussionsgalerie moderner Kunst).

Graphische Sammlung
(Schaezler-Palais): Augsburger Handzeichnungen und Graphiken des 15. bis 20.Jh.

Holbein Haus, Vord. Lech 20: Sonder- und Wechselausstellungen, siehe Tagespresse.

Kunsthalle am Wittelsbacher Park,
Imhofstraße 7: Ausstellungen

Öffnungszeiten für obige Museen und Galerien: Mai bis einschließlich Oktober, täglich außer Montag 10 bis 17 Uhr, November bis einschließlich April, 10 bis 16 Uhr. Eintritt frei.
T: 0821-3241

Augustinermuseum
Salzstraße 32
7800 Freiburg i. Br.
T: 0761-216-3300

Das größte Museum der Stadt Freiburg befindet sich in einer ehemaligen Klosteranlage am Augustinerplatz, daher auch sein Name: **Augustinermuseum**. Es beherbergt Kostbarkeiten vom frühen Mittelalter bis in die Gegenwart, vorwiegend oberrheinischer Herkunft. Die Räumlichkeiten, in denen noch etwas von der Atmosphäre des einstigen klösterlichen Lebens spürbar ist, bilden den idealen Rahmen für die mittelalterlichen Kunstschätze der bedeutenden Sammlung. Zu den größten Kostbarkeiten zählen nicht allein die goldenen und silbernen Gerätschaften aus Freiburger Kirchen und Klöstern, sondern auch die Meisterwerke mittelalterlicher Plastik, berühmte Gemälde von Hans Baldung Grien, Matthias Grünewald oder Lukas Cranach. Darüber hinaus ist hier die Gelegenheit geboten, viele Originalskulpturen und farbige Glasgemälde des Freiburger Münsters aus nächster Nähe zu betrachten. Ferner ist die südwestdeutsche Barockplastik in eigener Abteilung präsentiert, und reich ist die Sammlung an Kunsthandwerk aus verschiedenen Stilepochen, wie z.B. Möbel, Keramik oder Glas.

Außerdem beherbergt das Augustinermuseum eine volkskundliche Abteilung, die vor allem eine Uhrensammlung, Trachten und Volkskunst des Schwarzwaldes zeigt. Im 19. Jahrhundert entdeckten die Künstler der näheren und weiteren Umgebung Freiburgs und des Schwarzwaldes die Schönheit und hielten sie im Bilde fest, zu sehen in der Abteilung der badischen Malerei im Augustinermuseum. Zuletzt kann man sich anhand zweier historischer Stadtmodelle noch einen anschaulichen Überblick über die Geschichte der Stadt verschaffen.

Öffnungszeiten:
tägl. außer Mo 10-17 Uhr
Mi 10-20 Uhr - Eintritt frei

Schwäbisches Bauernhofmuseum Illerbeuren
Museumstr. 8
8941 Kronburg-Illerbeuren
(08394) 1455

Das schwäbische Bauernhofmuseum Illerbeuren ist das älteste Freilandmuseum in Bayern. Es zeichnet sich aus durch außergewöhnlich umfangreiche und qualitätvolle Sachgutsammlungen zur ländlichen Kultur und Lebensweise. Das Bauernhofmuseum kann fast als "Dorf im Dorf" bezeichnet werden: Der Museumseingang befindet sich mitten in der Ortschaft und mehrere Gebäude des Museums stehen an ihrem ursprünglichen Standort. Die Mehrzahl der zu besichtigenden Architekturobjekte stammt aus der unmittelbaren Umgebung Illerbeurens.
Im Inneren mit Möbeln, Hausrat, Schmuckgegenständen und Gerätschaften ausgestattet, ermöglichen sie Einblicke in vergangene Wohn- und Arbeitsweisen.
Die St. Ulrich-Sölde beherbergt eine umfassende Sachgutsammlung zur ländlichen Kultur und Lebensweise.
Otto Kettemann, Museumsleiter

Öffnungszeiten:
April bis Oktober: 9^{00}-18^{00} Uhr
November bis März: 10^{00}-16^{00} Uhr
Geschlossen: 24.-26.12, 31.12-1.1, 7.1-15.2

Antiquitäten- und Kunsthandlungen

Erlesenes Silber Antike Möbel Gemälde
Ausstellungen zeitgenössischer Künstler
Übernahme spezieller Aufträge

Fischergasse 21   7900 Ulm   Telefon 07 31 / 6 33 49   telex 712 338

Di - Fr 11.00 - 18.00 Uhr, Sa 10.00 - 14.00 Uhr, Montag geschlossen

---

Ein guter Tip für erholsame Tage

Im Land der Berge,
Wälder, Seen, Schlösser
Kur l Sport l Erholung
Sehenswürdigkeiten
Ausflugsmöglichen

Sommer- und Wintersport
180 km Wanderwege
60 km Loipen
Hallenbad 1 Tennishalle
Bunte Unterhaltung

**Modernes Kurhaus mit multifunktionellem Saal für max. 700 Personen,
Konferenzräume, Restaurants, Tiefgarage
Haus des Gastes mit gleichem Angebot für max. 300 Personen.**
Inf. und Prospekt : Kurverw. 8958 Füssen, Postf. 1165, Tel. (0 83 62) 70 77 / 7078

Antiquariat
Braun, Georg
Sterngasse 15
7900 Ulm

Kunsthandel
im Kornhauskeller
Hafengasse 19
7900 Ulm

Antiquitäten
Rau, Peter
Schlossstr. 26
7900 Ulm-Wiblingen

Antikes
Erhardt, H.
Turmstraße 43
7910 Neu-Ulm

Kunsthandlung
Eikmeyer, A.
Mittelstr. 1
7958 Laupheim

Kunsthandlung
Munk, W.
Stadtberg 18
8870 Günzburg

Duesterer, F.
Fischergasse 8
7900 Ulm

Kunsthandlung
Göbel, C.
Frauenstr. 8
7900 Ulm

Rimmele, Angela
Herdbruckerstraße 15
7900 Ulm

Kunsthandlung
Klein
Griesmayerstr. 7
7910 Neu-Ulm

Irg
Biberacher Straße 16
7959 Schwendi

Gaertner, C.
Fuggerstraße 15
8871 Glött

Kunsthandlung
Ehinger, O.
Kronengasse 12
7900 Ulm

Hafner, Ch.
Kohlgasse 24
7900 Ulm

Schwarz
Heidenheimer Str.79
7900 Ulm

Letzner, G.
Herzog-Georg-Str.12
7912 Weißenhorn

Kuebler, B.
Merazhofen
7970 Leutkirch

Becker
Kapellenweg 2
8872 Burgau

Ehrhardt
Hafengasse 7
7900 Ulm

Hoche T.
Judenhof 10
7900 Ulm

Kunsthandlung
Siemann, U.
Kornhausplatz 2
7900 Ulm

Kunsthandlung
Schreiber, P.
Elbestr. 20
7912 Weißenhorn

Lutz, J.
Kemptenerstr. 29
7970 Leutkirch

Anno Domini
Oberer Graben 13
8900 Augsburg

Galerie
Fischergasse 21
7900 Ulm

Antiquitäten
Jakober, Siegfried
Hafengasse 16
7900 Ulm

Steinberger, L.
Lehrer-Tal-Weg 201
7900 Ulm

Kunsthandlung
Müller, J.
Molkereiweg 14
7914 Pfaffenhofen

Konschak, M.
Hochstr. 75
7971 Aichstetten

Kunsthandlung
Bauch, E.
Bauerntanzgäßchen 6
8900 Augsburg

Kunsthandlung
Frenzel, E.
Neue Str. 103
7900 Ulm

Antiquariat
Kerler, H.
Platzgasse 26
7900 Ulm

Kunsthandlung
Erdmann, H.
Karlstr. 50
7902 Blaubeuren

Keilwerth, J.
Memminger Straße 56
7919 Altenstadt/Iller

Roller, R.
Eberzstr. 3
7972 Isny

Antiquariat
Beier, K.
Bäckergasse 7
8900 Augsburg

Kunsthandlung
Frey
Schwörhausgasse 9
7900 Ulm

Kunsthandlung
Pieper, M.
Hahnengasse 32
7900 Ulm

Kunsthandlung
Mähr, T.
Ottostr. 9
7906 Blaustein

Brohl, V.
Bahnhofstraße 1
7958 Laupheim

Kunsthandlung
Gawlik, C.
Bahnhofstr. 5
8870 Günzburg

Bolkart, J.
Klauckestraße 15
8900 Augsburg

AUS UNSEREM VERLAGSPROGRAMM

DIE DATEN

Barockmöbel
aus Württemberg und Hohenlohe. 1700–1750 Geschichte · Konstruktion · Restaurierung

132 Seiten
24 Farbtafeln, 103 Schwarz-weiß-Abbildungen
Format 21,5 × 24 cm
Pappband mit fünffarbigem Einband

Ladenpreis DM 38,–

ISBN 3-88 294-082-4

DAS BUCH

Die Kunstschreiner- u. Schreinerfamilien in Kirchheim u. Teck im 17. und 18. Jahrhundert.

Ein exemplarischer Überblick für Württemberg und Hohenlohe spezifische Möbeltypen in der ersten Hälfte des 18. Jahrhunderts.

Anspruch, Zielsetzung und Möglichkeiten heutiger Möbelrestaurierung werden deutlich gemacht.

Süddeutsche Verlagsgesellschaft Ulm, Sedelhofgasse 19–21, 7900 Ulm

Kunsthandlung
Dietzel, I.
Vord Lech 13
8900 Augsburg

Kunsthandlung
Höhenberger, A.
Frauentorstr. 7
8900 Augsburg

Antiquitäten
Matheis, F.
Langemarckstraße 62
8900 Augsburg

Antikes
Strack, P.
Dominikanergasse 7
8900 Augsburg

Kunsthandlung
Albrecht, H.
Lichtensteinstraße
8908 Krumbach

Antiquitäten
Doering, K.
Kneippstraße 9
8939 Bad Wörishofen

Doerschug, H.
Zollernstraße 28
8900 Augsburg

Kunsthandlung
Knecht, I.
Bahnhofstr. 29
8900 Augsburg

Kunsthandlung
Müller, R.
Ulmer Str. 152
8900 Augsburg

Taubenberger, Erich
Friedberger Str. 145
8900 Augsburg

Antiquitäten
Klemens, A.
Ludenhausen
8911 Reichling

Galerie
Faust, Arthur
Kneippstr. 18
8939 Bad Wörishofen

Kunsthandlung
Ganzenmüller KG
Ph.-Welser-Str. 14
8900 Augsburg

Kneuse, C.
Ulmerstraße 152
8900 Augsburg

Kunsthandlung
Rehm, L.
Pferseerstr. 11
8900 Augsburg

Thiel, R.
Jakoberstraße 23
8900 Augsburg

Antiquitäten
Bechter, J.
Leeder
8915 Fuchstal

Galerie
Klosterhof 6
8939 Bad Wörishofen

Grammelsbacher, J.
An der Brühlbrücke 1
8900 Augsburg

Kuri, W.
Welserpassage
8900 Augsburg

Antiquariat
Scharnhorst
Dominikanergasse 1
8900 Augsburg

Kunsthandlung
Tsiakalakis
Storchenstr. 5-a
8900 Augsburg

Antiquitäten
Grimme, H.K.
Dornstetten
8915 Fuchstal

Kunsthandlung
Grätz, H. u. I.
Gutenberg
8939 Oberostendorf

Gremes, N.
Kreutzstraße 23
8900 Augsburg

Kunsthandlung
Kühling, W.
Georgenstr. 3
8900 Augsburg

Antiquariat
Schreyer, H.
Auf dem Kreuz 9
8900 Augsburg

Kunsthandlung
Bojadzhiev, E.
Bäckergasse 12
8900 Augsburg 1

Antiquitäten
Bader, I. u. A.
Baumschulweg 1
8918 Diessen

Kunsthandlung
Lange-Huesken, H.
Ob. Mühlstr. 17
8939 Bad Wörishofen

Antiquitäten
Guenzel, U.
Karlstraße 9
8900 Augsburg

Lang, B.
Erstes Quergäßchen 8
8900 Augsburg

Schueller, L.
Am Fischertor
8900 Augsburg

Kunsthandlung
Landrock, S.
Amselstr. 14
8901 Aindling

Antiquitäten
Hudler, Josef
Herrenstraße 24
8918 Diessen

Juraschek, H.
Zangmeisterstraße 8
8940 Memmingen

Kunsthandlung
Haßold, P.
Grottenau 6
8900 Augsburg

Kunsthandlung
Lichtenberg
Wertachstr. 27
8900 Augsburg

Senger, N.
Spitalgasse 10
8900 Augsburg

Kunsthandlung
Brunner, W.
Bauernbräustr. 12
8904 Friedberg

Kunsthandlung
Schunn, H.
Brandach 37
8923 Lechbruck

Kunsthandlung
Lechleiter, A.
Ulmer Str. 8
8940 Memmingen

Kunsthandlung
Heilmann, R.
Milchberg 16
8900 Augsburg

Kunsthandlung
Loos, K.
Heilig-Grab-Gasse 4
8900 Augsburg

Siebert, D.
Pfladergasse 6
8900 Augsburg

Antiquariat
Fay, H.G.
Abt-Sartor-Str. 27
8907 Thannhausen

Schaebel, G.
Schlößleweg 7a
8935 Fischach

Möbelrestaurator
Mulzer, Georg
Deybachstraße 12
8940 Memmingen

Die Galerie
Kunsthandel · Antiquitäten
Asiatika
P. HEYER

Wir stellen dieses Jahr im Festgelände nicht aus.
Sie finden uns:
Salzstraße 32, 8960 Kempten
Telefon (08 31) 2 74 46
(Nähe Basilika St. Lorenz)

Gerecke, Peter
Obere Straße 2
8941 Heimertingen

Juraschek, H.
Blumenstraße 7
8944 Grönenbach

Nitzsche
Oberes Dorf 13
8951 Irsee

Wille, I.
Lechhalde 3
8958 Füssen

Krug, F.-L.
Heimkehrerstraße 8
8960 Kempten

Bartsch, Helge
Rottachbergstraße 12
8970 Immenstadt

Harzenetter, R.
Bergstraße 9
8941 Sontheim

Mueller, F.
Ittlesburger Str.24
8944 Grönenbach

Enzensberger, M.
Brunnengasse 14
8958 Füssen

Raffin, A.
Schwangauer Str.3
8959 Füssen

Kuehling, E.
Füssener Straße 84
8960 Kempten

Kennerknecht, E.
Julius-Kunert-Str. 13
8970 Immenstadt

Mulzer, G.
Deybachstraße 12
8941 Lautrach

Kunsthandlung
Schlegel, W.
Pfarrgasse 13
8950 Kaufbeuren

Fruebing
Magnusplatz 4
8958 Füssen

Botzenhardt, Walburga
Bei der Rose 9
8960 Kempten

Nuber, M.
Gerberstraße 24
8960 Kempten

Tappe, R.
Engelgasse 1
8973 Hindelang

Krissmer, B.
Ulrichstraße 2
8942 Ottobeuren

Kunsthandlung
Schmid, H.
Ledergasse 17
8950 Kaufbeuren

Kubath, Bernhard
Geometerweg 20
8958 Füssen

Antiquitäten
Brianza, Bruno GmbH
Schützenstraße 6
8960 Kempten

Opitz, W.
Ankergässele 3
8960 Kempten

Kunsthandlung
Neu, W.
Lindauer Str. 26
8974 Oberstaufen

Kunsthandlung
Reiner, H.
Silcherweg 3
8943 Babenhausen

Kunsthandlung
Michelfelder
Klosterring 9
8951 Irse

Spicker, U.
Reichenstraße 37
8958 Füssen

Kunsthandlung
Felle, Dr. M.
Poststr. 7
8960 Kempten

Seith, H.
Memminger Straße 21
8960 Kempten

Christl, W.
Metzgergasse 4
8990 Lindau

LBB Antiquitätenzubehör GmbH

**Neckargartacher Straße 94
7100 Heilbronn - Böckingen
Telefon : 0 71 31 / 470 70**

Möbelbeschläge
Schlösser
Scharniere
Bänder
Holzteile
Intarsien
Schellackpolituren
Bienenwachs
Beizen

mehr als 12oo Artikel ständig auf Lager
bitte Katalog anfordern gegen DM 4,-

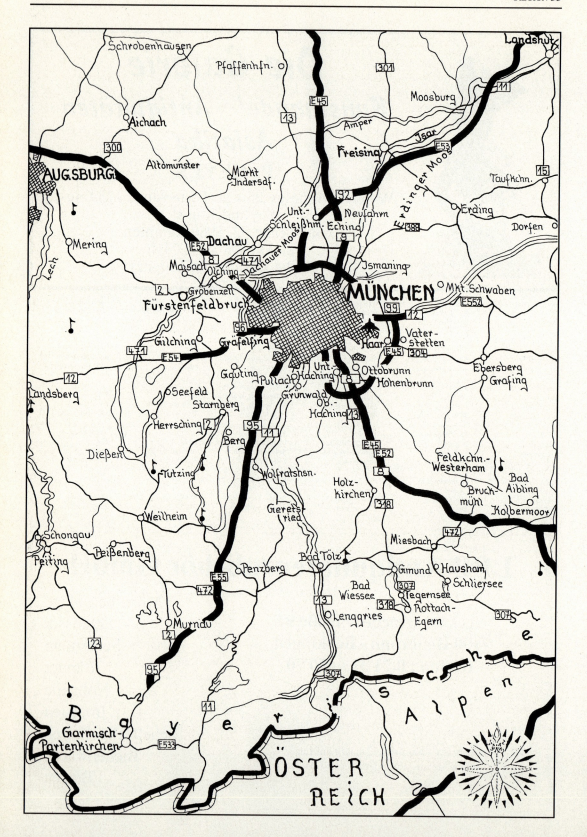

München und die Bayerischen Alpen

"So lang der Alte Peter..."

Landschaft

Das Voralpenland - von der Eiszeit geformtes Land. Mächtige Eisschübe, tosende Schmelzwässer - Geröll mit sich führend. Geröllebenen entstehen, verwittern zu Lehm. (Heutige Lehmgruben im NO von München.) Wildbewegte Schuttberge hinterläßt die Würmeiszeit. Nur von dünnen Humusdecken überzogen, sind sie heute mit Kirchen und Kapellen gekrönt.

Schmelzwasserströme lassen dicht vor den Endmoränen der letzten Eiszeit eine bis zu 100 Metern mächtige Schotterauflage entstehen. Nach Norden hin immer dünner werdend, kommt schließlich die Flinzunterlage zutage. Mitten in dieser "Schiefen Ebene" liegt München. Wasserundurchlässiger Flinzuntergrund - Hochmoore bilden sich. Fast 400 Quadratkilometer Fläche!

Seen entstehen. Kiesgrubenreste im Voralpenland: Überreste von Mammut, Rentier und Wildpferd. (Funde zu besichtigen in der Paläontologischen Sammlung der Universität München.) Zeugen der übermächtigen Naturgewalten: erratische Blöcke, die den ausladenden Zentralalpen entstammen; vom Eis überzogene, blankgehobelte, ausgefräßte "Gletscherschliffe".

Landesnatur

München und die Bayerischen Alpen - eine Landschaft, die das Touristenherz höher schlagen läßt. Berge laden zum Aufstieg ein: Die Zugspitze, die Ammergauer Alpen, Benediktinerwand, das Estergebirge mit dem Krottenkopf (2086 m)... Doch nicht nur Wandern ist angesagt. Der Hobbybotaniker ergötzt sich an den naturgeschützten Pflanzen. Hier finden sich noch Frauenschuh, wilde Akelei, Seidelbast, Enzian, Edelweiß, die Tollblume. Und hat nicht schon mancher eine Silberdistel als Trophäe mit nach Hause getragen? Zum fröhlichen Planschen und Surfen laden zahlreiche Seen ein, wie Ammersee, Starnbergersee, Tegernsee... Ausgedehnte Spaziergänge über grüne Hügel und Streublumenwiesen, die heute aber auch schon seltener werden, lassen das Bayern erfahren, das man aus zahlreichen Beschreibungen kennt. Immerhin einige Dutzend meist winzige Naturschutzgebiete helfen die ursprüngliche Landschaft zu erhalten.

Die zahlreichen Moore - Dachauer Moos, Erdinger Moos, Kolbermoor bei Rosenheim - erinnern noch heute an die Zeit, als man Torf stach, um seine Wohnung und die Sudkessel der Brauereien zu beheizen. Und durch das ganze Gebiet schlängelt sich die Isar, die in Tirol im Karwendelgebirge entspringt. Sie ist ein ganz besonderer Anziehungspunkt für Badefreudige. - Flußsurfen ist hier schon eine Mode von gestern.

Und wer hat nicht schon von den "Nackenden" im Englischen Garten gehört, die sich nicht einmal an die gesetzlich bestimmten Nacktbadezonen halten?! Kurzum, ein Gebiet, das so vielseitig und abwechslungsreich ist wie seine Hauptstadt.

- Wenn nur nicht der Föhn so plagen würde, klagen meist die Münchner. Stets ein Grund, seine Kopfschmerzen, Übererregbarkeit und motorische Unruhe zu begründen. Bei Föhn, dem warmen, trockenen Südwind, der von den Gebirgshöhen in die Täler weht, herrscht am Alpenrand der typisch bayerische tiefblaue Himmel mit den fisch- und linsenförmigen Wolken. Ansonsten haben wir hier in Bayern ein Klima mit kontinentalen Zügen. Ab Juli / August steigt die Temperatur bis zu 30 Grad im Mittel!

Grenzen

Mächtige Höhenzüge begrenzen das Gebiet nach Süden hin auf natürliche Weise. Gleichzeitig die Grenze zwischen Bayern und Österreich. Gen Norden fächert sich die "Schiefe Ebene", begrenzt westlich durch den Lech, östlich durch den Inn

München: Das Staatliche Museum für Völkerkunde (Foto: Staatl. Museum für Völkerkunde, München)

Geschichte

Klar ist, die Geschichte Bayerns muß mit den Altbayern beginnen. Dem Volksstamm der Baivari oder Baiovarii. Mitte des 6.Jh. kamen sie von Osten. Wahrscheinlich aus dem sagenhaften Land Baia - sagt man. Diese jähzornigen und sinnesfreudigen Germanen bilden das trotzigste Stammesherzogtum im Fränkisch - Deutschen Reich aus und erreichen im 10.Jh. fast völlige Unabhängigkeit. Doch Heinrich der Stolze verliert sein Herzogtum Bayern an Kaiser Barbarossa. Schließlich - 1156 - gelingt es Heinrichs Sohn, Heinrich dem Löwen, s e i n Bayern wieder zurückzutrotzen.

Und damit beginnt die Geschichte Münchens. Die Geschichte dieser Millionenstadt - dieses Millionendorfes. Der "Löwe", dessen Beiname noch heute das bayerische Wappen ziert, erkennt sofort, daß viel Geld zu machen sei, wenn er den Salzfuhrleuten aus Hallein, Berchtesgaden und Reichenhall, die alle über die Isar müssen, einen günstigen Isarübergang bietet. Gedacht - getan - "Ze den Munichen", das Gebiet, wo heute der Alte Peter steht, wird auserkoren. - Erfolgreich! Die Zollstelle lohnt sich. Der Rubel rollt. Und wo Geld fließt, stellen sich auch die Leute ein: Händler, Schmiede, Münzmeister. München hat schon bald Marktrecht. Ein rechter Magnet ist dieser Marktflecken. Mehr Interessierte kommen - und aus diesen Leuten wächst die "Münchner Rass".Um München herum entstehen ärmere Gegenden, wie das heutige Giesing, Haidhausen oder Lehel. Irgendwann fällt der Löwenherzog bei Barbarossa in Ungnade. Ihm folgt die mächtige bayerische Familie der Wittelsbacher, die sich ständig müht, den Besitz abzurunden und zu sichern.

1314 wird Ludwig der Bayer zum deutschen Kaiser gekrönt. Er privilegiert den Münchner Salzhandel und sichert damit den Wohlstand Münchens. 1505 wird München nach dem Landshuter Erbfolgekrieg alleinige Hauptstadt Bayerns. Im 17.Jh. widersteht München dem Schwedeneinfall unter Gustav Adolf und der Pest. Im 18.Jh. halten die Bewohner zweimal der Besetzung durch Österreich stand. Schließlich 1871 tritt Bayern dem Deutschen Reich bei. - Und 1918 wird München, wie wir es heute kennen, Hauptstadt. Hauptstadt des Freistaates Bayern.

Wirtschaft
Wenn die Münchner nicht im Biergarten sitzen oder Brotzeit halten, dann findet man sie vielleicht in den Betriebshallen von BMW, MAN, Siemens, Bosch oder IBM. Hier in der Landeshauptstadt verdienen sich viele ihr Brot und Bier, in Institutionen auf politischer, verwaltender, kultureller, wirtschaftlicher und konfessioneller Ebene. Touristen und Geschäftsleute erhöhen die Attraktivität. Im Umland hat man sich mehr den saftigen Wiesen und gesunden Kühen verschrieben. Die Land- und Forstwirtschaft floriert. - Und natürlich, wieder, Fremdenverkehr. Da kann fast jede Familie ein Zimmer entbehren. Der einzige größere Industriestandort ist Geretsried.

Die Bayern
Das typische "Münchner Kindl", - gibt es das überhaupt noch? Wer aus der drittgrößten Stadt der Bundesrepublik Deutschland mit den 1,28 Mio. Einwohnern soll, darf oder will sich hier wiederfinden? Wer fühlt sich überhaupt angesprochen, wenn der "Urbayer mit Lederhose und Seppelhut" vorgeführt wird? Ist das etwa nur Touristengag oder geschieht das aus tiefster Überzeugung? Man weiß es nicht so recht! Fest steht, die Gemütlichkeit, das Sitzen in Biergärten, das zünftige Festefeiern trifft wohl für viele Münchner und allgemein für die Bayern zu. Die Bayern, so sagt man, sind zünftig, teilweise derb, trinken das Bier maßweise. Will man dem "Münchner im Himmel" Glauben schenken, so ist der Lieblingsort des Münchners das Hofbräuhaus. Die Münchnerin, so weiß der Ortskundige zu berichten, kann auf ganz besondere Weise lachen und die Männer mit ihrem "Magst mir nicht..?" umgarnen und einspannen. Die Kunst des Erzählens - bloß so - berichtet der Kundige weiter, ist eine eigens in München lebende Kunst. Und viele Informationen finden sich in der Klatschkolumne der Abendzeitung. Und stolz, stolz sind die Münchner natürlich auch. Mit Recht. Auf ihre Stadt, ihr Land, das mit seinen Bauwerken Zeuge vieler Kunstepochen ist. Auf ihre Stadt, die Künstler wie Paul Klee und Kandinski, Lehnbach, um nur wenige zu nennen, beherbergt hat. Stolz darauf, daß in München der Jugendstil geboren wurde, die bissigen Karikaturen des Simplicissimus ersonnen wurden. München, eine Stadt, in der Ibsen sechs Jahre lebte, weil man hier "jeden leben läßt, wie er will". Eine Stadt aber auch, in der die Geschwister Scholl ihre letzten Tage erlebten, eine Stadt, die Lenin, Trotzki, Rudolf Hess und nicht zuletzt Adolf Hitler in seinen jungen Jahren anzog.

Kunst und Architektur
München - Stadt der Kunst. Immerhin 43 öffentliche Museen, Galerien und die verschiedensten Sammlungen sind hier zu finden. Die Spanne reicht vom kuriosen Valentinmuseum im Turm des Isartores, in dem der berühmte Nagel zu finden ist, an den Valentin seinen Beruf gehängt hat, bis hin zur Alten Pinakothek mit europäischen Meistern des 14. bis 18.Jh. Hier kann man die "Vier Apostel" von Albrecht Dürer im Original bestaunen. Doch die Alte Pinakothek reichte für die Kunstfülle nicht aus. So sind seit 1981 die Gemälde des 18. bis 20.Jh. gegenüber - in der Neuen Pinakothek - untergebracht. Die griechische und römische Zeit lebt bei einem Besuch in der Glyptothek wieder auf. Nicht unerwähnt bleiben darf natürlich das Deutsche Museum als größtes technisches Museum der Welt.

Doch auch das Stadtbild selbst birgt wahrhafte Kunstschätze. Mächtige Zeugen vieler Kunstepochen beherrschen sowohl die Metropole als auch das Umland. Dies haben wir vor allem den kunstliebenden Wittelsbachern und zahlreichen selbstbewußten und mächtigen Äbten, Pröbsten und Prälaten zu verdanken. Fast schon sprichwörtlich ist das "Barocke Bayern". Die Kunst des 17. und 18.Jh., das Barock und Rokoko mit ihrem Formenreichtum und der verspielten Heiterkeit, prägte Bayern. Baumeister wie die Gebrüder Asam, Johann Michael Fischer, Dominikus Zimmermann, sie alle kamen vom Handwerk und haben ihr Können von der Pike auf gelernt. Doch zurück zu den Wittelsbachern. Wer kennt nicht Schloß Nymphenburg? Die große Freude über den Thronfolger Max Emanuel im Jahr 1663 veranlaßt der glücklichen Vater, seiner Gattin ein Landgut vor den Toren der Stadt zu schenken: Henriette Adelheid liebt das Landgut so, daß daraus Schloß Nymphenburg wächst. Das Schloß, das eine Schönheitsgalerie beherbergt, die Pagodenburg, die Badenburg, das schöne und berühmte Rokokoschlößchen - die Amalienburg (alle im Schloßpark), sie sind ein Muß für jeden, der München kennenlernen will. Die Amalienburg entstand erst um 1730 unter Karl Albrecht - für eine Frau natürlich: Kurfürstin Maria Amalia. Karl Albrecht - auf ihn gehen Rokokobauten mit Weltrang zurück. So z.B. die Asamkirche, ein Kleinod des süddeutschen Rokoko. Und wem haben wir die Pinakothek, die Feldherrnhalle, das Siegestor, die Ruhmeshalle, die Propyläen im klassizistischen Stil zu verdanken? - Wieder einem Wittelsbacher: Ludwig I. (1825-48). Er war der Meinung, einem Königreich wie Bayern gebühre eine entsprechend prunkvolle Hauptstadt.

Was ist noch zu erwähnen? Noch? - Es wurde doch erst begonnen! Da blieb noch vieles unerwähnt! Etwa die aus 87.000 kg Erz gegossene Bavaria, die seit 1850 von der Theresienhöhe auf das alljährliche Oktoberfest blickt. Der Friedensengel, der an den Versailler Frieden erinnert. Natürlich - die Frauenkirche!! Davor die Mariensäule, die als Dank für das Erlöschen der Pest (1638) aufgestellt wurde. Liebevoll das Glockenspiel am Münchner Rathaus: Wer genau hinschaut, erkennt die Hochzeitsszene Herzog Wilhelms V. mit Renata von Lothringen. Und weiter: Das Residenztheater, das Nationaltheater, das Antiquarium im Renaissancestil, gebaut speziell für die gesammelten Schätze. Doch nicht nur Barock, Rokoko, Renaissance kann München bieten. Das bestätigt das Verwaltungszentrum am Arabellapark und - nicht zuletzt, das "größte Dach der Welt". 74.600 Quadratmeter überdeckt das Zeltdach des Olympiageländes.

Kunsthandwerk und Antiquitäten
Eine ganz besondere Bedeutung hat für München die Nymphenburger Porzellanmanufaktur. Schon 1747 gegründet, hat sie bis heute Weltruf. Berühmt sind die Porzellanfiguren von F.A. Bustelli (1754-1763), besonders die Komödienfiguren, die als beste Porzellanplastiken des 18.Jh. gelten. Neben Portraitplastiken wurden Tafelservices hergestellt. Kopien sind heute überall zu erstehen. Eigens im zeitgenössischen Rokokomuster erstellte dagegen sind nur schwer und mit viel Geduld zu bekommen.

Klassisches, Modernes, Traditionelles findet sich in München an Möbeln und Einrichtungsgegenständen. Interessantes entdeckt, wer nicht den Glückstreffer auf einem der Trödel- und Flohmärkte macht, vieleicht in einem der sechs bekanntesten Auktionshäuser. Hier findet sich neben Büchern, Bildern, dekorativer Kunst vor allem Möbel im Münchner Stil. Münchner Möbel zeigt Anklänge an die Französische Möbelkunst. Höfisch geprägt durch Francois Cuvilliers, entwickelten sie einen gänzlich eigenen Charakter. Holzfurnierte, eingelegte Schreibkommoden, Kommoden und Schränke, qualitativ hervorragend, begründeten den kunsthandwerklich ausgezeichneten Ruf der süddeutschen Möbel. - Ganz anders die Möbel im oberbayerischen Alpengebiet: Farbenprächtige Bauernmöbel, meist aus Weichholz, reiche Dekorationen, mal bemalt, mal geschnitzt. Religiöse Darstellungen, auch Blumen- und Vogelmotive: ländliche, praktische Möbel.

Spezielles
Da müssen wir zuerst über das Oktoberfest sprechen, mit seinen weltberühmten, schlecht eingeschenkten Maßkrügen. Eingefallen ist das Oktoberfest dem Kutscher Franz Baumgartner, 1810. Erster Anlaß war die Hochzeit von Ludwig I. und Prinzessin Therese von Sachsen-Hilburghausen. Deshalb heißt die Festwiese vor dem Sendlinger Tor auch Theresienwiese. Wie bei jedem großen Volksfest in Bayern gehört hier alle zwei Jahre eine Landwirtschaftsausstellung dazu und natürlich Bier und gutes Essen. So wurden auf dem letzten Oktoberfest von den etwa 7 Mio. Besuchern 4,5 Mio. Liter Bier getrunken und 600 000 Brathendl verzehrt. Über Würstchen, Pizzen, gebrannte Mandeln und andere Leckereien liegen keine Zahlen vor.

Doch nicht nur Brathendl ißt man in Bayern: Semmelknödel (oder etwa Semmelnknödeln?), Rübenkraut, Kalbslüngerl, Kutteln, Kalbskopf, Hirnsuppe, Kalbsbries. Die Wurst ist nicht wegzudenken. Da gibt es die, für den Nichteingeweihten absonderlich klingende, Wollwurst (Weißwurst aus gekuttertem Kalbsfleisch ohne Haut.), die Stockwürste, Kalbswürste, Schweinswürstl, die "Dicken", die "G'schwollenen"... Kraut, Rüben, Kartoffelgerichte! Alle Zutaten erhältlich auf dem berühmten Viktualienmarkt, wo die Marktfrauen am Faschingsdienstag tanzen. Aus der alten Münchner Stadtmode, überall rasch etwas "aus dem Papier" zu essen (zum Beispiel Leberkas), ist heute der elegante Stehausschank geworden.

Diese neuen Etablissements werden speziell von "Büromenschen" genutzt. Im Stehen an der Theke kann man schnell und preiswert italienisch, griechisch, bayerisch, japanisch, chinesisch essen. Doch ganz besonders gemütlich ist es eben doch noch in einem der zahlreichen traditionellen Bierkeller und Biergärten. Hier kann man seine "Brotzeit" einnehmen. Ein Bier bestellen sollte man aber schon, vor allem, wenn man eventuell noch Teller und Besteck für sein Mitgebrachtes braucht.

Gartenfront des Schlosses Nymphenburg, München (Foto: Media-Studio Reidies)

Unser Tip

Bayerisches Nationalmuseum München
Prinzregentenstraße 3
8000 München 22
Telefon 089/2168-1

Das Bayerische Nationalmuseum gehört zu jenen großen und umfassenden Museen, die sowohl der Kunst als auch der Kulturgeschichte gewidmet sind. Kerngebiet der ungewöhnlich vielseitigen Bestände, die mit der Spätantike beginnen und bis in unser Jahrhundert hineinreichen, ist der süddeutsche Raum, vor allem natürlich Bayern, doch hat man sich nie ausschließlich auf diese Region beschränkt. Vielfach greifen die Sammlungen über Deutschland hinaus, die religiöse Volkskunde macht sogar nicht einmal an den Grenzen Europas halt.

Die Anfänge des Museums reichen in die Mitte des 19. Jahrhunderts zurück. 1853 legte Archivdirektor Karl Maria Freiherr von Aretin, der eine großangelegte Publikation der Kunstdenkmale des bayerischen Herrscherhauses vorbereitete, Köni Maximilian II., wohl auf dessen Wunsch und Anregung, Pläne für die Errichtung eines eigenen Wittelsbacher Museums vor, dessen Gründung schließlich am 30. Juni 1855 angeordnet wurde. Es erhielt den Namen "Bayerisches Nationalmuseum". Der erste Museumsbau - das heutige Völkerkundemuseum - erstand ab 1859 an prominenter Stelle auf dem Forum der Maximilianstraße. Die im Grundstin versenkte Urkunde spricht von einer Anstalt zur Aufbewahrung der interessantesten vaterländischen Denkmäer und sonstigen Überreste vergangener Zeiten". Maximilians Vater Ludwig I. hatte für die von ihm geschaffenen Museen, die Glyptothek und die beiden Pinakotheken, monumentale Bauten errichten lassen, in denen die nach damaligen Begriffen höchsten Errungenschaften der europäischen Kunst aufbewahrt und verehrt wurden: die Skulptur der Antike und die Malerei. Das Nationalmuseum, das in einem breiteren Sinne erzieherisch wirken sollte, erscheint als sinnvolle Ergänzung dieser vorangegangenen Gründungen.

Die bayerische und wittelsbachische Geschichte, die zunächst ganz im Vordergrund standen, wurden nicht allein durch eine Sammlung exemplarischer Gegenstände veranschaulicht, die sich auf das Fürstenhaus beziehen; sie wurden demBesucher zusätzlich noch in monumentalen Wandbildern vor Augen geführt, auf denen wichtige Ereignisse aus der bayerischen Geschichte geschildert sind. Man richtete jedoch neben den historisch geordneten Beständen auch "Separatsammlungen" kunsthandwerklicher Objekte ein, die nach Materialgruppen aufgestellt waren und den zeitgenössischen Künstlern und Handwerkern als Anregung dienen und ihnen Vorbilder für die eigene Arbeit an die Hand geben sollten, entsprechend den Bestrebungen einer Zeit, in der man sich ganz allgemein an den Kunststilen der Vergangenheit orientierte. Schon nach wenigen Jahrzehnten war das aus den begrenzten Mitteln der königlichen Kabinettskasse finanzierte Gebäude zu klein, so daß man 1892 einen Neubau auf dem Gelände des staatlichen Holzhofs an der gerade im Entstehen begriffenen Prinzregentenstraße ins Auge faßte. Er wurde 1894 nach Entwürfen von Gabriel Seidl begonnen. Sechs Jahre später, am 29. September 1900, konnte er eingeweiht werden.

Seidls Nationalmuseum gehört zu den bedeutendsten und originellsten Museumsbauten seiner Zeit. Die Ausstellungsräumem, die sich in Charakter und Aussehen an dem Inhalt orientierten, den sie aufnehmen sollten, sind von unterschiedlicher Größe, Form und Dekoration, selbst das Fußbodenniveau wechselt. Ihre Abfolge ergibt einen für den Besucher ungemein lebendigen und abwechslungsreichen Rundgang. Trotz schwerer Beschädigungen im Zweiten Weltkrieg und partieller Umgestaltungen und Modernisierungen ist die Grundstruktur des Seidl-Baus bis heute erhalten geblieben und gibt dem Museum seinen unverwechselbaren Charakter.

Bereits 1905/06 wurde das Museum gegen Norden um einige Säle und einen Werkstättentrakt erweitert. Für die äußere Erscheinung von größerer Bedeutung war jedoch der 1937 nach Plänen von German Bestelmeyer errichtete Flügel an der Südostecke, der nach dem Krieg für viele Jahre die Prähistorische Staatssammlung beherbergte. Im Zusammenhang mit dieser Baumaßnahme wurde das gärtnerisch angelegte Forum an der Prinzregentenstraße eingeebnet. Man baute damals auch Adolf von Hildebrands Hubertusbrunnen ab und versetzte dessen Reiterdenkmal des Prinzregenten an die Stelle , wo es heute steht.

1978 wurde endlich die längst fällige Gesamtsanierung des inzwischen über achtzig Jahre alten, nach dem Zweiten Weltkrieg zum Teil nur provisorisch wiederhergestellten Gebäudes in Angriff genommen. Im ersten von sechs vorgesehenen Bauabschnitten wurde 1980-81 zunächst der Bestelmeyer-Trakt saniert, in dem danach die Abteilungen für Volkskunst und für die Betreuung der nichtstaatlichen Museeen in Bayern Unterkunft fanden. Auch ein Vortragssaal wurde gewonnen. Außerdem baute man den Ostflügel des Dachgeschosses aus und schuf dort ca. 1200 m• dringend benötigten Depotraum für Gemälde, Textilien und Möbel. 1983 hat der zweite Bauabschnitt begonnen. In seinem Verlauf werden u.a. im Ausstellungsbereich Aufzüge eingebaut, was für die Schauräume zeitweilig erhebliche Beeinträchtigungen mit sich bringen wird. Die bevorstehenden Veränderungen der Säle und der Aufstellung wurden in dieser Auflage des Museumsführers noch nicht berücksichtigt. Die Grunddisposition des Gebäudes wird davon allerdings nicht berührt. Es hat in drei Geschossen Ausstellungsräume von insgesamt etwa 13.000 Quadratmetern Grundfläche. Im Souterrain werden die volkskundlichen Bestände gezeigt, einschließlich der berühmten Krippensammlung, der wohl bekanntesten Abteilung des Hauses.

Öffnungszeiten: April-September Di-Fr 9.30-16.30, Sa, So, u. Fei 10-16.30; Oktober-März Di-Fr 9-16, Sa, So u. Fei 9.30-16.00, Sa, So, u. Fei 9.30- 16.00

Antiquitäten- und Kunsthandlungen

Berr, Ernst
Lenbachplatz 7
8000 München 2

Bertolin, L.
Königsplatz 1a
8000 München 2

Bierl, S.
Lindwurmstr. 173
8000 München 2

Biermann, K.H.
Karlstr. 60
8000 München 2

Bina, A.
Marienplatz 8
8000 München 2

Bordihn, G.
Burgstr. 8
8000 München 2

Borsoe, K.
Herzog-Heinrich-Str.
8000 München 2

Bostroem, J.
Türkenstraße 24
8000 München 2

Bracciali, Carlo
Landsberger Straße 61
8000 München 2

Brahn, H.
Tal 59
8000 München 2

Kunst
Bram, H.
Tal 59
8000 München 2

Alte Staedteansichten
Brincken
Theresienstr. 58
8000 München 2

Galerie
Bubenik KG
Brienner Str. 5
8000 München 2

Butschal
Schützenstr. 1
8000 München 2

Bühler, Dr.
Salvatorstr. 2
8000 München 2

Böhler, Julius
Pacellistr. 8
8000 München 2

Antiquitäten
Daxer, J.
Wittelsbacherplatz 6
8000 München 2

Diepolder, K.
Theresienstr. 46
8000 München 2

Dosas, Olofa Tachjian
Stachus UG
8000 München 2

Dritsoulas, U.
Theresienstr. 9
8000 München 2

Zezschwitz, B.
Theresienstraße 19
8000 München 2

Dycke, E.
Herzog-Wilhelm-Str.
8000 München 2

Galerie
Dürr, B.
Maximilianstr. 29
8000 München 2

Eder, N.
Prannerstraße 4
8000 München 2

Antiques
Hochbrückenstraße 10
8000 München 2

Fauss, E.
Marsstraße 43
8000 München 2

Felten
Ottostraße 11
8000 München 2

Fenk, P.
Am Kosttor 2
8000 München 2

Fertl, A.
Kapuzinerstraße 31
8000 München 2

Foley
Sendingerstr. 43
8000 München 2

Galerie
Fresen
Ottostr. 13
8000 München 2

Frisch, G.
Westenrieder Str.19
8000 München 2

Fuchs, W.
Westenrieder Str.17
8000 München 2

Galerie
Gabelsbergerstraße 17
8000 München 2

Galerie
Tal 34
8000 München 2

Galerie
Schäfflerstr. 18
8000 München 2

Galerie
Prannerstr. 7
8000 München 2

Antiquariat
Gall, Heinrich
Theresienstr. 18
8000 München 2

Gebhardt, A.
Ottostraße 11
8000 München 2

Gensmantel-Keck, M.
Westenriederstr. 8
8000 München 2

Gerstner, Helmut
Brunnstr. 5
8000 München 2

Bütow, K.W.
Maistr. 25
8000 München 2

**Norbert Haidl
Buchenweg 18
8205 Kiefersfelden
Telefon 0 80 33 - 76 15**

Gemälde

19. und 20. Jahrhundert

finden Sie

in erlesener Auswahl

zu günstigen Preisen

im

Kunst-Kabinett Stölzle

Prannerstraße 5

8000 München 2

Tel. 089 / 297366

direkt neben
der " Kleinen Komödie "
Rückseite Hotel Bayerischer Hof

Dürr, B.
Maximilianstr. 29
8000 München 2

Eder, N.
Prannerstraße 4
8000 München 2

Antiques
Hochbrückenstraße 10
8000 München 2

Fauss, E.
Marsstraße 43
8000 München 2

Felten
Ottostraße 11
8000 München 2

Fenk, P.
Am Kosttor 2
8000 München 2

Fertl, A.
Kapuzinerstraße 31
8000 München 2

Foley
Sendingerstr. 43
8000 München 2

Galerie
Fresen
Ottostr. 13
8000 München 2

Frisch, G.
Westenrieder Str.19
8000 München 2

Fuchs, W.
Westenrieder Str.17
8000 München 2

Galerie
Gabelsbergerstraße 17
8000 München 2

Galerie
Tal 34
8000 München 2

Galerie
Schäfflerstr. 18
8000 München 2

Galerie
Prannerstr. 7
8000 München 2

Antiquariat
Gall, Heinrich
Theresienstr. 18
8000 München 2

Gebhardt, A.
Ottostraße 11
8000 München 2

Gensmantel-Keck, M.
Westenriederstr. 8
8000 München 2

Gerstner, Helmut
Brunnstr. 5
8000 München 2

Goebl, A.
Augustenstraße 14
8000 München 2

Goedecker, H.
Türkenstr. 11
8000 München 2

Grams, Ulrich
Marsstraße 13
8000 München 2

Greulich, A.
Westendstraße 153
8000 München 2

Antiquarius
Gromotka, P.
Theresienstraße 19
8000 München 2

Götz, Max
Frauenplatz 14 a
8000 München 2

Haberzettl
Augustenstraße 16
8000 München 2

Kunstantiquariat
Hagenstein, E.
Schleißheimer Str. 9
8000 München 2

Haidl, N.
Parkstraße 29
8000 München 2

Halter, K.
Maxburgstr. 4
8000 München 2

Galerie
Westenrieder Str. 8 a
8000 München 2

Auktionen
Hartung & Karl
Karolinenplatz 5 a
8000 München 2

Hawryluk, J.
Schillerstraße 38
8000 München 2

Galerie
Heck, Günter
Promenadeplatz 4
8000 München 2

Hermann, A.
Dachauer Straße 48
8000 München 2

Heubel, L.
Westenriederstr. 16
8000 München 2

Heuts, M.
Prannerstraße 4
8000 München 2

Hildebrandt, H.
Schleißheimer Str.9
8000 München 2

Antiquariat
Hillenbrand, E.
Rindermarkt 10
8000 München 2

Hoeppner, H.
O.-v.-Miller-Ring 35
8000 München 2

Huerland, R.
Kreuzstr. 15
8000 München 2

Dritsoulas
Ikonen-Galerie
Theresienstr. 9
8000 München 2

Jaschinski, D.
Westenriederstr. 27
8000 München 2

Galerie
Herzogspitalstr. 10
8000 München 2

Jorde, U.
Theresienstraße 9
8000 München 2

Karl u. Faber
Amiraplatz 3
8000 München 2

Kellnberger, O.
Heiliggeiststraße 8
8000 München 2

Kellner, Hans
Dachauer Straße 30
8000 München 2

Kempf, M
Ottostraße 5
8000 München 2

Kernchen, D.
Ottostr. 3
8000 München 2

Galerie
Ketterer, Wolfgang
Brienerstr. 25
8000 München 2

Kettner, E.
Ottostr. 5
8000 München 2

Kiessling, G.
Gollierstr. 30
8000 München 2

Kleinert, I.
Westenriederstraße 20
8000 München 2

Koeck
Ottostraße 13
8000 München 2

Koller, H.
Westernrieder Str.19
8000 München 2

Kunst-Kabinett
Koropp, E.M.
Theatinerstr. 42
8000 München 2

Kraus, M.
Sebastiansplatz 6
8000 München 2

Kroeger, H.
Theresienstraße 124
8000 München 2

Krupan, E.
Pfisterstr. 3
8000 München 2

Kuhn, H.
Thalkirchner Str. 18
8000 München 2

Kujumzian, D.
Riosental 16
8000 München 2

Köck, G.F.
Ottostr. 13
8000 München 2

Lachotzki, R.
Neuturmstraße 1
8000 München 2

Kunstzentrum
Lawrance, G.
Türkenstraße 24
8000 München 2

Ledebur
Brienner Straße 5
8000 München 2

Lohner, Ursula
Hochbrückenstraße 3
8000 München 2

Lopez, A.
Theresienstraße 156
8000 München 2

Lun, Manfred
Augustenstraße 49
8000 München 2

Antiquitäten
Woerndl
Falkenturmstraße 14
8000 München 2

Mackenthun
Residenzstr. 11
8000 München 2

Madison, A.
Lindwurmstr. 69
8000 München 2

Mandl, Helmut
Amalienstraße 14
8000 München 2

Margelik, G.
Steinheilstr. 12
8000 München 2

Marquart, H.G.
Antik-Haus
8000 München 2

Mehl & Co. GmbH
Augustenstr. 45
8000 München 2

Mehl, O.
Barer Str. 1
8000 München 2

Meintzinger, Bernd
Theresienstraße 58
8000 München 2

Meletta, Eric
Brienner Straße 10
8000 München 2

Meletta, H.E.
Wittelsbacherplatz 1
8000 München 2

Menzel
Radlsteg 2
8000 München 2

Menzel, U.
Rosental 16
8000 München 2

Mikorey, H.
Theresienstr. 51
8000 München 2

Mork, B.
Fürstenstraße 10
8000 München 2

Morvan, A.
Salvatorstraße 2
8000 München 2

Mueller, E.
Ottostraße 5
8000 München 2

Antiquitätenmarkt
Salvatorstraße 2
8000 München 2

Mühlbauer, I.
Sebastianspl. 11
8000 München 2

Nagl, H.
Rosental 16
8000 München 2

Neher, H.
Amalienstr. 24
8000 München 2

Neupert, Herold
Westenriederstraße 8
8000 München 2

Nietsch, R.
Theresienstraße 56
8000 München 2

Nottebaum, U.
Neuturmstraße 1
8000 München 2

Nowak
Schillerstr. 7
8000 München 2

Obergroßberger, H.
Adlzreiterstr. 35
8000 München 2

Odenthal, A.
Augustenstraße 71
8000 München 2

Orny, L. u. H.
H.-Heinrich-Str. 15
8000 München 2

Ostqasiatika
Fürstenstr. 10
8000 München 2

Pachinger, M.
Amalienstraße 26
8000 München 2

Antiquitäten GmbH
Penkert, R.
Fürstenstraße 6
8000 München 2

Petzuch, Werner
Gollierstraße 70
8000 München 2

Alte Graphik
Pfadenhauer, Karl
Hackenstr. 4
8000 München 2

Inh.: Rainer Rauhut
Philographikon
Neuturmstr. 1
8000 München 2

Pogritz, J.
Bergmannstr. 52
8000 München 2

Pollmer, A.
Landsberger Str. 3
8000 München 2

Kunsthandel
Pratsch
Kreuzstraße 9
8000 München 2

Pratsch, W.P.
Kreuzstr. 9
8000 München 2

Preysing, W. Graf
Lenbachplatz 7
8000 München 2

Pries, Wolfgang
Herzog-Wilhelm-Str.
8000 München 2

Proewig, D.
Prannerstraße 3
8000 München 2

Proske, Mathilde
Ottostraße 15
8000 München 2

Puechler, P.
Ganghoferstraße 2
8000 München 2

Rafaelian, E.
Westenriederstr. 4
8000 München 2

Ramer, Andreas
Fürstenstraße 8
8000 München 2

Rauscher, G.
Goethestr. 4
8000 München 2

Kunsthandel GmbH
Maistr. 50
8000 München 2

Reichenbach
Westenriederstraße 19
8000 München 2

Reiser, F.
Dreifaltigkeitsplatz 1
8000 München 2

Reith, H.
Schäfflerstr. 5
8000 München 2

Reinhold Herrmann
Residenz-Galerie
Theatinerstr. 33
8000 München 2

Restauro
Dachauer Straße 111
8000 München 2

Roedel, F. u. T.
St.-Pauls-Platz 6
8000 München 2

Roedig und Schmitt
Pacellistraße 2
8000 München 2

Romann, Henri
Blumenstraße 25
8000 München 2

Rossmann, H.
Blumenstraße 25
8000 München 2

Ruef, Gabriele
Ottostraße 13
8000 München 2

Galerie
Oberanger 35
8000 München 2

Rutzky, M.
Augustenstraße 39
8000 München 2

Schaeffner, Helmut
O.-v.-Miller-Ring 2
8000 München 2

Schaller, A.
Barer Str. 5
8000 München 2

Gemälde
Scheidwimmer, Xaver
Barer Str. 3
8000 München 2

Schindelhauer, M.
Amalienstraße 15
8000 München 2

Schisa, L.
Westenriederstr. 14
8000 München 2

Schneider-Henn
Paul-Heyse-Str. 19
8000 München 2

Galerie Francaise
Schneider, Gerard
Kardinal-Döpfner-Str.
8000 München 2

Kunsthandels-GmbH
Schnick-Schnack
Prannerstr. 11
8000 München 2

Malerei & Grafik
Schoeninger GmbH
Stachus UGM 43
8000 München 2

Schwertl
Theresienstr. 77
8000 München 2

Bilderwand gestalten

GROHMANN fragen!
Hier haben Sie die große Auswahl an Schienenprofilen (viele Farben, auch roh zum Selbststreichen) und allem nur erdenklichen Hängezubehör.
Verlangen Sie bitte bei Bedarf den Katalog

ALLES FÜR DIE GALERIE

... den Kunstsammler, Maler und Restaurator

FRIEDRICH GROHMANN
Adalbert-Stifter-Weg 17e
8015 Markt Schwaben
Telefon 0 81 21 / 67 67
Über 100 Jahre –
Erfahrung die Ihnen zugute kommt!

ANTIQUITÄTENTAGE
im süddeutschen Raum
(Sammlerstücke)
siehe Anzeige Seite 787
S. Frfr. v. Gravenreuth
Telefon 0 89 / 56 56 66

Kunsthandel
Schöninger GmbH, H.
Karlsplatz 25
8000 München 2

Schöninger & Co.
Sonnenstr. 21
8000 München 2

Seidel, Eva-Maria
Theresienstraße 56
8000 München 2

Seidel, E.
Kreuzstr. 15
8000 München 2

Sengmüller, B.
Augustenstraße 54
8000 München 2

Sindel, Heinz
Fürstenstr. 8
8000 München 2

Sipos, Carl
Amalienstraße 21
8000 München 2

Spaeth
Theresienstraße 19
8000 München 2

Antiquariat
Spatz, Otto
Goethestr. 41
8000 München 2

Speer, H.W.
Pfisterstraße 7
8000 München 2

Stawinoga, E.
Theresienstraße 122a
8000 München 2

Antiquitäten 66
Stoermer, Ch.
Theresienstraße 66
8000 München 2

Storr, K.
Kaufinger Str. 25
8000 München 2

Stölzle
Prannerstr. 5
8000 München 2

Suschko, W.
Westenriederstr. 20
8000 München 2

Türkon, R.
Hermann-Lingg-Str. 13
8000 München 2

Gemälde Cabinett
Unger
Brienner Str. 7
8000 München 2

Waber, E.
Parkstraße 2
8000 München 2

Wagner
Prannerstr. 4
8000 München 2

Waldherr, H.
Talstraße 69
8000 München 2

Weiner
Augustenstraße 26
8000 München 2

Willer, E.
Westenrieder Straße 8
8000 München 2

Wittfeld, M.
Schleißheimer Str. 44
8000 München 2

Wittmann, ;.
Damenstiftstr. 12
8000 München 2

Zannoth, W.
Westenrieder Str. 24
8000 München 2

Zimmermann, G.
Theresienstraße 38
8000 München 2

Zscheyge, T.
Hochbrückenstraße 14
8000 München 2

Albrecht, S.
Klenzestraße 38
8000 München 5

Bachl, O.
Klenzestraße 30
8000 München 5

Bachmaier, P.
Fraunhoferstraße 9
8000 München 5

Baumgartner
Müllerstraße 33
8000 München 5

Biedermeiermöbel
Baaderstraße 45
8000 München 5

Czonska, A.
Rumfordstraße 35
8000 München 5

Emmer, R.
Fraunhoferstr. 7
8000 München 5

Antiquariat
Endres, B.
Utzschneiderstr. 10
8000 München 5

Graf, R.
Reichenbachstr. 16
8000 München 5

Haas, P.
Hans-Sachs-Straße 3
8000 München 5

Haschimi, S.
Corneliusstraße 5
8000 München 5

Hasenclever, M.
Baaderstr. 56
8000 München 5

Hawarie, S.
Dreimühlenstraße 16
8000 München 5

Türk, J.
Haydn-Türk, C.
Reichenbachstr. 41
8000 München 5

Heine
Baaderstr. 46
8000 München 5

Hiebl, Hans
Am Glockenbach 11
8000 München 5

Holfert, C.
Angertorstraße 1b
8000 München 5

Hornung, C.
Reichenbachstr. 23
8000 München 5

Hundt, C.
Ickstattstraße 5
8000 München 5

Keller, D.
Buttermelcherstr. 11
8000 München 5

Ljubicic, R.
Klenzestraße 67
8000 München 5

Maler, B.
Pestalozzistraße 3
8000 München 5

Raab, J.
Klenzestr. 53
8000 München 5

Rexroth
Frauenstraße 40
8000 München 5

Senge, R.
Am Glockenbach 5
8000 München 5

Sohler, P.
Klenzestr. 99
8000 München 5

Spindler, K.
Baaderstraße 45
8000 München 5

Steiner, A.
Frauenstraße 13
8000 München 5

Stuemmer, I.
Dreimühlenstraße 23
8000 München 5

Vinzenz, Rolf
Morassistraße 22
8000 München 5

Auktionshaus
Weiner, Josef
Reichenbachplatz 11
8000 München 5

Wilhelm, C.
Pestalozzistr. d5
8000 München 5

Arndt, M.
Nymphenburger Str.
8000 München 19

Baumeister
Nymphenburger Str.
8000 München 19

Bubenik-Wittrien, B.
Nibelungenstr. 4
8000 München 19

Fluegel, Richard
N.Auffahrtsallee 62
8000 München 19

LBB - Möbelbeschläge
und
Antiquitätenzubehör
Kapuzinerstraße 37
8 München 5

ANTIKE SCHREIBMÖBEL
Inh. Genia Michaelis - Nachreiner

TISCHLAMPEN BILDER STÜHLE SESSEL
VITRINEN TINTENFÄSSER

Kapuzinerstraße 37   8000 München 5   2 01 05 60

Grundner, Heinz
Habermannstr. 12
8000 München 19

Hacker, E.
Dom-Pedro-Str. 9
8000 München 19

Hein, Nicolas
Schulstraße 42
8000 München 19

Hucke, F.
Nymphenburgerstr. 188
8000 München 19

Häusler, I.
Hohenlohestr. 27
8000 München 19

Jerie, S.
Blutenburgstraße 84
8000 München 19

Galerie GmbH
Gernerstr. 19
8000 München 19

Kaiser, Kurt
Nymphenburger Str.
8000 München 19

Krauss, T.
Maillinger Str. 3
8000 München 19

Lermer, Michael
Nymphenburger Str.
8000 München 19

Lilienthal
Winthirstraße 31
8000 München 19

Antiquitäten
Lipah, H
N.Auffahrtsallee 63
8000 München 19

Stilmöbel
Macho, Otmar
Nymphenburger Str.
8000 München 19

Mohr, N.
Mettinghstr. 6
8000 München 19

Neugebauer, Lutz
Albrechtstr. 37
8000 München 19

Das Trödelhaus
Orcutt, James
Schulstraße 34
8000 München 19

Persau, R.
Leonrodstr. 19
8000 München 19

Potamianos, J.
Frundsbergstraße 9
8000 München 19

Reimund, D.
Nymphenburgerstr. 78
8000 München 19

Roscher, F.
Schulstr. 44
8000 München 19

Sachse, A.
Leonrodstr. 6
8000 München 19

Scheuch, A.
Nymphenburger Str.
8000 München 19

Steinbach, Michael
Demollstr. 1/1
8000 München 19

Teubner, C.
Leonrodstr. 6
8000 München 19

Wenzel, Peter
Blutenburgstr. 29
8000 München 19

Wilmerdinger, R.
W.-Dietrich-Str. 32
8000 München 19

Möbelwerkstatt
Becker
Vosslerstraße 3
8000 München-Laim 21

Lienhard, M.
Lautensackstr. 13
8000 München 21

Sannicolo, G.
Fürstenrieder Str. 8
8000 München 21

Schierl, L.
Friedenheimer Str.
8000 München 21

Antiquariat
Ackermann, Theodor
Ludwigstr. 7
8000 München 22

Kunstgalerie GmbH
Maximilianstr. 10
8000 München 22

Bellinger, K.
Widenmayerstr. 43
8000 München 22

Bogner, Willi
Thierschstraße 31
8000 München 22

Bauernmöbel - Alt

bemalt und natur
restauriert und unrestauriert
Service: Abbeizen von alten Möbeln
Berchtold Hans, 8092 Haag
Münchnerstr.14   Tel.08072-8390

Eichinger, M.
Widenmayerstr. 2
8000 München 22

Engelbrecht, A.
Kaulbachstraße 77
8000 München 22

Fink, P.
Ludwigstraße 6
8000 München 22

Fischer, T.
Maximilianstraße 31
8000 München 22

Galerie
Tattenbachstr. 20
8000 München 22

Galerie
Fuessl GmbH
Odeonsplatz 15
8000 München 22

Galerie Edition E.
Knöbelstr. 27
8000 München 22

Gley, F.
Maximilianstr. 11
8000 München 22

Gottwald, H.
Robert-Koch-Straße 13
8000 München 22

Kunsthaus
Grimm GmbH
Thierschstr. 3
8000 München 22

Murrer, W.
Gögger, C.
Seitzstr. 15
8000 München 22

Haider, C.
Thierschplatz 5
8000 München 22

Alte Waffen Militaria
Hermann Historica OHG
Maximilianstraße 32
8000 München 22

Holzinger
Galeriestr. 2
8000 München 22

Koengeter, K.
St.-Anna-Platz 10
8000 München 22

Das Gemälde-Haus
Mahler und Partner
Maximilianstr. 21
8000 München 22

Moll, C.
Tattenbachstr. 16
8000 München 22

Hugglé, L.
Thierschstr. 32
8000 München 22

Illinger, M.
Mannhardtstr. 7
8000 München 22

Kunst aus Sachsen
Kempe, Frank
Galeriestr. 6 a
8000 München 22

Kilian, B.
Herzog-Rudolf-Str.2
8000 München 22

Klenau
Maximilianstraße 34
8000 München 22

Klewan, H.
Maximilianstr. 29
8000 München 22

Klose, W.
Pfarrstraße 16
8000 München 22

Koeditz, B.
Sternstraße 15
8000 München 22

Galerie
Ostler GmbH
Ludwigstr. 11
8000 München 22

Pabst, M.
Stollbergstr. 11
8000 München 22

Perlinger, M.
Dianastr. 2
8000 München 22

Rautenberg, S.
Maximilianstraße 31
8000 München 22

Galerie
Richter
Maximilianstraße 30
8000 München 22

Roemer, V.
Triftstr. 2
8000 München 22

Galerie
Odeonsplatz 2
8000 München 22

Schmidt, Monika
K.-Scharnagl-Ring 60
8000 München 22

Romedius
Maximilianstraße 31
8000 München 22

Storms, W.
Kaulbachstr. 56
8000 München 22

Galerie
Maximilianstr. 36
8000 München 22

Thauer, D.
Herrnstraße 15
8000 München 22

Kunsthandlung
Timberg
Maximilianstraße 15
8000 München 22

Tomic, Z.F.
Maximilianstr. 56
8000 München 22

Vertes
Maximilianstr. 36
8000 München 22

Vogl, F.
Reitmorstraße 37
8000 München 22

Antiquitäten im Hof
Englische Antiquitäten

Möbel, Porzellan, Keramik,
Gläser, Bilder

Anthony Foley

Sendlinger Straße 43
8000 München 2
Tel. : 089 - 26 67 03

Simmerl & Wollenberg
Groß- und Einzelhandel
ca. 2000 m² Ausstellungsfläche

Alte Stuben   Bauernmöbel
Innenausbau   Bilder
mit alten   Kleinkunst
Originalteilen Bio-Küchenbau

Restaurierung von
Möbel und Gemälden

Münchner Straße 125
8184 Dürnbach/Tegernsee
Telefon 08022/7283

Geschäftszeiten:
Mo.–Fr. 9–18 Uhr, Sa. 9–13 Uhr

Bodendiek, K.
Türkenstraße 21
8000 München 40

Brill, E.
Herzogstraße 12
8000 München 40

Galerie
Stauffenbergstr. 3
8000 München 40

Galerie
Bühler
König-Marke-Str. 1
8000 München 40

Collins, Gerhard
Nordendstraße 15
8000 München 40

Czelnai, G.
Schopenhauerstraße 97
8000 München 40

Dietz, K.
Nordendstr. 7 a
8000 München 40

Doppler, W.
Nordendstraße 3
8000 München 40

Dössinger, F.
Hohenzollernstr. 156
8000 Müpnchen 40

Ernst, T.
Franz-Joseph-Str.46
8000 München 40

Fetzer, P.
Trautenwolfstr. 8
8000 München 40

Frank, Zangl
Türkenstraße 48
8000 München 40

Gross, W.
Bad-Soden-Str. 3
8000 München 40

Grünwald
Römerstr. 26
8000 München 40

Gräf
Trautenwolfstr. 8
8000 München 40

Jugendstil-Art-Deco
Guidolin, R.
Siegfriedstraße 16
8000 München 40

Haug, S.
Belgradstraße 103
8000 München 40

Heinrich
Barer Str. 60
8000 München 40

Heise, T.
Türkenstraße 82
8000 München 40

Hermeyer
Wilhelmstr. 3
8000 München 40

Hornig, R.
Isabellastraße 6
8000 München 40

Hutterer, F.
Ch.-v.-Gluck-Platz 13
8000 München 40

Injuka Kunst GmbH
Mainzer Str. 15 a
8000 München 40

Jung, M.
Blütenstr. 20
8000 München 40

Knoerle, A.
Unertlstraße 40
8000 München 40

Koeck, Günter
Barer Straße 48
8000 München 40

Koestler, A.
Mittermayerstraße 10
8000 München 40

Kortlaender, K.
Kurfürstenstr. 7
8000 München 40

Kottulinsky, L.
Adalbertstr. 34
8000 München 40

Kraetzler, W.M.
Isabellastraße 49
8000 München 40

Krüger, I.
Amalienstr. 33
8000 München 40

Kunst in Glas GmbH
Zittelstr. 6
8000 München 40

Antiquariat
Köbelin, Rainer
Schellingstr. 99
8000 München 40

Galerie
Köck, Günter Frank
Barer Str. 48
8000 München 40

Galerie
Laar, von
Türkenstr. 72
8000 München 40

Lea, K.
Blütenstr. 1
8000 München 40

Wunderlich, W.
Liebigstr. 12 a
8000 München 22

Meusburger, Marlis
Nordendstraße 26
8000 München 26

Aigner, Kurt
Türkenstraße 96
8000 München 40

Englische Möbel
Andrews, L.
Isabellastraße 13
8000 München 40

Galerie
Angst, R.
Arcisstr. 58
8000 München 40

Asani, M.
Schellingstr. 58
8000 München 40

Baier, T.
Kaiserstraße 28
8000 München 40

Bastian, Andreas
Türkenstraße 58
8000 München 40

Beer, F.
Schraudolphstr. 26
8000 München 40

Berendes, Lüder
Schellingstraße 46
8000 München 40

Bergner, Falk
Apianstraße 5
8000 München 40

Betz, D.
Clemensstr. 9
8000 München 40

Bierl, K.
Neureuther Straße 20
8000 München 40

Birck, A.
Schleißheimer Str. 43
8000 München 40

Bloch, A.
Pündterplatz 6
8000 München 40

Frank, R.
Schellingstr. 130
8000 München 40

Frewel, B.
Bauerstraße 2
8000 München 40

Galerie
Amalienstr. 87
8000 München 40

Goetz, Fritz
Clemensstr. 24
8000 München 40

Griesbacher, Rudolf
Brabanter Straße 9
8000 München 40

Kelz-Simon, D.
Griegstr. 59
8000 München 40

Khoshbakht
Nordendstraße 39
8000 München 40

Kitzinger, J.
Schellingstr. 25
8000 München 40

Galerie
Klüser GmbH, B.
Georgenstr. 15
8000 München 40

Knizek, M.
Lerchenauerstr 124a
8000 München 40

Lechner, E.
Karl-Theodor-Str.85
8000 München 40

Leger, H.
Herzogstr. 41
8000 München 40

Leitl, K.D.
Schmalkaldener Str.
8000 München 40

List, S.
Barer Str. 39
8000 München 40

Lustinger, H.
Schellingstraße 40
8000 München 40

Malura
Kaulbachstr. 75
8000 München 40

Mander, L.
Georgenstr. 22
8000 München 40

Maresch, M.
Mitterwieserstr. 3
8000 München 40

Mathes, R.
Amalienstr. 63
8000 München 40

Maurer, W.
Georgenstraße 62
8000 München 40

Galerie
Megden
Elisabethplatz 3
8000 München 40

Menne, K.
Herzogstr. 48
8000 München 40

Oezenis, Sadullah
Theresienstraße 75
8000 München 40

Ohlendorff
Barer Str. 67
8000 München 40

Ostenrieder, Franz
Adelheidstr. 12
8000 München 40

Passavant, C.
Kaiserstr. 65
8000 München 40

Kunst und Spiel
Peter, Michael
Leopoldstr. 48
8000 München 40

Pluntke, B.
Adalbertstr. 54
8000 München 40

Praske, D.
Ohmstraße 12
8000 München 40

Pressler
Römerstr. 7
8000 München 40

Reinsma, G.
Belgradstraße 1
8000 München 40

Galerie
Richter
Türkenstraße 94
8000 München 40

Galerie
Richter & Masset
Türkenstr. 48
8000 München 40

Roessler, G.
Kurfürstenstraße 14
8000 München 40

Galerie
Feilitzschstr. 14
8000 München 40

Röhr
Arcisstr. 58
8000 München 40

Scheel, J.
Leopoldstraße 106
8000 München 40

Scheibel, H.B.
Ungererstr. 58
8000 München 40

Scheppler, Gerhard
Giselastr. 25
8000 München 40

Schmid, Rudolf-Ernst
Kaulbachstraße 77
8000 München 40

Kunstantiquariat
Schmidt, Monika
Türkenstr. 48
8000 München 40

Schmitt
Luisenstr. 68
8000 München 40

Schoeler, C.v.
Siegesstraße 3
8000 München 40

Scholtz, A.
Hohenzollernstraße 95
8000 München 40

Schultheiss, G.
Georgenstraße 35
8000 München 40

Schwarz, H.
Schellingstr. 10
8000 München 40

Seidl, Josef
Siegesstraße 21
8000 München 40

Seufert, H.
Kurfürstenstraße 15
8000 München 40

Skarecky, E.
Schellingstraße 63
8000 München 40

Skiri, A.
Ursulastraße 9
8000 München 40

Antiquariat
Spitzbarth, B.
Georgenstr. 57
8000 München 40

Streck, E.
Kaulbachstr. 77
8000 München 40

Titgemeyer, L.
Werneckstr. 23
8000 München 40

Velden
Neureuther Str. 1a
8000 München 40

Ventzlaff, P.H.
Schellingstr. 21
8000 München 40

Art Deco
Vogdt, Stefan
Kurfürstenstraße 5
8000 München 40

Wille, B.
Ainmillerstraße 5
8000 München 40

Antiquitäten • Bauernmöbel
Volkskunst
Herold Neupert

Westenriederstr. 8 • 8000 München 2 • Tel. 089 / 29 60 87

Winterberg, C.
Luisenstr. 68
8000 München 40

Wittenbrink, B.
Ohmstr. 8
8000 München 40

Wohlschlager, W.
Nordendstraße 19
8000 München 40

Wöhler, Hilary
Isabellastr. 27
8000 München 40

Antiquariat
Wölfle, Robert
Amalienstr. 65
8000 München 40

Zeitler, A.
Kurfürstenstr. 23
8000 München 40

Zorn, A.
Fallmerayerstr. 9 a
8000 München 40

Finkenzeller, J.
Irisstraße 41
8000 München 45

Bauriedl, E.
Bunzlauer Str. 20
8000 München 50

Klarner, K.
Kirchhoffweg 15
8000 München 50

Klein, G.
Rigaer Straße 21
8000 München 50

Kleinmichel, C.
Jakob-Sturm-Weg 6
8000 München 50

Konrad
Gneisenaustr. 16
8000 München 50

Gruber, Hans
Am Hackelanger 16
8000 München 60

Hernitz, L.
Peter-Kreuder-Str. 1
8000 München 60

Ludwig, E.
Bodenseestraße 39
8000 München 60

Pressmar, J.
Bachbauernstr. 7
8000 München 60

Schmidt, W.
Denkenhofstr. 6
8000 München 60

Strobl, I.
Ebenböckstr. 16
8000 München 60

Grams, Brita
Aberlestraße 18
8000 München 70

Antiquariat
Leissle, Peter
Daiserstr. 40
8000 München 70

Meier, H.
Hans-Grässel-Weg 5
8000 München 70

Oeffner, H.
Passauer Straße 35
8000 München 70

Rau, Regina
Am Harras 12
8000 München 70

Seidl, J.
Gräfelingerstr. 136
8000 München 70

Sendlinger Loft
Danklstr. 9
8000 München 70

Stilmöbel
Tridenti, L.
Pfeuferstr. 34
8000 München 70

Vring, Cornelia v.d.
Kürnbergstraße 42
8000 München 70

Weiss, W.
Kriegerheimstr. 22
8000 München 70

Goetz, H.
Weltistraße 61
8000 München 71

Pfirrmann, A.
Aidenbachstraße 145
8000 München 71

Sonnleitner, W.
Sulensstraße 10
8000 München 71

Antiquitäten
Wörthstraße 3
8000 München 80

ANTIKMÄRKTE • München und Umgebung

München • Planegg • Gräfelfing • Tegernsee • Bad Tölz • Garmisch • Augsburg u.v.m.

Organisation : Alexander Dohn und Helmut Radspieler

Marsstraße 17, 8000 München 2, Tel.: 089 / 553131

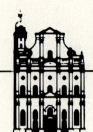

KLOSTER FÜRSTENFELD

Öffnungszeiten: Mo - Fr 14 - 18 Uhr
Sa 11 - 13 Uhr
Besichtigung: Sa 13 - 18 Uhr
So 11 - 18 Uhr

Großauswahl

an echten Antiquitäten und alten Möbeln
vom 17. Jahrhdt. bis Anfang 20. Jahrhdt.
auf 800 qm Verkaufsfläche.

Sie finden bei uns norddeutsche, dänische,
englische u. a. Stücke in Mahagoni,
Nußbaum, Kirsche, Eiche, Birke,
versch. Weichhölzern etc. wie Schreibmöbel,
Sekretäre, Schreibtische, Regale, Schränke
(Bücher-, Garderoben-, Vitrinenschränke etc.)
Kommoden, Truhen, Sideboards, Tische,
Stühle, Sessel, Sofas, Bänke,
alte Stand-, Kamin- und Taschenuhren,
Gemälde, Lampen, Silber, Plate, Gläser etc.
Alte Handwerkskunst, die Wertbeständigkeit
und der Charme dieser Möbel
werden auch Sie begeistern.
Echtheitsgarantie,
Lieferung frei Haus (100 km),
Parkplätze.

GERTRUD KOHLSDORF
8080 Fürstenfeldbruck, Tel. 0 81 41/68 20

Haug & Benger
Einsteinstr. 42
8000 München 80

Hein
Kirchenstr. 15
8000 München 80

Heiss, Günter
Balanstraße 12
8000 München 80

Hirsch, K.
Ismaninger Str. 91
8000 München 80

Antiquariat
Höchtberger, Hans
Mauerkircher Str. 28
8000 München 80

Knobloch, Hans
Preysingstraße 22
8000 München 80

Knoerle
Walpurgisstraße 4
8000 München 80

Kugler-Eder, A.
Prinzregentenplatz 17
8000 München 80

Loecherer, E.
Rosenheimer Straße 94
8000 München 80

Martinek
Austraße 31
8000 Nürnberg 80

Mayrl, Kurt-Josef
Ringbergstr. 2
8000 München 80

Bücherkabinett
Michalek, Eva
Lucile-Grahn-Str. 43
8000 München 80

Müller, Eva
Metzstr. 2
8000 München 80

Offeney, B.
Montgelasstraße 6
8000 München 80

Otremba, E.
Pariserstr. 3
8000 München 80

Schmitz-Petri, W.
Besselstraße 4
8000 München 80

Schneider, H.
Innere Wiener Str. 26
8000 München 80

Schwarz, G.W.
Orleansstr. 63
8000 München 80

Schweinsteiger, I.
Neufahrer Str. 14
8000 München 80

Sheronas u. Sturm
Ismaninger Straße 114
8000 München 80

Velde
Wiener Platz 2
8000 München 80

Voigt, R.G.
Langerstr. 2
8000 München 80

Hofgartengalerie
Vries, Michel de
Hochstr. 19b
8000 München 80

Busch, J.
Cosimastr. 123
8000 München 81

Littomericzky, E.
Vollmannstr. 57
8000 München 81

Pokutta, Norbert
Chamissostraße 11
8000 München 81

Andriot, B.
Milchstraße 10
8000 München 80

Arndt, H.
Innere Wienerstr. 24
8000 München 80

Baeuml, F.
Bazeillesstr. 3
8000 München 80

Blanc
Ismaninger Str. 58-60
8000 München 80

Brehmer, R.P.
Senftlstr. 2
8000 München 80

Bretz, Simone
Mühlbaurstraße 5
8000 München 80

Dürr, C.
Prinzregentenstr. 60
8000 München 80

Ebenbeck, E.
Ismaningerstr. 89
8000 München 80

Emery, R.
Preysingstraße 52
8000 München 80

Freyer, C.
Kirchenstraße 15
8000 München 80

Friedrich, W.
Johannisplatz 13
8000 München 80

Grill, H.
Prinzregentenstr. 60
8000 München 80

Grimm., R.
Cuvilliesstr. 21
8000 München 80

Gräf, F.
Chamissostr. 12
8000 München 80

Götze, G.
Beetzstr. 7
8000 München 80

Altes aus Wales
Haertel, Marion
Wörthstraße 8
8000 München 80

Nehmann, Wilhelm
Rosenheimer Str. 46
8000 München 80

Galerie
Niederecker, Ursula
Kufsteiner Platz 5
8000 München 80

Nikolaus, H.
Preysingstraße 15
8000 München 80

Obermueller, A.
Schloßstr. 5
8000 München 80

Schierstädt
Rudliebstr. 18
8000 München 81

Waclawik, A.
Cosimastr. 294
8000 München 81

Flach, V.
Büchmannstraße 10
8000 München 82

Gontard, L. von
Dresselstraße 11
8000 München 82

Antikes
Strube, H.
Turnerstraße 1a
8000 München 82

Butkowsky, R.
Berghammerstr. 1
8000 München 83

Eder, H.
Elfenstr. 17
8000 München 83

Wohlgemuth, J.
Eulenspiegelstr. 56
8000 München 83

Carey, A.
Peter-Auzinger-Str.9
8000 München 90

Deschler, Maximilian
Wirtsstr. 9
8000 München 90

Gerstenberger, M.
Schellenbergstr. 19
8000 München 90

Lettenbauer, A.
Voßstraße 1
8000 München 90

London-House
Rothbuchenstraße 6
8000 München 90

Meier, G.
Gietlstraße 18
8000 München 90

Niko
Untere Grasstraße 1
8000 München 90

Oppenheimer, C.
Humboldtstraße 13
8000 München 90

Reck
Schwanseestraße 4
8000 München 90

Stoeckl, T.
Oefelestr. 9
8000 München 90

Wimmer, O.
Limburgstraße 25
8000 München 90

Miklauz, P.
Ottostraße 3
8000 München 0 3

Kunsthandlung
Koropp, E.
Tal
8011 Oberpframmern

Antiquitäten
Steinfelder, W.
Ebenhausen
8021 Schäftlarn

Goldau, Gerhard
Gasteig 4
8022 Grünwald

Nordstroem, Ninna
Rathausplatz 1
8022 Grünwald

Antiquitäten
Downstairs Antiques
Alte Hauptstraße 18
8031 Wörthsee

Kunsthandel GmbH
Viehmarktplatz 1
8070 Ingolstadt

Biedermeiermöbel
Scharrer, Hans
Junggartenstraße 2
8070 Ingolstadt

Antiquitäten
Schmitt, G.
Unterbrunnenreuth
8070 Ingolstadt

Antiquitäten
Tschorschke, G.
Theresienstr. 29
8070 Ingolstadt

Stiche-Gemälde
Steutzger, J.
Gabrielistr. 9
8078 Eichstätt

Kunsthandlung
Adelhoch
Fürstenfeld 3
8080 Fürstenfeldbruck

Arbogast, W.
Buchenstraße 23 a
8080 Fürstenfeldbruck

Antiquitäten
Fine Antiques
Fürstenfeld 5a
8080 Fürstenfeldbruck

Antiquitäten
Hausch, H.
Theresianumweg 12
8080 Fürstenfeldbruck

Herzhoff Antiquitäten
Pucherstr. 7
8080 Fürstenfeldbruck

Kunsthandlung
Schönberger, G.
Adolf-Kolping-Str. 2
8080 Fürstenfeldbruck

Serr, R.
Landsberger Straße 39
8080 Fürstenfeldbruck

Kunsthandel
Strippel, Herbert
Landsberger Str. 34
8080 Fürstenfeldbruck

Kunsthandlung
Vonderbank GmbH
Ledererstr. 2
8080 Fürstenfeldbruck

Maus, P.
Altendeichsweg 25
8082 Groß Nordende

Bauernmöbel
Berchtold, Hans
Münchnerstraße 14
8092 Haag

Antiquitäten
Braune, I.
Schloß Hart
8094 Edling

Kunsthandlung
Brugsch, K.-E.
Ludwigstr. 29
8100 Garmisch-Part.

Antiquitäten
Caselton, B.
Bahnhofstr. 4
8100 Garmisch-Part.

Ester, G.
Am Weidlegraben 11
8100 Garmisch-Part.

Kunsthandlung
Fränkel, K.-O.
Von-Brug-Str. 7
8100 Garmisch-Part.

Antiquitäten
Hebeisen
Alpspitzstr. 4
8100 Garmisch Part.

Antiquitäten
Heissenberger, A.
Ludwigstr. 68
8100 Garmisch-Part.

Ital Decor
Klammstr. 7
8100 Garmisch-Part.

Kunsthandlung
Jaud, G.
Bahnhofstr. 24
8100 Garmisch-Part.

Antiquitäten
Loreck-Zimmermann, S.
Ludwigstr. 27
8100 Garmisch-Part.

Galerie 79
Meyer, H.
Ludwig Thoma Str. 4
8100 Garmisch Part.

Antiquitäten
Neuner, G.
Ludwigstr. 11
8100 Garmisch-Part.

Kunsthandlung
Reichert, R.
Bahnhofstr. 11
8100 Garmisch-Part.

Antiquitäten
Wuensch, G.
Ludwigstraße 96
8100 Garmisch-Part.

Antiquitäten
Josef Kneissl

Weichholzmöbel
bürgerlich-bäuerlich
8250 Dorfen
Buchbacherstr. 13
Tel. 08081-3216

Antiquitäten
Bredow
Postgasse 1
8110 Murnau

Antiquitäten
Krattenmacher, E.
Ohlstadt
8110 Murnau

Gemälde-Skulpturen
Rumitz, Johann F.
Unterer Graben 32
8120 Weilheim

Antiquitäten
Lutz, Dr.
Am Weißbach 28
8121 Fischen

Jugendstil
Schaefer, Helga
Riedener Weg 2
8130 Starnberg

Scholler
Bahnhofsplatz 3
8130 Starnberg

Gemälde-Antiquitäten
Schwarzmann
Wittelsbacher Str. 10
8130 Starnberg

Galerie
Kirchplatz 7
8130 Starnberg

Antiquitäten
Vetter, W.
Bachhausen
8137 Berg

Kunsthandlung
Schöning
Neuhaus
8162 Schliersee

Antiquitäten
Schwarzwälder, M.
Wegscheidt
8172 Lenggries

Kunsthandlung
Böck, A.
Eck
8184 Gmund/Tegernsee

Kunsthaus
Grimm GmbH
St. Quirin
8184 Gmund/Tegernsee

Antiquitäten
Simmerl, M.
Dürnbach
8184 Gmund/Tegernsee

Antiquitäten
Graf-Pauli, A.
Obermarkt 46
8190 Wolfratshausen

Antiquariat
Kurz, Rainer
Kufsteiner Str. 86
8200 Rosenheim

Muehlbauer, H.
Kellerstraße 11
8200 Rosenheim

Galerie
Pollhammer, B.
Münchner Str. 34
8200 Rosenheim

Antiquitäten
Sibley, R.
Gillitzerstr. 1
8200 Rosenheim

Kunsthandlung
Trautmann, E.
Samerstr. 13
8200 Rosenheim

Kunsthandlung
Weiß, H.
Frühlingstr. 21
8200 Rosenheim

Antiquitäten
Zahn
Innstr. 7
8200 Rosenheim

Antiquitäten
Meyer
Lauterbach
8201 Rohrdorf

Antiquitäten
Schott-Goller, G.
Seeon
8201 Obing

Tache, U.
Kretinsstr. 25
8201 Kirchdorf

Antik
Meggendorferstr. 2
8202 Bad Aibling

Riedmayer, H.
Bahnhofstr. 3
8202 Bad Aibling

Alte Ansichtskarten
Haidel, Norbert
Buchenweg 18
8205 Kiefersfelden

Wippermann, Hans
Rösnerstraße 24
8206 Bruckmühl

Niederhuber
Rosenheimerstr. 25
8208 Kolbenmoor

Antiquitäten
Kneissl, Josef
Buchbacherstr. 13
8250 Dorfen

Antiquitäten
Muenzenhoher, Franz
Furtstraße 1
8250 Dorfen

Antiquitäten
Münzenloher, Franz
Furt 1
8250 Dorfen-Stadt

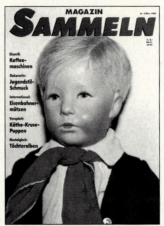

MAGAZIN
SAMMELN

DIE ZEITSCHRIFT FÜR
S A M M L E R
ANTIQUITÄTENFREUNDE
UND KUNSTLIEBHABER

SAMMELN befaßt sich mit ausgefallenen Sammelthemen, Antiquitäten, den interessantesten Themen aus der Welt der Kunst

Ein ausführlicher Terminteil informiert Sie über Messen, aktuelle Ausstellungen, Auktionen und Antiquitäten-Veranstaltungen in Deutschland und der Schweiz.

Ein aktuelles Probeheft erhalten Sie gegen DM 8,- in Briefmarken.

Abonnements-Preis BRD
pro Jahr DM 70,-.

Abonnements-Preis Schweiz
Sfr. 70,-.

GEMI VERLAGS GMBH
PFAFFENHOFENER STR. 3 · 8069 REICHERTSHAUSEN
TELEFON 0 84 41/40 10 · TELEFAX 0 84 41/7 18 46

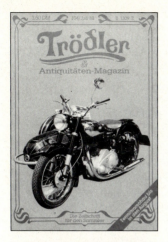

TRÖDLER
& ANTIQUITÄTEN
MAGAZIN

Die Zeitschrift für den Sammler

Jeden Monat neu mit interessanten Informationen:

Bücher, Sammler und ihre Sammelgebiete, Ausstellungsberichte, Interviews, Neuigkeiten von Messen und Auktionen und vieles mehr.

Dazu ein Terminteil mit ca. 1.500 Terminen von Antiquitäten- und Trödelmärkten.

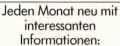

Aktuelles Probeheft gegen DM 5,- in Briefmarken.

Abonnementspreis pro Jahr DM 42,-.

GEMI VERLAGS GMBH
PFAFFENHOFENER STR. 3 · 8069 REICHERTSHAUSEN
TELEFON 0 84 41/40 10 · TELEFAX 0 84 41/7 18 46

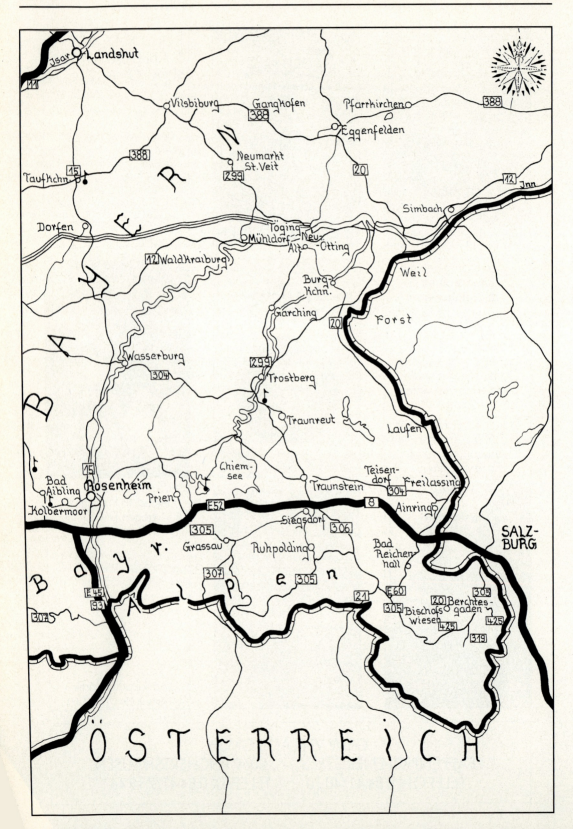

BERCHTESGADENER LAND

"Wo der Watzmann ruft!"

Landschaft

Berge, Täler, Seen,... sagenumwoben, von Heimatdichtern und Liedermachern schaurig schön beschrieben, das Echo vom Königsee auf Schallplatten verewigt. Wahrzeichen Watzmann! König der Berge nennen die Einwohner des oberbayerischen Landkreises ihre 2713m hohe "Majestät", Teil eines gewaltigen Bergmassivs: der Alpen.

Bruchstücke und Reste riesiger Falten der Erdkruste, tiefgegliederte Kette, vielgezackte, langgezogene Silhouette, gleich einer Mauer. Wie soll diese gigantische Kette entstanden sein? - Wir wissen's! Keine Naturkatastrophe, kein plötzliches Aufbäumen: Unendlich langsam schoben sich zunächst waagrechte Schichten der Erdkruste, entstanden aus Ablagerungen des Meeres, übereinander, wurden durch ungeheuren seitlichen Druck von Süden her aufgefaltet und gestaucht, Falten rissen ab, Wasser, Wind, Verwitterung, Abtragung, Zahn der Zeit... Wie klingt's bei Wolfgang Ambros? "Watzmann, Watzmann Schicksalsberg, du bisch so groß und i wär 'a Zwerg..." Unnahbar erscheinende Himmelshöhen, jäher Augenaufschlag, Schwung von Tal und Höhen, das himmelfahrende Ungestüm von Graten, Wänden, Gipfeln, von Rissen und Schluchten, wild verloren, tot, einsam, vergänglich. Zerbröckelnder Erdball, tobende, zehrende Winde, Wasser, Lawinen, Eis, Schneemassen. Unten Trogtäler, Moränen, Schmelzwasserseen, Schotterfelder: Relikte der Eiszeit.

Naturpark

Berchtesgadener Land, ein Fleckchen Erde, das der Herrgott für sich selbst reserviert hat. Talkessel, Traumlandschaft, umgeben von hohen Bergen. Entzücken des Lebens und sattes Grün. Wir finden fröhliche Wasser, glückliche Kühe, Märchenwiesen und ... Sonne, Sonne und Blauhimmel über den Jochen und Gipfeln - gottlob, das ganze Gebiet steht unter Naturschutz. Und das sollte es für ewige Zeiten bleiben: Ein einziger alpiner Naturschutzpark, trotz der Touristen.

Tourismus

Wie in den meisten Alpengebieten gehört in dieser bezaubernden Region der Tourismus zur besten Einnahmequelle. Außerdem zählt sie zu den bedeutendsten heilklimatischen Kurgebieten. Das Staatsbad Bad Reichenhall mit Solequellen und Moorbädern, Berchtesgaden, Reit im Winkel, St. Bartholomä, Obersalzberg, Adlernest, Rottal-Inn, Altötting, Traunstein... sind klangvolle Namen, beliebtester Ausflugs- und Urlaubsziele, zumal wichtige Verkehrswege von Nord nach Süd, von Ost nach West durch diese Region führen, seit altersher. "In Rosenheim beginnt die Welt" - sagten die Chiemgauer schon 1857, als der erste Eisenbahnzug hier eintraf. Zu allen Zeiten ein Handelszentrum besitzt diese Stadt ausgeprägten Geschäftssinn; dennoch finden wir hier bayrisches Lebensgefühl und Selbstverständnis, das besonders in den gemütlichen Biergärten zum Ausdruck kommt. - Nicht auslassen sollten Sie auch den herrlichen Chiemgau. In dieser Gegend stehen Traditionen noch hoch im Kurs.

Hier, rund um den Chiemsee (Bayer. Meer) benötigt man Zeit für den zweiten und dritten Blick: die Fraueninsel (Kloster), die Herreninsel (Schloß), Krautinsel - Natur und Kultur scheinen aufs innigste verschmolzen - Kulturdenkmäler von der Romanik bis an die Schwelle des 19. Jh.: Kloster Seeon (der junge Mozart musizierte hier), die kleine gotische Kirche in Rabenden, die romanischen Kirchlein in Urschalling und auf dem Streichen bei Schleching (Fresken)... die Barockwunder der Pfarrkirche in Prien, die Stiftskirche auf der Baumburg..., Frauenwörth, Ruhpolding, die Dorfkirche in Obing... auf Schritt und Tritt begegnen Sie diesem einzigartigen Kunstlob Gottes, eingehüllt in eines der schönsten Landschaftspanoramen, die Sie sich vorstellen können...

Berchtesgaden, (Foto: Kurdirektion Berchtesgaden, Ernst Baumann, Bad Reichenhall)

Salz-"Geschichte"

Wenngleich wir bereits aus der Jungsteinzeit (Rottal-Inn), auch aus der Römerzeit (Altötting am südlichen Inn), erste Besiedlungsreste entdekken, geschichtliche Erwähnung und Bedeutung findet diese Gegend erstmals um 700: Herzog Theodor von Bayern schenkt dem Salzburger Bischof Rupertus (Rupertivan) zwei Almen. In den nachfolgenden Jahrhunderten stritten sich Österreich und Bayern ständig um den salzreichen Boden. Kostbares Salz, hier lagerten riesige Salzstöcke, zu hartem Stein gepreßt, traten in vielen salzhaltigen Quellen zu Tage oder wurden "ausgelaugt", "gelöst", zu einer Sammelstelle gepumpt, verdampft, "gekrückt", gereinigt, getrocknet und schließlich handelsfertig verpackt und auf uralten Salzstraßen verfrachtet, an denen Städte (Bad Reichenhall, Salzburg...) erblühten. Salz bedeutete Wohlstand, besonders im Mittelalter. Mit dem Salz wanderten Kultur, Sitten und Art ferner Gaue. Auch hier, im äußersten Südwesten Bayerns.

Bayerische Eigenarten

Wer sich durch's bayerische Voralpenland den Bergen nähert und das Mitrollen in der Blechlawine vermeiden möchte, nutzt am besten die Vielzahl winziger, kaum befahrener Nebensträßchen. Auch im kleinsten Ort - meist neben dem obligatorischen Zwiebelkirchlein - gibt's zumindest ein uriges Wirtshaus, wo zur Brotzeit mit Schweinswürsten und Kraut gleich noch eine Portion bayrischer Gemütlichkeit gratis mitserviert wird. Dazu "a hoibe Bier". Er lernt sie kennen die bayerischen Eigenheiten: Humor und Weltfröhlichkeit, die sprichwörtliche Seelenruhe, Freimut und Vitalität, Selbstsicherheit und Eigenbrödelei, ein Rest Barock und ein hintergründiger Spaß am Chaos: Pole des Bayerischen auch des Bayerischen Witzes. Vielleicht begegnet er ihm, dem Grantler, dem Übergang vom Nörgler zum Philosophen: "Den mecht i seng, der mi zum Lache bringt."

"Preißen"

Es ist schon seltsam: Die Bayern haben vieles verziehen, vergessen: das Gemetzel der Ungarn zu Beginn unseres Jahrtausends, die Wirrnisse der Wittelsbacher-Erbfolgekriege, ja sogar das 30.000-Mann-Opfer, das Napoleon für seinen Rußlandfeldzug von ihnen forderte. Doch dem Grant gegen die "Preißen" scheint ewiges Leben beschieden, seit ... ja seit der Preuße und Mitarbeiter Bismarcks - Heinrich von Treitschke - das bayerische Volk als "Zwerg mit einem Wasserkopf" bezeichnete. Kein Wunder also, wenn die Vokabel "Preiß" (Preuße) noch immer zum Unflätigsten zählt, was das bayerische Schimpfwort-Repertoire zu bieten hat. Als Beweis mag jene Standfrau am Münchener Viktualienmarkt gelten, die einem Touristen aus Fernost - nachdem er ihr Gemüse ausgiebig betatscht hatte - mit folgenden Worten in die Flucht trieb:"Schleich di, Saupreiß, japanischer!" Doch man empfängt sie, die Preißen, als Gäste, umsorgt sie. Mit doppelter Moral? Trotz des bösen Wortes - allenfalls hinter vorgehaltener Hand gemosert -, daß die Preußen mit den Störchen vor allem den großen Schnabel und den steten Drang nach Süden gemein hätten.

Spezialitäten

Und sie kommen... ins Land der Traditionen, der Krachledernen, der Gamsbart-Hüte, wo das fünfte natürliche Element - das Bier - zuhause ist und der Leberkäs, der eigentlich ein Laiberkäs ist, und... das "Lüngerl" mit den köstlichen Semmelknödeln. "Zünftiges" lockt und gefällt: Haferschuhe und Stutzen an strammen Männerwaden, a "zünftige Musi", "zünftige Madeln"... noch ein zünftiges Abendbrot, vielleicht auf einer der bewirtschafteten Almen rund um Berchtesgaden, auf knarrender Holzbank, neben dem Herrgottswinkel, im Schutze eines mit üppigem, klarem Dekor bemalten Weichholzschrankes auf tiefblauem Grund..., ja, dort im Land, wo - wenigstens nach Meinung der Einheimischen - der Herrgott "dahoam" ist.

Bauernmöbel in Oberbayern

Die stattliche ländliche Kultur knapp nördlich vor den Alpen verdanken die südlichsten Regionen dem fast geschlossen auftretenden geistlichen Besitz. Vom Allgäu bis zur Salzburger Grenze waren es durchweg Stifts- und Klosterherrschaften, die geistlich und weltlich seit dem frühen Mittelalter das Leben hier bestimmten. Von Füssen über Wessobrunn (berühmte Kunsthandwerker), Dierßen am Ammersee, Werdenfelser Ländchen, "Pfaffenwinkel", Schlehendorf am Kochelsee, die berühmten Klöster Benediktbeuren und

Tegernsee, heran an die alten Stifte Reichenhall und Berchtesgaden: Eine geschlossene Kette geistlichen Voralpen- und Inneralpenbesitzes.

Ausgestattet wurden die Einödhöfe wie die Schwaigen und Almen mit den geläufigsten Möbeln, schon im Hochmittelalter: Möbel "aus dem Vollen", Bänke, Tische, Behältermöbel, zimmermannsmäßig gehauene Einbäume, Brunnentröge vor jedem Hof. Multer in den Geschirrkammern und Backstuben, schmaltürige Wandkasteln, mit gotischem Beschlagswerk. - Auch die Renaissance hat ihre Spuren hinterlassen: verzinkte Möbel, Truhen, Halbkasten und Himmelbetten. Ornamentaler Zierrat an den Zwischen- und Randfeldern, charakteristischen Torturmdekor in den quadratischen Feldern ("Türkenmöbel"), dazu "Welsche Hauben" (Münchner Frauenkirche). Im 17.Jh. dann Blankholzmöbel mit Schablonenmalerei und IHS - Jesus - Monogramm (katholisches Hauptsymbol, Jesuiten).

Im Spätbarock und in der Rokokozeit erleben wir eine Blüte des ländlichen Möbels: Man ging zur grundierten Bemalung über. Blumen und Früchte der Heimat, in kräftigen Farben aufgetragen, dazu Embleme der Religion, geistlicher Bildschatz. Oft waren diese Möbel als Hochzeitsmöbel gedacht, wahre Prunkstücke, von begabten "Kistlern" gearbeitet. (Anton Perthaler aus Degerndorf, Balthasar Gaßner, Balthasar Wimmer aus Obstädt ...) Interessant, daß der Begriff "Möbel" in Oberbayern und darüber hinaus im 17. und 18. Jh. noch nicht üblich war. Man sprach von Hab und Gut, von Fahrniss oder vom Hausrat. Blüte der Möbelmalerei!!! ... Die späteren Zeitstile der Neugotik und des Historismus, beide in München sehr gepflegt, haben die Tischler Oberbayerns nicht mehr berührt:

Weltliche Motive wurden nicht aufgenommen. Trotz des schweren Einschnitts der Säkularisation blieben die noch aus der Klosterzeit stammenden Traditionen der Tischlermaler maßgebend. Entscheidende Farbe bleibt die Wappenfarbe "Blau" als Grundkolorit vieler Möbel.

In der 2. Hälfte des 19. Jh. wird die Wirksamkeit städtischer Möbelfabriken deutlicher spürbar. Es wirkt lähmend auf die Produktion der Dorfschreiner. Nach 1860 setzt eine neue Mode ein: Die Möbel werden braun gestrichen. - Vielfältig zeigt sich uns die oberbayerische Möbellandschaft und Möbelkunst. Zeugnisse einer ausgeprägten Volkskunst, die Sie in den zahlreichen Museen bewundern oder in Bayerns Antiquitätengeschäften erwerben können.

Halle im Königl. Schloß Berchtesgaden, (Foto: Kurdir. Berchtesg., Vollmer, Essen)

Unser Tip

Bauernhausmuseum Amerang
des Bezirks Oberbayern
Im Hopfgarten 2
8201 Amerang
(08075/810)

Das Bauernhausmuseum Amerang wurde 1972 durch einen Trägerverein gegründet und im Sommer 1977 eröffnet. 1982 übernahm der Bezirk Oberbayern die Trägerschaft. Aufgabe des Museums ist es, Bauernhöfe und ländliche Werkstätten aus dem ostoberbayerischen Raum zu zeigen. In diesem Gebiet wurden vier Hauslandschaften lokalisiert, die durch beispielhafte Objekte präsentiert werden: den Wasserburger Zweifirsthof (in Planung), das Haager Querhaus (im Aufbau), einen ostoberbayerischen Vierseithof aus der Einöde Bernöd und den Salzburger Flachgauhof aus dem Weiler Schnapping.

Ergänzt werden diese Hauslandschaften durch einen der ältesten Höfe Bayerns, den Holzmannhof aus Gessenhausen am Waginger See. Eingerichtet sind die verschiedenen Gebäude mit Möbeln, Haushalts- und Wirtschaftsgeräten des entsprechenden Präsentationszeitraumes. So wird im Holzmannhof das Wohnen und Wirtschaften im 18. Jh. gezeigt, im Bartlhof aus Schnapping der Beginn des 19., im Mittermairhof aus Schlicht das ausgehende 19. und im Vierseithof aus Bernöd der Beginn des 20. Jh.
Bei Führungen und an den Wochenenden werden in den original eingerichteten Werkstätten das Seilerhandwerk, die Bauernschmiede und das wasserbetriebene Sägewerk vorgeführt. Ergänzt werden diese Höfe und Werkstätten durch bäuerliche Nebengebäude, wie Getreidekasten, Brechlbad, kunstvoll verzierte Bundwerkstadel, Bienenhaus und Windrad. Bauerngärten und alte, rekultivierte Getreidesorten runden das Bild des ländlichen Lebens und Wirtschaftens ab.

Öffnungszeiten:
Von Mitte März bis Mitte November täglich außer montags von 9^{00} bis 18^{00} Uhr.

Armin Sorge, Bauernhausmuseum Amerang

Heimatmuseum Berchtesgaden
Schroffenbergallee 6
8240 Berchtesgaden
T: 08652/4410
Schwerpunkte: Berchtesgadener Volkskunst, Drechslerei, Holzspielzeug und Schnitzereien.

Salzberwerk mit Salzmuseum
Bergwerkstr. 83
8240 Berchtesgaden
T: 08652/4061
Schwerpunkte:
Salzbergbau, Soleleitungen, 1-stündige Führungen.

Schloß Berchtesgaden
Schloßplatz 2
8240 Berchtesgaden
T: 08652/2085
Schwerpunkte: Kunst des Mittelalters u. Barock.

Neues Schloß Herrenchiemsee
Herrenchiemsee
8211 Chiemsee
T: 08051/1549
Schwerpunkte:
Museum mit Erinnerungsstücken an König Ludwig II., Innenausstattung aus der Erbauungszeit.

Quellenbau der Saline
Alte Saline 9
8230 Bad Reichenhall
T: 08651/5036
Schwerpunkte: Stollenanlage, Hauptbrunnhaus, Hauptschacht, historische Solehebemaschine.

Städtisches Heimatmuseum
Rathaus
Getreidegasse 4
8230 Bad Reichenhall
T: 08651/5324
Schwerpunkte: Vor- u. Frühgeschichte, bäuerliches u. bürgerliches Leben, Entwicklung des Salzabbaues.

ANTIQUITÄTEN- UND KUNSTHANDLUNGEN

Trödelei
Pfeiffer, Martina
Schmidzeile 2
8090 Wasserburg-Inn

Muhr, E.
Rosenheimerstr. 50
8210 Pfraundorf

Antiquitäten
Ramer, A.
Öden
8211 Kienberg

Kunsthaus
Jakob GmbH
Kampenwandstr. 87
8213 Aschau

Antiquitäten
Seelig, Klaus
Zellerhornstr. 42
8213 Aschau

Antiquitäten
Binder, M.
Thauernhausen
8224 Chieming

Antiquitäten
Steinmeier, U.
Kleeham
8224 Chieming

Antiquitäten
Hummel, I.
Lieseich
8229 Fridolfing

Antiquitäten
Prechtl, R.
Mayerhofen
8229 Laufen

Antikbär
Prof. Dr. Rollvieh
Watzmanallee 11
8243 Rammsau

Antiquitäten
Fraunhofer, A. u. E.
Neue Berg Straße 1
8300 Landshut

Antiquitäten
Gauhe, M.
Neustadt 468
8300 Landshut

Antiquitäten
English Antiques GmbH
Altstadt 72
8300 Landshut

Kunsthandlung
Haake
Herrngasse 378
8300 Landshut

Oldtimer
Fini Flash
Weinbrennerstr. 9
7519 Eppingen

Antiquitäten
Hudorovac, R.
Querstraße 23
8300 Landshut

Antiquitäten
Leher, A.
Hofmark Aichstr. 4
8300 Landshut

Antiquitäten
Maulberger, H.
Grasgasse 325
8300 Landshut

Antiquitäten
Meindl, A.
Röntgenstraße 10a
8300 Landshut

Antiquitäten
Pfaffinger, K.
Eugenbacherstr. 24
8300 Landshut

Kunsthandlung
Richter, B.
Altstadt 67
8300 Landshut

Antiquitäten
Roedig, G.
Neustadt 436
8300 Landshut

Restaurator
Schaak, H.
Veichtederpointweg 19
8300 Landshut

Kunsthandlung
Schuh, B.
Grasgasse 332
8300 Landshut

Antiquitäten
Schulze, H.
Schlachthofstr. 61
8300 Landshut

Kunsthandlung
Seyed-Ghaemi, S.
Schirmgasse 272
8300 Landshut

Antiquitäten
Stein, W. u. M.
Fliederstraße 38
8300 Landshut

Antiquitäten
Wegrzyniak, M.
Schönfeldstr. 2
8300 Landshut

Antiquitäten
Weiss, E u. K.
Ländgasse 49a
8300 Landshut

Antiquitäten
Swiadek, Aham
Vilstalstraße 57
8311 Gerzen

LBB Antiquitätenzubehör GmbH

Neckargartacher Str. 94

7100 Heilbronn - Böckingen

Telefon 07131 - 47070

Antiquitäten und Wohnkultur

Yvonne Luft-Breit

8210 Prien / Chiemsee
Bernauer Straße 79
Telefon (0 81 51) 32 34

Unser Programm umfaßt :
Wunderschöne, polierte Möbel aller Art / / Epochen, Baumaterialien, Kachelöfen, originale Bauernmöbel in großer Auswahl (z. B. alte Bauernschränke ab 400,- DM, Truhen ab 300,- DM, Glasvitrinen, Kommoden, Türen usw., Keramik, Tische, Stühle, Sekretäre, Betten). Antiquitäten, Gemälde und Grafik, Möbel, Einrichtungsgegenstände, Glas, Porzellan etc.
Große Auswahl - günstige Preise !
Autobahnausfahrt Bernau, Richtung Prien,
Hinweistafel rechter Hand !
Erwarte gerne Ihren Besuch.

Biedermeier Galerie

Joachim Luft

Wittelsbacherstraße 2 a

8230 Bad Reichenhall

Telefon 08651/8427 oder 67461

Biedermeier - Schrank in hellem Nußbaum
Interessant und typisch für die Biedermeier - Zeit
- Die sorgsam ausgesuchte und flächig gefügte Holzmaserung.
- Zwei Nußbaum Vollsäulen mit fein geschnitzten Kapitellen
- Formschönes Gesims
- Schwarz abgesetzte Füllungen (vorne vier, seitlich je zwei.) Gefällige Proportionen H. 181 B. 138 T. 65 Süddeutsch, um 1820

Biedermeier Galerie **8230 Bad Reichenhall**
Wittelsbacherstraße 2 a *Telefon 08651/8427 oder 67461*

Erwarte gern Ihren Besuch
in unserer ca. 1000 qm großen Ausstellung

Antiquitäten und Wohnkultur
Yvonne Luft-Breit
- Groß- und Einzelhandel -
Bernauer Straße 79 · 8210 Prien am Chiemsee
Tel. 0 80 51 / 32 34 oder 45 43

☆

Original Antiquitäten in großer Auswahl.
Möbel, Bauernmöbel, Gemälde und Grafik,
Einrichtungsgegenstände, Polstermöbel, chice Stoffe,
Tapeten, Teppiche, Decors, Kunstgegenstände, Schmuck,
Glas, Porzellan etc.

Europäische Empfehlungen

GB
FINE ANTIQUES & SMALLS
DAVID WHITEHURST
OLD GREY HOUND INN
22 TOWN STREET
HOLBROOK / DERBY
TEL.: 00 44 - 3 32 - 88 25 73
BESICHTIGUNG NACH VEREINB.

RESTAURATION DE MEUBLES

Wolfgang PFEIL

Restauration - Placage - Vernissage
Marquetterie - Réfection - Portes de style
Reproduction de meubles - Tous travaux à la demande

5111 Route Nationale
LE SEAU
59270 BAILLEUL
(Face au dancing " Le Manoir ")

Tél : 20.48.68.91
après 18h30

Direkt an der deutsch/dänischen Grenze bei Flensburg

Antike Möbel

Auf über 1.000 m² stets gute Auswahl von Qualitätsmöbeln aus dem 18. und 19. Jahrhundert.

Insbesonders immer grosse Auswahl an antike Ausziehtische.

Hier finden Sie uns:

Abfart BAB 7:
U 69 Flensburg
– dann direkt
Richtung Grenzübergang Kupfermühle.

Wöchentliche Lieferungen in ganz Deutschland!

Öffnungszeiten:
Donnerstag, Freitag,
Samstag und **Sonntag**
10–17 Uhr

Tel. 0045-4-670999

Krusaa **Antikvitets** Lager

Großhandlung
alte Uhren,
Möbel und Gemälde,
französische,
deutsche und
holländische Uhren.

VENEMA'S ANTIEK

Rijksweg 92, Laag-Keppel (Holland)
20 km von Emmerich
Tel. (0031) 83 48 19 17

BØRGE NIELSENS AUKTIONEN
Gegründet 1953

Michael Ancher (1849-1929):
Feierabend am Strand von Skagen. 1911.
118 x 156 cm.

Zugegschlagen am 11. März 1988
für D.kr. 660.000.-

Jährlich 10 Kunstauktionen

BØRGE NIELSENS AUKTIONEN I/s

Pedersholms Allé 42 . DK-7100 Vejle
Dänemark
Telefon 05 82 77 22

VON RENAISSANCE BIS ART DECO

Bei uns keine Container mit Massenartikeln sondern ein ständig wechselndes Angebot von preiswerten antiquitäten aus der ganzen Welt: antike Uhren, Möbel, Porzellan, Glas, Zinn, Kupferwaren, Leuchten und Gemälde.
Auch viele schöne Repliken wie zB Eichenmöbel, Leuchten, Holzfiguren und Kleinkram.

ACHTUNG HÄNDLER UND SAMMLER!

Wir bieten:
die grösste Auswahl der Niederlande

ANTIKGROSSHANDEL STRIJDHAGEN
H. Wegh & Söhne

Ressensestraat 2
6681 DX Bemmel

Niederlande
Tel. (0031) 8811 62534

Unsere Spezialität:
Alte Uhren und Möbel aus dem 18. und 19. Jahrhundert

ANTIKZENTRUM in Holland

IMPORT — **EXPORT**

In Eindhoven haben wir 1000 m² Lager belgische und französische Möbel, und in Best (5 km v. Eindhoven) haben wir 2000 m² Lager deutsche Weichholz-, Mahagoni- und Kirschbaum-Möbel. Jede Woche neue Anfuhr durch eigene Lkw aus Frankreich, England, Belgien, Deutschland usw. Große Auswahl an Henri-Deux-Buffets, -Tischen, -Stühlen, -Bureaus, -Schlafzimmern, -Jagdschränken, bretonischen Möbeln, flämischen Mechelse-Buffets, Tischen, Stühlen, Bureaus, Kamin- und Wanduhren, Lampen.
Wir sind weltweit bekannt durch unsere Qualität, und das seit Jahren.

VERSMISSEN-ANTIEK

Industrieweg 176, Best
HOLLAND Tel. (00 31) 49 98-9 98 67

Französische und deutsche Uhren
Weiterhin viele gute Möbel
für Händler und Sammler

W . A . van Orsouw
Clausstraat 1
Berghem (bei Oss)
Holland

nur 30 km von Kleve
Autobahn Nimwegen - Den Bosch
Telefon (00 31) 41 23 16 84

Antike Uhren
Ständig große Auswahl
französische und englische
UHREN
für Händler und Sammler

F. de VREE
Molenstraat 56
OSS/HOLLAND
(gegenüber Cunenmuseum)

Telefon
(0 41 20) 2 68 11
Direktdurchwahl
v. Deutschland
(00 31) 41 20-2 68 11

Sammelgebiete

Rubriken

von A...
bis Z

AFRIKANISCHE KUNST

" Afrika ruft "

Die deutschsprachige Literatur beschäftigt sich seit dem Ende der 60er Jahre immer häufiger mit dem Sammelgebiet "Afrikanische Kunst". So ist es sicher nicht verwunderlich, daß in den letzten Jahren das Interesse an dieser Kunstrichtung sehr stark gestiegen ist. Verschiedene Ausstellungen, wie die aus der Sammlung Barbie Müller in Düsseldorf, Frankfurt und München, haben das ihre dazu beigetragen, daß dieses Gebiet immer mehr Liebhaber findet. Auch hierzu einige Anmerkungen in Kurzform:
Hermann Freiberg schreibt in seinem im Jahre 1933 erschienenen Buch "Afrika ruft": "Ich betrachte es als eine besondere Gnade des Schicksals, daß es mich im Verlauf dieses Vierteljahrhunderts, das ich zum größten Teil in der afrikanischen Wildnis zubrachte, Dinge erleben ließ, seltsam und einmalig, erschütternd oder auch erheiternd, immer originell abseitig." Auf diese Weise werden die Eindrücke Freibergs ein halbes Jahrhundert später an jener Stelle wieder lebendig, wenn von afrikanischer Kunst die Rede ist. Es bleibt ein stimmungsvolles, vielseitiges und abwechslungsreiches Sammelgebiet.

Die Neugier auf fremde Eindrücke aus dem schwarzen Kontinent hat seither viele ergriffen und nicht mehr losgelassen. Wer den Einstieg in diese Materie gefunden hatte, war einfach fasziniert von der Fülle des Erlebbaren. Viele Völkerkundemuseen bieten anschauliche Ausstellungen der afrikanischen Kultur. Figuren, Masken, Gebrauchsgegenstände etc., in Vitrinen zur Schau gestellt, hinterlassen ohne Zweifel beim Betrachter ihre Eindrücke. Nur selten oder nie wird man die Möglichkeit der intensiven Berührung und das Gefühl für diese Ausstellungsstücke haben. Dabei geht ein großer Teil, Afrika zu erleben, verloren. Der Sammler dagegen, ein glücklicher Besitzer solcher und ähnlicher Stücke, fühlt dieses Afrika in seinen Kunstwerken. Viele mögen die Anfänge ihrer Sammlung, vielleicht auch nur einzelne Stücke, in späteren Jahren überdenken und immer wieder feststellen, wie vielseitig und faszinierend dieses Gebiet ist, wie viele neue Eindrücke doch entstanden sind, wenn das Leben der verschiedenen Stämme mit ihren unterschiedlichen Ordnungen, Gerichtsbarkeiten, Fruchtbarkeitsriten, medizinischen Ritualen und Zaubereien nachempfunden werden kann. Durch die Berührung mit diesen Kulturen, ihren Masken, Skulpturen, Fetischen, Schmuckstücken und auch den einfachen Gebrauchsgegenständen, die hohen künstlerischen Wert haben, wird die Vielseitigkeit afrikanischer Kunst offenbar.

Die Frage nach dem materiellen Wert ist nicht so vordergründig wie auf anderen Gebieten der Kunst. Noch sind viele Stücke zu erschwinglichen Preisen zu haben. Der Trend wird allerdings nicht abreißen, Exponate dieses Kunstbereichs immer höher zu bewerten. Die Zuwachsraten liegen heute noch bei 10 % im Jahr, abgesehen von Spitzenstücken, die bereits die Millionengrenze überschritten haben. So ist es auch nicht verwunderlich, daß viele Impulse aus dem schwarzen Afrika Eingang in die modernen Kunstrichtungen gefunden haben. Viele Stilrichtungen haben ihren Ursprung in den afrikanischen Kulturen. Der interessierte Kunstliebhaber, vor allem der Sammler, der die vielfältigen Angebote im modernen Kunstbereich nutzt, wird auch diesem Element nicht mehr ausweichen können.

Die technische Entwicklung in Deutschland hat uns auf höchstes Weltniveau gehoben, doch, was in anderen Ländern, wie England, Frankreich, den Benelux-Ländern und den USA zum Kunstmarkt gehört, wurde bis auf kleine Ausnahmen bei uns gerade erst zögerlich "angeritzt".
Es ist im Sammlerkreis für afrikanische Kunst schon lange kein Geheimnis mehr, daß dieses Kunstgebiet nicht mehr übersehen werden kann. Die Literatur auf oben genanntem Sektor nimmt

ständig zu, wird vielfältiger und informativer. Die Pforte steht offen und den Sammler erwartet ein neues und doch altes Kunstgebiet. Dem wären noch einige Anmerkungen zur modernen Kunstrichtung der "Makonde" in Ost-Afrika hinzuzufügen. Für die Popularität der Arbeiten des "Wa-Wawia-Stammes", besonders des Altmeisters "Pajume Muambu" und der Schnitzer "John Fundi", sowie "Samaki Likankoa Majembe" sorgte der Name Dr. Max Mohl. Dr. Mohl hatte die ersten Kontakte zu diesen Künstlern und ihren Werken vor 25 Jahren. Um sie bekannt zu machen, wurde ihm manches Opfer abverlangt. Die Arbeiten des bereits erwähnten "Wa Wia-Schnitzers" sind absolut mit denen Henry Moore`s zu vergleichen. Neben vielen schönen und höchst interessanten Sammlungen in unseren Völkerkundemuseen existiert die weltgrößte Sammlung von Makonde-Schnitzereien in einem deutschen Museum in Wiesenbach bei Heidelberg.

Es bleibt dennoch wünschenswert, daß der afrikanische Kulturkreis und seine Kunst auch bei uns mehr Aufmerksamkeit erfährt und an Bedeutung gewinnt, denn der Reiz und die Faszination, die vom schwarzen Kontinent ausgehen, haben schon in vielen Ländern ihre Liebhaber gefunden.

Maskenaufsatz, Holz
Hoher Kopf mit in Strähnen geteilter Frisur. Offener Mund, Ohren durchbohrt. Tragegestell aus Rohrbandgeflecht mit Raphia-Halskrause
Maske 27 cm
Tikar, Kamerun
Sammlerstück

Ntomo -Maske, Holz
Die am hinteren Teil geschnitzten, über den Kopf herausragenden Stangen geben der Antilope auf der Maske den Hintergrund. Die runde Stirn mit der scharfen Nase wird von runden eingestochenen Augen beherrscht, wobei der Mund leicht geschürzt ist.
Gesamthöhe: 65 cm.
Bamana, Mali
Sammlerstück

Weibliche Maske, Holz
mit Haaren aus Fasern (Sanseveria). Das Gesicht mit Tatauierungsmuster. Geschlossener Mund. Das natürlich belassene Holz gibt der Maske einen zarten Ausdruck von kindlichem Flair.
27 cm
Lwena, Angola
Sammlerstück

Maske, Holz
Maske aus schwarz braun patiniertem Holz mit fünf hochgeformten Haarknoten, Narbentätowierung auf der Stirn, leicht geöffneter Mund mit sichtbaren Zähnen, Gesichtszüge in feiner Harmonie, leicht zur Seite gestellte Ohren.
46 cm
Baule, Elfenbeinküste
Sammlerstück

Mboom Maske, Holz
Stirnwulst mit Metall beschlagen, verschiedene Bänder mit Kaurimuscheln und Glasperlen verziert. Gesicht mit Kerbschnitzerei, Haare aus Fell. Hinterkopf mit feinem Raphiageflecht abgedeckt. Der untere Rand mit feinstem Flechtband eingefaßt, an denen Perltrottel hängen. Sehr seltens Exponat.

Thron, Holz
Von zwei weiblichen und zwei männlichen Figuren getragener Sitz, bei dem die Hände die Sitzfläche übergreifen, die mit Rundkopfnägeln beschlagen ist. Dieser Karyatiden Thron galt als Fetisch mit magischer Kraft.
37,5 cm
Benue-Region, Nigeria
Sammlerstück

Maske, Holz
Männliche Maske mit wulstiger Stirn, Pflockaugen, die von Bohrungen umrandet sind, breite Nase und stark abstrahierter, flacher Mund, Punktierungen, farbig an den Seitenpartien. Kopfputz aus Federn mit breitem Putzrand aus Cotton. Tanzmaske, zu der ein Raphiarock und Rasseln gehören.
42 cm
Wobe, Elfenbeinküste

Maske, Holz
Die schräg auf dem Kopf getragene Maske beinhaltet verschiedene Elemente wie Krokodilzähne, Antilopenhörner und menschliche Züge in einer abstrahierten dreidimensionalen Form, die in der Lagunenregion von Guinea bis Kalabari beheimatet ist. Ein sehr seltenes Exponat. Ein ähnliches Stück befindet sich in der Sammlung Nelson Rockefellers. Maske des Simo-Bundes.
110 cm, Baga, Guinea, Sammlerstück

Helmmaske, Holz
Die Maske wurde bei Initationsfesten getragen, wobei der Träger durch den Mund schaute. Schwarze Bemalung mit rosa Lippen und Augenweiß.
25 cm
Makonde/Mosambik
Sammlerstück

Dje-Maske, Holz
In dieser Maske ist der Buschgeist Dje verborgen. Sie befindet sich ausschließlich im Besitz des Leiters des Dje-Kultes und verläßt nie den heiligen Hain. Bei wichtigen Ritualen und Opfern zeigt sie sich. Früher wurden ihr sogar Sklaven geopfert.
37 cm
Yaure, Elfenbeinküste
Sammlerstück

Art Deco / Bauhaus

Aufbruch in die Moderne

Wieso "Moderne"? Gab es in der Vergangenheit nichts "Modernes"? Modern heißt doch "modisch, dem Zeitgeschmack entsprechend, zeitgemäß". Was hat der Übergang zum zwanzigsten Jahrhundert, das die vorangegangenen Jahrhundertwenden nicht hatten? Warum die Sonderstellung für das Jahrhundert, in dem wir leben? Die Kunst des ausgehenden 19.Jh., ermüdet vom Epigonentum der Gründerjahre, will nicht nur "modern", sondern "absolut modern" sein. Diese Modernität ist keine gefühlsmäßige Entwicklung, sondern ein durchdachtes, verstandesmäßiges Projekt - und das ist neu. Um sich jeglicher Beeinflussung durch die Vergangenheit zu entziehen, ist es der erklärte Wunsch der Künstler, mit allen bisherigen Traditionen zu brechen.

Den zweiten Schritt vollziehen die Künstler der sogenannten "historischen Avantgarde", die um die Jahrhundertwende wirken. Sie streben danach, der Kunst an sich mit neuen, künstlerischen Mitteln eine neue Zielsetzung zu verleihen. Der Kubismus des Georges Braque und Pablo Picasso sowie die Künstler des "Blauen Reiter" wirken so als Wegbereiter der abstrakten Kunst. In ihr vollzieht sich der vollständige Wandel des Verhältnisses zwischen Realität und Darstellung.

Der Erste Weltkrieg, der die Völker mit Angst und Schrecken überzieht und alles zu vernichten droht, wirkt wie ein Katalysator auf diese keimende Gedankenwelt. Die Menschen schrecken auf wie aus einer Trance. Was ist mit uns geschehen? Die Bedrohung der Existenz eröffnet eine neue Perspektive auf Leben und Kultur. Das menschliche Dasein wird analysiert, und man beginnt, es auf vielerlei Gebieten neu zu bewerten.

Fazit: In allen gesellschaftlichen Bereichen, ob Politik, Kunst, Musik oder Lebenskultur muß umgedacht werden.

Die Jahre zwischen den Weltkriegen

Eines ist klar: Die aus dem Verstand, nicht aus dem Gefühl geborenen neuen Ideale haben ein weitaus größeres Gewicht als das, was im allgemeinen mit dem Zeitgeist der "Goldenen 20er Jahre" assoziiert wird: eine ausgelassene, feine junge Gesellschaft, die Damen in Charleston-Kleidern, kecken Hütchen und behängt mit langen Perlenketten, die, das Schampusglas in der Hand, das Tanzbein zu Jazz-Rhythmen schwingen... Gewiß ist diese überschäumende Lebenslust Ausdruck eines Neubeginns - rückblickend wirkt sie jedoch fast apokalyptisch. Was wirklich zählt, sind die Gedanken und Taten, die über ihre Entstehungszeit hinaus Bestand haben und selbst einen "Vernichtungsversuch" der Diktatoren überleben. Diese geistig-künstlerische Entwicklung der Weimarer Kultur geht dabei Hand in Hand mit der politischen Republik.

Politische Ereignisse der 20er Jahre

Die Anfangsjahre der Weimarer Republik sind geprägt von revolutionären Unruhen, deren Auslöser Aufstände der Arbeiter und Soldaten sind. Da Kaiserreich und adelige Führungsschicht die Niederlage des ersten Weltkrieges zu verantworten haben, soll nun das Proletariat Fundament einer demokratischen Räterepublik werden. Bezeichnend ist auch die Entstehung, Zersplitterung und Umgruppierung der zahlreichen politischen Parteien. Die rechts- und linksradikalen Gruppen lehnen die Räterepublik ab, was sich in politischen Morden und Putschversuchen niederschlägt. Die Turbulenzen im Innern, gekoppelt mit außenpolitischen Problemen, die im Anschluß an den Versailler Friedensvertrag vom 28. Juni 1919 entstehen, bringen schließlich die Volkswirtschaft zu Fall. Inflation und Arbeitslosigkeit treffen vor allem die Mittel- und Arbeiterschicht. Als 1923 französische und belgische Truppen ins Ruhrgebiet einmarschieren, kann Reichskanzler Wilhelm Cuno nur noch zum passiven Widerstand aufrufen, was jedoch erfolglos bleibt.

Unter Gustav Stresemann gelingt dem "Kabinett der großen Koalition" endlich die Währungsstabilisierung. Es geht aufwärts. Durch strikte Rationalisierung und Anleihen im Ausland kann die Lage gefestigt werden. Im Frühjahr 1924 darf die junge Republik erstmals nach langen, harten Kämpfen endlich aufatmen.

1928 bildet sich unter Hermann Müller noch einmal eine große Koalition. Jedoch haben sich zwischen Rechts und Links so große Spannungen aufgebaut, daß diese nicht mehr geräuschlos abgebaut werden können. Der "Schwarze Freitag" an der Wall-Street bringt ein Jahr später eine Lawine ins Rollen: die Weltwirtschaftskrise. Wieder bedrohen existenzielle Nöte die Bevölkerung.

Über der Frage nach den Beiträgen zur Arbeitslosenunterstützung bricht 1930 die Koalition unter Müller auseinander. Drei Jahre lang sind die Parteien unfähig, eine verfassungsgemäße Regierung zu bilden. Die Präsidialregierung, die daher zum Einsatz kommt, bringt ständig Neuwahlen mit sich, die sich als Nährboden für die NSDAP erweisen. Bereits im Juni 1932 ist sie die stärkste Partei. Die Parteien der Mitte schmelzen, KPD und NSDAP denken nicht daran, eine Koalition einzugehen. Am 22. Januar 1933 erteilt Paul von Hindenburg seine Zustimmung zur Berufung Hitlers als Reichskanzler.

Künstlerische und kulturelle Entwicklung der 20er Jahre

Die politischen Ereignisse prägen die Kultur der Menschen. So können den Entwicklungsphasen der Republik kulturell bedeutende Abschnitte gegenübergestellt werden. Mit dem Ende des Ersten Weltkrieges eskaliert die übersättigte bürgerliche Ordnung. Der Weg ist frei - frei für all das Neue, das bereits um die Jahrhundertwende zu brodeln begonnen hatte. Wie ein Vulkan bricht der neue Geist überall hervor: die politische und künstlerische Revolution.

So verschieden wie die Künstler sind auch die Wege, die eingeschlagen werden. Alle sind sich bewußt, daß die Gesellschaft an diesem Punkt nicht stehenbleiben darf. Gedankliche Kreativität ist das Gebot der Stunde. Die in dieser Zeit rasch aufeinanderfolgenden, als "Moden" zu bezeichnenden Strömungen sind Zeichen der Aktivitäten, die jedoch noch ohne definitives Ziel sind. Die Künstler erhalten durch ihr mannigfaltiges politisches Engagement eine neue gesellschaftliche Position: Sie sind nicht mehr "bloße" Ästheten, sondern Intellektuelle.

Vorreiter und Mitstreiter dieser jungen Rebellion sind die expressionistischen Künstler, die in nahezu allen kulturellen Bereichen zu finden sind: darstellende Kunst, Architektur, Literatur, Musik, Theater, Film. Typisch für die expressionistischen Maler wie Ernst Ludwig Kirchner, Karl Schmitt-Rottluff und Erich Heckel, die sich 1905 in Dresden zur "Brücke"-Vereinigung formieren, ist die Technik des Holzschnittes. Sie ermöglicht sowohl eine übersteigerte Formgebung als auch intensive Farben. Mit allen Mitteln soll der Ausdruck gesteigert werden.

Ein literarisches Dokument der expressionistischen Phase ist die von Kurt Pinthus 1919 herausgegebene "Menschheitsdämmerung". Als wohl bekanntester politischer Dichter sei Ernst Toller genannt, der in der Haft die Werke "Masse Mensch" (1920), "Maschinenstürmer" (1922) und "Der entfesselte Wotan" (1923) schreibt. Neben dem Theater, wo Max Reinhardt bereits vor 1914 die "desillusionistische Bühnentechnik" inszeniert, und der Zwölftonmusik eines Arnold Schönberg und Alban Berg gewinnt auch ein junges Medium an Bedeutung: der Film.

Die Filmproduktion erstreckt sich auf politische Propagandafilme, wofür 1917 von der obersten Heeresführung die UFA gegründet wird, sowie auf Unterhaltungsfilme, die einen hohen zeitkritischen Wert repräsentieren. Bis in unsere Tage bekannt sind "Das Kabinett des Dr. Caligari" (1919), "Dr. Mabuse" von Fritz Lang und Friedrich Wilhelm Murnaus "Nosferatu. Ein Symposium des Grauens" (1922). Die in diesen Filmen auffallend oft auftauchenden Tyrannenfiguren stellen die Unaufhaltsamkeit der Mächtigen dar. Ähnlich unseren heutigen Psychothrillern lösen sie Grauen aus, ohne eine reale Ursache aufzuzeigen. Sie bringen Gefühle auf die Leinwand, die sich im Unterbewußtsein eines jeden regen.

In vollkommenem Gegensatz zum emphatischen Expressionismus steht die Kunstrichtung des Konstruktivismus. Obwohl beide Richtungen aus den gegebenen gesellschaftlichen Umständen entstehen, entwickeln sie ganz unterschiedliche Konzepte, die die gesamte Spannweite der Kunst erfassen. Das Verdienst des im vorrevolutionären Rußland aufkeimenden Konstruktivismus ist es, sowohl die profane Ingenieurkunst als auch die moderne Industrieproduktion in die, solange geweihten, Stätten der Kunst einzuführen. Möglich war dies auf einem Boden, der kaum durch klassisch-ästhetische Normen genährt war. Die Konstruktivisten wollen nicht mit dem Herzen, der Seele, sondern mit kühlem Kopf alle Kunstgattungen von den klassischen über Theater, Typographie und Buchkunst bis hin zu Fotografie und Film in allgemeingültigen, auf die Gesellschaft bezogenen Formen zum harmonischen Gesamtkunstwerk vereinen.

El Lissitzky ist der Prototyp und Wegbereiter dieses Stils: Architekt mit eigenem Ingenieurbüro. Kein Wunder, daß die geometrischen Gesetze der Architektur bestimmend für diesen Stil werden.

Das Zentrum des Anfang der 20er Jahre erwachsenden Konstruktivismus sind die Höheren Künstlerisch-Technischen Werkstätten Moskaus. Noch im selben Jahr macht Lenin diesen Künstlern einen Strich durch die Rechnung. Im Zuge seiner "Neuen ökonomischen Politik" ist Kunst nur mehr für Propagandazwecke zugelassen; - und Stalin wird später die Revolutionskunst schlicht verbieten. Was also bleibt, als auf politisch ungefährlichere Gebiete wie Plakate, Buchumschläge, Illustrationen und Werbegrafik auszuweichen?

Eine wichtige Lücke wird den Unterdrückten gelassen: internationale Ausstellungen. Mit einer solchen, 1922 in der Berliner Galerie van Diemen ausgerichtet, gelingt die Verbreitung der neuen Ideen in Europa. Vor allem in Polen, Ungarn und Deutschland werden sie begeistert aufgenommen. Der Westen Europas gerät dagegen in den Einfluß der holländischen "De Stijl"-Gruppe, die, wie ihre gleichnamige Zeitschrift, 1917 an die Öffentlichkeit tritt. Zwar beansprucht auch "De Stijl", universalistisch zu sein, aber mit der Industrie wollen ihre Vertreter nichts zu tun haben. Ihre Grundsätze sind philosophischer Natur. Der holländische Theosoph Schoenmaekers hat sie in der "Lehre von der mathematischen Struktur des Universums" veröffentlicht. Der stark vom synthetischen Kubismus des Jahres 1912 beeindruckte Piet Mondrian ist der führende Künstler der Gruppe. Aufgrund seiner calvinistischen Erziehung fließen bei ihm puritanische Gesinnung und mystisches Pathos in die Gestaltung ein.

Während des Ersten Weltkrieges findet Mondrian in Holland Gesinnungsgenossen wie den Architekten J.J.P.Oud, den Maler Theo van Doesburg und andere Dichter, Architekten, Künstler, die sich dann in einer unpolitischen Gruppe formieren. Sie begreifen das Kunstwerk als Sichtbarmachung der von Gott geordneten Welt. 1920, auf dem Höhepunkt des Konstruktivismus, gibt Mondrian seiner Malerei den Namen "Neoplastizismus". Seine Kompositionselemente sind auf die Farben Rot, Blau, Gelb, außerdem Schwarz, Grau und Weiß und auf streng geometrische Ausdrucksformen beschränkt. Vor allem die revolutionäre Erkenntnis, durch Asymmetrie zur Harmonie, zu einem kompositionellen Gleichgewicht zu gelangen, wirkt auf die holländische Architektur. Aber auch das Neue Bauen, die Typographie, die Gebrauchsgrafik sind den konstruktivistischen Formneuerungen verpflichtet. Das in dieser Zeit gegründete Bauhaus nimmt ebenfalls Impulse des "Stijl" auf und entwickelt sie.

Auf andere, radikalere Weise macht der Dadaismus auf das Dilemma der Menschheit aufmerksam. Dada "war nicht eine Kunstbewegung im herkömmlichen Sinne, es war ein Gewitter, das über die Kunst hereinbrach wie der Krieg über die Völker. (...) Es entlud sich ohne Vorwarnung in einer schwülen Atmosphäre der Sättigung und hinterließ einen neuen Tag. Dada hatte keine einheitlichen Kennzeichen wie andere Stile. Aber er hatte eine neue künstlerische Ethik, aus der dann, eigentlich unerwartet, neue Ausdrucksformen entstanden." So beschreibt Hans Richter in seinem Buch "Dada - Kunst und Antikunst" diese provokative Künstlergruppe.
Am 3. Februar 1916 wird der Dadaismus im Cabaret Voltaire in Zürich aus der Taufe gehoben.

Von Beginn an mit dabei sind die Dichter Hugo Ball, Tristan Tzara und Richard Huelsenbeck und die Maler Marcel Janco und Hans Arp. Ihr Ziel ist es, ihrer gemeinsamen Lebensfreude und ihrer Wut über den Ersten Weltkrieg innerhalb einer Verbindung noch größeren Nachdruck zu verleihen. Das ihre Antikunst charakterisierende Schlagwort "Gesetz des Zufalls" lassen sie auch bei der Namensgebung walten: "Ganz irrational wurde das Wort Dada durch Stochern mit einem Zahnstocher in dem französischen Lexikon "Le Petit Larousse" gefunden", erinnert sich Hans Arp. Ihr politisches Programm entwächst ihrer Umgebung. In ihrem unbändigen Zorn über die furchtbaren Kriegsereignisse wollen sie diejenigen, die in einem verblendeten Patriotismus fortharren, die sich in Selbstzufriedenheit über den wachsenden Fortschritt wiegen, schockieren. Dada hält den Spiegel vor. Indem er die Realität bis zum Absurden und Paradoxen verfremdet, sollen die Menschen ihre eigenen Fehler erkennen. Dieses Prinzip gilt für ihre literarische, musikalische und (anti-)künstlerische Arbeit. Mit Flugblättern, Plakaten und Reklamezetteln bringen sie Dada unter die Leute - und schockieren. Ihre künstlerischen Vorväter Expressionismus, Futurismus und Kubismus werden in ihrem Sinne zur Antikunst weiterentwickelt.

Besondere Bedeutung für die Kunst des 20. Jahrhunderts hat die Arbeit mit dem im Kubismus erstmals entstandenen "papier collé", woraus die Dadaisten dynamische Fotomontagen und Collagen entwickeln. Die Galerie des Fotografen Alfred Stieglitz machen Marcel Duchamp und Francis Picabia 1916 zum Dada-Zentrum in New York. Dada hat den Sprung über den großen Teich geschafft - es wird zu einer internationalen Bewegung. In Deutschland bilden sich in verschiedenen Großstädten Zentren, die nicht nur die Gesellschaft, sondern die Kunst an sich negieren. 1918 kommt Dada nach Berlin, wo ihn Raoul Hausmann, Hannah Höch, George Grosz und die Brüder Wieland Herzfelde und John Heartfield zu einer politisch brisanten Bewegung machen. Max Ernst und Hans Arp wirken in Köln. Mit seinen MERZ-Bildern verleiht Kurt Schwitters dem Dadaismus in Hannover ein individuelles Gesicht. In Frankreich ist, wie könnte es anders sein, Paris Zentrum des Bürgerschrecks. Er ist allerdings hier vorwiegend von Literaten geprägt. Eben diese Dada-Literatur beeinflußt die erwachsende Kunstrichtung des Surrealismus. Die Surrealisten finden sich insbesondere in der völligen Verneinung jeglicher Norm, die die Dadaisten vollziehen, wieder, ihre dem Betrachter oft rätselhaften Bilder wollen Träume und, ganz allgemein gesprochen, das Unbewußte, das den Menschen beeinflußt und sogar leitet, sichtbar machen.

Max Ernst, Salvador Dali, Yves Tanguy und René Magritte erhalten Impulse aus der "Pittura metafisica", der italienischen Traummalerei des Giorgio Chirico und knüpfen an wissenschaftliche Untersuchungen an, die auch Sigmund Freud als Grundlage für seine Psychoanalysen dienen. Auch in der Literatur findet der Surrealismus adäquate Ausdrucksformen: den "psychischen Automatismus". Vor allem den Literaten widmet sich der Mediziner André Breton in seinem 1924 erschienenen ersten "Manifest des Surrealismus". Er beschäftigt sich mit der Analyse von Träumen und Wachassoziationen von Geistesgestörten und nimmt auch Untersuchungen an Kindern vor. Ihre Vorstellungen und Bilder zeigen noch eine engere Verbindung zum Unbewußten, denn sie sind noch nicht so stark geprägt. Diese faszinierende Tatsache hat auch Maler wie Paul Klee veranlaßt, sich mit Kinderzeichnungen zu beschäftigen. Er versucht auf diesem Wege, zu den Ursprüngen des eigenen Ichs vorzudringen.

Kontrast ist das Charakteristikum der 20er Jahre. Künstler reagieren auf ein Chaos namens Krieg. Sie suchen Aus-Wege. Die einen, wie die Surrealisten, indem sie versuchen, dem Menschen, dem eigenen Ich, auf die Spur zu kommen; die anderen fassen die Wirklichkeit nicht eines einzelnen Individuums, sondern der Gesellschaft ins Auge und zeigen die Mißstände knallhart auf. Die engagierten Künstler, die in den stilistisch verschiedenen Varianten des Realismus arbeiten, wünschen sich Ordnung und Sicherheit. 1918 wird in Berlin die veristische "Novembergruppe" gegründet. Einige Dadaisten, George Grosz, Otto Dix und Max Beckmann, um nur einige zu nennen, klagen in minutiöser Darstellungsweise die sozialen Mißstände an. G.H. Hartlaub, Direktor der Städtischen Kunsthalle in Mannheim, initiiert nach zweijähriger Vorarbeit 1925 die Ausstellung "Neue Sachlichkeit". Die charakteristischen Punkte, die diese Künstler verbinden, hat Wieland Schmid in seinem Buch "Neue Sachlichkeit und Magischer Realismus in Deutschland 1918-1933" zusammengefaßt: "1. Nüchternheit und Schärfe des Blicks, ...; 2. die Blickrichtung auf das Alltägliche, ...; die fehlende Scheu vor dem Häßlichen; 3. ein statisch festgefügter Bildaufbau, ...; 4. die Austilgung der Spuren des Malprozesses, die Freihaltung des Bildes von aller Gestik der Handschrift und 5. eine neue geistige Auseinandersetzung mit der Dingwelt."

In München, Berlin und Dresden bilden sich Gruppen mit individuellem Gepräge. Als der "Linke Flügel" dieser Tendenz wird der soziale Realismus bezeichnet. Seine bekannteste Vertreterin im 19. Jh. ist Käthe Kollwitz. In den 20er Jahren unseres Jahrhunderts finden sich die sozialen Realisten in Berlin, im Rheinland und in Dresden. Sie gehören alle der kommunistischen "Association revolutionärer bildender Künster" (ASSO) an. Daß der plakative Realismus auch für Staatsmänner nützlich sein kann, zeigt der sozialistische Realismus, der 1932 unter Stalin zur offiziellen Kunstrichtung erklärt wird und Propagandazwecken dient.

Die Künstler der 20er und 30er Jahre verleihen sich selbst und damit ihrem Metier, der Kunst, eine neue Identität; raus aus der Abhängigkeit einer elitären Auftragskunst für Kaiser, Könige, die oberen Zehntausend. Mit neuem Selbstbewußtsein drängen sie kritisch, politisch, gesellschaftlich engagiert der Freiheit entgegen, der Freiheit eines selbständigen, unabhängigen Schaffens. Mit neuen Gestaltungsmitteln wollen sie selbst Gestaltungsfaktor einer neuen Gesellschaft sein. Aber, dringt ihre Botschaft bis zum Volk vor, oder sind sie einsame Rufer in einer Wüste der allgemeinen Verwirrung; wer sieht ihre Werke, die in unbekannten Ateliers entstehen?

Um die Jahrhundertwende entdecken eifrige Kunstliebhaber die Notwendigkeit, eine Marktlücke zu schließen. Sie werden Vermittler zwischen Künstler und Volk. Diese Kunsthändler und Mäzene greifen aktiv in die künstlerische Entwicklung ein und geben ihren "Entdeckungen" eine Chance zum Überleben. Sie sind es, die die Produkte des kreativen Gestaltens auf den internationalen Markt und in die Museen bringen, wo sie für jedermann zugänglich werden. Trotz dieser bedeutenden Wandlung bleibt die Kunst elitär und die oft verschlüsselten Ideen dringen nicht in das Bewußtsein der Bevölkerung ein.

Daher bleibt nur eine Alternative, will man alle an der Kunst partizipieren lassen: die Kunst muß direkt in den Alltag eindringen. Jeder soll täglich damit umgehen und ein Gefühl für Ästhetik und neue Lebensformen wachsen lassen. Diese Bewegung schlägt um die Jahrhundertwende eine Richtung ein, die sich in Frankreich "Art nouveau", in England "Modern Style" und in Deutschland "Jugendstil" nennt. Durch die Verbindung von Kunst und industrieller Fertigung entsteht Alltägliches mit künstlerisch-ästhetischem Anspruch. Die Zauberformel heißt "Design": nur die ideelle Vorausentwicklung wird als kreativer Prozeß gewertet, nicht die Herstellung an sich. Jedoch bedarf es für eine Gesellschaftswandlung mehr als nur das Interieur zu modernisieren, es gehört auch der richtige Rahmen dazu. Dies aber ist das Arbeitsgebiet der modernen Architektur.

Als Gegenpol zu den expressionistischen Entwürfen für sogenannte "Zyklopenarchitektur" und kristallin anmutende Bauten plädiert der Werkbundler Hermann Muthesius bereits in der ersten Dekade des 20. Jh. für die "ungeschmückte Sachform". Bescheidenheit und Vernunft sind angesagt. Das Handwerk, mit goldenem Boden und Tradition, erhält als volksnahe Produktionsstätte einen steigenden Stellenwert. "Werkstatt statt Atelier", sind Schlagworte Paul Schultze-Naumburgs und Walter Gropius.

In einer Veröffentlichung "Vom sparsamen Bauen" entwickeln Peter Behrens und Heinrich de Fries 1918 neue Richtlinien betreffs der Siedlungsfrage. Die neue Bescheidenheit entspricht den Vorkriegsprogrammen Biedermeier und Klassizismus. Man besinnt sich auf alte Traditionen, Villen wie Verwaltungsgebäude entstehen im Stil "um 1800".

Wie ein Blitz aus heiterem Himmel schlägt da Anfang der 20er Jahre die Ästhetik der modernen Architektur ein, die ein ganz anderes Konzept hat. Adolf Behne und Walter Gropius bringen dies 1921 zum Ausdruck: "Die neue Aufgabe der Kunst (ist) die klare, strenge gemeinsame Arbeit. (...) (Die) Entscheidung (...) gegen das Persönliche, Sentimental-Schwärmerische, Improvisierte."

Wie in der Malerei ist auch hier Sachlichkeit gefragt. Daneben fließen neue Prinzipien wie Bewegung, Dynamik, Mobilität und Transparenz in das neue Bauen ein. Was für die Moderne das Design, ist für die Architektur serienreife Normierung, exakte Vorausplanung des gesamten Bauprozesses und untereinander frei kombinierbare Einzelelemente. Charakteristisches Beispiel ist der Hochhausentwurf, den Mies van der Rohe 1921 für Berlin gestaltet.

Unter den Architekten bestehen internationale Beziehungen, und ebenso international sind die Vorbilder, auf die man sich beruft: Sullivan, Mackintosh, Berlage, van der Velde, Loos und Wright sowie Bauten entlegener Kulturen. Die Architekten fühlen sich wohl in ihrer Gemeinschaft und wollen dieses Zusammengehörigkeitsgefühl weitergeben. Deshalb richten sie ihr besonderes Augenmerk auf den sozialen Wohnungsbau, das vom Krieg meistgetroffene Opfer. Zum Schrittmacher der Reformen wird das private Wohnhaus, denn hier finden sich experimentierfreudige, finanzkräftige Mäzene.

Um die Popularität ihres Gedankenguts zu steigern, richten die Werkbünde Bauausstellungen aus: in Stuttgart-Weißenhof 1927, Breslau-Scheitur 1929, Karlsruhe-Dammerstock 1930, Wien XV 1930 und schließlich in Prag 1931. In diesen revolutionär-neuen Siedlungen finden die Architekten ein ideales Podium. Hier machen sie deutlich, wie der Mensch wohnen soll: der Mensch soll sich im leeren Raum, der keine individuellen Züge hat, auf das Wesentliche konzentrieren.

In Stuttgart bringt Le Corbusier mit seinem "Typ Citrohan" wichtige Neuerungen ein: das Haus steht auf Stelzen und hat ein begehbares Flachdach. Im Innern sind die privaten Schlafräume für die Bewohner auf winzige Zellen reduziert, die als Einrichtung fast nur das notwendige Bett zulassen. Sie sind alle um einen Gemeinschaftsraum gruppiert, nur zu diesem hin geöffnet und bilden mit ihm eine große Einheit. Der Wohnraum erstreckt sich über zwei Stockwerke und ist durch eine Empore und ein großes Fenster gegliedert. Das Zellenprinzip soll die architektonische Gestaltung des neuen Gesellschaftsprinzips darstellen. Alle Hausbewohner bilden eine große Einheit und ziehen sich nur noch zum Schlafen in ihre eigenen "Gemächer" zurück. Die Verkleinerung der Wohnfläche im allgemeinen erfordert entsprechende Möbel, die eingebaut oder geklappt werden können; die Türen sollten möglichst nach einem Roll- oder Faltverfahren funktionieren.

Die Designer haben nun die Aufgabe, diese Häuser und Wohnungen funktionell einzurichten. Ihre Ideen waren zum Glück nicht alle so spartanisch wie die der revolutionären Architekten. Im Gegenteil: es gibt für jeden etwas. Denn wie in den traditionellen Kunstgattungen beherrschen auch im Design der 20er Jahre Gegensätze den Markt: Art Déco und Funktionalismus. Die Avantgarde der "Roaring Twenties" präsentiert sich 1925 in Paris erstmals dem Publikum mit der "Exposition Internationale des Arts Décoratifs et Industriels". Dem maschinell gefertigten Produkt technische Schönheit in Form und Funktion zu verleihen und zugleich praktische und ästhetische Bedürfnisse

Art Déco - Kommode, ca. 1920, Frankreich,
Antiquitäten & Wohnen, 71 Heilbronn - Böckingen.

zu befriedigen, sind die gestellten Ansprüche. Jedoch stößt die Minimierungstendenz, die das Neue Bauen zeigt, bei den Einrichtungsgegenständen auf Widerstand. Allzu karge und funktionalistische Möbel lassen in den Wohnungen weder Wärme noch Behaglichkeit aufkommen. Der bedeutendste deutsche Entwerfer am Anfang der 20er Jahre ist Richard Riemerschmied. Seine Möbelentwürfe zeichnen sich durch die Verbindung traditioneller und moderner Formen aus, womit er dem Bedürfnis nach gemäßigtem Modernismus entspricht und ein breites Publikum erreicht. Ähnliche Mischformen finden sich bei den Werkbundmitarbeitern Karl Bertsch, Bruno Paul, Adolf Schneck und Paul Schmitthenner. Ebenso kombiniert August Endell traditionelle Materialien mit modernen Elementen. Der der Münchner Gruppe angehörende Bernhard Pankok steht den Art-Nouveau-Möbeln aus Nancy und Paris nahe.

Das Konzept des Werkbundes besteht darin, im Hinblick auf die industrielle Fertigung nach größtmöglicher Einfachheit im Entwurf zu streben. Die Wohnmöbel, die in drei Preis-/Qualitätskategorien zu haben sind, bestehen aus einheitlichen, uneingeschränkt zu kombinierenden Elementen. Karl Schmidt, der den Vertrieb des Werkbund-Programms leitet, läßt jeden Entwurf nur circa ein Jahr in der Produktion, um immer ein abwechslungsreiches Angebot darbieten zu können.

Dem Entwurf von Heimtextilien haben sich Henry van de Velde, R. Grimm, Alfred Grenander, Walter Gropius und Peter Behrens verschrieben. Die frühen Entwürfe der Wiener Werkstätten sind besonders schlicht. Vor allem Joseph Hofmann lehnt seine Arbeiten an Mackintosh und der Arts-and-Crafts-Bewegung an. Später, 1908-1915, verwendet man auch hier mehr ornamentales Beiwerk, das durch gemusterte Furniere, Intarsien und Lackdekor entsteht. Kenner der Branche sehen hierin bereits einen Vorläufer der Art Déco. Die neuen Möbelentwürfe nach dem ersten Weltkrieg kommen aus dem Werkbund und dem Bauhaus. Ein geniales Pionierstück gelingt 1927 Mies van der Rohe mit dem sogenannten "Weißenhofstuhl": ein freitragender Stahlrohrstuhl, der mit einem Rohrgeflecht von Lilly Reich bezogen ist. Zu gleicher Zeit, wahrscheinlich sogar etwas früher, entwickelt auch Mart Stam einen Stahlrohrstuhl, Stams Entwurf realisiert die Firma L & C Arnold, die erste Version des "Weißenhofstuhles", genannt "MR", produziert die Firma Berliner Metallgewerbe, der "Weißenhofstuhl" selbst wird von den Gebr. Thonet hergestellt. Die Standard Möbelfabrik bringt seit 1927 Marcel Breuers Stahlrohrmöbel auf den Markt. Die Entdeckung des Materials Stahl für die Möbelgestaltung ist der

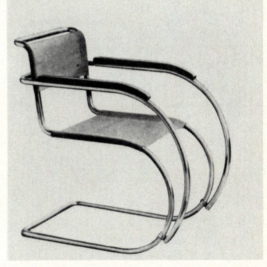

Stahlrohrmöbel nach einem Entwurf von Mies van der Rohe, Thonet - Katalog 1934

Hauptfortschritt dieser Zeit. Das neue Medium läßt außerdem gewagte Konstruktionen zu, die, wie bei van der Rohes freitragendem Stuhl, anstelle von architektonischen Grundprinzipien die Beziehung zwischen Benutzer und Möbel setzt und das statische System dem freien Spiel der Kräfte weichen läßt.

Den ersten Schreibtisch mit Chromstahlgestell stellt 1921 Adolf Schneck vor. Seinen Entwicklungen sind auch die billigen Materialien wie schichtverleimtes Holz, Sperrholz und Hartpappe zu verdanken. Als wahren "Geniestreich" feiert man 1929 den "Barcelona"-Stuhl von Mies van der Rohe. Das ausgesprochen luxuriöse und teuere Stück besteht aus gebogenem Flachstahl und einer Polsterung aus Leder. 1930 verkündet Wilhelm Lotz, daß eine Einrichtung "modern" und "gut" sein soll. Unter "modern" ist bei ihm "funktionalistisch und sachlich" zu verstehen, "gut" bedeutet, daß Form und Funktion zu einer schönen Einheit verschmelzen. Die Bauausstellung in Berlin 1931 zeigt, daß eine moderne Wohnung vor allem "Raum" und nicht "Möbelschau" sein soll. Siegfried Giedion sieht im "befreiten Wohnen" ein neues Lebensgefühl aufkeimen.

Art Déco - Schreibtisch " Frosch ", um 1920;
Antiquitäten & Wohnen, 71 Heilbronn - Böckingen

Daß das moderne Design der 30er Jahre keine Eintagsfliege ist, sondern den Zeitgeist eines ganzen Jahrhunderts erfaßt, beweisen zahlreiche Entwürfe für die industrielle Formgebung, die Modellcharakter besitzen und zum Teil auch heute noch in den Warenauslagen der Spezialgeschäfte zu sehen sind. Einige besonders herausragende Entwerfer sollen hier mit ihren Werken vorgestellt werden.

Gerhard Marcks, von 1919 bis 1925 Meister am Bauhaus, gestaltet die erste Kaffeemaschine in feuerfestem Glas für die Jenaer Glaswerke. Die Firma "Tropas-Plastika" bringt das erste Plastikgeschirr nach Heinrich Gretschs Entwurf heraus. Marguerite Friedländer erarbeitet Porzellan-Service für die Berliner Manufaktur. Mit ihrem sich noch heute in Produktion befindlichen Service "Urbino" gewinnt Trude Petri zusammen mit Gläsern von Wagenfeld und Bestecken der Firma Bruckmann, Heilbronn, entworfen von Emil Lettré, den zweiten Preis auf dem Warschauer Wettbewerb "Tische der Nationen" 1936. Ein Charakteristikum für die Firma Arzberg schafft Hermann Gertsch 1930 mit schlichten weißen Geschirren. Sein Service "1382" wird auch fünfzig Jahre später noch hergestellt. Das weiße, dekorationslose Porzellan, das die meisten Firmen und Manufakturen in ihr Programm aufnehmen, wird zum Symbol moderner Formgebung und findet auch begeisterte Käufer.

Eine ähnliche Entwicklung kann man beim Glasentwurf beobachten. Die Staatliche Fachschule für Glasindustrie in Zwiesel wird unter der Leitung von Bruno Mander führend in diesem Bereich. Der "Rundrand" für Gläser, eine Erfindung Richard Süßmuths, findet seine Würdigung auf der Pariser Weltausstellung von 1937. Weiterhin bedeutende Herstellungsstätten sind die Josephinenhütte und die Württembergische Metallwarenfabrik. Letztere macht sich unter der Mitarbeit von Karl Wiedmann und Walter Dexel mit Ziergläsern von hohem künstlerischem Rang einen Namen. 1929 entstehen die ersten "Myra"-Gläser aus zart lüstriertem, farbigem Glas. Heute gesuchtes Sammlerstück ist das "Ikora-Unica-Kristall", das sich durch eine prachtvolle Farbwirkung auszeichnet. Gebrauchsglas in kleinen Auflagen stellt Hans Model in seiner Stuttgarter Werkstätte für künstlerischen Glasschliff her. Ihm liegt besonders die Form, weniger der Glasschliff am Herzen.

Die erste Ausstellung handwerklicher Unikate richtet G.E. Pazaurek 1931 im Württembergischen Landesmuseum in Stuttgart aus. Trotz immer strenger werdender staatlicher Kontrolle der Kunst kann das Kunsthandwerk weiterhin freie künstlerische Konzepte entwickeln, denn das Handwerk gehört zu den bodenständigen Symbolen eines national orientierten Staates und bleibt daher unbeeinflußt.

Das Vorbild der deutschen Keramiker ist die chinesische und japanische Töpferware. In den 30er Jahren überwinden die Künstler die Traditon der Volkskunst und entwickeln individuelle Formen. Die Entwürfe besitzen Unikat-Charakter, sind aber auch für die Serienproduktion geeignet. Zu nennen sind Paul Dresler, Otto Lindig, Richard Haizmann und Hubert Griemert. Neben den oben erwähnten weißen Geschirren erfreuen sich bäuerliche Service großer Beliebtheit. Sie werden darüber hinaus vom Amt "Schönheit der Arbeit" propagiert. Dieser Richtung entsprechen das Kaffeegeschirr "Pfauenauge" von Max Lachmann, 1932 und das bei Villeroy & Boch hergestellte Teeservice "Kugelform" in braunem Steingut, gefleckter Glasur und zwei weißen Bändern.

Obwohl unter der Diktatur Adolf Hitlers alle Errungenschaften der Moderne in Kunst und Architektur als staatsfeindlich, bolschewistisch und undeutsch verfemt, die Künstler ins politische Exil getrieben werden und überall nationalsozialistisches und germanisches Gedanken- und Formgut propagiert wird, überlebt die "gute Form" diesen größenwahnsinnigen und verblendeten Umwälzungsversuch der 30er Jahre.

Mit der Gründung der Reichskulturkammer 1933 entsteht das Kontrollorgan der Kunst. Das Regime bestimmt, was Kunst ist und wie der Geschmack der Bevölkerung zu sein hat. Bauhaus und die Werkstatt der Moderne werden um 1934 verboten. Das Ideal, um das sie gerungen haben, wird nun offiziell verleugnet und als ein großer Irrtum dargestellt. Dennoch überlebt der Funktionalismus, der Zeitgeist der 20er Jahre setzt sich durch. Was an Waren auf den Markt kommt, ist in der "Deutschen Warenkunde", die vom Deutschen Kunstdienst Berlin 1939 bis 1941 herausgegeben wird, festgehalten. Die Warenkunde entsteht im Auftrag der Reichskammer und gilt als Orientierungshilfe für Konsumenten.

1938 findet in München die erste Kunsthandwerksmesse und in Berlin die "Internationale Handwerksausstellung" statt. Aus einem Mißverständnis, dem uneingeschränkten Vertrauen in das deutsche Handwerk, heraus, fördert die Diktatur im Kunsthandwerk, was sie eigentlich ablehnt: die moderne Form. Wichtige Produkte des Industrial Design sind der bekannte Volksempfänger des Jahres 1933, der heute noch so beliebte VW "Käfer" und das Telefon von Siemens.

Art Déco
Art Déco ist das wahrhaftige Kind der "Goldenen Zwanziger". Es steht für luxuriöse Objekte, die eine Gesellschaft, die nach den Entbehrungen des Krieges in Extravaganzen und im Überfluß baden will, befriedigt. Form und Dekor des Art Déco entstammen dem Kubismus, der in den ersten beiden Jahrzehnten des 20. Jh. die Kunstwelt schockiert und beeindruckt. Die Wiege beider steht in Paris.

Die Bezeichnung "Art Déco" geht auf eine Ausstellung zurück, die 1925 mit dem Titel "Exposition des Arts Decoratifs et Industriels Modernes" in Paris stattfand. Zeitgenossen nennen den neuen dekorativen Stil "Style moderne" oder "Style Contemporain". Der Jugendstil ist bereits Anfang des 20. Jh. für Kunstschriftsteller, Mäzene und die für Mehrzahl der Künstler "out", da sich nicht nur eine Kommerzialisierung eingestellt hat, sondern auch die künstlerische Qualität zu wünschen übrig läßt. Ein weiterer Grund für den Niedergang des Jugendstils ist, daß die dekorativen Objekte nicht mit der aufkommenden Mode der Louis-quinze- und Louis-seize-Möbel harmonieren.

Bevor die Entwurfskunst endgültig ihr kurzes Leben aushaucht, werden die Entwurfsprinzipien der französischen Kunst um 1820 wiederentdeckt. Der Stil des frühen 19. Jh. soll weiterentwickelt werden, jedoch unter Berücksichtigung der technischen Neuerungen. Die Idee trifft jedoch in der Ausführung auf erhebliche Probleme. Zum einen ist die Zusammenarbeit zwischen der Industrie und den künstlerischen Entwerfern mangelhaft, zum andern ist das Niveau in den Kunstgewerbeschulen sehr niedrig. Dazu kommt die Überflutung des französischen Marktes durch billige Importware aus Deutschland.

Durch die internationalen Beziehungen, die die Künstler zu Beginn des Jahrhunderts aufbauen, weiß man auch in Frankreich von der gelungenen Verbindung von Fabrikanten und Designern beim deutschen Werkbund. Um Erfahrungen auszutauschen und vor allem die Werkbundkonzeption und deren Realisation genauer zu besehen, wird der Münchner Werkbund 1910 zum Pariser Herbstsalon eingeladen. Zwar entsprechen die Einzelobjekte nicht dem Pariser Geschmack, beeindruckend aber wirkt die Einheit der Gesamtkonzeption. Der einflußreiche Journalist Gabriel Mourey schreibt, daß das wichtigste Ergebnis der deutschen dekorativen Kunst ihr wesenhaftes Deutschsein sei. Ebenso sollen die französischen Entwürfe typisch "französisch" sein, das Wesen der Nation verkörpern. Zur raschen Verbreitung des "wesenhaft Französischen" tragen besonders die Pariser Kaufhäuser bei. Sie bieten komplette, einheitliche Einrichtungen an, die, obwohl Massenprodukt, die Individualität des Designers erkennen lassen.

Art Déco - Deckenleuchte, Belgien, um 1935,
Metallrand Messing verchromt;
Antiquitäten & Wohnen, 71 Heilbronn - Böckingen

Neben dem Kubismus ist von besonderer Bedeutung der Einfluß, den die "Ballets Russes" unter Serge Diaghilew 1909 ausüben. Die orientalischen Themen und die Bühnendekoration von Léon Bakst beeindrucken Theater-, Buch- und Textilkunst. Die leuchtenden Farbpaletten, die Bakst mit viel Gold und Silber veredelt und die ungewohnten Kombinationen von Rot/Orange, Blau/Grün, Violett/Gelb wirken neben dem vergleichsweise faden Kolorismus des Jugendstils ungemein belebend.

Auch bei dem Modeschöpfer, Innenarchitekten und Kunstmäzen Paul Poiret dominieren orientalische Einflüsse. Seine revolutionären Modeschöpfungen finden in ganz Paris ein begeistertes Publikum. In seinem 1911 gegründeten Atelier Martine sollen vor allem junge Mädchen ihre Ideen zu Papier bringen. Wie Francois Ducharne, der 1922 sein Atelier unter Michel Dubost eröffnet, hofft Poiret bei der jungen Generation auf den Spürsinn für den Zeitgeist. Seine Rechnung geht auf: die jungen Talente werden stilbildend für das Pariser Art Déco, denn besonders sie sehnen sich in ihrem jungen Leben nach Luxus.

Zu einem Hauptmotiv des orientalen Art Déco wird neben der Spirale die von Paul Iribe erfundene "rose Iribe". Die stark stilisierte Rosenblüte leugnet ihre Herkunft, die Wiener Schule, nicht, welche die Darstellung der Rose wiederum aus der Schule von Charles Renny Mackintosh adaptiert hatte. Die Art Déco-Blüten überziehen die gesamte Fläche, finden sich in ovalen Tablets oder Girlanden-Arrangements.

Eine 1911 auftauchende Betätigungsbezeichnung, der "ensemblier", Innengestalter, ist Ausdruck des Wandels, der sich im Anspruch an die Wohnungseinrichtung vollzieht. Man will nicht mehr in einem bunt zusammengewürfelten Stilgemisch wohnen, sondern sich mit geschmackvoller stilistischer Einheit umgeben. Diese Aufgabe überläßt man nicht mehr dem Zufall oder den Launen der Bewohner, sondern übergibt sie einem Fachmann. Das Prinzip einer Gesamtkonzeption für den Wohnraum vertreten Paul Follot und Maurice Dufrêne. Letztgenannter bevorzugt rustikale Einfachheit, die für die industrielle Herstellung geeignet ist. Follot vertritt eine elegante Linie, bei der reiche Flächenornamente aus Furnieren, Lack und vergoldetem Schnitzdekor auf einfach geformten Möbeln prangen. Zusammen mit Tapeten, Metallarbeiten, Keramik und Textilien bildet der Raum eine vollkommene Harmonie. Follot erhält 1923 eine eigene Abteilung im Kaufhaus Bon Marché, Dufrêne 1921 die Spezialabteilung "La Maîtrise" in der Galerie Lafayette.

Bis 1928 wirkt eine Gruppe von Gestaltern, die die traditionellen Werte von Schlichtheit und Eleganz bewahren wollen. Zu ihr zählen die Maler André Mare und Boutet de Monval, der Architekt Louis Süe, im Tapisserieentwurf Gustave-Louis Jaulmes, der Maler, Bildhauer und Holzschneider Paul Véra, der Glaskünstler Maurice Mariont und der Grafiker André Marty.

Der Krieg gebietet zwar dem übermäßigen Konsum Einhalt, aber stoppt auch die deutsche Konkurrenz. Die französische dekorative Kunst hat Zeit, sich zu stabilisieren, und Frankreich wird in dieser Zeit zu dem Exportland für Luxusgüter. Nach dem Weltkrieg arbeiten die französischen Künstler unbeeindruckt von den neuen Kunstströmungen aus der Schweiz und Holland, Dada und De Stijl, an dem Punkt weiter, an dem sie der Krieg unterbrochen hat. Junge Künstler bringen neuen Elan. Firmen wie die von André Domin und Marcel Genevrière, "Dominique" und von René Joubert und Philippe Petit, "D.I.M." werden gegründet. Neben den Innendekorationen von Ausstellungsräumen des "Artistes-Décorateurs" und des Herbstsalons werden auch die Arbeiten einzelner Entwerfer und Kunsthandwerker publiziert. Unter der Perspektive des harmonischen Gesamteindrucks der Innendekoration kommt Art Déco in zahlreichen traditionellen Handwerken zur Geltung. Eine fast unübersehbare Zahl junger Talente läßt sich vom experimentellen Umgang mit den verschiedensten Materialien und den vielfältigen Motiven inspirieren.

Zur "Leitfigur in Glas" avanciert in den 20er Jahren René Lalique. Der vielseitige Künstler wird nicht nur durch Vasen, Bibelots, Trinkgefäße, Schmuckstücke, Lampen und Statuetten berühmt. Er tritt besonders mit seinen Toilettenartikeln und den zu Kühlerfiguren entfremdeten Paperweights an die Öffentlichkeit. Furore machen auch Laliques Glasentwürfe, die in die Architektur eingebunden sind oder der Ausstattung öffentlicher Verkehrsmittel wie des Orientexpreß´ und der "Normandie" Ansehen verschaffen.

Islamische und chinesische Einflüsse kennzeichnen die Keramik des frühen 20. Jahrhunderts. Es entstehen bemalte Fayencen in lebhafter Farbgebung. Gewandt zeigen sich darin Emile Decoer, Fernand Rumèbe, Edouard Cazaux, Jean Mayodon, René Buthand und André Metthy. Mit Goldlacktönen, seladongrün, lapislazuliblau, azurblau und türkis dekoriert Emile Lenoble seine Kunstwerke. Henri Simmen lernt vor Ort, im Nahen Osten, mit natürlichen Zutaten seine großartigen Glasuren herzustellen, mit denen er das von Hand geformte Steinzeug veredelt.
In den 20er und 30er Jahren gehen auch die selbständigen Keramiker, die bislang teure Unikate schaffen, dazu über, Musterstücke für die Serienproduktion herzustellen. Den Zeitgeist spiegelt am besten die Gebrauchskeramik wieder. Sie wird in einer breiten Palette von Kunst bis Kitsch in den Kaufhäusern einem großen Publikum offeriert. Vom Jazz-Musiker über Rennfahrer bis hin zu eleganten "Halbwelt"-Damen - alles, was einen exzentrischen Touch hat, ist zu finden.

Aus sprödem Schmiedeeisen kreiert Edgar Brandt anmutig dekorierte Objekte, die wie die Art Déco-Tapisserien und -Teppiche zum "Geamtkunstwerk Wohnung" beitragen. Sogar die Bibliothek fällt nicht aus dem Rahmen. Dafür sorgen die wunderschönen, geometrisch oder floral dekorierten Ledereinbände. Das neue Lebensgefühl soll aber nicht nur in den eigenen vier Wänden zum Ausdruck kommen. Man will ein Stück davon bei sich tragen, sich selbst als einer dieser Generation darstellen. Was eignet sich dafür besser als Schmuck? Neben wertvollen repräsentativen Stücken zieht vor allem der Modeschmuck, wie ihn Coco Chanel entwirft, die Massen an. In den 30er Jahren wird der Clip zum unentbehrlichen Accessoire der modebewußten Dame.

Hinter den betont kühlen, futuristischen Stücken aus Platin, Silber und Weißgold, Onyx, Jet und Email der Zwischenkriegszeit stehen Designer wie Raymond Templier, Gérard Sandoz, Jean Fouquet oder Paul Brandt. Ein wertvolles Dokument dieser Kreationen ist "Bijoux et Orfeurerie", das Charles Moureau 1930 herausgibt. Als Quintessenz könnte man sagen, Art Déco ist nicht nur ein Modestil, Art Déco ist ein Lebensgefühl.

Das Bauhaus in Weimar und Dessau
Als Walter Gropius 1919 die Leitung der Weimarer Kunstgewerbeschule übernimmt, hat er sich in seiner langjährigen Tätigkeit als Baumeister und Kunstgewerbler ein Konzept für "seine" Schule zurechtgelegt. Diese Position macht es ihm möglich, seinen Traum vom "Gesamtkunstwerk" Realität werden zu lassen.

Am 11. April 1919 gründet er das "Staatliche Bauhaus in Weimar" und verkündet sein Programm: "Das Bauhaus erstrebt die Sammlung alles künstlerischen Schaffens zur Einheit, die

Wiedervereinigung aller werkkünstlerischen Disziplinen - Bildhauerei, Malerei, Kunstgewerbe und Handwerk - zu einer neuen Baukunst als deren unablösliche Bestandteile. Das letzte, wenn auch ferne Ziel ist das Einheitskunstwerk - der große Bau -, in dem es keine Grenze gibt zwischen monumentaler und dekorativer Kunst." Zwar geht aus diesen Leitsätzen kein künstlerischer Stil hervor, doch die Prinzipien und geistigen Errungenschaften sind Impulse und Wegweiser für die Kunstentwicklung der 20er Jahre in Deutschland und darüber hinaus. Das Bauhaus wird für die Verfechter des Konstruktiv-Gestalterischen zur produktiven Diskussions- und Begegnungsstätte. Vorbild für das allumfassende "Gesamtkunstwerk" sind die anonymen Gemeinschaftsbauten der mittelalterlichen Bauhütten. Individualismen werden abgelehnt. Das Lehrprogramm das Bauhauses gliedert sich in die drei Hauptgebiete Architektur, Malerei und Plastik. Alle anderen Handwerksbereiche gelten als Ergänzung dieser drei. Desweiteren werden den Schülern, die hier "Gesellen bzw. Lehrlinge" heißen, Kurse über Kunstgeschichte, Materialkunde, Anatomie und "die physikalischen und chemischen Eigenschaften der Farbe" dringend empfohlen.

Der Initiative Walter Gropius' haben es die Schüler zu verdanken, daß sie von namhaften Künstlern als "Meister der Form" unterrichtet werden. Ihnen stehen fachlich kompetente Handwerksmeister zur Seite. Den Vor- und Elementarkurs leitet zunächst Johannes Itten, später Làszlò Moholy-Nagy. Der Druckerei steht Lyonel Feininger vor, der Töpferei Gerhard Marcks und der Weberei Georg Muche. Wassily Kandinsky und Paul Klee haben die Werkstätten Wand- und Glasmalerei unter sich, und Oskar Schlemmer lehrt in den beiden Bildhauerklassen und zeichnet für die Bauhausbühne. Die weitreichendste Wirkung der pädagogischen Konzeption geht vom Elementarunterricht aus, dessen Methode die Grundlehre der modernen Kunstschulen und Akademien Deutschlands prägt.

Wichtige Impulse gehen aber auch von den Bauhaus-Büchern aus, die von einigen Künstlern wie Klee, Moholy-Nagy und Kandinsky verfaßt werden. Die Popularität des Weimarer Bauhauses ist nicht die erwünschte. Insbesondere sind mögliche Interessenten der Industrie von dem strukturschwachen Raum aus nur schwer zu erreichen.

Als politische Probleme hinzukommen, zieht das Bauhaus 1925 nach Dessau um. Mit dieser Übersiedlung vollzieht sich ein Strukturwandel. Er betrifft sowohl die Grundprinzipien Gropius' wie auch die einzelnen Fachbereiche. Der Vorgang gleicht einer Rentabilisierung, denn bei allem Kunstwollen darf der Kommerz, so ungeliebt er anfangs war, nicht vergessen werden. So lassen es jedenfalls Walter Gropius' "Grundprinzipien der Bauhausproduktion" 1926 verlauten: "Die vom Bauhaus entwickelten, typisierten Produkte können zu einem vernünftigen Preis nur bei Anwendung aller modernen ökonomischen Methoden der Standardisierung und Serienherstellung verkauft werden." Bei der Fächerneuordnung müssen einige Handwerksbereiche weichen. Die Tischler- und Metallwerkstatt werden unter Josef Albers und Alfred Arndt in der Abteilung für Innendekoration vereinigt. Ganz neu entsteht der Bereich Fotografie. Tatsächlich ist das Bauhaus Dessau auf dem Markt erfolgreicher. Möbel, Web- und Druckstoffe für Tapeten, Textilien und Beleuchtungskörper vermelden herausragende Bilanzen.

Die Krise des Bauhaus´ beginnt bereits 1928, als die Dessauer Stadtverwaltung zunehmend unter den Einfluß rechtsgerichteter Gruppen gerät. Mißtrauen wird insbesondere gegen den Linkssozialismus des Bauhaus gehegt, wobei mit Bauhaus Walter Gropius gemeint ist. Dieser muß die Konsequenzen ziehen und gibt seinen Posten ab. Solidarisch verlassen Breuer, Moholy-Nagy, Bayer und später Schlemmer das Bauhaus´. Bis 1930 ist Hannes Meyer Leiter des Bauhauses. Unter dem ihm nachfolgenden Ludwig Mies van der Rohe, dem namhaftesten deutschen Architekten dieser Zeit, erlebt die Architekturabteilung den Höhepunkt ihres Schaffens.
Jedoch sind die Tage des Bauhaus´ gezählt. Trotz großem persönlichen Einsatz van der Rohes hält dieses Bollwerk der Moderne den politischen Anfeindungen nicht stand und muß im Jahre 1932 für immer die Tore schließen. Die Lehrer und Schüler aber machen den Geist des Bauhauses international bekannt.

ASIATIKA

Staatliches Museum für Völkerkunde

Das Staatliche Museum für Völkerkunde München geht in seinen allerersten Anfängen im 16.Jh. auf die als "Theatrum Mundi" konzipierte Kunstkammer des Hauses Wittelsbach zurück. Nachdem die "Ethnographische Sammlung" im 19.Jh. im Hofgartengebäude untergebracht war, fand sie 1925/26 unter der neuen Bezeichnung "Museum für Völkerkunde" eine bleibende Stätte im 1858/65 erbauten ehemaligen Gebäude direkt gegenüber der jetzigen Regierung von Oberbayern.

Die ursprünglichen Bestände aus dem Besitz des Hauses Wittelsbach wurden im Laufe der Zeit durch gezielte Sammlungsreisen in alle Welt und durch Erwerbung von bereits vorhandenen Sammlungen und Einzelobjekten ergänzt, wobei die Wittelsbacher weiterhin als wichtige Mäzene fungierten. Heute zählen die Bestände des Münchner Völkerkundemuseums in der BRD und auch weltweit zu den bedeutendsten Sammlungen außereuropäischer Kunst und Kultur, die in zahlreichen Ausstellungen der Öffentlichkeit zugänglich gemacht werden.

Die völkerkundlichen Sammlungen sollen ein repräsentatives Bild fremder Kulturen vermitteln. Dabei stellt sich oft heraus, daß Architektur, Gebrauchs- und Zeremonialgegenstände einer Kultur immer wieder ähnliche Stilmerkmale aufweisen, die in figürlichen Darstellungen oder Ornamenten ihren Ausdruck finden. Als Beispiel soll hier das Singa-Motiv bei den zu den sog. altmalaiischen Gruppen zählenden Batak auf Sumatra, Indonesien dienen, das sich auf den verschiedensten Objekten findet.

Der Singa (sanskr. Löwe) ist ein Mischwesen und wird bei den Batak weniger mit dem Löwen als z.B. mit der Schlange der Unterwelt, dem Elefanten und dem Wasserbüffel in Verbindung gebracht. Als Vermittler zwischen Unter-, Ober- und Menschenwelt zur Aufrechterhaltung des kosmischen Gleichgewichts hat der Singa unheilabwehrende Bedeutung. Das Singa-Motiv wird auf verschiedene Weise stilisiert und häufig nur als Singa-Maske dargestellt, so als plastische Holzmaske an den Längsbalken der Häuser, die den Oberbau tragen und den Leib der Unterweltsschlange symbolisieren, an den Särgen und Kleiderkisten. Bei den Pulverhörnern aus Holz oder Horn (Abb.1) dient eine im Flachrelief gearbeitete Singa-Maske als Aufhänger. Vollplastische Singa-Figuren finden sich z.B. an den sog. Zauberstäben und Medizinhörnern der Priester (Abb.2), sowie an den Griffen der Krummsäbel (Abb.3). Bei dem abgebildeten Griff thront über dem mit Hörnern, Mähne und Schuppen dargestellten Singa eine menschliche Figur, während weitere unter seinem Körper eingepaßt sind. Den Verschluß des Medizinhorns bildet der Kopf und Vorderleib eines

Abb. 1

Abb. 2

Singa mit Schuppen und Beinen oder Armen, auf dessen Nacken drei menschliche Figuren reiten, während das Horn selbst den Schlangenkörper des Singa darstellt, an dessen Schwanzende sich zwei weitere übereinander hockende Figuren festklammern, die untere ebenfalls mit - gehörntem - Singakopf.

Die abgebildeten Objekte stammen aus verschiedenen Sammlungen; das Pulverhorn gelangte bereits 1892 in unser Museum.

Dr. Rose Schubert
Michaela Appel M.A.
Staatl. Museum für Völkerkunde
Maximilianstraße 42
8000 München 22

Abb.3

Eigenständige Kunstrichtungen

Indischer Kulturraum	Beginn		Ende	
	v.Chr.	n.Chr.	bis	bis heute
Indien, Pakistan	2500		18.Jh.	
Afghanistan	2500		18.Jh.	
Nepal		464		x
Tibet		600		x

Südostasien:

Sri Lanka	300			x
Burma	300		1885	
Thailand		100	20.Jh.	
Laos		1000	13.Jh.	
Kambodscha		700		x
Indonesien	500			x
Chamba		400-500	1471	
Vietnam		200-300		x
China	3000			x
Korea	400			x
Japan	7 Jtsd.		6 Jtsd.	

Perioden des Kunstschaffens der einzelnen Länder:

Indien, Pakistan, Afghanistan	Beginn	Ende
Maury-Dynastie	3..Jh.v.Chr.	2.Jh.v.Chr.
Cunga-Kanva	1.Jh.n.Chr.	
Nordindien: Matura Schule	1.Jh.n.Chr.	4.Jh.n.Chr.
Pakistan: graeco-buddhistische Schule	1.Jh.n.Chr.	4.Jh.n.Chr.
Südindien: Amaravati-Schule	1.Jh.n.Chr.	4.Jh.n.Chr.
Gupta-Dynastie	4.Jh.n.Chr.	5.Jh.n.Chr.
Hunduistisch	5.Jh.n.Chr.	9.Jh.n.Chr.
Pakistan: Muslim	8.Jh.n.Chr.	
Mogul-Dynastie	1000 n.Chr.	
Höhepunkt der Bronzezeit	10.Jh.n.Chr.	11.Jh.n.Chr.
Höhepunkt der Mogul-Zeit	16.Jh.n.Chr.	18.Jh.n.Chr.

Afghanistan	Beginn	Ende
Ghasnawiden	998	1173
Ghoriden	1173	13.Jh.
Blütezeit der Architektur	1400	1600

Bangla Desh
keine besonderen eigenen Stilepochen

Nepal:

	Beginn	Ende
Gupta-Zeit	4.Jh.n.Chr.	5.Jh.n.Chr.
Newari Samrat	879	1082 n.Chr.
Sa-skya-Pa	1090	1300 n.Chr.
Jayasthiti Malla	1350	1395 n.Chr.
Yaksha Malla	1420	1480 n.Chr.
Malla-Kunst	1500	1721 n.Chr.
Gurkha	ab 1768 n.Chr.	bis heute

Sri Lanka

	Beginn	Ende
Anuradhapura Periode	3. Jh.v.Chr.	993 n.Chr.
Polonnaruwa Periode	993	1236
Chola Herrschaft	993	1070
Restauration	1070	1236
Periode der zeitweiligen Hauptstädte	1236	1505
Portugiesische Kolonialzeitab	1505	
Kandy-Kunstab	1505	

Burma

	Beginn	Ende
Pyu Reich	7.Jh.n.Chr.	
Mon Reich	5.Jh.n.Chr.	11.Jh.n.Chr.
Mon Periode	1044	1113
Aniruddha Periode	1044	1113
burmesische Periode	1113	1287
Pagas-Amarapura	1287	1783
Amarapura-Mandalay	1783	1885

Thailand

	Beginn	Ende
Schule von Dvaravati	8.Jh.	13.Jh.
Schule von Srivigaya	8.Jh.	13.Jh.
Schule von Lopburi	7.Jh.	14.Jh.
Schule von Sukkothai	13.Jh.	15.Jh.
Schule von Lan-Na	13.Jh.	20.Jh.
Schule von Ayuthya	14.	18.Jh.
Schule von Bangkok oder Ratanahosin	Ende 18.Jh.	Anfang 20.Jh.

Laos	Beginn	Ende
Jayavarman	1181	ca.1218
Lao-La-Xang	14.Jh.	
Khmer-Kunst	12.Jh. und 13.Jh.	

Kambodscha

	Beginn	Ende
Architektur	Anfang 7.Jh.	
Bayon-Stil	8./9.Jh.	11.Jh.
Regierungszeit von Jayavarman	1188	1218
Periode von Angkor Vat.	erste Hälfte 12.Jh.	

Khmer:		
vor Angkor Periode	2.Hälfte 6.Jh.	Anfang 9.Jh.
Angkor-Periode	9.Jh.	1431
Nach Angkor-Periode	1431	heute

Indonesien

	Beginn	Ende
Mitteljavanische Periode (Sailendra Dynastie)	ca.8.Jh.	Ende 9.Jh.
Ostjavanische Periode	10.Jh.	15.Jh.
Kediri-Dynastie	1045	1222
Singhasari-Dynastie	1222	1294
Majapadi-Dynastie	1294	1520
Islamische Periodenach	1520	

Champa

	Beginn	Ende
Frühzeit	Mitte 7.Jh.	Mitte 9.Jh.
Periode von Indrapuraum Stil von Dong-duong	850	1000
Periode von Vijaya Stil von Thap-mam	1000	1471

In der Spätzeit nach 1471 keine eigenständige Stile mehr.

Vietnam

	Beginn	Ende
Sino-vietnamesische Periode	43 v.Chr.	905
Nationale Kunst	905	heute
Trinh-Zeit	1533	1789
Nguyen-Zeit	17.	frühes 19.Jh.

China	Beginn	Ende
Neolithikum	3000 v.Chr.	2000 v.Chr.
Shang-Dynastie	1523 v.Chr.	1028 v.Chr.
Zhou-Dynastie:	1122 v.Chr.	256 v.Chr.
-West Zhou	1027 v.Chr.	771 v.Chr.
-Ost Zhou	770 v.Chr.	256 v.Chr.
-Zeit derFrühlings u. Herbstannalen	722 v.Chr.	481 v.Chr.
-Streitende Reiche	480 v.Chr.	221 v.Chr.
Qin-Dynastie	221 v.Chr.	207 v.Chr.
Han-Dynastie	206 v.Chr.	220 n.Chr.
Zeit der sechs Dynastien	265	581
Sui-Dynastie	581	617
Tang-Dynastie	618	906
Periode der 5 Dynastien	907	959
Song-Dynastie:		
-Nord-Song-Dynastie	960	1126
- Süd-Song-Dynastie	1127	1279
Yuan-Dynastie	1260	1368
Ming-Dynastie	1368	1644
Qin-Dynastie:	1644	1911
-Kangxi	1662	1722
-Yongzheng	1723	1735
-Qianlong	1736	1795

Regierungsperioden chinesischer Herrscher der Ming-Dynastie

	Beginn der Herrschaft	Regierungsjahre
Hung-wu	1368	31
Chien-We'n	1399	4
Youg-lo	1403	23
Hsüan-tè	1426	10
Chêng-t'ung	1436	14
Ching-t'ai	1450	7
T'ien-shun	1457	8
Chêng-hua	1465	23
Hung-chin	1488	18
Chêng-tê	1506	16
Chia-ching	1522	45
Lung-ch'ing	1567	6
Wan-li	1573	47
T'ai-ch'ang	1620	1
T'ien-ch'i	1621	7
Ch'ung-chêng	1628	16

Ch´ing -Dynastie (Mandschu)	Beginn der Herrschaft	Regierungsjahre
Shun-chih	1644	18
K'ang-Hsi	1662	61
Yung-chêng	1723	13
Ch'ien-lung	1736	60
Chia-ch'ing	1796	25
Tao-kuang	1821	30
Hsien-fêng	1851	11
T'ung-chih	1862	13
Kuang-hsü	1875	33
Hsüan-t'ung	1908	4
Republik 1912		

Korea	Beginn	Ende
Koguryo-Periode	37 v.Chr.	668 n.Chr.
Paekche-Periode	18 v.Chr.	660 n.Chr.
Alt-Silla-Periode	57 v.Chr.	668 n.Chr.
Gross-Silla-Periode	668 n.Chr.	935 n.Chr.
Koryo-Periode	918	1392
Yi-Periode	1392	1910

Japan		
Proton-Jomon-Zeit	6.Jt.v.Chr.	5.Jt.v.Chr.
Früh-Jomon-Zeit	4.Jt.v.Chr.	
Mittlere-Jomon-Zeit	ca.1000 v.Chr.	300 v.Chr.
Yayoi-Zeitca.	300 v.Chr.	600 n.Chr.
Kofun-(Altgräber) Zeit	ca.300 n.Chr.	600 n.Chr.
Asuka oder Suiko-Zeit	538	645
Hakuhooder Früh Nara-Zeit	645	710
Späte Nava oder Tempyô-Zeit	710	793
Jogan oder Frühe Heian-Zeit	793	897
Fujiwara oder späte Heian-Zeit	897	1185
Kamakura-Zeit	1185	1335
Nambokuchô-Zeit	1333	1392
Muromachi oder Ashikaga Zeit	1336	1573
Mmoyama-Zeit	1573	1603
Tokugawa oder Edo-Zeit	1603	1868
Meiji-Periode	1868	1912
Taishô-Periode	1912	1926
Shôwa-Periode	1926	jetzt

Interview mit Herrn Dr. Eckard, Schatzinsel, Stuttgart

Tönnies-Antiquitäten-Almanach: Was versteht man allgemein unter ostasiatischer Kunst?
Dr.Eckard: Unter ostasiatischer Kunst versteht man im Grunde dasselbe, was man unter europäischer Kunst auch versteht, d.h. es gehören dazu Bildhauerei, Malerei, auch die Baukunst, diese allerdings in eingeschränkterem Maße als in Europa. Die Namen derer, die diese Bauwerke errichtet haben, sind in Europa bekannt, während sie in Asien anonym sind.

Sie hatten aber durchaus starken, künstlerischen Ausdruck, verstanden sich aber im großen ganzen mehr als Handwerker denn als Künstler. Das zieht sich übrigens durch viele Bereiche der ostasiatischen Kunst. Bei der Malerei allerdings wird signiert, wie in Europa auch. Bei den Porzellanen dagegen kaum, da ist nur eine Marke üblich pro Epoche, während es bei uns auch Porzellanmodelleure gab, die namentlich bekannt waren. Das ist in Asien in dieser Form nicht so.

Dann gibt es das große Gebiet der Skulpturen, vorwiegend in Stein und in Bronze. Der Bronzeguß war schon früh (2000v.Chr.) sehr weit entwickelt in China, und es wurden schon damals hervorragende Bronzegefäße von sehr hoher künstlerischer Qualität und hohem künstlerischem Anspruch hergestellt. Diese Formen werden bis in die heutige Zeit beibehalten und nachempfunden. Zusammenfassend zählen wir zur ostasiatischen Kunst die Bildhauerei, die Malerei, die Kleinkunst, darunter sind Steinschnitzereien oder Miniaturelfenbeinschnitzereien.

Architektur ist etwas problematisch, da wir im ostasiatischen Raum meist mit Holzbauweisen konfrontiert werden und da natürlich sehr viele Gebäude verlorengegangen sind, im Gegensatz zu unseren Steingebäuden, die ja etwas dauerhafter sind. Trotzdem gibt es Beispiele von Architektur, an denen man Bauweisen nachvollziehen kann, z.B. in Japan das Shosoin, ein Gebäude, in dem kaiserliche Schätze aufbewahrt werden und das immer wieder im selben Stil neu errichtet wird. Man kann da also einen Baustil zurückverfolgen.

T-A-A: Welche Materialien werden hauptsächlich verwendet?
Die Materialien, die in Asien da Verwendung fanden, sind vielfältig. Hohe Kunstfertigkeit wurde erreicht im Umgang mit Metallen, besonders mit Bronze in China, aber es wurde auch oft Holz verwendet in sehr guter Ausarbeitung. Weil Jade besonders begehrt war, wurde diese auch schon in vorchristlicher Zeit verwendet, das ist besonders beachtlich, da Jade ein sehr schwer zu bearbeitender Stein ist. Heute arbeitet man mit Diamant, aber das konnte man ja früher nicht so.

Man darf auch nicht die Textilkunst vergessen, die ja auch früh schon hochentwickelt war. Man denke an die Verarbeitung von Seide. Da ging es ja nicht nur darum, ein schlichtes Gewand anzufertigen, sondern um den Dekor und um künstlerischen Ausdruck. Schon immer haben die Asiaten ihr Handwerk eher als Kunsthandwerk verstanden, und darum gehört es in unsere heutige Betrachtung. Natürlich von hoher Bedeutung ist der keramische Bereich, das Steinzeug und das Porzellan. Vom Porzellan oder porzellanähnlicher Ware kann man in China ja schon ab dem 12. Jh. sprechen, und hier war uns der asiatische Raum, d.h. China schon sehr früh hoch überlegen. Die frühesten europäischen Antiquitäten aus Porzellan stammen aus Meißen, Anfang des 18.Jh., das war hier die erste Manufaktur. Vorher konnte man hier noch gar kein Porzellan herstellen. Diese Dinge gab es in China schon lange Zeit vorher, und die Dekore sind direkt von Asien übernommen worden. Die Dekore übrigens nicht nur auf dem Porzellan, sondern auch auf den frühen Fayencen, seien es Delfter oder Frankfurter. Sie finden auf diesen Fayencen rein asiatische, rein chinesische Dekore, was wir vielleicht heute gar nicht mehr so in unserem Bewußtsein haben.

Eine Tischler- oder Möbelkunst, in dem Sinne wie wir sie bei uns kennen, gab es im asiatischen Raum nicht. Bei uns in Europa gibt es signierte Möbelstücke, die sehr begehrt und auch sicherlich von sehr hohem handwerklichen und künstlerischen Anspruch sind. Daneben auch Möbelstücke, die eben nicht nur schön, sondern auch zweckmäßig waren. Möbel dieser Art findet man wiederum in China, hergestellt aus Edelhölzern, massiv verarbeitet, und mit Materialien, die besonders begehrt sind. Ein Beispiel zu nennen: die Möbelstücke der Ming-Zeit erzielen heute beachtliche Preise. Aber hier, wie in anderen Kunstbereichen auch, gibt es keine Signaturen.

T-A-A: Auf welchen Gebieten wurde die Kunst besonders gefördert und von wem?
Kunst wurde in Asien sicher auch gefördert, ähnlich wie in Europa. Wer aber sollten die Mäzene sein? Es waren die Herrscherhäuser in China, Japan und auch Korea, die sich so etwas leisten konnten. Es gab sehr viele kunstsinnige Kaiser in China, wenn wir da mal beispielsweise ins 18.Jh. gehen. Der Kaiser Ch'ien lung hat Künstler gefördert, er hat auch europäische Künstler an seinen Hof geholt. So etwa Jesuiten, die dann auch europäische Malerei mitgebracht hatten. Es wirkte dort z.B. Castiglione, ein ganz hervorragender Maler, der zum chinesischen Hofstaat gehörte. Er war Jesuit und seine Gemälde, seine Rollbilder waren hochgeschätzt. Wer die Macht und das Geld hatte, hatte eben die Möglichkeit, die Kunst zu fördern. Des weiteren gibt es da Entwicklungen, auf einen materiellen Aspekt hin, "komme ich zu Geld, kann ich mir auch Kultur leisten oder ich kann jemanden beauftragen, mir etwas Besonderes zu schaffen". Die Entwicklung zeigt so gewisse Tendenzen zur Wiederholung, zur Dekadenz, sozusagen. Man produzierte auch nach der Marktlage oder aus Prestige, um zu zeigen, daß man sich einen gewissen Prunk leisten konnte. Hier gibt es dann zum Teil schon Gegenstände und Dinge, die etwas überladen wirken. Deswegen sind das trotzdem Gegenstände von hoher Kunstfertigkeit, wenn auch nicht unbedingt von entsprechendem künstlerischen Wert. Denn nicht jedes Beherrschen von Techniken beinhaltet automatisch künstlerischen Wert. Aber das ist in Asien so wie bei uns.

T-A-A: Ist die asiatische Kunst stark von den Religionen beeinflußt worden?
Wie wohl auf der ganzen Welt, gibt es keine Kunst, die unbeinflußt von der Religion ist. Es gibt zwei Arten, etwas darzustellen. Das eine ist, etwas Nützliches herzustellen, zu verzieren und daraus Kunstformen zu entwickeln, das andere liegt im geistigen Bereich, wozu die Religionen eben gehören. Es reicht dem Menschen nicht, sich nur im Geist mit etwas auseinanderzusetzen, er möchte auch Ausdruck, etwas zum Anschauen haben, nicht nur das Abstrakte, sondern auch etwas zum Anfassen. Und gerade im Bereich der Skulpturen gibt es die Buddhastatuen, es gibt sehr viele Dämonen in den Tempeln. In Tibet finden wir die Thanka, rein religiöse Gemälde, die Mandalas, Meditationsbilder, die das Weltbild des tantrischen Buddhismus widerspiegeln. Das Errichten von Tempeln ist so gleichzusetzen mit dem Errichten von Kirchen. Bei uns werden viele Kirchen auch als Kunstwerk betrachtet und als Baudenkmal, als Ausdruck einer Zeit und auch einer geistigen Grundhaltung, geprägt durch Religion. Dasselbe gilt für Asien. Das Angenehme am ostasiatischen Kulturkreis ist jedoch, daß er weitgehend liberal war und sehr viel mehr Religionen Zugang hatten oder sich darstellen durften, vor allem in China. Japan hat sich dagegen lange Zeit eher verschlossen. In China ermöglichte die Freizügigkeit jedoch vielfältige Einflüsse, etwa des Taoismus, Konfuzianismus, Buddhismus und auch des Christentums. Von der Religion kam hier vieles zusammen zur Bereicherung der Kunst.

T-A-A: Gibt es in Asien Kunstwerke, die ausschließlich das Kunsthandwerk belegen sollen wie bei uns Bildhauer, Maler usw.?
Bei den ausführenden Künstlern stand die Beziehung auf die eigene Person nicht so im Vordergrund, was aber gleichzeitig ein gesellschaftliches Phänomen war. Künstler verstanden sich mehr in einer größeren Gemeinschaft, während der Europäer sehr viel mehr auf das Individuum ausgerichtet war.

T-A-A: Wann begann in Europa das Interesse an asiatischer Kunst?
Europa hatte Interesse an Asien ebenso wie an Afrika oder Amerika: nicht - zunächst mindestens nicht - an der Kunst oder Kultur. In Europa erwuchs das Interesse an asiatischer Kunst zunächst aus rein wirtschaftlichen und materiellen Gründen, also nicht aus Gefallen an der Kultur, sondern daraus, das Land zu benutzen, eigenen Reichtum zu vermehren. Der Aspekt der Christianisierung wurde so ganz gern mal als Vorwand genommen. Durch Europäer wurde in diesen Ländern sehr viel an Kunst und Kultur zerstört. Dennoch gab es

immer Menschen, die sich ernsthaft für die Kultur dieser Länder interessierten und bemüht waren, Kunst- und Lebensformen zu erhalten. Das war aber leider die Ausnahme.

T-A-A: Wie gelangte eigentlich asiatische Kunst nach Europa?
Asiatische Kunst gelangte nach Europa durch Raubbau und zum anderen durch den Handel, hier muß man aber im Handel (*lacht*) den positiveren Aspekt sehen. Der ist ja interessiert, sich mit anderen zu verständigen. Er möchte etwas verdienen. Er gibt etwas aus seinem Kulturkreis, um etwas aus einem anderen zu erhalten. So ermöglichten auch die Händler zunächst einmal den Zugang zur Kunst. Das erste Interesse wird häufig so erweckt, es folgen Modetrends, manchmal entspricht das Angebot auch dem Zeitgeist. Bis in das 18.Jh. ging großes Interesse vor allem von den europäischen Fürstenhäusern aus. Und hier in der Hauptsache von Ludwig XIV., vom Sonnenkönig, also von Frankreich.

Dort hatte dann jeder sein asiatisches Kabinett, bestehend aus erlesenen Stoffen und Porzellanen. Später erreichte der Trend, nun weiter verbreitet, auch Sachsen: da gab es die berühmten "Dragonervasen", als ein ganzes Regiment Dragoner gegen ein paar chinesische Vasen eingetauscht wurde. Es gibt dann aber auch die wissenschaftliche Grundlage eines gewissen Interesses ab dem 19.Jh. in Europa. Die Wissenschaft konnte, bei erschwerten Bedingungen im Ursprungsland, doch immerhin zurückgreifen auf ältere Berichte von Missionaren. Dazu hat es einen regen Austausch von Waren schon immer gegeben. So manches Stück hat seinen Weg dann nach Europa gefunden, das heute kunsthistorisch ausgesprochen wertvoll ist. Ob es ursprünglich deswegen in erster Linie hierher gefunden hat, darf mit Recht bezweifelt werden.

T-A-A: Wie sieht der Markt vom Angebot her heute in Europa aus?
Vor wenigen Jahrzehnten war es noch möglich, für den Handel oder auch für die Privatperson, aus Asien Kunstgegenstände direkt zu erwerben. Heute hat das einen eher negativen Anstrich, da man ja die Länder nicht ihrer Kultur entblößen sollte. Heute ist es nicht mehr möglich, sich auf diese Art und Weise mit Kunst einzudecken, wegen der Aus- bzw. Einfuhrgesetze mit verschärften Beschränkungen. Deshalb greift man heute auf den doch nicht unbeträchtlichen Fundus zurück, der sich schon innerhalb Europas befindet. Viele Gegenstände wandern nach und nach in Museen oder tauchen irgendwann einmal wieder auf dem Markt auf. Sammlungen werden aufgelöst und finden dann wieder Zugang zu neuen Sammlungen durch Auktionen oder Privatverkäufe. Kunst und Kunsthandwerk läßt sich eben nicht beliebig vermehren. Im Gegenteil, es wird weniger und so gesehen tritt sogar eine gewisse Verknappung dieser Kunstgegenstände ein, wenn es einer größeren Schicht möglich und gelungen ist, Gegenstände zu erwerben. Zwar machen recht viele Menschen heute Reisen nach Asien, die gerne eine Erinnerung von künstlerischem oder kulturellem Wert mitnehmen möchten, aber solche Stücke sind heute in Asien kaum noch zu erwerben. Solche Menschen wenden sich häufig, und das ist gut so, an den Fachhandel.

T-A-A: Wo befinden sich die Hauptmärkte?
Die Kunst hat ihren Markt schlechthin überall, ist international. Aber natürlich gibt es Zentren, wo Kunst geballt angeboten wird. Da wäre London, Amsterdam, Brüssel, New York, weniger die Bundesrepublik. Das sind aber eigentlich auch alles nur Drehscheiben, sozusagen Verschiebebahnhöfe des internationalen Handels.

T-A-A: Trends und Preise bei asiatischer Kunst?
Die Originale, die Unikate der asiatischen Kunst weisen heute mit steigender Tendenz in die Richtung steigender Preise, sodaß sie immer kostbarer werden. Ein Einbruch der Preise entsteht gelegentlich durch Verunsicherung des Endverbrauchers. Besonders dann, wenn der Handel Duplikate aus neuerer Zeit mit alten Formen anbietet, sodaß der Kunde auch auf originale Stücke mit vermehrtem Mißtrauen reagiert. Hier kann nur der vertrauenswürdige Fachhandel helfen. Die asiatische Kunst besteht ja nicht nur aus der Vergangenheit, sondern auch aus der Moderne. Der Trend zur asiatischen Kunst ist steigend. Ostasiatika sind zwar noch relativ preiswert, allerdings gibt es Detailbereiche, die eine enorme Wertsteigerung haben, z.B. japanische Holzschnitte, die in den fünfziger

Jahren zwischen 20,- und 50,- DM gehandelt wurden und heute Preise von 1000,- DM und auch bedeutend mehr erzielen können. Aber es mußte ja auch erstmal wieder ein neues Verständnis aufkommen, da haben wir, was jetzt speziell Deutschland betrifft ein Problem. Deutschland war wissenschaftlich führend, was den ostasiatischen Kulturkreis betraf. Im Berlin der 20er und 30er Jahre war das wissenschaftliche Zentrum für Ostasiatika. Durch die traurige Entwicklung, sprich: den Zweiten Weltkrieg und was dem vorausgegangen ist, haben wir uns etwas beschert: wir haben durch die Wirren kunstsinnige Bürger und damit auch Schätze der ostasiatischen Kunst aus unserem Land herausgeekelt. Es waren kluge Köpfe, eben richtige Mäzene, die wir heute nicht mehr in diesem Umfange haben. Die sitzen heute in Amerika, England und sonst wo. Und jetzt fehlen uns diese Menschen und das nicht nur auf dem künstlerischen, sondern auch auf dem wissenschaftlichen und technologischen Sektor, eben in allen Bereichen. Allerdings ist ein allgemeines Interesse wieder am Wachsen und man setzt sich intensiver mit den verschiedenen Kulturkreisen auseinander. Dennoch: schwierig wird es sein, noch Stücke ins Land zu bekommen. Es ist ja eigentlich ein Trauerspiel, daß und wie hart bei uns Kunst besteuert wird. Da hat jemand Geld und will es anlegen, sucht eine Form, in der es auch der Allgemeinheit zugute kommt, und da kommt der Fiskus. Beim Erwerb wird er besteuert, dann beim Zoll. Hat er es nun glücklich und mehrfach versteuert zu Hause und ist die Sammlung groß genug, sie einer interessierten Öffentlichkeit zugänglich zu machen, dann wird erneut besteuert. Das finde ich - vom Standpunkt des Kunstexperten - höchst bedauerlich. Da lobe ich mir die Amerikaner. Wer dort Kunst im Ausland erwirbt und ins Land bringt, muß keine Steuern dafür zahlen. Schließlich kommt es einem Land ja auch zugute, wenn es Kunst und Kultur bieten kann. Schade, wenn einem da die Freude an der Kunst und am Sammeln über den fiskalischen Zwang, übers Portemonnaie genommen wird. Diese Leidenschaft ist ja ohnehin schon kostspielig genug, aber wenn dann immer noch mehr Belastung dazukommt, und noch mehr, und noch mehr, ...Das scheint mir ein falsch gesetzter Akzent, wo doch Kunstsammlungen eigentlich etwas Förderungswürdiges sein sollten!.

T-A-A: Herr Dr. Eckard, wir bedanken uns für dieses informative Gespräch.

Buddha, bemaltes Holz mit eingesetzten Spiegeln, Thailand, 19.Jh., Höhe : 48 cm

Räucherkoro, Bronze mit dunkler Patina, China, Ch'ing - Dynastie, um 1780, Höhe : 22 cm

EMAIL

Viele herrliche Kunstwerke, die heute in unseren zahlreichen verschiedenen Museen und Kirchen von tausenden Besuchern täglich betrachtet werden, haben oftmals ihre Ausstrahlungskraft und ihre Schönheit einem an sich unscheinbaren Material zu verdanken.

Dieser Kurzbericht soll dem kunstinteressierten Leser eine Einführung in ein fast vergessenes Handwerk sein und ihm beim Betrachten von Pokalen, Triptycha, Miniaturen, Waffen, Fayencen und Gläsern die Augen für oft winzige Kleinigkeiten öffnen, die jedoch ihren Schöpfern hervorragende handwerkliche Fähigkeiten abverlangten. Das besagte Material war ehemals als "Email" bekannt und geschätzt; das Handwerk war die hohe Kunst der Emailschmelze.

Das Email erlebte Höhen und Tiefen im Laufe seiner fast 4.000 jährigen Geschichte. Einstmals war seine Bedeutung bei den Goldschmieden als Zierde für die kostbaren Schmuckstücke aus Edelmetallen sehr groß, wenige Generationen später war es als "Industrieemail" gefragt. Auch heute, nachdem es seit dem napoleonischen Zeitalter fast spurlos verschwunden war, findet es wieder seine gerechtfertigte Achtung sowohl bei Schmuck- wie auch bei Gebrauchsartikelherstellern (Pfannen, Herde, Töpfe, Kuchenformen, Werbeschilder, Straßenschilder). Und immer, wenn es aus seinem Dornröschenschlaf erwachte, war auch eine neue Technik da oder wurden bereits bekannte Techniken noch mehr verfeinert.

Die ägyptischen Goldschmiede waren wahrscheinlich die ersten Künstler, die sich der Technik der Emailschmelze bedienten. Die ältesten Funde datieren jedoch "nur" aus dem mykenischen Griechenland (1800 v.Chr.)
Auf der Suche nach neuer Zierde für edles Metall, meist für Gold, seltener Silber, stießen die damaligen Kunsthandwerker aus der Antike auf den Zellenschmelz, eine der mittlerweile vielen entstandenen Techniken.

Vom östlichen Mittelmeerraum breitete sich der Glasschmelz immer weiter aus. Zur Zeit des römischen Imperiums war er ein florierendes Exportprodukt und fand damals vermutlich auch den Weg nach Mitteleuropa und Ostasien. Hochburgen der Emailschmelze entstanden zunächst in Byzanz und Venedig. Werke höchster Vollkommenheit wurden aber auch in den Werkstätten mitteleuropäischer Handwerker des Mittelalters geschaffen. Diese hochqualifizierten Meister brachten es sogar fertig, daß dieses an sich unedle Material nicht nur gegen die edlen Konkurrenten wie Diamanten, Smaragde, Rubine und Perlen bestehen konnte, sondern diese in der Gunst der Erwerber oft noch übertraf.

Der von uns heute verwendete Ausdruck "Email" wurde wahrscheinlich im 17.Jh. dem Französischen entliehen. Vorher war dieses Wort in Deutschland nicht bekannt, man sprach damals einfach vom "Schmelz".

Email ist eine Glasmasse, die fast allen Metallen aufgeschmolzen werden kann. Email oxidiert nicht und kann nur durch starke mechanische Einwirkung beschädigt oder zerstört werden. Obwohl seine Eigenschaften durchaus auch für die Hersteller von Gebrauchsgütern seit jeher hätten interessant sein müssen, fand das Email als Industriestoff erst im 18.Jh. größere Beachtung. Wahrscheinlich lag es daran, daß die Kunsthandwerker immer raffiniertere Techniken entwickelten, und so die Freude an diesem Werkstoff nie die Zeit ließ, eine nüchterne, ökonomische Behandlung des Werkstoffes zu ermöglichen.

Die Herstellung der Glasmasse in den Goldschmiedewerkstätten erforderte wie ihre spätere Bearbeitung genaueste Sachkenntnis und äußerste Sorgfalt. Die Glasmasse besteht aus winzigen gleichartigen Körnchen, die durch sorgfältigstes Zerstoßen und Zermahlen von Glassubstanzen unter Wasser und unter Beimischung von Soda, Pottasche, Kreide und Bleioxid (um den Schmelzpunkt zu senken) hergestellt werden. Diese Glasmasse, der bei Bedarf zur Färbung verschiedene Metalloxide beigemischt werden, wurde dann in mehreren Schichten auf die Metalloberfläche aufgeschmolzen. Ein einmaliger Auftrag allein würde wahrscheinlich die hohen Qualitätsnormen des Endproduktes hinsichtlich Dichte, Einheitlichkeit und Gleichmäßigkeit nicht erfüllen können. Die Herstellung der Glasmasse und der Rohprodukte hat sich in den vielen Epochen des Emaillierens nicht verändert, wenn man hierbei von den dazu benötigten Hilfsmitteln absieht.

Wohl verändert haben sich die Verarbeitungstechniken des Schmelzglases. So sind in der langen Geschichte des Emaillierens viele Variationen entstanden und auch wieder vergessen worden, da es immer nur sehr wenige gab, die diese aufwendige Technik beherrschten.

Die kunsthistorische Literatur nennt meist sechs bis neun verschiedene Techniken, von denen jeweils immer nur eine in den verschiedenen Epochen der Emailgeschichte vorherrschte und die wiederum in mehreren Variationen auftraten. Größere Einteilungen gehen oft auch nur von drei Abarten aus: email cloisonné, email champlevé und dem email des peintres (Zellenschmelz, Grubenschmelz und Maleremail).

Die wahrscheinlich älteste Technik ist der Zellenschmelz, den man bei ägyptischen Schmuckstücken der 12.Dynastie antrifft. Hierbei wurden auf einer Metallunterlage Stege aus Metall befestigt, die die einzelnen Zellen bilden. Die Befestigung der Stege erfolgte durch Löten, in früheren Zeiten aber auch durch Kleben (Wachs, Mehl, etc.). Die so entstandenen Zellen wurden anschließend mehrfach aufgefüllt und gebrannt bis sie ganz (Vollschmelz) oder teilweise (Senkschmelz) mit Email gefüllt waren.

Danach wurde die ganze Fläche abgeschliffen und poliert oder aber mit einem abschließendem Glanzbrand glänzend gemacht. Der Grubenschmelz fand seinen Höhepunkt vor allem im Mitteleuropa des 12. und 13.Jahrhunderts. Hierbei erhält das Metall Vertiefungen, die mit meist farbigem, undurchlässigem Email gefüllt wurden.

Das Maleremail entwickelte sich im 15.Jahrhundert vor allem in Frankreich (Burgund, Limoges) und war bis zum 18.Jahrhundert eines der Luxusprodukte an den europäischen Höfen. Beim Maleremail wird eine Emailschicht auf eine Metallplatte aufgeschmolzen, die als Grundlage für spätere nacheinander aufgeschmolzene Emailfarben dient, die dann eine Darstellung ergeben. Neben den drei kurz geschilderten Techniken kennt man noch das Glasemail, die Emailplastik, das Silberreliefemail (den Flächenschmelz, das Fensteremail und das Drahtemail).

Die industrielle Entwicklung des vergangenen Jahrhunderts und die Erforschung chemischer und physikalischer Zusammenhänge haben es ermöglicht, daß all die genannten Techniken in der heutigen Zeit erneut belebt wurden und in vielen Variationen miteinander verbunden werden.

Ostasiatische Emailarbeiten (Cloisonné),
Antiquitäten & Wohnen, 71 Heilbronn - Böckingen

Der industriellen Nutzung ist es auch zu verdanken, daß heute die Künstler nicht nur auf ein preiswertes, zuverlässiges Material zurückgreifen können, sondern sie schaffen auch Produkte, die oft die Schöpfungen der Vergangenheit an handwerklicher Virtuosität noch übertreffen.

Glas

Historischer Überblick

4000 v. Chr.
Anwendung von Glasuren auf Ton und Stein in Ägypten.

1500 v. Chr.
Glasfunde in Ägypten, Syrien, Griechenland und Mesopotamien.

300 v. Chr.
Luxusglasherstellung in Alexandria unter römischer Herrschaft.
Erfindung des Glasschnittes und des Überfangglases. Erfindung des Glases in China.

100 v. Chr.
Die Erfindung der Glasmacherpfeife in Syrien ermöglicht die schnelle Produktion von Gebrauchs- und Luxusware und die Verbreitung von Glas und Glashütten im ganzen römischen Weltreich.

Eine Blütezeit der Glaskunst. Erstmalig Anwendung von Glasschliff und -schnitt, Fadenauflage, Überfang, Vergoldung und Emaillierung.

500 n. Chr.
Nach dem Verfall des römischen Reiches wird die Glaskunst im Orient, in Byzanz, im persischen Reich der Sassamiden und in deren Einflußgebieten weitergepflegt.

Wesentlich in der fränkisch-merowingischen Epoche in Europa bis ca. 800 n. Chr. ist die Entstehung einer neuen Trinkglasform, dem "Sturzbecher", einem unten spitz zulaufenden Glas ohne Standfläche.

800 n. Chr.
Das Verbot gläserner Kultgeräte und der Grabbeigaben durch die katholische Kirche ließ die Produktion und Weiterentwicklung von Hohlglas in allen katholischen Ländern stark zurückgehen.

1400
Die seit dem 13.Jh. bekannten europäischen Waldglashütten können, durch eine bessere Auftragslage bedingt, neue Gefäßformen entwickeln. Anfangs den einfach strukturierten "Maigelein"-Becher, dann grünlich blaue Gläser mit aufgesetzten Nuppen und Bändern, die sogenannten "Krautstrünke", Ringelbecher, Bandwurmgläser, Paßgläser usw. Vom 16. bis 17.Jh. war die Herstellung von Scherzgläsern in Form von Tieren, Schiffen, Figuren, Stiefeln usw. sehr verbreitet.

Zum Zentrum der europäischen Glasherstellung wird Venedig (Murano). Sehr förderlich wirken sich die jahrhundertealten Beziehungen zum Orient aus. Kenntnisse und Materialien werden von dort bezogen und zu eigenwilligen Kreationen verarbeitet. In ganz Europa setzt sich der Stil "à la facon de Venise" durch. Neu- und Wiederentdeckung sind die Netz- und Fadengläser, das Aventurin-, Eis-, Opal-, Achat-, Milch-, Spiegel-, Millefioriglas. Mitte des 16.Jh. wird die Qualität der Glasmasse derart verbessert, daß feinste Gläser aus völlig farblosem Material (Cristallo) geblasen werden können.

1600
Durch die Wiederentdeckung des Glasschnittes, Anfang des 16.Jh. durch Caspar Lehmann wurde die führende Stellung Venedigs beendet. Nürnberg wird mit Hilfe einer Reihe ausgezeichneter Glasschneider (Schwanhard 1601 - 1667) zum neuen Zentrum der Glaskunst. Das dünne venezianische Glas wird durch das um 1670 in Böhmen und England erfundene härtere und klarere Kristall- und Bleikristallglas ersetzt, um die neuen Techniken des Hoch- und Tiefschnittes anwenden zu können.

Als Dekor werden Rankenornamente, Blüten, Vögel, Palmwedel, Lorbeerzweige und als Hauptmotiv Landschaften, Ruinenarchitekturen, Figurenstaffagen u.ä. verwendet. Besonders in

*Ziergefäß in Form einer Moscheeampel um 1600, Venedig
(Foto: Kunstmuseum Düsseldorf)*

Deutschland werden die bemalten Gläser sehr beliebt. Mit farbigem Email und ab Mitte des 17.Jh. mit der von Johann Schaper erfundenen Schwarzlotmalerei werden Trinkgefäße mit Familienwappen, Porträts, Aposteln, Spielkarten, Jagdszenen, Landschafts- und Städteansichten u.ä. bemalt. Während des 17.Jh. blieb Nürnberg in der Glaskunst führend und beeinflussend.

1800
Einfache, zylindrische Grundformen lösen die bewegten, zum Teil asymmetrischen Formen des vergangenen Jahrhunderts ab. Viele glastechnische Erfindungen, wie Gold-, Hyalith- oder Lithyanglas, werden gemacht. Pressglas wird ab 1810 industriell gefertigt. Die erste Flaschenglasmaschine wird um 1820 in Amerika gebaut. Das Farbglas erlebt eine nie wieder erreichte Vielfalt und Qualität. Ebenso die Hohlglasmalerei mit ihren herausragenden Vertretern Anthon Kothgasser 1769-1851 Wien und der Familie Mohn in Leipzig und Dresden.

Ab 1850 setzen sich Massenproduktion, Pressgläser und Industrialisierung durch. Der künstlerische Verfall von Kunstgewerbe und Kunstglas zeigt sich vor allem darin, daß alle bisherigen Techniken und Stile (Historismus) nachgeahmt werden und keine eigene Form gefunden wird.

1900
Erst um 1895 entsteht in Europa wieder ein eigener Kunststil.: der Jugendstil, Art Noveau, Edwardien. Losgelöst vom Muff des Historismus setzen sich sehr eigenwillige florale Formen und Farben durch. Emile Gallé, Nancy 1848-1933, und Louis Comfort Tiffany, New York 1846-1904, gelten als Begründer dieser Richtung. Sie arbeiten mit vielfarbigem, irisierendem Material und setzen alte und selbsterfundene Techniken virtuos ein. Nach 1905 werden die Formen besonders in Deutschland und Österreich strenger. Zweckmäßigkeit und konstruktive Form sind bis in die 30er Jahre in Kunst und Kunstgewerbe stilbildend.

1950
In den Nachkriegsjahren geht die Entwicklung dahin, daß fast alle großen Glashersteller in Europa und Amerika Künstler und Designer für ihre

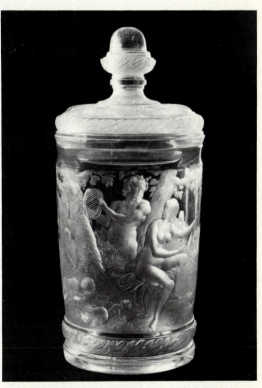

*Deckelbecher, um 1700; Hochschnitt und Tiefschnitt
(Foto: Landesbildstelle Rheinland)*

Kunstglasproduktion einsetzen. Zum ersten Mal in der Geschichte des Glases entstehen Glasateliers, in denen freie Künstler nicht zweckgebundene Glaskunstwerke schaffen.

Glasforschung und archäologische Arbeit

Der Kenntnisstand der Glasgeschichte, hauptsächlich über das 10. bis zum 17. Jahrhundert, hat sich durch die Arbeit der Archäologie der letzten zwanzig Jahre außerordentlich erweitert. Neue Erkenntnisse über Standorte von Glashütten, über den Glashandel, über Herstellungsmengen, über Formen und Typen von Gebrauchs- und Zierglas wurden bei Stadtsanierungen, bei Grabungen an alten Glashütten sowie an Burgen und Schlössern gewonnen.

Rechtes Bild:
Flasche mit Stöpsel und zwei Bechergläsern;
Glas, geschliffen und geschnitten, Schönmünzach, 1826
(Foto: Württembergisches Landesmuseum Stuttgart)

Bilder unten:
Trinkgläser, Johann Georg Bühler, Urach, Anf. 19. Jh.
Stuttgart, Württembergisches Landesmuseum

IKONEN

Gemeinschaft der Ikonenfreunde

Die "Gemeinschaft der Ikonenfreunde" (GdI) wurde im Anschluß an die 1. Ikonen-Ausstellung in Europa nach dem Kriege gegründet, welche 1952 im hannoverschen Kestner-Museum stattfand. Sie wurde organisiert und betreut vom hannoverschen Hautarzt und Ikonensammler Dr. H.C. Wendt, der sich in damaliger Zeit engagiert für Ikonen einsetzte. Seine Sammlung hat nach seinem Tode den Grundstock des Ikonenmuseums in Recklinghausen gebildet. Die GdI hält damit die in Hannover begründete Tradition aufrecht und führt die Aktivitäten eines Dr. Wendt in seinem Sinne fort. Die Gemeinschaft der Ikonenfreunde hat sich die folgenden Aufgaben zum Ziel gesetzt:

1. Die GdI fördert allgemein die Liebe zur Ikonenkunst und betreut alle Freunde der Ikonen in einer Gemeinschaft, die auf persönlichem Kontakt beruht. Eine sogenannte "Vereinsmeierei" im negativem Sinn wird abgelehnt. Auf einen Gedankenaustausch der Mitglieder mit der GdI, sowie der Mitglieder untereinander, wird hierbei besonderer Wert gelegt.
2. Die GdI ist bei der kunsthistorischen und preislichen Einordnung der Ikonen behilflich. Sie stellt ihren Mitgliedern insbesondere Echtheitszertifikate mit ausführlicher Beschreibung der Thematik zu ermäßigtem Preis aus.
3. Die GdI berät ihre Mitglieder kostenlos bei Tausch, An- und Verkauf von Ikonen.
4. Jährlich werden 1 - 2 Studienreisen durchgeführt. Zeitgerechte Reiseprogramme werden publiziert. Bisherige Reisen: Rußland (dreimal), Griechenland, Israel, Jugoslawien. In Vorbereitung: Rumänien, Bulgarien, Türkei.
5. Außerdem werden laufend Ikonen-Sonderausstellungen ausgerichtet und entsprechende Fachleute zur Vorbereitung und Katalogisierung herangezogen. Bisher wurden in fast allen wichtigen Städten des Bundesgebietes entsprechende Ausstellungen durchgeführt.
6. Jährlich wird eine Tagung abgehalten, auf der maßgebende Fachleute und Sammler mit Referaten und Lichtbildervorträgen informieren.
7. Auf eine sachliche Information der Öffentlichkeit über alle mit Ikonen zusammenhängende Fragen wird besonderer Wert gelegt, einschließlich der Publizierung von Fachliteratur.
8. Die GdI steht notfalls auch den Gerichten, Standesorganisationen oder anderen Behörden sachverständig zur Verfügung.
9. Forschung und Wissenschaft auf dem Gebiet der Ikonen werden nach Kräften gefördert.
10. Darüberhinaus informiert die GdI ihre Mitglieder über das Gebiet der Ikonen, stellt ihnen Publikationen zur Verfügung und berichtet laufend über Ikonen-Ausstellungen und Fachmessen.

Helmut Brenske
Gemeinschaft der Ikonenfreunde
Machandelweg 11
3000 Hannover 21
Tel. 0511/633667

Kunst - Kapitalanlage (Ikonen)

Nach dem letzten Crash am 19.10.1987, als Aktien und Wertpapiere dramatisch ihren Wert verloren, ist das Thema der Kapitalanlage in Kunst besonders aktuell geworden.

Wir haben Herrn Helmut Brenske, Präsident der "Gemeinschaft der Ikonenfreunde", Hannover, gebeten, uns zu diesem faszinierendem Kunstgebiet einige Fragen zu beantworten. Herr Brenske ist als Autor von sechs Ikonen-Büchern auf das Gebiet der Ikonen spezialisiert, gleichzeitig auch als Sachverständiger tätig.

R.Tönnies: Seit wann gibt es eine "Gemeinschaft der Ikonenfreunde"?

H. Brenske: Diese Gemeinschaft wurde im Jahre 1952 im Anschluß an die erste Ikonen-Ausstellung in Europa nach dem Kriege gegründet, welche im hannoverschen Kestner-Museum stattfand. Ein engagierter Ikonensammler und Arzt, Dr. H.C. Wendt, setzte sich damals für dieses noch weithin unbekannte Kunstgebiet ein. Als er drei Jahre später starb, bildete seine Sammlung den Grundstock für das Ikonen-Museum in Recklinghausen.

R. Tönnies: Wie setzt sich heute der Kreis der Ikonenfreunde zusammen?

H. Brenske: Wir haben momentan etwa 5.000 Anschriften, die uns in Europa bekannt geworden sind. Hierzu nehmen wir nur diejenigen Adressen, die mehrere Ikonen ihr eigen nennen. Über die Hälfte dieser Ikonenfreunde sind Akademiker, Ärzte und Apotheker.

R. Tönnies: Das ist ein erstaunliches Phänomen, worauf führen Sie das zurück?

H. Brenske: Dieser Kreis ist beruflich sehr eingespannt, musisch vorbelastet, oft auch mit humanistischer Bildung. Das sind schon gute Voraussetzungen, um sich abends mit diesem faszinierenden Thema zu befassen.

R. Tönnies: Welches sind die Hauptbeweggründe, um Ikonen zu erwerben?

H. Brenske: Nach unseren Erfahrungen sind besonders vier Aspekte maßgebend:
1. der künstlerische Gesichtspunkt, wie bei jedem Kauf alter Kunst,
2. der meditative Aspekt: gerade Ikonen führen mit ihren ruhigen, ausgeglichenen Themen aus dem Alltag heraus,
3. der religiöse Aspekt: Ikonen als Kultbilder der orthodoxen Kirche versinnbildlichen niedergeschriebenen christlichen Glauben,
4. es darf nicht verschwiegen werden, daß in den letzten 20 Jahren die Ikonen-Preise überproportional angestiegen sind.

R. Tönnies: Gerade dieser Gesichtspunkt interessiert uns natürlich besonders. Wie haben Sie die Preissteigerungen überprüfen können?

H. Brenske: Die sicherste Methode ist die Verfolgung der Ergebnisse bei Kunstversteigerungen. Hierbei können Ikonen leichter in verschiedenen Gruppen eingeteilt werden, als dieses z.B. bei Gemälden möglich ist.

R. Tönnies: Das leuchtet uns ein, da die Auktionen Angebot und Nachfrage widerspiegeln. Dann haben Sie also genaue Auswertungen der Auktionsergebnisse zusammengestellt?

H. Brenske: So ist es. Wir haben seit 1970 die Ikonen-Preise in sechs verschiedene Unterteilungen aufgegliedert. Ich kann Ihnen diese Übersicht gerne zur Verfügung stellen. Natürlich kann man das nur als ungefähre Richtpreise verwerten.

R. Tönnies: Sie kennen das böse Wort von den "Wandaktien", gilt das auch für Ikonen?

H. Brenske: Unbedingt. Die moderne Kunst hat eine ganz andere Preisentwicklung genommen: in den letzten Jahren gibt es hier ein Auf und Ab, welches kaum voraussehbar ist.

Auch die alte Kunst generell hat auf verschiedenen Gebieten sehr unterschiedliche Preissteigerungen aufzuweisen. Ich denke an die Niederländer, alte Plastiken oder Glas und Porzellan.

Jedes dieser Kunstgebiete muß für sich betrachtet werden. Bei Ikonen können Sie der Tabelle entnehmen, daß eine sehr kontinuierliche Preissteigerung von Jahr zu Jahr zu verzeichnen ist.

R. Tönnies: Wenn ich diese Preisentwicklung bei Ikonen studiere, dann kann der Kapitalanleger - nüchtern gesagt - mit seinem Einsatz einen wesentlich größeren Wertzuwachs erreichen als mit dem Kauf von festverzinslichen Werten oder Aktien.

H. Brenske: Das ist allerdings richtig. Hinzu kommt, daß auf ganz legalem Wege auch dem Finanzamt gegenüber ein entsprechender Teil in alter Kunst investiert werden kann, ohne daß dies negativ zu Buche schlägt.

R. Tönnies: Auf der anderen Seite kann sich der Besitzer dieser Kunstwerke jeden Tag von neuem an seinen Schätzen erfreuen.

H. Brenske: Gerade das ist bei vielen Sammlern der wichtigste Gesichtspunkt. Auch mein Vater als Arzt betrachtete nach der Sprechstunde fürs erste seine Schätze, um sich zu entspannen. Dann begann für ihn der Feierabend.

R. Tönnies: Wenn sich unsere Jugend mit Yoga, Meditation und Autogenem Training befaßt, so kann man ähnliches auch mit Ikonen erreichen. Haben Sie auch schon junge Menschen für Ikonen begeistern können?

H. Brenske: In letzter Zeit habe ich häufig feststellen können, daß Eltern auf diesem Wege ihre Kinder wieder mit der christlichen Botschaft vertraut machen. Die Festtagsdarstellungen auf Ikonen, wie Weihnachten, Ostern oder Pfingsten sind hierzu eine gute Möglichkeit.

R. Tönnies: Wie kommen heute noch Ikonen in den Handel? Die Ursprungsländer Rußland und Griechenland haben doch den Export verboten.

H. Brenske: Das stimmt. Es ist jetzt im Westen ein Kreislauf entstanden wie bei Antiquitäten überhaupt. Aber es gibt große Sammlungen mit hundert Stücken und mehr, die aus Altersgründen oder im Todesfall wieder aufgelöst werden, so daß damit die Chance besteht, sehr interessante Sammlerstücke aus alten Sammlungen in Neuhände zu überführen.

R. Tönnies: Sie haben mir Ihre zahlreichen Bücher gezeigt, die Sie bisher auf diesem Gebiet publiziert haben. Trotzdem haben Sie noch ein weiteres Buch in Vorbereitung?

H. Brenske: Bei diesem Buch handelt es sich um eine Anleitung zum Ikonen-Malen, da wir hoffen, daß auch im 21. Jahrhundert die alte Tradition der Mönche fortgeführt wird. Wir legen aber Wert darauf, daß die vorgeschriebene Thematik und Symbolik genau eingehalten wird, so auch die kunstvolle Malweise in Eitemperafarben den alten Vorschriften entspricht.

R. Tönnies: Besteht damit nicht die Gefahr, daß Ikonen so täuschend gefertigt werden, daß man sie mit alten Ikonen verwechseln könnte.

H. Brenske: Nein, diese Gefahr besteht schon deshalb nicht, weil bei den Ikonen des 20. Jahrhunderts die Patina fehlt. Außerdem sollte man sie ruhig auf frisches, abgelagertes Holz auftragen. Bedenken Sie bitte, daß die ältesten Ikonen nachweisbar aus dem 6. und 7. Jahrhundert n. Chr.Geburt stammen, welche man z.B. im Katharinenkloster auf der Halbinsel Sinai bewundern kann. Es wäre wirklich bedauerlich, wenn diese Tradition nicht fortgeführt werden würde.

R. Tönnies: Warum legt man eigentlich so großen Wert auf die exakte Einhaltung der traditionell vorgegebenen Thematik?

H. Brenske: Der orthodoxe Christ geht davon aus, daß durch die Wiederholung des Vorbildes die dargestellte Person gegenwärtig ist, so daß man mit ihr ein persönliches Gespräch führen und ihr Sorgen und Alltagsnöte vortragen kann. Wenn eigene Fantasie einfließt, ist dieses nicht mehr möglich. Damit ist eine Ikone mehr als eine gewöhnliche bildliche Darstellung wie wir sie in der Malerei kennen.

R. Tönnies: Wie ich gehört habe, wurde 988 das sogenannte Millennium gefeiert.

H. Brenske: Sie haben recht: Dabei wurde daran erinnert, daß vor genau 1.000 Jahren die ersten Christen sich durch Wladimir im Dnjepr taufen ließen. Zahlreiche Veröffentlichungen und auch interessante Ausstellungen erinnerten uns an dieses Geschehnis.

R. Tönnies: Man kann wohl davon ausgehen, daß durch diese Aktivitäten weitere Ikonen-Liebhaber auf dieses wirklich faszinierende Kunstgebiet aufmerksam wurden.

Vielen Dank, Herr Brenske, für Ihre fachlich sehr interessanten Ausführungen!

Bitte beachten Sie auch die Vierfarbtafeln in der Rubrik " Möbel " auf den Seite 483

Kunst auf Papier

Technische Hinweise

Algraphie
Flachdruckverfahren mit Aluminiumblechen anstelle von Lithographiesteinen. Das Verfahren wurde 1892 von Josef Scholz in Mainz erfunden u.a. von Hans Thoma benutzt.

Aquatinta (Tusch- oder Lavis-Manier)
Die Aquatintatechnik (ital. aqua forte = Säure; tinta = Farbe) wurde 1768 von Jean Baptiste Le Prince (Metz 1733 - 1781 St. Denis-du-Port) erfunden. Sie bot das Mittel, um Druckgraphiken im Charakter von Tusch- und Sepiazeichnungen, Aquarellen und Gouachen herzustellen. Colophonium- oder Asphaltstaub wird auf die blanke Kupferplatte aufgestäubt und durch Erwärmen festgeschmolzen. Die Partien des Bildes, die im Druck weiß erscheinen sollen, werden mit Asphaltlack zuerst abgedeckt. Dann wird die Platte angeätzt. Durch weiteres stufenweises Abdecken und Ätzen werden die verschieden starken Körnungen der Plattenoberfläche hervorgerufen, denen beim Abdruck die verschiedenen Helligkeitsstufen und Tonwerte entsprechen.
In Deutschland traten besonders die Mannheimer A. Bissel, Karl Kuntz, Wilhelm Kobell und A. Schlicht durch ihre Aquatinta-Arbeiten hervor. In Frankreich wurde im 18. Jahrhundert der Aquatintafarbdruck zu großer Vollkommenheit entwickelt. Als Hauptmeister ist Jean Francois Janinet zu nennen, dessen Aquatintablätter sich durch besondere Feinkörnigkeit und Leuchtkraft der Farben auszeichnen. Noch heute wenden viele Graphiker die Aquatintamanier an, zumeist in Verbindung mit Kalt-Nadelradierung.

Auflage
Gesamtzahl der Drucke (Abzüge). Der Auflagedruck folgt dem Probe- bzw. Andrucken (erster Abdruck von der Druckplatte bei Handdrucken zur Kontrolle von Bild- und Farbgebung), auch den sog. Künstlerdrucken (Abdrucke für den eigenen Gebrauch des Künstlers, "h.c." = hors commerce = außerhalb des Handels, oder "E.A." = "Epreuve d'Artiste" = Künstlerdruck). Bei kleiner Auflage künstlerischer Druckgraphik können die Einzelblätter numeriert sein. Unter numeriertem Abzug, z. B. 20/100, versteht man, daß insgesamt 100 Abzüge gemacht und vom Künstler in der Reihenfolge ihrer Entstehung numeriert wurden. Nach dem Abdruck der angegebenen Stückzahl wird die Druckform gewöhnlich zerstört, um den Wert der vorhandenen Abzüge zu erhöhen und Nachdrucke auszuschließen. Diese numerierten Exemplare werden vom Künstler handsigniert. Besonders schöne, vom Künstler als solche handschriftlich bezeichnete, signierte Drucke vor der endgültigen Auflage nennt man Vorzugsdrucke. Die Höhe einer Auflage wird von der Abnutzung der Druckplatte bestimmt bzw. von der Kapazität des Marktes. Ferner vermag eine absichtlich niedrig gehaltene, "begrenzte Auflage" einen höheren Preis für die einzelnen Abdrucke zu erzielen.

Bister
Braune Tusche aus Buchen-Kienruß, vor der Entdeckung der Sepia die gebräuchlichste Schreib- und Zeichentinte, die auch mit Rötel laviert wurde (z. B. Guercino). Die heute als Bister bezeichneten Farbstifte sind gewöhnlich aus dem Erdpigment Umbra hergestellt.

Bleistift
Erfindung des Jacques Louis Conté (1755 - 1805). Mischung von pulverisiertem und gereinigtem Graphit mit geschlemmtem Ton: das quantitative Verhältnis bestimmt den Härtegrad und die Eigenschaften (die Härtebezeichnungen H, B, F sind die Anfangsbuchstaben der englischen Wörter für hart, schwarz und fest). Korrektur durch den Radiergummi. Die unter der Bezeichnung "Contécrayon" 1795 patentierte Entdeckung Contés wurde nach 1800 in Unkenntnis der Grundstoffe fälschlich "Bleistift" genannt. Analog zum stilistischen Gegensatz von Romantik und Klassizismus

(Delacroix-Ingres) stehen sich lineare Härte und malerisch-spontane Zeichenweise mit weichem Stift gegenüber. Dem Aufstieg des romantischen Naturgefühls, der Aneignung der Natur bei Reisen und Wanderungen, der exakten Beobachtung der visuellen Erscheinung im Naturalismus, kam die Technik außerordentlich entgegen; die Produktion von Bleistiften erreichte um 1900 einen enormen Umfang: Zentrum der deutschen Erzeugung waren die Fabriken um Nürnberg. Was die erste Romantikergeneration (Franz Horny, Ernst Fries, C.D. Friedrich) am Bleistift interessierte, war die harte, silberstiftähnliche Linie, während der sachliche Beobachter Adolph Menzel - er benutzte gern weiche, in der Art der Zimmermannbleistifte flach geformte Bleistifte - malerische Möglichkeiten des Bleistiftstrichs und zarte Schattierungen bevorzugt. Im 20. Jahrhundert, das zahlreiche Variationen der Bleistiftmine kennt - der Zusatz von Kupfervitriol ergibt den sogenannten Tintenblei, dessen Strich auf feuchter Oberfläche violett zerfließt, nicht radiert bzw. gelöscht werden kann - der Buntstift (Farbstift) verbindet die Präzision des Bleistiftstrichs mit farbigen Effekten - ist der Bleistift ein bevorzugtes Zeichengerät geblieben. Die breite Tonwertskala verschiedener Härtegrade - der härteste Strich nähert sich dem des Silberstifts, der weichste jenem der schwarzen Kreide - die Möglichkeiten struktureller Einflußnahme durch die Wahl verschiedener Papiersorten (glatt, rauh, körnig usw.), ließen die Technik den unterschiedlichsten Temperamenten und künstlerischen Absichten geeignet erscheinen. Der Bleistift spielt zu Beginn des Jahrhunderts bei der spontanen Skizze von Picasso, Leger, Matisse eine ebenso wichtige Rolle wie er der Absicht zu zartfarbiger Intimität (Muche, Schoofs, Alberto Giacometti), aber auch strengem klassizistischem Formempfinden (Hubbuch, Ben Nicholson) entgegenkommt. Durch den Einsatz des Radiergummis als Mittel gezielter Formeingriffe werden verfremdende Positiv-Negativ-Wirkungen erzielt (Günther Knipp). In den 60er/70er Jahren erreichten die spanischen Realisten (Lopez) und konzeptuellen trompe-l'oeil-Maler (Hofkunst) frappierende illusionistische Effekte mit dieser Technik. Den Farbstift verwandten in den 60er Jahren für ornamentale Pop-Art-Effekte etwa Hockney und Rolf-Gunter Dienst; ebenso wie sich seiner schillernd pastelligen Transparenz die phantastische Kunst (Ernst Fuchs, Horst Janssen, Altenbourg, Petrick) bediente. Erweitern Frohner, Hollegha, Alfred Hrdlicka die Bleistiftzeichnung durch die Wahl ungewöhnlicher Formate um neue Ausdrucksmöglichkeiten, so können die Graphitarbeiten von Hetum Gruber als neuartige Form der Druckgraphik verstanden werden: der Abdruck von Graphitstaub auf Wand oder Papier dient ihm als Mittel, die Spuren seiner Tätigkeit zu bezeugen ("eine Fläche in Beschlag nehmen"), ihres (nachprüfbaren) Zeit- und Arbeitsaufwandes. Auch die raumbezogenen, mehrteiligen "Wandzeichnungen" in Graphit von Klaus Rinke sind konzeptuell definiert, wobei der Graphit, analog zur Verwendung des Werkstoffs in seinen übrigen Arbeiten "konkret", d.h. in betont "sachbezogener" Materialität eingesetzt wird. Im Sinne der konkreten Kunst benutzt ferner Rupprecht Geiger den Graphit zur Modulation von Hell-Dunkel-Werten.

Cliché Verre
(frz. Glasradierung - Glasklischeedruck)
Das Cliché verre, ein graphisch-photographisches Verfahren, stammt aus der Frühzeit der Photographie und wurde von einigen bedeutenden Künstlern vor allem aus dem Umkreis der Malerschule von Barbizon (Corot, Rousseau, Daubigny, Millet) verwandt. Ältere Bezeichnungen für das Verfahren, die "Héliographie sur verre", "Autographies photographiques", "Héliotypie", "Dessins sur verre pour photographie", umschreiben die Beziehung zwischen graphischen Künsten und Photographie; denn die technische Produktion basiert sowohl auf den Druckkünsten wie auf dem photochemischen Prozeß. Beim Cliché verre wird eine Glasplatte mit einer lichtundurchlässigen Schicht (Kollodium, dünne Ölfarbe, Graphit) bedeckt und durch Einritzen, etwa mit einer Nadel, wie bei der Radierung, bezeichnet. Dieses Negativ wird dann durch Belichtung - wie ein Film - auf lichtempfindliches Papier kopiert - die Einritzung erscheint dann, in Umkehrung von Hell und Dunkel, als schwarze Zeichnung auf Papier. Beliebig viele Abzüge sind möglich, die jedoch im Unterschied zur Graphik nicht durch die Hand, sondern durch einen photochemischen Prozeß hergestellt werden. Fantin-Laotur erreichte pastellartig-tonige Wirkung des Strichs, indem er

anstelle einer Glasplatte Negativpapier bezeichnete und das Negativpapier auf Fotopapier wie ein Cliché-verre druckte. Im 20. Jh. haben sich noch einmal vereinzelt Künstler (Picasso, Klee, Man Ray) der Technik bedient, wobei insbesondere Klee durch den Umkehrungsprozeß von Hell und Dunkel im Positiv-Negativ-Verfahren der Zeichnung verfremdende Bildwirkung abgewinnt.

Collage (franz. coller = kleben, Klebebild)
Aus dem Kubismus ("papiers collés") von den Dadaisten (Schwitters, Hausmann, Höch) entwickelte Form der Materialmontage auf einer Fläche oder als Raumobjekt (Schwitters, Merzbau). Picasso und Braque fügten farbige oder holzimitierende Tapetenstücke und Wachstuchreste in ihre Stilleben-Bilder ein, um dadurch Farbe und Form als unterschiedliche Elemente auseinanderzuhalten. Die Integration von Realitätsfragmenten im Bild hatte weitreichende Folgen für die Definition des Realitätscharakters des Kunstwerks selbst. Später entstanden auch skulpturale Montagen aus gefaltetem Papier, Blech und Holz (z. B. Picassos "Musikinstrumente"). Um 1914 übernahmen die italienischen Futuristen die Collagetechnik. Zeitungs- und typographische Fragmentmontagen dienten der Steigerung der Aussagemöglichkeiten von Wort und Bild. Das collagierte Textbild (Carràs "Minifestazione Interventista") hatte Einfluß auf die lettristischen Montagen der Dadaisten. Ebenso wurden Tatlins Materialkonstruktionen ("Kontra-Reliefs") für die (Berliner) Dadaisten wichtig.
Durch Einführung der Photo-Collage bereicherten die Berliner Dadaisten (Hausmann, Huelsenbeck, Heartfield, Grosz) die Collage um die aktuelle politische Dimension. Sie entnahmen das Material für ihre satirischen Publikationen illustrierten Zeitungen. Neben den Dadaisten, bzw. von ihnen ausgehend, bedienten sich die Surrealisten, darunter insbesondere Max Ernst und Francis Picabia, der Collage. Sie nutzten die Möglichkeiten zur Schaffung einer absurden Konstellation von Dingen, um ihre visionären Fähigkeiten zu steigern. Eine weitere Erscheinungsform der Collage ist die konstruktivistische Collage (El Lissitzky, Moholy-Nagy). Durch Moholy-Nagy, der 1923 den Grundkurs am Bauhaus übernahm, wurde die konstruktivistische Materialmontage als didaktisches Mittel zur Erprobung von Materialeigenschaften und -gesetzlichkeiten wirksam, denen man durch Konstruktion von Kontrastwirkungen nachspürte. Unter den zahlreichen Abwandlungen der Collage durch das Materialbild, etwa die durch Beimengung von Sand, Gips und Mörtel mit Strukturreizen versehenen Bilder von Baumeister und Miró, sind für die neuere Zeit das neo-dadaistische Materialbild des "Combine Painting" von Robert Rauschenberg zu nennen.

Crayonmanier (Kreidemanier)
Das Verfahren wurde zuerst von dem Franzosen Jean Charles Francois um 1740 in Lyon entwickelt, um Kreide-, Bleistiftzeichnungen und Pastelle möglichst getreu im Druck wiedergeben zu können. Die Kupferplatte wird wie bei der Radierung mit Ätzgrund überzogen und angerußt. Mit der Roulette (an einem Holzheft befestigtes gezähntes Rädchen) wird die aufgepauste Vorzeichnung nachgefahren. Der roulettierte Strich hat nach der Ätzung der Platte im Abdruck den Charakter eines Kreidestriches. Durch verschieden langes Ätzen der einzelnen Teile der Zeichnung können starke Tonunterschiede erreicht werden. Die Kreidetechnik wurde besonders in Frankreich gepflegt. Die Blätter sind meist in rötlicher Farbe gedruckt. Ein Hauptvertreter dieser Technik ist Gilles Demarteau (Lyon 1722-76 Paris), der die Crayonmanier erfunden haben will, in welcher er originalgetreu Rötel-Zeichnungen Bouchers wiedergab.

Federzeichnung
Als Malgrund dient ein nichtsaugendes, starkes Papier mit glatter Oberfläche; als Malstoff: Tinte oder Tusche, seit dem 18. Jahrhundert auch Sepia; als Malgerät: Kiel-, Rohr- oder Stahlfeder. Der Gebrauch der Feder geht bis auf das Altertum zurück. Als selbständige künstlerische Gattung ist die Federzeichnung allerdings erst seit dem frühen Mittelalter bekannt. Schon früh wurde die Kielfeder (aus Schwungfedern von Vögeln zurechtgeschnitten) verwandt, während die Rohrfeder zwar noch älter ist, aber erst seit dem 17. Jahrhundert häufiger gebraucht wurde (Rembrandt). Mit dem 19. Jahrhundert kam die Stahlfeder auf, die seither häufig gebraucht wird. Kiel- und Rohrfeder bewirken einen Strich, der unbeabsichtigte Zufälligkeiten einschließt, dafür jedoch besondere Spontani-

tät und differenzierte Strichstärke zuläßt, so daß die Rohrfeder auch im 19./20. Jahrhundert, besonders von den Künstlern der expressiven Stilrichtungen häufig verwandt wird (Delacroix, van Gogh, Kirchner, Heckel, Nay, Guttuso). Die Federzeichnung wird oft auf getöntem Papier oder mit Weiß gehöht oder mit Pinsellavierung ausgeführt, um eine leichte, zart getönte Farbigkeit zu erreichen. Der Strich der Feder ist kontraststark und erlaubt keine Tönungen oder fließende Übergänge; er fördert somit die Bestimmtheit graphischer Ausdrucksmöglichkeiten, Dynamik und Abstraktionstendenz der Linie.

Dabei ist die Spannweite der graphischen Wirkung sehr groß: sie reicht von der gespinstartig gekräuselten Linie (Ensor, Kubin, Wols, Eliasberg) zur klecksig verlaufenden Manier (Michaux, Pignon, Asger Jorn).

Filzschreiber (Faser-, Leicht- Gleitschreiber)
In Japan entwickeltes, in Amerika als "flow master" bekanntes Schreib- und Zeichengerät aus dichtem, hartem Filz, rund, flach oder vierkant geformt. Der Filzschreiber (eigentlich "Dochtschreiber") ist ein Universalschreibgerät, das sich bei Verwendung geeigneter Tinten nicht nur zur Beschriftung von Papier, sondern auch von nicht saugfähigen Oberflächen von Glas, Plastik, Blech u. a. eignet. Erst als der aus Japan stammende Stift in Form kleiner Flaschen zu niedrigen Preisen in Europa auftauchte, benutzten ihn Künstler für ihre Zwecke. Nay, Kricke, Tinguely zeichneten seit Ende der 1950er Jahre Studien, Skizzen, Entwürfe mit dem Filzstift, wobei sie die vielfältigen Ausdrucksmöglichkeiten, die Leichtigkeit der Handhabung, den Vorteil der rasch trocknenden Schreibflüssigkeit nutzten. Der gleitende Strich des Filzstiftes ermöglicht nachgiebiges Reagieren auf spontane Einfälle und freies Improvisieren (Heinz Trökes). Bei geringem Widerstand ermöglicht er eine Fülle graphischer Effekte und variabler Strichführungen zwischen reiner Zeichnung und zarter Tonwirkung: je rauher das Zeichenpapier, desto mehr Struktur erhält der Filzschreiberstrich (vgl. Roy Lichtenstein). Neuere Formen des Filzstiftes in Europa aus Nylonfasern erlauben die Strichfeinheit eines Kugelschreibers. Man findet den Filzschreiber daher auch in Zusammenhang mit dem Typus der "handgeschriebenen Zeichnung" konzeptioneller Kunstrichtungen aus der jüngsten Vergangenheit (Mel Bochner, Hanne Darboven): seine Anwendung verbindet die Strenge des Systems mit dem handschriftlichen Duktus der "Notation".

Holzschnitt
Zur Herstellung des Holzschnitts (Druckstock) wird die Zeichnung auf die Holzplatte übertragen und das Holz mit dem Schneidemesser bis zu einer gewissen Tiefe zwischen den Linien der Zeichnung herausgeschnitten, so daß nur die Zeichnung erhöht stehen bleibt. Ein Abdruck der eingefärbten Oberfläche zeigt die Zeichnung spiegelverkehrt. Holzschnitte, Model und Stempel werden in Europa seit Anfang des 13. Jahrhunderts bereits zum Bedrucken von Stoffen benutzt. Die frühesten auf Papier gedruckten Holzschnitte (Andachtsbilder, Spielkarten, Kalenderblätter) entstammen dem Ende des 14. Jahrhunderts. Der älteste datierte Holzschnitt ist der "Buchsheimer Christophorus" von 1423. Seit 1460 wird der Holzschnitt im Buchdruck verwandt. Am Ende des 15. Jahrhunderts liegen Zeichnung, Schnitt und Druck in verschiedenen Händen: der "Reißer" fertigt die Zeichnung, der "Formschneider" führt den Schnitt aus, der "Drucker" macht den Abzug. Die Meister sind zunächst anonym. Die ersten dem Namen nach bekannten Zeichner für den Holzschnitt sind Pleydenwurff, Michael Wolgemut und sein berühmter Schüler Albrecht Dürer, mit welchem der Holzschnitt die höchste Blüte erreicht. Der Clairobscur- oder Tondruck (Druck mit mehreren Tonplatten) wird im 16. Jahrhundert besonders in Italien gepflegt. Seit dem 17. Jahrhundert dient der Holzschnitt fast ausschließlich zur Bildreproduktion. Er verliert seinen originalen Charakter und paßt sich im Strich dem Kupferstich an.

Der Engländer Thomas Bewick macht um 1785 die ersten Holzschnitte in Hirnholz (hauptsächlich Buxbaum quer zum Holzstamm geschnitten), während bis dahin Langholz (im Verlauf der Holzfaser geschnitten, hauptsächlich Birnbaum, Kirschbaum, Erle) benutzt wurde. Das Hirnholz ermöglicht die Arbeit mit dem Stichel, wodurch sich eine sehr feine Zeichnung der Linien erzielen läßt (Holzstich). Der Technik des Holzstichs bedienten sich u. a. der beste deutsche Formschneider im 19. Jahrhundert, F. L. Unzelmann: Faksimi-

lestiche der Illustrationen A. Menzels zu Kuglers "Geschichte Friedrichs des Großen", 1840 und neuerdings auch Karl Rössing: "Mein Vorurteil gegen diese Zeit", 100 Holzstiche, 1932.
Auftrieb erlangt der Holzschnitt wieder als Originalholzschnitt in neuerer Zeit namentlich durch die Meister des Jugendstils und des Expressionismus. Diese Künstler nehmen für ihre Schnitte wiederum Langholz (z. B. Munch, die Brücke-Meister), wobei sie oft die Zufälligkeiten der Holzmaserung in den von ihnen selbst geschnittenen Druckstöcken künstlerisch ausnützen.

Kaltnadel-Radierung (dry point; pointe sèche)
Mit einer Schneidnadel oder gefaßtem Diamantsplitter wird die Zeichnung ohne irgendwelche Ätzverfahren in die blanke Metallplatte eingeritzt. Der rauhe Metallgrat an den Schnitträndern ergibt beim Abdruck sammetartig weiche Linien und Tonflächen (Rembrandt). Während die Graphiker im 17. Jahrhundert das Verfahren zunächst hauptsächlich in Verbindung mit Kupferstich oder Ätzung anwandten, haben es in neuerer Zeit Künstler zu einer selbständigen Technik von eigentümlicher Wirkung entwickelt (Liebermann, Munch, Corinth, Beckmann). Da die Grate sich sehr rasch abnutzen, sind von einer unverstählten Platte nur wenige gute Drucke möglich.

Kohle
Die Kohle zählt zu den ältesten Gebrauchsgegenständen der Menschheit. Als natürlichstes und zugleich billigstes Zeichenmittel seit jeher bekannt, erlangte sie als Zeichenmaterial gegen Ende des 19. Jahrhunderts größere Bedeutung, als es gelang, eine einfache, das Werk nicht beschädigende Fixiermethode zu entwickeln. Wurde die Kohle zunächst als Hilfsmittel, etwa zum Zwecke der Vorzeichnung verwandt, so entstanden um 1500 in Oberitalien und Deutschland Werke, welche einen Höhepunkt der Technik überhaupt darstellen (z. B. Dürers Porträtzeichnung seiner Mutter). Dürers Kohlezeichnungen veranschaulichen u. a. die variablen Strichqualitäten der Kohle: spitz wie breit, linear wie weich. Malerische Schattierung entsteht durch Verwischung des Kohlestrichs bzw. durch Überlagerung transparenter Schichten. Verglichen mit der Kreide ist der Strich der Kohle matter und leicht grau sowie von einer gewissen Uneinheitlichkeit, die ihn allerdings zugleich zeichnerisch lebendig macht. Negative Eigenschaften der Kohle wie Brechen, Stauben, Schmutzen führten dazu, das Material zu Pulver zu verstoßen, um es anschließend mit einem Bindemittel in Stifte zu pressen. Diese werden heute in unterschiedlichen Härtegraden angeboten. Moderne Schellackfixative, aus der Spraydose aufgesprüht, erleichtern die Fixierung der Zeichnung. Im 20. Jahrhundert nutzten die expressiven Möglichkeiten des Kohlestrichs zur Steigerung der Körperform u. a. Barlach und Kollwitz (Zeichnung auf Tonpapieren) und Matisse, neuerdings auch Dodeigne und Botero, der mit dieser Technik das Sfumato seiner geblähten Form erzeugt, während Vieira da Silva und Hartung mit Hilfe der Kohle transparente Strukturen entwerfen. Die materielle Erscheinungsform des Materials nehmen Robert Morris und Werner Knaupp ("Verbrennungen") als Mittel zur Darstellung flüchtiger Körperspuren.

Kugelschreiber
In den 1920er Jahren wurden Versuche angestellt, ein Schreibgerät zu entwickeln, das statt der verhältnismäßig empfindlichen Feder eine Kugel besaß. Solange aber als Füllung normale Tinte benutzt wurde, waren die Versuche zum Scheitern verurteilt. Erst 1942 gelang es László Biro in Argentinien, eine Patrone mit Kugel zu entwickeln, die, mit zähflüssiger Paste gefüllt, ein einigermaßen brauchbares Schreibmittel abgab. Kurz nach Beendigung des Zweiten Weltkrieges erschienen in den USA die ersten Kugelschreiber mit Mechanik und auswechselbarer Mine. Das Schreibgerät wurde angeboten, als "die erste Feder, die unter Wasser schreibt".

Mit den Besatzungstruppen kam der Kugelschreiber nach Europa, fand jedoch nur zögernd Aufnahme, weil er als "billiges" Schreibgerät galt. Mit der Entwicklung geeigneter Kugelschreiberpasten und formschöner Haltermodelle wurde das Schreibgerät rasch "salonfähig". Vor allem in den 60er Jahren benutzten Künstler den Kugelschreiber häufiger, wegen seiner Fähigkeit zu gleichmäßig präzisem Strich, der sowohl ein dichtes Strichgewebe als auch feinste Tonabstufungen erlaubt (vgl. Peter Nagel, Werner Knaupp).

Kunstkreide

Aus Lampenruß mit verschiedenen Bindemitteln zu diversen Härtegraden verarbeitetes Material, dessen Abstufungen, je nach Härtegrad, bis zum tiefschwarzen Strich reichen. Gleichmäßiger, homogener, gut haftender Strich. Möglichkeit zur Verwischung, die eine weiche, plastische Modellierung ergibt (Menzel). Seurat erzielte mit dieser Technik flächig-tonige Effekte von pointillistischer Wirkung. Im 20. Jahrhundert verwandte Kokoschka die Kunstkreide für seine expressiven Bildniszeichnungen.

Kupferstich

Der Kupferstecher gräbt seine Zeichnung mit dem Stahlstichel (Grabstichel) in die geglättete, polierte und an den Rändern facettierte Kupferplatte. Dunkle Flächen werden durch dichte Kreuzstichlagen erzeugt. Der an den Schnitträndern der eingefurchten Linien sich bildende rauhe Grat wird mit dem Schaber geglättet. In die Linienfurchen reibt der Kupferdrucker die Druckerschwärze ein und wischt die übrigen Teile der Platte blank, so daß nur die Zeichnung schwarz stehen bleibt. Ein angefeuchtetes Papierblatt wird in der Kupferdruckpresse unter starkem Druck auf die Platte gepreßt. Die Farblinien haften am Papier und sitzen bei gut erhaltenen Abzügen als fühlbares Relief auf dem Blatt. Es drucken die eingetieften Linien, weshalb man bei diesem Verfahren von Tiefdruck spricht. Das Eingravieren von Zeichnungen in Kupferplatten zum Zwecke des Bilddruckes wurde etwa seit 1430 üblich. Zuerst waren es Goldschmiede, die den Kupferstich betrieben. Sie besaßen die nötigen handwerklichen Erfahrungen des Gravierens, Ziselierens und Punzierens, und Abdrücke der Nielloarbeiten gehörten zu ihren Werkstattgepflogenheiten. Seit dem 17. Jahrhundert dient die Grabsticharbeit hauptsächlich der Reproduktion oder wird in gemischter Technik mit der Radierung angewandt.

Linolschnitt

Vom Holzschnitt abgeleitetes Hochdruckverfahren, das wie jener mit dem Expressionismus zu besonderer Wirkung gelangte (Matisse, Picasso, Vlaminck, Rohlfs). Das gegenüber dem Holz weichere, geschmeidige, in sich homogene Material sowie das Fehlen von Oberflächenstruktur eignen sich zur Wiedergabe fließender Konturen und zusammenhängender Flächen. Aus dem Grund herausgeschnittene Partien drucken mit und zeigen typische Schnittstrukturen. Bearbeitet wird die Linolplatte wie die Holzplatte mit Stichel und Schneidemesser, ferner mit Radiernadel und Schneidefedern. Gedruckt wird im Handverfahren durch Abreiben oder mit Buchdruckmaschinen. Einen Höhepunkt erreicht der farbige Linolschnitt in den 1950er Jahren durch Picassos Arbeiten mit bis zu fünf Farben, alle mit derselben Platte gedruckt. Dabei wird die Platte nach dem Druck jeder Farbe neu geschnitten und damit sukzessive verändert. Nutzt Picasso in der prozeßhaften Entfaltung der Bilder die Möglichkeiten schöpferischer Verwandlung der Form, so vermag Karl Rössing in der nuancierten, wie verschleiert wirkenden Farbigkeit seiner von mehreren Platten gedruckten farbigen Linolschnitte vermittels Überlagerung und Transparenz der Farbschichten sowie durch das Zusammenspiel von Lineament und Flächenmuster, Ornament und gegenständlichem Zeichen atmosphärisch belebte, mehrdeutige Bildaussagen mitzuteilen. Neuerdings nutzen die dekorativen Möglichkeiten des Farblinolschnitts auch Ernst Fuchs und Omar Alt.

Lithographie (Steindruck)

Die Zeichnung wird mit fetter lithographischer Tinte, Kreide oder Farbe auf den Stein (kohlesauren Kalkstein, Solnhofer-Schiefer) aufgetragen. Die Oberfläche des Steins wird mit einer leicht salpetersauren Gummiarabikum-Lösung angeätzt. Da der hiernach mit Wasser angefeuchtete Stein nur an den mit lithographischer Kreide oder Tinte bezeichneten Stellen Druckfarbe annimmt, alle anderen Flächen aber die Druckfarbe abstoßen, lassen sich von ihm originalgetreue, allerdings spiegelverkehrte Abzüge der Zeichnung machen. Mit Hilfe von Umdruckpapier ist es auch möglich, die Zeichnung auf Papier auszuführen und seitenverkehrt auf den Stein zu übertragen, wodurch der Abzug wieder seitenrichtig erscheint. Anstelle von lithographischen Steinen werden auch Platten aus Aluminium (bei der Algraphie) oder Zink benutzt, die ähnliche Druckeigenschaften aufweisen. Die Technik der Lithographie wird als Flachdruck bezeichnet, da die Zeichnung nicht wie beim Holzschnitt in der Platte hoch steht oder wie bei Kupferstich und Radierung vertieft ist. Die Lithographie wurde 1797 von Alois Senefelder (Prag 1771 - 1834 München) erfunden und in den darauf folgenden Jahren von ihm in allen Techniken entwickelt. In Deutschland erlangte die Lithographie, die im Laufe des 19. Jh. hier immer mehr zu einer Reproduktionstechnik abgesunken war, für den Druck von Originalgraphik neue Bedeutung durch Hans Thoma.

Monotypie (griech. monos = eins, typos = Druck) Einmaliger Druck. Als Unikat zwischen Zeichnung und Druckgraphik bezeichnet die Monotypie einen Grenzfall der graphischen Techniken. Zu unterscheiden ist die Monotypie von der eingewalzten Platte und diejenige von der bemalten Platte. Bei erster Technik von der gewalzten Platte - zumeist eine Glas- oder glatte Metallplatte - wird ein Abdruck gewonnen, indem auf ein auf der Platte liegendes Papier gezeichnet wird. Es entsteht dann ein seitenverkehrter positiver Abdruck. Auch die solcherart auf der Platte verbliebene Negativzeichnung kann durch Abdruck auf ein neues Blatt übertragen werden. In dem anderen Verfahren erscheint das auf die Platte gezeichnete bzw. gemalte Bild seitenverkehrt auf dem darübergelegten, angeriebenen Papier.

Der Umweg über die Platte auf das Papier bewirkt gewisse graphische Effekte, deren Reiz zwischen handschriftlicher Direktheit einerseits und druckgraphischer Objektivierung der Zeichnung andererseits liegt. Die Farbe erscheint flachgedruckt und zeigt häufig eine gratig reliefierte Oberfläche. Außer bei Benedetto Castiglione (Genua 1616 - 1670 Mantua) im 17. Jahrhundert - er gilt als Erfinder dieser Technik, die er mittels bemalter Kupferplatten ausführte; einer der neuartigen technischen Versuche im Zeitalter Rembrandts neben der Schabkunst - ist die Monotypie seit dem 19. Jahrhundert, besonders seit dem Impressionismus beliebt (Hubert Herkomer, Pissarro, Whistler, Degas, Steinlen, Toulouse-Lautrec, Gauguin). Im 20. Jahrhundert verwandten u. a. Rohlfs und Klee diese Technik, jüngst auch Horst Janssen und Josef Fassbender. In der Zeit des Informel schätzte man besonders die Zufallswirkungen der Technik, den Eindruck des quasi Improvisierten, der sich beim Abdruck der Zeichnung einstellte.

Offsetdruck
Indirektes maschinelles Flachdruckverfahren, nach einem rotativen System (Rotationsdruck), das mit einer Übertragungswalze arbeitet. Jüngstes der industriellen Druckverfahren, bereits im Jahre 1904 in den USA erfunden. Gegenüber dem Buch- und Tiefdruck ist die Druckplatte dünner, biegsamer und preiswerter herzustellen. Beim Offsetdruck werden Schrift oder Bild von der Druckform, einer Folie oder Metallplatte auf einen mit einem Gummituch bespannten Zylinder und von diesem auf das Papier übertragen (Indirektdruck). Als Träger des Druckbildes dienen Aluminium-, Zink- oder Mehrschichtenplatten, auf die meist auf fotomechanischem Wege kopiert wird. Bei dem künstlerisch verwandten Offsetdruck kann der Künstler die Vorlage anfertigen, die dann fotomechanisch reproduziert wird (Peter Nagel, Christo, Gerhard Richter). Bei einem anderen Verfahren wird der Diafilm unmittelbar vom Künstler (Peter Sorge, Dieter Asmus) bezeichnet. Als "Offsetgravüre" bezeichnet man solche Drukke, bei denen der Künstler die metallene Offsetplatte direkt in Gravier- oder Radiertechnik bearbeitet (Horst Antes). Nicht zuletzt das fotografische Reproduktionsverfahren bei einem Teil des Offsetdruckverfahrens ließ den Begriff der "Originalgrafik" in den 60er Jahren unscharf werden.

Originalgraphik
Bezeichnung für Graphik, zu deren Abdruck der Künstler die Form selbst hergestellt oder an dem Werkprozeß teilgenommen hat. Dazu gehören Entwurf und Anfertigung des Druckstocks, die Überwachung des Drucks und die Signierung und Numerierung. Der Begriff Originalgraphik ist aber wegen der photographischen Reproduktionsverfahren, die häufig bereits schon Teil des Entwurfs sind, heutzutage nicht unumstritten (Reproduktionsgraphik). Grundsätzlich gilt:
alle photomechanischen Verfahren, die ohne Mitwirkung des Künstlers hergestellt werden, sind keine Originalgraphik.

Pastell
(Pastellkreide, Pastellstifte)
Die Bezeichnung kommt von pasta (Teig). Schon im 16. Jh. war die Bezeichnung "a pastello", ein einfarbiger Zeichenstift aus gepreßtem Farbstaub,

der mit wasserlöslichem Bindemittel versetzt ist. Alle Versuche einer Fixierung haben den Nachteil, daß sich dabei die charakteristische samtige Oberfläche oder die Leuchtkraft der Farben verliert. Das Zeichnen mit farbigen Stiften, das sich durch Wischen, Grundieren und farbiges Modellieren zur "Malerei mit anderen Mitteln" entwikkelte (Bildnisse Hans Holbein d. J.), um im 17. Jh. insbesondere durch französische Künstler (Dumonstrier, Langeau u.a.) schulbildend zu werden, erreichte im 18. Jh. in der höfischen Porträtmalerei einen Höhepunkt (Boucher, Liotard). Für das 19. Jh. bilden die Darstellungen Degas' aus der Ballettsphäre einen Höhepunkt. Auf andere Weise dient die Technik Redon und Vuillard dazu, die Schilderung visueller Erlebnisse zu entmaterialisieren, wohin gegen Menzel und Lenbach, der einen eigenen Porträtstil schuf, die Nähe zum Gegenständlichen suchen. Die Möglichkeiten zu großflächiger Vereinfachung und symbolistischer Evokation nutzen Munch und die von ihm beeindruckten Künstler des Expressionismus (Kirchner, O. Mueller). Als neuere Erscheinung tritt die Wachskreide im 20. Jh. auf, deren Bindemittel entweder aus Wachs oder Paraffin besteht und einen prägnanten Strich von starker Farbkraft ermöglicht, der allerdings nicht verwischt werden kann. (Arnulf Rainer: "Blindzeichnungen", Überzeichnung fotografischer Vorlagen).

Photogramm
Auf unbelichtetes Fotopapier werden Gegenstände (Stoffreste, Gräser, Blätter) gelegt, die sich nach Belichtung und Entwicklung als Silhouetten bzw. Strukturbilder im Schwarz-Weiß-Kontrast abbilden (Unikate). Statt Fotopapier kann eine lichtempfindliche Druckplatte belichtet werden, womit das Bild druckfähig ist. Als fotografische Bezeichnung für wissenschaftliche Bildaufzeichnungen (Mareys chronofotografische Aufnahmen des laufenden Menschen) wurde der Terminus im Jahre 1900 in Umlauf gebracht. Auf die elementaren Qualitäten des Photogramms wurde der Blick durch die abstrakte Kunst gelenkt. Seit dem Jahre 1918 legte Christian Schad Collagen aus Stoff, Papier und Federn auf Fotopapier und produzierte mittels Durchleuchtung ein "entmaterialisiert" wirkendes Abbild ("Schadographie"). Vermöge der Transparenz des Stofflichen wirkt das Photogramm wie eine Parodie auf den Tatsachenbefund der Photographie und erweckt den Eindruck, als sei sie von "Geisterhand" gezeichnet. Die surrealistischen Photogramme Man Rays wirken dagegen vieldeutig-abstrakt. Seit dem Jahre 1921 legte er alltägliche plastische Gebilde auf Fotopapier und erzeugte durch deren Schattenprojektionen räumliche Wirkungen ("Rayogramme"). Wie Schad entmaterialisierte Moholy-Nagy seine Collagen aus aufgelegten Stoff- und Papierstreifen zu durchscheinenden texturierten Helligkeitsstufungen. Später erreichen die zuvor konstruktiv angeordneten Elemente durch die Einführung eines schwarzen Grundes eine abstrakte-räumliche Wirkung. In den 20er Jahren gewann das Photogramm, vermutlich vor allem seiner experimentell-laboratoriumsmäßigen Herstellungsform und der damit verbundenen Vorstellung der Nähe zur Wissenschaft ("Fotografie ohne Kamera"), weite Verbreitung. Bei Moholy-Nagy, Oscar Nerlinger, Hirschfeld-Mack, deren "Lichtgestaltung" das Licht als konkreten Stoff einsetzen, zeigt sich die Nähe zur Foto-Montage. Oscar Nerlinger läßt bewegliche Lichtquellen über die Fotoplatte ziehen, Umbo arbeitet mit transparenten Schablonen, mit denen er das Fotopapier bedeckt und eine transparente Zeichnung erhält. In den 55er Jahren verwandten Künstler das Photogramm als bevorzugtes Medium zur Darstellung linearer "Raumkurven": Gravenhorst, Heidersberger ("Rhythmographie"), Peter Keetmann ("Schwingungsformen").

Pinselzeichnung
Die spezifischen Möglichkeiten der Pinselzeichnung, ihre Vermittlung zwischen den Polen von Zeichnen und Malen, verleihen ihr den besonderen Reiz und die gleichbleibende Bedeutung. Sie vereint die Vorzüge der Federzeichnung, präzise Linien zu zeichnen, mit den malerisch kleksigen Effekten des Pinsels. Entsprechend mannigfaltig sind ihre Kombinationsmöglichkeiten - sie kann zusammen mit Feder oder Kreide verwandt werden mit dem Ergebnis plastisch-reliefhafter oder impressionistischer Wirkung. Je nach Verwendung von Pinseln mit harten oder weichen Haaren und dunkleren oder hellen Tinten kann der graphische Effekt variiert werden. Dabei ist die Aufdrucksspanne - etwa der Tuschezeichnung - grö-

ßer als die der reinen Federzeichnung - sie reicht von phantastisch-expressiv (Victor Hugo, Kokoschka, Hegenbarth) bis zu ornamental eigenwertig (Alechinsky, Chilida) wobei letzterer Aspekt häufig im Zusammenhang mit der Anlehnung an die ostasiatische Tuschmalerei zu sehen ist (Julius Bissier, Tobey, Soulages, Zao Wou Ki).

Prägedruck (Prägung)
Reliefartiger Druck auf Papier, Karton, Pappe, Leinen, Leder, Kunststoff usw. Die erhabene oder vertiefte Prägung wird mit einer gravierten oder geätzten Platte oder mit Drucktypen auf Druckmaschinen mit oder ohne Farbübertragung ausgeführt (Blinddruck). Da der Prägedruck von allen Druckverfahren die stärkste Druckspannung erfordert, benötigt man Prägepressen mit starker Druckspannung. Seit den 50er Jahren wurden die Möglichkeiten des Prägedrucks im Zusammenhang mit der Untersuchung von Materialbeschaffenheit und -wirkung des Papiers künstlerisch verstärkt genutzt. Dabei wird der Licht-Schatten-Gegensatz der reliefierten Oberfläche als graphisches Gestaltungsmittel eingesetzt. Etienne Hajdu schuf mit den seit 1957 entstandenen, aus geschnittenen Prägestempeln ("Estampilles") hergestellten Prägedrucken graphische Pendants zu seinen zeichenhaften Reliefkompositionen. Durch Verwendung texturierter, schwarz getönter Papiere werden zusätzlich Effekte erschlossen. Für die ZERO-Künstler Mack und Uecker dient die plastisch strukturierte Oberfläche von Papier oder Metallfolie als optischer Widerstand zur Sichtbarmachung des Lichts bzw. seiner "Strukturierung" in Entsprechung zu ihren "Lichtreliefs". Serielle Reliefstrukturen, die durch den Abdruck von Fundstücken (z.B. Nägel) oder von geätzten Prägestöcken (Zinkplatten) entstehen, erzeugen, je nach Beleuchtungswinkel, unterschiedliche Lichtstrukturen. Bei den Prägedrucken von Rolf Nesch, Dieter Rot oder Horst Antes wird die gegenständliche Wirkung der graphischen Motive gesteigert bzw. suggeriert die plastische Wirkung der Prägung - wie etwa bei Roy Lichtenstein - eine Vergegenständlichung der Zeichnung.

Punktiertechnik (Englische Punktiermanier)
Die zuerst von Ján Bijlaert, Amsterdam, angewandte Technik wurde von dem Engländer William Wyme Ryland in den 60er Jahren des 18. Jahrhunderts in England eingeführt. Wie beim Linienstich mit dem Grabstichel die Tonflächen der Zeichnung in Liniensysteme umgesetzt werden, so erzeugt der Stecher bei der Punktiermanier die Tonstufen durch Systeme von Punkten - ähnlich den Rasterpunkten moderner Buchdruck-Klischees. Die Punkte werden mit verschiedenen Sticheln in die blanke Platte eingestochen oder mit Stahlstift oder Punzenhammer eingeschlagen. In diesem langwierigen Verfahren brachten es namentlich der in England lebende Italiener Francesco Bartolozzi (Florenz 1727 - 1815 Lissabon) und in Deutschland der Mannheimer Heinrich Sintzenich zu besonderer Fertigkeit.

Radierung
Vom eigentlichen Kupferstich unterscheidet sich die Radierung dadurch, daß die Linien der Zeichnung nicht mit dem Grabstichel, sondern durch Einwirkung einer Säure in die Platte eingetieft werden. Die Kupferplatte wird mit dem gegen Säure unempfindlichen Ätzgrund (Zusammensetzung aus Wachs, Asphalt, Harz) überzogen und angerußt. In dieser Deckschicht läßt sich leicht mit der Radiernadel zeichnen, wobei die Linien kupferglänzend auf schwarzem Grund erscheinen. Wird die Platte der Säure ausgesetzt (verdünnte Salpetersäure, Eisenchlorid), ätzt die Säure die Zeichnung in die Kupferplatte ein, während die von dem Ätzgrund bedeckten Flächen der Platte nicht angegriffen werden.
Verschiedene Strichtiefen lassen sich durch verschieden langes Ätzen erzielen. Um die weitere Einwirkung der Säure auf die schwächeren Strichlagen zu verhindern, werden diese mit Asphaltlack abgedeckt. Der Abdruck der fertig geätzten Platte geschieht auf die gleiche Weise wie beim Kupferstich. Das Ätzen der Zeichnung in Metallplatten zum Zwecke des Bilddruckes wurde wahrscheinlich in Süddeutschland um 1510 erfunden. Die ersten Drucke entstammen der Werkstatt des Daniel Hopfer in Augsburg und sind mit Eisenplatten ausgeführt.

Rötel
Das aus farbiger Erde gewonnene Material (Rotstein, rote Kreide, armenische Erde) ist von weicher Konsistenz. Durch unterschiedliche Druck-

stärke läßt sich die Dichte des Strichs differenzieren, Wischer ermöglichen das Tönen von Körperpartien. Der Rötel kann aber auch naß mit dem Pinsel laviert werden. Nach künstlerischen Höhepunkten im 16./17. Jahrhundert (Leonardo, Correggio, Rubens) und im 18. Jahrhundert (Watteau), ließen die klassizistisch-linearen Bestrebungen zu Beginn des 19. Jahrhunderts die Technik stark in den Hintergrund treten.

Dennoch hat sich das Material seitdem immer wieder im Zusammenhang mit dem Thema des Menschen behaupten können (Manet, Bonnard, Maillol, Kokoschka). Vor allem die Aktzeichnung blieb seine Domäne (Manet, Marées).

Schabkunst (Mezzotinto; Schwarzkunst)
Das Schabverfahren ist die älteste Flächentechnik des Tiefdrucks, erfunden von dem Hessischen Obrist-Wachtmeister Ludwig von Siegen (Sechten b. Keldenich/Rhld. 1609 - 1680 Wolfenbüttel). Sein erstes Schabkunstblatt (1642/43) ist ein Bildnis der Landgräfin Amalie Elisabeth von Hessen. Namentlich die englischen Graphiker des 18. Jahrhunderts bevorzugten die Schabtechnik und entwickelten sie zu hoher Blüte.

In Frankreich wird im Anfang des 18. Jahrhunderts der Farbdruck mit mehreren Platten gefördert; vor allem durch den Deutschen Jacob Christoffel Leblon (Jacques Christophe Le Blon, Frankfurt/M. 1667 - 1741 Paris), der 1704 die ersten Versuche in der "Le Blon'schen Manier in bunten Farben" machte. Er druckte zunächst mit 3 Platten (Gelb-Blau-Rotplatte) entsprechend der Farbentheorie Newtons, daß alle Farben Mischungen der Grundfarbe Gelb, Rot, Blau seien.

Bei späteren Drucken wurde eine Schwarzplatte als vierte Druckplatte benutzt. Mit einem Granierstahl, einem wiegenmesserartigen, gezahnten Werkzeug, wird die ganze Fläche der Druckplatte aufgerauht (graniert), so daß ihr Abdruck einen gleichmäßigen dunklen Ton ergeben würde. Durch Schaben und Glätten mit dem Schaber lassen sich der Plattenton aufhellen und Lichter durch Glätten mit dem Polierstahl erzielen.

Das Bild wird mit dem Schaber von dunkel nach hell aus dem gerauhten Grund herausgearbeitet. Das Schabverfahren ermöglicht weiche, malerische Übergänge. Die Schabkunstplatte läßt ungefähr 100 - 150 gute Drucke zu.

Schablonendruck
Vervielfältigungsverfahren unter Verwendung einer Schablone aus Seidenpapier, welche mit einer farbundurchlässigen Schicht versehen ist. Die Schablone oder Matrize wird mit Radiernadel oder Kugelschreiber bezeichnet. Beim Druck schließlich wird die Farbe durch die Schablone auf das Papier gepreßt.

Sepia
Pigment für Wasserfarbe und Tusche, gewonnen aus dem eingetrockneten Inhalt des Beutels des Tintenfisches, bereits von Plinius erwähnt, von dem Dresdner C.J.J. Seydelmann (Dresden 1750 - 1829 Dresden) für künstlerische Zwecke brauchbar gemacht. Wegen seiner leicht variierbaren Tonigkeit von den Klassizisten und Romantikern als Mittel zur Lavierung benutzt.

Siebdruck (Serigraphie, Seidendruck)
Streng genommen ist der Siebdruck kein Druckverfahren, sofern man darunter die traditionellen Techniken von Hoch-, Flach- und Tiefdruck versteht, sondern eine Art des "Schablonierens" (Abdeckverfahren), bei dem die Farbe (Siebdruckfarbe) mittels eines Gummirakels durch das in einen Rahmen gespannte Sieb (feinmaschiges Textil- oder neuerdings Nylongewebe) auf das Papier gepreßt wird. Als Färberschablone in der Textilindustrie schon länger bekannt, wurde das Verfahren im 20. Jh. in Amerika zunächst zu werbegraphischen Zwecken (Plakate Ben Shahn) entwickelt, in Europa indes erst nach dem 2. Weltkrieg künstlerisch genutzt (Siebdruck von Willi Baumeister in Zusammenarbeit mit dem Drucker Poldi Domberger). Im Prinzip einfach zu handhaben, erkannten vor allem die Künstler der Stilrichtungen Pop-Art und Op-Art in den vielfältigen Varianten dieser Technik ein adäquates Medium für ihre flächigen Kompositionen bzw. Fotovorlagen verarbeitenden Darstellungen (Vasarely, Dewasne, Rauschenberg, Warhol). Die Form der Schablone bestimmt, was auf dem Papier druckt und nicht bedruckt (d.h. abgedeckt) werden soll ("Schablonieren"). Es gibt verschiedene Methoden, die Schablonen aufs Sieb zu bringen. Für die "Leimschablone" wird an jenen Partien des Siebes, die nicht drucken sollen, die Gaze mit Leim oder einer anderen Emulsion bezeichnet, bemalt

bzw. bestrichen. Bei der "Schnittschablone" wird die Form aus Papier oder anderen deckenden Materialien geschnitten und unter bzw. über das Sieb geklebt, so daß sie beim Durchpressen der Farbe die Flächenform freiläßt (ornamentale Wirkung).Eine zerfließende Wirkung der Farbe läßt sich durch Besprühen des Siebs mit einer deckenden Emulsion, auftragen mit Hilfe einer Sprühdose, erzielen ("Schellackschablone"). Ähnlich wie bei der Lithographie kann man auf dem Sieb mit einer wasserabweisenden fettigen Kreide zeichnen. Wenn das Sieb mit wasserlöslichem Leim bestrichen wird, haftet dieser nicht auf der Zeichnung. Nach dem Trocknen wird die Zeichnung mit Terpentin oder Benzin ausgewaschen ("Auswaschschablone"). An den freigelegten Stellen kann die Farbe das Sieb durchdringen. Für die "Fotoschablone" wird das Sieb mit einer lichtempfindlichen Emulsion bestrichen und unter einem fotografischen Diapositiv belichtet. Beim Entwickeln verhärten sich die belichteten und lösen sich die unbelichteten Stellen. Diese lassen sich mit Wasser entfernen, so daß die Farbe hier das Sieb durchdringen kann.

Das Verfahren ist besonders geeignet für lineare Darstellungen und Vergrößerungen gerasterter Halbtonvorlagen (Pop-Art). Ferner kann die Fotoschablone direkt bezeichnet werden. Verschiedene Abwandlungen dieser Technik (z. B. "direkte" bzw. "indirekte" Herstellung der Druckform) sowie die Kombination verschiedener Verfahren (Mischtechnik des sog. "Linstead-Verfahrens", das direkte Arbeit auf dem Sieb mit seiner fototechnischen Bearbeitung verbindet) sind möglich. Zu den Vorteilen der Siebdrucktechnik zählt die seitenrichtige Anlage der Zeichnung, ferner die Möglichkeit, fast beliebig viele Farbschichten übereinander zu drucken (für jede Farbe ein Sieb). Die Siebdruckfarbe ist von besonders satter Farbwirkung von teigig-pastoser Konsistenz. Farbmischungen, Lasuren, Kombination von deckenden und lasierenden Farben ermöglichen eine Vielzahl von Effekten (glänzend, matt usw.). Mitbestimmend für die farbige Erscheinung des Siebdrucks sind ferner die Form des Rakels und die Intensität des Auftrags der Farbe (Rakelzug) in manuellem oder maschinellem Verfahren (Siebdruckmaschinen). Schließlich wird die farbige Wirkung des Siebdrucks durch die große Anzahl von Nuancen handelsüblicher Farben mitbeeinflußt.

Signatur
Zeichen des Künstlers bzw. des Entwerfers. Die Signatur kann den vollen Namen, eine Abkürzung, das Monogramm oder ein Zeichen enthalten. Handsignierung der Graphik ist erst seit dem späteren 19. Jh. üblich. Früher wurden die Künstlermonogramme in die Darstellung hineinkomponiert. Druckgraphik, die die Werke anderer Künstler reproduziert, trägt im allgemeinen den Namen des Künstlers und den Namen des Stechers. Auf der linken Seite unter der Zeichnung steht der Name des Malers mit den Abkürzungen pinx. für lateinisch pinxit (hat es gemalt), del. für lateinisch delineavit (hat es erfunden). Auf der rechten Seite steht der Name des Stechers mit Abkürzungen wie sc. für lateinisch sculpsit (hat es gestochen), inc. für lateinisch incidit (hat es geschnitten) oder fec. für lateinisch fecit (hat es gemacht). Lithographien tragen häufig die Signatur des Künstlers auf dem Stein (Daumier). Außer dieser mitgedruckten Signatur ist heute eine handschriftliche Signatur gebräuchlich. Sogar Plakate werden signiert, um ihren Verkaufswert zu erhöhen.

Silberstift
In der Wirkung einem harten Bleistift vergleichbares Zeichengerät. Das Papier wurde mit Knochenasche, später auch mit Gips, grundiert, um den Strich des Metallstifts anzunehmen, der als zarte graue Linie auf dem häufig getönten Grund erscheint, später aber bräunt. Entsprach der feine edle, gleichmäßig starke Strich dieser Technik der verfeinerten Kultur des Spätmittelalters bzw. der ausklingenden Gotik im Norden (Petrus Christus, Dürer) und italienischen Frührenaissance, so verlor sich der Gebrauch des Silberstifts mit der seit dem 16. Jahrhundert erfolgten Wendung zu einer direkten Form der unmittelbar und plastisch erfaßten Darstellung der sichtbaren Wirklichkeit, anstelle des vom Silberstift erzeugten zerbrechlich wirkenden Liniengespinstes. Erst im 18. Jahrhundert wurde der Silberstift für Bildnisse (Anton Graff, Winterthur 1736 - 1813 Dresden) wiederverwandt. Im 19. Jahrhundert leiteten die Präraffaeliten (William Strang, Sir Frederic Leighton) eine Renaissance der klassizistisch strengen Me-

tallstiftzeichnung auf farbigem Grund ein. Aber Alphonse Legros (Dijon 1837 - 1911 Watford) war ihr stärkster künstlerischer Exponent dieses Jahrhunderts. Im 20. Jahrhundert bedienten sich des Silberstifts u. a. Bildhauer der figurativ-manieristischen Richtung (Walter Pichler, Edgar Augustin, Joachim Schmettau).

Spritztechnik (Flachdruck, Lithographie)
Um in der Lithographie gepunktete Halbtonflächen ähnlich wie in der Aquatinta zu erreichen, wird die Lithotusche mit Bürste oder Sieb auf den Untergrund gespritzt oder gesprüht. Im allgemeinen wird die Spritztechnik in Verbindung mit der Pinsellithographie, oft auch in Verbindung mit der Aussprengtechnik (mit Zuckerwasserlösung beim Flach- bzw. Tiefdruck, mit fetthaltiger Kreide beim Siebdruck) angewendet.

Steingravur
Tiefdruck- und Flachdruckverfahren mittels Lithographiestein. Der Stein wird mit fettabstoßendem Kleesalz poliert, dann mit der Radiernadel oder dem Gravierdiamant bezeichnet. Wenn dann die Oberfläche des Steins mit einem Tampon eingefärbt wird, stößt die angefeuchtete Oberfläche die Farbe ab, während sie in den gravierten Stellen haftet. Anfänglich zum Druck von Firmenetiketten, Briefbogen u. ä. angewendet, wurde das Verfahren neuerdings auch von Künstlern (Gerhard Altenbourg) benutzt.

Stein- oder Naturkreide
Aus Tonschiefer gefertigtes, relativ hartes Material, dessen Strich von Braungrau bis Tiefschwarz reicht. Bis ins 19. Jahrhundert bevorzugtes Zeichenmittel. Die Masse wurde in vierkantige Stengel zersägt. Um das harte Material leichter zeichenbar zu machen, befeuchtete man die Spitze oder wandte andere Prozeduren an (Lagerung in feuchten Kellern).
Durch Kombination von Kreide mit Rötel bzw. Feder oder durch die Verwendung von Tonpapieren erweiterte man die malerischen Effekte des Materials (Rubens, Rembrandt).

Tusche
Die China-Tusche (schwarze Tusche), in China aus Kiefernruß und mit Knochenleim gebunden, seit dem 1. Jahrtausend v.Chr. in Gebrauch, wurde früher in Form von festen Stäben aus Ölruß und Bindemittel in den Handel gebracht. Heute sind es meist feste Tuschesteine, die vor Gebrauch auf dem Reibstein mit Wasser angerieben werden. Die modernen Tuschen sind nicht mehr von den herkömmlichen Grundstoffen Ruß und Kohle abhängig, behalten indes die bekannten Eigenschaften: Sie trocknen wasserunlöslich und ergeben einen deckenden Strich.

Vernis mou (Durchdrückverfahren)
Die Kupfer- oder Zinkplatte wird mit dem nicht festauftrocknenden sogenannten Weichgrund überzogen. Ein körniges Zeichenpapierblatt wird auf die so präparierte Platte gedeckt. Unter verhältnismäßig starkem Druck zeichnet der Künstler auf dem Papier. Beim Abheben des Blattes bleibt der weiche Ätzgrund teilweise an der Rückseite der Zeichnung haften. An den Stellen, wo der Ätzgrund verletzt ist, wird die Platte von der Säure angegriffen. Der Abdruck hat den Charakter von Kohle- oder Kreideton.
Die Durchdrücktechnik wird meistens in Verbindung mit anderen Radierverfahren angewandt (Leopold von Kalckreuth, Käthe Kollwitz).

Zinkätzung
Manuelles Verfahren zur Herstellung einer Hochdruckform, bei dem die Zeichnung mit einer säurefesten Flüssigkeit (z.B. Asphaltlack) direkt auf die Metallplatte (Zink) aufgetragen wird. Die freistehenden Metallteile werden dann mit Salpetersäure geätzt, so daß die Zeichnung erhaben stehen bleibt. Von William Blake (London 1757 - 1827 London) häufig verwandtes Verfahren, neuerdings auch von Heinz Mack und Horst Antes.

Zustandsdruck
Bestimmte Fassung einer druckgraphischen Arbeit (Zustand, franz. Etat), die vom Künstler als vollwertiger Zwischenzustand angesehen wird, von der eventuell kleinere Auflagen ausgedruckt werden. Die Platten werden später überarbeitet, u. U. werden von anderen Varianten ebenfalls kleinere Auflagen gedruckt.

Prof. Dr. Joachim Heusinger von Waldegg,
Staatliche Akademie
der Bildenden Künste Karlsruhe

Malerei und Skulpturen

**Die Städtische Kunsthalle Mannheim
Zur Geschichte des Museums
und seiner Sammlung**

Anlaß zur Gründung der Städtischen Kunsthalle Mannheim gab das 300jährige Jubiläum, welches die kurpfälzische Stadt am Rhein im Jahre 1907 feierte. Aus den schon drei Jahre zuvor einsetzenden Diskussionen mit den örtlichen Vereinen über Art und Umfang der Festivitäten entwickelte sich im Stadtparlament die ehrgeizige Idee, eine internationale Ausstellung zeitgenössischer Kunst zu organisieren. Im Blickpunkt stand dabei die Überlegung, den negativen Ruf als Industriestadt, der Mannheim seit seiner wirtschaftlichen Entwicklung im 19. Jh. anhaftete, durch ein kulturelles Angebot auszugleichen. Mannheim hatte seit dem 18. Jh. mit der Verlegung des Hofes der Wittelsbacher von Mannheim nach München seine kulturpolitische Bedeutung verloren, während sich benachbarte Städte wie Darmstadt und Karlsruhe um 1900 durch ein aktives Ausstellungswesen zu Kunstmetropolen entwickelten. Das Gründungsjubiläum der Stadt sollte somit auch an die einstige kulturelle Tradition anknüpfen.

Auf Betreiben des Mannheimer Architekten Rudolf Tillessen wurde die Organisation dem Maler Ludwig Dill übertragen, dessen mehrfache Funktionen als Erster Präsident der Münchner Sezession, als Dozent an der Karlsruher Akademie, als Mitglied des Karlsruher Künstlerbundes und als Mitbegründer der Dachauer Malerkolonie Erfahrung im Ausstellungswesen garantierten. Dills Akademiekollege und Freund Hermann Billing erhielt im Mai 1905 den Auftrag, ein Galeriegebäude zu errichten. Ziel war, dieses Gebäude nach der Jubiläumsausstellung als ständigen Ausstellungsort für die städtische Gemäldesammlung, die sich bis dahin im Schloß befand, zu nutzen. Für die Finanzierung stand die Summe von 250 000 Mark (etwa ein Drittel der Gesamtkosten) zur Verfügung, die die 1901 verstorbene Stifterin Henriette Aberle geb. Michaelis zum Gedenken an ihren Mann Julius für die Errichtung eines Galeriegebäudes der Stadt testamentarisch vermacht hatte (50 000 DM brachte der ursprüngliche Stiftungsbetrag von 200 000 Mark in der Zeit von 1901 bis 1905 an Zinserträgen ein). Planung und Baubeginn erfolgten nach 1905, so daß für die Bauzeit knappe zwei Jahre bis zum Ausstellungsbeginn am 1. Mai 1907 verblieben. Man war somit gezwungen, "in großer Eile" vorzugehen.

Der Architekt
Der aus einer Karlsruher Baumeisterfamilie stammende Architekt Hermann Billing hatte um 1905 bereits mehrere Referenzen vorzuweisen, die dem Stadtrat die Entscheidung erleichterten, ohne Wettbewerb nach einem ersten Vorentwurf dem Architekten Planung und Bauleitung zu übertragen (das Städtische Hochbauamt wurde somit ausgeschaltet). Billing gehörte mit van de Velde, Olbrich und Behrens zu jener um 1860 geborenen Generation, die sich in ihrer Architektur bewußt gegen den Historismus ihrer Zeit wandten. Der historisierende Stil des 19. Jahrhunderts, jener also der sogenannten Neoromanik, Neogotik und Neorenaissance, schöpfte aus dem Formenrepertoire vergangener Epochen und erstarrte noch im Laufe der ersten Dezennien zu einem Eklektizismus, der die junge Generation der zweiten Hälfte des Jahrhunderts nicht mehr befriedigen konnte. Als Reaktion darauf entstand der sogenannte Jugendstil, der mit seinem erwachten Form- und Materialbewußtsein eine neue Richtung weisen wollte. Die Bezeichnung "Jugendstil" wurde von der 1896 gegründeten Münchner Zeitschrift "Jugend" abgeleitet und sollte ursprünglich die Besinnung auf einen eigenen Formenkanon bei der Herstellung kunstgewerblicher Produkte bedeuten. Vom Kunstgewerbe griff der Jugendstil schnell auf die Architektur, Malerei, Graphik, Plastik, Plakat- und Buchkunst über. Bewußt hatte Billing sich diese neue Richtung zu eigen gemacht und dem Historismus seine eigenwillige, individuelle Formensprache entge-

gengehalten und verbal propagiert. Er hatte sein Architektenbüro in Karlsruhe, publizierte in Kunst- und Bauzeitschriften und wurde somit als "Jugendstil"-Architekt bekannt. Zu Beginn unseres Jahrhunderts erhielt er mehrere Aufträge für öffentliche Großbauten, so für das Kieler Rathaus (1903) und das Ausstel-lungsgebäude für die Kölner Kunstausstellung (1906).

Der Jugendstilbau als Jubiläumsgebäude
In Mannheim entstand innerhalb von zwei Jahren ein Jugendstilbau, der sich trutzig, fast wehrhaft in seiner Umgebung behauptet. Gewählt hatte man den Standort südlich des von Bruno Schmitz in Hinblick auf die Jubiläumsausstellung gestalteten Friedrichsplatzes (1902 wurden dort die Arbeiten abgeschlossen) im Ostteil der Stadt, der erst Ende des 19.Jh. baulich erschlossen worden war. Billing orientierte sich beim Museumsgebäude baulich am Friedrichsplatz, einer Jugendstilanlage, die das dominante Wahrzeichen der Stadt, den Wasserturm (1885-89), integrierte.

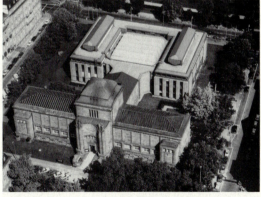

Blick auf den gesamten Museumskomplex, Luftbild . Foto - Hauck Mannheim, (freigegeben Reg. Präs. Karlsruhe 21 / 4638 h sw)

Der mit Eisenbeton ausgeführte Baukern erhielt eine Verkleidung mit rotem Mainsandstein, so daß Museum, Anlage und umgebende Wohnbauten ein harmonisches Ganzes vermitteln. Da ursprünglich geplant war, zwischen Friedrichsplatz und Galeriegebäude ein durch die Reiß-Stiftung realisierbar gewordenes Museum zu bauen, hatte Billing das Jubiläumsgebäude weit vom Platz abzurücken und mit einem Verbindungstrakt zu versehen, der eine zukünftige bauliche Angliederung ermöglichen sollte. Deshalb befindet sich heute der Eingang zur Kunsthalle im Süden, abgekehrt vom Friedrichsplatz. Das Reiß-Museum wurde an dieser Stelle zwar nicht gebaut, stattdessen errichtete man jedoch den Erweiterungstrakt der Kunsthalle und respektierte den historischen Eingang vom Billing-Bau Die longitudinale Jugendstilanlage von Billing überrascht zunächst durch ihre Monumentalität, die sowohl der regelmäßige geschlossene Baukörper als auch dessen überdimensionierte Bossenquaderung an den Sockeln unterstreichen.Im Zentrum überragt ein Kuppelbau die gesamte Architektur und weist auf die von Billing konzipierte Eingangssituation hin. Der Eingang führt über eine Freitreppe in die als Vestibül dienende Kuppelhalle. Diese Eingangssituation zeigt beispielhaft Billings jugendstilbetonte Formgebung. Wie bereits ein Zeitgenosse berichtet, inszenierte Billing das Hauptportal so,als solle der Besucher in den "Kunsttempel erhoben" werden. Die hoheitsvoll, sphinxartig liegenden Löwen flankieren die Freitreppe, die zur konkav geschwungenen, wie ein Risalit hervorspringenden Eingangsfassade hinaufführt. Die goldenen, römischen Ziffern erinnern noch heute an das Entstehungsjahr 1907.Harmonisch integrierte Billing die Dynamik der Wand mit linearen Formelementen an den rechts und links neben dem Eingang aufragenden Säulen mit den Kannelüren. Die Linearität wiederholt sich an den Fenstern und wird am Portal zu einer breiten Rahmung gesteigert. Die monumentalen, verschliffenen Säulenpaare krönen kolossale Statuen, jeweils männliche und weibliche Kranztragende.

Diese inszenierte Theatralik an der Portalzone setzte Billing im Innern des Gebäudes fort, wo man zunächst den Kuppelbau betritt. Dieser ist als eine durch alle Stockwerke reichende Eingangs- und Treppenhalle konzipiert, so daß von ihm als zentralem Bauteil alle Räume erreichbar sind. Die repräsentative Funktion des Vestibüls wurde deshalb von Billing entsprechend reich mit Marmor verkleidet. Aus dem Wechsel von hellem und dunklem Stein an Wänden und Stützen ergibt sich eine optische Rhythmisierung, die, unterstützt durch das indirekt aus der Kurvatur der Kuppel eindringende Tageslicht, das feierliche Raumerlebnis bewirkt. Billing stattete das Galeriegebäude mit Oberlichtsälen sowie mit seitlich und indirekt beleuchteten Räumen aus, da man über die zukünftige Nutzung nach dem Jubiläum seinerzeit noch keine konkreten Vorstellungen hatte (ein Umstand, den der erste Direktor Fritz Wichert stets bemängelte).

Während des Jubiläums im Jahre 1907 präsentierte Ludwig Dill eine Kunstausstellung, die im wesentlichen die Tendenzen der bildenden Kunst um 1900, Naturalismus, Symbolismus und Jugendstil zusammenfaßte, eine Art Rückblick auf die wichtigsten, damals schon vergangenen Kunst, zeigte. Dennoch integrierte man auch zeitgenössische Kunst, vor allem eine Kollektion französischer Malerei. Insgesamt kann man die Qualität der ausgewählten Werke (mehrere Gemälde von van Gogh, Gauguin, Courbet, Manet, Monet u.a.) noch heute im Rückblick auf die Jubiläumsschau als Kunstereignis ersten Ranges - wenn auch damals von vielen nicht in dieser Bedeutung erkannt - einstufen. Ein weiteres, denkwürdiges Ereignis war die Ausgestaltung von Innenräumen durch Architekten und Kunstgewerbler. Diese Präsentation von "Kunst im Raum" entsprach der im Jugendstil unter dem Begriff "Gesamtkunstwerk" aufflammenden Idee, eine Harmonie von Kunstobjekt und Raum zu erzielen. Der ursprüngliche Gedanke, "Raumkunst" auf Nutzräume anzuwenden, wurde in Mannheim aufgegriffen und modifiziert als reine Präsentation von integrierter Kunst im Raum. Neben Behrens, Billing, Olbrich wirkten namhafte Maler der Wiener Werkstätten, der Münchner und Berliner Sezession mit (u.a. waren die Maler Franz von Stuck und Gustav Klimt vertreten). Das Ende der Jubiläumsausstellung bedeutete zunächst die Schließung des Galeriegebäudes.

Die Kunsthalle und ihr Anbau

Nach Schließung der "Internationalen Kunst- und Großen Gartenbau-Ausstellung" am 20. Okt. 1907 entfernte man in den zwei folgenden Jahren die gesamte Innenausstattung. Erst im November 1908 beschloß der Stadtrat, die Städtische Kunstsammlung, die bis dahin im kurfürstlichen Schloß untergebracht war, in das neue Galeriegebäude zu überführen und "die städtische Gemäldesammlung in zweckmäßiger und zum weiteren Ausbau geeigneter Anordnung unterzubringen."

Den Grundstock der Sammlung bildete die auf 1873 zurückreichende Schenkung von Gen. Lieut. Kuntz, die Sammlung seines Vaters Carl Kuntz (1770-1830). Werke u.a. von Feuerbach, Schirmer, Spitzweg gelangten durch das Vermächtnis von James Emden 1883 in den Besitz der Stadt. Die Stiftung des Mannheimer Fabrikanten Sally Falk aus dem Jahre 1921 trug erheblich zur Entstehung der Plastiksammlung bei. Konnten anfänglich die Museumsräume durch die Städtische Gemälde-Sammlung nur spärlich gefüllt werden, so gelang den Direktoren durch eine achtzigjährige Museumspolitik, die Kunsthalle zu einer bedeutenden Gemälde-, Plastik- und Graphik-Sammlung des 19. und 20. Jh. zu erweitern.

Die Raumnot wurde in den 60er Jahren immer akuter. Die Erweiterung der Kunsthalle, vielfach schon in der Vergangenheit von den Direktoren dringlich gemacht und mit dem Stadtrat diskutiert, wurde am 4. Dezember 1979 endgültig genehmigt. Man einigte sich, daß der Standort gemäß den ursprünglichen Plänen, für die schon Bruno Schmitz und Hermann Billing Konzepte entwickelt hatten, zwischen Kunsthalle und Friedrichsplatz sein sollte. Weniger aufwendig als der von Bruno Schmitz vorgesehene Kuppelbau plante der beauftragte Mannheimer Architekt Hans Mitzlaff, der sich schon seit den 60er Jahren mit der Erweiterung befaßt hatte, den neuen Museumstrakt, da die Mittel aus der "Reiß-Stiftung" (rund 4,5 Mio DM) lange nicht mehr ausreichten (man rechnete 1978 bereits mit rund 28 Mio DM).

Im wesentlichen ordnet sich der Neubau der Billingschen Architektur unter, da man sich entschloß, trotz seiner Anordnung zum Friedrichsplatz hin, den Haupteingang von Billing zu belassen. Der Flachbau wurde mit rotem Sandstein verkleidet und so an seine Umgebung optisch angegliedert. Im Innern mit dem Billing-Bau durch einen gelenkartigen Trakt verbunden, gruppieren sich um ein geschlossenes Forum die Ausstellungssäle, wo heute die Malerei des 20. Jh. sowie der Skulpturenbestand Platz finden. Der Neubau bietet ebenfalls den dringend benötigten Raum für Wechselausstellungen und beherbergt den Kahnweiler-Saal, in dem Konzerte und Vorträge stattfinden.

Die Bestände des Museums

Neben einer umfangreichen Sammlung an Zeichnungen und Graphiken des 19. und 20. Jh. (ferner einer Plakatsammlung), die aus konservatorischen Gründen im Museum nicht gezeigt werden können - der Neubau erweist sich bereits als zu klein -, liegt der Schwerpunkt der Sammlung auf der Malerei und Plastik des 19. und 20. Jh. Die Qualität der Exponate sowie die Konsistenz des Museumsbestandes ist das Ergebnis der weitsichtigen Ankaufspolitik der bisherigen Direktoren. Den entscheidenden Schritt tat Fritz Wichert, dessen Aufgabe es war, als erster Direktor der Kunsthalle zwischen 1909 und 1923 die Richtung der Sammlung festzulegen. Bei der feierlichen Wiedereröffnung des Hauses am 5.12.1909 reichte die Städtische Sammlung bei weitem nicht aus, alle Säle zu füllen. Um dennoch "die riesigen Wandflächen in möglichst geminderter Kahlheit" erscheinen zu lassen, präsentierte Wichert die sogenannte "Meisterausstellung", eine zum Teil aus dem Kunsthandel zusammengestellte Auswahl von Werken des 19. Jh.

Wichert zielte mutig auf einen zukünftigen Ankauf einiger der Exponate. Vor allem zeigte er neben deutschen Meistern des 19. Jh. "moderne" Franzosen, französische Impressionisten und einige ihrer Vorläufer. Die Ausstellung wurde über Mannheims Grenzen hinaus bekannt, doch in der Stadt selbst sorgte sie zunächst für kritische Stimmen aus den konservativen Reihen. Für Wichert war dies ein Indiz, "daß Mannheim jetzt neue und erfreulichere Züge annehme". Der größte Kunststreit erhob sich um das heute bedeutendste, damals umstrittenste Gemälde der Sammlung, um Edouard Manets (1832 - 1883) "Erschießung Kaiser Maximilians von Mexiko" (um 1868/69; siehe Farbbild Seite 481).

Anläßlich der Wiedereröffnung der Kunsthalle (1909) stifteten neun Bürger insgesamt 90.000 DM für den Ankauf von Manets Gemälde. Wichert sprach von einer "Kunsttat von außerordentlicher Bedeutung." Das monumentale Gemälde nimmt innerhalb von Manets Oeuvre eine Sonderstellung ein. Der Künstler hatte sich ein aktuelles Ereignis zum Thema gewählt und entsprach damit einem Bedürfnis, das sich zu Beginn des 19. Jh. als Reaktion primär gegen die klassizistische Historienmalerei und die Romantik richtete. In der Literatur wie in der bildenden Kunst sollte der Aktualitätsbezug gegenüber der idealisierten Darstellung historischer und mythologischer Themen vorherrschen. Man wollte die Realität unverbrämt in all ihren Licht- und Schattenseiten wiedergeben. Mehr als zehn Jahre zuvor (1855) hatte der Franzose Gustave Courbet in einem Schuppen in Paris seine eigene Ausstellung eröffnet und als "Le Réalisme" bezeichnet. Wie Courbet wollte Manet die Wahrheit wiedergeben.

Als am 19. Juni 1867 Kaiser Maximilian von Mexiko und seine zwei Generäle Meja und Miramón im mexikanischen Querétaro hingerichtet wurden, ging diese Neuigkeit durch die Weltpresse und erregte Empörung. Auch Manet war von diesem Ereignis erschüttert. Als Gegner Napoleons sucht er in der damaligen französischen Regierung die Verantwortlichen. 1864 hatte Napoleon III. den österreichischen Erzherzog Maximilian für seine Expansionspolitik zum Verbündeten gewonnen und Maximilians Ernennung zum Kaiser erwirkt. In Mexiko, das 1820 unabhängig geworden war, entfachten die Republikaner unter ihrem konstitutionell im Amt befindlichen Präsidenten Benito Juárez einen Guerillakrieg gegen die Kaisertreuen und Franzosen. Als Napoleon jedoch auf vermehrten Druck der Vereinigingten Staaten von Amerika das Interesse an Mexiko verlor, zog er seine Truppen ab. Stolz und Ehre hielten Maximilian in Mexiko, wo er schutzlos in die Hände der Republikaner fiel.

In dieser endgültigen der insgesamt vier Fassungen tauschte Manet, entgegen der ersten Bildkonzeption, die mexikanischen gegen die französischen Uniformen des Exekutionspelotons aus. Das Bild ist so als Anklage gegen die damalige französische Regierung formuliert. Manet schuf mit diesem Bild in einer nüchternen Darstellungsweise, die die Grausamkeit potenziert, ein Zeitdokument, das in seinem Oeuvre ohnegleichen ist.

Während der Ära des ersten Direktors wurde die Sammlung gezielt erweitert, um zunächst eine repräsentative Auswahl der Kunst des 19. Jh. aus Frankreich und Deutschland zusammenzustellen. Unter den Vertretern der Romantik befindet sich heute das Gemälde "Abend" (1824; siehe Farbbild

Seite 481) von Caspar David Friedrich (1774-1840). Friedrichs künstlerisches Credo, der Maler solle nicht bloß malen, was er vor sich sieht, sondern auch, was er in sich sieht, verdeutlicht, wie sehr der Maler nach einer zutiefst aus seinem Innern geschöpften Bilderwelt suchte. So brauchte er keine weiten Reisen anzutreten, wie so viele seiner Zeitgenossen, die der damaligen Italien-Sehnsucht folgten. Friedrich fand seine Bildwelt nicht der Natur, denn er wollte kein Abbild des äußeren Scheins schaffen. Er folgte seinem subjektiven Empfinden und gab dadurch seinen Werken eine existentielle Dimension: "Schließe dein leibliches Auge, damit du mit dem geistigen Auge zuerst siehest dein Bild. Dann fördere zutage, was du im Dunkeln gesehen, daß es zurückwirke auf andere von außen nach innen." Diese Empfehlung des Malers nimmt bereits das moderne Selbstverständnis der späteren Künstlergeneration vorweg.

Der weite, tiefliegende Horizont, der beinahe die ganze Bildfläche dem Himmel freigibt, zeigt nur entfernt das irdische Dasein, das sich angesichts des weiten Kosmos als unbedeutend ausnimmt. Die Spannung in Friedrichs Bildern wird nicht zuletzt durch diese Relativierung der menschlichen Existenz angesichts des Universums hervorgerufen.

Zur jüngeren Generation gehörte Anselm Feuerbach (1829 - 1880; siehe Farbbild Seite 481), der im Gegensatz zu Friedrich 17 Jahre in Rom verbrachte, wo er den Stil u.a. der Renaissancemaler Tizian und Raffael studierte. Er entwickelte eine monumentale, idealistische Formensprache mit vorwiegend figürlichen Kompositionen. Seinen Aufenthalt in Rom bezeichnete er als den "Beginn seines Lebens". Feuerbach schuf häufig, wie auch dieses Beispiel der Medea zeigt, mythologisch gesteigerte Darstellungen seines römischen Modells Nanna Risi.
Sinnend sitzt Medea neben dem Dolch, mit dem sie nach der griechischen Sage ihre Nebenbuhlerin Kreusa und ihre Töchter aus der Ehe mit Jason getötet hat. Indem Feuerbach eine Synthese aus realistischen Elementen mit monumentalem Idealismus anstrebte, wurde er zum Vollender und zugleich Überwinder des Klassizismus.

Camille Corot,
"Der kleine Wagen in den Dünen", 1865,
Foto : Städtische Kunsthalle Mannheim

Auch Camille Corot (1796 - 1875) reiste nach Italien, vorwiegend um sich von der römischen Landschaft inspirieren zu lassen. Ganz anders als seine deutschen Malerkollegen suchte der Franzose nicht die detailgetreue Darstellung. Corot legte mit dem Pinsel seine Studien an, denn sein Ziel war, summarisch den "Totaleffekt" einer Landschaft einzufangen. Aus der getreuen Naturdarstellung wurde so eine Stimmungslandschaft. Mit Vorliebe malte er in silbriggrauen Tönen die erwachende Landschaft in den frühen Morgenstunden, indem er mit halbgeschlossenen Augen die hellen und dunklen Hauptmassen auf der Leinwand festlegte. "Der kleine Wagen in den Dünen", um 1865 entstanden, zeigt eine picardische Landschaft, die auf genaue Studien in der Nähe von Cayeux zurückgeht. Die zarte, feine Farbabstufung, mit der der Maler lichte Baumkronen und eine verschwimmende Atmosphäre wiedergibt, machten ihn bereits Mitte des 19. Jh. zum Vorläufer des Impressionismus.

Der Impressionismus erhielt offiziell seinen Namen nach einem Gemälde von Claude Monet, das 1874 ausgestellt wurde. Auf Anregung des Kunsthändlers Durand-Ruel wurde in diesem Jahr erstmals eine gemeinsame Ausstellung der Künstler gezeigt, die vom offiziellen Salon zurückgewiesen worden waren. Ausgestellt wurden Werke von Malern, deren zwischen 1860 und 1870 entwickeltes, neues Verständnis von der Aufgabe eines Bildes auf Ablehnung in der Öffentlichkeit gestoßen war. Man wollte keine auf Inhalt, Komposition und Beleuchtungseffekte bedachte Atelierkunst, sondern Motive aus dem täglichen Leben in ihrem natürlichen, optischen Licht darstellen. Die Staffelei wurde aus dem Atelier geholt, um die atmosphärischen Stimmungen einfangen zu können. Diese Freilichtmalerei ermöglichte den Malern, die Wirklichkeit in der subjektiv empfundenen Farbenvielfalt zu sehen. Vorwiegend in lichter Farbpalette entstand so eine lockere Malweise in zarten Farbflecken, die die Form auflöst und die Zentralperspektive aufhob. Dem Betrachter ergibt sich damit erst im Abstand zum Bild die gegenständliche Wirkung. Monet nannte daher eine seiner Landschaften "Impression, soleil levant" (1872), und drückte damit die wesentlichen Merkmale dieses neuen Malstils in dem Begriff "Impression" aus, da der kurze Augenblick der aufgehenden Sonne dem Maler die Landschaft in einer Augenblickstimmung vermittelte, die er mit seiner Palette ebenso flüchtig auf die Leinwand bannen wollte. Fritz Wichert bereicherte die Sammlung der Mannheimer Kunsthalle mit repräsentativen Werken dieser damals noch in Mannheim als "moderne" Franzosen bezeichneten Maler. Um 1910 war der Impressionismus bereits anerkannt und wurde schon wieder von anderen Kunstströmungen abgelöst. Innerhalb weniger Jahre erwarb er Gemälde von Claude Monet, Camille Pissarro und Alfred Sisley.

Alfred Sisley," Marktplatz in Marly ", 1876, Foto : Städtische Kunsthalle Mannheim

Der in Paris geborene Alfred Sisley (1839-1899) malte hauptsächlich Landschaften der Ile-de-France. Nicht das Motiv, sondern das wechselnde Licht und die dadurch veränderten Farbenwirkungen je nach Jahreszeit wurden zum bildnerischen Thema. So schrieb er, sein künstlerisches Verhältnis zusammenfassend: "Ich beginne ein Bild immer mit dem Himmel... Die Gegenstände müssen vor allem in ihrem Verwobensein dargestellt werden, vor allem müssen sie in Licht getaucht sein, wie es auch in der Natur der Fall ist..." Der "Marktplatz in Marly" steht als Beispiel seiner lichtdurchwirkten Bilder, in denen jede geschlossene Form in Farbflecken aufgelöst ist und so zur "Verlebendigung der Leinwand" beiträgt.

Parallel zu den französischen Impressionisten wurde von Wichert die Sammlung der deutschen Wegbereiter und Vertreter des Impressionismus erweitert. Im linken Flügel untergebracht, bilden die Gemälde von Max Liebermann, Lovis Corinth, Fritz von Uhde und Max Slevogt heute ein Pendant zu den französischen Meistern im rechten Flügel gegenüber.

Mit dem Gemälde "Raucher mit aufgestütztem Arm" (um 1890) von Paul Cézanne (1839 - 1906) erwarb Wichert 1912 erst nach langen Diskussionen mit der Ankaufskommission eines der bedeutendsten Werke der heutigen französischen Sammlung. Hatten konservative Stimmen damals noch das Gemälde als "Machwerk eines Dilletanten" bezeichnet, so steht es heute beispielhaft für die um 1890 einsetzende Stilwende. Cézanne wollte "aus der Kunst des Impressionismus etwas Solides und Dauerhaftes" machen. Obwohl ihn die Impressionisten vor allem in der Aufhellung der Palette beeinflußt hatten, nahm er die atmosphärische Malerei zurück, um an deren Stelle Kontrastwirkungen durch absolut gesetzte Farben zu erreichen. Sein Ziel war, der Kunst eine stille Größe zu geben, starke Farben und klare Formen in einer harmonischen Kompostion zu vereinen. Wie die Impressionisten wollte er "nach der Natur" malen, ihr aber darüber hinaus dort innere Gesetzmäßigkeit verleihen, wo die Impressionisten in konfusen Flecken und Strichen ihre Genialität bewiesen. Sein Wunsch war, "den Impressionismus in etwas Gefestigteres und Beständigeres nach Art der alten Meister" zu verwandeln, ohne jedoch in die akademische Manier zurückzuverfallen. Sein Verfahren bestand darin, die Lage der Pinselstriche so zu verändern, daß sie sich den Hauptlinien der Komposition anpaßten, ohne klare Konturen zu ziehen. Es gelang ihm, Körperlichkeit und Bildtiefe zu vermitteln, ohne an der Zentralperspektive festzuhalten und ohne die Leuchtkraft der Farben einzubüßen. Cézanne wurde zum Neuerer der Kunst, die die nachfolgenden Malergenerationen nachhaltig beeinflußte.

Paul Cézanne, " Raucher mit aufgestütztem Arm ", um 1890, Foto : Städtische Kunsthalle Mannheim

Der Neuerer auf dem Gebiet der Plastik, Auguste Rodin (1840-1917), war wie Cézanne auch vom Impressionismus beeinflußt. Dieser Aspekt in seinem Schaffen wird deutlich in der Oberflächenmodellierung seiner Skulpturen. Rodin fand zu einer spannungsvollen Modellierung zerklüfteter Oberflächen, in deren "Buckeln und Höhlungen" sich das Spiel von Licht und Schatten malerisch-impressionistisch inszeniert. Sein Verdienst war es jedoch darüber hinaus, Bewegung in seinen Skulpturen einzufangen, die sich nicht analog zur Stroboskopie, aus der in jener Zeit von Muybridge erfundenen, fotografisch festgehaltenen Phasenabfolge von Bewegungen, herleiten läßt. Bewegung in einer Skulptur darzustellen bedeutete für ihn, mindestens drei Phasen auf einmal festzuhalten, so daß er im Gegensatz zur kinetischen Abfolge ein intuitives Gefühl für Bewegung visualisierte. In mehrfacher Hinsicht wies Rodin auf das kommende Jahrhundert voraus. Er schuf einen neuen Denkmaltypus, indem er jegliches heroische Pathos zurücknahm, als er das Denkmal für die "Bürger von Calais" (1884-86) ohne Sockel zum Sinnbild existentieller Nöte werden ließ. Nachhaltig wirkte auf die Bildhauer des 20. Jahrhunderts seine Anerkennung des Torso als vollendete Form. Die Eva (um 1881, siehe Abb. unten rechts) ist die monumentalisierte Fassung einer ursprünglich für die "Höllenpforte" (1880-1917) konzipierten Skulptur. Sie steht wie Cézannes Bilder in der Malerei als Zeichen des Aufbruchs ins neue Jahrhundert.

Fritz Wicherts mutige Sammlungsaktivitäten beschränkten sich nicht nur auf das 19. Jahrhundert. Erstaunlich weitsichtig erwarb er bereits damals zeitgenössische expressionistische Kunst, die den Grundstock der heutigen Expressionisten-Sammlung bildet.

1913 kaufte er das "Bildnis Professor Forel" (1910) von Oskar Kokoschka (1886-1980 siehe Farbbild Seite 482). Der Expressionismus, der sich zu Beginn des 20. Jh. hauptsächlich in Deutschland entwickelte, suchte im Gegensatz zum Impressionismus nicht äußere Eindrücke, sondern seelische, existentielle Erfahrungen künstlerisch auszudrücken. Man wollte zu den Urelementen der Malerei vorstoßen und keinen ästhetischen Genuß bieten. Vor allem die Volkskunst und die Kunst der "primitiven"

Völker beeinflußten die Expressionisten nachhaltig. Ausdrucksübersteigerung war durch Deformieren der Form ebenso erlaubt wie durch das Setzen ungebrochener Farbflächen. Bei ihrer Suche nach einer authentischen Kunst bildeten die Expressionisten zwar einen Affront gegen den konservativen bürgerlichen Geschmack, in ihrer Absicht wollten sie jedoch eher den Menschen aufrütteln, so daß sie im eigentlichen Sinne eine soziale Mission erfüllten. Obwohl die Expressionisten auf ein "Programm" verzichteten, schlossen sie sich 1905 in Dresden zur "Brücke" zusammen. Die Suche nach einer Wesenskunst bewirkte, daß sich die Künstler einer subjektiven Formensprache bedienten. Der Vertreter des Wiener Expressionismus, Oskar Kokoschka, entwickelte in seinem "Bildnis Auguste Forel" eine individuelle Form des Expressionismus. Mit verhaltener, auf Brauntöne zurückgenommener Palette malte er unter sparsamster Verwendung der Farben ein einfühlsames Porträt, gleich einem Seelenspiegel.

Der während des Ersten Weltkrieges gefallene Maler Franz Marc (1880 - 1916; siehe Farbbild Seite 482) entwickelte seinen expressiv symbolischen Stil, der in einem tiefen Empfinden für die Kreatur wurzelte. Marc war zusammen mit Wassily Kandinsky, Alexander Jawlensky und August Macke Mitbegründer des 1911 in München ins Leben gerufenen "Blauen Reiter". Unter selbigem Namen erschien 1912, im gleichen Jahr der Entstehung seines Gemäldes "Hund, Fuchs und Katze", ein Almanach, in dem die Ziele und Vorstellungen der Beteiligten formuliert waren. Der Almanach war das Bekenntnis zu einer Wesenskunst, die Kandinsky in der "großen Abstraktion" und in der "großen Realistik" erfüllt sah. Marcs Interesse galt in erster Linie der unschuldigen kreatürlichen Existenz. Das Tier symbolisierte durch seine Unschuld den wachsenden Zwiespalt in einer menschlich-apokalyptischen Welt. Diese Weltsicht sollte sich schon wenige Jahre nach Entstehung dieses Bildes bewahrheiten. Marc hatte sie vorausgeahnt und wurde selbst zum Opfer.

Während Wichert den wichtigsten Bestand der Sammlung von Gemälden des 19. Jahrhunderts noch vor dem Ersten Weltkrieg erwarb, gelang es ihm, gleichzeitig das Interesse von privaten Stiftern auf die Kunsthalle zu lenken. Der Mannheimer Fabrikant Sally Falk stiftete 1921 eine größere Anzahl von Skulpturen, die den Grundstock der heutigen Skulpturen-Sammlung bildeten. Darunter befanden sich mehrere Werke von Wilhelm Lehmbruck (1881 - 1919). Die "Stehende weibliche Figur" entstand zu Beginn seines vierjährigen Aufenthaltes in Paris (1910 -14, siehe nebenst. Abb.). Dieses Werk des Bildhauers zeigt bereits die Überwindung der von Rodin gewiesenen Oberflächenmodellierung zu einer ruhigen, geschlossenen Form. Lehmbrucks "Stehende weibliche Figur" ist unter dem Eindruck der Kunst Maillols zu sehen, die die Skulptur auf eine klassische Einfachheit der Körperbewegung und straffen Oberflächenspannung zurückführt. Lehmbrucks Arbeit zeigt damit den Beginn seiner künstlerischen individuellen Formensprache.

Nachdem 1923 Fritz Wichert einem Ruf nach Frankfurt gefolgt war, übernahm Gustav Friedrich Hartlaub die Direktion der Kunsthalle. Hartlaubs Sammelschwerpunkt richtete sich auf die "Moderne" des 20. Jh., womit er die Ankaufsaktivitäten seines Vorgängers konsequent fortsetzte. Hartlaub prägte für eine künstlerische Richtung, die sich in Deutschland als bewußter Gegensatz zum Expressionismus verstand, den Begriff "Neue Sachlichkeit". Die erste zusammenfassende Ausstellung, die 1925 unter diesem Namen in der Kunsthalle Mannheim gezeigt wurde, ging in die Kunstgeschichte ein. Hartlaub hatte mit weitsichtigem Blick die damals aufkommende Tendenz in der bildenden Kunst beobachtet. Unter starker Betonung der Gegenständlichkeit führten Maler wie George Grosz (1893-1959) und Otto Dix (1891-1969) mit erschreckend nüchternem Blick eine Welt voller Laster, Mißstände und Not vor Augen. Diesen erbarmungslosen Verismus benutzte beispielsweise Otto Dix in seinem Gemälde "Streichholzhändler II"(1926; siehe Farbbild Seite 482), indem er unter Verwendung kühler Farben an einem Jungen auf der Straße das Leid der ganzen menschlichen Existenz festmacht.

Mit der Machtergreifung der Nationalsozialisten wurden jegliche fortschrittlichen Aktivitäten im Keim erstickt. Das erste massive Vorgehen gegen die Kunsthalle setzte bereits 1933 mit der Entlassung Hartlaubs ein. Schon lange vor der Münchner Ausstellung "Entartete Kunst"(1937) wurde in Mannheim 1933 eine "kulturbolschewistische" Ausstellung von dem nationalsozialistischen Sekretär der Reichspost, Gebele von Waldstein, veranstaltet. Ziel war die "Reinigung der Museen von entarteter Kunst".

Bei den Beschlagnahmungsaktionen 1933 und 1937 wurde die Sammlung der Kunsthalle der wichtigsten Werke beraubt. Walter Passarge, der von 1936 bis 1958 die Leitung der Kunsthalle übernahm, zog sich während der Nazi-Herrschaft auf das unverfängliche Sammlungsgebiet der "Werkkunst" zurück. Trotz seiner Bemühungen, nach Kriegsende den Bestand der Kunsthalle durch Wiedergutmachungen und Ankäufe auf das ehemalige Niveau zurückzuführen, mußte er die Hoffnung auf eine wiederherstellbare Kohärenz der Sammlung aufgeben. Viele der damals beschlagnahmten Werke blieben verschollen.

Die Sammlungsaktivitäten nahmen unter dem Nachfolger von Passarge neue Dimensionen an. Heinz Fuchs' Verdienst seit 1959 war es, den Sammlungsstil seiner Vorgänger fortzusetzen und zeitgenössische Kunst anzukaufen. Ihm und dem heutigen Direktor Manfred Fath ist zu verdanken, daß die Kunsthalle heute eine umfangreiche, internationale Plastiksammlung des 20. Jh. besitzt. Constantin Brancusis (1876-1957) "Großer Fisch" (1928-57) brachte die Gestalt des Fisches auf ein Formen-Konzentrat zurück: diese Plastik erscheint wie eine "Urform", die polierte Metalloberfläche verleiht ihr Transzendenz. Brancusi entwickelte aus der gegenständlichen Form in seiner Frühzeit eine immer stärker abstrahierende Gestaltung, die die Form durch äußerste Reduktion auf einen Gestaltkern zurückführt. Der "Große Fisch" zeigt das Generalthema in seiner Kunst, mit dem er sich zeitlebens befaßte. "Mein ganzes Leben hindurch habe ich das Wesen des Fluges symbolisieren wollen." Nur kaum berührt die Form den Sockel, den sie eher zu streifen, als auf ihm zu ruhen scheint. Die Entfaltung der Form im Raum deutet darauf hin, daß Brancusis nächste Konsequenz die Bewegung der Skulptur im Raum bedeuten mußte.

In der neuen Galerie befindet sich neben der Plastiksammlung eine umfangreiche Präsentation informeller Kunst der Nachkriegszeit. Die französische Nouvelle Ecole de Paris, so benannt nach der 1949 unter dieser Bezeichnung stattgefundenen Ausstellung in der Royal Academy in London, ist vertreten mit deren wichtigsten Protagonisten - u.a. Georges Mathieu, Alfred Manessier, Serge Poliakoff, Lucio Fontana, Hans Hartung. Die ungegenständliche Malerei findet hier in einer lyrischen Grundhaltung ihre Beispiele. Die deutschen Vertreter informeller Kunst (die Bezeichnung geht auf den Kritiker Tapié zurück, der den Satz prägte: signifiance dans l'informel, Bedeutsamkeit des Formlosen), die sich etwa seit 1945 um eine abstrakte Bildsprache bemühten, versuchten, durch frei erfundene Zeichen oder durch Rhythmus und Struktur von ineinandergreifenden Flecken und Linien Geistiges und Psychisches unmittelbar auszudrücken.

Emil Schumacher (1912) entwickelte im Informel ein eigenwilliges Materialbewußtsein. Verkrustete Farbsubstanzen, die auf dem Bild tiefe Narben, Risse, Sprünge hinterlassen, spiegeln Schumachers körperliches Verhältnis zur Farbmaterie wider. Es entsteht ein wie von der Glut verbranntes Wüstenbild, das in einer Farbdramatik gipfelt. Das Bild wird zum farbigen Ereignis.

Die Kunsthalle Mannheim zeigt heute weit über das in dem kurzen Abriß Erwähnte hinaus. Bis heute werden Ankäufe von französischer und deutscher Malerei und internationaler Plastik getätigt. Darüber hinaus bietet ein umfangreiches Ausstellungskonzept einen Überblick über die Tendenzen der Gegenwartskunst. Eine kohärente Sammlung aufzubauen, wie es der Wunsch des ersten Kunsthallendirektors war, bleibt seit der Geburtsstunde des Museums das Ziel.

Dr. Beate Bender
Kunsthalle Mannheim

Edouard Manet, " Die Erschießung Kaiser Maximilians v. Mexico ", 1867

Anselm Feuerbach, " Medea mit dem Dolche ", 1871

Caspar David Friedrich, " Abend " , 1824
(Alle Bilder auf dieser Seite : Städtische Kunsthalle Mannheim)

Oskar Kokoschka, " Bildnis Prof. Forel ", 1910

Otto Dix, " Streichholzhändler II ", 1926

Franz Marc, " Hund, Fuchs, Katze ", 1912
(Alle Bilder dieser Seite : Städtische Kunsthalle Mannheim)

Heiliger Nikolaus, der Wundertäter

Bibelspruch: "Kommet her zu mir alle, die ihr mühselig und beladen seid..." Oben links überreicht Christus auf der Wolkenbank die Bibel, oben rechts übergibt die Gottesmutter das Omophorion. Rußland 19. Jahrhundert
Privatsammlung Brenske, Hannover

Erzengel Michael, geflügelt

bläst in das Horn zum Jüngsten Gericht und hat die Seelenwaage in der Hand. Er springt mit dem geflügelten roten Roß über das brennende Jericho. Rußland, 18. Jahrhundert.
Privatsammlung Brenske, Hannover

Arztheiliger Pantheleimon

Griechenland, 18. Jahrhundert
Privatsammlung Brenske, Hannover

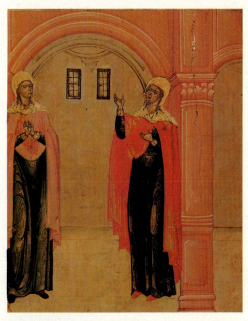

Zwei orthodoxe biblische Heilige

Balkan, um 1800
Privatsammlung Brenske, Hannover

The J.W. BOLLOM ORGANISATION

Geschichte

Wie die meisten erfolgreichen Firmen wurde auch die J.W. Bollom Gruppe mit Ambitionen, Frustrationen, Einfühlungsvermögen, Kreativität und sehr viel harter Arbeit aufgebaut und dadurch geprägt.

Die älteste Firma der Gruppe, die Henry Flack Ltd., produziert seit 1860 edle Holzoberflächenprodukte für Schreinereien und den industriellen Bedarf. Sie wurde 1860 in Ost-London gegründet und arbeitete anfangs lange Zeit nur im lokalen Bereich. Hundert Jahre später wurde die Henry Flack Ltd. von Jack Bollom, der bis dahin in einer Scheune in Bromley gearbeitet hatte, übernommen. Gemeinsam baute man eine neue Fabrik in Beckenham auf. Sehr willensstark und zielstrebig produzierte Jack Bollom, unterstützt von seiner Familie, seine Qualitätsprodukte und sorgte für ein stetiges Wachstum der Firmengruppe. Über die Grenzen Großbritanniens hinaus wurden Generalvertretungen in den Ländern Australien, Dänemark, Deutschland, Holland und der Schweiz aufgebaut. Last not least gründete er die Henry Flack International in Dallas, Texas, USA.

Jack Bollom ist heute mit 72 Jahren immer noch Vorstandsvorsitzender der J. W. Bollom Gruppe und Garant für dieses traditionsreiche und sehr dynamische Unternehmen. Seine größten persönlichen Erfolge waren zweifellos die offizielle Eröffnung seines Fabrikgebäudes im Juni 1982 durch Herrn Denis Thatcher, natürlich auch die Ehrung durch Königin Elisabeth II. von England 1986 zum M.B.E. (Master Butler Engineering). Eine besondere Auszeichnung war die Aufnahme seines erfolgreichen Unternehmens in die Liste der Königlichen Hoflieferanten.

Wo 1945 alles anfing! Burnt Ash Lane, Bromley.

Organisation :

England :

J. W. Bollom & CO LTD
PO Box 78
Beckenham, Kent BR3 4BL
Telephone : 01 - 658 2299
Telex : 946804
Telefax : 01 658 8672

Earls Court Depot
314/316 Old Brompton Road, London SW5
Telephone : 01 - 370 3252

Theobalds Road Depot
13 Theobalds Road, London WC1X 8SN
Telephone : 01 - 242 7578

Cavalcade Wallcoverings Limited
PO Box 78
Beckenham, Kent BR3 4BL
Telephone : 01 - 658 22 99
Telex : 946804
Telefax : 01 658 8672

Henry Flack (1860) Limited
Beckenham, Kent BR3 4BL
Telephone : 01 - 658 2299
Telex : 946804
Telefax : 01 658 8672

J. T. Keep & Sons Limited
PO Box 78
Beckenham, Kent BR3 4BL
Telephone : 01 - 658 2299
Telex : 946804
Telefax : 01 658 8672

Lee Compressor Services Limited
PO Box 78
Beckenham, Kent BR3 4BL
Telephone : 01 - 658 2299
Telex : 946804
Telefax : 01 658 8672

London Graphic Centre
107 / 115 Long Acre,
London WC2E 9NT
Telephone : 01 - 240 0095
Telex : 946804
Telefax : 01 658 8672

J. W. Bollom (Northern) Limited
Incorporating Manchester Graphic C.
40 Port Street, Manchester M1 2EQ
Telephone : 061 236 7715

J. W. Bollom (Midlands) Limited
Unit 2. Windmill Ind. Estate.
Birmingham Road, Allesbey.
Coventry
Telephone : 0203 405751

Australien :

The Camden Passage
P. O. Box 540
Spit Junction 2088
New South Wales
Australia

Dänemark :

Ostbjergs Hus
DK - 5000
Odense C
Denmark

Deutschland/Österreich/Schweiz :

LBB Antiquitätenzubehör GmbH
Neckargartacher Straße 94
7100 Heilbronn - Böckingen
W. Germany

Holland :

Hermitage
Hessenweg 206
3731 JP - De Bilt
Holland

Norwegen :

Grunnar Grorud
Boks 5628
Briskeby, Oslo 2
Norway

Beckenham, Fabrik und Hauptverwaltung

Produkte & Service der J. W. Bollom Organisation

Restaurationsartikel:
u. a. Briwax,
Schellacke,
Schellackgrundierung,
Bienenwachse,
Firnisse,
Öle,
Spiritusbeizen,
Bimsmehl,
etc., etc., etc.

Farben:
u. a. Ölfarben,
Zelluloselacke,
Nitrolacke und
Grundierungen,
Abbeizer,
Kitte,
etc., etc., etc.

Druckfarben aller Art

Feuerhemmende Farben und Lacke:
Einige dieser Produkte schützen heute u.a. Jumbo Jets der British Airways, Bohrtürme der Nordsee Ölgesellschaften, Kraftwerke, die Börse in London, die Royal Albert Hall, etc., etc., etc.

Tapeten und Dekorationsmaterial:
aus Baumwolle, Papier, Vinyl, Filz, Metall, Plastik, Nylon, etc., etc., etc.

Compressor Service:
Zusammen mit einigen der marktführenden Unternehmen dieser Branche, wie De Vilbiss, Graco und Wagner, wird England mit deren Produkten in Bezug auf Verkauf und Wartung abgedeckt.

Alle Produkte der J. W. Bollom Organisation sind in den beiden englischen Depots ab Lager oder durch firmeneigenen Lkw - Service innerhalb von 24 Stunden erhältlich.

Antiquitäten & Wohnen

Das Antiquitätengeschäft einer neuen Dimension

Ein Name – vier Firmen – 20 Jahre Erfahrung

Antiquitäten & WOHNEN

CTB Auktionsverwaltungs GmbH

Freiverkauf auf über 3000 m²

Empfang

Verkaufsräume

Verkaufsräume

Art Galerie

Teppichabteilung

Schmuckabteilung

Antiquitäten & WOHNEN

Vierteljährliche Auktionen

CTB Auktionsverwaltungs GmbH

Möbel - Varia - Teppiche - Silber - Bilder - Uhren - Schmuck - Asiatika - Ikonen - und vieles mehr...

Bestellen Sie ein kostenloses Probeexemplar unseres Auktionsmagazins!

CTB Auktionsverwaltungs GmbH
Neckargartacher Str. 94
71oo Heilbronn - Böckingen
Telefon   07131 -   47070
Telefax   07131 -   470740
Telex   728210   lbb   d

Antiquitäten & WOHNEN

STT Wohn - Design GmbH

Exklusive Wohnraumgestaltung

Hochwertiger Innenausbau
Fachmännische Restauration

In der Handwerkskammer Heilbronn eingetragener Meisterbetrieb

Schreinerarbeiten
Restauration
Innenausbau
Sonderanfertigungen
Polsterarbeiten
Malerarbeiten
Tapezierarbeiten
und viel Einfühlvermögen
für Ihr Anliegen

STT Wohn - Design GmbH
Neckargartacher Str. 94
7100 Heilbronn - Böckingen
Telefon 07131 - 47070
Telefax 07131 - 470740
Telex   728210   lbb   d

 Tönnies GmbH

Buchverlag

Herausgeber des
regelmäßig erscheinenden
Antiquitäten - Almanachs:

Adressen
Preise
Stilkunde
Sammelgebiete
Lexikon

1008 Seiten
mehr als 1200 Abbildungen
überwiegend in Farbe.

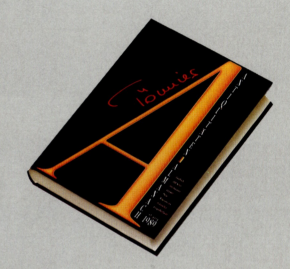

Werbeagentur

Wir möchten,
daß SIE auffallen in
Text und Bild

Wir erstellen Ihre
Werbe- und Drucksachen
vom Entwurf bis zum
druckfertigen Film.

Tönnies GmbH
Neckargartacher Str. 94
7100 Heilbronn - Böckingen
Telefon 07131 - 47070
Telefax 07131 - 470740
Telex 728210 lbb d

LBB Antiquitätenzubehör GmbH

**Kein Kompromiß bei wertvollen Möbelstücken.
Die Optik macht den Preis
und für *die* können wir eine Menge tun!**

Beschläge
Schlösser
Schlüssel
Scharniere
Bänder
Bienenwachs
Schellack
Polituren
Beizen
Holzteile
Intarsien
Marketerie
Baubeschläge

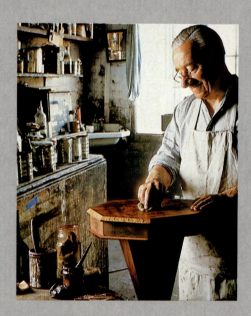

Aus jeder Epoche stilgerecht

**- Über 1000 Artikel auf Lager -
- Europäisches Vertriebsnetz -
- 170 Seiten - Katalog -**

LBB Antiquitätenzubehör GmbH

Unsere Qualitätsprodukte steigern Ihren Umsatz

Beschläge
Schlösser
Schlüssel
Scharniere
Bänder
Bienenwachs
Schellack
Polituren
Beizen
Holzteile
Intarsien
Marketerie
Baubeschläge

Bestellen Sie "Ihren" Katalog

HOFLIEFERANT DES ENGLISCHEN
KÖNIGSHAUSES UND KÖNIGEN
ELISABETH II

LBB Antiquitätenzubehör GmbH
Neckargartacher Str. 94
7loo Heilbronn - Böckingen
Telefon 07131 - 47070
Telefax 07131 - 470740
Telex 728210 lbb d

MÖBEL

Untermünkheimer Bauernmöbel

Die Schreinerfamilie Rößler und ihr Umkreis

Bildlegende :

Schrankspiegel, vermutlich von einem zweitürigen Aussteuerschrank ("doppelter Kasten") des Johann Heinrich Rößler aus Untermünkheim (1751- 1832). Die Möbelteile gehörten zum Nachlaß der Schreinerwerkstatt Johann Michael Rößler (1825 - ca. 1877) aus Eschental, der 1877 ins Haller Stadtmuseum kam. Der Museumskustode Conrad Schauffele bezeichnete damals die Stücke auf der Rückseite mit der Bemerkung "Füllung von einem sogenannten Rösler-Kasten... welche bei den Bauern der Haller und Hohenloher Gegend sehr gesucht waren". In die von Rocaillen und Blumendekor eingefaßten Medaillons sind Porträtköpfe eines adligen Paares gesetzt. Vorbild hierfür sind Möbel, Wandvorhänge, aber auch Bilder aus den Landschlößchen Hohenlohes. Die Bauern konnten sich so einen Abglanz der bewunderten höfischen Welt in ihr Haus bringen. In den Porträts hat man wohl auch die Landesherren gesehen. (Besitz : Hällisch Fränkisches Museum).

Doppeltüriger Aussteuerschrank von Johann Michael Rößler (1791 - 1849), dem jüngsten Sohn des Joh. Heinrich Rößler aus Untermünkheim. Der 1815 datierte und "J. Michael Roezler, Münkheim" signierte Schrank ist einer der frühesten bekannten Möbel des populärsten Rößler und sticht durch sein Motiv "Adam und Eva" aus dem gesamten Werk der Untermünkheimer Werkstatt heraus. Die Darstellung von Nacktheit, auch bei einem biblischen Thema, ist außergewöhnlich bei Bauernmöbeln. Die künstlerische Bewältigung ist von rührender Naivität geprägt. In der restlichen Auszier wird die Zeit des Übergangs deutlich: Rocaillen und Kartuschen, vor allem im oberen Bereich, lehnen sich noch an das Rokoko und die Arbeiten des Vaters an, Girlanden und Blumenketten nehmen klassizistische und biedermeierliche Formensprache auf. (Württembergisches Landesmuseum Stuttgart).

Ein eintüriger Kleiderschrank von Johann Michael Rößler (1791 - 1849) aus Untermünkheim, datiert "Anno 1829" und versehen mit dem Namen "J. Caspar Oterbach". Das wie die meisten Rößlerkästen blaugrundige Möbel führt in seinem "Bildprogramm" die klassischen Motive eines Hochzeitsschranks auf: Früchte und Rosenkorb als Symbol von Liebe und Fruchtbarkeit, Lebensbaum als Hinweis auf Gesundheit und langes Leben, ein weißes Taubenpärchen als in Hohenlohe vertrautes Zeichen für Zuneigung und Treue (die Hochzeiter bekamen oft ein lebendes Taubenpaar geschenkt). Im Mittelpunkt ein sich umarmendes Bauernpaar in der Kleidung der Zeit (sie in Tracht mit Bändelhaube, er im biedermeierlichem Anzug mit Silberknöpfen). Die Katze, die unter dem Schrankspiegel eine Maus verfolgt, ist scherzhafte Anspielung an die Braut, die ihren Bräutigam einfängt. (Hohenloher Freilandmuseum).

Türen eines "doppelten Kleiderkastens" von Johann Michael Rößler (1791 - 1849), datiert "1815" und signiert "Johann Michael Rößler, Schreiner in Münkheim". Das Möbel gehört in die Zeit des Adam-und-Eva-Schrankes und macht deutlich, wie der junge Rößler die adligen Porträts durch bäuerliche Bildnisse ablöst. Auf mit Netzgitterwerk verzierten Podesten, eingerahmt von arkadenartigen Bögen, stellt der Schreiner Bauer und Bäuerin dar, gekleidet in Arbeitstracht der Zeit (Rock und Schürze, Bundhose und Weste) und mit Rechen und Sense populäre Attribute des bäuerlichen Arbeitslebens haltend. So wenig individuell bis 1805 die adligen Bildnisse gedacht sind, so soll auch das sie ablösende bäuerliche Paar eher Bildchiffre einer bestimmten Welt sein. Das Motiv Arbeit wird zusätzlich durch den Korb auf dem Kopf der Bäuerin sowie die rote Weste angesprochen, die der Bauer ausgezogen über die Schulter gelegt hat. (Privatbesitz).

Bäuerliches Himmelbett vom Ende des 18. Jahrhunderts. Das bereits mehrfach veröffentlichte Bett wurde bisher meist dem Untermünkheimer Schreinermeister Johann Heinrich Rößler (1751 - 1832) zugeschrieben. Ein Stilvergleich mit anderen Möbeln, die in den gleichen Umkreis gestellt werden, macht große farbliche, technische und motivische Unterschiede deutlich. Das Haller Himmelbett, geschmückt mit schöner asymmetrischer Rocaille-Zier am Fußteil, Bänder- und Blattfries an den Seitenbrettern und einem geschnitzten wie gemalten Kopfteil, erinnert an Kircheneinrichtungen, wie sie z.B. die Untermünkheimer Kilianskirche zeigt. Besonders bemerkenswert ist der Betthimmel, dessen Putte im Rocaillen- und Rosenkranz noch deutlicher barocke Kirchenausmalung nachempfindet. Neben Johann Heinrich Rößler kommt auch Schreinermeister Johann Georg Glessing (1707-1785) in Frage, in dessen Werkstatt Rößler ausgebildet wurde. Glessing hat viele Hohenloher Kirchen ausgemalt. ((Hällisch-Fränkisches Museum)

Eine Tresur, ein aus bürgerlichen Möbeln von Gotik und Renaissance entwickelter Aufsatzschrank der wohlhabenden Hohenloher Bauern um 1800, die aus dem Umkreis der Rößler-Werkstatt in Untermünkheim stammt. Dieser niedrige zweitürige Schranktyp mit dem Treppenaufsatz zum Präsentieren von schönen Gläsern und Krügen stand in der guten Stube, als Hersteller sind bisher fast ausnahmslos Untermünkheimer Werkstätten ausgemacht worden. Die blaugrundige und überreich mit Blumen- und Rocaillen-Zierrat bemalte Tresur ist charakterisiert durch ein großes Taubenpaar, eine Motivvariante, die an anderen ähnlich bemalten Möbeln auftritt. Auch hier ist die Herkunft unsicher - stammt die Tresur aus der Werkstatt Johann Heinrich oder Johann Michael Rößlers, ist sie von den Untermünkheimern Glessing oder von anderer Hand aus ihrem Umkreis geschreinert und bemalt? (Privatbesitz)

MÖBEL

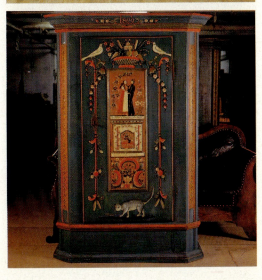

Zweitüriger Schrank, datiert "1830", im Besitz des Hohenloher Freilandmuseums. Das Möbel wiederholt Grundmuster der Auszier aus den Untermünkheimer Werkstätten Johann Heinrich und Johann Michael Rößlers sowie der ihnen verwandten Schreinereien zwischen 1785 und 1840: Rocaillen- und Blütenschmuck, Lebensbaum, Früchtekorb, Sockel und Medaillon. Die malerische Qualität kommt aber bei weitem nicht an die guten Arbeiten der genannten Meister heran; die noch dem Rokoko verpflichteten Rocaillen schrumpfen zu naivem Formenbrei zusammen. Auffällig erscheint, daß hier noch 1830 das Motiv adliger Porträts gewählt wurde (bei Rößler längst von Bauernpaaren abgelöst), bemerkenswert, daß der Meister dieses Schrankes seine künstlerische Hilflosigkeit durch eine Steigerung der Motive auszugleichen sucht: auf den stilisierten Lebensbäumen sitzen mit Hahn, Amsel, Kuckuck (?) und Nachtigall (?) gleich vier symbolträchtige Vögel. Der Schrank ist ein Beispiel für den Einfluß der Rößlermöbel auf andere Werkstätten und die lange Tradierung klassischer Formen.

Detail eines zweitürigen Kleiderschrankes von Johann Michael Rößler (1791 - 1849) aus Untermünkheim, datiert "1834", Privatbesitz. Der Ausschnitt aus dem rechten Türspiegel zeigt routinierte Malweise und typischen Formenschatz des erfolgreichsten der Rößler. Der Früchtekorb, ein populäres Motiv aus Barock, Rokoko wie Klassizismus, ist auf Hohenloher Hochzeitsschränken als Liebes- und Fruchtbarkeitssymbol anzusehen, deutlich nebeneinander stehen bewußt weibliche (Birne, Apfel) und männliche Formen (Schilfrohr, mitunter Maiskolben). Zur Schreinerarbeit gehörten die gestalteten Profile sowie die geschnitzten Eckblüten. Das vielzitierte "Rößlerblau" besteht aus schon fabrikmäßig hergestelltem "Preußischblau" (auch Berliner- oder Pariserblau), als Bindemittel wurde im Labor Leinölfirnis festgestellt.

Zweitüriger Schrank, datiert "1814", aus dem Umfeld der Untermünkheimer Rößlerwerkstatt (Privatbesitz). Das grüngrundige Möbel wiederholt mit besonderem Farben- und Formenreichtum die vertrauten Ausziermotive der ersten 2 Jahrzehnte des 19. Jahrhunderts.
Zwar erinnern die Gruppen aus jeweils drei Rosen sowie die Rocaillen an Johann Heinrich Rößler, die Gestaltung der zentralen Porträtmedaillons verrät jedoch eine ganz andere, bisher unbekannte Hand.
Die ovalen Rahmen mit den raffiniert aufgemalten Nagelköpfen (die ihr Herkommen von Spiegeln oder Bilderrahmen verraten) erinnern an viel frühere Möbel; die naiv, fast karikaturhaft gezeichneten Bildnisse von Frau und Mann führen uns ins bürgerliche Biedermeier - wir begegnen einer Mischung aus farbenprächtiger Volkskunst, naiver Laienmalerei, Vorbildern aus höfischer und bürgerlicher Welt. Insofern gehört der Schrank, wiewohl stark restauriert, zu den originellsten Erzeugnissen Hohenloher Landschreiner.

Ausschnitt eines in Privatbesitz erhaltenen Fragments eines Möbels (Himmelbett, Schrank?) wohl vom Untermünkheimer Schreinermeister Johann Heinrich Rößler (1751 - 1832). Es zeigt den charakteristischen Schwung der "Rössler - Rocaillen" und Blumenornamente, die Farbigkeit (Rot, Grün, Gelb) und die Technik des Aufsetzens weißer Lichter an die plastischen Ränder von Rocaille und Blättern. Details dieser Art zeigen, daß die Schreiner und Maler, die ihre Möbel mit solcher Auszier schmückten, eine an großer Kunst orientierte und durch jahrelange Auftragsarbeiten geschulte Handschrift schrieben.

Hohenloher Schreinertradition

Hohenlohe, einstmals Territorium der gleichnamigen edelfreien Adelsfamilie und ab 1806 Teil des Herzogtums bzw. Königreichs Württemberg, hat als reiches Bauernland zwischen 1750 und 1850 eine besonders große Zahl von Schreinerwerkstätten hervorgebracht, die qualitätvoll gefertigte und originell bemalte Landmöbel herstellten. Obwohl die farbigen "Bauernmöbel" der Landschaft schon seit Jahrzehnten Liebhaber und Sammler finden, hat sich die Forschung erst spät damit beschäftigt.

Naheliegenderweise rückte dabei eine Werkstatt in den Mittelpunkt, von der Möbel mit unverwechselbaren Signaturen erhalten sind - die Untermünkheimer Schreinerwerkstatt der Rößler.

Ausgehend von aufgemalten Meisternamen und Datierungen, durch Stilvergleich von Holzbearbeitung und Bemalung sowie durch chemische Farbanalysen konnten große Teile des Werkes der fleißigen und einflußreichen Schreinerfamilie erschlossen werden; parallel dazu wurden Lebens- und Ausbildungsdaten der einzelnen Familienmitglieder aufgefunden, die nun zusammengenommen eine erste Skizzierung der Welt Hohenloher Landschreiner in den Jahrzehnten um 1800 zulassen. In Werk und Leben am deutlichsten vor uns steht Johann Michael Rößler, der viele seiner Möbel signiert und mit dem Zusatz "Schreinermeister zu Münkheim" verziert hat; seine Lebensdaten lassen sich wie folgt zusammenfassen: 1791 geboren, 1804 Lehrling bei seinem Vater, 1816

Meister, 1817 Heirat, 1829 "Zunftmeister", 1834 "Schreinerobermeister", 1843 zweite Heirat, 1849 gestorben. Bereits weniger klar erfaßbar erscheinen sein Vater Johann Heinrich Rößler (1751 - 1832) sowie seine Brüder Johann Georg Rößler (1785 - 1844, zuletzt "Landmeister" in Großaltdorf) und Johann Friedrich Rößler (1796 - 1863, Schreinermeister in Eschental), beide in der Werkstatt des Vaters Johann Heinrich ausgebildet und seit 1816 bzw. 1824 in den Haller Zunftakten als Meister ausgewiesen. Aber auch in dritter und vierter Generation arbeiten die Rößler als Schreiner: Johann Friedrichs Sohn Johann Michael führt die Eschentaler Werkstatt weiter, der Enkel (ebenfalls ein Johann Michael) taucht noch um 1900 als Schreinermeister in Weinsberg auf.

Im Mittelpunkt einer heutigen Werkbetrachtung dieser Familie stehen die Arbeiten des Johann Michael: blaugrundige Schränke, Truhen, Himmelbetten und "Tresuren" (Aufsatzschränke), reich bemalt mit Rocaillen und Blumendekor, Lebensbaum und Vogelpaar, Früchtekorb und Füllhorn, vor allem mit den so charakteristischen Darstellungen von Bauer und Bäuerin in Festtagstracht oder mit Attributen der Feldarbeit. Daneben stehen, durch Stilvergleich mit frühen Arbeiten des populären Sohnes erschlossen, die seltener erhaltenen und nie signierten Arbeiten des Johann Heinrich Rößler, Möbel mit noch dem Rokoko

Das Hohenloher Freilandmuseum besitzt eine "1795" datierte Truhe, die um 1820 von Johann Michael Rößler vollständig neu übermalt und mit den Initialen "I.M.R" signiert wurde. Die Restaurierung des später noch einmal einfarbig überstrichenen Möbels zeigt im Nebeneinander üppige Rocaillen und maserierte Randleisten von 1795 (rechtes Feld) und strenger gesehene Rocaillen sowie Blumenketten der Kassizismus und Empire verhafteten späteren Fassung. Es ist denkbar, daß der Rößler-Sohn eine ältere Arbeit der väterlichen Werkstatt dem Stil der neuen Zeit anpaßte.

verhafteter Bemalung, mit reichem Rocailleschmuck und, in den Türspiegeln, mit adligen Porträts in ovalen Rahmen. Der Name Rößler ist nicht erst in den letzten zwei Jahrzehnten ein fester Begriff geworden, von "Rößler-Kästen" hat man in Hohenlohe auf dem Lande schon immer gesprochen, wenn man mit Rocaillen, Blumenkorb, Amselpaar, bäuerlichen Figuren und herzhaften Sprüchen bemalte Schränke meinte. Aus dem bayrischen Mittelfranken ist bekannt, daß die dortigen Bauern zu den besonders hochwertigen farbigen Möbeln der Hohenloher Nachbarn ganz pauschal "Rößler-Kästen" sagten. Zweifellos hat der in Deutschland so selten zu beobachtende Brauch des Signierens von Landmöbel, hat das "J.M.Roeszler, Schreinermeister zu Münkheim" zu dieser Sonderstellung beigetragen, hinzu kommt die originelle Darstellung von Bauer und Bäuerin, von Hund und Katze, von Amsel und Taube auf den Türspiegeln. Der Nimbus der Rößler-Möbel scheint auch nach 1850, als ein neuer Zeitgeschmack die alten Möbel mit ihrer "bäurisch" farbigen Auszier aus den Kammern verbannte oder monochrom überstreichen ließ, nicht verschwunden zu sein, denn viele Arbeiten der Untermünkheimer Schreiner sind bis heute in originaler Farbigkeit bewahrt worden.

In diesen Zusammenhang paßt eine Bemerkung des Haller Konditormeisters, Kunstmalers und ehrenamtlichen Kustoden Conrad Schauffele, 1877 auf die Rückseite eines Schrankspiegels geschrieben, der Teil einer umfangreichen Möbelstiftung aus der Eschentaler Rößler-Werkstatt an das Stadtmuseum Hall war: "Füllung von einem sogenannten Rößler-Kasten, welche von Schreinermeister Rößler von ... in Münkheim bei Schwäbisch Hall gefertigt wurden und bei den Bauern der Haller und Hohenloher Gegend sehr gesucht waren. Die Kästen, Bettläden, Wiegen waren mit kleinen Sprüchen biblischen und scherzhaften Inhalts bemalt". Die Inschrift läßt bereits 1877 Rößler-Möbel, die damals gerade 30 Jahre alt waren, zu beachteten "Museumsstücken" werden. Gehen wir diese 30 Jahre zurück, so waren "Rößler-Kästen" in sehr vielen Bauernhöfen Hohenlohes ganz selbstverständlich zuhause, galt die Untermünkheimer Werkstatt wohl als marktbeherrschend, ihr Stil als vorbildlich für benachbarte Werkstätten. Eine Aussteuer, in der Werkstatt des

Eintüriger Schrank aus der Werkstatt des Johann Michael Rößler, versehen mit dem Schriftzug "Magdalena Hofmänin 1848". Das im Besitz des Württembergischen Landesmuseums Stuttgart befindliche Möbelstück zeigt, aus dem letzten Lebensjahr des Rößler stammend, Stilzüge einer Endphase der bemalten Hohenloher Möbel. Füllhorn, Früchtekorb, Lebensbaum und Taubenpaar variieren die traditionellen Hauptmotive, im Zentrum der Tür ist der vom Schreiner kolorierte Druck einer Biedermeier-Dame aufgeklebt, unten und oben begleitet von weiteren Erzeugnissen sich durchsetzender Massenproduktion wie Tapetenstreifen. Wir sprechen hier gerne vom "Niedergang der Bauernmalerei", in jenen Jahren bedeuteten solche modernen Techniken eine weitere Aufwertung der Möbel.

Johann Michael Rößler bestellt, muß damals als besonders prestigefördernd angesehen worden sein, so zu arbeiten wie die Rößler, muß für andere Landschreiner verkaufsfördernd gewirkt haben.
Die Produkte der Rößler-Werkstatt in Untermünkheim, die man etwa zwischen 1775 (vermutliches Zuzugsdatum Johann Heinrich Rößlers nach Untermünkheim) und 1849 (Tod des kinderlosen Johann Michael Rößler) ansetzen kann, bestanden aus Möbeln und Einrichtungsstücken, wie sie für alle Landschreiner typisch waren: Kleider- und Weißzeugkästen, Küchen- und Aufsatzschränke als die repräsentativen Stücke, Truhen (nicht mehr nach 1820), Betten und Wiegen, Tische, Stühle und Bänke, sodann Schüsselbretter und Tellerborde, "Straußenbretter" (Blumenkästen am Außenfenster), Backtröge, Webstühle, Schnitzböcke u.a. Tatsächlich verhielt sich die Produktion eines Landschreiners zahlenmäßig im umgekehrten Verhältnis zum heute in Museen erhaltenen Bestand: am häufigsten hatte er einfache Bettladen und Sitzmöbel herzustellen, Aufträge für Schrank und Truhe sind viel seltener. Das tägliche Brot verdiente die Schreinerei, sicher auch die der Rößler, mit Särgen und Grabkreuzen, Mehl- und Hutzeltruhen, mit Verschlägen und Regalen, mit Türen, Fenstern und Läden.

Während sich von all den Alltagsarbeiten verständlicherweise nur ganz wenig bis heute erhalten hat, stehen wir immer noch vor einer erstaunlichen Fülle von ländlichen Großmöbeln des 17., 18. und 19.Jh. Angeschafft wurden die wichtigen Möbel - "Kasten", "Behälter" (meist Küchenschrank), "gehimmelte Bettladen", Wiege, Tisch, Schranne (Bank), Sittel (Truhenbank) und Brettstuhl - meist anläßlich einer Hochzeit: Der Brautvater bestellte und bezahlte dieses "Schreinwerk" der Aussteuer, der Schreiner richtete den offenen Brautwagen (Kammerwagen) her und begleitete ihn vor aller Augen durchs Dorf zum neuen Heim des Paares. Die große Bedeutung des Hochzeitswagens in Hohenlohe, mit dem man "Staat machen" konnte, mag einer der Gründe für die nach 1800 immer reicher werdende Auszier der Möbel gewesen sein. In Verbindung mit bäuerlicher Aussteuer in Hohenlohe sei noch auf einen besonderen Möbeltypus hingewiesen, der sich in dieser Form auf Hohenlohe und wahrscheinlich sogar auf Untermünkheim und seine Werkstätten um Rößler beschränkt. Es ist die "Tresur", ein niedriger zweitüriger Schrank, zum Teil auf zwei gedrechselten Posten mit Bodenbrett ruhend und mit einem Stufenpodest als Abschluß gestaltet. Hinter den Türen verschloß der Bauer wichtige Dokumente, Geld, wohl auch das gute Besteck des Hauses, auf dem pyramidenartig getreppten Aufbau stellte die Bäuerin ihre schönen Gläser, Porzellan- und Zinnsachen auf. Als vergleichbare Möbel können Kredenz, Anrichte, Buffet, im höfischen Bereich der Kabinettschrank angesehen werden, die Hohenloher Tresur - mundartlich "Dresur", in Inventaren "Drisur", "Trisur" oder "Thresoir" genannt - hat als fernes Vorbild wohl das als "Dressoir" bekannte gotische Möbel. In Flandern und Frank-

Bemaltes Himmelbett, datiert "1830" und bezeichnet mit den Initialen "G.A.B.", im Besitz des Hohenloher Freilandmuseums. Das gut erhaltene, farblich leicht restaurierte Stück führt bekannte Motive Untermünkheimer Betten auf (posaunenblasendes Engelpaar, Früchtekorb, Blumenranken), stammt aber aus einer Schreinerei, die gern mit dem Begriff "Vogel-Meister" in Verbindung gebracht wird. Es ist dies eine tüchtige Werkstatt im Umkreis der Rößler, die Amsel oder Rotkehlchen als Motiv mit Eigengewicht einsetzt. Das Himmelbett ist ein Beispiel für die Ausstrahlung des "Untermünkheimer Stils" einerseits, für die Vielzahl an bisher nicht identifizierten Hohenloher Werkstätten andererseits.

reich heimisch, dann im Rheinland und ganz Westdeutschland verbreitet und ins 16. und 17.Jh. tradiert, diente der Dressoir (von franz. "dresser" = anrichten) als auf Stollen gesetzter Halbschrank zum Aufbewahren und - auf dem Podest - zum Anrichten und Zur-Schau-Stellen von Geschirr, Besteck und Speisen. Fast alle erhaltenen Hohenloher Tresuren stammen aus dem Umkreis Untermünkheim und besonders der Rößler-Werkstatt, wobei die älteren Arbeiten noch die vom gotischen Dressoir her bekannte Stollenkonstruktion zeigen (in die offene Bodenzone wurden Wasserkanne oder Becken gestellt), die späteren Möbel dagegen mit dem Korpus direkt auf dem Boden aufsaßen. Hohenloher Tresuren stellen ein Landmöbel dar, das aus der bürgerlichen Welt von Renaissance und Barock stammend, vom Landschreiner vereinfacht und einer Nutzung in der bäuerlichen Stube angepaßt wurde.

Nach unserer Kenntnis gab es nur in den seltensten Fällen den Maler, der Bauernmöbel mit "Auszier" versah, in der Regel bemalte der Schreiner seine Werke selbst. Die farbige Fassung wurde wohl auch nicht extra berechnet, vielmehr wetteiferten die Schreiner mit ihren Künsten, und es kamen die Werkstätten zu den besten Aufträgen, deren Stil und Motive bei den Bauern besonders gut ankamen. Die so unterschiedlichen "Handschriften" der einzelnen Werkstätten, zumeist in naiver Weise die Formensprache der großen Kunst in die ländliche Welt übertragend, prägten in ganz entscheidender Weise Volkskunst und ländliche Kultur, wie wir sie heute lieben und erforschen.
Im Spektrum der Hohenloher Bauernmöbelschöpfer spielen die Rößler, noch vor den anderen bekannten, aber noch nicht mit konkreten Meisternamen zu verbindenden Werkstätten (etwa aus den Räumen Künzelsau, Waldenburg, Bartenstein, Crailsheim u.a.) die herausragende Rolle. Schränke und Tresuren mit den so auffallenden Porträtmedaillons und dem in Blau und Rot gehaltenen Rocaille-Schmuck der Jahre bis 1810, die routiniert komponierten Schrankfassungen aus gemalten Sockeln und Bögen, Fruchtkörben und Füllhörnern, Lebensbäumen und Vogelpaaren, Blütenketten und Blattgirlanden des Johann Michael Rößler, schließlich seine bäuerlichen Porträtbildnisse im Medaillon und die freistehenden Figuren von Bauer und Bäuerin, Knecht und Magd mit den Attributen Pfeife und Blumensträußchen, Sense und Rechen ergeben eine farbige und doch einheitlichen Regeln folgende Möbelwelt, wie sie in dieser stilistischen Geschlossenheit und volkstümlichen Kraft in Deutschlands Südwesten ihresgleichen sucht.
Die Unterschiede in der technischen und künstlerischen Detailausführung sind bei den bemalten Möbeln gleichwohl groß - es gelten hier andere Bedingungen als wir sie von den individuellen Schöpfungen der bürgerlichen, der "großen" Kunst her kennen. Der Schreiner, der Maler auf dem Lande sieht seine Arbeit kaum als Kunstwerk, seine Person hat hinter dem Werk zurückzutreten. Stets arbeiten mehrere an einem Möbel (Meister, Geselle, Lehrling, Familienangehörige, Frauen, ja Kinder). Die Bemalung übernehmen die, die es am besten oder am schnellsten können; die schwierigen Teile der Auszier übernimmt der Meister, die

Routine - Ornamente der Helfer - als Urheber der gemalten Porträts perückentragender Adliger oder perlenbehängter Hofdamen können wir uns auch einen Maler aus dem benachbarten Residenzstädtchen vorstellen. Vor diesem Hintergrund ist es schwierig, klare Werkstattzuweisungen zu treffen, klar umrissene Schulen und Stile festzuhalten. Sieht man von den signierten Möbeln des Johann Michael Rößler ab, so sind alle weiteren Untermünkheimer und vielfach den Rößler zugeschriebenen Möbel nicht eindeutig zu identifizieren.

Wie erwartet ergaben genauere Nachforschungen in den Archiven eine Fülle von Schreinerwerkstätten, die vor, mit und nach den Rößler in Untermünkheim wirkten. Zeitgleich mit Johann Heinrich Rößler und der Blüte seiner Werkstatt, also in den Jahren von 1780 bis etwa 1810, arbeiteten die Werkstätten Heinold, Glessing und Drechsel; Zeitgenossen und im kleinen Landstädtchen wohl auch unmittelbare Nachbarn der Werkstatt Johann Michael Rößlers (ca. 1810 - 1849) waren zusätzlich die Handwerkerfamilien Weller, Cronmüller, Braz, Lindenmeyer und Haag. Neben den Rößler die dominierenden Schreiner sind die Drechsel und Glessing, wobei vor allem der Name Glessing in Zukunft größere Beachtung finden wird. Von 1707 bis heute sind 11 Generationen der Glessing belegt, in ununterbrochener Kette folgte ein Schreinermeister dem anderen bis hin zum 1985 noch in Rieden arbeitenden Friedrich Glessing. Nach den Unterlagen (Kirchenbüchern, Haller Zunftakten) müssen wir in Johann Georg Glessing (1707 - 1785), noch vor Johann Heinrich Rößler, den bedeutendsten Schreiner der Zeit sehen, bekannt auch als Ausstatter der umliegenden Landkirchen und möglicherweise Lehrherr des älteren Rößler. Einige herausragende Möbel, die bisher immer Heinrich Rößler zugeschrieben wurden, sind nun eher mit Glessing zusammenzubringen: das Himmelbett im Hällisch-Fränkischen Museum zum Beispiel oder Möbel im Württembergischen Landesmuseum Stuttgart (ein Himmelbett von 1806 oder ein doppeltüriger Schrank mit Engeln oder Heiligengestalten auf den Spiegeln). Damit ist auch angedeutet, daß die charakteristischen Untermünkheimer Bemalungsformen, die Rocaillen, vor allem die Porträtmedaillons auf den Spiegeln von Schrank und Tresur, keinesfalls eine

Im Besitz des Mainfränkischen Museums befindet sich das wohl älteste datierte Möbel des Untermünkheimer Johann Michael Rößler (1791 - 1849), datiert "1811" und versehen mit den verschränkten Initialen "IMR". Sind Bemalung (Blumenkörbe) und Schnitzwerk (gedrechselte Halbsäulen, Sockel) der stark restaurierten Truhe original, so hat dieses ganz in der Tradition Hohenloher Truhen um 1800 stehende Stück der 20jährige Rößler noch in seinen Gesellenjahren beim Vater gefertigt und bemalt. Eine Signierung zu so frühem Zeitpunkt ist ungewöhnlich.

Errungenschaft des älteren Rößler, sondern Stilformen der Zeit (und in so starkem Maße an Möbeln allenfalls von Glessing eingeführt) sind. Ein künftiges Ziel der Möbelforschung in Hohenlohe wird sein, originale Arbeiten des Johann Georg Glessing zu finden und seine Rolle bei der Prägung des "Rößlerstils", wie die Auszier auf blauem Grund in Hohenlohe vielfach generalisierend genannt wird, genauer aufzuzeigen.

Die große Zahl schöner und interessanter Hohenloher Landmöbel, vornehmlich aus dem Handwerkerstädtchen Untermünkheim vor den Toren der ehemaligen Reichsstadt Schwäbisch Hall, bedeutet also immer noch ein lohnendes Feld für Volkskundler, Kunsthistoriker und Sozialgeschichtler. Sie ist Auftrag für Museen und private Sammler, die im Besitz solcher wertvollen Stücke sind, sie ist reizvolle Aufgabe und Herausforderung für den Handel. Im Vordergrund jeder Beschäftigung mit den Untermünkheimer Bauernmöbeln steht die sorgsame Bewahrung dieser Beispiele eines einst so fruchtbaren ländlichen Handwerks für die Gegenwart und die Zukunft.

Dr. Heinrich Mehl,
Hohenloher Freilandmuseum, Schwäbisch Hall

Klassischer zweitüriger Aussteuerschrank aus der Blütezeit der Untermünkheimer Schreinerwerkstatt des Johann Michael Rößler, "1822", signiert, Zusatz: "Schreinermeister in Münkheim". Blaugrundige Schränke dieser Art machten die Werkstatt populär und waren in den großen Bauernhöfen Hohenlohes begehrt. Türen mit geschweiftem Abschluß, oben gewölbte Spiegel, bemalt mit der vertrauten Auszier. Nach dem Muster höfischer Bildniskunst in Sockel und Rahmen gesetzt, werden Porträtbüsten gezeigt, hier in bemerkenswerter Kombination das Bild des Königs von Württemberg und einer bäuerlichen Frau. (Weygang Museum Öhringen).

Johannes Klinckerfuß und die Stuttgarter Hofmöbelkunst zu Beginn des 19. Jahrhunderts

Einführung

Die bis heute kaum erforschte Hofmöbelkunst Württembergs erreichte im 19.Jh. einen Höhepunkt. Schon im Barockzeitalter ist sie zu erfassen, fand aber neben den französischen Importen nur zu einem spezifisch provinziellen Stil. Lediglich kleinere Werkstätten, wie in Kirchheim und Ludwigsburg, die vor kurzem abgehandelt wurden, scheinen eine Ausnahme zu bilden; sie entwickelten unter holländischen und englischen Einflüssen durchaus eigenständige Stilformen.

Im 18.Jh. war Stuttgart noch eines von mehreren Kunstschreinerzentren im Lande, denn Herzog Carl Eugen von Württemberg bevorzugte verschiedene Residenzen während seiner Regierungszeit. Erst durch die ständige Anwesenheit des Fürsten in der Hauptstadt entstand unter den Herzögen Friedrich Eugen und Friedrich II. hier ein beherrschendes Handelszentrum, das auch die Möbelkunst miteinschloß.

Nicht nur der Hof, auch die einzelnen württembergischen Adelsgeschlechter (Hohenlohe, Zeppelin, Dillen, Leutrum usw.) bezogen nun aus Stuttgart Mobiliar, nachdem die angespannten Revolutionsjahre den ausländischen Export eingedämmt und die Hofprivilegien dem Handwerk neue Dimensionen eröffnet hatten. Mit der steigenden Nachfrage nach Einrichtungsgütern wuchsen die Betriebe und verfolgten schon bald unabhängige Stilprinzipien. Diese waren jetzt auch über die Grenzen hinaus gefragt. Es zeichneten sich so in den ersten Jahren des 19. Jahrhunderts besondere Formveränderungen ab, die mit dem allgemeinen kulturellen Wandel zusammenhingen.

Um 1800 gab es in Stuttgart mehrere Kunstschreinereien, die höfische und bürgerliche Kunden mit Möbeln belieferten. Leider sind die bürgerlichen Auftraggeber nicht mehr zu ermitteln, so daß die folgenden Betrachtungen nur das faßbare Hofhandwerk berücksichtigen können. Man darf aber in der Zeit des Klassizismus und des Empire bei

Halbschrank mit Vitrinenaufsatz
J. Klinckerfuß zugeschrieben, um 1800 / 1804.
Fichte, Mahagoni, Messing, Glas, kolorierter Stich
(Württembergisches Landesmuseum Stuttgart)

reicheren Einwohnern durchaus eine dem Hof vergleichbare Möbelausstattung vermuten, die lediglich im Dekor je nach der Finanzkraft der Kunden umfangreicher oder zurückhaltender war. Der Hauptauftraggeber der Stuttgarter Kunstschreiner des beginnenden 19.Jh. war Herzog bzw. König Friedrich von Württemberg. Er gelangte am 23. Dezember 1797 an die Regierung, gerade als der erste Koalitionskrieg zu Ende ging und Württemberg sich in politischer Bedrängnis befand. Sein Wunsch nach Veränderung überkommener Verhältnisse wurde zunächst durch die inneren Krisen und finanzielle Schwierigkeiten gehemmt.

Größere Unternehmungen auf dem Gebiet des Bauwesens und der Ausstattungen stagnierten bis auf bescheidene Umgestaltungen in den Schlössern. Erst nach dem zweiten Koalitionskrieg, der von Konsul Napoleon bei Hohenlinden (1800) gewonnen wurde, und nachdem Herzog Friedrich aus seinem Exil in Erlangen zurückgekehrt war, stellte sich eine innere Ruhe ein, die umfangreichere Baumaßnahmen möglich machte.

Die Neugestaltung württembergischer Schlösser um 1800

Die ersten Unternehmungen betrafen die Umgestaltung des neuen Corps de logis in Schloß Ludwigsburg. Das Schloß, 1704 unter Eberhard Ludwig durch den Architekten J.F. Nette begonnen und durch D. G. Frisoni und P. Retti 1733 vollendet, war mit Barock-, Rokoko- und Louis XVI-Mobiliar ausgestattet. Dieses befand sich noch in den Räumen, als Herzog Friedrich 1797 einzog. Er ließ durch seinen Hofarchitekten Nikolaus Friedrich von Thouret in der Zeit zwischen 1798 und 1804 die Wände und Decken neu gestalten und die Räume mit klassizistischen Möbeln ausstatten. Auch das Ludwigsburg nahe gelegene Schloß Monrepos wurde zu einem frühen Umbauprojekt Friedrichs. Das von Ph.de La Guêpière 1761 - 1765 errichtete Gebäude hatte wiederum Thouret zu verändern. Das sumpfige Gelände beim Schloß ließ Feuchtigkeit in die Räume dringen, so daß sie unbewohnbar geworden waren. Zwischen 1801 und 1804 unternahm man erhebliche Sanierungsmaßnahmen, und die Inneneinrichtung im Rokokostil wurde durch einen schlichten Klassizismus ersetzt. Nicht nur in Ludwigsburg und Monrepos ließ der Herzog seine Zimmer verändern, das Neue Schloß in Stuttgart wurde ebenso modernisiert. Der Bau, den L. Retti 1746 begonnen und Nachfolger Ph. de La Guêpière um 1752 vollendet hatte, war mit einer reichen Rokoko- und Louis XVI-Ausstattung im französischen Stil versehen worden. Diese befand sich größtenteils noch 1797 im Schloß, als Friedrich die Wohnung seines Vaters im ersten Stock des Stadtflügels übernahm. Er bestimmte den Austausch alter Möbel durch aktuelle Modelle, die teilweise aus Schloß Hohenheim, aber auch aus der Kabinettsschreinerei bezogen wurden.

Als im Oktober 1805 Napoleon nach Ludwigsburg kam, eröffneten sich für Württemberg neue Wege. Das Verhältnis zu Frankreich war in den Jahren nach dem zweiten Koalitionskrieg nicht mehr so stark belastet, und der Kaiser setzte nun alles daran, das neugeschaffene Kurfürstentum in seine direkte Abhängigkeit zu bringen. Mit einem Ultimatum zwang er Friedrich an seine Seite. Dabei versprach er ihm für den Verlust der linksrheinischen Besitzungen territoriale und finanzielle Entschädigungen und die Erhebung zum König. Dieser hohe Status sollte sich auf vielen Gebieten auswirken; vor allem betraf er aber auch den kunsthandwerklichen Bereich. Der französische Empirestil wurde zum neuen "Staatsstil" erhoben, die klassizistischen Formen verloren an Attraktivität. Nach Napoleons Vorbild stattete man die Schlösser aus; die Ideen dazu lieferten die Pariser Hofarchitekten Percier und Fontaine. Auch das bedeutende Projekt der Neugestaltung der königlichen Residenz Stuttgart stand ganz im Banne dieser Entwicklungen. Hatte Friedrich sein Augenmerk vor allem auf Schloß Ludwigsburg und Umgebung gerichtet, so galt es jetzt, den alten administrativen und gesellschaftlichen Mittelpunkt Stuttgart als Hauptsitz des Königs zu demonstrieren. Wie Paris, das für Frankreich zum alleinigen Zentrum geworden war, plante man auch Stuttgart und seine Residenz entsprechend glanzvoll zu gestalten. Der König ließ deshalb den noch unvollendeten Gartenflügel des Neuen Schlosses im Empirestil einrichten. Dieser rechte Trakt war 1762 kurz nach Bauende abgebrannt und unter Karl Eugen nur im Äußeren wieder aufgebaut worden. Erst im Jahre 1791 wurden die

Tisch, J.Klinckerfuß zugeschrieben, Stuttgart 1810. Mahagoni, Fichte, vergoldete und geschwärzte Bronze, Messing, bemaltes Porzellan (Württembergisches Landesmuseum Stuttgart)

Innenarbeiten erneut aufgenommen, fanden aber bis zum Ende des 18.Jh. keinen Abschluß. So wurde in der Zeit zwischen 1805 und 1807 Hofbaumeister Thouret mit der Vollendung der nordöstlichen Räume der ersten Etage beauftragt, damit der neue König eine ihm angemessene Wohnung beziehen konnte. Diese bestand aus 16 Zimmern, die Friedrich am 17. Februar 1807 offiziell belegte. Weitere Räume der ersten Etage wurden nach und nach fertiggestellt, so daß wesentliche Arbeiten etwa bis 1812 abgeschlossen waren. Da wohl der russische Krieg den Haushalt sehr belastete, konnte Friedrich während seiner Regierungszeit die untere Etage des Schlosses nicht mehr vollenden.

Der Hofebenist Johannes Klinckerfuß
Der bedeutendste Kunstschreiner Württembergs zu Beginn des 19.Jh. war Johannes Klinckerfuß (1770 - 1831). Er verhalf der Stuttgarter Möbelkunst zu jenem Aufschwung, der sie im ganzen Land berühmt machte. Klinckerfuß, am 8. Juni 1770 in Bad Nauheim geboren, stammte aus einfachen Familienverhältnissen. Die bescheidene Schreinerei, die sein Vater unterhielt und die zur örtlichen Saline gehörte, war zwar kein bedeutender Betrieb, bildete aber eine solide Basis für sein umfangreiches Schaffen. Fleiß und Genauigkeit, die all seine Werke kennzeichnen, scheinen hier während der Lehre zugrundegelegt worden zu sein. Als strebsamer Mensch beschloß Klinckerfuß seine einfache Ausbildung zu vervollkommnen und auf dem Gebiet der Kunstschreinerei Anregungen zu suchen. Bei David Roentgen in Neuwied, dem wohl berühmtesten deutschen Ebenisten des 18.Jh. und überhaupt einem der wichtigsten Kunstschreiner Europas, fand er eine geeignete Umgebung. Sehr trefflich wird diese von Hofkaplan Karl Grüneisen in der Grabrede von Klinckerfuß (21. Oktober 1831) umschrieben: "Hier ging in der Anschauung einer herrlichen, in der Höhe und dem Reichtum der Kunst, wozu er die Arbeit seines Berufes entwickelt und veredelt sah, in dem von Einem umfassenden Geiste belebten und geleiteten Wetteifer seiner zahlreichen Mitarbeiter eine neue Welt für ihn auf, die bildendste Schule seines höher strebenden und unermüdet selbst die Abend- und Nachtstunden nützenden Kunstsinnes und Pflichteifers."

Klinckerfuß' Lehrer David Roentgen
David Roentgen war ein Meister des Entwurfes, der Einlegekunst, der feinen Oberflächenbehandlung, der raffinierten Mechaniken und des Verkaufswesens. Er hatte gegen 1770 den Betrieb von seinem Vater Abraham Roentgen übernommen, nachdem dieser in finanzielle Schwierigkeiten geraten war. Mit Hilfe eines neu entwickelten Klassizismus gelang ihm durch die Verkaufslotterie von 1769 in Hamburg ein glanzvoller Aufstieg. Um günstige Handelsbeziehungen zu den großen europäischen Reichen aufbauen zu können, wählte er Neuwied als geeigneten Standort für eine lukrative Hofmöbelmanufaktur. Von diesem zentral gelegenen Ort aus bemühte er sich nicht nur um den höheren Adel, sondern war bestrebt, für seine Werke die mächtigsten Herrscher des 18.Jh. zu gewinnen.

Frankreich sollte die erste Station sein. Hier galt es, die Vormachtstellung von Paris zu brechen, das nach London durch die Ebenisten Oeben und Riesener zum bestimmenden Zentrum auf dem Kontinent geworden war und die europäischen Fürstenhöfe mit Möbeln versorgte. Da dieser Schritt von außerhalb schwierig erschien, ersann Roentgen eine neue Verkaufstaktik, indem er mit Empfehlungen und feinsten Möbelstücken für den König in die Metropole reiste. Seine Bemühungen brachten ihm große Erfolge ein und er bekam den Titel "ebeniste mécanicien du roi et de la reine". Auch erlangte er die Pariser Meisterwürde, die ihn 1780 zu einer eigenen Zweigniederlassung in der Hauptstadt bewog. Sie wurde von Gottlieb Frost, seinem Werkmeister aus Neuwied, bis zur Auflösung durch die Revolutionswirren von 1789 geleitet. Die reichen Intarsienmöbel begann Roentgen nun allmählich durch eine eher nüchterne klassizistische Konzeption zu verändern. So entstanden schlichte und strenge Arbeiten, die besonders die Werke des jungen Klinckerfuß beeinflußt haben.

Auf der Suche nach neuen Kunden wandte sich Roentgen auch Rußland und Preußen zu. Durch Lieferungen an den Großfürsten Paul (Erbprinz) und dessen Gattin Maria Feodorowna (Prinzessin von Württemberg) war er der Zarin Katharina der Großen bekannt geworden und gewann mit Empfehlungen von Baron Grimm, dem anerkannten

Experten in Fragen der aktuellen Modeströmungen, 1783 den Petersburger Hof für sich. Wieder hatte der Neuwieder Ebenist ein Prunkstück im klassizistischen Stil verfertigt, das reich belohnt wurde. Mehrere Verkaufsreisen folgten und eine Zweigwerkstätte war geplant, die Johannes Klinkkerfuß in Petersburg leiten sollte. Da der russische Markt nach 1790 jedoch weitgehend zusammenbrach, kam es nicht zur beabsichtigten Filiale.

Von den drei großen Absatzmärkten des europäischen Kontinents war nach 1790 nur noch der preußische übrig geblieben. Seit dem Tode Friedrichs des Großen (1786) fand David Roentgen in Friedrich Wilhelm II. einen begeisterten Verehrer seiner Möbel. Der König ernannte ihn zum " Geheimen Kommerzienrat " und " Preußischen Agenten am Niederrhein ". Auch genehmigte er dem Ebenisten eine Zweigniederlassung in Berlin, der ab 1791 David Hacker vorstand.

Der Grund, weshalb David Roentgen seinen Betrieb immer stärker zu verzweigen suchte, war der Verfall des Ancien régime. Als Europa seit der französischen Revolution in die Phase großer Kriege trat, sah Roentgen voraus, daß der Markt für Luxusgüter zusammenbrechen würde. Den Fürsten fehlte Geld und Muße, sich mit teuren Möbeln zu umgeben. So konnte sich der Neuwieder Betrieb nicht mehr aufrecht halten und der Meister als strenger Herrenhutter Christ bemühte sich, seinen besten Mitarbeitern neue Arbeitsmöglichkeiten zu eröffnen. David Hacker vermittelte er 1791 nach Berlin, Johann Wilhelm Kronath 1797 nach Weimar und Christian Härder 1800 nach Braunschweig.

Klinckerfuß in württembergischen Diensten
Johannes Klinckerfuß trat 1793 in die Dienste von Herzogin Dorothee Sophie von Württemberg, der Gemahlin des Herzogs Friedrich Eugen von Württemberg, nachdem ihn Roentgen bestens empfohlen hatte. Dorothee Sophie, eine preußische Prinzessin, die viele Jahre in Mömpelgard beheimatet war, bevorzugte das deutsche Kunsthandwerk. In ihrem Sommerpalast in Etupes (bei Mömpelgard) befanden sich mehrere Stücke aus der Roentgen-Werkstätte, die sie jedoch durch die französische Besetzung der Grafschaft verlor. Als

Tischschreibschrank, J. Klinckerfuß zugeschrieben, um 1815. Fichte, Rüsterwurzel, Ahorn, Mahagoni; vergoldete Bronze, Messing, bemaltes Porzellan, Leder (Württembergisches Landesmuseum Stuttgart)

Mömpelgard 1791 Frankreich einverleibt wurde, übertrug König Friedrich von Preußen Friedrich Eugen das Amt des Gouverneurs der Markgrafschaften Ansbach und Bayreuth. Die Herzogin erwarb Schloß Fantaisie, das zwischen 1758 - 1765 bei Bayreuth erbaut worden war und widmete sich erneut dem Innenausbau und den Gartenanlagen. Dafür benötigte sie auch einen geeigneten Kunstschreiner, den auch sie unter den Roentgen Nachfolgern fand.

Klinckerfuß wurde in den Hofstaat aufgenommen und arbeitete als Hofschreiner auf Schloß Fantaisie. Ein Verzeichnis von Beschlägen für Kommoden, Tische und Schränke berichtet kurz über seine ersten selbständigen Möbelarbeiten. Es scheinen einfachere Stücke gewesen zu sein, die er zusammen mit drei Mitarbeitern ausführte.

Ab 1795, nachdem Friedrich Eugen die Regierung von Württemberg erlangt hatte und die Herzogin meistens in Stuttgart weilte, kam das Engagement für Schloß Fantaisie allmählich zum Erliegen. Dorothee Sophie bestimmte zwar eine Bauverwaltungsbehörde zur Aufsicht über die Arbeiten, diese war aber nur noch kurze Zeit beschäftigt. Im Dezember 1796 berichtet der herzogliche Rechnungsführer: "Klinckerfuß hat nicht Arbeit für zwei Tagelöhner." So wird er im Juni 1797 an den Hof nach Stuttgart versetzt.

Am 9. März 1798 starb Herzogin Dorothee Sophie. Für ihren Sohn, Herzog Friedrich II., war es keine Frage, Klinckerfuß weiter in den Hofdienst aufzunehmen, da er einen gut ausgebildeten Ebenisten für künftige Umgestaltungen benötigte. Die erste Arbeitsstelle fand der Kunstschreiner in der Stuttgarter Kabinettsschreinerei, deren Leiter seit 1790 Mathias Müller war. Da Müller ursprünglich nicht den Tischler-, sondern den Glaserberuf erlernt hatte, gab es schon unter Herzog Friedrich Eugen eine lange Reihe von Verhandlungen, die Werkstattführung einem geeigneten Fachmann zu übertragen. Der neue Regent löste das Problem, indem er Johann Klinckerfuß am 7. Januar 1799 per Decretum zum Kabinettsebenisten ernannte:

Mit dieser Berufung erhielt das Stuttgarter Kunstschreinergewerbe einen hervorragenden Ebenisten und eine anziehende Persönlichkeit, die ihm zu einer neuen Bedeutung verhalf.

Johannes Klinckerfuß hatte durch seine Heirat mit der ältesten Tochter des Hofschreiners Jakob Friedrich Schweickle (1747 - 1812) zu der wohl damals bekanntesten Werkstätte Stuttgarts engste Verbindungen bekommen. Schweickle war schon lange im Fach und hatte sich durch seine Arbeit Hab und Gut erworben. So bewogen ihn vermutlich vor allem die handwerklichen Kompetenzen des fremden Ebenisten, den ehelichen Absichten zuzustimmen. Das junge Paar bewohnte mehrere Räume in der ehemaligen Akademie hinter dem Neuen Schloß, die auch die Werkstätte miteinschlossen. Bankräume, Holzlege, Gesellenkammern, Küche und Stuben mit Öfen boten mehreren Personen Platz.

Die genaue Zahl der Gesellen von Klinckerfuß in der frühen Zeit ist ungewiß. Wahrscheinlich hat er meistens vier Arbeiter beschäftigt; sie sind 1803 mit Namen verzeichnet:
 Johann Helmerich aus Schwerin
 Daniel Lunof aus Schwerin
 Heinrich Mook aus Faltnar bei Ehrenbreitstein
 Samuel Kaniz aus Südpreußen

Ein weiterer Geselle, der in der Kabinettsschreinerei zusätzlich tätig war, ist am 16. Juni 1803 aufgeführt. Außerdem kamen noch "Handlanger" und "Tagelöhner" hinzu, die aber in der Regel nur bei Bedarf eingestellt wurden.

Von den Arbeiten, die Johannes Klinckerfuß und seine Mitarbeiter in der frühen Schaffensperiode um 1800 ausführten, sind nur wenige bekannt. Vor der Ernennung zum Kabinettsebenisten 1797 - 1798 scheint er in Stuttgart zunächst noch für Herzogin Dorothee Sophie Möbel gefertigt zu haben. Auch an der Umgestaltung der herzoglichen Räume in Schloß Ludwigsburg war er wohl beteiligt. Hier benötigte Friedrich II. neue Stücke bzw. ließ aus Schloß Hohenheim kommende Möbel aufarbeiten.

Während des zweiten Koalitionskrieges (1799 - 1801) behinderten die schweren politischen Unruhen eine größere Produktion von Stücken. Klinckerfuß war in dieser Zeit mit der Neuorganisation der Kabinettsschreinerei beschäftigt, die sich in einem veralteten Zustand befand. Als Vorbild diente vermutlich der Betrieb David Roentgens, der in die verschiedenen Bereiche Organisation, Planung, Fertigung, Auslieferung gegliedert war. Der Meister plante und verteilte die Aufgaben, die die Gesellen auszuführen hatten. Zu den ersten Arbeiten des Kabinettsebenisten gehörten Renovierungen von beschädigten Stücken und einigen Neubauten. Sie gerieten ab 1800 fast völlig ins Stocken, nachdem der Herzog durch den Krieg gezwungen sein Land verlassen mußte. Erst als Friedrich II. im Mai 1801 zurückkehrte, begann eine größere Produktion in der Kabinettsschreinerei. Jetzt wurde auch die Ausstattung des Schlosses Monrepos in Angriff genommen.

Die klassizistische Phase
Die frühesten Werke von Klinckerfuß, die sich erhalten haben, sind eine Reihe von Möbelzeichnungen. Als einzigartige Dokumente belegen sie die Entwurfstätigkeit des Kunstschreiners, mit der er sich schon während der Neuwieder Zeit vertraut

gemacht hatte. Roentgen war ein großer Meister im Entwerfen, was er seinen Mitarbietern auch nicht verbarg. So zeigen die Blätter verschiedene Schreibmöbel im Neuwieder Stil, die für die spätere Arbeit vorbildlich wurden. Es sind leicht kolorierte Tuschezeichnungen aus der Zeit um 1790 - 93, von denen eine einen typischen Zylinderschreibtisch in der Art Roentgens darstellt. Diesen weisen strenge und klare Formen aus, die fein proportioniert sind.

Die genannten Blätter tragen keine Signatur; es gibt aber auch mehrere Arbeiten des Ebenisten, die er eigenhändig unterschrieben hat. So kann sein typischer Zeichenstil, der von einer knappen, mit dem Lineal gezogenen Linie bestimmt wird, deutlich verfolgt werden. Die fein angelegte Kolorierung hat die Aufgabe, die Unterschiedlichkeit der Materialien anzudeuten. Vorder- und Seitenansichten bzw. perspektivische Positionen benützte Klinckerfuß, um den Kunden einen Eindruck seiner Produkte zu vermitteln. Dabei können auch Beschläge und Dekorationen mit eingezeichnet sein. Mit Hilfe der Maßstabstabellen kann man die genauen Maße der Stücke errechnen.

Für die Entwurfsarbeit benützte Johannes Klinckerfuß ebenso Vorlagen aus aktuellen Journalen und Zeitschriften. Er besaß selbst derartige Publikationen, die für ein modernes Gestalten erforderlich waren. So trug das "rastlose Studieren aller ihm zu Gebote gestandenen Hilfsmittel" zu einer besonderen Stellung unter den Stuttgarter Kunstschreinern bei. 1817 beurteilte Hofbaumeister Fischer diese wie folgt:
"So sind mir als die vorzüglichsten Hiesigen Meubel Arbeiter - Klingenfuß bekannt, welcher vor Anstellung des Conradt, und als der Königlichen Cabinets-Schreinerei noch nicht der nachherige ausgedachte Geschäfftskreis eingeräumt wurde, die Cabinets-Schreinerei als Meister und zu fortwährender höherer Zufriedenheit besorgte, nachher aber aus unbekannter Ursache dem Conradt diese Stelle einräumen mußte.

Ferner Schweickle, welcher aber vieler Baugeschäfte halber sich nicht so sehr wie erster auf Meubel Arbeit legen konnte, jedoch als guter und pünktlicher Arbeiter bekannt ist.

Weiter arbeiten in diesem Fache, Wirth, Zarges, Kriete, Mebert u.a. wobei ich bemerken muß, daß der Verbrauch schöner und theurer Meubel hierorts zu gering ist, als daß sich ein Schreiner ausschließlich darauf legen, und sein Auskommen darin finden sollte, besonders da die Konkurrenz mit jedem Jahr stärker wird; weshalb die meisten dieser Meister, einzelne etwa ausgenommen, zugleich auch Bauschreiner sind.

Ferner tritt hierbei der Fall ein, daß es den meisten dieser Leute, die beiden ersten vielleicht ausgenommen, durch ihre häusliche Lage nicht möglich war, sich die für diesen Zweig der Schreinerei nöthigen Vorkenntnisse des geschmackvollen Zeichnens und der Auswahl besserer Formen zu verschaffen, weshalb sie blinde Nachahmer des einmal Geschehenen sind, und ohne vergängige Zeichnung eines Künstlers nichts Neues mit Geschmack gefertigtes zu liefern im Stande sind."

Ferdinand Fischer (gest. 1860) charakterisierte das Stuttgarter Kunstmöbelgewerbe der ersten Jahrzehnte des 19.Jh. sehr genau. Deutlich hebt er Klinckerfuß hervor, obgleich dieser nicht mehr am Hofe angestellt war. So mag die positive Einschätzung aus der guten Arbeit resultieren, die der Ebenist während seines Hofdienstes geleistet hatte. Da der jüngere Hofbaumeister mit dem Kunstschreiner vor 1810 kaum in Berührung gekommen sein dürfte, kannte er dessen berufliche Vorbildung nur in beschränktem Maße. Seine vorsichtige Formulierung, was die zeichnerische Ausbildung anbelangt, darf man deshalb nicht im negativen Sinne verstehen.

Eines der frühesten erhaltenen Möbel des Ebenisten stellt der Schreibschrank aus der Zeit um 1795/97 dar. Er scheint sein Meisterstück gewesen zu sein und befand sich von Anfang an im Besitz der Familie Klinckerfuß. Das Möbel ist im "Neuwieder-Stil" ausgeführt nach Modellen, die Roentgen im Jahre 1790 an die Zarin geliefert hatte. Die Teilung der Front in zwei Hälften (obere Klappe und untere Türen), die abgeschrägten Ecken mit gekehlten Leisten, die podestartige Decke und das auf die Klappenmitte geheftete Reliefmedaillon sind die typischen Merkmale der Neuwieder Konzeption. Roentgen liebte kubenhafte, rechtwinklige Formen, die zu einem strengen und nüchternen Aufbau führten. Kein bewegter, sondern ein geradliniger Dekor aus Stäben und Leisten trägt ebenso wie die einfache Holzmaserung zu der geometrisch durchdachten Form des Schrankes bei. Lediglich das zentrale Medaillon mit einer Reliefszene belebt die starre Front. Für Klinckerfuß wurde dieses Modell zu einem Prototyp; all seine Schreibschränke lassen sich im Grunde darauf zurückführen.

Einen wesentlich dynamischeren Aufbau zeigt der Schreibschrank aus Schloß Ludwigsburg um 1804/5. Noch findet man vertraute klassizistische Details wie etwa die geteilte Front, die gekehlten Lisenen, die podestartige Decke oder das Klappenmedaillon, aber es zeichnen sich auch wichtige Veränderungen ab. So besteht das Möbel aus zwei aufeinandergesetzten Blöcken, von denen der obere zurückspringt. Ohne Füße erscheint es massig und schwer zu verrücken. Breit und zwingend sind die Rahmen der Klappe und Türen gefertigt. Sie haben nun gegenüber den schlanken und rein dekorativen Vorläufern tatsächlich eine stabilisierende Funktion. Die hermenpilasterartigen Ecklösungen im oberen Teil stellen eine stilistische Neuerung dar. An Roentgen-Möbeln findet man diese Elemente nicht. Derartige Formen kamen erst mit dem französischen Empirestil auf. Die ägyptisierenden Büsten auf konisch nach unten verjüngten Vierkanthölzern und Fußpaaren sind frontal ausgerichtet; dadurch wird die Vorderseite des Möbels zur Hauptansichtsseite. Klinckerfuß vereinigte hier beide Stilstufen, die des Klassizismus und die des Empire und schuf ein vorbildliches Werk von kompakter Schlichtheit.

Die plumperen und gedrungeneren Formen, die sich soeben abzeichneten, findet man auch bei dem Schreibschrank von 1804. Er wurde von dem Schreinergesellen Georg Jakob Schöphel aus Hohenheim gefertigt, der in der Kabinettsschreinerei beschäftigt gewesen zu sein scheint. Das Möbel ist sehr wahrscheinlich nach einem Entwurf von Klinckerfuß ausgeführt worden, da innere Konstruktionstechniken an Roentgen-Stücke erinnern. Große, mit reicher Furniermaserung bedeckte Flächen, die keine breite Rahmung besitzen, kündigen eine neue Konzeption an. Zwar sind

Schreibschrank, J. Klinckerfuß zugeschrieben, Stuttgart um 1808. Mahagoni, Eiche, Kiefer, Zeder, Tujawurzel; vergoldete Bronze, Messing, Spiegelglas (Württembergisches Landesmuseum Stuttgart)

die vorderen Ecken noch abgeschrägt und wie bei Roentgen mit Messingkehlen verziert, aber der monumentale, blockhafte Aufbau scheint schon die Größe und Macht der neugeschaffenen Herrschaftsverhältnisse symbolisieren zu wollen.

Nicht nur die Schreibschränke, auch andere Gattungen beinhalten die noch lange nachwirkenden Eigenschaften des Neuwieder Klassizismus. Er bestimmt die frühen Schreibtische des Ebenisten sowohl im Aufbau als auch im Dekor. Der Tischaufsatzschrank aus dem Besitz der Grafen von Zeppelin, der ursprünglich für Herzog Friedrich II. nach 1802 hergestellt wurde, ist noch als klassizistisches Aufsatzmöbel mit metopenfriesartig verzierter Zarge und Treppendecke konzipiert. G. Himmelheber bezeichnete dieses Werk mit breitem Kasten, kräftigen Beinen und dem Architekturfries als ein "Denkmal", an dem der König "anhand der im Innern aufbewahrten Erinnerungsstücke des geliebten Toten" (Graf von Zeppelin, gest. 1801) meditierte. Diese Formurung findet man auch im Inventar des königlichen Privatmobiliars von 1801, das folgenden Eintrag enthält: "1. denkmal des seel. Grafen von Zeppelin von gebrannter Erde unter Glas Kasten, nebst eine Art von Commodo von Mahagoni-Holz auf 4 Elephanten Füßen mit Schublade, alles reich mit Bronze beschlagen, mit einer Inschrift von messingenen Buchstaben: De mon unique ami, voilà cequi me reste". Roentgens Tischschreibschränke von 1790, die hier wohl Modell gestanden haben, zeigen allerdings schlankere Beinformen.

Zeitweilig kam Klinckerfuß von den Neuwieder Modellen auch ab und nahm Einflüsse anderer Möbelzentren auf, um eigenwilligere Möbelformen zu schaffen. Die englischen Kunstschreiner Georg Hepplewhite und Thomas Sheraton, bedeutende Möbeldesigner gegen Ende des 18.Jh., hatten ihre klassizistischen Stilvorstellungen in Vorlagebüchern zusammengefaßt und veröffentlicht. Dabei galten folgende Prinzipien:

"Ein Meuble muß einfach und schön von Form sein, bequem und zweckmäßig zum Gebrauch, dauerhaft und sauber gearbeitet und gut von Materie sein, wenn man es für vollkommen erkennen soll. Das englische Ammeublement, hat fast durchaus den Charakter, daß es solid und auch zweckmäßig ist."

Diese Richtlinien, von seiner Auftraggeberin, Herzogin Charlotte Mathilde von Württemberg, einer englischen Kronprinzessin, sehr geschätzt, kamen Klinckerfuß auch als Vertreter des strengen Neuwieder Klassizismus entgegen. So zeigen die Arbeiten für die Herzogin Formen der Wohnlichkeit. Von Roentgen gibt es z. B. keine Vitrinenmöbel, so wie sie in England gegen Ende des 18.Jh. beliebt waren. Der kleine Halbschrank mit Aufsatz aus Schloß Ludwigsburg (um 1800) erinnert an Sheraton-Modelle aus der Zeit um 1790. Glatt und ohne gliedernde Rahmen ist sein Körper aufgebaut; schräg gestellte Eckleisten mit Messingkehlen und Perlstäbe schmücken ihn in schlichter Weise. Lediglich die gemalte Bildeinlage, die Kopie eines Ölgemäldes von Angelika Kauffmann, belebt die schlichte Front.Englischen Ursprungs ist auch der runde Tisch mit Gueridonfuß in Schloß Ludwigsburg. Drei geschwungene Beine heben den gekehlten Schaft wie gefedert vom Boden ab. Dadurch wirkt das Möbel leicht und zum Gebrauch bestimmt. Würfelschuhe mit Rollen erlauben ein bequemes Verrücken im Raum. Diese Eigenschaften haben ebenso Sheraton's "Pembroke tables", die grazil und elegant geformt sind. Kompakte Massivität ist hier nicht gefragt.

Napoleons Besuch in Stuttgart und seine Auswirkungen auf die Hofmöbelproduktion

Als Charles Percier und Pierre François Léonard Fontaine im Jahre 1801 den repräsentativen Empirestil festlegten, hatte dies auf die Möbelkunst entscheidende Auswirkungen. In ihrem Vorlagenwerk stellten sie ein neues innenarchitektonisches Ausstattungssystem vor, das gezielt die neuen Machtverhältnisse zu verherrlichen suchte. Waren in den Perioden des Directoire und des Konsulats Motive aus der ägyptischen, griechischen, etruskischen, phrygischen und römischen Kunst noch ohne programmatische Zusammenhänge übernommen worden, so bewog der rasche Aufstieg Napoleons, die verzweigten Richtungen zu einer einheitlichen Repräsentationskunst, wie sie schon die römischen Kaiser kannten, zusammenzufassen. In Schloß Malmaison kam sie erstmals zur Anwendung, wo auch der Ebenist Jacob mehrere Empiremöbel ausführte. Diese Stücke wurden zu Vorbildern für die mit Frankreich verbundenen Staaten. Wie in den Pariser Schlössern, so sollte auch in deren Residenzen der Empirestil die neue Größe zum Ausdruck bringen.

Diese Neuorientierung wurde in Württemberg ausgelöst, als Napoleon im Januar 1806 Stuttgart seinen Besuch ankündigte, um den neuen König zu bestätigen. In wenigen Monaten wurden achtzehn Zimmer und Säle für den Kaiser vorbereitet, die in der südöstlichen Ecke der ersten Etage des linken Flügels lagen. Sie wurden umgestellt und mit mehreren Empiremöbeln versehen. Die Vermutung von Paul Faerber, daß Napoleon den neuen rechten Flügel bezog, ist offensichtlich ein Irrtum, denn der französische wie der russische Kaiser (8. Juli 1814) belegten dieselben Räume in der südöstlichen Ecke des Schlosses. Seit Napoleons Besuch führten diese in den Inventaren die Bezeichnung "Kaiserzimmer". Den Besuchsvorbereitungen folgten umfangreiche Arbeiten im rechten Trakt des Schlosses, die die neue königliche Wohnung betrafen. Viele Handwerkskräfte wurden benötigt, und auch Johannes Klinckerfuß war ab 1806 engagiert. Man beauftragte ihn mit der Produktion von Möbeln nach französischem Vorbild, die mit reichen Goldbronzebeschlägen zu verzieren waren. Dabei entwickelte sich die Kabinettsschreinerei zu einem großen Betrieb mit vielen Beschäftigten. Klinckerfuß entwarf die Stücke und koordinierte die Arbeiten. Er bestellte die Materialien, regelte die Zulieferungen der einheimischen Handwerkszweige wie Gürtler, Gießer, Vergolder, Bildhauer, Uhrmacher usw. und kümmerte sich um die Bezahlung der Gesellen und Tagelöhner. Das Mahagoniholz wurde gegenüber den Obsthölzern oder dem Nußbaum, der Eiche und Fichte der städtischen Betriebe, zum Markenzeichen der Werkstätte. All diese vielfältigen Aufgaben benötigten einen großen Zeitaufwand, so daß der Ebenist vom König, dem er direkt unterstand, angehalten wurde, nur für die Regentenfamilie zu arbeiten. Gerade während der umfangreichen Ausstattungsphasen war er unentbehrlich geworden und viel gefragt. König Friedrich selbst beschwerte sich am 20. April 1808 bei Klinckerfuß, daß er "erfahren und wahrnehmen mußte, wie dieser, des bestehenden Verbots unerachtet, immer fortfahre, für die Leute in der Stadt zu arbeiten und dadurch die ihm aufgetragenen Königlichen Geschäfte vernachläßige", und drohte ihm mißliebige Folgen an, wenn er "außer für Seine Majestät, die Königin, den Kronprinzen und die Prinzen des Königlichen Hauses" auch für andere Personen arbeite. Damit wurde der Kundenkreis klar festgelegt.

Daß 1808 die Möblierung des Schlosses, wie schon vermutet wurde, im wesentlichen abgeschlossen war, bestätigt das zitierte Traktat jedenfalls nicht. Die ständige Vergrößerung und Modernisierung der königlichen Wohnung benötigte auch weiterhin eine beträchtliche Zahl von Möbeln. Immer mehr häuften sich die Aufträge durch die repräsentativ gesteigerte Lebenshaltung des württembergischen Herrscherhauses, so daß die Kabinettsschreinerei eine räumliche Vergrößerung verlangte. Auch die Lieferungen an den Kasseler Hof von König Jérôme und Königin Katharina von Westphalen legten einen solchen Schritt nahe. Das königliche Dekret vom 27. Januar 1809 entschied die Verlegung der Schreinerei von der ehemaligen Akademie in das frühere Kanzleigebäude beim Alten Schloß. Dabei erhielt Klinckerfuß weitere Werkstatträume. Diese zunächst positive Veränderung brachte aber auch einige Einschränkungen für den Kabinettsebenisten mit sich. Eine königliche Kommission mußte jetzt die Arbeiten in der Kabinettsschreinerei überwachen. War Klinckerfuß bisher sein unumschränkter Herr und vom König als kompetente Persönlichkeit akzeptiert, so läßt sich gegen Ende des ersten Jahrzehnts seiner Tätigkeit ein Eingriff des bürokratischen Machtgefüges in sein Refugium feststellen. In der Grabrede wird diese Situation folgendermaßen beschrieben:

"Vom Ernste jener Zeit konnte bei all seiner Bescheidenheit der feinfühlende Biedermann in diesen Verhältnissen nicht unberührt bleiben; ... Während seiner Verbindung mit dem Hofe hatte er sich stets einen einfachen, stillen und geraden Bürgersinn erhaltenen, mit der er sich an die ächten, unverrückten Freunde seines neuen Vaterlandes anschloß." Damit werden die inneren Schwierigkeiten des neuen Staates deutlich. König Friedrich verlangte von seinen Untergebenen unbedingten Gehorsam. Er war hart und "seine übertriebene Vorstellung vom Gottesgnadentum des Herrschers und seine für ein kleines armes Land kaum erträglichen, unangemessen hohen Ansprüche hinsichtlich der königlichen Repräsentation hatten nicht selten" große Lasten für die Untertanen mit sich gebracht. So traf diese Strenge die Kabinettsschreinerei besonders, gerade, weil sie unmittelbar dem König unterstand.

Eine Inspektion, der Direktor von Wechmar vorstand, wurde am 28. September 1811 beauftragt, eine Instruktion, "nach welcher in Zukunft die Meubles-Arbeiten und die darüber zu führende Aufsicht behandelt werden soll", zu entwerfen. Sie beaufsichtigte die Lohnabrechnungen, die Arbeitszeiteinteilung, die Materialbeschaffung und die Werkzeughaltung. Klinckerfuß wurden somit nach zehnjähriger Hoftätigkeit wichtige Kompetenzen abgesprochen. Er sollte nur noch für die Fertigung zuständig sein. Diese Beschneidung seines Amtes empfand er wohl als Vertrauensverlust und suchte deshalb den Hofdienst zu beenden. Am 20. Januar 1812 bat er den König um seine Entlassung.

Stuttgarter Kunstschreiner neben J. Klinckerfuß

Außer Johannes Klinckerfuß, der zentralen Persönlichkeit in der württembergischen Hofmöbelkunst, sind auch die beiden Kunstschreiner Karl Friedrich Schweickle, der Schwager des Ebenisten, und Georg Conradt hervorzuheben. Schweickle (1777-1823) war ein angesehener Handwerker, dem der König das Amt des Hofschreiners übertragen hatte. Sein Tätigkeitsbereich umfaßte die Bauschreinerei am Hofe und die Fertigung einfacherer Stücke für die Zweiglinien des Königshauses, für die Staatsbehörden und für die Hofbeamten. Er besaß seine eigene Werkstätte in der Kanzleistraße 18, die er 1815 Johannes Klinckerfuß übergab, nachdem er in der Friedrichstraße 32 ein von Thouret entworfenes neues Haus mit Nebengebäuden bezogen hatte. Zwischen Schweickle und Klinckerfuß darf man eine rege Zusammenarbeit vermuten, was nicht nur die verwandtschaftlichen Verhältnisse nahelegen, sondern auch durch Werke bewiesen werden kann. Georg Conradt war vor 1812 als Hofschreiner in Ludwigsburg tätig gewesen. Er hatte die Stelle gegen 1800 angetreten, und da er sich in seinem Amt bestens bewährte, bestimmte ihn der König zum Nachfolger von Klinckerfuß. Im Jahre 1816 geriet auch Conradt mit der für die Kabinettsschreinerei eingesetzten Inspektion in Schwierigkeiten, die zu seiner Entlassung und zur Auflösung der Werkstätte führten. Eine besondere Leistung erbrachte er bei der ersten württembergischen Kunstausstellung 1812. Hier vertrat er zusammen mit Friedrich Baisch (1782 bis nach 1849) das einheimische Möbelhandwerk. Baisch hatte 1809 die Meisterprüfung absolviert und in Stuttgart eine kleine Werkstätte eröffnet. Er erreichte in seiner übrigen Schaffenszeit aber keine besonderen Erfolge mehr, weshalb er seinen Betrieb zeitweilig sogar schließen mußte.

Außer den genannten Kunstschreinern arbeiteten zu Beginn des 19. Jh. auch mehrere selbständige Meister aus Stuttgart für den Hof. Es sind die Schreiner Heiligmann, Mebert, Arnold, Böhm, Scheef, Starker, Wirth usw., die in den Jahresabrechnungsbüchern wiederholt genannt werden. Da ihre Beträge gegenüber Klinckerfuß bescheiden ausfielen, scheinen sie keine aufwendigen Produkte hergestellt zu haben. Nach Hofbaumeister Fischer waren sie jedenfalls meistens mit Bauschreineraufgaben beschäftigt.

Die Stuttgarter Kunstschreiner belieferten aber nicht nur die Residenz, sondern auch Angehörige der großen württembergischen Adelsfamilien (Hohenlohe, Zeppelin, Leutrum, Dillen, Wolfegg usw.), die am Hofe wichtige Positionen besetzten. Klinckerfuß war der bevorzugte Meister, der für sie trotz königlichen Verbotes einzelne Stücke, jedoch keine umfangreichen Ausstattungen herstellte. Ebenfalls bezogen umliegende Staaten zu Beginn des 19. Jh. Möbel aus Stuttgart. So war es z. B. Fürstin Amalie Zephyrine von Hohenzollern-Sigmaringen, die im August 1810 ihren Sommersitz in Inzigkofen durch den Hofbildhauer Frank einrichten ließ. Frank lieferte außer Tapeten und Kaminverkleidungen auch mehrere Möbel. Die Fürstin hatte ihn des öfteren in Stuttgart besucht und verschiedene Stücke bestellt.

Die Empirephase

Die ersten württembergischen Empiremöbel entstanden in der Zeit zwischen 1806-1808. Ein Prototyp des neuen Stiles hat sich in Schloß Ludwigsburg erhalten; es handelt sich um den Schreibschrank aus dem alten Arbeitszimmer des Königs, ein Werk des Johannes Klinckerfuß. Der frühe Klassizismus ist jetzt völlig aufgegeben, die Kriterien des Empirestiles bestimmen ganz die Form des Stückes. Der kompakte Körper mit vorderen Tatzenfüßen, unterer Türe, Schreibklappe, herausziehbarem Stehpult, abgesteppter Decke und giebelartigem Aufsatz ist extrem proportioniert. Seine große, kaum gegliederte Frontfläche mit seitlichen Pilastern erweckt den Eindruck von Massivität, die man in der frühen Periode nicht findet. Giebel und Pilaster stammen aus dem Bereich der Architektur, die jetzt den Aufbau beeinflußt. Durch die dem Betrachter zugewandten Tatzenfüße und Hermenbüsten entsteht eine dominierende Hauptansichtsseite mit vegetabilischen und figürlichen Beschlägen, die die Seiten sekundär erscheinen läßt. Der lineare Kehlen- oder Leistenschmuck tritt in den Hintergrund. Indem das Mahagonifurnier zu bewegten Strukturen zusammengesetzt wird, übernimmt nun die Maserung des Holzes selbst eine dekorative Aufgabe.

Innen erinnern Säulen und Lisenen an eine antike Tempelfassade. Dadurch ähnelt das Möbel einem "Monument". Wahrscheinlich hatte es nie die wirkliche Funktion eines Schreibmöbels, sondern diente nur der Repräsentation. Da sich ehemals vier solcher Sekretäre im Schreibzimmer des Königs befanden, kann man sich eine imposante Wirkung sehr gut vorstellen.

Eine ähnliche Konzeption liegt auch dem großen Schreibschrank mit Musikwerk, ebenfalls aus Schloß Ludwigsburg, zugrunde. Er scheint von Karl Friedrich Schweickle im Jahre 1808, kurz nach seinem Antritt der Hofschreinereistelle, gefertigt worden zu sein. Klinckerfuß war vermutlich am Entwurf des Stückes beteiligt, denn von seiner Hand hat sich eine sehr ähnliche Zeichnung erhalten. Der Sekretär ist in architektonischer Weise aufgebaut. Ohne Füße lastet ein wuchtiger Schreibkasten mit in drei Felder gegliederter Front und seitlichen Eckhermen auf dem Boden. Dieser trägt einen hohen Aufsatz mit zwei Seitenkästen und einem überhöhten Mittelteil. Davor befinden sich zwei Säulen, die einen Giebel und die getreppte Decke stützen. Durch Rahmenwerk und vergoldete Metalleisten ist die Schrankfront noch einmal in alter Manier gegliedert. Auch eine runde Reliefscheibe auf der Schreibklappenmitte wurde wie schon bei Roentgen zum zentralen Element. Allerdings sind die Rahmen jetzt breiter, und sie haben die Aufgabe, die Füllungen gerade zu halten. Wie der Schreibschrank von Klinckerfuß besitzt das Möbel durch die Hermenpfeiler eine einseitige Ausrichtung. Die Seiten sind untergeordnet, und so erscheint die Fassade von der Wand gelöst, gleich einer zweiten vorgelagerten "Raumschicht". Die scharfen Konturen trennen das Stück aus seiner Umgebung heraus, es hat seine eigenen Gesetzmäßigkeiten. Diese werden z. B. im edlen Kontrast zwischen dunklem Mahagoniholz und vergoldeter Bronze deutlich. Es entsteht eine Distanz, die nüchtern und kühl wirkt. Die strenge Symmetrie schafft ein starres "Monument".

Auch der Schreibschrank von Georg Conradt, der 1812 bei der ersten württembergischen Kunstausstellung einem breiten Publikum zugänglich war, nimmt die von Klinckerfuß entwickelten Formen auf. Ganz wie bei Klinckerfuß befinden sich glatte, große Flächen mit reicher Furniermaserung, Hermenpfeiler, Tatzenfüße und eine abgetreppte Decke mit Podest. Lediglich den Sockel und die Podestvorderseite schuf Conradt anders. Diese Teile bildete er kräftiger aus, so daß der massive Charakter noch stärker zum Ausdruck kommt.

Sehr aufwendig gestaltete Friedrich Baisch ein Möbel, das ebenfalls zur Ausstellung von 1812 gelangte. Mit einem tempelartigen Aufsatz und der Büste Napoleons, mit einer salonartig geformten Innenfassade und plastisch ausgearbeiteten Frauenfiguren schuf der Kunstschreiner wie Schweickle ein repräsentatives "Monument", an dem man würdevoll vorbeiging und kaum seine tägliche Arbeit verrichtete.

Nicht nur bei den Schreibschränken, auch bei den Schreibtischen tritt der Stilwandel hervor. Den besonders prächtigen Klappschreibtisch aus Schloß Favorite fertigte Klinckerfuß gegen 1815. Seine vier kantigen Pfeilerbeine auf einer Sockelplatte, die die glatte Tischzarge und den zurückgesetzten Schreibkasten mit ägyptisierenden Hermenpilastern und mit einer balustradenartig bekrönten Decke tragen, sind typische Elemente des Empire, ebenso wie die reichen vergoldeten Palmetten-Beschläge der Hauptansichtsseite. Dagegen erinnert der Typus noch an Formen des Lehrers David Roentgen. So hat sich der Aufbau im wesentlichen nicht verändert und das Reliefmedaillon, ein Nachguß der früheren Platte ist ebenfalls zentral angebracht und von einer Perlleiste umrahmt. An die Stelle der kannelierten Säule wurde der kantige Pfeiler mit Kapitell gesetzt.

Gegen Ende der Empirezeit (1815) schuf Klinckerfuß auch den bemerkenswerten Klappschreibtisch mit bemalten Porzellanplatten; er befindet sich heute ebenfalls in Schloß Favorite. Weitere Neuerungen kündigten sich durch ihn an, die in die Periode des Spätempire verweisen. Der Aufbau weicht in der Grundform von den behandelten Modellen zwar kaum ab, aber nun übernehmen wieder Säulen die Beinfunktion. Sie sind glatt und ihre Kapitelle aus schlichten Metallringen gebildet. Der Aufsatzkasten besteht aus großen Flächen, die weder durch Leisten noch Appliken gegliedert sind. Mit dieser beabsichtigten Vereinfachung knüpfte der Meister an seine schlichten

Modelle um 1800 an. Wie dort umgeben breite Flächen die in die Klappe und in die Seiten eingelegten Bilder. Die romantisierenden Tier- und Landszenen malte Königin Charlotte Mathilde auf Ludwigsburger Porzellanplatten. Sie übte diese Kunst seit etwa 1810 aus und verlieh damit den württembergischen Möbeln einen besonderen Wesenszug. Die neue Konzeption, die durch die Betonung des Volumens die Dreidimensionalität wieder sucht, brachte Klinckerfuß 1817 im "Journal für Luxus und Moden" auch zur Veröffentlichung, so wie es David Roentgen 1795 und 1801 schon getan hatte. Er trug damit zur Bildung des späten Empirestiles direkt bei.

Nicht nur großformatige Modelle, sondern auch Kleinmöbel weisen die von Klinckerfuß entwickelten Veränderungen auf. Der Ebenist, der eine ganze Reihe von Tischen im Empirestil schuf, ist z. B. der Initiator eines Modelles in Schloß Aschhausen, das auf einen Entwurf Beauvallets von 1804 zurückgeht. Der runde Tisch, von dem Kunstschreiner abgezeichnet, hat eine dreiseitig ausgeschweifte Sockelplatte, auf der sich drei Tatzenfüße befinden. Diese tragen eine mit Lorbeer umrankte Säule und eine runde Tischplatte.

Nur wenige Jahre liegen zwischen ihm und dem zuvor genannten Modell mit Gueridonfuß. Keine konisch verjüngten Beine mit Würfelrollen, die den kannelierten Schaft wie gefedert halten, sondern ein stabiler, fest aufstehender Sockel gibt der kräftigen Säule einen sicheren Stand. Erdverbundenheit und tektonische Klarheit sind auch hier die neuen Prinzipien, die sich bei den anderen Möbelgattungen verfolgen ließen.

Ebenso ist bei den Sitzmöbeln die Tendenz von der geradlinigen, grazilen Form hin zu kräftiger aufstehenden, repräsentativen Modellen zu beobachten. Die glatten, konisch stark verjüngten Beine in gerader und kantiger Ausprägung erhalten leichte Schweifungen, die wie bei den antiken Stühlen einen sicheren Stand suggerieren. Die unbepolsterte Rückenlehne bietet jetzt Platz für eine reiche dekorative Ausgestaltung mit durchbrochenen Ornamenten oder meist aufgesetzten Appliken. Auch die bunt bestickten Sitzpolsterstoffe tragen zur prächtigen Fasson der Stücke bei.

Die Arbeiten des Hofbildhauers Frank scheinen sich im wesentlichen an den Werken von Klinckerfuß zu orientieren. Eine von ihm erhaltene flüchtige Skizze von 1810 zeigt die typischen Empireelemente Tatzenfuß und kräftigen Pfeiler. Auch die dreiseitig ausgeschweifte Sockelplatte kannte wohl Frank, der diese unter dem Ofenschirm oder der Kommodenfront entwarf.

Die hier herausgegriffenen Beispiele verdeutlichen also jenen Stilwandel, der in der Stuttgarter Möbelkunst mit dem Erscheinen Kaiser Napoleons in Württemberg ausgelöst wurde. Waren bis etwa 1806 der Neuwieder und der englische Klassizismus die vorbildlichen Stilrichtungen, so wünschte der Hof seit der Erhebung des Landes zum Königreich das sich von Frankreich her ausbreitende Empire. In relativ kurzer Zeit veränderte Klinckerfuß seine Produktion, ohne daß sie dabei an Qualität verloren hätte. Auch die Kollegen in der Stadt schlossen sich dem Wandel an und folgten im wesentlichen dem führenden Kunstschreiner Württembergs. Dessen Arbeiten wurden immer gefragter, und so fanden sie auch über die Grenzen Württembergs hinaus Interesse.

Rationelle Klarheit zeichnen trotz der späteren Repräsentationslust beide Schaffensperioden des Ebenisten aus. Im Laufe der Zeit entwickelte er wuchtigere, aber auch unbequemere Formen. Sie wirken kühl und oft abweisend. Da sie Bestandteile eines Programmes zur Verherrlichung der Macht waren, konnte er ihre Zweckmäßigkeit und Harmonie nicht immer berücksichtigen. Mit seinen Grundsätzen "Schönheit der Form, Bequemlichkeit für den Gebrauch und möglichste Dauerhaftigkeit", die in der württembergischen Möbelkunst noch lange nachklangen und mehrere Kunstschreinergenerationen prägten, hatte Johannes Klinckerfuß deshalb oft einen schweren Stand.

Carl Maximilian Mattern - Aufstieg und Fall eines Würzburger Kunstschreiners der Barockzeit

Am 8. April 1745 lud die Würzburger Hofkammer den um den Titel eines Fürstbischöflich-Würzburgischen Hofschreiners nachsuchenden Kunstschreiner Carl Maximilian Mattern vor und eröffnete ihm, "daß seinem ansuchen zwar gngst. willfahret worden, allein in dem fall er eine meisterhaffte arbeit in einem billigen und mit anderen Arbeitern gleichen Preys nicht lieffern werde, die bestellung bey einem andern gemacht, auch bewanden umbständen nach willkühr gegeben werde". In dieser Äußerung der Behörde sind Aufstieg und Fall eines der bedeutendsten fränkischen Kunsthandwerker der Barockzeit gleichermaßen beschlossen. Die Gewährung des begehrten Titels beinhaltete Anerkennung bisher erbrachter Leistungen, "worüber Ihro Hochfürstl. Gnaden nicht allein das gnädigste Vergnügen bezeiget". Inbegriffen waren Privilegien, auf welche die Zunftkollegen nur mit Neid blicken konnten: Befreiung von der Jurisdiktion der Zunft, mit allen ihren aus der Nahrungsökonomie des Alten Handwerks erwachsenen Beschränkungen und Einengungen. Der Status eines Hofkünstlers setzte unerbittlich ein Höchstmaß an Leistung voraus. Vollendung in handwerklich-technischer Hinsicht, aber auch in Imagination und Form wurde gefordert, denn herrschaftlicher Anspruch des "vivre noblement" hatte sich in jeglicher Schöpfung des Hofhandwerks zu manifestieren. Die bürgerlichen Zunftmitglieder konnten bei solchem Wettbewerb um hohe Leistung, höhere Bezahlung und allerhöchste Gunst nicht mithalten.

Aber auch außergewöhnliche Qualifikation konnte nicht verhindern, daß die Würzburger Hofkammer im selben Augenblick, in dem Carl Maximilian Mattern durch Ernennung zum Hofschreiner die oberste Stufe beruflichen Erfolges erreichte, den Meister mit "anderen arbeitern" seines Handwerks gleichsetzte. Nicht den Aufwand fürstlicher Repräsentation, dem das Wirken der Hofkünstler galt, vermochte die Behörde zu begrenzen, wohl aber die Kosten. Und solches ging zu Lasten der Handwerker. Eine "arbeit in einem billigen und mit anderen arbeitern gleiches Preys" war eine stete Gefahr für all jene, die wie Mattern für den Markt der "douceur de vivre" tätig waren und mit dem Einsatz aller Mittel den höfischen Glanz, als Attribut des Staates, zu unterstreichen und zu mehren suchten. Die Gefahren konnten sich potenzieren, wenn finanziell nicht ausreichend abgesicherter geschäftlicher Wagemut hinzukam, wenn solcher Wagemut fehlschlug, weil fürstlicher Geschmack nicht richtig eingeschätzt wurde, wenn ein Wechsel der Regentschaft Zeiten der Restriktion heraufbeschwor und wenn zu alldem persönliche Schwächen, wie mangelnde Sparsamkeit und Neigung zum Nörgeln, den Weg ins menschliche und berufliche Abseits wiesen. Carl Maximilian Mattern blieb dies nicht erspart. Sein Ende war das eines Almosenempfängers, "stadtkündig" erfüllt von Elend und Not.

Er wurde am 13. Januar 1705 in Nürnberg als Sohn des Kunstschreiners und Bildhauers Carl Mattern geboren. Seine Jugend verbrachte er in Wilhermsdorf (Kreis Fürth), wohin seine Eltern zwischen 1709 und 1711 übergesiedelt waren. Die Lehrzeit beim Vater führte Carl Maximilian Mattern 1718 nach Schloß Pommersfelden und sodann in die Deutschordenskommende Frankfurt - Sachsenhausen. Die Stationen der sich anschließenden Wanderschaft sind nur lückenhaft zu benennen. Ein Aufenthalt in Mainz ist zu vermuten, eine Ausbildung bei Johann Jacob Arend in Koblenz-Pfaffendorf ist sicher zu belegen und die Vervollkommnung der vom Vater erworbenen Kenntnisse der sogenannten Boulle-Technik bei Johann Matusch in Ansbach dürfte wahrscheinlich sein. Vor 1730 kam Mattern, wohl von seinem Vater gerufen, nach Schillingsfürst (Kreis Rothenburg o.d.T.), der Residenz des Grafen (seit 1744 Fürsten) Philipp Ernst zu Hohenlohe-Schillingsfürst.

Die Aussicht auf Übernahme der Werkstatt - hatte der Vater doch das 70. Lebensjahr schon überschritten - und die sich eröffnenden Entfaltungsmöglichkeiten im Dienst des Grafen waren Anreiz genug. Sucht man in Schillingsfürst nach Spuren der Hand Carl Maximilian Matterns, so zeigen sich nur Ansätze an untergeordneter Stelle. Einzelne Teile eines vom Vater gefertigten, aufwendig mit Messing und Zinn eingelegten Schreibschrankes sind dem jungen Kunstschreiner zuzuweisen. Die Hoffnung, nach dem 1730 erfolgten Tode Carl Matterns selbst solche Möbel schaffen zu können, war berechtigt, doch spitzten sich in der Folgezeit die familiären Ereignisse Carl Maximilian Matterns zu und gaben seinem Leben eine unvermutete Wende. Seine Nichte erwartete von ihm ein Kind. Die Trauung war bereits nach evangelischem Ritus vollzogen worden, da erklärte Philipp Ernst zu Hohenlohe-Schillingsfürst sie für ungültig und entließ darüber hinaus den Schreiner aus herrschaftlichen Diensten.

In seiner Auswirkung kam dies für Mattern einer Katastrophe gleich. Denn nach den Zunftbräuchen war er nun ein "Weibergeselle" und mußte der Ausstoßung aus dem Stand der Gesellen und ihrer Bruderschaft gewärtig sein. Die Möglichkeit, dem allem zu entgehen, bot einzig und allein die Tätigkeit als zunftbefreiter Handwerker im Dienste eines fürstlichen Herren. Carl Maximilian Mattern beschritt diesen Weg und wandte sich nach Würzburg, der Residenzstadt des Fürstbischofs Friedrich Karl von Schönborn. Er erwirkte den Dispens zur Heirat, wobei die Bedingung der Konversion kein Hemmnis für ihn bildete. Auf diese Weise kam einer der bedeutendsten Kunstschreiner nach Würzburg; also keineswegs wie so viele seiner Künstlerkollegen angelockt von den Entfaltungsmöglichkeiten, die der Bau der fürstbischöflichen Residenz bot. Matterns Anfänge in Würzburg waren mühevoll. Die Schreinerzunft, der die Anwesenheit eines "Weibergesellen" alles andere als angenehm war, opponierte sofort gegen einen Aufenthalt in der Residenzstadt und ein 1733 Fürstbischof Friedrich Karl von Schönborn vorgelegter Entwurf zu einem Möbel scheint keine Approbation gefunden zu haben. Daß dennoch eine Wende zu einer günstigeren Entwicklung seiner Lebens- und Berufssituation eintrat, verdankte Mattern wohl dem einflußreichen Hofrat und nachmaligen Hofkanzler Franz Ludwig von Fichtel. Seiner Protektion dürfte die damals im Normalfall nicht leicht zu erreichende Übernahme des Schreiners in die fürstbischöflich-würzburgische Artillerie zuzurechnen sein, wo Mattern seit 1735 den Rang eines Feuerwerkers bekleidete. Wichtiger als diese finanzielle Absicherung - für die er im späteren Verlauf seines Lebens noch dankbar sein sollte - war die Tatsache, daß Mattern nun "qua feuerwercker die personal freyheit" zustand, er damit dem Einfluß der Zunft und ihren Vorschriften entzogen war und ihm zudem die Möglichkeit zu umfangreicher Privattätigkeit in seinem erlernten Beruf eingeräumt wurde. Den Frieden mit den Berufskollegen besiegelte seine Aufnahme als Meister in die Würzburger Schreinerzunft, deren genaues Datum zwar nicht mehr zu ermitteln ist, die jedoch vor seiner 1736 zu verzeichnenden Annahme als Bürger der Stadt Würzburg erfolgt sein muß. Ein Zeugnis der Verbindung Carl Maximilian Matterns mit dem Hofkanzler Franz Ludwig von Fichtel hatte sich bis zum Stadtbrand Würzburgs am 16. März 1945 im Mainfränkischen Museum Würzburg in Gestalt einer Zimmervertäfelung aus dem Privatpalais Fichtels erhalten. Dabei setzte vor allem die gravierte Ahorn-Marketerie der Nußbaum-Füllungen des Lambris, der Türen und der inneren Fensterläden besondere Akzente. Mit jener um 1735 entstandenen Raumausstattung ging ein Interieur zugrunde, in dem sich die Bürgerkultur des alten Würzburg in ihrer nobelsten Weise präsentierte. Das Jahr 1736 brachte Mattern die ersten Aufträge von seiten des Hofbauamtes. Es waren Bauschreinerarbeiten in verschiedenen fürstbischöflichen Gebäuden. Auch wenn dies nur Broterwerb war, in den folgenden Jahren hatte Mattern schon bald seine anderen Würzburger Kollegen überflügelt, die sich mit kleineren Summen zufrieden geben mußten. Doch konnten solche handwerklich untergeordneten Arbeiten den hochqualifizierten Kunstschreiner auf die Dauer kaum befriedigen. Er wurde deshalb 1739 bei dem Hofkammerpräsidenten vorstellig, dessen Fürsprache aber nicht den von Mattern erhofften Erfolg zeitigte. Der Meister ließ sich daraufhin offenbar hinreißen und kam prompt in Konflikt mit der Obrigkeit. Der Hofhafner Eder wußte von "gefallen sein sollenden anzüglichen Reden gegen die Hofcammer" zu berichten. Obgleich die folgende Untersuchung "nichts zuverlässiges" erbrachte, eine mißliche Auswirkung hatte die Angelegenheit für Mattern insofern, als man ihm die innerhalb des Residenzbereichs bis dahin zu Verfügung gestellten Räume kündigte und er "forthin anderstwo sich ein quartier ausmachen" mußte.

Carl Maximilian Matterns Tätigkeit für den privaten Bereich des Adels und des wohlhabenden Bürgertums entzieht sich leider vollständig der archivalischen Überlieferung. Doch vermag die Tatsache, daß der Meister zur Taufe seines Sohnes Carl Anton am 17. April 1738 im Würzburger Dom den Freiherren Anton von Massenbach als Paten gewann, etwas von den Kontakten anzudeuten, die Mattern mittlerweile pflegte. Ein um 1740 zu datierender Schreibschrank, der sich bis Ende des 19. Jahrhunderts in Würzburger Privatbesitz befand und dann im Erbgang nach Österreich gelangte, könnte für solchen Kundenkreis gefertigt worden sein. Es ist eine große "Trisur" - so der zeitgenössische Ausdruck in Franken - mit vierteiliger Gliederung. Das Möbel wird geprägt von einer ungemein wuchtigen, gedrungenen, fast bedrängenden Körperlichkeit. Gravitätisch und schwer ist sein Stand. So kompakt das Gesamtvolumen auch ist, die Oberfläche ist außerordentlich lebhaft kurviert. Bauchungen und Einziehungen, sowohl horizontal als auch vertikal ausgebildet, gehen weich fließend ineinander über oder sind hartkantig abgesetzt, von Pilastern und Lisenen akzentuiert sowie von kleinteilig differenzierten Gesimsen abgegrenzt. Die Fronten sind in einem ataktischen Rhythmus bewegt, immer neue Spiegelungen leuchten wie bei Facetten auf.

Der künstlerische Durchbruch Carl Maximilian Matterns am fürst-bischöflichen Hofe zu Würzburg erfolgte im Jahre 1741. Nach langen Jahren des Wartens wurde ihm erstmals ein Werk zugeteilt, bei dem er seine Qualitäten als Kunstschreiner unter Beweis stellen konnte. An Mattern erging der Auftrag für das Gehäuse einer Bodenstanduhr, zu dem der Bildhauer Georg Adam Guthmann die Schnitzereien schuf. Es ist jenes prachtvolle Werk, das sich heute im ersten Alexanderzimmer der Würzburger Residenz befindet. Nicht allein im Aufwand des geschnitzten und vergoldeten Dekors manifestiert sich der Anspruch der Arbeit, auch die Vielzahl der teilweise kostspieligen Hölzer unterstreicht den repräsentativen Charakter: Rosenholz, Mahagoni, Ebenholz, Nußbaum, Nußbaum-Wurzel, Birkenmaserholz und Ahorn sind in mannigfaltiger Weise verwendet. Ungemein feinfühlig sind die verschiedenen Maserungen und die unterschiedlichen Farbnuancen, die durch partielle Tönung des Pflanzen-Dekors zusätzlich bereichert wurden, zu einer abgestuften, harmonischen Gesamtwirkung genutzt. Die Marketerie kündet von überragender technischer Fertigkeit. Nicht allein die Fugenreinheit der Einlagen, auch die einem Kupferstecher zur Ehre gereichende Gravierung beansprucht höchste Bewunderung. In streng symmetrischer Anordnung überzieht den Grund ein lockeres Geflecht aus blattbesetzten Ranken, lanzettförmigen Blättern, Blüten, festen und aufgefächerten Muscheln sowie kurzen Bandformen. Vereinzelt erscheinen auch Rocaille-verzierte C-Bögen. Leichtflüssiger Kurvenschwung und grazile Dünnlinigkeit lassen bei aller vegetabilen Umformung aber doch den Bandelwerk-Stil als verpflichtendes Vorbild deutlich werden. Die Rocaille steht hier noch am Anfang ihres Lösungsprozesses aus Ranke und Blüte. Mit diesem Werk profilierte sich Carl Maximilian Mattern als führender Kunstschreiner Würzburgs und Frankens. Weitere Aufträge für die Residenz seines fürstbischöflichen Herrn konnte er sicher sein.

Ein 1741 gefertigter Spieltisch aus dem Kabinett Friedrich Karl von Schönborns hat sich in der Würzburger Residenz erhalten. Zargen, Beine und Verbindungsstege sind prachtvoll geschnitzt und vergoldet, die von vergoldeten Messingrahmen gefaßte Glasplatte ist mit einer hinreißenden Hinterglasmalerei geschmückt. Matterns Tätigkeit blieb allerdings auf die schreinerische Zubereitung des Werkes und die Koordination der beteiligten Künstler beschränkt. Der Hauptanteil fiel dem Hofbildhauer Johann Wolfgang von der Auwera zu, der nicht nur für die Schnitzarbeit sorgte, sondern dem auch der Entwurf der Hinterglasmalerei zuzuweisen ist. Ein Gegenstück zu diesem Tisch, das 1742 von Fürstbischof Friedrich Karl von Schönborn in Frankfurt Kaiser Karl VII. Albrecht überreicht worden war, tauchte 1911 im Frankfurter Kunsthandel wieder auf, wurde vom Landesgewerbemuseum Stuttgart erworben, jedoch 1937 dem Münchner Kunsthandel überlassen und ist seitdem verschollen. Am 23. November 1742 meldete Carl Maximilian Mattern der Würzburger Hofkammer die Fertigstellung eines Schreibschrankes, an dem er vier Jahre gearbeitet hatte. Begonnen in den Jahren des Mißerfolges bei

Hofe, suchte er mit diesem Möbel einen möglichst umfassenden Beweis seines Könnens abzulegen. In Zusammenarbeit mit dem Bildhauer Georg Adam Guthmann war ein Werk entstanden, das zu den Prunkstücken deutscher Möbelkunst zählt. Dieser Schreibschrank befindet sich nun im ersten Alexanderzimmer der Würzburger Residenz. Am 7. Dezember 1742 konnte Mattern den Empfang der geforderten 1600 Gulden quittieren; er war "von einem Hochfürstl. Bauambt krafft dieses Scheins zu danck völlig vergnüget worden". Es konnte nicht ausbleiben, daß Fürstbischof Friedrich Karl von Schönborn den Schreibschrank und die Quittung Matterns zu Gesicht bekam, und es stellte sich heraus, daß er von der Auftragserteilung überhaupt nichts wußte. Die Maßregelung, welche die zuständige Behörde über sich ergehen lassen mußte, ließ nichts an Deutlichkeit vermissen. Der Regent lehnte zudem die Übernahme des Möbels ab, wobei er neben formal-rechtlichen Gründen ins Feld führte, daß Matterns "forderung nicht allein ohngemein kostbar ist, sondern ich sehe keinen Platz, wo diese machine könne hingestellt und gebrauchet werden". In der Folgezeit entschloß er sich aber doch, den Schrank zu übernehmen, denn der Schreiner war ohnehin vom Bauamt ausbezahlt worden.

Es ist ein mächtiges Möbel, das eine ungeheuer füllige Wucht und würdevolle Schwere kennzeichnet. Seine pompöse, durch die vergoldete Ornamentik üppig, fast aufdringlich unterstrichene Grandezza resultiert aus dem schwerblütigen Fluß der Gesamtform, nicht jedoch aus der Bewegung der Einzelteile. Hier entfaltet sich in den Oberflächen ein Spiel, dessen horizontal und vertikal fließendes In- und Auseinander an ein von ordnender Hand gestaltetes, kunstvoll aufgebautes Gebirge erinnert. In der bildnerischen Grundhaltung Matterns ist das Körperhafte seines Werkes, das Gefühl für das Anschwellen und Abebben einer Fläche, das lebensvolle Atmen eines vielteiligen Organismus begründet. Solches Leben findet seine Resonanz in der originalen Raumausstattung mit goldverzierter Lambris und sattfarbigen Tapisserien, welche die flimmernden Oberflächen des Möbels in die Bewegung der Umgebung einbetten. Daß Friedrich Karl von Schönborn das Möbel Matterns, dessen Vorbild sich in Gestalt eines nun in den Sammlungen des Kunstgewerbemuseums Schloß Köpenick zu Berlin sich befindenden, aus Koblenz stammenden, Schreibschrankes Johann Jacob Arends genau benennen läßt, so geringschätzig als "machine" abqualifizierte, war nicht zuletzt in der Existenz weiterer, ähnlich gewaltiger Stücke in der Würzburger Residenz begründet. Diese von den Vorgängern Schönborns in Auftrag gegebenen Stücke waren inzwischen hoffnungslos altmodisch geworden; Gefallen fanden bei Schönborn hingegen geschnitzte und vergoldete Möbel kleineren Formats, für deren Schaffung Zierschreiner und Bildhauer zuständig waren.

Carl Maximilian Mattern hatte in der Einzeldurchbildung seines Schreibschrankes alles aufgeboten, um seine Qualitäten ins rechte Licht zu setzen. Von erlesener Kostbarkeit und Feinheit sind Wahl und Zusammenstellung der Hölzer. Die verschiedenen "bois des Indes" aus Übersee waren damals teures Gut des Fernhandels und wurden nach Gewicht als "Pfundholz" gekauft. Sie waren Zeichen höfischer Kultur, bei denen exquisite Verarbeitung unabdingbar war. Hier entfaltete sich, ebenso wie in der Ahorn-Marketerie, Matterns wahrlich überragende handwerkliche Meisterschaft, die ihn als einen der bedeutendsten deutschen Kunstschreiner ausweist. Carl Maximilian Mattern hatte mit der Übernahme des Schreibschrankes durch seinen fürstbischöflichen Herren scheinbar ein Wagnis bestanden. Dennoch begann für ihn damit, daß er naturgemäß von den internen Unstimmigkeiten nichts erfuhr, die Ungunst des Schicksals zu walten. Die Folgen sollten sich allerdings erst drei Jahre später zeigen.

Matterns Werkstatt, in der der Meister nach eigener Aussage 1742 nicht weniger als "12 und mehrere Gesellen zur Hoffarbeith in Cost und Lohn" hielt, war bei solcher personellen Größe nicht nur mit hochherrschaftlichen Aufträgen auszulasten. Arbeiten für den landsässigen Adel und das begüterte Bürgertum mußten ergänzend hinzukommen, also Schöpfungen für einen Kundenkreis, welcher der schriftlichen Fixierung seiner Aufträge in aller Regel nicht bedurfte und deren Identifizierung daher unüberwindliche Schwierigkeiten bereitet. Eine nicht geringe Zahl mehr oder minder einfacher, in unserer Zeit besonders vom Kunsthandel nur zu gerne pauschal nach Würzburg lokalisierter Möbel harrt vergeblich der Bestimmung seiner Meister, da einzig und allein als Richtpunkte für jene Ermittlung die archivalisch gesicherten, doch anderen Kriterien unterworfenen Stücke fürstlicher Repräsentation gelten können. Nur dort, wo die einfacheren Möbel der "bonne maison" einen Reflex spezifischer Merkmale der benennbaren höfischen Werke zu erkennen geben, gelingt es, solche Arbeiten aus ihrer Anonymität zu befreien. Dazu gehörte ein um 1742/43 zu datierender Schreibschrank im Mainfränkischen Museum Würzburg, der leider im Feuersturm des 16. März 1945 verbrannte. Hier läßt sich auch das Gehäuse einer Bodenstanduhr im gleichen Museum anschließen; für eine Wiederholung, die sich nun im Bayerischen Nationalmuseum München befindet, zog man nach Ausweis der charakteristischen Marketerie um 1755/60 mit Franz Benedikt Schlecht den Konkurrenten Matterns zu. Größerer Aufwand entfaltet sich im Gehäuse einer weiteren, um 1743 von Mattern gefertigten Bodenstanduhr des Mainfränkischen Museums Würzburg (siehe nebenstehende Abb.). Übertroffen wird dies alles von einem für Fürstbischof Friedrich Karl von Schönborn geschaffenen Schreibschrank, für den Carl Maximilian Mattern im Jahre 1744 insgesamt 1540 Gulden erhielt. Das Möbel befindet sich noch in der Würzburger Residenz. Erdgebundene Fülle

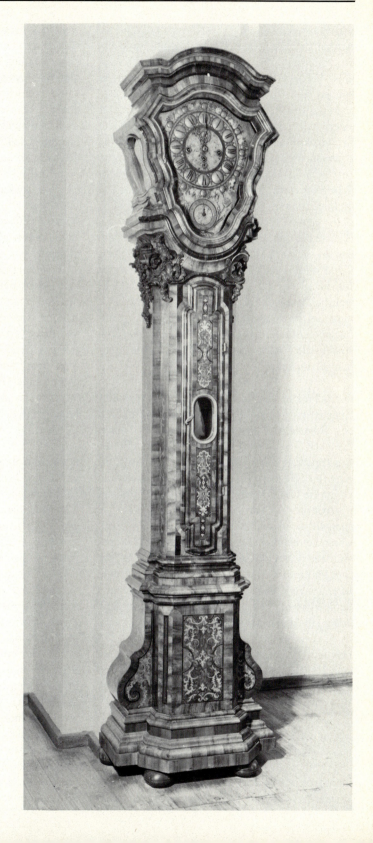

und behäbiger Zuschnitt des Korpus, volltönende Artikultation des Ganzen bei lebhafter Eloquenz des Einzelnen, dies sind Eigenschaften des Möbels, das seinen Meister unverwechselbar zu erkennen gibt. Die Einzelteile scheinen unter Mißachtung jeglicher technischer Probleme wie von einer knetenden Hand modelliert zu sein, und die Schmiegsamkeit der Kurvaturen erfährt durch kontrastierende Bindung an die ungemein präzise geführten Gliederungs-Elemente eine nachdrückliche Steigerung. Im Verzicht auf eine ornamentale Marketierung der Schubladenfronten erweist sich Matterns feines Gespür für einen optimalen Einsatz der verfügbaren Mittel. Die prachtvollen, aus vergoldetem Messing bestehenden Griffe und Schlüsselschilder des Würzburger Hofschlossers Johann Georg Oegg waren für den Schreiner wahrlich genügend Anlaß zu eigener Zurückhaltung. Solche Beschränkung ließ sich bei der großflächigen Mitteltür des Aufsatzes aufgeben, deren Außenseite Mattern mit einer hinreißenden Elfenbein-Marketerie schmückte.

Der Schreiner erweist sich hier als ein Ornament-Künstler besonderen Ranges, doch blieb bei ihm das Rokoko der symmetrischen Gebundenheit barocker Formvorstellungen verpflichtet. In der überragenden handwerklich-technischen Ausführung der Elfenbein-Einlagen und der Gravierung ist ihm in Franken nur noch der große Ferdinand Plitzner an die Seite zu stellen. Matterns Preise, auch für handwerklich untergeordnete Arbeiten, waren beträchtlich. Dies und das große Auftragsvolumen legen die Annahme nahe, daß es der Meister eigentlich zu einem gewissen Wohlstand hätte bringen müssen. Dem stand jedoch Matterns fatale Eigenschaft entgegen, im Umgang mit Geld keine glückliche Hand zu haben.

Das Jahr 1745 sah Carl Maximilian Mattern auf dem Höhepunkt seines beruflichen Erfolges. Am 9. April 1745 wurde er zum Fürstbischöflich-Würzburgischen Hofschreiner ernannt, eine Würde, die er - ebenso wie seine Arbeit bei Hofe - allerdings mit seinem Konkurrenten Franz Benedikt Schlecht zu teilen hatte. Kaum hatte Mattern den Gipfel seiner Karriere erreicht, begann ein für ihn tragisches Schicksal seinen Lauf zu nehmen. Wieder hatte er ohne Auftrag ein ungemein aufwendiges Möbel gefertigt, mit dem er zu unterstreichen suchte, "daß die Hochfürstl. Gnad in ertheilung des Hoffschreiner Decrets, wo vor den unterthänigsten Danck hiermit zu Füssen lege, keinem unwürdigen zugewendet worden seye" und mit dem er die Hoffnung verband, sich "in Höchsten gnaden zu setzen". Es ist der sich heute im Mainfränkischen Museum Würzburg befindende Schreibschrank.

Obwohl weder eine Bestellung von seiten des Fürstbischofs noch eine Zahlungsanweisung erfolgt war, hatte Mattern bereits eine Abschlagszahlung von nicht weniger als 500 Reichstalern erhalten. Als der Hofschreiner seinen fertiggestellten Schrank bei Hofe ablieferte, versuchte man daher, eine Besichtigung des Möbels durch den Regenten zu verhindern. Der empörte Meister, der sich dies nicht erklären konnte, wandte sich daraufhin mit einer Eingabe direkt an Fürstbischof Friedrich Karl von Schönborn. Dessen Entscheidung vom 7. Oktober 1745 war jedoch eindeutig; man ließ Mattern wissen, "daß derlei machines zu der heutigen tags meublirung nicht mehr schiklich, also auch diese nimmermehr werde ahngenommen werden".

Das Möbel unterscheidet sich im Aufbau von den vorherigen Werken Matterns. Auf den sonst stets zu findenden Sekretär-Teil wurde verzichtet. Der Untersatz hat die Form eines Tisches mit vier geschnitzten und vergoldeten Beinen; die Bildhauerarbeit stammt von Johann Wolfgang von Auwera. Die breite Tischzarge nimmt eine Schublade auf, in das Gesims ist eine herausziehbare Schreibplatte eingelassen. In das gewohnte Muster reiht sich hingegen der Aufsatz ein. Die opulente Wucht früherer Werke Matterns ist hier gedämpft, das Format intimer, doch eignet dem Möbel eine ernste Feierlichkeit, die gravitätischer Schwere nicht entbehrt. Die Stämmigkeit der Proportionen findet ihre Erklärung in der auffallend kleinen, untersetzten Statur Friedrich Karl von Schönborns, die dem Schreiner Anlaß gab, den Schrank "überhaupt der proportion nach wohl gestellt" abzuliefern. Die Schweifung der Flächen ist, wie stets bei Mattern, ungemein bewegt und - besonders in der horizontal und vertikal reich differenzierten Kurvierung der Tischzarge -

höchst kunstvoll. Erlesenheit und Verarbeitung der zur Verwendung gekommenen Materialien sind eines fürstlichen Kabinettschrankes wahrlich würdig. Die von Mattern in seiner Eingabe erwähnten "Cypressen Holtz, berlamutter, Helffenbein und messing" umschreiben nur unzulänglich die ganze Palette der Werkstoffe, die zudem Rosen- und Ebenholz, Schildpatt, Kupfer, Nußbaum, Kirschbaum, Birkenmaserholz und Ahorn aufweist. Höchst delikat ist die verschiedenartige Zusammenstellung der Hölzer und ihr Zusammenklang mit den gravierten Elfenbein-Einlagen, ungemein preziös sind die fischgrätenförmig furnierten Rosenholz-Friese.

Der Stil des Rokoko ist in den Formen des Dekors nun voll zum Durchbruch gekommen. Der Betrachter bleibt im unklaren, was er mehr bewundern soll: die geradezu virtuose Technik, für die keine Fläche zu stark kurviert war, um sie nicht mit Einlagen schmücken zu können, die haarscharfe Fugenreinheit, mit der die unendlich reich aufgelösten, kleinteilig durchbrochenen Formen marketiert sind, die meisterliche Gravierung, die Schönheit der einzelnen Motive oder die spannkräftige Eleganz ihrer gegenseitigen Durchdringung. Es bedarf der mußevollen Vertiefung in das Detail, um sich bewußt zu werden, mit welch überzeugender Selbstverständlichkeit die unterschiedlichsten Dinge zu einem harmonischen Ganzen verquickt sind. Trotz aller formalen Auflösung hat jede Einzelheit durch übergreifende Bezugnahme auf ein exakt gespiegeltes Pendant ihren fest geprägten Stellenwert und gleitet nicht in das nur Spielerische ab. Die Ablehnung des Möbels, dessen Kosten Mattern vorfinanziert hatte, brachte den Schreiner in erhebliche finanzielle Bedrängnis. Nach dem Tode Schönborns wandte er sich daher am 13. Oktober 1746 an dessen Nachfolger Anselm Franz von Ingelheim; er wurde jedoch erneut abgewiesen.

Im August 1747 wurde er wieder vorstellig. Unter Hinweis auf "seinen mittellosen Zustand" bat er, "ihn vor dem trohenden Untergang fürstmildest zu retten". Die Hofkammer sah nun keine Chance mehr, die an Mattern ergangene Zahlung zurückzuerhalten, der Erwerb des Schrankes um einen möglichst "raisonablen Preis" schien den Räten die beste Lösung. Mattern wurde rigoros im Preis gedrückt und mußte mit 1000 Talern, der Hälfte seiner ursprünglichen Forderung, zufrieden sein - sein geschäftlicher Ruin war nur noch eine Frage der Zeit. Die mangelnde Liquidität des Meisters führte zu einer beträchtlichen Schrumpfung des Unternehmens. Im Jahre 1748 ist nur noch von zwei Gesellen die Rede. Die personelle Besetzung der Werkstatt entsprach damit den Maximalvorschriften der Zunft, die von der Annahme ausgingen, ein Meister mit zwei ausgelasteten Gesellen und einem Lehrjungen könne sich eines bequemen Wohlstandes erfreuen. Ein Großbetrieb hingegen, wie ihn Mattern seither unterhalten hatte, schmälerte nach Ansicht der Zunftmitglieder das Brot aller Berufskollegen und war ihnen daher ein steter Dorn im Auge gewesen.

In die Zeiten der Vollbeschäftigung führte ein Auftrag zurück, den Carl Maximilian Mattern aus der Zisterzienserabtei Erbach erhielt. Abt Hieronymus Held gab um 1745 einen Schreibschrank in Arbeit, der heute im Graf von Luxburg-Museum Schloß Aschach verwahrt wird. Ein zweites Exemplar dieser Art und gleicher Provenienz verbrannte 1945 im Mainfränkischen Museum Würzburg. Im Gegensatz zu jenen Stücken ist der ursprüngliche Besitzer eines weiteren Schreibschrankes, der sich nun in süddeutschem Privatbesitz befindet, nicht bekannt, doch dürfte angesichts der aufwendigen Gestaltung des Möbels ein nicht unbedeutender gesellschaftlicher Rang des Auftraggebers zu vermuten sein.

Matterns inzwischen beim Hofbauamt anstehende Schulden und seine kritischen finanziellen Verhältnisse führten den Schreiner allmählich ins Abseits. Hinzu kam seine Neigung zum Nörgeln, die ihn bei Hofe unliebsam werden ließ. Zu Reparaturarbeiten wurde er allerdings noch zugezogen, denn hier kamen seine Fähigkeiten in der sogenannten Boulle-Technik zum Tragen. In Würzburg besaß er als einziger Spezialist für Einlegearbeiten in Messing, Zinn, Silber und Schildpatt ein uneingeschränktes Monopol. Auch die bisher üblichen Bauschreinertätigkeiten nahmen ab; Matterns Konkurrent Franz Benedikt Schlecht gewann stark die Oberhand und zog nahezu alle Aufträge an sich. Eine Ausnahme bildet das prachtvolle Gehäuse einer Bodenstanduhr, die sich nun in der Sammlung Europäischer Wohnkultur des Fürstlichen Palais zu Wetzlar befindet. In der integrierten Tätigkeit des leider unbekannten Bildhauers bekundet sich ebenso ein besonderer, repräsentativer Rang des Werkes wie in der Arbeit des Schreiners. Hier läßt sich eine für hochherrschaftliche Verwendung bestimmte Schöpfung Carl Maximilian Matterns erkennen, auch wenn den Archivalien keine Erwähnung zu entnehmen ist. Seinen letzten großen Auftrag erhielt Mattern von der Prämonstratenserabtei Oberzell bei Würzburg. Für die im Erdgeschoß des 1753 vollendeten Konventbaus gelegene Sakristei schuf er einen aus zwei gleichartigen Teilen zusammengesetzten Doppelschrank, der 1936 in das Mainfränkische Museum Würzburg gelangte. Es ist ein mächtiges Möbel, durch dessen Doppelstellung sich die vertikale Tendenz des Einzelstückes zu imposanter Breitenwirkung verstärkt. Ein Wogen durchzieht die Front, von den oberen und unteren Gesimsen eingedämmt und den Schnitzereien des Würzburger Hofbildhauers Johann Wolfgang von der Auwera kräuselnd begleitet.

Die in den zeitlich vorangehenden Werken Matterns immer wieder zu beobachtenden Ansätze, von rhythmisiertem Zusammenspiel der einzelnen Möbelteile zu einem übergreifenderen, den ganzen Möbelkorpus erfassenden Bewegungsfluß zu gelangen, sind hier zu schönster Entfaltung gekommen. Die Gesamtwirkung entbehrt nicht der jegliche Schöpfung des Hofschreiners prägenden Schwere, beinhaltet jedoch nicht minder ein beträchtliches Maß an Eleganz.

Gegen Ende des Jahre 1754 wurde Matterns finanzielle Lage als hoffnungslos erachtet. Die städtischen Behörden zogen die Konsequenzen; "weilen der Hoffschreiner Matern totaliter verdorben ist, alß solle dessen steuer Rückstandt als Verlohren par ausgaab geführt, er auch pro futura außer anlag gelassen werden". Auch die Hofkammer entschloß sich zu einem Schlußstrich und ließ Matterns Schulden als Ausgaben abbuchen.

Der Schreiner bestritt seinen Lebensunterhalt nun ausschließlich von seinem Sold als Feuerwerker bei der Artillerie; 1763 nahm er hier aus Altersgründen seinen Abschied. Ein Dasein in Armut und Elend ließ ihn zum Almosenempfänger werden, der 1767 nicht einmal mehr die Kosten für seine Bekleidung aufbringen konnte. Einem Bittgesuch Matterns um eine neue Montur entsprach Fürstbischof Adam Friedrich von Seinsheim, "indem Ihro Hochfürstl. Gnaden die armseelige Umstände des Supplicanten ebenso gnädigst bekennet, als stadtkündig seyen".

Am 30. Mai 1774 verschied Carl Maximilian Mattern in Würzburg im Alter von 69 Jahren. Am folgenden Tage wurde er auf dem Friedhof von St. Burkard beigesetzt.

Mit ihm ging einer der bedeutendsten Kunsthandwerker dahin, die Frankens so überreiche Kunstlandschaft hervorgebracht hat. Die Tragik seines Lebens hatte ihm eine selbständige Schaffenszeit von nur etwa zwei Jahrzehnten gelassen. Seine überkommenen Werke jedoch markieren Höhepunkte der Möbelkunst, deren Meisterschaft die Bewunderung unserer Zeit gilt.

Dr. Peter Trenschel
Mainfränkisches Museum
Würzburg

Der Fall Thonet

Historisch betrachtet, ist das 19. Jahrhundert geprägt durch den gravierenden Konflikt zwischen mechanischer Produktion und der traditionellen Handarbeit: Kunsthandwerk und Maschine. Es war auch das Jahrhundert der servilen Imitatoren aller möglichen traditionellen Stile der Massenproduktion von Formen, die für ganz andere Produktionsmethoden entworfen wurden. Erst gegen Mitte des vorigen Jahrhunderts versuchten einige Pioniere die Kluft zu überbrücken, die sich zwischen den verschiedenen Welten Produktion und Kunst auftat.

Ein Mann ragt dabei besonders eindrucksvoll heraus: Michael Thonet. Das Außergewöhnliche am "Fall Thonet" ist, daß ihn der dramatische Konflikt zwischen Künstler und Maschine gar nicht berührt zu haben scheint. Von Anfang an hat er das Grundelement des Industrie-Design verwirklicht, daß Mensch und Maschine zwei Bedingungen sind, die, wenn sie sich ergänzen, harmonische Resultate zeitigen. Ein Konzept, das erst viel, viel später akzeptiert wurde. Aber der "Fall Thonet" ist noch aus einem anderen Grund wirklich außergewöhnlich: Seine Möbel wurden nicht nur von seinen Zeitgenossen begeistert aufgenommen, sie werden bis heute mit großem Erfolg produziert und verkauft. Ein einzigartiges Phänomen: Ein Produkt bleibt über ein Jahrhundert unverändert, in einem Jahrhundert, das alle Spielarten von "-ismen" gesehen hat und noch sieht. Interessant ist, daß bei denen, die nach den Ursprüngen des modernen Design suchen, Michael Thonet als ein Genie gilt.

Wegen seiner außergewöhnlichen Qualität ist er nicht einzuordnen und etwas außerhalb der Geschichte angesiedelt worden. Erst in neuerer Zeit setzt sich die Erkenntnis durch, daß es Thonet war, der den Weg geebnet hat zu wirklich originellen Formen, die in direkter Linie zu den funktionellen Modellen des Bauhauses führten.

Dom-Café, Wien

Weniger ist mehr (Mies van der Rohe)
Nach dem großen Erfolg der für das Café Dom (siehe Abb. Seite 523) in Wien entwickelten Stühle, versuchte Thonet unermüdlich, sein Konzept der dampfgebogenen Stühle immer mehr zu vereinfachen und zu vervollkommen. Alle Konzessionen an das Nur-dekorative und Überflüssige wurden eliminiert. Das Resultat: der Stuhl der Stühle, der berühmte Thonet Nr. 14. Dieses Modell war so erfolgreich, daß schon bis 1930 über 50 Millionen davon produziert und in die ganze Welt exportiert worden sind. Nach einem Konzept, das erst viel später durch Mies van der Rohe berühmt gemacht wurde: weniger ist mehr.

Apropos Jugendstil
Vierzig Jahre vor den Linienführungen eines Van der Velde strahlten die gewundenen Linien in den Arbeiten Thonets eine Kraft und Sicherheit aus, wie sie später nur wenige Stücke der berühmtesten Jugendstil-Künstler erreichen werden. Einige der besten Seiten im Buche des Jugendstils wurden von Thonet geschrieben, lange bevor das Wort "Jugendstil" überhaupt geprägt war.
"Ich wünsche keine Kunst für wenige, so wenig wie Erziehung für wenige oder Freiheit für wenige." (William Morris)
Interessant ist eine Gegenüberstellung der Welt Thonets und jener von Morris: Nicht, um den leidenschaftlichen Einsatz von William Morris zu verkennen - das ist klar -, sondern um zu unterstreichen, daß sich vielleicht ein wohltätiger Zweifel in seine mittelalterlichen Sehnsüchte eingeschlichen hätte, wenn der Idealist und Begründer der "Arts and Crafts" die Leistungen Michael Thonets erkannt hätte. Vielleicht hätte er seine wohlbekannte Anti-Maschinen-Einstellung korrigiert. Und vielleicht hätte ihn das befreit von der fatalen Notwendigkeit, einer wirtschaftlichen Elite die Früchte einer Arbeit zuzugestehen, die - von ihm - der ganzen Menschheit zugedacht waren. Aber während Morris sich für eben dieses Ideal einsetzte, hatte Thonet schon ausreichend bewiesen, daß die Schuld der minderwertigen Industrieproduktion nicht bei der Maschine zu suchen ist.

Ein Modellfall industrieller Produktion
Die Bugholzstühle Michael Thonets sind so etwas wie ein Modellfall geblieben, wie die industrielle Revolution hätte aussehen können, denn kein Produkt des 19. Jahrhunderts hat die Erfordernisse und den Stil des industriellen Zeitalters so präzise vorweggenommen wie die klassischen Exemplare der Thonet'schen Bugholzstühle.

Das Biegen des Holzes
Bugholzmöbel werden aus Buchenholz gefertigt. Dieses Buchenholz wird zu Latten geschnitten und eine gewisse Zeit heißem Wasserdampf ausgesetzt, das Material wird gedämpft und damit biegsam gemacht. Diese gedämpften, geraden Buchenholzstäbe werden in Formen gebogen, in denen ein Stahlband eine Dehnung verhindert. In diesem gebogenen Zustand wird das Buchenholz getrocknet und anschließend durch mechanische Bearbeitung in die endgültige Form gebracht. Die Einzelteile werden nun durch Schrauben, also ohne Leim, miteinander verbunden. Das Endprodukt ist ein Stuhl, der durch seine Leichtigkeit, Elastizität und enorme Haltbarkeit besticht.

Le Corbusier und die neue Architektur
Fast als Manifest zeigte Le Corbusier den Thonet-Stuhl in seinem berühmten Pavillon de l'Esprit Nouveau 1925 in Paris. Le Corbusier zu seiner Wahl: "Wir glauben, daß dieser Stuhl, von dem Millionen gebraucht werden, auf dem Kontinent und in den beiden Amerika, Adel besitzt."

Zwischen Rokoko und Rationalismus
Die Idee Michael Thonets war eine konstruktive, eine technologische Idee. Es war die Idee eines Mannes, dem es nicht primär um den Ausdruck künstlerischer Phantasie ging. Ihn faszinierten Material und Herstellungstechnik. Ihn faszinierte, daß er einen Stuhl jenseits aller Mode- und Zeitströmungen in großen Mengen fertigen konnte. Einen Stuhl für jedermann. Einen Stuhl, dem sein materialgerechtes Herstellungsverfahren seine hohe formale Qualität gab. Deshalb ist es ganz natürlich, daß es die Fabriken der Thonets waren, die dem rationalistischen Design den Weg aus dem engen Bauhaus-Kreis in die ganze Welt ebneten. Die Ideen, nach denen Mart Stam, Mies van der Rohe, Marcel Breuer und Le Corbusier ihre Modelle entwickelten, waren die gleichen wie die Michael Thonets. Und so schließt sich der Kreis zwischen Rokoko und Rationalismus. Tho-

net ging seinen Weg durch Neo-Klassik, Neo-Gotik, Arts and Crafts, Jugendstil und etablierte eine logische Verbindung zwischen alt und neu. Nicht nur Kaiser und Könige, Marlene Dietrich und Ernest Hemmingway saßen auf Thonet-Stühlen, auch im Hause Tolstois sind sie zu finden.

Fragen, Antworten, Meinungen
Industrielle Revolution und Michael Thonets Möbel aus gebogenem Holz

Die Leistungen der industriellen Revolution traten im 19. Jahrhundert zum ersten Male auf der internationalen Industrieausstellung in London in großartiger Weise in Erscheinung. Am 1. Mai 1851 wurde sie vor 25.000 Festgästen und im Beisein des englischen Königspaares eröffnet. Dieses Ereignis, das im hierzu von Joseph Paxton ganz aus Glas und Eisen erbauten "Kristallpalast" stattfand, leitete das Zeitalter der Weltausstellungen ein und rückte die Bedeutung der Weltwirtschaft, des Weltverkehres und der Weltindustrie in den Blickpunkt der öffentlichen und privaten Interessen. Ohne Zweifel waren "die Weltausstellungen in materieller wie in geistiger, in nationalökonomischer wie in sittlicher, in merkantilischer wie in rein gewerblicher Hinsicht von entschiedenem Einfluß auf die Wohlfahrt der Völker".

Schon auf der ersten Weltausstellung war die Firma Thonet mit ihren Produkten vertreten. Sie wurde damals mit einer Preismedaille ausgezeichnet, stand aber zunächst noch ganz im Schatten der berühmten Wiener Möbelfirma Carl Leistler und Sohn, in deren Diensten Michael Thonet bei der Möblierung des Liechtenstein'schen Stadtpalastes in den Jahren 1842 - 1847 mitgeholfen hatte. Aber schon auf der Münchener Ausstellung im Jahre 1854 wurde der Firma Gebrüder Thonet die Ehrenprämie und im Jahre 1855 bei der Pariser Weltausstellung die Preismedaille erster Klasse zuerkannt. Den Höhepunkt erreichte sie mit ihren Exponaten für die dritte Weltausstellung im Jahre 1862 in London. Der illustrierte Katalog widmete Thonet eine ganze Seite mit Abbildungen, und

Auszug aus dem Buch " Michael Thonet ", Gedenkblatt zum hundertsten Geburtstag, 2. Juli 1896 (Archiv Gebrüder Thonet GmbH, 3558 Frankenberg / Eder)

Wilhelm Hamm, der Verfasser des Textes, sprach die Überzeugung aus, daß hier "eine Spezialität deutschen Gewerbefleißes vorliegt, wie sie das Ausland bis jetzt noch nicht zu bieten vermag. Daher sind auch die Stühle, Fauteuils, Sofas und Tische aus gebogenem Holz ein Anziehungspunkt für alle Kenner. Diese Arbeiten lösen mit Glück und Geschick ein Problem, an welchem schon viele Vorgänger gescheitert sind. Das Thonetsche Verfahren gibt den Gebrauchsmöbeln nicht bloß größere Leichtigkeit und Festigkeit, sondern erhöht auch deren Zierlichkeit, allerdings ist nicht zu leugnen, daß sich das Auge vorher an die neuen stabähnlichen Formen gewöhnen muß, deren gefällige Kurven an Gartenmöbel erinnern." Bereits im Jahre 1830 hatte Michael Thonet mit der Erzeugung von Bugholzmöbeln begonnen. Im Jahre 1842 erhielt er von der allgemeinen Hofkammer in Wien das Privilegium, "jede, auch selbst die spröddeste Gattung Holz auf chemisch-mechanischem Wege in beliebige Formen und Schweifungen zu bringen". Michael Thonet hatte in dem Staatskanzler Fürst Metternich einen begeisterten Protektor gefunden, der ihn auch veranlaßte, aus Boppard am Rhein, wo er am 2. Juli 1796 geboren war, nach Wien zu übersiedeln. Hier kam es dann zu einem Arbeitsvertrag zwischen Carl Leistler und Thonet, den dieser im Jahre 1849 löste, um mit seinen fünf Söhnen ein eigenes Unternehmen zu beginnen. Im Jahre 1853 übertrug er ihnen das Geschäft und ließ es unter den Namen "Gebrüder Thonet" protokollieren.

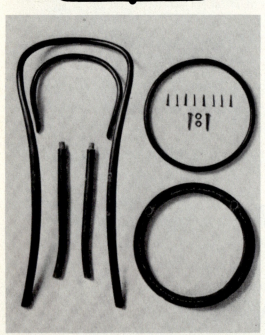

Der "Konsumsessel" Nr. 14 in seiner späteren Produktionsform konnte aus 6 Holzteilen mit 10 Schrauben und 2 Muttern zusammengesetzt werden. (Archiv : Gebr. Thonet GmbH, 3558 Frankenberg)

Nach 1848 setzte auch in Österreich die Industrialisierung mit aller Macht ein. Alle unternehmerischen Aktivitäten wurden von Staats wegen gefördert und unterstützt. Mit Hilfe der Maschinen gelang es, die Produktion in einem ungeahnten Ausmaße zu steigern. Die Folge war ein Wirtschaftswunder mit einem neuen Komfort und einem neuen Wohlstand, den nur die Großindustrie befriedigen konnte. Michael Thonet war einer der ersten Unternehmer, der im Jahre 1856 seinen Großbetrieb im mährischen Koritschan weitgehend mit Spezialmaschinen einrichtete, die eine Massenerzeugung garantierten. Hier gelang ihm dann die entscheidende Verbesserung seines Verfahrens, nämlich alle Möbelteile, selbst die schwierigsten Biegungen, ausschließlich aus einem massiven Holzstück herzustellen. Im Jahre 1859 ging dann aus der Koritschaner Fabrik jene Sesseltype Nr. 14 hervor, die mit 50 Millionen Stück bis zum Jahre 1910 der Hauptkonsumartikel der österreichischen Bugholzmöbel geworden ist. Gleichfalls in Koritschan entstand 1860 der erste Schaukel-Fauteuil aus gebogenem Holz, von dem pro Jahr mehr als 20.000 Stück erzeugt wurden und der in der Gegenwart wieder zu einem beliebten Einrichtungsgegenstand geworden ist. Michael Thonets Möbel wurden fast ausschließlich aus Rotbuchenholz hergestellt. Die Beschaffung des für die Produktion notwendigen Buchenholzes machte es notwendig, die Betriebe in waldreiche Gegenden zu verlegen, wo auch billige ländliche Arbeitskräfte zur Verfügung standen. Dies wurde mit der Fabrik in Koritschan möglich, der bald weitere Gründungen in Bystritz am Hostein 1860, im ungarischen Groß-Ugrocz 1866, in Hallenkau auf der Herrschaft Wsetin 1868, in Radomsk (Russisch-Polen) 1880 und schließlich 1889 in Frankenberg (Hessen) folgten. Als Michael Thonet im Jahr 1871 starb, hinterließ er seinen Söhnen ein Unternehmen, das zu den glänzendsten Vertretern der österreichischen Großindustrie gehörte. Um 1900 beschäftigte die Firma über 6000 Arbeiter, die mit Hilfe von 20 Dampfmaschinen mit zusammen 1100 Pferdekräften täglich 4000 Möbelstücke erzeugten.

Bis zum Jahre 1869 garantierte das am 10. Juli 1856 erteilte Privilegium "auf die Anfertigung von Sesseln und Tischfüßen aus gebogenem Holze, dessen Biegung durch Einwirkung von Wasserdämpfen oder siedenden Flüssigkeiten geschieht" die Alleinerzeugung. Von diesem Zeitpunkt an entstanden dann die ersten Konkurrenzbetriebe, die fast alle von Thonet geschaffenen Möbeltypen in ihre Fabrikation aufnahmen. So erzeugten um 1900 26 Firmen in 35 Fabriken mit rund 25.000 Arbeitern täglich 15.000 verschiedene Möbelstücke, darunter 12.000 Sessel. Von dieser österreichisch-ungarischen Gesamtproduktion der Möbel aus gebogenem Holze wurden ein Drittel im Inland abgesetzt und zwei Drittel ins Ausland exportiert. 1899 wurde der Handelswert der gesamten Jahresproduktion mit 18 Millionen Kronen beziffert und die Ausfuhr betrug 143.228 Meterzentner. Diese Zahlen erfuhren bis zum Ausbruch des ersten Weltkrieges noch eine weitere Steigerung. 1910 waren es bereits 52 Firmen, die in 60 Fabriken mit mehr als 35000 Arbeitern die Thonet'sche Erfindung verwerteten. Diesen einmaligen Aufschwung eines Industriezweiges verdankte das Thonetsche Mobiliar seiner Materialgerechtigkeit und konstruktiven Wahrheit. Während die kunstgewerbliche Reformbewegung die Orientierung an der Vergangenheit propagierte, folgte Thonet allein der Logik und Sachlichkeit des Materials und der sich daraus ergebenden zweckmäßigen Formen. Als "Wiener Möbel" haben die Bugholzerzeugnisse ihren Siegeszug um den ganzen Erdkreis angetreten und damit mehr als jedes andere Industrieprodukt nicht nur zum österreichischen "Nationalwohlstand" beigetragen, sondern auch die Ziele der industriellen Revolution und der kunstgewerblichen Reformbewegung verwirklicht.

Dr. Wilhelm Mrazek
Kustos am Österreichen Museum
für Angewandte Kunst

Vision einer gerechten Produktion
Aus der Zeit der politischen Revolutionen wächst mit Beginn des 19. Jh. das Zeitalter des Fortschrittes, den die Pioniere auf ihre Fahnen geschrieben haben. Gehen diese Träger revolutionärer Ideen auch von verschiedenen, ja oft diametralen Ursprüngen aus, so prägen sie doch dem Jahrhundert ihren Stempel auf: den der Maschine, der Industrie auf der einen Seite, den der sozialen Befreiung auf der anderen. Eine gewaltige Produktionssteigerung, vor allem der Steinkohle und des Roheisens, hat den Pionieren die Möglichkeit gegeben, gerade auf dem Gebiet der Technik weit über das menschliche Maß hinaus zu schaffen. Es erscheint uns kaum erklärbar, daß eine Zeit Männer wie George Stephenson, Joseph Paxton, James Bogardus oder Ludwig Förster oft aus engen Grenzen heraus zu weitgespanntem Wirken kommen läßt, zu einer schöpferischen Tatkraft, deren Umfang nur mit der der Menschen der Renaissance vergleichbar erscheint. Es ist der Pioniergeist des Konstrukteurs (und Unternehmers), der die Aufgabentrennung zwischen Architekt und Ingenieur im 19. Jahrhundert bewirkt, den theoretisierenden Bau-"Künstler" beiseite schiebt und das "Konstruktive" zu einer Bedeutung erhebt, die bis zum Sieg der Architektur unserer Zeit spürbar bleibt.

Die Zeit der Industriellen Revolution brachte, wie jeder Gärungsprozeß, Auswüchse jeder Art mit sich. Unsagbares Elend, gekennzeichnet durch übermenschliche Anforderung an die Arbeitszeit der Industriesklaven, geringe Entlohnung der entwurzelten Menschen, Kinderarbeit und die damit verbundene hohe Sterblichkeit begleiten den Aufstieg der Maschine, der Technik, der Industrie. Es ist fast selbstverständlich, daß in England, dem klassischen Land der Industriellen Revolution, sich Männer fanden, die die herrschende soziale Ungerechtigkeit der Maschine zuschrieben. William Morris, auf den Gedanken John Ruskins und der Prä-Raffaeliten aufbauend, suchte das Heil in der mittelalterlichen Werksgemeinschaft, die er als Ideal einer Werkstätigkeit dem vermeintlichen Fluch der Maschine gegenüberstellte. Er wurde zum Vorläufer des englischen Sozialismus auf politischem Gebiet und durch seine Versuche, die mittelalterliche Idee der Werksgerechtigkeit wieder einzuführen, zum Begründer von Erneuerungsbestrebungen, die kaum einige Jahrzehnte später verwandelt und geläutert als Jugendstil zu einer wesentlichen Grundlage in der Geschichte der Architektur unserer Zeit wurde.

In diesen beiden Kräften jener Zeit, gekennzeichnet einerseits durch einen ungestüm bejahenden, über alle Hindernisse hinwegschreitenden Pionier- und Ingenieurgeist, andererseits durch ästhetisierendes, mit sozialem Gedankengut im Hintergrund wirkendes Kunstgewerbe, sehen wir zwei Wurzeln der Architektur unserer Zeit, deren Verbindung oft versucht, aber selten ereicht wurde. Michael Thonet kommt aus dem Handwerk. Die Möbel, die seine kleine Tischlerwerkstatt um 1830 im Rheinland lieferte, waren allseits beliebt und, nicht zuletzt des angemessenen Preises wegen, sehr begehrt. Der Übergang zur Industrie erfolgte erst, als die Idee des Holzbiegens zur Möbelherstellung technisch in größerem Maßstabe durchführbar wurde. Bei der Arbeit im Palais Liechtenstein in Wien in den Jahren 1843 - 1846 entstehen Sesseltypen, deren Form sich vollkommen aus der technischen Bewältigung der Aufgabe - wenn auch noch rein handwerksmäßig - entwickelt, und die durch Zartheit und Reinheit der Form zu den schönsten Werken des Möbelbaues zählen, die das 19.Jahrhundert kennt.

Die damals berühmte Firma Carl Leistler, unter deren Namen Thonet für das Palais Liechtenstein arbeitete, hat ebenfalls Stühle hergestellt. Man muß beide Arbeiten nebeneinander sehen, um den Unterschied der Auffassung und der technischen Durchbildung in der vollen Bedeutung erfassen zu können. In den Stühlen für die Londoner Weltausstellung liegt bereits die Form der späteren Industriesessel, besonders aber einzelner Teile (Rückenlehne) zugrunde. Die Dreiecksverbindung zwischen Vorderbeinen und Sitzrahmen stellt eine interessante handwerkliche Lösung dar, die noch in manchen Sesseltypen des Industrieprogrammes (Nr.13 etwa) anscheinend bis ca. 1875 durchaus gebräuchlich blieb. Aus diesen "Luxusmöbeln" aus Palisanderholz entstehen nach und nach jene Typen, deren Verkaufserfolg Michael Thonet zur industriellen Herstellung zwang. Hier zeigt sich der gelernte Handwerker wahrlich als Pionier des 19.Jahrhunderts. Michael Thonet entwirft die Baupläne der Fabrik in Koritschan, leitet den Bau und die Einrichtung und schafft - mit seinen Söhnen - die Produktionsgrundlagen. Ein Großteil der notwendigen Maschinen wird selbst entworfen und hergestellt. Die erste Fabrik wird nicht nur in einer Gegend errichtet, die billigere ländliche Arbeitskräfte zur Verfügung zu stellen vermag (fortan werden zur Erzeugung nicht mehr "Professionisten" verwendet), sondern auch in die Nähe der Rotbuchenwälder, einer Holzart, die für die weitere Erzeugung der Sessel aus gebogenem Holz von entscheidender Bedeutung wurde. Der große Aufschwung geht explosionsartig vor sich - gerade in dem Augenblick, als die letzten technischen Schwierigkeiten durch die Verwendung massiver Stücke gelöst wurde. (Bei Exporten nach Südamerika traten bei Feuchtigkeitseinwirkung Schäden auf, die die weitere Verwendung von Konstruktionsteilen, wie bisher üblich, aus vier oder fünf Furnierdicken, unmöglich machte). Um 1860 also, in der Zeit eines blühenden Historismus, wird mit dem Sessel Nr.14 eine Form entwickelt, die nicht mehr zu vereinfachen ist. Der "Konsumsessel" ist geboren.

Die Probleme der Mengenfertigung waren auf einfachste Weise gelöst. Die Sessel konnten, in Einzelteile zerlegt, verschickt werden, die Montage bestand lediglich im Zusammenschrauben der Einzelteile. Die Sessel (Bezeichnung in alten Thonet-Katalogen) waren leicht, haltbar und überall verwendbar und durch Anziehen der Schrauben jederzeit zu reparieren. Sie waren gerade das, was

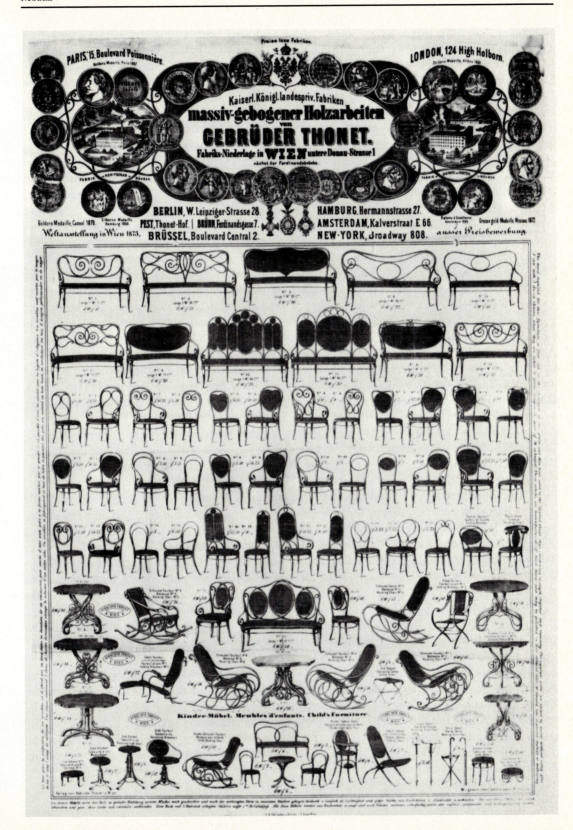

Morris und Van de Velde theoretisch auf Grund ihrer sozialen Einstellung wollten, aber praktisch nie ereicht haben - ein Möbel, das sich jeder kaufen konnte. Betrachten wir jenen Verkaufsprospekt, der ungefähr um das Jahr 1875 entstanden sein muß - ein graphisches Meisterwerk jener Zeit in zartem Graudruck -, sehen wir ein Typenprogramm, das in seiner Konsequenz wohl einen Höhepunkt der Thonetschen Produktion darstellt. Die mündliche Überlieferung sagt, daß August Thonet es war, der in einer Ecke der Fabrik mit wenigen Mitarbeitern Form und Konstruktion entwickelte. Eine Form, die bei den gängigsten Typen jene Einfachheit ereichte (denken wir an den Fauteuil Nr.3, den Schreibfauteuil Nr.9 oder den Schaukelfauteuil Nr.1), die sie bis in unsere Zeit brauchbar und formal vollkommen befriedigend erscheinen ließ.

Einer späteren kritisch-vergleichenden Darstellung muß die weitere Erforschung der Entwicklung überlassen bleiben, da es nicht möglich war, in kurzer Zeit jenes Material zu erreichen, das das anonyme Schaffen der "Gebrüder Thonet" beleuchten könnte. Aus den wenigen zur Verfügung stehenden Katalogen geht aber hervor, daß eine Vereinfachung der Produktion bald jene Typen eliminierte, bei denen einzelne Konstruktionsteile zu sehr dem Handwerklichen nahestanden, etwa die Sessel Nr.6, 9, und 13, deren Verbindung zwischen Vorderbeinen und Sitzrahmen schon erwähnt wurde. Mit der Einführung des Sesseltypes Nr.56 (1885), nach einigen weniger erfolgreichen Versuchen, wird sicherlich einer einfacheren Materialbeschaffung Genüge getan. Die Länge des notwendigen, astfreien Rohmaterials für die rückwärtigen Teile wird auf die Hälfte reduziert.

Der erfolgreiche Sessel Nr.221 verbindet die bequeme Rückenlehne mit Formen, die dem zweiten Rokoko entlehnt sein könnten. Hier allerdings wird jener Punkt erreicht, der eine konstruktiv richtige, aber vielleicht etwas unbequeme Form (die Rückenlehne des Wiener Stuhles "schneidet" in den Rücken des Sitzenden) den Anforderungen der Bequemlichkeit weichen läßt. Tatsächlich wurden der Sessel Nr.221 und seine Nachfolgertypen zu jenem Sitzmöbel, das dem Wiener Café des Fin du siècle das "Typische" gab. Die Thonet-Kataloge dieser Zeit bringen Möbel aller Art, Schlafzimmermöbel, Gartenmöbel, Kindermöbel, deren Formen oft in krassem Gegensatz zu der, fast möchte man sagen, klassischen Linie etwa des Typs Nr.14 stehen. In Konstruktion und Form hat auch hier der Eklektizismus einen späten Triumph gefeiert. Neben all diesen Produkten im Makartstil laufen aber jene Typen erfolgreich weiter, in denen der Pioniergeist Michael Thonets spürbar bleibt. Die beiden großen Propheten einer besseren Welt, Adolf Loos und Le Corbusier, verwenden die Thonet-Serienmodelle und erkennen sehr früh die Bedeutung dieses Möbels. Otto Wagners Sessel des Postsparkassenamtes werden in der Fabrik Thonet "gebogen", und Josef Hoffmann und seine Nachfolger der Wiener Schule versuchen sich unentwegt an den Möglichkeiten des Bugholzmöbels. Das Haus Thonet blieb ihrem Pioniergeist treu. In der Bauhausperiode werden die Stahlrohrmöbel nach Entwürfen von Marcel Breuer, Mart Stam, Mies van der Rohe und Le Corbusier in Thonet'schen Fabriken hergestellt. Giedion nimmt mit Recht an, daß die Entwicklung der Stahlrohrmöbel vom "gebogenen Holz" beeinflußt sein könnte. Die entscheidende Leistung aber bleibt der "Konsumsessel". Mit ihm konnte ein wahrhaft "soziales" Produkt schon im 19.Jahrhundert verwirklicht werden. Man hat die Thonet-Sessel nicht im Salon verwendet, sondern in den Caféhäusern und den Wohnungen der "kleinen" Leute. William Morris oder Henry van de Velde sprachen vom Sozialismus, aber ihre Auftraggeber waren Könige, Mäzene aus der Aristokratie, Bankleute. Michael Thonet, anfangs von einer verständigen Führungsschicht des alten Österreich gefördert, hat den Sessel für Millionen von Menschen erzeugt. Konstruktive Wahrheit und Materialgerechtigkeit lassen um 1860 bereits ein anonymes Produkt entstehen, das alle Anforderungen des beginnenden Massenkonsums erfüllte. In der Thonet'schen Leistung treten - für die Entwicklung des Möbels gesehen - zwei bedeutende Komponenten des Zeitalters der Industriellen Revolution, der Pioniergeist der Technik und der sozialen Befreiung (durch die Erfüllung des Bedarfes einer neuen Klasse) in eine frühe und so glückliche Verbindung ein, daß wir berechtigt sind, von einem "Stil" zu sprechen.

Architekt Dipl.-Ing. Karl Mang

Das Biegen des Holzes
(Verlag Bernh. Friedr. Voigt, Leipzig, 1922)

Die Unmöglichkeit, Möbel, welche nach der in Rede stehenden vierten Stufe der Entwicklung des "Holzbiegens" gebildet wurden, der Feuchtigkeit auszusetzen, anderseits aber der Wunsch, das Verfahren möglichst zu vereinfachen, wiesen immer und immer wieder auf das Biegen massiver Holzstücke hin. Thonets bewerkstelligten dies, indem sie die starken Schienen in siedendem Wasser kochten und dann in die Biegformen brachten, welche samt den gebogenen Schienen durch mehrere Tage in Trockenkammern blieben, bis die Feuchtigkeit soweit entfernt war, daß die Biegung die richtige Form beibehielt. Da aber das Holz längere Zeit braucht, um vollständig auszutrocknen, wurden die so gebogenen Teile in Spannvorrichtungen eingeschoben, welche so eingerichtet waren, daß die warme Luft an möglichst viele Stellen des Holzes dringen konnte und so das baldige Austrocknen desselben verursachte. Erst jetzt, nachdem die einzelnen Schienen durch und durch trocken waren, wurden dieselben im erwärmten Zustande mit Leim bestrichen und in die richtige Form gepreßt. In diesem Falle also hatte der Leim nur noch verhältnismäßig geringe Spannung auszuhalten Die bedeutungsvollste Phase in der Geschichte dieser Industrie trat ein. Thonet wandte folgendes Mittel an:
Auf diejenige Fläche des noch ungebogenen, also geraden Stabes, welcher nach dem Biegen die konvexe Seite bilden sollte, wurde ein Streifen aus Eisenblech gelegt und an mehreren Stellen, gewiß aber an beiden Enden durch Schraubenzwingen in unverrückbare, feste Verbindung mit dem Stabe gebracht. Wurde derselbe nun gebogen, so konnte sich der mit dem Blechstreifen verbundene Teil des Holzes nicht mehr strecken, als dieser selbst, also nur um eine verschwindend kleine Größe verlängern. Damit aber eine Biegung überhaupt eintreten könne, mußte sich der gesamte Holzkörper stauchen und dies um so mehr, je weiter er vom Blechstreifen entfernt, d. h. je näher er zum konkaven Teil der Oberfläche gelegen war. Das Naturgesetz von der Lage der neutralen Schicht wurde aufgehoben und die neutrale Schicht an die konvexe Oberfläche verlegt. Es gab ferner nicht mehr einen ausgestreckten und einen gestauchten Holzteil; der Blechstreifen in seiner unverrückbaren Verbindung mit dem Stabe zwang das gesamte Holz, sich zusammenzudrücken.

Aus einem Wiener Kabarettprogramm ("Simpl") vor 1938 (nach mündlicher Überlieferung). Einladung bei Löbel's:
"Und der Hausherr zeigt voll Stolz Thonet's Möbel aus gebogenem Holz!" Später erscheint der Sohn des Hauses, dessen "O-Beine" nicht zu übersehen sind. Der Gast beruhigt den Hausherrn (auf "wienerisch") "Machen's sich nichts draus, Herr Löbel, paßt das Kind halt zu die Möbel."

Wilhelm Franz Exner

"Die neue Baugesinnung"
Handwerk und Industrie von heute sind in ständiger Annäherung begriffen und müssen allmählich ineinander aufgehen zu einer neuen Werkeinheit, die jedem Individuum den Sinn der Mitarbeit am Ganzen und damit den spontanen Willen zu ihr wiedergibt. Das ist bedingungslose Voraussetzung für gemeinschaftliche Aufbauarbeit. Das Handwerk der Zukunft wird in dieser Werkeinheit das Versuchsfeld für die industrielle Produktion bedeuten; eine spekulative Versuchsarbeit wird die Normen schaffen für die praktische Durchführung, für die Produktion in der Industrie. Der Handwerk-Treibende muß dies wissen, damit er nicht in Eigenbrötelei verfällt ...
Für jeden aber, der gestalten und bauen will, ist die handwerkliche Vorbildung unentbehrlich, sie stärkt nicht nur seine räumliche Vorstellungskraft, sondern stellt auch eine unbewußte Beziehung seines Wesens mit den Stoffen und den Gesetzen der Natur her, sie verwurzelt sein ganzes Schaffen im Elementaren; die Technik wird ihm nun ihrem Wesen nach vertraut, und er verliert sich nicht in Theorie und Rechnung.

Walter Gropius

Poul Henningsen über den "Wiener Stuhl" (in "Kritisk Revy, 1927)
"Wenn ein Architekt diesen Stuhl fünf mal so teuer, drei mal so schwer, halb so bequem und ein viertel mal so schön herstellt, kann er sich wirklich einen Namen machen."

Zeittafel :

2. Juli 1796 Michael Thonet in Boppard/Rhein-Preußen geboren
1819 Selbständiger Geschäftsbetrieb als Bau- und Möbeltischler in Boppard
1830 Versuche Thonets, Möbelteile aus untereinander verleimten Formen herzustellen.
1841 Patente in Frankreich, England und Belgien (nicht verwertet)
1841 Ausstellung in Koblenz: Fürst Metternich wird auf Thonetsche Erzeugnisse aufmerksam. Thonet stellt Erfindungen und Erzeugnisse auf Schloß Johannisberg dem österr. Staatshause vor
1842 Michael Thonet in Wien
16. Juli 1842 Privilegium der k. u. k. Hofkammer in Wien
um 1842 Finanzielle Schwierigkeiten durch Verwertung der Patente: Möbel, die für den Wiener Hof bestimmt waren, werden in Frankfurt/M. auf Bestreben der Gläubiger beschlagnahmt. Verlust der Existenz und des Vermögens in Boppard
1842 Übersiedlung der Fam. Thonets nach Wien
1843 - 46 Michael Thonet arbeitet unter Carl Leistler an der Innenausstattung des Palais Liechtenstein (Architekt P. H. Desvignes)
1849 Selbständige Tätigkeit in Wien
1849 Sessel Nr.4 (aus 4 bzw. 5 Holzdicken) Erster Auftrag für Café Daum, Kohlmarkt, Sessel Nr.4 aus Mahagoni
1851 Thonet-Möbel auf der Londoner Weltausstellung 1851 ("Luxusmöbel")
1853 Das Geschäft wird auf die fünf Söhne Franz, Michael, August, Josef und Jakob übertragen. Michael Thonet behält die oberste Leitung. Die Firma "Gebrüder Thonet" wird protokolliert
1855 Ausstellung in Paris, erste Exportaufträge aus Südamerika
1856 Österreichische Staatsbürgerschaft für Michael Thonet und seine Söhne
1856 Erste Thonet-Möbelfabrik in Koritschan/Mähren. Michael Thonet entwirft die Baupläne
um 1857 Grundlage der Fabrikation: Arbeitsteilung, Einführung des maschinellen Betriebes, oft mit selbstkonstruierten Maschinen
um 1859 Möbelteile werden nur noch aus massiven Stücken gefertigt
1859 Sessel Nr.14 (Gesamtproduktion ungefähr 50 Millionen Stück)
um 1860 Fabrikation von Wagenrädern aus gebogenem Holze
1860 Erster Schaukelfauteuil Nr.1
1861 Fabrik in Bystritz am Hostein
1862 Londoner Weltausstellung: "billige Konsumware"
1865 Fabrik in Groß-Ugrocz
ab 1867 Buchenholzlieferung aus Galizien für die Thonet'schen Fabriken
1867 Fabrik und Sägewerk in Hallenkau (Herrschaft Wsetin)
1867 Sessel Nr.18
1869 Ablauf des Patentes - erste Konkurrenzfirmen
3. März 1871 Tod Michael Thonets
1880 Fabrik in Nowo-Radomsk (Russisch-Polen)
1885 Sessel Nr.56
1888 Theater-Klappfauteuil für das Deutsche Volkstheater, Wien
1890 Fabrik in Frankenberg (Hessen)
1870 - 90 Pachtung vieler Sägewerke
um 1871 bestehen Verkaufsniederlassungen in: Prag, Graz, München, Frankfurt/Main, Brüssel, Marseille, Mailand, Rom, Neapel, Barcelona, Madrid, Bukarest, Petersburg, Moskau, Odessa, New York, Chicago
1898 Sessel Nr.221
1923 Zusammenschluß "Thonet-Mundus"

Heute :
Gebrüder Thonet GmbH
Michael-Thonet-Str.1
3558 Frankenberg

Historische Möbelkultur auf dem Lande

Nicht nur das Haus, auch das Möbel zählt zu den langlebigen Kulturgütern. Truhen und Schränke sind in Niedersachsen aus dem 11. bis 16.Jahrhundert in Kirchen, Klöstern und Rathäusern, in Bürger- und Bauernhäusern und seit dem späten 19.Jh. auch in Museen noch in einigen hundert Exemplaren überliefert; aus dem Zeitraum von 1600 bis 1800 ergeben dieselben Möbeltypen in privatem und öffentlichem Besitz allein in Niedersachsen selbst bei vorsichtiger Schätzung immerhin noch einen Bestand von weit über 30.000 Objekten. Mit Hilfe dieser materiellen Kulturgüter gelingt es vor allem dann, wenn sie in repräsentativen Mengen dokumentiert, durch Schriftzeugnisse aller Art quantitativ hinterfragt und in "kombinierter Quellenanalyse" ausgedeutet werden, in wirkungsvoller Weise, die von außen in die jeweiligen Regionen einwirkenden mächtigen Innovationsschübe, die exogenen Kulturströme, zu analysieren, aber ebenso die innerhalb der jeweiligen Region sich entwickelnden endogenen Kulturabläufe zu registrieren. Für die Forschungsrichtung "Systematische Möbeldokumentation" konnten zwischenzeitlich in vier Kulturregionen des Weser-Ems-Gebietes auf fotodokumentarischem Wege repräsentative Möbelquantitäten erfaßt und analysiert werden
1.) im Altlandkreis Bersenbrück, speziell im Osnabrücker Artland,
2.) im Oldenburger Münsterland,
3.) auf dem Hümmling,
4.) im Oldenburger Ammerland. An die 8.000 Möbel wurden in diesen Regionen katalogisiert und in verschiedenen Publikationen ausgedeutet. Allein schon die Interpretation einer solchen Menge von erfaßten historischen Möbeln, also allein die Objektanalyse, vermittelt neue Perspektiven zur Periodisierung der Sachkultur, zur Entwicklung des kulturellen Eigengepräges der Region und zur Analyse komplexer Bedingtheiten gesamtkultureller Phänomene. Die Grenze der Interpretation kultureller Äußerungen sozialer Gruppen durch die Sachkultur allein ist allerdings alsbald erreicht, wenn nicht nur nach den Wirkungen, sondern auch nach den Ursachen dieser Phänomene geforscht wird. Die Sachkulturforschung setzt anschauliche Signale, die der in erster Linie nur anhand von Archivalien forschende Historiker nicht empfangen kann; diese Kulturphänomene aber müssen entschlüsselt werden durch die Erstellung des Zeitkontextes, durch das Erforschen politischer, wirtschaftlicher, konfessioneller und sozialer, also insgesamt historischer Zeiterscheinungen. Aus diesem Grunde bemüht sich das Niedersächsische Freilichtmuseum Cloppenburg seit Jahren erfolgreich um interdisziplinäre Kooperation mit Historikern benachbarter Universitäten, vor allem mit denen, die sich auf den Gebieten der Regional-, Wirtschafts- und Bevölkerungsgeschichte engagieren.

Auf zwei Forschungsergebnisse, die für das Verständnis des Phänomens regionaler Kulturentfaltung von grundlegender Bedeutung sind, sei in aller Kürze aufmerksam gemacht:
1.) Fast ein Jahrhundert früher als im aufwendigen Hausbau ist die Ausformung regionaler, oftmals auf ein oder zwei Kirchspiele eng regional-begrenzter Formen- und Dekorelemente, also Kulturausprägungen am historischen Möbel, ablesbar. In prosperierenden ländlichen Regionen, wie dem Artland und dem Ammerland, hat sich in der Zeit um 1600, jedoch nicht früher, in weniger bevorteilten Landstrichen wie dem Hümmling und dem Oldenburger Münsterland dagegen erst gut ein Jahrhundert später, eine regionalgeprägte, eigenständige Möbelkultur im ländlichen Raum herausgebildet, ein im zeitlichen Ablauf bislang verkanntes Kulturphänomen.

Bei der Suche nach den Ursachen zäsurartiger Kulturumschwünge muß beachtet werden, daß für diese komplexen Vorgänge monokausale Erklärungen niemals ausreichen; vielmehr muß ein umfängliches, in der jeweiligen Region unterschiedlich wirksames Ursachenbündel für eine fundierte Analyse ausfindig gemacht werden. Andeutungsweise sei auf einige Faktoren aufmerksam gemacht:
a) Im Zuge der Auseinandersetzungen zwischen Reformation und Gegenreformation kommt es kurz nach 1600 zwischen dem Artland und dem Niederstift Münster oder dem Ammerland und dem Niederstift Münster zu immer stärker werdenden Heiratsgrenzen, zu Heiratsbarrieren.

b) Die Anzahl der holzverarbeitenden Handwerker, also der potentiellen Möbelproduzenten, steigt im ländlichen Raum gegen Ende des 16.Jh. merklich an.

c) Besäße die ländliche Bevölkerung nicht eine entsprechende Kaufkraft, gäbe es für das Handwerk keinen Markt, keinen Anlaß, auf dem "platten Land" zu arbeiten. Ohne handfeste Ergebnisse, wie z. B. auf den Gebieten der Konfessions-, Sozial- und Wirtschaftsgeschichte, lassen sich die vernehmbaren Signale der Sachkulturforschung also nicht sinnvoll entschlüsseln; umgekehrt ist aber auch zu formulieren, daß bei einem Ausblenden der Analyse der überlieferten materiellen Kultur bestimmte Signale aus der Geschichte nicht mehr empfangen werden können. Angesichts dieses "Sachverhalts" spricht alles für einen komplexen Zugriff, für eine allseitige Quelleninterpretation und entsprechend für eine fächerübergreifende und interinstitutionelle Zusammenarbeit auf dem Gebiet historischer Forschung; darum bemüht sich als gebender und zugleich als nehmender Partner auch das Niedersächsische Freilichtmuseum Cloppenburg.

2.) Für viele Gebiete Niedersachsens gilt die Mitte des 19.Jh. als die Zeitmarke für das Ende der regional geprägten Sachkultur. Für das Oldenburger Ammerland und für das Osnabrücker Artland ist aber nachweisbar, daß dieser Umbruch schon um 1810 erfolgt. Mit einer Verspätung von gut einer ganzen Generation tritt diese Zäsur dann auch im Oldenburger Münsterland und im Hümmling ein. Die Ammerländer und Artländer Möbelproduzenten finden für Kastentruhen mit Kufengestell, für kombinierte Kleider-Wirtschaftsschränke, für Brotschränke, für offene Anrichten, für eisenbeschlagene Koffer etc. keine Käufer mehr. Das über Jahrhunderte gefragte, fast unvergängliche Eichenholz ist im Möbelbau nach dieser Zeit nicht mehr attraktiv. Das Ende einer regional ausgerichteten, einer "altartig-traditionellen" Sachkultur ist endgültig erreicht. Diese Wende in der Möbelkultur, auch in einem Möblierungsmuster faßbar, kommt einer Zäsur gleich, wie sie für dieselben Regionen um 1600 festgestellt werden konnte. Diese wichtige Wende am Übergang vom Empire zum Biedermeier, vom Ancien Régime zur neuen bürgerlichen Gesellschaft ist ebenso multikausal bedingt wie der Zeitabschnitt der Entstehung regional geprägter Kultur: Gegen Ende des 18.Jh. wurde auch im ländlichen Raum Niedersachsens die Hektik der einander in kürzeren Zeitabständen ablösenden Zeittrends spürbar.

Das zu dieser Zeit immer stärker ausgeprägte und tief in den ländlichen Raum eindringende Verlagswesen veränderte den traditionellen Novationsverlauf kultureller Impulse. Über die neuen Medien Buch und Zeitung, Verlagskatalog und Prospekt war der Produzent und auch der Konsument auf dem Lande ohne größere Zeitverzögerung direkt erreichbar. Dieser Prozeß wurde außerordentlich beschleunigt durch das im 19.Jh. stark verbesserte Wege-, Straßen- und Postsystem sowie das in der 2. Hälfte des 19.Jh. voll funktionsfähige Eisenbahnnetz. Die Alphabetisierung breitester Bevölkerungsschichten im nordwestlichen Niedersachsen - ca. 80% aller Bevölkerungsschichten konnte schon im 18.Jh. lesen und schreiben - und die im Zuge der Aufklärung intensiv einsetzende Literarisierung ländlicher Ober- und Mittelschichten bewirkte ein übriges.

Schon im frühen 19.Jh. waren auch die ländlichen Bevölkerungskreise bereit, das in der Ferne produzierte oder nach dem Trend weit entfernt liegender Produktions- oder Designzentren entworfene Kulturgut - wie Mobiliar, aber auch Kleidung - in die eigene Wohnung aufzunehmen, sich damit zu umgeben und das bis dato nach "uralter" Tradition gepflegte Ausstattungsmuster gewissermaßen in kürzester Zeit über Bord zu werfen. Das "traditionell-altartige", das kleinregional geprägte Kulturgut aus der Epoche des Ancien Régimes wird zugunsten einer überregional gültigen "zeitgemäßen", nicht schichtgebundenen Sachkultur der Post-Ancien-Régime-Zeit ausgewechselt. Wie kaum eine voraufgegangene politisch-geistige Umwälzung der Neuzeit - abgesehen von der Reformation und Gegenreformation - haben gerade die Aufklärung sowie die Französische Revolution, vor allem die neue durch die Franzosen vermittelte Freiheitsidee, alle Gemüter in Stadt und Land zutiefst bewegt.

Für viele Museen bedeutet das Auslaufen der "traditionellen" Möbelformen und Wohnmuster zwischen 1800 und 1850 das Ende ihrer Sammlungsbemühungen. Da bereits das Biedermeiermöbel großregional an weit verbreiteten Verlagskatalogen und Möbeljournalen orientiert war, betrachtete man es als scheinbar austauschbar und entregionalisiert. Noch konzeptionsloser verharrte das Museumswesen bis heute - von wenigen rühmlichen Ausnahmen abgesehen - in der Sammel- und Dokumentationspraxis bei Möbeln aus der Zeit des Historismus (von 1870 bis 1910).

Aufgrund der vom Niedersächsischen Freilichtmuseum Cloppenburg in großer Zahl entdeckten und in zahlreichen Publikationen ausgewerteten Werkstattanschreibebücher, sowie Archive ländlicher Handwerker, ist mit Nachdruck darauf zu verweisen, daß trotz des fast abrupten Umsteigens auf neue Möbelstile und Möbelproduktionsweisen auch im ländlichen Raum ab 1800 die bestehenden Werkstätten nicht nur weiter produzierten, sondern die Möbelherstellung entsprechend den neuen Wohnwünschen sogar erheblich steigerten. Die Mengen der auch in ländlichen Werkstätten produzierten und von ländlichen Käuferschichten angeschafften Möbel nehmen im Zeitraum von 1800 bis 1900 ständig zu. Daher bedarf das Museum auch eines neuen sinnvollen Sammel- und Forschungskonzeptes für das Historismusmöbel und für das Wohnen mit diesem Mobiliar im 19.Jh.

Ein einfaches Rezept dafür lautet: Diese Möbel sind wieder mit dem notwendigen Zeitkontext zu umgeben und erneut zu "regionalisieren". Es gilt der Frage nachzugehen, welche Werkstatt in der Region diese Vorlagemöbel mit welchen Handwerksmethoden und unter welchen Existenzbedingungen sowie bei welchem Preis- und Zeitaufwand für wen produziert hat usw., also den überaus vielfältigen Fragenkomplex der Möbelproduktion in der Region oder für die Region aufzugreifen. "Regionalisierbar" ist das historische Möbel dieser Epoche auch aus der Sicht der Möbelkonsumenten, in dem nach deren Wohnmuster und deren Umbaumaßnahmen in den Wohn- und Wirtschaftsräumen usw. gefragt wird.

Das Möbel und die Möblierung der Räume in der Biedermeier- und Gründerzeit (1815 bis 1910) des ländlichen Niedersachsens wurden als Thema eines neuen Schwerpunktprogramms für das Niedersächsische Freilichtmuseum Cloppenburg ausgewählt, um mit einem erfolgversprechenden Forschungskonzept das Ziel zu verfolgen, eine regionale Sozialgeschichte des Wohnens oder, allgemeiner formuliert, eine regionale Kultur- und Sozialgeschichte gerade auch des 19.Jh. in Schrift und Ausstellung dokumentieren zu können.

Historische Wohnkultur auf dem Lande:

Seit mehr als einem Jahrzehnt, seit der Neuorientierung der Volkskunde als einer Disziplin der historischen Kultur- und Sozialwissenschaft, ist erfreulicherweise auch die volkskundliche Hausforschung erfolgreich bemüht, über die bloße Bau- und Raumstrukturanalyse der Gebäude hinausgehend, differenzierte Ergebnisse zur Funktion der Räume, zur Lebens-, Wohn- und Wirtschaftsweise des Menschen in den Häusern, zur Sozialgeschichte des Bauens wie auch des Wohnens auf dem Lande und in der Stadt zu erarbeiten. Damit der Gegenstandsforscher, der Museologe, das hochgesteckte Forschungsziel erreichen kann, das historische Wohnverhalten unterschiedlicher ländlicher Sozialgruppen in Niedersachsen in Buch- und Ausstellungsform dokumentieren zu können, bietet es sich für ihn an, als Primärquelle zunächst einmal die immer noch überaus zahlreich überlieferte Quellengattung "Haus" allseitig mikroanalytisch zu befragen. In manchen Regionen Niedersachsens ist trotz immenser Kriegsverluste und trotz der Zerstörung wertvoller historischer Bausubstanz infolge veränderter Wirtschaftsstrukturen in der Landwirtschaft bis heute noch eine beachtenswerte Quantität und Qualität an ländlicher Bau- und Wohnkultur tradiert. Diese vielseitig ausdeutbaren Dokumente des "Hausens und Wohnens" unterschiedlicher Bevölkerungsgruppen sind bisher eher zufällig als systematisch erforscht worden. Somit ist eine der anschaulichsten Quellengattungen zur Kultur- und Sozialgeschichte des Wohnens, zur Geschichte des "homo habitans", bis dato von der Wissenschaft immer noch nicht erschöpfend genutzt.

Die Suche nach einer Antwort auf die Frage, wie man in den einzelnen Jahrhunderten auf dem Lande wohnte, ist nicht zuletzt deshalb schwierig und nur nach intensiver Forschungsarbeit erfolgreich, weil es ebenso wie in der Stadt auch in der ländlichen Region eine breit gefächerte Bevölkerungsgliederung nach Rang und Stand, nach feudaler Abhängigkeit oder persönlicher Freiheit, nach Beruf und Vermögen gab. Auch die Landbevölkerung wird unterschieden nach Honoratiorenschichten, Kaufleuten und Handwerkern, nach bäuerlichen Schichten mit unterschiedlichem Besitz und Recht sowie nach Schichten grundbesitzarmer und grundbesitzloser "Landleute", wie Heuerleute, Tagelöhner, Knechte und Mägde.

Alle diese heterogenen Landbewohnerschichten sind bestrebt, in eigenen größeren oder mehr als bescheidenen Häusern, in für lange Zeit gemieteten oder nur in vorübergehend mietbaren "Behausungen" Wohnung zu finden. Das Niedersächsische Freilichtmuseum Cloppenburg versucht mit seinen derzeit über 50 historischen Originalbauten aus dem ländlichen Raum, diese vielfältigen und in den einzelnen Zeitperioden, Regionen und Sozialschichten stark voneinander abweichenden Wohnformen "hautnah" erlebbar zu machen. Da aber selbst eine "ganzheitliche", dreidimensionale Präsentation historischer Räumlichkeiten es nicht erreicht, die historische Realität der damaligen Wohnwelt, die Komplexität des Wohnens "begreifbar" in die Gegenwart zurückzuprojizieren, ist die Methode der "Historisierung", der Einbettung des Gegenstandes wie der Möbel und möblierten Räume sowie des Wohnens in ihnen in den Kontext der Zeit unverzichtbar.

Aus dieser Einsicht heraus ist das Cloppenburger Museum bestrebt, nicht nur Sachdokumente zur Anschauung zu bringen, sondern durch Erschließen und Analysieren zusätzlicher archivalischer, literarischer und bildlicher Quellen das breite Spektrum der Wohnkultur zu beleuchten und nachprüfbar in Schrift, Bild und Ausstellung zu dokumentieren. Dies hat die Wissenschaftler des Museums (in Zusammenarbeit mit dem Seminar für Volkskunde, Universität Münster, Prof. Dr. Wiegelmann) motiviert, aufschlußreiche Schilderungen und Tagebuchaufzeichnungen der Bewohner dieser Räumlichkeiten zu sammeln und quellenkritisch zu edieren. Auf diese Weise sind zahlreiche Publikationen entstanden, die sowohl das Leben und Arbeiten am Herdfeuer im Rauchhaus als auch das Wohnen in Bauernstuben im Detail untersuchen. Bei genauerer Betrachtung der Wohnkultur wird deutlich, daß selbst das "niederdeutsche Halle Rauchhaus", das bis zum Einbau des Schornsteins den Wirtschafts- und Wohnraum des Fletts ungeteilt als gemeinsamen "Luft- und Wirtschaftsraum" bis zum Stall- und Dielenteil hin beläßt, eine Wohnform darstellt, die sowohl "völlige Integration als auch Segregation" je nach sozialer oder rechtlicher Stellung der einen oder anderen Bewohnergruppe bedeuten kann.

Als in den 70er Jahren eine neue Forschungsrichtung, die der Dokumentation der historischen Alltagskultur aufgrund der Auswertung serieller oder quantitativer historischer Quellen begründet wurde, um beispielsweise mit derartigen "Massenquellen", wie Nachlaßinventaren und Anschreibebüchern das soziokulturelle Agieren unterschiedlicher Bevölkerungsgruppen und damit auch das Wohnverhalten in der jeweiligen Region-Zeit-Einheit zu analysieren (Seminar für Volkskunde, Universität Münster), beteiligte sich von Anfang an auch das Cloppenburger Freilichtmuseum an diesen neuartigen Wissenschaftsprojekten und konnte zahlreiche Publikationen zu diesen Themenbereichen veröffentlichen.

Da diese von den Wissenschaftlern des Cloppenburger Museumsinstituts vorgelegten Forschungsergebnisse auch in anderen historischen Disziplinen ein reges Echo fanden, konnte eine inzwischen ergebnisreiche Kooperation mit verschiedenen Forschungsinstituten der Regional-, Wirtschafts- und Bevölkerungsgeschichte (Universitäten Oldenburg und Göttingen) sowie der Sozialgeographie (Universität Osnabrück/Vechta) initiiert werden. Diese interdisziplinären Forschungsprojekte zur regionalen Kultur-, Sozial- und Wirtschaftsgeschichte sind sowohl mittel- wie auch langfristig angelegt und versprechen eine neue Forschungsqualität auch auf dem Sektor der "historischen Wohnkultur auf dem Lande".

Prof. Dr. Helmut Ottenjann,
Ltd. Museumsdirektor des Niedersächsischen Freilichtmuseums "Museumsdorf Cloppenburg"

MÖBEL

Drei Brettstühle, 19. Jahrhundert (Alle Bilder : Mainfränkisches Museum Würzburg)

Wiege, Fränkisch, 2. Hälfte 17. Jahrhundert

Küchenschrank, 1840, Hohenlohisch - Franken

Englische Möbel

Eigentlich sind sie zu beneiden, unsere insularen Nachbarn. Vor Jahrmillionen wurde die englische Insel samt kleineren Anhängseln vom Kontinent abgesprengt. Seitdem können die Briten ein recht beschauliches Leben führen, so gut wie unangefochten von den Wirren, Kriegen, Katastrophen, die Kontinentaleuropa seit Christi Geburt immer wieder heimgesucht haben. Gewiß mußte Cäsar mal sehen, wie vor ihm schon die Kelten und Phönizier, was es auf der Insel Entdeckenswertes gibt. Gewiß setzten Wikinger, Angeln, Sachsen, Jüten und Normannen über das mehr oder minder weite Meer, welches England vom Kontinent trennt. Einige zogen wieder nach Hause, andere blieben und verschmolzen dank der isolierten Lage dieses Landes - zugegebenermaßen nach einigem Hin und Her - auf wundersame Weise zu einer Nation. Seither ist England mit den Begehrlichkeiten seiner Nachbarn gut zurechtgekommen. Mit "stiff upper lip" und kühler Distanz betrachteten sie, wie den Nationen auf dem Festland immer neue Möglichkeiten einfielen, sich gegenseitig zu zerfleischen. Die Engländer dagegen leisteten sich nur den 100jährigen Krieg mit Frankreich, den Krieg der Rosen (eine dynastische Auseinandersetzung) und einen mittleren Bürgerkrieg. Ansonsten lebten sie britisch und erfanden den Begriff der "splendid isolation".

Engländer haben im allgemeinen ein gänzlich anderes Verhältnis zu Antiquitäten als wir. Es sind Gegenstände des täglichen Gebrauchs, integriert und benutzt in allen Wohnbereichen. Früher - zu Zeiten des British Empire - wurden die Gegenstände von zahlreichem Personal gepflegt. Was man immer wieder an der wunderbar erhaltenen Patina englischer Antiquitäten ablesen kann. Heute gibt es kaum noch dienstbare Geister, und die Möbel werden halt auch nicht mehr regelmäßig poliert. Stört das den Briten? Nein! Ich habe bei Freunden in London eine zierliche, recht wertvolle, "Mid Georgian"-Nußbaumkommode im Kinderzimmer gesehen. Ich kenne einen Rechtsanwalt, in dessen Büro ein sehr seltener Architekten(zeichen)tisch des späten 18. Jh. steht, und darauf - arbeitet ein Computer. Und wenn dem Eigentümer eines antiken Stückes im Laufe der Zeit das ererbte Teil nicht mehr gefiel, weil unpraktisch oder unmodisch, so wurde es kurzentschlossen umgebaut, in aller Unschuld, nicht mit der Absicht zu verfälschen. Auch einzelne, nicht zusammengehörige Stücke wie z.B. eine Kommode von der Großmutter mütterlicherseits und ein einsamer Aufsatz vom Großvater väterlicherseits werden unbekümmert zusammengesetzt. Der Schreiner legt noch ein wenig Hand an, um allzu große zeitliche Unterschiede auszugleichen - und schon ist der begehrte Aufsatzsekretär fertig. Es entsteht eine "Hochzeit". Für den deutschen Sammler erschreckend, aber so typisch englisch, ist im vergangenen Jahrhundert die Freizeitkunst des Schnitzens. Es entstand eine wahre Mode. Alte Eichenstücke wurden "liebevoll", und vor allen Dingen üppig, überzogen mit Schnitzarbeiten. Auch mancher englische Restaurator ging sorglos mit den alten Schätzen um. Manchmal gewinnt man den Eindruck, der Schreiner habe gerade Urlaub gehabt und an seiner Stelle sei der Dorfschmied eingesprungen. Warum nicht schön fest nageln oder schrauben? Wenn nötig, den fragilen Regency-Stuhl mit Eisenbändern verstärken? Deutsche Restauratoren sollen schon erblaßt sein bei der näheren Betrachtung einer englischen Antiquität, die der stolz strahlende Besitzer von seinem letzten Englandurlaub mitgebracht hat.

Im Gegensatz zu Deutschland ordnet England seine überkommenen Wertgegenstände nicht nach kunsthistorischen Epochen ein. Vielmehr werden sie nach Dynastien, politischen Ereignissen oder Herrschern benannt. Und daran halten die Briten auch fest. Wenn Sie in einem englischen Auktionskatalog blättern, so werden Sie bemerken, daß kontinentale Antiquitäten fein säuberlich mit den jeweils landesüblichen Bezeichnungen wie Rokoko (deutsch), Louis Quinze (französisch), usw. beschrieben sind, während englische Möbel mit den englischen Zuordnungen versehen sind, wie z.B. Mid-Georgian. Sie brauchen also einige Geschichtskenntnisse, um ihr Lieblingsstück datieren zu können und ein recht solides Stilempfinden. Denn zu den Herrschernamen als kunstgeschichtliche Begriffe treten bei englischen Objekten des mittleren 18. Jh. auch noch die

Namen berühmter Möbelentwerfer wie Chippendale, Adam, Hepplewhite, Sheraton.

Nicht genug damit! Die Briten verhielten sich bei der Rezeption "modischer" Impulse recht zögernd - die Entwicklung neuer Stile ging in den vergangenen Jahrhunderten immer vom Kontinent aus, zunächst von Italien, dann Frankreich. Trotz immer wieder eng gewobener, verwandtschaftlicher Beziehungen, vor allen Dingen zum französischen Hof, adoptierten die insularen Verwandten die neuen Stilelemente mit Zurückhaltung und verwandelten sie stets in etwas "typisch" Englisches. Zum Beispiel: **Renaissance**. In England heißt sie **Early Tudor, Elizabethan, Jacobean, Commonwealth** -in dieser Reihenfolge. Unter dem ersten Tudor-König Heinrich VII, mit dessen Inthronisation der Rosenkrieg endlich beendet ist, baut England weiter unverdrossen in gotischem Stil, bringt besonders auf dem Gebiet der Architektur Großes hervor. Sein Nachfolger, der berühmt-berüchtigte Heinrich VIII, wird zum ersten wirklichen Kunstmäzen. Er holt berühmte Künstler an seinen Hof (Hans Holbein, Augsburg) und öffnet die Insel für das revolutionierende Gedanken- und Formengut der Renaissance. Er läßt Möbel aus Europa einführen, deren Vielfalt und Pracht seine Untertanen inspirieren sollen. Nach einigen Wirren folgt ihm seine Tochter Elizabeth, "die jungfräuliche Königin", auf dem Thron.

In der Regierungszeit dieser beiden Monarchen erlebt das englische Kunsthandwerk einige Neuerungen. Bei uns am bekanntesten dürfte wohl die Entstehung der "Non-Such"-Truhe und des "Mule-Chest" sein, beides Kastenmöbel. Das erstere zeigt auf der Front virtuose Einlegearbeiten und eine architektonische Gliederung, wahrscheinlich unter norddeutschem Einfluß entworfen. Das "Mule-Chest" ist ein Zwittermöbel und hat wegen dieser Eigenschaft seinen Namen (mule, engl.= Maulesel): Der untere Teil birgt Schubladen, der obere Teil ist ein Truhenteil, später mit Fronttüren. Im ganzen wird die Einrichtung einfallsreicher, dekorativer, in der Technik komplizierter. Nicht der Zimmermann und Tischler sind mehr gefragt, sondern der Kunstmöbel-Tischler. Er verarbeitet weiter hartnäckig Eiche. Als der einheimische Vorrat nicht mehr reicht, importiert man aus dem Baltikum. Es darf auch schon mal Rüster (Ulme) sein. Während ab 1600 in Frankreich und Deutschland der warme Ton des Nußbaumholzes die vorherrschenden Eiche und Esche immer häufer verdrängt. Nach Elizabeth's Tod hält zwar der Renaissance-Stil in England noch an, doch die Ereignisse überschlagen sich.

Mit der Thronbesteigung von James I. Stuart (1603) wird das Königshaus wieder römisch-katholisch. Die Neue Welt war ja schon erobert. Nun wandern ab 1620 die protestantischen Puritaner nach Amerika aus, neue Hölzer werden bekannt. Gleichzeitig erreichen England starke Impulse durch die Kolonisierung des asiatischen Erdteils. Jakobs Sohn, König Karl I., vereinigt in sich hohen Kunstverstand und absolutistische Neigungen.

Aber das ist in Europa ja auch nicht anders! Er sponsort Rubens und bestellt van Dyck zum Hofmaler. Das **Barock** kann seinen Einzug auf der Insel halten. A propos **Barock**: in England heißt es: **Restauration, William and Mary, Queen Anne.** Konturen geraten in Bewegung, der König richtet seine Schlösser mit prunkvollen, virtuos gearbeiteten Möbelstücken ein. Doch die Freude ist von kürzer Dauer. 1649 demonstrieren die Engländer ihren Nachbarn auf dem Festland, daß auch ein regierender Monarch hingerichtet werden kann. Der Lordprotector Oliver Cromwell - protestantisch, herb und sittenstreng - ruft die Republik aus. England erstarrt in elfjährigem, puritanischem Schlaf, zumindest was Kreativität und Erfindungsreichtum im Kunstgewerbe betrifft. Die Thronbesteigung Königs Karl II. 1660 und der große Brand von London (1666) sorgen für einen Bedarf an Innovation bisher ungekannten Ausmaßes. Der Geschmack des Herrschers ist in seinem französischen und holländischen Exil geprägt worden. Mit ihm kommen moderne Handwerker, zur gleichen Zeit fliehen Hugenotten, traditionell künstlerisch hervorragende Meister, aus Frankreich über den Ärmelkanal. Großbritanniens Kunsthandwerk entfaltet eine ungeahnte Blüte, die Fertigkeiten der Furnierarbeit, der Intarsien und Marketerien, des Vergoldens und der Chinoiserie entwickeln sich allenthalben. Dies ist wohl die einzige Periode, in der englische vor holländischen und norddeutschen Produkt manchmal schwer zu unterscheiden sind. Eichenholz hat ausgedient, das "Age of Walnut" bricht an. Neben Südengland sind Frankreich und Amerika die Hauptlieferanten des begehrten Materials. Geschmückt wird es mit verschiedenen Obsthölzern, Oliven- und Goldregenholz. Dies ist auch die Zeit, in der neue Möbeltypen entstehen. Die uns heute liebgewordene Wandelbarkeit und vielseitige Verwendbarkeit der englischen Antiquitäten hat hier ihren Ursprung. Genannt seien: "Monks Bench" und "Gateleg-Table", "Side-Table", "Highboy" und "China-Cupboard". Im adligen Arbeitszimmer stehen Bücherschränke. In der Zwischenzeit hat 1685 ein neuer König den Thron bestiegen, Jakob II. Er macht Probleme, da er zum Katholizismus übergetreten ist. Er muß fliehen, der Schwiegersohn, Wilhelm III. von Oranien, regiert gemeinsam mit seiner Gattin Mary. Der Niederländer ermutigt holländische Meister, nach England zu kommen. Die Weltmachtstellung der beiden nun dynastisch verbundenen Nationen ermöglicht einen starken Zustrom asiatischer Arbeiten und Techniken nach Europa.

Der mächtige Aufschwung des Kunsthandwerks bahnt neuen Möbeltypen den Weg: Kommode, Schrägklappensekretär, "Large Bureau", "Bureau Bookcase", "Bachelor's Chest", "Day Bed". Geschwind ein Wechsel auf dem Thron, ab 1702 regiert Queen Anne, Schwägerin Wilhelms von Oranien. Das "Cabriole Leg", ein S-förmig geschwungenes Möbelbein auf Bocks- oder Kissenfüßen, wird entworfen und greift auf alle Einrichtungsgegenstände über. Seither wird es immer wieder von britischen Handwerkern verarbeitet, es ist nicht fortzudenken aus dem Bereich "Englische Antiquitäten". Übrigens als Begriff auch nicht übersetzbar. Der Einrichtungsstil kann fast gemütlich genannt werden. Denn der englische König dieser Zeit ist kein absolutistischer Herrscher. Sein Adel ist auf viele, weit auseinandergelegene Schlösser und Landsitze verteilt. Und die britischen Monarchen sind seit Elizabeth I. eigentlich fast alle recht reisefreudig. Natürlich nur auf der Insel! Während die europäischen Länder nach 1700 - mit Ausnahme Frankreichs - dem Barock in seinem bewegten Formenreichtum frönen, bleiben die englischen Möbel praktisch, zurückhaltend dekoriert, von außerordentlicher stilistischer und handwerklicher Harmonie. Die uns heute bekannte Vielzahl von Tischen und Beistellmöbeln hat ihren Ursprung in dieser Zeit. Fast alle sind klappbar (turn-over-top-Mechanismus), ausziehbar, verkleinerbar. Eine unnachahmliche Variante auf dem Antiquitätensektor.

Als Queen Anne 1714 stirbt, hinterläßt sie eine Lücke - und Ratlosigkeit. Es gibt keine regierungsfähigen Stuarts mehr. Fragend prüft das Parlament den Stammbaum, die Wahl fällt auf einen Urenkel König Jakobs I., den Hannoveraner Kurfürsten Georg Ludwig, als George I. englischer König. Unter seiner Regierungszeit und der seiner Nachfolger geht die Entwicklung englischer Möbel ganz eigene Wege. Benannt werden sie nun **Early Georgian (1714-1727), Mid Georgian (1727-1760), Late Georgian (1760-1820), Regency (1820-1830), William IV. (1830-1837).** Bei uns heißen diese kunsthistorischen Epochen **Hoch- und Spätbarock, Rokoko, Zopfstil, Empire, Biedermeier**. Eine wesentliche Neuerung dieser Zeit ist der stürmische Vormarsch des Mahagoni-Holzes ab 1720, importiert aus Puerto Rico und Santo Domingo, ab 1750/60 aus Kuba. Das seit Ende des 18.Jahrhunderts aus Jamaica und Honduras eingeführte Mahagoni ist in seiner Beschaffenheit leichter und nicht so hochwertig. Es ist notwendig, die verschiedenen Provenienzen des Mahagoni zu erwähnen, denn seine unterschiedliche Färbung, Maserung und Güte sind bei der Beurteilung von Möbeln des 18.Jahrhunderts ein wichtiges Kriterium. In dieser Zeit werden der meist vier-etagige "Dumb Waiter" entwickelt und der "Tripod-Table". Überhaupt Tische : Schreibtisch, Zeichentisch, Lesetisch, Nähtisch, Spieltisch, Waschtisch, Nachttisch, Pembroke-Table, Sutherland-Table (19.Jh.), Tea-Table, Breakfast-Table, Sofa-Table, Rent-Table, Library-Table, D-End-Table, Pier-Table, Low-Boy. Kurz, Tische aller Art. Die englische Antiquitätenwelt ist ohne diese außerordentliche Vielfalt an Tischen nicht vorstellbar. Das gleiche gilt für Stühle. Denn dies ist auch die Zeit der großen Möbelentwerfer und Kunsttischler (s.o.). Sie alle entwerfen auch Stühle. William Kent kreiert den Ball- und Klauenfuß, der begeistert aufgenommen wird. Das Beinknie ist reich geschnitzt mit Satyrkopf, Muschel, Akanthus. Thomas Chippendale nimmt die Impulse des

Rokoko auf höchst englische Weise auf. Zwar verarbeitet er C- und S-Schwünge, doch vereint er sie auf dem Höhepunkt seines Schaffens mit chinesischen und gotisierenden Elementen. Sein unverwechselbarer Stil entsteht. Neben Rosenholz verwendet er mit Vorliebe massives Mahagoni. Seine Schränke haben einen geschnitzten Fries und Schwanenhalsgiebel. Seine Stuhllehnen sind in Stab- und Gitterwerk verschlungen. Gegen Ende seiner Wirkungszeit leitet er selbst behutsam zum Klassizismus über, der von Adam und Hepplewhite zur Perfektion entwickelt wird. Möbel von unnachahmlicher Schönheit entstehen, von unübertroffener Stilsicherheit, Eleganz und Harmonie. Satinholz und Palisander bedrängen das Mahagoniholz in seiner Favoritenrolle. Der Nachfahre der ganz großen, englischen Möbel-Designer ist Thomas Sheraton. Sein strenger, klarer Stil reicht bis ins Regency hinein.

Das **Regency** (1820 - 1830) bringt - wie die vorangegangenen Strömungen - eine Vielzahl an Stuhlentwürfen hervor. Diese Stühle sind sehr grazil, haben Säbelbeine, eine rechteckige, nach hinten geneigte Lehne. Die bekannteste Sitzgelegenheit der Zeit ist der "Trafalgar-Chair", benannt nach Nelsons Sieg in der Schlacht von Trafalgar im Jahre 1805. Regency-Stühle sind heute außerordentlich gefragt und erreichen - vor allen Dingen als ganzer Satz - schwindelerregende Preise. Aus der gleichen Zeit stammen "Quartettos", ineinanderstellbare Beistelltischchen, und der "Teaboy", ein vergrößerter Teebehälter mit Fußgestell. Wenn man davon absieht, daß ein König entmündigt werden muß (George III.) und statt seiner George IV. Regent ist (daher die Bezeichnung Regency), hat England eine Zeit dynastischer Ruhe hinter sich. Mit den Hannoveranern hatte man also, alles in allem, einen recht guten Griff getan. Der jugendliche, korsische Kaiser auf dem französischen Thron stört vorübergehend die Beschaulichkeit der Briten. Aber schließlich muß der ja nach St.Helena. In Europa brodelt es unterschwellig, in England bereitet sich in rasanten Schritten die industrielle Revolution vor. Da stehen die Briten 1837 schon wieder von einem Problem. Wer soll König werden? Die Frauen des Hauses Hannover dürfen nicht regieren. Man schaut sich um und findet - Victoria. Der jungen Königin ist eine gesegnet lange Regierungszeit beschert. Doch auch sie mag oder kann nicht so ganz ohne Deutsche auskommen. Sie wählt ihren Cousin Albert aus dem Hause Sachsen-Coburg-Gotha zum Prinzgemahl. Das Kunstgewerbe, das während ihrer langen Regentschaft (1837 - 1901) entsteht, hat die Bezeichnung **Victorian**.

Eigentlich recht einfach. Bei uns fallen unter dem Sammelbegriff **Historismus** an: zweite Gotik, zweites Rokoko, zweites Barock, zweite Renaissance, zweites Empire, drittes Rokoko. Natürlich haben die historistischen Stilelemente auch Einfluß auf die victorianischen Möbel. Ist es doch Victorias Gatte Prinz Albert, der im Jahre 1851 in London die erste Weltausstellung ermöglicht. Dort fließen alle oben erwähnten Strömungen zusammen oder zeichnen sich ab. Man denke an "Gothic Revival", dessen Wurzeln im England des 18.Jh. liegen. Dafür benötigt man wieder Eiche und auf Ebenholz gebeizte Buche. Palisander und Mahagoni bleiben neben dem wiederentdeckten Nußbaumholz tonangebend. Zu diesen Werkstoffen tritt als neues Material Papiermaché, das schwarz lackiert und mit Perlmutt/Metalleinlagen und floraler Malerei dekoriert wird. Eine gänzlich eigene Schöpfung der victorianischen Zeit ist der "Balloon-Back-Chair", dessen ovale, offene Rückenlehne etwa vierzig Jahre lang in Mode ist. Der seit Beginn des Jahrhunderts beliebte "What-Not" besteht unvermindert fort ebenso wie der "Davenport", ein neuer Schreibtischtyp. Er besteht aus einem Schubladenkasten mit Pult, dessen Schrägklappe als Schreibunterlage dient, die Schubladen öffnet man an den Seiten.

In den sechziger Jahren des vergangenen Jahrhunderts protestiert William Morris mit einigen Zeitgenossen gegen Massenproduktion, Stilunreinheiten und Schwulst. Er gründet "Arts and Crafts". Gegen Ende der Regierungszeit Königin Victorias bricht sich der **Jugendstil** Bahn, in England **Art Nouveau** genannt. Beardsley, Mackintosh und Oscar Wilde sind seine berühmtesten, britischen Repräsentanten. Neben der Art Nouveau ein bei uns oft verkannter, außergewöhnlich gefälliger Stil, **Edwardian**, benannt nach dem 1901 gekrönten König Edward. Es handelt sich dabei um Nachbildungen alter Möbel aus der Hoch-Ze englischen Kunstmöbelhandwerks von solider Qualität. Klassische Strenge ist eines ihrer wichtigen Merkmale, Faden- und Bandintarsien, Einlagen in Muschel- und Sterndekor. Es ist manchmal recht schwierig, einem deutschen Kunden die Hochwertigkeit dieser Antiquitäten einleuchtend zu machen. Denn bei uns rangiert ganz gern Purismus vor Sympathie. Der Befund ist eindeutig: Edwardian-Möbel sind beabsichtigte Nachbauten, haben niemals den Charakter von Fälschungen. Sie sind unprätentiös, zierlich, elegant.

Bis vor 10 Jahren war England das Dorado für Kunstliebhaber. Noch heute kann man die Versteigerung eines kompletten Schloßinventars in grossen Antiquitätenzeitschriften annonciert finden. Noch heute befinden sich Gold- und Silberbörse, Edelstein-, Schmuck- und Teppichbörse in London. Die großen Auktionshäuser haben eine jahrhundertealte Tradition. Sie bilden das Zentrum des internationalen Kunsthandels. Hier werden Preisentwicklung und Trends "gemacht", die mit einiger Verzögerung Deutschland erreichen. Besuchen Sie in London eine Versteigerung. Sie können entdecken, was bei uns in ein bis zwei Jahren die Preise machen wird. And keep smiling, Great Britain deserves it.

Speisezimmer in der Art des Th. Chippendale, England, um 1910, gesehen bei Nielsens, Vejle, Dänemark

Stühle und Anrichte, England, um 1900, gesehen bei Nielsens, Vejle, Dänemark

Intarsien-Kunst:
Kurze Geschichte einer langen Tradition

"Auslegen" oder "Einlegen"?
"Intarsia" - manche sagen auch "Intarsie" oder verwenden einfach den Plural "Intarsien" - ist ein altes Wort, das über das Italienische und Lateinische bis ins Arabische zurückgeht. In seiner ursprünglichen Bedeutung bezeichnete es vermutlich das "Auslegen von Mosaiken", das Zusammenfügen von kleinen und kleinsten Teilen zu einem Bild. Schon in vorgeschichtlicher Zeit beschäftigten sich die Menschen mit dieser Kunst. In Ägypten verstanden es einzelne Meister bereits um 1600 vor Chr., echte Einlegearbeiten aus Elfenbein zu schaffen - ihre großartigen Zeugnisse edlen Kunsthandwerks prägen unseren heutigen Begriff: Intarsien, das kunstvolle Einlegen von verschiedenen Materialien wie Holz, echten Steinen, Gold, Silber, Perlmutt oder Schildpatt in die Vertiefungen einer massiven Holzplatte. Die Qualität einer Intarsie richtet sich immer nach Anzahl und Größe der eingelegten Teile und deren Feinheit und Anordnung. Im Altertum, später in

Danziger Barock-Schrank, ca. 1720, Mooreiche, sehr gut erhalten (Foto: Kohler, Waldkirch-Kollnau).

Persien, vor allem aber im Europa der Renaissance und des Barock, gelangte diese Kunst zu großer Vollendung, nicht zuletzt deswegen, weil ab dem 16. Jahrhundert neuartige "Laubsägen" extrem feine Schnitte erlaubten. Diese Zeit schuf sogar eine eigene Berufsbezeichnung - den "Marqueteur". Dieser genoß hohes Ansehen und arbeitete fast ausschließlich für den Adel und den Klerus. Neben den berühmten Intarsienkünstlern jener Epochen, Boulle und Roentgen, erreichte auch der Meister Damiano den Gipfel des Könnens. Von ihm ist überliefert, daß er sogar Kaiser Karl V. in Erstaunen versetzte: Der Monarch hielt sein Intarsienbild zuerst für ein Gemälde. Erst durch einen Einschnitt ins Holz war er von der Echtheit der Intarsie zu überzeugen. Auch heute sind selbst Fachleute immer wieder verblüfft. Die Arbeiten aus unserer Werkstatt wurden 1980 von einem Fachjournal mit "Malerei" verglichen.

Sakristaler Kirchenschrank, ca. 1740 (Foto: Kohler, Waldkirch-Kollnau).

"Meister Kohler"
Staatlich anerkannter Handwerksrestaurator
Kollnau
Kreuzstraße 15
7808 Waldkirch

Was bedeutet der Begriff "Restaurierung" eines Möbels?

Grundsätzlich muß man davon ausgehen, daß alle antiken Möbel, die sich jahrzehntelang auf Dachböden, in Kellern, Scheunen und sonstigen Aufenthaltsorten befanden, restaurierungsbedürftig sind. Allerdings ist hier Vorsicht geboten, der Begriff "Restaurierung" ist klar definiert: er bedeutet die Wiederherstellung des Möbels in sein ursprüngliches Aussehen, mit seinen ursprünglichen Funktionen. Dabei muß beachtet werden, daß nicht mehr als 30 % des Möbels bei der Restauration ersetzt werden.
Besitzt man also, übertrieben gesehen, einen alten Fuß und läßt sich hierzu einen Schrank in der ursprünglichen Form bauen, kann von Restaurieren nicht mehr die Rede sein. Vielmehr handelt es sich hierbei um eine "REPRODUKTION".

Oftmals trifft man bei Küchenschränken, Sekretären und Aufsatzmöbeln auf sogenannte "HOCHZEITEN", die aus zwei oder drei verschiedenen Originalteilen bestehen, die häufig nicht ungeschickt, das heißt unter Berücksichtigung von Alter, Holz und Stil, zusammengesetzt und farblich angeglichen sind. Die dritte Version sind die "UMBAUTEN". Hierbei sind antike Möbel gemeint, z.B. Biedermeierschränke, die fachmännisch, unter Berücksichtigung der Stilkunde, zu Barockschränken umgebaut werden. Grundsätzlich gibt es gegen Hochzeiten, Reproduktionen und Umbauten nichts zu sagen.

Es handelt sich hierbei häufig um sehr schöne und im Vergleich zum Original auch preisgünstigere Möbel. Bedingung hierfür ist allerdings, daß der Verkäufer auf diesen Tatbestand hinweist. Tut er dies nicht, so handelt es sich nicht mehr um einen dieser drei Begriffe, sondern eindeutig um eine "FÄLSCHUNG", die dann auch meistens den Preis eines Originals hat.

Zurück zu restaurierten Möbeln. Der Fachmann läßt nach der Restaurierung auch klar erkennen, daß es sich immer noch um ein antikes Möbelstück handelt. Ein wichtiger Punkt ist hierbei, die altersbedingte Patina des Holzes nicht durchzuschleifen und bei der Holzoberfläche auf altherkömmliche Produkte wie Bienenwachs und Schellackpolituren zurückzugreifen. Also beachten Sie: eine zu perfekte Restaurierung läßt das Möbel seinen ursprünglichen Charakter verlieren und macht es eindeutig minderwertig. Allerdings darf dies nicht zu einer Nachlässigkeit führen, wobei dann fehlende Teile überhaupt nicht ersetzt werden oder schadhafte Furnierstellen unrestauriert bleiben.

Weiterhin beobachtet man oft, daß Möbel nur äußerlich "restauriert" sind. Dabei wird oft vernachlässigt, Scharniere, Schlösser, Schlüssel und Beschläge in Ordnung zu bringen und korrekt zu befestigen; Laufleisten (Führungsleisten) von Schubladen bleiben leider immer wieder unrepariert; Inneneinteilungen in Schränken werden nicht ersetzt; die inneren Holzflächen bleiben ungereinigt und unbehandelt, usw...

Doch wir wollen hier nur den Begriff der Restaurierung erklären und nicht den Vorgang. Hierzu gibt es Unmengen von Fachbüchern, von denen wir folgendes empfehlen möchten:

"Die Holzoberfläche - vor 100 Jahren - heute wieder aktuell" zu beziehen bei Firma :
LBB Antiquitätenzubehör GmbH
Neckargartacher Straße 94
7100 Heilbronn - Böckingen

Doch jede Gesetzmäßigkeit hat ihre Ausnahme. Die finden wir bei einem Großteil der Weichholzmöbel. Der kleinere Teil ist kunstvoll farbig bemalt mit Ornamentik, Blumen, Figuren, Landschaften, Vasen, Vögeln, Menschen etc. und unbedingt erhaltungswürdig - restaurierungswürdig. Der Großteil allerdings wurde im 18. und 19. Jh. mit Ochsenblut, Bier- oder Eiweißlasurfarbe gestrichen oder gar zweifarbig "gemasert" (Eine Edelholzmaserung wurde aufgemalt oder aufgespachtelt und mit Kammzug strukturiert). Diese Technik findet leider in der Neuzeit keinen Gefallen mehr. Das Gros der Weichholzmöbel wird deshalb abgelaugt und gewachst, wodurch ein richtiger Weichholz-Boom entstand. Man kann hier - mit der oben erwähnten Ausnahme - ohne Gewissensbisse von Restaurierung sprechen.

Hölzer

Eine Einführung in die in den letzten Jahrhunderten am häufigsten für die Herstellung oder Dekoration von Möbeln verarbeiteten Hölzer.

Ahorn - acer saccharum.
Nord-, Mittel- und Südosteuropa bis Kleinasien. Gerad- und feinfaserig, oft auch "wellig" oder mit sogenannten "Vogelaugen". Verwendung: massiv, Furnier, Schnitzerei. Farbe: weißlich-gelb

Apfel - malus genus.
Europa. Verwendung: Massiv für Provinzmöbel, auch für kleine, gedrechselte Holzartikel, im letzten Jahrhundert auch für Furniere. Farbe: hell-rosa bis braun (leicht mit Kirsche zu verwechseln).

Bergahorn - acer pseudoplatanus.
Europa. Verwendung: Furniere, Marketerien. Farbe: glänzend, gelb, intensive Maserung.

Birke - betula alba.
Europa. Verwendung: Furnier, massiv für Drechsel- und Kunstschreinerarbeiten gebraucht. Farbe: weißlich-gelb, silbrig, zum Kern hin etwas dunkler; schöne gleichmäßige Maserung.

Birne - pyrus communis.
Europa. Verwendung: Schnitzholz, manchmal auch als Korpusholz, Furnier. Feine gleichmäßige Struktur (dem Lindenholz ähnlich). Farbe: rosarötlich bis gelblich, dunkleres Kernholz.

Buche - fogus sylvatica.
Zentraleuropa. Verwendung: massiv, z.B. als Stuhlrahmen (Bugholz), auch zur Imitation exotischer Hölzer (Bambus), mit Markstrahlen in Form von Flecken. Farbe: hell-gelblich, Kern vom Splint kaum zu unterscheiden.

Ebenholz - dyospyros crassflora.
Indien/Afrika. Verwendung: Einlegearbeiten und Furniere, schwer zu bearbeitendes, hartes Holz. Farbe: schwarzer oder dunkler, z.T. auch gestreifter, roter oder grünlicher Kern. Weitere Typen: Makassar Ebenholz, Koromandel.

Eibe - taxus baccata.
Europa. (Weichholz, Nadelbaum). Verwendung: als dekoratives Furnier, gelegentlich auch massiv verarbeitet, manchmal schwarz gebeizt (deutsches Ebenholz). Farbe: rötlich bis dunkelbraun.

Eiche - quercus robur; quercus petral; quercus pedunculata; quercus sessiliflora.
Europa. Verwendung: massiv verarbeitet für Korpus und Schubladen. Deutliche Markstrahlen (helle Streifen) und Poren, Jahresringe erkennbar; sehr hartes, schweres, dauerhaftes Holz, das von Eisen korrodiert wird (Verwendung als Dübel). Farbe: blaßbraun bis braungelb, im Alter dunkelt die Naturfarbe nach.

Erle - alnus glutinosa.
Nordeuropa. Verwendung: Möbel-, Schnitz-, Drechsler- und Modellholz, auch für Furniere und Marketerie (Schweden). Farbe: blaß, rötlich-gelb, Hirnflächen des saftfrischen Holzes auffällig orangerot.

Esche - fraxinus excelsior.
Europa. Verwendung: massiv, Furnier, als Biegeholz geeignet (allerdings in der späteren Massenproduktion von Thonet und J & J. Kohn kaum mehr benutzt). Ausgeprägte, langfaserige Zeichnung. Farbe: weiß bis gelblich.

Fichte - picea abies.
Mittel- und Nordosteuropa. Verwendung: massiv, Furnier (weniger im Möbelbau, bevorzugt im Musikinstrumentenbau), Konstruktionsholz, vornehmlich im Innenausbau. Weicher als Kiefer (Kiefersatz). Farbe: weißlich bis strohgelb, manchmal rötlich. Harzkanäle.

Hainbuche - carpinus betulus.
Europa. Verwendung: Werkholz für Geräte und Maschinenteile, Drechslerholz, besonders in Frankreich für Korpusarbeiten benutzt. Farbe: hellgrau bis gelblich-weiß.

Haselnuß - corylus avellana.
Österreich und Deutschland. Verw.: Bauernmöbel und Furniere, geradfaserig. Farbe: rosa Tönung.

Kastanie - castanea vulgaris.
Europa. Ähnlich dem Eichenholz, aber ohne Markstrahlen. Verwendung: zum Furnieren großer Flächen (Südeuropa), auch in Frankreich sehr beliebt. Farbe: braungelb.

Kiefer - pinus sylvestris.
Europa und Sibirien. Verwendung: Korpusarbeiten, Konstruktionsholz im Innen- und Außenbau. In Frankreich verarbeitet, um Bambus zu simulieren. Farbe: weißlich gelb bis rötlich.

Kirsche - prunus avicum (avium).
Europa. Verwendung: massiv, Schnitzholz, Furniere (ausgeprägte, helle Furniere waren bei Biedermeiermöbeln sehr beliebt). Farbe: rötlich-gelb bis rotbraun, Splint deutlich heller als der Kern.

Lärche - larix decidua.
Europa. Verwendung: Verarbeitet für rustikale Möbel. Maserung ohne Knorren, ähnlich der Eiche, breite Jahresringe. Farbe: Kernholz rötlich braun, Spätholz dunkler.

Linde - tilia europae (cordata).
Europa. Verwendung: mit allen Werkzeugen gut zu bearbeiten, da sehr weich, gutes Drechsel- und Schnitzholz. Farbe: hell, gelblich-weiß, später nachdunkelnd, wenig Maserung.

Mahagoni - swietenia macrophylla (viele Arten)
Karibische Küste Zentralamerikas und tropisches Südamerika. Verwendung: weitgehend für Furniere. Farbe: Kernholz hell-braun bis rotbraun, unterschiedliche Maserungen und Färbungen. (Handwar-Mahagoni, Kuba-Mahagoni, Afrika-Mahagoni, Acajonholz...)

Nußbaum (Walnuß) - iuglans regia.
Südeuropa, Kleinasien, Nordindien, China, Afrika, Amerika. Verwendung: Furnier, massiv, Schnitzerei. Sehr dekorativ. Gut zu bearbeiten. Farbe: graubraun, gelblich-braun, rötlich-braun, bisweilen blaßgold.

Palisander - dalbergia latifolia
(Brasilianisches Rosenholz = zarter Rosenduft)
Brasilien (Riopalisander) Südostasien, Indien, Java. Schweres, hartes, dauerhaftes Holz. Verwendung: Ausstattungsholz für hohe Anforderungen; Drechslerholz; für Furniere in kleinen Teilen verwendet. Farbe: rötlich bis schokoladenbraun, durch dunkle Adern fast regelmäßig gestreift.

Pflaume - prunus domestica.
Europa. Ein sehr dekoratives Holz, langfaserig, feinporig. Verwendung: besonders für dunkle und helle Furnierstreifen. Farbe: rötlich braun (kann mit Kirsche verwechselt werden).

Rüster (Ulme) - Ulmus campestris.
Europa bis Südskandinavien. Gut bearbeitbares Holz mit ausgeprägter Maserung und gut gezeichneten Jahresringen. Verwendung: massiv, manchmal auch als Korpus, Furnier, auch Wurzelholz. Farbe: hellgrau bis gelblich (Splint), Kernholz hell- bis bräunlich rot, nachdunkelnd.

Sperrholz
Mehrere Furnierholzlagen werden verleimt. Diese Verleimmethode soll bereits im "alten" China angewandt worden sein. Englische Kunstschreiner verleimten in der Mitte des 18.Jh. drei oder mehrere dünne Holzschichten, die Faserrichtung jeweils um 90° gedreht. Im 19.Jh. dann von besseren Herstellern eingesetzt, um Ziergitter und Galerien zu verstärken. Im frühen 20.Jh. dann allgemein in Gebrauch

Teak - tectona grandis.
Indien und Burma. Sehr hart und schwer. Verwendung: massiv für Kolonialmöbel, Furnier (Burma-Teak), Farbe: Kernholz gelb, später hell- bis dunkelbraun, durch schwarze Adern lebhaft gestreift.

Wurzelholz
Von unterschiedlichen Bäumen werden Verwachsungen und Verästelungen zur Verarbeitung von Furnieren verwendet. Diese sind sehr dekorativ und hochgeschätzt.

MEISTER DER MÖBELKUNST

Deutsche Kunstschreiner, Designer und Möbelhändler

Adam, Robert (1728-1792). Britischer Architekt. Schuf unter Verwendung von Formelementen der röm. Kunst, der ital. Renaissance- und Barockarchitektur einen neuklassischen Stil, den er auf die Inneneinrichtung der Gebäude anwendete.
Barth, Adam & Stephan (tätig in den 1850er Jahren). Hersteller von Möbeln im Renaissancestil in Würzburg.
Behrens, Peter (1868-1940). Designer, Architekt Mitbegr. der Vereinigten Werkstätten, München.
Bembe, Philipp Anton (tätig 1835-1845), Mainzer Hersteller, der 1835 eine eigene Manufaktur gründete. Neben schlichten Biedermeiermöbeln stellte er auch Stücke im englischen Regence-Stil her.
Borgemann, Karl (tätig in den 1890er Jahren). Designer aus Hannover im gotischen Stil.
Boulle, André-Charles (1642-1732). Kunsttischler. Erster großer franz. Ebeniste. Arbeitete für den franz. Adel. Möbel für Versailles.
Breuer, Marcel (20.Jh.).Architekt und Industriedesigner. Ehemals dem Bauhaus angehörend. Entwurf eines Sessels aus verchromtem Stahlrohr u. Segeltuch. Herstellung: Gebr. Thonet.
Bürklein, Friedrich (tätig um 1850). Münchner Architekt und Möbelbauer. Schnitzarbeiten an Biedermeiermöbeln.
Le Corbusier (1887-1965) Bedeutender Architekt und bildender Künstler. Wunsch, die Inneneinrichtung zu standardisieren, Verwendung eines Systems von Kastenelementen. Bekannt seine Chaiselongue "Cowboy Chair", sein drehbarer Bürostuhl, Stahlrohrstühle.
Chippendale,Thomas (1718-1779). Kunsttischler, Hersteller von sehr kostbaren als auch von schlichten Möbeln. Anregung, barockes Kunstgewerbe mit neogotischen und chinesischen Formen zu vermischen.
Cressent, Charles (1685-1768). Hervorragender Ebenist Frankreichs. Gelernter Bildhauer. Möbel dekoriert mit Goldbronze-Appliquen.
Cucci, Domenico (1635-1704/05). Kunsttischler zur Zeit Louis XIV. Auch Bildhauer. Vorliebe für prunkvoll ausgestattete Möbel im Stil des ital. Barock. Beiwerk: Aventurin-, Japissäulen, Goldbronze, Schildpatt, Lapislazuli.
Danhauser, Josef (1800-1838). Hamburger Architekt. Wiederbelebung des Stils Angelika Kauffmanns. Empire 1825/35.
Dubell, Heinrich (um 1850 in Wien).Wiederbelebung des Louis-quinze.
Eames, Charles (geb. 1907). Architekt und erster amerikan. Möbelgestalter von internat. Rang. Entwurf eines Stuhls mit einer aus Schichtholz geformten Sitzschale.
Endell, August (1871-1925). Architekt und Kunstgewerbler in München, Vertreter des Jugendstils, auch chinesische und traditionelle Formen. Sein wichtigstes Werk war das Fotoatelier Elvira in München 1897 mit der phantastischen Fassade aus einem riesigen, bizarren Stukkornament bestehend, 1934 zerstört. Einige Formen erinnern an Hoffmann. (q.v.)
Einholzer, A.(um 1830 in Wien). Designer und Hersteller nach einem englischen Stil Wilhelm IV.
Feldschäfer, Rudolf (um 1890 in Wien). Architektonische Möbel in spätmanieristischem Stil.
Ferster, Heinrich von (um 1880 in Wien). Eklektisches Louis-quatorze.
Fortner, Franz Xavier (1898-1877). Münchner Kunstschreiner, der schöne Marketerie im Empirestil aus der Zeit Karls X. und schwere gotische Formen für Schloß Stolzenfels produzierte.
Gallé, Emile (1846-1904).
Bedeutender Art Nouveau Designer und Hersteller. Wenig Möbelentwürfe, eigenwillige Interpretation von Pflanzenformen.
Gedon, Lorenz (um 1870). München. Vermischte Renaissance-, Barock- und manieristische Stile.
Gotthilf, Ernst von (um 1900-1905 in Wien). Eklektisches Louis-quinze.
Gropius, Walter (1883-1969).Bedeutender Architekt der Moderne. Auch Möbeldesigner. Mitbegründer des Bauhauses.

Hauberrisser, Georg von (1841-1922). Designer und Hersteller; Münchner Rathaus im flämisch-neugotischen Stil; auch geschnitzte Stücke mit Runendekor um 1890.
Helbig, Heinrich (tätig um 1900). Wiederbelebung des Biedermeier in München.
Hemcker, Wilhelm (1802-1874). Designer und Kunstschreiner in Bremen.
Hepplewhite, George (2.Hälfte des 18.Jh.). Möbel der Georgian-Periode. Seine Veröffentlichungen enthalten ca. 300 Entwürfe von 1780.
Hoffmann, Josef (1870-1956). Mitbegründer der Wiener Sezession 1903. Lehrer von Le Corbusier. Sein Stil entwickelte sich aus dem Jugendstil. Geometrische Möbelformen.
Hoffmeister & Co., Thomas (tätig 1851). Sachsen-Coburg. Um 1851 gemischte gotische- und Renaissancestile. Schöne Schnitzereien. Großartiger Stuhl für die Weltausstellung 1851 im Victoria-und-Albert-Museum.
Klenze, Leo von (1784-1864) (tätig um 1820-40). Arbeitete in München für Ludwig I. von Bayern. Leichtes Empire, Klassizismus und gotische Elemente. Entwarf für die Residenz in München und die Eremitage in St. Petersburg.
Klinckerfuß, Johannes (1770-1831). Bedeutendster Kunstschreiner Württembergs im 18.Jh. Verhalf der Stuttgarter Möbelkunst zu einem Aufschwung. Schüler von David Roentgen.
Knussmann, Johann Wolfgang (1766-1840). Die im 18. Jh. in Mainz gegründete Werkstatt bestand bis 1874.
Lassaul, Johann Claudius von (tätig um 1816-1830). Architekt. Freie und schwere gotische Stile, Schloß Rheinstein und Nassauer Schloßturm.
Laves, Georg Ludwig (tätig um 1830). Hannover. In Gold und Farbe gefaßte Möbel im Empirestil.
Lechter, Melchior (tätig in den 1890er Jahren). Münster. Mittelalterliche Formen mit geschnitztem Runendekor.
Leistler, Carl & Sohn (1842-47). Erstklassige Wiener Schreinerwerkstätten. Möbel im Wiener Barock und zweiten Rokoko.
Mackintosh, Charles Rennie (1868-1928), bedeutender schottischer Architekt (Kunstschule Glasgow) und Möbeldesigner. Eigenwillige Raumgestaltung: Möbelstücke als Bestandteil einer Raum-Gesamtkomposition.
Majorelle, Louis (2.Hälfte des 19.Jh.). Werkstätten in Nancy. Haupt-Exponent von Art Nouveau-Möbeln. Freund Emile Gallés. Möbel mit stil. Pflanzenformen und schönen Bronzebeschlägen.
Mattern, Carl Maximilian (1705-1774). Würzburger Hofschreiner. Kunstvolle Möbel, reichhaltig verziert, feine Intarsien. Barock.
Mohrmann, Karl (tätig um 1890). Hannover. Gotisch-mittelalterliche Formen, auch geschnitzter, stilisierter Runendekor.
Moser, Kolo (1868-1918). Mitbegründer der Wiener Sezession. 1903 Wiener Werkstätten.
Muthesius, Hermann (1861-1927). Architekt und Wegbereiter der Moderne. Mitbegründer des deutschen Werkbundes.
Niederhofer, Christian (tätig in den 1850er Jahren). Schlichter norddeutscher Stil.
Niederhofer, Philip (tätig um 1880). Frankfurt/Sachsen-Coburg. Manieristische Einlegearbeiten.
Obrist, Hermann (1863-1927). München. Kunstgewerbler und Bildhauer, Führer der Jugendstilbewegung; schön geschnitzte traditionelle Formen mit naturalistischem Dekor.
Oeben, Jean-Francois (1720-1763). Ab 1754 Hofebeniste. Möbel mit sehr kostbaren, delikat gearbeiteten Marketeriefüll., Blumenmotive.
Olbrich, Joseph Maria (1867-1908). Einer der Mitbegründer der Wiener Sezession und des deutschen Werkbundes. Produktivster Architekt des Jugendstils, leitete über zum Funktionalismus. Darmstadt Mathildenhöhe, Atelierhaus; Düsseldorf, Kaufhaus Tietz.
Oreans, Robert (tätig um 1900). Karlsruhe. Individuelles Design, Schnitzereien mit Runen- und Azteken-Dekor.
Pankok, Bernhard (1872-1943). München und Stuttgart. Architekt und Maler; Mitarbeiter der "Jugend", Mitbegründer der Münchner Werkstätten für Kunst und Handwerk. Jugendstil nach van de Velde, Überleitung zum Funktionalismus.
Persius, Ludwig (späte 1860er Jahre). Berlin. Gotische, mittelalterliche Möbel.
Raab, Johann Valentin (1818-53). Sehr italienischer Empirestil. Möbel für die Würzburger Residenz 1799-1853.
Riemerschmid, Richard (1868-1957).Frühe Arbeiten mit Runendekor entwickeln einen kräftigen Stil, besonders an Stühlen unter Ausnutzung einheimischer Hölzer in schlichten naturalistischen Formen. Mitbegründer des Werkbundes.

Ringelink, Heinrich (Flensburg). Bedeutender Schreiner der Renaissance.
Roentgen, David (1743-1807)
Neuwied. Erfolgreichster Kunsttischler des 18.Jh. Meister des Entwurfs, der Einlegekunst und der Oberflächenbehandlung.
Rößler. Bekannte Schreinermeisterfamilie aus Hohenlohe, Untermünkheim. Erster bekanntes Mitglied der Familie Rößler: Johann Leonhard (geb. 1715). Nachkommen: Johann Michael, Johann Georg und Johann Friedrich. Bemalte Bauernmöbel wie Schränke, Truhen, Tresuren.
Rohrs, Friedrich (um 1820-50). 1834 Möbelmanufaktur in Österreich gegründet.
Schinkel, Karl Friedrich (tätig 1781-1841). Sehr bedeutender Berliner Architekt und Designer. Sowohl schlichte klassizistische wie auch Formen des Biedermeier. Schloß Charlottenhof, Potsdam; Palais Prinz August, Berlin.
Schmidt, Karl (1873-1948). Möbelwerkstatt in Dresden. 1898. Von England beeinflußt.
Sheraton, Thomas (1751-1806). Kunsttischler und Zeichner, veröffentlichte Entwürfe im "Drawing-Book", erschienen 1792 in London.
Sommer, Künstlerfamilie aus Künzelsau zur Zeit des Barock (1630-1816). Holzschnitzer, Bildhauer, Schreiner und Brückenbauer.
Stüler, Friedrich August (1800-1865). Maßgebender Berliner Architekt und Designer; vom Klassizismus Schinkels ausgehend; skulptierte Möbel, auch gotische Formen; auf der Weltausstellung 1851 in London vertreten.
Syrlin der Ältere. Einzig namentlich bekannter Schreiner, Entwerfer und Bildhauer der Gotik.
Thonet, Michael (1796-1861). Vater der Serien- und Massenproduktion von Bugholzmöbeln; unterhielt Fabriken und Ausstellungsräume u.a. in Wien, Ungarn, Rußland, Paris und Amerika.
Velde, Henri van de (1863-1957). Brüsseler Architekt und Kunstgewerbler, arbeitete und lehrte in Deutschland und Zürich; 1899 in Deutschland; 1901 nach Weimar berufen, tätig an der Kunstgewerbeschule; werk- und materialgerecht gestaltete Formen mit fließendem Liniendekor. Entwicklung auf den Jugendstil zu; Mitbegründer des Werkbundes; auch Korb- und Rattanmöbel.
Vetter, Johann Wilhelm (tätig 1835-44). Kunstschreiner in Neuwied; schlichter Stil; einige gotische Möbel von kräftigen Formen.
Wenz, Gerhard (tätig um 1840). Neuwied. Kunstschreiner, schlichte Mahagonimöbel.
Zwiener, Julius von (tätig im späten 19. Jh.). Berlin. Bedeutende und qualitätvolle Stücke in Régence- und Rokokostilen; schöne Bronzen und Marketerien. Seine Arbeiten ähnlen denen seines Zeitgenossen E. Zwiener aus Paris. Weitere Forschungsergebnisse könnten den Beweis einer Familienzusammengehörigkeit erbringen.

Historismus - Sitzgruppe der Meisterwerkstatt Thonet um 1880 (Foto: Archiv Gebr. Thonet GmbH, 3558 Frankenberg/Eder)

PORZELLAN

Erfindung und Entwicklung des Porzellans

In Europa war zu Beginn des 18. Jh. die Vorstellung noch weit verbreitet, daß besonders veranlagte Alchimisten imstande seien, unedle Metalle auf chemischem Wege in Gold zu verwandeln. In diesem Ruf stand Johann Friedrich Böttger (geb. 1682 in Schleiz) während seiner Tätigkeit als Apothekergehilfe in Berlin. Als sich der preußische König für den jungen Adepten zu interessieren begann, floh Böttger auf kursächsisches Gebiet nach Wittenberg. Ein preußisches Auslieferungsersuchen wurde vom sächsischen Kurfürsten und polnischen König, August dem Starken, abgelehnt. Der verschwenderische Fürst erhoffte wohl selbst eine Auffüllung seiner Kasse. Er ließ Böttger in Gewahrsam nehmen und nach Dresden bringen. Hier zwang man den vermeintlichen Goldmacher, hinter Schloß und Riegel sein Können zu beweisen. Mißerfolg und Fluchtversuch ließen aber am sächsischen Hofe die Erkenntnis reifen, daß die erwiesenen Fähigkeiten Böttgers besser auf dem Gebiet der Keramik genutzt werden konnten. Durch die zunehmenden Manufakturgründungen gelang es unter Verwendung der eigenen Rohstoffvorkommen, die Produktion auf vielen Gebieten zu erhöhen.

August der Starke schenkte diesen Vorgängen vor allem dann persönliche Aufmerksamkeit, wenn sie halfen, seine Macht- und Geltungsansprüche sowie das Luxusbedürfnis des Hofes und des Adels zu befriedigen. Deshalb war er - vornehmlich auf Anraten des Mathematikers und Physikers Ehrenfried Walther von Tschirnhaus - damit einverstanden, Johann Friedrich Böttger mit einer Art "Grundlagenforschung" für neue Manufakturen zu beauftragen. Eine von ihnen sollte sich bevorzugt der Herstellung von Porzellan widmen. Das Rezept dazu war allerdings seit Jahrhunderten das sorgsam gehütete Geheimnis der ostasiatischen Völker. Unsummen hatte der sächsische Hof bisher für die Einfuhr von Porzellan aus China und Japan bezahlt, denn es galt als Beweis von Reichtum und Ansehen, mit möglichst großen Beständen dieser Kostbarkeiten imponieren zu können. August der Starke besaß bereits mehr davon als andere Fürsten, doch immer wieder rissen neue Erwerbungen, die auch als großzügige Geschenke verwendet wurden, gewaltige Löcher in die ohnehin nie ausreichende Staatskasse.

In der Meißener Albrechtsburg wurden deshalb ab 1705 die in Dresden begonnenen keramischen Versuche fortgesetzt, wofür eine Reihe neuer Öfen gebaut wurde. Ehrenfried Walter von Tschirnhaus erwies sich als erfahrener und wohlgesonnener Mentor Böttgers, denn er konnte auf seinen Reisen und durch seine Experimente wertvolle Erkenntnisse erwerben, die er rückhaltlos weitergab. Aber nicht er, sondern Böttger hatte als erster das Prinzip der Sinterung eines Gemischs feinst aufbereiteter Mineralien bei bis dahin nicht angewendeten hohen Brenntemperaturen als Grundlage der Porzellanherstellung erkannt. Seine Versuchsreihen, bei denen ihm sechs ausgewählte, gesteinskundige Freiberger Berg- und Hüttenleute Hilfe leisteten, galten der Erkundung der am besten geeigneten Stoffe und ihrer vorteilhaftesten Mischverhältnisse.

Die allmählich erfolgsversprechenden Arbeiten mußten im Jahre 1706 unterbrochen werden: Böttger und seine drei Gehilfen wurden nach dem Nordischen Krieg vor einer befürchteten Entführung durch Karl XII. von Schweden auf die Festung Königstein in Sicherheit gebracht. 1707 konnten die Versuche in der Jungfernbastei der Dresdner Stadtbefestigung wieder aufgenommen werden. Dort hatte man inzwischen ein Laboratorium eingerichtet. In diesen ständig raucherfüllten, ungesunden Räumen erzielte Johann Friedrich Böttger, unterstützt von seinen Mitarbeitern, endlich unter großen Strapazen die Erfolge, die ihm unvergänglichen Ruhm brachten: 1708 gelang ihm die Herstellung des braunen Steinzeugs, und am 28. März 1709 konnte er August dem Starken die Erfindung des europäischen Porzellans, des "Weißen Goldes" melden. Die Weiterarbeit in den folgenden Monaten stabilisierte die Produktions- und die ersten Veredelungsmethoden von Gegenständen aus den beiden neuen Werkstoffen soweit, daß man damit vor die Weltöffentlichkeit treten konnte. In vier Sprachen wurde am 23. August 1710 nicht ohne Stolz bekanntgegeben, der Kurfürst von Sachsen und König von Polen gedenke eine Porzellanmanufaktur zu errichten, deren Erzeugnisse denjenigen Ostasiens mindestens gleichkommen würden. Es scheint, daß damit gewisse Hoffnungen auf eine ertragreiche Ausfuhr zum Ausdruck kamen, denn schließlich war es für den Souverän sehr wichtig, wenn sein Land aus dem Handel Nutzen ziehen konnte. Die ersten Erzeugnisse wurden bereits auf der Leipziger Ostermesse 1710 ausgestellt. Am 6.Juni 1710 erfolgte die Einweihung der laut Dekret des Königs vom 23.01.1710 einzurichtenden Porzellanmanufaktur.

Zum Schutz des Geheimnisses der Porzellanherstellung wählte man als Produktionsstätte die historische Albrechtsburg in Meißen. Sie lag vorteilhaft abgeschieden, und ihre Zugänge ließen sich leicht bewachen. Johann Friedrich Böttger wurde zum ersten Administrator der Meißener Porzellanmanufaktur ernannt. Er mußte jedoch - immer noch ohne persönliche Freiheit - auf Anweisungen August des Starken weiterhin im Dresdener Laboratorium arbeiten.

In Meißen lief unter der Leitung eines Direktors die von mancherlei Schwierigkeiten gehemmte Produktion der Manufaktur an. Daß sie den schweren Beginn überstanden hat, ist vor allen Dingen den treuen Mitarbeitern Böttgers zu verdanken. Innerhalb eines Jahres hatte sich die Zahl der nach Bedarf in Meißen oder Dresden Beschäftigten auf 33 erhöht. Zunächst wurde in der Albrechtsburg nur Böttger-Steinzeug, das "rote Porzellan", hergestellt. Die verschiedenen Gebrauchs- und Ziergegenstände fanden allmählich steigenden Absatz. Böttger bemühte sich auch mit ganzer Kraft darum, den harten und festen Erzeugnissen aus dem dunkelfarbigen Werkstoff jede nur denkbare Veredelung angedeihen zu lassen. Es wurden Reliefdekore aufgelegt, sowie durch Schleifen, Polieren, Ätzen, durch Anwendung der Sgrafitto-Technik, das Verwenden von Edelsteinen und durch Bemalen alle Möglichkeiten des Verzierens genutzt. Man befaßte sich mit strengen Nachahmungen ostasiatischer Vorbilder, formte neue Gefäße nach Modellen der Silberschmiede und in kleinerem Umfang Gedenkmünzen und Statuetten, wofür gewöhnlich Bildhauer die Entwürfe lieferten. Zur freien Mitarbeit als künstlerischer Leiter konnte 1712 der Dresdner Hofsilberschmied Johann Jacob Irminger gewonnen werden. Seinen Schöpfungen aus Böttger-Steinzeug ist bereits ein Hauch von erwachendem Gefühl für die Besonderheit des neuartigen Werkstoffs anzumerken. Ab 1713 war auch die Herstellung des glasierten Weißporzellans im Fluß.

Es wurde auf der Leipziger Ostermesse des gleichen Jahres gut verkauft. Gegenüber dem "roten Porzellan" hatten sich die Formen nicht verändert, jedoch verlangte das glänzende Weiß dringend einer farbigen Dekoration. Böttger selbst verwendete - allerdings nur mit bescheidenem Erfolg - große Mühe darauf, geeignete Schmelzfarben, die sich in die Glasur einbrennen ließen, herzustellen. Im Jahre 1717 gelang zwei Mitarbeitern der Manufaktur die blaue Unterglasur, die aber erst 1720 in einigermaßen gleichbleibender Qualität angewendet werden konnte.

Johann Friedrich Böttger hatte zwar 1714 seine persönliche Freiheit zurückerhalten, erfreute sich ihrer jedoch nur wenige Jahre. Seine Gesundheit war zerrüttet und er starb 1719, ohne den Aufschwung der Meißener Manufaktur erlebt zu haben. Im ersten Jahrzehnt ihres Bestehens hatte die zeitweise kritische Finanzlage und das Behüten der Geheimnisse der Porzellanherstellung große Sorgen bereitet.

Trotz strenger Schutzmaßnahmen war vom "Arkanum" einiges nach außen gedrungen. Bereits 1718 wurde in Wien eine Porzellanmanufaktur gegründet; fand sich nach Abwerbung und Flucht aus Meißen 1719 der mit der Bereitung der Porzellanmasse vertraute Samuel Stöltzel ein, den man allerdings schon im nächsten Jahr zur Rückkehr bewegen konnte. Er kam in Begleitung eines Mannes, dessen Lebensaufgabe es werden sollte, die Entwicklung des Meißener Porzellans in vieler Hinsicht entscheidend zu beeinflussen: Es war der Maler Johann Gregorius Höroldt. Zu dieser Zeit hatte sich in einer gewissen Stagnation des Meißener Schaffens das Fehlen von Künstlern bemerkbar gemacht, die der Porzellangestaltung neue

Impulse zu geben vermochten. Der 1696 geborene "wohl ein- und abgerichtete" Maler Höroldt wurde deshalb nach dem Vorlegen entsprechender Arbeitsproben im Mai 1720 sofort als freischaffender Künstler engagiert. Seit 1722 arbeitete er und die von ihm inzwischen angenommenen Gehilfen mit in der Albrechtsburg. In den ersten Jahren seines Meißener Wirkens bestand noch immer starkes Interesse an den Nachahmungen des Porzellans aus Fernost. Der neue Maler erwies sich allen Aufgaben gewachsen. So beherrschte er mit erstaunlich leicht und sicher geführtem Pinsel unübertrefflich die beliebten Chinoiserien, jene aus der Phantasie geborenen idealisierten Szenen aus dem Leben ostasiatischer Völker.

Als jedoch ab Mitte des dritten Jahrzehnts die Vorliebe für die Nachbildungen zu schwinden begann, zeigte sich die künstlerische Meisterschaft Höroldts vollends, indem er ohne Schwierigkeiten die Gestaltung europäischer Motive aufnahm. Mit seiner maßgebend schöpferischen Beteiligung entwickelte sich die eigenständige Meißener und damit richtungsweisende europäische Porzellanmalerei. Nach Kupferstichen und später nach eigenen Entwürfen wurden Jagd- und Parkszenen, Städtebilder, Batallien, Landschaften, Themen der niederländischen und französischen Genremalerei, Tiere, vornehmlich Vögel, Porträts und selbstverständlich vor allem Blumen auf Porzellan gemalt. Höroldt verstand es ausgezeichnet, begabte Bewerber anzulernen, sie zu Spezialisten bestimmter Malereien auszubilden und der Dekorgestaltung bei aller Reichhaltigkeit der Motive hohe Qualität zu sichern.

Dieser breiten Entfaltung der Malerei genügte jedoch die anfangs noch beschränkte Zahl der Aufglasurfarben nicht. Höroldt war deshalb bestrebt, selbst Abhilfe zu schaffen, und arbeitete mit einer wahren Verbissenheit an der Erweiterung der Schmelzfarbenpalette. Im Erfolg seiner zahllosen Experimente zeigte sich seine geniale Vielseitigkeit, denn es gelang ihm, aus Metalloxyden ein breites Spektrum leuchtender Farben zu bereiten, wovon die meisten noch heute nach Höroldts Rezepten hergestellt und genutzt werden. Er schuf die technische Basis dafür, daß seitdem alle Vorlagen und Ideen in die farbenprächtige Meißener Aufglasurmalerei umgesetzt werden können. Aber auch die kobaltblaue Unterglasmalerei war im Prozeß ständiger Verbesserung ausgereift und wurde seit 1720 in steigendem Umfang angewendet. Schon damals erkannte man die Notwendigkeit, die Meißener Produktion durch ein Kennzeichen vor Nachahmungen zu schützen, und signierte das Porzellan ab etwa 1724 in Unterglasurmalerei mit den "Blauen Schwertern", einem Teil des kursächsischen Wappens.

Die Tätigkeit Johann Gregorius Höroldts wirkte sich auf die wirtschaftliche Lage der Manufaktur günstig aus. Sie benötigte im zweiten Jahrzehnt ihres Bestehens keine staatlichen Zuschüsse mehr und erzielte allmählich sogar steigende Gewinne. Höroldts Verdienste brachten ihm hohe Anerkennung. Er wurde zum königlichen Hofmaler, später zum Hofkommissar und schließlich zum königlichen Bergrat ernannt. Daß man eine solche Persönlichkeit möglichst eng an die Manufaktur binden wollte, ist verständlich. So erfolgte 1741 mit vorteilhaften Bedingungen die feste Anstellung Höroldts als Leiter des Malereiwesens und technisch-künstlerischer Inspektor, von dem ein günstiger Einfluß auf das gesamte Betriebsgeschehen erwartet wurde. Zehn Jahre später, etwa zur Zeit, als das bis in unsere Tage beliebte Unterglasurdekor, das Zwiebelmuster, seine endgültige Fassung erhalten hatte, beschäftigte die Meißener Porzellanmanufaktur bereits 90 Maler.

Johann Gregorius Höroldt war es gelungen, im ersten Jahrzehnt seiner Anwesenheit der Meißener Malerei einen Vorsprung zu verschaffen, während die Formengestaltung noch auf dem Überlieferten verharrte. Neue Impulse waren dringend erforderlich, zumal August der Starke in dieser Zeit maßlose Ansprüche gerade an die Plastiker der Manufaktur stellte. Er beabsichtigte, das Holländische Palais in Dresden (später Japanisches Palais genannt) zu einem "Porzellanquartier" von einmaliger Pracht und Größe auszustatten. Es spricht für das Beurteilungsvermögen des Herrschers, daß er selbst den Künstler entdeckte, der zur Verwirklichung seiner hochfliegenden Pläne geeignet war. Er hatte den Bildhauer Johann Joachim Kaendler (geb.1706) mehrmals bei der Arbeit beobachtet und ließ ihn kurzerhand aus der Werkstatt des Meisters Benjamin Thomae in die Meißener Manufaktur versetzen. Damit begann 1731 das seines künstlerischen Wertes und seines Ausmaßes wegen aufs Höchste zu bewundernde Schaffen des großen Porzellangestalters. Bereits vor Kaendlers Eintritt in die Manufaktur hatten ihre Modelleure und vorübergehend beschäftigten Bildhauer wie Johann Gottfried Kirschner aus besten Kräften versucht, die Wünsche des Souveräns zu erfüllen. In großer Zahl waren Tiere, vornehmlich Vögel, geformt worden. Kaendler setzte das Begonnene fort und schuf eine Reihe monumentaler Tierplastiken. Sie zeigten, daß es ihm in kurzer Zeit gelungen war, sich von Stein und Holz auf Porzellan umzustellen. Wie kein anderer zuvor hatte er die Eigenarten und Ausdrucksmöglichkeiten des neuen Werkstoffes erkannt und mit einem Elan ohnegleichen gab er ihnen die Formensprache seiner Zeit. Hohes bildnerisches Können paarte sich bei Johann Joachim Kaendler mit einer produktiven Beobachtungsgabe. Sein Wissen, seine mythologischen Kenntnisse und seine Phantasie erfüllten ihn mit einem fast unerschöpflichen Reichtum an Ideen. Die gewaltige Schaffenskraft weitete sein Tätigkeitsfeld immer mehr. In rastlosem Gestaltungsdrang schuf er Tafelgeschirr und einzigartige Tafelaufsätze in ebensolcher Vollendung, wie ungezählte Schmuck- und Ziergegenstände.

Seine großen und kleinen Tierplastiken erweckten Begeisterung, vor allem die aber fast unüberschaubare Zahl der von ihm modellierten Figuren und Figurengruppen, mit denen er Sitten und Gebräuche der verschiedenen Gesellschaftsschichten widerspiegelte. Er porträtierte, ja seine berühmte "Affenkapelle" beweist, daß er in Porzellan sogar karikierte. Von den sakralen Schöpfungen sind seine Apostelfiguren und Kreuzigungsgruppen hervorzuheben. Jahrelang beschäftigte den Meister das Modell für ein monumentales Reiterdenkmal, das leider niemals in den geplanten Dimensionen ausgeführt werden konnte, und er schloß seine Arbeiten für das Japanische Palais mit einem freilich noch unvollkommenen Porzellanglockenspiel ab, womit nur das wichtigste aufgezählt sei.

Schon im ersten Jahrzehnt des Mitwirkens Kaendlers wurden, unterstützt von technischen Verbesserungen des Betriebes, Höhepunkte erreicht, die den Beginn einer großen Blütezeit der Meißener Manufaktur markierten. Kaendler war 1733 zum Modellmeister ernannt worden und stieg später noch bis zum Hofkommissar auf.

Der Nachfolger des 1733 verstorbenen August des Starken hatte keine ausgesprochene Vorliebe für Porzellan. Dafür erteilten seine Minister der Manufaktur riesige Aufträge. Prächtiger Tafelschmuck und Prunkgeschirr mit reichen plastischen Dekoren verlangten ununterbrochene schöpferische Arbeit des Formgestalters. Es zwingt zu größter Hochachtung, wie Kaendler alle Anforderungen mit Meisterwerken zu erfüllen wußte, wie unter seinen Händen Tafelporzellan Gestalt erhielt, dem trotz seiner üppigen plastischen Elemente nichts vom eigentlichen Gebrauchswert verloren ging: In den Jahren von 1737-1741 entwarf er für den Premierminister Graf Brühl, den man zum Oberdirektor der Manufaktur ernannt hatte, das "Schwanenservice", eine der großartigsten Porzellanschöpfungen des 18. Jahrhunderts. Die über 2000 Teile des Services schmückte der Künstler mit einer unbeschreiblichen Vielfalt von mythologischen Gestalten sowie Tieren und Plastiken und Pflanzen des Wassers. Johann Joachim Kaendler übertrug in seine Werke abendländisches Geistesgut und wählte Themen und Motive aus dem Blickfeld der Europäer. Er befreite sich völlig von ostasiatischen Vorbildern und gab der europäischen Porzellangestaltung ihren eigenen Stil. Johann Gregorius Höroldt, der technisch-künstlerische Inspektor, verfolgte diese Entwicklung in Sorge um den persönlichen Ruhm mit unverhohlenem Groll und tat nichts dazu, die Formgebung zu fördern. Im Gegenteil, er suchte die ungestüme Schaffensfreude des Modellmeisters zu bremsen, so daß es häufig zu heftigen Auseinandersetzungen kam.

Der Manufaktur brachte jedoch die Rivalität der beiden Künstler keinen Schaden, im Gegenteil, sie war für die Entwicklung förderlich. Obwohl Sachsen in und nach den Kriegen gegen Preußen große Opfer bringen mußte, und die Meißener Manufaktur schwere Jahre zu überstehen hatte, stieg mit der Nachfrage nach ihrem Porzellan auch die Zahl ihrer Mitarbeiter: 1751 waren es 571 Beschäftigte, darunter 190 Maler, und 1765 - kurz nach Beendigung des 7-jährigen Krieges - wurde mit 731 Beschäftigen, darunter 270 Malern, der absolute Höchststand des Jahrhunderts erreicht.

Johann Gregorius Höroldt trat 1765 in den Ruhestand. Auf Kaendlers eigenem Arbeitsgebiet stellte man ein Jahr zuvor einen neuen Bildhauer ein.

Durch Marktforschung war eine vorwiegend von Frankreich ausgehende Geschmacksveränderung bestätigt worden, der man sich anpassen wollte, indem man den Pariser Bildhauer Michel Victor Acier (geb.1736) zum Modellmeister der Manufaktur berief. Er hat bis 1781 mit großem Fleiß und unbestreitbarem Einfluß auf die Gestaltung des Meißener Porzellans in der Manufaktur gewirkt. Die Vielzahl seiner Figuren und Figurengruppen mit teils allegorischem, teils sentimentalem oder moralisierendem Inhalt konnte jedoch das gewaltige, von tiefem Gefühl durchdrungenen Werk Kaendlers nicht in den Schatten stellen. Dennoch erfreute sich Acier der besonderen Gunst des Dresdner Hofes. Johann Joachim Kaendler starb 1775, im gleichen Jahr, in dem wenige Monate zuvor auch Johann Gregorius Höroldt verschieden war. Fast ein halbes Jahrhundert lang haben beide Meister ihre ganze Lebenskraft in den Dienst der Meißener Manufaktur gestellt, nachdem ihnen der Erfinder, Johann Friedrich Boettger, das Feld für ihre wegweisende künstlerische Tätigkeit bereitet hatte. Meißener Porzellan, das die Welt eroberte und in den nachfolgenden Manufakturen als Vorbild diente, ist in erster Linie das Werk dieser drei Großen des 18. Jahrhunderts. Ein Teil des Ruhmes aber auch gebührt den Mitarbeitern, den vielen Gehilfen, den Keramikern und den Künstlern, deren Namen man hier nicht aufzählen kann.
Allein bis zum Ende des 18. Jahrhunderts gelangten in Europa 25 Porzellanmanufakturen zur Bedeutung. Von fast allen lassen sich in personeller, technischer oder künstlerischer Beziehung Spuren nach Meißen zurückverfolgen. Obwohl die Meißener Manufaktur die älteste und bedeutendste ihrer Art in Europa war, besaß sie nicht mehr das Monopol der Porzellanherstellung und mußte sich zeitweise im harten Existenzkampf den Schwankungen des Geschmacks und der Ansprüche der Käufer stellen. Sie hat jedoch unausgesetzt an Neuschöpfungen gearbeitet und die europäische Porzellankunst in jeder Stilepoche mit bedeutenden Werken bereichert, die selbst in den Zeiten allgemeinen Tiefstands der künstlerischen Auffassungen frei von allzu krassen modischen Verirrungen waren.
Von 1774 bis 1814 wurde die Meißener Manufaktur vom Grafen Camillo Marcolini geleitet. Der Klassizismus führte zu einer kühleren, sachliche-

Deckelterrine, Meißen, um 1780, Marcolini, rundum landschaftl. Miniaturmalerei
(Kurt Krockenberger, 7064 Grunbach)

ren Formgebung des Porzellans, so daß die Malerei wieder größere Bedeutung erlangte. Seit Jahrhunderten wurde die Blumenmalerei stark gepflegt und die Portraitkunst zur Blüte entwickelt. Für die Figurengestaltung bedienten sich Christian Gottfried Jüchter und seine Mitarbeiter erstmalig des matten Bisquitporzellans.
Graf Marcolini verstand es jedoch nicht, das Unternehmen vor existenzbedrohenden, wirtschaftlichen Schwierigkeiten zu bewahren. Zur rechten Zeit wurde im Jahre 1814 als Betriebsinspektor Heinrich Gottlob Kühn gewonnen, den man später aufgrund seiner Tatkraft zum Direktor und Bergrat ernannte. Durch betriebliche Reformen mit zahlreichen technischen Verbesserungen, wie Einbau neuartiger Etagen- und Rundöfen, Umstellung von Holz-auf Kohlefeuerung sowie Inbetriebnahme der ersten Dampfmaschine, erreichte er, daß sich die wirtschaftliche Situation der Manufaktur im positiven Sinne grundlegend veränderte. Man war sich jedoch immer des künstlerischen Auftrags bewußt und hat auch im Übergang zum Zeitalter der Fabrikbetriebe den echten Manufakturcharakter beibehalten.
Im Jahre 1817 wurde zum ersten Mal die neuerfundene chromoxydgrüne Meißener Unterglasurmalerei in dem beliebt gewordenen Weinlaubdekor angewendet. Zur spürbaren Aktivierung des Malereiwesens war von 1818-1847 der Maler

Georg Friedrich Kersting an der Manufaktur tätig. Dem Maler und Grafiker Adrian Ludwig Richter, der von 1828-1835 an der Zeichenschule der Manufaktur Unterricht gab, war es nur indirekt möglich, die Porzellanmalerei zu beeinflussen. Dem fortschreitenden technischen Ausbau des Betriebes standen in der historischen Albrechtsburg große Hindernisse entgegen. Das herrliche spätgotische Bauwerk war ohnehin in der vergangenen Zeit in einer nicht länger vertretbaren Weise strapaziert worden, und Aspekte der Denkmalpflege gaben schließlich den Ausschlag, die Manufaktur in eine anderen Produktionsstätte zu verlegen. Sie wurde im Meißener Triebischtal erbaut, in einem Gelände, das auch künftigen Erweiterungen Raum bot. 1865 war der Umzug in die neuen, teilweise noch nicht bestehenden Anlagen beendet.

Nach dieser Übersiedlung begann ein von der wirtschaftlichen Seite Deutschlands begünstigter, enormer Aufschwung. Künstlerische Höhepunkte konnten jedoch im Durcheinander der Stilarten nicht erreicht werden. Die herausragende Künstlerpersönlichkeit war der 1874 eingestellte Maler Prof. Julius Eduard Braunsdorf, dessen großflächige, impressionistische Blumenmalerei vollendet mit den Gefäßformen übereinstimmt. Bemerkenswert ist ein Beispiel erfolgreicher Anwendung der Meißener Porzellankunst für Wandgestaltung in der Außenarchitektur: Seit 1907 schmückt der "Fürstenzug", ein Fries aus 25 000 Einzelplatten mit den Bildern der Herrscher aus dem Hause Wettin, eine Außenwand des Dresdner Schloßkomplexes. Dieses Werk hat 1945 sogar die verheerenden Kriegseinwirkungen überstanden.

Im Jahre 1903 war der befähigte Bildhauer Prof. Erich Hösel in der Meißener Manufaktur zum Gestaltungsdirektor ernannt worden. Er und ein Kreis talentierter Mitarbeiter widmeten sich besonders der Tierplastik. Das große Verdienst Hösels aber ist die Pflege des Kulturerbes durch eine wissenschaftliche wie künstlerische Überarbeitung des Kaendlerschen Formenschatzes. In der Malerei weitete sich der Anwendungsbereich der Unterglasurmalerei. Prominente, freischaffende Gestalter bereicherten den Bestand an Geschirrporzellan um zeitgemäße Service und konnten mit der Ausführung plastischer Entwürfe betraut werden. Das waren unverkennbare Ansätze einer erneuten künstlerischen Belebung, die unter der Leitung Max Adolf Pfeiffers zu großen Erfolgen geführt wurde. Er war von 1913-1933 in der Manufaktur tätig, wurde 1918 zum Bergdirektor in der Staatlichen, nun nicht mehr Königlichen, Porzellanmanufaktur Meißen und 1926 zu ihrem Generaldirektor ernannt.

Seinen technischen und organisatorischen Fähigkeiten verdankte der Betrieb wesentliche Neuerungen und bauliche Erweiterungen.

Tischplatte eines Puppenservices, Meißen, 1814 - 16, D : ca.16 cm (Kurt Krockenberger, 7064 Grunbach)

Schneeballdeckelvase, Meißen, 19. Jh. (Ausschnitt) H : ca. 27 cm (K. Krockenberger, 7064 Grunbach)

Altmeißner Porzellan
Die Schönen eines vergessenen Jahrhunderts?

Es ist heute mehr als fragwürdig, die Kunst und Gebrauchsgegenstände vergangener Epochen der Einstufung einer interessierten Gruppe - in diesem Fall der etabilierten Kunst - und Antiquitätenhändler - zu unterwerfen und die zeitliche Einordnung von Antiquitäten etwa beim Biedermeier enden zu lassen. Längst haben die nachfolgenden Stilrichtungen bis hin zu Art Deco diese Haltung als ungerechtfertigt gebrandmarkt.

Und: wer hätte vor ein paar Jahren noch gedacht, daß der Nierentisch zum Sammlerobjekt wird und das Sortiment selbst stark der Tradition verhafteter Händler bereichert?

Aus dieser Situation heraus ist es unverständlich, daß dem "Weißen Gold" in seiner schönsten Form, entstanden im 19.Jh. - der Blütezeit der Porzellan-Manufakturen in ganz Europa - in gewissen Kreisen mit einer nicht zu überbietenden Indolenz begegnet wird. Diese Einstellung wird der Rolle, die Altmeißen im vorletzten Jahrhundert spielte, in keiner Weise gerecht und verfälscht einen Markt, der sich aus vordergründigen Ursachen ausschließlich am 18.Jh. orientiert. Geht es in Anbetracht dieser Situation zu weit, wenn man den Grund dafür in einem profitorientierten Denken sucht, das eine ganze, überaus reiche Epoche übergeht, nur um hohe Preise zu halten? Geht es zu weit, einer kleinen Elite zu unterstellen, sie diktiere den Geschmack, obwohl nachweislich von 30 von mir verkauften Teilen nur eines aus dem 18.Jh. stammt? Die Kritik, die an den Werken aus dem Weißen Gold des 19.Jh. geübt wird, gipfelt in dem Vorwurf, bei Altmeißen würde es sich um reine Kopien von Formen und Modellen des 18.Jh.

August der III. zu Pferd, Meißen, 1890 - 1924 (Kurt Krockenberger, 7064 Grunbach)

handeln - jener Zeit vor 200 Jahren, die trotz der unbestreibaren Erfolge im 19.Jh. von manchen Chronisten als die Blütezeit des europäischen Porzellans apostrophiert wird? Wer das Altmeißen als Plagiate abtut, ist vermutlich dem Glauben verhaftet, daß nur die Ursprünglichkeit der aus dem 18.Jh. stammenden Gegenstände die unumstößliche Bewertungsgrundlage sein kann. Um diesem Irrtum gründlich zu begegnen, genügt offensichtlich nicht der Augenschein, der immer mehr K ä u f e r und S a m m l e r davon überzeugt, daß Altmeißner Porzellan gleichrangig neben dem Porzellan des 18.Jh. steht (die stark anziehenden Preise für Altmeißen sind ein weiteres Indiz dafür, daß Kunstkenner und Mäzene dem Verdikt des etablierten Handels nicht mehr folgen, sondern ihrem gesunden Menschenverstand). Nein, es muß wohl erst die Geschichte bemüht werden, die indes ja kein Buch mit sieben Siegeln, sondern jedermann zugänglich ist.

So gesehen, kann man fast von einer Parallele sprechen, wenn man in den Annalen der Königlich Sächsischen Porzellanmanufaktur anno 1878 liest, "... daß sich der Geschmack des Publikums vor einigen Jahren wieder den Formen und der Dekoration des vorigen Jahrhunderts zugewandt

Tischaufsatz, Meißen, Zwiebelmuster purpur und Goldmalerei, 1870 - 80, Einzelstück, H : ca. 30 cm Kurt Krockenberger, 7064 Grunbach)

hat" und damit eine echte Strömung der Zeit verkörpert. Ob sich heute allerdings bestätigt, was gestern eine nicht zu widerlegende Erkenntnis war, nämlich daß "die Befähigung aber, alte von neuer Arbeit zu unterscheiden, selten" war? Wir möchten das dahingestellt sein lassen! Die Zukunft wird zeigen, wie mündig der Käufer und Sammler auftritt. Vielleicht schließen sie sich der Meinung eines Chronisten an, der aus Anlaß der Weltausstellung 1873 in Wien festhielt: "Die reiche Sammlung feiner (Meißner) Teeservice, kleiner Gruppen in der ganzen Zierlichkeit des vorigen Jahrhunderts modelliert und gemalt, mit coquetten Gesichtchen und allen minutiösen Details üppig voller und sorgfältig nachgemachter Blumen in reichster Farbenpracht, sind wohl dazu angetan, ihr den Ruhm und die Abnehmer zu erhalten, welche nicht ungern Neues für Altes halten und ausgeben."

Gerade die letzte Feststellung beweist, daß schon damals die Käufer, die für manchen Gegenstand aus der Meißner Manufaktur den Gegenwert eines Hauses auf den Tisch legen mußten, sich nicht schämten, "Nachgeformtes" zu erwerben und in

Leuchterpaar, Meißen, 1860 - 80, " Schäfer und Schäferin ", Leuchterkrone abnehmbar, H : ca. 50 cm (Kurt Krockenberger, 7064 Grunbach)

*Papageienpaar, Meißen, Form des 18. Jh.,
Herstellungszeitraum 1860 - 1924, H : 41 cm
(Kurt Krockenberger, 7064 Grunbach)*

ihren Salons zur Schau zu stellen. Auch der Käufer von heute ist mit Sicherheit nicht mit solchem Dünkel behaftet, sondern unterliegt allenfalls dem Einfluß (falscher) Berater, die ihren eigenen Geschmack zum Credo einer ganzen Sparte erheben. Diese "Elite" wird schon bald feststellen müssen, daß sich der Sammler eben nicht gängeln läßt, sondern sich unter anderem an eine Stimme hält, die er in sich selbst vernimmt und die ihm ganz einfach rät, nach dem zu greifen, was er selbst schön und wertvoll findet. Daß das Prädikat "schön" ungeschmälert auch auf das Altmeißen angewendet werden kann, ist keine Frage ...

Doch zurück zur Geschichte eines (fast) vergessenen Jahrhunderts - soweit es das "Weiße Gold" und die daraus geformten Gegenstände betrifft. Das Festhalten an alten Modellen und Formen beruhte im 19.Jahrhundert fast ausschließlich auf der Auslandsnachfrage, der sich auch die Meißner Porzellan-Manufaktur nicht entziehen durfte. Der Außenhandel war für Meißen schon immer von großer Bedeutung, machten doch die Ausfuhren in viele europäische Länder und sogar in die USA einen wesentlichen Teil des Umsatzes aus. Der Handel barg jedoch auch große Risiken, die unter anderem in einer gewissen Abhängigkeit von nicht kontrollierbaren Märkten zum Ausdruck kamen. Doch als "unsichere Kantonisten" sollten sich gerade im 19.Jahrhundert mit seinen politischen Umwälzungen auch die Binnenmärkte erweisen. Der zweite, nicht weniger einflußreiche Faktor aber war der Geschmack, dem sich ein großer Teil der Meißner Produktion zu unterwerfen hatte. Traditionelle ausländische Absatzgebiete fand Meißen insbesondere nach dem Wiener Kongreß in Rußland und dem türkischen Herrschaftsgebiet. Dort aber waren die alten Formen, die Gegenstände nach originalen Vorbildern, gefragt - und sonst kaum etwas anderes. Hinzu kam eine enorme Nachfrage nach eben diesen alten Formen auch aus dem angelsächsischen Raum. Nach 1820 beispielsweise schwoll die Nachfrage aus England zu einer regelrechten Auftragswoge an. Die Angelsachsen orderten wie die Russen ausschließlich Altmeißen, jene für das Rokoko typischen Gegenstände, die der oben zitierte Chronist so bildhaft geschildert hat, daß hier nicht weiter darauf eingegangen werden muß. Die Engländer bevorzugten dabei Ziervasen, Spiegelrahmen, Uhrgehäuse und Figurengruppen im reinen Rokoko-Stil. War dieser Stil noch so rein, wie es schien? Auf diese Frage werden wir in der Folge eingehen.

Ein großer Teil der Meißner Bossierer und Maler

*Ausschnitt : Uhr, Vier Jahreszeiten, Meißen,
1840/60, qualitat. hochwert. Bossierarbeit d. 19. Jh.,
Lit. Nachw. : Königl. Sächsisches Buch 1911
(Kurt Krockenberger, 7064 Grunbach)*

war damit beschäftigt, "Reproduktionen" anzufertigen. Was unter ihren geschickten Händen entstand, ist jedoch selbst nach strengem Maßstab nie wirklich Reproduktion gewesen. Für das Meißen des 19.Jh. entwarfen in der Manufaktur tätige, aber auch extern arbeitende Künstler Gebrauchs- und Dekorationsgegenstände im Stil der Zeit (die ja vom Klassizismus ebenso geprägt wurde wie vom Historismus - den auf Porzellan-Nachformungen anzuwenden ich mich weigere - von der Romantik ebenso wie vom Jugendstil gegen Ende des 19.Jahrhunderts). Es lag also jenen Mitarbeitern, die mit der Herstellung von Altmeißen befaßt waren, gewissermaßen im Blut, in ihre Nachformungen einfühlsam und versiert Elemente einzubringen, die das Hergestellte für den Kenner deutlich von den Vorbildern des 18.Jahrhunderts unterscheiden."In E.A. Leuteritz zum Beispiel verfügte die Meißner Manufaktur über einen Modelleur, der es ausgezeichnet verstanden hat, die alten Formen nicht nur herzurichten, sondern auch dem Zeitgeschmack anzupassen und mit plastischen Blumen, Ornamenten und Figuren anzureichern", beschreibt Hermann Jedding in seinem Buch "Meißener Porzellan des 19. und 20.Jahrhunderts" die damalige Praxis (die Lektüre dieses Buches sei all jenen wärmstens empfohlen, die immer noch glauben, das Meißner des 18.Jahrhunderts sei die Krönung aller diesbezüglichen Schöpfungen). Um 1840 und viele Jahre danach noch füllten fast alle Modelle aus der Meißner Produktpalette des 18.Jahrhunderts die Kataloge und Ausstellungsstände: Krinolinen, Harlekine, mythologische und allegorische Gruppen, der Schneider auf dem Ziegenbock, der Bologneser Hund, der Paduaner Hahn und andere Tiere, figurengeschmückte Uhren, Girandolen und Tafelaufsätze, Kinder- und Puttenkombinationen beherrschen "die Szene". Was die Qualität der Neuausformungen und der variierten Modelle betraf, so erscheinen sie in einer "neuen Perfektion", geben "das Streben nach größter Genauigkeit wieder, zeichnen sie sich "durch größere, detaillierter und naturalistisch ausgebildete Blumen" aus, während die Gesichter "puppenhafter" (Jedding) wirken. Das Glanzgold ließ sie prächtiger erscheinen, kurzum, "auch Meißen bemühte sich, wie die anderen europäischen Manufakturen, größer, schöner und prächtiger zu gestalten als die

Gruppenbild, Meißen, versch. Raritäten des 19. Jh.
(Kurt Krockenberger, 7064 Grunbach)

einst so bewunderten Vorbilder" (Hermann Jedding). Begleitet wurde diese Entwicklung von neuen Erfindungen und technischen Innovationen. Gerade das 19.Jahrhundert geht in der Porzellan-Herstellung als die Zeit der Neuheiten ein. Das beginnt mit effektiveren Brennöfen und endet bei immer neuen Farbtönen und neuartigen, geflossenen Glasuren - dem Schlüssel zu bis dahin unerreichten Wirkungen. Dabei fällt auf, daß die Farbgebung vielfach einfühlsamer, harmonischer und sanfter abgestimmt in Erscheinung tritt. Farben, die verschwunden waren, wurden wieder verwendet, weil die Mal- und Brenntechnik entsprechend verbessert werden konnte. Sie trugen nicht zuletzt dazu bei, daß Altmeißen ungeachtet der geschilderten Veränderungen letztlich doch dem älteren Vorbild ähnlich blieb. Und genau das wollten die Kunden damals haben, und genau das dürfte es sein, was Kunden und Sammler heute bewegt, auf Altmeißen zu setzen. Als die wesentlichsten Entwicklungen nennen die Quellen das Chromgrün, das zunehmend für deutsche Blumen Verwendung fand, vor allem aber die Erfindung der Glanzvergoldung, die "mit lebhaftem Metallglanz" aus dem Ofen kam und ein wesentliches Unterscheidungsmerkmal darstellt. Der Erfolg bestätigte die Bemühungen: Auf der Pariser Weltausstellung 1900 betrug der Anteil Altmeißner Porzellans am Gesamtverkauf 77 Prozent, auf das "Moderne" entfielen lediglich zehn Prozent ...

Was Meißen praktizierte, wird von Kennern der Materie heute gerne als "Eklektizismus" bezeichnet, dem Hang zum Rückgriff auf das Formengut unterschiedlichster Stile, unter anderem eben auch auf die Schöpfungen des Rokoko.

Sie verloren nie ihren tiefgreifenden Einfluß auf das künstlerische Schaffen der sächsischen Porzellan-Manufaktur, wie Dr. Johannes Just im Begleitwerk zu der Ausstellung "Meißner Porzellan von 1710 bis zur Gegenwart" (Köln 1983) feststellt. Obwohl die Manufakturen den verspielten Formen des Rokoko bewußt das gradlinige, strenge bürgerliche Ideal des Klassizismus als Kontrapunkt entgegensetzten, blieb das Rokoko "eine dem Porzellan zeitgemäße Erscheinung" und der Begriff "Altmeißner Stil", geprägt im 19.Jh., zeigt, wie weit man sich damit identifizierte.

Wenn die Existenz des Altmeißner Porzellans auch vordergründig und überwiegend dem Zeitgeschmack, vor allem aber kommerziellen Überlegungen Rechnung getragen hat, so muß es heute doch als ein Stil akzeptiert werden, dem man zwar den Vorwurf des Historizierens machen (und damit auch abqualifizieren) kann, der jedoch eine Stilrichtung repräsentiert, die allenfalls als "Zweites Rokoko" im Stilregister geführt werden und damit einen festen Platz in der Geschichte des Stils einnehmen darf.

Halten wir fest, daß unter "Altmeißner Stil" nicht nur die vorbildgetreue Wiedergabe von Modellen und Formen des 18.Jahrhunderts verstanden wird, sondern daß sich hier unter diesem Begriff überwältigend schöne Gegenstände versammeln, die als "nachempfundene, neue Gestaltungen" das Wissen und die Techniken sowie Erfindungen des 19.Jahrhunderts überliefern und das Recht auf eigenständige Position in der Geschichte des Porzellans in Anspruch nehmen dürfen.

Es sind Meisterwerke schon allein deshalb, weil sie überwiegend Nachformungen sind, die trotz unverkennbarer Vorbilder den Geist des 19.Jahrhunderts atmen.

Man sollte eben bei der Beurteilung Altmeißner Exponate nicht vergessen, was eingangs bereits zum Ausdruck kam: Meißen konnte sich auch im 19.Jahrhundert nicht - wie etwa das französische Sevrés - ungehemmt und ungehindert den neuen Stilrichtungen, Strömungen, Entwicklungen und die Suche nach Innovationen widmen. Die Franzosen waren nicht auf Gewinne angewiesen, Meißen dagegen mußte auf eine ordentliche Rendite achten - was angesichts wachsender Konkurrenz und der Unsitte der Nachahmungen (der Formenklau ging um) immer wieder ernste Existenzsorgen heraufbeschwor.

Altmeißen hatte also entscheidenden Anteil an der Rentabilität des Unternehmens, das gerade im 19.Jahrhundert schwer unter den politischen Unsicherheiten und rasch eintretenden Veränderungen zu leiden hatte. Zeitweise mußte sich Meißen sogar zum Verkauf "weißer Ware" bequemen, unbemaltes Alltagsgeschirr, dessen Erlöse andererseits mit dazu beitrugen, das qualitative und künstlerische Niveau der übrigen Erzeugnisse zu bewahren, ja, zu steigern. Und davon profitierte auch "Altmeißen".

Altmeißen - das steht fest - trug überdies wesentlich zum künstlerischen Profil der Manufaktur bei. Es ist eben nicht nur Reproduktion - um es noch einmal deutlich zu sagen - sondern eine gelungene Fortschreibung traditioneller Formen in Verbindung mit neuen Entwicklungen und der künstlerischen und handwerklichen Perfektion eine schöpferische Dynamik mitwirkte, die die Strömungen der Zeit erfaßte und letztlich mit zur Entfaltung des Jugendstils beigetragen hat - dem das Porzellan sehr schöne Schöpfungen zu verdanken hat. Wenn sich auch ein Vergleich des Jugendstils - lange Zeit wurde er verkannt- mit Altmeißen verbietet, muß dennoch festgestellt werden, daß wie dem Jugendstil auch dem Meißner Traditions-Porzellan aus dem 19.Jahrhundert die Anerkennung vorenthalten wird.

Es ist höchste Zeit, daß eine kleine Gruppe mehr materiell als ideel Interessierter nicht mehr das Meißner Porzellan des 18.Jahrhunderts zum Maß aller (Porzellan-) Dinge macht, sondern zur Kenntnis nimmt, daß Altmeißen in Form und Qualität über jeden Zweifel erhaben und als das anzuerkennen ist, was es ist und bleibt: wertvolles (und noch erschwingliches) Porzellan einer interessanten, innovativen Epoche und damit originaler Zeuge seiner Zeit - Antiquität im besten Sinne dieses Wortes also!

Kurt Krockenberger

Teekännchen mit Ansicht der Ludwigsburger Porzellanmanufaktur, Ludwigsburg um 1775
(Foto : Württ. Landesmuseum Stuttgart)

Schlösser und Beschläge

Will man die stilistische Entwicklung, die Verwendung und Ausformung unterschiedlicher Materialien und den Kreislauf von den reinen Zweckformen bis zum ausgereiften Kunstwerk, die dazwischenliegenden Stufen und die Rezeption in der naiven Volkskunst sowie die Rückführung in der Moderne auf das Zweckgebundene in der bildenden Kunst studieren, so läßt sich schwerlich ein geeigneteres Feld als das der Beschläge finden. Wir wollen diesen Zyklus anhand der folgenden Bänder mit den Angeln, die wegen der vergleichsweise einfachen Bearbeitungsmöglichkeit in der Regel aus Eisen gefertigt waren, aufzeigen, wie man sie an Türen, Schränken, Kästchen, Altarflügeln, überhaupt an allen Objekten finden kann, die vorzugsweise aus Holz gefertigt sind, und die aus den verschiedensten Gründen beweglich sein müssen.

Wenn der Mensch seine Behausung aus einer bestimmten Notwendigkeit heraus - z.B. größerer Sicherheit vor Nachbarn oder besserer Wärmeschutz - statt mit Häuten oder geflochtenen Matten mittels einer Türe verschließen will, so werden am Anfang nur mehrere Bretter oder Knüppel so miteinander verbunden, daß sie im Verband beweglich die Türöffnung verschließen können. Dabei wird ein Stück Metall so geschmiedet, daß es alle Bretter starr miteinander verbindet, und daß es mittels zweier Ösen in zwei Dorne gehängt werden kann. Diese Eisenbänder stellen einen Beschlag dar, auch wenn dieser nur grob bearbeitet und rein zweckgebunden ist.

Mit der Sicherheit hinsichtlich der Bewältigung des rein technischen Problems ist der Mensch in seiner Entwicklung bald zur künstlerischen Gestaltung dieser Nutzformen geschritten. Wiewohl dieser Schritt natürlich schon in frühester geschichtlicher Zeit getan wurde, wollen wir die stilistischen Betrachtungen, anhand der Entwicklung im Abendland, einsetzend in der Zeit Karls des Großen, beginnen. Aus dieser frühen Epoche kennen wir eigentlich nur Beschläge an Kästchen, Codices und Elfenbeinpolyptischen, die aber häufg nicht mehr als die originalen anzusehen sind. Die wenigen ursprünglichen weisen eine fast kontrapunktische Schlichtheit gegenüber dem Reichtum der Objekte, an denen sie zu finden sind, auf. Sie sind sehr zurückhaltend, schmucklos und kaum ornamental ausgeschmiedet.

Wie hat sich das Bild geändert, wenn man beispielsweise die Türen der Stiftskirche in Sindelfingen (ca. 1100) betrachtet, deren rohe Planken mit einem fast filigranen Gespinst aus geometrischen Zierformen überzogen sind. Noch immer sind die Bänder als eigentlich funktionales Element klotzig und gerade geschmiedet, aber das Beiwerk zeichnet ein reiches Bild auf die Fläche.

Truhenbeschlag (Doppelscharnier - Kreuzband)
Italien, 17 Jh., Eisen, geschmiedet, geschnitten

Schon sehr bald wird die Eisenbearbeitung feiner, die Dekorationselemente vegetabiler und variantenreicher, und die tragenden Funktionen nicht mehr so direkt auf den ersten Blick erkennbar, so daß man ab dem 13. Jahrhundert von einem System sprechen kann, das einen nie mehr erreichten Höhepunkt in der Ausgewogenheit zwischen Zweck und dekorativem Wert der Türbeschläge darstellt. Bis ins 16.Jh. hinein bleibt das Schema,

das von den tragenden Bändern sich immer reicher verzweigender Ast- und Blattornamente ausgeht, außerhalb Italiens die Regel.
Wie auch in den anderen Bereichen der bildenden Kunst änderte sich diese Auffassung im Norden erst, als die Früchte der Renaissance mit wachsender Begierde aufgenommen werden. Zwei Faktoren spielten bei dieser Neuerung eine entscheidende Rolle: 1) Ab dem späten 15.Jh. entdeckte man in Rom eine ganze Reihe von unterirdischen, antiken Räumen, die "grotti", vornehmlich in der "domus aurea" des Nero. Bei diesen Unternehmungen wirkte auch Raffael mit, der seinen Eindrücken in den Loggien des Vatikan (1511-17) mit seinen "Grotesken" malerische Form verlieh.
2) Mit der raschen Entwicklung der Druckgraphik, vornehmlich des Kupferstichs im 16.Jh., war die Voraussetzung geschaffen, daß sich die unterschiedlichsten Kulturen und Künstler mit ihren Formerfindungen in reichem Maße gegenseitig befruchten konnten. "Ornamentale Vorlageblätter" verbreiteten dekorative Kompositionsentwürfe, die sich ohne große Schwierigkeiten in der Malerei, der Architektur und dem Kunstgewerbe umsetzen ließen.
Als weiteres Dekorationselement fand auch die Maureske in der Renaissance ihren Weg über Italien in die Kunst der nördlichen Teile Europas. Unter der Maureske versteht man ein flächiges, stilisiertes Pflanzenwerk, das im islamischen Bereich aus dem hellenistischen Akanthus entwickelt wurde. Gerade in Deutschland tritt die Maureske häufig in Verbindung mit halb mensch-, halb tiergestaltigen Wesen auf.
Als konkurrierende Ornamentauffassung zu der, der Funktion entsprechenden, flächigen Dekoration kommt im Verlauf des 16. Jh. auch das reliefartig gegossene Beschlagwerk auf, das dann im 17.Jh. unter Louis XIV. einen Höhepunkt erreicht. Diese Plastizität greift auch auf die Bänder über, die oft stark zurückgedrängt und auf reich gestaltete Zierstücke bei den Angeln reduziert werden. Diese Tendenz wurde dadurch möglich, weil u.a. die Türen nicht mehr nur aus aneinandergelegten Bohlen gefertigt wurden, sondern weil man oft ein Rahmenwerk aus stärkeren Planken zimmerte, in das dünnere Bretter eingeschoben wurden. Der Halt einer Türe wurde also zum überwiegenden Teil durch die Rahmung gewährleistet.

Während in der Gotik die Bänder mehr verästelt, das tragende Element massiv gearbeitet war, finden wir ab dem 16.Jh. in wachsender Zahl immer reicher durchbrochene Werkstücke, was allerdings zu einem Teil auch auf die verbesserten Schmiedetechniken zurückzuführen ist. Mit letzterer Errungenschaft geht auch die Anwendung des Bläuens einher. Und zwar wird nicht das ganze Band gebläut, sondern nur gewisse Partien zwischen den mit Mauresken oder figural gravierten Ornamenten, was eine sehr schöne Kontrastwirkung hervorruft. Diese Mode hält sich bis weit ins 18.Jh. hinein.

Türbeschlag (Scharnier - Langband) Deutschland, Ende 16. Jh., Eisen, geschmiedet, gebläut, geätzt

Da man für diese Technik viel Geschick, Arbeit und Zeit aufwenden muß, behalf man sich gelegentlich damit, daß man die Ornamente aus dem Eisen ausschnitt und das Objekt mit einer ganz gebläuten Platte oder mit einem Stück Messingblech unterlegte.
Solange die Dekorationen in der Flächigkeit verhaftet blieben, sich somit der Funktion anpaßten, was übrigens in Deutschland bis ins 19.Jh. eine fast ungebrochene Tradition blieb, kann man von einer annähernden Äquivalenz zwischen Form und Zweck sprechen. Gerade bei den Türbändern, auch wenn sie in der oben beschriebenen Reduktion auftreten, mußte man sich zu einer gewissen Respektierung der Funktion bekennen, was die Verwendung verschiedenster floraler, vor allem

Blattelemente zur Folge hatte. Kurz vor 1700 beginnt der Akanthus, dieses vor allem in der Römerzeit so beliebte Ornament, seinen Triumphzug durch die abendländische Kunst bis er ab ca. 1720 vom Bandelwerk und dann von der Rocaille verdrängt wird, neben der höchstens noch kleine Röschen geduldet werden.

Schlüssellochschild, Deutschland, 2. Hälfte 18. Jh., Eisen, getrieben

Die Rocaille stellt einen weiteren Höhepunkt in bezug auf die Plastizität dar, der ihr vom Akanthus vorbereitet wurde. Die sprühende Quirligkeit des Rokoko sprengt die Fläche und drängt ins Dreidimensionale, es läßt sich nicht in der Ebene fesseln. Dieser Energie kann sich auch das zweckgebundene Band nicht völlig verschließen. Es wird noch mehr als früher aufgelöst und, wo immer möglich, im Relief gestaltet.

Diese Reliefeuphorie bringt eine von der Forschung mit Mißachtung gestrafte Beschlagform, das gepreßte Dekorstück, hervor. Das Gießen stark dreidimensionaler Objekte war material- und zeitaufwendig, die Stücke schwierig zu bearbeiten, also sehr teuer. Brachte man aber die höchst komplizierte Arbeit des Stempelschneidens hinter sich, so konnte man sehr rasch, mit geringem Materialaufwand eine Unzahl gleichförmiger Beschläge produzieren. Dieser Vorgang war natürlich nicht für die Bänder denkbar, aber Schlüssellochschilde, sowie reine Zierstücke waren so leicht und billig herzustellen.

Als bewußte Gegenbewegung gegen das überschäumende Rokoko ist das Louis XVI. und der sich daraus entwickelnde Klassizismus mit seiner

Möbelbeschlag (Scharnier - Kreuzband)
Frankreich, Deutschland, um 1700
Eisen, Messing plattiert. Eisen, getrieben, verzinnt

Sonderform, dem Empire, zu sehen. Gegen die absolute Asymmetrie wird die Axialität und Strenge gesetzt. Man kann von einer Renaissance im Sinn der Rückbesinnung auf einen antikisierenden Formenkanon sprechen. Diese Neuorientierung kann man nicht zuletzt an der Unzahl von Möbeln studieren, die in dieser Epoche entstanden sind. Als vorherrschende Ornamente finden wir vegetabile Formen wie Palmetten, Lorbeerkränze und Girlanden.

Im Biedermeier spielen Beschläge eine sehr untergeordnete Rolle, sie werden auf knappe Griffe und Schlüssellochschilde, die meist als Kränze gebildet sind, und bescheidene Angeln reduziert. Eine "Renaissance" der Bänder, wie auch der Beschläge allgemein zeitigt noch einmal der Historismus, vor allem im Rahmen der Neogotik, als man versucht, den Formenschatz des 13. - 15.Jh. wiederzubeleben. Doch letztendlich bedeutet dies nicht, daß der Historismus grundlegend neue Impulse verliehen hätte, auch bleibt das Beschlagwerk im Gegensatz zur kopierten Zeit in seiner Funktion der Dekoration untergeordnet. Viele Objekte spiegeln einen Nutzen vor, den sie bei genauerer Betrachtung nicht haben, vielmehr nur der Zierde halber geschaffen sind.

Möbelzierbeschlag, 19. Jh., Messing gepreßt
(Alle Fotos dieses Beitrags : Deutsches Schloß- und Beschlägemuseum, Velbert)

Auf die Ausformung der Beschläge allgemein bezogen bringt erst der Jugendstil und das Art-Deco wirklich Neues. Wie alle Beschläge so werden auch die Bänder aufwendig, bewußt asymmetrisch und vor allem aus vegetabilen Vorbildern abgeleitet gestaltet.
Selbstverständlich steht auch hier der Schmuck klar über der Funktion. Auf der anderen Seite brachte das 1.Viertel des 20.Jh. letztmalig bis zur Gegenwart eine Blüte des Beschlags und setzte sie bewußt als dekoratives Element ein.

Die "Neue Sachlichkeit" in Wien und das "Bauhaus" in Dessau machen nun den ganz radikalen Schritt und verweisen die Beschläge konsequent zurück in ihre rein funktionalen Schranken. Die Bänder verschwinden total, weil sie in das zu tragende Material gesteckt werden und nur mehr die Angeln sind notwendigerweise sichtbar. Jede Art von Beschlag im weitesten Sinn hat nur mehr die Aufgabe am Objekt und in der Fläche den ästhetischen Wert der klaren, unzweideutigen Linie aufzuzeigen.
Auch 60 Jahre nach dem Umzug des Bauhauses von Weimar nach Dessau hat sich auf diesem Gebiet wenig geändert, selbst wenn man einräumt, daß die Ideen von Loos und Gropius mangels eigener schöpferischer Kraft von den heutigen Designern gerne mißinterpretiert werden.

Fensterbeschläge, Türdrücker und Schlüssellochschilde

Die Bänder stellen im gesamten Dekorationssystem eines beschlagenen Objektes nur einen Ausschnitt dar und sind ohne die sie begleitenden Beschlagstücke nicht denkbar. Diese können selbst wiederum Bänder sein, wie man es z.B. an gotischen Truhen findet, die dicht mit Bändern überzogen sind, deren funktionale Berechtigung allenfalls in einer größeren Stabilität zu sehen ist, primär aber dekorativen Charakter haben.
Bänder im weiteren Sinn sind die Fensterbeschläge. Sie werden vorzugsweise in den Ecken angebracht, um dem Fenster eine größere Festigkeit zu verleihen. Aber sie haben natürlich auch die Aufgabe, das Fenster in den Angeln zu tragen und zu bewegen. Fensterbeschläge sind in der Regel höchstens an den Ecken ein wenig angeschmiedet, sonst gerade und glatt und nur im Ausnahmefall gebläut oder graviert. Unter den Beschlägen sind sie diejenigen, deren Funktion durch alle Zeiten am stärksten über die Dekoration dominiert.
Ein bedeutendes Element bei der Erscheinung von Türen stellen die Schlösser dar, doch sollen diese in einem späteren Bericht gewürdigt werden.
Die Türdrücker, in der Umgangssprache Klinken genannt, lehnen sich in ihren Formen stark an die Ornamentik der Bänder an. Sie wurden nur in Ausnahmefällen als eigenständige Kunstwerke gestaltet. Das gleiche gilt für die Schlüssellochschilde, die immer dann zu finden sind, wenn beispielsweise bei Schränken die Schlösser auf der Türinnenseite angebracht sind.
In diesem Zusammenhang soll auf ein Phänomen verwiesen werden, das in der Renaissance auftaucht und bis ins 19.Jh. anzutreffen ist. Wir sprachen bei den Bändern von deren Anteil am Dekorationsprogramm einer Fläche, doch man findet häufig diese Beschläge und auch Schlösser auf den dem ersten Blick des Betrachters abgewandten Seiten eines Möbels. Dafür sind, zeitlich abgesetzt, zwei Hauptgründe aufzuführen. Seit der Renaissance spielt die streng symmetrische Verzierung einer Türe mit Schnitzereien und Intarsien in Form von Architekturformen oder Kassetten eine immer größere Rolle. Dabei störten die Bänder. Das gleiche gilt dann vom Barock bis zum Biedermeier, als die Möbel mit einem Furnier verkleidet wurden. Man begegnete dieser Prob¹

matik damit, daß man auf die Bänder und Angeln ganz verzichtete und die Türen mittels Stiften oben und unten an den Ecken beweglich im Türstock befestigte.

Daß die Schlösser und Bänder auf die Innenseiten von Schränken, Truhen usw. versetzt wurden, bedeutet aber nicht, daß sie weniger aufwendig als die sofort sichtbaren gearbeitet wären. Der Handwerker- und Besitzerstolz gebot es, daß auch diese Stücke alle Techniken wie Bläuen, Ziselieren, Gravieren, Schneiden etc. aufzuweisen hatten. Die vorwiegende Dekoration der Schlüssellochschilde besteht im 17.Jh. in Mauresken, in halb mensch-, halb tiergestaltigen Wesen, sowie in Figuren deren Kleidung eine gute Datierungshilfe abgibt. Später lehnte sich die Dekoration immer enger an die Bänder an.

Türzieher und Türklopfer
Als Beschläge, deren funktionelle Bedeutung ganz stark hinter ihre dekorative Ausformung zurückgedrängt ist, sind die Türzieher und -klopfer anzusehen. Zur Unterscheidung der beiden Typen sei kurz folgendes angemerkt.

Der Türzieher besitzt ein beliebig gestaltetes Metallstück, häufig eine Rosette oder eine ähnliche vegetabile Form, mit einem Loch in der Mitte, durch das ein schwerer Eisenbolzen gesteckt und fest in der Türe verankert wird und der in der Regel einen beweglichen Ring trägt, mit dem man die Türe aufzieht. In der Romanik fehlt zumeist das unterlegte Metallstück und der Bolzen ist zu einem Löwenkopf ausgeschmiedet oder dieser ist auf jenen aufgesetzt und trägt in seinem Maul wiederum einen beweglichen Ring.

Der Türklopfer besitzt auch das beliebig geformte Metallstück, das aber an seiner unteren Seite eine kräftig verstärkte Platte, den Amboß, aufweist. In der Regel hängt an einem Scharnier ein fast immer sehr reich gearbeiteter Ring oder aber ein kantiges oder figürliches Gebilde, das wiederum an seiner unteren Seite deutlich verstärkt ist, der eigentliche Klopfer. Es ist so aufgehängt, daß dieser auf dem Amboß zu liegen kommt. Der Türklopfer ist also ein künstlerisches Gebilde zu einer akustischen Kundgabe (in der Regel an Haustüren), während der Türzieher zum Öffnen der Türe gebraucht wird, weil z.B. ein Türdrücker fehlt (in der Mehrheit an Kirchentüren). Wenn auch die Funktion ganz unterschiedlich zu sehen ist, so unterliegt die Ausformung doch ähnlichen Gesetzen. Türzieher, fast immer in der beschriebenen Form des Löwenkopfes, finden wir schon an den frühesten, oft ganz aus Metall gegossenen Toren der Nachantike, z.B. an denen des Aachener Münsters. Ab dem späten 14.Jh. tauchen dann in schnell wachsender Zahl auch die Türklopfer auf, die sich mit ihren vegetabilen Formen sehr eng an das sie umgebende Beschlagwerk anlehnen. Sie bilden alle zusammen ein ziemlich einheitliches ornamentales Bild in der Fläche.

Eine radikale Änderung führen die Renaissancekünstler ab der 1.Hälfte des 15.Jh. in Italien ein, denen u.a. die Bronzegießer in Deutschland und den Niederlanden gegen Ende des Jahrhunderts bereitwilligst folgen. Bis zur Mitte des 16. Jahrhunderts legen diese Künstler gerade in die Türklopfer ihre größte schöpferische Kraft. Es entstehen Kunstwerke, die eher der Kleinplastik denn den Beschlägen zuzurechnen sind.

Beispielsweise Peter Vischer in Nürnberg schafft ganze Figurenzyklen aus der Herkulessage auf einem Klopfer. Regelmäßig sind gegenständig angeordnete, vorzugsweise weibliche Figuren oder Tiere anzutreffen, jedenfalls Gebilde, die vollkommen unabhängig von dem sie umgebenden Zierrat gebildet sind. Die Türklopfer dieser Zeit gehören zum Besten, was auf diesem Gebiet jemals hervorgebracht wurde. Daneben findet man natürlich gerade bei weniger aufwendigen Türen auch solche Türklopfer und -zieher, die dem Zeitgeist und den Formen der übrigen Beschläge angepaßt oder gar untergeordnet sind. Noch einmal nehmen die Klopfer in der 2.Hälfte des 18.Jh. eine ganz eigenständige Gestalt an. Sie werden - durchaus sinnfällig - in Form einer Hand, die eine Kugel hält und damit auf den Amboß schlägt, gebildet. Doch dieses Aufflackern von Loslösung gegenüber den anderen Beschlägen ist nur ein matter Abglanz, sowohl was die Idee, wie vor allem was den künstlerischen Gehalt angeht, der großartigen Kunstwerke der Renaissance.

Zierbeschläge
Die Türklopfer und -zieher konnten nur einmal den Gipfel erklimmen, die reinen Zierbeschläge ihrerseits, bar jeder funktionalen Einengung, hatten es leichter in den wechselnden Epochen der

Stilgeschichte ihr ganz eigenes Gepräge auszubilden. Wie eingangs schon dargestellt, bedurfte es letztendlich der geistigen Revolution der Renaissance, daß sich die Beschläge aus ihrer inneren Verknüpfung von Funktion und Form lösen konnten, was allerdings auf der anderen Seite das Auseinanderfallen ihrer inneren Logik bedingte. Für die Zierbeschläge bedeutet dies, daß sie ab dem 15.Jh. aus dem reinen schmückenden Beiwerk ausbrechen und ein Eigenleben entwickeln konnten. Sie wurden ihrem Wortsinn gemäß "Zierde", die die noch bleibenden funktionsbedingten Notwendigkeiten im jeweiligen Zeitgeist überspielen durfte. Die absolute Loslösung von der Funktion gelang im Rokoko, als beispielsweise an Kommoden gegeneinander verschiebbare Teile wie Schubladen mit einem scheinbar nahtlos ineinander übergehenden Ornamentwerk überzogen wurden. Das Beschlagwerk, das in seiner ursprünglichen Sinngebung zusammenhalten soll, kann also mit leichter Hand gesprengt werden, hat folglich seine eigentliche Funktion verloren. Das gleiche gilt für Eckbeschläge, Verfestigungen von Möbelbeinen, den sogenannten Schuhen, usw. Schon das Material, seit dem Barock kostbar feuervergoldete Bronze, ist eher zur Prononcierung in der Gesamterscheinung, denn zum Zusammenhalt oder zur Abwehr von Stößen oder Feuchtigkeit für das Möbel geeignet.

Auf der anderen Seite ist folgendes zu bedenken: Während bis zum Ende der Gotik die Beschläge oft ein ihnen weitgehend nur untergeordnetes Schnitzwerk neben sich dulden mußten, sind sie später nur im Zusammenhang mit den sie umgebenden Schnitzereien und/oder Intarsien und Marketerien zu verstehen. Im Sinne des Beschlagwerkes haben sie sich verselbständigt, in der Gesamtkonzeption einer Türe oder eines Möbelstückes haben sich neue konkurrierende Komponenten aufgetan. Im Klassizismus erhalten die Beschläge einmalig eine ganz dominierende, rein schmückende Position, denn vor allem die Möbel selbst sind häufig aus kostbaren Hölzern, aber ohne Marketerien gestaltet. Das Holz als solches wirkt - im Spiel mit den Beschlägen - durch seine Maserung und Farbe. Das Biedermeier hingegen kann man, wie schon erwähnt, als ausgesprochen "beschlagfeindlich" bezeichnen. Reine Zierbeschläge sind nur im Ausnahmefall zu finden.

Der Historismus im weiteren Sinn findet wieder großen Gefallen an letzteren, aber sie wirken meist leer, aufgesetzt, von ihrem Sinn her ausgehöhlt. In der Absicht, es den Alten nachzumachen, wird oft des Guten zuviel getan und Schmuckwerk an unpassenden Stellen übergroß und -reichlich angebracht, wo früher das innere Gefühl des Handwerkers waltete. Das soll aber nicht heißen, daß jedes Objekt der Renaissance, des Barock oder Rokoko als das Paradebeispiel von Geschmack und Ausgewogenheit gelten kann.

Im Jugendstil erleben die Zierbeschläge einen vorläufig letzten Höhepunkt. Gemäß dem Ideal des "Gesamtkunstwerks" bilden sie, auch hier frei von funktionalen Zwängen, zusammen mit der Anordnung der verschiedenen Hölzer und dem Schwung des Möbels das "Ganze" des Objekts. In bezug auf den Beschlag vollkommen verselbständigt, sind sie losgelöst nicht zu begreifen.

Die Moden der Gegenwart sind zu heterogen, als daß man auf sie in diesem Rahmen eingehen könnte, aber man kann eines feststellen. Gerade in den Gegenständen des Alltags ist auf Schritt und Tritt die Beschlägefeindlichkeit in der Tradition des Bauhauses zu spüren.

Datieren und Lokalisieren

Zum Abschluß wollen wir noch auf zwei durchaus sekundäre, dem Wesen der Beschläge an sich fremde Aspekte hinweisen, die jedoch für den Wissenschaftler, den mit der Materie Beschäftigten und den Sammler ganz entscheidend sind. Man kann anhand von Beschlägen bis zu einem gewissen Grad den Gegenstand, auf dem sie angebracht sind, datieren und lokalisieren. Betrachtet und vergleicht man diese Werkstücke in ausreichender Zahl, so ergibt sich im Lauf der Zeit wie bei einem Puzzlespiel ein immer klareres Bild. Dabei sind neben der Form auch das Material, die Technik, aber auch der Blick in die ornamentalen Stichvorlagen und besonders in die Musterbücher, vornehmlich des 19.Jh., von größter Bedeutung. Eine Unzahl von Beschlägen wird als zeitgenössisch angesehen, obwohl sie aus der 2. Hälfte des 19.Jh. stammen. Trotz Detailkenntnis da und dort steht eine umfassende und systematische Arbeit über Datierung und Lokalisierung unter den genannten Kriterien noch aus.

Georg Freiherr von Gumppenberg

Silber

Silber - lateinisch: argentum - ist das weißeste und glänzendste der drei Edelmetalle und doch ihre weniger geachtete Stiefschwester. Bis ins neunzehnte Jahrhundert dienten Silbergerät und -münzen ihren Besitzern meist nur als Rücklage für schlechte Zeiten. In Fällen von Krieg oder Not wurden selbst frisch angefertigte und feinste Silberarbeiten hemmungslos dem Schmelzofen übergeben. Dies erklärt die Seltenheit antiker Silberstücke in unserem Bereich. Denn Kontinentaleuropa trägt bis ins letzte Jahrhundert unverdrossen von Nor-den nach Süden, von Osten nach Westen einen Krieg nach dem anderen aus.

Unsere insularen englischen Nachbarn dagegen werden nach dem "Krieg der Rosen" nur noch im 17.Jh. durch Cromwells Truppen von einem Bürgerkrieg erschüttert. Sind sie nicht zu beneiden mit ihrer jahrhundertelangen, geradezu beschaulichen Ruhe? Nur durch natürliche Abnutzung und gelegentlichen Verlust schwinden die Vorräte an Gegenständen aus Sterling-Silber. Wir sollten uns also weniger darüber wundern, wieviel verloren gegangen, als vielmehr darüber, wieviel altes Silber es noch gibt. Im dritten Jahrtausend vor Christus war in Mesopotamien Silber begehrter als Gold. Die alten Griechen gewannen Silber aus den Bleierzen von Laurion und Attika, der Silberreichtum des antiken Rom stammte aus Spanien.

Erstaunlich ist, daß wir heute noch die gleichen Verarbeitungstechniken für dieses Metall benutzen wie schon vor fünftausend Jahren. Tacitus (röm. Geschichtsschreiber des 1. Jh. n. Chr.) erwähnt, daß in Germanien, bei Wiesbaden und Bad Ems, Silberbergbau betrieben wird. Ab dem Mittelalter sind große Vorkommen bekannt: Tirol, Siebenbürgen, Sachsen, im böhmischen Teil des Erzgebirges. Doch schon bald darauf stoßen spanische und portugiesische Conquistadoren auf die riesigen Silberminen der neuen Welt in Mexico und Südamerika (Argentinien = Silberland). Seit dem 19.Jh. werden auch Nordamerika und Australien, später Kanada, zu den bedeutendsten Silberlieferanten der Neuzeit.

Leuchterpaar
Johann Christian Sick, Stuttgart, 1810 - 1820
(Württembergisches Landesmuseum, Stuttgart)

Bearbeitung

In der sogenannten Elementarform ist Silber zu weich für die praktische Verwendung im Alltag. Deshalb wird es seit jeher mit Kupfer legiert. Das Verhältnis Feinsilber zu Kupfer geben seit dem 15.Jh. international verwendete Punzen (Prägestempel) an. Nach dem Schmelzen wird das Silber in der gewünschten Legierung in Formen gegossen. Dann erst bearbeitet der Silberschmied die Rohform mit seinem wichtigsten Instrument, dem Hammer. Die Arbeit mit dem kleinen, leichten Hammer, den es in den unterschiedlichsten Formen und Ausführungen gibt, nennt man Treiben. Da Silber durch das Hämmern und Treiben hart und brüchig wird, muß es nach jedem Arbeitsgang ausgeglüht werden. Bauchige Gegenstände mit eingezogenem Hals aus einem relativ flachen Stück Silberblech zu treiben, bedarf einiger Virtuosität, da nicht nur von außen, sondern auch von innen gehämmert werden muß. Walzenförmige Gefäße werden aus einem offenen Blech zugeschnitten, zur Röhre aufgetrieben und dann an den Kanten verlötet. Nach Fertigung der Grundform werden die Ergänzungen angelötet wie Griffe, Bekrönungen, Füße u.ä. Die eigentliche Dekoration wird durch Ziselieren oder Gravieren erreicht. Ist ein Stück dann völlig fertig, wird es in schwacher Schwefelsäure "abgekocht". Danach beseitigt der Silberschmied die letzten Unebenheiten. Zum Schluß wird poliert.

Dies kann nur eine äußerst verkürzte Darstellung des Entstehungsvorgangs eines von Ihnen geschätzten Silbergerätes sein. Es erklärt aber auch, warum so viele Antiquitäten aus diesem Metall nicht zum bloßen Grammpreis der aktuellen Silberbörse plus einem kleinen Aufschlag verkauft werden können.

Feinheitsstempel (Punzen)
Die Geschichte der Stempel hängt mit der Entwicklung der Gold- und Silberschmiedezünfte zusammen. Die meisten europäischen Großstädte führen seit etwa dem vierzehnten Jahrhundert eigene Stadtmarken. Aus etwa der gleichen Zeit stammt das Buchstaben-Datier-System. Diese Buchstaben geben Auskunft darüber, welcher Beschaumeister das Stück geprüft hat.

Wahrscheinlich die erste alphabetische Datierung wird ab 1427 in Montpellier in **Frankreich** eingeführt. Jedoch schon 1275 ergeht an alle französischen Zünfte wegen skrupelloser, minderwertiger Fälschungen der Erlaß, für jede Stadt eigene Marken zu benutzen. Ab 1355 gibt es in Paris die ersten Hinweise auf eine Meistermarke, im 16.Jh. werden auch die Initialen des Herstellers eingeschlagen. Das Buchstaben-Datierungs-System wird in Frankreich schon 1506 gesetzlich vorgeschrieben. All diese Punzen galten ausschließlich der strengen Selbstkontrolle der Zünfte. 1797 wird ihnen dies Privileg im Zuge der französischen Revolution genommen und fällt von da an ganz in die Zuständigkeit des Staates. Seitdem ist eine Datierung von französischem Silber nur einem stilsicheren Fachmann möglich.

Die **englischen Stempel** sind besonders interessant, da sie seit ihrer Einführung im 15.Jh. im System unverändert geblieben sind und wohl auch in ihrer bekannten Form bestehen bleiben werden. Silber- und Goldfeingehalt wurden bereits 1238 festgelegt, 1300 wird die Benutzung des Londoner Löwenkopfes Gesetz. 1462 werden die englischen Zünfte mit außerordentlich weitreichenden Privilegien für das ganze Land ausgestattet: Prüfung des Feingehaltes, Zerbrechen von nicht dem Standard entsprechender Ware, Bestrafung des Schuldigen. Etwa zur gleichen Zeit wird die Buchstabendatierung eingeführt, mit zunächst zwanzigjährigem Zyklus.

Im Jahre 1543 wird der schreitende Löwe hinzugefügt für Sterling-Silber (925/1000). Seither finden sich immer die gleichen vier Marken auf englischem Silber: die Meistermarke, der schreitende Löwe, der Datierungsbuchstabe, die Städtemarke. Zwischenzeitlich gab es noch den Kopf des jeweils regierenden Monarchen als Steuerstempel. Stücke mit nachträglich angebrachtem Feingehaltsstempel dürfen bis zum heutigen Tage in England nicht verkauft werden.

Die **italienischen Zünfte** werden schon im zehnten Jahrhundert erwähnt. In Rom wird in der zweiten Hälfte des 14.Jh. der Silberstandard festgelegt, der in etwa dem englischen entsprach. Die Mitglieder der 1508 gegründeten römischen Gold- und Silberschmiedekunst erfreuen sich außerordentlich hohen Ansehens. Jeder Silberschmied bringt nun seine eigene Werkstattmarke zusätzlich zum Feingehaltsstempel an. Der Silberstandard wird ein wenig herabgesetzt. Im gleichen Jahrhundert wird eine persönliche Marke vorgeschrieben. Bis 1811 bleiben die uns bekannten Marken unverändert: Sonnenschirm, gekreuzte Schlüssel, Feingehaltsstempel, persönliche Punze. Danach werden sie den französischen Marken angepaßt. Der vorübergehende Versuch, auch einen Datumsstempel zu benutzen, wird nach etwa fünfzig Jahren wegen "zu großzügiger Handhabung" wieder eingestellt.

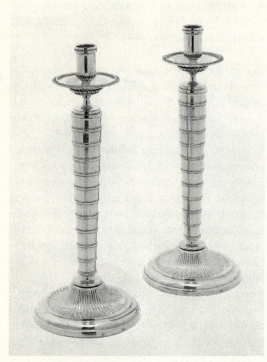

Zwei Leuchter, Stuttgart, 1810 - 1820, Meister HLV (vermutlich ein Mitglied der Familie Hirschvogel), (Württembergisches Landesmuseum, Stuttgart)

In **Deutschland** mit seinem reichen Zunftwesen werden im 13. Jahrhundert Meistermarken erwähnt. Ab der Mitte des 16.Jh. werden diese persönlichen Symbole durch Initialen ersetzt. Wegen der zahllosen Klein- und Kleinststaaten gibt es nördlich der Alpen keine einheitliche Festlegung des Feinheits-Standards. Diesen richten einzelne Städte von sich aus ein.

In Nürnberg gibt es **für knapp 100 Jahre eine Buchstabendatierung.** Aber auch in **Holland** und den **skandinavischen Ländern** gibt es ähnlich gut funktionierende Überwachungssysteme bei der Herstellung von Silber wie bei uns. Der außerordentlich hohe Qualitätsstandard der uns bis heute überlieferten silbernen Gebrauchsgegenstände ist nicht zuletzt auf die sorgsame und gewissenhafte Verwendung der Punzen zurückzuführen.

Gebrauchsgegenstände

Weitaus älter als Bestecke sind Kult- und Ziergegenstände aus Silber; diese kannten schon Mesopotamier, Ägypter und Juden. Recht bald folgen Schüsseln, Schalen, Näpfe, Pokale und Teller für den häuslichen Gebrauch. Aus den seit altersher gebräuchlichen Schwertern und Dolchen entwickeln sich mit der Zeit Gegenstände, die zum Zerkleinern der vorgelegten Speisen dienen und schließlich zu unserem "Messer" werden. Recht früh gibt es auch den Löffel, denn irgendwie mußten Brei oder Suppe ja in den Mund gelangen.

Zu Beginn des Mittelalters werden Löffel und Messer von Angehörigen des Adels und des Großbürgertums ständig mitgeführt; ansonsten benutzt man ungeniert Messerspitze oder Finger zur Nahrungsaufnahme. Die zweizinkige Gabel wird um 1500 durch das italienische Adelsgeschlecht der Medici (Florenz) am französischen Hof eingeführt. Es gibt einen zeitgenössischen Bericht einer Medici-Braut über die "barbarischen" Tischsitten der Franzosen.

Europaweit breitet sich das Tischbesteck erst um 1700 aus. Noch später wird aus der zweizinkigen Fleischgabel die vierzinkige Eßgabel. Von da an erfährt das Eßbesteck eine erhebliche Ausweitung. Die Gebrauchs-Silber-Kultur erreicht einen unvergleichlichen Höhepunkt.

Mit diesen veränderten Tischsitten kommen zahlreiche neue Gegenstände. Es entstehen die kompletten Services. Der europaweit vorherrschende französische Geschmack bestimmt auch die Tischkultur: ein üppiger Tafelaufsatz ziert die Mitte der Tafel, rechts und links davon Silberleuchter, Gewürzschalen. Gedeckt wird mit silbernen Tellern und Besteck, serviert wird in ebensolchen Schüsseln, Platten, Terrinen, Saucieren.

Unter der Vielfalt von Gebrauchsgegenständen nehmen Salzfaß und Trinkgefäß den bedeutendsten Platz ein; beide sind stark mit symbolischen Kräften und Gebräuchen verbunden.

Alle kunst- und kulturhistorischen Epochen haben Einfluß genommen auf Form und Gestaltung des Gebrauchssilbers. Altes Silber hat eine Patina, die nur durch jahrelangen Gebrauch und Pflege entsteht und die unverwechselbar ist. Sie gibt dem silbernen Gegenstand seine Ausstrahlung und erzeugt die warmen Lichteffekte.

Stile und Epochen

Im Mittelalter ist Frankreich der unumstrittene Mittelpunkt des Silber- und Goldschmiedegewerbes. Doch innere Unruhen und der zehrende Krieg mit England bis 1500 führen zur Massenauswanderung von Kunsthandwerkern nach Flandern.

England reibt sich im 15.Jh. in den "Rosenkriegen" auf; Deutschland frönt seit dem Mittelalter der Kleinstaaterei; zudem ist dort das Klima durch Reformation, Bilderstürmerei, Gegenreformation und Bauernkriege dem Erblühen des Kunstgewerbes nicht zuträglich.

Es ist **Italien**, das in der **Renaissance** (ital. Rinascimento) die wichtigsten Impulse in allen Bereichen der Kunst ausssendet. Das Papsttum mit seiner enormen politischen und religiösen Macht beeinflußt die Wiedergeburt der Künste. Die Goldschmiede8lehre ist für jeden Schüler unerläßlich, bevor er sich einer anderen Kunstrichtung zuwenden da. Der Prunk der päpstlichen Kurie und der mächtigen italienischen Fürstenhäuser zieht Kunsthandwerker aus ganz Europa an. Hinzu kommt das außerordentliche Ansehen, das die Gold- und Silberschmiedekunst in Italien genießt.

Die größten Künstler fertigen Silbergegenstände an; die meisten ihrer Arbeiten aber sind verlorengegangen oder durch die sorglose und unwillige Handhabung der Markierungsvorschriften nicht genau zuzuordnen. Jedoch verdanken wir ihnen gänzlich neue Stilelemente, Formen, Techniken und Moden, die sich von Italien aus über ganz Europa bis nach England ausbreiten. Aus den Wirren der ersten Hälfte des 16. Jahrhunderts auftauchend, wird Deutschland da erst zu einem Rivalen der italienischen Vormachtstellung in der Gold- und Silberschmiedekunst.

Mit dem Beginn des **Barock** verschiebt sich der Schwerpunkt nach **Deutschland** und dort vor allem nach Augsburg (Fugger) und Nürnberg. Aus dieser Zeit sind uns wahre Schätze weltlicher Silbergegenstände überliefert. Im ersten Viertel des 17. Jahrhunderts erreicht dieses Handwerk eine überragende Höhe. Eine handvoll exzellenter und tüchtiger Kunsthandwerker beeinflußt den ganzen süddeutschen Raum.

Silberne Kaffeekanne aus Quakenbrück, um 1750, Meister Diederich Bockstöver
(verm. ident. mit Diderich Buckstösser)
(Foto : Strenger GmbH, 4500 Osnabrück)

England versinkt zu Beginn der Renaissance - wie schon erwähnt - in einem erbitterten Bruderkrieg. Gleichzeitig kämpfen Handel und Gewerbe noch gegen die Folgen des Hundertjährigen Krieges mit Frankreich an. So gibt es zwar eine Fülle von Silbergerät aus dieser Zeit, doch ohne einen eigenen "englischen" Charakter. Die englische Silberschmiedekunst ist ganz von kontinentaleuropäischen Einflüssen abhängig. Einzig typisch für englische Ware dieser Zeit ist intensive Filigran-Arbeit und das Fassen exotischer Objekte. Anders als Deutschland und Frankreich hält England zu Anfang des Barock an jenen schlichten, strengen Formen und Dekors von früher fest.

Die Geschichte **Frankreichs** in dieser Epoche ist am besten mit "unruhig" zu beschreiben: acht Bürgerkriege in vierzig Jahren. Außerdem liegt es ja auf der anderen Seite des Ärmelkanals (Hundertjähriger Krieg mit England). Von jenseits der Pyrenäen macht dazu der mächtige Philipp II. von Spanien ständig Vorschriften. Kurzum, die Lage für eine Regenerierung des französischen Kunsthandwerks ist denkbar schlecht. Die italienische Renaissance wirft starke Schlagschatten. Was an silbernem Gerät wegen der zahllosen Kriege nicht eingeschmolzen wird, zeigt eindeutig Italiens Einfluß. Nun erreicht zu allem Überfluß gegen Ende des 16. Jh. die Auswanderung der Hugenotten ihren Höhepunkt, unter denen hervorragende Handwerker sind.

Die Silberschmiedekunst dieser Zeit zu beschreiben, ohne **Holland** und **Flandern** zu erwähnen, ist undenkbar. Antwerpen, Brügge, Gent, Brüssel, Amsterdam, den Haag und Utrecht, um nur die reichsten Städte mit wohlorganisierten Zünften zu nennen. Antwerpen ist in der Mitte des 16.Jh. zum Haupthandelsplatz Europas geworden und entwickelt sich zu einem wahren Kunstzentrum. Entsprechend reich ist seine Hinterlassenschaft. Als Antwerpens Stern sinkt, bekommt Holland seine große Stunde: Der Welthandel blüht. Holland wird für die nächsten 150 Jahre zur stärksten Seemacht der Welt, Reichtum fließt ins Land, die Künste werden allenthalben großzügig gefördert. Davon profitiert auch die Silberschmiedekunst: Die Graviertechnik gelangt in Holland zu größter Blüte und Vollendung.

Durch den relativen Frieden nach Mitte des 17.Jh. und den exquisiten Geschmack König Ludwig XIV. erfährt das Kunsthandwerk im **Frankreich** des **Barock** seinen bedeutendsten Aufschwung. Gesundung der Staatsfinanzen, Prunk, Verschwendung und der erlesene Geschmack des Königs, dies alles führt zu stärkerer Präsentation. Unzählig sind die Gegenstände, die in dieser Zeit entstehen: Silbergarnituren, Girandolen, Spiegel, ganze Services, Feuerböcke. Es wird getrieben, ziseliert und graviert, die Silbergefäße mit den feinsten Dekorationen überzogen. Zahllose ausländische Künstler wollen an dieser neuen Ausgestaltungsform teilhaben und ziehen in das üppig blühende, absolutistische Frankreich. Doch das Einschmelzen von Silber kommt noch nicht aus der Mode, sodaß sich bemerkenswert wenig erhalten hat. Als sich Ludwig XIV. von einem Krieg in den anderen begibt, läßt er in großem Stil einschmelzen und fordert auch seine Höflinge und Untertanen dazu auf.

England gelangt etwa zum gleichen Zeitpunkt wie Frankreich zu neuer Blüte. Noch geschwind der große Bürgerkrieg, dann das Absetzen der Puritaner, und endlich kann man ungeniert nach reicher, üppiger Lebensform drängen.

Die Beendigung des Krieges mit Frankreich und die Hugenottenverfolgungen bringen einen Strom von Kunsthandwerkern ins Land. Der große Brand von London im Jahre 1666 führt zu lebhafter Nachfrage nach modernen Silberschmiedearbeiten. Leider sind die englischen Kunsthandwerker durch ihre jahrelange "Mißachtung" zunächst noch aufs Imitieren ausländischer Techniken und Stile angewiesen. Doch dieser Mißstand ist bald behoben. Gegen Ende des Jahrhunderts kann man mit dem kontinentalen Rivalen mithalten; aber bezüglich Geschmacksbildung bleibt Frankreich tonangebend. Durch die nun folgende Zeit politischer Ruhe kann sich das Silberschmiedehandwerk voll entfalten und es sind uns reiche Schätze an "domestic silver" erhalten.

Kaffeekanne und Milchkanne,
Meister IS, Stuttgart um 1790
(Württembergisches Landesmuseum Stuttgart)

Kaffeekanne, Bremer Silberschmied, Joachim Poppe, um 1770 (Aufnahme : Bremer Landesmuseum für Kunst- und Kulturgeschichte)

Deutschland muß zunächst einmal mit dem 30-jährigen Krieg fertig werden. Daher ist nicht verwunderlich, daß seine Künstler unbeirrt an alten, erfolgreichen Formen festhalten, während im benachbarten Frankreich eine beispiellose Formenvielfalt blüht. Nur langsam mag man sich neuen Ideen öffnen, doch dann mit Macht. Nun gehören auch hier silberne Einrichtungsgegenstände zu den nötigen Extravaganzen der Zeit. Deutschland produziert als einziges Land Europas silberne Möbel! Nürnberg und Augsburg bleiben die deutschen Zentren der Silberschmiedekunst. Zögernd werden ab 1700 die schlichteren Formen Frankreichs angenommen und von den deutschen Künstlern auf eigene Weise verarbeitet und in eigener Ausdrucksform umgeprägt.

Über die **italienischen** Silberschmiede gibt es, nachdem sie ihre führende Stellung aufgegeben haben, nichts Bedeutendes zu sagen. Die extrem schweren Barockformen werden sehr früh von einem außerordentlich schlichten Stil abgelöst. Das Verblassen der päpstlichen Macht und die Ohnmacht der Medici wirken sich negativ auf die italienische Kunstproduktion aus. Grundsätzlich ist auch hier wie in England der starke französische Einfluß auf den Geschmack bemerkbar. So werden die europäischen Stile vorübergehend einander immer ähnlicher.

Das **Rokoko** zeigt England und Frankreich in einer Zeit politischer Ruhe. Der endgültige Aufstieg des begüterten Bürgertums bewirkt eine stetige Aufwärtsentwicklung des Gold- und Silberschmiedehandwerks. Gleichzeitig scheint der Adel immer verschwenderischer zu werden. Ein neuer Stil wird kreiert: das Rokoko. Mit seinen Rocaillen, asymmetrischen Formen und fließenden Linien verlangt es dem Silberschmied bei dem jetzt besonders schweren Metall höchste Kunstfertigkeit ab. Immer umfangreicher wird das Zubehör zum Tafelservice. Appliken und Bekrönungen werden unentbehrlich. Frankreich und England stehen einander nun in Bezug auf Eleganz und Handwerkskunst nichts nach, nur haben die Franzosen die größere Delikatesse und Stilvollendung. Gleichzeitig werden hüben wie drüben die Chinoiserien modern, d.h. die figürliche Darstellung nach chinesischem Vorbild.

Deutschland zeigt in dieser Zeit eine merkwürdige Mischung von Stilen und eine gewisse Unbeholfenheit. Schädlich für die deutschen Zentren ist die Tatsache, daß die bayerischen Fürsten ihr Silber in Frankreich anfertigen lassen. Gleichzeitig entsteht in Wien eine bedeutende Goldschmiedeschule, die stark nach französischen Vorlagen arbeitet. So ist kaum Raum für eine eigenständige Entwicklung. Rocaille und Muscheldekor halten ihren Einzug, doch auch Blumenmuster, Blattwerk und Kannelüre bleiben in Mode. Erstaunlicherweise findet sich auch eine beträchtliche Anzahl glattwandiger Stücke. Besonders kennzeichnend für deutsches Silber dieser Zeit ist die geringere Blechstärke im Vergleich zu der französischen oder englischen. Dem deutschen Rokoko fehlt im internationalen Vergleich die Leichtigkeit in Formgebung und Vollendung. In Italien ist eine bemerkenswerte Zurückhaltung im Umgang mit dem französichen Rokoko festzustellen. Extreme Muster werden offensichtlich nicht gern von den römischen Silberschmieden angenommen.

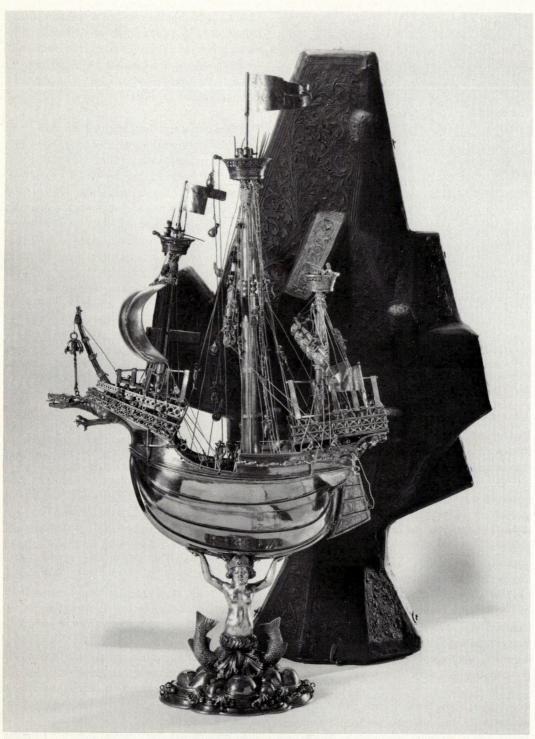

*Schlüsselfelder Schiff mit Futteral, vergoldetes Silber, Nürnberg, um 1503
(Germanisches Nationalmuseum, Nürnberg)*

Die übertriebenen, freiplastischen Ausdrucksformen des Rokoko werden besonders in Frankreich recht früh von zeitgenössischen Kritikern attakkiert und abgelehnt. So verwundert es nicht, daß schon 20 Jahre nach dem Erblühen des Rokoko dazu parallel Kunstwerke von klassischer Schlichtheit entstehen. Dieser Stil "à la Grecque", der sich unter dem Einfluß der Auswertung von Ausgrabungen im Mittelmeerraum bildet, wird nach dem letzten französischen König vor der Revolution "**Louis Seize**" oder "**Klassizismus**" genannt. Bandschleifen, Kränze, Ringe, Widdermasken, Lorbeergirlanden sowie Akanthusblatt dekorieren das weltliche Silber.

Erstmals erscheinen Glaseinsätze. Zwei große Einschmelzaktionen in Frankreich 1759 und 1789 sorgen für verheerende Verluste des Hausratsilbers. Während der Revolution versinkt das französiche Silberschmiedegewerbe in Dämmerschlaf, aus dem es erst in der Restauration unter Napoleon wieder erwacht. Jetzt wird der strenge klassizistische Stil überladen mit pseudo-klassischen Elementen. Die geometrischen Grundformen des Louis Seize werden beibehalten, getragen von Sphinxen, Greifen oder Schwänen. Geflügelte Figuren, Medusenhäupter, Schlangen zieren die Gerätschaften, der kaiserliche Adler ist als Bekrönung besonders beliebt.

Dieser Stil gelangt in Frankreich durch die völlige gesellschaftliche Umschichtung und die damit verbundene Repräsentationssucht zu ungeheurer Verbreitung. Und als Napoleon mit seiner "grande armée" 20 Jahre lang kreuz und quer durch Kontinentaleuropa zieht, verbreitet sich der Empire-Stil rasch in den besetzten Gebieten; allerdings werden die nachgeahmten Formen, leicht abgewandelt, in Deutschland und Italien gefertigt.

Die Goldschmiede des letzteren Landes rezipieren die Wiedergeburt des klassischen Stils mit großer Begeisterung. Das Silber wird schwerer als in Frankreich, die Ornamentik ist recht ähnlich. Doch die Muster bleiben streng klassisch. Freiplastisches Blattwerk mit Perlschnureinfassung und einer figürlichen Bekrönung sind vorherrschend. Das italienische Silber erreicht nicht die Lebhaftigkeit und Exaktheit der französischen Arbeiten, andererseits erstickt es aber auch nicht unter einem Übermaß kleinster Ornamentik. Die deutschen Gold- und Silberschmiede reagieren noch zurückhaltender als die Italiener auf den französischen Einfluß. Die Ballusterform weicht dem Walzenkorpus oder anderen geometrischen Formen, versehen mit auffallend schlichten Verzierungen und Bekrönungen. Auch hier die Dominanz der Perlschnüre. Das Silberblech wird leichter, der Übergang zum Biedermeier ist fließend.

Seit der Mitte des 18. Jh. zeigt **England** erstmals einen wirklich eigenen Stil, wenn auch unter klassischen Impulsen. Unter dem Konkurrenzdruck des aufkommenden, billigeren Sheffield-plate wird das Silberblech leichter. Gleichzeitig entwickelt sich eine veritable Silberindustrie mit Stanzpressen, Guillochiermaschinen u.ä. Die gegossenen oder gestanzten Leuchter müssen wegen ihrer reduzierten Standfestigkeit mit Pech gefüllt werden. Wir finden als Verzierungen Widdermasken, Girlanden, Portierengehänge, Perlstab- oder Blatteinfassungen, Kannelüren, korinthische Kapitele.

Mit Fortschreiten des Jahrhunderts wird das Silber immer schlichter, seine Schönheit nur übertroffen von der Eleganz seiner Form. Nach 1800 jedoch wandelt sich der englische Geschmack, das Silber wird schwerer und reich verziert. Trotz unterschiedlicher Formen tritt eine starke Ähnlichkeit mit dem französischen Silber hervor.

Auch hier: geflügelte Sphinxe, klassische Figuren, formales Blattwerk; Schlangen, Masken oder Rollwerk bilden Griffe, stärker als in Frankreich werden Weinlaub und Bacchanalszenen zur Dekoration verwendet. Die Technik ist brillant. Trotz der großen Menge erhaltenen Tafelsilbers muß hier erneut mit großem Bedauern angemerkt werden, daß das königlich englische Tafelsilber in dieser Zeit zweimal zur Modernisierung und Restaurierung freigegeben wird. Beklagenswerte Verluste, die auf Kosten der Stilreinheit gehen.

Mit der Verfeinerung der maschinellen Guß- und Stanztechniken verblaßt die Gravierkunst europaweit. Gleichzeitig treten verstärkt alle Merkmale der Massenproduktion auf.

Silberbecher, Goldschmiedemarke des Osnabrücker Goldschmieds Cordt Dellebruck, gef. bei Tappenburg (Bohmte), Städtisches Museum Osnabrück, (Foto : Strenger Osnabrück)

Ab 1840 faßt der **Historismus** mit seinen vielfältigen Stilrichtungen Fuß, die alle als Zitate vorangegangener Stilepochen beschrieben und begriffen werden können. Die im 18.Jh. durch wissenschaftliche Entdeckungen gelegten Grundsteine zur Revolutionierung des Kunsthandwerks (Volta, Galvani) machen auch vor der Gold- und Silberschmiedetechnik nicht halt. Galvani entdeckte 1786 die galvanischen Ströme, die in der technischen Anwendung u.a. zur Veredlung von Metallen dienen.

Damit kann das teurere Kupfer durch Nickel ersetzt werden, die Silberauflage wird dünner. Die explosionsartige Entwicklung der Industrie bringt einen erstaunlichen Wohlstand des Bürgertums mit sich. Dies wiederum führt zu einer noch größeren Nachfrage nach Gebrauchssilber.

Diese Entwicklung geht zwangsläufig auf Kosten von Kreativität und Innovation. So sehen wir uns heute in Technik und Design immer noch als Erben der vorgenannten Stilepochen.

Déjeuner für König Friedrich I., Meister HLV, Stuttgart, um 1810 (vermutl. ein Mitglied der Fam. Hirschvogel), (Württembergisches Landesmuseum, Stuttgart)

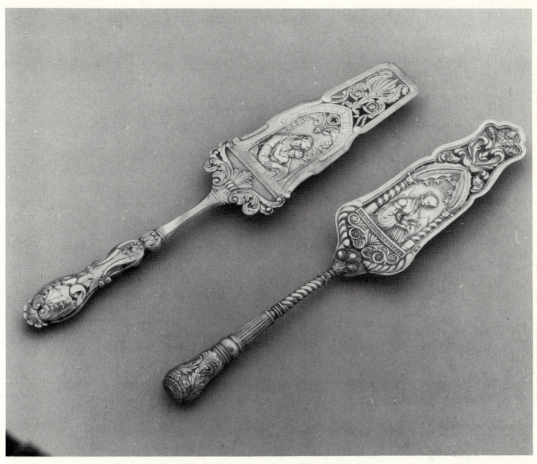

Zwei Tortenheber, Deutsch um 1850, J. C. W. Tewes
Die durchbrochenen Schaufeln sind einseitig gepreßt, die Stiele aus zwei gepreßten Hälften verlötet.
In Spitzbogenrahmen werden beliebte romantische Themen dargestellt und durch Unterschriften etikettiert
(Museum für Kunst und Kulturgeschichte der Stadt Dortmund, Foto: Andreas Schleimer)

SPIELZEUG

Interview mit Herrn Alfred Krieg,
Auktionator für Spielzeug, Eisenbahnen, Autos

Antiquitäten-Almanach: Herr Krieg, können Sie bitte die oben genannten Sammelgebiete grob für unsere Leser umreißen?
Herr Krieg: Nein, das Sammelgebiet ist einfach zu groß und zu weit gefächert. Den Löwenanteil machen allerdings Eisenbahnen aus, wovon der Großteil wiederum von Märklin stammt.

Antiquitäten-Almanach: Wann wurde mit dem Sammeln von altem Spielzeug, von Eisenbahnen und Autos begonnen?
Herr Krieg: Beim Nachblättern habe ich die erste Sammleranzeige in einer Zeitschrift aus dem Jahr 1953 entdeckt. Die ersten Auktionen gab es Mitte der 60er Jahre, etwa 10 Jahre später kommerzialisierte sich die Branche dann.

Antiquitäten-Almanach: Warum wird gesammelt: zur Befriedigung des Spieltriebs, aus Sammlerleidenschaft, oder als Kapitalanlage?
Herr Krieg: Jeder sammelt aus anderen Gründen, die wenigsten aus Spielgründen. Wer spielen möchte, kauft seine Eisenbahn normalerweise im Spielzeugfachgeschäft und bekommt dort mit neuer Ware mehr Spielwert für weniger Geld. Die meisten meiner Kunden sammeln professionell.

Der Einstieg in dieses faszinierende Sammelgebiet beginnt häufig nach folgendem Schema : mit 16 Jahren packt der junge Mann seine Eisenbahn weg, weil er sie langweilig findet und andere Dinge im Kopf hat. Mit 28 ist sein Sohn 6 Jahre alt und wünscht sich eine Eisenbahn, da fällt dem Vater die alte Eisenbahn wieder ein, und er holt sie vom Dachboden. Eine Lokomotive funktioniert nicht, er trägt sie zum Händler, der sagt: "Zum Reparieren und Spielen viel zu wertvoll, lassen Sie mir die Lok da, Sie bekommen zwei neue dafür" - und schon wird der Mann zum Sammler.

Antiquitäten-Almanach: Herr Krieg, wieviele Sammler gibt es ungefähr und aus welchen Bevölkerungsgruppen und -schichten kommen sie?
Herr Krieg: 10.000 Sammler im europäischen Raum, das ist eine Zahl, die ich als vernünftige Schätzung betrachten würde; davon werden wohl 75 - 80% in Deutschland leben. Spielzeugsammeln, wie wir es heute verstehen, ist also wohl eine deutsche Angelegenheit.

Auch in England gibt es viele Sammler, aber die sammeln anders als wir, nicht nach unseren strengen Richtlinien. Sie sammeln einfach was schön, alt und technisch interessant ist und funktioniert, zum Beispiel alte Spielautomaten mit sich bewegenden Figurengruppen.

E - Lok, Modell des schweizerischen " Krokodils ", L: 45 cm, 1933 (Foto: Alfred Krieg, HN - Biberach)

Antiquitäten-Almanach: Haben sich die Sammler in Vereinen oder Verbänden organisiert?
Herr Krieg: Eine Organisation der Sammler findet nicht statt, dazu ist die Konkurrenz unter den Sammlern zu groß. Auch ist das Fachwissen auf diesem Gebiet so breit gestreut, daß dazu die Notwendigkeit gar nicht besteht.

Antiquitäten Almanach: Zum Thema Kapitalanlage: Wie groß ist der Markt und wie entwickelt er sich? Läßt sich die Preisentwicklung mitverfolgen, z. B. mit Hilfe von Auktionsergebnislisten?
Herr Krieg: Die Kapitalanlage ist durchaus ein Aspekt, vor allem wenn es um die teuren Objekte geht. Der offizielle Weltrekord wurde in London für den "Rocket-Zug" erzielt, der für umgerechnet 117.000 DM versteigert wurde. Aber das ist die absolute Ausnahme.

Ergebnisse zwischen 50.000 und 100.000 DM werden immer wieder für Einzelstücke oder zusammengehörige Objekte erzielt, aber das sind Sonderfälle, die in ganz Europa nur etwa fünfmal im Jahr vorkommen. Preise, zwischen 15.000 und 20.000 DM, kommen auch bei uns des öfteren vor, aber im allgemeinen handelt es sich bei diesem Markt eher um eine "Low-Level"-Angelegenheit.

Es ist aber auch nicht zu übersehen, daß der Trend in Richtung größere Werte geht. Das liegt natürlich auch an der Sammlerstruktur: überdurchschnittlich viele Akademiker, Freiberufler und Selbständige, auch Leute mit eigenem Industriebetrieb. Ich erziele bei meinen Auktionen über 50% des Umsatzes mit 10 bis 12 Personen. Dabei handelt es sich natürlich nicht immer um dieselben Personen, aber jemand, der 5.000, 10.000 oder 15.000 DM umsetzt, ist immer beteiligt, - ob er jetzt persönlich anwesend ist oder über schriftliche Ferngebote teilnimmt.

Ich glaube aber nicht, daß in unserer Szene schon wesentliche Umsätze zur reinen Kapitalanlage erzielt werden. Es gibt eben nicht die von den Banken unterstützte Tendenz mit Notierungen und Beleihbarkeit. Außerdem ist es sehr schwierig, Prognosen für die Preisentwicklung auf einem bestimmten Teilgebiet zu stellen. Statistiken über in der Vergangenheit erzielte Ergebnisse sagen nichts oder nicht viel über die zukünftige Preisentwicklung. Für eine Kapitalanlage müßte man also eine Summe in Millionenhöhe investieren, um wirklich das gesamte Gebiet abzudecken.

Antiquitäten-Almanach: Können Sie uns etwas zum Thema Fälschungen sagen?
Herr Krieg: Heute gibt es auf jeden Fall keine Fälscherszene mehr. Die Tendenz, die Leute übers Ohr zu hauen, sinkt, da alle derartigen Fälle schonungslos veröffentlicht wurden. Auch ist das Fachwissen breit gestreut und die professionellen Händler haben große Erfahrung. Ich selbst habe 14 Semester Chemie studiert, kann aber trotzdem nicht sagen, daß ich absolut gegen Fälschungen gesichert bin. Man muß allerdings auch sehen, daß der Wert der Stücke, verglichen mit dem Preis der Fälschungen, zu niedrig ist. Um zum Beispiel die Lackierung einer alten Märklin-Lokomotive aus der Zeit um die Jahrhundertwende zu fälschen - damals wurde noch von Hand lackiert - bedarf es der Grundsubstanzen und Techniken, über die heute eigenlich nur noch Kunstrestauratoren verfügen. Letztere verdienen durch ihre normale Arbeit aber deutlich mehr als wenn sie fälschten.

Antiquitäten-Almanach: Herr Krieg, nennen Sie uns bitte die wichtigsten Messen und Märkte.
Herr Krieg: In Deutschland gibt es nur einen wirklich wichtigen Markt, nämlich den in Stuttgart-Bad Cannstatt.

Antiquitäten-Almanach: Welche Fachliteratur existiert zu diesen Themen, welche Bücher können Sie insbesondere dem Einsteiger auf diesem Sammelgebiet empfehlen?
Herr Krieg: An allgemeiner Literatur gibt es die "Battenberg-Kataloge", das Standardwerk ist "Koll's Preiskatalog". Sehr wichtig ist auch "Koll's Info für Insider", der etwa 3-5 mal im Jahr erscheint. Weiter gibt es "Walter's Preiskatalog", den "MCK-Katalog" und noch viele spezielle Publikationen; exemplarisch möchte ich hier die Buchreihe "Märklin - technisches Spielzeug im Wandel der Zeit" nennen.

Antiquitäten-Almanach:
Herr Krieg, wir bedanken uns recht herzlich für dieses informative Gespräch .

Spielzeug - Eisenbahnen - ein Sammelgebiet mit Zukunft

Seit mehr als zwanzig Jahren erfreuen sich Spielzeug-Eisenbahnen einer ständig wachsenden Beliebtheit. Waren es zu Beginn nur einige wenige, die damals noch von ihrer Umwelt belächelt wurden, ist inzwischen - nicht zuletzt durch die Publizität dieses Themas in den Medien - eine nicht mehr zu überschauende Vielzahl von Sammlern geworden, die fast jedes Wochenende auf die in allen größeren Städten stattfindenden Spielzeugmärkte und Auktionen pilgern.

Gesammelt wird fast alles, was jemals von deutschen - und auch von ausländischen Herstellern - auf dem Gebiet der Spielzeug-Eisenbahn produziert worden ist. Aber hier muß zwischen den einzelnen Sammelgebieten unterschieden werden. Zum einen gibt es das Gebiet der Spielzeug-Eisenbahnen, die damals für Kinder zum Spielen produziert wurden, zum anderen das Gebiet der Spielzeug-Eisenbahnen, die - bis zum heutigen Tag - für Modellbahner produziert werden.

Während das Interesse der Modellbahner hauptsächlich in der perfekten Nachbildung der Realität liegt, legen die Sammler von alten Kinderspielzeug-Eisenbahnen mehr Wert auf Originalität und Zustand als auf Modelltreue, ja selbst der Originalkarton wird heute teilweise höher als der damalige Verkaufspreis der Lokomotive bewertet.

Darüber hinaus gibt es unter Sammlern eine unglaubliche Markenbindung, insbesondere zur Göppinger Edelmarke Märklin. Die Markentreue geht soweit, daß vor allem bei der Spurweite 00/H0 viele Sammler eine Komplettierung des Herstellungsprogramms anstreben, auch wenn einzelne Artikel per se überhaupt nicht sammelnswert sind. Ganz anders ist das Ziel der Sammler großer Spurweiten. Statt einer Komplettierung des damaligen Sortiments, die ohnehin den finanziellen Rahmen fast jedes Sammlers sprengen würde, werden einzelne Züge oder Zugszenen, ja ganze Anlagen im Stil der Vorkriegszeit aufgebaut.

Als Mitte der sechziger Jahre die Leidenschaft des Spielzeug-Eisenbahnsammelns begonnen hat, konnten die meisten Sammler den Grundstock ihrer Sammlung relativ günstig von den damaligen Erstbesitzern erwerben, die den alten Spielzeug-Eisenbahnen lediglich den Wert von anderen gebrauchten Gegenständen zugemessen hatten. Da es inzwischen der breiten Bevölkerung nicht mehr unbekannt ist, daß Spielzeug-Eisenbahnen hoch im Kurs stehen, ist diese Bezugsquelle weitgehend versickert.

Ende der sechziger Jahre entstanden erste Auktionen, zu denen sich Sammler aus ganz Europa einfanden, um nicht nur in der Auktion zu kaufen, sondern auch auf dem Parkplatz vor dem Auktionslokal aus dem Kofferraum heraus zu handeln. Inzwischen sind Auktionshäuser fast wie Pilze aus dem Boden geschossen, wobei das Auktionsangebot im Vergleich zu den frühen siebziger Jahren wesentlich magerer geworden ist.

Zu den Spielzeugmärkten, die sich aus den Kofferraummärkten entwickelten, und die über ein qualitativ hochwertiges Angebot an großen Spurweiten verfügten, sind zwischenzeitlich eine Vielzahl neuer Veranstaltungen hinzugekommen, bei denen fast ausschließlich die Artikel aus den letzten zwanzig Jahren angeboten werden.

Zu einem weiteren wichtigen Angebotsfaktor sind Spielzeug-Raritäten-Kataloge geworden, die dem interessierten Sammler in regelmäßigen Zeitabständen ein aktuelles und bebildertes Angebot vermitteln und darüberhinaus auch durch eine Vielzahl von Dienstleistungen jegliches Risiko beim Kauf ausschließen.

Früher dienten die Auktionsergebnisse für Sammler als Grundlage für die Preisfindung. In der Zwischenzeit erscheinen für fast alle Sammelgebiete jährlich Sammlerkataloge mit den neuesten Marktpreisen, die dem Sammler eine schnelle und leichte Preisorientierung ermöglichen. Um die Preisentwicklung der Märklin-Eisenbahnen der Spurweiten 0 und 1 zu dokumentieren, wurde der obenstehende Hans-Willi-Walter-Index geschaffen, der auf der Basis der Preise in Walter's Sammler Katalog die Preisentwicklung seit dem Jahre 1983 widerspiegelt

Die Preisentwicklung in anderen Sammelgebieten sieht jedoch bei weitem nicht so rosig aus. Im krassen Gegensatz hierzu steht die Preisentwicklung bei limitierten Sondermodellen, die in den letzten zehn Jahren für Sammler in unwahrscheinlich hoher Stückzahl auf den Markt geworfen wurden. Hier ist nicht der Sammler der Gewinner, sondern nur der Hersteller, und dies auch nur kurzfristig. Denn der wahre Kaufanreiz liegt nicht mehr im Modell, da die Sonderserien in der Regel nur eine Farbvariante eines Serienmodells darstellen, sondern lediglich in der Gewinnerwartung, die aber durch die hohen Stückzahlen zerschlagen wird. Deswegen ist es jedem Sammler zu empfehlen, in die gewachsenen Raritäten zu investieren und nicht in die, die schon als solche produziert werden.

Hans - Willi Walter

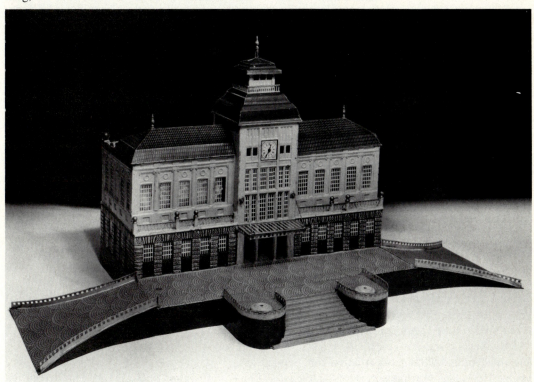

Legendärer " Leipziger Bahnhof " aus den späten 20 er Jahren, der zu beiden großen Spurweiten paßt

Schnellzuglokomotive, Baureihe 01, gebaut von 1929 - 1931, ca. 71 cm lang (Fotos: Hans - Willi Walter)

Teddybären hoch im Kurs

Alte Stücke und neue Replica sind beim Sammler gleichermaßen gefragt

Einen Teddybar als Geldanlage? Mit einem Hauch von Sentimentalität wird sich da mancher renditebewußte Zeitgenosse an den vielgeliebten stummen Gefährten der Kindheit erinnern, etwas wehmütig lächeln, und sich dann kopfschüttelnd den neuesten Nachrichten aus der Börsen- und Finanzwelt zuwenden - vielleicht noch einen Blick in die Rubrik "Antiquitäten und Kunst" riskieren. Plüschtiere in einem Atemzug mit gewinnträchtigen Investitionen zu nennen - diese Kombination erscheint doch zumindest ungewöhnlich, denn was für einen Wert stellt schon ein alter Teddy dar?

Doch wer solch eingefahrenen Denk-Gleisen verhaftet ist, verpaßt vielleicht einen Zug, der immer stärker in Fahrt kommt. Vor allem bei unseren angelsächsischen Nachbarn in den USA und Großbritannien ist seit einigen Jahren ein ungeahnter Teddyboom ausgebrochen, den sich die Liebhaber der drolligen Spielgefährten aus Plüsch einiges kosten lassen. Im ehrwürdigen Auktionshaus Sotheby's kann man wahrhafte Schlachten um die "Teddy Bears", speziell von Steiff, erleben. 39 kamen allein in der Spielzeug-Auktion vom September 1987 unter den Hammer. Den Vogel schoß ein Petz aus dem Jahre 1920 ab, obwohl der 117 cm große Veteran - wie der Katalog akribisch genau beschrieben - ein fast abgetrenntes Ohr und einen aufgerissenen Pelz am Knöchel zu beklagen hat und an den Fußballen die Füllung herausschaut. Fast 17.000 Mark investierte der Käufer in das "angejahrte" Exemplar.

Eingefleischte Teddybär-Fans interessiert in erster Linie nicht, wie gut erhalten ihre ersteigerten Kostbarkeiten sind, ihnen geht es um den "Charakter" ihrer Lieblinge, um ihre Originalität. Und solche Teddy-Persönlichkeiten waren eben nur die spitznäsigen, hartgestopften "Klassiker" von Steiff aus den Pioniertagen der Plüschtiere um die Jahrhundertwende bis in die fünfziger Jahre - und nicht die heute so beliebten Kuschelbären. Oder muß man sagen: noch nicht? Die Ehre, Spitzenreiter in der Hitliste der bei Sotheby's versteigerten Teddys zu sein, kann bis jetzt ein 51 cm großes Exemplar des Geburtsjahrs 1913 für sich in Anspruch nehmen. Glatte 27.000 DM ließ ein Amerikaner für das Vergnügen springen, den kleinen Kerl in seine Sammlung aufzunehmen. Einzelfälle oder nur amerikanische Übertreibung? Keineswegs! Auch deutsche Interessenten legen beachtliche Summen hin wie im Fall einer Kölner Lehrerin, die mit 18.000 Mark lange Zeit den Weltrekord für Teddy-Preise hielt.

Unter 10.000 Mark für Bären aus der Zeit vor dem Ersten Weltkrieg ist fast nichts mehr zu machen und selbst für Ausgaben aus den fünfziger Jahren muß man schon um die 600 bis 800 DM anlegen. Renner auf dem Sammlermarkt sind Teddys aus dem Hause Steiff. Kein Wunder, denn in Giengen bei Ulm stand die Wiege der ausgestopften Schmusetiere. Allein zwischen 1903 (dem Geburtsjahr des Teddys) und 1914 verließen ca. 8 Millionen Bären die Produktionshallen des Unternehmens. Die sorgfältige Verarbeitung wird von den Sammlern geschätzt - und der berühmte "Knopf im Ohr". Ob dieses im Jahre 1904 eingeführte Markenzeichen die Jahre überlebt hat oder nicht, wird bei jedem von Sotheby's angebotenen Tier sorgfältig vermerkt.

Der "Steiff Button in Ear" treibt den Wert gleich um mehrere 100 Pfund in die Höhe. Gesammelt werden neben den alten Bären jedoch auch neue. Vielleicht spielt hier die Sehnsucht eine Rolle, die erste Liebe im Leben eines Petzes zu sein, wer weiß? Steiff jedenfalls hat sich den Hang zu "Bären-Oldies" zunutze gemacht. 1980 kam die erste Replik auf den Markt, der sogenannte Papa-Bär. Die limitierte Nachbildung des ersten Teddys fand - trotz eines stolzen Preises von knapp 200 Mark bzw. 150 Dollar - sofort 11.000 Käufer, vor allen Dingen in Europa und USA. Inzwischen wird der Jubiläumsteddy ab 500 Dollar aufwärts gehandelt. Weitere "Neuauflagen" mit einem Limit zwischen 6.000 und 20.000 Stück sind seitdem im Handel. Unter ihnen der Filzelefant aus dem Jahr 1880, der ursprünglich zehn Zentimeter groß und als Nadelkissen gedacht, Margarete Steiffs Karriere begründete. Von da an ging es bergauf. Schon vor der Jahrhundertwende ist das Sortiment auf eine umfangreiche Tierschau aus Filz gewachsen. Den großen Schub brachte im Jahre 1903 ein vom Neffen Richard Steiff entwickelter Stoffbär aus weichem Mohair-Plüsch, der wenig später unter dem Namen Teddy ein Welterfolg werden sollte. Heutzutage bevölkern rund 500 unterschiedliche Plüschtiere die Kataloge der Spielwarenfabrik Margarete Steiff. Dazu gesellen sich seit zwei Jahren noch wunderschöne Puppen, die an eine alte Tradition des Untenehmens anknüpfen. Gesammelt wird inzwischen alles, was aus dem Hause Steiff kommt, denn es hat sich gezeigt, daß die über Jahrzehnte gleichbleibende Qualität eine ständig wachsende Schar an Liebhabern findet. Sammel- und Spieltrend verhelfen einer rund 820 Köpfe zählenden Belegschaft zur Arbeit und bringen dem Unternehmen etwa 60 Mio. Mark an Umsatz pro Jahr.

*Verantwortlich für den Inhalt:
Pressebüro Dieter Tschorn, Postfach 1745,
6940 Weinheim/Bergstr., Tel.: 06201 / 57878*

Steiff - Original - Teddybär, 1909, Replica (Foto: Firma Steiff GmbH, 7928 Giengen / Brenz)

Eine Gestalt mit vielen Namen

Punch, Guignol, Petruschka, Karagöz, Jan Klaasen, Pulcinella, Vités László, Vasilache, Pickelhering, Wurstl, Hanswurst - Kasper.

Eine Symbolgestalt, die in nahezu allen Kulturkreisen zu Hause ist. Obwohl diese Figur eine vielschichtige und wechselhafte Geschichte besitzt, verbindet doch jeder mit dem Namen Kasper eine Klischeevorstellung.

Das ist der holzköpfige, prügelfreudige Knabe aus dem Puppentheater, mit langer Nase und roter Zipfelmütze, der nie um eine Antwort verlegen ist. Mit seiner Großmutter, Seppl und Gretel bezwingt er alle Gegner, sei es Polizist, Zauberer, Krokodil oder gar Tod und Teufel selbst.

Er scheint ein wenig veraltet mit seinen stereotypen Witzen und seinen aufgesetzt wirkenden, mechanisch einsetzenden Empfindungen. Wer findet seine Schusseligkeit und Feigheit, trotz derer er großsprecherisch stets allen Erwachsenen und Kindern an List und Erfahrung unendlich überlegen ist, noch glaubhaft und zeitgemäß?

In der Tat liegt die Blütezeit seines Daseins schon etwa hundert bis zweihundert Jahre zurück. Die Ursprünge dieser komischen Gestalt noch viel weiter. Der Name Hanswurst taucht zum ersten Mal in Sebastian Brants "Narrenschiff" im 15. Jahrhundert auf. Somit ist er als eine besondere Ausprägung der archetypischen Figur des Narren zu sehen, dessen sprachliche Wurzeln sich bis in den Sanskrit zurückverfolgen lassen.

Charakter und Name, die Gesichtszüge wie die beständigen Witze des Kasper Larifari lassen sich jedoch auf ein lebendiges Urbild in der Wiener Barocktradition des 18. Jahrhunderts zurückführen: auf den Komiker Johann la Roche.

Am 1. April 1745 in Preßburg geboren, war dieser schon in jungen Jahren als Hans-Wurst-Darsteller zu einer der vielen Wanderbühnen gegangen, die mit einer bunten Mischung aus Opern-Parodien, Stegreif-Burlesken, später auch Rühr- und Räuberstücken seit über hundert Jahren durch Deutschland zogen. Diese Jahrmarktstheater waren ganz auf die Improvisation der Schauspieler gestellt, ähnlich wie ihr Vorbild, die Commedia dell' Arte. Ihr Spiel war frei von jeglicher poetischer Ambition, und die pöbelhafte, vulgäre Spielweise hatte mit Zoten, Possen, Grimassen und platten Witzen ihren Erfolg bei Jung und Alt garantiert. Unabhängig von Tragik oder Heroik des dargebotenen Stückes gab es immer einen Spielvorwand für die komische Figur des Hanswurst oder Pickelhering.

Der Kasper oder Kasperle war ursprünglich nur eine Art Assistenz-Possenreißer (vergleichbar mit dem Seppl im späteren Puppentheater, der als Stichwortlieferant nur ein fader Abglanz des Kasperl war). La Roche, bei seinem ersten Auftritt 19 Jahre alt und noch zu jung für die Rolle des Hanswurst, übernahm die Rolle des Kasperl. Durch sein Talent wurde er bald so erfolgreich, daß er seinen neu geschaffenen Typus in kurzer Zeit ganz an die Stelle des Hanswurst treten lassen konnte. Bis zu seinem Tod im Jahr 1806 konnte sich La Roche den Weg bis in die Volkstheater erobern und seine Narreteien und Streiche überdauerten alle politischen und kulturellen Veränderungen des 18. Jahrhunderts.

Berühmte Komödienschriftsteller wie Adolf Bäuerle, Johann Nestroy und Ferdinand Raimund konnten ihre Stücke nur deshalb so erfolgreich gegenüber dem klassischen Theater behaupten, weil La Roche den Begriff des Stegreif-Theaters auf der Bühne bzw. im Publikum bewahrt hatte.

Erst Ende des 18. Jahrhunderts verwandelte sich das Kasperle schrittweise in eine Marionette und später in eine Handpuppe (La Roche soll, den Schilderungen seiner Zeitgenossen nach, der äußeren Ausprägung des heutigen Kasperle verblüffend ähnlich gewesen sein).

Bereits zu diesem Zeitpunkt begann sich der Stellenwert des Kasperle zu wandeln. In der Zeit des Biedermeier war seine stereotype Redeweise, inzwischen von Zoten entschärft und salonfähiger, nur noch erträglich, wenn es sich um die

Kasperpuppe von koboldhafter Gestalt handelte, oder auf der Schauspielbühne im Kindertheater. Dennoch war seine Beliebtheit bei weitem nicht gesunken. Es ist z.B. anzunehmen, daß Mozart sich in seinem Kanon:
Geh'n ma in'n Prater
Geh'n ma in'd Hötz
Geh'n ma zu'n Kasperl,
zu'n Kasperl, zu'n Kasperl,
durchaus auf den hölzernen Doppelgänger La Roches bezog, den er in den Praterbuden bestimmt öfters gesehen hatte.

Handpuppe (Kasper), Thüringen, Mitte 19. Jh. (Foto : Museum für Puppentheater, Fritz Fey jun., 2400 Lübeck)

Die Popularität des Hanswurst und des Kaspers muß enorm gewesen sein, denn seine Gestalt war ein beliebtes Motiv in der Volkskunst und im Kunstgewerbe des 18./19. Jahrhunderts. Er erscheint auf vielen Titelblattkupferstichen und auf Holzschnitten, als bäuerliche, dekorative Holzschnitzerei und als Backmodel, auf Schützenscheiben, Kartenspielen und in Form von Nippesfiguren der Porzellanmanufakturen Fulda, Ludwigsburg und Frankenthal.

In der Romantik schließlich begann der Kasper seinen Einzug in die Märchenspiele, was ihn endgültig auf seinen bis heute bestehenden Platz im Kindertheater verwies.

Wenn man heute den Kasper als verstaubt und abgedroschen empfindet, so hat dies sicherlich auch seinen Grund in der pädagogisierenden Verwendung des Kaspers, die sich zu Beginn des 20. Jahrhunderts entwickelte: von den Wandervögeln, die den Kasper als romantisiertes Vorbild des Naturburschen einsetzten, über den "Roten Kasper" der SPD und KPD der 20er Jahre, der sozialistische Parolen schmetterte, bis hin zum heutigen Zahnputz- und Verkehrskasperle.

Andererseits wirkt der Kasper mit seiner volkstümelnden Komik etwas sonderbar im Vergleich zu der von den Medien geprägten Slapstick- und Animationsfilmkomik. Wer ist der Kasper neben Barbie-Puppen, Action-Männern, Weltraum-Monstern und Mickymaus? Da helfen auch die Massenproduktionen von stilistisch abgeflachten Holz- und Plastik-Kasperfiguren in den Spielzeugläden nichts mehr.

Nur wenige Puppentheater tradieren das Kasperl-Theater in seiner urwüchsigen Art und Weise. Der "Hohnsteiner Kasper" sei hier genannt, dessen frühe Holzpuppenköpfe nach wie vor überraschende Lebendigkeit ausstrahlen. Sie sind inzwischen begehrte Sammlerobjekte.

Aber zu der Vollkommenheit der Darstellung gehört nicht nur die künstlerische Ausformung der Puppe, sondern auch die Durchdringung der Texte, damit das Spiel ein belebendes Ganzes bildet. Aber die "hohe Kunst" des Kasperlspiels ist heute nur selten zu finden.

Und obwohl heutzutage einige ernsthafte Versuche im Puppenspiel unternommen werden, um den Kasper wieder in Kinderstücke und sogar Erwachsenenprogramme zu integrieren, wird letztendlich das Publikum die Antwort auf die Frage geben: "Ist der Kasper tot?"

Martin Bachmann
Susanne Bartzke

Orientalische Teppiche

- geknüpfte Kostbarkeiten, haben Menschen seit jeher in ihren Bann gezogen. Ihre Schönheit vermittelt sich unmittelbar und ihr Gefallen wird durch Muster und Farbe spontan entschieden.

Teppiche sind reale Gegenstände; mit natürlichen Materialien wurden sie von Menschen aller sozialen und gesellschaftlichen Schichten hergestellt. Ihre ästhetische Schönheit und ihr sensitiver Genuß erfreuen Leib und Seele ihrer Besitzer gleichermaßen. Ihre psychosomatisch beglückende Wirkung hatte selbst Sigmund Freud früh erkannt und bediente sich ihrer. Noch heute liegt der Teppich auf seiner berühmten Couch, mit dessen stimulierender Wirkung auf seine Patienten Freud fest rechnete.

Bemerkenswert ist die Tatsache, daß kaum jemand Teppichen gegenüber eine ablehnende Haltung einnimmt. Immer ist es ihre märchenhafte Aura, die ihnen die Herzen der Menschen öffnet, und das gerade gefallende Stück ist es, das die Sehnsucht nach seinem Besitz auslöst.

Das Geheimnis ihrer Faszination erklärt sich zum großen Teil daraus, daß sie von Menschen aller Schichten gefertigt wurden; dadurch ergeben sich mentalitäre Gleichungen zwischen Hersteller und Käufer. Alle geschmacklichen Strömungen finden in ihnen ein Pendant. Ihre Muster- und Farbenfülle reicht über alle Stilrichtungen. Ihre Tradition ist uralt und jung zugleich. Teppiche waren immer kreative Ausdrucksform ihrer Epoche. Ihre über die Jahrhunderte erlangte Souveränität erlaubte es ihnen, sich allen Strömungen zu öffnen. Eigene und fremde Kulturen fanden in ihnen Eingang, führten zu ihrer steten künstlerischen Erneuerung und waren doch die Nahrung für den Erhalt ihres archaischen Charakters.

Im Gegensatz zur heutigen Zeit, wo Teppiche als Konsumgut in betrieblichen Großknüpfereien von hierfür bestelltem Personal geknüpft werden, waren Teppiche früher Allgemeingut. In allen gesellschaftlichen Schichten beschäftigte man sich mit ihnen, sei es direkt mit ihrer Herstellung oder indirekt mit der Herstellung ihrer Materialien oder dem Handel. Teppiche waren Volkskunst im besten Sinne des Wortes. Die besondere Fähigkeit ihrer Knüpfer, ihr Kunstsinn und ihr handwerkliches Können machten sie zu dem, was sie sind: "Geknüpfte Perlen des Orients".

Jeder alte Teppich spiegelt auf wundervolle Weise Tradition und Kreation seines Knüpfers wieder, ist sein ornamentales Diagramm und ist doch eine absolute, sich selbst verwirklichende Kreation, die sich menschlichen Fleißes bedient.

Einmal mit dem Gebiet Teppich befaßt, entwickelt es für jeden ernsthaften Sammler eine Eigendynamik, die sich niemals erschöpft. Teppiche verlangen zu ihrem besseren Verständnis, daß man sich mit ihnen, ihren Herstellern, deren Lebensgebräuchen und Einflüssen beschäftigt. Die Leidenschaft, sich mit Teppichen zu befassen, ist für viele gleichzeitig Einstieg in ein umfassendes Studium der orientalischen Volks- und Kulturgeschichte. Mit guten Kenntnissen ausgestattet, findet der Teppichsammler in unserem mitteleuropäischen Raum ein genügendes Refugium, aus dem heraus sich nahezu noch alles rekrutieren läßt. Auf der Suche nach sammlungswürdigen Teppichen sei kurz angemerkt, daß auch hier marktwirtschaftliche Gesetzmäßigkeiten ihre Gültigkeit besitzen. Ein antiker Teppich findet selbstverständlich dort seinen Markt, wo Angebot und Nachfrage zu seinem Handelsplatz führen. In den letzten zwanzig Jahren hat mit zunehmender Tendenz der Handel mit alten und antiken Teppichen seine Spezialisierung erfahren. Mehr und mehr haben sich in das antiquitätenhandelnde Ensemble "Teppichantiquitäten-Galerien" integriert, die mit selektierten Kollektionen und fachlich fundiertem Wissen für jeden Teppichsammler ein "Dorado" sind.

Heute ist der antiquarische Teppich im Kunst- und Antiquitätenhandel als eigenständige Sparte voll etabliert. Namhafte "Teppichantiquare" haben hierfür über viele Jahre hinweg wahrhafte Pionierleistungen erbracht. Gottlob werden sie heute durch großes Interesse und gute Umsätze entlohnt.

Sehr gute Exemplare oder gar "Fixsternen" gleichende Superstücke sind rar. So ist es verständlich, daß für beste Stücke verhältnismäßig viel mehr gezahlt werdem muß als für mittlere Stücke gleicher Provenienz. Gleichermaßen verändert der mehr oder weniger gute Zustand eines sammlungswürdigen Stückes ganz erheblich seinen Wert; liegt es doch in der Natur der Sache, daß alte Teppiche, je nach Strapazierung und Verwendung, höchst unterschiedlich in ihrem Erhaltungszustand sein können. Wann und ob ein Teppich, je nach seinem mehr oder weniger guten Zustand, welchen Wert besitzt, entscheidet sich ganz nach der kunsthandwerklichen und kulturgeschichtlichen Bedeutung eines jeden Stückes unter Berücksichtigung seiner Seltenheit und Begehrtheit. Hier helfen dem Sammler wie dem Händler nur bestens fundierte Kenntnisse. Grundsätzlich sollten Teppiche in gutem Zustand sein. Das Gros der heute im Handel befindlichen Sammlerteppiche ist nach 1850 geknüpft worden; für diese Teppiche darf durchweg ein nochguter bis guter Zustand erwartet werden. Der gute oder beste Zustand verliert dann seine Bedeutung, wenn das ausgesuchte Stück für seine Gattung zu spät hergestellt wurde, in sich degeneriert ist oder bereits kommerzielle Einflüsse zu seinem kunsthandwerklichen Niedergang geführt haben. Die Altersgrenze für sammlungswürdige Teppiche ist entsprechend ihrer geographischen Lage und der dort stattgefundenen politischen, kulturellen und wirtschaftlichen Einflüsse unterschiedlich anzusetzen.

Nahezu risikolos ist es, Teppiche für die eigene Sammlung zu erwerben, die noch vor oder um 1900 geknüpft wurden. Viele Provenienzen hatten gar zu dieser Zeit ihre letzte große Blüte. Zum Beispiel führte die gute Auftragslage in persischen Meisterwerkstätten zu ihrer wirtschaftlichen Konsolidierung und ermöglichte damit noch bis in die dreißiger Jahre eine umfangreiche Produktion bester und kunsthandwerklich hochwertiger Teppiche. In anderen Regionen, z.B. im Kaukasus und in Turkmenistan, haben politische Veränderungen die kunsthandwerkliche Tradition, die hier im wesentlichen durch ihre ethnische und geographische Geschlossenheit geprägt und getragen wurde, schnell zerstört, sodaß Teppiche aus diesen Regionen ab etwa 1910-1920 schnell degenerierten. Bei anatolischen Teppichen ist die Grenze noch früher, bei ca. 1880 anzusetzen; auch hier sind, wie überall, Ausnahmen die Regel.

Einmal den geknüpften Perlen des Orients verschrieben, ist jedes entdeckte Stück aufregend und beglückend zugleich. In jeder Hinsicht verlangt ein jedes alte Stück fachlich konzentrierte Aufmerksamkeit. Es bestätigt bestehendes Wissen ebenso, wie es stets zu neuen Erkenntnissen führt. Einmal mit dem Bazillus "Teppich" infiziert, nährt dieser die Leidenschaft des Sammelns, ein neu hinzugefundenes Stück ist Medizin und Rausch zugleich.

Bis sich für eine objektive Beurteilung antiker Teppiche brauchbare Kriterien herausbilden, mit denen sie sicher beurteilt werden können, ist ein langer Weg. Die Teppiche selbst sind es, die in ihrer unendlichen Vielfalt keine einheitlichen Bewertungsmaßstäbe zulassen. Nahezu für jede Art müssen spezifische Kriterien entwickelt werden. Einmal mit allgemein guten Kenntnissen versehen, kommt fast immer die Spezialisierung auf eine bestimmte geographisch oder ethnologisch begrenzte Teppichart. Teppiche kennen und verstehen lernen verlangt passionierte Bereitschaft, ein gutes Gespür und ein sehr gutes visuelles Gedächtnis. Erfahrungswerte müssen für Händler und Sammler gleichermaßen erarbeitet werden. Hier hilft nur unermüdliche Beschäftigung mit dem Thema Teppich. Ein sicheres Urteilsvermögen und die Anerkennung vieler Gleichgesinnter ist der Lohn.

Der Marktwert antiker Teppiche ist ebenso schwankend, wie er bei allen anderen hochwertigen Investitionsgütern schwankend ist. Gerade weil es noch lange kein einheitlich ausgereiztes Preisgefüge gibt, kann das Sammeln alter und antiker Teppiche auch in finanzieller Hinsicht sehr ergiebig sein. Neben Teppichklassikern und ein-

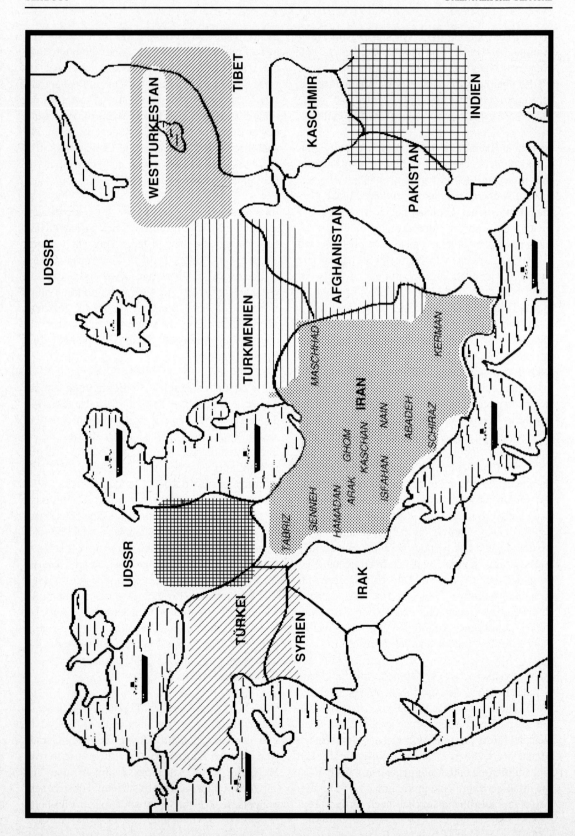

HERSTELLUNGSGEBIETE / PROVENIENZEN

DES ANATOLISCHEN (TÜRKISCHEN) TEPPICHS	DES KAUKASISCHEN TEPPICHS	DES PERSISCHEN TEPPICHS	DES TURKMENISCHEN, AFGHANISCHEN UND BELUTSCH TEPPICHS	DES TURKESTANISCHEN TEPPICHS	DES INDISCHEN TEPPICHS
Bergama	Akstafa	Abadeh	Buchara	Alma-Ata	Agra
Brussa	Ardebil	Afschar	Beschir	Aksu	Amritsar
Ghiordes	Baku	Bachtiar	Herat	Chotan	Delhi
Hereke	Bidjov	Bidjar	Khotan	Niya	Srinagar
Bursa	Bordjalou	Birdschend	Kizilayak	Kaschgar	Jaipur
Kayseri	Chaili	Doroksch	Pende	Jarkand	Lahore
Konya	Tschelaberd	Ferragan	Smarkand		Mirzapur
Kula	Tschitschi	Isfahan			Multan
Kum Kapi	Chondsresk	Gaschgai			
Ladik	Derbent	Ghom, Heris			
Mekri	Eriwan	Hamadan			
Milas	Fachralo	Dschuschegan			
Mucur	Kasak	Karadja			
Panderma	Karagashli	Keschan			
Sivas	Konagkend	Kaswin			
Smyrna	Goradis	Kirman			
Sparta	Karachoph	Kermanschah			
Ushak	Chila	Mahallat			
Yürük	Lambalo	Malayer			
	Lenkoran	Mesched			
	Lori-Pampak	Mossul			
	Marasali	Nain, Niris			
	Perepedil	Serabend			
	Seichur	Saruk			
	Schirwan	Senneh, Sarab			
	Schulaver	Schiras			
	Sumach	Sultanabad			
		Täbris, Teheran			
		Weramin			
		Yazd			

zelnen musealen Exponaten, deren Wert in oberen Sphären gesichert ist, gibt es eine Vielzahl sammlungswürdiger Teppicharten, die heute noch zu recht unauffälligen Preisen gehandelt werden und die gerade deshalb Sammler mit Vorliebe aufkaufen. Unter anderem sind es Kelims und Knüpfteppiche ländlicher und peripher zu den großen Zentren gelegenen Gebiete. In der Vergangenheit nur mäßig beachtet, sind diese Arbeiten heute noch günstig zu haben. Gerade in ihnen hat sich archaische Kraft und vitale Unbekümmertheit noch am längsten erhalten.

Hierzu zählen alte Teppiche und Kelims aus Kurdestan, Beloutschistan, Aserbeidjan in Nord- und aus der Provinz Fars in Südpersien. Je mehr die schon lange renommierten Teppicharten in der Preisspirale nach oben treiben, umso mehr geraten noch nicht so erschlossene Provenienzen in das Blickfeld der Sammler.

So vielfältig Teppiche sind, so vielfältig ist auch ihre Lektüre. Neben Standardwerken sind es gerade die auf einzelne Teppichthemen und -gruppen spezialisierten Werke, die wissenschaftlich erarbeitete Kenntnisse vermitteln. Sie zu lesen ist unabdingbar, sie zu sammeln besonders reizvoll.

Teppiche haben immer die Herzen der Menschen bewegt. Mythenumrankt, von gekrönten Häuptern begehrt und von berühmten Malern aller Zeiten auf ihre unvergessenen Bilder gebannt, haben sie lange schon in den großen Museen der Welt ihren festen Platz. Mit ihnen wetteifern heute Sammler, Händler, Kapitalanleger und Liebhaber um die besten Stücke.

Das große Glück der heutigen Teppichsammler ist es, in einer Zeit zu leben, in der das Gleichgewicht von Angebot und Nachfrage alter und antiker Teppiche noch besteht. Noch ist es jedem Sammler möglich, die Stücke seines Herzens zusammenzutragen. - Wie lange noch? Der Ausverkauf dieser uralten kunsthandwerklichen Ausdrucksform hat lange schon begonnen. Zukünftige Generationen werden sich mit den Kopien der Stücke begnügen müssen, deren Besitzer wir heute sind und noch werden können.

WERNER BÄUMER
GMBH

TEPPICHANTIQUITÄTEN UND TEXTILKUNST · AUCH ANKAUF

**HEINRICH HEINE ALLEE 53
4 DÜSSELDORF 1 · T. 02 11/13 33 83**

*- Werner C. Bäumer -
Teppichgalerist, Düsseldorf*

Das Magazin

Antiquitäten
&WOHNEN

bringt alle 3 Monate über 1000 Angebote, reichlich Information und viel Wissenswertes für den Antiquitäten- und Kunstliebhaber.

Überzeugen Sie sich: Bestellen Sie ein Probeexemplar

◄————————— HIER AUSSCHNEIDEN —————————►

An die CTB Auktionsverwaltungs GmbH
Neckargartacher Str. 94   7100 Heilbronn

☐   Bitte übersenden Sie mir das Magazin Antiquitäten & Wohnen als kostenloses Probeexemplar

☐   Hiermit bestelle ich das Magazin Antiquitäten und Wohnen zum Vorzugspreis von DM 48,- (Einzelpreis DM 10,-) für die nächsten 6 Ausgaben. Das Abonnement verlängert sich jeweils um weitere 6 Ausgaben, wenn das Abonnement nicht schriftlich gekündigt wird.

NAME, VORNAME

STRASSE   PLZ, ORT

DATUM   UNTERSCHRIFT

Der Antiquitäten Almanach

Ein Weg sich darzustellen!
Ein Buch, das für sich selber spricht!

Ob Regionsbeschreibung oder Preisführer
- setzen Sie sich schnell mit uns in Verbindung -
Telefon 07131 - 470720

◄------------------- HIER AUSSCHNEIDEN -------------------►

TÖNNIES GmbH
Neckargartacher Str 94   7100 Heilbronn

☐ Ich interessiere mich für die Darstellung meiner Artikel in der Rubrik "Preisführer".

☐ Ich interessiere mich für die Darstellung meines Geschäftes in der Rubrik "Regionen".

☐ Hiermit bestelle ich ....Exemplar/e des Buches Tönnies Antiquitäten Almanach für DM 49,5o / Stck

_____
NAME, VORNAME

_____
STRASSE   PLZ, ORT

_____
DATUM   UNTERSCHRIFT

*Antiker Kasak, Rußland,
drei Reihen rechteckige Ornamente auf blauem Feld, 318cm x 169cm
(Antiquitäten & Wohnen, Heilbronn)*

*Antiker Isfahan, Persien,
dunkelblaues Zentralmedaillon auf weinrotem Feld,
Abrasch, Eckmotive in warmem Lindgrün, naturfarben, 232cm x 183cm
(Antiquitäten & Wohnen, Heilbronn)*

*Antiker Sarough - Vasenteppich, Mittelwestpersien, Provinz Feraghan,
ca 1880 - 1920, Knüpfteppich Wolle auf Baumwolle, 88cm x 154cm,
(W. Bäumer, Düsseldorf)*

*Gashgai - Kelim, Südpersien, Provinz Fars, 1880 - 1920,
Nomadenarbeit, Flachgewebe in Schlitzbindung, 280cm x 165cm,
(W. Bäumer, Düsseldorf)*

*Perepedil - Nordschirwan, Ost - Transkaukasus,
2. Hälfte 19. Jh., Knüpfteppich Wolle auf Wolle, 208cm x 132cm,
(W. Bäumer, Düsseldorf)*

*Kasak, SSR-Aserbeidschan, Transkaukasus, letztes Viertel 19. Jh.,
Knüpfteppich Wolle auf Wolle, 267cm x 170cm,
(W. Bäumer, Düsseldorf)*

Exclusiv bei:

Antiquitäten & WOHNEN

Neckargartacher Straße 94
7100 Heilbronn - Böckingen

Sehr feine Möbel und Uhren aus Frankreich und der Schweiz

✻ "Perfekt restauriert"

✻ "5 Jahre Garantie auf Uhrenwerk"

✻ "Kostenlose Aufstellung beim Kunden"

✻ "Alle Möbel und Uhren mit Ursprungszeugnis und Expertise"

Ständige Ausstellung von:

Standuhren,
Schränken,
Kommoden,
Kredenzen,
Lampen,
Stühlen,
Sessel
und vieles mehr

aus dem 18. und 19. Jahrhundert.

J. DEPRAZ®
Qualität

Wiederverkäufer gesucht in Köln, Hamburg und Berlin

MEDIA STUDIO

Reidies und Grüner

7100 Heilbronn - Böckingen
Neckargartacher Str. 94
Tel. 07131-47070

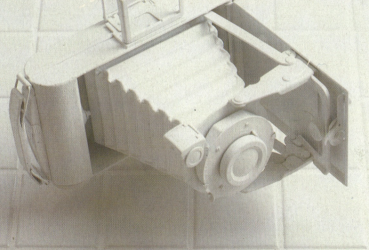

Wir fotografieren

Kunstgegenstände und Antiquitäten

für

- Versicherungen - Sachverständigengutachten - Auktionskataloge -

- Werbung -

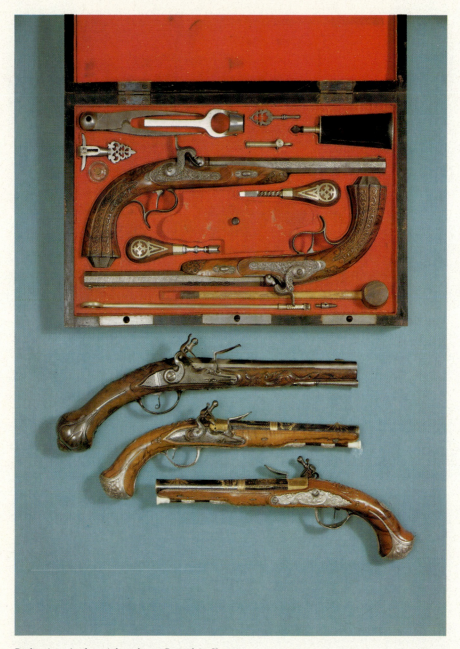

Perkussionspistolen mit komplettem Besteck im Kasten

Scheibenpistolen König Ludwig II. von Bayern.
Büchsenmacher: Johann Adam Kuchenreuther, Regensburg um 1860

Steinschloßpistole, eine von einem Paar
Pistolen des Husarenmajors Ferdinand von Schill, Anführer des Aufstandes gegen Napoleon.
Büchsenmacher: Daniel Thiermay, Paris 1. Hälfte 18.Jh.

Steinschloßpistolen, Paar
Läufe graviert, gebläut und vergoldet. Aus dem Besitz Maximilian IV. Josef, nachmalig König Max Josef von Bayern. Aus der Pfalz-Zweibrückner Gewehrkammer. Büchsenmacher: Toupriant, Paris 1776-1777

2 Jagdgewehre, Vogelbüchsen, Nürnberg, Anfang 17. Jh.
Glatte Läufe, Radschlösser geätzt, ehem. vergoldet, Schäfte Ebenholz furniert mit gravierten Bein- und Perlmutteinlagen.

Pulverhorn, Nürnberg, Anfang 17. Jh.
Ebenholz mit gravierten Bein- und Perlmutteinlagen, Eisenfassung.

Fußturnierharnisch 1591, von Anton Pfeffenhauser, Augsburg.
Eisen getrieben, geschliffen, geätzt, gebläut und vergoldet. Angefertigt für Kurfürst Christian I. von Sachsen.
Bestellt von seiner Gemahlin als Weihnachtsgeschenk. Der Kurfürst starb jedoch vor dem Fest.
Sämtliche Waffen : Germanisches Nationalmuseum Nürnberg

Uhren

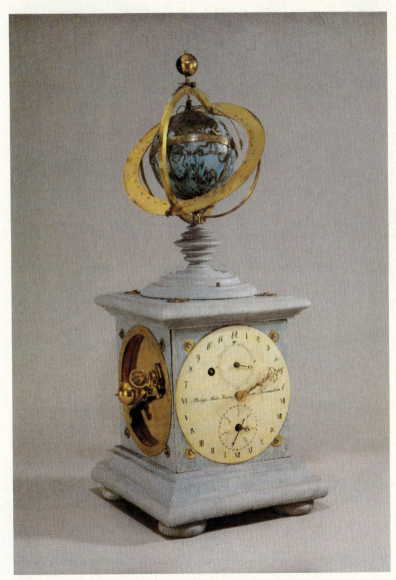

Astronomische Uhr ("Kleine astronomische Maschine") von Philipp Matthäus Hahn, Kornwestheim ,1780. (Württembergisches Landesmuseum Stuttgart)

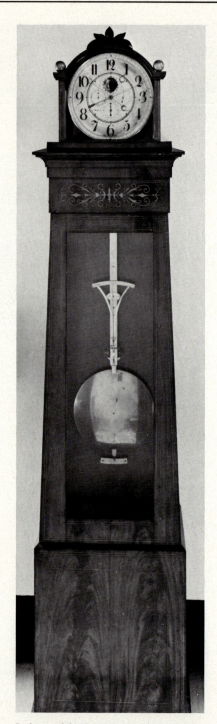

Comtoise Uhr, Frankreich um 1830, Emailzifferblatt mit röm. Zahlen, Prunkpendel aus geprägtem Messingblech, Originalbemalung.
Beide Uhren: Uhrenmuseum Furtwangen

Bodenstanduhr, Präzisionsregulator mit einjähriger Laufdauer, Datum, Wochentag, Monat und Mondphase. Intarsiertes Gehäuse in Nußbaum furniert. Scherengang. Spitzenlagerung des Pendels, Huygenscher Schnurtrieb, schweres Kompensationspendel nach Harrison. Sign.: I. Wolff, Zerbst 1831. H: 211 cm.

Stutzuhr in dekorativem Gehäuse, Glasfront mit "Schilfbemalung" und Goldeinfassung. Papierzifferblatt. "Amerikanerwerk" mit Pendel, Schlag auf Tonfeder und Wecker. Ansonia Clock Comp., USA um 1870. H.: 435 mm.

Kaminuhr aus Bronzeguß, eine Jagdszene darstellend. Emailzifferblatt, rundes Pendulenwerk mit kurzem Pendel und Stundenschlag. Frankreich, Mitte 19. Jh. H: 470 mm
Beide Uhren : Uhrenmuseum Furtwangen

Schwarzwälder Weckeruhr in reich verziertem Gehäuse aus Nußbaum. Massives Weckereinsteckwerk, Metallglocke unten in der Uhr. Uhrenfabrik Lenzkirch, um 1895. H: 300 mm.

Uhrenmuseum Furtwangen

Wanduhr mit reich bemaltem Lackschild. Holzgespindeltes Messingräderwerk, 8-Tage-Werk, Stundenschlag. Schwarzwald um 1840. H: 380 mm.

Bahnhäusleruhr mit Kuckuck im geschn. Nußbaumgehäuse. Gordian Hettich & Sohn, Furtwangen 1898. H: 710 mm.

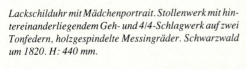

Uhrenmuseum Furtwangen

Lackschilduhr mit Mädchenportrait. Stollenwerk mit hintereinanderliegendem Geh- und 4/4-Schlagwerk auf zwei Tonfedern, holzgespindelte Messingräder. Schwarzwald um 1820. H: 440 mm.

Schwarzwälder Uhrenmännle, Blech, bemalt. H: 370 mm. (Augustinermuseum Freiburg)

Uhren

Alte Uhren

Beim Bummel über Antiquitätenausstellungen oder Flohmärkte sieht man häufig alte Uhren. Der unkundige Betrachter ist sehr oft unsicher, aus welcher Zeit oder Region das betreffende Objekt stammt. Im Nachfolgenden möchte ich die am häufigsten zu findenden Uhren beschreiben, um so Anhaltspunkte für das Alter und die Fertigungsregion zu geben. Ich beschränke mich dabei auf die letzten 150 Jahre, da ältere Stücke bei solchen Gelegenheiten kaum noch zu finden sind.

Die wohl am häufigsten anzutreffende Wanduhr ist die "Salonuhr". Sie wird auch als Jugendstilregulator bezeichnet. Diese Uhren stammen aus den 20er und 30er Jahren und wurden vorwiegend in Deutschland hergestellt. Die Gehäuse bestehen aus Weichholz, sind dann furniert und mit massiven Holzleisten verziert. In der sogenannten Kopfleiste wurde sehr oft eine Rosette aus Pressholz eingearbeitet. Manchmal wurde das Ornament auch geschnitzt. Der Unterbau ist relativ kurz und schmucklos gehalten. In den hölzernen Seitenwänden sind kleine verglaste Fenster oder Türchen. Sie dienen dem Uhrmacher zum Einblick in das Werk, speziell zum Einstellen der Schlagwerkshämmer. Die Türen wurden meist mit einer schönen Facettverglasung gearbeitet, hinter der die schlichte Metallpendelscheibe an einem einfachen Holzstab schwingt. Die Zifferblätter sind durchweg aus Metall, versilbert oder aus Messing mit aufgedruckten arabischen Zahlen. Leider sind diese Zifferblätter sehr empfindlich gegen zu gut gemeinte Reinlichkeit, so daß die Beschichtung und die Zahlen im Lauf der Jahre abgerieben werden. Diese Uhren sind durchweg mit Schlagwerk zur halben Stunde ausgerüstet. Die Hämmer schlagen dabei auf gerade, sich fast durch die gesamte Gehäuselänge erstreckende Gongstäbe. Manchmal schlagen diese Uhren auch noch die Viertelstunde, dann besitzt das Werk drei Federgehäuse (3 Aufzugslöcher im Zifferblatt).

Als Vorgänger der "Salonuhren" gelten die klassischen Regulatoren. Sie wurden in der 2. Hälfte des 19. Jahrhunderts bis in die 20er Jahre im deutschsprachigen Raum hergestellt. Die Gehäuse sind meist an drei Seiten verglast und in den verschiedensten Holz- und Furnierarten gehalten. Einige Modelle haben massive Seitenteile, in denen die Fenster oder Türchen nicht fehlen dürfen. Die Vorderfront ist mit geschnitzten oder gedrechselten Halbsäulen verziert, der Unterbau oft geschwungen und mit einem Furniermuster versehen. Er wird von zwei Zierknöpfen links und rechts optisch eingerahmt. Die Bekrönung besteht aus einem reich verzierten Holzaufsatz, der mit Zierknöpfen und den verschiedensten Ornamenten versehen ist. Der Aufsatz sollte immer höher sein als der Unterbau, um ein harmonisches Gesamtbild zu ergeben. Als Pendelstab dient in der Regel ein sogenanntes Rost oder Gitterpendel. Es besteht aus mehreren, meist fünf runden Metallstäben, die nebeneinander angeordnet sind. In die Pendellinse ist eine emaillierte Scheibe mit den Buchstaben R + A eingesetzt. Die Buchstaben stehen für Retard und Avance (langsam, schnell) und geben die Drehrichtung der Regulierschraube an, die sich unter der Pendellinse befindet. Nur in wenigen Fällen ist die Pendellinse schlicht aus Metall wie bei den "Salonuhren".

Das Zifferblatt besteht aus einer weiß emaillierten Scheibe in der Mitte und einem ebenso weißen Zahlenkranz mit römischen Zahlen. Bei Modellen, die nach der Jahrhundertwende hergestellt wurden, verdrängt oft Pappe oder Zellstoff das weiß emaillierte Metall. Diese Zifferblätter sind heute vergilbt oder rissig. Fast immer haben diese Zeitmesser ein Schlagwerk zur halben Stunde. Selten findet man sie mit einfachem Gehwerk ohne Schlag. Da die innere Rückwand mit einem Furnierspiegel versehen ist, ist der Gongstab zu einer Spirale aufgedreht und hinter dem Werk nicht sichtbar. Aus der selben Zeit stammen die Freischwinger. Sie sind den Regulatoren werkmäßig und im Gehäusestil sehr ähnlich. Die Türen sind mit Halbsäulen und geschnitzten Verzierungen versehen. Das Pendel schwingt frei unter der Tür und ist oft mit einem sehr aufwendigen Dekor versehen. Die Bekrönung ist ebenfalls ein verzierter Aufsatz mit geschnitzten Ornamenten. Die Zifferblätter sind wie bei den Regulatoren weiß emailliert, jedoch mit arabischen Zahlen. Manche Emailblätter waren auch elfenbeinfarbig.

Seltener findet man die sogenannten Seilzug-Regulatoren, auch als "Wiener Regulator" bekannt. Sie sind schmaler und länger als die eben beschriebenen Uhren. Der auffälligste Unterschied besteht im Antrieb, der bei dieser Uhrenart durch Gewichte erfolgt, die über eine lose Rolle und eine Darmsaite das Werk mit der nötigen Antriebskraft versorgt. Die ersten Uhren dieser Bauart kamen im Biedermeier Anfang des 19. Jh. auf. Damals waren die Gehäuse schlicht, mit einem Giebel bekrönt und allseitig verglast. Ab 1850 ähnelten sie den Regulatoren mit reichen Verzierungen und Schnitzereien. Anfang des 20. Jh. wiederum wurden sie wie "Salonuhren" gebaut. Mit Metallzifferblättern, Facettverglasung und ohne die aufwendigen Ornamente der Gründerjahre. Diese Uhren gibt es in verschiedenen Werkausführungen. (Ein Gewicht, das zum Aufdrehen nur ein Loch im Zifferblatt benötigt, für das Gehwerk.) Häufiger sind zwei Gewichte, also mit halbstündigem Schlag auf einem Rundgong, seltener mit drei Gewichten für einen zusätzlichen Viertelstunden-Schlag. Oft sind diese Uhren mit einem Sekundenzeiger versehen, der allerdings nicht die echte Sekunde anzeigt. Das heißt, der Sekundenzeiger dreht sich schneller, meist in 40 Sekunden einmal um die Sekundenskala. Durch die gesamte Herstellungszeit der Seilzug-Regulatoren hat sich nur die schlichte Metallpendelscheibe und der einfache Pendelstab aus Holz gehalten. Das Pendel ist einzeln an der Rückwand befestigt und hat, bis auf den Ankerstift für die Kraftübertragung; keine Verbindung mit dem Werk.

Ebenfalls Anfang des 19. Jahrhunderts erlebte die Schwarzwälder Uhrenfertigung einen starken Aufschwung. Im Winter wurden von den eingeschneiten Bergbauern einfache Holzuhren gebaut, die im Sommer von über Land fahrenden Händlern verkauft wurden. Die Uhren waren alle nach demselben Muster gebaut. Die Werkgestelle waren aus Holz, die Räder aus Metall. Zur Lagerung der Räder wurden in die Holzplatten Messingbuchsen eingedrückt. Der Antrieb erfolgt über Ketten oder Schnüre, an die Eisengewichte gehängt wurden. Bis auf wenige Ausnahmen mußten diese Uhren alle 24 Stunden aufgezogen werden. Sie waren mit einem Schlagwerk ausgerüstet, das die halben und vollen Stunden schlug. Manchmal wurde auch ein Weckwerk eingebaut. Als Zifferblätter dienten bemalte Holzblätter in den verschiedensten Formen. Die Motive waren ländliche Szenen oder Städteansichten, aber auch Personendarstellungen und Stilleben wurden verwandt. Natürlich wurden auch die berühmten "Schwarzwälder Uhren" mit Kuckucks- oder Wachtelruf nach demselben Muster geliefert. Schwarzwälder Uhren wurden in großen Stückzahlen hergestellt und sind auch heute noch häufig anzutreffen.

Ebenso oft findet man einfache Küchen- oder Dielenuhren. Sie bestehen aus einem eckigen Kasten, in dem das oft trapezförmige Federzugwerk mit Kurzpendel befestigt ist. Die Zifferblätter sind aus Glas, hinter das ein Stück bedrucktes Papier gelegt wurde. Von einem einfachen, meist runden Holzreif eingerahmt, sieht man weder vom Werk, noch vom schützenden Werkkasten. In seltenen Ausnahmen wurden diese Uhren mit einem Schlagwerk ausgestattet. Die Produktion dieser Uhren ging bis weit in die 50er Jahre.

In Frankreich wurden nach dem gleichen Muster zwischen 1830 und 1900 Wanduhren hergestellt, die man als "Bullenauge" bezeichnete. Nur wurden hier die Zifferblätter aus bedruckten, bzw. bemalten Metall oder aus Emaille hergestellt. Die Holzumrahmung, die den Blick auf den Werkkasten verhindern sollte, war größer und oft mit Holz- oder Perlmuttintarsien versehen.

Ebenfalls aus Frankreich kommt eine Wanduhr, die als "die" französische Uhr überhaupt gilt und heute noch häufig anzutreffen ist. Es ist eine Comtoise, die auch als "Burgunderuhr" bezeichnet wird. Die Comtoise, ein Zeitmesser mit langem Pendel, wurde oftmals in Standuhrgehäuse eingebaut. Meistens findet man sie aber als Wanduhr auf einer Konsole stehend. Angetrieben wird die Comtoise mit eisernen Gewichten, die mit einer Kurbel aufgezogen werden. Die Uhr besitzt Geh- und Schlagwerk, oft auch einen Wecker. Der volle Stundenschlag wird nach einigen Minuten automatisch wiederholt (Echoschlag). Die Zifferblätter sind weiß emailliert mit schwarzen Zahlen, die Messingzeiger oft kunstvoll gefeilt und durchbrochen. Das Uhrwerk ist in Prismenbauweise erstellt. Das heißt, Boden und Deckplatte sind mit vier Werksäulen verbunden. Dazwischen sind vier Eisenflachstäbe zur Halterung der Räder befestigt. Ein besonderes Merkmal dieser Uhren ist das aufwendige Prunkpendel aus getriebenem Messingblech. Es kam um 1840 auf. Zuvor dominieren dünne, zusammenklappbare Eisenstangen mit einer kleinen, birnenförmigen Pendellinse.

Wer kennt nicht die "Bufettuhr" der 50er und 60er Jahre? Sie sind auf den Flohmärkten noch häufig zu finden und wohl noch nicht als Antiquität zu bezeichnen. Ihre Vorgänger, die sogenannten "Napoleonhüte" findet man schon seltener. Sie haben die charakteristische Form eines Napoleonhutes, mit furniertem Gehäuse. Als Uhrwerk dient ein Kurzpendelwerk mit Federzug, das schon in den Küchenuhren der 20er Jahre gute Dienste geleistet hat. Diese Tischuhren sind durchweg mit Schlag zur halben Stunde ausgestattet. Diese Form kam um 1910 auf und hat sich bis heute nur unwesentlich verändert. Vor der Jahrhundertwende waren die Tischuhren aus dem deutschsprachigen Raum meist eckig und relativ schmucklos. Die in der Verarbeitung aufwendigeren und daher höherwertigen Stücke waren vorwiegend für den Export in das benachbarte Ausland bestimmt. Allerdings mußten diese Uhren für den Export nach England ab 1887 mit dem Zuatz "Made in Germany" versehen werden. Das englische Markenschutzgesetz vom 23. September 1887 schrieb dies vor, um die einheimische Wirtschaft zu schützen. Sollten Sie einen antiken Gebrauchsgegenstand mit diesem Aufdruck finden oder besitzen, ist dieser mit Sicherheit erst nach 1887 hergestellt worden. In Frankreich dagegen wurden im letzten Jahrhundert eine Vielzahl interessanter Tisch- und Kaminuhren gefertigt, die man als Pendulen bezeichnet. Die Uhrwerke waren rund und fast immer mit Schlagwerk ausgerüstet. Da das weiße Emaillezifferblatt und der Glasrand fest mit dem Werk verbunden waren, bildeten sie eine Einheit. So konnte man die Werke in die verschiedensten Gehäuse einbauen. Am bekanntesten ist die Pariser Pendule. Dieser Zeitmesser war vom Anfang des letzten Jahrhunderts bis in die 20er Jahre gängig. Es waren reich verzierte Metallgehäuse ganz im Stil Ludwig XIV. Bis ca. 1850 wurden sie aus Bronze gegossen und feuervergoldet. Mit Figuren oder Blumenmotiven versehen und z.T. auf Marmorsockel gestellt. Ab 1870 setzte sich immer mehr der Zinkguß durch; die Gehäuse waren wesentlich dünnwandiger und leichter.

Ganz aus Marmor gearbeitet sind die Kaminuhren, die auch oft aus mehreren Teilen bestehen. Links und rechts neben den Uhren wurden zwei gleichartige Kerzenleuchter oder Vasen aus Marmor postiert, die stilmäßig dem Uhrgehäuse nachempfunden wurden und mit denselben Verzierungen versehen waren. Diese Garnituren standen sehr häufig auf dem Kaminsims, da die Marmorgehäuse der Hitze beim Betreiben der Feuerstelle standhielten. Zu solchen Garnituren wurden auch oft die Empire-Pendulen ausgearbeitet. Auf einer Marmorplatte stehen vier bis sechs Säulen, auf denen wiederum eine Marmorplatte ruht. Diese trägt, meist in einer runden Metalltrommel, wieder das bekannte, runde Pendulenwerk. Das Pendel schwingt frei zwischen den Säulen und ist oft mit Sonnen- oder Blumenmotiven versehen. Die Gehäuseformen änderten sich zum Ende des letzten Jahrhunderts sehr schnell und die verschiedenen Stilrichtungen ließen sich nicht mehr eindeutig abgrenzen. So wurden zum Beispiel um 1880 noch Pendulen im Stil Ludwigs XIV. hergestellt.

Als in Frankreich ab 1870 der Jugendstil immer größere Bedeutung erlangte, vergrößerten sich die Uhrgehäuse aus Metall, Marmor und vergoldetem Holz immer mehr. Dadurch wurden die Uhrwerke immer mehr in den Hintergrund gedrängt. Man muß dann eigentlich mehr von einem Ziergegenstand mit eingebauter Uhr sprechen als von einer Uhr mit schön gearbeitetem Gehäuse.

R. Nienaber, Uhrmachermeister
Bahnhofstraße 75
4980 Bünde

Aufbau der mechanischen Räderuhr

Uhren unterscheiden sich in vielerlei Hinsicht. Es gibt Kirchturmuhren und Armbanduhren, Uhren mit besonders kostbaren Gehäusen, Uhren aus Holz, aus Eisen und aus Messing, Nachtwächterkontrolluhren und Taschenuhren mit Spielwerk. Diese Aufzählung ließe sich beliebig verlängern. Die Mannigfaltigkeit spricht unser Auge an und kann Interesse wecken. Doch gleichzeitig ist die Gefahr groß, daß Vielfalt zu Verwirrung führt.

Bevor deshalb die historische Entwicklung der Räderuhr dargestellt wird, sind einige grundsätzliche Bemerkungen über deren Aufbau und Arbeitsweise nötig. Betrachtet wird also jetzt nicht die einzelne Uhr mit ihren Besonderheiten, sondern das, was allen Uhren gemeinsam ist. Außerdem werden einige wichtige Fachausdrücke erklärt. Bei diesem Vorgehen zeigt sich, daß die Vielfalt auf eine leicht überschaubare Zahl technischer Systeme zurückzuführen ist.

Bei jeder Räderuhr kann man folgende Hauptgruppen von zusammenwirkenden Einrichtungen unterscheiden:

Funktionseinheiten:	Ausführungsformen:
Antrieb mit Aufzugsvorrichtung	Gewicht, Feder
Räderwerk	Zahnräder und Triebe
Anzeigesystem	Zeigerwerk, Zeiger, Zifferblatt
Hemmung	Spindel, Anker, Hemmungsgrad
Gangregler = "Zeitnormal"	Waag, Pendel, Unruh

Das Antriebssystem kann als ein Energiespeicher angesehen werden, hier wird mechanische Energie abrufbereit gespeichert, vergleichbar der elektrischen Energie einer Batterie. Wenn man die Uhr aufzieht, durch Hochziehen der Gewichte bei Gewichtsuhren oder durch Aufwinden der Feder bei Federuhren, wird dem Speicher von außen neue Energie zugeführt. Diese Energie soll möglichst gleichmäßig an das Räderwerk abgegeben werden. Dazu wurden für Uhren mit Federantrieb Ausgleichsvorrichtungen erdacht.

Eine solche Vorrichtung ist die Schnecke, die vom 15. bis zum 19.Jh. in fast allen Arten federgetriebener Uhren Verwendung fand. Mit Hilfe der Schnecke soll erreicht werden, daß die Kraft der Feder jeweils gleich stark wirkt, das Drehmoment zum Betrieb der Hemmung also konstant bleibt. Federhaus und Schnecke sind durch eine Darmsaite, später durch eine feingliedrige Kette, fest miteinander verbunden. Aufgezogen wird die Uhr durch Drehen der Schnecke und Aufwinden der Darmsaite auf die von außen nach innen kleiner werdenden Umgänge der Schnecke. Dabei spannt die Darmsaite die in der Federhaustrommel liegende Antriebsfeder der Uhr, indem sie das Federhaus dreht. Beim Entspannen der Feder wird die Darmsaite wieder auf die Federhaustrommel aufgewunden. Da die Federspannung jedoch zu Anfang größer ist, wird durch den kleineren inneren Schneckenradius das Drehmoment zum Antrieb der Uhr über das Schneckenrad etwa auf dem gleichen Wert gehalten, der bei stärker entspannter Feder infolge des außen größeren Schneckenradius erzeugt wird.

Ein anderes Problem ist die Laufdauer einer Räderuhr. Gotische Eisenuhren aus dem 16.Jahrhundert mußten spätestens alle zwölf Stunden aufgezogen werden. Doch bereits im 17.Jahrhundert wurden in Augsburg auch Uhren mit einer Laufdauer von einem Jahr, sogenannte Jahresuhren, gebaut. Im 19.Jh. waren Tisch- und Wanduhren mit Achttagewerk weit verbreitet. Man findet jedoch in dieser Zeit neben den Monatswerken oder gar Jahreswerken von Präzisionswanduhren auch noch 12-Stunden-Werke, etwa bei der einfachen Schwarzwalduhr. Taschenuhren des 19.Jh. waren üblicherweise mit Laufwerken ausgestattet, die jeweils nach 24 Stunden aufgezogen werden sollten, wenngleich sie einige Stunden länger mit einem Aufzug laufen konnten.

Das Räderwerk hat die Aufgabe, die Antriebskraft auf Gangregler und Zeigerwerk zu übertragen. Große Zahnräder mit vielen Zähnen greifen in kleine Zahnräder mit wenigen Zähnen (Triebe) ein. Solche Zahnradverbindungen (Getriebeeingriffe) großer Räder in kleine Triebe führen zu einer Bewegung der folgenden Räder jeweils mit

Umkehr der Drehrichtung bei wachsender Geschwindigkeit und abnehmender Kraft. Das letzte Zahnrad des Uhrwerks dreht sich also am schnellsten und kann am leichtesten abgebremst werden.

Robert Gerwig hat 1852 diese Zusammenhänge so formuliert:"Würden keine Reibungen stattfinden, so nähme die Geschwindigkeit nach oben im gleichen Verhältnis zu, in welchem die Kraft abnimmt oder mit anderen Worten, das Produkt aus der Kraft in die Geschwindigkeit würde in jedem Punkt des Räderwerks das gleiche sein."

Das Anzeigesystem besteht aus Zeigerwerksrädern, Zeigern und Zifferblatt oder Zifferblättern. Zeiger und Zifferblätter sind für alle Zeitteilungen, also insbesondere für Jahre, Monate, Wochen, Tage, Stunden, Minuten, Sekunden möglich. Vor 1700 hatten die Uhren meist nur einen Zeiger für die Stunden. Eine Abweichung von 15 Minuten je Tag war damals durchaus normal. Von Kaiser Karl V. (1500 - 1558), der ein großer Uhrenfreund war, ist das Wort überliefert, daß es leichter sei, ein Weltreich zu regieren als zwei Uhren übereinstimmend zum Schlagen zu bringen. Erst mit Einführung des Pendels um 1700 wurde nach entsprechender Verbesserung der Genauigkeit der Minutenzeiger üblich.

Weitergehende Forderungen nach einer Sekundenanzeige waren wiederum sinnvoll, als die Uhrwerke einen bestimmten Stand der Präzision erreicht hatten. Dies traf bei guten englischen Bodenstanduhren bereits nach 1700, bei hochwertigen Taschenuhren um 1800 zu. Stärkere Verbreitung fand die Sekundenanzeige jedoch erst im 19. Jh.. Das Wort Sekunde kommt aus dem Lateinischen (secunda pars), es ist die "zweite" Unterteilung der Stunde nach der Minute.

Zusammen mit dem Gehäuse bestimmt das Zifferblatt die äußere Erscheinung einer Uhr. Das Zifferblatt gibt daher oft erste Hinweise auf Alter und Herkunft. Solche Erkennungsmerkmale liefert in ausgeprägter Form das bunt bemalte Holzlackschild der Schwarzwälder Uhr ähnlich wie das große Emailzifferblatt mit Messingumrandung der Comtoiser-Uhr. Ebenso charakteristisch ist das typisch geformte, meist gravierte Messingzifferblatt englischer Stutzuhren (bracket clocks) oder das metallgetriebene Blatt der süddeutschen Telleruhren. Auch bei Taschenuhren gibt es eine Reihe derartiger Merkmale, etwa die Form des Bügelknopfs oder die Art der Gravierung, doch hier fällt dem Laien eine Orientierung schwerer.

Im Gegensatz zu unserer Zeit, die bei Zifferblättern wie bei den Uhrengehäusen meist auf funktionale Schlichtheit abhebt, wurde bis Anfang des 20.Jahrhunderts der künstlerischen Gestaltung von Frontseite und Gehäuse fast immer besondere Bedeutung beigemessen.

Als Gangregler diente bei ortsfesten Uhren bis gegen Ende des 17. Jh. die Balkenwaag, auch Foliot genannt. Außerdem gab es damals auch Uhren mit radförmigen Schwingkörper (Unrast). Als Zwischenform trat später das Kurzpendel auf, das vor dem Zifferblatt hin und her schwingt. Die Normalform seit dem 18.Jh. ist das Schwerkraftpendel. Bei sehr alten, tragbaren Uhren hat man eine Abwandlung der Waag, die Löffelunruh, als Gangregler verwendet.

Weitere Etappen der Entwicklung führten über die Radwaag oder Unrast zur heute noch gebräuchlichen Unruh, bei der ein runder Schwingkörper mit einer Spiralfeder verbunden ist. Die Aufgabe des Gangreglers besteht darin, den Takt für die Drehung der Zeiger zu liefern, also gleichbleibend und wiederholbar bestimmte Zeitspannen abzugrenzen. Je exakter dieses mechanische "Zeitnormal" arbeitet, umso genauer geht die Uhr.

Die Hemmung hingegen blockiert kurzzeitig den gleichmäßigen und relativ schnellen Ablauf des Räderwerks, der vom Antriebssystem verursacht wird. Das geradezu Symbol der Uhr gewordene "Tick-Tack" entsteht dadurch, daß die Hemmung in ein Zahnrad eingreift. "Ein weggeschobenes und stets wiederkehrendes Hindernis", so beschreibt der Tübinger Mechanikprofessor Poppe 1819 die Arbeitsweise der Hemmung. Sie zählt und registriert die Schwingungen des Gangreglers und steuert damit den Ablauf der Uhr. Gleichzeitig führt die Hemmung dem Gangregler immer wieder eine bestimmte Energiemenge zu, um dessen Schwingungen in Gang zu halten.

Während die deutschen Uhrmacher von Hemmung sprechen, also das bremsend-eingreifende Element besonders betonen, betrachten Engländer und Franzosen diesen Teil der Uhr aus anderer Sicht. Für die dortige Namensgebung war der Zahn des Steigrades maßgebend, der sich gerade dem Zugriff der "Hemmung" entziehen kann. Im Englischen ist daher von "escapement" (von escape: entfliehen) und im Französischen von "échappement" die Rede.

Aus: R. Mühe, H. Kahlert,
Geschichte der Uhr, 1983
Deutsches Uhrenmuseum Furtwangen

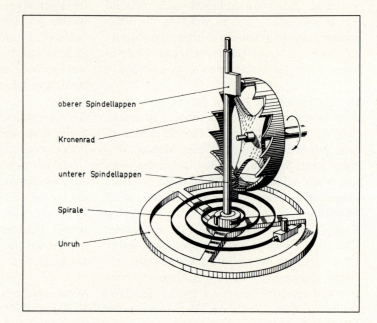

Unruh und Spirale einer Taschenuhr mit Spindelhemmung

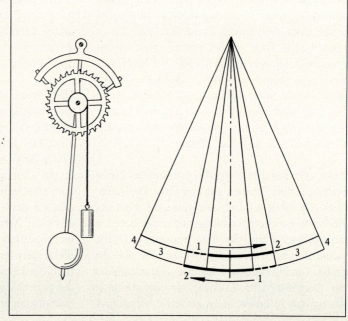

Prinzip einer Pendeluhr; Erläuterung der Pendelschwingung in vier Phasen:
1 Auslösung
2 Antrieb
3 Ergänzungsschwingung
4 Umkehrpunkt

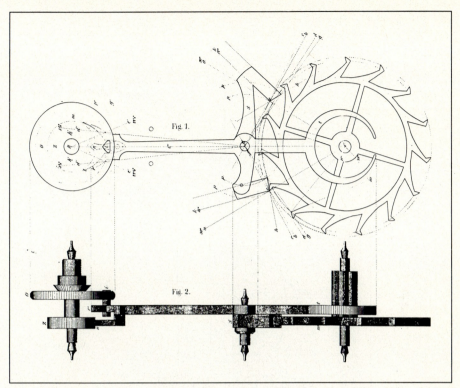

Konstruktion einer Schweizer Ankerhemmung. (Aus : J. H. Martens, " Atlas zur Beschreibung der Hemmungen der höheren Uhrmacherkunst ", 1857)

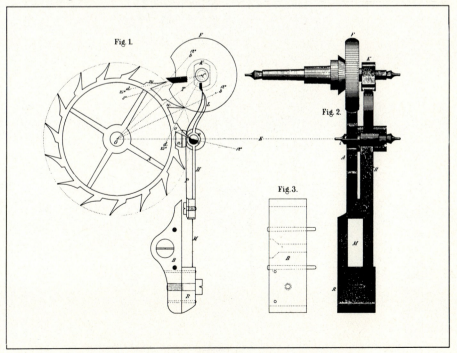

Konstruktion einer Chronometerhemmung mit Feder. (Aus : Martens, 1857)

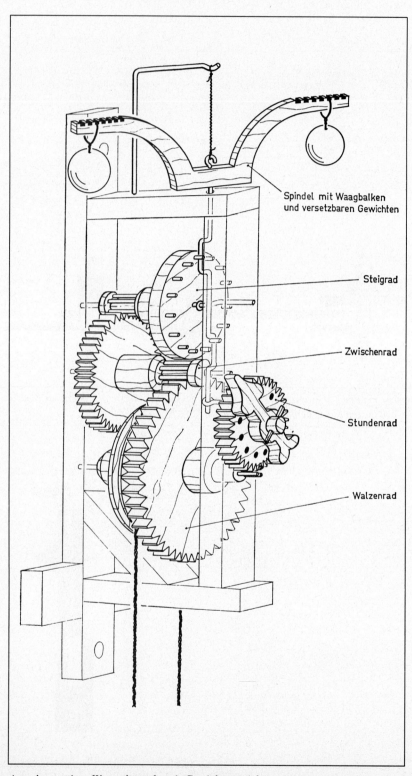

Anordnung eines Waaguhrwerks mit Gewichtsantrieb

Gedanken eines Uhrensammlers

Eigentlich sollte ich einen Bericht über antike Uhren schreiben. Doch, was ist nicht schon alles geschrieben oder abgeschrieben worden, Zitate von Zitaten. Das wirklich Ungeschriebene interessiert nur den absoluten Fachmann und sollte deshalb nicht unbedingt hier zur Einführung stehen. Ist es nicht viel interessanter, über das Uhrensammeln schlechthin nachzudenken, über Ursprünge, Inhalte, Begleiterscheinungen, Tendenzen.

Quo vadis - Uhrensammler? Es war einmal... Es war einmal eine Zeit, da haben 20jährige begonnen, sich mit antiken Uhren zu beschäftigen. Dies in den späten 60ern, als eigentlich "die sensible Politisierung" ihren Höhepunkt hatte. Wer von den "Damaligen" erinnert sich nicht gerne an das Jagdfieber, das viele gepackt hat.

Das Wissen fehlte, man fing einfach an. Einer hat den anderen angesteckt, das Feuer griff über. Natürlich gab es davor auch schon Uhrensammler, August den Starken, Bassermann-Jordan, Landrock... (seltsame Namenskette). Die Breitenentwicklung, die Ausweitung auf untere soziale Gruppen, setzte erst in den 60er Jahren ein.

Erlauben Sie mir, mich im folgenden über die Motive der Uhrensammler auszulassen.

Sammlertrieb

Wer hat nicht als Junge Briefmarken, Münzen, Steine, Bierdeckel oder egal was gesammelt? Dies nicht der Spekulation wegen, sondern einfach aus Freude am Zusammentragen, am Ordnen, Hinterfragen, Finden, Zeigen und Tauschen.

Der Sammlertrieb nicht als ökonomischer Existenzkampf der Sammler und Jäger, sondern als Relikt eines Urtriebes, vermischt mit einer Portion Lustgewinn. Natürlich war da auch immer die Ebene des Schacherns, des Fuggerns, des Kampfes um das bessere Schnäppchen. Wie bigott der Sammler, der heuchlerisch betont, nie etwas von "seinen" Sammlerstücken abgeben zu wollen. Die Entwicklung zeigt, daß fast alle Sammler über das "Handeln" erst ihre Sammlung haben aufbauen können. Dies trifft auf alle guten Sammler zu, und, wer hier über den Händler schimpfte, wurde selbst schnell zum Händler. Und das ist richtig und wichtig, ja, gerade eine Grundlage der allgemeinen Sammlertätigkeit. Bewegung, Veränderung, Umschichtung mit Verfeinerung, Verbesserung, Orientierung sind die Grundlage, die jede gute Sammlung ausmacht.

All dies Gesagte hat seine Gültigkeit für jeden Sammlerbereich, das Uhrensammeln hat jedoch seine eigene Gesetzmäßigkeit. Gewisse Berufe sind bei den Uhrensammlern überrepräsentiert. Fragen Sie herum, es sind meist Lehrer, Ingenieure, Architekten. Die eigentlichen "Kultur- und Geldträger", Anwälte und Ärzte, fehlen nahezu.

Auch dies hat seine Gründe. Voraussetzung für das Uhrensammeln ist nämlich die Bereitschaft, sich mit ursprünglicher, handwerklicher Technik auseinanderzusetzen. Die Begeisterung für die Entwicklung der Technik, die Ablesbarkeit von historischen, stilistischen Entwicklungen, das Erfolgserlebnis eines eigenhändig wieder zusammengesetzten und in Funktion gesetzten Uhrwerkes. Wer von uns Sammlern fieberte nicht schon dem Zeitpunkt entgegen, wenn ein verrostetes, verstaubtes, von eilfertigen Uhrenmachern abgeschriebenes Uhrwerk wieder in Gang gesetzt wurde, ihm die "Seele" wieder eingehaucht wurde.

Ein Hang zur Spekulation kann natürlich auch den Uhrensammlern nicht abgeschrieben werden. Wer hat nicht wohlwollend in den beiden letzten Jahrzehnten die z.T. dramatische Preisentwicklung bei den eindeutigen Sammlerstücken registriert. Hier sind insbesondere die Schwarzwalduhren zu nennen, die innerhalb von 10 Jahren ihren Marktwert um das fast 3-fache gesteigert haben. Andere Sammlerbereiche haben sich weniger deutlich entwickelt. Die Marktpreise französischer Uhren haben sich zwar innerhalb von 10 Jahren fast verdoppelt, doch ist hier, wie in fast allen Sammlerbereichen, eine gewisse Preisstabilisierung eingetreten. Im Preis gefallen sind hauptsächlich Standuhren, unverkäuflich sind zum Glück Trödeluhren, Mariagen und sonstige Fälschungen. Wer heute eine ehrliche, saubere

Sammleruhr zum Verkauf anbietet, wird immer noch seinen Preis erhalten, meist auch einen guten Gewinn einstecken.

Zweifelsohne war also die antike Uhr auch immer Spekulationsobjekt, ein Objekt jedoch, das stets voll in Besitz genommen wurde. Was den Sammler von Großuhren von anderen unterscheidet, ist tatsächlich die totale Inbesitznahme der Uhr. Das Zerlegen, das Ingangsetzen, das Restaurieren, das Hineingreifen und das herrliche Glückgefühl, wenn seine Uhr tickt.

Was ist nun anders geworden? Seit Jahren ist zu verfolgen, daß die Uhrensammler im wesentlichen unter sich bleiben. Bis auf wenige Ausnahmen kommen keine Jungsammler dazu. Ist das Sammeln zu teuer geworden? Als ich vor ca. 20 Jahren mit dem Sammeln begonnen habe, haben damals alle abgewunken. Viel zu spät. Sie hätten dann und dann beginnen müssen. Natürlich wäre es einfacher gewesen, sich zu wirtschaftlichen Notzeiten dem Sammeln zu widmen, nur, der verspätete Beginn ist immer relativ. Natürlich wird es den Jungsammlern sehr schwer gemacht, einmalige Sammlerstücke zu erschwinglichen Preisen zu erstehen; da jedoch die Preisentwicklung des Objekts oft parallel zur wirtschaftlichen Prosperität verläuft, ist der Einstieg ins Sammeln **immer** richtig. Zu spät ist man immer nur dann, wenn man zögert. Also muß es andere Gründe geben für ein Fehlen an Sammlernachwuchs. Der Trend geht zum Konsum, zum Verleben, Genießen, zum Schmücken und Zeigen.

Entwickelt sich hier ein Widerspruch von Sein und Haben? Dies würde letztlich beinhalten, daß wir Sammler nur horten und uns den Genüssen des Lebens verweigern. Der Schein trügt! Genau das Gegenteil ist der Fall. Die Abkehr vom Sammeln ist nicht die Zuwendung zur Selbstverwirklichung, nein, sie geht einher mit einer Verflachung der Lebensinhalte. Genug der philosophischen Ausschweifungen; fest steht, daß die Sammler, Sammlerhändler oder auch Händlersammler (welcher Händler sammelt nicht, welcher Sammler handelt nicht) unter sich bleiben. Der Uhrenkreislauf kommt ins Stocken, mindere Qualität ist nicht mehr absetzbar, hochwertige Sammlerstücke bewegen sich in Preisebenen, die den finanzschwachen Sammler überfordern.

Doch gerade deshalb ist Bewegung angesagt, lassen Sie sich ermutigen zu handeln, verkaufen Sie, wem auch immer, Überflüssiges... Entrümpeln Sie ihre Wände.

1. Kaufen Sie zunächst nur das, was Ihnen gefällt und nicht das, von dem Sie meinen, daß es anderen gefällt, bzw. im Trend liegt. Nur dann werden Sie Spaß daran haben.
2. Achten Sie darauf, daß die Uhr original ist. Gewisse Restaurierungen sind immer angebracht und oft notwendig, doch meist verliert eine überrestaurierte Uhr ihren Charme. Haben Sie den Mut zur Patina und zum Unperfekten, viel wichtiger ist die Ehrlichkeit einer Uhr. Will meinen, daß Uhrwerk und Zifferblatt zusammengehörig sind, daß die Substanz des Schildes original ist. Die ersetzten Teile sollten nicht mehr als 20 % der Uhr ausmachen. Je unberührter die Uhr, um so besser.
3. Vergleichen Sie immer wieder die Angebote, fragen Sie Uhrenfreunde und seriöse Händler nach ihrer Meinung.
4. Basteln Sie selbst immer wieder an Schrottwerken, um Ihr Wissen zu vertiefen. Haben Sie den Mut, eine defekte Uhr "warten" zu lassen, bis die Zeit reif ist und sie in richtige Hände kommt. Viele Uhren sind im Übereifer überrestauriert worden.
5. Fangen Sie immer dann an zu sammeln, wenn es Ihnen danach gelüstet. Die Zeit ist immer richtig.
6. Besuchen Sie Museen und Privatsammlungen.

Nur der ständige Vergleich schärft Ihr Auge und schützt Sie vor Fehleinkäufen und Falschinformationen mancher Fachliteratur. Zeigen Sie Ihre Sammlerstücke. Vielleicht haben Sie auch den Ehrgeiz zur Publikation. Gerade die Gewichtsuhren sind bei Veröffentlichungen unterrepräsentiert. Wer auch immer etwas zu sagen hat, sollte dies in den entsprechenden Fachzeitschriften veröffentlichen, ohne Anspruch auf Wissenschaftlichkeit und Perfektion. (Alte Uhren und Freundeskreis Alter Uhren)

Alfred Abel, Freier Architekt
Am Wurstberg 6
7506 Bad Herrenalb

Die mechanische Turmuhr

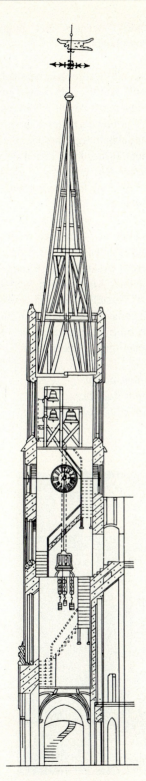

Aufriß eines Turmes mit der Glocken- und Uhrenanlage, 1895

Wenn wir von technischem Fortschritt sprechen, denken wir natürlich in erster Linie an die rasante Entwicklung des Flugwesens bis hin zur Raumfahrt, an Computer und Roboter. Es ist aber auch interessant, an einem weniger spektakulären Objekt zu betrachten, wieviel sich innerhalb weniger Generationen geändert hat; die traditionsreiche Turmuhr ist dafür ein gutes Beispiel.

Es ist bekannt, daß es schon im 13. Jahrhundert in den Klöstern die ersten Räderuhren gab. Diese waren schon bald mit Schlagwerken ausgerüstet, die die Mönche zu den kanonischen Zeiten zum Gebet riefen. Bereits um 1500 waren Turmuhren mit Außenzifferblättern allgemein verbreitet.

Durch die Einführung des Pendels und die Weiterentwicklung der Zeitmessung, z.B. durch die Spindelhemmung, später durch den Hakengang und den Stiftengang bis hin zum Grahamgang, wurde die Zuverlässigkeit und Genauigkeit der Werke immer größer.

Uhrwerke aus der Zeit vor 1700, Turmuhren mit Holzwalzen, Hanfseilen und Feldsteingewichten können wir fast nur noch in Museen bewundern. Sie sollen hier nicht betrachtet werden, sondern die in der Praxis vorkommenden Werke, die, relativ zahlreich, wenige Generationen alt sind.

Die mechanische Großuhr ist bis in unser Jahrhundert zu erstaunlicher Perfektion entwickelt worden. Man kann ohne Übertreibung sagen, daß dieses System mit den verfügbaren Mitteln kaum mehr verbesserungsfähig war.

Die Größe und Leistungsfähigkeit wurde an den meist zwei oder drei Walzenrädern gemessen, aus Gußeisen oder Messing. Es gab Schlagwerke, die Viertel-, Halb- und volle Stundenschläge in vielen Variationen an die Glocken bewirkten, und Gehwerke, die die Zeigerpaare der Zifferblätter über Transmissionen betrieben, Vorgelege und Gesperr, Kontergesperr und Wellen, und jeder Teil war in Bezug auf Material und Konstruktion zweckdienlich und ausgefeilt. Besondere Aufmerksamkeit wurde der Ganghemmung gewidmet; darüber, welche Variation die zweckmäßigste sei, konnten die bekannten alten Turmuhrenhersteller leidenschaftlich diskutieren. Auch das Pendel war mit viel Erfahrung und Sorgfalt hergestellt: aus geradfaserigem, in einem speziellen Öl gekochtem Eschenholz. Für die Antriebskraft sorgten schwere, hängende Gewichte, die bei älteren Uhren täglich, bei modernen wöchentlich aufgezogen werden mußten.

Nach 1910 etwa wurde diese Arbeit zunehmend von elektrischen Einrichtungen verrichtet. Das ganze Werk ruhte auf einem soliden, hölzernen, später gußeisernen Unterbau und war, zum sehr ratsamen Schutz vor Schmutz und Witterung, von einem Uhrkasten umgeben.

Die Bezeichnung "Großuhren" verdienten diese Turmuhrwerke zu Recht: zwei Meter Breite und fast ebensoviel Höhe bei 1800 kg Gewicht waren keine Seltenheit. Die Turmuhr nahm deshalb meist das ganze Turmgeschoß unter den Läuteglocken ein, zumal, abgesehen von den Seilzügen, das zu den Zifferblättern und den Uhrschlagglocken führende Gestänge- und Zugdrahtsystem weiteren Platz benötigte.

Die Werke, oft wahre Meisterstücke präziser Feinmechanik, konnten alle damals in sie gesetzten Erwartungen erfüllen und bei entsprechender Pflege und Wartung ein hohes Alter erreichen, und bei aller Zurückhaltung kann daran erinnert werden, daß gerade die deutschen Erzeugnisse den weltweit besten Ruf genossen in Bezug auf ihre Genauigkeit in Gang und Verarbeitung, Leistung und Lebensdauer.

Nicht unbedingt alle, aber doch wohl viele dieser Anlagen sind erhaltenswert. Einmal, weil sie eben doch weiterhin praktisch einsetzbar, also funktionstüchtig sind. Zum anderen, weil sie wirklich einen "Wert" darstellen. Seit Jahrzehnten werden bekanntlich keine mechanischen Großuhren mehr gebaut. Die Einrichtungen dazu, die Kenntnisse, die Fähigkeiten gibt es nicht mehr.

Peter Taschenmacher
Uhrenmuseum Bad Iburg
4505 Bad Iburg b.Osnabrück

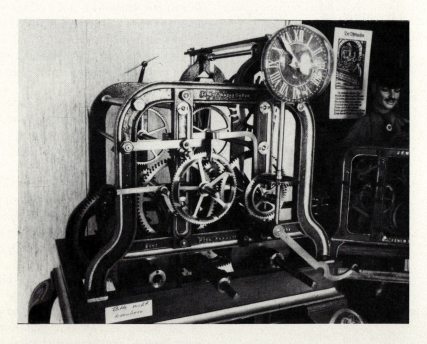

Turmuhr, Ed. Korfhage u. S. Buer, 1895 (Alle Fotos : Uhrenmuseum Bad Iburg)

Armbanduhren

Wahrscheinlich wurde bereits in der Renaissancezeit eine kleine Uhr gelegentlich am Armband getragen, aber nachweisen lassen sich derartige Schmuckuhren erst 1790 in Genf. Doch von diesen frühen Vorläufern abgesehen, die eigentliche Geschichte der Armbanduhr beginnt 1880. Bezogen auf die Geschichte der mechanischen Räderuhr ist die Armbanduhr ein recht junger Uhrentyp. Rund fünfzig Jahre sind vergangen, seit die Armbanduhr die Taschenuhr so erfolgreich verdrängt hat, daß letztere rasch zu einer nostalgischen Erscheinung wurde.

Von 1880 an kann die Schmuck-Armbanduhr als Uhrengattung gelten, deren Entwicklung keine einschneidende Unterbrechung mehr erfuhr, wie die Anzeigen in den Uhrmacherzeitschriften beweisen. Hinzu kommt, daß langsam, aber stetig immer mehr Frauen und Männer zu der Auffassung kamen, die Armbanduhr sei auch für ihr Berufs- und Arbeitsleben brauchbar. Nur die Armbanduhr macht es möglich, ohne Vorbereitung und weitere Handgriffe, "mit einem Blick" die Zeit abzulesen.

Besonders die berufstätigen Frauen erkannten rasch die Vorteile der neuen Trageweise, sodaß die Aussage gerechtfertigt erscheint, daß nicht die Mode, sondern das Büro der Armbanduhr den Weg geebnet hat. Bei den Männern hat sich der neue Uhrentyp im Weltkrieg 1914/18 weltweit durchgesetzt. Die Soldaten merkten schnell, daß es die Bedingungen des modernen Krieges nicht mehr erlaubten. Mantel und Waffenrock aufzuknöpfen, wenn ein Blick auf die Uhr notwendig war. Die Uhrmacher hingegen verhielten sich im allgemeinen ablehnend, erst in den Dreißiger Jahren wurde die Armbanduhr in die Lehrlingsausbildung einbezogen.

Nach 1910 war die Armbanduhr fester Bestandteil des Fertigungsprogramms Schweizer Uhrenfabriken. Dies bewies eindrucksvoll die Schweizer Nationalausstellung in Bern 1914. Das gleiche Jahr bringt auch einen wichtigen technischen Erfolg. Eine runde Rolex-Armbanduhr wurde vom Observatorium Kew in England mit einem Gangzeugnis der Klasse 1 ausgezeichnet. Damit war der Beweis erbracht, daß Armbanduhren Chronometerqualität erreichen konnten.

Auch bei der Armbanduhr werden Bauteile und Baugruppen verwendet, die bereits von der Taschenuhr her bekannt sind, man denke an das Räderwerk, den Antrieb, die Zeigerstellung oder an das zentrale System der mechanischen Kleinuhr, die Verbindung von Hemmung und Gangregler (Unruh mit Spiralfeder). Erst die Stimmgabeluhr und kurz darauf die Quarzuhr bringen neue technische Lösungen für bekannte Aufgaben. Der grundlegende Wandel der Uhrentechnik tritt bei der Armbanduhr besonders deutlich hervor. Während bis etwa 1960 viele Erfolge erzielt wurden, bei der Perfektionierung kleiner mechanischer Systeme, hat bereits zwei Jahrzehnte später die Quarzuhr die mechanische Armbanduhr vom Markt verdrängt.

Dennoch ist die Armbanduhr in dem halben Jahrhundert zwischen 1910 und 1960 etwas anders geworden als nur das verkleinerte, am Arm getragene Abbild der Taschenuhr. Der neue Uhrentyp stellte an Entwicklung und Produktion neue Aufgaben, deren Bewältigung sich dann auch auf den Bau von Taschenuhren positiv ausgewirkt hat, man denke an die Stoßsicherung oder an die Verwendung neuer Werkstoffe. Eigene Wege schlugen die Konstrukteure der Armbanduhr ein, als sie besondere Formwerke schufen oder automatische Aufzugssysteme entwickelt haben.

Der Zeitraum zwischen 1910 und 1930 kann als Eyperimentierphase an der Armbanduhr gelten. Dies läßt sich äußerlich erkennen an den oft eigenwilligen, ja skurrilen Formen von Gehäuse und Zifferblatt um 1920, bis dann allmählich ein Übergang zu ruhigeren, stärker funktionell bestimmten Formen einsetzte. Ähnliches vollzog sich bei den Armbanduhrwerken. Als Beispiel sei bei den Damenuhren auf die schmalen, rechteckigen Baguettewerke (baguette, frz. Stäbchen) hingewiesen, bei den Herrenuhren auf Formkaliber mit ovalen Längsseiten und geraden Schmalseiten (tonneau, frz. Fäßchen). In diesen Jahren wurde die erste voll funktionsfähige automatische Armbanduhr nach System Harwood in Serie gefertigt, bestand 1927 die wasserdichte Armbanduhr (Rolex-Oyster) eine viel beachtete Bewährungsprobe. Kurz nach 1930 war die Entwicklung der Spiralfeder "Nivarox" abgeschlossen und das Problem der Stoßsicherung gelöst.

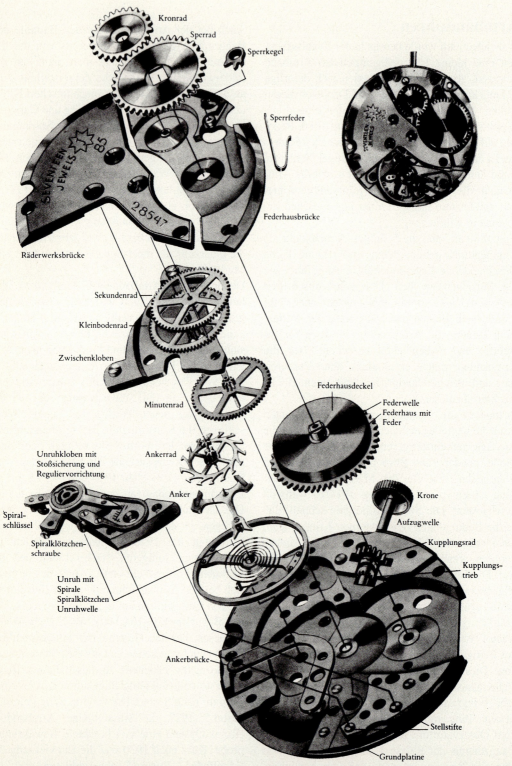

Werk des Armbanduhrenkalibers J - 85, Junghans, Schramberg, gebaut zwischen 1950 und 1960
(Foto : Deutsches Uhrenmuseum Furtwangen)

Es gab strapazierfähige Sportuhren, Armbandchronographen und Uhren mit 8-Tage-Laufdauer. Ausdrücke wie unzerbrechlich, wassergeschützt, antimagnetisch, rostfrei oder automatisch werden als Werbeargumente verwendet, kennzeichnen aber auch den technologischen Fortschritt.

Bei der Taschenuhr blieb der automatische Aufzug seltener Sonderfall, mehr technischer Gag oder raffinierte Zusatzeinrichtung. Bei der Armbanduhr hingegen, die häufig auch nachts nicht abgelegt wurde, konnte sich das regelmäßige Aufziehen nur schwer gewohnheitsmäßig verfestigen. Der automatische Aufzug wurde fast zu einer Notwendigkeit. Vor allem Schweizer Konstruktuere haben sich Jahrzehnte hindurch um immer perfektere Lösungen bemüht. Auch die Automatikuhren wurden präziser und robuster, komplizierter und flacher. Dabei galten in den Jahren kurz nach dem Zweiten Weltkrieg Systeme mit zentral gelagerten, aber seitlich begrenzten Schwingmassen als Standardlösung. Gebräuchlich waren Schwingweiten zwischen 120 und 150 Grad. Der automatische Aufzug wirkte meist nur in einer Richtung. Später setzte sich das Rotorprinzip durch, d.h. der Schwingkörper konnte den vollen Kreisbogen durchmessen und arbeitete zudem bei vielen Konstruktionen wirksam in beiden Drehrichtungen. Während der klassische Rotor einen großen Schwingkreis benötigt, also oberhalb des (runden) Basiswerks eine zweite Funktionsebene erfordert, wird beim sog. Mikrorotor der Antrieb in das eigentliche Uhrwerk einbezogen, vergleichbar etwa einer Unruh mit besonders großem Durchmesser.

(Fast) alles, was die Taschenuhr an Zusatzeinrichtungen (Komplikationen) kennt, wurde auch bei der Armbanduhr zu realisieren versucht. Manches, wie die Armbanduhr mit Tourbillon oder mit Minutenrepetition, allerdings mehr mit dem Ziel, die Leistungsfähigkeit renommierter Manufakturen oder das technische Geschick einzelner Uhrmacher herauszustellen, als mit der Hoffnung auf wirtschaftliche Erfolg.

Neben der Automatikuhr gab es Armbandwecker, Armbandchronographen, auch Uhren in dichten Gehäuse und antimagnetische Armbanduhren. Weite Verbreitung fanden Armbanduhren mit Datumsanzeige. Nur von wenigen Herstellern hingegen wurden Armbanduhren mit ewigem Kalender entwickelt.

Weitaus häufiger als bei der Taschenuhr hat man die einzelnen Komplikationen miteinander kombiniert. Als Beispiele für Spitzenleistungen der Mikromechanik sei auf die Automatikuhr mit ewigem Kalender von Patek Philippe verwiesen oder auf den Chronographen mit automatischem Aufzug, in der Sonderform des Planetenrotors mit zusätzlicher Datumsanzeige (Chronomatic). Doch auch für die anspruchsvollere Gebrauchsuhr gilt diese Aussage. Nicht einmal eine automatische Armbanduhr mit Datums-und Monatsanzeige, zentralem Sekundenzeiger und Chronometerzeugnis galt 1970 als besonders herausragendes Erzeugnis der Uhrmacherkunst, sondern eher als selbstverständlicher Teil des Verkaufsprogramms. Auf dem Gebiet der mechanischen Armbanduhr hat die Schweiz bis in die jüngste Zeit ihre Spitzenposition behauptet. Aber vielleicht interessiert den Leser ein kurzer Hinweis auf deutsche Armbanduhren. Wer die Geschichte der in Deutschland produzierten Armbanduhren verfolgt, stößt auf zwei Entwicklungslinien. Die eine geht von den Uhrenfabriken aus, die andere vom Edelmetall- und Schmuckgewerbe. Regional gesehen findet man Armbanduhrenfertigung in Schramberg und Schwenningen, in Ruhla und Glashütte, eine andere Gruppe von Unternehmen konzentriert sich auf Pforzheim und Schwäbisch Gmünd. Rückblickend wird erkennbar, daß die deutschen Uhrenfabriken sich nur zögernd auf die Armbanduhr eingestellt haben. Vielleicht waren sie noch beeindruckt von den Schwierigkeiten, die beim Bau von Taschenuhren aufgetreten waren oder sie betrachteten die neue Uhrenform allzulange als kurzlebigen Modetrend. Dies gilt selbst für die renommierteste deutsche Taschenuhrfabrik, das Haus A. Lange & Söhne in Glashütte.

Als erste deutsche Uhrenfabrik baute die Firma Thiel in Ruhla/Thüringen schon vor dem Ersten Weltkrieg kleine Taschenuhrkaliber im Armbanduhrgehäuse sein. Die erste Kollektion von Herren-Armbanduhren der Firma Junghans kam 1930 auf den Markt. Die runden 10 1/2 linigen Ankerwerke hatten 15 Steine und Bimetallunruh und unterschieden sich somit qualitativ von den damals in Deutschland noch vorwiegend hergestellten, bzw. remontierten Stiftanker- und Zylinderuhren. Nur schwer lassen sich Daten finden, wer zuerst in Deutschland selbständig für den Verkauf bestimmte Armbanduhrwerke entwickelt hat. Wahrscheinlich geschah dies etwa gleichzeitig Ende der 20er Jahre in Glashütte ("Tutima") und in Schwäbisch Gmünd (Bidlingmaier). Kurz vor dem Zweiten Weltkrieg hatte sich die Pforzheimer und Schwäbisch Gmünder Industrie zu einer Spezialindustrie für Armbanduhren entwickelt. Da die eigene Produktion den Bedarf nicht decken konnte, wurden weiterhin Schweizer Werke remontiert, aber auch solche von Schwarzwälder und Glashütter Betrieben. Nach 1945 hatte die Armbanduhren-Industrie der Bundesrepublik erneut Anschluß zu suchen an die Entwicklung in der Schweiz. Neben anspruchsvolleren Kalibern werden millionenfach preiswerte Armbanduhren mit Stiftankerhemmung gefertigt. Bei der Damenuhr mittlerer Qualität wird die Zylinderhemmung endgültig vom Steinanker verdrängt. Die ersten Herrenuhren mit automatischen Aufzug kommen 1951/52 auf den Markt, von Bidlingmaier die "B-Automatic", von Junghans die "Junghaus-Automatic", von Lacher die "Laco-Duromat". 1956 erscheint die Volksautomatic-Serie" von Kienzle, zwei Jahre später bringt Junghans einen Armbandchronometer mit automatischem Aufzug heraus, wohl die herausragendste Leistung deutscher Konstrukteure auf dem Gebiet der mechanischen Armbanduhr.

Im gleichen Zeitraum, 1957/58, berichten zwei Uhrenfabriken, Laco-Durowe und Uhren-Werk-Ersingen (Epperlein) von elektromechanischen Armbanduhren. Eine neue Technologie zeichnet sich ab. Armbanduhren sind heute weltweit verbreitet und gelten als selbstverständliches Element modernen Lebens. Im Jahre 1950 dürften in der Welt insgesamt 40 Millionen dieser Uhren gefertigt worden sein, gegenwärtig beträgt die jährliche Weltproduktion elektronischer und mechanischer Armbanduhren etwa 30 Millionen und die vorhandene Produktionskapazität 400 Millionen. Was für G.F. Roskopf (1813 - 1889) noch Programm war, die tragbare Uhr für alle, wurde für große Teile der Weltbevölkerung im Zeitalter der Armbanduhr eingelöst.

Herrenarmbanduhr mit Stoppeinrichtung (Chronograph), zentrale Stopp-Sekundenanzeige, Minutenzählung, Ankerwerk. Longines, Schweiz, um 1925, D : 35 mm

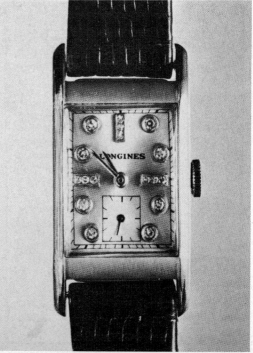

Rechteckige Herrenarmbanduhr in Weißgoldgehäuse, Zifferblatt mit Brillanten dekoriert. Ankerwerk, 15 Steine. Longines, Schweiz, um 1945. - Breite 20 mm

Armbandchronograph, Zifferblattaufschrift: Consul. Wasserdichtes Stahlgehäuse, Minutenzähler, Tachymeter/Telemeterskala. Ankerwerk mit Chronographenaufbau und Schaltrad. Schweiz, um 1960. - D : 36 mm

Feine Damenuhr im Goldgehäuse, später zur Armbanduhr umgearbeitet. Ankerwerk, 17 Steine, aufgeschnittene Unruh mit Breguetspirale, in 8 Lagen reguliert. Sign.: Patek, Philippe & Cie, Geneva, Switzerland, um 1920, D : 32 mm

Goldene Herrenarmbanduhr, Zentralsekunde, Datum, Zifferblattaufschrift: Omega-Automatic Genéve. Zentralrotor, Feinregulierung, Stoßsicherung, 24 Steine, Kaliber 565. Omega, Biel, 1963, D : 34 mm

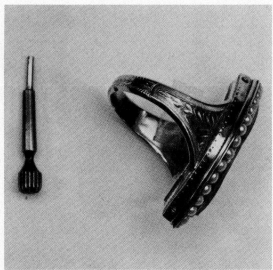

Ringuhr, Goldgehäuse mit Perlenrand, zwei Emailzifferblätter, oben Sekunden, unten Stunden und Minuten. Passender Aufzugsschlüssel. Zylinderwerk. Schweiz, um 1810. - Maße 32 x 19 mm für die Ringfront

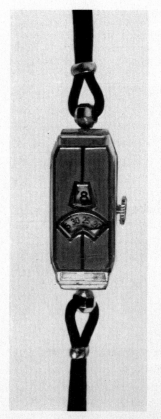

Damenschmuckuhr, Art Deco-Goldgehäuse. Rundes Ankerwerk mit 16 Steinen., Schweiz, um 1930, Breite 20 mm (Alle Bilder aus " Die Geschichte der Uhr " von Mühe / Kahlert, Deutsches Uhrenmuseum Furtwangen)

Damenarmbanduhr mit doppelseitigen Anzeigen (Vorder- und Rückseite): digital und analog. Metallgehäuse. 15-steiniges Ankerwerk. Schweiz, um 1930. Breite 12 mm

Schwarzwälder Uhren

Die Anfänge der Schwarzwälder Uhrmacherei
Von den ersten Schwarzwälder Holzuhren sind keine Originale erhalten geblieben. Auf nachgebauten Uhren findet man häufig die Jahreszahl 1640, die sich jedoch historisch nicht belegen läßt. Wann die ersten Uhren im Schwarzwald gefertigt wurden, ist bis heute noch nicht endgültig geklärt. Umstritten bleibt auch, ob eine einfache Eisenuhr in Holz nachgebaut wurde oder ob eine auswärtige Holzuhr als Vorbild gedient hatte.

Die beiden Frühchronisten der Schwarzwalduhr, der Benediktinerpater Franz Steyer (1796) und der Pfarrer Markus Fidelis Jäck (1810) widersprechen sich. Steyrer nennt die Gebrüder Kreuz auf dem Glashof, die bereits vor 1667 als erste "Waag- oder Unruhuhren aus Holz" gebaut haben sollen. Nach Jäck hingegen brachte ein Glasträger "in den 80er Jahren des 17.Jh. eine hölzerne Stundenuhr von seiner Handelsreise mit nach Hause". Aus beiden Quellen geht jedoch hervor, daß anfangs Glasproduktion und Uhrmacherei in enger Verbindung zueinander gestanden haben. Holzuhrmacherei gab es damals an vielen Orten Mitteleuropas, selbst in den USA wurden noch in der ersten Hälfte des 19. Jh. Holzwerke gefertigt. Bereits 1590 belieferte ein Drechsler aus Urach den württembergischen Hof mit Holzuhren. Doch nur im Schwarzwald wurden hölzerne Uhren in großen Stückzahlen für überregionale Märkte hergestellt. Die erste Produktionsperiode der Schwarzwalduhr, etwa von 1670 bis 1720, blieb jedoch ohne größere Bedeutung, zumal der hohe Schwarzwald in den Konflikten zwischen Österreich und Frankreich um 1700 Kriegsschauplatz war. Der entscheidende zweite Entwicklungsabschnitt begann 1720. Wenige Jahrzehnte später war das Uhrengewerbe im hohen Schwarzwald verbreitet. Das Uhrmachergebiet des 18.Jh. reichte von St. Georgen im Norden bis Neustadt im Schwarzwald im Süden, das frühe Zentrum lag im Raum Furtwangen.
Häufig wird angenommen, angeborene Fähigkeiten der "Wälderkünstler" in Verbindung mit Grundkenntnissen in der Holzverarbeitung, die für das Leben im Gebirge unentbehrlich waren, hätten gleichsam von selbst zur wachsenden Uhrenproduktion hingeführt. Schon 1847 jedoch wendet sich ein Sachkenner gegen die These, "als habe sich das Uhrengeschäft des Schwarzwaldes ohne alle gelehrte Anleitung bis zu seinem jetzigen Umfang entwickelt" und betont die entscheidende Mitwirkung der früheren Schwarzwälder Klostergeistlichen. Unterschätzt wird aber vor allem der Anteil, den qualifizierte Schwarzwälder Holzhandwerker an der Entwicklung hatten. Simon Henninger, ein hervorragender Vertreter der frühesten Phase, war Kübler, sein Zeitgenosse Lorenz Frey, genannt Hackbretterlenz, Schreiner und Musikinstrumentenbauer. In noch höherem Maße gilt das für die zweite Entfaltungsstufe nach 1720. Die beiden entscheidenden Initiatoren, Simon Dilger (1671-1750) und Franz Ketterer (1676-1753), der Treyerfranz, übten den Drechslerberuf aus. In einem Triberger Gewerbeverzeichnis werden 1749 Drechsler und Holzuhrmacher noch in einer Berufsgruppe ausgewiesen.

Fortschritte in der Uhrentechnik
Die frühesten Schwarzwälder Uhren ähnelten vom Konzept her den einfachen eisernen Wanduhren, die als Wächter- und Türmeruhren damals nicht selten waren. Die gesamte Uhr, vielleicht mit Ausnahme der Spindelachse, bestand aus Holz, hölzerne Radwellen liefen in hölzernen Platinen (Trägerplatten), große Zahnräder und kleine Zahnräder (Triebe) griffen Holz in Holz ineinander. Die Laufdauer betrug höchstens 12 Stunden und als Antrieb diente wohl ein glatter Feldstein an einer Schnur mit kleinem Gegengewicht. Relativ früh verwendete man auch schon Glasgewichte, die in den Schwarzwälder Glashütten hergestellt worden waren.

Nach und nach wurden in der Schwarzwälder Uhrenfertigung hölzerne Bauteile durch metallene ersetzt, allerdings mit einer Ausnahme: die Holzgestelle mit hölzernen Trägerplatten hat man beibehalten, sie kennzeichnen auch noch die nach alten Formen weitergebaute Fabrikuhr des 20.Jh. Ingeniöse Draht-Holz-Kombinationen haben zuweilen technische Funktionen erfüllt, für die andernorts massive Metallteile gebraucht wurden.

Ein wesentlicher Produktionsfortschritt war um 1750 erreicht, als sich die Hohltriebe (Laternentriebe), eine Draht-Holz-Konstruktion, anstelle der massiven Holztriebe durchgesetzt hatten.

Vom gleichen Zeitpunkt an wurden allmählich die hölzernen Zahnräder durch Messingräder ersetzt, recht früh schon das Rad, in das die Hemmung eingreift, recht spät erst die wenig beanspruchten Zahnräder des Zeigerwerks. Die metallenen Rohlinge bezog man im 18.Jahrhundert aus Nürnberg und Solothurn, um die Wende zum 19.Jahrhundert haben dann die Schwarzwälder Gießereien den Bedarf gedeckt. Besonders leistungsstark waren diese Betriebe beim Glockenguß, schon ab 1780 wurden Uhrglocken nach England und Holland exportiert. An die Stelle der zerbrechlichen Glasglöckchen, die bei den frühen Schwarzwälder Schlag- und Spieluhren als Klangkörper gedient haben, treten im letzten Drittel des 18.Jahrhunderts die Metallglockem und - nach 1830 als weitere Variante - die Tonfedern auf.

Wesentlich beeinflußt wurde dieser Übergang vom Holzwerk zum Holz-Messing-Werk und später zum Metallwerk durch konstruktive Veränderungen, vor allem beim System Gangregler-Hemmung. Waaguhren mit Spindelhemmung wurden im Schwarzwald noch in der zweiten Hälfte des 18.Jh. gebaut, Uhren mit Vorderpendel ("Kurzschwanzpendel") etwa zwischen 1740 und 1820. Die ersten Uhren mit längerem Schwerkraftpendel, im 19.Jh. die Normalform, kamen nach 1750 auf.

Dieses Nebeneinander verschiedener Bauformen erschwert eine Datierung älterer Schwarzwalduhren, zumal noch hinzukommt, daß jeder Uhrmacher seine Besonderheiten und tradierten Varianten lange beibehalten hat. Übereinstimmend gehen frühe Quellen davon aus, daß in der Anfangszeit der Schwarzwälder Uhrmacherei, als die Räder mit dem Zirkel ausgemessen und die Zähne einzeln ausgeschnitten werden mußten, ein Uhrmacher etwa eine Woche an einer einfachen Uhr gearbeitet hat.

Um das Jahr 1780 hingegen konnten zwei Personen in einer Woche zehn derartige Uhren herstellen. Noch 1840/50 galt die Faustregel, daß drei Personen (Meister, Geselle, Lehrling) in der Woche 18 Uhren ähnlicher Art produzierten.

Diese Angaben lassen erkennen, daß der entscheidende Produktivitätsfortschritt bereits im 18.Jh. erfolgt sein mußte. Zwei Arbeitsgeräte hatten wesentlichen Anteil daran: Zahnstuhl und Spindelbohrer. Der Zahnstuhl, die Schwarzwälder sprachen auch vom Räderschneidzeug oder vom Zahngeschirr, erlaubte es, durch die Kombination von Teileinrichtung (Teilscheibe) und Schneidewerkzeug die mühsame und zeitraubende Herstellung der Zahnräder zu mechanisieren. Der Spindelbohrer, in der Schwarzwälder Uhrmachersprache Bohrgeschirr genannt, wurde für die Herstellung der Laternenbetriebe benötigt.

Produktionstechnisch bestand das Problem darin, die einzelnen Drahtstöcke (Triebstöcke) kreisförmig, in gleichen Abständen und achsparallel in die begrenzenden Holzscheibchen einzubringen. Der Spindelbohrer wurde um 1780 von dem Benediktinermönch und späteren Professor für Mathematik an der Universität Freiburg, Thaddäus Rinderle, perfektioniert. Eine Arbeit, die vordem viel Geschicklichkeit erfordert hatte, konnte jetzt schneller, präziser und zudem noch einfacher durchgeführt werden.

Auch die Grundzüge der Arbeitsteilung bildeten sich bereits im 18.Jh. Klassische Nebengewerbe waren die Gestellmacher, die Schildmacher, die Gießer und die Werkzeugmacher. Stark zugenommen hat im 19.Jh. die Gruppe der Schildmaler und Schildmalerinnen, deren Einkommen oft über dem der Uhrmacher lag. Neu hinzugekommen sind später die Uhrkettenmacher, die Tonfedermacher und die Räderdreher, welche die aus den Gießhütten kommenden Rohlinge glatt gedreht haben. Das Verzahnen hingegen blieb Aufgabe der Uhrmacher. Die Relation zwischen Uhrmachern im engeren Sinn und Nebengewerbebetreibenden betrug 2:1 (um 1840).

Im Schwarzwald wurden vor 1850 (fast) ausschließlich Uhren mit Gewichtsantrieb und hölzernen Platinen gebaut. Von der Größe des Werkes her gesehen unterschied man die (normal) große

Schwarzwalduhr, die mittelgroße (Schottenuhr) und die kleine (Jockeleuhr), hinzu kamen als seltene Neustädter Spezialität noch kleinste Uhrwerke (Sorgeührchen). Die ersten Schottenuhren soll Johann Dilger (gest. 1780) auf dem Schottenhof bei Neustadt gebaut haben. Der Name Jockeleuhren geht zurück auf Jacob ("Jockele") Herbstrieth aus Hinterzarten, der um 1790 diese kleinen Wanduhren fertigte. Die ersten Sorgührchen hat ein Mitglied der Uhrmacherfamilie Sorg in Neustadt produziert, vermutlich um 1820.

Hinsichtlich der Laufdauer unterschied man um 1840 die 12-Stunden-Uhr, die 24-Stunden-Uhr ("übersetzte Uhr") und die 8-Tage-Uhr, deren Produktionszentrum in Furtwangen lag. Vom Material her gesehen reichte die Palette von der "ganz hölzernen Uhr" über die "halbmessingne Uhr" (Zahnräder teils Holz, teils Messing), der "holzgespindelten Uhr" (Messingzahnräder auf Holzachsen) bis zur "metallenen Uhr mit massiven Getrieben" (metallene Massivtriebe statt Hohltriebe, alle Zahnräder und Achsen Metall). Etwa 50% der Gesamtproduktion entfielen vor der Mitte des 19. Jahrhunderts auf die große 24-Stunden-Uhr mit Holzlackschild und Schlagwerk. Dieser Uhrentyp wurde zu einem Kennzeichen für die hausgewerbliche Uhrmacherei des Schwarzwaldes. 1838 kostete die 12stündige halbmessingne Uhr 1 Gulden 12 Kreuzer (Händlerpreis), die 24-Stunden-Uhr mit Schlagwerk 2-3 Gulden.

Für holzgespindelte 8-Tage-Uhren mit Schlag auf Glocke erlöste der Uhrmacher 4 Gulden 24 Kreuzer. (Bei der Währungsumstellung 1871/73 entsprach 1 Gulden 1,71 Mark.) Die damals modernsten Schwarzwalduhren mit Tonfedern statt Glocken und Gewichtsketten statt Schnüren konnten Aufpreise erzielen.

Hausgewerbe und Uhrenhandel
Historiker lassen offen, was mehr Beachtung verdient, die von Jahrzehnt zu Jahrzehnt wachsende Uhrenproduktion des Schwarzwaldes oder die Art und Weise, wie diese Uhren beinahe in aller Welt abgesetzt wurden. Um 1810 hat man im Schwarzwald jährlich 150.000 bis 200.000 Uhren hergestellt, um 1840 gegen 600.000. Eine Zusammenfassung der verschiedenen Einzelangaben ergibt, daß in den 40er Jahren des 19.Jh. etwa 5.000 Personen hauptberuflich Uhren und Zubehörteile gefertigt haben. Die Zahl der auswärtigen Uhrenhändler lag weit über 1000.

Kennzeichnend für die hier beschriebene Epoche vor 1850 war die hausgewerbliche Produktion in kleinen Werkstätten im Wohnhaus, meist in der Wohnstube. Man rechnet durchschnittlich auf einen Meister 1 bis 2 hautberufliche Hilfskräfte, hinzu kamen oft mithelfende Familienmitglieder. Im Schwarzwald gab es keine verbindliche Zunftverfassung, Meister nannte sich jeder, der selbständig Uhren oder Zubehörteile produziert hat. In der Umgangssprache waren jedoch vom Handwerk übernommene Begriffe wie Lehrvertrag und Lehrgeld oder Berufsbezeichnungen wie Geselle oder Lehrling üblich.

Wesentlichen Anteil an der Stabilität dieses Gewerbezweiges hatte die nebenbei betriebene Landwirtschaft. Viehhaltung in begrenztem Umfang, oft auf Pachtland, und der Anbau von Kartoffeln sicherte die Nahrungsgrundlage. Dennoch erscheint es wenig sinnvoll, von "Bauernuhrmachern" zu sprechen. Die Schwarzwälder Uhrmacher waren in der Regel nicht Landwirte und zugleich Uhrenproduzenten, sondern sie befaßten sich hauptberuflich mit ihrem Gewerbe. Üblich war die Bezeichnung "Gewerber", ihre Wohnstätten hießen "Gewerbsgütlein" oder "Gewerbshäusle" in Abgrenzung zu den "Höfen" der Schwarzwaldbauern. Viele Uhrmacher waren Bauernsöhne, die nicht Hoferbe werden konnten, denn im Schwarzwald gab es keine Erbteilung bei Bauernhöfen. Mehr als ein Jahrhundert hindurch sicherte ihnen die expandierende Uhrmacherei Berufs- und Lebenschancen, die besser waren als die der bäuerlichen Hilfskräfte. Dabei ist zu berücksichtigen, daß die Gesinde- und Tagelöhnersätze, wiederum wegen der konkurrierenden Uhrmacherei, auf dem hohen Schwarzwald beträchtlich höher lagen als in anderen Gegenden Deutschlands. Die wachsende Bevölkerung des Uhrmachergebietes führte zu einer Reihe siedlungstechnischer Probleme. In manchen Orten wurde das Gemeindefeld (Allmende) aufgeteilt, in anderen rodete man Waldgebiete oder besiedelte abgelegenes Ödland, so daß Streusiedlungen entstanden.

Eine der zählebigsten Legenden ist die Geschichte von den Schwarzwälder Uhrmachern, die im Sommer ihre im Winter selbst gefertigten Uhren in der Umgebung verhökert haben. Sie müssen bereits im 18.Jh. recht selten gewesen sein, denn Produktion und Verkauf trennten sich schon frühzeitig. Recht anschaulich schildert Pfarrer Jäck 1810 die erste Expansionsphase des Schwarzwälder Uhrenhandels.

"Je zwei oder drei vereinigten sich zu einer Societät à conto meta (gleiche Teilung von Gewinn und Verlust), kaufen einige hundert Uhren, reisen ins Innere des zum Handel gewählten Landes, nehmen noch überdies Unterhändler unter dem Namen Uhrenknechte mit, und ließen sich ihre Waren mittels Spedition nachschicken. Im Lande selbst verteilen sich dann die Händler mit ihren Knechten, nachdem sie sich einen Zentral- oder Stapelort gewählt hatten, durchstreifen hierauf zur Marktzeit nicht nur Städte und Flecken, sondern durchwandern auch einzelne Dörfer und Gegenden, wo sie, ein Pack Uhren auf dem Rücken, eine unter dem Arm, ihre Waren feilboten. So erhielten in den drei Dezennien 1740, 1750, 1760 Europas merkwürdigste Länder und Provinzen kleine Uhrenhändler-Colonien aus dem Schwarzwald."

Das Leben dieser ambulanten Händler war anstrengend, voller Entbehrungen und zudem risikoreich, denn alle wußten, ein Hausierer hat Bargeld. In den Kirchenbüchern sind ihre Schicksale verzeichnet, viele kurze Notizen über Todesnachrichten aus England und Polen, aus Ungarn und Frankreich, aus Rußland und Spanien. Eine amtliche Erhebung weist im Jahre 1842 Schwarzwälder Uhrenhändler in vier Weltteilen und in 23 europäischen Ländern nach.

Der wachsende Geschäftsumfang führte zu Zoll- und Transportproblemen, doch gewichtiger noch war, daß der auswärtige Händler ein Sortiment verschiedenartiger Uhren benötigte, während der Uhrmacher sich oft auf wenige Sorten spezialisiert hatte. So entstand ein neues Aufgabenfeld für Großhändler oder "Spediteurs", im Volksmund "Packer" genannt. Sie haben im Auftrag der Uhrenhändler, manchmal auch auf eigene Rechnung, durch Käufe bei verschiedenen Uhrmachern und Schildmalern die Sendungen zusammengestellt und in große Kisten "verpackt". Ein Schönenbacher Uhrenpacker versandte zwischen 1821 und 1846 über 21.000 Uhren nach London und Hamburg. 155 Uhrmacher und 83 Schildmaler und Schildmalerinnen, 16 Spieluhrmacher fünf Glockengießerlieferten an ihn ihre Erzeugnisse. Von den 112 selbständigen Uhrmachern Furtwangens haben 1841 nur neun ihre Uhren direkt versandt.

Zwischen Uhrmachern und "Packern" gab es ständig Spannungen, viele Uhrmacher fühlten sich von den wirtschaftlich stärkeren "Packern" ausgebeutet. Sicherlich waren Klagen gerechtfertigt, weil häufig gelieferte Rohstoffe und Lebensmittel zu überhöhten Preisen verrechnet wurden (Trucksystem) statt Bargeld auszuzahlen. Doch ohne diese Zwischenhändler hätte das Verkaufssystem nicht funktioniert. Dennoch blieben den Schwarzwäldern Formen der Ausbeutung, wie sie damals in anderen Gebirgsgegenden verbreitet waren, in der Regel erspart. Der einzelne Uhrmacher behielt in bestimmtem Umfang seine Selbständigkeit.

Der Schwarzwald versorgte Europa mit robusten und konkurrenzlos billigen Gebrauchsuhren. Wichtig für den Verkauf war auch das Äußere der Uhren. Schwarzwälder Uhren vor 1770 hatten meist einfache rechteckige Holzschilder, anfangs nur mit einem Stundenblatt und Stundenzeiger, später, als sie genauer gingen, kam ein eigenes Zifferblatt für die Viertelstundenanzeige hinzu.

Als die Uhren mit Ankerhemmung ausgerüstet waren, setzte sich die uns geläufige Form mit Stunden- und Minutenzeiger durch. Nach 1740 wurde es allmählich üblich, Kupferstichblätter auf die Holzschilder zu kleben und mit Wasserfarben zu kolorieren. Alte Holzschilder sind jedoch noch weitaus seltener erhalten geblieben als alte Holzwerke, denn schon im 18.Jh. wurden oft schadhafte oder unmodern gewordene Stücke ausgetauscht, sofern das Werk noch seinen Dienst tat. Künstlerisch wertvolle geschnitzte Schilder im Barockstil schuf der Bildhauer Mathias Faller (1707-1791). Diese Fallerschilder, wie sie allgemein heißen, auch wenn sie nicht aus der Werkstatt des Meisters kamen, wurden besonders für hochwertige Schwarzwalduhren verwendet, für astronomische Uhren oder für Spieluhren. Der Grundton dieser Schilder ist silberfarben, die Ränder wurden in Faßmalerei (Uhrenschild "einfassen") vergoldet.

Nach 1770 entstand bei den Schwarzwalduhren die quadratische Grundform des Schildes mit dem aufgesetzten halbkreisförmigen Schildbogen, der die Metallglocke verdecken sollte. Der vom Zifferblatt nicht beanspruchte freie Raum in den Ecken, vor allem aber der Schildbogen, wurde mit Holzmalerei ausgeschmückt. Etwa 30 Jahre lang haben um 1800 die Schwarzwälder experimentiert, ehe sie Materialien und Verfahren gefunden hatten, um die Holzlackschilder ansprechend und dauerhaft zu gestalten. Danach allerdings wurde die Schildmalerei zu einem blühenden Gewerbe mit künstlerischem Anspruch. Auch der berühmte Maler Hans Thoma (1839-1924) fertigte in seiner Jugendzeit Uhrenschilder. Die Holzlackschilduhr blieb in manchen Ländern während des 19. Jh. beliebt, in anderen zeichnet sich vor 1850 ein Geschmackswandel ab. Diesen Tendenzen des Marktes mußten sich die Schwarzwälder anpassen. Rahmenuhren mit kleinem Emailzifferblatt und geprägten Metallschildern oder mit Landschafts- bzw. Personenbildern hinter Glas brachten Teilerfolge. Die kleinen Schwarzwalduhren wurden nach 1850 oft mit Porzellanschildern ausgestattet. Dieser Spätphase der hausgewerblichen Uhrmacherei fehlt die stilistische Geschlossenheit früherer Perioden, die Modelle werden kurzlebiger, der Übergang zur industriellen Produktion zeichnet sich ab.

Die aufkommende Uhrenindustrie

Mitte der Vierziger Jahre des 19.Jh. befand sich die Uhrmacherei des Schwarzwaldes in einer Krise. Als Hilfsmaßnahme des badischen Staates wurde 1850 die Großherzogliche Badische Uhrmacherschule Furtwangen gegründet. Geplant war, durch "Musteruhren" die Vielfalt der Bauteile zu verringern, neue Uhrentypen - federgetriebene Tischuhren ("Stockuhren") und Taschenuhren - im Schwarzwald selbst zu produzieren und die Uhrmacher an den andernorts erreichten Stand der Technologie heranzuführen. Dieser Versuch ist mißlungen. Als sich im Jahrzehnt nach 1850 das Geschäft wieder belebt hat, sahen die meisten Uhrmacher keine Veranlassung mehr, über technische Verbesserungen und steigende Arbeitsproduktivität nachzudenken.

Doch allmählich veränderte sich die Situation. Anfangs der 1870er Jahre wurde die Jahresproduktion des badischen Schwarzwaldes auf 1,8 Millionen Uhren geschätzt. Die Produktionspalette umfaßte jetzt auch federgetriebene Großuhren, doch nach wie vor herrschte die Schwarzwälder Gewichtsuhr vor. Allein 50% der Gesamtproduktion entfällt auf die (mittelgroße) Schottenuhr, teils mit Holzlackschild, teils mit Rahmen. Speziell bei diesem Uhrentyp konnten die Schwarzwälder "Kleinmeister", wenn auch bei verlängerter Arbeitszeit und niedrigen Gewinnspannen, noch bis Ende des 19.Jh. mit den Fabrikbetrieben konkurrieren. Wesentliche Voraussetzung für das Überleben der hausgewerblich arbeitenden Uhrmacher war der Übergang zu fabrikmäßigen Verfahren bei der Bestandteilfertigung. So produzierte 1872 ein Furtwanger Betrieb Zubehörteile für 350.000 Uhren, ein Triberger für 500.000 Uhren. Im gleichen Zeitraum gibt es eine wachsende Zahl von Betrieben im Übergangsfeld von Werkstatt und Fabrik und, als besonders auffallende Erscheinungen, einzelne größere Uhrenfabriken.

Das Renommier-Unternehmen des badischen Oberlandes, die 1851 gegründete Aktiengesellschaft für Uhrenfabrikation in Lenzkirch, beschäftigte damals 400 Arbeiter in Fabriklokalen, zusätzlich noch 250 Heimarbeiter und war damit die größte Uhrenfabrik Deutschlands. Das Produktionsprogramm - hochwertige Pendulen, Regulatoren und Wecker nach französischer Bauform - bildete keine unmittelbare Konkurrenz für die Produzenten herkömmlicher Schwarzwalduhren. Die Verlagerung der Uhren-Massenproduktion vom badischen in den württembergischen Teil des Schwarzwaldes zeichnete sich erst in Ansätzen ab. Die Firma Junghans in Schramberg (gegr. 1861) fertigte 1878 mit 300-400 Arbeitskräften etwa 100.000 Uhren im Jahr, die Firma Landenberger & Lang (später Hamburg Amerikanische Uhrenfabrik) wurde 1875 gegründet. Auch die Schwenninger Uhrenindustrie erlangte ihre Bedeutung erst in den folgenden Jahrzehnten. Die aufkommende Uhrenindustrie erzielte ihre großen Umsätze vor allem mit zwei Uhrentypen, den Metallweckern und den Federzug-Regulatoren, beide verfertigt nach amerikanischer Technologie. Grundlegende Kennzeichen des sog. Amerikanerwerks, das vielfältig abgewandelt wurde, sind die durchbrochenen Messingplatinen, die Hohltriebe, die ausgestanzten Zahnräder und die starken, meist offenliegenden Zugfedern. Als Hemmung diente bei den Regulatoren häufig der Schwarzwälder Blechanker, bei den Weckern war die Stiftankerhemmung recht verbreitet.

Der Federzug-Regulator, zwischen 1880 und 1930 in Deutschland die beliebteste Wohnzimmeruhr, entwickelte sich aus dem Wiener Gewichts-Regulator. Diese sorgfältig bearbeiteten und genauen Uhren erforderten wegen des Langpendels und der im Innern angebrachten Gewichte lange, schmale Gehäuse. Beim Federzug-Regulator mit mittellangem Pendel konnte der meist rechteckige Uhrenkasten verkürzt werden.

Im Jahre 1905 wird die Gesamtproduktion des württembergischen Schwarzwaldes auf 5,8 Millionen Uhren geschätzt, davon waren 4,1 Millionen (70,7%) Weckeruhren. Als gängigste Sorte können die sog. Babywecker gelten. Dieser Typ mit rundem Metallkorpus und aufgesetzter Glocke galt Jahrzehnte hindurch - zwischen 1890 und 1930 - als die Weckeruhr schlechthin. Als transportable Schlafzimmer- und Küchenuhren haben diese Babywecker um 1900 auch die letzte klassische Schwarzwalduhr, den Schottenwecker, vom Markt verdrängt.

Im Jahre 1914 entfiel über 50% der Weltausfuhr von Großuhren auf die Schwarzwälder Uhrenindustrie. Nur ein großes deutsches Unternehmen lag außerhalb dieses Raumes, die Firma Gustav Becker in Freiburg/Schlesien. Ebenso wie früher die hausgewerblich arbeitenden Uhrmacher, so versorgten jetzt die Schwarzwälder Uhrenfabriken weite Teile der Welt mit ihren Erzeugnissen.

Kuckucksuhren - Figurenuhren - Musikuhren
Wohl kaum eine andere Schwarzwälder Uhrengattung hat die Phantasie so angeregt wie die Kuckucksuhr. Doch trotz zahlreicher Ansätze und Vermutungen ist noch nicht endgültig gesichert, wann und von wem die erste Kuckucksuhr gebaut wurde. In der Literatur wird üblicherweise Franz Ketterer aus Schönwald diese Ehre zugesprochen und als Entstehungszeit 1740 genannt. Die erste schriftliche Nachricht stammt aus dem Jahre 1762. Nach einer Reise von St. Blasien in die Rheinebene diktiert ein päpstlicher Legat seinem Schreiber: "Die hölzernen Uhren werden hier in sehr großen Mengen gemacht und durch den Handel in ganz Europa verbreitet, und wenn sie auch schon früher nicht ganz unbekannt waren, so hat man sie neuerdings sehr vervollkommnet und begonnen, sie mit dem Ruf des Kuckuck auszustatten." Die Technik wurde im Laufe der Zeit verbessert. Der perfekte Kuckuck verbeugt sich bei jedem Stundenschlag, bewegt die Flügel und öffnet den Schnabel.

Wie kommt der Kuckucksruf zustande? Über zwei gedeckten Pfeifen liegen kleine Blasebälge. Ein Rad des Schlagwerks in Verbindung mit Drähten hebt beide Blasebälge an, füllt sie also mit Luft. Kurz nacheinander fallen die Blasebälge durch ihr Eigengewicht wieder zusammen, die Luft entweicht durch zwei Lippenpfeifen, der Kuckucksruf ertönt. Weil nun die einfache Tonfolge des Kuckucks so gut gelungen war, versuchte man, auch komplizierte Tongefüge nachzuahmen. Es entstanden Wachtelrufe, Hahnenuhren und Trompetenuhren, aber alle diese Versuche verschwanden wieder. Geblieben ist der Kuckucksruf.

Die Kuckucksmechanik wurde in viele Sorten Schwarzwälder Uhren eingebaut, aber die Kukkucksuhr, wie sie heute noch jeder kennt, geht auf die sog. Bahnhäusleform zurück. Diese spezielle Form des Uhrkastens orientiert sich gestalterisch an den Bahnwärterhäuschen der badischen Staatsbahn um 1840. Als Robert Gerwig 1850 die vaterländischen Künstler dazu aufrief, für das Äußere der Schwarzwalduhr neue Ideen zu entwickeln, lieferte auch der Karlsruher Architekturprofessor Friedrich Eisenlohr einen entsprechenden Entwurf, eben diese Bahnhäusleuhr. Unbekannt blieb, welcher findige Schwarzwälder zuerst in den Giebel den Kuckuck setzte und das etwas nüchtern wirkende Häuschen an der Vorderseite mit hölzernem Laubwerk oder Jagdsymbolen verzierte. Jedenfalls war damit eine der erfolgreichsten Uhrenformen der Welt geschaffen worden. Auch wenn heute vielfach Holz durch Plastik ersetzt wird und die Japaner sogar eine elektronische Kuckucksuhr auf den Markt brachten, die Kuckucksuhr behielt 120 Jahre hindurch ihr unverwechselbares Gesicht.

Neben den Kuckucksuhren fertigten die Schwarzwälder auch andere einfache Automaten, in der Fachsprache Figurenuhren, in der Mundart "Männleuhren" genannt. Schon Steyrer erwähnt 1796 als Beispiel einen Kapuziner, der ein Betglöcklein läutet. Für den Ideenreichtum der Figurenuhrenbauer gab es kaum Grenzen. Eine Aufzählung und Beschreibung aller Varianten würde Seiten füllen. So schlägt bei der Metzgeruhr ein Metzger bei jedem Stundenschlag einem Ochsen auf den Kopf. Bei der Scharfrichteruhr wird allstündlich ein Delinquent geköpft, bei der Soldatenuhr marschiert eine Schildwache auf und ab. Schwarzwälder Uhrmacher fertigten Schornsteinfegeruhren und Knödelesseruhren, ließen Artisten tanzen, Ziegenböcke mit den Köpfen zusammenstoßen, Leoparden, Wilddiebe und Liebespaare die Augen rollen (Augenwenderuhren). Häufig wurden bewegliche Figuren auch mit Musikwerken gekoppelt, mit Glasglockenspielen, Flöten oder Harfen. Vermutlich mit Uhren dieser Art haben sich die Schwarzwälder Handelspioniere die Herrscher geneigt gemacht. Ein Uhrmacher überreichte der Kaiserin Katharina II. von Rußland eine Schwarzwälder Spieluhr, bei der die zwölf Apostel die Stunden schlugen. Ein anderes Spielwerk, nach türkischem Geschmack gefertigt, gab 1779 ein Schwarzwälder dem "Großsultan" in Istanbul. Spieluhren wurden durch besonders qualifizierte Meister angefertigt und oft nur gegen Vorbestellung geliefert. Musikkundige Mönche der Schwarzwälder Klöster berieten im 18.Jh. die Uhrmacher. In späteren Jahrzehnten trennte sich der Musikwerkbau von der Uhrmacherei. Die mechanischen Spielwerke und Karusselorgeln, besonders aber die Orchestrien des Schwarzwaldes, fanden selbst bei Weltausstellungen Beachtung. Die Namen der Schwarzwälder Firmen wie Blessing (Unterkirnach/Furtwangen), Welte (Vöhrenbach/Freiburg), Imhof & Mukle (Vöhrenbach) und Bruder (Simonswald/Waldkirch) hatten im 19.Jh. internationalen Ruf.

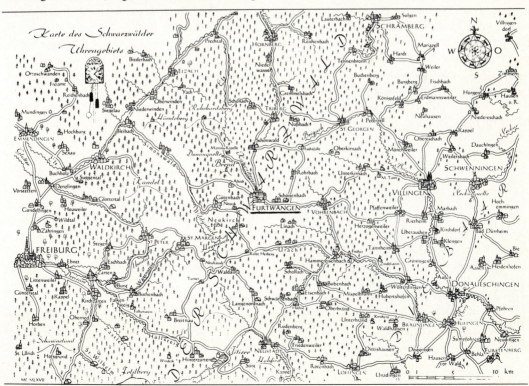

Historische Landkarte der Schwarzwälder Uhrmacherregion (Foto : Deutsches Uhrenmuseum Furtwangen)

Historische Waffen

Die Bewaffnung des deutschen Adels und der Heere zur Zeit Kaiser Maximilians bis zum Beginn der Bauernkriege

In der Zeit um 1500 wich die ritterliche Kampfart, bei der sich vorwiegend Reiterheere gegenüberstanden, einem gemischten, strategischen Gefecht. Die Bauern spielten ursprünglich als nicht Entlohnte und zum Kriegsdienst Verpflichtete eine untergeordnete Rolle. Die Kriegstaktik der modernen Zeit begann sich zu entwickeln; zwar war es nicht der taktische Einzelkampf, sondern immer noch die geschlossene Formation der kämpfenden Truppen, die das Geschehen bestimmte. Es traten aber erstmals unterschiedliche Truppen gegeneinander an.

An Stelle der nur aus Raubgut und Plünderungen bezahlten Bauern und Leibeigenen wurden besoldete Heere, die sogenannten Landsknechte, eingesetzt. Gemeint sind diejenigen, welche sich selber das Kriegshandwerk erwählten," ohn Not des Gehorsams". Die Reiterheere wurden weiterhin vom höheren Adel gestellt, während der niedrige Adel sich bei den Fußtruppen als Hauptleute und Heerführer verdingte. Standesgemäß verfügte die Reiterei über die bessere Kriegsausbildung und Ausstattung gegenüber dem Heer der Kriegsknechte, von denen nur ein Teil über eigene Ausstattung und Bewaffnung verfügte. Ein Großteil der Kriegsknechte wurde damals von den Zeughäusern ausgestattet.

Wie vor allen kriegerischen Auseinandersetzungen entwickelte sich auch in den Jahren um 1525, dem Beginn der Bauernkriege, das Waffenwesen besonders rasch. Während in der Zeit des Mittelalters die Trutz- und Schutzbewaffnung sich Zug um Zug entwickelte, überschlug sich die Entwicklung der Waffensysteme zu Beginn des 16. Jh.s. Vor dieser Zeit wurde als Schutz gegen das Hiebschwert das Kettenhemd getragen, das wiederum durch die Weiterentwicklung des Schwertes zum Stoßschwert weitgehend an Bedeutung verlor. Die Entwicklung des Plattenharnisches war die konsequente Weiterentwicklung der Schutzbewaffnung gegen das Stoßschwert und in begrenztem Umfang auch gegen das Hiebschwert.

Der Übergang vom Mittelalter zur Neuzeit erstreckt sich über einen längeren Zeitraum und stellt ebenso einen Einschnitt dar wie früher die Ablösung des Altertums durch das Mittelalter.

Die Hauptwaffe der Berittenen war das Schwert, das im Zuge der Entwicklung für den Hieb ebenso wie für den Stoß geeignet war. Gleichzeitig gab es jedoch nach wie vor das reine Hiebschwert mit breiter Klinge und das Stoß- oder Bohrschwert mit schmaler, aber steifer Klinge. Der Reiter verfügte darüber hinaus noch über einen Dolch, der jedoch keiner besonderen Kampftechnik diente und daher in vielfältiger Ausführung, häufig auch der Mode angepaßt, getragen wurde. Streitkolben oder kurzstielige Beile waren reine Reiterwaffen für den Nahkampf, dienten aber auch gleichzeitig, in besonders kostbarer und aufwendiger Ausfüh-

Hans Burgkmair d. Ä. um 1518; Kaiser Maximilian I in der Hofplattnerei bei Konrad Seusenhofer, Innsbruck. (Foto: J.H. Fricker)

rung, als Rangabzeichen für Offiziere. Die Lanze wiederum war eine sehr wichtige taktische Reiterwaffe, die in der Regel einheitlich und schmucklos war. Sie hatte eine kurze Spitze; die Holzstange, der Schaft, war oftmals in den heraldischen Farben des Landesherrn bemalt.

Zum Schutz des Körpers trugen die Reiter den Plattenharnisch mit ganzem Armzeug und Handschuhen, häufig auch mit ganzem Beinzeug, d.h. mit eisernen breiten Schuhen, sogenannten Kuhmaulschuhen. Als Helm wurde die geschlossene Sturmhaube oder der Visierhelm getragen. Beim Visierhelm war im geschlossenen Zustand das Gesicht des Trägers gegen Hiebe und Stiche geschützt. Allerdings war der Sichtbereich durch die Sehschlitze begrenzt. Die Atmung war trotz sogenannter Atemöffnungen unterhalb der Sehschlitze behindert, was oft zu Ausfällen der in vollem Harnisch Reitenden und Kämpfenden führte.
Häufig hatten die Harnische und Helme wellenförmig getriebene Streifen, die an Brust- und Rückenteil fächerartig gestaltet waren. Am Arm- und Beinzeug waren die Wellen längs oder quer angeordnet, während sie am Helm normalerweise von vorne nach hinten verliefen. Diese "gefluteten" Harnische wurden nach dem Kaiser und obersten Kriegsherrn "Maximilians Harnische" genannt.
Die typische Bewaffnung der Landsknechte war der Katzbalger. Dies war ein kurzes Schwert mit breiter Klinge und großen Parierringen, welches ausschließlich für den Hieb Verwendung fand. Die Bezeichnung wird sehr häufig fälschlicherweise vom Katzenfell abgeleitet, in dem es angeblich als Ersatz für die Scheide getragen wurde. Richtigerweise kommt die Bezeichnung Katzbalger vom "Balgen wie die Katzen", nämlich dicht gedrängt im Haufen dem Feind gegenüber, ohne große Möglichkeit zu weit ausholenden Hieben und Stößen. Lange Schwerter waren beim Landsknecht selten, fanden jedoch hin und wieder Verwendung, ebenso wie die säbelähnlichen, langen Messer oder Kriegsmesser. Diese haben eine leicht gebogene, spitze Klinge und einen langen Griff, der das Führen mit zwei Händen erlaubt. Ebenfalls mit zwei Händen geführt wurden die

Feldhauptmann der Landsknechte zu Anf. des 16. Jh. Holzschnitt von Hans Guldenmund. (Foto: J.H. Fricker)

langen Schlachtschwerter oder Bidenhänder, die mit gerader oder wellenförmig geflammter Klinge gebräuchlich waren. Oft hatten diese Klingen im oberen Drittel sogenannte Parierhaken, die einen gegnerischen Hieb schon vor der Parierstange abfingen. Die Parierstangen waren aus kampftechnischen Gründen sehr weit ausladend, da die sogenannten Doppelsöldner, die dieses Schwert führten, auch gegen Hellebarden oder Spieße tragende Gegner eingesetzt wurden.

Die Dolche unterschieden sich nicht wesentlich von denen der Reiterei. Die Landsknechte waren außerdem sehr oft mit Hellebarden bewaffnet, das sind beilförmige Klingen mit Stoßspitze an einer mannshohen Stange, mit denen mit kräftigen Hieben und Stößen der Gegner vom Leib gehalten werden konnte. Übermannshohe Spieße mit breiten Stoßklingen und bis zu vier Meter lange Lanzen waren ebenfalls typische Waffen für den Fußkampf. Im Gegensatz zu den Reitern, die ausnahmslos geharnischt waren, trugen die Fußknechte zugunsten einer besseren Beweglichkeit keinen oder nur unvollständigen Körperschutz. Die typische Landsknechttracht: geschlitztes Wams und geschlitzte Hosen, häufig nur mit dem Brust- und Rückenharnisch kombiniert. Statt eines Helms wurden oft nur federgeschmückte Hüte getragen. Die Kleidung war vielfältig, farbig und keinem Reglement unterworfen.

Vor Entwicklung der Feuerwaffen waren die Armbrust und der Bogen die einzigen leicht beweglichen Fernwaffen. Während der Bogen bei deutschen Heeren weniger gebräuchlich war, hatte die Armbrust eine große strategische Bedeutung. Überlieferungen von Zeitgenossen berichten, daß sich der Himmel verdunkelte nach dem gleichzeitigen Abschuß vieler hundert Bolzen durch die Armbrustschützen.

Die Durchschlagskraft der Armbrustbolzen war um ein mehrfaches größer als die der Bleigeschosse der zeitgenössischen Feuerwaffen.

Nach der Wiederentdeckung des Schießpulvers durch den Franziskanermönch Berthold Schwarz im 14. Jh. kam die Feuerwaffe mehr und mehr als taktische Waffe in Gebrauch. Als unritterlich geltend, von den Ritterheeren lange Zeit abgelehnt, setzte sich bei den Fußtruppen die Feuerwaffe mit Luntenschloß dennoch durch und wurde weiter verbessert. Die großen Verluste, die bei der Reiterei durch die Feuerwaffen der Musketiere hingenommen werden mußten, belehrten die Reiter eines Besseren und nach der Erfindung des Radschlosses im 16. Jh. konnte nun auch die Reiterei Feuerwaffen einsetzen. Während vorher der reiterliche Angriff durch die Feuerkraft der Musketiere gestoppt werden konnte, erlangte das Reiterheer jetzt wieder seine ursprüngliche Kampfkraft und Bedeutung.

Ein weiterer strategisch wichtiger Heeresteil war die Artillerie. Feuerwaffen haben die Entwicklung des Kriegswesens seit der Mitte des 14. Jh.s mitbestimmt. Geschütze lösten die schwerfälligen Wurfmaschinen des Mittelalters ab. Mit ihrer

Links: Ritterlicher Dolch um 1480. Mitte: Ritterliches Schwert um 1480. Rechts: Schwert zu Anderthalb Hand um 1560. (Foto: J.H. Fricker)

Hilfe gelang es, Breschen in Mauern zu schießen, durch Brandkugeln Häuser zu entzünden und in Schlachthaufen große Verluste an Menschen und Material anzurichten.

Die bronzenen Geschützrohre waren vorwiegend künstlerische Meisterwerke, was die Gestaltung ebenso wie die Präzision des Gusses betraf. Nach der Größe und Form der Geschütze wurden diese entsprechend bezeichnet. Zum Beispiel gab es Mörser, Feldschlangen, Kartaunen, Falkonets und sogenannte Pfünder. Die einzelnen Rohre selbst bekamen meistens phantasievolle Namen. Sie reichten von "Tod" bis "Teufel", vom "Drachen" über den "Greif" zum "Höllenhund", vom Philosophen" zum "Narren". Unter den Geschütznamen finden wir "Adam" und "Eva", "Fortuna", "St. Paulus" und andere Heilige. Es gab auch Geschützserien, wie zum Beispiel "Löwe" und "Löwin" und Serien mit den Namen der zwölf Apostel. Maximilian I. (1459 - 1519) wurde im Jahre 1486 zum König gewählt und war seit 1493

Kupferstich D.Hopfer, Landsknechte um 1500.

deutscher Kaiser. Durch die Stammlande seiner Frau Maria von Burgund und die Vermählung seines Sohnes Philipp mit der spanischen Erbtochter Johanna im Jahre 1496 brachte er auch noch die Krone und die Erblande Spaniens zum Hause Habsburg und erhob es damit zur Weltmacht. Der volkstümliche Herrscher Maximilian I. galt gleichzeitig als der "letzte Ritter" und als der "Vater der Landsknechte".

Betrachtung von
Jürgen H. Fricker, Dinkelsbühl

Landsknechte ca 1540. Holzschnitt von H.G.Beham (Beide Fotos auf dieser Seite von J.H. Fricker)

ZINNFIGUREN

4000 Jahre Sammlerleidenschaft

Seit nachweislich mehr als 4000 Jahren werden "Zinn"-Figuren aus verschiedenen Materialien hergestellt und gesammelt. Die wohl bekanntesten Figuren wurden in der Gruft des Prinzen Emsah gefunden. Dieser erfolgreiche ägyptische Krieger (etwa 2000 v.Chr.) ließ sowohl eine Gruppe Ägypter als auch eine Gruppe Nubier, häufig Verbündete der Ägypter, in seinem Grabe aufstellen, wohl um sich über das Leben hinaus von seinen Truppen beschützen zu lassen.

Weitere Beispiele für Militärfiguren, von römischen Legionären aus Zinn gegossen, stammen aus dem ersten Jahrtausend n. Chr. Hier ist allerdings nicht mehr feststellbar, ob diese Figuren aus strategischen Überlegungen hergestellt wurden oder ob sie als Kinderspielzeug dienten.

Über mehrere Jahrhunderte sind keine nennenswerten Zeugnisse aufgetaucht. Figürliche Darstellungen waren wohl meist als Grabbeigaben gedacht. Jedoch gab es dann im Jahre 1285 urkundliche Erwähnungen, daß in Nürnberg Zinngießer ihr Handwerk aufgenommen hatten, die sowohl Gebrauchszinn als auch sakrale Gegenstände und vor allem Spielsachen gossen.

Im 16. Jahrhundert stößt man in den Archivalien der Fürstenhäuser immer wieder auf Zinn- und Silberfiguren, die sowohl als Anschauungsmaterial wie auch als Spielzeug für kleine Prinzen dienten: Kaiser Maximilian (1459 - 1519) spielte als Kind mit Zinnfiguren, Ludwig XIII., König von Frankreich, spielte nachweislich mit gegossenen Soldaten, die mit den Fußteilen in vorgebohrte Holzplatten eingesetzt werden konnten. Dies mag wohl der Grund dafür gewesen sein, daß er für seinen Sohn, den berühmten Sonnenkönig, Ludwig XIV., für 50.000 Taler in Nürnberg Silberfiguren anfertigen ließ. Der Nürnberger Mechanikermeister und Zirkelschmied Gottfried Hautsch wurde damit beauftragt, die aus Silber hergestellte Armee kleiner Soldaten zu mechanisieren. Mit Hilfe eines Uhrwerkes konnten dann diese Figuren Bewegungen ausführen. Ganz ohne Zweifel wurde damit der Weg für das mechanische Nürnberger Spielzeug geschaffen.

Da Ludwig der XIV. auch Kinder hatte, gab er ebenfalls Nürnberger Figuren in Auftrag, und sein erster Festungsbaumeister, Herr de Vauban, kam eigens per Kutsche nach Nürnberg, um die Arbeiten an der königlichen Armée en miniature fachlich zu überwachen. Leider findet man keine dieser Figuren mehr, da sie offensichtlich zusammen mit anderem Hofsilber nach dem Tod Ludwig XIV. eingeschmolzen wurden.

Während in Nürnberg die Zinnfigurenhersteller mit Namen wie Heinrichsen, Ammon u. Sohn, Schweigger, Gottschalk und Haffner und in Fürth die Zinngießer Allgeier und Lorenz größten Bekanntheitsgrad erlangten, wurde in Straßburg der Papiersoldat geboren. Angeregt durch das Interesse der Bürger von Straßburg nach dem Besuch der Truppen Ludwigs XV. im Jahre 1744 hatte der Drucker Seyfried einige Plakate mit Soldaten bedruckt und sie auf den Straßen zum Verkauf angeboten. Sie wurden außerordentlich schnell verkauft, so daß auch andere Drucker auf die Idee kamen, ebenfalls Blätter mit Papiersoldaten zu bedrucken und zum Kauf anzubieten. Diese Soldaten wurden auf etwas stärkerem Papier gedruckt. Sie waren zum Ausschneiden gedacht und überwiegend auf Holzblöckchen geklebt, wodurch sie Standfestigkeit erhielten. Ursprünglich wurden diese Drucke in Schwarz/Weiß vorgenommen und handkoloriert.

König Ferdinand von Neapel besaß ca. 2.000 Papierfiguren, die heute noch im Museum San Martino in Neapel zu bewundern sind. Größere Sammlungen von Papiersoldaten findet man auch in den Armeemuseen von Paris und Madrid und natürlich im Museum zu Straßburg wieder. Sowohl die Zinn als auch die Papierfiguren waren zum Spielen gedacht. Teilweise waren sie jedoch so kunstfertig bemalt, daß sie auch sehr schnell Eingang in Sammlungen fanden.

Die Meister Allgeier und Schweizer sowie später der Wiener Kober waren die ersten, die schon halbplastische Figuren auf den Markt brachten, während der Franzose Lucotte bereits im Jahre der Französischen Revolution 1789 vollplastische Soldaten herstellte. Die Meister Cuberly, Blondel und Gerbeau, die später durch ihre "C.B.G."- Modelle bekannt wurden, schufen außerordentlich schöne Stücke vollplastischer Militärfiguren sowie auch zivile Szenerien. Der Franzose Mignot übernahm später die Firma C.B.G., und er war einer der wenigen Franzosen, die auch flache Figuren produzierten, welche sich sogar heute noch auf dem Markt befinden. Die Engländer brachen erst sehr spät in diese Domäne ein, die hauptsächlich - zumindest auf dem einheimischen Markt - von den Nürnbergern beherrscht wurde. 1893 begann der englische Hersteller Britain, billigere, vollplastische Hohlfiguren herzustellen, die dann allgemein als "Die Britains" bekannt wurden. Die Standardfigur von Britain war 54 mm groß, während die Nürnberger Standardfigur 30 und die elsäßische Papierfigur ca. 75 mm maß.

Gegen Ende des 19. Jahrhunderts wurde mit neuen Materialien gearbeitet, dem sogenannten Pappmaché, einer Mischung aus Pappe, Leim und Sägespänen, mit einem Drahtgestell als Innenleben, um der Figur größere Festigkeit zu geben. Die Figuren aus Pappmaché begannen ihren Siegeszug in die Kinderzimmer, denn sie waren vollplastisch und relativ preisgünstig. Alte Kataloge der Firma Hausser-Elastolin sowie der Firma Lineol in Brandenburg an der Havel zeigen ein reichhaltiges Angebot dieser Figuren, die jedes Kinderherz erfreuten. Heute sind diese Figuren bei Sammlern hoch im Kurs, zumal sie ganze Epochen widerspiegeln. Um Persönlichkeiten der Weltpolitik darzustellen, wurden Pappmachéfiguren mit Porzellanköpfen versehen, die die genaue Physiognomie zeigen.

Sicher existierte die flache Zinnfigur in Sammlerkreisen weiter, sie wurde jedoch in der Menge und im Bekanntheitsgrad für fast ein halbes Jahrhundert von der Pappmachéfigur verdrängt. Für die Zinnfigurensammler war selbstverständlich die Pappmachéfigur nur Spielzeug und wurde belächelt. Man schloß sich immer enger mit anderen Sammlern zusammen, um das Sammeln der Zinnfiguren zu kultivieren, was schließlich 1930 mit der Einweihung der Plassenburg in Kulmbach, dem damals einzigen Zinnfigurenmuseum in Deutschland, einen Höhepunkt fand.

Diese Sammlung litt nach 1945 sehr stark unter den Kriegseinwirkungen;teils wurde sie zerstört, teils bedienten sich die einmarschierenden Sieger. Mittlerweile sind die Plassenburg und Kulmbach das El Dorado für Sammler aus der ganzen Welt. Hier trifft man sich alle zwei Jahre zur größten Zinnfigurenbörse der Welt. Ursprünglich war diese Börse ausschließlich der flachen Figur vorbehalten. Doch im letzten Jahrzehnt setzten sich die Hersteller der vollplastischen Figur zunehmend durch. Die offiziellen Sammlervereinigungen wollen das aber nicht so ohne weiteres akzeptieren. Bekannte Hersteller - Labayen aus Spanien, aus den USA Imrie Lisley sowie die meisten Hersteller aus England wie z.B. Stadden, Phoenix, New Hope oder auch Hinchcliff und natürlich Barton - bringen schönste Figuren und Dioramen von 15 mm bis 120 mm auf den Markt. Hier kann wohl jeder Sammler finden, was er zur Erweiterung seiner Sammlung benötigt, und so mancher entdeckt für sich, möglicherweise nach einem wirklich empfehlenswerten Besuch auf der Plassenburg, die Reize dieses so kriegerisch erscheinenden aber doch so friedfertigen Hobbys.
Peter M. Krah

Trompeter des 2. schweren sächs. Reiter-Regiments 1902. (Foto: P.M. Krah)

Antiquitäten

-

Preisführer

von Barock...
 bis Art Deco

PREISANGABEN

Aus dem deutschen und internationalen Handel

Bitte beachten Sie bei Ihren Vergleichen der einzelnen Objekte die unterschiedlichen Angaben wie verkauft, gesehen oder ausgerufen, versteigert etc.

Es sind Originaluntertitel der jeweiligen Antiquitäten- und Kunsthandlungen sowie Auktionshäuser verwendet worden. Auf Beschreibung und Preis können wir keinen Einfluß nehmen. Diese Rubrik ist für den gesamten Handel offen und zeigt deutliche Unterschiede zwischen In- und Ausland sowie den diversen innerdeutschen Regionen. Fremdsprachige Beschreibungen wurden ins Deutsche übersetzt.

Momentane Umrechnungskurse (Stand September 1988):

Dänemark (100 dkr)	26,90 DM
England (1 Pfund)	3,24 DM
USA (1 Dollar)	1,91 DM
Schweiz (1 Sfr)	1,20 DM

Diese Rubrik mit ihren Angaben kann natürlich keinen Anspruch auf Vollständigkeit des Angebots und Ausgewogenheit in den einzelnen Stilrichtungen erheben. Sie soll Ihnen eine Hilfe sein, den Markt besser transparent zu machen und analysieren zu können. Wir würden uns freuen, sollte uns das gelungen sein.

Die Redaktion

Die Preisfindung im Kunsthandel
Anmerkungen zum Gebrauch eines Preisverzeichnisses

Bei jeder Art von Preisverzeichnissen steht der Informationswert an erster Stelle. Für viele Leser werden die Preisangaben die wichtigste Information sein. Darum sind hierzu einige Anmerkungen wichtig. Bereits der Vergleich der Preisangaben eines einzigen Möbeltyps zeigt, daß augenscheinlich sehr ähnliche Stücke ganz verschieden bewertet werden. Das liegt daran, daß es eben nur "ähnliche" und nicht "gleiche" Möbel auf der einen Seite und ebensowenig "gleiche" Käufer auf der anderen Seite gibt. Und gerade diese zwei Komponenten führen schließlich zu einem Preis: Angebot und Nachfrage.

Durchsichtig ist die Preisfindung bei Möbeln, die auf Auktionen den Besitzer wechseln. Da bei diesen Stücken der Preis im öffentlichen Bietgefecht entstanden ist, scheint es nachvollziehbar, was jedoch nicht ausschließt, daß unter Umständen von Liebhabern weit höhere Preise bewilligt werden, um in den Besitz eines lange gesuchten Stückes zu gelangen. Daß derartige "Ausreißer" gelegentlich auch auf Auktionen vorkommen, zeigt unter anderem das Beispiel eines Biedermeier-Lyra-Sekretärs, der auf einer Auktion ca. 90.000,— DM einspielte. Natürlich sind auch Unterbewertungen im Auktionsgeschehen nicht auszuschließen, wenn sich - was allerdings selten geschieht - nur ein Bieter im Auktionssaal meldet und dadurch kein Bietergefecht entsteht.

Das Preisgefüge im Handel ist ein gänzlich anderes. Hier wird von Spezialisten eine große Anzahl zum Teil ausgefallener Einzelstücke für eine gewissen Käuferschicht zusammengetragen und auf Lager gehalten, die vergleichen möchte, die das perfekt Restaurierte sucht. Kostspieliges Aufarbeiten der Stücke und zum Teil lange Lagerzeiten müssen mit dem Verkaufspreis finanziert werden. Der Kunde kommt in den Genuß, nicht unter Zeitdruck entscheiden zu müssen, sehr individuell beraten zu werden, den Kaufgegenstand eventuell geliefert zu erhalten oder auch probeweise in den eigenen vier Wänden aufstellen zu können.

Derartigen Service kann ein Auktionshaus in der Regel nicht bieten, was sich zumeist in günstigeren Preisen niederschlägt. Da jeder Händler anders gewichtet und verschieden kalkuliert, entsteht im Einzelhandel ein sehr subjektives Preisbild, welches durch seine Uneinheitlichkeit verwirrt. Daher ist die Information, ob es sich um einen Händlerpreis oder einen Auktionserlös handelt, genauso wichtig, wie die Preisangabe selbst. Diese Information ist beim Vergleich der Stücke untereinander mit einzubeziehen. Außerdem muß man gewahr sein, daß zum Auktionserlös noch Aufgeld - in der Regel zwischen 10 und 15 % - sowie die gesetzliche Mehrwertsteuer hinzuzuaddieren sind.

Trends, ähnlich wie Modeerscheinungen, persönliche Leidenschaften, internationale Marktmechanismen beeinflussen das Geschehen - und schließlich gilt im ganzen Kunsthandel "Ein Kunstwerk ist immer das wert, was dafür bezahlt wird." So gesehen sind die Angaben lediglich als Richtwerte und keinesfalls als Preisliste zu verstehen.

Robin Straub
Auktionshaus Dr. Nagel, Stuttgart

Kleiderschrank, Dänemark, um 1870, Historismus, Weichholz, 2-türig, 2 Schübe im Sockelbau, restauriert. DM 1.800,-

Wäscheschrank, um 1860, Dänemark, Biedermeier, Weichholz, 1-türig, 1 Schublade im Sockelbau, restauriert. DM 1.100,-

Spiegelschrank, Dänemark, 20er Jahre, Weichholz, 1-türig, 1 Schublade im Sockelbau, geschweifter Kopf, restaur. DM 1.300,-

Vitrinenschrank, Dänemark, 20er Jahre, Weichholz, 1-türig, restauriert. DM 900,-

Glas- u. Vitrinenschrank, Dänemark, 30er Jahre, Weichholz, 3-türig, restaur. DM 1.450,-

Eckschrank, norddt., um 1790, Louis Seize, Weichholz, 2-teiliger Aufbau, kannelierte Brettüren mit innenliegenden Bändern, restauriert. DM 3.450,-

Bücherschrank, Böhmen, um 1835, verglast, zweitürig mit Zierversprossung und gerundeten Ecken, H: 170 cm, B: 114 cm, T: 43 cm.   DM 4.800,-

Gesehen bei: Böhmische Antiquitäten, Landshut.

Zangenkopf-Schrank, Schleswig-Holstein, datiert 1773, Eiche, H: 232 cm, B: 178-187 cm, T: 58-65 cm. DM 16.800,-

Gesehen bei: Kramp, Lemgo-Lieme

Jugendstil-Vitrinenschrank, Mahagoni, mit Messingbeschlägen, H: 177 cm, B: 105 cm, T: 32,5 cm.   DM 4.500,-

Gesehen bei: Eugen Radloff, Hamburg.

Bäuerlicher Dielenschrank, norddt., ca. 1880, Gründerzeit, Weichholz natur, 2-türig, mit orig. Beschlägen und Füßen, zerlegbar, H: 223 cm, B: 179 cm, T: 63 cm.   DM 1.950,-

Gesehen bei: Antik u. Trödel, Lilienthal.

Bäuerlicher Bücherschrank, norddt., Biedermeier, Weichholz, H: 200 cm, B: 136 cm, T: 35 cm.   DM 1.900,-

Gesehen bei: Antik u. Trödel, Lilienthal.

Küchenschrank, deutsch, Jahrhundertwende, Weichholz, Oberteil mit 2 Glastüren, im obersten Drittel 2-fach gesprosst, freies Mittelteil mit Vollsäulen, Unterteil 2-türig u. 2-schübig, Kugelfüße, H: 214 cm, B: 119 cm, T: 57 cm. DM 1.650,-

Gesehen bei: Antik u. Trödel, Lilienthal.

Geschirrschrank, norddt., um 1835, Mahagoni, Tür gebaucht, 2 Schübe, H: 147,5 cm, B: 71 cm, T: 46 cm. DM 4.300,-

Biedermeier-Schrank, mitteldeutsch, um 1825, Eiche, teils schwarz gelackt, auf gesockelten Vierkant-Stollenfüßen. Zwei mittig eingestellte Halbrundsäulen flankieren den Korpus mit zwei unterteiligen Rahmentüren. Auf dem profiliert vorkragendem Gesimskranz aufgesteckte Giebelblende, 194 x 121 x 58 cm. DM 1.300,-

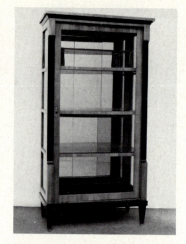

Biedermeier-Vitrine, deutsch, um 1825, Kirschbaum, teils schwarz gelackt, auf konischen Vierkantfüßen. Eintüriger, dreiseitig verglaster Korpus mit verspiegelter Rückwand und leicht überstehendem Plattenabschluß, 160 x 87 x 44 cm. DM 7.000,-

Bauernschrank, Württemberg/Oberschwaben, 1. Viertel 19. Jh., Fichte/Linde, doppeltüriger Korpus mit umlaufendem Sockelprofil und Pilastersäulen auf den geschrägten Ecken. Der geschwungen gegiebelte Kopf von profil. vorkragendem Gesimskranz umfaßt; mittiges Stirnpostament über der münzbandbesetzten Schlagleiste. Auf den beiden Rahmentüren klassiz. gestaltete Kassettenfüllungen von Flechtbandfries unterteilt, im Sockel Mäanderband. Rest. m. Erg., seitl. Tragegriffe in Schmiedeeisen, 190 x 172 x 57 cm. DM 3.300,-

Bauernschrank, wohl ostdeutsch, Pommern, um 1835, Fichte, eintüriger Kasten mit breiten Lisenenfeldern als Brettfüße durchgezogen. Orig., polychrome Bemalung: rotgrundige, blumenstaffierte Füllungsfelder auf grünem Fond. Dat. 1833, Alterssch., 164 x 94 x 46 cm. DM 1.100,-

Biedermeier-Schrank, Deutschland, um 1830, Kirschbaum, an den Ecken leicht gerundeter, doppeltüriger Korpus in Rahmenbauweise auf Vierkant-Stollenfüßen. Abgesetzter Sockel und Kopf, gekehltes Profilgesims, 200 x 160 x 66 cm. DM 3.000,-

Die Möbelstücke dieser beiden Seiten wurden versteigert bei:
Auktionshaus Dr. Nagel, Stuttgart.

Biedermeier-Büchervitrine, mitteldt., um 1830, Kirschbaum, teils schwarz gelackt, auf gesockelten Vierkant-Stollenfüßen. Rahmenkorpus mit zwei halbverglasten Türen. Leicht abgesetzter, an den Schultern gerundeter Kopf; in der Front aufgedoppelte Schmuckornamente, abschließender Blendsteg, 195 x 127 x 51 cm. DM 4.400,-

Bauernschrank, Schwaben, 1.Viertel 19.Jh., zweitüriger, an den Seiten geschrägter Korpus auf gekehltem Sockelprofil, in der Front gebogter Kopf, vorkragender Gesimskranz, rest., orig., grüngrundige Bemalung. Auf den Türen vier Füllungsfelder mit Darstellungen von Burg- und Schloßanlagen. 190 x 135 x 47 cm. DM 2.800,-

Biedermeier-Büchervitrine, deutsch, um 1825, Nußbaum, teils schwarz gelackt, auf gesockelten Vierkant-Stollenfüßen. Die dreiviertelverglasten Türen mit bogenförmiger Zierverstäbelung, flaches, leicht vorkragendes Profilgesims, 164 x 100 x 42 cm. DM 2.600,-

Schapp, norddt., 1.Drittel 19.Jh., Eiche, zweischübiges, in der Front dreifach gegliedertes Sockelgeschoß auf gequetschten Kugelfüßen. Doppeltüriger Korpus, in der Front unterteilt durch drei profilumrahmte Lisenenfelder. Die am Abschluß hochspringenden Rahmentüren mit Zirkelschlag-Intarsia in den gerillten Kassettenfüllungen. Abgesetzter Kopf, im geschwungenen Sprenggiebel eingefügtes Schnitzpostament: "MLH 1827". Orig. Schlösser und Zuggriffe, seitl. Handhaben, 216 x 164 x 52 cm. DM 6.500,-

Vitrinenaufsatz-Kommode, mitteldt., um 1820, Rüster, Fußmaser mit Ahornkanten, dreischübiges Kommodenteil auf Vierkant-Stollenfüßen. Darüber vorkragender Kopfschub mit abschließender Treppenplatte. Zurückspringender, zweitüriger Vitrinenaufsatz mit offenem Ablagefach und drei eingearbeiteten Sockelschüben. Die Rahmentüren mit Kreissegment-Stäbelung sind begrenzt von entspr. dem Unterteil gestalteten Vollsäulen. Abschließendes, umlaufendes Kranzprofil. Orig. Beschläge und Schlösser, 218 x 122 x 60 cm. DM 3.900,-

Louis XVI-Aufsatzkommode, Oberschwaben/Bodensee, Ende 18.Jh., Birnbaum massiv, dreischübige, an den Ecken abgesetzt gerundete und kannelierte Kommode auf Rundbeinen. Zurückspringender Tabernakelaufsatz mit dreischübigem Sockelgeschoß und ausziehbarer Schreibplatte. Zwei, je dreifache Schubladenreihen begrenzen das mittige Türfach, das einen sechsschübigen Einbau und die Zentralverriegelung birgt. Allseitig reiche Schnitzereien in Füllungsmanier, am Aufsatz Sonnenblumendekor. 179 x 127 x 59 cm. DM 12.000,-

Wellenschrank, Hessen, Frankfurt, 18.Jh., Eiche massiv, auf gedrückten Kugelfüßen. An den Ecken deutlich geschrägter, zweitüriger Korpus mit leicht abgesetztem, seitl. gekröpftem Sockel, entspr. Kopf flach vorkragendes Kranzprofil. Typischer Wellendekor, von Profilrahmen umfaßt.
212 x 215 x 85 cm. DM 8.000,-

Versteigert bei: Dr. Nagel, Stuttgart.

Dielenschrank, norddt., um 1770, Kirschbaum massiv, halbhoher, dreifach gebrochen gegliederter Sockelkasten auf bewegten Fußkonsolen. Abgesetzt prismierter Korpus, dreifach gegliedert durch aufgesetzte Pilasterlisenen. Auf den beiden Rahmentüren profilumfaßte, flächige Füllungsfelder. Orig. Schloß, 245 x 208 x 76 cm. DM 10.000,-

Versteigert bei: Dr. Nagel, Stuttgart.

Anrichte, dtsch., 1880, Renaissancestil, Eiche massiv, reich beschnitzt, H: 217 cm, B: 166 cm, T: 72 cm. DM 11.900,-

Gesehen bei: Biedermeier Galerie, Bad Reichenhall.

Bogenschrank, dtsch., um 1880, Kiefernholz. DM 1.250,-

Gesehen bei: Emmert, Amberg.

Vitrine, dtsch., um 1820, Biedermeier, Nußbaum, restauriert, handpoliert, H: 170 cm, B: 115 cm, T: 45 cm. DM 3.500,-

Gesehen bei: Emmert, Amberg.

Bauernschrank, süddt., Niederbayern, datiert 1841, echter Weinzier-Schrank, Originalbemalung, H: 185 cm, B: 125 cm, T: 55 cm. DM 5.500,-

Gesehen bei: Emmert, Amberg.

Küchenbuffet, dtsch., um 1890, Kiefer, Originalbeschläge, altes Glas, H: 185 cm, B: 120 cm, T: 50 cm. DM 1.250,-

Gesehen bei: Emmert, Amberg.

Aufsatzkommode, dtsch., um 1860, Kirschbaum massiv, H: 182 cm, B: 110 cm, T: 60 cm. DM 6.500,-

Verkauft bei: Emke, Untereisesheim.

Bergischer Glasschrank, dtsch., Ende 18.Jh., H: 228 cm, B: 148 cm, T: 52 cm. DM 19.500,-

Verkauft bei: Emke, Untereisesheim.

Dielenkasten, Allgäu, um 1840, auf konischen Füßen, 2-türiger Korpus mit leicht geschrägten Ecken, profiliertes Schneckengesims, Rahmentüren mit abgeplatteten Füllungen, Beschläge erneuert, H: 184 cm, B: 112 cm, T: 57 cm. DM 4.900,-

Gesehen bei:
Herzhoff, Fürstenfeldbruck.

Dielenkasten, Türkenfeld, Oberbayern, dat. 1855, 2-türiger Kasten auf konischen Füßen, Korbbogengesims, Rahmentüren mit sechs reich geschnitzten Füllungen, originale Inneneinteilung mit 2 Laden und Geheimfach, H: 187 cm, B: 129 cm, T: 59 cm. DM 9.400,-

Gesehen bei:
Herzhoff, Fürstenfeldbruck.

Dielenkasten, Augsburg, um 1820, Blankholz, 2-türiger Korpus mit abgeschrägten Ecken, 2 Brettüren mit geschnitzten Füllungen und gesch. Rosette, Korbbogengesims mit geschnitzten Profilen, H: 192 cm, B: 133 cm, T: 64 cm. DM 7.300,-

Gesehen bei:
Herzhoff, Fürstenfeldbruck

Bemalter Bauernschrank, Erbenschwang, dat. 1828, 2-türiger Kasten mit abgeschrägten Ecken, auf 5 Kugelfüßen, teilbar, mit aufgestecktem Schneckengesims, 2 Brettüren mit geschnitzten Füllungen, blaugrundige Originalfassung mit Blumenmotiven auf hellem Grund, H: 198 cm, B: 132 cm, T: 59 cm. DM 12.800,-

Gesehen bei:
Herzhoff, Fürstenfeldbruck.

Hohenloher Dielenkasten, dat. 1821, blaugrundig mit Füllungen, Blumenmotiv auf rosa Grund, 2-türiger Korpus auf 5 Kugelfüßen, Beschläge, Schloß und Schlüssel original, H: 205 cm, B: 165 cm, T: 68 cm. DM 14.800,-

Verkauft bei:
Herzhoff, Fürstenfeldbruck.

Küchenkasten, Oberfranken, um 1870, Fichte, Unterteil mit 2 Rahmentüren, auf Kugelfüßen, zwei Innenfächer, Oberteil mit Rahmentüren, Mittelwand u. 4 Fächern, gestützt durch Vierkantsäulen und Konsolen, H: 208 cm, B: 126 cm, T: 63 cm. DM 2.370,-

Gesehen bei:
Herzhoff, Fürstenfeldbruck.

Küchenkasten, Münsing, Starnberger See, um 1840, einteiliger Korpus auf konischen Füßen, unten 2 Rahmentüren mit Kassettenfüllungen, dahinter 2 Fächer, im Mittelteil 2 Laden, oben 2 Rahmentüren mit Füllungen, H: 210 cm, B: 144 cm, T: 68 cm. DM 4.370,-

Gesehen bei:
Herzhoff, Fürstenfeldbruck.

Dielenkasten, Tölz, um 1820, Blankholz, 2-türiger Korpus, auf Kugelfüßen mit abgeschrägten Ecken, profiliertes Gesims, Brettüren mit aufgeleisteten Füllungen, offenes Schloss und originale Beschläge, innen Original-Einteilung, H: 179 cm, B: 109 cm, T: 56 cm. DM 4.980,-

Gesehen bei:
Herzhoff, Fürstenfeldbruck.

Buffet, dtsch., um 1890, mit Jugendstilmotiven, Nußbaum furniert, H: 220 cm, B: 120 cm, T: 55 cm. DM 3.450,-

Gesehen bei:
"Der alte Möbelladen", Bremen.

Sonnenschrank, um 1800, originalgetreue farbl. Fassung, grün-rot, H: 210 cm, B: 163 cm, T: 61 cm.   DM 4.200,-

Gesehen bei:
"Der alte Möbelladen", Bremen.

Sonnenschrank, um 1800, Weichholz massiv, H: 217 cm, B: 164 cm, T: 59 cm. DM 3.950,-

Gesehen bei:
"Der alte Möbelladen", Bremen.

Küchenschrank, Gründerzeit, Weichholz, geäzte Glasscheiben, H: 225 cm, B: 117 cm, T: 55 cm.   DM 2.950,-

Gesehen bei:
"Der alte Möbelladen", Bremen.

Jugendstilvitrine, dtsch., um 1900, Mahagoni massiv, Bleiverglasung, H: 203 cm, B: 58 cm, T: 40 cm. DM 3.500,-

Gesehen bei:
"Der alte Möbelladen", Bremen.

Küchenaufsatzschrank, dtsch., 1820, Fichte, typische Schubladeneinteilung, H: 195 cm, B: 125 cm, T: 55 cm. DM 2.200,-

Gesehen bei:
Conny's Antiquitäten, Heilbronn.

Arlensee-Schrank, dtsch., um 1820/30, Fichte, doppelt geschweiftes Gesims mit eingesetzter Krone, H: 210 cm, B: 150 cm, T: 50 cm. DM 12.500,-

Gesehen bei:
Conny's Antiquitäten, Heilbronn.

1. Vitrine, Deutschland, 1870, Nußbaum, geschl. zweitüriges Unterteil auf Sockel, Lisenen, zurückspringender Aufsatz verglast, kann. Pilaster, gesprengter Giebel, 185 x 85 x 37 cm. dkr 4.200,-

2. Vitrine, norddt., um 1870, Eiche, hist. Elemente der 2.Renaissance, prof. Sims, 2-türiges Oberteil verglast, kann. Säulen, Unterteil mit einer Schublade, 2 kass., prof. Türen, kann. Lisenen, gedrückte Ballenfüße, 222 x 110 x 54 cm. dkr 7.000,-

3. Vitrine, Dänemark, ca. 1880, Mahagoni/Nußbaum, gerader Sims, darunter geschn.Fries, kann., gedrechs. Säulen, 2-türiges Oberteil verglast, Unterteil mit einer Schublade, Säulen wie oben, 2 Türen, kleine, gedrückte Ballenfüße, 204 x 105 x 54 cm. dkr 7.000,-

4. Vitrine, norddt., ca. 1870, Mahagoni/Nußbaum, gerader Sims m. trapezförm. Giebel, darauf geschn. Muschel, 2 gedrechs. Säulen, 2-türiges Oberteil vergl., im Unterteil 1 Schublade, darunter 2 Türen, seitl. gedrechs. Säulen, kl. Ballenfüße, 232 x 108 x 47 cm. dkr 8.000,-

Versteigert bei:
Borge Nielsens Auktionen, Vejle, Dänemark.

Schrank, süddt., um 1830, Biedermeier, Nußbaum massiv, Füllungen an Türen u. Seitenteilen eingelegte, schwarze Hornbeschläge, restauriert. DM 3.600,-

Aufsatzvitrine, süddt., um 1870, Historismus, Weichholz, 2 Sprossenglastüren im oberen Teil, 4 Schübe und aufgesetzte Halbsäulen im Kommodenteil, geprägte Messingbeschläge, an den Seiten Porzellanknöpfe, restauriert. DM 2.400,-

Kleiderschrank, deutsch, um 1910, Weichholz, 2-türig, restauriert. DM 790,-

Verkauft bei:
Antiquitäten & Wohnen, Heilbronn.

Gesehen bei:
Antiquitäten & Wohnen, Heilbronn.

Gesehen bei:
Antiquitäten & Wohnen, Heilbronn.

Ein Paar Vitrinen, um 1830, Biedermeier, Kirschbaum, verglast, mit Stabwerk. DM 14.000,- / 19.000,-

Kleiderschrank, Wien, um 1825, Wurzelfurnier, 2-türig mit Vollsäulen, flankiert, einschübige Sockelzone, H: 197 cm, B: 134 cm, T: 63 cm. DM 7.200,-

Gesehen bei:
Pflegegemeinschaft "Haus Schönblick", Pfedelbach-Untersteinbach.

Gesehen bei:
Böhmische Antiquitäten, Landshut.

Schrank, Dänemark, um 1810, Buche auf Nußbaum gebeizt, Nußbaum, gerader, gekehlter Sims mit Giebel, Türen und Seiten mit je 3 Füllungen, im Sockel 2 Schubladen. DM 2.680,-

Gesehen bei:
Antiquitäten & Wohnen, Heilbronn.

Truhe, Braunschweig, um 1670, Barock, Deckel mit 2 Kassetten, reichhaltig intarsiert, außergewöhnlicher Innenausbau, Beilade mit Geheimfach, Totalrestaurierung Ende 19 Jh.
H: 82 cm, B: 187 cm, T: 78 cm.
Aufrufpreis DM 14.800,-

Gesehen bei:
Antiquitäten & Wohnen, Heilbronn.

Irschenberger Bauernschrank, Deutschland, um 1800, Weichholz, abgeschrägte Ecken, gerades Gesims, 2-türig mit geschnitzten Füllungen. Aufrufpreis DM 8.700,-

Gesehen bei:
Antiquitäten & Wohnen, Heilbronn.

Buffet aus Speisezimmer, Louis Majorelle, Nancy, Frankreich, um 1900, Nußbaum massiv mit Filet-Einlagen aus Fuja-Holz. Aufwendige, feine Schnitzerei im Hochrelief, in Form von Weinlaub mit Früchten. DM 35.000,-

Verkauft bei: R. von der Reck, München.

Barock-Hallenschrank, Braunschweig, 1730-50, Nußbaum furniert mit Marketerie. 2-türiger, gerader Korpus mit abgeschrägten Lisenen. Filets mit Bandelwerk in Ahorn- und Zwetschgenholz. Hohes, gerades, verkröpftes und profiliertes Abschlußgesimse mit Escheneinlage. Unterteil mit gequetschten Kugelfüßen. DM 70.000,-

Verkauft bei: R. von der Reck, München.

Porzellan-Cabinett, Holland, 1770-80, Mahagoni auf Eiche furniert, florale und ornamentale Marketerie in teilweise eingefärbtem Satin-Holz. Reichhaltige originale Verglasung. DM 30.000,-

Verkauft bei: R. von der Reck, München.

Büchervitrine, Burgund, um 1740-50, Rokoko, Rüster-Nußbaum-Wurzelholz, Seitenwände Esche, Front mit Reliefschnitzerei. H: 162 cm, B: 140 cm, T: 40 cm. DM 8.500,-

Aufsatzmöbel, Süddeutschland um 1810, Weichholz, 4-schübige Kommode mit 2-türigem Aufsatz, org. Beschläge DM 4.600,-

Stollenschrank, Norddeutschland, um 1600, Renaissance, Eiche massiv, Korkenziehersäulen auf Kupfer, darauf 2-türiges Oberteil, mit stiltypischen, feinen Schnitzereien.
H: 164 cm, B: 143 cm, T: 51 cm.
Aufrufpreis DM 23.000,-

Gesehen bei: Antiquitäten & Wohnen, Heilbronn.

Schrank, deutsch, Empire, Eichenkorpus, Nußbaum furniert, reich bestückt mit Marketeriearbeiten. Später mit Marketerie versehen: flor. Orn., Datierung 1874. H: 210 cm, B: 206 cm, T: 87 cm.
Aufrufpreis DM 11.900,-

Vitrine, Holland, um 1890, Eiche, Gründerzeit, Oberteil 2-türig mit Sprossenverglasung, darunter 2 gebauchte Schubladen mit Messingbeschlägen.
H: 200 cm, B: 120 cm, T: 38 cm.
Aufrufpreis DM 2.950,-

Schrank, süddeutsch, alemannisch, um 1760, Weichholz, gerader, gekehlter Sims, darunter 2 ovale Füllungen, 2 Türen mit je 2 Kassetten, Seitenwände ebenso, Seitenlisenen wie Fries, getreppter gekehlter Sockel.
H: 196 cm, B: 120 cm, T: 67 cm.
DM 7.670,-

Gesehen bei: Antiquitäten & Wohnen, Heilbronn.

Dielenschrank, deutsch, um 1850, bäuerliches Biedermeier, Weichholz, zerlegbar u. holzverkeilt, dekorative Krone, 2-türig mit vielen profilierten Leisten und Zierteilen. H: 248 cm, B: 173 cm, T: 60 cm. DM 2.300,-

Gesehen bei:
Antik u. Trödel, Lilienthal.

Kleiderkasten, Süddeutschl., um 1810, Fichte. H: 200 cm, B: 130 cm, T: 50 cm. DM 1.800,-

Gesehen bei:
Conny's Antiquitäten, Heilbronn.

Vitrine, deutsch, um 1780, Louis Seize, Kirschbaum, verglaster Aufsatz m.geschw.Kopf. ca. DM 13.000,-

Gesehen bei:
Gräter, Schwäbisch Hall.

Aufsatzmöbel, Süddeutschland, Empire um 1820, Weichholz, Kommode mit 3 Schubladen flankiert von zwei Halbsäulen, 2-türiger Glasaufsatz mit filigraner Kopfgalerie. DM 2.400,-

Gesehen bei:
Antiquitäten & Wohnen, Heilbronn.

Vitrinenschrank, England, um 1890 Late Victorian, Mahagoni mit Marketeriearbeiten, eintürig mit geschweiftem Kopf, eine Schublade. DM 1.590,-

Gesehen bei:
Antiquitäten & Wohnen, Heilbronn.

Schrank, norddeutsch, um 1600, Renaissance, Nußbaum auf Eiche, getreppter, gekehlter, an den Seiten gekröpfter Sims m.ebon.Prof., Front gegliedert, mit 3 schweren, spiralförmig gedr. Säulen, korinth. Kapitelle, Türen u. Sockel m. vier- u. achteckigen Bossen, ebonisierte Profile, verkröpfter Sockel, gedrechselte Ballenfüße. DM 25.000,-

Gesehen bei:
Antiquitäten & Wohnen, Heilbronn.

Bauernschrank, westfälisch, um 1840, mit Rauten und Verschnitzungen. Eckige Füße, 1 Schublade links, im Eicheton gewachst. H: 189 cm, B: 200 cm, T: 70 cm.   DM 8.700,-

Gesehen bei: Kramp, Lemgo-Lieme.

Barock-Zopf-Schrank, Schleswig-Holstein, um 1710, Eiche, Zopfverschnitzung, Furnier: Eiche u.Nußbaum. H: 214 cm, B: 200-220 cm, T: 62-72 cm.   DM 24.500,-

Gesehen bei: Kramp, Lemgo-Lieme.

Ulmer Sakristeischrank, Ende 19.Jh., Eiche und Rüster. H: 273 cm, B: 168 cm, T: 65 cm.
DM 18.000,-

Gesehen bei: Emke, Untereisesheim.

Barockschrank, Schwäbisch Hall, 2.H.18.Jh., reichste Intarsien, geschnitzte Kapitelle. H: 220 cm, B: 180, T: 65 cm.
DM 78.000,-

Gesehen bei: Gräter, Schwäbisch Hall.

Schreibsekretär, norddt., um 1840/50, Mahagoni mit Intarsien, Geheimfach, H: 157 cm, B: 102 cm, T: 51 cm. DM 12.500,-

Gesehen bei: Kohlsdorf, Fürstenfeldbr.

Schreibschrank, süddeutsch, um 1825, Nußbaum/Birke, schlichter Korpus, auf Vierkant-Stollenfüßen. Frontgliederung durch drei Schübe, darüber abklappbare Schreibplatte, die einen vielschübigen Sekretäreinbau mit zentralem, architektonisch gestaltetem Ablagefach freigibt. Rest.schwarz gelackte, wappenförmige Schlüsselschilder. 152 x 104 x 50 cm. DM 4.000,-

Versteigert bei: Dr. Nagel, Stuttgart.

Aufsatzsekretär, süddeutsch, um 1830, Kirschbaum massiv, schlichtes, dreischübiges Kommodenteil mit umlaufendem Sockelprofil, auf Vierkant-Stollenfüßen. Die schräg gestellte Schreibklappe gibt einen siebenschübigen Einbau frei. Der Vitrinenaufsatz mit zwei verglasten Rahmentüren und vorkragend prof. Gesimskranz. 190 x 120 x 58 cm. DM 4.200,-

Versteigert bei: Dr. Nagel, Stuttgart.

Tabernakel-Aufsatzsekretär, Württemberg/Kirchheim, 2.H.18.Jh., Nußbaum, Ahorn, Esche, auf gedrückten Kugelfüßen. In der Front deutlich überstehende, zweifach gebauchte Platte. Hinter der schräg gestellten Schreibklappe vierschübige Sekretäreinrichtung. Zurückspringender, zur Seite geschrägter Tabernakelaufsatz mit die beiden fünfgeschossigen Schubreihen überschlagender Mitteltüre.
153 x 103 x 73 cm. DM 26.800,-

Tabernakel-Aufsatzsekretär, Deutschland, 18./19.Jh., Nußbaum, Zwetschge, Ahorn, Palisander, Eiche. Nach oben eingezogenes und bombiertes Schreibklappenteil. Zentralverriegelung. Allseitige Füllungsmarketerie, geometrisches Rahmenband-Dekor.
157 x 120 x 65 cm. DM 16.000,-

Versteigert bei: Dr. Nagel, Stuttgart.

Biedermeier-Schreibschrank, Südwestdeutschland, um 1820, Kirschbaum, Nußbaum-Maser, teils schwarz gelackt. Vielschübige Sekretäreinrichtung, das portalartig gestaltete Zentralfach mit ausziehbarem Treppenschub und parkettiertem Boden. Darunter ausziehbare Platte für das verdeckte Geheimfach. Rautenförmige Beschläge. 158 x 103 x 54 cm. DM 10.000,-

Versteigert bei: Dr. Nagel, Stuttgart.

Biedermeier-Schreibschrank, süddeutsch, um 1835, Nußbaum-Halbmaser, Ahorn. Reiche, vielschübige Sekretäreinrichtung mit Geheimfächern und zentralem, am Boden parkettiertem Ablagefach. Karniesgeschweifter, einschübiger Kopf; gekehlt abgesetzte und gewulstete Deckplatte. Zugknöpfe in Bein. 170 x 105 x 55 cm.   DM 3.000,-

Versteigert bei: Dr. Nagel, Stuttgart.

Standsekretär, deutsch, um 1820, Biedermeier, Kirschbaum, restauriert, H: 170 cm, B: 105 cm, T: 55 cm. DM 7.500,-

Gesehen bei: Emmert, Amberg

Sekretär, Niederbayern, um 1900, Weichholz, Unterteil 2 Türen, 2 Laden, oben schräge Schreibklappe, dahinter 7 Laden mit Messingknöpfen, Korpus auf Kugelfüßen, Beschläge erneuert. H: 120 cm, B: 109 cm, T: 56 cm. DM 2.130,-

Verkauft bei: Herzhoff, Fürstenfeldbr.

Blender, Mark Brandenburg, um 1800. H: 168 cm, B: 105 cm, T: 48 cm. DM 5.300,-

Gesehen bei:
"Der alte Möbelladen", Bremen.

Aufsatzsekretär, deutsch, um 1860, Weichholz massiv, Biedermeierelemente. H: 209 cm, B: 98 cm, T: 47 cm. DM 3.600,-

Verkauft bei:
"Der alte Möbelladen", Bremen.

Blender, deutsch, um 1860, Esche, Massivholz. H: 181 cm, B: 97 cm, T: 46 cm. DM 3.550,-

Gesehen bei:
"Der alte Möbelladen", Bremen.

Aufsatzsekretär, Südjütland, um 1780, Eiche mit rhombenförmigen Einlagen aus Obstholz, Oberteil 2-türig, Schrägklappe, Inneneinteilung mit zahlreichen Fächern und Schubladen, Geheimfach, Kommodenteil 4-schübig, Stollenfüße. dkr 13.300,-

Aufsatzsekretär, Dänemark, um 1840, Mahagoni auf Eiche furniert, bewegtes, dreigeteiltes Oberteil, Seitenteile konvex u. konkav geschw., Giebel mit Schnecken, Zylinderklappe mit mehrschübiger Einteilung und verschließbarem Mittelfach, ausziehbare Schreibplatte, Kommode 3-schübig, Tatzenfüße.
H: 216 cm, B: 120 cm, T: 60 cm. dkr 10.260,-

Versteigert bei: Borge Nielsens Auktionen, Vejle, Dänemark.

Schreibtisch, Dänemark, 1850/60, Mahagoni, auf der Schreibplatte umlaufende Galerie mit gedrechselten Puppen, 1 Mittel-und 4 Seitenschubladen, gedrechselte konische Beine. H: 87 cm, B: 135 cm, T: 62 cm. dkr 4.750,-

Schreibschrank, Dänemark, um 1840, Kiefer, dreifach gegliedertes Oberteil mit geschweiftem Sims, Pilaster, Zylinderklappe vor Sekretärteil, Kommodenteil 4-schübig, seitliche Tragegriffe. H: 227 cm, B: 122 cm, T: 50 cm.   dkr 5.320,-

Versteigert bei: Borge Nielsens Auktionen, Vejle, Dänemark.

Tabernakelsekretär, Dänemark, um 1820, Mahagoni, Empireeinfluß, dreifach gegliedertes Oberteil m.gebauchten Türen, unter der Mitteltür 1 Schublade, Zylinderklappe, dahinter mehrschübige Einteilung m.Mittelfach, Ausziehplatte, Kommode 3-schübig, Stollenfüße. H: 208 cm, B: 120 cm, T:54 cm.
 dkr 20.140,-

Versteigert bei: Borge Nielsens Auktionen, Vejle, Dänemark.

Schreibschrank, wohl Dänemark, um 1850, Birke, unter Kopfbrett eine gebauchte Schublade, Schreibklappe, vielschübige Schubladeneinteilung mit Mittelfach, Kommodenunterteil 3-schübig, abgerundete Ecken, Dackelbeinchen. H: 130 cm, B: 110 cm, T: 47 cm.
dkr 10.260,-

Versteigert bei: Borge Nielsens Auktionen, Vejle, Dänemark.

Schreibtisch, England, um 1870, Nußbaum, geschweifte Front mit 1 großen Mittel- und 2 kleinen Seitenschubladen, geschweifte Zarge, schwere Ball- und Klauenfüße mit geschnitztem Beinknie. H: 78 cm, B: 157 cm, T: 88 cm.
dkr 8.170,-

Bücherschrank mit Sekretär, England, 1820/30, Regency, Mahagoni, dreifach gegliedert, Schrankfronten verglast, profilierte Stäbelung, zurückgesetzte seitliche Schrankteile, Sekretär mit Schrägklappe, Inneneinteilung, Kommode 4-schübig.
dkr 31.160,-

Versteigert bei: Borge Nielsens Auktionen, Vejle, Dänemark.

Versteigert bei: Borge Nielsens Auktionen, Vejle, Dänemark.

Zylindersekretär, Dänemark, um 1840, Birke, rechteckige Deckplatte, Zylinderklappe, Inneneinteilung mit Schubladen und Mittelfach, Auszieh-platte, Kommodenteil 3-schübig, Stollenfüße, Schlüsselschilder ebonisiert.
H: 115 cm, B: 120 cm, T: 57 cm.
dkr 9.880,-

Schreibtisch, Dänemark, um 1840, Mahagoni, verstellbare Schreibklappe mit umlaufender kleiner Galerie, 1 Mittel- und je 2 Seitenschubladen, 2 Türen.
H: 80 cm, B: 134 cm, T: 65 cm.
dkr 5.320,-

Versteigert bei: Borge Nielsens Auktionen, Vejle, Dänemark.

Aufsatzsekretär, Dänemark, ca. 1780, Louis XVI., Eiche, hervorkragender Sims m.umlaufendem Zahnschnitt, 2 Türen mit assymetrisch profilierten Füllungen, seitlich kannelierten Viertelsäulen, Schrägklappe, dahinter kleine Schubladen mit Mittelfach, Kommode 3-schübig, niedrige Stollenfüße.
H: 212 cm, B: 236 cm, T: 59 cm.
dkr 25.080,-

Aufsatzsekretär, Südjütland, um 1780, Louis XVI, Eiche, gerader Sims mit umlaufendem Zahnschnitt, Oberteil 2-türig mit gerillten Füllungen, kannelierten Viertelsäulen, Schrägklappe, vielschübige Inneneinteilung mit geschlossenen und offenen Fächern, Kommode mit 3 Schubladen, Stollenfüße. H: 202 cm, B: 111 cm, T: 53 cm. dkr 19.000,-

Versteigert bei: Borge Nielsens Auktionen, Vejle, Dänemark.

Schreibtisch, Dänemark, um 1850, Mahagoni, geschweifte, aufklappbare Platte mit darunterliegender Inneneinteilung, eine große Mittelschublade, zwei kleine Seitenschubladen, stark geschweifte Beine mit Kissenfüßen und geschnitztes Knie.
H: 72 cm, B: 52 cm, T: 40. dkr 6.840,-

Versteigert bei: Borge Nielsens Auktionen, Vejle, Dänemark.

Zylindersekretär, Dänemark, um 1830, Mahagoni, Empire-Einfluß, unter der Zylinderklappe Inneneinteilung mit 7 Schubladen und offenen Fächern, herausziehbare Schreibplatte, Kommode mit 3 Schubladen, Stollenfüße.
H: 118 cm, B: 118 cm, T: 54 cm.
dkr 12.540,-

Versteigert bei: Borge Nielsens Auktionen, Vejle, Dänemark.

Schrägklappensekretär, England, Ende 18.Jh., Mahagoni, Schrägklappe mit reicher Inneneinteilung, Kommode mit 2 kleinen und 2 großen Schubladen, feuervergoldete Bronzebeschläge original, geschweifte Stollenfüße.
H: 110 cm, B: 110 cm, T: 50 cm.
dkr 10.640,-

Aufsatzsekretär, norddeutsch, um 1870, Historismus, Weichholz, ausgefallener Aufbau mit 3 Schüben, senkrechter Schreibklappe, Inneneinteilung: 9 kleine Schübe mit Mitteltürchen, über Schreibfach weitere Schublade, im Aufsatz 3 Türen und 1 Schublade, schön restauriert. DM 4.200,-

Gesehen bei:
Antiquitäten & Wohnen, Heilbronn.

Standsekretär, süddeutsch, um 1850, Louis Philippe, Nussbaum furniert, Brezelfüllungen in den unteren Türen, Stabwerk an den Ecken, Inneneinteilung mit 14 kleinen Schubladen, restauriert. DM 2.900,-

Gesehen bei:
Antiquitäten & Wohnen, Heilbronn.

3. Biedermeier-Sekretär, norddeutsch, um 1830, Mahagoni intarsiert, Inneneinteilung mit 12 kleinen Schubladen. DM 8.000,-

Gesehen bei:
Pflegegemeinschaft "Haus Schönblick", Pfedelbach-Untersteinbach.

Biedermeier-Sekretär, aus dem Raum Minden, um 1860, Esche, Oberfläche Schellack poliert, H: 217 cm, B: 118 cm, T: 53 cm. DM 7.400,-

Aufsatzsekretär, norddeutsch, um 1850, Spätbiedermeier, Weichholz geölt, oben 2 Glastüren, Mittelteil mit Schrägklappe, 6 kleine Auszüge hinter der Klappe, Lederbeschläge, H: 227 cm, B: 99 cm, T: 51 cm. DM 3.250,-

Schreibschrank, Dänemark, um 1810, Eiche und verschiedene Hölzer, mit Rollklappe,
H: 210 cm, B: 124 cm, T: 60 cm. DM 9.900,-

Gesehen bei: Kramp, Lemgo-Lieme.

Gesehen bei: Antik u. Trödel, Lilienthal.

Gesehen bei Kohlsdorf, Fürstenfeldbr.

Aufsatzsekretär, Dänemark, um 1840, Ulme, dreigeteilter Aufsatz mit 3 Türen, ebonisierte Profile, Zylinderklappe mit vielschübiger Inneneinteilung und abschließbaren Fächern, ausziehbare Schreibplatte, 3 Schubladen, Stollenfüße.
H: 199 cm, B: 115 cm, T: 54 cm.   dkr 16.340,-

Versteigert bei: Borge Nielsens Auktionen, Vejle, Dänemark.

Aufsatzsekretär, Dänemark, um 1830, Eiche, Empireeinfluß, dreigegliederter Aufsatz mit bewegtem Giebel. Türen konkav und konvex gebaucht, vorgestellte, ebonisierte, kleine Säulen, Zylinderklappe mit vielschübiger Einteilung und mehreren Fächern, kleine Säulen wie oben, ausziehbare Platte, 3 Schubladen, geschweifte Zarge, Stollenfüße.
H: 225 cm, B: 121 cm, T: 56 cm.   dkr 14.060,-

Versteigert bei: Borge Nielsens Auktionen, Vejle, Dänemark.

1. Schranksekretär, Dänemark, um 1890, Mahagoni, unter dem Sims gewulstete Schublade, Sekretärklappe, Inneneinteilung und acht konvex gebauchte, kleine Schubladen, 1 Mittelfach, Unterteil mit vier Schubladen, konvex-konkav gebauchtem, seitlichem Pilaster, geschnitzten Cabriole-legs.
H: 151 cm, B: 104 cm, T: 54 cm. dkr 11.780,-

2. Standsekretär, norddeutsch, um 1810/20, Mahagoni, überstehende Deckplatte aus grüngemasertem Marmor, darunter 1 Schublade, Schreibklappe mit Inneneinteilung, Kommodenteil mit 3 Schubladen, Pilaster mit feuervergoldeten Sphinxen als Kapitelle, Beschläge Löwenhäupter aus Messing, Tatzenfüße.
H: 150 cm, B: 96 cm, T: 43 cm. dkr 19.000,-

3. Standsekretär, Dänemark, um 1850, Mahagoni, getreppt gehöhtes Dach, unter dem Sims eine Schublade, Schreibklappe mit sechsschübiger Inneneinteilung und offenen Fächern, Schubladenfronten mit floraler Einlegearbeit, Unterteil drei Schubladen, spiralig gedrechselte Säulen, Tatzenfüße.
H: 150cm, B: 105cm, T: 51cm dkr 11.780,-

Versteigert bei : Borge Nielsens Auktionen, Vejle, Dänemark.

Tabernakel, süddeutsch, um 1730, Nußbaum, Schellack handpoliert, Aufsatz mit zehn Schubladen, Zentralverriegelung durch die Mitteltüre, im oberen Mittelfach befinden sich zwei kleine Schubladen mit denen zwei Geheimfächer abgedeckt sind. Hinter der Schrägklappe befinden sich sechs kleine Schubladen, 3-schübiges Unterteil, wunderschöne Proportionen. DM 24.900,-
Gesehen bei:
Antiquitäten & Wohnen, Heilbronn.

Schreibtisch, Louis Philippe, um 1860, Nußbaumwurzelholzfunier auf der Vorderfront, Oberseite Nußbaum Spiegelfurnier, Schellack handpoliert, oberste Schublade beinhaltet. Lederbezogene Schreibfläche, Forderfront abklappbar, Cabreole-legs, geschnitzt. DM 4.800,-

Gesehen bei:
Antiquitäten & Wohnen, Heilbronn.

Standsekretär, Deutschland, um 1865, Louis Philippe, Mahagoni, originale Ballenknöpfe, Front mit Brezelfüllungen, sehr schöne Inneneinteilung.
H: 164 cm, B: 102 cm, T: 47 cm.
DM 3.120,-

Gesehen bei:
Antiquitäten & Wohnen, Heilbronn.

Tabernakelsekretär, Süddeutschland, um 1780, Eiche massiv, Louis Seize, geschwungener Kopf mit geschnitztem Mittelteil, umrahmt von 9 Schubladen mit Rillenschnitzerei, einfacher Innenausbau mit 7 Schubladen und offenem Mittelfach, Kommodenteil dreischübig.
H: 240 cm, B: 140 cm, T: 70 cm.
Aufrufpreis DM 26.900,-

Gesehen bei:
Antiquitäten & Wohnen, Heilbronn.

Sekretär, Frankreich, ca.1780-90, Louis XVI, Pyramiden-Mahagoni auf Eiche furniert. Frontseite mit zwei Türen, darüber Schreibplatte. Als Bekrönung Galerie mit Messingdekoration. Füllungen der Türen, Schreibklappe und Gesimse profiliert mit Messing, reiche Messing-Bandeinlagen.
DM 22.000,-

Verkauft bei:
R. von der Reck, München.

Sekretär, deutsch, um 1850, Ulme massiv. H: 155 cm, B: 95 cm, T: 44 cm.
DM 5.100,-

Gesehen bei:
"Der alte Möbelladen", Bremen.

Tabernakelsekretär, deutsch, 2.H.18.Jh., mit figürlichen Intarsien, feinste Einlegearbeiten in vielen Holzarten. Sammelwürdig ca. DM 64.800,-

Bäuerlicher Sekretär, 1.Hälfte 19. Jh., Eiche. ca. DM 16.000,-

Bäuerlicher Schreibsekretär, deutsch, um 1860, Nußbaum. ca. DM 6.500,-

Gesehen bei: Gräter, Schwäbisch Hall.

Gesehen bei: Gräter, Schwäbisch Hall.

Gesehen bei: Gräter, Schwäbisch Hall.

Silberschrank, Dänemark, um 1850, Mahagoni/Nußbaum, unter dem profiliertem Sims 1 Schublade, 2 Türen mit Füllungen, 3 Schubladen, Stollenfüße. H: 163 cm, B: 95 cm, T: 46 cm. dkr 5.400,-

Chiffoniere, Dänemark, um 1840, Mahagoni, Empireeinfluß, 6 Schubladen, unter geradem, profiliertem Sims Fries mit floraler Marketerie, mittlere Schubladenfront als Schreibplatte herausziehbar, dahinter Inneneinteilung mit Fächern und Schüben, gebauchter Sokkel, Stollenfüße, Dreiviertel-Säulen in Bronze-Hülsen. H: 155 cm, B: 105 cm, T: 49 cm. dkr 7.200,-

Sekretär, Dänemark, um 1780, Barock, Eiche massiv, Uhr im Mittelteil des Sekretärs, Schreibplatte. H: 210 cm, B: 130 cm, T: 45 cm. DM 14.500,-

Gesehen bei:
Nielsens Auktionen, Vejle, Dänemark.

Gesehen bei:
Nielsens Auktionen, Vejle, Dänemark.

Gesehen bei:
Antiquitäten & Wohnen, Heilbronn.

Schreibtisch, Dänemark, Jahrhundertwende, Weichholz, rechteckige Platte mit abgerundeten Ecken, 1 Mittel- und je 3 Seitenschubladen, gedrechselte Beine
DM 2.200,-

Gesehen bei: Antiquitäten & Wohnen, Heilbronn

Zylinder-Sekretär, Böhmen, 1820, Kirschbaum mit intarsiertem Mahagoni- und Nußbaumfurnier, Unterteil mit 7 Schubladen und Knieraum.
H: 109 cm, B: 128 cm, T: 72 cm.   DM 7.900,-

Gesehen bei: Böhmischen Antiquitäten, Landshut.

Seeländer, norddt., um 1870, Mahagoni, Schellackpolitur, Innenleben: Schubladen, Wurzelfurnier und ausziehbare Arbeitsplatte.
H: 115 cm, B: 114 cm, T: 62 cm.   DM 6.850,-

Gesehen bei: Kramp, Lemgo-Lieme.

1. Halbschrank, Hohenlohe, Pfedelbach, um 1740, Nußbaum m. Eiche massiv, gerader getreppter u. gekehlter Kopf mit nach innen gekröpften Ecken, 2-türig, Türen mit kassettierten Füllungen, Sockel mit Füllungen, kissenförmige Mittel- u. Ecklisenen aufgesetzt, gedrückte Ballenfüße, orig. Schloß mit ziselierter, figürl. Darstellung, 155 x 125,5 x 45,5 cm. DM 8.150,-

2. Schrank, Lothringen, um 1770, Nußbaum massiv, Seitenfüllungen teilweise Eiche massiv, geschwungener, gekehlter und getreppter Sims, 2 Türen mit je 2 geschweiften Füllungen, Messingbeschläge u. -bänder, gekehlte Ecklisenen, gedrückte Ballenfüße, 218 x 166 x 56 cm. DM 11.800,-

3. Kommode, Württemberg, um 1780, Louis Seize, Nußbaum, Ahorn, Zwetschgenholz furniert, 2-schübig, rechteckige Deckplatte mit abgefastem Rand, Längs- u. Querfurnier, geom. Intarsien, Schubladenfronten u. Seitenwände m. Längs-, Schrägfurnier u. geom. Fadenintarsien, konische, quadratische Beine mit Spatenfüßen, 80,5 x 127 x 63 cm. DM 5.500,-

Versteigert bei: Antiquitäten & Wohnen, Heilbronn.

Bauernschrank, wohl Österreich, 2.Hälfte 18.Jh., Weichholz, aufgesetzte Leisten, in Kartuschen Darst. von Puttenszenen bzw. Personenstaffage, orig. Fassung, trapezförmiger Giebel, 206 x 190 x 64 cm. DM 9.000,-

Bauernschrank, Barock, dat. 1675, Weichholz, bunt bemalt, "Kastenmöbel", Tür mit 2 Füllungen, im Sockel eine Schublade, 173 x 118 x 58 cm. DM 5.500,-

Dielenschrank, wohl Lothringen oder Belgien, um 1880/90, Eiche, 2-türig, aufgesetzte Schnitzereien, Füllungen profiliert, Messingbeschläge, 218 x 177 x 69 cm.   DM 2.300,-

Bücherschrank, wohl Norddeutschland, um 1900, Biedermeierstil, Mahagoni, zeitlose Form, bestoßen, 178 x 133 x 41 cm.   DM 1.450,-

Versteigert bei: Henry's Auktionen, Mutterstadt.

Vertiko, Bergisch, um 1850, Kirschholz massiv, 2 Türen, 2 Schübe, seidenmatt,
H: 146 cm, B: 107 cm, T: 49 cm.
DM 2.600,-

Kleiderschrank, Westerwald, um 1840, Kirschholz massiv, 2-türig, seidenmatt,
H: 190 cm, B: 125 cm, T: 55 cm.
DM 4.000,-

Stubenschrank, Bergisch, um 1830, Kirschholz massiv, 2-teilig, seidenmatt,
H: 192 cm, B: 115 cm, T: 50 cm.
DM 5.600,-

Kleiderschrank, Österreich, um 1850, Kirschholz massiv mit Bandintarsien, Handpolitur, H: 180 cm, B: 120 cm, T: 55 cm.
DM 4.800,-

Gesehen bei: Linder, Gummersbach.

Schreibtisch, deutsch, um 1900, Eiche/Furnier, aufgesetzte Schnitz., Aufsatztüren m. facett. Glaseinsatz, ursprüngl. ausziehbar, 145 x 126 x 69 cm.
DM 1.450,-

Aufsatzsekretär, Italien, Barockstil. Nußbaum/Wurzel-Spiegelfurnier, n.altem Vorbild, Korpus Weichholz, bez.: Salda Italia, Ripr.Nr.3, Bandintarsien, 221 x 105 x 55 cm. DM 6.000,-

Sekretär-Eckschrank mit Vitrinenaufsatz, deutsch, um 1900, Mahagoni, bewegter Giebel, intars. Schreibplatte verschiebbar, Unterteil trapezförmig, ein Beschl. fehlt, 1 Leiste leicht besch., 213 x 118 x 62 cm.
DM 4.200,-

Schranksekretär, deutsch, um 1880/90, Gründerzeit, Nußbaum, reiche Inneneinr. mit Intars.: bäuerl. Szenen, Geheimfach, verspiegelt, restauriert.
DM 3.500,-

Versteigert bei: Henry's Auktionen, Mutterstadt.

Schrank, Frankreich, um 1770, Nußbaum/Nußbaummaser, massiver Rahmen, unter geschw. Kopf Fries mit Medaillon, 2-türig, profilierte Mittellisene, auf den Türen je drei asymmetrische Füllungen mit Profilen, die in Voluten auslaufen, Seitenteile mit je drei prof. Füllungen, passig geschweifte Zarge mit Medaillon, Volutenfüße.   DM 13.000,-

Gesehen bei: Antiquitäten & Wohnen, Heilbronn.

Antiquitäten & WOHNEN

Konstant ca. 800 Möbelstücke auf Lager
Neckargartacher Straße 94
7100 Heilbronn - Böckingen
Telefon 0 71 31 - 4 70 70
Renaissance - Barock - Rokoko - Louis Seize - Empire
Biedermeier - Historismus - Jugendstil - Art Déco

Aufsatzmöbel, Frankreich, um 1870/80, Eiche/Furnier, Türfüllungen aus Vollholz geschn., reiche Drechselarbeit, Gebrauchsspuren, 236 x 137 x 45 cm. DM 1.950,-

Kleiderschrank, mitteldeutsch, um 1850/60, Kirschbaum, Spiegelfurnier, z.T. massiv, geschw. Kopf mit geschnitzter Krone, 2-türig, im Sockel eine Schublade, 195 x 103 x 48 cm. DM 950,-

Steckschrank, Frankreich, um 1720/30, Louis XIV., Nußbaum u. Ahorn, gekehlter u. getreppter Kopf, zwei Türen mit je 3 Füllungen, rest., 252 x 150 x 62 cm. DM 17.000,-

Hängeschrank, süddeutsch, um 1770, Weichholz, braune Kamm-Malerei, 90 x 87 x 31,5 cm. DM 2.800,-

Versteigert bei: Henry's Auktionen, Mutterstadt.

Herzhoff Antiquitäten

600 m² antike Bauernmöbel

Pucher Straße 7, 8080 Fürstenfeldbruck
Telefon 0 81 41/1 64 00 und 1 21 03

Antike Bauernmöbel in bester Qualität
findet man bei Herzhoff-Antiquitäten.

Schreibtisch, deutsch, um 1880/90, Gründerzeit, Nußbaum/Mahagoni, Bronzebeschläge vergoldet, Füllungen aus d. Vollholz geschnitzt, gedrechselte Säulen, Lederbelag neu, DM 1.600,-

Schreibkommode, deutsch, um 1880/90, Gründerzeit, Birne, orig. Beschläge, oberste Schublade mit Jugendstilbeschl., besch., 97 x 113 x 61 cm. DM 900,-

Schreibtisch, Italien, 30er Jahre, Nußbaum/Furnier, alls. geschn., Bandintarsien, Furnier, 74 x 121 x 64. DM 1.500,-

Bonheur du jour, mit Stuhl u. Schemel, deutsch, um 1860, Nußbaum/Mahagoni, Spiegelf., prof., geschn., 126 x 96 x 62 cm. DM 2.200,-

Schreibtisch, deutsch, um 1900, Mahagoni/Furnier, Türen z.T. verglast, aufgelegte Schnitzereien, ausziehbare Platte, Lederbezug erneuert, 153 x 126 x 72. DM 1.480,-

Versteigert bei: Henry's Auktionen, Mutterstadt.

Säulenaufsatzschrank, deutsch, um 1880/90, Historismus, Eiche/Furnier, nach ital. Vorbild, reiche Schnitzerei, 170 x 137 x 51 cm.   DM 1.800,-

Buffet, deutsch, um 1880/90, Historismus, Eiche/Furnier, Renaissancestil, 210 x 156 x 74 cm.
DM 5.500,-

Eckschrank, Belgien, um 1900, Eiche massiv mit Mahagoni-Intarsien, Messingbeschläge, im Sockel drei Schubladen, 127 x 81 x 53 cm.   DM 1.100,-

Vitrine, Holland, nach 1910, Barockstil, Nußbaum/Furnier, Wurzelnuß, Kanten massiv, Bronzebeschläge, Schnitzereien aus d. Vollholz, Sockel gebaucht, geschweift, 243 x 205 x 52 cm.   DM 12.000,-

Versteigert bei: Henry's Auktionen, Mutterstadt.

Aufsatzvitrine, mitteldeutsch, 1850/60, Birke, z.T. massiv, originale Gläser, schöne Maserung, 196 x 104 x 46 cm. DM 1.650,-

Buffet, deutsch, um 1890, Nußbaum, facett. Glas, Schnitzerei u. Messingbeschläge in der Art des Jugendstils, 199 x 123 x 60 cm. DM 1.250,-

Aufsatzmöbel, Frankreich, um 1870/80, Historismus, Renaissancestil, Nußbaum/Furnier, Türen aus d. Vollholz geschnitzt, reiche Drechselarbeit, Gebrauchsspuren, 246 x 152 x 52 cm. DM 2.400,-

Vitrinenschrank, süddeutsch, um 1860, Eiche/Furnier, gedrechselt, Pilaster, geschweifter Kopf, 180 x 96 x 51 cm. DM 1.580,-

Versteigert bei: Henry's Auktionen, Mutterstadt.

Eckvitrine, Pfalz, 1830/40, m. Nadelholz, Schreibfach, Profile d. Füllungen gewellt, Messingbeschläge später, 198 x 128 x 68 cm.   DM 5.800,-

Schreibtisch, deutsch, um 1900, Jugendstil, Nußbaum/Furnier, Aufbau asymmetrisch eingeteilt, Platte ausziehbar, bunte Bleiverglasung, orig. Messingbeschläge, 130 x 120 x 68 cm.   DM 1.100,-

Sekretär, um 1870/80, Gründerzeit, Nußbaum, Aufsatz Wurzelnuß, profiliert, originale Beschläge, 138 x 130 x 75 cm.   DM 2.350,-

Kabinettschränkchen, Frankreich, um 1870/80, Historismus, schwarz gelackt, Metallintarsien, Bronze, z.T. vergoldet, ziseliert, min. besch., 132 x 78 x 50 cm. DM 1.400,-

Versteigert bei: Henry's Auktionen, Mutterstadt.

Bauernschrank, süddeutsch, um 1820/30, Weichholz, bunte Bemalung später, Beschl. u. Schloß neu, 182 x 122 x 52 cm. DM 1.300,-

Aufsatzvitrine, süddt., um 1750/60, Eiche massiv furniert, Oberteil reich prof., Füllungen geschnitzt, 4-schübiges Kommodenteil, dopp. geschweift, Schlösser u. Beschläge original. Oberteil wohl später, 225 x 140 x 70. DM 9.000,-

Aufsatzbuffet, wohl deutsch, um 1880/90, Gründerzeit, Nußbaum/Furnier, geschn, z.T. aus d. Vollholz, Glas facett., Schubladenknöpfe Porzellan mit buntem Blumendekor, 228 x 150 x 55 cm. DM 2.200,-

Buffet, Jugendstil, deutsch, um 1910, Mahagoni/Furnier, obere Türen facett. Glas, orig. Beschläge, 1 Leiste lose, 216 x 119 x 62 cm. DM 1.450,-

Gesehen bei: Henry's Auktionen, Mutterstadt.

Roswitha von der Reck
KUNST UND ANTIQUITÄTEN · ANTIKE UHREN
Schwanseestraße 4 · 8000 München 90 · Telefon 089-69 22 221
EIGENE REPARATURWERKSTÄTTE FÜR ANTIKE UHREN

Klappsekretär, süddt., Pfalz, um 1830/40, Eiche massiv, Innenleben: Schubladen, z.T. Weichholz, Geheimfach, Schlösser orig., eines defekt, Schlüssel fehlen, restauriert, 120 x 115 x 56 cm. DM 2.500,-

Sekretär, deutsch, um 1880/90, Gründerzeit, Nußbaum Wurzelfurnier, Originalschlösser, l. Furnierschäden, 170 x 92 x 56 cm. DM 2.600,-

Sekretär, süddt., wohl Pfalz, um 1770/80, Eiche massiv, Platte doppelt geschweift, Schauseite reich floral geschnitzt, innen bunte orig. Bemalung d. 18.Jh. aufgefrischt, orig. Beschl., Schloß sekundär, 104 x 110 x 65 cm. DM 6.000,-

Tabernakelsekretär, süddt., um 1780/90, Eiche/Weichholz, 2-teilig, orig. Beschläge (2 Teile besch.), Tabernakeltür u. Sekretärklappe mit eingelegt. Stern, Oberteil mit Zentralverriegelung. DM 15.000,-

Gesehen bei: Henry's Auktionen, Mutterstadt.

MOBILIAR

Schrank, deutsch, um 1850, Louis Philippe, Mahagoni furniert, z.T. geschn., verglast, 205 x 105 x 47 cm. DM 1.700,-

Schrank, um 1900, Nußbaum, Perlleisten verz., reich intarsiert, mit Krone u. Türen, 210 x 120 x 60 cm. DM 850,-

Aufsatzschrank, Frankreich, um 1880/90, Eiche furniert, gelaugt, Füllungen mit Rocaillenverz. bzw. Wildbret, 233 x 160 x 66 cm. DM 3.300,-

Dielenschrank, um 1770/1800, Eiche massiv, kannelierte Füllungen in einf. Rhomben, Schublade mit Geheimverschluß, orig. Schloß, Zahnleisten bzw. Lochleisten, seitl. Füllungen kassett., originale Beschläge, 205 x 164 x 61 cm. DM 6.500,-

Gesehen bei: Henry's Auktionen, Mutterstadt.

Schrank, um 1850/60, Spätbiedermeier, Weichholz, kassettiert, prof., Schlösser u. Beschläge sekundär, mit Schlüssel, 190 x 158 x 56 cm.　　DM 1.800,-

Biedermeier-Steckschrank, deutsch, um 1850, Fichte, profiliert,　190 x 158 x 56 cm.　　DM 2.500,-

Vitrine, Frankreich, um 1930, kaukasisches Nußbaumholz, mit Glaseinsätzen, dekorativ, leicht beschädigt, 117 x 90 x 27 cm.　　DM 700,-

Schrank, um 1840/50, Spätbiedermeier, Weichholz/ Eiche, orig. Schloß u. Beschläge, Spannungsrisse, 187 x 189 x 66,5 cm.　　DM 2.400,-

Gesehen bei: Henry's Auktionen, Mutterstadt.

Mobiliar

Vitrine, deutsch, um 1880/90, Gründerzeit, Nußbaum furniert, l. Furnierschäden, l. besch., geschnitzt, Schloß u. Schlüssel fehlen, 198 x 100 x 46 cm.
DM 1.200,-

Prunkschrank, Elsaß-Lothringen, um 1880/90, Eiche massiv, Mittelteil mit bunter Bleiverglasung, in Kassetten figurale Schnitzereien, Renaissancestil, Bronzebeschläge, 235 x 222 x 60 cm   DM 6.500,-

Schrank, um 1850, Spätbiedermeier, Nußbaum auf Eiche, Spiegelfurnier, orig. Schlüssel u. Beschläge.
DM 1.500,-

Vitrine, um 1850, Spätbiedermeier, Mahagoni furniert, geschnitzt, rest., leichte Kratzspuren, 173 x 108 x 38 cm.   DM 1.700,-

Gesehen bei: Henry's Auktionen, Mutterstadt.

Sekretär mit Rollverschluß, Holland, um 1870, Wilhelm III., Mahagoni/Furnier, Inneneinrichtung, Korpus z.T. Eiche, 129 x 125 x 68 cm. DM 2.650,-

Sekretär, Ostschweiz (Winterthur?), Mitte 18.Jh., Nußbaum u. Früchteholz m. geschweiften Filets eingelegt, reich mit Blumengirlanden, Rocaillen u. Rankenwerk geschnitzte Beine, geschweifte, einschübige Zarge, grav. Messingbeschläge m. Spuren alter Verg., 120 x 120 x 60 cm. DM 24.000,-

Doppelschreibtisch, sog. Partner's Desk, England, um 1780, bez. J. Duce, königl. Hoflieferant, V.R. mit Krone, Duce Patent, Mahagoni massiv, Korpus Eiche massiv, goldgeprägter, grüner Lederbezug aus dem 19.Jh., 79,5 x 168 x 140 cm. DM 9.600,-

Gesehen bei: Henry's Auktionen, Mutterstadt.

Aufsatzschrank, deutsch, um 1900, Jugendstil, Weichholz, teilrestauriert, mit Glaseinsatz, 194 x 108 x 50 cm.   DM 800,-

Aufsatzschränkchen, um 1900, Jugendstil, Mahagoni furniert, Glaseinsätze facettiert, Flachschnitzereien, Blumendekor, gedrechselt, durchbrochen, l. Furnierschäden, Schloß def., 182 x 89 x 43 cm.   DM 1.900,-

Aufsatzbuffet, deutsch, um 1900, Jugendstil, Eiche massiv, Butzenscheiben, innen Buchenfurnier, floral geschnitzt, orig. Beschläge, 226 x 159 x 70 cm. DM 2.700,-

Schrank, deutsch, um 1900, Jugendstil, Weichholz, Flachschnitzerei, dunkel gebeizt, Blumendekor, Kopf u. Fuß sekundär, 190 x 111 x 58 cm.   DM 750,-

Gesehen bei: Henry's Auktionen, Mutterstadt.

ANTIQUITÄTEN - EMMERT

Groß- und Einzelhandel
Möbelschreinerei - Restaurierungen
Handpolituren
Innenausbau in Massivholz
Meisterbetrieb - IHK Amberg

EMMERT

Antiquitäten am Ring
Regensburgerstr. 3a und 5
8450 Amberg
Tel.: 09621 - 12707
privat: 09438 - 327
Öffnungszeiten:
von 8.00 - 18.00 Uhr
oder nach telef. Vereinbarung

Dielenschrank, süddt., um 1770/90, Spätbarock, Eiche massiv, geschnitzt, Kassetten profiliert, mit Inneneinrichtung (zwei Geheimfächer u. drei Schubladen), 200 x 167 x 39 cm.   DM 9.500,-

Gesehen bei: Henry's Auktionen, Mutterstadt

Aufsatzschrank, Frankreich, um 1880/90, Eiche/Furnier, reich geschnitzt nach Renaissance-Vorbild, figürl., Mittelteil kann herausgenommen werden, H: 214 cm ohne Mittelteil, B: 129 cm, T: 61 cm, (Mittelteil nicht abgebildet).   DM 3.250,-

Tellerschrank, Frankreich, um 1900, Eiche massiv, Barockstil, aus Vollholz geschnitzt, Unterteil 2 Türen, innen 1 Regal, 193 x 137 x 54 cm.   DM 2.300,-

Verkauft bei: Antiquitäten & Wohnen, Heilbronn.

Schrank, Elsaß, Spätbarockstil, 2-türig, Eiche, geschnitzt: Blumenvasen u. Lorbeerzweige, teilweise in Hochrelief, eine Innenhälfte mit Fächern, min. Fehlstellen, 220 x 144 x 56 cm.   sfr 6.500,-

Paar Kleiderschränkchen, deutsch, um 1850/70, Korpus Weichholz, Nußbaum-Spiegelfurnier, Rahmen gefeldert, schöne Zeichnung, unrestauriert, Beschlag sekundär, Tür leicht verzogen, bei einem Schränkchen ist der Giebel minimal beschädigt, 180 x 96 x 48 cm.   sfr 1.200,-

Barockschrank, süddeutsch, Nußbaum und Stockmaser furniert, 2-türiger, rechteckiger Korpus mit Sockelgeschoß, Türfüllungen u. Sockelgeschoß mit octogonalen, erhabenen, mit Wellenstäben umrahmten Kassetten, originale Schlüsselschilder, min. besch., 197 x 203 x 71 cm.   sfr 13.000,-

Aufsatzbuffet, Elsaß, 2.Hälfte 19.Jh., Barockstil, Eiche, reich geschnitzt mit Blumenkörben u. Ranken, Deckblatt gesprungen, 174,5 x 119 x 48 cm.
sfr 4.000,-

Gesehen bei: UTO's Auktionen, Zürich, Schweiz

Sekretär, deutsch, um 1880/90, Gründerzeit, Nußbaum/Furnier, Beschläge sekundär, intarsiert, leicht verzogen, 180 x 113 x 60 cm.   DM 1.800,-

Biedermeiersekretär, um 1850/60, Eiche, restauriert, 121 x 110 x 57 cm.   DM 1.100,-

Biedermeiersekretär, um 1850/60, Eiche, Barockelementen, reich profiliert, 123 x 109 x 58 cm. DM 2.800,-

Schreibtisch, England, um 1900, Mahagoni/Ahorn/Nußbaumintarsien, teilrest., Messingbeschläge und -einfassungen, 77 x 121 x 77 cm.   DM 2.500,-

Gesehen bei: Henry's Auktionen, Mutterstadt.

Speisezimmer, Jugendstil, Frankreich, um 1900, aus dem Atelier Gauthier-Poinsignon. DM 24.500,-

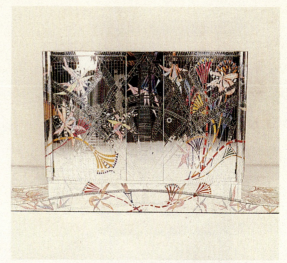

Glasbuffet, Frankreich, um 1930, Art-Deco, sign.: Le verre francais, Spiegelglas mit bunten Einsätzen, restauriert, Künstlerentwurf, 104 x 203 x 46 cm. DM 20.000,-

Eichentruhe, um 1760, Barock, mit floralen, schmiedeeisernen Beschlägen, Originalschloß u. -schlüssel, 80 x 200 x 58 cm. DM 1.300,-

Kleiderschrank, Hannover, um 1750, Barock, Eiche massiv, Kopf mit gesprengtem Giebel, Beschläge neu, Schloß aus der Zeit, restauriert, 226 x 164 x 53 cm. DM 9.500,-

Gesehen bei: Henry's Auktionen, Mutterstadt.

Vitrine, um 1850/60, 2.Barock, Nußbaum, geschn. Krone, restauriert, 182 x 101 x 49 cm. DM 1.450,-

Aufsatzschrank, um 1880, Renaissancestil, Eiche massiv, Skulpturen aus Vollholz geschnitzt, kassettiert, 228 x 145 x 57 cm. DM 5.900,-

Aufsatzschrank, deutsch, um 1880/90, Gründerzeit, Nußbaum/Furnier, geschnitzt, gedrechselt, Bronzebeschläge später, Schlösser defekt, 225 x 130 x 61 cm. DM 2.900,-

Kriegskassette, wohl deutsch, 2.Hälfte 17.Jh., Blumenbemalung: 1.Hälfte 19. Jh., Sockel sekundär, schwere Eisenbebänderung, Eisengriffe, kompl. Schloß zisel. mit Meerjungfrauen, 16-fach verriegelbar, 66 x 79 x 49 cm. DM 4.500,-

Gesehen bei: Henry's Auktionen, Mutterstadt.

Schreibtisch, um 1880/90, Gründerzeit, Nußbaum Spiegelfurnier, Lederplatte neu, kassettiert, Schlösser u. Beschläge später, restauriert, 80 x 146 x 81 cm. DM 1.800,-

Schreibtisch, deutsch, um 1900, Jugendstil, Palisander-Parkettfurnier, leicht bestoßen mit Kratzspuren, 78 x 170 x 79 cm. DM 1.400,-

Schreibkommode, Schweiz, letztes Viertel 18.Jh., Korpus Weichholz, Kanten Nußbaum massiv, Nußbaumfurnier, Bandintarsien und Girlanden Mahagoni bzw. Ahorn, orig. Beschläge u. Schlösser, Schlüssel sekundär, minimal beschädigt, schöne Inneneinrichtung: 4 kl. Schublädchen, mittig Hauptschublade mit Geheimfach, 96 x 124,5 x 57,5 cm. DM 12.000,-

Gesehen bei: Henry's Auktionen, Mutterstadt.

Kommode, mitteldt., um 1850, Birke/Furnier, 3-schübig, geschnitzt, 81 x 98 x 51 cm. DM 850,-

Kommode, süddt., um 1770/80, klassizistisch, Nußbaum/Furnier, z.T. Spiegelfurnier, kanneliert, 85 x 185 x 67 cm. DM 5.800,-

Kommode, um 1840, Spätbiedermeier, Kirsch massiv, 3-schübig, . rest., 87 x 109 x 57 cm. DM 1.600,-

Vertiko, deutsch, 1880/1900, Nußbaum/Wurzeln., Spiegelfurnier, verspiegelt, gedrechselt, geschnitzt, 199 x 103 x 56 cm. DM 1.100,-

Vertiko, deutsch, um 1900, Jugendstil mit klassiz. Einfluß, Nußbaum, teilw. furniert, z. .T. geschnitzt, floral-figural, teilvergoldet, sehr schöne Einteilung, 175 x 137 cm. DM 1.200,-

Versteigert bei: Henry's Auktionen, Mutterstadt.

Anrichte, Dänemark, um 1840, Mahagoni, unter der Platte 3 Schubladen, verkürztes, zurückgesetztes Mittelteil mit 2 Türen u. geschweifter Zarge, Seitenteile je 1 Tür, gedrechselte Füße.
H: 86 cm, B: 160 cm, T: 67 cm.
dkr 4.180,-
Gesehen bei:
Borge Nielsens Auktionen,
Vejle, Dänemark.

Jugendstil-Buffet, Lothringen (Gegend Nancy), um 1900, Nußbaumholz, meistens massiv, im Unterteil Jugendstilblumen als Schnitzerei, Aufsatz mit geschnitzter Jugendstilranke gerahmt, oben mit geschnitzter Frauenmaske abschließend. Originale Kupferbeschläge und Schlösser, Untersatz mit geschweifter Vorderzarge, im Unterteil durchgehendes Fach, darüber 3-türiger Korpus mit erhöhter Mitteltür, darüber abschließend in der Mitte eine, an den Seiten je zwei Schubladen, oben rötliche Marmordeckplatte, der zurückgesetzte Aufsatz unten wieder mit durchgehendem Fach, darüber tabernakelartige, verglaste Mitteltür und Ablagefach.
DM 16.000,-
Gesehen bei: Salzer, Neumarkt/Oberpfalz.

Kommode, Süddeutschland, um 1770, Nußbaum, schwarzgemaserte Marmorplatte, 2 große Schubladen, abgeschrägte Ecken, feines Spiegelfurnier, geom. Bandintarsien, konische Spitzfüße.
H: 80 cm, B: 124 cm, T: 60 cm.
dkr 15.200,-
Gesehen bei:
Borge Nielsens Auktionen,
Vejle, Dänemark.

Anrichte, wohl Frankreich, um 1880/90, Barockstil, Nußbaum/Furnier, reich prof., aus Vollholz geschnitzt, 100 x 118 x 45 cm. DM 1.200,-

Poudreuse, Frankreich, Mitte 19.Jh., 2.Barock, Korpus Eiche, Nußbaum, Palisander und Rosenholz furniert, abstrakt floral eingelegt, konkav-konvex geschweift, allseitig stellbar, orig. Bronzebeschlag, z.T. vergoldet, 1 Sabot fehlt, z.T. dickfurnierig, 74 x 77 x 43,5 cm. DM 9.000,-

Anrichte, Frankreich, um 1930, Art-Deco, Eiche/Furnier, z.T. Ahorn, Innenauskleidung Mahagoni, Griffe Bronze, Künstlerentwurf,Schnitz., restauriert, 101 x 183 x 56 cm. DM 2.500,-

Anrichte, England, um 1895, Renaissancestil, Eiche massiv, r. geschnitzt, 148 x 157 x 50 cm. DM 1.350,-

Gesehen bei: Henry's Auktionen, Mutterstadt.

Kommode, Dänemark, um 1900, Weichholz, 3-schübig, mittlere Schublade mit geschweifter Front, begrenzt durch 2 Halbsäulen, restauriert.
DM 650,-
Versteigert bei:
Antiquitäten & Wohnen, Heilbronn.

Kommode, süddt., um 1815, Biedermeier, 4-schübig, obere Schublade verdeckt gearbeitet, schwarze Vollsäulen, vorstehendes Kopfteil, eingelegte Rautenbeschläge aus Horn, durchgehendes Nußbaumfurnier, herrlich aufgespiegelt auf der Platte, restauriert. DM 2.800,-
Versteigert bei:
Antiquitäten & Wohnen, Heilbronn.

Biedermeierkommode, um 1850, Kirschbaum, "zweifach gespiegelt", zwei Schübe, Messingbeschläge, nach unten sich verjüngende Beine, H: 84 cm, B: 117 cm, T: 60 cm. DM 4.200,-
Gesehen bei:
Fischerplatz Galerie, Ulm/Donau

Kommode, süddt., um 1800, Nußbaum. DM 4.200,-/5.200,-
Gesehen bei: Haus Schönblick, Pfedelbach-Untersteinbach.

Kommode, deutsch, Ende 18.Jh., Louis-XVI., Eiche, 3-schübiger Korpus mit münzbandgeschmücktem Zargenprofil auf konischen, gesockelten Vierkantfüßen, leicht überstehende Platte, zahnschnittbesetzte Profilumfassung, auf den Schüben floral geschmückte Rahmenbänder mit Eckrosetten in Füllungsmanier, auf den Seiten entspr. Ovalreserven, orig. Schlösser, 92 x 121 x 61 cm. DM 3.600,-
Versteigert bei: Dr. Nagel, Stuttgart.

Kommode, südwestdt., Ende 18.Jh., Louis-XVI., Kirschbaum/Vogelaugenahorn, auf konischen Vierkantfüßen, rest. 3-schübiger, an den Ecken gebrochen geschrägter Korpus, abschließende, passig überstehende Platte. Schubkästen mit Lippenrand, allseitige, flächige Füllungsfelder mit Rautenmarketerie, auf der Platte zentrales Eichenlaubmedaillon, 89 x 110 x 57 cm.
DM 11.000,-
Versteigert bei: Dr. Nagel, Stuttgart.

Kommode, Frankreich, um 1900, Eiche prof., geschn., Bronzebeschl., 84 x 106 x 52 cm.   DM 800,-

Barockkommode, süddt., um 1760, Korpus Weichholz, Rüster/Mahagoni/Nußbaumspiegelfurnier, z.T. schwarz gefaßt, Bandintarsien, orig. Beschläge u. Schlösser, wohl um 1900 restauriert, geringe Holz- bzw. Furnierschäden, 90 x 120 x 61 cm.   DM 5.500,-

Frisierkommode, England, um 1900, Empirestil, Mahagoni furniert, Fadenintarsien, Glas facettiert, auf Rollen, 166 x 100 x 45 cm.   DM 750,-

Kommode, deutsch, um 1880/90, Gründerzeit, Nußbaum/Mahagoni, Platte sekundär, Messingbeschläge, 74 x 94 x 57,5 cm.   DM 600,-

Gesehen bei: Henry's Auktionen, Mutterstadt.

Kommode, norddt., um 1840/50, Mahagoni, Spiegelfurnier, Schubl. geschweift, Beschläge um 1900, 110 x 96 x 49 cm. DM 750,-

Frisiertisch, deutsch, um 1900, Entwurf wohl Darmstadt, Birke, Perlmuttintarsien, Furnierschäden, 162 x 102,5 x 46 cm. DM 1.200,-

Kommode m. Marmorplatte, 1. Hälfte 18. Jh., Palisander / Nußbaum, furniert, monogr. M. R., gebaucht, geschweift, intarsiert, vergoldete Messingappliken, leicht beschädigt, 87 x 133 x 63 cm, DM 16.000,-

Gesehen bei: Henry's Auktionen, Mutterstadt.

Paar lombardische Kommoden, dat.1794, diverse Edelhölzer, furniert und bemalt, rechteckiger Korpus auf hohen, profilierten Beinen ruhend, allseitig mit feinen Filets eingelegt und klassischen Landschaften.
DM 42.000,-

Frisiertisch, deutsch, um 1900, Jugendstil, Mahagoni/Nußbaum-Spiegelfurnier, r. intarsiert, florale Girlandenverz., Seiten offen mit kleinen Vorhängen, Spiegel facett., mit Glasplatte, geschnitzt, bestoßen, 183 x 94 x 42 cm. DM 1.200,-

Kommode, um 1850, Spätbiedermeier, Weichholz, Rüsterfurnier, restauriert, Beschläge u. Schlösser sek., 83 x 93 x 54 cm. DM 780,-

Alle Preise sind Aufrufpreise. Gesehen bei: Henry's Auktionen, Mutterstadt.

Herrenkommode, Dänemark, um 1840, Weichholz, 5-schübig, geschnitzte Viertelsäulen an den Seitenkanten, aufgesetzte Rautenmotive mit Rosetten, restauriert. DM 1.300,-

Schminkkommode mit Spiegelaufsatz, norddt., um 1870, Weichholz, vorstehende Korkenziehersäulen, reiches Schnitzwerk im Kopfteil, Füllungstüren, 2 abgerundete Schübe mit Kerbschnitzerei, klassisches Gründerzeitmöbel, restauriert. DM 2.490,-

Vertiko, norddt., um 1850, Louis Philippe, Nußbaum furniert, Bandintarsien in der Platte, Türen u. Schublade, Vorderfront geschweift, ausgefallen schöne, figürliche Schnitzerei im verspiegelten Aufsatz, restauriert. DM 2.400,-

Versteigert bei: Antiquitäten & Wohnen, Heilbronn.

Kommode, norddt., Gründerzeit, Weichholz natur, geölt, seitl. Vollsäulen in Nußbaum, oberste Schublade etwas vorgezogen, Profilleisten auf den 4 Auszügen, Beschläge mit Griffen neu, 106 x 102 x 53 cm. DM 900,-
Gesehen bei:
Antik u. Trödel, Lilienthal.

Waschkommödchen, ca. 1870/80, Gründerzeit, Fichte, 80 x 60 x 45 cm. DM 650,-

Gesehen bei:
Conny's Antiquitäten, Heilbronn

Schminktisch, Frankreich, um 1920, aus Messing, Spiegel u. Glas, Seitenfächer Mahagoni, 180 x 115 x 64 cm. DM 4.800,-

Gesehen bei:
Jonderko, Ettlingen.

Spiegelkonsole, Frankreich, um 1900, Jugendstilelemente, Mahagoni furniert, Glas u. orig. Spiegelglas, facett., l. besch., l. Furnierschäden, 250 x 129 cm. DM 1.500,-

Kommode, um 1850, Spätbiedermeier, Birke, furniert, restauriert, geschnitzt, Bronze-Beschläge später, Schlüssel fehlen, 84 x 94 x 52 cm. DM 850,-

Gesehen bei: Henry's Auktionen, Mutterstadt.

Waschkommode, England, um 1900, Mahagoni, Bandintarsien, Spiegel facett., teilrestauriert, Gebrauchsspuren, 150 x 105 x 47 cm. DM 800,-

Gueridon, Dresden, 19.Jh., Barockstil. furniert, gefriest u. mit hellen Filets eingelegt. Dreiseitig geschweifter Korpus, Front mit reichen, vergoldeten Bronzebeschlägen und Porzellaneinlagen, bemalt mit galanten Szenen, 39,5 x 51,5 x 38 cm. DM 2.640,-

Kommode, um 1880, Gründerzeit, Nußbaum, 2-türig, Spiegelfurnier, geschnitzt, l. Kratzspuren, 74 x 85 x 50 cm. DM 950,-

Kommode, um 1850/60, Louis Philippe, Kirsch, orig. Schloß u. Beschläge, mit Schlüssel, profiliert, 85 x 114 x 55 cm. DM 1.400,-

Gesehen bei: Henry's Auktionen, Mutterstadt.

Anrichte, Frankreich, um 1880/90, mit Spiegelaufsatz, Bronzeappliken, Fadenintarsien, 148 x 148 x 50 cm. DM 1.500,-

Kommode, um 1865, Louis Philippe, 2.Barock, Nußbaum, Messingbeschläge, orig. Schlösser, restauriert, geschnitzt, leicht spannungsrissig, min. beschädigt, 82 x 100 x 50,5 cm. DM 1.100,-

Kommode, süddt., um 1840, Biedermeier, Kirschbaum/Furnier, Spiegelfurnier, gebaucht, intars., aufgelegte Leisten, Spuren alten Wurmbefalls, restauriert, minimal besch. (Fuß), 1 Schlüssel ergänzt. DM 1.900,-

Paar Nachttischchen, Stil Louis XV., neuere Arbeit, 69 x 41 x 30 cm. DM 720,-

Kommode, Schweiz, 19.Jh., Korpus Weichholz, Spiegelfurnier, Wurzelnuß, Bandelwerk Palisander, geometrische Zeichnung, Korpus leicht geschweift, Ecken abgerundet, eingelassene Marmorplatte besch., 3-schübig, obere Schublade zweigeteilt, Bronzebeschläge vergoldet, Schlüssel fehlen, 91 x 106 x 58 cm.   sfr 9.000,-

Kommode, Norditalien, frühes 19.Jh., Korpus Weichholz, Schubladen z.T. Eiche massiv, allseitig konkav-konvex geschweift, Marmorplatte rotbraun/weiß, Furnier: Rosenholz, gefeldert, Intarsien Birke, teilweise schwarz eingefärbt, Palisander-Spiegelfurnier, Messingbeschläge, 80,5 x 96 x 52.5 cm.   sfr 8.000,-

Gesehen bei: UTO's Auktionen, Zürich, Schweiz.

Barockkommode, 19.Jh., im Stil von Louis XV., Korpus Weichholz, Seitenverstrebungen Eiche massiv, fein gemasertes Rosenholz mit Bandelwerk u. Würfelmarqueterie, orig. Schlösser, Intarsien Wurzelnuß, Palisander u. Kirsch, reicher Bronzebeschlag, Korpus dreiseitig geschweift, restauriert, 82,5 x 140 x 46 cm.   sfr 8.000,-

Barockkommode, Frankreich, 2.Hälfte 18.Jh., Korpus Weichholz/Wurzelfurnier, Bandintarsien Rosenholz, Korpus allseitig konv.-konk. geschweift, restauriert, Bronzebeschläge/Schlösser sekundär (19.Jh.), 78 x 108,5 x 55 cm.   sfr 5.000,-

Kommode, Schweiz, Louis XVI., Nußbaumfurnier mit hellen und dunklen Filets eingelegt. Rechteckiger, dreischüb. Korpus auf Pyramidenbeinen, Messingbeschläge, muß restauriert werden, 86 x 128 x 59 cm.   sfr 7.500,-

Gesehen bei: UTO's Auktionen, Zürich, Schweiz.

WÜRTTEMBERGISCHES LANDESMUSEUM STUTTGART
Altes Schloß
Schillerplatz 6

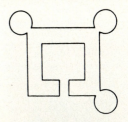

Altes Schloß zu Stuttgart:	950 erste Anlage einer Burg. Seit 1316 Hauptsitz der Grafen von Wirtemberg. 1553-1560 Umbau der Wasserburg zum Renaissanceschloß mit Reittreppe und Schloßkirche. Nach 1945 wieder aufgebaut. Seit 1977 ist der Wiederaufbau des Schlosses nach dem Kriege beendet.
Darin seit 1948:	Vorgeschichtliche Sammlungen, Klassische Antike, provinzialrömische Sammlung, Frühes Mittelalter, Hohes Mittelalter, Schwäbische Skulpturen, Europäisches Kunsthandwerk, Herzogliche Kunstkammer, Württembergischer Kronschatz, Kostüm- und Textilsammlung, Uhren, Musikinstrumente, Münzen.
Öffnungszeiten: Eintritt frei	Di.-So. 10 Uhr - 17 Uhr Mi. 10 Uhr - 19 Uhr Mo. geschlossen
Dazu gehören:	Römisches Lapidarium im Stiftsfruchtkasten, schräg gegenüber am Schillerplatz; Höfische Kunst des Barock in Schloß Ludwigsburg. Zweigmuseum: Limesmuseum Aalen, Federseemuseum Bad Buchau, Mittelalterliche Kunst Bebenhausen, Deutsches Spielkartenmuseum Leinfelden-Echterdingen, Römischer Weinkeller Oberriexingen, Historisches Museum Schloß Urach, Dominikanermuseum Rottweil (in Vorbereitung), Wagenmuseum Heidenheim, Volkskultur in Württemberg in Schloß Waldenburch (in Vorbereitung). Schlösser: Ludwigsburg, Ludwigsburg-Favorite, Stuttgart-Solitude, Meersburg, Tettnang, Bebenhausen, Urach, Weikersheim (zugleich Zweigmuseum)

Louis XV-Kommode, Frankreich, um 1730/40, Palisander. Gerundete Ecken des in der Front gebauchten und dreischübigen Korpus als Füße durchgezogen. Mittige, ausgeschnittene Zargenschürze. Überstehende, an den Kanten profil. u. querfurnierte Platte. Allseitige Feldermarketerie mit Rahmenbändern. Reiches Bronzebeschlagwerk, Schlüsselschilder in Form von Maskarons. 90 x 131 x 66 cm.   DM 6.500,-
Versteigert bei: Dr. Nagel, Stuttgart.

Barock-Kommode, süddt., um 1750, Nußbaum/Birken-Maser, gebeizte Buche, auf gedrückten Kugelfüßen. Dreischübiger, in der Front dreifach geschwungener und flach gebrochener Korpus mit leicht überstehender, entspr. bewegter Platte. Allseitige Füllungs-Marketerie mit schlichten Bandumfassungen. 87 x 130 x 68 cm.   DM 14.000,-
Gesehen bei: Dr. Nagel, Stuttgart.

Biedermeier-Kommode, deutsch, um 1820, Nußbaum, leicht abgesetztes Sockelgeschoß auf konischen Vierkant-Füßen. Zwei Rundsäulen mit vergold. Basen u. Kapitellen flankieren den in der Front gebauchten, dreischübigen Korpus u. stützen die in der Front leicht überst. Platte. Orig.Schlösser, ornamental gepr. Beschlagwerk mit Zugringen. 101 x 120 x 66 cm.   DM 4.800,-
Versteigert bei: Dr. Nagel, Stuttgart.

Biedermeier-Kommode, deutsch, um 1825, Nußbaum mit Ahornbändern, dreischübig, auf Vierkant-Stollenfüßen. Orig. Schlösser, geprägtes Bronzebeschlagwerk mit Zugringen,   DM 2.800,-
Versteigert bei: Dr. Nagel, Stuttgart

Kommode, deutsch, 18.Jahrhundert, Barock, Nußbaum, geschweift, 3-schübig, Schublade u. Deckplatte eingefaßt m. Filets, bewegte Zarge in Stollenfüße übergehend.   DM 10.200,-
Verk. bei: Antiquitäten & Wohnen, HN

Mule-chest, England, um 1680, Eiche, 2 aufeinandersetzbare Möbelteile, Architekturfassade m.Pilastern, Ädikulenfüllungen, Schachbrettintarsien. DM 9.600,-
Verk. bei: Antiquitäten & Wohnen, HN

Kommode, Deutschland, um 1810, Nußbaum furniert, 3 Schubladen, abgestufte Platte, Schellack handpoliert. H: 85 cm, B: 92 cm, T: 58 cm.
Aufrufpreis   DM 3.500,-
Versteigert bei:
Antiquitäten & Wohnen, Heilbronn.

Kommode, Südd., ca. 1750-60, Nußbaumwurzelholz auf Weichholz furniert, Front mehrfach geschwungen, vier Schubladen, Deckplatte der Schaufront geschweift und profiliert, gequetschte Kugelfüße.   DM 22.500,-
Verk.bei: R. von der Reck, München.

Kommode, Süddeutschland, um 1750, Nußbaum auf Weichholz furniert, reiche Fileteinlagen in Wurzelmaser, mit Bändern aus Zwetschgenholz, geschweifte Front.   DM 23.000,-

Verk.bei: R. von der Reck, München.

Antiquitäten & Volkskunst

Gerhard Roth, Hauptstraße 48, 7101 Eberstadt, Tel. 0 71 34 / 1 72 46
Das gute Angebot zu günstigen Preisen.

Wir bieten für den Antiquitätenfreund, Sammler und Liebhaber eine gut sortierte Auswahl an Möbeln aus *sechs Epochen* in *Eiche, Nußbaum* und *Kirschbaum sowie handpolierte Möbel*, beispielsweise aus der Biedermeierzeit, *bemalte Bauernmöbel* aus den Regionen Hohenlohe - Franken und Württemberg. Darüber hinaus bieten wir ständig eine *große Auswahl* an *Fichte-, Tannen-* und *Kiefernmöbel*, wie z. B. Kleiderschränke, Vitrinen, Sekretäre, Schreibtische, Truhen, Bänke, Kommoden, Brotschränke, Küchenbüffets usw.
Das ganze Angebot wird durch eine Vielfalt verschiedenster, interessanter *Kleinantiquitäten* und *bäuerlichem Kulturgut* abgerundet.

Für den *Händler* und *Wiederverkäufer* halten wir in unserer gut gefüllten Scheune auf *ca. 400 m²Lagerfläche* eine größere Auswahl an *ungerichteten Möbeln* von verschiedenen Holzarten aus *zwei Jahrhunderten* bereit.

Durch laufenden Ankauf von *Haushaltsauflösungen* können wir Ihnen ein ständig wechselndes Warenangebot garantieren.

Auf Ihren Besuch freut sich Familie Roth
Bitte avisieren Sie Ihren Besichtigungstermin unter Telefon 0 71 34 / 1 72 46

Sofa, um 1850, Historismus, Mahagoni, Rückfront genoppt. DM 1.900,-

Gesehen bei:
Krusaa Antikvitets, Dänemark

Schlafbank, Schweden, um 1820, Biedermeier (Carl Johan), Kiefer, DM 1.900,-
Gesehen bei:
Krusaa Antikvitets, Dänemark.

Barockkommode, 1.Hälfte 18.Jh., Nußbaumwurzel, 77 x 116 x 63 cm, DM 12.500,-
Verkauft bei:
Kunsthandel Heymann, Darmstadt.

Barockschrank, norddeutsch, um 1800 Eiche massiv, DM 18.000,-
Tisch, um 1880, Henry-Deux, Eiche, DM 1.350,-
Ledersitzgarnitur, Holland, um 1900, DM 15.000,-
Gesehen bei:
Kunsthandel Heymann, Darmstadt.

Säulenkommode, westdeutsch, um 1820, Biedermeier, Kirschholz furniert, Leisten schwarz abgesetzt, 3 Schübe, Handpolitur, 87 x 118 x 64 cm DM 6.300,-

Gesehen bei: Linder, Gummersbach.

Zylinderbüro, westdeutsch, um 1810, Kirschholz teils auf Eiche furniert, teils massiv, Handpolitur,
H: 119 cm, B: 117 cm, T: 62 cm.
DM 14.500,-

Gesehen bei:
Linder, Gummersbach.

Brotschrank, Bergisch, Kirschholz massiv, Seiten in Eiche, zwei-türig, seidenmatte Oberfläche, 125 x 125 x 49 cm, DM 2.900,-

Tischchen, Bergisch, 1830, Kirschholz massiv/furniert, Schubkasten, seidenmatte Oberfläche, 77 x 95 x 69 cm, DM 950,-

4-er Gruppe Stühle, Bergisch, 1840, Kirschholz massiv, Holzbrettsitz, seidenmatte Oberfläche, 87 x 46 x 41 cm, DM 2.850,-

Gesehen bei: Linder, Gummersbach.

Tisch, wohl England, um 1850, Mahagoni, quadratisch, ausziehbar, auf Rollen, 78 x 148 x 109 cm.
DM 2.800,-

Tisch, Frankreich, um 1870/80, im Empirestil, Schnitzerei, goldgefaßt, best., 77 x 104 x 75 cm.   DM 2.600,-

Tisch, süddt., um 1825/30, Biedermeier, Kirsch, Spiegelfurnier, poliert, z.T. schwarz gefaßt, restauriert, H: 71,5 cm, D: 101 cm.   DM 3.800,-

Couchtisch, deutsch, um 1880, Gründerzeit, Nußbaum, furniert, 2-säulig, 4-passige Füße, restauriert, 62 x 110 x 68 cm.   DM 950,-

Tisch, deutsch, um 1850/60, Louis Philippe, Birke, oval, geflammt, gedrechselte Säule, 4-passiger Stand, restauriert, 76 x 110 x 78 cm.   DM 850,-

Spieltisch, deutsch, um 1840, Spätbiedermeier, Mahagoni/Spiegelfurnier, restauriert, 77 x 84 x 44/88 cm.
DM 900,-

Versteigert bei: Henry's Auktionen, Mutterstadt.

Tisch, um 1860, Biedermeier, Nußbaum, oval, leicht beschädigt, 68,5 x 125 x 94 cm. DM 1.600,-

Jagdtisch, wohl südl. Frankreich, um 1880, Barockstil, Eiche massiv, geschnitzt, Fuß mit vollplastischen Löwenköpfen u. Rocaillen, ausziehbar, Einlegeblätter fehlen, 70 x 160 x 128 cm. DM 4.800,-

Gueridon, Frankreich, 1.Hälfte 19.Jh., Korpus Weichholz, z.T. Eiche massiv, Furnier Rosenholz u. Palisander, z.T. eingefärbt, auf Zarge Stilleben, Bronzebeschläge vergold., minimale Furnierschäden, H : 71 cm, D: 40,4 cm. DM 5.400,-

Tischchen, wohl Frankreich, um 1780/90, Louis XVI., Korpus Eiche, Mahagonifurnier, sparsame, vergoldete Bronzierarbeit, Sabots dazugehörig, orig. Schloß u. Beschlag, Schlüssel sekundär, Bronzebeschläge vergoldet, 75 x 73,5 x 50 cm. DM 9.600,-

Gesehen bei: Henry's Auktionen, Mutterstadt.

Tisch, um 1850, 2.Barock, Birke, oval, l. spannungsrissig, geschnitzt, gedrechs., leichte Kratzspuren, 80 x 112 x 76 cm. DM 1.350,-

Couchtisch, um 1920, Barockstil, Spiegelfurnier, poliert, Fuß massiv, geschnitzt, restauriert, minimal bestoßen, H: 68 cm. DM 850,-

Tisch, Frankreich, um 1890, Henry II., Eiche massiv, gedrechselt, profiliert, restauriert, 75 x 99 x 80 cm. DM 500,-

Tisch, wohl Frankreich, um 1890, Nußbaum, ovale Platte mit offener, geschw. Zarge in ausgedeuteter Jugendstilmanier, Baluster-Säulenfuß mit 4-passigem, reich dekoriertem Stand, Volutenfüße.
DM 1.650,-

Gesehen bei: Henry's Auktionen, Mutterstadt.

1. **Frühstückstisch**, England, um 1720, Mahagoni, Platte mit reicher floraler Marketerie, gedrechselter Säulenfuß mit 3 Beinen, Stand u. Füße in Obstholz-Marketerie-Arbeiten, turn-over-top-table, Klappmechanismus original.   DM 5000,-
2. **Frühstückstisch**, England, um 1780, Mahagoni massiv, Kings-table, umklappbare Platte eingelegt mit umlaufendem Nußbaum-und Messingband, Klappenmechanismus original u.intakt, Mittelfuß mit 3 gedrechselten Säulen auf 3 Füßen, feuervergoldete Bronzeschuhe in Form von Akanthusblättern, auf Messingrollen. H: 72 cm, D: 91 cm.   DM 4.900,-
3. **Spieltisch**, England, 1780, Mahagoni, zusammengeklappte Platte, Zarge u.Beine in reicher Marketerie-Arbeit mit Ornamenten, Blüten u. Vögeln, aufgeklappte Platte: runde Filzeinlage, an den Ecken mit Marketerie in Form der 4 verschiedenen Spielkarten, umlaufende Fadenintarsien. H: 76 cm, B: 84 cm, T: 42 cm (84 x 84 cm).   DM 6.000,-
Verkauft bei: Antiquitäten und Wohnen, Heilbronn.

Salontisch, Dänemark, um 1810, Mahagoni, rechteckig, m. 2 abklappbaren Segmenten, Zarge und Gestell geschmückt mit Intarsien, figurale Darstellung und florales Dekor. H: 77 cm, L: 97 cm, B: 78 cm.   dkr 8.360,-
Versteigert bei: Borge Nielsens Auktionen, Vejle, Dänemark.

Tisch, Dänemark, um 1830/40, Mahagoni, runde, klappbare Platte, 6-fach facettierte, balusterförmige Mittelsäule i.d.Form einer stil.Vase, 3-passiger Stand, helle Bandeinlage, mittig intarsierte Rosette. H: 78 cm, D: 111 cm. dkr 8.360,-
Versteigert bei:
Borge Nielsens Auktionen,
Vejle, Dänemark.

Tisch, Dänemark, um 1780, Louis XVI, weiß gefaßtes Holz mit Goldstaffage, unter der rechteckigen Platte in der Zarge eine Schublade, kannelierte Beine, H: 75 cm, B: 105 cm, T: 64 cm.
dkr 3.040,-
Versteigert bei:
Borge Nielsens Auktionen,
Vejle, Dänemark.

Speisetisch, Dänemark, um 1860, Ulme, am unteren Rand der Zarge Perlstabverzierung, mächtiger, 4-passiger Säulenfuß auf Voluten, ausziehbar, H: 75 cm, D: 157 cm.
dkr 9.500,-
Versteigert bei:
Borge Nielsens Auktionen,
Vejle, Dänemark.

Spieltisch, Deutschland, um 1860, Louis Philippe, Nußbaum, rechteckige, geschw. Platte aufklappbar, abgefaster Rand, geschw. Zarge und Beine. H: 75 cm, B: 86 cm, T: 42,5 cm.   DM 1.900,-
Versteigert bei: Antiquitäten & Wohnen, Heilbronn.

Frühstückstisch, Dänemark, um 1800, Mahagoni, ovale Platte m. 2 abklappbaren Segmenten, in der Zarge 1 Schublade und Ausziehplatte, eckige, konische Spitzfüße auf Messingrollen. H: 74 cm, B: 107 cm, L: 129 cm im aufgeklappten Zustand. dkr 9.500,-
Versteigert bei: Borge Nielsens Auktionen, Vejle, Dänemark.

Tisch, Dänemark, um 1750, Rokoko, Eiche, rechteckige, geschw. Zarge mit Schublade, geschw. Beine, im Knie mit Schnitzerei im Muscheldekor, restauriert H: 73 cm, B: 74 cm, L: 104 cm.
dkr 12.920,-
Versteigert bei:
Borge Nielsens Auktionen,
Vejle, Dänemark.

Tisch, wohl Italien, 2.H.19.Jh., Ebenholz u. schwarz gefaßtes Holz, reich geschmückt mit Intarsien aus Bein in Form von Vögeln, Blattwerk und Blüten, in der Zarge eine Schublade, spiralig gedrechselte Beine, Diagonalverstrebungen, in der Art des italienischen Barock. H: 78 cm, B: 78 cm, L: 134 cm.
dkr 17.480,-
Versteigert bei:
Borge Nielsens Auktionen,
Vejle, Dänemark.

Salontisch, Frankreich, Mitte 19.Jh., Rosenholz, oval, reich dekoriert mit ornamentalen, feuervergoldeten Bronzebeschlägen und Obstholzintarsien in Form von Blüten, Vögeln, Blattwerk, Rocaillen; geschwungene Beine.
H: 77 cm, B: 61 cm, L: 100 cm.
dkr 10.640,-
Versteigert bei:
Borge Nielsens Auktionen,
Vejle, Dänemark.

Eßtisch, Dänemark, um 1870, Historismus, Weichholz, restauriert, ausziehbar. DM 1.980,-
Verkauft bei:
Antiquitäten & Wohnen, Heilbronn.

Beistelltisch, Frankreich, Nußbaum, 8-eckig, H: 66 cm. DM 1.300,-/1.700,-

Gesehen bei: Edeltrödel, Stuttgart.

Tisch, England, um 1810, Regency, Mahagoni, Seitenteile abklappbar, eine Schublade, 75 x 91 x 92 cm. DM 3.890,-
Gesehen bei:
Kohlsdorf, Fürstenfeldbruck.

Tisch, deutsch, um 1830, Nußbaum, Nußbaum-Fußmaser, mächtige 6-eckige Balustersäule auf geschwungen ausgestelltem Dreifuß, Rundplatte mit dreifacher Lippenkante und passigem, schlichtem Zargenreif, besch., auf der Platte großfl. Sternfurnier, H: 78 cm, D: 110 cm. DM 2.000,-
Versteigert bei: Dr. Nagel, Stuttgart.

Schrägpfosten-Tisch, süddt., Anfang 19.Jh., Eiche, Tanne u. Nußbaum, auf vier schräg gestellten, reich gegliederten Balusterbeinen mit umlaufendem Fußsteg, restauriert, überstehende, doppelt gegratete Massivplatte mit hängendem Kastenschub, 75 x 122 x 81 cm. DM 2.000,-
Versteigert bei: Dr. Nagel, Stuttgart.

Tisch, süddt., Ende 18.Jh., Eiche, Birnbaum u. Fichte, auf konischen, kannelierten Vierkant-Stollenbeinen mit umlaufendem Brettsteg, die Seiten der einschübigen Zarge silhouettiert ausgeschnitten, doppelt gegratete, an den Ecken eingesetzt gerund. Massivpl., Restauriert, 78 x 122 x 90 cm. DM 1.420,-
Versteigert bei: Dr. Nagel, Stuttgart.

Schrägpfosten-Tisch, süddt., Ende 18./Anf.19.Jh., Nußbaum, Eiche, schräg gestellte, reich geglied. Balusterbeine m. uml. Brettsteg auf gedrückten Kugelfüßen, silhouettiert ausgeschn. Zargenblende, doppelt gegratete Massivpl. mit hängendem Kastenschub, restauriert, Brandstempel, Monogr.: DVS, 76 x 108 x 80 cm, DM 1.500,-
Versteigert bei: Dr. Nagel, Stuttgart.

Esstisch, Oberpfalz, um 1890, Platte ca. 2,5 cm stark, Fichte, Mittelfuß gedrechselt, drei Auslegerfüße aus Buche. H: 75 cm, D: 95 cm. DM 980,-

Gesehen bei:
Herzhoff, Fürstenfeldbruck.

Tripod-Table, England, 18.Jh., Eiche, runde Platte mit geschw. Rand, gedrechselte Säule m. 3-passigem Stand, Klappenmechanismus. dkr 3.040,-

Gesehen bei:
Borge Nielsens Auktionen,
Vejle, Dänemark.

Tisch, Dänemark, Mitte 18.Jh., Rokoko, hellgefaßtes Weichholz, rechteckige Platte, in der Zarge eine Schublade, unterer Rand der Zarge geschw., geschw. Beine mit Bocksfüßen. H: 72 cm, B: 55 cm, L: 92 cm. dkr 22.040,-

Teetisch, England, um 1820, Regency, Mahagoni, quadratisch, intakter Klappmechanismus, gedrechselter Säulenfuß mit 3-passigem Stand. H: 74 cm, L + B: 66 cm. dkr 2.470,-

Alle Gegenstände versteigert bei: Borge Nielsens Auktionen, Vejle, Dänemark.

Gateleg-table, England, frühes 18. Jahrhundert, Eiche, ovaler Tisch mit abklappbaren Segmenten, gedrechselte Beine. H: 75 cm, B: 100 cm, T: 41 cm. dkr 4.940,-

Wandkonsole, Frankreich, um 1880, Barockstil, Weichholz, reich geschnitzt, Stuckauflagen, Blumen,- Rocaillen- u. Muschelmotiven, restauriert, beschädigt, Platte mit Kunststoffüberzug, 74 x 89 x 42 cm. DM 500,-

Tisch, süddt., um 1850, Biedermeier, Kirschbaum massiv, Spuren alten Wurmbefalls, restauriert, 77 x 105 x 76 cm. DM 350,-

Tischchen, 2.Hälfte 19.Jh., Nußbaum furniert, abgerundetes, eingelegtes u. umrahmtes Blatt auf faconnierter Zarge, geschweifte Beine (Blatt zu überholen), 81 x 45 x 74 cm. DM 1.440,-

Auszugtisch, wohl deutsch, 2.Hälfte 19.Jh., Barockstil, Eiche geschnitzt, Deckblatt Wurzelmaserfüllungen, Reparaturstellen, 75,5 x 139 x 98 cm. DM 2.640,-

Gesehen bei: Henry's Auktionen, Mutterstadt.

Tisch, "Gueridon", um 1840, rund, Platte und Säule Nußbaum, Fuß Esche, klappbar, restauriert, H: 73,5 cm, D: 100 cm. DM 1.800,-

Salontisch, Italien, 19.Jh., in der Art von Gius. Maggiolini, rund, furniert und reich eingelegt: schleifenbekrönte Girlanden und Blattwerk, H: 75 cm, D: 71 cm. DM 3 720,-

Tisch, deutsch, um 1925/30, Art-Deco, Rotlack, z.T. vergoldet, Platte leicht verzogen, H: 67 cm, D: 90 cm. DM 400,-

Tisch, deutsch, um 1840/50, Mahagoni, rund, furniert, Fuß qualitätvoll aus dem Vollholz geschnitzt, H: 71,5 cm, D: 105 cm. DM 1.500,-

Gesehen bei: Henry's Auktionen, Mutterstadt.

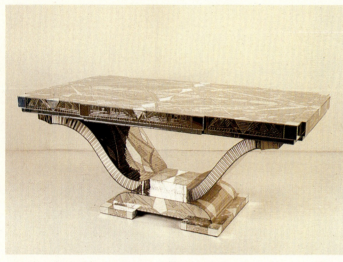

Gesehen bei:
UTO's Auktionen, Zürich, Schweiz.

Glastisch, Frankreich, um 1930, sign.: Le verre francais, J.Par Clement, Spiegelglas mit abstr. Dekor, Künstlerentwurf, restauriert, 78 x 190 x 108 cm.   DM 20.000,-

Tisch, Frankreich, um 1925/30, Art-Deco, Jean Dunand ?, rund, schwarz, Holz, mehrere Lackschichten, Tischplatte mit Eierschaleneinlagen, H: 60 cm, D: 100 cm.   DM 9.000,-

Wandkonsole, deutsch, um 1860, Nußbaum massiv, mehrfach konkav-konvex geschweift, ausdrucksvolle, reiche Schnitzerei im Hochrelief, Darstellung von Puttenszenen, bzw. allegorische Darstellung: Amor bekämpft das Böse, Marmorplatte rötlich, 80 x 99 x 51 cm.   DM 4.200,-

Tisch, deutsch, um 1900, Barockstil, Mahagoni/Furnier, Fuß massiv, H: 66 cm, D: 97 cm.   DM 980,-

Paar Chromstühle, franz., mit schwarzem Leder, ca. DM 1.400,-
Beistelltisch, Chrom, runde schwarze Glasplatte, H: 59 cm, DM 400,-/500,-

Gesehen bei:
Edeltrödel, Stuttgart.

Paar Holzklappstühle, Polen, Sitzfläche und Lehnen handgehämmert.
DM 600,/700,-

Gesehen bei:
Edeltrödel, Stuttgart.

Biedermeier-Stühle, deutsch, um 1830, Kirschbaum, zwei von 4er Gruppe.
DM 3.600,-/4.800,-

Gesehen bei:
Haus Schönblick,
Pfedelbach-Untersteinbach.

Satz von 5 Biedermeier-Fächerstühlen, mitteldeutsch, um 1830, Eiche/Buche, hinten gerundeter, gepolsterter Sitz auf konischen Vierkantbeinen. Lyraförmiger Lehnrahmen, die Mittelzunge fächerartig als Schulterbrett ausgebildet, rest. H: 95 cm. DM 3.300,-
Versteigert bei: Dr.Nagel, Stuttgart.

Satz von 4 Biedermeier-Stühlen, wohl Wien, um 1820, Nußbaum, hinten gerundeter, gepolsterter Sitz auf konischen Vierkantbeinen. Lyraförmige Rückenlehne mit entspr. Mittelzunge u. gebogtem Schulterbrett. H: 92 cm. DM 4.600,-

Versteigert bei: Dr.Nagel, Stuttgart.

Paar Biedermeier-Stühle, süddeutsch, um 1825, Nußbaum, trapezförmiges Sitzbrett auf konischen Vierkantbeinen. Leicht geschweift ausgestellte Rahmenlehne mit schwarz gelackter Schilfblatt-Versprossung. H: 90 cm. DM 1.800,-

Versteigert bei: Dr.Nagel, Stuttgart.

Paar Armlehnsessel, um 1850. Deutlich taillierte Rückenlehne mit Balustersprosse. Die gebogten Armlehnen in Voluten am Sitzgestell auslaufend.
H: 96 cm. DM 3.000,-

Gesehen bei: Dr. Nagel, Stuttgart.

4 Biedermeier-Stühle, süddeutsch, um 1830, Kirschbaum, mit doppelt versproßter Rückenlehne. Sitz gepolstert, grau-brauner Bezug. H: 86 cm.
DM 3.000,-

Versteigert bei: Dr.Nagel, Stuttgart.

Ohrenbackensessel, um 1840, Eiche, auf leicht geschweiften, konischen Vierkant-Beinen. Trapezförmiger Sitz, ausgebeugte Rückenlehne mit gebogtem Abschluß und seitlichen Ohren. Bewegte Armlehnen in Handvoluten endend. Gepolstert, Streifenbezug. DM 1.600,-
Versteigert bei: Dr. Nagel, Stuttgart.

Kaminsessel, 2. Empire, niedriges, überpolstertes Gestell mit überworfener Rückenlehne, gestreifter Satinbezug. sfr 600,-

Armlehnstuhl, Ende 19. Jh., Neo-Renaissance, mahagonifarben gebeiztes Gestell mit Horn bzw. hellem Obstholz eingelegt, Sitz u. Rückenlehne gepolstert, mit graublauem Satin mit chinesischen Motiven bezogen. sfr 300,-

Stabelle, 19. Jh., Brettsitz im Kerbschnitt ornamental geschn., mit Monogramm: J.SCH., die fassonierte Rückenlehne mit Doppeladler in Hochrelief geschnitzt. sfr 200,-
Stabelle, Nußbaum, geschnitzt, fassonierte u. ausgesch. Rückenlehne mit Flachschnitzerei: Jacob Neafeli 1634, sowie floralem Dekor, Brennmarke: Vogel zwischen H. u. B. sfr 350,-
Stabelle, Schweiz, 19. Jh., herzförmig fassonierte Rückenlehne. sfr 300,-

Armlehnsessel mit passendem Stuhl, 20. Jh., Louis Philippe-Stil, Buche, geschnitzt, gepolstert, gros- u. petit-point-Bezug. sfr 800,-

Gesehen bei: UTO's Auktionen, Zürich, Schweiz.

Stuhl, norddt., um 1850, Louis Philippe, Buche, nussbaumfarben gebeizt, Sitzfläche mit Geflecht, restauriert. DM 240,-
Versteigert bei:
Antiquitäten & Wohnen, Heilbronn.

Sessel, französich, Mahagonirahmen, Originalbezug, DM 1900,-

Gesehen bei:
Edeltrödel, Stuttgart.

Sessel, Salzburg, um 1870, Ulme, reich verziert, neu aufgepolstert, unter Verwendung der originalen Lederhaut. DM 3.700,-
Verkauft bei:
Herzhoff, Fürstenfeldbruck.

Schaukelstuhl, Jugendstil, wohl Gebr. Thonet, Buche, Bugholzgestell, Sitz u. Rücken mit Rohrgeflecht. DM 450,-

Schaukelstuhl, Jugendstil, Buche, mahagonifarben gebeizt, Zargenunterseite mit Klebeetikett "Thonet Wien" u. Brandstempel, Bugholzgestell mit ornamental durchbrochener Sitzfläche und zierversproßter Rückenlehne. DM 650,-

Satz von 4 Biedermeier-Stühlen, Trapezförmiger Sitz mit aufgedoppelter Rahmenblende auf konischen Vierkant-Beinen, schwarz gelackte Schilfblatt-Versprossung an der leicht ausladend gebogten Ramenlehne, das breite Schulterbrett mit gerundetem Abschluß. Sitz gepolstert, floral staffierter Streifenbezug, Kirschbaum H : 87 cm DM 3.400
Versteigert bei Dr. Nagel, Stuttgart

Versteigert bei: Dr. Nagel, Stuttgart.

Versteigert bei: Dr. Nagel, Stuttgart.

Armlehnstuhl, 2.Barock, geschweiftes Obstholzgestell mit medaillonförmiger Rückenlehne, gepolstert, mit gestreiftem Velour bezogen. sfr 400,-

Hocker, Norditalien, um 1700, Nußbaum massiv, gedrehtes Gestell, sich jeweils z.T. verjüngend, Gobelinbezug aus der Zeit, Altersspuren, ursprünglich wohl Bänkchen. sfr 900,-

Paar Kaminsessel, Louis XV-Stil, Buche geschnitzt, geschweifte, niedrige Form, gepolstert, mit fein geblümtem Baumwollstoff bezogen. sfr 1.000,-

Armlehnsessel, Italien, Renaissance-Stil, Holz blau gefaßt, vergold. Weinlaubdekor reliefiert geschnitzt, Sitz u. Rückenlehne gepolstert. sfr 600,-

Alle Stücke gesehen bei:
UTO's Auktionen, Zürich, Schweiz

Paar Armlehnstühle, Norditalien, Anfang 18.Jh., Gestell Nußbaum massiv, reich geschweift, geschnitzt, Verstrebungen passig, Schnitzereien in Form von Akanthus u. Voluten, restauriert, Gobelinbezüge aus der Zeit. sfr 14.500,-

Frisierstuhl, Dänemark, ca. 1800, Buche, rötlich gebeizt, gerade Rückenlehne mit geschw. Bekrönung, gedrechselten Sprossen, Sitz aus geflochtenen Schnüren, gedrechselten Armlehnstützen in die vorderen Beine übergehend, Verstrebungen. dkr 2.470,-

Satz Stühle, Frankreich, um 1900, Mahagoni, bestehend aus 1 Paar Armlehnstühlen u. 1 Paar Stühlen, offene, gestäbelte Rückenlehne mit geradem Kopfbrett, Kirschbaumeinlagen, konische Vierkantbeine. dkr 6.840,-

Beide Artikel versteigert bei: Borge Nielsens Auktionen, Vejle, Dänemark.

Paar Stühle, Dänemark, 2.H.19.Jh., vergoldet, rocaillierter Rahmen der schildförmigen Rückenlehne, Zarge u. geschw. Beine m. Schnitzerei in typ. Rokokomanier, Bocksfüße.
dkr 950,-

Paar Armlehnstühle, Schweden, Ende 19.Jh., weißgefaßtes Holz, vergoldet, Rokoko- u. Louis XVI-Elemente, in der Art von Bergèren. dkr 4.370,-

Versteigert bei: Borge Nielsens Auktionen, Vejle, Dänemark.

Knorpelstühle, deutsch, um 1900, Nußbaum massiv, reich geschnitzt, Weinlaubdekor, DM 500,-
Schaukelstühle, Österreich, um 1900, wohl Thonet, Bugholz, Sitz u. Rücken Rohrgeflecht, DM 1.200,-
Schaufelstuhl, Wien, um 1810, Kirschbaum massiv, Bezug neu, l. Furnierschäden. DM 900,-

Armlehnsessel mit Fußschemel, um 1880, Nußbaum, Bezüge später, z.T. schwarz gefaßt, Spuren alten Wurmbefalls. DM 900,-
Ohrensessel, wohl deutsch, um 1900, Eiche, Plüschbezug später, gedrechselt. DM 250,-
Scherenstuhl, deutsch, um 1900, Barockstil, Buche, gedrechselt und geschnitzt. DM 550,-

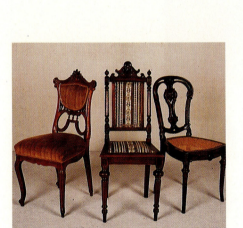

2 Jugendstil-Stühle, deutsch, um 1900, helles Nußbaumholz, Sitze erneuerungsbed., z.T. restauriert, geschnitzt. DM 950,-
4 Stühle, um 1880/90, Gründerzeit, Nußbaum, Polsterung u. Bezüge neu, gedrechselt, geschnitzt. DM 1.300,-
4 Stühle, um 1860, Louis Philippe, Mahagoni, Sitz Korbgeflecht, neu, geschnitzt, gedrechselt, restauriert, minimal bestoßen. DM 1.400,-

Schreibtischsessel, um 1880/90, Gründerzeit, Nußbaum, geschnitzt, gedrechselt, Lederbezug neu. DM 450,-
Sessel, deutsch, um 1850/60, 2. Barock, Louis Philippe, Polsterung u. Bezug neu, geschnitzt, restauriert. DM 1.150,-

Gesehen bei: Henry's Auktionen, Mutterstadt.

Antiquitäten

Pflegegemeinschaft Haus Schönblick gGmbH

Aus Import laufend gute Biedermeiermöbel
Gemälde aus allen Epochen

Hutzelhofweg 15
7114 Pfedelbach - Untersteinbach
Termine nach Vereinbarung
Telefon 0 79 49 / 4 48

Paar Armlehnstühle, Frankreich, um 1750, Buche massiv, geschweift, geschnitzt, restauriert, bunter Tapisseriebezug aus der Zeit, Gebrauchsspuren. sfr 6000,-

Gesehen bei: UTO's Auktionen, Zürich, Schweiz.

6 Stühle, wohl deutsch, letztes Viertel 19.Jh., Spätbarockstil, Eiche geschnitzt, Sitz mit Jonc-Geflecht, kleine Reparaturstellen. sfr 800,-

Stuhl, Biedermeier, Kirschbaum, Sitz gepolstert mit gestreiftem Stil-Velour bezogen. sfr 200,-

6 Stühle, um 1900, Biedermeierstil, Kirsche massiv, Bezüge neu, DM 1.600,-
4 Stühle, deutsch, um 1920, Nußbaum, Nähe Niehmeyer, Polster später, DM 400,-
Stühle, wohl England, um 1850, Louis Philippe, Nußbaum massiv, unrestauriert, reich u. tief geschnitzt, Mohairbezug, H: 100 cm. DM 1.800,-

Schreibtischsessel, Belgien, um 1880/90, Eiche massiv, Armlehnen in Form von Löwenköpfen aus dem Vollholz geschn., Bezug u. Polster neu. DM 1.300,-
6 Stühle, Frankreich, um 1880/90, Eiche massiv, Polster neu, reich geschnitzt, gedrechselt. DM 1.280,-

2 Stuhlsessel, Frankreich, um 1870/80, Barockstil, Gestell Nußbaum, Gobelin-Bezug, DM 4.200,-

4 Stühle, Frankreich, um 1850/60, kanneliert, Bezüge u. Polster später. DM 2.200,-
Stuhl, deutsch, um 1880/90, Gründerzeit, Nußbaum, Korbgeflecht, gedrechselt, unrestauriert, DM 260,-
Stuhl, deutsch, 1880/90, Gründerzeit, Renaissancestil, Rohrgeflecht beschädigt, gedrechselt. DM 260,-

Armlehnstühle, wohl Worpswede, um 1900, Eiche massiv, Flachschnitzereien, Stempel undeutlich, Korbgeflecht beschädigt DM 1.100,-

2 Barocke Nußbaumstühle, Lehne mit floralem Schnitzwerk, Polsterung sekundär DM 500,-

Gesehen bei: Henry's Auktionen, Mutterstadt.

Armlehnstuhl, Wien, ca. 1905, Stil: Wiener Werkstätten, Eiche, rötlich gebeizt, restauriert in Holz und Polster. DM 2.200,-

Gesehen bei: Ravizza, Stuttgart.

Armlehnstuhl, Rußland, 19.Jh., Mahagoni, im Louis XVI-Stil, offene Rückenlehne mit geometrischen Sprossen, Armlehnen in geschnitzten Widderköpfen endend, gerade Vierkantbeine mit Verstrebungen. dkr 3.000,-

Versteigert bei: Borge Nielsens Auktionen, Vejle, Dänemark.

Satz von zehn Stühlen, Norddeutschland, um 1850, Louis Philippe, Mahagoni auf Buche, offene geschwungene Rückenlehne, geschweifte Beine. dkr 10.800,-

Versteigert bei: Borge Nielsens Auktionen, Vejle, Dänemark.

Paar Armlehnstühle, norddeutsch, um 1860, Louis Philippe, Mahagoni, schildförmige Rückenlehne, Armlehnen mit geschnitzten Stützen, geschwungene Beine. dkr 6.000,-

Satz von drei Armlehnstühlen, norddeutsch, um 1850, Louis Philippe, Mahagoni, schildförmige Rückenlehne in doppeltem, offenem Rahmen, Armlehnstützen ebenso, geschwungene Zarge und Beine. dkr 6.000,-

Armlehnstuhl, wohl Norwegen, Mitte 18.Jh., Buche, teilvergoldet, gerade, gepolsterte Rückenlehne mit floraler Bekrönung, geschwungene Armlehnen in kleinen Voluten endend, Zarge und Beinknie mit Schnitzerei in Akanthus- und Muscheldekor, geschwungene Beine, gedrechselte Verstrebungen. dkr 8.400,-

Versteigert bei: Borge Nielsens Auktionen, Vejle, Dänemark.

Versteigert bei: Borge Nielsens Auktionen, Vejle, Dänemark.

Versteigert bei: Borge Nielsens Auktionen, Vejle, Dänemark.

Toilettetisch, norddeutsch, um 1860, Mahagoni, rocaillenförmiger Spiegel mit reichem Schnitzwerk in Form von Blattwerk und Fabeltieren, geschwungene weiße Marmorplatte, geschweifte Zarge mit Schnitzerei wie oben, drei Schubladen.
H: 184 cm, B: 106 cm, T: 60 cm.   dkr 6.080,-

Versteigert bei: Borge Nielsens Auktionen, Vejle, Dänemark.

Armlehnstuhl,
Dänemark, um 1830, Mahagoni, in Form einer Bergère, Armlehnstützen in Form von Delphinen ausgebildet mit seitlicher Akanthusschnitzerei, Rahmen mit hellen Fadenintarsien, hinten Säbelbeine, vorn gedrechselte Beine mit Akanthusdekor.
dkr 5.320,-

Armlehnstuhl,
Frankreich, um 1830, Mahagoni, vollgepolsterte, nach hinten geneigte Rückenlehne, geschwungene Armlehne in Voluten endend, s-förmige Stützen, geschweifte Beine.
dkr 3.530,-

Armlehnsessel,
deutsch/Schweiz, um 1880/90, Nußbaum massiv, reich geschnitzt, Bezug aus der Zeit mit Petit-Point-Stickerei, minimal beschädigt
sfr 1.200,-

Stabelle (Brettstuhl), Schweiz, 19.Jh., fassonierte Rückenlehne und Sitz, 81 x 30 x 39 cm.
sfr 300,-

Paar Stabellen bzw. ital. Brettstühle, 2.Hälfte 19.Jh., nach florentinischem Vorbild der Spätrenaissance, Nußbaum massiv, im Hochrelief geschnitzt, Rückenlehne durchbrochen geschnitzt, unrestauriert, 123 x 56 x 45 cm. sfr 1.700,-

Gesehen bei: UTO's Auktionen, Zürich, Schweiz.

Banktruhe,
Italien, 2.Hälfte 19.Jh., Nußbaum massiv, im Hochrelief reich geschnitzt, Darstellung von Merkur, Fortuna, Maskerons, etc., Unterteil analog, gerade Armstützen auf geflügelten, vollplastischen Löwen, unrestauriert, Aufsteckschnitzereien fehlen.
sfr 2.000,-

Salonsessel, deutsch, 20.Jh., Buche, rötlich braun gebeizt, Bezug erneuerungsbedürftig. DM 150,-

Sessel, deutsch, um 1880, Gründerzeit, Holz dunkel gebeizt, reich geschnitzt, Bezug erneuerungsbedürftig. DM 400,-

Sessel, deutsch, 20er Jahre, Barockstil, Buche, Rohrgeflecht, Kissen lose DM 210,-

Gesehen bei: Henry's Auktionen, Mutterstadt.

Paar Fauteuil, Frankreich, 20.Jh., Buche cremefarben gelackt, krakeliert, Velourbezug, reparaturbedürftig, unrestauriert DM 720,-

Paar Stühle, Frankreich, um 1880/90, schwarz lackiert. DM 400,-

Stuhl, um 1850, Louis Philippe, Palisander, Polster und Bezug neu. DM 500,-

Stuhl, wohl Frankreich, um 1890, Rokokostil, Flechtwerk, Sitz neu gepolstert, grau gefaßt, hervorragende Schnitzerei: Adlerkopf und Rocaillen. DM 400,-

Stuhl, süddeutsch, um 1850, Louis Philippe, Mahagoni, qualitätvolle Schnitzerei, restauriert.   DM 350,-

Sechs Stühle, um 1930, Barockstil, Nußbaum massiv, geschwungen, geschnitzt, Bezüge leicht verbraucht, reparaturbedürftig.   DM 1.500,-

Armlehnstuhl, Österreich, um 1890, Thonet, Bugholz, Bezug neu, Reste eines alten Etikettes.   DM 250,-

Versteigert bei: Henry's Auktionen, Mutterstadt.

Armlehnstuhl, Buche, Bezug leicht beschädigt, DM 1.200,-

Armlehnsessel, deutsch, um 1880/90, Historismus, Nußbaum, Bezug neu.   DM 600,-

Armlehnsessel "Voltaire", um 1860, mit Neigemechanismus, Bezug Velour blau, neu.   DM 1.370,-

Armlehnsessel "Voltaire", um 1860, Nußbaum, Bezug Velour rot, Federkern.   DM 1.370,-

Paar Armlehnstühle, Dänemark, um 1910, Mahagoni, in der Art von Bergèren, dem Biedermeier nachempfunden, die Armlehnen in Schnecken mit geschnitzten Rosetten auslaufend, Tatzenfüße vorn. dkr 6.460,-

Paar Stühle, Dänemark, um 1830, Biedermeier, Mahagoni, offene Rückenlehne mit geschwungenen Kopfbrett und geschweiften Mittelstegen, am Knie Rosette, Säbelbeine. dkr 3.420,-

Versteigert bei: Borge Nielsens Auktionen, Vejle, Dänemark.

Satz von fünf Stühlen, England oder Norddeutschland, um 1760, Mahagoni, "Leiterrückenstuhl", Vierkantfüße mit Verstrebungen. dkr 4.940,-

Satz von sechs Stühlen, Dänemark, um 1850, Mahagoni/Buche, Regency-Einfluß, offene, geneigte Rückenlehne mit gebogenem Kopfbrett, Säbelbeine. dkr 6.840,-

MOBILIAR

Acht Stühle, England, um 1860, Mahagoni, offene, geneigte Rückenlehne, Polster geheftet, gedrechselte Beine auf Messingrollen vorn, geschwungene Beine hinten. DM 5.500,-

Sechs Stühle, deutsch, um 1865, Louis Philippe, Buche, offene Rückenlehne mit bewegt gestalteter Sprosse, geschwungene Beine. DM 1.800,-

Neun Stühle, deutsch, Jahrhundertwende, Weichholz, 2 Armlehnstühle und 7 Stühle, im Biedermeierstil geneigte Rückenlehne mit gerundetem Kopfbrett und senkrechten Sprossen, konische Vierkantbeine. DM 3.400,-

Gesehen bei: Antiquitäten & Wohnen, Heilbronn.

Sechs Stühle, Holland, um 1700, Walnuß, mit reicher floraler, ornamentaler und figürlicher Marketerie. 1988 sechs ähnliche Queen Anne Stühle, 1720, in Paris versteigert für 220.000,- DM.

Vier Stühle, Wien, um 1820, Mahagoni, mit Einlagen aus Buchsbaum, Bänder, Ornamente und Fabelwesen. DM 15.000,-

Paar Sessel, Darmstadt, 1900, Entwurf: Josef-Maria Olbrich, 1867-1908, massiv Mahagoni mit den für Olbrich typischen Messingschuhen am Beinende. Ausfertigung wohl von Michael Niedermoser & Sohn. DM 16.000,-

Gesehen bei: R. von der Reck, München.

Drei Stühle, um 1860, Louis Philippe, Nußbaum massiv, Polster gut, Rücken geheftet.
DM 1.050,-

Zwei Sessel, um 1860, Louis Philippe, Nußbaum massiv, Rücken geheftet, Polster und Bezüge neu.
DM 1.500,-

Armlehnsessel "Voltaire", um 1850/60, Nußbaum, Bezug Velour rot, Federkern.
DM 1.370,-

Stuhl, deutsch, um 1860, Louis Philippe, Nußbaum, reich geschnitzt, Bezug neu.
DM 600,-

Versteigert bei: Henry's Auktionen, Mutterstadt.

Armlehnstuhl, deutsch, um 1900, klassizist. mit Jugendstilelementen, Buche, Bezug erneuerungsbedü.
DM 340,-

Stuhl, um 1850, 2.Barock, Buche, teilrestauriert.
DM 200,-

Zwei Stühle, norddt., um 1860, Mahagoni, qualitätvolle Schnitzerei, teilrestauriert.
DM 700,-

Sechs Stühle, Ungarn, um 1900, Thonetstil, Bugholz, altes Klebeetikett, Sitz neu.
DM 750,-

2 Stuhlsessel, deutsch, 2.Hälfte 19.Jh., Buche, Flechtwerk, geschn., Kissen neu.
DM 1.200,-

Hocker, um 1900, Thonetstil, ursprünglich für Klavier, Sitz neu, teilrestauriert, nicht drehbar.
DM 150,-

Sofa, Frankreich, um 1930/40, Art-Deco, signiert: Jean Pascaud, Umbau Wurzelspiegelfurnier, z.T. Mahagoni, an den Seiten Schränkchenteile, lose Kissen, Bezüge Seidendamast, restauriert Bezug später.
DM 15.000,-

Bank, süddeutsch, um 1760/70, Barock, Nußbaum massiv, gepolstert und bezogen, dreifach geschweift, geschnitzt.
DM 4.900,-

Kanapée, Schweiz, 1.Hälfte 19.Jh., Kirschbaum, mit verschiedenen Einlegehölzern intarsiert: Zick-Zack-Filet, Herz- und Sternmotiv, gerade Zarge auf vier Vierkantbeinen, offene, gesproßte, leicht geschwungene Rücklehne, Sitz und Lehne gepolstert, Rücken mit losen Kissen, Damastbezug.
DM 7.200,-

Gesehen bei:
Henry's Auktionen, Mutterstadt.

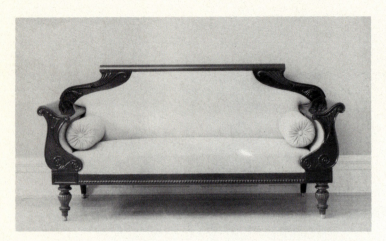

Sofa, Dänemark, um 1900, Mahagoni, bewegt gestalteter Rahmen der Rückenlehne, hölzerne, geschwungene Armlehnen, gerade Zarge mit Perlschnur-Dekor, gedrechselte, kannelierte Beine, Schauseite vorn, Rücken- und Armlehne mit Schnitzerei in Jugendstilornamentik.
dkr 4.560,-

Sitzgruppe, Dänemark, Ende 19.Jh., Nußbaum, bestehend aus Sofa und zwei Armlehnstühlen, im Louis XVI.-Stil, oberer Rahmen der Rückenlehne zierlich floral beschnitzt, gedrechselte, kannelierte, konische Beine.
dkr 5.320,-

Sitzgruppe, Schweden, um 1900, Mahagoni, bestehend aus: Sofa, 1 Paar Armlehnstühle, vier Stühle; Sofa, gerade, offene Rückenlehne mit gepolstertem Kopfbrett, gestaltete Sprossen, konische Vierkantfüße.
dkr 7.220,-

Versteigert bei:
Borge Nielsens Auktionen, Vejle,
Dänemark.

Sofa, deutsch, um 1860, Louis Philippe, Nußbaum massiv, Polster gut, Rücken geheftet, Bezug angestoßen, reich geschnitzt., geschwungen.
DM 1.600,-

Sofa, deutsch, um 1860, Nußbaum, geschnitzt, geschweift, Polsterung neu, Bezüge weiß, 1 Seitenteil mit Klappmechanismus, später, defekt.
DM 2.200,-

Sofa, deutsch, um 1900, Jugendstil, Nußbaum, Sitz erneuerungsbedürftig, teilrestauriert, geschnitzt, gedrechselt, Gebrauchsspuren. DM 2.500,-

Lit de Repos, 19.Jh., nierenförmig mit asymmetrisch hochgezogener Rückenlehne, dunkel gebeiztes Holzgestell mit eingelegter Perlstab-Zierleiste aus Messing, gepolstert, mit honiggelbem Satin bezogen.
DM 1.560,-

Sofa (Teil einer 3-teiligen Sitzgruppe), 3.Viertel 19.Jh., 3.Rokoko, Zweiplatzsofa, geschweiftes Nußbaumgestell, Velour-Stilbezug. Alle 3 Teile
DM 3.000,-

Gesehen bei: Henry's Auktionen, Mutterstadt.

Sitzgruppe, Norddeutschland, um 1860, Mahagoni, bestehend aus Sofa, 6 Stühlen, Tisch, Beistelltisch; hohe Sofalehne mit mehrfach geschwungenem Rahmen und mittiger Bekrönung, Armlehnen, Stützen, Zarge und Beine ebenfalls geschwungen. dkr 12.000,-

Recamiere, England, um 1860, Mahagoni, bewegt gestalteter Rahmen, geschwungene Zarge und Beine, auf Messingrollen. dkr 4.600,-

Versteigert bei:
Borge Nielsens Auktionen, Vejle, Dänemark.

Sofa, Dänemark, um 1830, Mahagoni, Rückenlehne mit leicht gerundetem Rahmen, nach außen geschwungene Armlehnen, gerade Zarge, Volutenfüße, Schauseite der Armlehnen beschnitzt. dkr 3.000,-

MOBILIAR

Sofa, englisch, um 1870, Mahagoni, mit geschnitzter Bekrönung, geschwungene Armlehne, deren Schauseite in Volutenbeine übergehen, geschwungene Zarge, sparsame Reliefschnitzerei. DM 2.700,-
Versteigert bei: Dr. Nagel, Stuttgart.

Sofa, England, um 1860/70, Mahagoni, 3-fach geschweifter Rahmen mit floraler Schnitzerei, Polsterung geheftet, geschwungene Armlehnen und Zarge mit Reliefschnitzerei. DM 2.900,-
Versteigert bei: Dr. Nagel, Stuttgart.

Sitzbank, süddeutsch, um 1830, Kirschbaum massiv, offene Rückenlehne mit gebogtem Lehnenbrett und vasenförmig gestalteter Mittelzunge. schwarzer Lederbezug. 92 x 184 x 71 cm. DM 1.600,-
Versteigert bei: Dr. Nagel, Stuttgart.

Ofenbank, Kirchdorf, Steiermark, um 1820, Weichholz, zwei Schübe im Zargengestell. H: ca. 90 cm, B: 200 cm, T: ca. 80 cm. DM 2.630,-
Verkauft bei:
Herzhoff, Fürstenfeldbruck.

Sofa, deutsch, um 1850, Esche massiv. H: 100/50 cm, B: 88 cm. T: 55 cm. DM 3.600,-

Verkauft bei:
"Der Möbelladen", Bremen.

Sitzgruppe, "Louis Philippe", bestehend aus Couch, drei Stühlen, Tisch, zwei Konsolen, H:117/50 cm, B:165 cm, T: 60 cm. DM 9.500,-
Gesehen bei:
"Der alte Möbelladen", Bremen.

China-Salon, um 1890, acht-teilig,- Chinalackarbeiten im Kolonialstil: Tisch, zwei Sessel, zwei Stühle, Sitzbank, Vitrinenschrank, Stehlampe DM 6.900,-

Salon, Stil Louis Quinze, 2. Zeit; Sofa, zwei Armlehnsessel und vier Stühle, Nußbaumholz. DM 11.000,-

Dielenschrank, ca. 1840, massiv Kirschb. H: 210 cm, B: 140 cm, T: 54 cm DM 7.000,-
Gesindetisch, 19.Jh., massiv Kirschbaum. H: 80 cm, B: 74 cm, L: 178 cm DM 2.500,-
Brettstühle, 19.Jh., massiv Kirschbaum. DM 1.600,-

Gesehen bei:
Antiquitäten & Wohnen, Heilbronn.

Gesehen bei: Antiquitäten Rose, Waldbröl-Escherhof.

Gesehen bei: Antiquitäten Rose, Waldbröl-Escherhof.

Sofa, Dänemark, um 1850, Mahagoni, bewegt gestalteter Rahmen der Rückenlehne mit geschnitzter Bekrönung, geschwungene Armlehne, Zarge und Beine, ornamentale Schnitzerei.
DM 1.200,-

Versteigert bei: Borge Nielsens Auktionen, Vejle, Dänemark.

Sofa, Dänemark, um 1830, Mahagoni, geschwungener Rahmen der Rücken- und Armlehnen, auf der Schauseite der geraden Zarge und der Armlehnen Schnitzerei in Blüten- und Blattdekor mit Rosetten, Stollenfüße.
dkr 5.200,-

Versteigert bei: Borge Nielsens Auktionen, Vejle, Dänemark.

Sofa, Dänemark, um 1840, Mahagoni, Rückenlehne leicht gebogen, nach außen geschwungene Armlehnen, gerade Zarge, Volutenfüße, Schauseite von Lehnen und Füßen mit Blattwerk beschnitzt.   dkr 4.500,-

Kunst- und Antikmarkt

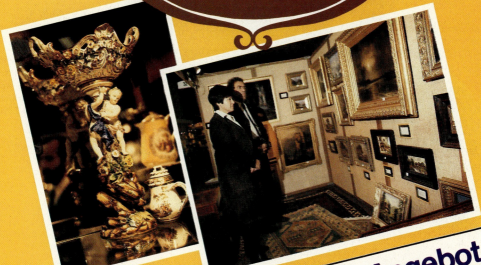

Der richtige Rahmen für Ihr Angebot

KARLSRUHE, 28. – 30.10.88
PFORZHEIM, 2. – 5. 3.89
KARLSRUHE, 3. – 5.11.89

Die „ANTIKMA" – Kunst- und Antikmarkt in Karlsruhe – vermittelt seit 12 Jahren ein absolut solides Angebot für mittlere bis gehobene Ansprüche. Erfolg braucht leistungsfähige, seriöse Partner.

Die ANTIKMA bietet Ihnen alle Vorteile einer etablierten Veranstaltung mit einem gepflegten Markt-Umfeld. Geben Sie deshalb Ihrem Angebot gleich den richtigen Rahmen!

Leitung und Durchführung:

HINTE
Messe- u. Ausstellungsges. mbH
Postfach 29 48, 7500 Karlsruhe 1
Telefon 0721/2 29 01-03

Sofa, Dänemark, um 1840, Mahagoni, Empire-Einfluß, geschwungene Armlehnen, Zarge mit an den Seiten geschnitzten Voluten, ausgestellte Tatzenfüße. dkr 3.610,-

Versteigert bei: Borge Nielsens Auktionen, Vejle, Dänemark.

Sofa, Dänemark, um 1830, Mahagoni, bewegt gestalteter Rahmen der Rückenlehne, hölzerne, walzenförmige Armlehnen, an der Schauseite beschnitzt, gerade Zarge. dkr 2.660,-

Versteigert bei: Borge Nielsens Auktionen, Vejle, Dänemark.

Sofa, Dänemark, um 1830, Mahagoni, Rahmen der Rückenlehne leicht gebogen, hölzerne, walzenförmige Armlehnen mit beschnitzter Schauseite, gerade Zarge, Stollenfüße. dkr 3.720,-

Herrenzimmer, deutsch (pfälzisch), um 1880, Historismus, Birnbaum massiv, reich beschnitzt, bestehend aus: Tisch, 2 Sessel mit Armlehnen, 3 Stühle, 1 Hocker, 1 Lampe, Sitzelemente neu bezogen.
DM 3.300,-
Verkauft bei:
Antiquitäten & Wohnen, Heilbronn.

Sitzgruppe, Frankreich, um 1900, Nußbaum massiv, bestehend aus Sofa, Sessel, Stuhl und Tisch, neuer Bezug blau, komplett restauriert.
DM 4.600,-

Gesehen bei:
Antiquitäten & Wohnen, Heilbronn.

Ledersessel, England, aus 3-teiliger Sitzgruppe (2-Sitzersofa, zwei Sessel).
DM 16.000,-

Gesehen bei: Edeltrödel, Stuttgart.

Biedermeiergarnitur, um 1830, Kirschbaum, 4-teilig: Sofa, drei Sessel.
DM 9.500,-

Gesehen bei: Haus Schönblick, Pfedelbach-Untersteinbach.

Sitzgarnitur, um 1905, Buche, schwarz poliert, nach Entwurf von Josef Hoffmann, Ausführung Mundus, 4-teilig, Bugholzgestell, DM 8.000,-

Versteigert bei: Dr. Nagel, Stuttgart.

Jugendstil-Sitzgruppe, Buche, wohl nach Entwurf von Otto Prutscher o. Otto Wagner, Ausführung: Gebrüder Thonet, bestehend aus Sitzbank, Paar Armlehnstühlen und Ovaltisch. Sitzmöbel mit Brandstempel und Klebeetikett.
DM 4.500,-

Versteigert bei: Dr. Nagel, Stuttgart.

Jugenstil-Sitzgruppe, Buche, schwarz gebeizt, Brandstempel, Entwurf: Josef Hoffmann für das Kabarett Fledermaus, Ausführung Sitzmöbel: Mundus, Ausführung Tisch: Kohn, bestehend aus vier Stühlen u. Tisch.
DM 9.500,-
Versteigert bei: Dr. Nagel, Stuttgart.

Sitzgarnitur, um 1904, Buche gebeizt und poliert, nach Entwurf von Josef Hoffmann, 3-teilig, Bugholzgestell, bestehend aus: Tisch, Paar Bergèren; Sitz gepolstert mit Stoff nach Mustern der Wiener Werkstätte, "Picollo".
DM 5.000,-
Gesehen bei: Dr. Nagel, Stuttgart.

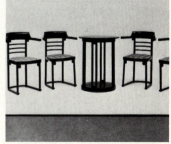

Sitzgarnitur, um 1905, Buche, schwarz gelackt, 5-teilig, Bugholzgestell, bestehend aus: Tisch, vier Doppelsäulen mit Kugeldekor auf runder Fußplatte, Sitz gepolstert mit Stoff nach Mustern der Wiener Werkstätten.
DM 7.500,-
Versteigert bei: Dr. Nagel, Stuttgart.

Gemälde 18. und 19. Jahrhundert
Skulpturen
alte und antike Möbel

Hauptstraße 4 b
5204 LOHMAR 1

Telefon :
0 22 46 / 40 36

Möbel - 18. Jahrhundert - Möbel - 19. Jahrhundert - Möbel - 20. Jahrhundert

Antiquitäten
& WOHNEN

Konstant ca. 800 Möbelstücke auf Lager

Neckargartacher Straße 94, 7100 Heilbronn - Böckingen, Telefon 0 71 31 - 4 70 70

- Renaissance - Barock - Rokoko - Louis Seize - Empire -
- Biedermeier - Historismus - Jugendstil - Art Déco -

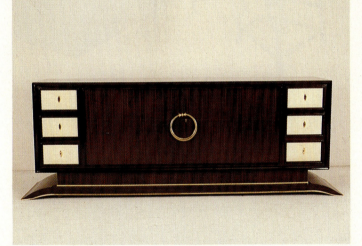

Eßzimmer, Frankreich, um 1925/30, Art-Deco, signiert: Jean Pascaud, bestehend aus: Ausziehtisch, Anrichte, acht Stühlen; Palisander auf Eiche gearbeitet, Messingteile vergoldet, Schubladen mit Leder überzogen. DM 20.000,-

Gesehen bei:
Henry's Auktionen, Mutterstadt.

Sofa und zwei Armlehnstühle, deutsch, um 1880/90, historistisch, schwarz gefaßt, neue Bezüge, Gebrauchsspuren.   DM 2.800,-

Eßgruppe, deutsch, um 1880/90, historistisch, Gründerzeit, bestehend aus fünf Stühlen und einem Tisch, schwarz gefaßt, neuer Bezug, Gebrauchsspuren. DM 1.800,-

Sitzgruppe, deutsch, um 1900, bestehend aus Bank, Tisch, drei Stühlen sowie zwei Anrichten von Heinrich Vogeler, Worpswede. DM 28.000,-

Gesehen bei: Auktionshaus Prinz-Dunst, Berlin

Jugendstil-Sitzgruppe,
Österreich, 1900/10, Buche, schwarz gebeizt, Brandstempel u. Klebeetiketten, wohl nach Entwurf von J. Hoffmann. Ausführung Sitzmöbel: Mundus, Ausführung Tisch: Kohn. Bestehend aus: Sitzbank, Paar Stühlen und rundem Tisch, schwarz gelackte Bugholz-Gestelle mit Kugeldekor. Erneuerte Bezüge nach Mustern der Wiener Werkstätte. DM 7.500,-

Jugendstil-Sitzgruppe,
Österreich, um 1920, Buche, mahagonifarben gebeizt. Zargenunterseite mit Brandstempel und Klebeetikett, wohl nach Entwurf von Gustav Siegel, Ausführung: Kohn. Bestehend aus: Sitzbank, Bergère und Paar Hocker. Bugholz-Gestelle; , floral staffierte Bezügen. DM 3.600,-

Versteigert bei: Dr. Nagel, Stuttgart.

Gesehen bei: Dr. Nagel, Stuttgart.

ANTON BRAITH (1836–1905) „Bauernjunge mit zwei Kälbern auf der Gebirgsweide" Öl/Lw. 46 x 66,3 cm sign. r. u. und dat. (18)98 Mü.

Ständige Ausstellungen

Deutsche und französische Kunst des 19. und 20. Jahrhunderts

Schule von Barbizon

Impressionisten

Zeitgenössische Maler und Bildhauer

Alte Stiche

Kunsthaus Bühler

7000 Stuttgart 1, Wagenburgstraße 5 (Am Eugensplatz)

Mo.-Fr. 9-13 + 14-18, Sa. 9-13 Uhr

Tel. 0711/24 05 07

Heinrich XV. Prinz Reuss

Restaurator
für Möbel und Holzobjekte

Vorstadt 9
6470 Büdingen
Tel. 0 60 42 / 62 95

Salon, Napoleon III,
Frankreich, um 1870, Kirschbaum, Birnbaum, sieben Teile, bestehend aus: Sofa, zwei Armlehnstühle, vier Stühle; 3-fach in sich geschwungen, schwarz gefaßt, Rillenverzierung, Weißpolster neu. DM 9.000,-

Jugendstil-Salon,
deutsch, um 1910, best. aus: einer kleinen Couch mit Umbau und 2 Sessel, Mahagoni, intarsiert mit Perlmutt und Ebenholz, Seitenteile verglast, Bezüge erneuerungsbedürftig. DM 2.500,-

Gesehen bei: Henry's Auktionen, Mutterstadt.

Zwei Sessel,
Louis Philippe, süddeutsch, um 1850, Nußbaum massiv, in sich geschweift, Schnitzereien: Traubendekor, Posterung und Bezug neu. DM 3.200,-

Sofa,
Louis Philippe, süddeutsch, um 1850, Nußbaum massiv, in sich geschweift, Schnitzereien: Traubendekor, Polsterung und Bezug neu. DM 2.600,-

Vier Sessel und ein Sofa,
deutsch, um 1935/40, Barockstil mit Art-Deco-Einfluß, Nußbaum/Buche, aus dem Vollholz geschnitzt, Bezüge erneuerungsbedürftig. DM 2.200,-

Kleiner Küchentisch, süddeutsch, Fichte, mit drei Brettstühlen, Tisch 60 x 70 x 75 cm, Zargengestell mit Schub und Schemelleiste, Platte ca. 3 cm stark, Stühle, Sitz und Lehne Fichte, Profilleiste und Achteckfüsse in Eiche. DM 2.100,-

Gesehen bei: Herzhoff, Fürstenfeldbruck.

Biedermeiergruppe,
deutsch, um 1820, Tisch: Esche, sternförmig furniert. Stühle: Kirschbaum mit Hornverzierungen. H: 78 cm, B: 110 cm. DM 5.200,-

Gesehen bei: Emmert, Amberg

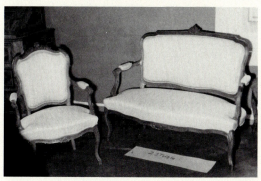

Barockgarnitur,
deutsch, um 1760, Nußholz, reich geschnitzt, restauriert. ca. DM 12.000,-

Gesehen bei: Gräter, Schwäbisch Hall

Wohnzimmergarnitur, norddeutsch, ca. 1900, Nußbaum. Bestehend aus Sofa, zwei Armlehnstühlen und Tisch, Rahmen und Zargen mit Schnitzerei in Blattwerkdekor, Barockstil. dkr 7.500,-

Gesehen bei: Borge Nielsens Auktionen, Vejle, Dänemark.

Sofa, deutsch, um 1880/90, Gründerzeit, Nußbaum massiv, gedrechselt, geschnitzt, Polster u. Bezüge neu. DM 2.200,-
Gründerzeitsessel, deutsch, um 1880/90, Nußbaum massiv, Polsterung und Bezüge neu, gedrechselt und geschnitzt. DM 1.900,-

Zwei Sessel, ein Sofa, ein Hocker, Frankreich, um 1900, klassizistisch, Bronzeappliken, teilvergoldet, Bezüge angeschmutzt, Brandfleck. DM 3.900,-

Gesehen bei: Henry's Auktionen, Mutterstadt.

Sitzgruppe, Frankreich, 2.Hälfte 19.Jh., im Stil des Louis Seize (Klassik), best. aus zwei Stühlen und zwei Fauteuils, Holz reich geschnitzt, vergoldet, mattiert, Bezüge nach klassischem Vorbild (gewirkte Tapisserie), Lehnen mit ländlichen Kinderdarstellungen, Sitze: Darstellungen nach Fabeln von La Fontaine, Gebrauchsspuren, minimal restauriert. DM 6.600,-

Wandkonsole mit Marmorplatte, um 1880/90 Barockstil, schwarz gefaßt, geschnitzt, DM 675,-

Vier Stühle, deutsch, um 1900, historistisch, Buche, Korbgeflechtlehne, Bezug neu. DM 500,-

Vier Stühle, deutsch, um 1900, Buche, Polster und Bezüge neu. DM 500,-

Eßzimmer, Frankreich, 20er Jahre, Art-Deco, Jean Dunand, bestehend aus Tisch und zehn Stühlen, glänzend schwarz gelackt, rotbraunen und cremefarbenen Mustern, Chromleisten, Bezug später, heller Mohair mit Art-Deco-Muster, restauriert. DM 15.000,-

Gesehen bei: Henry's Auktionen, Mutterstadt.

3 Sitzer-Couch und 2 Sessel, Frankreich, um 1925/30, Art-Deco, schwarzes Leder weiß paspeliert, Bezug 70er Jahre erneuert. DM 12.000,-

4 Stühle, deutsch, um 1900, Eiche, ostfriesisches Medaillon, Originalpolster und -bezüge, leicht beschädigt, geschnitzt, gedrechselt, restauriert. DM 800,-

Tisch, deutsch, um 1880/90, Barockstil, schwarz gelackt, geschweift, geschnitzt, 79 x 112 x 60 cm. DM 600,-

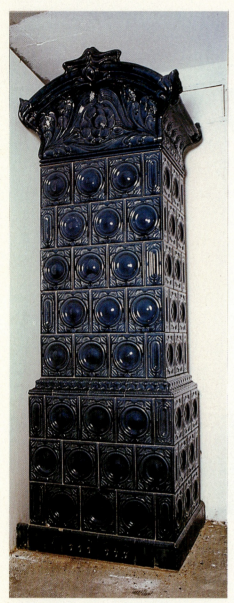

Kachelofen, deutsch, um 1900, Meißen, Teichert, blau, minimal restauriert, 255 x 85 x 60 cm. DM 8.500,-

Kachelofen, deutsch, wohl Velten, um 1895, weiß, minimal restauriert, 242 x 270 x 73/55 cm. DM 3.500,-

Kachelofen, deutsch, wohl Velten, um 1895, grün, minimal restauriert, 190 x 90 x 55 cm. DM 5.800,-

Versteigert bei: Henry's Auktionen, Mutterstadt.

Kachelofen, Meißen, Teichert, um 1900, Rokokostil mit Jugendstilelementen, Porzellankacheln, bunt staffiert, feines Grün, Dionysos-Skulptur mit Akanthusbekrönung, leicht haarrissig, Feuergeschränk schmiedeeisern, durchbrochen, intakt, 238 x 92 x 72 cm. DM 4.500,-

Gußofen, deutsch, um 1870/80, Barockstil, floral verziert, zusammensetzbar, beheizbar, 134 x 67 x 41 cm. DM 1.800,-

Gesehen bei: Henry's Auktionen, Mutterstadt.

Kaminverkleidung, England, um 1900, Jugendstil, Gußeisen, florale Verzierungen, 97 x 76 x 22 cm. DM 800,-

Gußofen, deutsch, um 1880/90, Gründerzeit, Barockstil, 1 Knopf lose, reich profiliert, reich durchbrochen, leicht beschädigt, beheizbar, 93 x 50 x 36 cm. DM 1.500,-

Rundofen, Kopenhagen, 19.Jh., Eisenguß, H: 144 cm.
DM 1.400,-

Vierkantofen, Kopenhagen, 19. Jh., Eisenguß,
H: 184 cm.   ca. DM 2.200,-

Gesehen bei:
Pflegegemeinschaft "Haus Schönblick",
Pfedelbach-Untersteinbach.

Kaminofen, Schweden, um 1900, Eisenguß. H. 68 cm.
DM 1.400,-/1.800,-

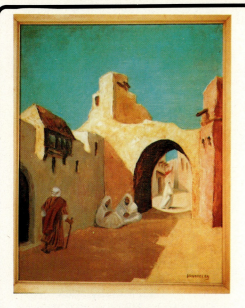

Kunst und Antik Galerie

Gerd Reffert

S 6, 26 (am Ring) · 6800 Mannheim 1
Telefon 06 21 / 2 72 48

Öffnungszeiten: Die.–Fr.: 15.00–18.30; Sa.: 10.00–14.00

Sehr seltene Porzellanplatte, 19. Jahrhundert, Japan, Größe: 75 x 61 cm

Ostasiatische Kunst und Antiquitäten seit 1826

SCHATZINSEL

Königstraße 1, D-7000 Stuttgart 1
Telefon: 0711/29 64 82

Wandspiegel, mitteldt., um 1880, klassizistisch, Birke/Mahagoni, strenger Aufbau, geschnitzter Giebel, gedrechselt, 168 x 76 cm.　　　　　DM 550,-

Flurgarderobe, Belgien, um 1900, Eiche, z.T. aus dem Vollholz geschnitzt, gedrechselt, teilverspiegelt, Hakenenden Keramik, 190 x 68 x 32 cm.　　DM 350,-

Versteigert bei: Henry's Auktionen, Mutterstadt.

Ovaler Spiegel, wohl Frankreich, um 1870/80, Gründerzeit, reich reliefiert, Stuckarbeiten: Herbstkranz, vergoldet, restauriert, 88 x 120 cm.　　　DM 300,-

Garderobe, deutsch, um 1910, Entwurf wohl Umkreis Darmstadt, Künstlerkolonie, Eiche/Furnier, Spiegel facettiert, 200 x 87 x 25 cm.　　　DM 700,-

Spiegel mit passender Kommode, Dänemark, um 1810/20, Mahagoni. Hochrechteckiger Spiegel, im Kopf portalförmige Einlage, ebonisierte Pilaster, über dem Portal Messingrosetten, feuervergoldete Einlage mit antiker Szenerie, in der Basis ornamentierter feuervergoldeter Bronzebeschlag; 3-schübige Kommode, oberste Schublade mit rautenförmigem Feld, unterster Schieber mit portalförmigem Ausschnitt, Stollenfüße. dkr 9.500,-

Spiegel mit passender Konsole, norddeutsch., um 1850, Nußbaum, hochrechteckiger Spiegel mit profiliertem Kopf und hervorkragendem Sims, darauf geschnitzte Bekrönung, spiralförmig gedrechselte kleine Säulen, vorspringende Konsole ebenso, auf Tatzenfüßen. dkr 3.400,-

Versteigert bei: Borge Nielsens Auktionen, Vejle, Dänemark.

Toilettentisch, Frankreich, um 1925/30, Art-Deco, Nußbaum/Wurzelnußfurnier, abstrakt-florales Dekor, aus dem Vollholz geschnitzt, Spiegel facettiert, Auflage leicht beschädigt, 147 x 141 x 42 cm. DM 800,-

Versteigert bei: Henry's Auktionen, Mutterstadt

Spiegel, um 1880/90, Nußbaum, Facettschliff, mit Konsole, historistisch mit Jugendstilelementen, geschnitzt, furniert, 206 x 60 x 30 cm. DM 950,-

Spiegel, Dresden, um 1900, Porzellanumrandung, bunt staffiert, mit schön ausgeformten Blüten- und Puttenskulpturen, in Kartuschen Blumenmotiv, vergoldet, Kristallglas facettiert, Rücken Holz, weiß gelackt, 60 x 37 cm. DM 2.500,-

Wandspiegel, Supraporta, Stil Louis XVI., rechteckiger, holzgeschnitzter, vergoldeter Rahmen, bekrönt mit Musikemblemen und seitlich ausladenden Lorbeerzweigen, 120 x 74 cm. DM 720,-

Spiegel, Anfang 20.Jh., ovaler, mit Perlstab und Kordelband verzierter, vergold. Holzrahmen, 55 x 49 cm. DM 216,-

Spiegel, Frankreich, um 1930, facettiert, Teilrahmen holzgeschnitzt. B: 72 cm, H: 35 cm. DM 200,-/400,-

Gesehen bei: Edeltrödel, Stuttgart.

Tischspiegel, England, 20.Jh., rund, facettiert, mit buntem Blumenkranz. H: 31 cm. DM 150,-/300,-

Gesehen bei: Edeltrödel, Stuttgart.

Schminktisch m. passendem Spiegel, Dänemark, um 1830, Mahagoni, querovaler Kippspiegel in Halterung i.d.Form von Schwanenhälsen, weißgemaserte Marmorplatte, eine Schublade, geschw. Beine mit Volutenfüßen, auf Messingrollen, gedr. Verstrebung. dkr 4.600,-

Versteigert bei: Borge Nielsens Auktionen, Vejle, Dänemark.

Spiegel, um 1780, Louis XVI., hochrechteckiger Holzrahmen, geschnitzt u. vergoldet, durchbrochener Aufsatz mit Medaillon, 92 x 48 cm.   sfr 800,-

Spiegel, 3.Viertel 18.Jh., Rahmen Barock, Holz m. Rocaillenmotiven, reich geschnitzt u. vergoldet, im unteren Teil ursprünglich Kerzenarm, 67 x 37 cm.   sfr 1.200,-

Spiegel, im Empire-Stil, vergoldeter Holzrahmen, Eckquader mit Rosetten, 66 x 54 cm.   sfr 150,-

Spiegel in vergold. Rahmen, um 1900, Holz mit Granulation u. Lorbeerstabdekor in Stukko, 68 x 57,5 cm.   sfr 200,-

Gesehen bei: UTO's Auktionen, Zürich, Schweiz.

Antiquitäten Bildhauer
M. u. W. Beermann

8100 Garmisch - Partenkirchen
Ludwigstraße 38
Tel. 0 88 21 / 5 32 33

ALTBAUSANIERUNG
ALTBAUSANIERUNG

Wir haben eine Menge Erfahrung für Sie gesammelt

**Holzarbeiten • Holzoberfläche • Malerarbeiten
Verputzarbeiten • Türbeschläge • Fensterbeschläge**

Stilkundliche Beratung kostenlos
STT Wohn Design GmbH - Tel. 071 31 - 4 70 70
Neckargartacher Straße 94 • 7100 Heilbronn - Böckingen

Spiegel mit passender Konsole, Norwegen, um 1780, Holz/Gesso. Hochrechteckiger Spiegel mit reich geschnitzter Bekrönung in Form von Gitterwerk, Portierenschleifen, Medaillon mit Portrait, Seiten kanneliert u. Palmetten, geschw. Basis mit mittigem Medaillon, Portrait, Girlanden. Konsole mit Marmorplatte, Zarge mit Gitterwerk u. Medaillon, Portrait, Blütengirlanden, kon. kann. Spitzfüße, Verstrebungen mit Vase.   dkr 28.000,-

Spiegel, Dänemark, um 1780, vergoldet, rechteckiger Rahmen mit üppig geschnitzter Bekrönung in Form von Vase, Füllhörnern, Palmetten, Blumenbuketts u. -girlanden, Blattwerk.
dkr 22.000,-

Versteigert bei: Borge Nielsens Auktionen, Vejle, Dänemark.

Hilmar Rustler

Holzbildhauerei :
Ludwigstraße 18
8730 Bad Kissingen
Telefon 09 71 / 38 12

Werkstatt :
Seebachstraße 47 - 49
Burkardroth - Gefäll
Telefon 0 97 01 / 10 69

Spiegel, Italien, um 1740, vergoldeter Rahmen in Form einer Blättergirlande, reich aus Blüten u. Blättern geschnitzte Bekrönung, Rocaillen. dkr 12.000,-

Spiegel, Dänemark, 1700-1730, hochrechteckiger Rahmen aus gebläutem Glas, aus Blei gegossene, goldbronzierte Beschläge in Form von Maskaronen, Blüten, Blattwerk u. Fruchtgehängen. Lit.Nachw.: Chr. Waage Petersen, Dänische Möbel vor 1848. dkr 144.000,-

Versteigert bei: Borge Nielsens Auktionen, Vejle, Dänemark.

1. Art-Deco-Spiegel, deutsch, um 1920, Rahmen teilweise ebonisiert,
Rosetten u. Randstreifen blattvergoldet, Spiegelglas mit Facettenschliff versehen, 85 x 68 cm.   DM 480,-
2. Spiegel, ca. 1840, Spiegel orig. blattvergoldet, Rahmen orig. Zustand, 154 x 93 cm.   DM 1.600,-
3. Spiegel, Gründerzeit, Nußbaum furniert,
mit seitl., gedrechselten Säulen unter geschnitzten Kapitellen, 148 x 76,5 cm.   DM 450,-
4. Spiegel, Rahmen Rundholz, Nußbaum, Spiegel ergänzt, 71 x 56 cm.   DM 90,-
5. Spiegel m. breiter Hohlkehle, Zierleiste innen, hervorr. Zustand, Spiegel neu, 102 x 89 cm.   DM 800,-
6. Spiegel, deutsch, Biedermeier, Nußbaum m. schwarzen Eckfüllungen, Spiegel erg., 34 x 50 cm.   DM 150,-

Versteigert bei: Antiquitäten & Wohnen, Heilbronn

Spiegel, 19.Jh., Barockstil, rechteckiger, mit Blumen im Hochrelief geschnitzter, vergoldeter Holzrahmen, 47,5 x 42 cm.   sfr 600,-

Gesehen bei: UTO's Auktionen, Zürich, Schweiz.

Deckenlampe, Frankreich, um 1920, 3-flammig, Jugendstil, Messing, Schirme sign.: Noverdy France, pate de verre, blau-gelb gepudert, L: 73 cm. DM 750,-

Wandappliken-Paar, Frankreich, um 1925, sign.: Noverdy France, pate de verre, L: 42 cm. DM 850,-
Wandlampe, Frankreich, um 1925, Fuß Bronze, sign.: Noverdy France, pate de verre, L: 38 cm. DM 380,-
Wandlampe, Frankreich, um 1925, Schirm sign.: Noverdy France, pate de verre, L: 33 cm. DM 350,-
Wandlampe, Frankreich, um 1925, sign.: Noverdy France, pate de verre, L: 30 cm. DM 380,-

Deckenlampe, Frankreich, um 1920, 3-flammig, Jugendstil, Bronze, Schirme sign.: Noverdy France, pate de verre, L: 67 cm. DM 950,-

Deckenlampe, wohl deutsch, um 1910, Jugendstil, floral abstrakt, Weißbronze, L: 142 cm. DM 1.400,-

Gesehen bei: Henry's Auktionen, Mutterstadt.

Lampe m.Art-Deco Schirm, dtsch., um 1940, Fassung früher, Schirm, Schichtglas mit milchig-weißem Innenüberfang, blau-weiß-orange Schlieren, H: 85 cm, variabel. DM 550,-

Messinglampe, Österr., um 1895, mit Opalinglas-Schirmen, historistisch, 2 Brennstellen, H: 77 cm. DM 780,-

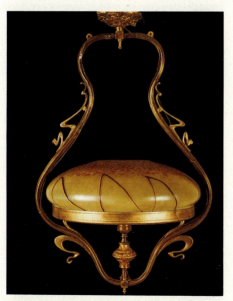

Jugendstillampe, Österr., um 1900, Messing, floral. Dekor, Schirm opalinfarb. Innenüberfang, eingewalzte orangefarb. Glassplitter, lüstr., aufgelegte rotbraune Glasfäden, H: 70 cm, D: 41 cm. DM 1.400,-

Bronzelampe, dtsch., 30er Jahre, mit Kerzenbirnen, Barockstil, 12 Brennstellen. H: 120 cm, D: 80 cm. DM 880,-

Gesehen bei: Henry's Auktionen, Mutterstadt.

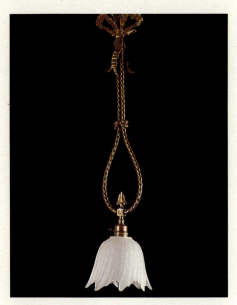

Deckenlampe, Frankr., um 1880, Messing vergoldet, Fassung aus der Zeit, Glasschirm, leicht best., 67 cm. DM 450,-

Hängelampe, Frankreich, um 1925/30, Pate-de-Verre, sign.Noverdy France, 3 Brennstellen, Glas gelb, grün, rot eingepudert, Gestell Metall versilbert, berieben sign.M.M.2999, H: 69 cm, Kette sek.   DM 950,-

Petroleum-Hängelampe, um 1900, Steingut, Metall gefaßt, bronz., Hängebügel, Durchbrucharbeit, gegossen, Puttenszenen, H: bis 138 cm.   DM 880,-

Jugendstil-Deckenlampe, Frankreich, um 1900, Preßglas, Blumendekor, sign. Muller Frères, H: 64 cm. DM 750,-

Gesehen bei: Henry's Auktionen, Mutterstadt.

Hängelampe, Österreich, um 1900, Pallme-König, urspr. wohl Petroleumlampe, Fassung Messing, Hammerschlagverz., floral-abstr. Montierung, Abhängungen i.F von Glasstäben, Kristallkugeln, -tropfen, z.T. geschl., einige Abhäng. fehlen, Schirm Opalinglas, Überfang mit grünen Glasfäden umsponnen, H: 80 cm. DM 1.800,-

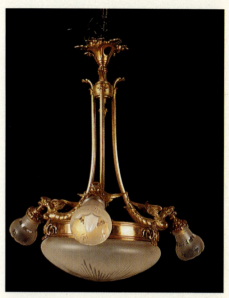

Deckenlampe, Frankreich, um 1900, Bronze vergold., Halterung in 3 Drachenskulpt. auslaufend, mit je 2 Brennstellen, u.a. best.aus Mittelschale (Milchglas), 3 Lampenschirmen, äußere Brennst. (Mattglas geschliffen u.geätzt) elektrifiziert, H: 73 x 68 cm. DM 1.500,-

Hängelampe, dtsch., um 1930, mit Holz u. Glocken, mit Messingappliken, H: 94 cm, variabel. DM 450,-

Lampenkonvolut, Jugendstil, Frankr., um 1915, best. aus: 1 Decken-, 2 Wandlampen, Bronzefassung floral geschlungen, mit Glasröhrchen in versch. Längen, an deren Ende sich 1 kl. Kugel befindet, Messingstäbe mit gelbem Glaseinsatz, struktur., L: ca. 100/47 cm. DM 1.000,-

Gesehen bei: Henry's Auktionen, Mutterstadt.

Deckenlampe, Art-Deco, Frankr., 1925/30, Sign. Ross, Preßglas mattiert, abstrakter Blumendekor, Gelbguß, H: 85 cm. DM 750,-

Deckenlampe, deutsch, um 1900, Glasgehänge geätzt, Bronze vergoldet, geschliffen, 45 x 25 cm, DM 800,-

Hängelampe, deutsch, um 1900, Kristallglasgehänge geschliffen, Bronze vergoldet, aufwendiger Guß, elektrifiziert, 80 x 50 cm. DM 900,-

Hängelampe, Frankreich, um 1920, Schmiedeeisen mit Blattdekor, Mittelteil nach oben abstrahlend, sign. Muller Frères, Lunéville, Pate de Verre, rosa-gelb eingepudert, elektrifiziert, 80 x 50 cm. DM 1.500,-

Gesehen bei: Henry's Auktionen, Mutterstadt.

Hängelampe, Frankreich, um 1920, schmiedeeisern, Glaseinsatz in Pilsform, sign.Degue, vier Brennstellen, Pate de Verre, rosa-blau eingepudert, elektrifiziert 85 x 50 cm. DM 1.500,-

Hängelampe, um 1880, 3 Brennstellen, Messing, Glasschirme floral verziert, H: 112 cm. DM 900,-

Deckenlampe, deutsch, 1925/30, Art-Deco, Metall, mit 3 Glasschirmen, Stange mit Kordel verz. u. Quaste, H: 88 cm. DM 350,-

Lampe, Empirestil, um 1880/90, Bronze, mit Rosen und Rankendekor, Puttenskulpturen, z.T. schwarz bzw. goldfarben, H: ca. 73 cm. DM 2.400,-

Gesehen bei: Henry's Auktionen, Mutterstadt.

Deckenleuchte, Frankreich, um 1900, Barockstil mit starkem Jugendstileinfluß. DM 2.665,-

Petroleum-Deckenlampe, deutsch, um 1900, Majolika, bunt staffiert, Gestell Eisenguß. DM 720,-

Deckenlampe, wohl Frankreich, um 1920, Weißbronze-Guß, Glasapplikationen, Glaskörper eingefärbt, sechs Brennstellen, Gehänge nicht vollständig. DM 1.200,-

3 Wandappliken, Italien, um 1900, mundgeblasenes Glas, geschnitten, Wachsfangringe fehlen zumTeil, H: 76 cm. DM 700,-

Gesehen bei: Henry's Auktionen, Mutterstadt.

Deckenleuchte, Messingguß, 8-armig, in klassizistischem Stil, mit onyxfarbenem Metallschirm, 1 Kette beschädigt, DM 500,-
Gesehen bei: Antiquitäten & Wohnen, Heilbronn.

Tischlampe, um 1900, Überfangglas, Fuß: Messing, H: 43 cm. DM 580,-

Tischlampe, um 1900, Fuß: Messing, Schirm: bleigefaßtes, goldfarbenes Glas, H: 26 cm. DM 620,-

Gesehen bei: Neumann, Stuttgart.

Deckenleuchte, Dänemark, Entwurf Poul Henningsen: "Koglen". Dekorative Lampe mit Blendschutz, Metallblätter angebracht in Form eines Tannenzapfens. dkr 7.000,-

Gesehen bei:
Borge Nielsens Auktionen,
Vejle, Dänemark.

Lüsterkrone, Frankreich, 2.Hälfte 19.Jh., facettiertes Kristall u. patinierte Bronze, aus dem ornamentierten Metallreif ragen sechs Lüsterarme.
dkr 6.000,-

Gesehen bei:
Borge Nielsens Auktionen,
Vejle, Dänemark.

Lampe de Travail, franz., Arbeitslampe aus Chrom und Glas, Glasschirm aus 2 überfangenen, weißen Glasschichten, H: 80 cm.   DM 1.000,-/1.500,-

Gesehen bei: Edeltrödel, Stuttgart.

Tischlampe, England, um 1920, schwarzer Holzsockel mit Chromständer u. gelbem Bakelitschirm, H: 48 cm. DM 450,-/600,-

Gesehen bei: Edeltrödel, Stuttgart.

Tischlampe, Frankreich, Art-Deco, Messing, H: 27 cm.   DM 700,-/800,-

Gesehen bei: Edeltrödel, Stuttgart.

Tischlampe, England, um 1920, Marmorsockel mit verchromtem Springbock, der den Milchglasschirm hält, H: 30 cm.   DM 500,-/600,-

Gesehen bei: Edeltrödel, Stuttgart.

Tischlampe, USA, ca. 1915-20, Art-Deco, Firma Braddley & Hubbard, Messing, Tiffany-Glas, in Fuß und Schirm restauriert. H: ca. 62 cm. DM 2.900,-

Gesehen bei: Ravizza, Stuttgart.

Tischlampe, Deutschland, ca. 1920, Art-Deco, Firma Sistra, Blendschutz im Schirm, erhältlich in Glasfarben weiß und blau, restauriert. H: 47 cm. DM 1.600,-/1.900,-

Gesehen bei: Ravizza, Stuttgart.

1. Hängelampe, deutsch, um 1930, Bronze,
eiförmige Glasfassung, mattiert u. geschliffen. DM 155,-
2. Deckenlampe, deutsch, 30er Jahre,
honigfarbenes Mattglas, mit Fassung. DM 195,-
3. Hängelampe mit blumiger Bronzemontierung,
kelchförmiges mattiertes Glas. DM 115,-
4. Deckenlampe, um 1930, mit Bakelitmontierung,
marmoriertes Glas, D: 18 cm. DM 195,-
5. Lampenschirm, deutsch, 30er Jahre, Art-Deco,
Glas in rosa Tönen, Schirm in Form eines geknickten
Lampions, dunkel marmoriert. DM 285,-

Gesehen bei: Antiquitäten & Wohnen, Heilbronn.

6. Deckenlampe, Frankreich, um 1895, Bronzehalterung u.
Gestänge, in aufwendigem Guß, H: 65 cm, D: 57 cm. DM 1.100,-
7. Deckenlampe, Frankreich, um 1890, Messing, verziert,
3 Brennstellen, Glasschirme sekundär. H: 75 cm, D: 63 cm. DM 1.100,-

Gesehen bei: Antiquitäten & Wohnen, Heilbronn.

8. Deckenlampe, Frankreich, um 1930, Holzkorpus,
mit 5 Brennstellen, H: 92 cm. D: 75 cm. DM 455,-
9. Deckenlampe, Holland, um 1930, 5 Brennstellen,
leicht geschweifte Messingarme, H: 90 cm, D: 53 cm. DM 390,-

Gesehen bei: Antiquitäten & Wohnen, Heilbronn.

TERMINE 1988

Passau, Nibelungenhalle, 7. 10. bis 9. 10. 1988,
Kempten, Residenz, 21. 10. bis 23. 10. 1988,
Regensburg, Antoniussaal, 28. 10. bis 30. 10. 1988,
Augsburg, Moritzsaal, 11. 11. bis 13. 11. 1988,
München, Löwenbräukeller, 9. 12. bis 11. 12. 1988,
Nürnberg, Meistersingerhalle, 16. 12. bis 18. 12 1988

ANTIK - KUNSTTAGE

Veranstalter Sylvia Frfr. von Gravenreuth,
R. A. Leikeim, Ilmmünster Straße 34,
8000 München 21
Anforderung für die Termine 1989 auch telefonisch
0 89 / 56 56 66 und (0 82 43 / 24 31)

Wir entwerfen für Sie Werbung in jeder **Grösse** in jeder **Ausführung** für jedes Medium vom Layout bis zum Endprodukt

Tönnies GmbH
Neckargartacher Str. 94
7100 Heilbronn - Böckingen
Telefon 07131 - 47070
Telefax 07131470740
Telex 728210 LBB D

Antiquitäten

Stefan Romberger

Neapolitanische Krippenfiguren
Möbel und Volkskunst
Skulpturen, Schmuck, Gläser

8300 Landshut, Schirmgasse 276
Telefon 08 71/2 81 98

Heilige Familie (Neapel, 18. Jh.)

Von besonderem Wert!

Originalgetreue Replicas von Steiff: Limitierte Auflagen ausgewählter Stücke aus der traditionellen Steiff-Collection. Kleine Kunstwerke, an denen nicht nur Sammler ihre Freude haben. Vor allem, weil ihr Wert Jahr für Jahr steigt. Schenken Sie doch mal etwas Besonderes – ein Tier von Steiff.

Für immer Dein.

Heriz, Persien, antik, dieses pflanzenfarbene Stück weist trotz relativ grober Knüpfung eine klare, typische Ornamentik des nördl. Aserbeidschan-Gebietes auf. Dieser rustikale Teppich besticht durch seine klare Geometrie und seine zarten Farbabstufungen, 360 x 287 cm. DM 6.240,-

Schirwan, Rußland, ca. 1930, sehr guter Zustand, 183 x 126 cm. DM 3.770,-

Kazak, Rußland, alt, in sehr gutem Zustand, 203 x 128 cm. DM 3.770,-

Versteigert bei: Antiquitäten & Wohnen, Heilbronn.

Gashgai-Pferdedecke, Südpersien, Provinz Fars, 1900-1920, Nomadenarbeit, Webdecke mit Mustereinknüpfung, Wolle, sehr guter Zustand, 143 x 109 cm. DM 8.000,-

Gesehen bei: Bäumer, Düsseldorf.

Orientteppiche

Sivas, Türkei, alt, Gebetsbrücke, 164 x 101 cm. DM 2.060,-

Blüten-Schirwan, Rußland, alt, 190 x 120 cm. DM 3.770,-

Schikli-Kasak, Rußland, antik, helles Medaillon auf dunkelblauem Feld, umrahmt von sechs Bäumen, sehr guter Zustand, Naturfarben, 212 x 145 cm. DM 12.740

Versteigert bei: Antiquitäten & Wohnen, Heilbronn.

Aydin-Gebetskelim, Türkei, Westanatolien, 2.Hälfte 19.Jh., Flachgewebe mit Schlitz- und Keilbildung, Wolle auf Wolle, sehr guter Zustand, 150 x 114 cm. DM 9.000,-

Gesehen bei: Bäumer, Düsseldorf.

ORIENTTEPPICHE

Schirwan, Rußland, alt, drei Medaillons auf rotbraunem Feld, sehr guter Zustand, Naturfarben, 226 x 133 cm. DM 3.770,-

Versteigert bei: Antiquitäten & Wohnen, Heilbronn.

Schirwan, Rußland, ca. 1910, geometrisches Muster, einwandfreier Zustand, Naturfarben, 285 x 172 cm. DM 6.110,-

Versteigert bei: Antiquitäten & Wohnen, Heilbronn.

Ferahan, alt, Persien, vor 1900, Schurwolle auf Baumwolle, lachsfarben, minimal repariert, sehr feine Verarbeitung, 153 x 108 cm.　　　　DM 9.800,-

Saruk, alt, Persien, um 1900, Schurwolle auf Baumwolle, abgetöntes Lachsrosa, guter Zustand, 170 x 105 cm.　　　　DM 5.600,-

Saruk, alt, Persien, um 1900, Schurwolle auf Baumwolle, Ferahan-Muster, dunkles Altrosa, sehr guter Zustand, 147 x 103 cm.　　　　DM 6.350,-

Isfahan, ca.30 Jahre alt, Persien, Flor, Kette und Schuß aus reiner Seide, Paradiesmotiv, sehr fein, sehr guter Zustand.　　　　DM 13.850,-

Gesehen bei: Antiquitäten & Wohnen, Heilbronn.

Keshan, alt, Persien, um 1900, Korkwolle auf Baumwolle, lachsfarben, guter Zustand, 85 x 60 cm.
DM 2.900,-

Saruk, alt, Persien, um 1900, Schurwolle auf Baumwolle, lachsfarben, guter Zustand, 148 x 102 cm.
DM 4.700,-

Malaya, antik, Persien, vor 1900, Schurwolle auf Baumwolle, altersgemäße Gebrauchsspuren, Muster sehr ausgefallen, guter Zustand, 197 x 130 cm.
DM 9.800,-

Saruk, Persien, um 1900, Schurwolle auf Baumwolle, Gold.- u. Lachsfarben, guter Zstd., 195 x 125 cm,
DM 9.500,-

Gesehen bei: Antiquitäten & Wohnen, Heilbronn.

Saruk, antik, Persien, vor 1900, Schurwolle auf Baumwolle, altersgemäße Gebrauchsspuren, 530 x 270 cm.　　　　　　　　DM 19.800,-

Goldsaruk, alt, Persien, um 1900, Schurwolle auf Baumwolle, Flor sehr gut erhalten, außerordentlich selten, 361 x 283 cm.　　　　　　DM 19.900,-

Saruk, antik, Persien, vor 1900, Schurwolle auf Baumwolle, altersgemäße Gebrauchsspuren, lachsfarben, 412 x 305 cm.　　　　　DM 17.500,-

Saruk, alt, Persien, um 1900, Schurwolle auf Wolle, ziegelrot braunfarben, sehr gut erhalten, 123 x 65 cm.　　　　　　　　DM 1.950,-

Gesehen bei: Antiquitäten & Wohnen, Heilbronn.

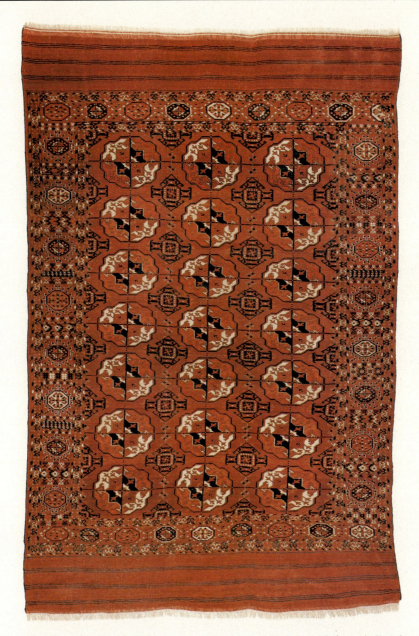

Tekke-Hauptteppich, USSR-Turkmenistan, Mitte 19.Jh., komplett mit Schürzen in Knüpftechnik, Wolle auf Wolle, sehr guter Zustand, 230 x 153 cm.   DM 35.000,-

Yamouth-Tschuvall, USSR-Turkmenistan, Ende 19.Jh., Zelttasche in Web- und Knüpftechnik, leicht beschädigt, einige Verfärbungen, sonst guter Zustand, 112 x 74 cm. DM 6.000,-

Gesehen bei: Bäumer, Düsseldorf.

Kars-Kelim, Türkei, Ostanatolien, spätes 19. Jahrhundert, Flachgewebe mit Keilbindung, Wolle auf Wolle, sehr guter Zustand, 367 x 144 cm. DM 12.000,-

Gesehen bei: Bäumer, Düsseldorf.

Beloutsch, Ostpersien, Provinz Khorassan, Ende 19. Jh., Nomadenteppich, Knüpfteppich, Wolle auf Wolle, sehr guter Zustand, 179 x 100 cm. DM 12.000,-
Gesehen bei: Bäumer, Düsseldorf.

Seychur, USSR-Aserbeidschan, Ostkaukasus, letztes Viertel 19. Jahrhundert, Knüpfteppich, Wolle auf Wolle, sehr guter Zustand, 195 x 120 cm. DM 25.000,-
Gesehen bei: Bäumer, Düsseldorf.

Marasali-Gebetsteppich, USSR-Aserbeidschan, Ostkaukasus, Ende 19.Jh., Knüpfteppich, Wolle mit Seide auf Wolle, sehr guter Zustand, 145 x 117 cm. DM 40.000,-

Gesehen bei: Bäumer, Düsseldorf.

1. Akkordeon, Hersteller: Meinel u. Herold, Klingenthal (Sachsen), mit einzelnen Zungen-Perlmuttasten. 155,- DM

2. Zither. 260,- DM

3. Walzenspieluhr mit acht wechselnden Melodien, Melodien-Verzeichnis, Gehäuse intarsiert. 2.320,- DM

4. Polyphon, Holzgehäuse, Deckel gesprungen, mit zwei Platten, Werk intakt, sehr schöner Klang. 1.110,- DM

5. Kaffeemühle, deutsch, um 1900, Eiche, Messingschüssel mit schmiedeeiserner Kurbel, 15,5 x 12 cm. 155,- DM

6. Bügeleisen, Südtirol, Jahrhundertwende, Gußeisen. 110,- DM

7. Hlg. Anna, deutsch, 1.Hälfte 19.Jh., Linde, Reste alter Fassung, H: 50 cm. 845,- DM

8. Bügeleisen, Südtirol, Jahrhundertwende, Gußeisen. 105,- DM

9. Kaffeemühle, Südtirol. Jahrhundertwende, Nußbaum. 150,- DM

10. Miniatur, 2.Hälfte 18.Jh., vornehme Rokokodame mit perlengeschmückter weißer Perücke, Ohrgehänge und Kette. Feingemalte Arbeit in feuervergoldetem, ovalem Ausschnitt, vertieft in Ebenholzrahmen, Größe: 14 x 12,5 cm. 860,- DM

11. Tisch-Tellerwaage, Italien, Jahrhundertwende, Nußbaumkasten mit Marmorplatte, Messingschalen. 455,- DM

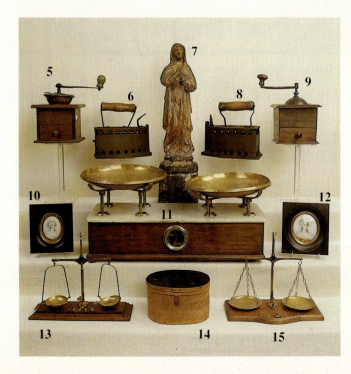

12. Miniatur, Ende 18.Jh., Elfenbein, vornehme Dame mit Rokokofrisur u. Federbarett, über rostrotem Samtkleid ein großer Kragen mit Volant, feine Künstlerarbeit in feuervergoldetem, ovalem Ausschnitt, vertieft in Ebenholzr., 15 x 13 cm. 875,- DM

13. Goldwaage, um 1920, Messing auf Nußbaumgestell, Originalgewichte im Gestell eingelassen. 552,- DM

14. Spanschachtel, um 1890, ovale Form (für steife Kragen), Deckel mit lackiertem Stoff bezogen, 17 x 13 x 10 cm. 180,- DM

15. Goldwaage, um 1920, Messing auf Nußbaumplatte, Originalgewichte im Gestell eingelassen. 420,- DM

Verkauft bei:
Antiquitäten & Wohnen, Heilbronn

1. **Fußvase**, Meißen, um 1950, bunt staffiert, deutsche Blumen, Ränder vergoldet, H: 24 cm, D: 14,5 cm. 400,- DM

2. **Eisbär**, KPM, 40er Jahre, weiß, Brandriß, H: 14 cm, L: 26 cm, T: 11 cm. 400,- DM

3. **Kaffeekanne**, Meißen, nach 1960, kobaltblaue Unterglasurmalerei, z.T. vergoldet, bunte Streublümchen, Schnabel in Form eines Drachens reliefiert, H: 26 cm. 800,- DM

4. **Weinkaraffe** mit zwei Gläsern, deutsch, um 1900, gelbes Glas, mundgeblasen, profiliert, H: 45 bzw. 19 cm. 350,- DM

5. **Porzellanvase**, Königl. Manufaktur Kopenhagen, bunt staffiert, Unterglasurmalerei, H: 21 cm. 120,- DM

6. **Schützenteller**, Meißen, 12.06.1867, bunt staffiert, mit blauem Rand, geschweift, Unikat, H: 3 cm, D: 24 cm. 300,- DM

7. **Schale**, Lothringen, um 1925, Kristallglas mit Überfang, Stechpalmendekor, geätzt, H: 6 cm, D: 12,5 cm. 200,- DM

8. **Skulptur**, Hutschenreuther, 30er Jahre, Entwurf: K.Tutter, sign., Windhunde, H: 32 cm, L: 36 cm, T: 11 cm. 500,- DM

9. **Deckelschale**, Meißen, nach 1960, II.Wahl, rotes Drachendekor, z.T. vergoldet, 14 x 31 x 22 cm. 350,- DM

10. **Deckelvase**, Meißen, nach 1960, Kakimondekor, Ränder vergoldet, H: 25 cm. 450,- DM

Gesehen bei: Henry's Auktionen, Mutterstadt.

Mikroskop, Carl Zeiss, Jena, mit Mahagonikasten. 1.200,- DM

Gesehen bei:
Eugen Radloff, Hamburg

Heiliger Nikolaus, Deutschland, um 1800, Nußholz, H: 112 cm. 4.200,- DM

Gesehen bei:
S. Theisen, Troisdorf.

Kaffeeperkolator, ca. 1920-30, versilbert, elektrisch, H: 32 cm. 270,- DM

Gesehen bei:
t' Cadeautje, Bad Dürkheim.

Salatbesteck, um 1900, versilbert, H: 22 cm. 180,- DM

Gesehen bei:
t' Cadeautje, Bad Dürkheim.

Porzellanpfeifenkopf, Berlin, um 1820, mit den drei Siegern von Waterloo: Blücher, Schwarzenberg, Wellington, Silbermontierung mit Marken, H: 13 cm. 2.200,- DM

Gesehen bei:
Neupert, München.

Holzpfeife, Anfang 19.Jh., sogenannter Ulmer Kolben, mit durchbrochenem Silberdeckel, Elfenbeinkugel im Gesteck mit Aufschrift: "I bin von Ulm", H: 25 cm. 1.250,- DM

Gesehen bei:
Neupert, München.

1. **Schwingpendeluhr**, wohl Frankreich, um 1890, Bronze vergoldet, Zifferblatt emailliert, H: 52 cm. 1.700,- DM

2. **Porzellanvase**, Königl. Manufaktur Kopenhagen, bunt Unterglasurmalerei, H: 27 cm, D: 7 cm. 180,- DM

3. **4 Gläser**, deutsch, um 1830, Facettschliff, Füße bestoßen, H: 14 cm. 600,- DM

4. **Prunkplatte**, Meißen, 2.Hälfte 19.Jh., Insekten, Rand reliefiert, vergoldet, geschweift, 5,5 x 56 x 43 cm. 950,- DM

5. **Zierteller**, Meißen um 1860, II.Wahl, Obstdekor, bunt staffiert, D: 25,5 cm. 600,- DM

6. **Vase**, Meißen, nach 1940, bunt staffiert, deutsche Blumen, Ränder vergoldet, H: 20 cm, D: 17 cm. 280,- DM

7. **Pfeife**, deutsch, um 1761, Holz, Pfeifenkopf Keramik, reliefiert, Kupferabdeckung, datiert, L: 36,5 cm. 200,- DM

8. **Schale**, Meißen, um 1850, Weinlaubdekor, reliefiert und vergoldet, berieben, H: 5 cm, D: 28 cm. 280,- DM

9. **Pfeife**, deutsch, um 1890, mit Porzellankopf, Jägermotiv, bunt staffiert, Stiel profiliert, Horneinsätze, H: 36,5 cm. 200,- DM

10. **Kaffeekanne**, Hoechst, um 1770, bunt staffiert, Deckel nicht dazugehörig (wohl Ludwigsburg), H: 25 cm. 1.000,- DM

Gesehen bei: Henry's Auktionen, Mutterstadt.

1. **Musicbox**, Ami Continental, USA, um 1960, funktionstüchtig, komplett mit Platten, ca. 200 Wahlmöglichkeiten, einige defekt, H: 161 cm, B: 75 cm. 3.250,- DM

2. **Fingerschlaggerät**, "ERBÜ-Geschicklichkeitswunder", 1948, voll funktionstüchtig, Holzkorpus, 10-Pfennig-Einwurf, H: 75 cm, B: 49 cm, T: 13 cm. 1.280,- DM

3. **Warenautomat**, "Storckkaramellen", ca. 1955, Gerät war noch nicht in Betrieb, funktionstüchtig, 10-Pfennig-Einwurf, H: 62 cm, B: 19 cm, T: 16 cm. 390,- DM

4. **Rotomat-Krone**, elektromechanisches Geldspielgerät, 1965, funktionstüchtig, 10-Pfennig-Einwurf, beleuchtet, H: 71 cm, B: 57 cm, T: 20 cm. 410,- DM

5. **Warenautomat**, "Vaterland", vollmechanisch, ca. 1925, funktionstüchtig, Korpus Metall, nicht restauriert, Roststellen, 10-Pfennig-Einwurf, H: 61 cm, B: 33 cm, T: 16 cm. 520,- DM

6. **Rondomat**, Vollmechanisches Roulette-Geldspielgerät, 1959, funktionstüchtig, Holzkorpus, 10-Pfennig-Einwurf, sehr gute Mechanik, H: 74 cm, B: 46 cm, T: 18 cm. 1.630,- DM

Verkauft bei: Antiquitäten & Wohnen, Heilbronn

Grammophon, deutsch, um 1930, Marke Arco Elektro, Federmechanismus intakt, Eiche dunkel gebeizt, 35 x 45 x 45 cm. 300,- DM

Büste, Belgien, um 1900, sign.: G.W.Vaerenbergh, Alabaster, grau-weiß, Darstellung einer jungen, sinnenden Frau mit Lorbeerkranz, wohl Allegorie auf die Poesie, schwarzer Marmorsockel, 38 x 36 x 17 cm. 500,- DM

Meerschaumpfeife, Frankreich, um 1900, Soldatenkopf, geschnitzt, Zwischenteil Silber, gepunzt, Originaletui, L: 19 cm. 800,- DM
Meerschaumpfeife, deutsch, um 1900, Wildpferde mit Hund, geschnitzt, beschädigt, Zwischenteil Silber, monogrammiert: L.K., Originaletui, L: 23 cm. 700,- DM

Meerschaumpfeife, deutsch, um 1900, Darstellung von Elisabeth I. von England, feine Schnitzerei, Teil der Halskrause restauriert, bestoßen, Zwischenteil Silber, L: 15 cm. 700,- DM
Frauenmesser, Italien, 16/17.Jh., Eisenklinge, Bronzebeschläge, ziseliert, Griff Bronze mit Elfenbein, L: 13,4 cm. 2.000,- DM

Gesehen bei: Henry's Auktionen, Mutterstadt.

1. **Kaminset**, bestehend aus Pendule und zwei Leuchtern, Frankreich, um 1880, Gelbguß, römische Ziffern, emailliert, Schlag/Glocke, reich reliefiert, Barockstil, H: 53-54 cm.   900,- DM

2. **Portaluhr**, Frankreich, um 1840, Bronze vergoldet, schwarz gelackt, Schlag auf Glocke, 8-Tage Werk, vergoldet, berieben, restauriert, Holzsockel leicht rissig. H: 50 cm.   1.200,- DM

3. **Modellsekretär**, deutsch, um 1900, Nußbaum/Wurzelnuß, reich intarsiert, geschweift, minimal beschädigt, als Puppenmöbel hervorragend geeignet, 51 x 30 x 19 cm.   1.500,- DM

4. **Bechervase**, Meißen, nach 1960, II. Wahl, Blumendekor, z.T. vergoldet, H: 24,5 cm.   300,- DM

5. **Mettlachkrug**, Münchner Kindl, um 1900, bunt staffiert, Zinndeckel, reliefiert, H: 24 cm.   800,- DM

6. **Skulptur von Bauer**, Frankenthal, 1777, Porzellan, rest., Bemalung später, H: 17 cm   600,- DM

7. **Achteckiges Glasgefäß**, Österreich, um 1910, Pallme-König, grün eingefärbt, Glasfadenverzierung, lüstriert, mit Metalldeckel, H: 15,5 cm.   500,- DM

8. **Wandteller**, Meißen, 40er Jahre, Landschaftsdarstellung mit Autostraße, bunte Unterglasurmalerei, sign., H.Limbach, datiert 1941, D: 30,5 cm.   500,- DM

9. **Henkelvase**, Ungarn, um 1900, Zsolnay Pecs, Steingut mit weiß-grüner Emailmalerei, Blumendekor, z.T. unglasiert, leicht bestoßen, H: 25,5 cm.   500,- DM

10. **Rosenthalskulptur**, sign. H. Meissel, zwei spielende Füllen, Porzellan, weiß, 18 x 17 x 7 cm.   250,- DM

11. **Doppelhenkelvase**, England, um 1910, Jugendstil, Keramik, sign. Barum, datiert, bunte Emailmalerei mit Fischmotiv, krakeliert, minimal bestoßen, H: 24 cm.   600,- DM

Gesehen bei: Henry's Auktionen, Mutterstadt.

Thermoskanne, England, grün glasiert, signiert: Ch. Norton, Bakelit, H: 29 cm.
200,-/300,- DM

Gesehen bei: Edeltrödel, Stuttgart

Bodenascher, Frankreich, Chrom, Bakelit, H: 63 cm.   300,-/400,- DM

Gesehen bei: Edeltrödel, Stuttgart

Bar auf Rollen, Frankreich, buntbemalte Spiegeltüren mit herausnehmbarem Tablett, B: 97 cm, H: 75 cm.
2.500,-/3.000,- DM

Gesehen bei: Edeltrödel, Stuttgart

Henkelvase, Belgien, Schwarz mit Hellgrün glasiert, Keramik, H: 40 cm.
400,-/500,- DM

Gesehen bei: Edeltrödel, Stuttgart

Beckenschlägerschüssel, Anfang 17.Jh., Messing,   2.000,- DM

Gesehen bei: Ruff, Stuttgart.

Römerschraube, deutsch, 17.Jh., 3.000,- DM

Gesehen bei: Ruff, Stuttgart.

1. Dekorationswaage, ca.1950, mit fünf Gewichten, Holzsockel mit Schubladen und Messing-Schalen. 240,- DM

2. Präzisions-Apotheker-Waage, im Glasgehäuse, Messing (Schubkasten und hinteres Glas fehlen). 750,- DM

3. Tropenkamera, um 1920, im Originallederetui, Holzgehäuse, mit vier Platten. 1.940,- DM

4. Balkenwaage, Italien, 1780-1800, Messing, auf Holzsockel mit fünf eingelassenen Gewichten. 650,- DM

Gesehen bei: Antiquitäten & Wohnen, Heilbronn.

1. **Deckeldose**, Meißen Stadt, um 1900, bunt staffiert, florales Dekor, an den Seiten reliefiert, Fischmotiv, z. T. vergoldet, 7 x 17 x 9 cm. 250,- DM

2. **Konvolut: zwei Bechervasen und kleines Tablett**, Meißen nach 1960, II.Wahl, rotes Hofdrachendekor, z. T. vergoldet, H: 9,5 cm, 15,5 x 17,5 cm. 350,- DM

3. **Zwei Münzwaagen**, deutsch bzw. französisch., 2. Hälfte 18. Jh., 1. Teil aus der Zeit Karl Theodors (1781-96), komplett, Schiebedeckel sekundär, 2. Teil Frankreich, Gewichte fehlen , 2,5 x 13,5 x 6,5/3,5 x 12,5 x 7 cm. 1.000,- DM

4. **Konvolut Meißen**, nach 1960, II. Wahl, Vase und Deckeldose, bunt staffiert, Enzianmotiv, Ränder vergoldet, H: 11 bzw. 5 cm, D: 8 cm. 280,- DM

5. **Tafelaufsatz**, Messing, um 1870/80, antikisierendes Motiv in Spiegel, reliefiert, klassizistisch, 19,5 x 52 x 37 cm. 800,- DM

6. **Zuckerdose**, Meißen, nach 1960, bunt staffiert, indische Blumen, z.T. vergoldet, H: 11 cm, D: 11,5 cm. 270,- DM

7. **Münzwaage**, Frankreich, um 1850, in Originaletui, Messing. 350,- DM

8. **Konvolut Meißen**, nach 1960, kleine Vase u. Deckeldose, z. T. vergoldet, H: 12,5 x 12 x 9 cm. 300,- DM

9. **Märklin Rennbahn**, deutsch, 30er Jahre, für 20 V Betrieb, bestehende aus: 1 Rennwagen, 1 Transformator, 8 Schienen gebogen, 18 gerade Schienen, Gebrauchsspuren, bespielt. 2.800,- DM

Gesehen bei: Henry's Auktionen, Mutterstadt.

1. **Tisch-Tellerwaage**, um 1900, Marmorplatte auf Holzkasten, verglaste Skala, signiert, Messing, 59 x 24 cm.   300,- DM

2. **Goldwaage**, ca.1810, Messing, Holzkasten mit fünf Gewichten.   300,- DM

3. **Apothekerwaage**, Reichel mit Zinnschalen auf Holzsockel, mit vier in der Platte versenkten Gewichten.   350,- DM

4. **Hufschmiedzange**, ca. 1900, L: 36 cm.   50,- DM

5. **Alte Eisenkassette** mit Schlüssel, um 1820, 15 x 11,5 x 8 cm.   100,- DM

6. **Zwei Metzgerbeile**, 2.Hälfte 19.Jh., Eisen, Gesamtlänge 66/38 cm, Schneide 33/23 cm.   140,- DM

7. **Bügeleisen**, ca. 1880/90, Eisen, verschiedene Größen,   150,- DM

Versteigert bei: Antiquitäten & Wohnen, Heilbronn

1. **Paar Amphorenvasen**, Royal Dux (Turn und Teplitz), nach 1918, Keramik, skulptiert mit Drachen und Putten, z. T. vergoldet, Blumenrankendekor, H: 51 cm, bestoßen. — 2.200,- DM

2. **Amphorenvase**, Majolika, deutsch, um 1900, Doppelhenkel und Fuß reich reliefiert, bunt staffiert, florales Dekor, z.T.vergoldet, leicht krakeliert, H: 37 cm. — 550,- DM

3. **Glasschale**, Verlys, Frankreich, um 1930, Art Déco, Preßglas, lüstriert, leicht irisierend, reliefiert, Tannenzapfen und Astmotive, 4 x 36 x 23 cm. — 600,- DM

4. **Vase**, deutsch, 30er Jahre, braun-grünes Glas mit goldfarbenen Enten und Halmdekor (Blattgold), Rand vergoldet, geätzt. H: 39 cm. — 1.400,- DM

5. **Kerzenleuchter-Paar**, Frankreich, um 1870, Barockstil mit Empirestileinfluß, versilbert, berieben, kirchliches Motiv, leicht verbeult, H: 51 cm. — 500,- DM

6. **Skulptur**, Rosenthal, 1914-16, II. Wahl, "Die Liebenden", sign. R. Aigner, München, bunt staffiert, Brauntönung, H: 26,5 cm. — 700,- DM

7. **Pferdeskulptur**, Schwarzburger Werkstätte, Porzellan, sign. A. St., 23,5 x 35 x 13,5 cm. — 450,- DM

8. **Glasschale**, Frankreich, um 1920/30, Art-Deco, sign. R. Lalique, irisierend, in die Form geblasen, Fischskulpturen, H: 5 cm, D: 30 cm. — 600,- DM

9. **Skulptur in Form einer Dogge**, Schwarzburger Werkstätte, II.Wahl, Porzellan weiß, sign. A. St.,17,5 x 33,5 x 11 cm. — 300,- DM

10. **Vase, Heubach**, um 1900, Porzellan, bunt staffiert, kobaltblaues-grünes Rosenmotiv, z. T. vergoldet, sign. S. Hillrich, leicht berieben, Brandfehler, H: 29,5 cm. — 400,- DM

Gesehen bei: Henry's Auktionen, Mutterstadt.

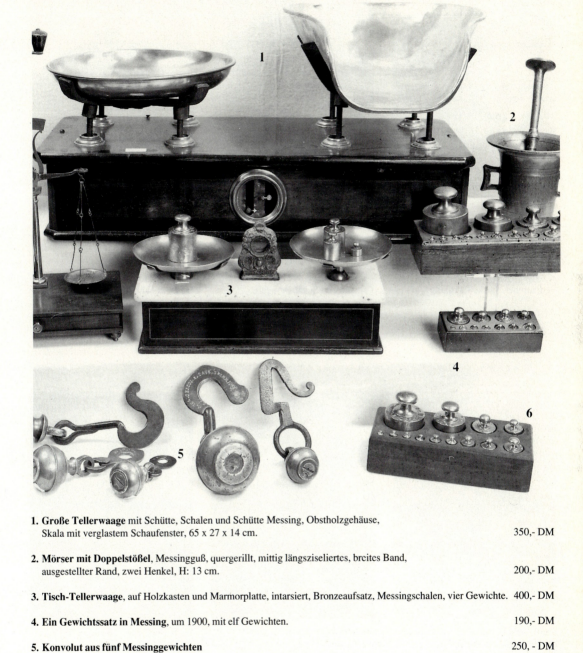

1. **Große Tellerwaage** mit Schütte, Schalen und Schütte Messing, Obstholzgehäuse, Skala mit verglastem Schaufenster, 65 x 27 x 14 cm. 350,- DM

2. **Mörser mit Doppelstößel**, Messingguß, quergerillt, mittig längsziseliertes, breites Band, ausgestellter Rand, zwei Henkel, H: 13 cm. 200,- DM

3. **Tisch-Tellerwaage**, auf Holzkasten und Marmorplatte, intarsiert, Bronzeaufsatz, Messingschalen, vier Gewichte. 400,- DM

4. **Ein Gewichtssatz in Messing**, um 1900, mit elf Gewichten. 190,- DM

5. **Konvolut aus fünf Messinggewichten** 250,- DM

6. **Gewichtssatz**, um 1900, Messing mit dreizehn Gewichten, original. 230,- DM

Gesehen bei: Antiquitäten & Wohnen, Heilbronn.

Servierwagen, Ende 50er Jahre, Messing/schwarzes Glas, H: 60 cm.
220,- DM

Verkauft bei: Steck, Stuttgart.

Kinderwagen, hellgrün/chrom.
350,- DM

Verkauft bei: Steck, Stuttgart.

Rundtoaster, Firma "Saluta".
250,- DM

Verkauft bei: Steck, Stuttgart.

Stuhl, wohl Dänemark, Fledermauslehne, gebogenes Schichtholz, jetzt im Stadtmuseum Ludwigsburg. 150,- DM

Verkauft bei: Steck, Stuttgart.

Modebüste, Frankreich, um 1920/30, Wachs, Hersteller Firma Siegel, Glasaugen, Porzellanzähne, H: 70 cm.
4.000,- DM

Gesehen bei: Ravizza, Stuttgart.

WMF Sortiment, "Ikora", Württembergische Metallwarenfabrik, Lampe, ca. 1930, H: 150 cm. 650,- DM
Schale groß, ca. 1930   140,- DM
Schale klein, ca. 1930   120,- DM
Vase, ca. 1930   140,- DM

Gesehen bei: Ravizza, Stuttgart.

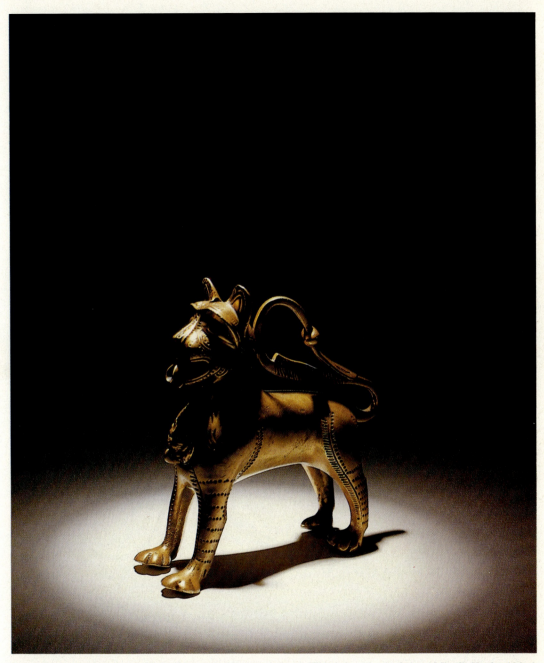

Bronzelöwen-Aquamanile, (Gefäß für liturgische Handwaschungen), Hildesheim, 14. oder frühes 15.Jh. (?), Kopf und Maul durchbrochen, Hals, Schwanz und Brust mit Öffnungen für Henkel und Knauf, ziseliert an Kopf und Beinen. 13 x 11,5 cm. Gutes Beispiel mittelalterlichen Bronzegusses, welches mit zwei Aquamanilia im Germanischen National Museum in Nürnberg (Verz.Nr. 261) und im Gewerbemuseum in Hildesheim (Verz.Nr.K777) verglichen werden kann. Das letzte wurde in Hildesheim ausgegraben, das erstere einem Handwerker in Hildesheim, der um 1400 tätig war, zugesprochen. (vgl. O. v. Falke und E. Meyer: Romanische Leuchter und Gefäße der Gotik) 12.000,- DM

Gesehen bei: Antiquitäten & Wohnen, Heilbronn.

1. **Silberderbykrücke**, 800er Silber, Deutschland, um 1900, Dekor von Irisblüten in Verbindung mit linearem Dekor, 800er Silber, Schuß aus indischem Ebenholz, Echthornabsatz, L: 88 cm. 700,-sfr
2. **Rundgebogene Alpaccakrücke**, Deutschland, Jugendstil, vollplastischer Löwenkopf mit Kugel im Maul, Schuß aus Satinholz, Echthornabsatz. L: 91,5 cm. 700,- sfr
3. **Großer Elfenbeingriff**, wohl England, 19.Jh., plastisch geschnitzt mit drei Hundeköpfen nebeneinander, Schuß aus indischem Ebenholz, Echthornabsatz, L: 95 cm. 1.600,- sfr

1. **Amethystkugelknauf**, wohl Österreich, Ende 19.Jh., montiert auf einer mit Ranken verzierten Goldmanschette, Schuß aus Satinholz, Echthornabsatz. (Leicht bestoßen). L: 93 cm. 850,- sfr
2. **Stock**, Indien, neuzeitlich, 3-teiliger Knauf aus Elfenbein und schwarzem Horn, Schuß aus Teakholz mit langer Messingzwinge, L: 83 cm. 1.100,- sfr
3. **Massivsilberfritzkrücke**, Deutschland, 2. H. 19. Jh., Schuß aus Makassarebenholz, L: 92 cm. 600,- sfr
4. **Zweiteiliger Beingriff**, wohl Deutschland, Ende 19.Jh., frontal mit zwei Quasten in Reliefschnitzerei, Schuß aus echtem Rosenholz, Echthornabsatz, L. 92 cm. 600,- sfr
5. **Stock**, Weichselkirsche m. Silberkappe, Echthornabsatz, L: 94 cm. 1.300,- sfr

Gesehen bei: UTO's Auktionen, Zürich.

1. **Kleiner Bronzeknauf**, Frankreich, 19.Jh., in Hundekopfform, getrieben und ziseliert, Schuß aus Violettebenholz, Echthornabsatz, L: 88 cm. 250,- sfr
2. **Kantiger Alpaccaknauf** mit Hammerschlagdekor, deutsch, um 1900, Schuß aus Violettebenholz, Echthornabsatz, 300,- sfr
3. **Spazierstock**, orientalische Arbeit, 19.Jh., Messing, flächendeckend graviert und schwarz emailliert, L: 90 cm. 700,- sfr
4. **Silberknauf**, südostasiatische Arbeit, um 1900, getrieben und ziseliert mit drei Gottheiten. Schuß aus Satinholz, Echthornabsatz, L: 94cm. 700,- sfr
5. **Grauer Achatkugelknauf**, London, 1923, gefasst auf einem reich verzierten, Akanthus getrieben und gravierten Silberschaft, Schuß aus dunklem Satinholz, Echthornabsatz, L: 91,5 cm. 350,- sfr

1. **Massivsilberkrücke**, deutsch, 19. Jh., gegossen und fein ziseliert in Form eines auf Wolken stehenden Engels, Schuß aus prachtvoll geprägtem Schlangenholz, Echthornabsatz, L: 96 cm. 1.800,- sfr
2. **Systemstock**, Frankreich, aufschraubbarer Hornknauf, innen fein facettierte Parfümflasche, Schuß aus Grenadilleholz, Echthornabsatz, L. 91 cm. 1.100,- sfr
3. **Hirschhornhaken**, alpenländisch, 19. Jh., Rose plastisch geschnitzt mit Hund und zwei Hasen, Schuß aus geflammtem Korallenpalisanderholz, Echthornabsatz. L: 93 cm. 1.100,- sfr

Gesehen bei: UTO's Auktionen, Zürich.

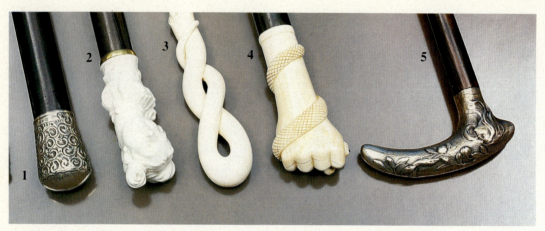

1. **Systemstock**, England, um 1918, aufschraubbarer, flächendeckend mit Ranken verzierter Silberknauf mit Korkenzieher. Schuß aus indischem Ebenholz, Echthornabsatz. L: 92 cm. — 1.400,- sfr
2. **Weißer Porzellanknauf**, 19.Jh., Marke Nymphenburg, in Form eines Mädchenkopfes mit Rose im Haar (nach einem Modell von Bustelli). Schuß aus indischem Ebenholz, Echthornabsatz. L: 97 cm. — 850,- sfr
3. **Elfenbeinknauf**, England, in Form einer gewundenen Schlange, zarter Schuss aus indischem Ebenholz, Echthornabsatz, englischer Medizinerstock aus dem Hause "Brigg". L: 91,5 cm. — 950,- sfr
4. **Großer Elfenbeingriff**, England, 19.Jh., plastisch geschnitzt in Form einer rechten Faust, eine Schlange haltend. Schuß aus indischem Ebenholz, Echthornabsatz, Medizinerstock. L: 100 cm. — 1.300,- sfr
5. **Schwerer Massivsilbergriff**, Deutschland, um 1900, 800er Silber, gegossen und fein ziseliert mit Evakopf und Schlange umwindendem Apfelbaum, Schuß aus indischem Ebenholz, Echthornabsatz, L: 88 cm. — 1.100,- sfr

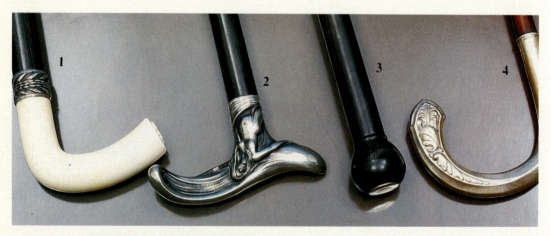

1. **Glatte, L-förmige Elfenbeinkrücke**, Österreich, 19.Jh., mit graviertem Monogramm "K", Schuß aus Coromandelholz, Echthornabsatz. L: 95 cm. — 500,- sfr
2. **Schwerer Massivsilbergriff**, Deutschland, Jahrhundertwende, 800er Silber, gegossen und fein ziseliert, Mädchenakt in Verbindung mit linearem Dekor, Schuß aus indischem Ebenholz, Echthornabsatz. L: 90 cm. — 1.200,- sfr
3. **Stock**, Spanien, Jahrhundertwende, glatter schwarzer Hornkugelknauf, Schuß aus indischem Ebenholz, Echthornabsatz, signiert, L: 87 cm. — 1.900,- sfr
4. **Rundgebogene Krücke**, Deutschland, um 1920, versilbert (Royal Silverplated), mit Blattdekor, Schuß aus Satinholz, Echthornabsatz, L: 95 cm. — 400,- sfr

Gesehen bei: UTO's Auktionen, Zürich

Varia

Wiege, Thonet, Ende 19.Jh., Bugholz, dunkel gebeizt, korbartiger Korpus mit geschweiftem Rand über ovalem Grundriß, auf der Fußseite Arretiervorrichtung, zwei Füße mit Rädchen, Modellnummer 12.802 des Thonet - Verkaufskataloges (Vorhanghalter fehlt), 99 x 127 x 57 cm. 1.600,- sfr

Einsitziger Kinderschlitten, Schweiz, 19. Jh., Weichholz, die seitlichen Wangen mit Eisenbeschlägen und Querstreben mit Ringen, 20 x 45 x 32 cm. 300,- sfr

Wiege, Schweiz, 1.Hälfte 19.Jh., Nußbaum, nachträglich als Blumentrog arrangiert, herausnehmbarer Kupferboden, 40 x 95 x 53 cm. 600,- sfr

Schlitten, alpenländisch, um 1900, Holz dunkelbraun lackiert, mit roten und weißen Streifen dekoriert, auf der Sitzfläche mit Emblem - Hut und Spazierstock zwischen Blumenranken - bemalt, 65 x 140 x 53 cm. 600,- sfr

Gesehen bei: UTO's Auktionen, Zürich.

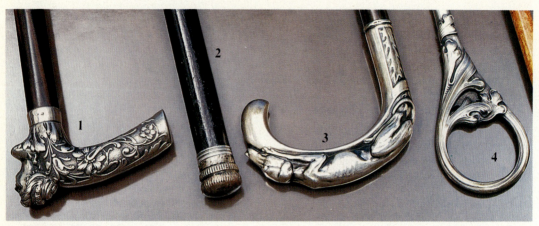

1. **Schwerer Silbergriff**, Deutschland, um 1900, 800er Silber, gegossen und ziseliert mit Frauenkopf und Blüten, Schuß aus Makassarebenholz, Echthornabsatz. L: 90,5 cm. 1.200,- sfr

2. **Trinkstock**, Österreich, 19.Jh., mit Flasche und zwei Gläsern. L: 92,5 cm. 900,- sfr

3. **Rundgebogene Silberkrücke**, Deutschland, Jahrhundertwende, 800er Silber, mit liegendem Hund in Relief, Schuß aus Makassarebenholz, Echthornabsatz, L: 90 cm. 850,- sfr

4. **Versilberter Griff**, Deutschland, Jhwd., Schuß aus Masarandubaholz, Echthornabsatz, L: 93 cm. 300,- sfr

Gesehen bei: UTO's Auktionen, Zürich.

1. **Lange Silberkrücke**, Deutschland, Jugendstil, 800er Silber, mit Maiglöckchen, Schuß aus prachtvoll geprägtem Schlangenholz, Echthornabsatz. L: 87,5 cm. 600,- sfr

2. **Schwerer L-förmiger** Massivsilbergriff, Deutschland, um 1900, reliefiert mit geflügeltem, lorbeerbekränztem Totenkopf in Verbindung mit linearem Dekor, Schuß aus Ceylonebenholz, Echthornabsatz. L: 91 cm. 1.450,- sfr

3. **Stock**, England, Schuß u.Griff aus Makassarebenholz mit Bronzemontierung, Elfenbeinlinse auf der Oberseite, Echthornabsatz, L: 83 cm. 2.000,- sfr

4. **L-förmiger Silbergriff**, Deutschland, Jugendstil, 800er Silber, mit reliefiertem Dekor: langhaariger Frauenkopf zwischen Blumen, Schuss aus Honduraspalisanderholz, Echthornabsatz. L: 92 cm. 1.000,- sfr

Gesehen bei: UTO's Auktionen, Zürich.

DIE KUNSTBUCHHANDLUNG
KURT GÖTZ · POSTFACH 41 03 09 · 7500 KARLSRUHE 41 · TEL. 0721 - 49 35 03

Wir führen alle wichtigen Bücher und Kataloge zu den Themen Kunst und Kunsthandwerk. Bitte fordern Sie unsere kostenlosen Verzeichnisse an.

Rosenthal – 100 Jahre Porzellan
Ein unentbehrliches Nachschlagewerk.
23 × 23 cm. 260 Seiten, 245 Farbabbildungen, 50 Schwarzweiß-Abbildungen sowie 164 Marken, Künstlerbiographien sowie die Modell-Listen der Kunstabteilung. Leinen.
Nr. D 218   DM 39,–

Zsolnay Keramik
Der Katalog zur Ausstellung im Kunsthistorischen Museum Wien. Die erste Präsentation des ungewöhnlichen Keramikers Vilmos Zsolnay, 1840–1900, mit seiner weltberühmten EOSIN-Glasur.
22 × 21,5 cm. 176 Seiten mit 170 meist farbigen Abb., kartoniert.
Nr. H 145   DM 92,–

Durlacher Fayencen
Katalog zur Ausstellung im Badischen Landesmuseum Karlsruhe, 1975. Wenige Exemplare dieses wichtigen Nachschlagewerkes noch bei uns auf Lager. Diese wohl umfassendste Präsentation Durlacher Keramik mit der Geschichte der Manufaktur und ihrer Produktion.
22 × 28 cm. 494 Seiten, 570 Schwarzweiß-Abbildungen, 24 farbige Abbildungen, Abbildung der Ausstellungsstücke, Markentafeln mit 196 Abbildungen, Formentafeln mit 90 Zeichnungen, broschiert.
Nr. H 84   Nur DM 118,–

Loetz – Austria 1900
W. Neuwirth. Der Katalog zur Ausstellung im Wiener Kunstgewerbemuseum.
320 Seiten, 228 Farbabbildungen.
Nr. W 24   DM 98,–

Loetz – Austria 1900–1918 Band 2, Dr. W. Neuwirth
Der 2. Band stellt hauptsächlich Stücke aus Privatbesitz vor und ist in gleichem Umfang und qualitätsvoller Ausstattung wie der 1. Band hergestellt.
Nr. W 24a   DM 98,–

Veredelte Gläser aus Renaissance und Barock
Sammlung Ernesto Wolf
Klesse / Mayr. In diesem hervorragenden Katalog werden 240 Gläser der Sammlung Ernesto Wolf, Brasilien, verifiziert und beschrieben.
24 × 27 cm. 640 Seiten mit 390 Abb., davon 240 in Farbe. Leinen.
Nr. L 35   DM 198,–

Leerdam Unica 1923–1987
Marc Heiremans. Katalog mit 400 Objekten und Gläsern dieser berühmten Manufaktur, jedes Objekt und Signatur abgebildet, Liste mit Entwerfer und ungefähre Auflagenhöhe.
23 × 20 cm. 180 Seiten mit 393 Schwarzweiß-Abb. und 12 Farbtafeln. Brosch.
Nr. 694   DM 75,–

Glasmuseum Rheinbach
Bestandskatalog I
Günther Irmscher. Der Bestandskatalog des Spezialmuseums für nordböhmisches Hohlglas umfaßt ca. 600 Gläser und Glasobjekte vom hohen Mittelalter bis zum modernen Studioglas, im wesentlichen aber böhmische Gläser des 19. und frühen 20. Jh.
17,5 × 24,5 cm. 320 Seiten mit 280 Schwarzweiß-Abb. und 32 farbigen. Fester Einband.
Nr. L 122   DM 29,80

DIE KUNSTBUCHHANDLUNG
KURT GÖTZ
POSTFACH 41 03 09
7500 KARLSRUHE 41
TEL. 0721 - 49 35 03

Portofrei Ab 50,– DM Bestellwert

Bitte ausschneiden und einsenden:

Stück	Titel	Preis/DM

☐ Kostenloses Gesamtverzeichnis Ausstellungskataloge
☐ Kostenloses Gesamtverzeichnis Porzellan und Keramik

Zollfreie Produktion in Marokko:

Jegliche Art von Handarbeiten aus dem Textil-, Schreiner-, Schlosser-, Elektronik- und Kunsthandwerksbereich
etc....etc...etc...etc...etc....etc...etc...etc...etc....etc...etc....etc...etc..
Wir vermitteln Ihnen den entsprechenden Produzenten !!!
Nutzen Sie unsere Möglichkeiten !!!

G r e e n t i m e S.A.R.L. Dept. Allemagne
Geschäftsführer Ahmed TOURTOUT
Neckargartacher Str. 94
71oo Heilbronn - Böckingen
Telefon 07131 - 47070
Telefax 07131470740

Kinderschlitten, Waldviokl, um 1810, Kufen aus Eisen geschmiedet, Sitzkasten Holz, 780,- DM

Spinnrad mit Haspel, Oberfranken, um 1810, Buche, komplett durch Keil- und Zapfenverbindungen zerlegbar. 980,- DM

Verkauft bei:
Herzhoff, Fürstenfeldbruck.

Gesehen bei: Herzhoff, Fürstenfeldbruck.

Wandkastl, Allgäu, um 1830, Weichholz mit originaler Fassung, Schubkasten wird durch Brettüre verschlossen, 65 x 50 x 37 cm. 630,- DM

Warmhaltekanne, WMF/Bauscher, Design: Radthe, ca. 1955, H: 12 cm. 150,- DM

Ventilator, "Maico", 1953, Schwenkmechanismus, H: 40 cm. 275,- DM

Verkauft bei:
Herzhoff, Fürstenfeldbruck

Verkauft bei: Steck, Stuttgart.

Verkauft bei: Steck, Stuttgart.

Varia   Seite 823

Werbefigur, 1950.   1.200,- DM

Gesehen bei: Schmidt, Stuttgart.

J.J. Backofen: Das Mutterrecht, mit 9 Tafeln, 2.Auflage, Basel 1897, Halbleder mit Kopfgoldschnitt, Standardwerk. 450,- DM

Gesehen bei: Braun, Stuttgart

J. Rennie: Die Baukunst der Vögel, mit 82 Abbildungen auf Tafeln, Leipzig 1833, 416 Seiten, Pappeinband aus der Zeit.   220,- DM

Gesehen bei: Braun, Stuttgart

Ludwig Richter: Fürs Haus, Frühling, Sommer, Herbst, Winter, vier Bände mit zusammen 60 gestochenen Tafeln, Dresden 1858-61.   450,- DM

Gesehen bei: Braun, Stuttgart.

Unterricht in der Maulbeerbaum- und Seidenraupenzucht, München 1829, mit acht Kupfertafeln.   160,- DM

Gesehen bei: Braun, Stuttgart.

Toilette-Kalender für Damen, Wien, 1824, sieben Kupferstiche und fünf farbige Modekupfer, ca. 50 Seite, rotes Lederbändchen.   220,- DM

Gesehen bei: Braun, Stuttgart.

Fr. Nicolai: Eyn feyner kleyner Almanach ...., zwei Jahrgänge in einem Band. Erste (einzige) Ausgabe des äußerst seltenen Almanachs von Nicolai, unter dem Pseudonym "Seuberlich" herausgegeb. 2.000,- DM

Gesehen bei: Braun, Stuttgart.

Bleiglasdecke, 1920, Art-Deco, restauriert, L: 210 cm, B: 140 cm. 5.000,- DM

Gesehen bei: Ravizza, Stuttgart.

Bronzebüste, sign.: Villanis, H: 64 cm. 5.600,- DM

Gesehen bei: Neumann, Stuttgart.

Bronzebüste, signiert: Villanis, Gießereistempel, societé des bronzes de paris, H: 58 cm. 5.200,- DM

Gesehen bei: Neumann, Stuttgart.

Tabernakelaufsatz, süddeutsch, ca. 1760-80, 70 x 60 x 34 cm. 2.800,- DM

Gesehen bei: Neumann, Stuttgart.

Werbefigur, ca. 1930. 1.800,- DM

Gesehen bei: Schmidt, Stuttgart.

Maske, eine aus einer Sammlung von acht Stück, komplett. 4.500,- DM

Gesehen bei: Schmidt, Stuttgart.

Karussellpferd, Holz, deutsch, um 1900, mit Schlammkreide grundiert und farblich gefaßt. 1.900,- DM

Gesehen bei:
Antiquitäten & Wohnen, Heilbronn.

Drei Thermoskannen, grün, blau, pink, marmoriertes Bakelit, H: 27 cm. 100,-/150,- DM

Gesehen bei: Edeltrödel, Stuttgart.

Rote Krokotasche, USA, Bakelitverschluß, L: 30 cm. 400,-/500,- DM

Gesehen bei: Edeltrödel, Stuttgart.

Strasstäschchen, England, blau-weiß, ledergefüttert, B: 15 cm. 200,-/300,- DM
Art-Deco-Clip, Strass, 200,-/250,- DM

Gesehen bei: Edeltrödel, Stuttgart.

Haushaltsauflösungen
Nachlaßverwertungen
Schätzungen
Expertisen
Beratungen
Gutachten

Diskrete und zuverlässige Abwicklung!

CTB Auktionsverwaltungs GmbH
Neckargartacher Str. 94
7100 Heilbronn - Böckingen
Telefon 07131 - 47070

Zwei Spekulatiusformen aus Holz
a) 1.Hälfte 19. Jh., beidseitig verwendbar, L: 33 cm. 1.000,- DM
b) 2.Hälfte 19. Jh., einseitig verwendbar, L: 33 cm. 300,-/400,- DM

Vier Lebkuchenformen aus Holz
a) Lebkuchenmodel, frühes 18.Jh., beidseitig verwendbar, L: 31 cm. 1.500,-/2.000,-DM
b) Lebkuchenherz, um 1850, L: 18 cm. 300,- DM
c) Lebkuchenmodel, um 1850, L: 23 cm. 300,- DM
d) Model, Mitte 19. Jh., L: 24 cm. 150,-/250,-DM

Drei Holz-Springerle-Models (Anisgebäck), Mitte 19.Jh. - 2.Hälfte 19.Jh.
a) L: 14 cm, 300,- DM
b) L: 18,5 cm, 200,- DM
c) L: 14 cm, 200,- DM

Gesehen bei: Heller, Wiesbaden.

Fünf Holz-Springerle-Models (Anisgebäck), 1.Hälfte 19.Jh.
a) L: 14 cm, 300,- DM
b) L: 17,5 cm, 250,- DM
c) L: 17 cm, 250,-/300,- DM
d) L: 10 cm, 300,-/350,- DM
e) L: 9 cm, 250,-/300,- DM

Drei Holz-Springerle-Models (Anisgebäck), 2.Hälfte 19.Jh.
a) L: 11 cm 100,-/200,- DM
b) L: 21 cm 100,-/200,- DM
c) L: 11 cm 100,-/150,- DM

DIESES FREIE FELD KÖNNTE MIT DER DARSTELLUNG IHRER WARE SINNVOLL GENUTZT WERDEN !
TELEFON 07131 - 47070
REDAKTION TÖNNIES GMBH

Märklin, alter Central-Bahnhof. Sockel 21 x 34 cm groß, grün handlackiert, 31 cm hoch, geprägtes Mauerwerk graugrün meliert, Türen zum Öffnen, mit Einrichtung, aufgestecktes großes Läutewerk, eingerichtet für Kerzenbeleuchtung, wenige kleine Lackschäden.
4.200,- DM

Märklin, alter Central-Bahnhof, Sockel 20 x 35 cm groß und grauoliv handlackiert, 32 cm hoch, Wände glatt und aquarellartig handlackiert, durchbrochene Fenster, eingerichtet für Kerzenbeleuchtung, am Flachdach fehlt rechts vorne der Gußpoller, geätztes Glas nicht original, Hitzeschäden am Dach, Gebrauchs- und Altersspuren.
2.940,- DM

Märklin, Schlepper mit Uhrwerk, rot, 8 cm lang, Farbe restauriert. 1.440,- DM

Versteigert bei: Krieg, Heilbronn-Biberach.

1. Käthe-Kruse-Puppe, um 1980, gemarkt, neu, H: 46 cm. 400,- DM
2. Cellu-Puppe, Bruno Schmidt, um 1930, blaue Glasschlafaugen, Zähnchen und Zunge, Lederkörper u. Cellu-Arme erg., Kunsthaarperücke, H: 40 cm. 240,- DM
3. Porzellanpuppe, Armand-Marseille, um 1910, Nummer 370, Brustblattkopf, Echthaarperücke, graue Glasschlafaugen, Lider (minimal beschädigt), feine Bemalung, Wachstuchgelenkkörper, Celluloidunterarme später, Kniegelenk ausgebessert, altes Kleid, H: 70 cm. 1.300,- DM
4. Charakterpuppe, Heubach-Köppelsdorf, um 1930, Echthaarperücke, blaue Glasschlafaugen, fein gefiederte Brauen, bewegliche Zunge, Zähnchen fehlen, Stehbabykörper aus Mischmasse, Kleidung später, H: 45 cm. 700,- DM
5. Porzellankopfpuppe, um 1930, Echthaarperücke (etwas klein), braune Glasschlafaugen restauriert, zwei Zähnchen und bewegliche Zunge, kräftige Bemalung mit gefiederten Brauen, Stehbabykörper nicht original und dadurch unproportioniert, alte Kleidung. 650,- DM
6. Cellu-Puppe, Bruno Schmidt, um 1930, Stirn und Nase restauriert, eingekl. Glasaugen, Kunsthaarperücke neu, H: 40 cm. 190,- DM
7. Schildkrötbaby "Inge", um 1930, beschädigt, H: 29 cm. 35,- DM
8. Schildkrötbaby-Puppe, um 1950, neuwertig. 110,- DM
9. Charakterpuppe, H.Handwerk, um 1925, Nummer 420, Mohairperücke, blaue Glasschlafaugen, Wimpern und Lider ergänzt, zwei Zähnchen und Zunge, sehr feine Bemalung, Körper Mischmasse, linkes Bein lose. H: 45 cm. 1.200,- DM
10. Celluloidpüppchen, Marke Celba, unbespielt, H: 22 cm. 85,- DM
11. Celluloidpüppchen, Marke Celba, unbespielt, H: 22 cm. 85,- DM
12. Celluloidpüppchen, Marke Celba, unbespielt, H: 22 cm. 85,- DM
13. Celluloidpüppchen, Marke Celba, unbespielt, H: 22 cm. 85,- DM

Gesehen oder versteigert bei: Antiquitäten & Wohnen, Heilbronn

1. **Celluloidart-Puppe**, um 1960, Negerin, H: 30 cm.   60,- DM
2. **Celluloidart-Puppe**.   25,- DM
3. **Charakterpuppe**, um 1920, Heubach-Köppelsdorf, Nummer 300, graue Glasschlafaugen, offener Mund, zwei Zähnchen, bewegl. Zunge, kräftige Bemalung, Echthaarperücke, Babykörper aus Mischmasse, Stimme, H: 60 cm.   1.000,- DM
4. **Charakterpuppe**, um 1922, Armand-Marseille, Nummer 975, hergestellt für Otto Gans, braune Glasschlafaugen, offener Mund, zwei Zähnchen, braune Echthaarperücke, Babykörper aus Mischmasse, sehr feine Bemalung, selten im Angebot, H: 52 cm.   1.200,- DM
5. **Baby-Strampelchen**, Schildkröt, um 1950, Tortulon, feststehende Glasaugen, leicht bespielt, H: 35 cm.   140,- DM
6. **Celluloid-Püppchen**.   35,- DM
7. **Puppe**, Heubach, Nummer 10557, um 1920, Drehhalskopf, blaue Glasschlafaugen, zwei Zähnchen, braune Mohairperücke, Stehbabykörper, feine und sorgfältige Bemalung, alte Kleidung, sehr guter Zustand, selten, interessantes Sammlerstück, H: 34 cm.   1.100,- DM
8. **Babypuppe**, Schildkröt, um 1940, Celluloid-Einbundekopf, Schlafaugen, rest., Stoffkörper mit Stimme, Arme minimal beschädigt, H: 45 cm.   100,- DM
9. **Celluloidart-Puppe**.   25,- DM
10. **Celluloidart-Puppe**.   30,- DM
11. **Charakterpuppe**, um 1920, von Kestner für R.Wolf, Porzellankurbelkopf, blaue Glasschlafaugem, offener Mund mit zwei Zähnchen, Mohairperücke, Körper aus Mischmasse, sehr guter Zustand, H: 25 cm.   800,- DM
12. **Stoffpuppen**, 30er Jahre, Konvolut, vier verschied. Ausführungen.   160,- DM
13. **Käthe-Kruse-Puppe**, um 1980, neu, gemarkt, H: 46 cm.   300,- DM
14. **Cellu-Baby**, um 1915, gem.:F.W 31, gut erhalten, H: 20 cm.   60,- DM
15. **Schildkrötpuppe "Christl"**, rechter Arm restauriert, H: 22 cm.   90,- DM
16. **Orientale**, um 1960, gemarkt: Keramikkopf, guter Zust., H: 30 cm.   120,- DM

Gesehen oder versteigert bei: Antiquitäten & Wohnen, Heilbronn

Lehmann TUT TUT, 18 cm lang, Blech, cremeweiß lithografiert mit übergroßem Fahrer, der in ein Horn "tutet", Federwerk, Antrieb und Blasebalg für das Horn in Ordnung, Vorderachse von der Mechanik abgehängt, Alters- und Gebrauchsspuren
1.860,- DM

Märklin 1107 R, Baukasten-Rennwagen mit Chassis und Motor, rot, Kotflügel cremeweiß, ohne Fahrer.
2.040,- DM

Märklin 1108 G, Panzerwagen mit Chassis und Motor, tarnfarben handlackiert, kleine Lackschäden, es fehlen einige unwesentliche Kleinteile und ein Teil der Kardanwelle, (das Bild zeigt ein anderes Exemplar dieses Typs).
2.640,- DM

Versteigert bei: Krieg, Heilbronn-Biberach.

Märklin Ozeandampfer, 73 cm lang, Uhrwerkantrieb, mit dreistöckigem, abnehmbarem Aufbau, geschwungener Kommandobrücke, Sonnendeck, Promenadendeck, drei kurzen Schornsteinen; Steuerrad am Heck wirkt auf das Ruder, Reelings teilweise etwas lose, es fehlen alle Rettungsboote und Teile der Halter, ohne die zwei Masten und komplette Takelage, ohne Flagge, große dreiflügelige Schraube, das Schiff wurde in den 50er Jahren bei Märklin überarbeitet und neu lackiert, Rumpf ohne Roststellen, minimaler Rost an den Decks, auf Eigenbau-Holzständer. 18.000,- DM

Märklin "Ju 52", dreimotoriges Propeller-Flugzeug, aus Baukasten montiert, grau lackiert mit Zulassungsnummer "D-ALBA", Uhrwerkantrieb, 37 cm lang, Spannweite 57 cm, Blechteile komplett, original und in gutem Zustand, Gußteile Nachbau, zum Teil sehr weiches Material, Höhenruder am hinteren Leitwerk fehlen. 3.960,- DM

Märklin 1825, Sommerwagen, 18 cm lang, hell gelbgrün handlackierte Lochblech-Seiten- und Stirnwände, offene Fensterpartie, offene Perrons mit Treppen und Handläufen, grüne Zierlinien, rote Vorhänge, Dach schwarz mit seitlich farblich ausgelegtem Oberlicht und zwei angedeuteten Lüftern, alte Hakenkupplungen von etwa 1904 (eine bewegliche Öse fehlt), trapezförmige Achslager dunkelgrün mit rotem Rand, innen Längsbänke mit Dornen für je drei Personen, komplett, original in Blech und Lack, wenige kleine Lackschäden, beide Handläufe einer Seite etwas lose und nachgelötet, Spur I. 5.400,- DM

Märklin E 1020, alte Dampflokomotive mit der Achsfolge 2'B und Tender, schwarz handlackiert mit roten und grünen Linien und silberfarbenen Kesselringen, Uhrwerkantrieb mit Bremse und Richtungswechsel, gegossener Schornstein, zwei vernickelte Dome, zwei imitierte Stirnlampen, vernickelte Dampfpfeife auf dem Führerhaus, Treibachsen mit zehn Speichen, Kurbelstange mit imitierter Steuerung auf die hintere Achse wirkend, Vorlaufgestell mit massiven Vollprofil-Rädern, am Tender zwei angedeutete Wasserklappen und bewegliche Klappe am Werkzeugkasten, alte Hakenkupplung von etwa 1904, feine Altersrisse im Lack. Spur 0. (links), 4.800,- DM

Märklin D 1020, alte Dampflokomotive mit der Achsfolge B1' und zweiachsigem Tender, schwarz handlackiert mit grünen und roten Linien, Blechschornstein oben etwas verjüngt, zwei vernickelte Dome, Lokräder mit sechs Speichen, Kolbenstange auf die zweite Achse wirkend, Uhrwerk mit Bremse und Richtungswechsel, am Tender zwei imitierte Wasserklappen und Werkzeugkasten mit beweglichem Deckel, die drei imitierten Lampen fehlen. Spur 0. (rechts) 2.520,- DM

Versteigert bei: Krieg, Heilbronn-Biberach

Märklin TW 800 g, zweiteiliger Schnelltriebwagen "Fliegender Hamburger", Metallguß, grün/creme, Fahrgestelle aus der Vorkriegszeit mit nur einem angetriebenem Drehgestell, Guß gut, die Gußbrücke im Beiwagen für das Drehgestellt vorhanden, Gehäuseteile aus der Nachkriegszeit mit breiten Sockeln für die Dachstromabnehmer (diese fehlen), auch hier ist der Guß gut, am Beiwagen auf jeder Seite zwei kleine Bohrungen (etwa 1,5 mm), alle Räder vernickelt, Lack gut, mit einigen kleinen Schäden. Spur H0. 7.414,- DM

Märklin TW 12921, Schnelltriebwagen, Blech, 75 cm lang, creme/violett handlackiert, zweiteilig, Dächer beigegrau, elektrischer Antrieb, die goldfarben gestempelten Aufschriften sind gedunkelt. Spur I. 2.340,- DM

Märklin CER 65/13021, Dampflokomotive, Blech, 52 cm lang, Achsfolge 2'B1' und vierachsiger Tender, grau/schwarz handlackiert, elektrischer Antrieb, zwei elektrische Stirnlampen, graue Farbe durch den geringfügig vergilbten Decklack wenig verfärbt, kleine Lackschäden. Spur I. 6.000,- DM

Versteigert bei: Krieg, Heilbronn-Biberach

Märklin 1828, Sanitätswagen, Blech, 16 cm lang, Personenwagen mit offenen Perrons, hellgrau handlackiert, Dach cremeweiß, Fenster-Cellon mit aufgemalten Rahmen, an den Stirnseiten Türen zum Öffnen, ohne Einrichtung, am Dach großes weißes Kreuz auf roter Kreisfläche, deutlichere Lackschäden an Dach und Rahmen. Spur 0. 576,- DM

Märklin, alte Dampflokomotive, Blech, 22 cm lang, "Storchenbein", grün/schwarz handlackiert mit roten und goldfarbenen Zierlinien, Uhrwerkantrieb, kleine Lackschäden, im Unterschied zur Abbildung hat diese Lokomotive keine Bremse und gelochte Räder an der hinteren Achse, der Tender ist deutlich "moderner" als der abgebildete mit geprägten Nieten und erhabenem Zierfeld, mit Kohleeinsatz und Tragwerk zwischen den Achsen. Spur 0. 2.880,- DM

Märklin AD 1020, Dampflokomotive, Blech, 29 cm lang, schwarz handlackiert mit roten und grünen Zierlinien, Achsfolge B1', zweiachsiger Tender, Uhrwerkantrieb mit Bremse und Richtungswechsel, US-Version mit Kuhfänger und Glocke, wenige kleine Alters- und Gebrauchsspuren. Spur 0. 3.840,- DM

Märklin S 3021, Elektrolokomotive, Blech, 45 cm lang, "Gotthardlok", braun handlackiert, Dach schwarz, drei elektrische Stirnlampen, Griffstangen neu angelötet und teilweise wieder abgebrochen, einige kleine, zum Teil ausgebesserte Lackschäden. Spur I. 8.640,- DM
Versteigert bei: Krieg, Heilbronn-Biberach.

Märklin 1854 St, verachsiger Kesselwagen, 24,5 cm lang, Blech, rot mit cremefarben spritzlackierter Aufschrift "STANDARD", ein Bühnengeländer fehlt, ein fast winzig kleiner Lackschaden direkt über dem Ablaß-Hahnküken. Spur 0, 6.000,- DM

Märklin 1854 S, vierachsiger Kesselwagen, 24,5 cm lang, Blech, Plattform rotbraun, Kessel gelb mit roter Aufschrift "SHELL", Hahnküken am Auslauf, Achsen mit massiven Speichenrädern (an einem Drehgestell Hehr-Räder). Spur 0, 1.200,- DM

Märklin 1854 BV, vierachsiger Kesselwagen, 24,5 cm lang, Blech, Plattform rotbraun, Kessel blau mit cremeweißer Aufschrift " B. V. -ARAL " und " BV "-Zeichen, Schraubverschluß am Auslauf, Spur 0, 2.520,- DM

Märklin 1854 L, vierachsiger Kesselwagen, 24,5 cm lang, Blech, Plattenform rotbraun, Kessel cremeweiß mit schwarz/roter Aufschrift "Leuna", Hahnküken am Auslauf, sehr kleine Delle seitlich am Kessel, wenige sehr feine Altersrisse im Lack. Spur 0, 1.784,- DM
Versteigert bei: Krieg, Heilbronn-Biberach.

1. **Wanduhr**, Freischwinger, deutsch, um 1870, Messingappliken, zwei Gewichte, Kettenaufzug, Gehäuse Buche, Nußbaum gebeizt, schwundrissig, Schlag auf Spirale, Stahlzeiger gebläut und durchbrochen, H: 38 cm, B: 25,5 cm, T: 11,5 cm. 585,- DM

2. **Franz. Wanduhr**, ca. 1870, Eichengehäuse, mit Thermometer und Barometer, Originalzustand, H: 80 cm, B: 38 cm. 1.014,- DM

3. **Franz. Wanduhr**, um 1870, Historismus, Eichengehäuse, mit Thermometer und Barometer, H: 90 cm, B: 40 cm. 624,- DM

4. **Franz. Wanduhr**, um 1880, Eichengehäuse, mit Thermometer und Barometer, geschnitzter Kopf, Pilaster an der Front, H: 90 cm, B: 45 cm. 676,- DM

5. **Jugendstil-Wanduhr**, deutsch, um 1900, Freischwinger, Eiche massiv, Zifferblatt und Pendel Kupfer, geätzt, ziseliert, Schlag auf Spirale, H: 84, B: 34,5, T: 21 cm. 845,- DM

6. **Schwarzwälder Uhr**, um 1870, Zifferblatt bäuerlich bemalt in vergoldetem Rahmen, Werk intakt, H: 40 cm, B: 22 cm. 585,- DM

Verkauft bei: Antiquitäten & Wohnen, Heilbronn

1. **Wanduhr**, Frankreich, um 1870, mit Thermometer und Barometer (französisch), Schlag auf Feder, Zeiger Messing, Ziffern emailliert, H: 100 cm, B: 44 cm.   1.625,- DM

2. **Jugendstil-Freischwinger** im Eichengehäuse, um 1900, emailliertes Zifferblatt, Messingpendel, intakt, H: 70 cm, B: 33 cm.   760,- DM

3. **Wanduhr**, Gehäuse Nußbaum, Frankreich, um 1880, gedrechselte Galerie mit Puppen, seitlich kannelierte Säulen unter Kapitel, Thermometer und Barometer, römische Ziffern auf weißem Email, Messingzeiger, durchbrochen, H: 100 cm, B: 40 cm, T: 21 cm.   1.500,- DM

4. **Regulator**, deutsch, um 1890, in Nußbaumgehäuse, reich beschnitzt, Zifferblatt emailliert, H: 77 cm, B: 30 cm.   546,- DM

5. **Freischwinger**, deutsch, um 1910, Jugendstil, Nußbaum, Aufsatz ern., Werk: FNS, intakt.   580,- DM

Verkauft bei: Antiquitäten & Wohnen, Heilbronn

1. Schwere Bronzeuhr, Frankreich, um 1890, typ. Historismus-Ornamentik, seitlich zwei Tragegriffe, Bronzesockel. 1.900,- DM

2. Französische Pendule (Portaluhr), um 1860, Fassung Ebenholz lackiert, mit aufwendiger Email- und Steineinlegearbeit, mattgold-staffiert, Werk und Pendel feuervergoldet, Standfüßchen Bronze, Werk intakt, H: 46 cm, B: 23,5 cm. 1.950,- DM

3. Bronze-Kaminuhr, Frankreich, um 1890, Gehäuse mit aufwendigem Dekor im Rokokostil, Email-Zifferblatt. 975,- DM

4. Art-Deco Uhr, Frankreich, um 1925 mehrfarbiger Marmor. 390,- DM

Verkauft bei: Antiquitäten & Wohnen, Heilbronn

5. Wiener Regulator, um 1820, Messingpendel, Sekundenzeiger, Werk überprüft, Nußbaum furniert. 5.500,- DM

6. Uhr, Ochsenauge, Frankreich, ca. 1860, ovaler, gewellter Rahmen, Blatt mit Perlmutt und verschiedenen Hölzern eingelegt, Werk überholt. 1.100,- DM

7. Gewichtsregulator, deutsch, um 1880, in Mahagonigehäuse, ein Zeiger fehlt, acht Tage-Werk. H: 90 cm, B: 32 cm. 1.200,- DM

1. **Regulator**, Gustav Becker, 1890, Nußbaum, Zweigewichter, Halbstunden- und Stundenschlag auf Tonfeder, Email-Zifferblatt mit römischen Zahlen, Schnitzwerk in der Art des Historismus, schwarzes Holzpendel.   1.200,- DM

2. **Regulator**, Österreich, um 1860, ebonisiert, einteiliges, weißes Email-Zifferblatt mit römischen Zahlen, gebläute Zeiger, ein Gewicht, Messinglinse, größte Exaktheit im Laufwerk.   1.800,- DM

3. **Regulator**, deutsch, Gustav Becker, Jahrhundertwende, Mahagonifurnier, zwei Gewichte, Email-Zifferblatt mit römischen Zahlen, Sekundenangabe, Holzpendel mit Messinglinse, Halbstunden- und Stundenschlag, Schlag auf Tonfeder, im Zifferblatt und auf Platine signiert.   1.100,- DM

Gesehen bei: Antiquitäten & Wohnen, Heilbronn.

1. **Cartelluhr**, Frankreich, ca. 1870, Bronzeguß rocailliert, floral ornamentiert, weißes Emailzifferblatt mit blauen römischen Zahlen und arabische Minuterie, Messingzeiger, Halbstundenschlag auf Glocke, auf der Rückseite des Gehäuses Messingdeckel, voll funktionsfähig. 1.000,- DM

2. **Regulator**, deutsch, Gründerzeit, Nußbaum, emailliertes Zifferblatt und Pendelgewicht, Federwerk. 350,- DM

3. **Regulator**, um 1880, Gehäuse Nußbaum, reiche Bekrönung mit geschnitztem Pferd und gedrechselten Puppen (sekundär), an den Seiten des Uhrenkastens zwei gedrechselte Säulen, Postamenten-Unterteil, weißes Porzellan-Zifferblatt auf Messing, in Messingeinfassung, römische Zahlen, Schlag auf Feder, Messingpendel mit weißem Porzellanmedaillon, 103 x 34,5 x 16,5 cm. 750,- DM

Versteigert bei: Antiquitäten & Wohnen, Heilbronn.

Regulator, Gustav Becker, Wurzelbirke, gerader gekehlter Kopf mit aufgesetzter, gedrechselter Bekrönung, weißes Emailzifferblatt mit Messingkranz, arabische Zahlen, brunierte Stahlzeiger, an den Seiten des Gehäuses gedrechselte, ebonisierte Säulen, geschweifte Abschlußplatte, darunter Postament mit gedrechselter Puppe, H: 124 cm, B: 42 cm. 1.800,- DM

Regulator, Wien, 1890, ebonisiertes Holz, halbmondförmige Bekrönung mit drei gedrechselten Puppen, weißes Emailzifferblatt mit römischen Zahlen im Messingkranz, ein Gewicht, Rahmen des Gehäuses gestaltet im Jugendstil, Abschluß: Postament mit gedrechselter Puppe, H: 86 cm, B: 28 cm. 1.800,- DM

Versteigert bei: Antiquitäten & Wohnen, Heilbronn.

Burgunderuhr, Frankreich, um 1800, mit vier Glocken und zusätzlichen Anzeigen für Tag und Woche innerhalb des Zifferblattes. Antrieb über drei Gewichten, 4/4-Schlagwerk, abstellbar, 45 x 30 x 20 cm.   13.500,- DM

Drop-dial, um 1860, Schwarzwälder Wanduhr für den englischen Markt, mit Holzplatinenwerk, bemaltes Holzzifferblatt, 55 x 35 x 15 cm.   2.800,- DM

Friesenuhr, sog. Meerweibchenuhr, Holland, um 1780, mit originalem Stahl und Bemalung, 65 x 40 x 40 cm.   6.500,- DM

Laternenuhr, Frankreich, um 1770, mit Zinn-Zifferring und Messingbekrönung, Schlag auf Glocke, Skelettwerk, 45 x 25 x 25 cm.   6.500,- DM

Schwarzwalduhr, um 1860, 4/4-Schlag über drei Gewichten, stahlgespindelt, Holzplatinenwerk, 35 x 35 x 25 cm.   4.000,- DM

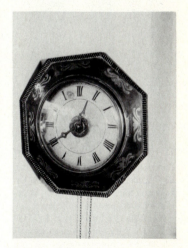

Postman-alarm, um 1860, Schwarzwalduhr, für den englischen Markt, Schottenwerk, Schlag auf Glocke, 20 x 20 x 15 cm.   1.500,- DM

Gesehen bei: Abel, Karlsruhe.

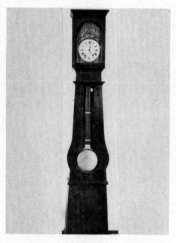  

Standuhr, Frankreich, um 1840, original bemalter Weichholzkorpus, Messingpendel, Emailzifferbl., 2.600,- DM
Verkauft bei:
Antiquitäten & Wohnen, Heilbronn.

Wiener Regulator, um 1840, Nußbaumgehäuse,1-Gewichter, restauriert. 3.200,- DM
Verkauft bei:
Antiquitäten & Wohnen, Heilbronn.

Stockuhr, Wien, signiert: Franz Meyer, Nußbaumgehäuse, mit 4/4-Schlag und Datum, H: 47 cm. 8.200,- DM

Gesehen bei: Antike Uhren, Ellwangen.

Bodenstanduhr, England, 19.Jh., ornamental und mit zum Teil getönten Urnenvasen-Motiven, marketiertes Mahagoni-Furnier-Gehäuse, aufgelegter gravierter Zifferring, bez. "THOS.LEWIS - BRISTOL". Im Milieu kleine Sekunde bei der "XII", Aufzüge bei der "III" und "IX". Monats- und Datumsindikation. Ankerwerk, Schlag auf Glocke, Gangdauer acht Tage, H: 225 cm. 4.000,- DM
Bodenstanduhr, Österreich, um 1800, marketiertes Eschegehäuse, würfelmarketierte Türe, über dem Pendelfenster Urnenvase, abgesetzter schlichter Werkkasten. Front mit aufgelegtem graviertem Zifferring. Eisen/Messing-Ankerwerk mit Halbstundenschlag auf zwei Glocken, H: 201 cm. 7.000,- DM
Versteigert bei: Dr. Nagel, Stuttgart.

Bodenstanduhr, Holland, 18./19.Jh., ergänzt, filetbandintarsiertes Nußbaumgehäuse, signiert: "Nicolaas Weylandt - Amsterdam". Im punzierten Milieu Aufzüge bei der "III" und "IX", kleine Sekunde bei der "XII". Datumsfenster bei der "VI". Ankerwerk mit Halbstundenschlag auf zwei Glocken, Repetition und Wecker, 8-Tage-Gangdauer, gehfähig, H: 263 cm. 3.500,- DM
Bodenstanduhr, süddeutsch, 2.Hälfte 18.Jh., mit Spielwerk, Weichholzgehäuse, Eisen/Messing-Ankerwerk mit Endloskette, Halbstundenschlag, Repetition und Wecker, stündliche Auslösung des Walzenspielwerks, 12 Glocken mit 24 Hämmern, H: 268 cm. 5.000,- DM

Versteigert bei: Dr. Nagel, Stuttgart.

Wiener Regulator, um 1830, einteiliges Zifferbl., ein Gewicht, 120 x 25 x 12 cm. 3.500,- DM

Verkauft bei: Abel, Karlsruhe

1. Schwarzwald-Rahmenuhr, ca. 1860, mit geprägtem und bemaltem Messingschild,
1-Tag-Holzplatinenwerk, Schlag auf Glocke, H: 24 cm.   790,- DM

2. Schwarzwald-Rahmenuhr, um 1860, geprägtes und bemaltes Messingschild, Emailzifferblatt,
Holzplatinenwerk, Schlag auf Tonfeder, H: 21 cm.   890,- DM

3. Schwarzwald-Rahmenuhr, um 1860, mit geprägtem und bemaltem Messingschild,
Emailzifferblatt beschädigt, Holzplatinenwerk, Halbstundenschlag auf Tonfeder, H: 24 cm.   750,- DM

4. Schwarzwald-Rahmenuhr, um 1860, geprägtes und bemaltes Messingschild,
Emailzifferblatt, 1-Tag-Holzplatinenwerk, Schlag auf Glocke.   400,- DM

Verkauft bei: Antiquitäten & Wohnen.

1. **Wanduhr**, um 1840, Burgund, sign.: Berraud, Kasten mit aufgesetzter, geputzter Messingplatte, römischen Zahlen, zwei Gewichte, Schlag auf Glocke, H: 42 cm, B: 27 cm.   1.650,- DM

2. **Wanduhr**, Burgund, um 1840, weißes Emailzifferblatt mit römischen Zahlen, Kranz aus gestanztem Messing, zwei Gewichte, Schlag auf Glocke, H: 40 cm, B: 25 cm.   1.650,- DM

3. **Schwarzwalduhr**, deutsch, um 1860, bemaltes Holzzifferblatt leicht beschädigt, Werk mit Messingrädern, Schlag auf Glocke.   1.550,- DM

4. **Schwarzwalduhr**, deutsch, um 1840, bemaltes Holzzifferblatt, Schlag auf Glocke, Messingräderwerk.   1.550,- DM

Versteigert bei: Antiquitäten & Wohnen, Heilbronn.

1. **Schwarzwalduhr**, um 1860, bemaltes Holzzifferblatt, Werk mit Messingrädern, Schlag auf Glocke, H: 28 cm, B: 21 cm.   700,- DM

2. **Schwarzwalduhr**, um 1860, bemaltes Holzzifferblatt, Werk mit Messingrädern, Schlag auf Glocke, H: 21 cm, B: 15 cm.   550,- DM

3. **Schwarzwalduhr**, um 1860, bemaltes Holzzifferblatt, Werk mit Messingrädern, Schlag auf Glocke, H: 28 cm, B: 20 cm.   700,- DM

4. **Schwarzwalduhr**, um 1860, bemaltes Holzzifferblatt, Werk mit Messingrädern, Schlag auf Glocke, H: 21 cm, B: 15 cm.   690,- DM

5. **Schwarzwalduhr**, um 1890, bemaltes Holzzifferblatt, Werk mit Messingrädern, Schlag auf Glocke, H: 21 cm, B: 15 cm.   690,- DM

6. **Schwarzwalduhr**, um 1860, bemaltes Holzzifferblatt, Werk mit Messingrädern, Schlag auf Glocke, H: 21 cm, B: 15 cm.   690,- DM

Versteigert bei: Antiquitäten & Wohnen, Heilbronn.

Standuhr, Dänemark, um 1780, grün- und goldgefaßt, durchbrochene Schnitzerei und Zahnschnitt, Messingzifferblatt, Zahlenkranz und Plakette Zinn, ebenso gegossene Eckornamente. Schmaler Uhrenkasten mit profilierter, geschnitzter Füllung, am oberen und unteren Rand Schnitzerei, Sockel mit Girlande und Zahnschnitt. 12.000,- dkr

Standuhr, Schweden, 18.Jh., Weichholz, weißgefaßt mit Goldstaffage, bewegter Kopf, seitliche Kannelierung, Zifferblatt aus Zinn mit römischen Zahlen und arabischer Minuterie, reich ornamentierte, vergoldete Eckverzierungen, Werk signiert 6.100,- dkr

Versteigert bei: Borge Nielsens, Auktionen, Vejle, Dänemark.

Antike Uhren + Biedermeiermöbel
E. Abel

Geschäft: Herrenstraße 33 ● 7500 Karlsruhe ● Tel. 0721 / 2 34 27
Privat: Am Wurstberg 6 ● 7506 Bad Herrenalb ● Tel. 07083 / 39 85

 GmbH

NECKARGARTACHER STR. 94
7100 HEILBRONN - BÖCKINGEN
TELEFON 07131 - 47070
TELEFAX 07131470740
TELEX 728210   LBB   D

WIR ENTWERFEN

FÜR SIE

WERBUNG

IN JEDER

GRÖSSE

IN JEDER

AUSFÜHRUNG

FÜR JEDES

MEDIUM

VOM LAYOUT

BIS ZUM

ENDPRODUKT

1. Standuhr, England, um 1790, Eiche/Mahagoni, gerader Kopf mit profiliertem Sims, seitlich kleine Säulen, Messingzifferblatt mit römischen Zahlen, Monats-, Sekunden- und Stundenanzeige Zinn, arab. Minuterie, vergoldete und gravierte Eckornamente. 10.000,- dkr

2. Standuhr, England, um 1820, Eiche, Kopf mit Schwanenhals-Giebel, Messingrosetten und -knauf, Säulen, weißes Metallzifferblatt mit römischen Zahlen, Sekunden- und Datumsanzeige, in den Ecken florale Bemalung, oben Darstellung einer Hubertusjagd, signiert George Smith, Forres. 8.000,- dkr

3. Standuhr, Dänemark, 18.Jh., dunkellackiertes Holz, getreppt gehöhtes Dach, kleines, rundes Uhrenglas, weißes Zifferblatt bezeichnet J.P.Arboe, Rückseite deutlich signiert. 6.700,- dkr

Versteigert bei:
Borge Nielsens Auktionen,
Vejle, Dänemark.

1. Standuhr, Südjütland, um 1770/80, weißgefaßtes Holz mit Goldstaffage, trapezförmiger Kopf mit Zahnschnitt und Mäanderband, kannelierte Vierkantsäulen. Zifferblatt und Zahlenkranz Messing, durchbrochene Eckornamente, Sekundenzeiger, Datumsangabe, Mondphase. Zifferblatt signiert Charles Wall, Dublin. 8.000,- dkr

2. Standuhr, England, Anfang 19.Jh., Eiche, Schwanenhalsgiebel mit Messingbeschlag, weißes Metallzifferblatt mit römischen Zahlen, Sekundenzeiger, Blumenbemalung. 5.600,- dkr

Versteigert bei: Borge Nielsens Auktionen, Vejle, Dänemark.

UHREN SEITE 849

1. **Standuhr**, Frankreich, um 1840, Original Bemalung (bäuerlich), Spindelgang, kleines Lentil-Pendel, zwei Gewichte (original), signiert :" Barnier à Breuil", weißes Emailzifferblatt mit römischen Zahlen, gestanzter Messingkranz, teilweise durchbrochen gearbeitet, Blüten, H: 227 cm.   3.400,- DM

2. **Standuhr**, Frankreich, ca.1750, Eiche, Louis XVI., gerader Uhrenkörper, Messing massiv, mit 25 Email-Kartuschen, römische Zahlen, arabische Minuterie, bekrönt mit einer Sonne, getragen von zahlreichen Rocaillen, Spindelgang, Tropfen-Blei-Pendel.   9.900,- DM

3. **Standuhr**, Frankreich, um 1860, violinenförmiger Uhrenkasten, signiert : "Ceillier à St.Chamond", weiß emailliertes Metallzifferblatt mit römischen Zahlen, geschnittenen Messingzeigern, umgeben von einem Kranz aus gestanztem Messing, reich dekoriert mit Weintrauben, Ähren und Blüten, Messing-Prunkpendel mit Blütenmotiven, gestanzt, der Uhrenkasten bäuerlich bemalt, H: 220 cm.   3.900,- DM

Verkauft bei: Antiquitäten & Wohnen, Heilbronn.

Kaminuhr, um 1800,
2.800,-/3.800,- DM

Portaluhr, Wien, um 1820, mit Metallintarsien und Alabastersäulen,
1.800,-/2.800,- DM

Hausherrenuhr, Wien, um 1830,
4.200,-/6.000,- DM

Drehpendeluhr, um 1900, Kompensationspendel mit Quecksilber,
1.800,-/2.800,- DM

Prunkuhr, Meißen, um 1880,
25.000,- DM

Kaminuhr, Frankreich, um 1900,
2.600,-/3.600,- DM

Gesehen bei: Pflegegemeinschaft: "Haus Schönblick", Pfedelbach-Untersteinbach.

Standuhr, Barock, Nußbaum massiv, Fayence-Zifferblatt, Originalwerk überholt, 9.000,- DM

Gesehen bei:
Antiquitäten & Wohnen, Heilbronn.

Standuhr, Aachen, um 1720, Louis XIV., Gehäuse Eiche massiv mit Hochrelief-Schnitzerei, Uhrwerk ohne Ergänzungen, 8-Tage-Eisenwerk in Skelettbauweise mit springender Schlagauslösung, Hakengang, 1/2 Stunden- und 1/1 Stundenschlag auf Glocke, exzentrische Uhraufzugslöcher, Bronze-Zifferblatt mit aufgesetztem Zinn-Zahlenring, römischen Zahlen-Eckappliken, Zentrum mit Verzierungen. 29.000,- DM
Gesehen bei: R. von der Reck, München.

Rahmenuhr mit Spielwerk, Wien, um 1810, Spielwerk signiert: Olbrich, Wien, 36 Std.-Werk aus Messing mit Hakengang und Wiener Schlag auf Tonfedern mit Sonnerie, zwei Melodien, 4/4 Schlag, weißes Email-Zifferblatt mit römischen Zahlen, Rahmen in Blattvergoldung mit reichen ornamentalen und floralen Verzierungen. 8.000,- DM

Gesehen bei: R. von der Reck, München.

Stoelklok, Holland, um 1770, Werk mit Ankergang und 1/2 Std.-Schlag auf Glocke. Gewichtsantrieb über endlos Messingketten nach Huygens, Weckvorrichtung im Zentrum, ornamental ausgeschnittene Zeiger in Messing. Zifferblatt mit original Bemalung, durchbrochene Bleigußornamentik im Aufsatz und seitlich bemalte, zum Teil ausgesägte Eichenkonsole. 14.800,- DM

Gesehen bei: R. von der Reck, München.

Kartuschen-Uhr, Frankreich, datiert 1752, Frache Comté, 8-Tage-Eisenwerk auf Holzspindeln mit Gewichtsantrieb für Geh- und Schlagwerk auf Glocke. 1/1 und 1/2 Std.-Schlag, Spindelhemmung mit Hemmungsrad und Spindel, Antrieb durch Kronrad. Hinterpendel mit Drahtstücken und Pendelbirne. Email-Kartuschen mit blauen, römischen Zahlen, Zusatzkartusche für Datum. Aufsatz und Bekrönung Messingguß, 8.500,- DM
Gesehen bei: R. von der Reck, München.

Pendule, Frankreich, um 1800, Fadenaufhängung, 1/1 und 1/2 Std-Schlag auf Glocke, 8-Tage-Messingwerk, Emailzifferblatt mit römischen Zahlen, Gehäuse feuervergold. Bronze. 14.000,- DM

Gesehen bei: R. von der Reck, München.

1. Louis-XVI-Pendule, Gaudron à Paris, messingbeschlagenes, 3-seitig verglastes Holzgehäuse mit dachförmigem Aufbau und Urnenvase (leicht beschädigt, ein Fuss fehlt). Punziertes und reich graviertes Zifferbl. mit eingesetzten Emailkartuschen, gebläute Stahlzeiger, rechteckiges Pendulenwerk ebenfalls signiert Gaudron à Paris, mit Ankergang, 1/2 Stundenschlag mit Schloßscheibe auf Glocke, H: 51 cm.   6.500,- sfr

2. Kaminuhr mit Kugelpendel, England, um 1849, signiert am Zifferbl.: Hunt & Roskell, London, No.1437/49, versilbertes, mit Arabesken grav. Zifferbl. mit gemalten, römischen Zahlen, gebläute Birnzeiger, kleine Sekunde, 8-Tage-Werk mit Graham-Hemmung, Kugelpendel mit verschiebbarem Feinreguliergewicht, Pendelfixierung nach Coles-System. Auf dem Sockel befestigt Thermometer mit Fahrenheit/Gradangaben sowie Aneroid-Barometer, am Sockel später angebrachte, grav. Silberplakette: fecit for the Great Exhibition, London 1851, H: 52 cm, D: 24 cm.   16.000,- sfr

3. Vasenuhr, deutsch, um 1600, Metall vergoldet, mit Renaissancemotiven reich reliefiert. Oben angebrachte (spätere) Weltkugel mit drehbarem, römischem Zifferring, vollplastische Figur mit Speer auf Stunden zeigend, Schlag- und Gehwerk mit zwei Eisenschnecken, darüber Spindelwerk mit Foliot. Unter dem Werk befestigte Glocke, restauriert, H: 46,3 cm.   45.000,- sfr

4. Kaminuhr, Meissen, 19.Jh., geschweiftes, farbig staffiertes und goldgehöhtes, blumenbemaltes, mit plastischen Figuren belegtes Porzellangehäuse. Weißes Emailzifferblatt mit arabischen Zahlen, dekorative Zeiger, Ankerwerk mit Kompensationsunruhe, H: 40 cm. 6.000,- sfr

Gesehen bei: UTO's, Auktionen, Zürich.

1. **Tischuhr**, Schweiz, um 1900, Silbergehäuse mit Schildpatt- und Silbereinlagen verziert. Weißes Emailzifferbl. (beschädigt), kleine Sekunde, Birnzeiger, H: 11 cm. 250,- sfr

2. **Reiseuhr** mit Wecker, Frankreich, um 1850, Messinggehäuse, Front bemalt mit Fabeltieren, Emailzifferblatt (Haarriß), römische Zahlen, Stahlzeiger, Zylinderwerk, H: 13,5 cm. 200,- sfr

3. **Tischuhr**, Frankreich, um 1860, allseitig mit Schildpatt belegtes Gehäuse, Silberfassung, Emailzifferblatt, Birnzeiger, französisches Gehwerk, aufges. Ankerhemmung, H: 14,5 cm. 1.200,- sfr

4. **Marinechronometer** mit Quarzwerk, neuzeitlich, signiert : "Certina", Nachbau eines alten Marinechronometers, eingebaut in Mahagonischatulle, in Etui, Uhrdurchm. 6,4 cm. 1.000,- sfr

5. **Tischuhr** mit Viertelrepetition, Frankreich, um 1850, signiert : "Bourdin, Paris", rechteckiges, vergoldetes Bronzegehäuse, dekorativ graviert, guillochiert. Floral verzierte Front, guillochiertes Silberzifferblatt, römischen Zahlen, vergoldetes Zylinderwerk, Repetition mit zwei Hämmern auf Tonfedern, H: 7,7 cm. 1.300,- sfr

6. **Tischuhr**, 8-Tage-Werk, Schweiz, um 1940, signiert : "E.Gübelin, Luzern". Auf rechteckigem Sockel zwischen zwei Säulen schwenkbares Messinguhrgehäuse, schwarzes Zifferblatt mit arabischen Zahlen, vergoldeter Zeiger, 8-Tage-Gehwerk, H: 10,5 cm. 140,- sfr

7. **Miniaturtischührchen**, Art Deco, Perlmuttgehäuse mit silbernem Tragbügel und Kugelfüßchen, Zifferblatt (feine Haarrisse) mit arab. Zalen (Minutenzeiger fehlt), H: 3,6 cm. 600,- sfr

8. **Reisewecker**, Jugendstil, quadratisches Metallgehäuse mit abgerundeten Ecken, arabische Zahlen, Stahlzeiger, Wecker abstellbar durch Kippen des Tragbügels, Zylinderwerk. 180,- sfr

9. **Tischührchen**, Frankreich, um 1900, Silber vergoldet, querrechteckiges Gehäuse verziert mit weißem Champlevé-Email. Im oberen Teil Landschaft in feinem schwarzem Email auf guillochiertem Grund. Weißes Emailzifferblatt mit arabischen Zahlen, Louis XV-Zeiger, vergoldetes Zylinderwerk, H: 6,3 cm. 1.200,- sfr

10. **Damentaschenuhr** mit silbernem Stellrähmchen, Jugendstil. Silbernes Uhrgehäuse, rückseitig guillochiert. Weißes Emailzifferblatt mit arabischen Zahlen, dekorativer Zeiger. Vergoldetes 3/4-Platinenwerk mit Zylinderhemmung. D: 2,9 cm, H. d. Rahmens 7,6 cm. 250,- sfr

Gesehen bei: UTO's, Auktionen, Zürich.

Tischührchen mit Kalender, England, 19.Jh., signiert am Werk: Hunt & Roskell, London. Fein dekoriertes, graviertes, feuervergoldetes Bronzegehäuse mit ausdrehbarem Fuss und Klappe für Schrägstellung, versilbertes, floral graviertes Zifferbl. mit römischem Zahlenring, gebläute Lilienzeiger, im unteren Teil Kalender mit drehbaren Wochentagen (welche mit Schlüssel eingestellt werden können) und festem Datum, 8-Tagewerk mit aufgesetzter Ankerhemmung, H: 13 cm. 4.000,- sfr

Kl. Stutzuhr, Wien, 19.Jh., dekorativer Aufbau in Silberemail. Als Schaft vollplastische Kamelfigur, auf dem Rücken das ovalförmige, mit Panfigur bekrönte Uhrengehäuse. Champlevé-Email-Zifferbl. mit römischem Zifferring. Feuervergoldetes Spindelwerk mit Kette und Schnecke, durchbrochener und gravierter Louis-XVI-Kloben, silbernes Regulierzifferbl., gravierter und vergoldeter Schutzdeckel, H: 15 cm. 7.000,- sfr

Tischuhr mit 4/4-Schlag, Venedig, 16./17.Jh., vergoldetes, gegossenes, reich verziertes Gehäuse. Gravierte Zifferplatte mit römischem Zahlenring. Innere Stundenanzeige mit arabischen Zahlen, dekorativer Eisenzeiger. Unter dem graviertem Gehäuseboden das Spindelwerk mit Schnecke und Kette No.4321 (signiert: quidrat/celeriq), durchbrochener Spindelkloben (Regulierungvorrichtung und Spirale später), Stundenhammer in Form eines Fabeltieres. Vorspannungsgesperr aus Eisen mit schön ausgeschnittener Sperrfeder, Schloßscheiben-Schlagwerk mit gravierter Scheibe, 4/4-Schlag mit zwei Glocken, 1/4-Schlag auf heller, Stundenschlag auf dunkler Glocke, 19 x 19 x 10 cm. 22.000,- sfr

Gesehen bei: UTO's Auktionen, Zürich.

Uhr, mit Grande Sonnerie und Wecker, Neuenburg, um 1800, rundes, zylinderförmiges, vergoldetes Metallgehäuse, allseitig guillochiert, mit Kordellünette, guillochiert Silberzifferblatt mit glattem Zifferring und römischen Zahlen, gebläute Zeiger, Werk mit zwei Federhäusern und aufgesetztem Zylinder-Porte-Echappement, Repetition und Wecker auf 3 Tonfedern, in Holzschatulle mit Tragbügel, D: 12,8 cm. 5.000,- DM

Offene, französische Zimmeruhr, um 1600, schönes, früher offenes Bronzegestell mit prof. Säulen; aufgesetzter Glockenstuhl aus Eisen mit massiver, schön gearbeiteter Glocke, rechteckiges, grav. Messingzifferbl., Bronzeräder für beide Werke, Gehwerk mit Hakengang (umgebaut) und langem Hinterpendel, Stundenschlagwerk (früher Rechenschlagwerk) mit Schlag/Glocke, Pendel u. Gewichte fehlen, H: 37 cm. 7.000,- DM

Gotische Eisenuhr, Schweiz, 2.Hälfte 16.Jh., im Stil der Liechti-Uhren, mit umlaufendem Zifferblatt (ersetzt) und feststehendem vergoldetem Zeiger, zwei hintereinanderliegende Räderwerke, Spindelgang mit Waage, Stundenschlagwerk mit innen verzahnter Schloßscheibe, in gangfähigem Zustand, mit Ergänzungen, restauriert. 19.000,- DM

Türmchenuhr, wohl Augsburg, 17.Jh., von Jacobus Marquart, Monogramm J.M., feuervergoldet, aufgesetzter Zifferring, Seitenteile mit Gouachemalerei. Rückseitig aufgesetztes Zifferbl. mit Schlagwerkkontrolle u. Portal. Gehwerk mit Spindelgang, kurzes Hinterpendel. Aufzug über Darmsaite auf Schnecke. Messingräder. Das Stundenschlagwerk m. dreischenkligen Eisenrädern über Darmsaite u. Schnecke. Seitl. Messingplatine f. Weckerwerk. H: 31 cm. 20.000,- DM

Gesehen bei: Henry's Auktionen, Mutterstadt.

1. **Vasenuhr**, Frankreich, ca. 1890, Basis, Griffe, Bekrönung und vordere Lunette Bronzeguß, poliert, ursprünglich vergoldet, Vase Fayence, 8-Tage-Werk, Pendulen-Messingwerk mit Schloßscheibenschlag, Halb- und Stundenschlag, Zifferblatt sign: Gagarde à Paris.   4.200,- DM

2. **Uhr in Kathedralform**, Frankreich, ca. 1860, Bronze vergoldet, unter Glassturz, in ebonisiertem Holzsockel separat aufgebrachtes Schlagwerk auf Federgang. Werk: Halb- und Stundenschlag; weißes Email-Zifferblatt mit römischen Zahlen, gebläute Stahlzeiger in Breguet-Form. Höhe mit Sturz: 68 c.   6.000,- DM

3. **Pendule**, Frankreich, Jahrhundertwende, im Rokokostil, poliert, ursprünglich vergoldet, weißes Email-Zifferblatt mit römischen Zahlen, 8-Tage-Werk mit Rechenschlag auf Glocke, Halb- und Stundenschlag, Hammer bewegt sich nicht, H: 56 cm.   4.500,- DM

Versteigert bei: Antiquitäten & Wohnen, Heilbronn

DEUTSCHES UHRENMUSEUM
FURTWANGEN-SCHWARZWALD

Automatenuhr für den chinesischen Markt, 18. Jahrhundert.

**Deutsches Uhrenmuseum
Gerwigstraße 11
D - 7743 Furtwangen
Telefon :
0 77 23 - 656 - 227 oder 656 - 1**

Geöffnet vom :
1. April bis zum 1. November
täglich von 9 bis 17 Uhr.
Führungen für Gruppen nach Vereinb.

Im Deutschen Uhrenmuseum wird den Besuchern die Geschichte der Zeitmesssung nahegebracht. Die reiche Sammlung europäischer und vor allem Schwarzwälder Uhren vermittelt ein umfassendes Bild von ihrer Technik und Gestaltung.

1. **Kruzifix-Uhr**, um 1630, runder, abgestufter Sockel mit Rankenwerk, darüber Glockenstuhl mit Galerie. Darauf zwei plastische, stehende Figuren (Maria und Joseph von Armathea) und das Kreuz mit dem Corpus Christi, an dessen Fuß ein Totenkopf. Als Bekrönung drehbarer Zifferring (fehlt). Späteres, österreichisches Schlagwerk. 5.500,- sfr
2. **Kapuzineruhr** mit 4/4-Schlag u. Kalender, signiert Mercier à Paris, verglastes Bronzegehäuse, Tragbügel, vier Hämmer auf Glocke, H: 20 cm. 6.000,- sfr
3. **Bracket-Clock**, Werk um 1900, 2-seitig verglastes Holzgehäuse um 1800, silbernes Ringzifferblatt mit schwarzen römischen und arab. Zahlen, Ankerwerk, 1/1-Stundenschlag auf Glocke. 1.800,- sfr
4. **Tischuhr** mit Westminsterschlag, Mitte 19.Jh., Holzgehäuse mit Messingverzierung, vergoldete Ecksäulen und vier Pinienabschlüssen, seitlich durchbrochene Schallöffnungen, Messingfront mit durchbrochenen Appliken, Zifferring mit römischen Zahlen, H: 38 cm. 1.300,- sfr

Gesehen bei: UTO's Auktionen, Zürich.

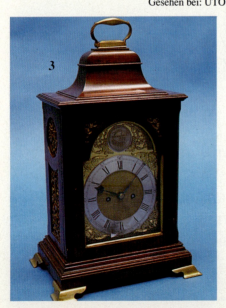

1. **Pendule**, Frankreich, ca. 1890, elfenbeinfarbenes Email-Zifferblatt mit römischen Zahlen, 8-Tage-Werk mit Halb- und Stundenschlag, Ornament links an der Vase fehlt, H: 50 cm. 1.000,- DM

2. **Religieuse**, Frankreich, ca. 1700, Besancon, Boulle-Technik, ebonisiertes Gehäuse mit reichen Messingintarsien, Bronze-Appliken unterhalb des Zifferblattes ergänzt. Werk: Spindelhemmung, 4-Wochen-Laufwerk, H: 55 cm. 12.500,- DM

3. **Pendule**, Frankreich, Jahrhundertwende, Rokokostil, Gehäuse Bronzeguß, poliert, weißes Email-Zifferblatt mit römischen Zahlen und arab. Minuterie, Messingzeiger gesägt, graviert und ausgearbeitet, Gehäuse ursprünglich vergoldet, 8-Tage-Werk mit Rechenschlag, Halb- u. Stundenschlag, hinterer Deckel fehlt, H: 48 cm. 3.200,- DM

4. **Karossenuhr**, Wien, ca. 1820, ebonisiertes Holz, auf Ablage-Sockel (teilweise sekundär), Werk: Spindelhemmung mit Grande-Sonnerie u. Wecker, mit Repetition, 2.900,- DM

5. **Portal-Uhr**, süddeutsch, um 1800, frühes Biedermeier, Nußbaum; Kopf, Dach u. Säulen ebonisiert, Schlag auf Feder, Zeiger Halb- u. Stundenschlag, frühe, feine Uhr, H: 40 cm. 1.500,- DM

Verkauft bei: Antiquitäten & Wohnen, Heilbronn

1. **Portaluhr**, Frankreich, 2.Hälfte 19.Jhdt., Portal aus Marmor mit vergoldeten Bronzeappliken, weiß emaillierte Zifferung mit römischen Zahlen, 8-Tage-Werk, Schlag auf Glocke, H: 51 cm. 4.500,- DM

2. **Pendule**, Frankreich, 2.Hälfte 19.Jhdt., im Barockstil, Schildpattgehäuse mit Messingintarsien, Bronzeappliken, Vergoldung teilweise vorhanden, Bronze-Zifferblatt mit 12 aufgesetzten, blauen Emailkartuschen, römischen Zahlen, Halb- u. Stundenschlag auf Glocke, H: 57 cm. 5.000,- DM

3. **Pendule**, Frankreich, ca. 1880, aufwendige Messing-Gußarbeit, poliert, ursprünglich vergoldet, elfenbeinfarbenes Email-Zifferblatt mit arabischen Zahlen, Werk: Räderwerk mit Rechenschlag, Halb- und Stundenschlag, Schlag auf Glocke, H: 45 cm. 3.200,- DM

4. **Pendule**, Frankreich, Jahrhundertwende, einfacher Messingguß, poliert, ursprünglich vergoldet, elfenbeinfarbenes Email-Zifferblatt mit römischen Zahlen und arabischer Minuterie, Schloßscheibenschlag auf Glocke, Kopf mit stilisierter Vase, seitlich zwei Griffe, H: 42 cm. 2.800,- DM

5. **Säulenuhr**, Frankreich, Historismus, um 1900, mit Vogel (Bronzeguß) als Bekrönung, vier weiße Marmorsäulen, konisch, mit Kettchen verbunden, zwei Kerzenleuchter hinzugefügt, 8-Tage-Werk mit Zylinderhemmung, Echapement, Zifferblatt nicht original, H: 38 cm. 1.600,- DM

Versteigert bei: Antiquitäten & Wohnen, Heilbronn

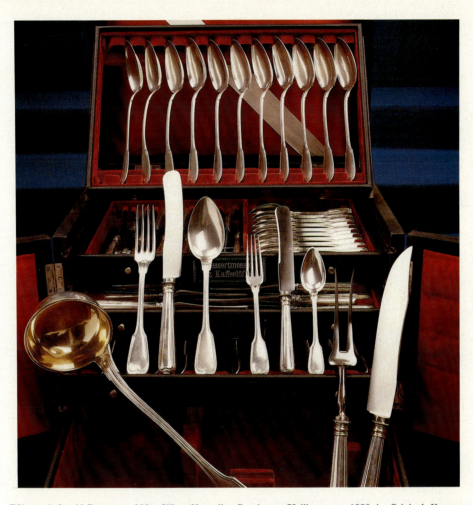

Eßbesteck für 12 Personen, 800er Silber, Hersteller: Bruckmann/Heilbronn um 1900, im Original Kasten, besteht aus: 12 Löffel, 12 Messer, 12 Gabeln, 12 Kaffeelöffel, 12 Frühstücksgabeln, 12 Dessertmesser, ein Tranchierbesteck, ein Suppenkelle, insgesamt 75 Teile, Klingen alle überholt. 7.200,-DM
Verkauft bei: Antiquitäten & Wohnen, Heilbronn.

Dieses Freie Feld könnte mit der Darstellung Ihrer Ware sinnvoll genutzt werden !
Telefon 07131 - 47070
Redaktion Tönnies GmbH

1. **Weinkaraffe**, 830er Silber, Dänemark/Kopenhagen, 1939, Wardeinmarke Siigvard, Meistermarke LG = Lauritz Gruen, bezeichnet Klint, ca. 510 g. — 682,- DM
2. **Sechs Kaffeelöffel**, 800er Silber, deutsch, um 1880, Spatenform, Besitzermonogr., ein Teil wohl später, jedoch passend, in Original -Etui, ca. 90 g. — 165,- DM
3. **Skulptur**, Moses mit Gesetzestafeln, Sterling Silber, Israel, n. 1950, bez. Isaak Jeheskel, auf Kalksteinblock montiert, H: 24 cm. — 500,- DM
4. **Hanuka-Leuchter**, Sterling Silber, Israel, nach 1950, Barockstil, bez. S.K. ungedeutet, H: 37,5 cm. — 1.650,- DM
5. **Zierbecher**, 925er Silber, Frankreich, feuervergoldet, Nodus Lapislazuli, Cheret Paris, ca. 690 g. — 1.000,- DM
6. **Reiseset**, 800er Silber, Wien, um 1900, Rokokostil, bestehend aus Löffel, Gabel, Messer, Becher, Meistermarke V.C.D. - Dub V.C. Wien seit 1838, Besitzermonogramm B.C., im Original -Etui. — 400,- DM
7. **Zierteller**, 925er Silber, Amerika, floral verziert/skulpiert, ca. 326 g, H: 2 cm, D: 27 cm. — 369,- DM
8. **Streichholzhalter**, Montierung 800er Silber, deutsch, um 1908, "Für das Regimentsrennen", Meistermarke HB, Gebrauchs-spuren, H: 12 cm. — 200,- DM
9. **Zierhenkelschale**, 830er Silber, Dänemark/Kopenhagen, nach 1950, Meistermarke Cohr, 235 g, H: 11 cm, B: 21 cm, T: 15 cm. — 329,- DM
10. **Pokal**, 925er Silber, Kopenhagen, 1907, Wardeinmarke Heise, Innenvergoldet, ca. 740 g, H: 30 cm. — 1.036,- DM
11. **Kaviarschale**, Sterling Silber, England, Birmingham 1922, 3-teilig, Meistermarke EJG, ungedeutet, Knauf Holz, ca. 685 g, H: 13,5 cm, D: 19,5 cm. — 750,- DM
12. **Zierkanne**, 800er Silber, wohl deutsch, um 1900, Standring leicht verbeult, ca. 289 g, H: 16,5 cm. — 405,- DM

Gesehen und versteigert bei: Henry's Auktionen, Mutterstadt.

1. **Zwei Serviettenringe**, Sterling Silber, Sheffield 1915, monogrammiert H.G., 37 g. — 105,- DM
2. **Zwei Serviettenringe**, Sterling Silber, London 1945, 49 g. — 85,- DM
3. **Eßbesteck** für vier Personen, Sterling Silber, um 1870, Messer Elfenbeingriffe, monogrammiert, eingelegt, insgesamt acht Teile. — 510,- DM
4. **Sechs Kaffeelöffel**, Sterling Silber, London 1876, Spatenmuster mit Rattenschwanzende. — 190,- DM
5. **Zuckerzange**, Sterling Silber, Birmingham 1906, fein ziselierter Griff. — 65,- DM
6. **Zuckerlöffel**, Sterling Silber, London 1910. — 90,- DM
7. **Serviettenring**, Sterling Silber, Birmingham 1934, monogrammiert: K., 14 g. — 65,- DM
8. **Serviettenring**, Sterling Silber, Birmingham 1938, konkav, Perlfries am oberen und unteren Rand, monogrammiert: R.M.S., 8 g. — 33,- DM
9. **Serviettenring**, Sterling Silber, Birmingham 1905, schön gesägt in Bandsilber, 119 g. — 85,- DM
10. **Fisch-Besteck**, London 1943, für sechs Personen, Schneiden und Forken Silber, Griffe Elfenbein, im Kasten. — 980,- DM
11. **Kuchengabelsatz mit Tortenheber**, 800er Silber, im Kasten, Klingen und Heber vergoldet, sieben Teile. — 190,- DM
12. **Serviettenring**, Sterling Silber, Birmingham 1921, Perlfries am oberen und unteren Rand, Punzen leicht verschlagen, monogrammiert: M.J.G., 19 g. — 65,- DM
13. **Serviettenring**, Sterling Silber, London, wohl viktorianisch, Punzen verschlagen, guillochiert, monogrammiert: R.G.G., 14 g. — 72,- DM
14. **Serviettenring**, England, Kolonialzeit, versilbert, chinesische Schriftzeichen. — 39,- DM

Gesehen bei: Antiquitäten & Wohnen, Heilbronn.

1. Teebesteck, 4-teilig, Moskau, um 1900.
1.500,- DM

Zierhenkelschale, Fabergé, 840er Silber, Petersburg, um 1900, Barockstil, monogr. für Carl Fabergé, qualitätvoller Guß, mattiert, mittig: ziseliertes, florales Dekor mit rocaillenförmiger Kartusche.   1.980,- DM

Kugelfußbecher, Silber, wohl Frankreich, Paris, 19.Jh., gegossen, ziseliert, Punzen des 18.Jh., jedoch später (sic !), H: 10 cm.   1.500,- DM

Geschenk-Kovsh, 84er Silber vergoldet, Rußland, 20.Jh., polychrom in Cloisonné-Technik emailliert, leicht verbeult.   7.500,- DM

Gesehen bei: Henry's Auktionen, Mutterstadt.

1. **25-teiliges Besteck**, 800er Silber, Jugendstil, konisch zulaufende Griffe mit floralem Dekor, ebenso rückseitig, bestehend aus: sechs Messer, sechs Gabeln, sechs Löffel, sechs Kaffeelöffel, ein Tortenheber.   2.700,- DM
2. **Serviettenring**, Sterling Silber, Birmingham 1965, schmal, diagonal geschliffener Rand, oben und unten guillochiert, 13 g.   52,- DM
3. **Sechs Kaffeelöffel**, Silber, Frankreich 1870, Griffe mit ausgesägter Ornamentik, L: 13 cm.   520,- DM
4. **Serviettenring**, Sterling Silber, Birmingham 1924, guillochiert, monogr.: C.M.L., 13 g.   50,- DM
5. **Serviettenring**, 830er Silber, oval, 14 g.   40,- DM
6. **Sechs Kaffeelöffel**, 835er Silber, Maiglöckchendekor in Jugendstil-Manier, L: 12 cm.   390,- DM
7. **Riechdöschen**, Sterling Silber, Birmingham 1834, Deckel- und Bodeninnenseite vergoldet, Zwischendeckel außen vergoldet, filigran ausgesägt u. sehr fein graviert, Verschluß: Blütenbordüre, außen guillochiert.   760,- DM
8. **Tortenschaufel**, 800er Silber, Heber mit floraler Gravierung, Griff mit Engelskopf, L: 27 cm.   610,- DM
9. **Zuckerlöffel**, 800er Silber, vergoldet, Griff mit Historismus-Dekor, L: 12 cm.   195,- DM
10. **Sechs Mokkalöffel**, 835er Silber, Maiglöckchendekor in Jugendstil-Manier, L: 10 cm.   310,- DM
11. **Buttermesser**, 835er Silber, Griff in Jugendstilmanier, Schneide graviert, L: 16 cm.   95,- DM
12. **Zuckerlöffel**, 835er Silber, Griff mit Maiglöckchendekor in Jugendstil-Manier, L: 13 cm.   76,- DM
13. **Sechs Kuchengabeln**, 835er Silber, Maiglöckchendekor in Jugendstil-Manier, L: 13 cm.   460,- DM
14. **Sechs Mokkalöffel** im Kasten, 800er Silber, um 1881-1896, Hersteller: Koch und Bergfeld/Bremen, im Griff ziseliert, Löffelmulde vergoldet.   230,- DM
15. **Serviettenring**, Sterling Silber, Birmingham 1946, trapezförmig, rundum guillochiert, 31 g.   65,- DM
16. **Flaschenetikett**, Sterling Silber, Birmingham 1961, 16 g.   58,- DM
17. **Flaschenetikett**, Sterling Silber, Birmingham 1961, Bourbon, 16 g.   58,- DM

Verkauft bei: Antiquitäten & Wohnen, Heilbronn.

1. **Wasserkanne**, Silber, Beschau Österreich, 19.Jh., hochschultrige, gebauchte Form mit eingezogenem Hals, hochgezogenem Ausguß und c-förmigem, profiliertem Henkel mit Palmettenabschluß, Schulter mit graviertem Ornamentfries, Wandung mit minimalen Eindellungen, ca. 540 g. — 540,- sfr
2. **Ziervase**, z.T. Silber, Frankreich, Limoges, um 1900, Fuß guillochiert, weißlich-grau und rosa transluzid emailliert, Wandung konkav-konvex geschweift, aufgelegte Silberfolie, transparent farblos emailliert, historistische, nach dem Vorbild des Rokoko, bunte, z.T. feine Malerei mit durchscheinenden Emailfarben, sog. Schäferin in Landschaftsstaffage, sign. Roy, H: ca. 16,6 cm, Durchmesser ca. 7,3 cm. — 800,- sfr
3. **Henkelkorb**, deutsch, um 1850, 12-lötig, 6-fach gerippt, 12-fach konkav-konvex geschweift, aufwendige Guillochierung, Henkel und Rand mit aufgelegter Kordelverzierung mit Nodi, auf vier Tatzenfüßen mit Blumenansätzen, ca. 450 g, H: ca. 6 bzw. 21 cm, Durchmesser ca. 24,5 cm. — 900,-sfr
4. **Weinkrug**, Zinnlegierung, versilbert und teilweise vergoldet, dtsch, WMF, Ende 19.Jh., bez. unter dem Boden: Galvanoplastische Nachbildung des Hildesheimer Silberfundes, Württembergische Metallwarenfabrik Geislingen-St., ovoider, hochschultriger Körper mit reliefiertem Weinrankendekor, hochgezogener Henkel mit Bacchuskopf am Ansatz, H: 26 cm. — 500,- sfr
5. **Lot aus vier Schnapsbecher**n, Silber 800/000, innen vergoldet, neuzeitlich, am Rand Rillendekor, H: ca. 5 cm, dazu zwei kleine Schnapsbecher, Alpacca versilbert, innen vergoldet, Marke "Wellner" H: ca. 3,7 cm. — 200,- sfr
6. **Henkelkorb**, 84er Silber, Beschau Moskau, 1894, Beschaumeister AA, Meistermarke FG, ungedeutet, Ovalform auf Fuß, Bügelhenkel, Innenvergoldung, Außenwandung mit graviertem, floralem Dekor, unbedeutend verbeult, ca. 550 g, H: ca. 8 cm bzw. 19 cm, B: ca. 23 cm, T: ca, 17 cm. — 1.800,- sfr
7. **Paar Anbietschalen**, 950er Silber, Frankreich, 19.Jh., in Form einer Muschel, Griff in doppelter Rocaillenform, ziseliert, Muschel 11-fach gelappt, in sich differenziert, Spuren alter Vergoldung, Meistermarke und Inschrift A. Aucoc, einer der berühmtesten Gold-und Silberschmiede in Paris im letzten Drittel des 19.Jh., vier Füße, mit Lorbeerblättern und Früchten, ca.640 g, H: ca. 6,5 cm, B: ca. 29 cm, T: ca. 19 cm. — 3.600,- sfr
8. **Henkelkorb**, St.Petersburg, 1894, Meistermarke S.A., Beschaumeister A.Sch., Ovalform mit Klapphenkel, auf vier Kugelfüßen, Innenvergoldung, am Boden aufmontiertes, beschriftetes Gilden-Wappen, bauchige, eingezogene, satinierte Wandung mit Januar 1895 datierter Widmung, graviert Robert Bretschneider, ca. 680 g, H: ca. 7,5 cm bzw. 19 cm, B: ca. 25 cm, T: ca. 19,5 cm. — 1.800,- sfr

Gesehen bei: Uto´s Auktionen, Zürich

Silber

1. **5-flammige Girandole**, 800er Silber, deutsch, nach 1888, Rokokostil, restauriert, ca. 1870 g., H: ca. 55 cm, bzw. 37 cm, 1 Brennstelle beschädigt 3.000,- sfr

2. **Tablett**, 800er Silber, Wien, um 1900, Meistermarke S.H., ungedeutet, reiner Jugendstil, Rand profil., lineares Jugendstildekor, ca. 2360 g, B: ca. 64,5 cm, T: ca. 37 cm. 2.500,- sfr

3. **Doppelhenkelschale**, deutsch, um 1915, Bruckmann und Söhne, Bremen, Vertreiber Mayer und Söhne, Barockstil, Perlleistenverz. und Palmetten, Innenvergoldung, schwerer Kristallglaseinsatz, geschn. und geschliff., minimal best. (auspolierbar) o. Glaseins. ca. 1430 g, H: ca. 16 cm, L: ca. 53,4 cm, B: ca. 23,5 cm. 2.500,- sfr

4. **Servierbesteck**, Sterling-Silber, Marke Jensen Dänemark, 50er Jahre, bestehend aus Schöpfkelle, Soßenkelle, zwei Paar Vorlege-, Salatbestecken, glatte Formen mit leicht gekehlten Griffen, ca. 700 g. 600,- sfr

Gesehen bei: Uto´s Auktionen, Zürich

1. **Chanukkaleuchter**, Sterlingsilber, Marke "Hazorfim Lt.", facettierte Art-Deco-Form, Balusterschaft mit Fackelabschluß, ca. 20 g, H: ca. 26,5 cm. 800,- sfr

2. **Zierteller**, Silber, Stil d.2.Rokoko, fassionierte Rundform mit Voluten, Muschel- und Rosenmotiven im Hochrelief, Zentrum mit graviertem Davidstern, rückseitig Öse zum Aufhängen. D: ca. 28,5 cm, ca. 390 g. 350,- sfr

3. **Chanukkaleuchter**, wohl Polen, Messingguß, ca. 20 x 16 cm. 200,- sfr

4. **Paar Shabbath-Kerzenstöcke**, 18./19.Jh., Silber, mit Spätbarockmotiven, getrieben und ziseliert (minimal eingedellt). H: ca. 33 cm, ca. 620 g. 850,- sfr

5. **Chanukkaleuchter**, Art Deco, Osteuropa, Silber, glatte Form auf hexagonal gewölbten Fuß mit gravierten Ranken. H: ca. 38,5 cm, ca. 400 g. 600,- sfr

6. **Paar Shabbath-Kerzenstöcke**, Silber, England, neuere Arbeit, klass.Form, korinth.Säulen auf gestuftem, rechteckigem Fuß, mit hebräischer Inschrift (Fuß beschwert), H: ca. 24 cm. 600,- sfr

7. **Bierhumpen mit Zinndeckel**, deutsch, um 1900, Steinzeug, graue Glasur, Front mit eingeritztem, blauglasiertem Stern. Auf dem Deckel graviertes Monogramm "I H". 100,- sfr

Gesehen bei: Uto´s Auktionen, Zürich

1. **Leuchter**, 835 Silber, Polen, um 1870, runder, getreppt gehöhter Stand, reliefierter Nodus, vasenförmiger Schaft, darauf Nodus mit fünf Leuchterarmen,   1.274,- DM
2. **Teekanne mit Stövchen**, Edwardian, England, um 1920, Silber auf Nickel, 3-passiges Stövchen mit kegelförmiger Teekanne, deren Wandung beidseitig mit Pflanzenmotiven dekoriert ist, Holzgriff ebonisiert, Henkel mit Doppel-C-Schwüngen, H: 21 cm.   350,- DM
3. **Körbchen**, Frankreich, um 1840, Silber, gemarkt, in biedermeierlicher Blumenkorbmanier, Durchbrucharbeit mit Blütenornamentik, Henkel, Original-Glaseinsatz, H: 21 cm.   490,- DM
4. **Anbietschälchen**, England, um 1950, E.P.N.S., stilisierter Blütenkelch, H: 7 cm, D: 15 cm,   60,- DM
5. **Zwei Leuchter**, 925 Sterling Silber, 1900-1950, vier Volutenfüße, gehöhter Stand mit Palmettenrelief, vasenförmige Tülle mit Tropfschale.   1.560,- DM
6. **Tablettleuchter**, Amerika, Sterling, Hersteller: Gorham, runder, getreppter, leicht gehöhter Stand, darauf erwächst eine trompetenförmige Tülle, gefüllt, H: 9 cm.   180,- DM
7. **Körbchen**, Silber, Frankreich, um 1860/70, Punzen verschlagen, ovaler Korpus, durchgehend durchbrochen und reliefiert mit Blüten und Rocaillen in spätbarockem Design, auf vier Volutenfüßchen mit zwei geschwungenen Henkeln. B: 11 x 4 cm.   250,- DM
8. **Zigarettendose**, Sterling Silber, um 1920/25, mehrf. gemarkt, 9,5 x 9,5 cm.   460,- DM
9. **Reisekelch**, 800er Silber, unterbrochen durch perlverzierten, gedrückten Nodus. Der glockenförmige Körper, die Patene, ist am Mundrand zu schließen. Boden des Fußes abnehmbar zur Aufnahme der Hostie, H: 9 cm.   240,- DM
10. **Obstbesteck**, sechs Gabeln und Messer, E.P.N.S., Sheffield 1907, Gabeln 3-zinkig, Griffe gerundet, Schneiden und Forken plated.   420,- DM
11. **Fischbesteck für sechs Personen**, England, um 1950, im Stil der Jhdtw., Griffe aus Kunststoff, Schneiden und Forken Stahl, poliert und graviert.   125,- DM

Versteigert bei: Antiquitäten & Wohnen, Heilbronn.

Besteck, Christiansen, für 12 Personen mit Zusatzteilen. 14.000,- DM

Besteck, Menuegröße, 36 Teile, deutsch, um 1900. 3.900,- DM

Besteck, 49 Teile, deutsch, um 1900. 3.000,- DM

Gesehen bei: Antiquitäten & Wohnen, Heilbronn.

Becher, originale Vergoldung, Frankfurt-M., Meister Gerhard Bregel, 1655-1672, 20.000,- DM

Silberbecher, Augsburg, Meister Johann I. Seutter, 1670-1674, 16.000,- DM

Silberhumpen, getrieben und gegossen, teilvergoldet, Augsburg, Meister Simon Wickert, 1660-1691, 20.000,- DM

Gesehen bei: Ruff, Stuttgart.

1. **Chanukkaleuchter** (jüdischer Kultgegenstand), 925 Sterling Silber, vierpassiger Stand, neun Brennstellen mit Ölkännchen, barockes Blütendekor, nicht ausgekittet. 250,- DM

2. **Tee- und Kaffeeset**, England, um 1930, Reproduktion Old-Sheffield-Plate, 4-teilig, auf vier Krallenfüßen 8-passiger, gedrückt-gebauchter Korpus, leicht gehöhter Deckel in Blütenform, Holzgriffe in C-Schwung mit Daumenruhe, Milch und Zucker in der gleichen Manier. 900,- DM

3. **Leuchter**, Barockstil, WMF 835, viereckiger, vierpassig geschwungener Stand mit Federblättern und nach innen gerollten Füßchen, Balusterschaft in der gleichen Weise reliefiert, Kerzentüllen mit bewegtem Blattwerk, graviert, H: 27 cm. 650,- DM

4. **Kerzenleuchter**, England, um 1840, Silver on Copper, runder, getreppter Stand mit Nodi, kelchförmig sich erweiternder Schaft, abnehmbarer vierarmiger Kerzenleuchter mit Tropfschale u. Tülle, H: 55 cm. 1.200,- DM

5. **Menage**, Sheffieldplate, 1870, Silber auf Kupfer, auf vier Ballenfüßen gehöhte Platte mit schmalem, reliefiertem Rand, vier Flaschenhalterungen, 4-passiger, geschwungener Tragegriff, vier kegelförmige Glaskaraffen mit Längs- u. Querreliefierung in der Wandung, ausgestellter Mundrand, eingeschliffene Stöpsel, H: ca. 27 cm, Platte: 23 x 23 cm. 2.050,- DM

Versteigert bei: Antiquitäten & Wohnen, Heilbronn.

1. **3 Becher**, 800er Silber, deutsch, Binder, Schwäbisch-Gmünd, Inschriften, Gebrauchsspuren, Innenvergoldung, Besitzermonogramm mit Fürstenkrone, ca. 240 g, H: ca. 9,5 cm. — 280,- DM
2. **Thora-Krone**, 925er Silber, Israel oder Polen, wohl 30er Jahre, Glöckchen z.T. mit fehlenden Klöppeln, minimal restauriert, ältere Inschrift getilgt, H: 38 cm, D: 28 cm. — 3.600,- DM
3. **Konvolut aus Zigarettendose, Armband, Gürtelschließe**, Sterling Silber, Thailand, nach 1950, tauschiert, fein ziseliert, buddhistische Symbolik mit reicher Figurenstaffage. — 300,- DM
4. **Kaffee- und Teeset**, 925er Silber, Amerika, Gorham, Kaffeekanne, Teekanne, Zuckerdose, Sahnegießer, Dämmringe, Gebrauchsspuren, ca. 1 830 g, H: 27,5/ 24/ 16/ 12,5 cm. — 2.200,- DM
5. **Rimoni**, 800er Silber, Israel od. Polen, nach 1930, hebräische Inschr., Glöckchenbehang, z.T. Treibarbeit, L: 27,5 cm. — 1.500,- DM
6. **Triset**, 800er Silber, wohl deutsch, best. aus: Kaffeekanne, Sahnegießer, Zuckerdose u. Tablett, zus. ca. 1 965 g. — 2.150,- DM
7. **Rimoni**, 800er Silber, Israel od. Polen, nach 1930, hebräische Inschr., Glöckchenbehang, z. T. Treibarbeit, L: 27,5 cm. — 1.500,- DM
8. **sechs Becher**, 925er Silber, deutsch, glatte, einfache Form, Gebrauchsspuren, leicht verbeult, ca. 860 g, H: 11 cm. — 950,- DM
9. **Ziervase**, 925er Silber, Amerika, gefüllt, klassische schlanke Form. — 300,- DM

Versteigert bei: Henry's Auktionen, Mutterstadt.

1. **Paar Kerzenleuchter**, England, um 1840, Silver on copper, runder getreppter Stand, konischer Schaft mit zwei Nodi, muschelreliefiert, tulpenförmige Kerzentüllen reich dekoriert, gefüllt, H: 29 cm. 1.000,- DM
2. **Tee- und Kaffeeset**, 5-teilig, England, um 1920, Mappin & Webb, Queen-Anne-Form, querovale Teekanne, hohe, leicht gebauchte Kaffeekanne, beide Kannen mit Ebenholzhenkeln in I-Form, Milch- und Zuckerbehältnisse sowie eine zusätzliche Teekanne auf Stövchen. 1.500,- DM
3. **Teeset**, 3-teilig, England, um 1920, E.P.N.S. Elkington, Teekanne queroval mit typ. Queen-Anne-Dekor, I-Henkel in Ebenholz, Milch und Zucker passend. 700,- DM
4. **Becher**, 800er Silber, gemarkt, um 1920, kelchförmiger Pokal, gehalten von drei Kugelfüßen auf rundem, gehöhtem Stand, in der Wandung Gravur, 1 Delle, H: 15,5 cm. 190,- DM
5. **Fingerschälchen**, 800er Silber, gemarkt, um 1900, vom kurzen Stand leicht ausgestellte Schale mit gebördeltem Rand, Innenvergoldung, auf der Wandung eine gravierte, leere Kartusche in Jugendstilornamentik. D: 11,5 cm. 75,- DM
6. **Serviettenring**, oval. 35,- DM
7. **Zuckerdose**, 1830, Biedermeier, 13-lötiges Silber, gedrückt-gebauchter, ovaler Behälter, leicht gehöhter Deckel mit Schuppenreliefierung und Türkenhutknauf, Innenvergoldung. L: 16 cm, B: 11 cm, H: 9 cm. 1.000,- DM
8. **Halterung für Teeglas** 40,- DM
9. **Kleiner Behälter für Süßstoff**, deutsch, um 1930, Kristallkorpus gehalten von Silberstand aus plastischen Rosenblättern, auf dem fein gehöhten Deckel eine aufgeblühte Rose, Löffelchen beigefügt. 295,- DM

Versteigert bei: Antiquitäten & Wohnen, Heilbronn.

1. **Konvolut**, Knotenschere, Silber gegossen, punziert und ziseliert, London 1888, reiches, plastisches Blumendekor. Reste von Vergoldung. Länge ca. 20 cm. Konfektschaufel, Silber 800/000, deutsch, Ende 19. Jh., Barockform, Länge ca. 17,3 cm. Zierlöffel, Ende 19.Jh. unbezeichnet, Silber gegossen und ziseliert, Renaissance-Stil mit muschelförmiger Laffe. Länge ca. 14,5 cm, 240 g. 350,- sfr

2. **Konvolut** sechs Schnapsbecher, Silber 835/000, innen vergoldet. Konische Formen mit graviertem Dekor, H: ca. 3,8 cm; Streulöffel, Silber, Ende 19. Jh. L: ca. 14,5 cm; Teesieb, Silber 800/000 mit durchbrochenem Rand, deutsch, L: ca. 11 cm, ca. 120 g. 250,- sfr

3. **Teeglasbehälter**, 84er Silber, Beschau Moskau, 1883, Beschau- und Meistermarke, Wandung umlaufend mit reich verziertem Rankendekor, Bandhenkel mit Daumenrast. Fußrand verbogen. Teesieb mit gewelltem Rand u. jugendstiligem Rankendekor. H: 8 cm, D: 7,8 cm, ca. 116 g, Teesieb versilbert, L: ca. 14,8 cm. 500,- sfr

4. **Konvolut** sechs diverse Schnapsbecher, Rußland, Ende 19. Jh. Rankendekor, ca. 127 g. 400,- sfr

5. **Konvolut** zwei Kuchenschaufeln, Zierlöffel und Traubenschere, Silber. Reiches, reliefiertes, teilweise durchbrochenes, barockisierendes Dekor. 300,- sfr

6. **Konvolut,** Tortenschaufel, Vorlegegabel u. Konfektzange, Silber, reiches Dekor. ca. 132 g. 300,- sfr

7. **Zigarettenetui**, Silber, innen vergoldet, Einfuhrstempel Österreich, nach 1872. Getrieben und ziseliert mit Rocaillenmotiven. Monogrammkartusche. L: ca. 12,5 cm. 250,- sfr

Gesehen bei: UTO's Auktionen, Zürich.

1. **Anbietschale**, Sterling Silber, Sheffield 1923, ziselierter Rand, 336 g, D: 19,5 cm, H: 10 cm. 840,- DM

2. **Obstschale**, Sterling Silber, Birmingham 1931, beschädigt, 433 g, D: 17,5 cm, H: 8 cm. 660,- DM

3. **3-tlg. Teeset**, Sterling Silber, Sheffield 1923, Teekanne mit Ebenholzknopf u. Griff, gedrückte Ballenfüßchen, Zuckerdose u. Milchkanne innen vergoldet, 1099 g. 2.200,- DM

4. **Obstschale**, Sterling Silber, Sheffield 1914, minimal beschädigt, 367 g, D: 20 cm. 780,- DM

5. **Dose mit Deckel**, Sterling Silber, London 1920, Innenseite vergoldet, innen beschädigt, 259 g. 350,- DM

6. **Schnapsschalen**, Silbern, runder Stand, schmaler Hals, einfach getreppte Kuppa, H: 8 cm. 560,- DM

7. **Kleine Kaffeekanne** mit Daumenruhe, Sterling Silber, Birmingham 1933, Griff mit Binsengeflecht, Punzen leicht verschlagen, ca. 414 g. 650,- DM

8. **Sechs Teelöffel**, Sterling Silber, Sheffield 1920, im Original Kasten, 80 g. 120,- DM

9. **Maniküreset**, Sterling Silber, Birmingham 1922, sieben-teilig, sechs aus Silber. 235,- DM

10. **Konvolut**, 800er Silber, ca. 1880, ein Buttermesser, ein Käsemesser, zwei Vorlegegabeln. 190,- DM

11. **Fischvorlegebesteck**, 800er Silber, deutsch, um 1885, vergoldet. 325,- DM

12. **Zwölf Mokkalöffel**, 830er Silber, vergoldet, Griff mit Historismus-Dekor, L: 10 cm. 1.040,- DM

13. **Sechs Obstmesser**, Sterling Silber, Sheffield 1890, im Original Kasten, Monogramm: M. 240,- DM

Gesehen bei: Antiquitäten & Wohnen, Heilbronn

1. **Dose**, Silber, Dänemark, um 1780, Innenvergoldung, gewulsteter Korpus u. gehöhter Deckel, Namenszug: Hans Busch, Aalborg.   3.800,- dkr

2. **Dose**, Silber, Dänemark, um 1850, quadr. Sockel mit geradem Schaft, darauf urnenförmige Dose, gravierte Wandung, Halterung mit Knäufen, Deckelknauf und Wandung mit sieben roten Glassteinen, im Boden Münzversteck, Meister Niels Holst Wendelboe, Arhus.   2.660,- dkr

3. **Dose**, Silber, Dänemark, wohl 18.Jh., in Form eines Fisches, teilvergoldet, feine Schuppenreliefierung, Augen aus buntem Stein.   4.180,- dkr

4. **Dose**, Silber, Dänemark, 18./19.Jh., in Form eines Fisches, plastische Schuppenreliefierung, Augen buntes Glas.   4.750,- dkr

5. **Zuckerstreuer**, Silber, Dänemark um 1760, auf gehöhtem Stand kurzer Schaft u. balusterförmiger Korpus, ausgesägte Ornamentik, Türkenhutknauf, Meister Christian Vilhelm Schlegel, Fredericia.   7.220,- dkr

Versteigert bei: Borge Nielsens Auktionen, Vejle, Dänemark.

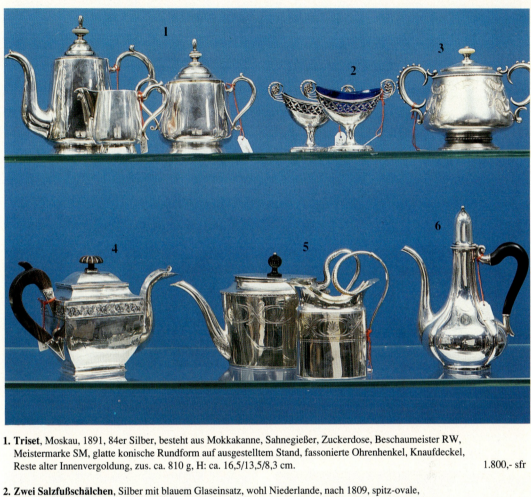

1. **Triset**, Moskau, 1891, 84er Silber, besteht aus Mokkakanne, Sahnegießer, Zuckerdose, Beschaumeister RW, Meistermarke SM, glatte konische Rundform auf ausgestelltem Stand, fassonierte Ohrenhenkel, Knaufdeckel, Reste alter Innenvergoldung, zus. ca. 810 g, H: ca. 16,5/13,5/8,3 cm. 1.800,- sfr

2. **Zwei Salzfußschälchen**, Silber mit blauem Glaseinsatz, wohl Niederlande, nach 1809, spitz-ovale, tief gemuldete Form, mit Blattwerk durchbrochener Rand, hochgezogene, in Rosetten auslaufende Henkel, ein Glaseinsatz original, ein Teil bestoßen. H: ca. 8,2 cm, B: ca. 11,5 cm, T: ca. 4,9 cm, ca. 100 g. 700,- sfr

3. **Zuckerdose**, FABERGÉ, Beschau Moskau, 1896, Meistermarke Karl Fabergé, Silber innen leuchtend, außen teilweise vergoldet, gebauchte, konisch zulaufende Rundform auf ausladendem, perlbandverziertem Stand, seitlich hohle, kantige, mit Perlband verzierte C-Henkel, leicht gewölbter Deckel mit Elfenbeinknauf, Wandung satiniert mit gravierten, "à deux couleurs" vergoldeten Akanthusvoluten und mit Ranken verziert. H: ca. 12 cm, B: ca. 17,5 cm, T: ca. 11,5 cm, ca. 360 g. 1.800,- sfr

4. **Teekanne**, Moskau 1834, 84er Silber, Beschaumarke und Meistermarke WS ungedeutet, Korpus ziseliert mit Rosenfries, Deckelbekrönung und Griff Ebenholz, sorgfältige Treibarbeit, Innenvergoldung, H: ca. 13,5 cm, B: ca. 22,2 cm, T: ca. 8 cm, restauriert, ca. 400 g. 600,- sfr

5. **Teekanne und Sahnegießer**, 13-lötiges Silber, Dresden, um 1800, klassizist., Henkel in doppelt auslaufender Schlangenform, grav.und zisel., Ebenholzdeckelbekrönung minimal beschädigt, Innenvergoldung, ca. 660 g. 2.200,- sfr

6. **Wasserkännchen**, Amerika, Gorham, um 1900, 925er Silber, nach dem Vorbild um 1850/60, Perlleistenverzierung, vierfach gerippt, Henkel Ebenholz, ca. 270 g, H: ca. 18,5 cm. 350,- sfr

Gesehen bei: UTO's Auktionen, Zürich.

Zuckerschale, Dänemark, um 1825, Silber/Innenvergoldung, 4-passige Standplatte auf Kugelfüßen, aufsitzender Vogel, von Karyatiden getragene Schüssel, unter der leicht eingezogenen Schulter Ornamentik aus getr.Blattwerk, ausgestellter Rand, Löwenhäupter mit Tragegriffen, Meister Carl Christian Hansen, Arhus, gemarkt.   3.600,- dkr

Gesehen bei: Borge Nielsens Auktionen, Vejle, Dänemark.

Tablett mit div. Silberbechern, Sterling Silber, Tablett: Sheffield, 1894, 4350 gr.,   8.700,- DM
Becher: 830/1000 Silber, Anfang 20.Jh.,   110,-/580,- DM

Kanne, Sterling Silber, Amerika, um 1900, signiert: Jack Shepard, 850 gr.,   1.680,- DM
Schale, Sterling Silber, durchbrochen, Dat.1908,   390,- DM
Henkelschale, Sterling Silber, Amerika, Dat.1936,   250,- DM

Gesehen bei: Antiquitäten Pavillon Esslinger, Stuttgart.

Silber

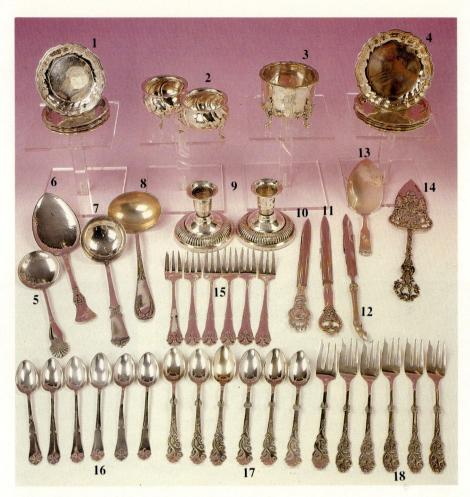

1. Sechs Sherry-Untersetzer, Silber, Kopenhagen, gewellter Rand, glatter Spiegel, D: 8 cm.		330,- DM
2. Zwei Salztöpfchen, Silber, Kopenhagen, barocke Form. D: 5,5 cm, H: 4 cm.		240,- DM
3. Kleine Schale, Silber, Dänemark, barocke Form mit Volutenfüßchen, H: ca. 12 cm.		350,- DM
4. Sechs Weinuntersetzer, Silber, Kopenhagen, barocker, gewellter Rand, Spiegel, D: 9 cm.		446,- DM
5. Sahnelöffel mit Muschelabschluß, Silber, Kopenhagen, flache, runde Laffe, blütengraviert, Griff mit Muschelbekrönung, L: 15 cm.		95,- DM
6. Petit-Four-Heber, Silber, Kopenhagen, flache, spitzovale Laffe, schlanker, sich verbreiternder Griff mit Jugendstilornamentik, allseitig gehämmert, L: 20 cm.		145,- DM
7. Zuckerstreulöffel, innenvergoldet, Silber, Kopenhagen, jugendstilornamentiert, L: 17 cm.		150,- DM
8. Saucenlöffel, Silber, Kopenhagen, flache Soßenmulde, innenvergoldet, L: 19 cm.		180,- DM
9. Paar Tablettleuchter, 830er Silber, mit Stabrelief, H: 7 cm.		240,- DM
10. Brieföffner, Dänemark, Silber, Schaft im Rocaillemuster, L: 19 cm.		95,- DM
11. Brieföffner, Silber, Dänemark, Schaft mit Trauben-Verzierung, L: 20 cm.		95,- DM
12. Brieföffner, Silber, Dänemark, L: 21 cm.		95,- DM
13. Kl. Tortenheber, Silber, Kopenhagen, spitzovale Laffe, Muschelornamentik, L: 16 cm.		70,- DM
14. Tortenheber, Silber, durchbrochen reliefiert, Laffe mit Rocaillen, ornamentiert, L: 21 cm.		190,- DM
15. Sechs Kuchengabeln, Silber, Kopenhagen, Griffabschluß mit reliefierter Lilie, L: 14 cm.		300,- DM
16. Sechs Moccalöffel, Silber, Kopenhagen, Griffabschluß mit reliefierter Lilie, L: 11 cm.		180,- DM
17. Sechs Teelöffel, Silber, Kopenhagen, Griffe mit reicher Jugendstilornamentik, L: 12 cm.		240,- DM
18. Sechs Kuchengabeln, Silber, Kopenhagen, Griffe mit Jugendstilornamentik, L: 15 cm.		300,- DM

Gesehen bei: Antiquitäten & Wohnen, Heilbronn.

Probierschale, George III, London, 1790, Sterling Silber, aus Silber getrieben und gegossen. 580,- DM

Sahnegießer, frühviktorianisch, London, 1839, Sterling Silber, aus Silber getrieben und gegossen. 680,- DM

Paar Leuchter, Wien, um 1880, reich ziseliert, Feingeh.: 900/1000, H: 30 cm. 2.960,- DM

Sahnegießer, London 1817, Sterling Silber, getrieben und gegossen. 395,- DM

Teekessel auf Stövchen, Kopenhagen, 1910, sign.: A. Dragstedt, Feingehalt: 830/1000, 1100 gr. 2.480,- DM

Teeservice, London, 1906, 3-teilig., Sterling Silber, 1170 gr. 2.280,- DM

Henkelschale, deutsch, um 1850, 13 Lot (812,5/1000), L. (mit Henkeln): 30 cm. 880,- DM

Schale, Frankreich, um 1900, Jugendstil, aus Silber getrieben, Chrysanthemen vergoldet, L: 28 cm. Feingehalt: 950/1000. 1.280,- DM

Zuckerschale/Sahnegießer, Amerika, 1920er Jahre, Sterling Silber. 360,- DM
Serviertablett, Amerika, 1920er Jahre, Sterling Silber. 350,- DM
Flacon, London, 1897, viktorianisch, Kristallglas/Silbermanschette. 480,- DM
Puderdose, England, wohl 1920er Jahre, Kristall/Silber/Schildpatt, 295,- DM

Gesehen bei: Antiquitäten Pavillon Esslinger, Stuttgart.

Anbietschale, Ungarn, Silber, 1900. 270,- DM

Gesehen bei:
Antiquitäten & Wohnen, Heilbronn.

Konfektdose, Silber, Peter Behrens. 1.000,- DM

Gesehen bei:
Antiquitäten & Wohnen, Heilbronn.

Vorlegebesteck, Silber, 3-teilig, Laffen vergoldet. 390,- DM

Gesehen bei:
Antiquitäten & Wohnen, Heilbronn.

Sechs Mokkalöffel, Silber vergoldet, 500,- DM

Gesehen bei:
Antiquitäten & Wohnen, Heilbronn.

Silberschale, Riga, 1738-1781, originale Vergoldung, Meister Rewald. 12.000,- DM

Gesehen bei:
Ruff, Stuttgart.

Teekanne, late Georgian, Dublin, 1821, Sterling Silber, 715 g., aus Silber getrieben und gegossen, innen vergoldet. 2.250,- DM
Gesehen bei:
Antiquitäten Pavillon
Esslinger, Stuttgart.

Kaffeekanne, viktorianisch, London, 1880, Sterling Silber, 1240 gr., aus Silber getrieben und gegossen.
2.850,- DM
Gesehen bei:
Antiquitäten Pavillon
Esslinger, Stuttgart.

Deckelschale, viktorianisch, London, 1893, Sterling Silber, 1240 gr., Silber-Einsatz, gravierte Adels-Krone.
2.850,- DM
Gesehen bei:
Antiquitäten Pavillon
Esslinger, Stuttgart.

Terrine, Kopenhagen, 1925, Barockstil, signiert: Chr. Rasmussen, Feingehalt: 830/1000, 2600 gr.
7.800,- DM
Gesehen bei:
Antiquitäten Pavillon
Esslinger, Stuttgart.

1. **Dreiteiliges Teeservice**, Silber, mit Relief, gebauchte, querovale Form, Holzhenkel. 2.100,- DM

2. **Schale**, Silber, Kopenhagen, Michelsen, 1916, barocke Form, D: 22 cm. 1.070,- DM

3. **Dreiteiliges Kaffeeset**, Silber, Dänemark, barocke Form, Höhe der Kanne: 27 cm. 2.250,- DM

4. **Paar Leuchter**, 830er Silber, ovale Form mit Federblatt-Ornamentik, H: 16 cm. 580,- DM

5. **Petit-Four-Heber**, Silber, Kopenhagen, spitz-ovale, flache Laffe, Griff mit Gravur, L: 16 cm. 120,- DM

6. **Gr. Sahnelöffel**, Silber, Kopenhagen, Griff gehämmert mit Eierstabornamentik, L: 29 cm. 160,- DM

7. **Butterpfännchen**, Silber, Kopenhagen, Stand mit Perlfries, Ebenholzgriff, D: 11 cm. 245,- DM

8. **Pastetenheber**, Silber, Kopenhagen, Laffe seitlich reliefiert, Griff, L. 21 cm. 140,- DM

9. **Pastetenheber**, Silber, Kopenhagen, spitzovale, Laffe, Griff jugendstilornamentiert, L: 23 cm. 160,- DM

10. **Butterpfännchen**, Silber, Kopenhagen, glatte Form, Stand reliefiert, Ebenholzgriff, D: 12 cm. 200,- DM

11. **Pfefferstreuer**, Silber, Kopenhagen, gehämmert, reliefiert, H: 9 cm. 145,- DM

Gesehen bei: Antiquitäten & Wohnen, Heilbronn.

1. **Dreiteiliges Teeset**, Dänemark, Silber, fein gehämmerte Arbeit, Korpus gebaucht, Mundrand jugendstilreliefiert. — 2.300,- DM
2. **Schale**, Silber, Kopenhagen, Michelsen 1916, barocke Form, gewellte Wandung, D: 24 cm. — 1.020,- DM
3. **Dreiteiliges Kaffeeset**, Silber, Dänemark, kurzer, gebauchter Korpus, zylindrischer Hals, gehöhter Deckel mit Knauf, tiefangesetzte Ausgußtülle, reliefierte Wandung, H: 29 cm. — 1.710,- DM
4. **Paar Leuchter**, 830er Silber, abgerundeter, balusterförmiger Schaft mit Nodus, H: 20 cm. — 930,- DM
5. **Gemüsepfanne mit Deckel**, Silber, Dänemark, barocke Form, Ebenholzstil, D: 19 cm. — 857,- DM
6. **Sechs Sherry-Untersetzer**, Silber, Kopenhagen, gewellter Rand, glatter Spiegel, D: 8 cm. — 330,- DM
7. **Zuckerlöffel**, Silber, Kopenhagen, ovale Laffe, ornamentiert mit Akelei. L: 13,5 cm. — 80,- DM
8. **Zuckerlöffel**, Silber, Kopenhagen, ovale Laffe in den Griff übergehend, als Abschluß durchbrochene, reliefierte Heckenrose, L: 13 cm. — 80,- DM
9. **Zuckerlöffel**, Silber, Kopenhagen, spitzovale Laffe, Griff nach oben sich verbreiternd, als Abschluß blütenornamentiert, L: 14,5 cm. — 75,- DM
10. **Saucenlöffel**, Silber, Kopenhagen, flache, querovale Soßenmulde, innen vergoldet. — 195,- DM
11. **Sahnelöffel**, Silber, Kopenhagen, ovale Laffe, Abschluß Blütenbekrönung, L: 15,5 cm. — 90,- DM
12. **Sechs Weinuntersetzer**, Silber, Kopenhagen, gewellter Rand, glatter, Spiegel, D: 9 cm. — 480,- DM

Gesehen bei: Antiquitäten & Wohnen, Heilbronn.

1. **Butterpfännchen**, Silber, Kopenhagen, mit umgeschl. Mundrand, D: 10,5 cm. — 370,- DM
2. **Butterpfännchen**, Silber, Kopenhagen, barocke Form, Ebenholzgriff, Wandung mit Monogramm P. und B. und Krone, D: 10 cm. — 180,- DM
3. **Brotkorb**, oval, Silber, Kopenhagen, mit Eierstabrandverzierung, gehämmert. — 980,- DM
4. **Butterpfännchen**, Silber, Kopenhagen, gedrückt gebauchte Wandung, Mundrand gebördelt, angedeuteter Ausguß, Holzgriff, D: 11,5 cm. — 270,- DM
5. **Anbietschale**, Silber, Kopenhagen, barocke Form, gewellter Mundrand, H: 5 cm. — 150,- DM
6. **Salz und Pfeffer**, Sterling Silber, USA, H: 11 cm. — 195,- DM
7. **Deckelschüssel mit Holzgriffen**, Silber, Dänemark, barocke Form, D: 23, H: 8,5 cm. — 1.420,- DM
8. **Kaffeekanne mit Perlrand**, Silber, Dänemark, gestreckt gebauchte Form, Wandung mit Ornamentik, spitzgehöhter Deckel mit Bekrönung, H: 25 cm. — 1.280,- DM
9. **Damenbesteck**, 800er Silber, deutsch, 125 g, 7-teilig, Spatenmuster, Löffel monogr. — 240,- DM
10. **Set mit Brieföffner** u. Kronkorkenöffner, Silber, Dänemark, 19 cm bzw. 12 cm. — 195,- DM
11. **Set mit Brieföffner** u. Kronkorkenöffner, Silber, Dänemark, 20 bzw. 13 cm. — 195,- DM
12. **Sechs Hummerspieße**, 800 Silber, Kopenhagen 1910. — 400,- DM
13. **Petit-Four-Heber**, Silber, Kopenhagen, flache, spitzovale Laffe, kurzer, gerader Griff mit sparsamer Ornamentierung, L: 17,5 cm. — 95,- DM
14. **Sahnelöffel**, Silber, Kopenhagen, Laffe und Griff ineinander übergehend, als Abschluß Eichhörnchen im Blütenhaag, L: 16 cm. — 105,- DM
15. **Sahnelöffel**, Silber, Kopenhagen, auch als Zuckerlöffel verwendbar, Laffe und Griff ineinander übergehend, als Abschuß reliefierte Blüte, L: 15 cm. — 110,- DM
16. **Zuckerlöffel**, Silber, Kopenhagen, ovale Laffe, kurzer Griff, in reliefierten Abschluß übergehend, L: 10,5 cm. — 60,- DM

Gesehen bei: Antiquitäten & Wohnen, Heilbronn.

1. **Albert-Chain**, ca. 1870, Sterling Silber, 3-teilig. 325,- DM
2. **Uhrenkette**, Sterling Silber, Birmingham 1899, schwere Qualität, Anhänger Sterling Silber, Birmingham 1933. 405,- DM
3. **Brosche**, Sterling Silber, 1930, Blumenkörbchen, Blumen mit verschiedenfarbigem Emaille. 270,- DM
4. **Brosche**, Sterling Silber, Chester 1909, Schmetterling, grün-blaue Emaillearbeit, C.Horner. 460,- DM
5. **Brosche**, Silber, wohl Schottland, Lyra, Jugendstil mit verschiedenfarbigen Achaten eingelegt. 545,- DM
6. **Clip**, 935 Silber, Art-Deco, ca. 1930, Markasit, gelber Stein, Silber rhodiniert. 345,- DM
7. **Medaillon**, ca. 1885, rund, Deckel weißes Emaille mit sehr feiner Emaille-Malerei, D: 29,9 mm. 310,- DM
8. **Brosche**, 9 Kt.Gold mit Silber belegt, ein Saphir D: 6,5 mm, 20 Diamant-Rosen, feinste Durchbrucharbeit, 3.710,- DM
9. **Schwertnadel (Kiltnadel)**, Sterling-Silber, 1890, als Brosche zu tragen, mit versch. farbigen Achaten eingelegt. 130,- DM
10. **Schwertnadel (Kiltnadel)**, Sterling-Silber, 1890, das Schild ist eingelegt mit versch.farbigen Achaten, 285,- DM

Verkauft bei: Antiquitäten & Wohnen, Heilbronn.

1. **Damenarmbanduhr**, Gehäuse WG 750/000, Band Doublé, um 1920, ovales Formwerk, 17 Steine, Metallzifferblatt versilbert mit blauen arabischen Zahlen, im Zentrum graviert, Lünette und Seiten graviert, mit vier Saphiren besetzt Minutenzeiger fehlt, Werk muß überholt werden, Filigran-Zugband, besetzt mit Steine.   250,- DM

2. **Damenarmbanduhr**, 925er Silber, um 1930, Schweizer Ankerwerk, 15 Steine, Metallband, Lünette Tula-Silber.   260,- DM

3. **Damengoldbanduhr Valdez**, GG 585/000, um 1918, Ankerwerk, 15 Steine, Komp.Unruh, Gehäuse 8-eckig, Lünette u. Bandoberseite mit Blumengravur, Emailzifferblatt mit arabischen Zahlen und roter 12, ohne Glas.   800,- DM

4. **Damengoldbanduhr**, GG 585/000, 20er Jahre, Zylinderwerk, 10 Steine, Glasrand und Boden mit Scharnier, Zugband mit Verschluß und Sicherheitsacht.   550,- DM

5. **Damenarmbanduhr**, Geh.GG 750/000, um 1950, Band Doublé, Bulova, 23 Steine, Bruchsicherung.   150,- DM

6. **Damengoldbanduhr**, GG 585/000, 20er Jahre, Schweizer Ankerwerk, 15 Steine, Metallzifferblatt versilbert, schwarze arabische Zahlen mit roter 12, Zugband mit Verschluß und Sicherheitsacht.   700,- DM

1. **Damengoldbanduhr Nicolet**, GG/RG 585/000, 30er Jahre, Ankerwerk, 17 Steine, Gliederarmband, 15 cm lang.   440,- DM

2. **Chronograph Florex**, Rosé-G 750/000, um 1955, 17 Steine, 30-Min.-Zähler, Tachymeter, Basis 1000 m.   610,- DM

3. **Damenarmbanduhr, Mafa**, 935er Silber, 20er Jahre, Anker-Formwerk, 15 Steine, Gehäuse Tonnenform.   240,- DM

4. **Herrenarmbanduhr**, Election, Metall, um 1945, 17 Steine, Sekunden-, Datum-, Wochentag- u. Monatsanzeige,   360,- DM

5. **Damenarmbanduhr**, Paul Raynead, um 1950, WG-Doublé, 17 St., mit 4 Diamanten besetzt, Doublé-Band.   200,- DM

6. **Damenarmbanduhr**, Hamilton, um 1950, Gehäuse WG 585/000, 22 Steine, bimetallische Schraubenunruh mit Breg. Spirale, Bruchsicherung, Lünette und Bandansätze mit 14 Diam. besetzt, zus. ca. 0,20 ct, Doublé-Band mit 22 unechten weißen Steinen besetzt, Verschluß mit Sicherheitskettchen.   800,- DM

Versteigert bei: Henry's Auktionen, Mutterstadt.

Schmuck

1. Chronometer, P.G.M., 30er Jahre, sign.Starina, Chrom, Ankerwerk revidiert.	380,- DM
2. Armbanduhr, "Raylon" (von Lorebert), Plaque. Revidiertes Ankerwerk, 50er Jahre,	370,- DM
3. Automat.Herrenarmbanduhr, mit Datum, "Vulcain".	165,- DM
4. Skelettarmbanduhr, vergoldet, antikes Gehäuse, fein filigran, Lederarmband.	550,- DM
5. Herrenarmbanduhr, Elgin, Doublé, 30er Jahre, Formwerk, 17 Steine, kleine Sek., Reptilband.	300,- DM
6. Herrenarmbanduhr, Waltham, GG 585/000, Ankerkwerk, 17 Steine, bimetallische Unruhe mit Breg.Spirale, kleine Sekunde, Reptilband.	625,- DM
7. Herrenarmbanduhr, Micron, Doublé, Ende der 30er Jahre, Ankerwerk, 7 Steine, kleine Sekunde, Zahlenindex mit unechten weißen Steinen besetzt, Krokoband.	440,- DM
8. Herrenarmbanduhr, Bulova, Doublé, um 1940, Ankerwerk, 17 Steine, bimetallische Unruhe mit Breg.Spirale, kleine Sekunde, Lünette graviert, Reptilband.	340,- DM
9. Herrenarmbanduhr, Longines, RG-Doublé, 30er Jahre, rhodiniertes Ankerwerk, 17 Steine, Komp.Unruhe mit Breg. Spirale, frühe Bruchsicherung, kleine Sekunde, Reptilband, optisches Glas.	380,- DM

Versteigert bei: Henry's Auktionen, Mutterstadt.

1. Außergewöhnliches Miniatur-Goldemailführchen für den türkischen Markt, 19.Jh., sign.am Goldstaubdeckel August Courvoisier, Chaux-de-Fonds, No.46273. Goldgehäuse (Scharnier leicht defekt), rückseitig in feiner Emailmalerei buntes Blumenbouquet auf rosa Grund, umrahmt von feinen Goldblumen. Vergoldetes, mattes Zifferblatt mit türkischen Zahlen, im Zentrum emaillierte, polychrome Blumen. Zylinderwerk. Mit kurzer Kette und Schlüssel. 23.000,- sfr

2. Kugeluhr, sign."Doxa", Lupenglasgehäuse mit Stahlfassung, polychrom bemaltes Zifferblatt mit erotischer Szene. Schweizer Nickelankerwerk. 900,- sfr

3. Kugeluhr, 20.Jh., sign."Doxa" Lupenglasgehäuse mit Stahlfassung, Lunette mit blauen und weißen Glassteinen besetzt. Mit erotischer, polychromer Malerei bemaltes Zifferblatt. Schweizer Nickelankerwerk. 900,- sfr

4. Kugeluhr, 20.Jh., sign."Doxa" Lupenglasgehäuse mit Metallfassung, Lunette mit farbigen Glassteinen besetzt, polychrom bemaltes Zifferblatt mit erotischer Szene. Schweizer Nickelankerwerk. D: ca. 7,5 cm. 900,- sfr

5. Kugeluhr, 20.Jh., für den orientalischen Mark, Lupenglasgehäuse mit Stahlfassung, polychrom bemaltes Zifferblatt mit erotischer Szene. Vergoldetes Ankerwerk. D: 6,5 cm. 900,- sfr

Gesehen bei: UTO's Auktionen, Zürich.

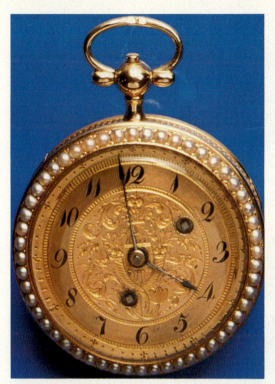 

Außergewöhnlich feine und kleine Gold-Email-Uhr mit Musik, 1.Hälfte 19.Jh., 750 GG-Gehäuse mit gerippter Wandung und beidseitig umlaufender Perlenlünette. Auf der Rückseite polychrome Emaillandschaft, im Vordergrund Baum und drei Automatenfiguren in Mehrfarbengold. Junges Paar beginnt zu schaukeln, sobald der Musikautomat ausgelöst wird, während eine sitzende Frau Gitarre spielt. Im Zentrum reich floral graviert. Goldzifferblatt mit arabischen Zahlen. Feuervergoldung. Zylinderwerk, vertikales Walzenspielwerk, mit kurzer Kette, D: 3,9 cm. 165.000,- DM

Damentaschenuhr, um 1880, GG 750/000, Silber, ausgefaßt mit 138 Diamant-Rosen, Zylinderwerk, weißes Emailzifferblatt mit goldfarbenen Zeigern, Minutenpunkteinteilung und schwarzen Zahlen, EZW 0, EZG 0, D: 22 cm. 4.800,- DM

Taschenuhr, Zifferblatt, sign.: Cartier, GG 750/000, Werk: European Watch, 19 St., Komp. Unruh, Silberzifferblatt guillochiert mit arabischen Zahlen, Rückdeckel innen graviert mit Widmung von 1938, EZW 2, EZG 2, D: 47 mm. 3.000,- DM

Gesehen bei: Henry's Auktionen, Mutterstadt.

Kutschenuhr, Frankreich, Anfang 18.Jh., 4/4-Schlag, Stundenrepetition, Wecker und Datum, Werk sign. "Jullien le Roy à Paris". Reich mit Ornamenten und mythologischen Figuren verziertes und durchbrochenes Silbergehäuse. Weißes Emailzifferblatt mit römischen und arabischen Zahlen, zentraler Weckerscheibe und Tagesanzeiger, bei 12 Uhr Monatsanzeige, feuervergoldetes Spindelwerk mit Kette und Schnecke. Mit Fabeltier und Rankenwerk gravierter Spindelkloben, silbernes Regulierzifferblatt. Drei feststehende Federhäuser für Viertelschlag, Stundenschlag und Wecker. Lederbezog. Übergehäuse. Frontlünetten mit runden Schallöchern, rückseitig durchbrochen. Silberverzierung. 30.000,- sfr

Gesehen bei: UTO'Auktionen, Zürich.

Silbertaschenuhr, Schweiz, um 1930, weißes Emailzifferblatt, römische Zahlen, kleine Sekunde, Ankerwerk, in Silber-und Holzaufstellrahmen (zu überholen). 200,- sfr

Goldener Minenhalter mit Uhr, Art Deco, sign."Pery Watch Co.", Halter aus GG 585/000, darin eingelassene Uhr mit Silberzifferblatt, arabischen Zahlen (Zeiger fehlen), versilbertes schweizer Ankerwerk mit Komp.Unruh und Breguet-Spirale, L: ca.9,6 cm. 1.800,- sfr

Gesehen bei: UTO'Auktionen, Zürich.

Uhrketten mit diversen Anhängern, Silber und Metall, eine Jägerkette mit Jagdtrophäen und Münzen, nach 1922, L: zus.ca. 44 cm. 200,- DM

Gesehen bei: Henry's Auktionen, Mutterstadt.

Schmuck

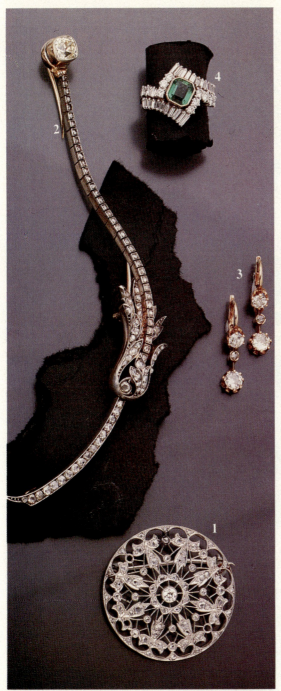

1. Brosche mit Diamanten, WG 750/000, 30er Jahre, Altschliff-Diamant, ca. 0,18 ct Weiß/si-p 1, 70 Diamant-Rosen, zus. ca. 1 ct (2 Steine fehlen). 2.200,- DM

2. Anhänger/Brosche mit Diamanten, GG 750/000 und Silber, wohl Pariser Arbeit um 1870/80, Altschliff-Diamant, ca. 1,4 ct get./si-p1, 97 Diam.-Rosen, zus. ca. 1,2 ct 5.400,- DM

3. Ohrgehänge mit Diamanten, wohl Frankreich, um 1890, Roségold 750/000, vier Altschliff-Diam., zus. ca.1,5 ct, get. Weiß/p1-2, zwei Diam.-Rosen, zus. ca. 0,04 ct 16.000,- DM

4. Ring mit Smaragd und Diamanten, WG/GG 585/000, Smaragd im Emerald-Cut, ca. 1ct, 12 Brillanten u. 24 Diam.-Baguettes, zus. ca.0,85 ct Weiß/vvs-p1. 3.200,- DM

5. Brosche, um 1920, Jugendstil, GG 750/000, Platin, mit 22 Diamant-Rosen und drei Perlen. 1.300,- DM

6. Brosche, um 1915, Platin/GG 750/000, ein Altschliffdiamant, ca. 0,25 ct l. get. Weiß/p2, 35 Diamantrosen, florales Motiv. 960,- DM

Versteigert bei: Henry's Auktionen, Mutterstadt.

1. Armband mit Diamanten, Silber und GG 750/000, wohl Frankreich, um 1930, 231 Altschliff-, 8/8 Diamanten und Diamant-Rosen zus. ca.15,5 ct, Länge ca.18, 11.500,- DM

2. Art-Deco-Damenarmbanduhr, um 1920, Platin, mit 70 Altschliff-Diamanten, zus. ca. 2,5 ct, l.get. Weiß/p1-2, Ankerwerk, weißes Zifferblatt mit schwarzen Zahlen, Minuteneinteilung und gebläute Stahlzeiger, schwarzes Band. 3.300,- DM

3. Brosche mit Brillanten und Diamanten, wohl USA, um 1930, GG 750/000, 10 Diamant-Baguettes und -Carrées, 86 Brillanten und 8/8 Diamanten, zus. ca. 4,2 ct, Weiß - l.get. Weiß/vvs - p1 (1 Stein fehlt). 4.600,- DM

4. Set, Boucheron Paris, 30er Jahre, sign., Zigarettenspitze, Lippenstifthülse und Zigarettenetui, Silber und GG 750/000 mit 11 Rubinen, zus. ca. 0,8 ct (1 Stein fehlt), Schließe des Etuis locker. 3.500,- DM

Versteigert bei: Henry's Auktionen, Mutterstadt.

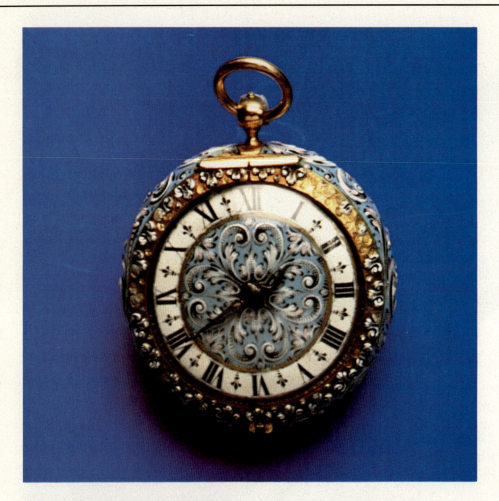

Goldemailührchen in Übergehäuse, Schweiz, um 1670, sign. am Werk: Abraham Cailhatte. Prächtig gearbeitete mit relieferten, schwarz, rosa, weiß staffierten Akanthusvoluten auf hellblau emailliertem Grund. Rückseitig ovales Miniaturporträt (wohl nach Huaud) einer jungen Dame. Weißer, römischer Emailzifferring, Zentrum wie Gehäuseverzierung, Eisenzeiger. Sehr schönes Spindelwerk mit Schnecke und Kette (früher Darmsaite), eiserne Radunrast ohne Spirale, durchbrochener Kloben, silbernes Regulierzifferblatt, Rochenhaut-Übergehäuse mit aus Ziernägeln gefertigtem Monogramm. D: 3,8 cm. 2. Gehäuse gleicher Art.
165.000.- DM

Gesehen bei: Henry's Auktionen, Mutterstadt.

SCHMUCK

1. **Silbertaschenuhr**, England, um 1800. Bemaltes Email-Zifferblatt mit römischen Zahlen. Zylinderhemmung. Rückseitig spätere Bemalung.   450,- sfr

2. **Silbertaschenuhr**, England, um 1800. Das Werk sign."Wm.Bullingford, London". Bemaltes Zifferblatt mit Mondphase, römische Zahlen. Spindelwerk mit durchbrochenem Kloben. In Übergehäuse.   500,- sfr

3. **Reiseührchen** mit Selbstschlag und Datum, Japan, um 1800. Mit Rochenhaut bezogendes, seitlich floral durchbrochenes und graviertes Messinggehäuse. Unter dem aufklappbaren Deckel (Schließe defekt) durchbrochener, drehbarer Messingzifferring. Datumsfenster. Werk mit Spindelhemmung, Schlag mit Hammer auf Glocke. Mit Kordel und Netsuke.   4.000,- sfr

4. **Knopfloch-Uhr**, Schweiz, um 1920, Gehäuse GG 585/000, Lünette mit kleinen Rubinen, vergoldetes Zifferblatt, arabische Zahlen, gebläute Birnzeiger, vergoldetes schweres Ankerwerk mit Komp. Unruh und Breguet-Spirale.   2.200,- sfr

5. **Taschenuhr**, England, 1768. Das Werk sign. "J.Blackborn, London, 1768". Bemaltes Emailzifferblatt mit arabischen Zahlen. Spindelwerk mit Kette und Schnecke, durchbrochen. Kloben u. silbernem Regulierzifferblatt.   400,- sfr

Gesehen bei: UTO's Auktionen, Zürich.

Taschenuhr in 2 Übergehäusen, für den türkischen Markt, Sign. Edward Prior, London, No.62261. Plaquegehäuse. Weißes Emailzifferblatt mit türkischen Zahlen (Zeiger nicht original). Feuervergoldetes Spindelwerk und Abdeckplatte, silbernes Regulierhilfszifferblatt mit türkischen Zahlen, ägyptische Werkpfeiler (Aufzugfeder gebrochen). 1. Übergehäuse Plaque, 2. Übergehäuse mit Schildpatt belegt. D: 5,3 cm.
3.360,- DM

Vergoldete Kupfertaschenuhr in Übergehäuse, um 1750, sign. Samuel Robert Atkins, London, No.1664. Glattes Gehäuse. Weißes Emailzifferblatt (1 kleiner Haarriß bei 6) mit römischen Stunden- und arabischen Minutenzahlen, Herzzeiger. Feuervergoldetes Spindelwerk mit Kette und Schnecke, durchbrochener und gravierter Spindelkloben und Abdeckplatte, silbernes Regulierzifferblatt. Mit figurativer Darstellung, Blumen und Rocaillen getriebenes, vergoldetes Überhäuse, 1 Watchpaper, D: 4,7 cm.
1.200,- DM

Herrenarmbanduhr, Patek Philippe, um 1940, mit ewigem Kalender, Mondphase und Chronograph, 18 K RG, 140.000,- DM

Goldemail-Anhängeuhr in Herzform, England, um 1860, bez. am Goldstaubdeckel "Examined by Hunt & Roskell, 156 New Bond Street, London". Gehäuse mit floral gravierten Lunetten, Wandung und Bügel, beide Gehäuseschalen in kobaltblauem, transluzidem Email (rep.) in schwarzer, mit Gold-Blattwerk verzierter Entourage, Zentrum mit Diamant-Rosen besetzten Blumensträußen, weißes Emailzifferblatt mit römischen Zahlen, sehr feine Breg.Zeiger in floral graviertem Goldrahmen, vergoldetes, herzförmiges Zylinderwerk, verharzt, Verschluß defekt, H: ca. 2,9 cm.
6.600,- DM

Gesehen und versteigert bei: Henry's Auktionen, Mutterstadt.

Bierkrüge, von Barock bis Jugendstil, Silber 900,-/3.200,- DM

Broschen, Art-Deco, Platin, Brillanten, Rubine. 8.500,- bzw. 7.500,- DM

Kreuz, Italien, um 1600, in Gold gearb., besetzt m. Orientperlen, Smaragden, Rubinen. 17.500,- DM

Gesehen bei: Krischke, Berlin.

Anhänger, Gold, Frankreich, um 1900, besetzt mit Brillanten, Rubin, Smaragd und einem Landschaftsachat in der Mitte. 12.500,- DM

Herrenarmbanduhren, 30er Jahre, Longines, Gold, Brillanten. 2.800,- bzw. 1.500,-DM

Gold-Emailuhr, England, um 1780 (für den chinesischen Markt), sign. am Werk: "Fontac, London". Glattes Goldgehäuse, rückseitig polychrome Emailmalerei, ein Paar in Parklandschaft. Im Inneren der Schale erotische Szene auf Email gemalt, weißes Emailzifferblatt mit schwarzen römischen und chinesischen Zahlen, feuervergoldet, graviert, Spindelwerk mit Kette und Schnecke, durchbrochen, Spindelkloben und silbernes Regulierzifferblatt, D: 6,4 cm. 20.500,- DM

Gesehen bei: Henry's Auktionen, Mutterstadt.

SCHMUCK

Brosche, in Form einer Schwalbe, Frankreich, um 1850, Silber auf Gold, besetzt mit Diamanten. 25.000,- DM

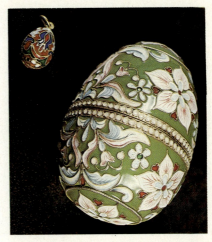

Osterei, Silber vergoldet, emailliert, Rußland um 1880, signiert: Ovchinnikov. Inhalt: 875-Karat-Amethyst-Ei. 17.000,-/25.000,- DM

Blütenbrosche, Silber auf Gold, Georgien, mit Diamanten besetzt, Mittelstein: 1 Olivin. 14.500,- DM

Anhänger/Brosche, Frankreich, 18.Jh., Email auf Gold, besetzt mit Brillanten. 8.500,- DM

Gesehen bei: Krischke, Berlin.

Chatelaine, Frankreich, um 1830, Metall verchromt, graviert, teilvergoldet, Behang bestehend aus: Fingerhut, Schere, Nadeletui und Nadelkissen in Form eines Rades, ziseliert, Ketten sek. mit Stahlprismenbesatz, L: ca. 40 cm. 1.210,- DM

Zigarettenetui, Österreich, Wien, vor 1921, 930er Silber, Meistermarke TS - ungedeutet, Innenvergoldung, hellblau, transluzid emailliert, guillochiert, Widmungsinschrift von 1951 später, H: ca. 1,5 cm, B: ca. 8,2 cm, T: ca. 5,5 cm. 600,- DM

Versteigert bei: Henry's Auktionen, Mutterstadt.

Schminkdose, 750 GG, ca. 454 gr., wohl Italien, mit geschweiftem Deckel, Rand und Drücker mit zus. ca. 78 Brillanten in Weissgoldfassung besetzt. Innen Lippenstifthülse und zwei Fächer mit Deckel, Deckelinnenseite mit Spiegel, seitlich eingelassener Kamm, Brillanten zus. ca. 0,90 ct., ca. 10,7 x 8,2 x 2,5 cm. 12.000,- DM

Automat, wohl Frankreich, 2.H.18.Jh., Gehäuse Wurzelahorn, innen Schildpattverkleidung, Ränder ebenso, im Original Etui, auf Deckel Darstellung eines Mönches mit Spinnerin, Elfenbeinminiatur, feine bunte Gouachemalerei, Werk bewegt Rad, Arm und Fuß der Spinnerin, Bart des Mönches wird gekrault, erotisierend, Lunette in Rotgold und Roségold, H: ca. 3 cm, D: ca. 7,5 cm, Schlüssel sek. 5.280,- DM

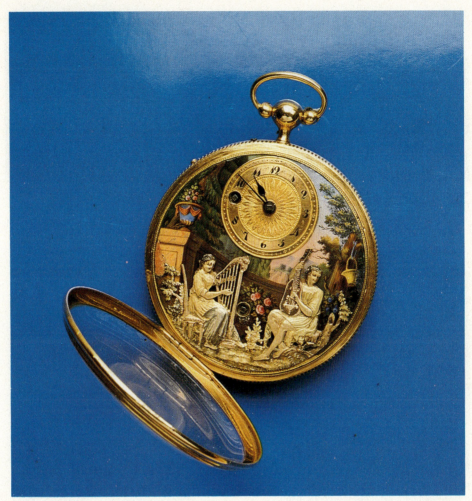

Goldemail-Musikautomatenuhr, um 1820. Glattes Goldgehäuse mit gerippter Wandung. Polychrom emaillierte Frontplatte (restauriert und ausgesprungen) eine Gartenszene darstellend, im Vordergrund 2 sitzende Figuren in Mehrfarbengold, welche Harfe und Mandoline spielen. Im oberen Teil das guillochierte Goldzifferblatt mit arabischen Zahlen. Feuervergoldetes Zylinderwerk mit Messinggangrad (Staubdeckel fehlt). Walzenmusikspielwerk auslösbar auf Wunsch durch Drücker in der Wand bei 10 Uhr. 96.000,- DM

Gesehen bei: Henry's Auktionen, Mutterstadt.

Spindeltaschenuhr mit Uhrgehäuse, England, um 1810, Silber, Werk sign.: Jn.Winstanley Holywell Nr.4132, Lit. Baillie S.346, bekannt von 1791-1835, großer Spindelkloben mit Ranken und Fratzengravur, Schnecke und Kette, Silberzifferblatt, im Zentrum der oberen Hälfte Tag- und Nachtscheibe, römische Stundenskala, äußere Minutenskala, Aufzugloch im Boden, Gravur im Boden nicht identisch mit dem Alter der Uhr, Durchm. ca. 50 mm, glattes Umgehäuse, Durchm. ca. 56 mm, EZW 2, EZG 2. 850,- DM

Anhänger/Brosche, Frankreich, Louis XVI., besetzt mit Brillanten und einem Peridot. 17.000,- DM

Brosche, Frankreich, um 1920, Art Deco, besetzt mit 14 ct Brillanten. 18.000,- DM

Gesehen bei: Krischke, Berlin.

Paar Silberleuchter, Frankfurt, um 1800, mit Elfenbeinsäulen, vergoldet, sign.: Schott. 5.500,- DM

Collier, Frankreich, 1920, Art Deco, Jade, Onyx, Koralle, Perlen, Gold. 7.500,- DM

Gesehen bei: Krischke, Berlin.

Collier mit Ohrgehänge, Frankeich, 1920, Art Deco, Diamanten und Türkise. 16.500,- DM

Ring, Platin, Frankreich, 1920, gefaßte Brillanten, Mittelstein: feiner kolumbianischer Smaragd. 18.000,- DM

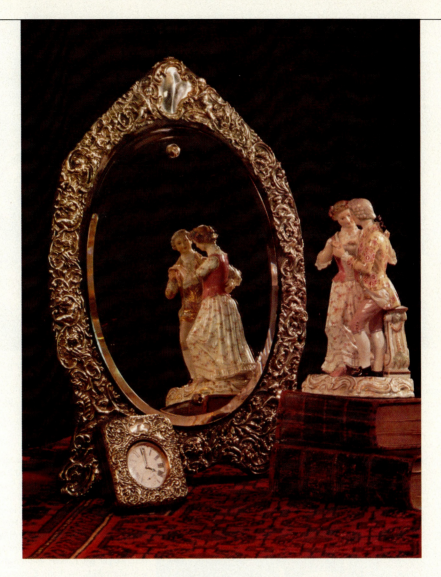

Merry Old England

Bahnhofstraße 4, 8100 Garmisch - Partenkirchen
Telefon 0 88 21 / 5 99 09

Wir führen in großer Auswahl antiken Schmuck, englisches
und europäisches Silber, Porzellan, Glas, Uhren, Münzen, Zinn
sowie Ausgefallenes und Skurriles.
Wir, Raphaela und Barry Caselton, ein deutsch / englisches Team,
mit viel Erfahrung im Antiquitäten und Kunstbereich,
beraten und zeigen Ihnen gerne alles unverbindlich.
Wir freuen uns auf Ihren Besuch in unserem Geschäft.

Goldemail-Automatenuhr, um 1810, Simon Gounulham zugeschrieben. Die verglaste Rückseite zeigt in feiner polychromer Emailmalerei eine Küchenszene mit aufgesetzter Mehrfarbengoldplatte: Kamin und Küchenutensilien, Hund, Wasser und Flammen beginnen sich zu drehen. Vorderseite mit weißem Emailzifferblatt (Reperaturstempel) mit arabischen Zahlen, Spindelwerk mit Kette und Schnecke, zusätzliches Räderwerk für den Automat. D: 6 cm. 96.000,- DM

Goldarmbanduhr mit Minutenrepetition, ewigem Kalender und Mondphasen, sign. "Andersen, Genève". Gehäuse GG 750/000, mit Repetitionsschieber in der Wandung. Guillochiertes Goldzifferblatt mit römischen Zahlen, vier Hilfszifferringe für Monat bei 3, Mondphasen und Mondalter bei 6, Wochentag bei 9, Datumsangaben mit zurückspringendem Zeiger bei 12 Uhr. Feines, rhodiniertes schweizer Ankerwerk mit Kompensationsunruh, Breguet-Spirale, 28 Rubine. Lederband mit "Balmung", Korrekturstift. D: 3,8 cm. 75.000,- DM

Gesehen bei:
Henry's Auktionen, Mutterstadt.

1. **Damenarmbanduhr**, ohne Armband, Omega, vergoldet. 195,- DM

2. **Herrentaschenuhr**, Rosskopf. 190,- DM

3. **Damentaschenuhr**, 585 Gold, Rückseite ziseliert und emailliert. 325,- DM

4. **Damentaschenuhr**, Silber, Rückseite ziseliert. 240,- DM

5. **Damentaschenuhr**, Silber. 180,-DM

6. **Herrenarmbanduhr**, ohne Band, Nickel. 65,- DM

7. **Damenarmbanduhr**, ohne Band, Silber vergoldet, rückseitige Inschrift: Gott schütze Dich. 245,- DM

8. **Damenarmbanduhr**, umgearbeitete Taschenuhr mit Ripsband, rückseitig ziseliert mit Wappen. 170,- DM

9. **Damenarmbanduhr**, vergoldet mit Ripsband, 6-eckige Form. 155,- DM

10. **Herrentaschenuhr**, 800er Silber. 195,- DM

Verkauft bei:
Antiquitäten & Wohnen, Heilbronn.

1. **Taschenuhr**, Neusilber, "Revue". 115,- DM

2. **Damenuhr**, 585/-GG, Ld. bd. "Gilda", Werk 17 Steine. 276,- DM

3. **Herrenuhr**, Plg. "Tissot Seastar Seven", Blatt silberfarben, große Sekunde, Keile. 173,- DM

4. **Damentaschenuhr**, 800er Silber, teilvergoldet, Ankerwerk überholt, Deckel guillochiert. 288,- DM

5. **Bandring**, 18 kt GG, Brill., Saphir. Im Wechsel ausgef. mit Brillant 0,10 ct, TW/P1, Saphir o,15 ct. 368,- DM

6. **Bandring**, 18 kt GG, Brill. und Rubin. 0,11 ct., TW/P1, Rubin 0,15 ct. 398,- DM

7. **Damenuhr**, Plq. "Anker". 58,- DM

8. **Damenschlüssel-Taschenuhr**, 925er Silber, um 1870, überholt. 345,- DM

9. **Taschenuhr**, Nickel, um 1950, Ankerwerk. 69,- DM

Versteigert bei:
Antiquitäten & Wohnen
Heilbronn.

Gesehen bei:
UTO's Auktionen
Zürich.

Scherzfigur, Bacchus auf umgekehrtem Zuber, Wien, nach 1866, 800er Silber, Figürchen bunt emailliert en bosse, Email z.T. transluzid, Untergrund z.T. graviert, teilvergoldet, Perlbesatz, Brust aus konvexer Perlmuttscheibe, Meistermarke PL ungedeutet.
1.500,- sfr

Salzgefäß in Form eines Thrones, Moskau, 1881, Beschaumeister AK - ungedeutet, Ovchinnikov-Werkstatt, 88er Silber, Vermeil, Wandungen in Grubenschmelztechnik, Untergrund z.T punziert, z.T. ziseliert, ca. 142 g. H: ca.7,5 cm, B: ca. 6,3 cm, T: ca. 4,8 cm.
1.000,- sfr

Kugeluhr, Ende 17.Jh., sign. am Werk Hans Schlemmer, Messing. Am Aequator aufgesetzter, horizontaler Zifferring mit römischen Zahlen und Schlüsselöffnung für Regulierung. Gravierter Zifferring mit arabischen Zahlen, versilberter Zeiger in Form eines Putto, der mit der rechten und linken Hand die Zeit auf beiden Zifferringen angibt. 1-Tag-Spindelwerk mit Schnecke und Darmsaite.
50.000,- sfr

Gesehen bei:
UTO's Auktionen
Zürich.

Anhänger, 1000/-Gold, Silber 1000/-, Tribolit (Alter etwa 500 Mio), Fassung handgearbeitet, ganz unterlegt mit Feinsilber und Feingold. 1.690,- DM

Brosche, 800 GG, Flußemail, Rubin, Brillant, Saphir, Smaragd, fein gearbeiteter Schmetterling, Körper handgraviert, Flügel aus verschiedenfarbigem, durchscheinendem Email, einzeln beweglich durch verdeckte Stahlfedern, die Ränder mit Diamantrosen ausgefaßt, über den Flügeln auf feinen Streben Fassungen für die Farbsteine und Brillanten. 4.371,- DM

Armreif, 750 GG, Rubine, Smaragde, Saphir, Diamanten. Runddrahtkonstruktion mit unebenen Gußteilen besetzt, zum Öffnen. Symm. Teile, die nach oben breiter werden, Mitte rund, gehöht, mit den Farbsteinen besetzt. 3.627,- DM

Drehbleistift, 750 GG, Email, blau-weiß, breites Band in der Mitte mit symmetrischer Emailmalerei verziert, Knopf turbanähnlich geformt. 670,- DM

Damenring, 18 kt. GG, Saphir, Brill., rechteckiger, blauer Saphir quer zum Finger gearbeitet. An den Breitseiten sowie den Seitenteilen mit Baguettes, die restlichen Teile mit Brillanten ausgefaßt. Brill. zus. ca. 1.06 ct, TW/vvsi, Saphir ca. 2,03 ct. 5.885,- DM

Herrenring, 585 GG, 1 AS-Diam., ca 0,52 ct, W/vvsi, 2 Saphire, massiver Bandring, glatt, die Steine sind eingelassen. 3.250,- DM

Damenring, 18 kt. GG, Diam.-Baguettes, Saphir. Die versetzt gegeneinandergestellten Enden der massiv gearbeiteten Ringschiene haben als Abschluß je einen großen, facettierten Saphirtropfen. In die leicht gespaltenen Schienenenden sind längs je 2 Reihen Diam.-Baguettes eingefaßt. Diamanten zus. 0,90 ct, TW/vvsi, Saphir ca. 3,30 ct. 5.882,- DM

Medaillon, Biedermeier, Schaumgold mit Perle. Schlaufe und Fassung für Perle erneuert. 690,- DM

Versteigert bei: Antiquitäten & Wohnen, Heilbronn.

1. **Damenarmbanduhr**, Zomikron, Walzgolddoublé. — 230,- DM
2. **Damenarmbanduhr**, Tulasilber, mit Band. — 155,- DM
3. **Herrentaschenuhr**, deutsch., um 1850, guillochiertes Goldgehäuse, 18 Kt.m.Steinen (Bi-Color). — 1.560,- DM
4. **Herrentaschenuhr**, graviertes Goldgehäuse, vergoldetes Zifferblatt, Fadenzeiger, 18 Kt.Gold. — 1.560,- DM
5. **Herrenuhrkette**, vergoldet, L: 40 cm. — 115,- DM
6. **Herrenuhrkette**, vergoldet, L: 40 cm. — 115,- DM
7. **Brosche**, um 1870, vergoldet, mit ziseliertem Mittelteil, Perle gefaßt. — 275,- DM
8. **Brosche**, um 1920, Sonnenzeichen mit vier blauen Saphiren und einer Perle. — 205,- DM
9. **Brosche**, mit neun gefaßten böhmischen Granaten. — 155,- DM
10. **Damenuhrkette**, vergoldet, Schieber mit synthetischem Rubin. — 130,- DM
11. **Herrenuhrkette**, vergoldet, grobe Struktur, L: 20 cm. — 115,- DM
12. **Damenuhrkette**, vergoldet, ein synthetischer Rubin und vier kleine Perlen, L: 120 cm. — 120,- DM
13. **Uhrkette**, Biedermeier, Kette geflochtenes Haar in vergoldeten Kapseln gefaßt. — 275,- DM

Verkauft bei: Antiquitäten & Wohnen, Heilbronn.

1. **Krawattennadel**, 625 Gold, ca. 1920, Opal. — 2.330,- DM
2. **Glasmedaillon**, 333 GG, Jahrhundertwende, geschliffenes Glas beidseitig. — 572,- DM
3. **6 Frackknöpfe**, Doublé, ca. 1920, Email, lila, im Original-Etui. — 242,- DM
4. **Kugeluhr**, Brosche, Kette, Sterling Silber, ca. 1950, Email. — 490,- DM
5. **Medaillon**, 333 Roségold, 8-eckig, erhaben gearbeitetes Vogelmotiv, graviert. — 352,- DM
6. **Medaillon**, rund, mit Schleife, beidseitig mit feinster Wiener Handgravur. — 310,- DM
7. **Herren-Taschenuhr**, 900er Silber, auf 10 Rubinen gelagert, Kronenaufzug, intakt. — 100,- DM
8. **Medaillon**, 333 GG, Goldrand mit 8 kleinen Türkisen besetzt. — 430,- DM
9. **Manschettenknöpfe**, 375 Gold, Chester 1885, reiner Jugendstil, graviert. — 199,- DM
10. **Medaillon**, 15 Kt. Roségold, ca. 1900, oval, 21 x 27 mm. — 705,- DM
11. **Duftphiole**, möglich auch Giftphiole, 15 Kt., um 1800, oval, beidseitige Erbskette. — 1.870,- DM
12. **Medaillon**, 333 Rotgold, 1 echte halbe Perle. — 330,- DM

Verkauft bei: Antiquitäten & Wohnen, Heilbronn.

1. **Collier**, 18Kt. GG, ca. 1910, durchbrochen gearbeitet und ganz mit echten, halben Perlen ausgefaßt, mittig sowie oberhalb ein feiner Amethyst eingearbeitet. — 4.900,- DM

2. **Uhrkette**, 9 Kt. Gold, um 1900, lange Kette (Schlangenkette). — 2.500,- DM

3. **Collier**, 19 Kt. GG, zierliche, typische Jugendstilarbeit, Mittelteil des anschmiegsamen Schmuckes mit 6 feinen Aquamarinen besetzt, .n den Zwischenteilen und dem Kettchen zahlreiche, echte Perlen. — 2.750,- DM

4. **Brosche**, ca. 1880, Onyx, Metall, römisches Mosaik, Blumenkörbchen. — 570,- DM

5. **Kette**, 15 Kt. Gold, Jahrhundertwende, schwere doppelte Ankerkette mit feingraviertem Schieber. — 3.000,- DM

6. **Anhänger**, Silber vergoldet, Kette Doublé, violette Emailarbeit mit aufgesetztem Perlkränzchen in der Mitte, der Rand besteht aus Blättchen, die ebenfalls mit echten, halben Perlen ausgefaßt sind. — 585,- DM

7. **Armband**, Goldflußtechnik, 1.Hälfte 19.Jh., 5-gliedrig, je ein ovales Goldflußmedaillon mit römischem Mosaik, Zwischenteile und Fassungen mit Markasit, cut-steel Fassungen. — 2.360,- DM

Verkauft bei: Antiquitäten & Wohnen, Heilbronn.

1. **Armband**, Jet (Gagat), England, Jahrhundertwende, auf Gummi aufgezogen, mit großem, ovalem Mittelteil, auf Mittelteil heraldischer Römerkopf. 1.280,- DM
2. **Brosche**, Jet (Gagat), England, Jahrhundertwende, Motiv: Frauenkopf, gearbeitet wie Gemme, feine Schnitzarbeit, auch als Anhänger zu tragen. 375,- DM
3. **Halskette mit Anhänger**, Jet (Gagat), England, Jahrhundertwende, Kette im Ankermotiv, Anhänger beidseitig geschnitzt in Wappenform. 1.030,- DM
4. **Ohrhänger**, 16 Kt. Gold, Onyx mit 2 echten Perlen, tropfenförmig. 685,- DM
5. **Brosche**, Jet (Gagat), England, Jahrhundertwende, fein geschnitztes Rosenmotiv. 295,- DM
6. **Brosche**, Jet (Gagat), England, Jahrhundertwende, walzenförmig geschnitzt, diagonal verlaufende Bordüre. 220,- DM
7. **Medaillon**, Jet (Gagat), England, Jahrhundertwende, Maiglöckchen in 9 Kt. Gold gefaßt, oval, mit echten, halben Perlen. 890,- DM
8. **Anhänger**, Jet (Gagat), England, Jahrhundertwende, Motiv: Rebenblatt mit Trauben. 245,- DM
9. **Krawattennadel**, Jet (Gagat), England, Jahrhundertwende, oval, mit eingelegter Muschelgemme. 245,- DM
10. **Ohrgehänge**, Jet (Gagat), England, 1890, mit Handgravur, je eine Muschelgemme. 545,- DM
11. **Ohrringe**, Boutons, 16 Kt. Gold, ca. 1910, Onyx mit zwei echten, halben Perlen.. 500,- DM

Verkauft bei: Antiquitäten & Wohnen, Heilbronn.

Antiquitäten & WOHNEN

Neckargartacher Str. 94
71oo Heilbronn - Böckingen
Telefon 07131 - 47070
Telefax 07131470740
Telex 728210 lbb d

Feiner Antikschmuck

HEKL

**Computertechnik
Softwareentwicklung
EDV Beratung**

Wir bieten Softwarelösungen für
alle Branchen, insbesondere:
Getränke - Mode - Schmuck - Sport - Adressverwaltung

6908 Wiesloch   Eichelweg 4   Telefon 06222 - 52000

1. Riechfläschchen, Frankreich, 2.H.19.Jh., Silber, schwarzgrundig emailliert, weiße Päonienranken in der Art der 1.H. 18.Jh., Vorbild Limoges, Boden restauriert, Meistermarke ungedeutet, H: ca. 8,3 cm. 350,- sfr

2. Porzellanschnecke, England, um 1850, Montierung Silber, Namensmonogramm A.P.S. Wright,
H: ca. 3,5 cm, B: ca. 9 cm, T: ca. 7 cm 300,- sfr

3. Schnupftabakdose mit erotischer Szene, England, 19.Jh., rot und schwarz gelackt, Schildpatt vortäuschend, Bänderung Metall, Deckelinneres mit gewalttätiger, erotischer Szene, bestoßen, 500,- sfr

4. Schildpattdose, Frankreich, um 1770/90, Deckel mit vielfarbigem Gold eingelegt, RG/Grüngold, Wellenband mit Punktverzierung, mittig stilisierter Blumenstrauß, eine Blüte fehlt,
H: ca. 1,8 cm, D: ca. 6,1 cm. 800,- sfr

5. Silberdose, wohl Frankreich, 1.H.19.Jh., Innenvergoldung, Deckel mit Schildpatt ausgelegt, Einlagen in Silber, Perlmutt, ziseliert und graviert,
H: ca. 2,5 cm, B: ca. 6,8 cm, T: ca. 5 cm. 300,- sfr

6. Dose, England, Worchester, 18.Jh., in Form eines Männerkopfes, mit schwarzem Barett, Figur aus der ital.Komödie, Innenseite mit Streublumen und feiner, bunter Malerei, Montur vergoldet, restaurierte Unterseite bunte indianische Blumen.
H: ca. 5,5 cm., L: ca. 6 cm, B: ca. 4 cm. 600,- sfr

7. Netsuke, neuzeitlich, Bein, Darstellung eines Laotse. 60,- sfr

8. Riechfläschchen, wohl Schweiz, 2.H.19.Jh., Elfenbein, Darstellung des Wilhelm Tell beim Apfelschuß, im Vordergrund Tell mit Armbrust, auf der Stange Hut, im Hintergrund Gessler und Spießgesellen, Silbermontierung, Schraubverschluß fehlt,
H: ca. 5 270,- sfr

9. Dose, Franreich, um 1925, Art Deco, 900er Silber, vergoldet, Wandung allseitig schwarz gelackt, Drücker bestehend aus Onyxstab, aufgelegte Türkismatrix, ausgefaßt mit Diamantrosen, Widmung: Francois et Alain 1945, Meistermarke R in Raute, zweiter Buchstabe nicht lesbar. 1.000,- sfr

10. Kristallriechfläschen mit Rose-Gold-Montur, Original Etui, Frankreich, 18.Jh., abgeflachte Flaschenform mit Chevron-bzw. Fischgratmuster, geschnitten und geschliffen. Montur graviert mit Schuppen, Ketten und Rhomben.
H: ca. 10,5 cm. 2.500,- sfr

11. Riechflasche, Italien, Murano, 19.Jh., streifig gewundenes, rot/weißes Glas, weiß überstochen, streifig geschnitten und geschliffen, schöne Lichteffekte. 450,- sfr

12. Seziermesser, Frankreich, um 1700, Griff Elfenbein massiv, feine Schnitzerei: liegender Mann, Schienbein bereits seziert, Stahlklinge dreifach bogig verziert, korrodiert, Feststellring vergoldet, L: ca. 17,3 cm, bezw. 10 cm. 1.000,- sfr

13. Kupferdose, oval, mit Freimaureremblemen, polychrome Emailmalerei mit Devisen: Amor, Honor, Justitia, England, um 1780, H: ca. 2,2 cm, B: ca. 6,4 cm, T: ca. 5 cm. 850,- sfr

14. Emaildose, Fromery-Werkstatt, Berlin, um 1750, rechteckig, erhabener Golddekor auf weißem Grund: Vögel, kleine Tiere und Insekten in Blumenranken, im Zentrum sitzende Hirtin, Silber, vergoldete Fassung später, haarrissig, Objekt aus der Sammlung Wallraff, Köln,
H: ca. 3,6 cm, B: ca. 8,5 cm, T: ca. 6,6 cm. 2.000,- sfr

15. Zigarettenetui einer königlichen Hoheit, Friedrich Eugen Prinz zu...(?) Döbnitz, August 9.1898, deutsch, Berlin, bez.Gebr.Friedländer, Hoflieferant des Kaisers, 875er Silber, Innenvergoldung, auf dem Deckel aufgelegter Autograph in Rotgold, Zündholz und Knotenfach, Docht verschiebbar, allseitig gerillt, 2 I-Punkte fehlen, ca. 240 g,
H: ca. 2 cm, B: ca. 10,2 cm, T: ca. 6,2 cm. 770,- sfr

16. Dose, deutsch, um 1900, 800er Silber, allseitig guillochiert, stärkere Gebrauchsspuren, Deckel mit Rocaille-Kartusche, Namenszug: Karl Hüber und Geber, monogr.STG, 25.7.1899, ziseliert, graviert, Innenvergoldung, ca. 105 g. 250,- sfr

17. Dose, wohl England, 19.Jh., Silbermontierung Indien, fein graviert und ziseliert, z.T. punziert, Darstellung von abstraktem Blätterfries bzw. Blumen- und Vogeldekor, Deckel und Boden schwarze Masse, wohl Gagat, geschnitzt: Weinstock mit Blättern und Trauben, Unterseite vielfach gerippt mit angedeuteten Gürtelschließen,
H: ca. 2,5 cm, B: ca. 10 cm, T: ca. 5,5 cm 200,- sfr

18. Schnupftabaksdose, Frankreich, Ende 19.Jh., 950er Silber, Exportmarke, Meistermarke ungedeutet, Paris, Innenvergoldung, allseitig fein guillochiert, auf Deckel in Kartuschenaussparung monogr. ND, ca. 58 g
H: ca. 2,3 cm, B: ca. 8,2 cm, T: ca. 4,8 cm. 420,- sfr

19. Schnupftabaksdose, Frankreich, 2.H.19.Jh., 950er Silber, Innenvergoldung, Wandung tauschiert, abstrakt floral, Deckel mit Darstellung der Madonna nach Raphael, Gebrauchsspuren, in Kartuschen abstrakt florales Blumendekor, berieben, Meistermarke ungedeutet,
H: ca. 2,7 cm, B: ca. 9,8 cm, T: ca. 4,3 cm, min.rest. 650,- sfr

20. Visitenkartenetui, Westeuropa um 1900, Rahmen Silber vergoldet, H: ca. 1 cm, B: ca. 8,9 cm, T: ca. 5,1 cm. 300,- sfr

21. Zigarettenetui, wohl Niederlande, um 1900, Rosé G 585/000, vergoldet, leicht berieben, allseitig guillochiert, klassizistisches Dekor, ca. 76 g, 1,6 x 8,3 x 5,9 cm. 1.500,- sfr

22. Dose, wohl Amerika, 20.Jh., Vorbild Schweiz Ende 18.Jh., Rosé G 585/000, allseitig guillochiert, 8-eckig, ca. 93 g,
H: ca. 1,6 cm, B: ca. 9,1 cm, T: ca. 4,5 cm. 1.300,- sfr

23. Zigarettenetui, Italien, nach 1950, 800er Silber, Innenvergoldung, Herstellermonogr. EU - ungedeutet, Wandung mit Blumen und Rocallien reich graviert, Barockstil,
B: ca. 11,4 cm, T: ca. 7,9 cm, ca. 112 g. 240,- sfr

24. Zigarrendose, 84er Silber, Rußland, wohl Tula, Ende 19.Jh., abgerundete Rechteckform, allseitig schachbrettartig tauschiert, auf Deckel Kartusche ausgespart, symbolisches Emblem, Reste alter Innenvergoldung, verbeult, ca. 139 g,
H: ca. 3 cm., B: ca. 11,3 cm, T: ca. 6,6 cm. 450,- sfr

Verkauft bei: UTO's Auktionen, Zürich.

SCHMUCK

1. Ohrgehänge, Silber, um 1920, mit Strass und Markasit. 100,- DM

2. Anhänger, Kreuz, 585 GG, mit Brillanten. 700,- DM

3. Brosche, Silber, um 1850, ziseliert und mit diversen Achaten ausgelegt. 320,- DM

4. Schließe, 9 kt GG, um 1910 mit Halbperlen bestückt. 200,- DM

5. Manschettenknöpfe, 9 kt Gold, England, vor 1900, ziseliert. 210,- DM

6. Clipse, 18 kt Gold, Brill., aus 3-farbigem Gold gefertigtes Band, an dessen Ende ein "K" in WG aufgesetzt ist, mit Brill. 0,10 ct, TW/si, ausgefaßt. 580,- DM

7. Anhänger, 8 kt Roségold, vor 1900, hohl, vorne gravierte Rosette. 60,- DM

8. Nadel, 8 kt Roségold, Türkis, graue Perlen, umgearb. Panzerkette (hohl). 235,- DM

9. Anstecknadel, 9 kt Roségold, vor 1900, mit aufgesetzter Schleife, ausgefaßt mit Halbperlen und 1 Zuchtperle. 440,- DM

10. Damenuhr, 585 WG, Omega, Brill., quadratisches Gehäuse, Blatt rund, weiß, Anstöße je 2 Brill., Geflechtband. 1.100,- DM

Gesehen bei: Antiquitäten & Wohnen, Heilbronn.

1. **Amazonit-Manschettenknöpfe**, ca. 1910, Metall mit Perlen. 145,- DM
2. **Collier**, 15 Kt. Roségold, ca. 1900, Jugendstil, im Original Etui. 2.360,- DM
3. **Anhänger**, England, um 1870, Fassung 14 Kt. GG, römisches Mosaik, Darstellung eines Hundes. 280,- DM
4. **Anstecknadel**, England, um 1880, Roségold, rundes Scharnier, in der Mitte zu Herz geschlungen. 330,- DM
5. **Collier**, 25 Kt. GG, Jugendstil, 2 Aquamarine, 15 echte halbe Perlen, Ankerkette mit rundem Kastenverschluß. 1.860,- DM
6. **Anhänger mit Kordelkette**, 18 Kt. Roségold, runder Kastenverschluß, sehr feinem Opal. 2.220,- DM
7. **Anhänger**, Schuhknöpfer, Metall vergoldet, 3 ovale Amethyste in Blütenform gearbeitet. 255,- DM
8. **Collier**, Platin, um 1920, pendelförmig, Anhänger mit sieben Diamanten 8/8 ausgefaßt. 3.000,- DM
9. **Bandring**, 18 Kt. GG, Birmingham 1868, 17 Diamantrosen mit schwarzer Emailarbeit umrandet. 900,- DM
10. **Schlangenring**, 18 Kt. Roségold, in einem der Köpfe ein roter, ovaler Rubin. 1.660,- DM
11. **Ring**, 750 GG, 1925, Ringkopf mit einem Opal sowie 2 großen Alt-Schliff-Diamanten ausgefaßt. 1.570,- DM

Verkauft bei: Antiquitäten & Wohnen, Heilbronn.

1. Puderdose, Sterling Silber, Birmingham 1941, Spiegel, auf Deckel
aufgesetzte Goldapplikationen, "Pristinae Virtutis Memores", 122 gr.   255,- DM

2. Anhänger, Silber, in Fischform, fünf miteinander verbundene Glieder, Augen Granate.   72,- DM

3. Handspiegel, Silber, Filigranarbeit, facettiertes Spiegelglas in Silberdraht eingefaßt.   150,- DM

4. Brosche, Silber, wohl Schottland, in Form einer Lyra, mit versch. farbigen
Achaten besetzt, umlaufend fein graviert.   115,- DM

5. Ohrhänger, ca. 1.Weltkrieg, Stabkettchen mit kleiner Perle und Simili,
Anhänger mit je einem quadratisch geschliffenen Amethysten.   195,- DM

6. Armband, Silber, Filigranarbeit mit acht stilisierten Blättern und neun kleinen Kugeln.   85,- DM

7. Anhänger mit Kettchen, Silber, England, Jhdtw., Wedgwood, Darstellung
griechische mythische Frauengestalt.   110,- DM

8. Ring, 750 WG, um 1920, ausgefaßt mit fünf AS-Brillanten, ges. 0,60 ct.,
gute Qualität, Ringkopf mit Säge-Technik gestaltet.   1.670,- DM

9. Brosche, Silber,1900, in der Mitte gravierte Schwalbe, auf der Rückseite als Medaillon.   105,- DM

Verkauft bei: Antiquitäten & Wohnen, Heilbronn.

Figurenpaar, Meißen, um 1745/50, Schuhmachermeister und seine Frau, Kändler-Modell, bunt staffiert, auf Rocaillenfuß mit aufgelegten deutschen Blumen, Frau beschädigt, stark restauriert, Mann rechter Zeigefinger halb abgebrochen bzw. Blattdekor bestoßen, blauer Mantel mit Farbfehlstellen, Fladensockel, H: 22 cm.   3.840,- DM

Gesehen bei: Henry's Auktionen, Mutterstadt.

Schale, Meißen, Ende 19.Jh., fassonierte Ovalform mit glänzend-mattvergoldetem, rocaillendurchbrochenem Rand. Im Spiegel Blumenstrauß in Buntmalerei, blaue Unterglasurmarke, eingepreßte Modellnummer, H: 6,5 cm, L: 32,5 cm, B; 25 cm.   960,- DM

Große Platte, Meißen, 1763-74, tiefe Ovalform mit hochgezogenen seitlichen Griffen. Schräge, mit Oziermuster reliefierte Fahne mit fassoniertem, vergoldetem Wulstrand und seitlich, hochgezogenen Griffen. Polychrome Blumenbemalung, blaue Schwertermarke mit Punkt, 34 x 23,5 cm.   1.320,- DM

Zierplatte, Frankreich oder Thüringen, um 1900, Barockstil, Henkel z.T. Durchbrucharbeit, Fahne z.T. skulptiert, bunt staffiert, Doppelwappen, bunte indianische Blumen nach Meissner Vorbild, teilvergoldet, Marke von Nyon unter der Glasur falsch, 4 x 40 x 32 cm. 960,- DM

Königlich Meissner Porzellan von 1720 – 1945

finden Sie im

Haus der Kunst

Baden-Württembergs Zentrum für Kunst und Antiquitäten direkt an der B 29

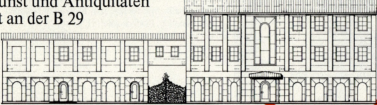

Eröffnung Anfang 1989

EG: Antiquitätenzentrum mit über 30 Händlern

1. OG: Auktionshaus und Galerie
vierteljährliche Auktionen werden von **Antiquitäten & WOHNEN**, Heilbronn, durchgeführt

2. OG: Porzellanmalschule
Malkurse nach Meissenmanier unter der Leitung einer ehem. Malerin aus Meissen. Tel. Anmeldung zu Wochen- und Wochenendkursen erbeten.

Porzellanrestaurierung
Fachmännische Restaurierung aller Porzellanmarken; Begutachtung der beschädigten Stücke nach telefonischer Vereinbarung.

Gaby Lassotta, ehem. Malerin aus Meissen

3. OG: Museum für Königliches Meissner Porzellan
mit über 300 Exponaten aus der Zeit von 1720 – 1945

Museum für Puppen und Teddybären
mit über 1000 bedeutenden Ausstellungsstücken

und hier finden Sie uns:

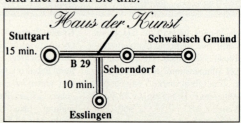

Kurt Krockenberger
Experte für Alt-Meissner-Porzellan
Schätzung und Begutachtung
Kanalstraße 10, 7064 Grunbach
Tel. 07151-73505

Museum für Königlich Meissner Porzellan
finden Sie im
Haus der Kunst
Eine kleine Auswahl aus der größten
Alt-Meissen-Porzellan Sammlung Baden-Württembergs
mit über 300 Exponaten
„Das vergessene 19. Jahrhundert"

Vier-Jahreszeitenuhr, 160 Jahre alt,
Königl. Meissen

Jagdkrug, 150 Jahre alt,
Königl. Meissen

Pagoden-Paar, 140 – 150 Jahre alt,
Königl. Meissen

Dejeuner, 150 Jahre alt,
Königl. Meissen

Bratenplatte, Meißen, um 1830, oval, Zwiebelmuster, 44 x 35 cm.
I. Wahl 900,- DM,
II. Wahl 440,-/600,- DM
Gesehen bei:
Antiquitäten & Wohnen, Heilbronn.

Suppenterrine, Meißen, 1818-1860, oval, Zwiebelmuster, ca. 40 cm.
900,-/1.100,- DM

Gesehen bei:
Antiquitäten & Wohnen, Heilbronn.

Butterteller - ungemarkt, Thüringen, Zwiebelmuster, D: 15 - 16 cm. 30,- DM
Gebäckschale, Meißen, 1924-1934, oval, Zwiebelmuster mit Korbrelief, 24 x 17 cm. 400,-DM
Gebäcktellerchen, Meißen, 1860-1924, Zwiebelmuster mit Korbrelief,
D: 15 cm. 150,- DM

Sauciere, Meißen, 1818-1860, oval, Zwiebelmuster, Deckel 1860-1924, ca. 24 cm. 450,- DM
Gesehen bei:
Antiquitäten & Wohnen, Heilbronn.

Porzellanservice, England, Tassen mit Sterling Silber. 800,-/1.100,- DM

Gesehen bei: Edeltrödel, Stuttgart.

Porzellanservice, Ursprung: deutsch, pink bemalt mit Sterling Silber, komplett mit Tablett für 2 Pers. 600,-/800,- DM

Gesehen bei: Edeltrödel, Stuttgart.

Papageienpaar, deutsch, Porzellan, bunt bemalt, H: 20 cm. 600,-/800,- DM

Gesehen bei: Edeltrödel, Stuttgart.

Porzellanfigur, engl., pinkfarbenes Jackett, H: 20 cm. 300,-/600,-DM
Porzellanfigur: Dame mit Hut, blau bemalt, H: 25 cm. 300,-/600,- DM

Gesehen bei: Edeltrödel, Stuttgart.

Panther mit Schlange, Plastik, Villeroy+Boch, türkis, H: 23 cm. 300,-/400,- DM

Gesehen bei: Edeltrödel, Stuttgart.

Speiseservice, um 1910, KPM Krista, mit grüner Aufmalerei. 1.900,- DM

Vase, Meißen, ca. 1920, weißer Scherben mit Rosenband (Hausmalerei), H: 16 cm. 350,- DM

Mokkatasse, Meißen, 1818-1860, "Rote Rose", mit Schwanenhenkel und Goldrand, H: 5,5 cm. 350,- DM
Mokkatasse, Meißen, 1818-1860, "Rote Rose", mit Schwanenhenkel und Goldrand, H: 4 cm. 800,- DM

Vase, Meißen, 1934-1945, "Blauer Drachen", H: 24 cm. 250,- DM

Teller, Meißen, 1840-1860, "Rote Rose", glatter grüner Rand, D: 19 cm. 120,- DM
Teetasse mit Untertasse, Meißen, 1840-1860, "Rote Rose", gewellter, grüner Rand. 90,-/150,- DM

Mokkakännchen, Meißen, 1924-1934, Zwiebelmuster, H: 22 cm, 400,-DM
Milch- und Zuckergefäß, Meißen, 1924-1934, Zwiebelmuster, für Mokkaservice, H: 7 cm, 350,-DM
Mokkatasse, Meißen, 1840-1860, Zwiebelmuster, 350,-DM

Gesehen bei: Antiquitäten & Wohnen, Heilbronn.

Porzellan-Uhr, 1820-1880, Watteau-Malerei mit aufgesetzten Blüten, H: 40 cm.   6.000,-/8.000,-DM

Blumenvase, Meißen, 1820-1840, aufgesetzte Blüten, beidseitig feine Lupenmalerei, H: 70 cm.   25.000,-DM

Vase auf Steinsockel, 1860-1900, "Schäfer u. Schäferin", feine Lupenmalerei "Stadtansicht Dresden. 8.500,- DM

Tischaufsatz, Meißen, 1840-1860, plastische Blumen aufgesetzt, durchbrochener, mit Blüten besetzter Korb, H: 30 cm.   6.800,- DM

Vase, Meißen, 1820-1840, durchbrochene Duftvase, reich bossiert mit Blüten u. Obst, H: 40 cm.   6.500,- DM

Druchbruchvase (Duftvase), 1860-80, blau-goldgestreift, H: 40 cm. 4.800,- DM

Weinkanne von August dem Starken, Form: 1740, Herstellungsjahr: 1840-60, Lit.Nachweis: Walcha, H: 30 cm. 24.000,- DM

Kugelspielerin von Walter Schott, 1898, H: 35 cm.   3.800,- DM

Schneeballvase, Meißen, 1814-16, Form: 18.Jh., reichlich aufgesetzt mit Blüten, Blättern und plastisch aufgesetzten Schneebällen, H: 45 cm. 25.000,- DM

Gesehen bei: Kurt Krockenberger, Grunbach.

PORZELLAN SEITE 925

Porzellangruppe, KPM-Berlin, um 1785, "Minerva schützt Telemach vor den Pfeilen Amors", von Johann Georg Müller. Porzellan, bemalt. H: 22 cm.
2.500,- DM

Gesehen bei: Schreiber, Mannheim.

Seltener Cachepot, Meißen, 1740/50. Ausgeprägt reliefierter Körper bemalt mit "Holzschnittblumen". H: 16,4 cm.
3.800,- DM

Gesehen bei: Schreiber, Mannheim.

Blattschale, Frankenthal, um 1775. Naturalistisch ausgearb. Blattschale bemalt mit bunten Blumen. L: 21,5 cm.
4.500,- DM

Gesehen bei: Schreiber, Mannheim.

Porzellanfigur, Ludwigsburg, um 1770, "Bauernmädchen mit Kapuzinerhuhn", Porzellan, farbig bemalt. H: 10,7 cm.
2.500,- DM

Verkauft bei: Schreiber, Mannheim.

Porzellanfigur, Rosenthal, um 1920, H: 14 cm. 480,- DM

Gesehen bei: Eugen Radloff, Hamburg.

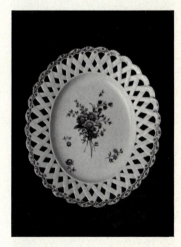

Schale, Frankenthal, um 1786, mit durchbrochenem, mehrfach gewelltem Rand, bemalt mit großem, buntem Blumengebilde und Streublümchen. L: 28 cm. 4.200,- DM

Gesehen bei: Schreiber, Mannheim.

Kugelspielerinnen, Meißen, Entwurf: Philipp Lange, 1911, Scharffeuerstaffierung. 8.000,-/10.000,- DM

Mokkatasse, Thomas, 1910 90,- DM

Kaminuhr, Meißen, um 1860, Uhr mit Amaretto als Allegorie der Dichtkunst nach einem Modell von Joh. Gottl. Kirchner. Sockel in klassizistischer Manier mit Streublümchen auf der Platte, weißes Emaile-Zifferblatt m. röm. Zahlen. 8.500,- DM

Mokkatasse, Meißen, 1818-1860, Weinlaub (Schattenmalerei). 250,- DM

Zierteller, Meißen, 1860-1924, mit Blumenbukett und Reliefrand, mit unterschiedlichen Mustern, D: 27 cm. 700,- DM

Tasse, Meißen, 1818-1860, mit Vergißmeinnicht-Bukett, in unregelmäßigen Feldern, Fond u. Untertassen-Innenseite mattgoldstaffiert. 200,-/250,- DM

Gesehen bei: Anitquitäten & Wohnen, Heilbronn.

Tablett, Meißen, "Streublümchen", 1818-1860. 1.000,-/1.300,- DM
Teekanne, Meißen, "Streublümchen", 1860-1924. 1.000,-/1.200,- DM
Milch und Zucker, Meißen, "Streublümchen", 1924-1934. 600,-/700,- DM
Mokkatasse, Meißen, "Streublümchen", 1860-1924. 250,- DM

Fischplatte, Meißen, "Streublümchen", 1860-1924, L: 60 cm, B: 30 cm. 1.200,-/1.400,- DM
Teller, Meißen, "Streublümchen", 1860-1924, D: 24 cm. 200,-/250,- DM
Sauciere, Meißen, "Streublümchen", 1924-1934. 300,- DM

Teller, Meißen, "Rote Rose", 1840-1860, gewellter grüner Rand, D: 24 cm. 300,- DM
Teller, Meißen, "Rote Rose", 1840-1860, D: 21 cm. 150,- DM

Mohr mit Schimmel, Meißen, 1880-1924, Form: 18.Jh., H: 27 cm.
12.500,-DM

Musikantenpaar, 1820-40, auf Rocaillesockel stehendes Musikantenpaar, reiche, buntstaffierte Kleidung, H: 25 cm.
9.500,-DM

Anbietschale, Meißen, 1820-40, auf 4 geschwungenen Astfüßen, auslaufend in Henkel, ovaler durchbrochener Korb, reich bossiert mit Blüten u. Blättern, D: 25 cm. 4.500,-/9.500,- DM

Husar zu Pferd, Meißen, 1935-45, reitender Husar in bewegter Haltung, H: 20 cm. 12.500,- DM

Tischuhr, Meißen, 1820-40, Form: Ende 18.Jh., schreibender Putto, H: 20 cm. 12.500,- DM

Gärtner und Gärtnerin, Meißen, 1820-60, auf quadrat. Sockel vor Baumstumpf stehende Figur in bewegter Haltung, H: 48 cm. 28.000,- DM

Wandleuchter, Meißen, 1860-80, zweiarmig, in der Mitte Watteau-Malerei, reich besetzt mit Blüten und Blättern, Rocaille-Form, zwei Rankenarme mit aufgesetzten Kerzentüllen, H: 28 cm.
7.500,- DM

Jagdhunde in Jagdstellung, Meißen, 1924-34, sign. Jarl, H: 10 cm.
4.500,- DM

Puppensolitär, Meißen, 1840-80, mit reich aufgesetztem Blätter- und Blütendekor, Insektenmalerei, sehr selten, Servierplatte ca. 20 cm. 12.500,- DM

Gesehen bei: Kurt Krockenberger, Grunbach.

1. **Deckelpokal**, Dresden, nach 1950, H: 26 cm. 1.390,- DM
2. **Figur, "Ladro",** Spanien, neuzeitlich. 110,- DM
3. **Deckelvase**, gemarkt, um 1860, Porzellan, H: 41 cm. Deckel mehrfach restauriert. 550,- DM
4. **Vase**, Scheibe Alsbach, um 1910, Porzellan polychrom bemalt, H: 21 cm. 600,- DM
5. **Honigtopf**, Limoges, nach 1950, Porzellan polychrom bemalt H: 12 cm. 600,- DM
6. **Figurengruppe**, Scheibe Alsbach, Thüringen, um 1900, Porzellan, polychrom bemalt. "Glaube, Hoffnung, Liebe". L: 17 cm, H: 15 cm. 900,- DM
7. **Zigarettendose**, Thüringen, nach 1950, weißes Porzellan, L: 11 cm, B: 9 cm, H: 4,5 cm. 250,- DM
8. **Figurengruppe**, Volkstedt, Ende 19.Jh., Porzellan, polychrom bemalt; "Weinlesende Putti" Auf rocailliertem Sockel zwei Putti, ausgehendes 19.Jh., H: 24 cm, B: 21 cm. 2.200,- DM
9. **Gebäckschale**, Dresden, um 1930, Porzellan, auf vier Volutenfüßchen ausgestellter gebauchter Schalenkörper, polychrom bemalt, goldstaffiert. H: 10 cm, D: 23 cm. 300,- DM
10. **Dose**, Dresden, nach 1950, Porzellan weiß, gerade Wandung mit durchbrochenem Gitterwerk, leicht gehöhter, ebenfalls durchbrochener Deckel. D: 12 cm, H: 6,5 cm. 330,- DM
11. **Dose**, Dresden, nach 1950, Porzellan, polychrom bemalte Wandung von Schale und Deckel, dicht mit kleinen naturalistisch staffierten Blüten besetzt. H: 11 cm. 750,- DM
12. **Väschen**, Gerold-Porzellan. 250,- DM
13. **Figur**, Biskuitporzellan, England, um 1900. 70,- DM
14. **Creme-Topf**, England, 1870/80, 14 x 75, cm. 250,- DM
15. **Creme-Topf**, England, 1870/80, 13 x 10 cm. 250,- DM
16. **Figurenpaar**, Volkstedt, nach 1950, "Harlekin und Columbine". Auf rundem rocailliertem Sockel die spielenden und tanzenden Komödianten. H: 15 cm. 500,- DM

Gesehen bei: Antiquitäten & Wohnen, Heilbronn.

1. Tanzfigur, Burma, 18. Jh., Holz mit Resten von Original-Fassung, lebhafte Figur in bewegter Formensprache, Einzelfigur eines Ensembles (Anschluß unter dem linken Arm), H: 71 cm. 3.400,- DM

2. Buddha, Thailand, Ayutthaya, 16.-17.Jh., die grazilen Hände in abhaya mudra (Geste der Furchtlosigkeit oder Schutzgewährung), im flügelartigen Gewand, erhabener Gesichtsausdruck mit betontem Nasenrücken und Augenbrauenbögen, Bronze grün patiniert mit Resten von Lockenfassung, Flammenornament und ein Ohrläppchen fehlen, Höhe mit Sockel: 73 cm. 9.200,- DM

3. Adorant, Thailand, 19.Jh., Holz, in Tänzertracht, als Architekturstück eines Tempels aus einer Lotusblüte herauswachsend, H: 63 cm. 500,- DM

Gesehen bei: Antiquitäten & Wohnen, Heilbronn.

4. Tanzfiguren, Burma, 18. Jh., Holz, folkloristische Szenen, zum Fassadenschmuck eines Tempels gehörend, im Stil des hölzernen Königspalastes von Mandalay, H: 42 cm. 1.500,- DM

5. 5 bauchige Vorratsgefäße, Thailand, 18.-19.Jh., braune Glasur, H: 25 cm. 700,- DM

1. **Zwei Teller**, Kalong, Nordthailand, 15.-16.Jh., eisenbraune Unterglasurmalerei, D: 20 cm. 220,- DM
2. **Buddha**, Thailand, Ayatthaya, 16.-17.Jh., Bronze, H: 12 cm. 350,- DM
3. **Schale**, Sawankalok, Sakhothai, Thailand, 13.-15.Jh., grüne Celadonglasur, D: 11 cm. 130,- DM
4. **Schale**, Kalong, Nordthailand, 15.-16.Jh., weißliche Zweidrittelglasur. D: 15,5 cm. 140,- DM
5. **Celadon-Figürchen**, Sawankalok, Sakhothai, Thailand, 13.-15.Jh., modelliert, mit Ritzungen, Unterglasurmalerei, die Hände faltend, H: 12 cm. 460,- DM
6. **Celadon-Figürchen**, Sawankalok, Sakhothai, Thailand, 13.-15.Jh., grünliche Glasur, modelliert, mit Ritzungen, in ungewöhnlicher Sitzposition, H: 7 cm. 150,- DM
7. **Buddha**, Thailand, ca. 18.Jh., Bronze mit Resten der Vergoldung, in bhumispara mudra, mit Gewandfalte über linker Schulter und Oberkörper, zwiebelförmige Bekrönung, provinzielle Arbeit, kleiner Riß am Kopf, H: 11 cm. 350,- DM
8. **Gießkrügchen** (Kendi), Kalong, Nordthailand, 15.-16.Jh., H: 8 cm. 380,- DM
9. **Konvolut von fünf Teilen**, Celadon-Figürchen, Sawankalok, Sakhothai, Thailand, 13.-15.Jh., grünliche Glasur, vgl. Katalog Nationalmuseum, Bangkok, H: 1o cm. 300,- DM
10. **Konvolut aus sechs Teilen**, Celadon-Figürchen, Sawankalok, Sakhothai, Thailand, 13.-15.Jh., grünliches Glas, vgl. Katalog Nationalmus. Bangkok, H: 12 cm. 360,- DM
11. **Buddhaköpfchen**, Ayutthaya, Thailand, 16.-17.Jh., Bronze, mit Fürstenkrone und ein Buddhaarm in abhaya mudra, H: 9 cm. 160,- DM

Gesehen bei: Antiquitäten & Wohnen, Heilbronn.

1. Balustervase, Sukhothai, Thailand, 13.-15.Jh., unglasiert, mit Ritzdekor und vier kleinen Ösen, H: 25,5 cm. 320,- DM

2. Balustervase, Sukhothai, Thailand, 13.-15.Jh., unglasiert, mit Ritzdekor, Stempelmuster, vier Ösen, H: 39 cm. 450,- DM

3. Balustervase, Sukhothai, Thailand, 13.-15.Jh., unglasiert, mit Ritzdekor, Stempelmuster, vier Ösen, H: 25 cm. 280,- DM

4. Bauchiges Vorratsgefäß, Thailand, 18.-19.Jh., braune Glasur, vier Henkelösen, H: 27 cm. 180,- DM

5. Balustervase, Sukhothai, Thailand, 13.-15.Jh., unglasiert, mit Ritzdekor, Stempelmuster, vier Ösen, H: 28 cm. 260,- DM

6. Bauchiges Vorratsgefäß, Thailand, 18.-19.Jh., braune Glasur, vier Henkelösen, H: 25 cm. 180,- DM

Gesehen bei: Antiquitäten & Wohnen, Heilbronn.

7. Steinrelief, Südchina (Yünnan-Provinz), um 1850, zweite alte Chinesen mit langen Bärten beim Brettspiel zwischen Bäumen an einem urwüchsigen Tisch, 38 x 38 cm. 2.600,- DM

8. Steinrelief, Südchina (Yünnan-Provinz), um 1800, Granit, ein alter Weiser unter einem Baum und ein Junge auf einem Brunnen, aus dem eine überdimensionale Blume wächst, 51 x 49 cm. 3.850,- DM

9. Steinrelief, Südchina (Yünnan-Provinz), um 1850, Granit, Architekturfragment eines Tempels mit taoistisch-mythologischen Darstellungen, Palastszenen, 61 x 39 cm. 4.450,- DM

10. Steinrelief, Südchina, um 1850, Granit, Darstellung aus chinesischer Mythologie mit erotisch ländlicher Szene, 85 x 31 cm. 3.850,- DM

Tempellöwenpaar "Fo Dogs", Bronze, China, Ch'ing-Dynastie, 18.Jh., H: 42 cm und 33 cm.   12.000,- DM

Gesehen bei: Schatzinsel, Stuttgart.

Vase, Japan, 19.Jh., Deckelgefäß, feinste SATSUMA-Ware, H: 19 cm.   9.000,- DM

Vase, China, Jiaging (1796-1820), Porzellan, Famille Rose (Yangcai), H: 36,75 cm.   16.000,- DM

Samurai, Japan, 19.Jh., Bronze, H: 60 cm.   7.000,- DM

Verkauft bei: Schatzinsel, Stuttgart.

Vase, Sung-Keramik, Tzu-Chou Manufaktur, China, Sung-Zeit, 12.Jh., H: 24 cm.   3.800,- DM

Gesehen bei: Hartl, München.

Vase, Japan, Kinkosan, 19.Jh., feinstes Lupensatsuma, H: 18 cm.   7.200,- DM

Gesehen bei: Schatzinsel, Stuttgart.

Lacktablett, China, um 1890.   150,- DM

Suomi Ringerkopf, Japan, 1880, Deckeldose.   500,- DM

Chines. Affengott, 1920, ehemaliger Dachreiter.   380,- DM

Gesehen bei: Kuhn, Stuttgart.

Dieses freie Feld könnte mit der Darstellung Ihres Hauses sinnvoll genutzt werden !!
Telefon 07131 - 47070
Redaktion / Tönnies GmbH

Taoisten-Paar, China, 17.Jh., mittlere Ch'ingdynastie, Elfenbein, H: 14 cm, 8.000,- DM

Räucherkoro, China, um 1780, Ch'ingdynastie, Bronze mit dunkler Patina, H: 22 cm. 2.000,-/2.300,- DM

Kappe von Lamapriester, Tibet, um 1800, bestehend aus Seidenbrokatstoff mit beschnitzten Menschenknochen verziert, H: 27 cm. 1.900,-/2.000,- DM

Omdose, Tibet, Silber, mit Elfenbeinverzierungen Koralle, Türkis, Treibarbeit, auf der Spitze sitzt ein Bergkristall, D: 10 cm, 1.500,- DM

Gebetsmühle, Tibet, 19.Jh., Silber besetzt mit Granaten und Türkisen, Schriftzug aus Elfenbeinschnitzerei, H: 28 cm, 4.500,- DM

Elefant, Südindien, 19.Jh., Bronze, mit aufklappbarem Deckel, H: 17 cm, 900,- DM

Kanne für Buttertee, Tibet, 18.Jh., Bronze, H: 36 cm, 4.000,- DM

Löwe, Nepal, 19.Jh., Silber, gegossen in verlorener Form, H: 10 cm, 900,- DM

Filigranpferd, Nepal, um 1730, besetzt mit 100 Granatsteinen und Eischmuck aus Straußeneiplatten, H: 57 cm, 13.000,- DM

Gesehen bei: Heyer, Kempten.

Asiatika

Buddha, Thailand, 15.Jh., Bronze, starke Patinierung, H: 17 cm, 700,- DM

Mörser, Nordindien, um 1800, Bronze, D: 13 cm, 250,- DM

Instrument, Kaschmir, 19.Jh., von Straßenmusikanten, Mangoholz, mit Knochenschnitzereien besetzt, L: 65 cm, 650,- DM

Gesehen bei: Heyer, Kempten.

Buddha, Thailand, 19.Jh., bemaltes Holz mit eingesetzten Spiegeln, H: 48 cm, 550,- DM

Nandi (heilige Kuh), Indien, 18.Jh., diese wird von einer Kobra beschützt, H: 8 cm, 800,- DM

Snuffbottles (3 Stück), China, um 1750, Ch'ingdynastie, zwei bestehen aus Porzellan, eines aus geschnittenem Moosachat, zwei Stück (aus Porzellan): je 500,- DM
ein (aus geschnittenem Moosachat): 1.900,- DM

Reisweinkanne, China, um 1800, Ch'ingdynastie, Porzellan, H: 9 cm, 940,- DM
Deckeldose, China, um 1800, Ch'ingdynastie, Porzellan, H: 16 cm, 420,-
Seifenschale, China, um 1800, Ch'ingdynastie, Porzellan, L: 12 cm, 240,- DM

Collier, Tibet, um 1800, Silber mit Korallen und Türkisen, 2.800,- DM
Armreif, Tibet, getriebenes Silber mit großem Türkis und Glückssymbol, 500,- DM

Eßbesteck, frühes 19.Jh., Messer und Stäbchen 450,- DM
Feuerzeugtasche, Tibet, mit Silberbeschlägen und Koralle, 1.300,- DM
Medizinlöffel, Silber mit Korallen und Türkis, feuervergoldet, 900,- DM
Nähzeug, silberbeschlagen, mit Koralle und Türkis, 400,- DM

Zauberfigur, Holz mit dunkler Patina. Zwillingsfigur mit Doppelgesicht und Extremitäten. Im Kopfteil Aushöhlung zur Aufnahme der Medizin. Zweigeschlechtlich, 33 cm. Ba-Luba, Zaire. 8.000,-/12.000,- DM

Maske, Holz. Maske der Gelede-Gesellschaft, weiß-, blau-, braunbemalt. Augenwimpern angedeutet, scharfe, nach unten gebogene Nase. Mund geschlossen, Augenöffnungen rund ausgeschnitten. Auf dem Kopf ursprünglich Behaarung, Reste vorhanden, 29 cm. Yoruba, Nigeria. 3.000,-/4.000,- DM

Stülpmaske, MBOMM. Holzmaske mit gelochtem Metall an Stirn und Mund beschlagen, Hinterkopf mit Kattungewebe abgedeckt und mit Perlen, Kaurimuscheln und Fellstücken geschmückt. Bänder im Gesichtsteil, Kerbschnitzerei der Maske und Tierhaare verleihen ihr einen außergewöhnlichen Ausdruck, 33 cm. Kuba, Zaire. 3.500,-/4.500,- DM

Weibliche Maske, Holz. Maske mit glänzender Rußpatina überzogen, auf der Stirn Narbentätowierungen. Haarschopf wird von einem rechteckigen Halter gefaßt und endet in einer eiförmigen, nach vorne gezogenen Frisur. Gelochter Rand teilweise beschädigt, Seiten mit Abreibungen, 38 cm. Guro, Elfenbeinküste. 3.000,-/5.000,- DM

Elefantenmaske, Holz. Maske mit starker Krustenpatina, ein Stoßzahn fehlt, Rüssel und zweiter Stoßzahn abgebrochen (alter Bruch). In ihrer Art ein außergewöhnliches Dokument früher Elefantenmasken, 53 cm. Bamun, Kameruner Grasland. 1.500,-/3.000,- DM

Hocker, Holz. Dreibeiniger Hocker mit runder Sitzfläche. Kerbschnitzerei und Schrägkerben an den Beinen und in der Sitzfläche, 22, 5 cm. Kameruner Grasland. 250,-/300,- DM

Gesehen bei: Antiquitäten & Wohnen, Heilbronn.

Maske, Holz. Sehr fein geschnittenes Gesicht mit Narbentätowierungen auf der Stirn und zwischen den Augenbrauen. Kammartige Frisur mit herabhängendem Haar an den Seiten. Feine schwarze Patina, 34 cm. Guro, Elfenbeinküste. 1.500,-/3.000,- DM

Maske, Holz. Maske, Pferdeantilope mit Stoff überzogen und mit Metallbändern verziert; Klappkiefer. Reste von Punktierungsmuster, alte Patina, teilweise abgerieben, Metallöse für Stangenbefestigung, 42 cm. Bobo, Obervolta. 4.000,-/6.000,- DM

Antilopenmaske, Holz. Bund-Maske, halb Tier, halb Mensch, mit Kerbverzierungen auf Stirn und Wangen. Hohe schlanke Maske mit stark betonten Augen und halb geöffnetem Mund, 59 cm. Bambara, Mali. 1.200,-/2.000,- DM

Maske, Holz. Maske mit schwarzer glänzender Patina, Reste von heller Bemalung. Initiationsmaske. Das Haar mit Knotenmuster gehalten, 22 cm. Zaire. 3.000,-/4.500,- DM

Maske, Holz. Maske mit Kastagnettenaugen und breiter Nase. Bartknebel aus Haaren, breiter Mund mit Zähnen aus Metall. Bart und Kopfhaar aus Raphiafasern. Unter den Augenwinkeln Haarauswüchse als Tränenfluß, 32 cm. Ngere, Elfenbeinküste. 3.000,-/4.500,- DM

Maske, Holz. Lepra-Maske mit verkrüppelter Nasenöffnung, aufgeschwollenen Wangen und der Mund mit stark herabgezogenen Winkeln. Schwarze, glänzende Patina mit Resten von Farben in den Falten, 27 cm. Bamun, Kamerun. 20.000,-/30.000,- DM

Gesehen bei: Antiquitäten & Wohnen, Heilbronn.

Afrikanische Kunst

Maske, Holz. Maske des Großmeisters der Initiation mit hohem Kamm und Hahnenschnabel, Kerbverzierungen, farbige Feldornamente in Rot und Schwarz, 82 cm. Bamana, Mali.
1.800,-/3.000,- DM

Kopf, Bronze. Kopf aus dunkel patinierter Bronze, helmartiger Kopfputz mit auf der Stirn angebrachten Tätowierungen. Vor den Ohren herabhängende Zöpfe, leicht ausgezogener Standring, 41 cm. Benin, Nigeria. 4.000,-/6.000,- DM

Helmmaske, Holz. Maske mit runder Stirn und hohem Kamm, hoch angesetzte Ohren. Die Augen sind viereckig ausgestochen. Scharfe, gerade Nase, vorstehender Mund. Kerbschnitzerei über Stirn und Seiten. Teilweise starke Patina, 51 cm. Bamana, Mali.
1.500,-/2.500,- DM

Perlfigur, Holz. Kleine Perlfigur, sitzend mit Palmweingefäß in der rechten Hand. Holzfigur mit Kattungewebe überzogen und mit kleinen schwarzen Perlenschnüren bestickt. Augen und Mund farbig, 45 cm. Kamerun-Grasland. 1.200,-/1.800,- DM

Aufsatz-Maske, Holz. Maske auf einem Tragegestell montiert, hellblau und rot gefärbt, Narbentätowierungen auf den Wangen. Raphiafasern an Kopfhaube befestigt, unter dem Kinn durchgeführter, langer Behang, 65 cm. Tikar, Kamerun. 3.000,-/4.500,- DM

Puppen, Holz. Fruchtbarkeitspuppen, AKUA-BA aus gefärbtem Holz, Schmucknarben auf den Wangen, Halsring und Perlschmuck. Die Rückseite der einen Puppe mit feinen geometrischen Motiven verziert, 33, 5 bzw. 31 cm. Ashanti, Ghana. 1.500,-/2.500,- DM

Gesehen bei: Antiquitäten & Wohnen, Heilbronn.

Karaffe, WMF, polierte Zinnmontierung, grüner Glaskörper, geschnitten, H: 33 cm. 1.500,- DM
Fischvase, Zinn, poliert, in Form eines Fisches m. drei offenen Mäulern. 1.400,- DM

Vase, "Schneider", auberginefarben lüstriert. 800,- DM
Vase, "Moser", blaues Glas, unter der Schulter metallgeätztes Reliefband. H: 27 cm. 800,- DM

Karaffe, "Galia", geschliffen mit polierter Zinnmontierung. 1.100,- DM

Gesehen bei: Heller, Wiesbaden.

Likörglas, (Langstielglas), deutsch, um 1910, Fuß und Schaft gelbliches Glas, H: 13,5 cm. 60,-/ 120,- DM
Likörglas, deutsch, um 1935, Klarglas, langst. Schaft, H: 13,4 cm. 60,-/90,- DM
Likörglas, deutsch, Mitte 19.Jh., Abriß abgeschliffen, H: 8 cm. 40,-/ 70,- DM
Likörglas, (Langstielglas), deutsch, um 1920, Klarglas, H: 10,2 cm. 50,-/90,- DM
Likörglas, (Langstielglas), deutsch, um 1915, Fuß und Stiel grünliches Glas, Kuppa Klargl., H: 12 cm. 70,-/120,- DM

Glasbecher, deutsch, Ende 17.Jh., freigeblasener, zart grünlicher Becher, Abriß eingedrückt, Narbe schwach sichtbar, Lippenrand abgeschmolzen, H: 9,4 cm. 230,- DM
Niederes Kelchglas, deutsch, Anfang 17.Jh., zart grünliche Farbe, Bodenplatte innen eingestochen, schwache Abrißnarbe, Lippenrand abgeschmolzen, H: 5,7 cm. 400,- DM

Stangenbecher, deutsch, Mitte 19.Jh., Klarglas, Teilbereich längsoptisch, dikker Boden mit Abrißnarbe, H: 21,5 cm. 180,- DM
Kleiner Apfelweinbecher (in Hessen ein Frauenglas), deutsch, 2.Hälfte 19.Jh., in die Model geblasenes, optisches Klarglas, dicker Boden, Lippenrand abgeschmolzen, H: 11 cm. 50,-/120,- DM

1. Vase, Thüringen, um 1920,	200,- DM
2. Karaffe, Böhmen, um 1930, farbloses Glas, kegelförmiger Korpus mit kurzem, schlankem Hals, eingeschliffener, runder Stöpsel, Wandung mit gravierten Blütenmotiven, H: 30 cm.	140,- DM
3. Vase, um 1930.	270,- DM
4. Konvolut aus 3 Stangenvasen, Glas.	150,- DM
5. Vase, D'Argil, Frankreich, 1919-1925, amethystfarbenes Glas, sechsfach gewulsteter Stand, breiter, kelchförmiger Körper, golddekoriert m. Vögeln, H: 20 cm, Wandung sign.: D'Argil.	650,- DM
6. Amphoren-Krug, um 1900.	190,- DM
7. Paar Krüge, um 1920, blaugefärbtes Glas, auf rundem Stand leicht ausgestellter Korpus, mittig mit kurzer, eingezogener Schulter, sich zum Ausguß erweiternd, aufgesetzter C-Henkel, Wandung in geraden Zügen, dekoriert mit weißer Emailfarbe, H: 26 cm.	490,- DM
8. Kleine Vase, Gallé, Frankreich, um 1910, darin Trauben u. Weinlaub geschnitten; Wandung m. geschnittener Signatur: Gallé, H: 10 cm.	1.390,- DM
9. Vase, Moser, Karlsbad, violettes Glas, vielpassig facettiert, oberes Drittel reliefiertes, geätztes Band m. mythologischen Szenen, goldgehöht, Standunterseite sign.: Moser Karlsbad, H: 10 cm.	480,- DM
10. Dose, Limoges, Frankreich, nach 1950, weißes Porzellan, rechteckiger, abgerundeter Körper, leicht gehöhter Deckel, Wandung und Deckel mit "schwimmenden Schwänen" in tiefblauem See, goldgerändert. L: 11,5 cm, B: 9 cm, H: 4,5 cm.	450,- DM
11. Paar Windlichter, Böhmen, um 1890, Messingblech/gebläutes, bemaltes Glas.	500,- DM

Gesehen bei: Antiquitäten & Wohnen, Heilbronn.

GLAS

1. **Vase**, Böhmen, um 1910/20, farbloses Glas, teilweise blau gefärbt; keulenförmiger Korpus auf rundem Stand, nach eingezogener Schulter ausgestellter Mundrand, in geraden Zügen hell/dunkel gestreift. Bemalt mit Singvögeln im Astwerk, H: 42 cm. — 160,- DM
2. **Karaffe**, Kristall, neuzeitlich. — 120,- DM
3. **Vasenpaar**, Böhmen, um 1870/80, eingefärbtes Glas, runder Stand, kurzer, eingezogener Schaft, gestreckt-gebauchter, einmal gewulsteter Korpus, glockenförmig ausgestellter, gewellter Mundrand. Wandung mit Blütenbukett, goldgehöht, 21 cm. — 200,- DM
4. **Vase**, wohl England, um 1900, Amphorenvase mit grünem Fond, darauf galantes Paar in goldumrandeter Kartusche, H: 29 cm. — 200,- DM
5. **Vase**, Böhmen, um 1900. — 90,- DM
6. **Paar Vasen**, um 1920, gefärbtes Glas, gebaucht gedrehter Vasenkörper mit engem Hals, dekoriert mit Astwerk, darauf eine Eule, H: 19 cm. — 200,- DM
7. **Likörbehälter**, Murano, nach 1950. — 200,- DM
8. **Rosenvase**, mattiertes Glas, neuzeitlich. — 90,- DM
9. **Konvolut** aus 2 Kugelvasen. — 100,- DM
10. **Vasenpaar**, Legras, Frankreich, um 1920, Landschaftsszenen, farbloses Glas mit grünen, braunen und rosa Pulvereinschmelzungen. Sign.:Legras, H: 22 cm. — 2.000,- DM
11. **Vase**, Glas, in Jugendstilmanier. — 80,- DM
12. **Vase**, Frankreich, um 1910, annagrünes Glas mit umlaufender geschlossener Landschaftsszene in brauner Pulveraufschmelzung; sign.: J. Michel, Paris, H: 15 cm. — 890,- DM

Gesehen bei: Antiquitäten & Wohnen, Heilbronn.

Kralik-Vase, um 1900. 650,- DM

Gesehen bei:
Antiquitäten & Wohnen, Heilbronn.

Vase, um 1910, Pallme und König, grünes Glas, spinnenartig aufgelegte, weiße Fäden; H: 11 cm. 350,- DM
Vase, um 1900, Loetz Klostermühle. H: 15 cm. 300,- DM
Gesehen bei:
Antiquitäten & Wohnen, Heilbronn.

Vase, Petersdorfer Glashütte, Fritz Heckert, Entwurf: Max Rade, H: 18 cm. 800,- DM
Vase, Muller-Frères, braun lüstriert, im Korpus signiert; H: 22 cm. 500,- DM
Gesehen bei:
Antiquitäten & Wohnen, Heilbronn.

Kragenvase, um 1900, Loetz Klostermühle, grün lüstriert, im Korpus 3-fach gedrückt; H: 18 cm. 500,- DM
Kragenvase, um 1910, Webb/England, lüstriertes Glas, H: 16 cm. 300,- DM
Gesehen bei:
Antiquitäten & Wohnen, Heilbronn.

Martinigläser, Frankreich, 6-teilig, brauner Stand mit silberner Kugel und Rand, H: 11,5 cm. 300,-/400,- DM
Cocktailshaker, schwedisch, versilbert, H: 22 cm. 150,-/250,- DM

Gesehen bei: Edeltrödel, Stuttgart.

Paar Martinigläser, grüner Sockel mit silberner Kugel und Rand, H: 9 cm. 250,-/300,- DM
Chromshaker, engl., H: 21 cm. 200,-/250,- DM

Gesehen bei: Edeltrödel, Stuttgart.

Likörset, England, Karaffe mit 6 Gläsern, Kobaltblau mit Silberauflagen, H: 23 cm. 400,-/500,- DM

Gesehen bei: Edeltrödel, Stuttgart.

Becher, Böhmen, um 1840. 800,- DM

Gesehen bei: Ruff, Stuttgart.

Vase, um 1900, sign. De Vez, goldlüstriertes Glas mit rötlichem Überfang, Darstellung einer Gebirgslandschaft, runder Stand, gebauchter Korpus, eingezogene Schulter, ausgestellter Rand. 3.500,- dkr

Vase, um 1900, sign. De Vez, gebläutes Glas mit durchbrochenem Überfang in Blau- und Grüntönen, Berglandschaft mit See und Bäumen im Vordergrund, runder Stand, kegelförmiger, schlanker Korpus. 3.800,- dkr

Gesehen bei:
Borge Nielsens Auktionen,
Vejle, Dänemark.

Alte Weinkanne, um 1910, Preßglas, Deckel u. Griff Zinnlegierung, H: 35 cm, B: 14 cm. 180,- DM

Gesehen bei:
t'Cadeautje, Bad Dürkheim.

Fußbecher, deutsch, 1.Hälfte 19.Jh., Klarglas, dicke Fußplatte mit abgeschliffenem Abriß, H: 20 cm. DM 90,-/170,-
Fußstangenglas, 2.Drittel 19.Jh., Klarglas, am Boden abgeschliffener Abriß, besonders hoch, H: 31,2 cm. DM 300,-
Fußbecher, deutsch, Mitte 19.Jh., Klarglas, in die Model geblasenes, kreisförmig optisches Glas, Boden glatt abgeschliffen, H: 22,3 cm. DM 180,-

Fußbecher, deutsch, 2.Hälfte 19.Jh., in der Model hergestelltes Klarglas, pseudofacettierter Kelch, eingeätzte Initialen, Bodenplatte unten flach abgeschliffen, H: 22,2 cm. DM 50,-/100,-
Tulpenbecher, deutsch, 1.Hälfte 19.Jh., Klarglas, kräftige Fußplatte, Abriß abgeschliffen, Teilbereich am Kelch eingeschliffene Facetten, H: 19 cm. DM 120,-/190,-

Schnapsglas, deutsch, Ende 18.Jh., Klarglas, Fußplatte doppelt abgesetzt, Abriß, einfacher Balusterschaft, glockenförmige Kuppa, H: 10,2 cm. DM 100,-/150,-
Schnapsglas, deutsch, um 1800, Klarglas, flache Fußplatte mit Abriß, niederer Balusterschaft, Kuppa zur Hälfte massiv, H: 11,5 cm. DM 100,-/160,-

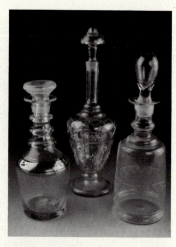

Schnapsglas, deutsch, Ende 18.Jh., Klarglas, Fußplatte flach mit Abriß, niederer Säulenschaft, Kuppa ein Drittel massiv, H: 7 cm. DM 50,-/120,-
Schnapskaraffe, deutsch, 1.Hälfte 19.Jh., Klarglas, dicker Boden mit Abriß, H: 13 cm. DM 100,-
Schnapsglas, deutsch, Ende 18.Jh., Klarglas, Fußplatte flach mit Abriß, langer Säulenschaft mit Kuppa, H: 10,5 cm. DM 80,-/120,-

Tischkaraffe, deutsch, Ende 17.Jh., Klarglas, Boden eingestochen, H: 15,5 cm. DM 600,-
Tischkaraffe, deutsch, Ende 17.Jh., gelblich-braunes Vierkantglas, Boden eingestochen, H: 14,5 cm. DM 600,-
Tischkaraffe, deutsch, Ende 17.Jh., Klarglas, eingestochener Boden, H: 12,5 cm. DM 400,-

Karaffe, Böhmen, Mitte 19.Jh., farbloses Glas, abgeschliffener Abriß, umlaufender Goldstreifen mit Blumendekor, H: 16,4 cm. DM 200,-/350,-
Fußkaraffe, deutsch oder Böhmen, um 1880, farbloses Glas, umlaufendes Emailblumendekor, H: 25 cm. DM 150,-/250,-
Karaffe, deutsch, 2.Drittel 19.Jh., Klarglas, gelbliches, sparsames Emaildekor, H: 22,4 cm. DM 150,-/200,-

Gesehen bei: Helller, Wiesbaden.

GLAS   SEITE 945

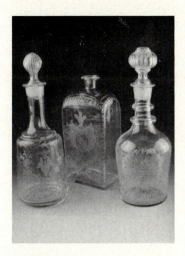

1. Weinkaraffe, deutsch, Mitte 19.Jh., Klarglas, eingeschliff. Hochzeitsdekor, Boden m. abgeschl. Abriss: H: 28,3 cm.
DM 300,-/450,-
2. Branntweinflasche, deutsch, 2.Hälfte 19.Jh., Kanten mit Zierschliff, Frontsicht eingeschliffenes Wappen, H: 24 cm.
um DM 600,-
3. Weinkaraffe, deutsch, Mitte 19.Jh., Klarglas, eingeschliffene Girlande mit Hochzeits-Initialen, H: 30,2 cm.
DM 300,-/500,-

4. Tischkaraffe mit 12 dazugehörigen Gläsern, deutsch, um 1840, Klarglas, umlaufender Goldrand, emailaufgemalter Blumenkorb, Abriss abgeschliffen. Karaffe H: 25,6 cm, Glas H: 8 cm.
DM 1.500,-
5. Glaskrüglein, deutsch oder Böhmen, Mitte 19.Jh., bläuliches Glas, Abriss abgeschliffen, Glasdeckel mit Zinnmontierung, Emailmalerei: spielendes Mädchen in der Natur, H: 12,4 cm.
bis DM 400,-

6. Glasbecher, deutsch oder Böhmen, Mitte 19.Jh., rötliches Mattglas, Fußscheibe, am Lippenrand lasiertes, dunkelrotes Band, aufgemaltes Blumenmädchen auf dem Weg, H: 13,6 cm.
bis DM 350,-
7. Glaskrüglein, deutsch, 2.Hälfte 19.Jh., leicht grünliches Glas, weißgelbliches Emailblumendekor, Becher längsoptisch, Abriss abgeschliffen, H: 10,7 cm.
bis DM 250,-

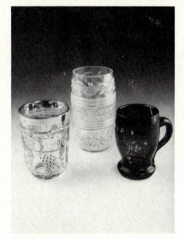

8. Jubiläums-Glaskrüglein, deutsch, 1850, Zierschliff, mittig die Jahreszahl 1850, Abriss abgeschliffen, H: 9,9 cm, bis DM 200,-
9. Freundschaftsbecher, Böhmen, 2.Drittel 19.Jh., Klarglas, Abriss abgeschliffen, glaslasierter Rand H: 11,3 cm, bis DM 250,-
10. Andenkenbecher, deutsch, Ende 19.Jh., Klarglas, optisches Traubendekor, Goldrand an der Lippe, H: 10,2 cm.
DM 40,-/85,-

11. Andenkenbecher, deutsch, 1871, Klarglas, Eichenblattdekor, H: 12 cm.
DM 125,-
12. Andenkenkrüglein, Böhmen, 1.Drittel 19.Jh., Blauglas, H: 8,5 cm.
bis DM 250,-
13. Krautstrunk, deutsch, 16.Jh., freigeblasenes grünliches Glas, Boden eingestochen mit Narbe, Glaskörper mit stark tonnenförmiger, ausgerundeter Wulstlippe, H: 11,3 cm. Preis je nach Zustand ab DM 6.000,-

14. Berkebecker oder Berkemeyer, deutsch, 16.Jh., freigeblasener gelblicher Glasbecher mit drei Noppenreihen, H: 8,6 cm. Preis je nach Zustand und Form ab DM 6.000,-
15. Römer (Klinger), deutsch, 17.Jh., langschäftiges Römerglas mit schmalem Wickelfuß, Abriss mit Narbe, auf dem breiten Schaft. H: 15,6 cm. Preis je nach Zustand und Form ab DM 1.000,-

Gesehen bei: Heller, Wiesbaden.

1. Zierbecher (Fußbecher), deutsch, 2.Hälfte 19.Jh., gelbliches Glas, buntes Emailblumendekor, tiefprofilierter Kelch, Abriss abgeschliffen, H: 17,5 cm. DM 100,-/200,-
2. Zierbecher (Fußbecher), deutsch, 2.Hälfte 19.Jh., leicht grünliches Glas, buntes Emaildekor, teilprofilierter Kelch, eingedrückte Abrissnarbe, H: 16,6 cm. DM 100,-/200,-
3. Zierbecher (Fußbecher), deutsch, Mitte 19.Jh., Klarglas, Goldrand an der Lippe, Emaildekor, teilprofil. Kelch, eingedrückte Abrissnarbe, H: 15,6 cm. DM 100,-/200,-
4. Geschenkbecher, deutsch, 2.Hälfte 19.Jh., Klarglas, Initiale "S" in Gold aufgebracht, H: 14 cm. DM 50,-/100,-
5. Geschenkbecher, deutsch, 2.Hälfte 19.Jh., Klarglas, Initiale "S" eingeschl. und mit Gold ausgestrichen, H: 12,3 cm. DM 50,-/80,- DM
6. Zierglaskrüglein, Böhmen, Mitte 19.Jh., gelbliches Glas, in die Model optisch geblasen, Weißemailmalerei: Spielendes Mädchen in der Natur, Boden eingestochen, H: 10,5 cm. DM 200,-/350,-
7. Zierkrüglein, Böhmen, Mitte 19.Jh., leicht grünliches Glas, in die Model optisch geblasen, Weißemailmalerei: Spielender Junge in der Natur, Boden eingestochen, schwache Narbe, H: 12,6 cm. DM 250,-/450,-

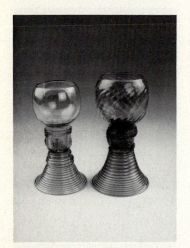

8. Römer, deutsch, 18.Jh., grünliches Glas, Fadenfuß, Mittelteil oben offen, auf dem Schaft Beerennoppen, H: 12 cm, ab DM 500,-
9. Römer, deutsch, 1.Hälfte 18.Jh., grünliches Glas, auf dem Schaft Beerennoppen, Kuppa schrägoptisch, H: 13,2 cm, ab DM 1.000,-
10. Römer, deutsch, 3.Drittel 19.Jh., Grünglas, Rillenfuß m. Kuppa, 13,4 cm. DM 50,-/120,-
11. Römer, deutsch, 1.Hälfte 19. Jh., grünes Glas, Rillenfuß, Schaft und Kuppa mit Beerennoppen, H: 13,2 cm. DM 200,-/480,-
12. Kelchglas, Frankreich, 1.Hälfte 19.Jh., Klarglas, flache Fußplatte, Abriss abgeschliffen, Balusterschaft, dreireihiges, unregelmäßig eingeschliffenes Kerbschnittmuster, H: 10,5 cm, bis DM 160,-
13. Kelchglas, deutsch, 1.Hälfte 19.Jh., Klarglas, dicker gehobener Scheibenfuß, glatter Säulenschaft, in der Kuppa eingeschliffene Bogenfacetten, 10,8 cm. DM 100,-/180,-
14. Kelchglas, deutsch, 1.Hälfte 19.Jh., Klarglas, flache Fußpl., Balusterschaft, Abrissnarbe eingedrückt, 11,6 cm. DM 70,-/130,-

Gesehen bei: Heller, Wiesbaden.

GLAS   SEITE 947

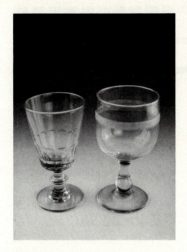

1. Kelchglas, Deutschland oder Frankreich, Ende 18.Jh., Klarglas, flache Fußplatte, Facettenschliff im Kelch, 11 cm.
DM 160,-/250,-

2. Pokalkelchglas, Elsaß, Anfang bis Mitte 19.Jh., Klarglas, Balusterschaft, große Kuppa mit breitem, geätztem, umlaufendem Streifen, H: 13,4 cm.
DM 160,-/260,-

3. Kelchglas, deutsch, Ende 19.Jh., Klarglas, flache Fußplatte, H: 12,4 cm.
DM 10,-/40,-

4. Kelchglas, deutsch, Ende 19.Jh., Klarglas, flache Fußplatte, sehr hoher Balusterschaft (Balusterstengelschaft); interessantes Glas: Übergang vom Biedermeierglas (Stengel mit Nodus) zum langstieligen Glas, H: 14,7 cm,
bis DM 140,-

5. Kelchglas, deutsch, Mitte 19.Jh., frühes Industrieglas, Klarglas (Pressglas), Fußplatte mit Pseudofacettenschliff, Balusterschaft, Glasnaht leicht sichtbar, H: 13 cm. DM 30,-/60,-

6. Sektschale, deutsch, um 1925 (Art-Deco), Klarglas, zeitgemäßes Schliffdekor, H: 10,3 cm.
DM 50,-/120,-

7. Sektflöte, deutsch, Mitte 19.Jh., Klarglas, facettierter Kelchschaft, unter Fußplatte eingedrückter Abriss, H: 17,8 cm.
bis DM 200,-

Gesehen bei: Heller, Wiesbaden.

8. Sektglas (hohes Kelchglas), deutsch, Ende der 50er Jahre, H: 16,7 cm.
DM 20,-/50,-

9. Sektglas (Sektkelch), deutsch, um 1900, Balusterschaft, trompetenförmiger Kelch, zartes Blumendekor, 17,2 cm.
DM 40,-/80,-

10. Langstielglas (Weinglas), deutsch, um 1925, Kuppa Klarglas, zeitgemäßes Schliffmuster, H: 17,4 cm.
DM 40,-/80,-

11. Langstielglas (Weinglas), deutsch, um 1930, Fußplatte und Stiel leicht grünliches Glas, Kelch mit zeitgemäßem Schliffmuster, H: 15,8 cm.
DM 40,-/70,-

12. Stielglas (Weinglas), deutsch, um 1955, Fußplatte und Stiel Klarglas, Kelch leicht kräftiges Grünglas mit eingeätztem umlaufendem Band, 15,2 cm.
DM 20,-/60,-

13. Kelchglas, deutsch, um 1910, Fußplatte und Stiel aus Grünglasmasse, Kuppa Klarglas, H: 17 cm.
DM 120,-/180,-

14. Kelchglas (langstieliges Kelchglas), deutsch, um 1915, Klarglas, H: 15,5 cm.
DM 60,-/130,-

15. Kelchglas (langstieliges Kelchglas), deutsch, 1905-1915, Fußplatte und Stiel leicht gelblich, Kuppa Klarglas, 17,4 cm.
DM 70,-/180,-

Euro Antique Data Organisation

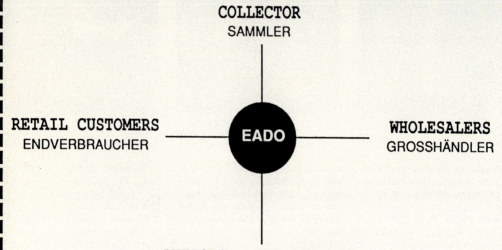

BYING – SELLING ? WE STORE YOUR OFFERS AND REQUIRIES
FOR ANTIQUITIES ON THE EUROPEAN MARKET!
KAUFEN – VERKAUFEN ? WIR SPEICHERN IHRE ANGEBOTE UND
NACHFRAGEN FÜR DEN EUROPÄISCHEN MARKT!

WE SERVE 30.000 CUSTOMERS AND THOUSANDS OF ITEMS
WIR VERWALTEN RUND 30.000 ADRESSEN UND TAUSENDE VON ARTIKEL

JOIN US
WERDEN SIE MITGLIED

FURTHER INFORMATION 0049 – 7131 – 470721
WEITERE INFORMATIONEN   07131 – 470721

EADO
POSTFACH
7100 HEILBRONN
WEST GERMANY

Fayencekrug, mitteldeutsch, Mitte 18.Jh., original Zinnmontierung. ca. DM 4.500,-

Zunftkanne der Bäcker aus Backnang, Meister Höchell, 18.Jh. ca. DM 3.000,-

Schraubflasche, Esslingen, Meister Gunzenhauser, 19.Jh., prismiert mit rundem Ausguß. ca. DM 1.500,-

Gesehen bei: Ruff, Stuttgart.

4. Schenkkanne, Stuttgart, Meister Rueff, um 1767. ca. DM 2.000,-

5. Schenkkanne, Schorndorf, Meister Hornum, um 1750. ca. DM 2.000,-.

6. Schenkkanne, Kirchheim/Teck, Meister Landauer, um 1730. ca. DM 2.500,-

Gesehen bei: Ruff, Stuttgart.

Schenkkanne,
Öhringen, Meister Gwinner, um 1760.
ca. DM 2.000,-

Schraubflasche,
Horb am Neckar, Meister Sichler, 1790.
ca. DM 1.800,-

Schenkkanne,
Amberg, Hausmarke, um 1660.
ca. DM 3.000,-

Gesehen bei: Ruff, Stuttgart.

Dröppelminna,
Bergisches Land, um 1780.
ca. DM 2.000,-

Terrine,
Frankfurt-M., Mister Klinglin, um 1780.
ca. DM 1.500,-

Schraubflasche,
Chur in der Schweiz, Meister Matthäus Bauer, um 1790, prismiert, mit prismiertem Ausguß, ringförmiger Tragegriff.
ca. DM 2.000,-

Gesehen bei: Ruff, Stuttgart.

Kindertrinkhumpen,
ungemarkt, Ende 18.Jh.
ca. DM 800,-

Gesehen bei: Ruff, Stuttgart.

Relief-Gußteller,
"Noah", Nürnberg Datt, um 1619.
ca. DM 2.000,-

Gesehen bei: Ruff, Stuttgart.

Relief-Gußteller
"Christi Auferstehung in 12 Aposteln",
Nürnberg, Meister Öham der Jüngere,
2.Drittel des 17.Jh.
ca. DM 2.000,-

Gesehen bei: Ruff, Stuttgart.

Fayencekrug,
Dorotheental, um 1760,
ca. DM 3.000,-

Gesehen bei: Ruff, Stuttgart.

Vase,
Jugendstil, zinnpoliert, Entwurf: J. Robert Hannig, mit plastischen Ähren und Schwertlilien, Blütenblätter als Griffe, signiert Hannig. H: 57 cm, D: 24 cm,
ca. DM 7.000,- / 8.000,-

Gesehen bei:
Antiquitäten & Wohnen, Heilbronn.

Zinnkanne,
Heidenheim/Brenz, Meister Burr,
um 1770,
ca. DM 7.500,-

Gesehen bei: Ruff, Stuttgart.

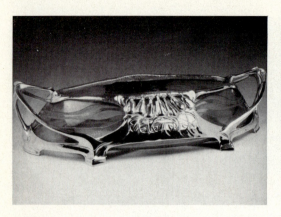

Jardinière,
Zinn/Glas, Entwurf: Friedrich Adler. Ovale, plastische Zinnhalterung auf vier Füssen, grüner Glaseinsatz mit geschnittenem Wellenband. Vergl. Peter Behrens, Sammlung Silser, Seite 39 (1976), 53 x 30 cm,
ca. DM 5.000,-

Cachepot
"Osiris", zinnpoliert, Hagebuttendekor. Vergl. Uecker, Seite 121, D: 20 bzw. 24 cm, H: 19 cm.
DM 750,-

Brotschale
"Orivit", Entwurf: Friedrich Adler, siehe: Kunst u. Handwerk, Band 51, 1901, Seite 24 u. Peter Behrens, Seite 174.
DM 600,-

Leuchterpaar
"Orivit", zinnpoliert, 3-flammig, gewellter, runder Stand, daraus erwachsen in geschw. Blattstengeln die drei Leuchterarme, H: 25 cm, ca. DM 2.000,-

Gesehen bei: Antiquitäten & Wohnen, Heilbronn

Jugendstilschale,
zinnpoliert, sign. Eduard Jouant, geflügelte, nach hinten gebeugte Frau ziert den ovalen, mit plastischen Blüten belegten Schalenkörper, 30 x 20 x 15 cm,
ca. DM 3.000,- / 3.500,-

STEINGUT   SEITE 953

Pingsdorfer, linksrheinische und hartgebrannte Ware (Frühsteinzeug), 11.-13.Jh.,
a) großer Becher
b) kleiner Becher
c) Tüllenkanne (Ausgußkanne)
d) kleiner Becher   je DM 300,-/1.000,-

Frühsteinzeug, rechtsrheinisch (Siegburger Raum), 13. Jh.,
a) Kanne
b) Kanne   je DM 500,-

Frühsteinzeug, rechtsrheinisch, 13.Jh.,
2 Kannen   je DM 400,-/800,-
2 Becher   je DM 200,-/300,-

Gesehen bei: Heller, Wiesbaden.

Frühsteinzeug, 13.Jh.,
3 Kannen und 1 Becher
Becher: DM 150,-/200,-
links und rechts: Tüllenkannen
je DM 400,-/800,-
Mitte: normale Kanne ca. DM 500,-

Steinzeug, Siegburg und Siegburger Raum, 14.-15.Jh.,
a) Jakobakanne   DM 1.000,-/1.500,-
b) Trichterhalsbecher DM 500,-/600,-
c) Trinkkrug   DM 500,-/600,-
d) Trinkkrug   DM 500,-/600,-

Steinzeug, Siegburg, 14.-15.Jh.,
a) 1 große helle Kanne   DM 800,-
b) kleines Krüglein, ca. DM 300,-
c) 1 große helle Kanne   DM 500,-
d) 1 Trinkbecher   ca. DM 100,-
e) 1 Trinkbecher   ca. DM 100,-

Steinzeug, 15.-16.Jh.,
a) 3 Henkelkrüglein   ca. DM 1.200,-
b) Henkelkrüglein   DM 250,-/350,-

Steinzeug, 16.Jh., rechtsrheinische Ware (Siegburg),
5 große und kleine Trinkkrüge
je DM 200,-/1.000,-

Badmannskrüge, Steinzeug, linksrheinische Ware (Köln und Frechen), 16.Jh.,
a) Krug   ca. DM 2.500,-
b) Krug   DM 400,-/600,-
c) Krug   DM 800,-/1.200,-
d) Becher   DM 100,-/150,-

Gesehen bei: Heller, Wiesbaden.

4 Krüge, 17.Jh.,
a) Krug Westerwald ca. DM 2.000,-
b) Krug Westerwald DM 2.500,-/3.000,-
c) Krug Westerwald ca. DM 1.500,-
d) Krug Oberhessen ca. DM 2.000,-

3 Krüge und 1 Schraubkanne
a) Krug Westerwald ca. DM 2.000,-
b) Krug Eifelware ca. DM 800,-
c) Krug Westerwald ca. DM 500,-
d) Kanne Raeren ca. DM 1.500,-

2 Krüge und 1 Fässchen (Steinzeug),
rechtsrheinische Ware
(Westerwald und Umgebung),
a) Krug ca. DM 500,-/900,-
b) Fässchen ca. DM 1.500,-
c) Krug ca. DM 2.000,-

Steinzeug, 1.H.19.Jh.,
a) Krug Eifelware ca. DM 800,-
b) Kanne Westerwald ca. DM 800,-

Steinzeug, 1.H.19.Jh.,
a) Krug Westerwald ca. DM 600,-/800,-
b) Fässchen Westerwald ca. DM 1.200,-

Steinzeug
a) Vorratstopf Westerwald, Mitte 19.Jh.
ca. DM 700,-
b) Butterfaß Westerwald, Ende 18.Jh.
ca. DM 1.200,-

Steinzeug, Mitte bis 2.H.19.Jh.,
a) Flaschenkrug ca. DM 400,-
b) Krug ca. DM 400,-
c) Krug ca. DM 600,-

Steinzeug,
a) Enghalskanne, 2.H.19.Jh.
ca. DM 300,-
b) Tischkrug, Mitte 19.Jh.
ca. DM 500,-

9. Steinzeug,
a) Krug, Lothringen, erstes Drittel des
20.Jh. ca. DM 150,-
b) Krug (Kanne), Westerwald erstes
Drittel des 20.Jh. ca. DM 200,-
c) Krug (Kanne), Westerwald
Jahrhundertwende DM 150,-/250,-

Gesehen bei: Heller, Wiesbaden.

Wandvase, England, "Clarice Cliff", Beschkeramik mit Schwalbe, H: 20 cm. DM 300,-/400,-

Gesehen bei: Edeltrödel, Stuttgart

2 Blumenvasen, Villeroy u.Boch, 30er Jahre, erste Schwarz mit Silberauflage, H: 21 cm, DM 350,-/450,- zweite Schwarz-Silber-Orange, H: 26 cm. DM 350,-/450,-

Gesehen bei: Edeltrödel, Stuttgart

Henkelvase, England, "Royal Doulton", Porzellan, orangefarben, H: 20 cm, DM 150,-/300,-
Krug, gelb-orange mit Papageienhenkel, Porzellan, H: 18 cm, DM 150,-/300,-

Gesehen bei: Edeltrödel, Stuttgart

Tischuhr, England, Jhdtw., Keramik, rot-blaue Glasur mit Pfau, H: 28 cm, DM 300,-/400,-

Gesehen bei: Edeltrödel, Stuttgart

Bitterwasserflaschen oder **Sprudelflaschen**, Herzogtum Nassau, gestempelt vor 1866, je DM 50,-/100,-

Gesehen bei: Heller, Wiesbaden.

5 Trichterhalsbecher, 16.Jh., Siegburg und Siegburger Raum, Steinzeug,
a) Trichterhalsbecher ca. DM 500,-
b) Trichterhalsbecher ca. DM 1.000,-
c) Trichterhalsbecher ca. DM 400,-
d) Trichterhalsbecher ca. DM 400,-
e) Trichterhalsbecher ca. DM 1.000,-

Steinzeug, Frechener Ware,
a) Krüglein, H: 8 cm, DM 300,-/400,-
b) Kindertrinkgefäß (Schnabelkännchen), H: 8 cm, DM 400,-/600,-
c) Krüglein, H: 10 cm, DM 100,-/200,-

Gesehen bei: Heller, Wiesbaden.

Steinzeug, Rheinland, 16.Jh., Siegburger Schnelle, DM 7.500,- Frechener Bartmannskrug, DM 1.950,- Westerwälder Enghalskrug, DM 2.000,- Raerener Krug mit Löwenmaske, DM 2.000,-

Gesehen bei: S. Theisen, Troisdorf.

Panther, um 1920, signiert, grüne Hartkeramik, DM 480,-

Gesehen bei: Kuhn, Stuttgart.

Gewürzgefäß, Westerwald, Anfang 18.Jh., Steinzeug, Reste alter Vergoldung. ca. DM 2.500,-

Gesehen bei: Ruff, Stuttgart.

Buckelplatte, Frankfurt/M., 1.H.18.Jh., Fayence. ca. DM 1.500,-

Gesehen bei: Ruff, Stuttgart.

Tüllenkanne, Siegburg, 1593, weißes Steinzeug. DM 36.000,-

Gesehen bei: S. Theisen, Troisdorf.

Vase, Mitte 50er Jahre, Keramik "Scheurich", bunte Glasurflecken auf schwarzem Grund. DM 40,-

Verkauft bei: Steck, Stuttgart.

Vase, Karlsruher Keramik. DM 350,-

Gesehen bei: Schmidt, Stuttgart.

Kasserole, Meissen, um 1740, bemalt mit unterglasurblauen Granatäpfeln und Bambushecken (sog."Zwiebelmuster"). D: 18,5 cm. DM 3.300,-

Verkauft bei: Schneider, Mannheim.

Ikone, Rußland, 19.Jh., Heiliger Sergius von Radonesch, erster Abt des Dreifaltigkeitsklosters, mit vertieftem Mittelfeld. H: 31 cm, B: 26,5 cm. Aufrufpreis DM 1.800,-

Gesehen bei: Brenske, Hannover.

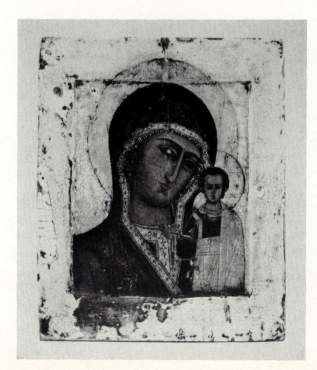

Ikone, Rußland, um 1700, Gottesmutter von Kasan (Kasanskaja), vertieftes Mittelfeld, H: 31,2 cm, B: 27,2 cm. Aufrufpreis DM 4.500,-

Gesehen bei: Brenske, Hannover.

Ikone, Südwest-Rußland, um 1900, Gottesmutter von Wladimir (Wladimirskaja), mit Silber-Riza kurz nach 1800. H: 32 cm, B: 26,1 cm. Aufrufpreis DM 7.200,-

Nach der Expertise des Ikonen-Museums Schloß Autenried handelt es sich um eine dekorative russische Haus-Ikone.

Gesehen bei: Brenske, Hannover.

Ikone, Rußland, 18. Jh., Hl. Sophia (Die göttliche Weisheit), mit Silber-Basma (Meisterarbeit) und Silber-Nimben (Heiligenscheine). Das Thema ist auf Ikonen nur selten anzutreffen und geht zurück auf das Alte Testament. (Sprüche Salomons VIII, 1ff.) Das Motiv ist im 15. Jh. unter dem Einfluß mystischer Strömungen entstanden.
Auf dem Rand links: Hl. Simeon (oben) und Hl. Johannes (unten).
Auf dem Rand rechts: Hl. Gregorius und Kriegerheiliger Johannes. Seltenes Motiv mit Feinmalerei auf Goldgrund. H: 35 cm, B: 31,3 cm.
Aufrufpreis DM 6.800,-

Gesehen bei: Brenske, Hannover.

Monats-Ikone, Februar, Rußland, 18.Jh., in Lupenarbeit auf Goldgrund sind die Heiligen dieses Monats mit den Festtagen: Darstellung Christi im Tempel am 2. Febr. und Auffindung des Hauptes Johannes' des Täufers am 24. Febr. H: 29,8 cm, B: 24,5 cm. Aufrufpreis DM 7.000,-

Gesehen bei: Brenske, Hannover.

Ikone, Rußland, 18.Jh., Johannes der Täufer (Vorläufer), mit zwei orthodoxen Heiligen. Den oberen Abschluß bildet Christus auf der Wolkenbank. H: 34 cm, B: 31 cm.   Aufrufpreis DM 3.900,-

Gesehen bei: Brenske, Hannover.

Ikone, Rußland, 18.Jh., die drei Hierarchen: Hl. Grigorius, Hl. Basileios, Hl. Johannes. Oberer Abschluß: Mandylion. Außergewöhnliche Malqualität auf Goldgrund, vertieftes Mittelfeld.
H: 35 cm, B: 30,5 cm.   Aufrufpreis DM 4.500,-

Gesehen bei: Brenske, Hannover.

Ikone, Rußland, 18.Jh., neun Märtyrer von Kyzikos. Es handelt sich um ein sehr seltenes Thema mit den neun Märtyrern
Artemios, Antipater, Theodotus, Theogius, Theostichos, Thaumasius, Rufus, Magnus, Philimon. Den oberen Abschluß der Ikone bildet Christus auf der Wolkenbank. Expertise des Dorotheums, Wien liegt vor. H: 31,7 cm, B: 26,5 cm. Aufrufpreis DM 6.000,-

Gesehen bei: Brenske, Hannover.

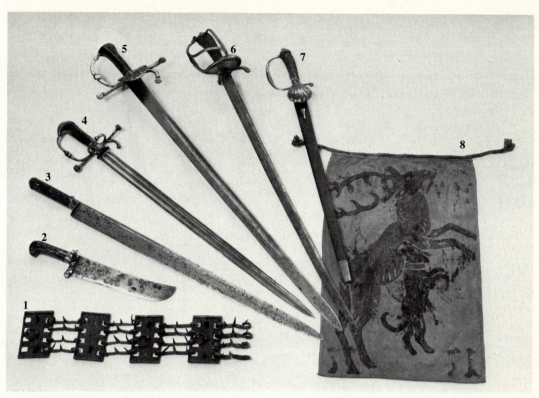

1. Hundehalsung, Deutschland um 1600 - Vergleiche: Deutsches Jagdmuseum München. Vier eiserne Platten mit gebördelten Rändern und aufgenieteten Spitzen, durch spitzenbesetzte Glieder verbunden. Länge: 54 cm DM 800,-/1.000,-

2. Weidpraxe, Deutschland um 1620 - Vergleiche: Deutsches Jagdmuseum München/ Veste Coburg/ Museum der Grafschaft Mark. Klinge mit Schmiedemarke W. Eiserne Montierung mit Zierverfeilungen und Parierring. Griff mit Hirschhornplatten belegt, mit eisernen Hohlnieten. Schwere, einschneidige Hiebklinge mit Initialen R.F. Länge: 37 cm   DM 5.000,-/6.000,-

3. Hauswehr, Bauernschwert, Deutschland/Österreich um 1450 - Vergleiche: Nationalmuseum Budapest/ Kunsthistorisches Museum Wien/ Museo Bargello Firenze. Klingenmarke, Kreuz über Mondsichel. Eiserne Montierung mit rund-konischem Parierknebel und Knaufkappe. Aufgenietete Hirschhorngriffplatten. Gerade, einschneidige Klinge mit Rückenschneide und langer Hohlkehle. L: 85 cm DM 5.000,-/8.000,-

4. Jagddegen, Deutschland um 1620 - Vergleiche: Deutsches Jagdmuseum München/ Historisches Museum Dresden. Eisernes Bügelgefäß mit balusterartig verdicktem Faustschutzbügel, Parierring und Parierstangenenden. Facettierte Knaufkappe. Hirschhorngriff mit profilierter Zwinge. Gerade, einschneidige Klinge mit Hohlzügen. Länge: 85 cm DM 3.000,-/5.000,-

5. Jagdschwert, Deutschland um 1600 - Vergleiche: Deutsches Jagdmuseum München/ Historisches Museum Dresden. Klingenmarke, Knotenkreuz. Eisernes Bügelgefäß mit flachem, profiliertem Faustschutzbügel und Parierstange. Beide Stichblätter und Knaufkappe mit ornamentalen Zierverfeilungen. Griff aus Hirschhorn mit profilierter Zwinge. Gerade, einschneidige Klinge mit breiter Hohlkehle und langer Rückenschneide. Gesamtlänge: 102 cm DM 6.000,-/9.000,-

6. Jagddegen, Deutschland um 1630 - Vergleiche: Deutsches Jagdmuseum München. Eisernes Bügelgefäß, graviert, mit siebartig durchbrochenem Stichblatt, Griff mit grünem Stoff und Messingdrahtgeflecht bezogen. Gerade, zweischneidige, gravierte Klinge. Gesamtlänge: 94 cm DM 2.500,-/3.500,-

7. Hirschfänger, Deutschland um 1670 - Vergleiche: Deutsches Jagdmuseum München. Eisernes Bügelgefäß mit muschelförmigem Stichblatt und hoher Knaufkappe. Alle Teile mit fein gearbeitetem, profiliertem Dekor. Gerade, einschneidige Klinge mit langer Rückenschneide und schmaler Hohlkehle, im oberen Drittel geätzte, florale Ornamente. Griff aus Hirschgeweih. Zugehörige Lederscheide mit eisernen Beschlägen. Gesamtlänge: 72 cm DM 2.500,-/3.500,-

8. Jagdlappen, Deutschland 1717 - Vergleiche Deutsches Jagdmuseum München/ Museum der Grafschaft Mark. Auf der Vorderseite G W M Z B (Georg Wilhelm Markgraf zu Bayreuth), bekrönter Adler mit gevierteltem Brustschild und Jahreszahl. Auf der Rückseite von Hund gestellter Hirsch. Länge: 61 cm Breite: 37 cm DM 300,-/600,-

Gesehen bei: J. H. Fricker, Dinkelsbühl

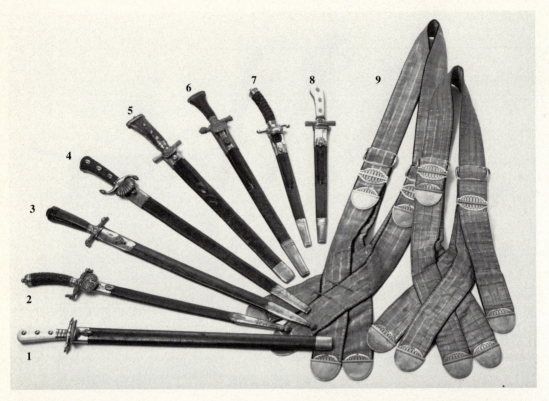

1. Hirschfänger, Deutschland/Hessen um 1750 - Vergleiche: Deutsches Jagdmuseum München. Griff aus Neusilber, Parierstange in stilisierten Rehhufen endend. Griffplatten aus weißem Bein mit Ziernägeln. Gerade, einschneidige Klinge mit schmaler Hohlkehle. Zugehörige, lederbezogene Holzscheide mit Neusilberbeschlägen. Länge: 74 cm   DM 1.700,-/2.500,-

2. Hirschfänger, Deutschland um 1780 - Vergleiche: Deutsches Jagdmuseum München. Balusterförmige Parierstange in naturalistischen Hundeköpfen endend. Auf dem Stichblatt plastische Darstellung eines knieenden Jägers mit Gewehr. Alle Teile Messing versilbert. Gebogener Hirschhorngriff mit profil. Zwingen. Länge: 66 cm   DM 1.700,-/2.500,-

3. Hirschfänger, Deutschland um 1780 - Vergleiche: Deutsches Jagdmuseum München. Balusterförmige Parierstange aus Messing, in naturalistischen Hundeköpfen endend. Getriebene Griffzwinge. Profilierter und gerauteter Ebenholzgriff. Gerade, zweischneidige Klinge mit doppelten Hohlzügen. Zugehörige, geprägte Lederscheide mit Messingbeschlägen. Gesamtlänge: 75 cm   DM 1.500,-/2.000,-

4. Hirschfänger, Deutschland um 1780 - Vergleiche: Deutsches Jagdmuseum München. Messinggriff mit muschelförmigem Stichblatt und gebogener, in Eicheln endender Parierstange. Griffplatten aus Hirschhorn mit Ziernägeln. Gerade, einschneidige Klinge. Zugehörige, geprägte Lederscheide mit Messingbeschlägen. Gesamtlänge: 73 cm   DM 1.300,-/1.800,-

5. Hirschfänger, Deutschland um 1780 - Vergleiche: Deutsches Jagdmuseum München. Klinge signiert A.HENCKELS. Profilierte Parierstange, Griffzwinge und Knaufkappe aus Messing. Kleines, muschelförmiges Messingstichblatt mit aufgenietetem Miniaturorden aus Silber. Dieser mit Adler und Lorbeerlaub sowie Umschrift SUUM CUIQUE, Hirschhorngriff mit Ziernägeln. Gerade, einschneidige Klinge mit feinem, reliefiertem Ätzdekor. Zugehörige, geprägte Lederscheide mit Beimesserfach. Länge: 63 cm   DM 1.300,-/1.800,-

6. Hirschfänger, Österreich um 1780 - Vergleiche: Deutsches Jagdmuseum München. Klinge signiert A.STRJBRNY WIEN. Reich profilierte Parierstange in naturalistischem Löwen- und Leopardenkopf endend. Plastisch getriebene Griffzwinge und Knaufkappe. Kreisförmiges Stichblatt mit plastischen Ornamenten und aufgenieteten, bekrönten Initialen JM. Originale Lederscheide mit Beimesser. Länge: 62 cm   DM 1.500,-/2.500,-

7. Hirschfänger, Deutschland um 1780 - Vergleiche: Deutsches Jagdmuseum München. Profilierte Parierstange, Griffkappe und muschelförmiges Stichblatt aus Messing mit originaler Vergoldung. Hirschhorngriff mit gekordeltem Draht umwunden. Gerade, einschneidige Klinge. Zugehörige Lederscheide mit Beimesser und profilierten Messingbeschlägen. Gesamtlänge: 50 cm   DM 1.800,-/2.500,-

8. Hirschfänger, Deutschland um 1780 - Vergleiche: Deutsches Jagdmuseum München. Griff aus Messing, original vergoldet. Griffrahmen, Zwinge und Scheidenmundblech ebenfalls mit Eichenlaub. Griffplatten aus weißem Bein mit Ziernägeln. Länge: 47 cm   DM 1 800,-/2. 500,-

9. Zwei Bandolliers, Deutschland/Stuttgart um 1790 - Vergleiche: Landesmuseum Stuttgart/ Silberkammer Stuttgart. Silberbeschläge gestempelt SICK/ ES/. Eberhard Sick war Hofjuwelier und Silberschmied am Hof zu Württemberg unter Herzog Carl-Eugen. Die Rückseite ist feines, weiß gegerbtes Leder mit grünen Leinenkanten. Das andere Stück ist in genau derselben Art gefertigt, jedoch sind sämtliche Metallteile und das gewebte Band vergoldet. DM 5.000,- / 7.000,-
Gesehen bei: J. H. Fricker, Dinkelsbühl

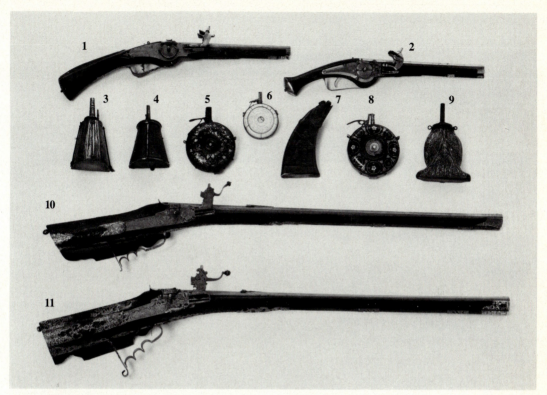

1. Radschloßkarabiner, Italien/Brescia um 1650 - Vergleiche: Armeria Reale Torino/ Tower of London. Außen liegendes Rad. Schloßplatte reich graviert, Schloßteile profiliert. Beschnitzte und kannelierte Nußbaumwurzelschäftung. Originaler Ladestock. Gesamtlänge: 63 cm DM 8.000,-/10.000,-

2. Radschloßpistole, Österreich/Ferlach um 1620 - Vergleiche: Landeszeughaus Graz/ Zeughaus Solothurn. Außen liegendes Rad. Facettierte Schloßplatte. Schloßteile und Hahn profiliert und balusterförmig gefeilt. Achtkantiger Lauf. Nußbaumschäftung mit kanneliertem Vorderschaft, auf der Schloßgegenseite und dem Kolbenrücken ornamental beschnitzt. Hölzerner Ladestock. Gesamtlänge: 54 cm DM 9.000,-/12.000,-

3. Pulverflasche, Italien um 1600 - Vergleiche: Museo Stibbert Firenze. Halbrunder, konischer Eisenkörper, längsgerillt und ornamental graviert. Höhe: 19 cm DM 1.800,-/2.500,-

4. Pulverflasche, Italien um 1600 - Vergleiche: Museo Stibbert Firenze. Halbrunder, konischer Holzkörper mit Echsenhaut bezogen. Eiserner Deckel mit Federverschluß und Gürtelspange. Höhe: 16 cm DM 2.000,-/3.000,-

5. Pulverflasche, Deutschland um 1600 - Vergleiche: Historisches Museum Dresden/ Tower of London/ Deutsches Jagdmuseum München. Runder, gedrechselter Körper aus Wurzelholz. Höhe: 18 cm DM 9.000,-/14.000,-

6. Pulverflasche, Niederlande um 1600 - Vergleiche: Wallace Collection London/ Odescalchi Collection Roma. Höhe: 12 cm DM 3.000,-/5.000,-

7. Pulverflasche, Niederlande um 1600 - Vergleiche: Museo Stibbert Firenze. Flacher Hornkörper, beidseitig mit plastisch geschnitzten Darstellungen von Musketen tragenden Landsknechten. Den Ausguß bildet ein plastisch geschnitzter Fabeltierkopf. Höhe: 22 cm DM 3.000,-/4.000,-

8. Pulverflasche, Deutschland um 1600 - Vergleiche: Deutsches Jagdmuseum München/ Historisches Museum Dresden/ Tower of London. Vorderseitig mit gedrechseltem Mittelstück aus Bein. Balusterförmig profilierte Tülle. Hebelverschluß in Form eines stilisierten Vogels. Umlaufend eisernes Band. Höhe: 16 cm DM 8.000,-/12.000,-

9. Pulverflasche, Deutschland/Österreich um 1650 - Vergleiche: Deutsches Jagdmuseum München. Körper aus der Schädeldecke eines Hirsches, vollständig graviert in der Art eines Vexierbildes mit Darstellungen von Hirschen, Wildschweinen, Steinbock und Gemsen. Höhe: 21 cm DM 3.000,-/5.000,-

10. Radschloßbüchse, Österreich um 1710 - Vergleiche: Hofgewehrkammer Salzburg/ Kunsthistorisches Museum Wien/ Odescalchi Collection Roma. Lauf signiert FRANZ XAVER ZELLNER IN SALZBURG und messingausgelegte Meistermarke (1684 - 1768) nach Stöckel. Schloßplatte signiert CASP. DILIPP IN STEIN (ca. 1710) nach Stöckel. Originaler Ladestock. L.: 113 cm DM 15.000,-/25.000,-

11. Radschloßbüchse, Österreich um 1790 - Vergleiche: Hofgewehrkammer Salzburg/ Zeughaus München/ Kunsthistorisches Museum Wien/ Odescalchi Collection Roma. Lauf signiert JOACHIM GITZL IN SALZBURG und silberausgelegte Meistermarke (18.8.1742 - 21.5.1839), Schloß monogrammiert N.M. (Nikolaus Mayr, 1755 - 19.2.1819). Innen liegendes Rad, flache Schloßplatte mit hochwertiger, gravierter und geschnittener Darstellung einer Hirschjagd zu Pferd in baumbestandener Landschaft. Achtkantiger Lauf mit eingeschobenem Visier und Silberfadeneinlagen. Abzug mit deutschem Stecher. Originaler Ladestock. Gesamtlänge: 113 cm DM 40.000,-/60.000,-

Gesehen bei: J. H. Fricker, Dinkelsbühl

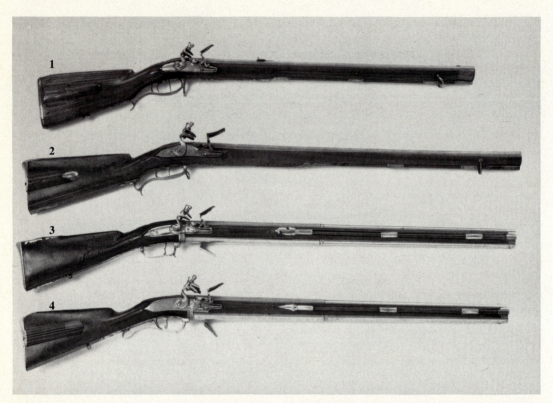

1. Steinschloßbüchse, Italien um 1700 - Vergleiche: Armeria Reale Torino/ Deutsches Jagdmuseum München. Profilierte Batterie mit geschnittenem Akanthuslaub. Achtkantiger, gezogener Lauf mit eingeschobenem Visier. Abzug mit deutschem Stecher. Eiserne, profilierte Beschläge. Nußbaumschäftung mit aufklappbarer Lade, plastischer, ornamentaler Schnitzerei und geflutetem Kolben. Hornabschluß. Originaler Ladestock. Gesamtlänge: 106 cm   DM 3.000,-/5.000,-

2. Steinschloßbüchse, Deutschland um 1730 - Vergleiche: Deutsches Jagdmuseum München. Lauf signiert C.E.SAALFELT. Flache Schloßplatte und Hahn mit feiner Gravur einer höfischen Hirschjagd mit Hunden. Batterie profiliert. Achtkantiger, gezogener Lauf mit feinen, silbereingelegten Ornamenten und Hirsch. Abzugbügel, Schloßgegenplatte und Beschläge mit gravierten und geschnittenen Ornamenten und Eberjagd. Nußbaumschaft mit Kolbenschieber, eingelegtem Barockstern, ornamentaler Reliefschnitzerei und Hornabschluß. Originaler Ladestock. Gesamtlänge: 119 cm DM 7.000,-/9.000,-

3. Steinschloßwender, Deutschland um 1710 - Vergleiche: Deutsches Jagdmuseum München/ Historisches Museum Dresden/ Museum für Deutsche Geschichte Berlin. Läufe signiert ANDREAS ERTTEL IN DRESDEN (erw. 1679 - 1725) nach Stöckel. Gewölbte Schloßplatte, Hahn und Batterien profiliert und mit floralen Ornamenten. Läufe achtkantig mit Bund, in rund übergehend. Ornamental gesägte Messingbeschläge. Nußbaumschaft mit plastischer, ornamentaler Schnitzerei. Originaler Ladestock. Gesamtlänge: 116 cm   DM 9.000,-/12.000,-

4. Steinschloßwender, Deutschland um 1710 - Vergleiche: Deutsches Jagdmuseum München/ Museum für Deutsche Geschichte Berlin/ Hermitage Museum Leningrad. Schloßplatte signiert BALTHASAR KIRSCHENHÖFER (Bamberg, erw. 1706 - 1722) nach Stöckel. Flache Schloßplatte mit feiner Gravur, Hahn und Batterien profiliert. Läufe achtkantig mit Bund, in rund übergehend. Eiserne, profilierte und gravierte Beschläge. Nußbaumschaft mit Kolbenschieber, profiliert beschnitzt. Originaler Ladestock. Gesamtlänge: 112 cm DM 9.000,-/12.000,-

Gesehen bei: J. H. Fricker, Dinkelsbühl

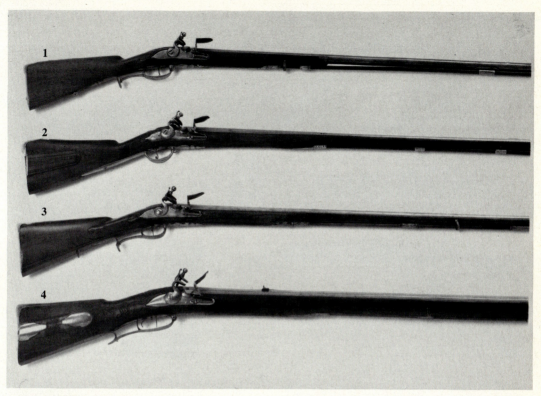

1. **Steinschloßflinte**, Österreich um 1750 - Vergleiche: Deutsches Jagdmuseum München. Profilierte Batterie. Hervorragender, türkischer Damastlauf mit Eisenschnitt und Silbereinlagen. Reliefierte und profilierte Messingbeschläge. Mit Rokokoornamenten beschnitzter Nußbaumschaft mit Hornabschluß. Originaler Ladestock. Gesamtlänge 126 cm
DM 2.800,-/4.000,-

2. **Steinschloßbüchse**, Österreich um 1720 - Vergleiche: Deutsches Jagdmuseum München. Profilierte, figural und floral gravierte Batterie. Achtkantiger, in rund übergehender, gezogener Lauf. Eiserne, profilierte, durchbrochene und gravierte Beschläge. Nußbaumschäftung mit Hornabschluß und Kolbenschieber. Originaler Ladestock. Gesamtlänge: 126 cm
DM 2.800,-/4.000,-

3. **Steinschloßbüchse**, Deutschland um 1740 - Vergleiche: Deutsches Jagdmuseum München. Lauf mit silberausgelegten Meistermarken LIENHARD IN MINCHEN und Pferd nach links. Profilierte Batterie. Achtkantiger, gezogener Lauf mit Messingkorn. Eiserne, gesägte Beschläge. Ornamental beschnitzte Nußbaumschäftung mit Hornabschluß. Originaler Ladestock. Gesamtlänge: 130 cm   DM 3.000,-/5.000,-

4. **Steinschloßbüchse**, Deutschland um 1700 - Vergleiche: Deutsches Jagdmuseum München. Lauf mit messingausgelegter Meistermarke, springender Löwe nach rechts. Schloßplatte signiert JOHANN LOWER A. LIND. Profilierte Batterie. Schwerer, achtkantiger, gezogener Lauf mit Messingvisier. Abzug mit deutschem Stecher. Leicht profilierte Messingbeschläge. Reich beschnitzter Nußbaumschaft mit plastisch gearbeitetem, ornamentalem und floralem Dekor. Kolbenschieber mit Messingkappen. Auf der Wangenseite eingelegter, schwarz-weißer Barockstern. Originaler Ladestock.
Gesamtlänge: 132 cm   DM 5.000,-/7.000,-

Gesehen bei: J. H. Fricker, Dinkelsbühl

1. Steinschloßpistole, Deutschland um 1730 - Vergleiche: Deutsches Jagdmuseum München/ Tower of London. Schloßplatte signiert C.J.FREI IN MYNCHEN (1730 - 1750) nach Stöckel. Gewölbte Schloßplatte, Hahn und Batterie profiliert. Achtkantiger, in rund übergehender Lauf mit geätztem Banddamast. Gesägte Messingbeschläge. Fein gesägter Nußbaumschaft mit Hornabschluß. Originaler Ladestock.
Gesamtlänge: 35 cm DM 3.500,-/5.000,-
2. Steinschloßpistole, Deutschland um 1780 - Vergleiche: Tower of London/ Hermitage Museum Leningrad. Lauf signiert J.F.TIELING IN STERBFRITZ. Gewölbte Schloßplatte, Hahn und Batterie profiliert. Batterie mit Rolle. Lauf achtkantig mit profiliertem Bund, in rund übergehend. Gesägte Messingbeschläge. Nußbaumschäftung mit plastisch geschnitztem Blütendekor und Hornabschluß. Hölzerner Ladestock.
Gesamtlänge: 34 cm DM 3.500,-/5.000,-
3. Steinschloßbockpistole, Böhmen um 1770 - Vergleiche: Hermitage Museum Leningrad. Schloßplatte signiert THADDÄUS POLTZ A. CARLSBADT (1763 - 1788) nach Stöckel. Flache Schloßplatten mit profilierten Batterien. Original gebläute Läufe mit Goldfadeneinlagen. Profilierte Messingbeschläge mit Resten originaler Vergoldung. Heller, ornamental beschnitzter Nußbaumschaft.
Gesamtlänge: 42 cm DM 10.000,-/14.000,-
4. Steinschloßwenderpistole, Deutschland um 1710 - Vergleiche: Deutsches Jagdmuseum München/ Museum für Deutsche Geschichte Berlin/ Hermitage Museum Leningrad. Läufe signiert ANDREAS ERTTEL IN DRESDEN (erw. 1679 - 1725) nach Stöckel. Gewölbte Schloßplatte, Hahn und Batterien mit floraler Gravur und profiliert. Läufe achtkantig mit Bund, in rund übergehend. Messingbeschläge gesägt und profiliert. Ornamental beschnitzte Nußbaumschäftung mit Hornabschluß. Hölzerner Ladestock mit Hornabschluß.
Gesamtlänge: 48 cm DM 9.000,-/12.000,-
5. Steinschloßwenderpistole, Deutschland um 1730 - Vergleiche: Hermitage Museum Leningrad. Schloßplatte signiert J.PROLICH A. BAMBERG (nicht im Stöckel). Leicht profilierte Batterie. Läufe achtkantig mit Bund, in rund übergehend. Reich profilierte, plastische, teils durchbrochene Messingbeschläge. Beschnitzte Nußbaumschäftung. Originaler Ladestock. Gesamtlänge: 51 cm DM 9.000,-/12.000,-
6. Pulverhorn, Deutschland um 1800 - Vergleiche: Deutsches Jagdmuseum München. Flacher Hornkörper, Boden und Ausguß aus Messing. Hebelverschluß mit Pulvermaß.
Höhe: 42 cm DM 1.200,-/1.600,-
7. Pulverflasche, Deutschland 1700 - Vergleiche: Deutsches Jagdmuseum München. Konischer, profilierter und längsgerillter Hornkörper. Höhe 17 cm DM 1.200,-/1.600,-
8. Pulverflasche, Deutschland um 1700 - Vergleiche: Deutsches Jagdmuseum München. Flacher Hornkörper, beidseitig ornamental graviert. Ausguß in Form eines Fabeltierkopfes. Höhe: 38 cm DM 1.000,-/1.400,-
9. Pulvertasche, Deutschland/Österreich um 1700 - Vergleiche: Deutsches Jagdmuseum München. Geprägte Ledertasche mit vierzehn profiliert gedrechselten Pulverbehältern aus Buchsbaum. Breite 34 cm Höhe: 12 cm DM 1.800,-/2.500,-

Gesehen bei: J. H. Fricker, Dinkelsbühl

1. Trabharnisch, Deutschland um 1580 - Vergleiche: Wehrgeschichtliches Museum Ingolstadt/ Landeszeughaus Graz/ Zeughaus Solothurn. Helm mit Schiedemarke, Wappenschild mit Geweihstangen. Geschwärzter Harnisch mit erhaben getriebenen, blanken Streifen (Augsburger Typ). Bruststück mit Gansbauch, beweglichen Armausschnitten und stark gewulsteten, geschnürlten Rändern. Zwei bewegliche Bauchreifen mit fünffach geschobenen Schößen. Rücken mit angenietetem Gesäßreif. Dreifach geschobener Halskragen mit siebenfach geschobenem Oberarmzeug. Sturmhaube mit zweiteilig geschmiedeter Glocke und Augenschirm, angenietetem Nackenschirm und an Scharnieren beweglichen Wangenklappen.
DM 18.000,-/25.000,-

2. Knechtischer Harnisch, Deutschland um 1600 - Vergleiche: Wehrgeschichtliches Museum Ingolstadt/ Landeszeughaus Graz/ Zeughaus Solothurn. Geschwärzter Harnisch. Schweres Bruststück mit Gansbauch, fünffach geschobene Schöße, Rücken mit schmalem Gesäßreif. Zweiteiliger Halskragen mit originalem, gebogten Lederrand. Fünffach geschobenes Oberarmzeug. Einteilig geschmiedeter Birnhelm mit schmaler Krempe und nach hinten umgelegter Spitze.
DM 10.000,-/13.000,-

3. Trabharnisch, Deutschland um 1560 - Vergleiche: Germanisches Nationalmuseum Nürnberg/ Bürgerliches Zeughaus Wien/ Zeughaus Solothurn/ Landeszeughaus Graz. Sämtliche Teile mit Stadtmarke Nürnberg. Geschwärzter Harnisch mit tiefgetriebenen, blanken Streifen. Schweres Bruststück mit Tapul, beweglichen Armausschnitten und starken, geschnürlten Randwulsten. Drei bewegliche Bauchreifen, siebenfach geschobene Schöße. Rücken mit angenietetem Gesäßreif. Vierfach geschobener Halskragen mit sechsfach geschobenem Oberarmzeug. Sturmhaube mit einteilig geschmiedeter Glocke und Augenschirm, dreifach geschobenem Nacken und an Scharnieren bewegliche Wangenklappen.
DM 20.000/28.000,-

Gesehen bei: J. H. Fricker, Dinkelsbühl

1. Birnmorion, Italien/Mailand um 1580 - Vergleiche: Bürgerliches Zeughaus Wien/ Tower of London/ Museo Marzoli Brescia. Einteilig geschmiedeter Helm mit hoher, in einer Spitze endenden Glocke. Der gesamte Helm ist mit hervorragender Ätzmalerei bedeckt. Zwischen geätzten Feldern mit Trophäen und Arabesken sind vier kreisrunde Medaillons mit Köpfen von Kriegern dargestellt. Die Spitze bildet ein Akanthusblatt. Auf der Krempe ist ebenfalls Akanthuslaub dargestellt. Höhe: 25 cm DM 4.500,-/6.000,-

2. Birnmorion, Italien/Mailand um 1580 - Vergleiche: Museo Marzoli Brescia/ Museo Stibbert Firenze. Einteilig getriebener Helm, dessen gesamte Oberfläche mit hervorragender Treibarbeit bedeckt ist. Die Glocke ist in acht, von kordelartigen Wülsten getrennte Felder aufgeteilt. In den Feldern sind ovale Kartuschen mit Blüten- und Akanthusdekor. Die Spitze wird von einem plastisch getriebenen Akanthusblatt bedeckt. Der Rand hat geschnürlten Wulst und halbkreisförmige, getriebene Blütenmotive. Originale Messingrosetten. Dieser Helm ist ein Beispiel für das hohe Können der Mailänder Harnischschmiede. Höhe: 22 cm   DM 15.000,-/20.000,-

3. Morion, Deutschland um 1580 - Vergleiche: Zeughaus München/ Landeszeughaus Graz/ Museo Stibbert Firenze. Zweiteilig geschmiedeter, geschwärzter Helm, beidseitig mit erhaben getriebener, blanker, stilisierter Lilie. Originale Messingrosetten. Rand und Kammwulst geschnürlt. Höhe: 27 cm DM 1.800,-/3.000,-

4. Morion, Deutschland um 1580 - Vergleiche: Zeughaus München/ Landeszeughaus Graz/ Zeughaus Solothurn. Zweiteilig geschmiedeter, geschwärzter Helm mit hohem, blankem Kamm und beidseitig erhaben getriebener, blanker Lilie. Originale Futternieten. Rand und Kammwulst geschnürlt. Höhe: 26 cm   DM 2.000,-/3.000,-

Gesehen bei: J. H. Fricker, Dinkelsbühl

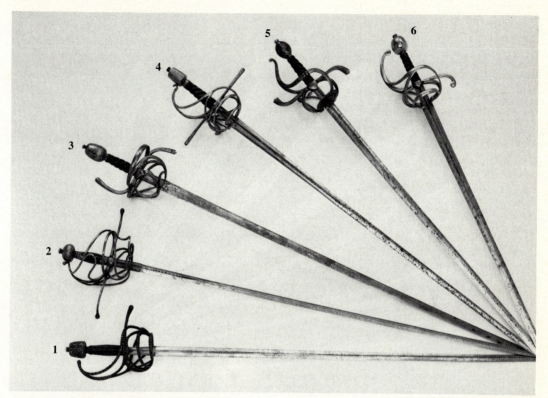

1. Rapier, Deutschland um 1600 - Vergleiche: Wallace Collection London/ Museo Stibbert Firenze/ Museo Marzoli Brescia. Eisernes Gefäß mit Bügeln und Spangen. Leicht konischer, walzenförmiger Knauf. Sämtliche Teile geschnitten und mit Silberfäden, der Knauf zusätzlich mit getriebenen Goldblättchen eingelegt. Kannelierte Griffhilze mit gekordelten Eisendrähten und Türkenbunden. Gerade, zweischneidige Klinge mit Fehlschärfe und Hohlkehle. Gesamtlänge: 121 cm
DM 18.000,-/25.000,-

2. Degen, Italien 1580 - Vergleiche: Museo Stibbert Firenze/ Odescalchi Collection Roma. Eisernes, aus eckigen Bügeln bestehendes Gefäß. Weit ausladende, geschweifte Parierstange mit facettiertem Endknäufchen, Faustschutzbügel und Parierring mit mehreren verbindenden Spangen. Gedrückter, kugeliger, facettierter Knauf. Griffhilze mit Rochenhaut bezogen. Zwingen mit profilierten Bunden, gesägten Akanthusblättern und eingelegten Spangen. Gerade, zweischneidige, dachförmig abgeflachte Klinge mit Fehlschärfe und kurzer Hohlkehle, Inschrift beidseitig JOHANNI. Gesamtlänge: 121 cm
DM 6.500,-/8.000,-

3. Degen, Deutschland um 1580 - Vergleiche: Klingenmuseum Solingen/ Museum für Deutsche Geschichte Berlin/ Zeughaus München/ Landeszeughaus Graz. Klinge mit kreuzförmigen Schmiedemarken. Eisernes Bügelgefäß. Parierstange mit Zierverfeilungen, Parierring und Spangen mit ovalem Querschnitt. Hochovaler, facettierter Knauf. Spiralig gedrehte Hilze mit geflochtenen Eisendrähten und Türkenbunden. Gerade, zweischneidige, elliptische Klinge mit Fehlschärfe und kurzen Hohlkehen. Gesamtlänge: 119 cm   DM 6.500,-/8.000,-

4. Degen, Deutschland um 1580 - Vergleiche: Klingenmuseum Solingen/ Schweizerisches Landesmuseum Zürich/ Zeughaus Solothurn. Eisernes Bügelgefäß. Runde, zu den Enden hin verdickte Parierstange. Faustschutzbügel und Parierringe rund, mit verdickter Mitte. Auf der Rückseite geschwungene Spangen. Sechskantiger, konischer Knauf. Griffhilze spiralig gedreht mit gekordelten Eisendrähten und Türkenbunden. Gerade, zweischneidige Klinge mit Fehlschärfe, langer Hohlkehle und Inschrift. Gesamtlänge: 116 cm   DM 5.500,-/7.000,-

5. Degen, Deutschland um 1600 - Vergleiche: Klingenmuseum Solingen/ Zeughaus München. Klinge mit Wolfsmarke (Solingen). Eisernes Gefäß mit flachen, gestrichelt punzierten Spangen. Parierstange und Faustschutzbügel flossenförmig verbreitert, mit gefeiltem Nodus. Kleines, gelochtes, eingesetztes Stichblatt. Ovaler Knauf ebenfalls mit gepunztem Dekor. Hilze spiralig gedreht mit gekordelten Eisendrähten und Türkenbunden. Gerade, zweischneidige Klinge mit Fehlschärfe, kurze Hohlkehle, dachförmig abgeflacht. Gesamtlänge: 119 cm
DM 6.000,-/7.500,-

6. Degen, Deutschland um 1600 - Vergleiche: Klingenmuseum Solingen/ Zeughaus München/ Museum für Deutsche Geschichte Berlin/ Landeszeughaus Graz. Eisernes Gefäß mit ovalen Spangen. Parierstange und Faustschutzbügel mit scheibenförmigen, verdickten Enden. Kugeliger Knauf. Spiralig gedrehte Griffhilze mit geflochtenen Eisendrähten und Türkenbunden. Gerade, zweischneidige Klinge mit Fehlschärfe, dachförmig abgeflacht, mit Hohlkehle und Inschrift JESUS. Gesamtlänge: 113 cm   DM 6.000,-/7.500,-
Gesehen bei: J. H. Fricker, Dinkelsbühl

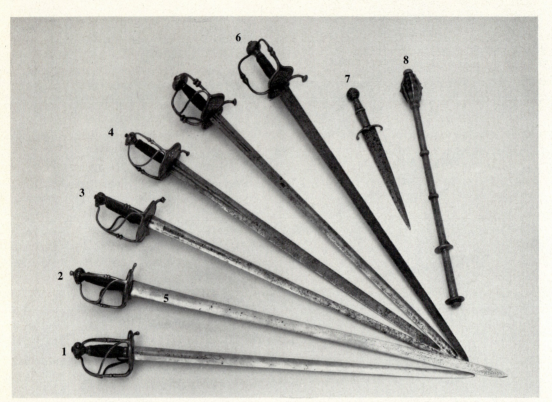

1. Haudegen, Deutschland um 1640 - Vergleiche: Klingenmuseum Solingen/ Landeszeughaus Graz. Klinge mit Wolfsmarke. Eisernes Gefäß mit verdickten und eingekerbten Bügeln. Siebartig gelochte, eingesetzte Stichblätter, das hintere mit Daumemring. Kugeliger Knauf. Griffhilze mit geflochtenen Kupferdrähten und Zwingen aus Messing. Gerade, zweischneidige Klinge mit breiter Hohlkehle und kabbalistischer Zahl 1700. Gesamtlänge: 97 cm   DM 1.800,-/2.500,-

2. Haudegen, Deutschland um 1640 - Vergleiche: Klingenmuseum Solingen/ Landeszeughaus Graz. Eisernes Gefäß mit verdickten, eingekerbten Bügeln. Siebartig gelochte, eingesetzte Stichblätter, das hintere mit Daumenring. Kugeliger Knauf. Griffhilze mit glatten und gekordelten Eisendrähten und Türkenbunden. Gerade, zweischneidige Klinge. Gesamtlänge: 108 cm   DM 1.600,-/2.200,-

3. Haudegen, Deutschland um 1640 - Vergleiche: Klingenmuseum Solingen/ Landeszeughaus Graz. Klinge mit Solinger Wolfsmarke und Wilder Mann Marke. Eisernes Gefäß mit nodusförmig verdickten Bügeln. Siebartig gelochte, eingesetzte Stichblätter, das hintere mit Daumenring. Kugeliger Knauf. Griffhilze mit gekordelten Messingdrähten und Türkenbunden. Gerade, zweischneidige Klinge mit flacher Hohlkehle und kabbalistischer Zahl 1414. Gesamtlänge: 94 cm   DM 1.800,-/2.500,-

4. Haudegen, Deutschland um 1640 - Vergleiche: Klingenmuseum Solingen/ Landeszeughaus Graz. Eisernes Gefäß mit nodusartig verdickten Bügeln. Siebartig gelochte, eingesetzte Stichblätter, das hintere mit Daumenring. Kugeliger Knauf. Griffhilze mit gekordeltem Eisendraht und Türkenbunden aus Messing. Gerade, zweischneidige Klinge mit doppelten Hohlkehlen. Gesamtlänge: 93 cm   DM 1.600,-/2.200,-

5. Haudegen, Deutschland um 1620 - Vergleiche: Klingenmuseum Solingen/ Landeszeughaus Graz. Eisernes Gefäß mit nodusförmig verdickten Bügeln. Siebartig gelochte, eingesetzte Stichblätter, das hintere mit Daumenring. Flacher, scheibenförmiger Knauf. Griffhilze mit Leder bezogen, mit gekordeltem Eisendraht spiralig umwickelt. Gerade, zweischneidige Klinge mit doppelter Hohlkehle. Gesamtlänge: 98 cm   DM 1.600,-/2.200,-

6. Haudegen, Deutschland um 1620 - Vergleiche: Klingenmuseum Solingen/ Landeszeughaus Graz. Klinge mit Königskopfmarken. Eisernes Gefäß mit balusterartig verdickten Bügeln. Plastisch getriebene Stichblätter mit Fratzen, das hintere mit Daumenring. Birnenförmiger Knauf. Griffhilze mit geflochtenen Eisendrähten, Türkenbunden und spiralig eingelegtem Kupferdraht. Gerade, zweischneidige Klinge. Gesamtlänge: 97 cm   DM 1.600,-/2.200,-

7. Dolch, Deutschland/Dresden um 1480 - Vergleiche: Victoria and Albert Museum London. Eiserne, abwärts gebogene Parierstange mit Mitteleisen und Zierlinien. Scheibenförmiger Knauf mit muschelartiger Verfeilung. Eiserne, kupferverlötete Hilze mit Wulst. Gerade, zweischneidige Klinge, auf der Vorderseite dachförmig, Rückseite flach. Gesamtlänge: 40 cm   DM 4.000,-/5.000,-

8. Streitkolben, Deutschland um 1620 - Vergleiche: Museum für Deutsche Geschichte Berlin/ Landeszeughaus Graz/ Tower of London. Ovaler Kopf mit sieben eingesetzten Schlagblättern. Runder, konischer Eisenschaft. Verschiedene Bunde mit Zierverfeilungen. Griff durch zwei eiserne, verzierte Scheiben abgeteilt. Gesamtlänge: 62 cm   DM 6.000,-/7.000,-

Gesehen bei: J. H. Fricker, Dinkelsbühl

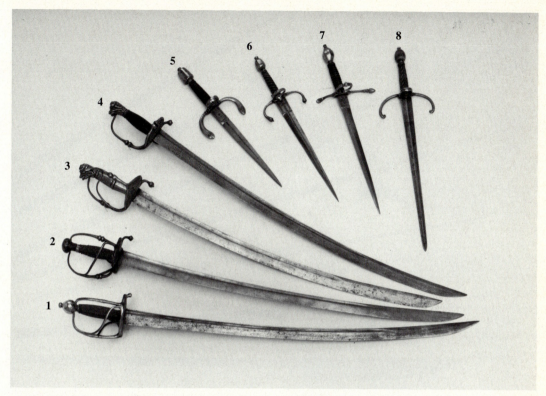

1. Haudegen, Schweiz um 1640 - Vergleiche: Schweizerisches Landesmuseum Zürich/ Landeszeughaus Graz/ Zeughaus Solothurn. Eisernes Gefäß mit leicht verdickten und gekerbten Bügeln. Siebartig gelochte Stichblätter, das hintere mit Daumenring. Ovaler Knauf. Griffhilze mit gekordeltem Kupferdraht und Türkenbunden. Gebogene, einschneidige Klinge mit tiefer Hohlkehle. DM 1.600,-/2.200,-

2. Haudegen, Schweiz um 1620 - Vergleiche: Schweizerisches Landesmuseum Zürich/ Landeszeughaus Graz/ Zeughaus Solothurn. Eisernes Gefäß mit nodusartig verdickten Bügeln. Siebartig gelochte Stichblätter, das hintere mit Daumenring. Pilzförmiger Knauf. Griffhilze mit gekordeltem Messingdraht und Messingzwingen. Gebogene, einschneidige Klinge mit tiefer Hohlkehle. DM 1.600,-/2.200,-

3. Hausäbel, Schweiz um 1620 - Vergleiche: Schweizerisches Landesmuseum Zürich/ Zeughaus Solothurn. Eisernes Gefäß mit nodusartig verdickten Bügeln, siebartig gelochtes Stichblatt, Rückseite mit Daumenring. Knauf aus Messing in Form eines stilisierten Löwenkopfes. Griffhilze aus Messingblech mit Mittelwulst. Gebogene, einschneidige Klinge mit flacher Hohlkehle und langer Rückenschneide. Gesamtlänge: 92 cm DM 1.600,-/2.200,-

4. Hausäbel, Schweiz um 1620 - Vergleiche: Schweizerisches Landesmuseum Zürich/ Zeughaus Solothurn. Eisernes Gefäß Eingesetztes, floral getriebenes Stichblatt aus Messing, Rückseite mit Daumenring. Knauf aus Messing in Form eines stilisierten Löwenkopfes. Griffhilze mit Leder bezogen, mit Türkenbunden aus Messing. Gebogene, beidseitig geätzt mit Waffentrophäen und Mondsymbolen.
Gesamtlänge: 97 cm DM 1.800,-/2.500,-

5. Dolch, Deutschland um 1600 - Vergleiche: Schweizerisches Landesmuseum Zürich. Eiserne, stark abwärts gebogene, in Schlangenköpfen endende Parierstange. Walzenförmiger, leicht konischer Knauf. Griffhilze mit geflochtenem Eisendraht und Türkenbunden. Gesamtlänge: 40 cm DM 2.000,-/2.800,-

6. Dolch, Deutschland um 1580 - Vergleiche: Museum für Deutsche Geschichte Berlin/ Schweizerisches Landesmuseum Zürich. Klinge mit Kreuzmarken. Eiserne, abwärts gebogene Parierstange mit stark verdickten Enden und balusterförmig geschnittenem Ansatz. Parierring an gefeiltem Mitteleisen. Facettierter, hochovaler Knauf. Spiralig gedrehte Griffhilze mit geflochtenen Eisendrähten und Türkenbunden. Gerade, zweischneidige Klinge mit Hohlkehle und doppelt gekehltem Ansatz. Gesamtlänge: 42 cm DM 3.500,-/4.500,-

7. Dolch, Deutschland um 1580 - Vergleiche: Klingenmuseum Solingen/ Museum für Deutsche Geschichte Berlin/ Livrustkammaren Stockholm. Klinge mit Sägemarken. Eiserne, facettierte Parierstange mit verdickten, profilierten Enden. Stark profilierter Parierring, am Mitteleisen mit Zierverfeilungen. Facettierter, spitzovaler Knauf. Gerade, zweischneidige, dachförmige Klinge, am Ansatz Zierlinien und profilierter Bund. Gesamtlänge: 46 cm DM 3.500,-/4.500,-

8. Dolch, Deutschland am 1580 - Vergleiche: Museo Stibbert Firenze. Klinge mit Schmiedemarken, bekrönter Löwe nach weit ausladende, abwärts gebogene Parierstange mit profilierten Verfeilungen am Mitteleisen. Kleiner Parierring. Eiförmiger, gerillter Knauf. Griffhilze fischgratförmig profiliert, mit gekordeltem Messingdraht und Türkenbunden. Gerade, zweischneidige Klinge mit Mittelgrat. Gesamtlänge: 52 cm DM 3.000,-/4.000,-

Gesehen bei: J. H. Fricker, Dinkelsbühl

1. Couse, Deutschland datiert 1746 - Vergleiche: Museum für Deutsche Geschichte Berlin/ Landeszeughaus Graz/ Metropolitan Museum New York. Klinge mit konvex gebogener Schneide, Rücken und Ansatz mit gebogten Konturen. Vorderseite mit geätztem, reich gestaltetem, fürstbischöflichem Wappen. Vierkantige Tülle mit kräftigen, profilierten Bunden, Schaftfedern und alter Schäftung. Eisenlänge: 78 cm   DM 3.800,-/4.800,-

2. Helmbarte, Deutschland um 1560 - Vergleiche: Landeszeughaus Graz/ Historisches Museum Dresden. Schräg gestellte, gerade Beilklinge und gerader Haken mit Zierlochungen. Vierkantige Stoßklinge. Vier Schaftfedern mit Zwinge und alter Schäftung. Eisenlänge: 57 cm   DM 3.500,-/4.500,-

3. Helmbarte, Deutschland um 1600 - Vergleiche: Zeughaus München/ Museum für Deutsche Geschichte Berlin/ Landeszeughaus Graz. Konkave Beilklinge, großer, abwärts gebogener Haken mit gebogten Konturen und kreuzförmigen Zierdurchbrüchen. Vierkantige Stoßklinge. Vier Schaftfedern mit Zwinge und alter Schäftung. Eisenlänge: 75 cm   DM 2.000,-/3.000,-

4. Helmbarte, Deutschland um 1620 - Vergleiche: Landeszeughaus Graz. Konkave Beilklinge und gerader Haken mit vierkantverstärkten Spitzen. Ausgebogte Konturen, Zierlochungen und Durchbrüche. Vierkantige Stoßklinge. Vier Schaftfedern mit Zwinge und alter Schäftung. Eisenlänge: 60 cm   DM 1.600,-/2.200,-

5. Helmbarte, Österreich, um 1580 - Vergleiche: Landeszeughaus Graz, Schmiedemarke Kreuz mit Punkten (Pankraz Taller, Sulz bei Hall). Konkave Beilklinge und gerader Haken mit Zierlochungen. Lage, vierkantige Stoßklinge mit starkem Ansatz. Vier Schaftfedern mit Zwinge und originaler Schäftung, Eisenlänge: 94 cm   DM 2.000,-/2.800,-

6. Helmbarte, Österreich, um 1580 - Vergleiche: Landeszeughaus Graz, Schmiedemarke Kreuz mit Punkten (Pankraz Taller, Sulz bei Hall). Konkave Beilklinge und gerader Haken mit Zierlochungen. Vierkantige Stoßklinge mit starkem Ansatz. Vier Schaftfedern mit Zwinge und originaler Schäftung. DM 2.000,-/2.800,-

7. Spieß zum Spanischen Reiter, Deutschland, um 1670 - Vergleiche: Museum für Deutsche Geschichte Berlin/Landeszeughaus Graz. Stoßklinge mit starkem Mittelgrat. Runde Tülle mit profilierten Bunden und zwei vierkantigen, aufwärts gebogenen Parierhaken. Zwei Schaftfedern, alte Schäftung mit Lederbewicklung, Eisenlänge: 35 cm.
DM 1.400,-/2.000,-

Gesehen bei: J. H. Fricker, Dinkelsbühl

 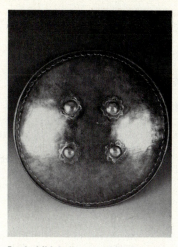 

Jagdschild, Indien, um 1900, Voll-Eisenschnitt, D: 33 cm. DM 2.800,-/3.600,-

Jagdschild, Indien, um 1200, Silbertauschierung, D: 45 cm. DM 2.200,-/2.800,-

Jagdschild, Indien, um 1900, Kontur-Eisenschnitt. DM 2.600,-/3.200,-

Gesehen bei: Pflegegemeinschaft "Haus Schönblick", Pfedelbach-Untersteinbach.

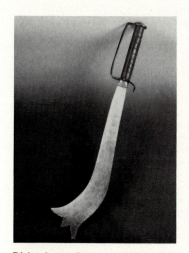  

Richtschwert, Burma, um 1880. DM 1.400,-/2.400,-

Krumdolch, Khanjar, Nordafrika, Scheide mit reichem Silberbeschlag. DM 1.600,-/2.600,-

Dolch, Katar, Indien, um 1900, mit Lederscheide. DM 550,-/900,-
Spanische Navaja, Sevilla, 1872, signiert. DM 1.200,-/1.800,-

Gesehen bei: Pflegegemeinschaft "Haus Schönblick", Pfedelbach-Untersteinbach.

Adressenverzeichnis der Kunst- und Antiquitätenhändler, die bei der Erstellung des Preisführers freundlicherweise mitgearbeitet haben:

Antike Uhren,
E. Abel
Herrenstraße 33
7500 Karlsruhe
0721/23427

Antiquitäten
Rose
Westerwaldstraße 11
5220 Waldbröl-Esch.
02291/5865

Antiquitäten &
Wohnen
Neckargartacher 94
7100 Heilbronn
07131/47070

Biedermeier Galerie
Inh. Joachim Luft
Wittelsbacher 2a
8230 Bad Reichenhall
08651/8427

Antiquariat
Bernd Braun
Wagnerstraße 47
7000 Stuttgart 1
0711/691580

Ikonengalerie
Helmut Brenske
Machandelweg 11
3000 Hannover 21

Andrea Brunner
Rodensteiner Straße 4
6114 Groß-Umstadt
06078/71566

Werner Bäumer
Heinr.-Heine-Allee 53
4000 Düsseldorf
0211/133303

Conny's Antiquitäten
Inh. Cornelius Freyer
Klingenberger Str. 12
7100 Heilbronn-Böck.
07131/31275

Der Alte Möbel Laden
Antiquitäten
G.-Gleistein-Str. 38
2800 Bremen 70
0421/654865

Edeltrödel
Inh. Sigrid Moore
Leonhardtstraße 13
7000 Stuttgart 1
0711/233385

Antiquitätenhandel
Klaus Emke
Tillystraße 11
7101 Untereisesheim
07132/43305

Willi Emmert
Antiquitäten
Regensburger Str. 3a
8450 Amberg
09621/12707

Antiquitäten Pavillon
D & W Esslinger
Eberhardstraße 31-33
7000 Stuttgart 1
0711/243134

Fischerplatz Galerie
Kunst & Antiquitäten
Fischergasse 23
7900 Ulm
0731/63349

Friedrich Gräter
Mauerstraße/
Bahnhofstraße
7170 Schwäbisch Hall
0791/7427

Georg L. Hartl
Klassische Asiatika
Ludwigstraße 11
8000 München 22
089/283854

Antiquitäten
Thomas Herzhoff
Pucherstraße 7
8080 Fürstenfeldbruck
08141/21018

Henry's
Auktionshaus
Fohlenweide 28-30
6704 Mutterstadt
06234/80110

S. Heller
Mauergasse 15
6200 Wiesbaden
06121/302595

Antik + Trödel
Frank Janzen
Mittelbauer 13
2804 Lilienthal
04292/568

Rudolf Jonderko
Antiquitäten + Kunst
Bulacher Straße 32
7505 Ettlingen 1
07243/31904

t'Cadeautje
Inh. J. Kipplinger
Kurgartenstraße 6
6702 Bad Dürkheim
06322/65600

Fine Antiques
Gertrud Kohlsdorf
Kloster Fürstenfeld
8080 Fürstenfeldbruck
07141/682

Antiquitäten
Kramp
Werkstraße 3
4920 Lemgo-Lieme
05261/6464

Krischke
Schmuck & Antiques
Schlüterstraße 49
1000 Berlin 12
030/8816487

Peter Kuhn
Wagnerstraße 38
7000 Stuttgart 1
Im Bohnenviertel
0711/241564

Spielzeugauktionen
Krieg, Alfred
Brahmsstraße 14
7100 HN-Biberach
07066/7021

Dr. Fritz Nagel
Mörikestraße 17-19
7000 Stuttgart 1
0711/608000

Bernd Neumann
Antiquitäten
Wagnerstraße 38a
7000 Stuttgart 1
0711/245602

Antiquitäten
Herold Neupert
Westenriderstraße 8
8000 München 2
089/296087

Borge Nielsens,
Pedersholms Allé 42
DK 7100 Vejle
0045/05827722

Pflegegemeinschaft
"Haus Schönblick"
Hutzelhofweg 15
7114 Untersteinbach
07949/448

Kunst-Auktionshaus
Karin Prinz-Dunst
Schlüterstraße 16
1000 Berlin 12
030/3135965

Antiquitäten
Eugen Radloff
Papenhuder Straße 53
2000 Hamburg 76
040/2206072

Norbert Ravizza
Wagnerstraße 41
7000 Stuttgart 1
Im Bohnenviertel
0711/243598

Gute Antiquitäten
Oskar Ruff
Torstraße 25
7000 Stuttgart 1
0711/247657

R. von der Reck
Schwanseestraße 4
8000 München 90
089/6922221

Schatzinsel
Charlotte Eckard
Königstraße 1
7000 Stuttgart 1
0711/296482

E. & W. Schreiber
Kunsthandel
Augusta-Anlage 30
6800 Mannheim 1
0621/444330

Wolfgang Steck
Objekte aus den 50ern
Wagnerstraße 43
7000 Stuttgart 1
0711/2369908

Roland Stille
Uhrmachermeister
Pfarrgasse 4
7090 Ellwangen
07961/53406

Norbert Schmidt
Wagnerstraße 28
7000 Stuttgart 1
0711/243522

Antiquitäten
S. Theisen
Köner Straße 103
5210 Troisdorf
02241/73435

UTO Auktions AG
Falkenstraße 12
CH 8008 Zürich
01/2525888

Böhmische Antiq.
M. Vlcek
Altstadt 26
8300 Landshut
0871/26339

AUKTIONSGESCHEHEN

Interview mit Herrn Fritzsche - Chessex (Auktionator)

Vorbemerkung:
Über *Auktionen erreicht nur das Ausgefallene, Sensationelle die Öffentlichkeit. Das Normale, die Prüfung der Ware, die Regularien der Versteigerung, das wird nicht berichtet. Und so erfährt die Öffentlichkeit nicht, wie und warum Auktionen so günstige Erwerbsmöglichkeiten bieten. Sie erfährt nicht, weshalb die Preisfindung im Bietergefecht ein erregendes Erlebnis sein kann. Sie erfährt nichts vom Faszinosum des Nicht-Vorausbestimmbaren. Wie und warum eine Auktion die schönste, preisgünstigste und spannendste Form des Gütererwerbs sein kann, das soll Ihnen folgendes Interview mit dem *Auktionator Dieter Fritzsche-Chessex näherbringen:

Tönnies-Antiquitäten-Almanach: Herr Fritzsche-Chessex, wie sind Sie an den Beruf "Auktionator" gekommen?
Fritzsche-Chessex: Nach abgeschlossener Lehre als Feinmechaniker habe ich Psychologie studiert und als Diplom-Psychologe in der Erwachsenenbildung gearbeitet. Nach 10 Jahren Tätigkeit bin ich, bildlich gesprochen, "an meine Schädeldecke gerannt". Als ein Freund, Produzent von natürlichem Wein, mir anbot, diesen zu verauktionieren, hat mich der Gedanke sofort fasziniert. Ware und mein Stil kamen beim Publikum gut an, die Menschen kamen wieder, und da bin ich dabei geblieben. Später kamen andere Auktionen, vor allem von Antiquitäten hinzu.

TAA: Wie sehen Sie als Psychologe die Rolle des Auktionators?
F-C: Das ist etwas wirklich Interessantes: Der Auktionator hat Macht. Er hat die Ware als Köder und da sitzen die Leute, die sie haben wollen. Es geht jetzt darum, die Wünsche der Leute ernst zu nehmen, nicht damit zu spielen. Macht ist auch gefährlich, eine Versuchung. Man muß sehen, daß man die Balance hält: das Publikum wartet auf einen Fehler des Auktionators, um ihn, die Autorität zu "zerreißen"; der Auktionator darf nicht der Versuchung verfallen, jemanden an der Nase herumzuführen. Er sollte es den Leuten gönnen, wenn sie ein Schnäppchen machen. Aber er darf seinen Respekt nicht verspielen. Das geht nur, wenn auch er vor seinem Publikum Respekt hat. Dann entsteht eine Atmosphäre, die zu einer Preisgestaltung führt, die den Käufer zufrieden stellt.

TAA: Hat das nicht gelegentlich zu Konflikten mit den Warenlieferanten geführt?
F-C: Schelte habe ich schon ab und zu einmal bekommen, wenn ich's den Leuten gönnte, aber das gehört zum Geschäft.

TAA: Der Erwerb über eine Auktion ist verschieden vom normalen Kaufsgespräch. Wie kommt hier der Kunde zu seinem Preis?
F-C: Zunächst die Vorbereitung; mit solider Fachkenntnis vorbereitete Ware. Auf manchen Gebieten hat der Auktionator selbst diese nachgewiesene Fachkenntnis, wenn nicht, zieht er Fachleute hinzu oder bekommt die Beschreibung ans Pult. Der Kunde hat auf jeden Fall die Möglichkeit, in der *Vorbesichtigung die Ware eingehend zu prüfen. Er kann seine eigenen Fachleute mitbringen oder sich vom Auktionshaus die Ware ausführlich erklären lassen.

Der Preis? Den kann man noch nicht sagen. Im allgemeinen hat die Ware einen *Limitpreis, der in etwa einem Drittel bis der Hälfte des geschätzten *Marktwertes entspricht. Bei reinen Sammlerstücken beginnt man in der Regel bei Null. Es gibt aber auch Häuser, die beginnen beim Schätzwert, besonders bei teuren Bildern. Der Preis wird dann über drei bis vier Interessenten hochgetrieben, die Sensationsmeldung ist da. Kleinere Objekte kommen eben, wenn sie zu teuer angeboten waren, auf die nächste Auktion. Den Preis macht halt der Kunde, der es haben will.

TAA: So kann der Käufer ein Schnäppchen machen, wenn das Interesse gering ist. Wenn er aber sein Herz an ein Stück gehängt hat und es nicht bekommt, weil viele Interessenten da sind - gibt es da Parallelen zu dem prickelnden Gefühl, das sonst in Spielbanken zuhause ist?

F-C: Also, eine Auktion hat sicher eine prickelnde Atmosphäre, weil man zu Beginn noch nicht weiß, wohin die Kugel rollt, auch als Auktionator nicht. Spannung entsteht, es ist letzlich auch prickelnd, ob die Ware gute Preise erzielt.

TAA: Was sich in den Menschen da unten abspielt - das Pult des Auktionators steht, der Übersicht wegen, erhöht - das ist für Sie als Psychologe doch hochinteressant. Das ist doch kein normales Einkaufspublikum, oder doch?

F-C: Doch, zum großen Teil, denke ich. Es setzt sich zusammen aus dem "immunen" Händler, der weiß, soviel bin ich bereit, auszugeben, damit die Kalkulation stimmt, denn der verkauft später weiter. Der hat aber auch keine innere Beziehung zum Kaufgegenstand. Da ist auf der anderen Seite der Kunde, der etwas entdeckt hat, das ihm gefällt, das er haben will. Und da ist der Kunde, der mit Geld kommt und quasi "gegen das Haus" setzt. Der bringt seine "Macht" mit und findet dann auch seinen "Mitspieler" oder "Gegner" im Hause. Für den gilt am ehesten der Vergleich mit dem Roulette. Der wird diese Spannung in seinem Körper spüren, wenn er ein *Gebot abgibt. Der bietet auch unter Umständen weiter, nur um zu zeigen, daß er sich nicht ausboxen läßt.

Ich habe erlebt, daß jemand etwas für 20 000 DM ersteigert hat, was er anschließend nie mehr angeschaut hat. Hat er unter Verschluß gehalten und glatt vergessen, daß er's besaß. Der hatte es ersteigert, weil er es dem anderen nicht gegönnt hat. Ich denke aber, das ist ein ausgesprochen seltener Fall. Ich glaube nicht, daß so etwas überhaupt groß ins Gewicht fällt. Doch habe ich gelegentlich den Eindruck, da ist jemand verstimmt, weil er ein bestimmtes Stück nicht bekommen hat.

TAA: Solche Fälle sind aber wohl für Sie bei den Auktionen das Salz in der Suppe?

F-C: Ja, das stimmt. Ich sehe das dann am Blick. Da sitzt einer unten und denkt, er hätte es schon, da kommt aus irgendeiner Ecke wieder ein Gebot, und dann sehe ich, wie er so richtig innerlich zusammenfällt: "verdammt, jetzt bin ich am Ende, jetzt kann ich nicht mehr."

TAA: Eine Auktion, obwohl sie ein nüchternes Geschäft ist, bietet doch auch eine relativ spannungsgeladene, erwartungsvolle Atmosphäre. Der Geldeinsatz für die Ware ist nicht vorausbestimmbar. Auch nicht durch das Haus und den Auktionator. Ist eine Auktion so nicht auch ein gesellschaftliches Ereignis?

F-C: Kunden reisen oft Hunderte von Kilometern, wenn sie ein erstrebenswertes Stück per Katalog entdeckt haben. Da ist es einfach eine Frage des Stils, daß man den Kunden einen gewissen Rahmen bietet, ein kleines Buffet aufbaut, sie zu einer Unterhaltung einlädt, daß man sie fachlich weiterbilden kann. In einigen Auktionshäusern gehört dazu, daß einigen Stücken oder einer Stilepoche ein Einführungsvortrag vorausgeht, der die Materie erläutert.

TAA: Kann man sich wohl auch einen vergnügten Nachmittag machen nach dem Motto: "Laß uns zur Auktion gehen?"

F-C: Ja. Die Menschen offenbaren sich da teilweise richtig. Nicht jeder wünscht das, deswegen gibt es auch sogenannte Einkäufer für jemanden, der sich nicht offenbaren will. Denn da, wo einer etwas bekommt, ist immer auch einer, der's nicht kriegt. Gewinner und Verlierer. Der Auktionator hat dann die Aufgabe, die Verlustsituation so zu moderieren, daß sie nicht öffentlich wird, indem er mit einem begleitenden Satz tröstet oder auf andere Stücke und Auktionen verweist. Er moderiert, und die Kunden erwarten das auch mit Recht von ihm. Er muß etwas tun, um die Verlierer bei Laune zu halten, nachdem sie diesmal nicht zum Zuge gekommen sind.

TAA: Der Auktionator ist also Mittler zwischen den Bedürfnissen im Saal und dem Auktionshaus?

F-C: Und ebenfalls ein Mittler für die Auktionsgäste untereinander!

TAA: Wie steht es da um die Verpflichtung des Auktionators gegenüber dem Haus, das er vertritt? Gibt es da Regeln, Konflikte?

F-C: Ein Auktionator muß die gesetzlichen Bestimmungen einhalten und überwachen. Man kann nicht einfach Auktionator werden, dazu gehören ein einwandfreier Leumund, Sachkenntnis, Kenntnis der gesetzlichen Bestimmungen u.a.m. Das wird überprüft vom Gewerbeamt. Er muß die Auktion vierzehn Tage vorher anmelden. Gewerbeamt und IHK haben freien Zugang zur Ware, machen amtliche Stichproben. Die Werbung muß abgesprochen werden. Der Auktionator muß sich überzeugen, daß es sich um gebrauchte Ware im Sinne des Gesetzes handelt. Ausnahme, daß es keine Handelsware ist, bei künstlerischem Wert. Und da scheiden sich gelegentlich die Geister. Aber sogenannte "Auktionshäuser", die um jeden Preis versuchten, ihren Gegenständen "künstlerischen Wert" beizulegen, nur um sie loszuschlagen, die sind bald wieder eingegangen.

TAA: Für jemanden, der das noch nie mitgemacht hat und die Professionalität des Gewerbes nicht kennt, mag "Auktion" immer noch etwas Undurchsichtiges sein. Ich denke da an Vorstellungen wie "unseriöse Preisgestaltung". Wie sieht es nach Ihren Erfahrungen damit aus?
F-C: Ich denke, das ist hochgeredet worden, weil Auktonsergebnisse nicht in Zeitungen allgemein publiziert werden. Aber, wenn ein Bild fünfzig Millionen erreicht, eine Fürstin was abzugeben hat oder das Gerümpel eines Popstars weit über Wert ersteigert wird, da denkt das Publikum natürlich: da hat das Auktionshaus mal wieder hingelangt, das geht nicht mit rechten Dingen zu. Wenn aber sämtliche Preise dem Publikum zugänglich gemacht würden - was natürlich geht: man kann sich Ergebnislisten besorgen, aber, wer weiß das schon - dann würde, glaube ich, kein Mensch mehr woanders einkaufen. Dann würde er nur noch im Auktionshaus kaufen, solange er die Ware dort kriegt, die er wünscht. Er kann prüfen, wählen und bekommt sie in der Regel um die Hälfte billiger.

TAA: Dann muß er aber auch die Verliererchance einkalkulieren, die Chance, es nicht zu bekommen?
F-C: Ja. Und dann sind wir wieder beim Thema, schon bin ich bei der nächsten Auktion, schon beim nächsten Auktionshaus, wieder beim gesellschaftlichen Ereignis, bei der Spannung, beim Spaß zu suchen, zu entdecken. Nicht einfach nur bezahlen und abtransportieren.

TAA: Auktionen als Mittel gegen Übersättigung und Konsumlangeweile?
F-C: In jedem Fall. Denn die Gegenstände werden nicht hundertfach angeboten. Es gibt eben jeden im Grunde nur einmal. Man lernt auch verzichten, warten. Das führt zu erhöhtem Kaufvergnügen. Oft glaubt man, im Auktionshaus, da sitzen nur Reiche. Dem ist nicht so. Das ist ein Märchen.

Gehen Sie mal zu Sotheby's, London, oder ins Dorotheum, Wien. Da sitzt einfach ein Publikum, so durchschnittlich, wie es durch die Hauptstraße schlendert. Nur an wenigen Plätzen in der Welt trifft man ein so bunt gemischtes Publikum wie in einem großen Auktionshaus. Und, wenn einmal einer drin sitzt, der nur zwei Stunden Wärme haben will, da gibt es keine Gesichtskontrolle oder gar Intelligenztests.

TAA: Also sollte man keine Hemmungen haben, es einmal zu versuchen?
F-C: Nein, auf gar keinen Fall. Oft spürt ein Auktionator auch die Hemmschwelle. Da will einer und traut sich nicht. Und dann fragt er ihn vielleicht, und die Schwelle ist weg, und Freude kommt auf. Gute Auktionen sind lebendige Auktionen, wobei der Auktionator natürlich seine Seriösität nicht preisgeben darf.

TAA: Herr Fritzsche-Chessex, wir danken Ihnen für dieses informative Gespräch.

Stichworterläuterungen:
Aufgeld - gesetzliche Mehrwertsteuer (14%) und Auktionsprovision (ca. 10-20%) werden dem *Zuschlagpreis hinzugerechnet, Frachtkosten gehen gesondert.
Auktion - öffentlich gemeldete und geprüfte Ware wird vom Auktionator aufgerufen und nach *Höchstgebot versteigert
Auktionator - bestellter, geprüfter Versteigerer. Ist für die Einhaltung der gesetzlichen Bestimmungen verantwortlich. Ruft die Ware nach Posten auf, nimmt die *Gebote entgegen, erteilt *Zuschlag nach dreimaligem Aufruf des letzten, höchsten Gebotes.

Bieten/Gebot - der sichtbar ausgedrückte Wille, die aufgerufene Ware zum aufgerufenen Preis und Aufgeld zu erwerben. Höhergebote machen das vorige Bieten hinfällig. Gesteigert wird in der Regel in Abständen von 10% zum nächsten Hunderter beziehungsweise Tausender (200, 230, 260, 290, 320, 360 DM, etc.)

Bieterkarten - vor dem Bieten erhält jeder Interessent eine nummerierte Bieterkarte. Kann auch während der Auktion noch ausgegeben werden. Ohne Bieterkarte kein gültiges Gebot.

Schrifliches Gebot - einige Häuser nehmen schriftliche Gebote entgegen. Sie werden vom Auktionator vertreten.

Telephonisches Bieten - Sie melden Interesse an einem Posten an. Wird der Posten aufgerufen, benachrichtigt man Sie telephonisch. Sie können dann per Telefon mitbieten. (Nicht in allen Auktionshäusern möglich)

Limit - der Preis, unter dem der Einlieferer die Ware nicht abzugeben bereit ist (s. *Untergebot, *Vorbehaltszuschlag),"ca. 50% vom *Marktwert.

Marktwert - der Preis, den Sie -geschätzt- für den Erwerb in einem Geschäft bezahlen müßten. Ist nicht identisch mit dem Wiederverkaufspreis, sondern liegt in der Regel deutlich höher.

Nachverkauf - Ware, die in der Auktion keinen Käufer gefunden hat, kann häufig bis 14 Tage danach zum *Limitpreis erworben werden.

Schätzwert - wahrer Wert, geschätzt nach künstlerischem Wert, Seltenheit, Qualität, Erhaltungszustand. Liegt meist über dem Preis.

Untergebot - findet sich kein Bieter für einen Posten, können Sie auch ein Untergebot (Unterlimit) abgeben. Der Auktionator erteilt dann den *Zuschlag mit *Vorbehalt.

Vorbehaltzuschlag - hat der Auktionator Zuschlag auf ein *Untergebot erteilt, muß er beim Einlieferer rückfragen, ob er das Gebot unter dem Limit annimmt. Bis dahin bleibt das Stück im Besitz des Einlieferers.

Vorbesichtigung - Frist zum Besichtigen und Prüfen der Ware, zum Aussuchen von gewünschten Posten.

Vorgebot - geben Sie als Bieter z.B. für ein Stück mit *Limitpreis 1000.— DM ein Vorgebot von 1800.— DM ab, so steckt Ihr Vorgebot Ihren persönlichen Rahmen ab. Bietet niemand sonst, erwerben Sie das Stück zum Limit. Bietet jemand z.B. bis 1400.— DM mit, erhalten Sie den Zuschlag mit 1600.— DM (nächsthöhere Stufe).

Zuschlag - nach dreimaligem Aufruf des letzten (höchsten) *Gebots erteilt der Auktionator mit dem Hammer den Zuschlag für die ausgebotene Ware. Der Besitzerwechsel ist rechtskräftig, die Zahlungsverpflichtung tritt ein.

ANTIQUITÄTENRECHT

Rechtliche Aspekte beim Erwerb von Antiquitäten

I. Allgemeines

Nicht nur Nostalgie, sondern auch handfeste wirtschaftliche Gründe führen dazu, daß sich immer mehr Personen für den Erwerb von Antiquitäten interessieren. Zum einen ist es deren Schönheit und Ausstrahlung, zum anderen ist es die Vorstellung, das erworbene Stück werde nicht an Wert verlieren, die die Verkaufszahlen von Antiquitäten hochschnellen lassen. Dieser wachsende Markt hat insbesondere für den weniger erfahrenen Kaufinteressenten seine Tücken und weist eine Reihe von rechtlichen Problemen auf. Können Sie sich schadlos halten, wenn das von Ihnen erworbene Stück aus einem Diebstahl stammt oder, wenn das ersteigerte und bezahlte Stück abhanden kommt, bevor Sie es abholen? Wie ist es, wenn Sie später feststellen, es handelt sich um eine Fälschung, Nachahmung oder das angegebene Alter stimmt nicht usw. ? Angesichts dieser Fragen ist es sinnvoll, in diesem Almanach die wichtigsten rechtlichen Probleme, die beim Erwerb von Antiquitäten auftauchen können, wenigstens grob darzustellen.

Sowohl beim normalen Kauf als auch bei einem Versteigerungserwerb sollten Sie darauf achten, wer Ihr Vertragspartner ist. Die schönsten Haftungsansprüche nützen Ihnen möglicherweise nichts, wenn Ihr Vertragspartner pleite ist oder - wie bei einer GmbH - nur begrenzt haftet. Bei Versteigerungserwerb kommt es darauf an, ob der Versteigerer im Namen des Einlieferers und für dessen Rechnung veräußert; dann ist der Einlieferer Ihr Vertragspartner. Der Auktionator (das Auktionshaus) haftet dann nur ausnahmsweise, etwa wenn er in einer Katalogbeschreibung zugleich die Garantie für die Echtheit eines Gegenstandes übernimmt. Wenn der Versteigerer im eigenen Namen veräußert, ist nur dieser Ihr Vertragspartner. Dies alles erfahren Sie, wenn Sie sich die Versteigerungsbedingungen des jeweiligen Auktionators ansehen.

Auch bei einem normalen Kauf empfiehlt es sich, daß Sie sich die allgemeinen Geschäftsbedingungen, d.h. das Kleingedruckte, soweit der Verkäufer solche verwendet und sie zur Grundlage seines Verkaufs macht, vor dem Erwerb näher ansehen. Solche Geschäftsbedingungen enthalten regelmäßig eine Reihe von Klauseln, die Ihre Rechte als Käufer empfindlich einschränken können. Allerdings können solche Geschäftsbedingungen auch nichtig sein, etwa wenn sie eine überraschende Klausel enthalten oder Sie dadurch unangemessen benachteiligt werden. Allgemeine Geschäftsbedingungen gelten nur, wenn sie schon bei Vertragsabschluß vom Veräußerer gestellt, d.h. zugrunde gelegt wurden. Wenn Sie erstmals auf der Rückseite der Rechnung von diesen AGB's erfahren, haben sie keine Bedeutung mehr.

Wenn der Kaufvertrag einmal abgeschlossen oder der Zuschlag erfolgt ist, sind Sie grundsätzlich gebunden; einzig denkbare Ausnahme: Sie dürfen in Raten zahlen und der Verkäufer erklärt seinen Eigentumsvorbehalt an der verkauften Sache. Dann haben Sie ein Widerrufsrecht, das innerhalb einer Woche ausgeübt werden kann. Diese Frist beginnt überhaupt nicht zu laufen, wenn Sie über das Widerrufsrecht nicht schriftlich belehrt wurden. In diesem Falle können Sie auch noch viel später widerrufen. Und nun zu den Haftungsfällen im Einzelnen:

II. Erwerb gestohlener Ware

Grundsätzlich kann an gestohlenen, verlorenen oder abhandengekommenen Sachen kein Eigentum erworben werden (935 I BGB). Sie werden jedoch Eigentümer solcher Gegenstände, wenn diese im Wege öffentlicher Versteigerungen veräußert werden. In anderen Fällen, etwa wenn der Eigentümer die Sache durch Leihe freiwillig weggegeben hat, ist ein gutgläubiger Eigentumserwerb möglich. Er scheidet jedoch aus, wenn dem Erwerber bekannt oder infolge grober Fahrlässigkeit unbekannt ist, daß die Sache nicht dem Veräußerer gehört. Ob Ihnen der Vorwurf der groben Fahrlässigkeit gemacht werden kann, hängt ganz entscheidend von den Umständen des Einzelfalles ab. Wenn z.B. ein ganz niedriger Preis verlangt wird, wenn sich der Verkäufer in einer wirtschaftlichen Notlage befindet oder wenn er schon öfter "krumme Dinger gedreht" hat, ist höchste Vorsicht geboten. Wenn ein Eigentumserwerb nach diesen Erwägungen nicht möglich ist, ist die erworbene Sache herauszugeben. Der Veräußerer ist, da er nicht in der Lage ist, Ihnen das Eigentum zu verschaffen, voll schadensersatzpflichtig, d.h. er muß den Kaufpreis zurückzahlen und alle Aufwendungen ersetzen.

Was passiert, wenn ein Gegenstand verschwindet, den Sie gekauft oder ersteigert und schon bezahlt, aber noch nicht abgeholt haben? Dieser Fall ist gar nicht so selten, denn es kommt schon vor, daß Diebe im Anschluß an eine Auktion die Auktionshallen ausräumen. Hier müssen Sie damit rechnen, daß die allgemeinen Geschäfts- bzw. Versteigerungsbedingungen Klauseln enthalten, die Ihnen allein das Risiko des Diebstahls auferlegen, so daß Sie keinen Anspruch auf Rückzahlung des Kaufpreises haben. Dasselbe gilt bei Vernichtung etwa durch Feuer- oder durch Wasserschaden. Nur wenn der Verkäufer/Auktionator den Einbruch durch mangelnde Sicherung seiner Räume grob fahrlässig mitverschuldet hat, haben Sie eine Chance auf Rückerstattung des Kaufpreises.

Letztlich gibt es aber zwei Möglichkeiten, um diesem Risiko zu begegnen. Entweder wird für die Ware eine entsprechende Versicherung abgeschlossen oder der erworbene Gegenstand wird sofort abtransportiert.

III. Haftung bei Fehlerhaftigkei oder bei Fehlen zugesicherter Eigenschaften

Nach der gesetzlichen Regelung ist es so, daß der Verkäufer dem Käufer dafür haftet, daß die gekaufte Sache nicht mit Fehlern behaftet ist, die den Wert oder die Tauglichkeit zu dem gewöhnlichen oder dem nach dem Vertrag vorausgesetzten Gebrauch aufheben oder mindern. Werden bestimmte Eigenschaften zugesichert, so haftet der Verkäufer auch dafür, daß die Sache diese Eigenschaften besitzt. Ist der gekaufte Gegenstand mit einem Fehler im Sinne des 459 I BGB behaftet, so kann der Käufer/Ersteigerer grundsätzlich den Vertrag rückgängig machen (Wandlung) oder eine Herabsetzung des Kaufpreises (Minderung) verlangen. Dieses Recht hat der Käufer innerhalb einer Frist von 6 Monaten ab der Übernahme des Kaufgegenstandes. Fehlt der Sache die beim Kauf zugesicherte Eigenschaft, so kann der Käufer/Ersteigerer statt der Wandlung oder Minderung Schadensersatz wegen Nichterfüllung verlangen. Auch im Falle des arglistigen Verhaltens, bewußten Verschweigens eines Fehlers, besteht die vertragliche Schadensersatzpflicht wie beim Fehlen zugesicherter Eigenschaften.

Ein Fehler im Sinne dieser Vorschriften ist sicher die mangelnde Echtheit, z.B. wenn ein Bild nicht vom angegebenen Künstler geschaffen wurde oder ein Möbelstück nicht aus der genannten Epoche stammt. Weit problematischer ist es, wenn sich nach dem Erwerb eines restaurierten Möbelstücks Mängel zeigen. Hier kann und soll nur verlangt werden, daß der Gegenstand gereinigt, poliert, verleimt und allenfalls minimal ausgebessert wird, um den ursprünglichen Charakter zu erhalten. Weitergehende Ausbesserungsarbeiten führen zur Fehlerhaftigkeit. Diese Abgrenzung hat wiederum zur Folge, daß beispielsweise ein Tisch, dessen Platte fachgerecht neu verleimt wurde, auch dann nicht als fehlerhaft anzusehen ist, wenn diese Tischplatte nach dem Kauf wieder schief wird und Risse bekommt. Das Gericht, das über diesen Fall zu entscheiden hatte, meinte, hier handele es sich um die Verwirklichung des normalen Schadensrisikos, das derart restaurierten Antiquitäten innewohnt und vom Käufer zu tragen ist. Die mehrfach erwähnten allgemeinen Geschäfts- oder Versteigerungsbedingungen beinhalten regelmäßig den vollständigen Ausschluß der Haftung für jede Art von Mängeln. Ein solcher Haftungsausschluß ist zulässig. Wenn Sie dennoch erwerben wollen, sollten Sie zumindest zu erreichen versuchen, daß der Veräußerer auf die Haftungsfreizeichnung verzichtet.

Etwas anderes gilt bei der Zusicherung bestimmter Eigenschaften oder bei arglistigem Verhalten. Hier gibt es für den Veräußerer keine Haftungsfreizeichnungsmöglichkeit. Allerdings kann der Veräußerer in seinen AGBs wirksam darauf hinweisen, daß beispielsweise Katalogbeschreibungen keine zugesicherten Eigenschaften sind, wenn er gleichzeitig erklärt, daß die Katalogbeschreibung nach bestem Wissen und Gewissen vorgenommen wurde. Eine solche weitgehende Freizeichnung haben die Gerichte mehrfach für zulässig erklärt. Allerdings hat der Verkäufer oder Auktionator in einem solchen Fall die Sorgfaltspflicht, den Gegenstand in zumutbarem Umfang zu prüfen und dies auch im Streitfall zu beweisen. Gelingt ihm dieser Nachweis nicht, so ist seine Haftung wieder gegeben.

Wenn eine Expertise vorliegt und Sie im Vertrauen auf diese Expertise einen Schaden erleiden, so kommt in Ausnahmefällen auch eine Haftung des Experten in Betracht, auch wenn Sie nicht selbst die Expertise in Auftrag gegeben haben.

Wie bereits eingangs erwähnt, handelt es sich nur um eine grobe Darstellung der Materie. Sie soll und kann in den Problemkreis lediglich einführen und Ihnen die Konsultation eines Rechtsanwaltes im konkreten Fall nicht ersparen. Dies gilt insbesondere dann, wenn Ihre eigenen Verhandlungen über Gewährleistungsansprüche innerhalb der sechs monatigen Verjährungsfrist zu keinem befriedigenden Ergebnis führen. Für die künftige Entwicklung ist nicht auszuschließen, daß ein sich durch die Rechtsprechung immer weiter entwickelnder Verbraucherschutz dazu führen wird, daß die Haftungsfreizeichnungsklauseln zugunsten der Erwerber immer größere Einschränkungen erfahren.

Dr. Roland Pfefferle
Rechtsanwalt

ANTIQUITÄTEN - LEXIKON

-A-

Aachener Möbel: In Natureiche gearbeitete Möbel des 18.Jh. mit feinen, üppigen Reliefschnitzereien, meist aus Rocaillen und Kartuschen, wie sie auch bei den Lütticher Möbeln vorkommen. Vor allem Schreibmöbel, Schränke, Aufsatzvitrinen und Anrichten, aber auch Sitzmöbel.

Ablaßbilder: Seit dem 15.Jh. vorwiegend als Kupferstiche vorkommende, kleine Bilder mit auf Buße und Sündenvergebung bezogenen, religiösen Motiven.

Absperrung: Konstruktion, die durch Gegeneinanderstellen der Maserrichtung von Furnier und Trägerholz die Bewegung des Trägerholzes auf das Geringste reduziert und somit die Rißbildung im * Furnier verhindert.

Adam, Robert (1728-1792): Bedeutender schottischer Architekt und Innenausstatter. Begründer des klassizistischen "Adam-Stils", bei dem sich Elemente des engl. Palladianismus, der griechischen u. römischen Antike u. der ital. Renaissance verbinden.

Adelaide-Frisur: Biedermeierhochfrisur, mittelgescheitelt mit anmodelliertem oft schwarzem Haar, seitlich über den Ohren gebauschte Lockentuffs und kunstvoll aufgetürmter Haarkrone am Oberkopf.

Aedikule: Von Gesims tragenden Säulen flankierte Nische.

Ahorn: Sehr edles Holz. Keine deutlich abgegrenzten Jahresringe. Aufgrund seiner Elastizität ist Ahorn für Einlegearbeiten in Holz optimal geeignet.

à-jour-Fassung: Begriff aus dem Schmuckbereich. Auf der Rückseite des Steinträgers durchbrochene, lichtdurchlässige Fassung von Edelsteinen.

Akanthus: Distelartiges, oft eingerolltes Blattornament, das einzeln oder in Ranken vorkommt und nach der Bärenklaupflanze der Mittelmeerländer benannt ist. Schon im 5.Jh. v. Chr. fand dieses Ornament Anwendung. Reichstes Anwendungsgebiet im korinthischen Kapitell, sowie später in allen antikisierenden Epochen. Bes. zur Zeit der * Renaissance und des * Barock kam das Ornament wieder zur Geltung und blieb in allen Ornamenten der Möbelkunst vorherrschend bis 1800.

Almosenschale: Breitrandige Schale für den kirchlichen Gebrauch u.a. aus Silber, Zinn, Bronze; in ganz Europa seit dem MA verbreitet, Bronzeexemplare, teilweise mit erhobenem Dekor (biblische Szenen u.ä.) bes. in Süddeutschland.

Altaruhr: Ital. Uhr mit hölzernem Gehäuse u. mit dem Aussehen eines Altars. Mitte 17. bis 18.Jh. auch in Süddeutschland.

Anrichte: Halbschrank mit Türen oder Schubladen und Aufsatz mit Borden zur Aufbewahrung von Geschirr.

Ansbacher Fayence: 1709 errichtete Fayencemanufaktur, (Gründer: Markgraf Wilhelm Friedrich); die Manufaktur arbeitete bis 1839, zuletzt als Steingutfabrik; die Erzeugnisse tragen mit * Arabesken und Laubwerk bemalte Ränder in tiefem Blau; ab 1730 Vogelmalerei (Geschirre u. v. a. große Vasensätze).

Ansbacher Porzellan: Im Gebäude der Fayencefabrik 1758 gegr. Porzellanmanufaktur (Gründer: Markgraf Alexander, der Schwager Friedrichs des Großen; 1762 wurde die Porzellanherstellung in das Jagdschloß Bruckberg verlegt; geschlossen 1860; Erzeugnisse waren: Kopien nach Berliner Geschirrformen und Figuren, vor allem eines der graziösesten Geschirre der Zeit, das sog. "*Ansbacher Muster*" (Adler, ein Bach mit Fischen in Unterglasurblau).

antik: (Lat. = alt); im Kunsthandel auch allg. als alt im Gegensatz zu modern gebräuchlich.

Antiquität: Ein altertümlicher Gegenstand.

antiquiert: veraltet.

Apothekenschrank: Im Auftrag für Apotheker errichtete Schränke, mit zahlreichen kleinen Schubladen, welche beschriftet zum Aufbewahren von Medikamenten dienten.

Appliken: Urspr. angesetzte, selbständig gearbeitete Zierstücke (in der Möbelkunst * Beschläge); ein- und zweiarmige Wandleuchter werden ebenfalls Appliken genannt.

Arabeske: Streng symmetrisch aus einer Blattvolute nachgebildetes Rankenornament, stammend aus der hellenistisch-römischen Kunst.

Arbeiten: Darunter versteht man die Eigenschaft des Holzes, auf klimatische Veränderungen durch "*Sich-Werfen*", Ausdehnen oder Schwinden zu reagieren.

Architrav: Aus der antiken Baukunst entnommenes Element (* Gesims), das zwei Säulen horizontal verbindet.

Armoire à deux corps: Halbschrank mit schmälerem, zurückgesetztem, zweitürigem Aufsatz; hauptsächlich Frankreich 2. Hälfte 16. Jh.

Armstuhl: Aus einfachem Stuhl entworfenes Sitzmöbel m. seitlichen Stützen für die Arme; (Kirchen-, Thronstuhl). Im 18.Jh. wurde die Armlehne oft mit einem kleinen Wulst gepolstert.

Art Déco: Bz. für eine Stilrichtung des Kunstgewerbes, die auf den * Jugendstil folgte und ihren Höhepunkt zw. dem Ersten und Zweiten Weltkrieg erreichte; geht auf eine Ausstellung zurück, die 1925 mit dem Titel "*Exposition des Arts Décoratifs et Industriels Modernes*" in Paris stattfand. Die neuen Kräfte, deren symmetrisch-linearen Gestaltungsprinzipien sich zunächst in Frankreich auswirkten, griffen schnell auch auf Mitteleuropa und Amerika über, wo z.B. die holländische Bewegung "De Stijl", das "dt. Bauhaus", die "Wiener Werkstätten" und die Arbeiten des am. Designers *Frank Lloyd Wright* ähnlichen Vorstellungen huldigten.

Art nouveau: Frz. Bezeichnung für * Jugendstil; in England "modern style" genannt.

Atlant: Kräftige maskuline Gestalt als Gebälkträger; Gegenstück zur femininen * Karyatide.

Aufbauschrank: * Überbauschrank (vgl. auch das frz. Armoire à deux corps).

Aufdoppelung: Aufeinanderleimen von Brettern mit gegeneinander versetztem Faserverlauf, wodurch das "* Arbeiten" des Holzes verhindert werden soll.

Aufsatzbuffet: Reich gegliederter, zweitüriger Halbschrank, worauf zurückgesetzter, regalartiger Aufsatz steht, dessen Kopf baldachinartig vorspringt u. vorn von Säulen gestützt wird.

Aufsatzkommode: Mehrschübiges, meist geschweiftes Kommodenteil mit einem oft leicht zurückgesetzten, meist zweitürigen Aufsatz.

Aufsatzschrank: Sog. Doppel- oder zweigeschossiger Schrank.

Aufsatzsekretär: Wie die * Aufsatzvitrine wurde der Aufsatzsekretär mit zweitürigem Schrankunterteil oder Kommodenuntersatz geschaffen. Mit Unterteil, aufgesetztem Zwischenteil mit Schreibklappe und Aufsatz war er das beliebteste Möbelstück des 18.Jhs. in Deutschland.

Aufsatzvitrine: Zweitüriges Schrankunterteil oder mehrschübiger Kommodenuntersatz mit meist dreiseitig verglastem, zweitürigem Vitrinenaufsatz.

Augsburger Kabinett: Ein Zierschränkchen ("*Kunstkammer-Schrank*") aus Edelholz, oft Ebenholz, mit Untergestell aus acht Stützen, Fußplatte und Kugelfüßen. Der Augsburger Kabinettschrank ist zweitürig und enthält zahlreiche, um ein Schließfach gruppierte Schubladen. Er ist mit * Intarsien aus Elfenbein, Perlmutt, Edelsteinen und Miniaturen reich verziert.

Augsburger Silber: Im 18.Jh. erlebte das Silbergerät seinen Höhepunkt (Tafel- und Toilettengerät, Einrichtungsgegenstände, eine Fülle von Gefäß- und Gerätetypen); Paris wirkte in die Silberschmiedekunst in Augsburg ein. Augsburg war von da an die Silbermetropole, die, an Leistungsfähigkeit unerreicht, ganz Europa mit Silbergerät belieferte.

Autoperipatetikos: (Griechisch: Der Selbstläufer); in Amerika von *E.R.Morrison* erfundene und 1862 in England von *A.V.Newton* patentierte Puppe mit einem Laufmechanismus unter dem Rock, der einem Uhrwerk ähnlich die Metallfüße bewegt. Meist mit einem Porzellan- oder Pariankopf auf einem gestopften Körper.

-*B*-

Badepuppen: Porzellan- oder Biskuitpuppen aus einem Stück mit aufgemalten Haaren und Gesichtszügen. Charakteristisch der stämmige Kinderkörper mit leicht gegrätschten Beinen, abgewinkelten Armen und Fäusten. Zw. 1870 und 1890 in Mode.

Baldachin: Urspr. "*Traghimmel*" aus kostbaren Stoffen, auf vier Stäben bei Prozessionen über dem Allerheiligsten getragen; später auch als fest montierter "*Himmel*" über Thronen und Altären angebracht; bei Bauernmöbel vorkommend als "*Betthimmel*" über den sog. Himmelbetten (Baldachinbett).

Bald Head: Runder, geschlossener Puppenkopf mit aufgemalten Haaren oder einer Perücke.

Balg: Puppenkörper aus Stoff, Leder, Filz oder ähnlichem Material, gestopft mit Roßhaar, Watte, Korkstückchen, Wolle oder Sägemehl.

Ballettfiguren: Früheste Stücke aus Porzellan; aus Ludwigsburg stammend; 1760 bis 1765 modelliert von *J.J.Louis*; ganze Serien auch von *F.C.Linck* in Frankenthal.

Ballkopf: Wachskopf, dessen Haar in einem Schlitz auf dem Scheitel eingesetzt ist.

Baluster, Balustrade: Kurzes, stark gebauchtes (kegelähnlich) Säulchen oder Doppelsäulchen, zu Geländern ("*Balustrade*") nebeneinander gereiht. Im Möbelbau schon seit der Antike als Stützelement verwendet.

Bandelintarsie: Vereinfachtes * Bandelwerk, * Intarsie.

Bandelwerk: Reich geschwungenes, verflochtenes, meist mit Laubwerk, Gehängen und Figuren durchsetztes Bandornament der * Renaissance und des * Barock.

Bank: Sitzmöbel für mehrere Personen; im frühen MA wandfest; ab dem 12.Jh. mit gedrechselten Hölzern verzierten Seiten- und Rückenlehnen. Zu den ältesten Beispielen gehören die Chorbänke im Kloster Alpirsbach, Schwarzwald. Im 15.Jh. Verschmelzung mit der Truhe zur * "*Truhenbank*", oft mit beweglicher Rücklehne. In der ital. Renaissance wurden bes. kunstvolle Truhenbänke hergestellt, die man * "*Cassapanca*" nennt. Als die Bank in der zweiten Hälfte des 17.Jh. gepolstert wurde, nannte man sie * "*Canapé*" (dt.: Kanapee).

Banquette: * Bank ohne Lehne, häufig auf acht Beinen; im Deutschen auch Ruhebett genannt.

Barockstil: Kunstepoche von ca. 1600 bis 1760; zu unterteilen sind: *Frühbarock* 1600 - 1630, es folgt: *Hochbarock* u. gegen 1735 als Spätbarockstil das * *Rokoko,* bis ca. 1760 .

Base: * Säule, Säulenfuß (Basis).

Bastionsfüllungen (Bastionsstil): Auch Festungsfüllungen nennt man die profilierten * Füllungen, die stilisierten Festungsdraufsichten ähneln; bei vielen Schränken der Barockzeit findet man diesen Stil.

Bauernmöbel: Sehr charakteristisch geprägtes, traditionsgebundenes Mobiliar der Bauern. Bauernmöbel sind im Gegensatz zu höfischen u. bürgerlichen Möbeln in ihren Grundformen ohne wesentliche Fremdeinflüsse. So zeigt sich ihre Bodenständigkeit vor allem in der Verwendung regionaler Holzarten. Nordd. rustikale Möbel z.B. sind primär in Eiche, südd. Bauernmobiliar hingegen überwiegend aus Nadelhölzern gefertigt.

Bayreuth: Dt. Fayencemanufaktur; 1719 von *J.C. Ripp* in Schloß Georgen am See gegr.; 1728 verpachtet an den Kriegskommissar *Johann Georg Knöller*; unter ihm entstanden die schönsten Werke; dunkelbraun und gelb glasierte Stücke oft mit * Chinoiserien und Jagdszenen in Gold oder Silber bemalt ("*braune Ware*", "*gelbe Ware*"), * Fayencen in blassen Scharffeuerfarben und glatte, weiße Fayencen); 1852 geschlossen.

Bayreuther Hausmalerei: Um 1751 Bemalung von Porzellan und Fayence ("*Muffelmalerei*"); vorzüglich gemalte dt. Blumen; die bedeutendsten Bayreuther Hausmaler waren *Johann Friedrich Metzsch* und *Johann Christoph Jucht*.

Bébépuppen: Puppen, welche Kinder bis ca. sieben Jahre darstellen; markant sind die großen strahlenden Augen u. der kindliche Gesichtsausdruck; Kugelgelenkkörper aus Holz, ab 1870 Nachfolger von den sog. *Ladydolls*..

Bekrönung: Bz. für den abschließenden Teil eines Schrankes (* *Giebel, Kranz*).

Bérain, Jean (1637-1711): Pariser Architekt, Möbelentwerfer und Ornamentstecher; Erfinder des * Bandelwerks.

Bergère: Breiter, tiefer allseitig gepolsterter Rokokosessel; um 1730 aus der Form des * Fauteuils entwickelt.

Berliner Fayence: Vom Großen Kurfürst 1678 errichtete Fayencemanufaktur, die 1697 in den Besitz von *Gerhard Wolbeer* gelangte und bis 1786 von dessen Nachkommen betrieben wurde; (Birnkrüge mit weitem Hals, Walzenkrüge und große Vasen, die mit * Chinoiserien in bunten Scharffeuerfarben bemalt sind). Weitere bedeutende Fayencemanufakturen: *Cornelius Funcke (gegr. 1689, geschl. 1750; Johann Gottfried Menicus (Berliner Fayencemaler) (gegr.1748, geschl. 1760); Carl Friedrich Lüdicke (gegr. 1756)*. Von den vier Berliner Manufakturen führte nur Lüdicke ab 1778 eine Marke.

Berliner Porzellan: Porzellanmanufaktur; im Jahre 1751 von dem Wollzeugfabrikant *Wilhelm Caspar Wegely* gegr.; (derbe Geschirre mit steifer Bemalung und Vasen mit Reliefdekor); 1757 schon geschlossen; daher sind Wegelyporzellane sehr selten. Weitere Berliner Porzellanmanufakturen: *Johann Ernst Gotzkowsky* (1761 bis 1763), 1763 von *Friedrich dem Großen* übernommen. Sie besteht noch jetzt als Staatliche Porzellanmanufaktur (heute in Selb).

Beschläge: Urspr. Eisenbänder mit bestimmter praktischer Funktion, z.B. zum Verschließen von Truhen etc., später zu Schmuck- und Ziermotiven (Schlüsselschilder, Handgriffe) umfunktioniert. (* Appliken).

Beschlagwerk: Aus dem * Rollwerk entwickeltes Ornament, bestehend aus symmetrisch angeordneten, winkelig gebrochenen Bändern, Leisten und flachen geometrischen Körpern. Es wurde vom holländischen Ornamentenstecher *Hans Vredeman de Vries* erfunden. Sind die Bänder mit * Voluten durchsetzt und stark geschwungen, spricht man von "*Schweifwerk*".

Betschrank: Schränkchen zur Aufbewahrung von Gebets- und Gesangbüchern mit einem Betschemel kombiniert (Prie-Dieu).

Bett: Im MA fest in den Raum eingebaut; es hatte, wie ein selbständiges Gemach, eine Decke und zwei oder auch drei geschlossene Wände, die mit Schnitzereien verziert waren (*Kastenbett*); die offene(n) Seite(n) konnte(n) mit Vorhängen geschlossen werden.

Bibliothèque basse: Niedriger Bücherschrank des 18.Jhs., häufig mit Glastüren.

Biedermeier: Der erste bürgerliche Kunststil, der zw. 1815 ("*Frühbiedermeier*") und 1848 ("*Spätbiedermeier*") Gültigkeit hatte; mehr oder minder starke Ansätze in ganz Europa. Zentren: Deutschland (Möbelkunst) und Österreich (Wien). Das Biedermeier entwickelte sich aus dem * *Empire* und ist eine Folge der Verarmung nach den "Napoleonischen Kriegen", in seiner Schlichtheit und Nüchternheit eine Reaktion auf den Prunk von * Rokoko und * Klassizismus (Emanzipation des "Mittelstandes").

Birkenholz: Hartes, schön gemasertes Holz, das im 18. und frühen 19.Jh. vorwiegend für Furniere (* Furnierung) verwendet wurde.

Birnbaumholz: Dichtes, sehr hartes Holz, rötlich-gelb bis rotbraun; da es schwarze Beize gleichmäßig aufnimmt, diente es auch als Ersatz für * Ebenholz.

Biskuit: Zweifach gebranntes Porzellan ohne Glasur; Bemalung nach dem ersten Brand. Biskuitpuppenköpfe wurden vor 1890 meist gepreßt, später gegossen.

Blattgold, ("*Häutchengold*"): Pures Gold, das zw. Goldschlägerhäutchen (Rinderdärmen) bis zu einer Dünne von 0,00014 mm ausgeschlagen wurde; diese Goldblättchen verwendete man zum Vergolden von Bucheinbänden, Schnitzfiguren u.ä., aber auch für Möbel.

Blindholz: Unedles Trägerholz, auf welches das * Furnier geleimt wird.

Bodenseeschrank: Ende des 18.Jhs. am Bodensee entstandener, sehr charakteristischer Schranktyp; meist mit Kugelfüßen; aus zwei, in der Mitte verkeilten Schrankhälften zusammengeschoben; eine unten abgesetzte Profilleiste täuscht einen Sockel vor; die Front ist oft leicht gebaucht, die Ecken sind abgeschrägt; meist in Massiv-Kirsch oder Nußbaum gearbeitet; mit zeitgenössischen Ornamenten intarsiert.

Böhmische Möbel: Unverkennbare österr. Einflüsse, bes. bei den zahlreichen Erzeugnissen des 18.Jh.; etwas kantigere Möbel; an Stelle von Schweifungen treten häufig gebrochene Kanten; die Füllungsfurniere sind meist aus Nußbaum, kleinemasertes Wurzel- oder Birkenholz; neben Bronzebeschlägen sind bes. verzinnte Eisenbeschläge beliebt.

Bonheur-du-jour: Kleiner Damenschreibtisch, zugleich * Toilettentisch, auf hohen Beinen, mit zurückgesetztem Aufbau; um 1760 in Mode.

Bogenfries: Bogenornament am * Gesims von Truhen und Schränken, das sich regelmäßig wiederholt.

Bordüre: Gemusterter Rand von textilen Geweben; bei Möbeln Bz. für ornamentale Umrahmungen von Malereien.

Bosse: Ein der Verzierung dienender Buckel; kräftig ausgebildet nennt man sie bei * Füllungen "*Kissen*".

Bouche fermé: Begriff aus der Puppenwelt; bedeutet "*geschlossener Mund*".

Boulle, André Charles (1642-1732): Einflußreichster Pariser * Ebenist unter Louis XIV; berühmt geworden durch die nach ihm benannte * "*Boulle-Technik*".

Boulle-Technik: Von * *André Charles Boulle* erfundene Technik des Furnierens (* Furnierung) mit Schildpatt und Messing, seltener auch mit Elfenbein und Zinn. Platten unterschiedlichen Materials wurden aufeinandergepaßt; in der oberen wurde das Muster ausgesägt, die Platten zusammengeleimt und dem Möbel aufgelegt.

Böttger, Johann Friedrich (1682-1719): * Meißen.

Bramahschloß: Sicherheitsschloß, im Jahre 1784 von *J. Bramah* entwickelt.

Brandmalerei: Einbrennen von Ornamenten, Mustern und Darstellungen in glattes Holz mit glühendem Eisen, im späten 19.Jh. an Möbeln beliebt.

Braunschweiger Fayence: Manufaktur, 1707 von *Herzog Anton Ulrich* gegr.; die Erzeugnisse glichen denen von Rouen, * Delft, später * Berlin (Maßkrüge mit fürstlichen Monogrammen); die Glasur Braunschweiger Fayencen ist stumpf; als Marken treten die Monogramme *VH, B & R, BR & C* auf. Eine weitere Fayencemanufaktur in Braunschweig gründete 1747 *Anton Chely* mit seinen Söhnen, die bis 1757 bestand.

Braunschweiger Möbel: Vom Hofe Wolfenbüttels beeinflußt entwickelte sich in Braunschweig eine charakteristische bürgerliche Wohnkultur, deren Möbel im höfischen Ursprung verwurzelt blieben; Einflußgebiete: Niedersachsen bis Thüringen und Westerwald; traditionell konservative Formen; bes. markant sind die Aufsatzmöbel; die * Aufsatzkommoden und * Sekretäre haben meist gegliederte Kugelfüße, die Unterteile sind dreischübig, mit abgeschrägten Ecken, oft mit vorgesetzten * Lisenen, oder abgerundet. Der typische *Braunschweiger Schrank* des 18.Jhs. ist in hellem Nußbaum furniert, zweitürig, hat ein hohes Sockelgeschoß mit vorgetäuschten Schubladen und steht meist auf wuchtigen Kugelfüßen; er trägt häufig figürliche Elfenbeineinlagen.

Brauttruhe: (*Hochzeitstruhe*); sehr kostbare * Truhe, die die Braut als Morgengabe zur Aufbewahrung der Aussteuer erhielt; Szenen, bezüglich Liebe, Treue und Tugend weisen im Dekor auf diese Bestimmung hin.

Brettschemel: Aus dem ital. *Sgabello* entwickelter Stuhl; seit dem 16.Jh. in Deutschland verbreitet; im 17. und 18.Jh. bes. im bäuerlichen Bereich Gebrauch.

Brettstuhl: Runder, ovaler oder trapezförmiger Sitz, in den Lehne und Beine einzeln eingefügt wurden.

Briefpaneel: Holländisch für * Faltwerk.

Bronzemöbel: Fein gegliederte Liegen aus Bronze, in Pompeji gefunden, weisen darauf hin, daß die Römer Möbel aus Metall gekannt haben.

Bronzeschuhe: Im * Barock, bes. aber im * Rokoko beliebte Umkleidung der Füße vor allem bei Kleinmöbeln.

Brotschrank: In Westdeutschland und Ostfrankreich gebräuchlicher Schrank, oft in Form von Halbschränken mit mindestens einer offenen Füllung zur Durchlüftung des aufbewahrten Brotes.

Brustkopf: Kopf und Bruststück unbeweglich in einem Stück gearbeitet.

Buche: (Rotbuche); Sehr hartes Holz, das bes. gerne für Stuhlgestelle u. Schrankfüße sowie einfache Möbel verwendet wird.

Bücher- oder Bibliotheksschrank: Benannt nach seiner Verwendung; regalartig durchgehende Innenfächer ermöglichen die Aufnahme und Verwahrung vieler Bücher.

Buffet: (Büffet) * *Anrichte, Kredenz*

Bugholz: Von * M. Thonet um 1830 entwickeltes Verfahren, bei dem unter Wasserdampf meist * Ahorn- und * Buchenholz gebogen und zu Stühlen verarbeitet wurde.

Bureau-plat: Langer, flacher Schreibtisch mit zwei bis drei Schubladen unter der Tischplatte, gegen Ende des 17.Jhs. in Frankreich entstanden.

Bureau-toilette: * *Bonheur-du-jour*.

Butterfly-Tisch, amerik. Klapptisch, frühes 18. Jh., auswärts gestellte Beine. Unter der hochgestellten Platte Stützen in Schmetterlingsform.

Bye-Lo-Baby: Babypuppe, 1922 von *Grace Storey Putnam* nach einem drei Tage jungen Säugling modelliert und nach diesem Modell von *Borgfeldt* in New York produziert.

-C-

Cabinet d'Allemagne: * Kabinett.

Cabinet-maker: ("*joiner*"); engl. Bz. für Kunstschreiner (* Ebenist) im Gegensatz zu * chair-maker.

Cabriole-leg: (=Bocksfuß); zügig geschweifter Fuß an engl. Möbeln, welcher der stilisierten Hinterhand eines Tieres nachgebildet ist; Ende des 17.Jhs. in Europa häufig verwendet.

Canapé: (Kanapee); ein dem * Sofa ähnliches Sitzmöbel des 18.Jahrhunderts mit hoher Rückenlehne und offenen oder geschlossenen Seitenlehnen.

Caquetoire: (Vom franz. "*caqueter*" = plaudern); tragbarer Damenstuhl mit Armlehnen, schmalem, hohem Rücken und trapezförmiger Sitzfläche, die nach vorne breiter wird; im 16.Jh. in Frankreich aufgekommen und später von England und den Niederlanden übernommen.

Cartapesta: Vortäuschen von Schnitzerei durch Reliefauflagen aus * *Papiermaché*.

Cartonnier: (*Serre-papier*); frz. Gestell des 18.Jhs. für Schreibmaterial; mit mehreren Schubladen und Fächern versehen; manchmal auch mit Bronzeornamenten u.ä. geschmückt; es wurde an oder auf den Schreibtisch gestellt.

Cassapanca: Ital. Truhenbank mit Seitenlehnen, Rückwand und Fußpodest; entworfen im 15.Jh. aus einer Kombination von Wandbank und Truhe; entwickelte sich im 16.Jh. zum edelsten Möbel der ital. Renaissance.

Cassetone: * Anrichte.

Cassone: Ital. Prunktruhe des 14.Jhs. mit geschnitztem, vergoldetem Dekor; im 15.Jh. mit Bemalung und im 16.Jh. mit Architekturformen verbreitet.

Causeuse: *Marquise*; schmales frz. Sofa des 18.Jhs. für zwei Personen; in England auch *Love seat* genannt.

Chair-maker: (Engl.) Stuhlmacher; für einfache Tischlerarbeiten zuständig (* Cabinet-maker).

Chaise à la gondole: (*Gondelstuhl*); klassizistischer Stuhltyp mit muldenförmiger Rückenlehne; im späten 18.Jh. in Frankreich entstanden.

Chaiselongue: Mitte des 18.Jhs. in Frankreich auftretendes Ruhebett (* Duchesse); aus dem Stuhl durch Erweiterung der Sitzfläche entstanden.

Charakterpuppen: Lebensechte Puppentypen; meist nach Babys oder Kindern modelliert.

Chiffonnière: (*Pfeilerkommode*); schmale, hohe Kommode mit bis zu zwölf Schubladen für Damenwäsche und Accessoires, die man vor Pfeilern zw. Fenstern aufzustellen pflegte; bes. beliebt im Zeitalter Ludwigs XV. und Ludwigs XVI..

China-Head-Puppen oder Chinoisepuppen: Puppenköpfe oder vollst. Puppen, hergestellt aus glasiertem Hartporzellan.

Chinoiserien: Schmuckformen des * Hochbarock und des * Rokoko; nach chin. und japan. Idolen gestaltete Dekorationsmotive; auch in bäuerlicher Möbelmalerei vorkommend.

Chippendale, Thomas (1718-1779): Bedeutendster engl. Möbelschöpfer, seit 1753 in London; er bildete Möbel des * Queen-Anne-Stils (* Barockstil) unter Verwendung ostasiatischer, neugotischer (* Historismus) u. frz. Elemente um u. prägte den engl. Möbelstil des * Rokoko; er bevorzugte als Material * Mahagoni oder Weichholz m. Lack und Vergoldung.

Claw-and-ball-foot: Von Tierkrallen (Vogelfüße) umspannter Kugelfuß; beliebtes Stützmotiv engl., später auch holländischer Sitzmöbel im 18.Jh.

Cloisonné: Emaillearbeit, deren Schmelzfelder durch Metallstege abgegrenzt sind; Blütezeit im MA.

Club-foot: (*Am. Bz. "Dutch foot"*); keulenförmiger Fuß an engl. Sitzmöbeln des 18.Jhs.

Composition oder Mischmasse: Werkstoff zur Puppenherstellung aus ca. 100 Teilen Leim, 25 Teilen Glyzerin, Wachs, Zinkoxyd und Wasser sowie weiteren Bestandteilen wie Lederresten oder Gummi; diese Masse wird erhitzt und dann in Formen gepreßt oder gegossen.

Contour à l'arbalète: (*Frz. = Armbrustbogen*); wie der Bogen einer Armbrust geschwungene Zarge im * Rokoko.

Creußener Steinzeug: Das berühmteste Steinzeug des 17.Jhs. wurde in Creußen bei Bayreuth (*am bekanntesten war die Familie Vest*) hergestellt; der Scherben ist bes. hart und absolut säurefest; (Erzeugnisse waren: Apothekergefäße wie Schraubflaschen und Salbentöpfe, Weinkannen und Trinkkrüge).

-D-

Dachtruhe: Frühmittelalterlicher Truhentyp aus Nadelholz mit Klappdeckel als Satteldach.

Dadaismus: (Von *dada* als Stammellaut der Kindersprache), wurde von *H.Ball* als Schlagwort geprägt und war Titel einer 1916 in Zürich um den rumänischen Philosophiestudenten *Tristan Tzara* gebildeten radikalen Künstler- und Literatenbewegung (der *Dadaisten*), die die Rückkehr zur "schöpferisch"-kindlichen Primitivität verlangte und in ihren die bisherigen Kunstformen zerstörenden Werken die behauptete Sinnlosigkeit der Welt zu spiegeln suchte. Der D. breitete sich bis nach

Amerika aus, ging aber bereits in den 20er Jahren zum * Surrealismus über. Hauptvertreter: *H. Ball, R. Hülsenbeck, K. Schwitters, Max Ernst, A. Breton.*

Danielstaler: Münze des 16.Jhs.; in Jever, Friesland geprägt; mit dem Bild Daniels in der Löwengrube auf dem Revers.

Danziger Schrank: Schwerer, typisch norddeutscher zweitüriger Barockschrank auf gekanteten Kugelfüßen mit * Pilastern und abgeplattetem Giebel, der mit reichem Schnitzwerk , Blattgirlanden und Fruchtgehängen sehr repräsentativ gestaltet ist; er war der wichtigste Schranktyp Ende des 17.Jahrhunderts neben dem * *Hamburger Schrank.*

Danziger Tisch: Schwerer Barocktisch mit gedrehten Beinen, die über den Kugelfüßen durch Querhölzer in Form eines doppelten Ypsilon verbunden sind; die * Zargen betonen mit reichen Schnitzereien die wuchtigen, barocken Formen.

Day-bed: Schmales Ruhebett auf sechs Beinen und mit schräger Rückenlehne; oft mit Rohrgeflecht bespannt, aber auch mit Polsterung vorkommend; in England im 17.Jh. sehr verbreitet.

Delfter Fayencen: Blütezeit zw. 1650 und 1750; Herstellung von zinnglasiertem Steingut; technisches und künstlerisches Vorbild für die europ. Keramikerzeugung; anfangs direkte Nachahmungen chin. Porzellans, um die Mitte des 17.Jhs. Entwicklung zum eigenen Delfter Stil, wobei sich niederländische Elemente mit fernöstlichen verbanden und immer mehr zeitgenössische Malerei betrieben wurde; Erzeugnisse waren: Teller, Krüge, Milchgefäße, Blumentöpfe, Fliesen, Kacheln und allegorische Figuren mit biblischen Themen, Meeresblikken, Vogelmotiven u.a., meist Blaumalerei auf hellem Grund.

Directoire: * Klassizismus.

Docke: Altdt. Bezeichnung für Puppe; auch Bez. für * Baluster.

Draperie: Künstlerisch gefaltete Stoffe oder Vorhänge auf Bildern; auch in der Bemalung von Bauernmöbeln verwendet.

Drechseln: Sehr alte Technik der Formgebung von Holz und anderen Nichtmetallen, bei der das Werkstück auf einer Drehmaschine (Drechselbank) in Rotation versetzt und mit meist von Hand geführten Drehmeißeln bearbeitet wird; auf diese Weise entstehen Säulen, * Baluster, Knäufe und Kugeln, sowie die reich gegliederten ornamentierten Stäbe für die "gedrechselten Stühle" und Treppenaufgänge.

Dressoir: (Vom frz. *dresser = anrichten*); Form des * Stollenschranks der * Spätgotik und der Frührenaissance; später entwickelte sich daraus die * Anrichte, Kredenz oder Buffet.

Duchesse: * Chaiselongue des 18.Jhs.; Ruhesitz bestehend aus einer * Bergère und einem Fußschemel (*Tabouret*).

Dumb Waiter: ("Stummer Diener"); im 18. Jh. in Europa aufgekommenes zwei- oder dreistöckiges Tischchen, meist mit Dreifuß, das zur Aufnahme von Tellern und Bestecken oder Speisen und Getränken diente; die an einer Mittelstütze angebrachten, nach oben kleiner werdenden Platten, sind drehbar.

Durlacher Fayence: 1722 von *Johann Heinrich Wachenfeld* gegr. Fayencemanufaktur; Ende 18. und Anfang 19.Jh. Erzeugnisse von höchster Qualität; vor allem kleine birnenförmige Gefäße (sog. Birnkrüge) sowie Kaffeekannen, mit bäuerlichen Figuren bemalt und mit einer Widmung und den Initialen des Empfängers (in schwarzen Buchstaben) versehen; die seit 1818 hergestellten Steinprodukte wurden mit der Marke Durlach (eingepreßt) versehen.

-*E*-

Ebenholz: Sammelbegriff für verschiedene, dunkle, schwere u. harte exotische Hölzer; aufgrund ihrer hohen Polierfähigkeit gern für Prunkmöbel des 16. und 17.Jhs. verwendet.

Ebenist: Seit dem 17.Jhs. Bz. für einen Kunstschreiner, der urspr. nur mit Ebenholz, feine Einlegearbeiten an Möbeln herstellte; * *Menuisier.*

ebonisiert: Schwarz gebeizt; * Ebenholz vortäuschend.

Eckschrank: * Encoignure.

Eckstuhl: Schreibtischstuhl des 18.Jhs. mit über Eck gestelltem Sitz und geschwungener Lehne, die zu Armen verlängert ist.

Egerer Kabinett: Mitte 17.Jh. in Eger (Böhmen) aus * Ebenholz gefertigtes Kabinettschränkchen (* *Kabinett*); außen und innen durch Figurenreliefs aus verschiedenfarbigen Hölzern geschmückt, von * Flammleisten gerahmt.

Eierstab: Aus der Antike stammende Schmuckleiste, in der senkrecht stehende Ovale mit pfeilspitzartigen Ornamenten abwechselnd angeordnet sind.

Einlegearbeiten: * Intarsien.

Eisenbeschläge: * Beschläge.

Emaille: Auf Metall aufgeschmolzenes farbiges Glas.

Empire: Bz. für eine Stilrichtung des * *Klassizismus*; zur Zeit Kaiser Napoleons I. (1804-15) in Frankreich entstanden u. im Kunstgewerbe, der Innenarchitektur und Mode vorherrschend bis nach 1830 in Europa; charakteristisch sind geradlinigflächige Formen mit antikisierendem symmetrischen Dekor; Hauptmotive: Säulen, Urnen, Kronen mit der Initiale N (= Napoleon), Girlanden, Lorbeer, Palmetten, Lyren, Dreizack, Chimären, Löwen, Schwäne und Sphingen; die Möbel sind häufig aus * Eben-, Ulmen- oder Ahornholz, hauptsächlich aber aus * Mahagoni hergestellt und mit kunstvollen, oft gegossenen Bronzebeschlägen dekoriert.

Encoignure: Einer Raumecke angepaßtes, frei stehendes Schränkchen des 18.Jahrhunderts, mit ein oder zwei massiven bisweilen auch verglasten Türen; oftmals paarweise für einen Raum angefertigt.

Epoche: (Griech. epoche = Anhalten), Zeitwende Zeitraum; in der Geschichte gewöhnlich Bz. für einen durch ein bes. Ereignis oder eine Person charakterisierten Zeitraum; urspr. der Zeitpunkt dieses "epochemachenden" Ereignisses selbst.

Erkerschrank: * Stollenschrank.

Espagnolette: Weibliche Büste spanischen Typs; als Dekoration an Stützen von Möbeln, bes. häufig auf frz. Möbeln des 18.Jhs., angebracht.

Etagère: Im 18.Jh. entstandenes tragbares Gestell mit verschiedenen offenen Fächern, um kleine Gegenstände aufzunehmen; manchmal mit flachen Schubladen; war besonders im 19.Jahrhundert beliebt.

Expressionismus: (lat. = Ausdruckssystem), eine Stilrichtung; in der Bildenden Kunst im wesentlichen von der Malerei getragen und bes. in Deutschland im 1.Drittel des 20.Jhs. verbreitet; steht mehr begrifflich und polemisch als entwicklungsgeschichtlich im Gegensatz zum Impressionismus, der schon die Tradition der perspektivischen Sicht aufgab, der Farbe die Vorherrschaft einräumte und die Maltechnik vereinfachte. *Cézanne*, *Gauguin*, *van Gogh* und der europ. * Jugendstil mit *Hodler* und *Munch*, die sich der Ausdruckskraft rhythmischer Linien und reiner Farben in flächigen Kompositionen bedienten, waren Wegbereiter des E. Der E. beabsichtigte statt des Natureindrucks den Wesensausdruck, statt des Abbildes das Sinnbild. Es geht im E. nicht mehr um den Darstellungswert der Dinge, sondern um ihren Ausdruckswert; damit wurde ihre objektive Gestalt der Willkür der Künstler ausgeliefert. Sie erkannten den Eigenwert absoluter Formen und Farben, d.h. die Möglichkeit einer gegenstandslosen Malerei. Durch den E. wurde die Kunst der Primitiven "entdeckt", sowohl die der Neger als auch die des frühen MA; ebenso wurde die Farbenglut *Grünewalds* u. die Ekstatik *Grecos* wie überhaupt der Manierismus modern. Der E. erhielt durch die Erschütterung des 1. Weltkriegs als geistige Bewegung neuen Auftrieb, auch in der Literatur u. in der Musik.

-*F*-

Fadeneinlagen: * Linieneinlagen.

Fälscher: * Kunstfälscher

Faltstuhl: Zusammenklappbarer * Hocker mit x-förmigem Gestell und einem Sitz aus Gurten oder Leder; bereits im Altertum gebräuchlich und verbreitet, in Rom Sitz der Konsuln und Prätoren (Faldistorium, lat., davon abgeleitet das französische Fauteuil), im Mittelalter repräsentativer Sitz für geistliche und weltliche Würdenträger.

Faltwerk: * Ornament an (bes. niederländischen) Möbeln der * Spätgotik; aus senkrecht stehenden, eng gereihten Falten, die aus dem Holz durch Hobel und Schnitzmesser herausgearbeitet wurden; dabei entstand der Eindruck gefalteten Pergaments.

Faltstern: Sternförmige Einlage in der Möbelkunst; wirkt aufgrund von Hell-Dunkel-Kontrasten plastisch.

Farbglas: In der Glasmasse gefärbtes Glas, um bewußte Farbwirkungen zu erzielen; bereits ägyptische Glasmacher stellten feine Farben her, urspr. mit farbigen Steinen (Malachit und Lapislazuli für Grün und Blau), später mit Metalloxiden (Kupfer für Grün und Blau, Eisen für Grün und Gelb, Kobalt für Dunkel- und Hellblau, Mangan für Purpur); von der Antike bis ins frühe 19.Jh. kaum Änderung der Farbskala (Ausnahme: rubinrotes böhmisches Glas im späten 17.Jh.)

Fassadenschrank: Zweigeschossiger, ausgeprägt architektonisch gestalteter * Schrank, nach Vorbild der Steinarchitektur; hauptsächlich in der * Renaissance und im * Frühbarock in Süddeutschland verbreitet, meist viertürig, von Säulen und * Pilastern eingefaßt; zum Typ des Fassadenschrankes gehören der * Augsburger, der * Nürnberger und der * Ulmer Schrank.

Faßmaler: Meister, der eine Holzplastik faßte, d.h. bemalte und vergoldete; meist nicht identisch mit dem Bildschnitzer.

Fassonieren: Einkerben von Rändern bei Geschirr aus * Porzellan, * Silber oder * Zinn.

Fassung: Vergoldung und Bemalung von Plastiken (* Faßmaler); Befestigung eines Edelsteins auf einem Schmuckstück; Edelmetallbeschläge an Gefäßen und Geräten aus anderem Material, wie Stein, Holz, Elfenbein etc.; diese Fassung nennt man auch Montierung; ebenso Metallbeschläge an Möbeln.

Faun: Römischer Schutzgott für Vieh und Felder, als Mensch mit tierischem Unterleib, Bocksfüßen und Hörnern dargestellt.

Fauteuil: Frz. Armstuhl des 17. und 18. Jhs, dessen Sitz, Rückenlehne und Armlehnen gepolstert sind.

Fauteuil de bureau: * Eckstuhl.

Fayence: Von der ital. Stadt *Faenza* abgeleitete frz. Bz. für Tonware mit porösem Scherben, mit weißer undurchsichtiger oder farbiger Zinnoxydglasur überzogen, meist mit Scharffeuer- oder Muffelfarben dekoriert und mehrmals gebrannt.

Fenstersofa: (Engl. window-stool); Sofa ohne Rückenlehne u. mit schrägen Armlehnen; Form einer Fensternische angepaßt.

Feston: Girlande; Laub-, Blumen-, oder Fruchtgehänge und -gewinde; oft von Bändern umwunden, deren Enden herabflattern; bevorzugtes Schmuckmotiv klassizistischer Epochen wie * Louis-seize und * Empire.

Festungsfüllungen (Festungsstil): * Bastionsfüllungen.

Fichtenholz: Langfaseriges Nadelweichholz; nur für Bauernmöbel, oft als * Blindholz, für Innenteile wie Schubladen u.ä. verwendet oder als Furnierträger des ganzen Möbelstückes.

Filet: Gegeneinander gestellte helle und dunkle Furnierflächen.

Flachschnitt: Reliefverzierung spätgotischer Nadelholzmöbel in Süddeutschland und den Alpenländern; das florale Ornament aus Bändern, Ranken, Pflanzen und geometrischen Mustern wurde mit dem Schnitzeisen (Geißfuß) ausgestochen und mit dem Meisel ausgesprengt, manchmal bemalt.

Flammleiste: Wellige, profilierte Rahmenzierleiste; vor allem bei Ebenholzmöbeln zur Einfassung der * Füllungen im 17. und 18.Jh. verwendet; angeblich von dem Nürnberger *Hans Schwanhard* im 16.Jh. erfunden.

Flirting Eyes oder Schelmenaugen: In Puppenköpfe eingesetzte, sich seitlich hin und her bewegende Glasaugen, ab ca. 1890 in Verwendung.

Formalismus: Kunstanschauung, die das rein Formale (Form, Ausführung im Gegensatz zu Ausdruck und Inhalt) überbetont.

Frankenthaler Porzellan: Porzellanmanufaktur, 1755 durch *Paul Hannong* in Frankenthal bei Mannheim gegr.; 1799 nach mehreren Verkäufen aufgelöst; die Geschirre zeichnen sich durch vorzügliche Malerei aus; zahlreiche Figurenmodelle.

Frankfurter Fayence: Fayencemanufaktur, 1666 von *Johann Simonet* gegr.; 1772 geschl.; Herstellung von Wein- und Trinkkrügen, große Vasen und Schaugefäße; Anlehnung an * Delft.

Frankfurter Schrank: Bezeichnung für einen zweitürigen Schranktyp des * Barock; vor allem in Frankfurt a.M. beheimatet; hoher Sockel, meist auf sechs Kugelfüßen ruhend; das stark ausladende Gesims ist mehrfach gestuft, gerade oder gekröpft; durch * Säulen und * Pilastern betonte Vertikale; die * Füllungen sind durch Hohlstäbe und Rundstäbe (*Wellenschrank*) großzügig gegliedert; zuweilen sind die Eckstützen zu kräftig vorspringenden Wülsten ("Nasen") geworden; diese Sonderform heißt *Nasenschrank.*.

Fries: Waagerecht verlaufendes Feld oder Flächenstreifen, in der Architektur als Abschluß oder zur Gliederung einer Wand; meist mit plastischen, in Innenräumen vielfach gemalten Ornamenten und Figuren; im Kunsthandwerk als Zierrat an Möbeln, Metallarbeiten, Keramik u.ä.

Friesische Fayence: * Delft.

Frisiertisch: Tisch mit Schubladen, dessen Platte mit einem eingebauten Drehspiegel (* Psyche) ausgestattet ist; er übernahm im * Empire die Funktion, die im * Rokoko der * Toilettentisch innehatte.

Füllungen: Dünne Bretter, mittels einer Nut in einen Rahmen eingepaßt, so daß sie "* arbeiten" können, ohne zu reißen.

Fuldaer Fayence: Fayencemanufaktur, 1741 von *Amandus von Buseck* gegr.; trotz kurzen Bestehens (bis 1758) gehört sie zu den besten in Deutschland; der harte Scherben eignete sich für Stand- und Wandleuchter, Vasen und andere schwer herstellbare Formen (bunte Malerei in Scharffeuer- und Muffelfarben; charakteristisch sind großformige Blumen, die besten Stücke sind die von *Adam Friedrich von Löwenfinck* bemalten Vasen); die Marke der Manufaktur war FD.

Fuldaer Porzellan: Manufaktur (1765-1790); von Fürstbischof H. von Bibra gegr.; zeichnete sich durch vorzügliche Malerei der Geschirre und feine Bemalung der Figuren aus; Anlehnung an * Frankenthaler Manufaktur; als Marke wurde anfangs ein Kreuz, ab 1780 ein doppeltes F mit Krone in Unterglasurblau verwendet.

Funktionalismus: Der moderne F. in Architektur und Kunstgewerbe fordert die Einheit von Aufgabe und Gestalt, d.h., die neuen technisch-konstruktiven Errungenschaften sollen auch im ästhetischen Bereich neue Möglichkeiten eröffnen. Für funktionell gestaltete Möbel ergibt sich daraus als Grundsatz, daß sie zweckentsprechend u. schön zugleich sein müssen. Wegbereiter dieser keineswegs immer selbstverständlichen Gedanken war der Engländer *William Morris* u. mit ihm die "Arts and Crafts-Bewegung". Im gleichen Sinne arbeiten die "Chicagoer Schule", die holl. Gruppe "De Stijl" u. das "Bauhaus", ehe diese Ideen bestimmend für die "Moderne" wurden.

Furnierung: Durch Sägen, Schneiden oder Schälen hergestellte dünne Edelholzbretter (Furniere), die auf geringwertige Hölzer (* Blindhölzer) aufgeklebt und poliert werden; in der * Renaissance aufkommend.

-G-

Gallé, Emile: (1846-1904); aus Nancy stammender Kunstgewerbler, der neben den weltberühmten "*Gallé-Gläsern*" auch Möbel gefertigt hat; seine signierten Erzeugnisse sind charakteristische * Jugendstilschöpfungen.

Gateleg-Tisch: Klapptisch mit runder oder viereckiger Platte und herausschwenkbaren Beinen, die an ein Tor (gate) erinnern; in England im 17Jahrhundert. entstanden und meist als Eßtisch in Gebrauch.

Gefrorene Charlotten oder Frozen Charlottes: Biskuit- oder Porzellanpuppen aus einem Stück, benannt nach einer um 1830 beliebten Moritatenheldin aus Amerika, die aus Eitelkeit in einer Nacht erfror; um 1850 bis 1914 in Mode.

Gehrung: Auf Gehrung geschnitten nennt man die Verbindung zweier im rechten Winkel aneinanderstoßender Bretter oder Leisten, die in einem Winkel von 45 Grad abgeschnitten sind.

Geißfuß: 1. (Frz. *pied de biche* = Rehbein); Möbelfüße des * Rokoko, oft in einem deutlichen Huf endend; Anfang 18.Jh. ersetzte er an Stühlen den schweren Balusterfuß des * Louisseize-Stils; 2. in der Schreinerei gebräuchliches Stechwerkzeug mit winkeliger Schneide zum Ausheben von Fugen.

Georgismus: Spezielle Metalleinlegetechnik auf engstem Raum, wird besonders angewendet bei Weichholzkörpern, Gesimsen und Profilleisten. * Gorghini.

Gesims: Waagrechter, ausladender, meist profilierter Streifen in der Möbelkunst (Architektur), der horizontal aufgliedert.

Giebel: Dachabschluß eines Möbels.

Giebelschrank: Auf antike Vorbilder zurückgehender mittelalterlicher Schrank mit spitzem Giebel und einer schmalen Tür oder zwei übereinander angeordneten Türen.

Girlande: * Feston.

Globustischchen: Nähtischchen in Globusform, aufgekommen in der * Biedermeierzeit.

Gobelins: In Deutschland gebräuchlicher Name für handgewirkte Bildteppiche; im engeren Sinn Bz. für die Erzeugnisse der frz. *Manufacture des Gobelins*.

Golliwog: Maskottchenartige Puppe nach einer Kinderbuchfigur von *Florence Upton*, 1895 patentiert.

Gotik: Stilepoche der europ. Kunst, die regional verschieden von vor 1200 bis nach 1500 dauerte; um 1140 wurde in der Ile de France in Nordfrankreich der gotische Stil geschaffen (*Frühgotik*); um 1190 setzte mit dem Bau der drei klassischen gotischen Kathedralen Chartres, Reims und Amiens die *Hochgotik* ein; in Deutschland begann die *Frühgotik* um 1235, als *Hochgotik* bezeichnet man die Zeit von 1270 bis 1360; um 1360 etwa rechnet man den Beginn der europ. * Spätgotik.

Die beherrschende Kunstgattung der Gotik war die Architektur, sie setzte mit ihren in den Himmel strebenden Kathedralen Maßstäbe, die auch im profanen Bereich entscheidenden Einfluß ausübten; die charakteristische Einzelform war der Spitzbogen; er fand auch in der Möbelkunst seine Verwendung (gotische Truhe, spätgotischer Stollenschrank)

Gorghini: Künstlername von Donzberger, Georg; bekannter Restaurator der Neuzeit im Heilbronner Raum, Begründer des * Georgismus.

Graphikschrank: * Kartenschrank.

Gravur: Aufbringen von Zeichnung und Schrift auf harte Oberflächen, wie Metall, Glas, Elfenbein, Horn, Stein usw. Wird meist mit Hilfe von Graviernadeln, Meißel, Stichel oder Punz-werkzeugen ausgeführt. Seit dem 16. Jh. sind Vorlagenbücher mit Ornamentstichen bekannt, sie dienten den Gold-und Silberschmieden als Gravurvorlage oder als Anregung. Die Gravur ist wohl die älteste Technik der Metallverzierung.

Gros-point: (Frz. "Großer Stich"); einfacher Kreuzstich; seit dem 16.Jh. in der Stickerei üblich; im 17. und 18.Jh. wurde er für Möbelbezüge, Decken und Wandbehänge verwendet.

Groteske: Antikes Ornamentenmotiv, in der * Renaissance wieder aufgenommen; aus der * Arabeske entwickelt, tritt das Rankenwerk zurück, dafür werden Figuren, Tiere und Fabelwesen hinzugefügt; um 1700 kam die Groteske wieder in Mode.

Guéridon: Nach einem schwarzen Galeerensklaven benanntes hohes, rundes Tischchen in Form eines tablettragenden Negers zum Abstellen von Nippessachen oder einer Kerze; seit dem 17.Jh. zur luxuriösen Wohnungseinrichtung gehörend.

Gustavianischer Stil: Schwedisches Louis-seize.

-H-

Hafnerkeramik: Sammelbz. für Tonware mit einem Überzug aus farbiger Bleiglasur; für Gebrauchsgeschirr, hauptsächlich aber für Ofenkacheln verwendet.- Im MA bes. in Deutschland, Österreich und der Schweiz hergestellt; Exponate aus dem 15.Jh. zeigen Reliefdekor und grüne, gegen Ende des Jhs. auch gelbe und braune Bleiglasur; die Blütezeit lag im 16.Jh.; die Zentren waren Nürnberg, Köln, Schlesien, Sachsen u. Salzburg.

Halbsäule, Dreiviertelsäule: Nur halb bzw. dreiviertel aus der Wand oder einem Möbelstück hervortretende Säule, unterstreicht oft die architektonische Gliederung eines Möbels.

Hamburger Schapp: (*Hamburger Schrank*); großer zweitüriger Dielenschrank des * Barock, meist in Nußbaum furniert, mit geradem, verkröpftem Gesims, Schubladengeschoß und abgeflachten Kugelfüßen; Türen von * Pilastern eingerahmt, die * Füllungen meist spitzoval; Pilaster, Zwickel der Türfelder und Mitte des Abschlußgesims mit reichem Schnitzwerk versehen.

Hanauer Fayence: Erste dt. Fayencemanufaktur, 1661 von zwei Holländern in Hessen gegr.; war bis 1806 in Betrieb und wechselte häufig den Besitzer; Erzeugnisse waren u.a. Engelhals- und Birnbaumkrüge, Vasen, Teller und mancherlei Geschirr für den bürgerlichen Haushalt; anfangs starke Anlehnung an * Delfter Ware mit Bemalung in chin. Stil, dann zunehmend europ. Motive: Wappen, Zunftembleme, Landschaften und biblische Szenen in Verwendung von Scharffeuerfarben und um 1750 Emailfarben; seit 1797 Herstellung von cremefarbenem Steingut; Marken: Mondsichel, HVA und Hanau.

Hansekannen: Nordd. Zinnkannen des 14. und 15.Jhs.; gebauchte Deckelkrüge mit abgesetztem Fuß, zum Körper des Gefäßes gehörend, das bis unten hin Flüssigkeit aufnimmt; die Wandung ist glatt; der Rücken des lang herabgezogenen Henkels zeigt reliefierte Ranken oder Jagdmotive; im Deckel sind meist Plaketten mit biblischen Darstellungen eingelassen.

Hepplewhite, George: (gest. 1786); Londoner Kunstschreiner u. Entwerfer; schuf bes. Sitzmöbel in vereinfachter, eleganter u. leichter Abwandlung des * Louis-seize; das posthum erschienene Vorlagenwerk "*The Cabinet-Maker's and Upholsterer's Guide*" (1788, 1789 und 1794) beeinfl. die europ. Möbelkunst.

Herme: Tragende Halbfigur oder Büste mit Pfeilersockel; seit der griechischen Antike in der Architektur und im Kunstgewerbe gebräuchlich.

Hinterglasmalerei: Malerei (mit Deckfarben) auf der Hinterseite einer Glasscheibe; um auf der Vorderseite das richtige Bild zu ergeben, erfordert diese Technik die Umkehrung der Malfolge, z.B. zuerst das Setzen von Glanzlichtern, zurückgehend bis zum Hintergrund; künstlerischer und technischer Höhepunkt im 16.Jh. in Deutschland, Niederlande, Italien und Spanien (Andachts- und Votivbilder).

Hirnholz (Querholz): Rechtwinklig zum Faserlauf geschnittenes Holz, die Jahresringe sind bei diesem Schnitt sichtbar.

Historismus: Die Nachahmung historischer Stile, die die zweite Hälfte des 19.Jhs. beherrschte; beginnend mit der Nachahmung des * Rokoko im frz. Stil * Louis Philippe und der * Gotik, die in England seit 1750 auftrat und in den 40er Jahren des 19.Jhs. in Europa üblich wurde, ist die zweite Jahrhunderthälfte durch die Nachahmung der * Renaissance und des * Barock gekennzeichnet; am Ende des Jhs. wurde der Historismus durch den * Jugendstil überwunden.

Hochbarock: * Barockstil.

Hochzeitstruhe: * Brauttruhe.

Hocker (Schemel): Eines der ältesten europäischen Sitzmöbel mit niedrigerem Sitz wie bei anderen Sitzmöbeln, ohne Rückenlehne, mit drei oder vier Standbeinen.

Höchster Fayence und -Porzellan: Im Jahre 1746 von den Frankfurter Kaufleuten *Göltz* und *Clarus* zusammen mit *A. F. von Löwenfinck* gegr. Manufaktur, die anfangs offenbar nur Fayence erzeugte (bis 1758 reiche Formen modellierten Geschirrs mit Muffelmalerei tragenden Motiven von Tieren und Pflanzen); Herstellung von Porzellan nach 1750 (übliche Geschirrformen der Zeit mit im Dekor überwiegender Purpurmalerei); Marke: Fayence-und Porzellanmanufaktur, das sechsspeichige Rad des kurmainzischen Wappens, zuweilen in Verbindung mit diversen Malersignaturen.

Höroldt, Johann Gregorius (1696-1775): * Meißen.

Hohenloher Tresur: Niedriger, zweitüriger Schrank, zum Teil auf zwei gedrechselten Pfosten mit Bodenbrett ruhend und mit einem Stufenpodest als Abschluß gestaltet; als vergleichbare Möbel können * Kredenz, * Anrichte, * Buffet, im höfischen Bereich der * Kabinettschrank angesehen werden; fernes Vorbild ist wohl das als * "Dressoir" bekannte gotische Möbel.

Hollandpuppen oder Flandern Babies oder Dutch Dolls: Ursprünglich im Grödnertal gefertigte Holzpuppen; massenweise nach England exportiert. Kleinere Puppen meist mit Dübelgelenken, große auch mit Kugelgelenken; typisch: schwarze aufgemalte Haare.

Huffuß: * Geißfuß.

Humpen: Zylindrisches, walzenförmiges oder kegelstumpfartiges Trinkgefäß, meist außerordentlich volumenhaltig. Oft mit Scharnierdeckel, Daumenruhe und abgesetztem Fußring; viele verschiedenartige Ausführungen in der Verzierung, wie Bemalung, Gravuren, Medaillons, Reliefs; mit meist historischen, allegorischen od. biblischen Motiven. Hergestellt wird der Humpen häufig aus Silber, Zinn, Fayence, Glas oder Steingut.

Hund, Ferdinand: (Um 1704-1758); bedeutender fränkischer Kunstschreiner u. Holzbildhauer, ab 1735 in Würzburg, ab 1750 Hofschreiner in Bruchsal; schuf reichgeschnitzte Tische, Spiegelrahmen und Kaminschirme für die Schlösser Würzburg, Pommersfelden und Bruchsal, in denen er das Schmuckmotiv der * Rocaille bis an die Grenze der Auflösung trieb.

-*I*-

Ikonographie: Lehre von den Bildinhalten.

Indiscret: Dreisitziges gepolstertes Sofa, in der Form dreier s-förmig miteinander verbundener * Bergèren; in der zweiten Hälfte des 19.Jhs. in Frankreich sehr beliebt.

Inkrustation: Einlegearbeit aus Stein, wobei oft Marmor und Halbedelsteine verwendet wurden.

Intarsien: Einlegearbeiten aus verschiedenen auch gefärbten Hölzern, Metalle, Perlmutter, Schildpatt, Elfenbein in das Grundholz der Möbel, bes. in der Zeit der * Renaissance und des * Barock bis etwa 1800.

Irdenware: Bezeichnung für schwach gebrannte, recht offenporige Keramik. Später mit einer Glasur versehen wird die Irdenware wasserundurchlässig. Bekannt als Irdenware ist hauptsächlich die auch heute noch oft hergestellte Hafnerkeramik, wie auch das früher weit verbreitete und vielverwendete, bleiglasierte, einfache Bauerngeschirr.

-*J*-

Jacarandaholz: Südamerikanisches Holz von großer Härte und Dichte; sehr dunkel gefärbt, meist vorkommend als Palisanderholz aus Brasilien.

Jardinière: Blumentisch mit eingesetzter Schale; vor allem im 19.Jh. sehr verbreitet.

J.M.E.: ("Jurés Menuisiers Ebenists"); Kontrollstempel der Pariser Tischlerzunft; kommt auch als Zusatz der Pariser Ebenisten- Signaturen vor. * Ebenist.

Jugendstil: In Frankreich *Art nouveau* genannt; der von 1895-1905 herrschende Stil der europ. Kunst, der den * Historismus des 19.Jahrhunderts überwand und die Grundlagen der modernen Kunst schuf.

-*K*-

Kabinett: (Kunstschrank, frz. *Cabinet d'Allemagne* "deutsches Kabinett"); Prunkmöbel zum Aufbewahren von Kostbarkeiten oder Schreibsachen, im 16.Jh. entstanden; aus dem spätgotischen spanischen Vargueno hervorgegangen, Schreibschränkchen mit aufklappbarer, auf Stützen stehender Platte. Das K. des 17.Jhs. hatte einen tischartigen Unterbau aus Schränkchen oder Kommode bestehend; im Aufsatz viele Schubladen, die Vorderseite meist durch zwei Türen verschließbar; in Deutschland im 16.Jahrhundert vor allem in Augsburg hergestellt * *Augsburger Kabinett*.

Kaendler, Johann Joachim (1706-1775): * Meißen.

Kahnbett: Bett in Kahnform, das vorwiegend im * Empire in Gebrauch kam.

Kaliko: Baumwollgewebe, mit einer Appretur versehen; geeignet für Puppenkörper.

Kannelierung: (Kanneluren); senkrechte Vertiefungen in Rillenform an Säulen und Pfeilern; entweder scharfkantig aneinanderstoßend oder durch Stege getrennt; beliebte Verzierung in der antiken Architektur; später ins Kunsthandwerk übernommen und als Dekor an Möbeln, Metallarbeiten etc. verwendet.

Kapitell: (Lat. capitellum = Köpfchen); in der Baukunst oberer Abschluß von Säulen, Pfeilern oder Pilastern, ornamental skulpiert oder bei Möbeln auch nur in Form einer geschnitzten Auflage zur Dekoration verwendet.

Kartusche: Ornament des * Barock mit schildförmiger Mittelfläche, die von einem üppigen Roll- und Schnitzwerk umgeben ist, wird häufig verwendet im Möbelbau.

Karyatide: Stützfigur in Frauengestalt anstelle einer Säule.

Kasseler Fayence und -Porzellan: Von 1680 bis 1780 wurden in Kassel mit Unterbrechungen Fayencen hergestellt; die sehr seltenen hochwertigen Erzeugnisse bestehen aus Vasensätzen mit Blaumalerei; Anlehnung an * Delft; Marken: Der hessische Löwe, ligiertes HL, H und C.- 1766 entstand aus der Fayencemanufaktur eine Porzellanmanufaktur, in der Gebrauchsgeschirre mit Blaumalerei und simple Figuren hergestellt wurden; Marke: Ein unterglasurblauer Löwe und das Monogramm H.C.

Kastensitz: Aus einem Kasten auf Füßen gebildetes Sitzmöbel mit und ohne aufgesetzten Arm- und Rückenlehnen; seit dem 13.Jahrhundert mit Schnitzereien im Flach-Relief geschmückt und blieb bis zur * Renaissance in Gebrauch; in Skandinavien sogar bis heute.

Kastentisch: Seit der * Gotik bekannte Tischform, bei der die Tischplatte auf einem rechteckigen Kasten liegt, der meist durch vorn angebrachte Türen oder durch Anheben der Platte zu öffnen ist; im 16. und 17.Jh. wurde der Kasten zuweilen auf eine die Platte tragende Bogenstellung reduziert; bei einer weiteren Ausprägung des Typs, der als Schreib- und Arbeitstisch diente, liegt unter der Platte ein flacher, mit einem Kranz kleiner Schubfächer versehener Kasten, der auf seitlichen Stützbrettern oder Wangen sitzt und daher *Wangentisch* genannt wird; im 15. und 16.Jh. war der Kastentisch hauptsächlich in den Alpenländern und in Süddeutschland verbreitet, kam aber auch im Rheinland, in Mittel- und Norddeutschland vor; lebt im bäuerlichen Bereich als sog. *Rhöntisch* bis ins 18.Jh. fort.

Kaunitz: * Zylinderbureau.

Kehlung: Rillenartige Vertiefung, vor allem bei Leisten, Profilen und Rahmen.

Kelim: (Kilim, Gelem, Gilim, Ghilim), ein Wirkteppich mit leinwandbindigem Schuß, der außer im Orient auch in Südosteuropa hergestellt wird. Der farbige Schußfaden wird so lange durch die Kette hin und her gezogen, bis ein neuer Musterteil beginnt. Da der Schuß nie über die ganze Breite des Teppiches führt, entstehen an den Kreuzungsstellen zw. Schuß- und Kettfadengruppe charakteristische Schlitze. Die meist geometrische Musterung ist beidseitig gleich. Zu den Kelimarten gehört auch der "Sumak", der im Unterschied zum Kelim auf der Rückseite voll langer Abrißfäden ist und dessen reliefartige Wirkung auf der Verwendung verschiedener Garnstärken beruht. Bes. reizvoll sind die anatolischen, oft mit Silberfäden durchzogenen Kis-Kelims und die von Kurden gewebten persischen Senneh-Kelims.

Keramik: Bezeichnet die Töpferkunst sowie die von ihr geschaffenen Werke aus gebranntem Ton (* Fayence, * Hafnerkeramik, * Majolika, * Porzellan).

Kewpies: Nach Rose O'Neills Zeichnungen zu Kindergeschichten in einem Damenjournal 1913 patentierte Puppe.

Kieler Fayence: 1763 von *Herzog von Holstein* gegr. Fayencemanufaktur; 1788 geschlossen; unter der Leitung von *Johann Buchwald* (ab 1769) wurde sie zur bedeutendsten Manufaktur Norddeutschlands; vielgestaltige Produktion (Tischplatten, Rokokoterrinen, Potpourrivasen); strahlend weiße Glasur; oft sind Blumen und Früchte plastisch aufgelegt; die Marke bestand aus drei übereinander angeordneten Buchstaben.

Kirschbaum: Bräunlich bis rotbraunes, hartes Holz mit schöner Maserung und warmem Farbton; in der * Biedermeierzeit gerne für Furniere (* Furnierung) verwendet, wird meist für hochwertige Möbel verarbeitet; läßt sich bei der Oberflächenbehandlung sehr gut polieren.

Klapperdocken oder Rasseldocken: Gedrechselte Holzpuppen aus Sonneberg mit Erbsen oder Steinen im hohlen Körper.

Klappsekretär: * Secrétaire en armoire.

Klassizismus: Allg. alle der klassischen Antike nachempfundenen Kunstbestrebungen; insbesondere aber antikisierende Kunstströmungen, die erstmals um 1560 in Italien einsetzten und im 17. Jahrhundert, vor allem aber im späten 18.Jahrhundert besonders in Frankreich und England anzutreffen sind. Im engeren Sinn umfaßt der Klassizismus die Zeit von etwa 1790 bis 1820; die Frühphase vor 1800 wird in Frankreich * Directoire genannt; die folgenden zwei Jahrzehnte werden allgemein nach dem napoleonischen Kaiserreich als * Empire bezeichnet.

Kneehole Desk: Kleiner englischer Schreibtisch, der in der Mitte eine Aussparung für die Knie hat und mit einer Rückwand versehen ist.

Knopfheftung/ Knopfraffung: Dekorative Polsterung; im 19.Jahrhundert entwickelt.

Knorpelstil: (Knorpelwerk); Ohrmuschelornament des Frühbarock; kurvig bewegte, verknorpelte, wulstartige Gebilde und maskenhafte Elemente (*Ohrmuschelstil*); entstand um 1600.

Kölner Intarsienmöbel: In Köln wurden um 1600 Eichenmöbel reich mit * Intarsien in der südd. Art geschmückt (Architekturbilder, Wappen, Vasen mit Blütenranken u. a.)

Koffertruhe: Truhe mit gewölbtem Deckel; an alte Reisetruhen bzw. Reisekoffer erinnernd; vor allem im frühen 18.Jahrhundert beliebtes Möbelstück.

Kolonialstil: Nachklassizistischer, das Klima und die Eigenarten des Landes berücksichtigender Stil des 19.Jhs. in engl. Kolonien und in Nordamerika.

Kolorismus: (Von lat. *color* = Farbe); Betonung der Farbe in der Malerei.

Kommode: Aus der Truhe entwickeltes, halbhohes Kastenmöbel mit zwei bis vier Schubladen; im * Barock und * Rokoko sehr beliebt.

Kompositenkapitell: Aus mehreren Schnitzornamenten zusammengesetztes * Kapitell (* Säule).

Konsoltisch: Architektonisch durchgebildeter Wandtisch, oft mit Trägern anstelle von Beinen an der Wand befestigt; auch als Klapptisch; meist halbrund oder rechteckig; häufig mit Marmorplatte und dazu passendem Spiegel, oft reiche Verzierungen (u. a. Stuckarbeiten) im 17.Jahrhundert aufgekommen.

Korinthische Säule: Sie trägt ein Akanthusblatt-Kapitell, an dessen vier Ecken kleine diagonalstehende * Voluten auskragen (* Akanthus und Säule).

Korpus: Der strukturelle Körper des furnierten Möbels.

Kredenz: * Anrichte.

Kreuzfugenfurnier: Vier jeweils gegeneinander abgesetzte Furnierblätter.

Kröpfen: Scharfwinkliges Umbrechen, auch Absetzen von Simsen und Leisten; bes. um Pfeiler und bei Fenstergiebeln.

Kürbiskopf: Wachsköpfe mit anmodelliertem Haar um 1840 bis 1860 in Mode; auch Papiermachéköpfe mit Wachsüberzug.

Kubismus: (Von lat. cubus = Würfel), künstlerische Gestaltungsform, die in der Malerei Frankreichs um 1910 durch *Braque* und *Picasso* (auch Plastiken), *Delaunay* und *Legér* entwickelt wurde. Durch den konzentrierten Bildorganismus *Cézannes* und sein Zitat: "Man behandle die Natur gemäß Zylinder, Kugel und Kegel", vorbereitet, bricht der Kubismus Bahn für die schon im Impressionismus einsetzende Entmaterialisierung der Bildgegenstände, die (in Teile gebrochen, gekantet oder gewinkelt) die Dynamik reiner Formkräfte in der Bildstruktur aufzeigen. Dieser sog. analyt. Kubismus ermöglicht durch Formzerlegung die Durchdringung von Körpern und die Gleichzeitigkeit verschiedener Ansichten; als folgerichtige Flächenkonstruktion führt er zum Konstruktivismus.

Aussichtsreicher erwies sich die Kombination mit dinglichen Darstellungen im synthet. Kubismus, wo er auch internationale Nachfolge fand (*Marc, Klee, Feininger, Chagall*; die Futuristen). Als gesamtkünstlerisches Phänomen wirkte der Kubismus auch auf Bildhauer (*Laurens, Lipschitz, Belling, Scharff*) und Architekten, bes. die des Bauhauses (*W.Gropius*).

Kufen: Auf dem Boden aufliegende kufenartige Hölzer, die als Möbelfüße von schweren Schränken und Truhen für gute Standfestigkeit sorgen.

Kunst: Im allg. Sinn (abgeleitet von "Können") jede sicher beherrschte Fertigkeit (z.B. Koch-Kunst); im engeren Sinn jedes Kunstwerk; im engsten Sinne: Architektur, bildhafte Kunst, Ornament, Kunstgewerbe. Wesen: Die Kunst ist eines der großen Sachgebiete in der selbstgeschaffenen Welt des Menschen - zusammen mit Wirtschaft, Recht, Staat, Wissenschaft, Kultformen; der Mensch schafft sich diese Welt zur Ordnung, Erhellung und Erhöhung seines Daseins. Alle Kunst verwirklicht sich in Gebilden, die an eine bestimmte Materie gebunden sind (z.B. an Stein oder Holz, Töne oder Sprachlaute, die Stimme des Sängers oder den Leib eines Tänzers). Dabei kommt es nie auf die Materie an sich, sondern auf ihre Rolle im Ganzen des Werkes an: sie hat keinen Eigen-, sondern einen Funktionswert. Die Gebilde der Kunst sind konkret: sinnliche, geschichtsgesättigte Erscheinung, also niemals Begriff oder Idee. Aus der Konkretheit des Werkes folgt seine Einmaligkeit: es ist atypisch und unwiederholbar, ist nur es selbst. Einmalig wird es dadurch, daß der Künstler es mit seinem persönlichen Sein durchtränkt (so sehr, daß wir etwa von einem Bilde Rembrandts sagen, es sei ein Rembrandt). Aber diese geschichtliche und persönliche Einmaligkeit des Werkes zielt nie auf die Mitteilung nur zeitgebundener oder rein persönlicher Empfindungen. Vielmehr erreicht es auf diesem Wege gerade eine überindividuelle Bedeutung, die es für jeden Menschen wichtig macht. Der Künstler hat die Gabe, am konkret Einzelnen und durch sein persönliches Erleben den Grund des Daseins spürbar zu machen.

Kunstfälschung: Jedes Kunsterzeugnis, das von seinem Verfertiger zum Zweck der öffentlichen Irreführung oder der eigenen materiellen Bereicherung für das Werk eines anderen Urhebers ausgegeben wird. Dabei gibt es eine Unterscheidung zur Kopie eines Kunstwerkes. Bei der Kopie, meist in der bildenden Kunst oder der Malerei vorkommend, bedient sich der Fälscher besonderer Eigenheiten oder stilistischer Merkmale eines anderen Künstlers und versieht das so geschaffene Werk mit gefälschten Echtheitsbeweisen. Der Umfang der Fälschertätigkeit richtet sich meist nach dem Marktwert und nach den Absatzmöglichkeiten originaler Werke, außerdem nach der Schwierigkeit, ein Werk zu fälschen.

Kunstfälscher: Lämmle, Wolfgang; geb. am 11.06.1941 in Stuttgart-Bad Cannstatt, im Frühjahr 1988 als einer der größten Kunstfälscher der 80er Jahre entlarvt, fälschte Werke bedeutender Künstler der letzten drei Jahrhunderte:

"Hab' nachgedacht und nicht gelacht,

denn auf Zeiten einer ungestörten Kunstentwicklung folgt der natürliche Vorstellungstrieb den gesetzmäßigen Bahnen unserer Organisation, und der Künstler wird sich dieser natürlichen

Gesetzmäßigkeit nur insofern bewußt, als er es für selbstverständlich hält, logisch zu sein und dem natürlichen Trieb Ausdruck zu geben.Meine Kunst - sie steht in einem geistigen Bann - darin denke und fühle und lebe ich eingebettet im künstlerischen Naturgesetz.

Zwischen Vorstellung und Wahrnehmung besteht noch keine Kluft, ich nehme mit der Vorstellung wahr und eine Wahrnehmung aus anderen Gesichtspunkten ist mir noch nicht bekannt. Wie in meiner Kindheit wird die Wahrnehmung unmittelbar zur Vorstellung. Alle anderen Zeiten - gerade die heutigen - sind deshalb für mich und überhaupt unkünstlerisch, weil wenn jemand in einem Bann lebt und ich glaube, daß es gut ist, so wird etwas zerstört, ungestört und falsche Interessen und Gesichtspunkte beirren den natürlichen künstlerischen Trieb. Man lenkt sich aus der Bahn, wenn man dabei bedenkt, daß die künstlerische Vorstellung im Grunde nichts weiter ist, als eine natürliche Weiterentwicklung der Vorstellungsarbeit, die wie ich glaube, jeder Mensch schon in seiner Kindheit vollzieht, und gerade die Kindheit ist es, wo die Fantasie und das Augenerleben am lebendigsten sind, so läßt es sich begreifen, wie mit einmal viel zu schnell ohne Übergang ein Abschluß diese Vorstellungsarbeit mit dem Eintritt in die Schule erfährt. Die Jugendzeit, die so wertvoll und einmalig, wird auf Tätigkeiten und Disziplin verwendet, wie Rechnen, Schreiben und Artistisches Betrügen, die der Kunst feindlich sind. Dann erst als erwachsener Mensch darf der Künstler wieder an die eigenen Kräfte und die Arbeit denken, die ihm als Kind ein lebendiger selbstverständlicher Begleiter und eine selbstverständliche Lust waren. Nur wenige haben sich dann noch das natürliche Ausdrucksbedürfnis bewahrt, den natürlichen Trieb !

Bei den meisten ist nur noch das Instrument erhalten, ja und sie wissen nicht mehr, wozu und wie es zu gebrauchen ist. Der eigene Wille wird auf allerlei Abwege gelenkt, wo nur der natürliche Instinkt sein wollte".

W. Lämmle 88

Schloßgalerierie "Kastenscheuer", Hochdorf/Enz

Geöffnet: Samstag 15-18.00 Uhr, Sonntag 14-18.00 Uhr Montag-Freitag geschlossen, (nur nach tel. Vereinbarung)

Kunstschrank: * Kabinett.

Kurbelbrustkopf: ("*Swivel neck*"); Kopf und Hals in einem Stück beweglich in die Brustplatte eingepaßt.

Kurbelkopf: Kopf und Hals mit abgerundetem unteren Halsende beweglich in den Puppenkörper eingepaßt.

-*L*-

Lackarbeiten: Bildeten im 17. und 18.Jh. außer Porzellan das wichtigste Importgut Europas aus Ostasien; sie haben wesentlich beigetragen zur Entstehung der europ. Chinamode (* Chinoiserien). Als Grundstoff diente der Saft des Lackbaumes (Rhus vernificera), der verschieden gefärbt werden kann. Bis zu 40 hauchdünne Schichten Lack werden übereinander aufgetragen; als Veredelung treten Schnitzerei, Bemalung, Gravierung und Einlegearbeit auf. Ihre Blüte erlebte die europ. Lackkunst im 18.Jh.; Zentren waren: Amsterdam (* Kabinettschränke in Schwarz und Gold); London, berühmt für sein leuchtendes Englischrot; außerdem bemalte man in England Eisenblechgeschirre mit Lackmalerei. Bekannt waren auch die Gebrüder Martin (*Vernis Martin*) in Paris mit ihrer Lackkunst auf Papiermaché und in Dresden der hervorragende Lackkünstler *Martin Schnell* durch einen besonderen Rotlack-Schreibschrank: in Braunschweig pflegte *Stobwasser* die Lackmalerei auf Papiermaché für Dosen und Galanterien.

Lambrequin: Zungenförmig ausgeschnittener herabhängender Saum mit Quasten; im * Barock sowohl in Stein wie auch in Bronze umgesetzt.

Laufender Hund: Abart des * Mäanders. Fortlaufendes Hakenmuster, eckig gebrochen oder als Wellenspirale gerundet; in der griechischen und römischen Antike beliebt, auch als Bordürenmuster im Orientteppich verwendet

Lichttaler: Braunschweiger Taler des 16.Jhs. (Harzgulden).

Linieneinlage: Feiner Furnierstreifen aus gefärbtem Holz, gewöhnlich an Rändern zw. breiten Furnierstreifen eingelegt.

Lippenrand: Profilleiste an Schubladenkanten (in England).

Lisene: In zartem Relief vortretender senkrechter Wandstreifen zur Gliederung von Architektur und Möbel.

Lit à l'anglaise: Sofaähnliches Bett des * Louis-seize, zum Aufstellen in Wandnischen bestimmt.

Lit à la duchesse: Bett ohne Bettgerüst mit an der Wand oder an der Decke befestigtem Himmel; löste um 1740 das Pfostenbett (lit à colonnes) ab.

Lit à la polonaise: Frz. Bett m. kleinem Betthimmel, der von vier Eisenstäben getragen wird, die am Kopf- und Fußende befestigt sind; vom Betthimmel fallen Vorhänge herab, die seitlich gerafft werden; in der Mitte des 18.Jhs. entst. Typ.

Lit en bateau: * Kahnbett.

Lösertaler: Silbermünzen der Braunschweig-Lüneburger Herzöge von verschiedenem Wert; die Untertanen mußten sie je nach Vermögensverhältnissen kaufen und aufbewahren und konnten sie in Notzeiten einlösen; sie bildeten eine Silberreserve der Herzöge im Land.

Louis-Philippe-Stil: Frz. Spätklassizismus in Möbeln von etwa 1820 bis 1850; nach dem Bürgerkönig Louis-Philippe (1830 bis 1848) benannt; entspricht zeitlich dem dt. * Biedermeierstil.

Louis Quatorze, Louis XIV: Französische Bezeichnung für das * Barock des 17. Jahrhunderts, wird vor allem im Zusammenhang mit Möbeln verwendet.

Louis Quinze, Louis XV: Frz. Bz. für das klassizistische Spätrokoko in Frankreich, vor allem bei Möbeln.

Louis-seize, Louis XVI: Der nach Ludwig XVI. von Frankreich (1774-1792) benannte europ. Übergangsstil zw. Spätbarock (Rokoko, * Barockstil) und * Klassizismus, der als Kunststil von 1760 bis 1790 gerechnet wird.

Ludwigsburger Fayence und -Porzellan: 1758 gründete *Herzog Karl Eugen von Württemberg* in Ludwigsburg eine Porzellanmanufaktur, die auch Fayencen herstellte; die Leitung der Fayencefabrik übertrug er der Witwe Adam Friedrich von Löwenfincks, *Seraphia de Becke*, die sie bis 1795 innehatte; sie führte die Muffelmalerei m. "feinen Blumen" im Stil von * Straßburg ein; die Porzellanherstellung gelang schließlich nach anfänglichen Schwierigkeiten mit Hilfe *Joseph Jakob Ringlers*. Es wurden Rokokogeschirre meist m. Füßchen gearbeitet, bemalt m. Schuppendekor, Blumen u. Vögeln. 1824 aufgelöst; als Marke für Fayence u. Porzellan dienten verschlungenes CC, FR, WR; sämtl. m. Krone; od. Geweih.

Lübecker Schrank: * Hamburger Schrank.

Lüneburger Ratssilber: Der Silberschatz des Rates der Stadt Lüneburg; einer der wenigen im Zusammenhang erhaltenen alten Silberschätze, urspr. bis zu 300 Geräte umfassend, jetzt noch aus 37 Gefäßen bestehend (zu sehen im Kunstgewerbemuseum Berlin).

Lüneburger Schrank: Aus Rahmen und * Füllungen gearbeiteter spätgotischer Schrank, der um 1500 in Lüneburg entstand und bis ins 17.Jh., vor allem in Schleswig-Holstein, beliebt blieb; man nennt ihn auch Schenkscheibe oder Schenkschieve; zw. den zweitürigen Ober- und Unterteilen befindet sich eine von Eisenstäben gehaltene Klappe; dadurch ähnelt er den späteren Aufsatzsekretären; die schönsten Exponate sind mit geschnitzten biblischen Szenen dekoriert.

Lüneburger Truhe: Truhe aus vier Eckstollen mit eingenuteten Eichen-Brettern bestehend; in Niedersachsen vom 13.Jahrhundert bis ins 16.Jh. in gleichbleibender romanischer Konstruktion verbreitet.

Lüster: Großer Kronleuchter mit sehr kunstvollen, geschliffenen Glasgehängen aus Bergkristall oder Kristallglas und mehreren Lichtquellen; entstand in Venedig; bereits im 16.Jahrhundert erwähnt, vor allem aber im 18.Jahrhundert beliebt und vielerorts in adeligen und vornehmen Häusern verbreitet.

Lüsterweibchen: In den Renaissance-Bürgerstuben beliebter Beleuchtungskörper, in Form einer Frauenbüste, oft ein Wappenschild haltend; rückseitig angebrachte Hirschgeweihe mit schmiedeeisernen Kerzentüllen (Geweihkronleuchter).

Lütticher Möbel: Eichenholzmöbel des 18.Jhs. aus Lüttich mit feiner Rokokoschnitzerei, meist aus * Rocaillen und * Kartuschen; vor allem Schreibmöbel, * Vitrinen, Kleiderschränke, und Bodenstanduhren.

Lyra Back Chair: Engl. Stuhl, von *Robert Adam* um 1775 entworfen, dessen durchbrochenes Mittelbrett einer griechischen Lyra (Leier) ähnelt.

-M-

Mäanderband: Rechtwinklig gebrochenes Schmuckband, das nach den Windungen des kleinasiatischen Flusses *Maiandros* benannt ist; ein antikes Bordürenmuster, das vor allem im * Klassizismus zu Einfassungsintarsien diente.

Mahagoni: Sehr feines, dichtes, hartes Holz von purpurroter oder goldroter Farbe, aus Afrika und Asien importiert. Eignet sich sehr gut zur Oberflächenpolitur.

Mainzer Möbel: Im 18.Jh. war Mainz eine Metropole für die Herstellung meisterlicher Möbel im typischen Geschmack der Zeit; bewegte Aufsatzsekretäre und prächtige Schränke zeugen davon; besonders charakteristisch sind die reich verzierten Anschlagleisten.

Majolika: Bezeichnung für die ital. * Fayence.

Makassarholz: sehr hartes, geflammtes, braunes Holz aus Indonesien.

Marburger Finkentruhe: Im ausgehenden 18.Jahrhundert, vor allem aber in der ersten Hälfte des 19.Jahrhundert kam in der Gegend um Marburg eine charakteristische, regional klar bestimmbare Truhenform auf; in der Mitte meist ornamental ausgesägter Sockel, der links und rechts mit je einem kleinen Schubfach versehen ist; die Seiten und der Deckel, vor allem aber die Front, sind reich mit den vielseitigsten Motiven intarsiert, wobei die zahlreichen Vogeldarstellungen für den Namen "Finken"-Truhe verantwortlich sind.

Marketerie: Furniere (* Furnierung), zu Mustern oder Bildern zusammengesetzt und auf das Grundholz aufgeleimt.

Markstrahlen: Strahlenförmig gelagerte Speicherzellen um das Holzmark; einen dekorativen Effekt ergebend.

Marottes: Steckerlpuppen oder "Schwenkelpuppen" auf einem Stiel meist als Harlequin oder Columbine.

Marquise: * Causeuse.

Maserfurnier: Quer zum Stamm geschnittenes Furnier (* Furnierung), daher mit schöner wolkiger Zeichnung.

Maserung: Verlauf der Holzfasern.

Maskaron: Dekorativ verwendete Maske, vor allem im 17. und 18.Jh. beliebt.

Mattern, Carl Maximilian (1705-1774): Möbelschreiner in Würzburg, der Prunkmöbel für die Residenz schuf, die sich durch virtuose Einlegetechnik (* Intarsie) auszeichnen, während die Proportionen schwerfällig sind. Er beeinflußte das bürgerliche fränkische Möbel und scheint den für Würzburg charakterist. Typus des * Schreibschranks geprägt zu haben.

Medaillon: Bei Bauernmöbeln Bild in ovalem Rahmen, hauptsächlich in Türfüllungen oder Truhenfeldern vorkommend.

Meißen: Erste europ. Porzellanmanufaktur, die von *Johann Friedrich Böttger* (1682-1719), dem Erfinder des europ. Hartporzellans, 1710 begründet wurde, zunächst in Dresden; bald wurde sie aus Gründen der Geheimhaltung in die Albrechtsburg in Meißen verlegt. Unter Böttgers Leitung (bis 1719) wurden unter großen Anfangsschwierigkeiten Böttgersteinzeug und die ersten Porzellane hergestellt, deren Formen sich an Silbervorbilder anlehnen. Der Aufschwung erfolgte unter dem aus Wien gekommenen Maler *Johann Gregorius Höroldt* (1696-1775), der die Farben verbesserte und Porzellane mit Chinesendarstellungen in Gold, später mit farbigen Hafen-und Parklandschaften in Kartuschenrahmen bemalte. Damals arbeitete auch *Löwenfinck* in Meißen. Um 1730 machte man sich von den chinesischen Vorbildern frei. Die ostasiatisch beeinflußten "indianischen" Blumen wurden durch naturalistische dt. Blumen ersetzt (nach Kupferstichvorlagen, mit Schatten dargestellt, daher die zeitgenössische Bz. "*Saxe ombrée*", frz. "Sächsisch mit Schatten"). Die indianischen Blumen lebten fort in dem von 1735 bis heute hergestellten "Zwiebelmuster" (Pfirsiche, Astern, Granatäpfel) in Unterglasurblau. Ihre Blüte erlebte die Manufaktur unter der Leitung des Grafen Brühl, der von 1733 bis 1763 in Meißen arbeitete. Der Künstler, der ihren Weltruhm begründete, war *Johann Joachim Kaendler* (1706-1775, seit 1731 in Meißen, 1733 bis 1775 Modellmeister). Er hat die zahlreichen Geschirrformen der Manufaktur entworfen und einen materialgerechten Porzellanstil geschaffen.

Menuisier: Frz. Begriff für Tischler, d.h. dem einfachen Möbelschreiner, im Gegensatz zum Kunstschreiner, dem * Ebenisten.

Metallmöbel: In Deutschland im 19.Jahrhundert eingeführt (u.a. Schinkel).

Meuble d'appui: Kommodenartiges Schränkchen mit zwei Türen, meist paarweise aufgestellt; vor allem im * Louis-seize beliebt und verbreitet.

Meuble d'entre deux: Halbhoher Schrank oder Kommode mit Fächern an beiden Seiten, die in den meisten Fällen offen sind.

Miniatur: Malerei in winzigem Format; Blütezeit der Buch-Miniaturen in der * Gotik, der Gemälde-Miniaturen (auf Kupfer, Elfenbein, Porzellan etc.) im 18.Jh. und im * Biedermeier.

Mitteldeutsche Möbel: Hierzu zählen sächsische Schreinererzeugnisse mit den Herstellungszentren Dresden und Erfurt.

Möbel: (Lat.mobilis = beweglich); heute die Vielzahl von Einrichtungsgegenständen, die zur Aufbewahrung der Habe und zum Wohnen entwickelt wurden.

Möbelfüße: Verschiedenste Ausführungsarten :* Cabriole-leg, * Claw-and-ball-foot, * Club-foot, * Geißfuß.

Möbelsignaturen: Die frz. * Ebenisten und * Menuisiers des 18.Jhs. waren durch Zunftgesetz verpflichtet, ihre Möbel zu signieren. Ausgenommen waren nur Kunstschreiner, die in direktem königlichen Auftrag oder für die königliche Kammer, das *Garde-Meuble de Paris*, arbeiteten. Die meisten Möbel des 18.Jhs. sind aufgrund dessen durch Brand- oder Blindstempel ihrer Meister gekennzeichnet, die an unauffälligen Stellen (unterhalb der Zarge, an den Hinterbeinen) angebracht sind. Man kann sie in Markenhandbüchern nachschlagen.

Münzschrank: (Frz.= médaillier); Schrank zur übersichtlichen Aufbewahrung einer Münzsammlung; im 17.Jh. dienten dafür die * Kabinette mit ihren vielen Schubladen, im 18.Jh. entstand ein dreiviertelhoher Schrank mit zahlreichen flachen Schüben, die mittels zweier Türen verschlossen werden.

Muschel: ein oft gebrauchtes Motiv aus der * Renaissance und dem * Barock bzw. * Rokoko (Rocaille).

-*N*-

Nachttisch: Im späten 18. und vor allem im 19.Jh. erhielt das dem Bett beigestellte Kleinmöbelstück seine absolut typische Form; halbhohe Beine tragen einen Kastenkorpus, unten mit einer Tür, darüber eine Schublade; damit die auf der Platte abgelegten Sachen in der Nacht nicht so leicht heruntergeworfen werden können, verlief an drei Seiten der Plattenkante eine überstehende Leiste.

Nadelhölzer: Fichte, Kiefer und Tanne, weiche und langfaserige Holzarten; in Süddeutschland und den Alpenländern für frühe und rustikale Möbel, später meist als * Blindholz verwendet; daher auch als unedles Holz bezeichnet.

Nähtisch: Ein im späten 18.Jahrhundert in England entwickeltes Tischchen zum Aufbewahren von Näh- und Handarbeitsutensilien, meist mit aufklappbarer Platte und unterteilter Schublade; im * Biedermeier beliebt und oft kugelförmig als "Globustischchen" ausgebildet.

Nasenschrank: * Frankfurter Schrank.

Naturalismus: In Malerei und Plastik eine Richtung (zu fast allen Zeiten), die größtmögliche Naturtreue erstrebt.

Neu-Barock, -Gotik, -Romanik: Getreues Nachbauen im Stile alter Epochen; vor allem im 19.Jh. beliebt.

Norddeutsche Möbel: Traditionsbewußter, bauerntümlicher Möbelstil; regional differenzierte, insgesamt aber charakteristische Bauernmöbel in Eiche gearbeitet, meist dunkel gebeizt, selten partiell bemalt; zurückhaltend vornehmer und schlicht gebliebener Einrichtungsstil (* Hamburger Schapp, * Danziger Tisch und Schrank).

Nürnberger Schrank: Nürnberger Schranktyp des 16.Jahrhunderts in der Art der süddeutschen * Fassadenschränke, mit mittlerem Schubladenstreifen, jedoch mit betontem Kontrast zwischen Füllung und Rahmen; die Rahmen aus mattem Nußbaumholz sind durch * Pilaster und Schnitzereien hervorgehoben, während die * Füllungen aus hochglänzendem, spiegelnd poliertem Eschenholz sind.

Nußbaum: Beliebtes Edelholz der dt. und frz. Kunstschreinerei vom Ausgang des 17. bis zum Ende des 18.Jhs.; meist als * Furnier verwendet. In Längsrichtung zersägt entsteht das gewöhnliche, hellbraune Nußbaumfurnier mit schwärzlicher Maserung; quergesägt ergibt es das Maserfurnier mit schwarzer wolkiger Zeichnung; sägt man den inneren Kern des Stammes in Querrichtung, so erhält man das dunkle Wurzelmaserfurnier.

Nut,Nute: Bezeichnung für eine Holzverbindung bei Möbeln: eine längliche Vertiefung, in welche die "Feder" (eine vorspringende Leiste des entsprechenden Holzteils) gesteckt wird; es gibt viele Variationen von Nut und Feder, sie waren die Voraussetzung zur Rahmenkonstruktion in der Möbelkunst.

-O-

Ochsenkopfstuhl: Biedermeierstuhl mit schmalerem Lehnenbrett als der * Schaufelstuhl, ohne Zunge.

Ofenschirm: Rahmengestell auf gespreizten Füßen; meist mit einer Textilbespannung versehen; hatten zuvor figürlich ausgestaltete Kaminvorsätze oder Funkengitter die offenen Kamine abgeschirmt, so schützte man sich gegen Ende des 18.Jhs. und in der ersten Hälfte des 19.Jhs. durch Ofenschirme vor der Hitze von Kamin und Ofen.

Ohrenbackensessel: * Stuhl bzw. Sessel.

Ohrmuschelstil (1620-1650): Spätform des * Knorpelstils, mit Ornamentformen, die an Ohrmuscheln erinnern.

Ornamentstiche: (Vorlagenstiche); Grafiken mit Ornamenten und Kunstgewerbe-Entwürfen, die Kunsthandwerkern als Vorlagen dienten; seit dem 15.Jh. bekannt; bald bildeten sie sich zu einer eigenen Kunstgattung aus; vor allem im 17. und 18.Jh. entstanden Ornamentstiche in großer Zahl und übten die breiteste Wirkung aus.

-P-

Palisander: * Rosenholz.

Palmette: Vom Palmblatt abgeleitetes vegetabiles Ornament mit symmetrisch fächerförmig angeordneten Blättern.

Pandoren: Meist paarweise als sog. "Kleine" und "Große" auftretende Modepuppen; die große Pandora trägt eine elegante Robe, während die kleine in ein Negligé, ein vornehmes Hauskleid, gehüllt ist.

Paneels: Glatte Holzfüllungen in Rahmenkonstruktionen von hölzernen Wandvertäfelungen.

Paperweightaugen: Bes. ausdrucksstarke Glasaugen, die in ihrer Tiefenwirkung den Paperweights ähnlich sind.

Papiermaché: Material aus Papier und Leimlösung mit diversen Zusätzen wie Stärke, Gummi, Gips, Kreide oder Ton, vor allem in Italien seit dem 15.Jh. bekannt; 1805 für Spielzeug patentiert; Verarbeitung durch Drücken in Formen, ab 1894 auch gegossen. Mitte des 19.Jhs. wurde Papiermaché bes. in England zur Dekorierung von Möbeln und zur Reliefierung bei Rahmen verwendet.

Paravent: (Frz. = "Windschutz"); bei uns oft auch *Spanische Wand*; Stellwand aus mehreren hochrechteckigen Feldern, die durch Scharniere verbunden sind.

Parketterie: Geometrische- oder Würfelmarketerie.

Parian: In England erfundenes, unglasiertes, hartes, cremeweißes, porzellanähnliches Material; benannt nach seiner Ähnlichkeit mit dem Marmor der griech. Insel Paros; ohne Farbgebung. Zw. 1850 und 1870 hauptsächlich für Puppenköpfe in Mode.

Parisiennes: Damenhafte Puppen oder sog. *Lady Dolls* der renom. Puppenhersteller m. reicher Ausstattung in erstklassiger Ausführung; hervorragende Biskuitköpfe meist aus Lederbälgen, in Deutschland hauptsächlich mit Compositionskörpern.

Patentsekretär: Transportabler kleiner Schreibschrank; typisches Biedermeiermöbel.

Patina: Die durch Verwitterung von Metall auf seiner Oberfläche entstehende grünliche oder braune Schicht; bei Bronzen wegen ihrer Schönheit stets unberührt gelassen; wird oft gefälscht.

Pembroketischchen: Um 1750 entstandener tragbarer Tischtyp, 64 cm hoch; oval oder rechteckig mit abgerundeten Ecken und hochklappbaren Seitenteilen mit Konsolstützen; unter der Tischplatte befinden sich ein oder zwei Schubladen.

Perlstab: Schmuckmotiv, bestehend aus kleinen perlenähnlichen, nebeneinandergereihten Kugeln; bisweilen als obere und untere Begrenzung eines * Eierstab-Frieses.

Pfeifendekor: Gerade * Kannelüren nennt man Pfeifen, während die geschweiften als Melonenrippen bezeichnet werden.

Pfeiler: Kantige Stützen im Gegensatz zu den stets runden Säulen.

Pfeilerkommode: * Chiffonière.

Pied-de-biche: * Geißfuß.

Pietra-dura-Inkrustation: Marmormosaik aus verschiedenfarbigen Marmorplättchen; diese Einlegearbeit, die in der zweiten Hälfte des 16.Jh. in Florenz und Turin als Verzierungstechnik aufblühte, fand zu Beginn des 17.Jhs. an dt. Fürstenhöfen (München, Kassel, Braunschweig) zur Verzierung von Prunkmöbeln Anwendung.

Pilaster: Flacher Wandpfeiler.

Pommerscher Kunstschrank: * Augsburger Kabinett.

Portiere: Türvorhang mit Quastenbesatz; in der zweiten Hälfte des 19.Jhs. beliebt.

Porzellan: Der wesentliche Unterschied zu den * Fayencen liegt in der im Material komplizierteren und feineren Zusammensetzung (Kaolin, Feldspat und Quarz); P. wird auch mit höheren Temperaturen (1400 Grad) und zweimal gebrannt.

Poudreuse: * Toilettentisch.

Pouffe: Hocker mit hohem Polster; bes. in der zweiten Hälfte des 19.Jhs. in Frankreich beliebt.

Prie-Dieu: * Betschrank.

Prismierung: Im Möbelbau die Anschrägung des Randes einer meist gerahmten Platte oder eines eingesetzten Glases.

Psyche: Drehbarer Standspiegel; im * Empire und Biedermeier weit verbreitet und beliebt.

Pultschreibtisch: * Damenschreibtisch.

Punzierung: Mit Hilfe von Punzen (Stahlstifte oder Stempel) eingetriebener Dekor, oft im Zusammenhang mit Schnitzerei.

Putte: Zierfigur einer kleinen Amorette; aus der röm. Antike übernommen und bes. im * Barock beliebt.

Pyramidenfurnier: Wird der Schnitt durch die Ausgabelung des Stammes geführt, so entsteht ein Furnier (* Furnierung) mit Pyramidenmaserung.

Pyrographie: * Brandmalerei.

-Q-

Quartetto-Tische ("nest of tables"): engl. Bz. für Satztische, die untereinandergeschoben wurden und meist, zu viert, ein Quartett bildeten; beliebtes Möbel des * Regency.

Queen-Anne-Style: Spätbarocker, engl. Stil in Architektur und Kunsthandwerk während der Regierungszeit der Königin Anna (1702-1714), der jedoch bis um 1750 von Einfluß war; entspricht etwa dem kontinentalen * Barock und * Rokoko.

Queen-Anne-Puppe: In England seit dem 18.Jh. beliebte, gedrechselte Holzpuppe mit beweglichen Gliedern und im Verhältnis zu großem, handgeschnitztem Kopf, in einem Stück gearbeitet; kräftig aufgemalte Gesichtszüge, oft mit eingesetzten Glasaugen und kleinem Mündchen; charakteristisch sind die kleinen Hände mit rechenartig eingekerbten Fingern.

Querfurnier: Furnierstreifen (* Furnierung) entlang einer Kante und dem Faserverlauf entgegen.

-R-

Rahmenkonstruktion: Seit dem 15.Jh. bis ins 17.Jh. in Mitteleuropa angewandte Konstruktionstechnik bei Möbeln; ein tragendes, aus Kanthölzern gebildetes Rahmenwerk wurde durch Zapfenverbindungen zusammengefügt, in das Füllbretter eingepaßt wurden, die an den Kanten abgeschrägt und in die Rillen des Rahmens eingelassen wurden; die Zapfenverbindungen befestigte man zusätzlich durch Holzdübel.

Rankenornament: Freigestaltetes pflanzliches Dekorationsmotiv; meist in der Form von Akanthusranken.

Realismus: (Von lat. *realis* = wirklich), in der Erkenntnislehre: die Anschauung, es gäbe eine vom menschlichen Denken unabhängige, aber in ihm erkennbare Wirklichkeit (Problem der Realität). In der Kunst eine häufig als Opposition gegebene ältere, konventionell gewordene, idealisierende oder stilisierende Richtungen aufkommende Kunstweise; sie fordert Naturnähe, Unbefangenheit des Blickes und Unmittelbarkeit.

Récamier: Aus der * Veilleuse entwickelte Liegebank des Empire; erhielt ihren Namen nach *Julie Récamier* (1777-1849), in deren Salon sich in der Revolutions- und Restaurationszeit das geistige Paris traf.

Refugium: (Lat.), Zufluchtsstätte.

Régence: * Barockstil.

Regency: * Klassizismus.

Relief: (Lat. relevare = erheben); erhabene Schnitzerei von Figuren und Ornamenten aus einem ebenen Hintergrund herausgearbeitet.

Renaissance: Eine zuerst von dem ital. Kunsthistoriker *Vasari* 1550 benutzte Bz., ital. *rinascimento = Wiedergeburt* (der Antike); die Bz. ist erst seit 1850 im allg. Gebrauch; die R. entstand im Zusammenhang mit der techn. Entwicklung und der wirtschaftl. Blüte Italiens im 15.Jh. als gewaltige Entfaltung der Kunst, die vom neuen kapitalistischen Bürgertum finanziert wurde; die Vorbilder stammten aus der * Antike, verbanden sich aber mit techn. Experimenten und Überlegungen zur Perspektive und Komposition und einem neuen sachl. Interesse für die Wiedergabe des nackten Körpers; im Mittelpunkt des Interesses steht die individuelle künstlerische Leistung; in der Möbelkunst greift die R. auf antike Formen und Ornamente zurück und gliedert das Mobiliar streng mit einer Betonung der Horizontalen; hierbei finden Profilleisten und Gesimse mit Zahnschnitt, * Eierstab und andere klassischen Ornamentenborten Anwendung; die senkrechte Gliederung übernehmen Säulen nach antiken Vorbildern, * Karyatiden und * Pilaster; auch figürl. Schnitzerei am Rahmenwerk und in den* Füllungen verraten oft ihre antiken Vorbilder. Man unterscheidet in der ital. R. folgende Perioden: Früh-R. 1420-1500, Hoch-R.

1500-1530, Spät-R. (Manierismus) 1530-1600; in Frankreich Louis XII. 1480-1558; in England (* Tudorstil) 1485-1558, Elisabeth-Stil 1558-1625; in Spanien (Plateresco) 1480-1558; in Deutschland: Früh-R. 1520-1570, Spät-R. 1570-1620.

Restauration: Die Kunst der Restauration (1820-1850) nennt man in Deutschland nach dem "Biedermann" (* Biedermeier).

Rhöntisch: * Kastentisch.

Rocaille: (Frz. = Grotten- und Muschelornament); Schmuckmotiv aus leicht ausgehöhlten, wie Muscheln geriefelten und ausgefransten Formen, die an vor- und zurückschwingende Kurven angesetzt sind; das wichtigste und häufigste Schmuckmotiv des * Rokoko.

Roentgen, Abraham (1711-1793): Bekannter Kunstschreiner; seit 1750 in Neuwied bei Koblenz tätig, wo sein Hauptauftraggeber, der Kurfürst von Trier, lebte; 1772 gab er die Leitung der Werkstatt an seinen Sohn David ab, war jedoch bis 1775 tätig; seine Möbel zeigen schweren, kraftvollen Aufbau und leugnen seine holländisch-englische Schulung nicht.

Roentgen, David (1743-1807): Berühmtester dt. Kunstschreiner, Sohn von Abraham; er errichtete Filialwerkstätten in Paris; stand bei Fürsten und Künstlern seiner Zeit in hohem Ansehen; ab 1770 wird die Bildintarsie eine Spezialität seiner Werkstatt; mannigfaltige Entwürfe lieferte der Maler *Januarius Zick*; ab 1778/79 arbeitete Roentgen in * Louis-seize-Formen und führte das * Mahagoni in Deutschland ein; berühmt waren seine Schreibtische, an Feinheit des Details und Raffinesse des Mechanismus' überragen sie alle zeitgenössischen dt. Möbel; als die Franzosen im Jahr 1795 Neuwied besetzten, mußte David Roentgen seine Werkstatt schließen.

Rokoko: * Barockstil.

Rollbureau: * Zylinderbureau.

Rollwerk: Dekorationssystem aus Bändern und Stegen, deren Enden sich einrollen; seit der Mitte des 16.Jhs. allg. in Europa gebräuchlich; wird auch *Floristil* genannt nach dem Antwerpener Ornamentstecher *Cornelis Floris* (1514-1575), der mit mehreren Stichfolgen wesentlich zu seiner Verbreitung beitrug.

Romanischer Stil (Romanik): der erste Europa umfassende Kunststil des MAs. (ca. 1030-1200).

Romantik: Eine gegen Ende des 18.Jhs. einsetzende Geistesströmung gegen die Kälte der Aufklärung und des * Klassizismus, mit einem Hang zum Elegischen und Melanchonischen; sie hat die Kunst mehrerer Epochen, vor allem die des Biedermeier überlagert und beeinflußt.

Rosenholz: Auch "Königsholz" oder "Palisander" genannt; grobkerniges Holz mit unterschiedlicher Härte; dunkelrotbraun, schwarz oder schwarzbraun gestreift; kommt aus Brasilien und von den westindischen Inseln; im 18.Jh. für Marketerie (* Furnierung) beliebt.

Rosette: Ornament einer von oben gesehenen Blüte, kreisrund stilisiert in blattförmig. Strahlen.

Rößler, Johann Michael (1791-1849): Sohn des Untermünkheimer (Hohenlohe) Schreinermeisters Johann Heinrich Rößler (1751-1832); 1804 Lehrling bei seinem Vater, 1816 Meister, 1817 Heirat, 1829 Zunftmeister, 1834 Schreinerobermeister, 1843 zweite Heirat; die sog. *"Rößler-Kästen"*, Bauernschränke mit * Rocaillen, Blumenkorb, Amselpaar, bäuerlichen Figuren und Szenen und herzhaften Sprüchen bemalt, signierte Johann Michael, wie viele seiner Werke (Truhen, Betten, Wiegen, Tische, Stühle etc.), in so seltener Form mit *"J.M. Rößler, Schreinermeister zu Münkheim"* und machte ihn zum bedeutendsten Landschreiner seiner Zeit.

-S-

Säulen: Zählen zu den wichtigsten architektonischen Formen, die auch zur Gliederung und Gestaltung von Möbeln verwendet werden; vor allem die Fassadenschränke der * Renaissance bedienten sich dieser Elemente, aber auch im * Barock blieben sie beliebtes Gestaltungsmittel.

Säulengliederung: Unterteilung einer Säule in * Base, Schaft und * Kapitell.

Säulenkommode: Säulenstumpfartig gearbeitete Zierkommodenform des * Klassizismus.

Satztische: Ein Satz von zwei bis vier kleinen Tischen in abgestuften Größen, die, wenn sie nicht benutzt werden, raumsparend untereinander geschoben werden können; ein typisches * Regency-Möbel.

Savonerola-Stuhl: Mittelalterlicher * Scherenstuhl aus Holzrippen, oft kunstvoll gearbeitet.

Schälfurnier: Seit dem 19.Jh. wird Furnierholz (* Furnierung) nicht mehr gesägt, sondern vom sich drehenden Stamm "abgeschält", wodurch die Furnierstärke auf sehr dünne Blattstärken reduziert werden konnte (bis zu 0,05 mm).

Schapp: * Hamburger Schrank.

Schaufelstuhl: Biedermeierstuhl mit oben breiter, seitlich in * Voluten abgerundeter Lehne.

Schemel: * Hocker.

Schenkschieve: * Lüneburger Schrank.

Scherenstuhl: * Faltstuhl.

Schichtholz: Verleimte Holzschichten mit parallelem Faserverlauf, dadurch sehr standfest und verwindungsarm.

Schlagstempel: * Möbelsignaturen.

Schloßstulp: Freiliegender Teil eines Möbeleinsteckschlosses, der den Verschlußriegel aufnimmt.

Schreibkasten: * Kabinett.

Schreibkommode: Im späten 18.Jh. auftretende Kommode, deren oberste Schublade, herausgezogen, als Schreibunterlage mit herunterklappbarem Vorderteil diente.

Schreibschrank (Tabernakelschrank, Aufsatzschrank): Schrank mit kommodenartigem Unterteil und zweitürigem, giebelgekröntem Aufsatz (mit Schließfach und Schüben); dazwischen ein eingeschobener mit Schubfächern versehener Mittelteil, dessen Pultdeckel als Schreibplatte heruntergeklappt werden kann; im frühen 18.Jh. in England geschaffen, wurde er zum meist verbreitetsten Möbel in Deutschland, wo er bes. in Würzburg, Mainz und Dresden zum Prunkmöbelstück ausgebildet wurde; in seiner Zeit *Trisur* genannt.

Schuppentruhe: * Truhen.

Schweifwerk: * Beschlagwerk.

Secrétaire à deux (à trois) corps: Zwei- bzw. dreiteiliger * Aufsatzsekretär.

Secrétaire en armoire (Secrétaire à abattant): Schreibschrank, hochrechteckig, meist mit zwei Türen im Unterteil, im Mittelteil eine herunterklappbare Schreibplatte, dahinter zahlreiche Fächer und Schübe; seit 1760 in Frankreich in Gebrauch, dann auch in anderen Ländern und besonders im frühen 19.Jh. sehr beliebt (Klappsekretär).

Secrétaire à cylindre: * Zylinderschreibtisch.

Secrétaire en pente: Pultschreibtisch mit schräger, herunterklappbarer Verschlußplatte, zugleich Schreibplatte, um 1730 in Frankreich entstanden.

Sekretär: Hochrechteckiger Schreibschrank, dessen Unterteil Türen oder Schübe zeigt; der Schübe und Fächer enthaltende Mittelteil wird von einer senkrechten Platte verschlossen, die, heruntergeschlagen, als Schreibplatte dient; eine flache Schublade bildet meist den oberen Abschluß; wurde um 1760 von *Oeben* und *Riesener* ausgebildet und lebte in dieser Form bis ins 19.Jahrhundert fort; gehörte zu den Lieblingsmöbeln des * Empire und * Biedermeier, enthält oft ein oder mehrere geschickt versteckte Geheimfächer für wichtige Dokumente oder wertvolle Dinge.

Servante: Kleiner, zum Servieren benutzter Beistelltisch des späten 18.Jhs.

Settee: Kleines, doppelsitziges, engl. * Canapé des 18.Jhs.; in noch kleinerer Form entspricht es der frz. * Causeuse.

Sgabello: Reich ausgebildeter italien. Schemel (* Hocker).

Sheraton: Engl. klassizistischer Möbelstil Ende des 18.Jahrhunderts, benannt nach dem englischen * Ebenisten *Thomas Sheraton* (1751-1806).

Side-board: Niedrige, engl. * Kredenz des 16.Jhs.

Side Table: Engl. Wand- oder Seitentischchen aus Eiche und sehr massiv (17.Jh.); später der * Konsole angenähert und häufig reich geschnitzt; durch *Robert Adam* auch halbmondförmig gestaltet (* Side-board).

Silbermöbel: Tische und Stühle aus massivem Silber; um 1700 ließen sich einige europäische Höfe Silbermöbel in Augsburg arbeiten, mit dem Hintergedanken, sie in Notzeiten wieder einschmelzen zu können; ein Schicksal, dem nur wenige dieser Möbel entgangen sind.

Sitzmöbel: Zusammenfassende Bz. für alle zum Sitzen dienenden Möbel, unter anderem * Bank, Hocker, Stuhl und Sessel, im Unterschied zu Kastenmöbeln, Tischen und Betten.

Sockelkopf: Kopf, Hals und Brustplatte aus einem Stück gearb.

Sofa: Aus dem Arabischen stammende Bz. für * Canapé.

Sofatisch: rechteckiger, aus dem * Pembroketischchen entwickelter Tisch, meist mit Seitenklappen, der vor dem Sofa seinen Platz hatte.

Sommer: Künstlerfamilie (Kunstschreiner) aus Künzelsau; in der Zeit zwischen 1630 bis 1816 (Barock) schufen zwölf handwerklich und künstlerisch begabte Mitglieder dieser Familie in fünf Generationen eine Fülle von Werken für Kirchen und Kapellen, für Schlösser, Burgen und Parkanlagen, aber auch für einfachere Häuser und Wohnungen. *Daniel Sommer* (1643 - ?) führte die Metall-Schildpattindustrie in Deutschland ein und gab dem deutschen * Barockstil im Sinne des französischen Vorbilds neue Impulse.

Spätbarock (Rokoko): * Barockstil.

Spätgotik: Letzte Phase der * Gotik.

Spanische Wand: * Paravent.

Sperrholz: Verleimte Holzschichten, deren Fasern abwechselnd in Längs- und Querrichtung verlaufen.

Spiegelschnitt: Gegeneinandersetzen von Furnierflächen (* Furnierung) in Hell-Dunkelmanier.

Spindler, Johann Friedrich (gest.nach 1793): Einer der bedeutendsten dt. * Ebenisten; 1754 mit seinem jüngeren Bruder *Heinrich Wilhelm* in Bayreuth tätig, wo er Möbel für das neue Schloß arbeitete, die durch meisterliche Marketerie und Bronzen im frz. Stil auffallen; seit 1764 in Berlin; dort schuf er mit seinem Bruder Kommoden, Schränke und Tische für das neue Palais in Potsdam, die sich durch vorzügliche * Marketerie in holzfremden Material auszeichnen.

Splintholz: Randteile des Holzstammes, die das Kernholz umgeben, zum Verarbeiten meist schlecht geeignet, da zu weich und nicht standfest, außerdem nicht maßhaltig, wird vor dem Verarbeiten des Holzes an den Dielen- oder Bohlenseiten abgetrennt (Besäumen des Holzes).

Steg: Verbindungsholz zwischen den Stuhl- und Tischbeinen, dient der Stabilität, besonders bei sehr dünnen Beinen oder sehr großen Beinabständen bei Tischen.

Steifhalspuppen oder Stiff-neck-Puppen: Kopf und Rumpf unbeweglich, in einem Stück gearbeitet.

Stilmöbel: Möbel, die zu einer späteren Zeit mit den stilistischen Merkmalen einer früheren Epoche, d.h. deren Stil nachahmend, gefertigt sind (* Historismus).

Stollenschrank: Dem frz. * Dressoir verwandter, rheinischer und flandrischer Anrichteschrank des 15. und 16.Jhs.; aus Eiche gefertigt und als Kasten auf hohen Eck-Stollen stehend.

Surrealismus: Eine Richtung der Malerei, 1924 in Frankreich durch *A.Bretons* " *Manifeste du Surréalisme*" begründet; fußt auf Erfahrungen des * Dadaismus, des literarischen S. (*Rimbaud, Apollinaire, Élouard*) und der Psychoanalyse *S.Freuds*; will die Welt des Unbewußten, Traumhaften, Ästhetik und Moral zur Erscheinung bringen.

Süddeutsche Möbel: Typisch sind * Nürnberger Schrank und * Ulmer Schrank.

-T-

Tabernakel: Urspr. Schrank für Hostie und Kelch auf dem Altar; bei der Möbelkunst ein von Schubladen umgebenes Schrankfach in einem Möbelaufsatz zur Aufnahme der Heiligtümer des privaten Haushalts.

Tabernakelmöbel: Mit der Schreibkommode wurde der Tabernakelaufsatz zum beliebtesten Möbel des frühen 18.Jhs., dem Tabernakelsekretär; aber auch in Verbindung mit anderen Unterteilen, wie Halbschrank oder Kommode, kommt der Tabernakel als *Aufsatzmöbel* vor.

Table à la Bourgogne: * Satztische.

Table à ouvrage: * Nähtisch.

Table de nuit: * Nachttisch.

Table en chiffonnière: Zierliches, leichtes Tischchen mit einer oder mehreren Schubladen, Tablett zw. den Tischbeinen; dieses Rokoko-Möbel, dessen Tischrand oft mit einem Gitterchen versehen war, diente in Damenzimmern des * Louis-seize meist als Handarbeits- und Nähtisch.

Tablier: Schurzförmig herabhängende, häufig durch ein Schmuckmotiv betonte Zargenmitte.

Tabouret: Niedriger, gepolsterter * Hocker; um 1700 in Frankreich entstanden; die vier kurzen Beine sind oft durch Sprossen verbunden, vermittelt ein stabiles Aussehen.

Täufling: Von Eduard Lindner unter dem Eindruck einer ostasiatischen Puppe nach der Londoner Weltausstellung im Jahre 1851 entworfene Babypuppe, mit einem Hemdchen bekleidet; in den Holz- beziehungsweise Papiermachékörper eingesetzte Stoffpartien ermöglichen die Beweglichkeit der Gliedmaßen; Hände und Füße sind, locker an Drähten eingehängt, ebenfalls drehbar und voll beweglich.

Tallboy: Zweiteilige engl. Aufsatzkommode, die zwei aufeinandergestellten Kommoden (chests) entspricht, weswegen sie auch "*chest on chest*" (Doppelkommode) genannt wird; seit dem späten 17.Jh. in Gebrauch.

Tannenholz: * Nadelholz.

Tanzdocken: Gedrechselte Holzpuppen auf Borsten, die beispielsweise auf eine Zither gestellt, sich durch die Vibration beim Spiel bewegen.

Tapisserie: Gewirkter oder gestickter, aufwendig gearbeiteter Wandteppich (* Gobelin).

Teetisch: Kleiner, runder, in England entstandener Tisch des 18.Jhs.; meist auf einem Dreifuß stehend; oft aus * Mahagoni; die Platte kann zuweilen hochgeklappt werden.

Tête-à-tête: * Causeuse.

Thonet, Michael (1796-1871): Dt. Kunsttischler aus Boppard (Rheinland); arbeitete später in Wien; entwickelte seit 1830 das sog. *Thonet-Verfahren*, eine Technik zur Herstellung von * Bugholz-Möbeln (hauptsächlich Stühle).

Toilettentisch (Poudreuse): Im 17.Jh. entstandener Tisch für Toilettengegenstände, der während des 18.Jhs. oft sehr raffiniert ausgestaltet war; die Mitte der Deckplatte, an der ein Spiegel angebracht war, konnte aufgeklappt und hochgestellt werden; häufig mit zahlreichen Schubfächern ausgestattet, manchmal auch mit Schreibtisch oder Lesetisch kombiniert; im 19.Jh. kamen die T. mit dreiteiligem, auf der Platte befestigtem Spiegel in Gebrauch.

Trapezgiebel: Giebel eines Möbels in Form eines Vierecks mit zwei Parallelen, aber ungleich langen Gesimsschenkeln.

Tricoteuse: (Frz = Strickerin); dem * Nähtisch entsprechendes Arbeitstischchen des 18.Jhs.

Tripod-table: Engl. Gegenstück zu den Ziertischchen des frz. Rokoko; die runde oder viereckige Platte kann oft umgeklappt werden; sie ruht auf einem von drei oder vier geschweiften Füßen getragenen Schaft.

Trisur: * Schreibschrank.

Trittleiste: Unten um das Tischgestell laufende Leiste, auf welche die Füße aufgestellt werden können und, die außerdem die Standfestigkeit des Tisches erhöht.

Trommelkommode: Der Säulenkommode ähnlich; hat die Form einer großen Sturmtrommel.

Truhe: Das älteste Kastenmöbel, das schon die Antike kannte; zur Aufbew. von Wäsche, Kleidung, Kostbarkeiten, aber auch Lebensmitteln (* Marburger Finkentruhe, * Lüneburger Truhe, * Koffertruhe, * Brauttruhe, * Dachtruhe, * Cassone u.a.).

Truhenbank: * Bank, * Cassapanca.

Tudorstil: Engl. Spätgotik im 16.Jh.

-U-

Überbauschrank: Kölner Schranktyp des 16.Jhs., der den * Stollenschrank ablöste; breites, hohes Untergeschoß trägt einen zurückgesetzten, schmaleren Aufbau, dessen vorkragendes Gesims von Pfeilern, Säulen oder Figuren gestützt wird.

Umlaufender Hund: Geomet. Muster wie Kleeblattranke, Flechtband, Schuppen und Wellenmäander sind als gleichförmige, fortlaufende Schnitzmuster um ganze Möbelteile oder * -Füllungen gezogen; als Sonderheit im Bergischen Land bekannt und verbreitet.

-V-

Veilleuse: (Frz. = Wächterin); * Canapé des Rokoko mit asymmetrischer Rückenlehne, die auf der einen Seite höher und weiter herumgezogen ist als auf der anderen; V. wurden stets paarweise zu Seiten eines Kamins aufgestellt; ihr entspricht im Klassizismus das * *Récamier*.

Verdüre: Ein Typ von * Tapisserie, der keine figürlichen Darstellungen, sondern ausschl. Blatt- und Rankenwerk zeigt.

Verkröpfung: Vorspringende, mehrfache Abwinkelung einer Leiste oder eines Gesimses.

Vermeil: Vergoldetes Silber; oft bei luxuriösem Tafelgerät des Empire und Klassizismus anzutreffen.

Vernis Martin: * Lackarbeiten.

Vitrine: Verglaster hoher Schrank, häufig mit kommodenartigem Unterbau; gegen Ende des 17.Jh. in Holland entwickelt; im 19.Jh. als Schauschrank beliebt.

Volute (Schnecke): Spiralförmig eingerolltes, wulstiges Ornament, das in der Renaissance und im Barock im Kunstgewerbe und auch in der Möbelkunst als Ziermotiv diente.

Vorholrahmen (Flammleistenrahmen): * Flammleiste.

Vorkragen (auskragen): Gleichbed. wie *herausragen*, im Zusammenhang m. Gesims oder Kranz bei Möbelstücken.

Voyeuse: Frz. Stuhl mit niedrigem Sitz und hoher gepolsterter Rückenlehne, auf dem man rittlings sitzen und die Arme auflegen konnte; um 1740 entstanden.

-W-

Wange: * Kastentisch.

Wangentisch: * Kastentisch.

Wellenschrank: * Frankfurter Schrank.

Whatnot: Engl. Bezeichnung für die * Etagère.

Wiener Sezession: Träger des Jugendstils in Österreich.

Windsor-Stuhl (Windsor Chair): Ländl. engl. Stuhl mit meist halbrunder, aus gedrechselten Rundstäben gebildeter Lehne, der Ende des 17.Jh. in England entstand.

Wirbelrad: Der Rosette verwandtes Ornament, bei dem von einem gemeinsamen Kreismittelpunkt ausgehende, geschwungene Linien den Eindruck einer Drehung entstehen lassen.

Wrangelschrank: Berühmter * Kabinettschrank mit ähnlicher Geschichte wie der * Augsburger Kabinettschrank; dieser nach seinem ehemaligen Besitzer (*Graf Wrangel*) benannte, 1566 datierte Wrangelschrank ist eines der wertvollsten Möbelstücke der dt. Renaissance; von größter Bedeutung sind außen und innen die * Intarsien des sonst einfachen zweitürigen Schrankes, Bildfelder mit phantastischen Landschaften, Fabeltieren, Ruinenarchitekturen etc., wie sie auch in der Malerei des 16.Jahrhunderts vorkamen.

Würfelintarsie: Marketierung in Form von plastisch dargestellten Würfeln in einer Vielzahl auf-und nebeneinander angeordnet.

Würfelmarketerie: Aus drei unterschiedlich getönten Holzarten zusammengesetztes Furniermuster, das optisch den Eindruck von aufeinandergeschichteten Würfeln vermittelt (18.Jahrhundert).

Wurzelmaser (Wurzelfurnier): Stark gemusterte und gewölbte Maserung, bes. bei * Nußbaum; aus dem dunkleren Kernholz des quergesägten Stammes oder aus Aststellen und Verwachsungen gewonnen.

-X-

X-Füllung: Spätgotisches Schmuckmotiv rheinischer, flandrischer und nordd. Eichenmöbel von etwa 1450 bis 1550 neben dem * Faltwerk; die X-Füllung besteht aus sich x-förmig kreuzenden oder berührenden Holzkehlen und Rundstäben auf ranken- oder ornamentgeschmücktem Grund.

-Z-

Zahnschnittleiste: Eine Reihung von kleinen, durch enge Zwischenräume (Zahnlücken) getrennten, würfelförmigen Klötzchen (Zähne); als Zierleiste in der antiken Architektur und in der späteren Möbelkunst angewendet.

Zarge: Horizontales Verbindungsstück zw. zwei Pfosten, z.B. unter Tischplatten, Stuhlsitzen, Canapés oder auch am unteren Ende von Kommoden oder Schränken.

Ziehbank: Etwa 1565 in Nürnberg erfunden; ermöglichte die Herstellung von Profilleisten, wobei sich die Leiste und nicht, wie beim Profilhobel, das Schneidemesser bewegte.

Ziehdocken: Gedrechselte Holzpuppen mit Wickelkind auf den beweglichen Armen, das mittels Schnüren im Körper hochgehoben werden kann.

Zirkelschlagornamentik: Geometrische Muster, aus einzelnen Kreisen oder Kreissegmenten gebildet, wobei sich mehrere Kreise berühren und überschneiden können; bei Bauernmöbel an Schnitzverzierungen anzutreffen.

Zopfstil: Dem * Louis-seize entsprechender Kunststil in Deutschland (1770-1790).

Zunge (Mittelzunge): Im Rahmen der Stuhllehne verbreitetes Mittelholz; häufig ornamental geschweift.

Zwei-Gesichter-Puppen: Puppen, meist mit einem lachenden und einem weinenden Gesicht (oder seltener mit einem weißen und einem schwarzen), deren eines durch leichte Drehung unter der Perücke verborgen werden kann.

Zweites Rokoko: * Louis-Philippe-Stil.

Zwickel: Keilförmiges Verbindungsstück zw. d. Rahmenwerk.

Zylinderbureau (Rollbureau): Schreibmöbel, das in seinem mittleren Teil durch einen Halb- oder Viertelzylinder geschlossen wird; oft in der Form einer Jalousie; beim Rollbureau handelt es sich um einen halbzylindrischen Rollverschluß aus Holz; beim Öffnen versenkt sich der Verschluß zw. Rückwand- und Schubladenteil und bewirkt gleichzeitig ein Vorrücken der Tischplatte (von Graf Kaunitz entworfene Konstruktion); seit Mitte des 18.Jhs. in Gebrauch.

Zylinderschreibtisch: * Zylinderbureau.

Verwendete Abkürzungen:

am.	= amerikanisch
bes.	= besonders
Bz.	= Bezeichnung
bzw.	= beziehungsweise
ca.	= cirka
chin.	= chinesisch
dt.	= deutsch
engl.	= englisch
etc.	= et cetera (usw.)
europ.	= europäisch
frz.	= französisch
gegr.	= gegründet
holl.	= holländisch
ital.	= italienisch
japan.	= japanisch
Jh.	= Jahrhundert
m.	= mit
MA	= Mittelalter
nordd.	= norddeutsch
orn.	= ornamental
österr.	= österreichisch
*	= siehe
sog.	= sogenannt
südd.	= süddeutsch
symm.	= symmetrisch
u.	= und
u.a.	= und andere bzw. unter anderem
u.ä.	= und ähnliche
urspr.	= ursprünglich
v.a.	= vor allem
vollst.	= vollständig
z.	= zur
z.B.	= zum Beispiel
zw.	= zwischen

Dieses Buch wurde mit *Desk Top Publishing* von der Tönnies GmbH erstellt

- Personal Computer
- Desktop Publishing
- Netzwerke
- Kommunikation
- Mehrplatzanlagen
- Individual Programmierung
- Branchenlösungen für Industrie, Handel und Gewerbe
- PPS Systeme Industrie
- Datevlösungen
- Schulung
- eigenes Servicecenter

Ihr Partner in Sachen EDV

Büro - und Datentechnik Heinlein GmbH

7100 Heilbronn
Weipertstr. 35

Telefon
07131 - 76041 - 45

BIBLIOGRAPHIE

Vorbemerkung:
Im folgenden werden in alphabetischer Reihenfolge jene Veröffentlichungen genannt, die bei der Bearbeitung des Antiquitäten - Almanachs besonders hilfreich waren.

Andersen, Lieselotte, **Barock und Rokoko**, Buchreihe: Kunst im Bild, Holle Verlag, Baden-Baden

Austen, Brian, **Englische Möbel im Lauf der Jahrhunderte**, Keysersche Verlagsbuchhandlung, München

Bahns, Jörn, **Biedermeier-Möbel**, Keysersche Verlagsbuchhandlung, München

Bahns, Jörn, **Zwischen Biedermeier und Jugendstil**, Möbel des Historismus, Keys. Verlagsbuchh. München

Blei/Sander/Wittmer, **Geist und Sitte des Rokoko**, Große Kulturepochen, Band 4, Hueber Verlag, München

Böhmer, Günter, **Die Welt der Biedermeier**, Große Kulturepochen, Band 7, Max Hueber Verlag, München

Börsch-Suppan, Eva, **Europäische Stilkunde**, Bertelsmann Verlag

Broby-Johansen, Rudolf, **Kunst- und Stilfibel**, Gondrom Verlag München 1983

Came, Richard, **Silber, erlesene Liebhabereien**, Parkland Verlag Stuttgart

de Ricci, Seymour, **Der Stil Louis XVI**, Verlag Julius Hoffmann

Ehret, Gloria/Andrews, John, **Englische Möbel**, Battenberg Verlag, München

Foerster, Rolf Helmut, **Die Welt des Barock**, Große Kulturepochen, Band 3, Max Hueber Verlag, München

Gebhard, Torsten, **Oberbayerische Bauernmöbel**, Verlag Callwey München 1982

Henk, Dr. R., **Hohenloher Almanach**, Brausdruck Heidelberg

Henk, Dr. R., **Rheingau Almanach**, Brausdruck Heidelberg

Henk, Dr. R., **Unterfranken und Spessart**, Brausdruck Heidelberg

Herder, **Das große Antiquitäten-Lexikon**, Verlag Herder, Freiburg 1983

Hirth, Georg, **Das deutsche Zimmer**, Hirth's Verlag, München und Leipzig

Homburg, H., **Kassel mit seiner Wilhelmshöhe**

Jayward, Charles H., **Englische Möbel**, Echt - kopiert - gefälscht, Keysersche Verlagsbuchhandlung, München

Johnson, Anne, **Römische Kastelle**, Jh. v. Zabern - Verlag

Kleßmann, Eckart, **Die Welt der Romantik**, Große Kulturepochen, Band 6, Max Hueber Verlag, München

Koller-Glück/Zdradil, **Baudekor des Historismus**, Edition Tusch, Wien

Kreisel, Heinrich, **Die Kunst des deutschen Möbels**, Band 1, Verlag C. Beck

Kreisel, Heinrich, **Die Kunst des deutschen Möbels**, Band 2, Verlag C. Beck

Kreisel, Heinrich, **Die Kunst des deutschen Möbels**, Band 3, Verlag C. Beck

Lehmann, S.W., **Berliner Kaleidoskop 1910-1930**

Lexikon, **Diercke Lexikon Deutschland**, Westermann Verlag

Lexikon, **Keysers Großes Stillexikon**, Keysersche Verlagsbuchhandlung, München

Merian, Einschlägige **Merian-Hefte**, Hoffmann und Campe Verlag, Hamburg

Nachtigall, Helmut, **Hessische Bauernmöbel**, Verlag der Ferber'schen Univers.-Buchhandlung Gießen 1981

Noak, W., **Der Breisacher Altar**, Langewiesche Bücherei, Königstein / Ts.

Propyläen **Geschichte Europas**, Band 1 - Band 4, Ullstein Verlag, Frankfurt

Reichert, Heinrich, **Heiterer Rheingau**

Rüdiger, Wilhelm, **Die Welt der Renaissance**, Große Kulturepochen, Band 2, Max Hueber Verlag, München

Schaefer, Albert, **Der Rheingau**, H. G'Seyfried Verl., Wiesbaden 1976 u. Waldemar Kramer Verl., Frankfurt

Schaefer, Albert, **Wiesbaden**, H. G'Seyfried Verlag, Wiesbaden 1976 u. Waldemar Kramer Verlag, Frankfurt

Schmidt, Leopold; Müller, Armin, **Bauernmöbel im Alpenraum**, Pinguin-Verlag Innsbruck 1982

Schultze, Jürgen, **Neunzehntes Jahrhundert**, Buchreihe: Buch im Bild, Holle Verlag, Baden Baden

Schulz, Dr. Hans, **Ennepe Ruhrkreis**

Schulz, Dr. Hans, **Heimatkunde in literarischer Sicht**

Schwarze, Wolfgang, **Antike deutsche Möbel**, Kunst und Wohnen Verlag GmbH, Wuppertal 1977

Seling, Helmut, **Keysers Kunst- und Antiquitätenbuch**, Keysersche Verlagsbuchhandlung München

Stein, Prof. Dr. Werner, **Der große Kulturfahrplan**, Verlagsbuchhandlung, F.A. Herbig, München

Stömer, **Berlin höchst intim**

Pem, **Heimweh nach dem Kufürstendamm**, L. Blanvelet, Berlin 1952

Wagner, Engelbert, **Oberfränkische Bauernmöbel**, Verlag Callwey München 1983

Winzer, Fritz, **Du Mont's Lexikon der Möbelkunde**, Du Mont Buchverlag Köln 1982

Wittkop, Justus Frank, **Die Welt des Empire**, Große Kulturepochen, Band 5, Max Hueber Verlag, München

Wolf/Millen, **Geburt der Neuzeit**, Buchreihe: Kunst im Bild, Holle Verlag, Baden-Baden

LEIHGEBER

Bildmaterial stellten dankenswerterweise zur Verfügung:

Uhrenmuseum	Bad Iburg
Städtisches Fremdenverkehrsamt	Bamberg
Kurdirektion	Berchtesgaden
Landesbildstelle	Berlin
Presse- und Verkehrsamt	Bielefeld
Städtischer Bilderdienst	Braunschweig
Landesmuseum für Kunst und Kulturgeschichte	Hansestadt Bremen
Stadtarchiv Cham/Oberpfalz	Cham
Museumsdorf, Niedersächsisches Freilichtmuseum	Cloppenburg
J.H.Fricker	Dinkelsbühl
Museum für Kunst und Kulturgeschichte	Dortmund
Andreas Gefeller	Düsseldorf
Kunstmuseum	Düsseldorf
Landesbildstelle Rheinland	Düsseldorf
Presseamt Stadt	Düsseldorf
Werner C. Bäumer, Teppichgalerie	Düsseldorf
Kurverwaltung	Eberbach
Stadtverwaltung	Erbach/Odenwald
Historisches Museum	Frankfurt a.M.
Presse- und Informationsamt	Frankfurt a.M.
Fa. Thonet	Frankenberg/Eder
Augustinermuseum	Freiburg i.B.
Foto H.P. Vieser	Freiburg i.B.
Städtisches Verkehrsamt	Freiburg i.B.
Deutsches Uhrenmuseum	Furtwangen
Fa. Steiff GmbH	Giengen/Brenz
Kurt Krockenberger	Grunbach
Museum für Kunst und Gewerbe	Hansestadt Hamburg
Foto Jucho	Hamm
Gustav-Lübcke Museum	Hamm
Historisches Museum am Hohen Ufer	Hannover
Privatsammlung Brenske	Hannover
Alfred Krieg, Auktionator	Heilbronn-Biberach
Antiquitäten & Wohnen	Heilbronn-Böckingen
Media Studio Reidies & Grüner	Heilbronn-Böckingen
Foto Werner Stuhler	Hergensweiler
Amt für Öffentlichkeitsarbeit	Hof
Stiftung Nordfriesland	Husum
Badisches Landesmuseum	Karlsruhe
Presse- und Werbeamt Stadt	Kassel
Städisches Verkehrsamt	Kempten/Allgäu
Städtisches Museum	Kleve
Museum für Kunst und Kulturgeschichte	Hansestadt Lübeck
Museum für Puppentheater, Fritz Fey jun.	Hansestadt Lübeck
Presse- und Informationsamt	Hansestadt Lübeck

Museum für das Fürstentum	Lüneburg
Presseamt der Stadt	Lüneburg
Foto Hauck	Mannheim
Städtische Kunsthalle	Mannheim
Städtisches Reiß-Museum	Mannheim
Städtisches Presseamt	Mannheim
Das Staatliche Museum für Völkerkunde	München
Bildstelle und Denkmalsarchiv	Nürnberg
Germanisches Nationalmuseum	Nürnberg
Fremdenverkehrsverband Franken e.V.	Nürnberg
Fremdenverkehrsverband Nordbayern	Nürnberg
Weygang Museum	Öhringen
Kurt Löckmann	Osnabrück
Stenger GmbH	Osnabrück
Archiv des Fremdenverkehrsamtes	Regensburg
Städtische Lichtbildstelle	Regensburg
Fremdenverkehrsverband Ostbayern e.V.	Regensburg
Amt für Öffentlichkeitsarbeit	Saarbrücken
Schloß Gottorf	Schleswig
Hällisch-Fränkisches Museum	Schwäbisch-Hall
Hohenloher Freilandmuseum	Schwäbisch-Hall
Stadt - Pressestelle	Siegen
Auktionshaus Dr.Nagel	Stuttgart
Hans-Willi Walter, Auktionator	Stuttgart-Leonberg
Verkehrsamt der Landeshauptstadt	Stuttgart
Württembergisches Landesmuseum	Stuttgart
Fremdenverkehrsverband Tecklenburger Land e.V.	Tecklenburg
Presse- und Informationsdienst	Trier
Deutsches Schloß und Beschlägemuseum	Velbert
Boerge Nielsen Auktionen	Vejle, Dänemark
"Meister Kohler"	Waldkirch
Archiv für Öffentlichkeitsarbeit	Wiesbaden
Amt für Öffentlichkeitsarbeit und Statistik	Würzburg
Mainfränkisches Museum	Würzburg
Peter M.Krah	Würzburg
Fa. Curt Hager AG	Ziegelbrücken, Schweiz

Für diverse Texte zur Gestaltung der Museumstips danken wir:

Dr.Nis R. Nissen, Museumsdirektor, Dithmarsches Landesmuseum	Meldorf
Kurt Schietzel, Wikinger Museum, Haithabu	Schleswig
Fritz Fey jr., Leiter des Museums für Puppentheater,	Lübeck
Prof. Dr. Helmut Ottenjann, Lt. Museumsdirektor des Niedersächsischen Freilichtmuseums "Museumsdorf Cloppenburg"	Cloppenburg
Hansgerd Hellenkemper, Römisch-Germanisches Museum	Köln
Gertrud Rosemann, Museumsleiterin, Hessisches Puppenmuseum	Hanau-Wilhelmsbad
Gerhard Bott, Germanisches Nationalmuseum	Nürnberg
Otto Kettemann, Museumsleiter, Schwäbisches Bauernhausmuseum	Illerbeuren
Arnim Sorge, Bauernhausmuseum	Amerang

Verlagsmitarbeiter

Verlagsautoren: Ehrmann, Jürgen * Fister, Marie-Luise * Koch, Sabine
Mayer, G. K. * Mayer, Thorsten * Peschel, Dietger
Pradt, Herbert * Rauscher, Silke * Sanner, Inge
Schreier, Gerhard * Seher, Rolf * Tönnies, Horst
Tönnies, Klaus * Tönnies, Rainer

Redaktion: Mayer, G. K. * Morzewicz, Jean-Pierre * Pradt, Herbert
Seher, Rolf * Tönnies, Horst * Tönnies, Klaus
Tönnies, Rainer * Weinrebe, Gerhard

Desk Top Publishing: Morzewicz, Jean-Pierre * Tönnies, Klaus

Layout: Mayer, G. K. * Morzewicz, Jean-Pierre * Pradt, Herbert
Reidies, Willi * Seher, Rolf * Tönnies, Horst
Tönnies, Klaus * Tönnies, Rainer * Weinrebe, Gerhard

Satz: Buchwald, Anita * Drope, Marianne * Kapprell, Nicole
Muhr, Manuela * Oberländer, Carmen * Reidies, Ulrike
Tönnies, Luise * Weinrebe, Gerhard

Kartographie & Graphik: Mayer, Michaele * Seher, Rolf * Tönnies, Klaus

Anzeigen: Heni, Angela * Morzewicz, Jean-Pierre * Tiegs, Günther
Tönnies, Horst * Tönnies, Klaus

Unser besonderer Dank gilt ferner allen beteiligten Personen und Firmen,
die zum Gelingen dieses Buches beitrugen.